Das Reichsjustizministerium und die höheren Justizbehörden in der NS-Zeit (1935-1944)

Rechtshistorische Reihe

Band 455

Zur Qualitätssicherung und Peer Review der vorliegenden Publikation

Die Qualität der in dieser Reihe erscheinenden Arbeiten wird vor der Publikation durch den einen Herausgeber der Reihe geprüft.

Notes on the quality assurance and peer review of this publication

Prior to publication, the quality of the work published in this series is reviewed by one of the editors of the series.

Das Reichsjustizministerium und die höheren Justizbehörden in der NS-Zeit (1935-1944)

Protokolle und Mitschriften der Arbeitstagungen der Reichsjustizminister mit den Präsidenten der Oberlandesgerichte, des Volksgerichtshofs, des Reichsgerichts sowie mit den Generalstaatsanwälten

Eingeleitet und herausgegeben
von Werner Schubert

PL ACADEMIC RESEARCH

Bibliografische Information der Deutschen Nationalbibliothek
Die Deutsche Nationalbibliothek verzeichnet diese Publikation in der Deutschen Nationalbibliografie; detaillierte bibliografische Daten sind im Internet über http://dnb.d-nb.de abrufbar.

Umschlagabbildung:
Justitia. Allegorie der Gerechtigkeit.
Druck aus dem 17. Jahrhundert.

ISSN 0344-290X
ISBN 978-3-631-64391-4 (Print)
E-ISBN 978-3-653-03489-9 (E-Book)
DOI 10.3726/ 978-3-653-03489-9

PL Academic Research ist ein Imprint der Peter Lang GmbH.

Peter Lang – Frankfurt am Main · Bern · Bruxelles · New York · Oxford · Warszawa · Wien

Diese Publikation wurde begutachtet.

www.peterlang.com

Inhaltsverzeichnis

Einleitung

I. Die Quellen und der Umfang der Edition

Der Lenkung der Rechtsprechung, der „Kontrolle und Überwachung der Justiz"[1] und der einheitlichen Ausrichtung der Justizverwaltung dienten seit der Verreichlichung der Justiz ab 1935 die Arbeitstagungen des Reichsjustizministers oder in Ausnahmefällen Freislers mit den Chefpräsidenten und den Generalstaatsanwälten im Reichsjustizministerium in Berlin. Sie fanden unter dem Reichsjustizminister Gürtner ein bis zwei Mal im Jahr, unter Schlegelberger und Thierack halbjährlich statt. Der Lenkung der Rechtsprechung dienten nicht erst die Tagungen unter Schlegelberger und Thierack, sondern bereits unter Gürtner, wie die Aufzeichnung über die Tagung vom November 1936 zeigt (Hochverratsprozesse, Blutschutzrechtsprechung). Die Protokolle der Arbeitstagungen und Aufzeichnungen über diese sind wiederholt in der Literatur für einzelne Beratungsgegenstände herangezogen worden, sehr oft für die Zeit bis 1940 von Lothar Gruchmann, ferner insbesondere für die Kriegszeit von Werner Johe und von Hinrich Rüping[2]. Es scheint deshalb gerechtfertigt, die Protokolle und sonstigen Materialien der Arbeitstagungen weitgehend ungekürzt zu veröffentlichen, damit der Zusammenhang, in dem die einzelnen Beratungsgegenstände behandelt wurden, deutlich wird. Von Interesse sind insbesondere die Ausführungen der jeweiligen Justizminister. Während Gürtner – wenn auch mit Einschränkungen – noch 1938 davon sprach, „das Dritte Reich sei auf dem Fundament einer unabhängigen

---

1 *Sarah Schädler*, „Justizkrise" und „Justizreform" im Nationalsozialismus. Das Reichsjustizministerium unter Reichsjustizminister Thierack 1942–1945, Tübingen 2009, S. 198; vgl. auch *Lothar Gruchmann*, Justiz im Dritten Reich 1933–1945. Anpassung und Unterwerfung in der Ära Gürtner, 3. Aufl., München 2001, 1091 ff.

2 Siehe die Nachweise bei *Gruchmann*, aaO., S. 1277 und 1290 im Sachregister; *Werner Johe*, Die gleichgeschaltete Justiz. Organisation des Rechtswesens und Politisierung der Rechtsprechung 1933–1945, dargestellt am Beispiel des Oberlandesgerichtsbezirks Hamburg, Frankfurt a.M. 1967; *Hinrich Rüping*, Staatsanwaltschaft und Provinzialverwaltung im Dritten Reich, Baden-Baden 1990.

Rechtsprechung gegründet", sprach Thierack 1942/1943 nur noch von der „Weisungsfreiheit" des Richters, die sich primär auf die Feststellung des Tatbestandes beziehen sollte. Von Interesse sind auch die Diskussionsbeiträge einzelner OLG-Präsidenten und Generalstaatsanwälte besonders auf den Tagungen von Thierack.

Die Überlieferung der Protokolle der Tagungen bzw. der vollständigen Niederschrift über die Tagungen ist unvollständig. Für die Zeit bis Mitte 1939 sind insoweit die Generalakten des Reichsjustizministeriums über die Arbeitstagungen verlorengegangen. Als Ersatz dienen einerseits Einzelteile der Niederschriften/Protokolle in den jeweiligen Sachakten des Reichsjustizministeriums (besonders für 1936), andererseits zusammenhängende Tagungsmitschriften aus den Überlieferungen der Oberlandesgerichte Hamburg, Jena und München sowie der Münchner Generalstaatsanwaltschaft. Aus der Amtszeit Schlegelbergers (1941/42) sind zwei Protokolle überliefert.

Über die Arbeitstagungen unter Schlegelberger vom 16.12.1941, vom 5./6.5. und vom 30.6./1.7.1942 liegen Mitschriften des Generalstaatsanwalts Wurmstich von Jena sowie des OLG-Präsidenten Becker von Jena vor. Zu den Arbeitstagungen unter Thierack vom 29.9.1942, vom 10./11.2.1943 und teilweise auch vom 3./4.2.1944 sind die Protokolle überliefert. Die weiteren Arbeitstagungen vom 19./20.11.1943, vom 23.–25.5. und 23.–24.8.1944 werden erschlossen durch Teilüberlieferungen im Bundesarchiv in Berlin und vor allem durch die Niederschriften des Generalstaatsanwalts Wurmstich und des OLG-Präsidenten Becker von Jena, von denen die jeweils aussagekräftigere Niederschrift – mit Ergänzungen aus der parallelen Mitschrift – wiedergegeben wird.

Die *Anlagen* zu Teil C bringen zunächst einen Teilbericht über die durch einen Fragebogen vorbereitete Dienstreise des Amtes des RJM für „Neuordnung der deutschen Gerichtsverfassung" nach Dresden vom 21.–22.9.1943, das Reformvorschläge zur Gerichtsverfassung (einschließlich der Stellung des Richters) ausarbeiten sollte. Weitere Berichte liegen vor für die OLG-Bezirke von Bamberg, Breslau, Graz (einschließlich der Gerichte für die Untersteiermark, des Oberkrains und der Operationszone „Adriatisches Küstenland"), von Hamm, Innsbruck, Jena, Karlsruhe, Königsberg, Leitmeritz, Naumburg, Stuttgart und Zweibrücken. Mit der Wiedergabe des Berichts für den OLG-Bezirk Dresden soll gleichzeitig auf die inhaltsreichen weiteren Arbeitsberichte hingewiesen werden. Die *Anlage II* bringt Auszüge aus einem Protokoll über eine Besprechung der bayerischen OLG-Präsidenten am 28.10.1942 mit Vertretern des Reichsjustizministeriums über die Abordnung preußischer Juristen an bayerische Gerichte. Im *Anhang III* werden Auszüge aus der Rede von Thierack zur Hochschullehrertagung vom 16.–18.9.1944 auf der Reichsburg Kochem (Richterstellung, familienrechtliche Fragen) wiedergegeben.

Zum Anhang IV ist zunächst darauf hinzuweisen, dass auf der 1942 vom Reichsjustizministerium erworbenen Burg Kochem zumindest von April bis Anfang 1944 Lehrgänge und Arbeitsgemeinschaften stattfanden für Personalsachbearbeiter, die Vorsitzenden der Hochverratssenate bei den Oberlandesgerichten (einschließlich der Sachbearbeiter der Staatsanwaltschaften), für die Sondergerichtsvorsitzenden, die Vormundschafts- und Familienrichter, die Nachwuchskräfte, die Personalsachbearbeiter für den gehobenen Personaldienst (einschließlich der Leiter der Rechtspfleger- und Justizschulen) sowie für die Erbhofgerichtsvorsitzenden und für die Ehescheidungsrichter. Ferner fanden noch Lehrgänge für die Praktiker-Arbeitsgemeinschaften an den Universitäten und für den Nachwuchs statt (Niederschriften im Thüringischen HStA Weimar, OLG Jena, Nr. 826, und BA Berlin R 3001/10121). Die Tagungen wurden geleitet von den jeweils zuständigen Abteilungsleitern des Reichsjustizministeriums (u.a. von den Ministerialdirektoren Altstötter, Vollmer und Letz). Wiedergegeben wird die Niederschrift über das Referat von Jonas (Vorsitzender des familienrechtlichen Senats des Reichsgerichts) auf der Arbeitstagung für Scheidungsrichter im Hinblick auf die in den Chefbesprechungen wiederholt behandelte Judikatur zum Ehegesetz von 1938 (zugleich auch als Hinweis auf die Arbeitstagungen von 1944).

Für einzelne Tagungsabschnitte werden teilweise zwei Teilversionen (u.a. für die Tagungen vom 5./6.5.1942 mit den OLG-Präsidenten und den Generalstaatsanwälten mit teilweise gleichem Inhalt) wiedergegeben, um die unterschiedliche Schwerpunktsetzung der Mitschriften zu dokumentieren. Im übrigen ist es nicht ausgeschlossen, dass sich in den Überlieferungen weiterer Oberlandesgerichte/Generalstaatsanwaltschaften Mitschriften über die Cheftagungen auffinden ließen; jedoch ist es unwahrscheinlich, dass diese ähnlich ausführlich wären wie die Mitschriften aus Jena.

Kleinere Teile der Ausführungen von Schlegelberger und Freisler vom 31.3.1942 sowie von Thierack am 29.9.1942 und vom 16.–18.9.1944 hat Heinz Boberach 1975 veröffentlicht. Auch diese Teile werden in der vorliegenden Edition mit Genehmigung des Bundesarchivs nochmals wiedergegeben, schon um den Gesamtzusammenhang zu erschließen, in dem die Ausführungen von Schlegelberger, Freisler und Thierack stehen. Die Rede von Thierack zur Hochschullehrertagung vom September 1944 auf der Reichsburg Kochem ist insofern auch im Rahmen der vorliegenden Edition von Interesse, als Thierack hier zur Stellung des Richters und zum familienrechtlichen Reformprogramm Stellung nimmt.

Aus Platzgründen mußten Teile der Niederschriften/Protokolle vom 18.6.1937, vom 27.10.1939, vom 23./24.4.1941 und vom 10./11.2.1943, die sich meist mit Fragen der Justizverwaltung befassen, weggelassen werden. Dagegen werden die kürzeren Niederschriften vom Herbst 1943 und von 1944 auch insoweit wiedergegeben, als sie Fragen des Justizalltags und Bombenschäden an den Justizgebäuden behandeln, um das Funktionieren der Justiz bis in die Endphase des Nationalsozialismus zu dokumentieren.

Als Anlagen zu Teil A werden wiedergegeben: die Ausführungen Gürtners und Freislers auf der Arbeitstagung u. a. der Sondergerichtsvorsitzenden am 24.10.1939, im Quellenteil B die Aufzeichnungen über die Besprechungen mit den Vorstandsbeamten der eingegliederten Ostgebiete am 8.11.1940 und 13.12.1940 sowie 28.7.1942, auf die zum Teil in den zentralen Arbeitsbesprechungen hingewiesen wurde.

Die Einleitung unter II. geht ein auf die Biographie der Justizminister und des Staatssekretärs Freisler, unter III. auf die wichtigsten Stationen des Abbaus der Rechtstaatlichkeit. Eine detaillierte

Erschließung der Beratungsgegenstände (u.a. Hochverrats- und Blutschutzgesetzgebung, Unabhängigkeit/Weisungsfreiheit des Richters, Schutzhaft, Sicherungsverwahrung, Polenstrafrecht, Strafvollzug, Judikatur zum Ehegesetz von 1938) ist in der vorliegenden Edition nicht möglich. Für die Amtszeit Gürtners (bis Angang 1941) sei auf Lothar Gruchmann: „Justiz im Dritten Reich 1933–1940. Anpassung und Unterwerfung in der Ära Gürtner", 3. verbesserte Auflage, München 2001 (mit einem breiten Sachregister) verwiesen. Für die Dienstzeit Schlegelbergers liegt insoweit noch keine Monographie vor. Über die Amtszeit Thieracks unterrichtet *Sarah Schädler*, „Justizkrise" und „Justizreform" im Nationalsozialismus. Das Reichsjustizministerium unter Reichsminister Thierack (1942–1945), Tübingen 2009; jedoch fehlt hier eine detailliertere Erschließung der Strafrechts- und Zivilrechtspflege. Im übrigen sei auf das Sach- und Personenregister und auf die Hinweise zu den Sachbearbeitern des RJM, soweit sie auf den Arbeitstagungen Referate hielten, am Ende des Bandes hingewiesen.

II. Die Reichsjustizminister (1933–1945)

1. *Franz Gürtner* (Reichsjustizminister von 1932–1941)[3] wurde am 26.8.1881 in Regensburg als Sohn eines Lokomotivführers geboren und starb am 29.1.1941 in Berlin. Nach dem Abitur am Neuen Gymnasium in Regensburg studierte er Rechtswissenschaften von 1900–1904 in München (1908 2. Juristische Staatsprüfung). 1909 war er Syndicus bei einem Brauereiverband, trat jedoch im gleichen Jahr in den bayerischen Justizdienst ein (3. Staatsanwalt am LG München II, 1912 Amtsgerichtsrat). Im Ersten Weltkrieg war Gürtner Offizier an der Westfront und danach Hauptmann beim deutschen Expeditionskorps in Palästina. 1917 erfolgte seine Ernennung zum I. Staatsanwalt am LG München I (jeweils ohne Status als Referent im bayerischen Justizministerium). 1920 Ernennung zum LG-Rat, 1921 zum Oberregierungsrat im bayerischen Justizministerium. Von August

3 Über Gürtner *Gruchmann*, aaO., S. 9–83 m.w.N.; *Ekkehard Reitter*, Franz Gürtner. Biographie eines deutschen Juristen 1881–1941, Berlin 1976.

1922 – Mitte 1932 war er bayerischer Justizminister als Vertreter der national-konservativ ausgerichteten Bayerischen Mittelpartei (später DNVP). Die milde Bestrafung Hitlers im Münchner Hochverratsprozeß (1924) „ist“ – so *Gruchmann*, „soweit heute nachweisbar“ – „keinem speziellen Einwirken Gürtners zu seinen Gunsten, sondern der allgemeinen Haltung der damaligen bayerischen Justiz zuzuschreiben. Nicht Gürtner, sondern die Richter des Münchener Volksgerichts, des LG und des Obersten Landesgerichts haben Hitler milde beurteilt, bzw. für seine vorzeitige Entlassung aus der Festungshaft gesorgt“ (*Gruchmann*, S. 47 f.).

Gürtner, welcher der parlamentarischen Demokratie distanziert gegenüberstand und – unter voller Wahrung der Unabhängigkeit der Justiz – eine „autoritär organisierte“ Regierung als „ideal“ ansah (*Gruchmann*, S. 49), war seit dem 2.6.1932 im Kabinett v. Papen und anschließend im Kabinett v. Schleicher Reichsjustizminister. Den Eintritt in das Kabinett Hitler als Reichsjustizminister versagte er sich nicht vor allem aus Pflichtgefühl und Loyalität gegenüber dem Staatspräsidenten Hindenburg. Seine Illusion, bei Hitler die Einhaltung der rechtsstaatlichen Grundsätze durchsetzen zu können, war bereits mit den zwischen Ende Februar bis Anfang April 1933 erlassenen, unter III. aufgeführten Gesetzen erschüttert, eine Illusion, an der er „zunächst unbeirrt an seinem optimistischen Glauben an eine Wende zum besseren“ festhielt (*Förster*, S. 221). Aber bereits mit der Zustimmung zum Staatsnotwehrgesetz vom 3.7.1934 in der Röhm-Affäre vom 30.6.1934 – nach *Heintzeler*, „wohl der allerletzte Moment, wo man das Schicksal legal hätte enden können“[4] – beteiligte er sich am NS-Verbrechenssystem. Mit der Verreichlichung der Justiz konnte Gürtner sich der Übernahme des Staatssekretärs im preussischen Justizministerium Roland Freisler nicht entziehen. Freisler übernahm die Abteilungen für Strafrecht, Strafvollzug und Strafrechtspflege sowie die Personalabteilung für die Hälfte der Oberlandesgerichtsbezirke, das Justizprüfungsamt und für die Staatsanwaltschaften am Reichsgericht und Volksgerichtshof.

4 *Wolfgang Heintzeler*, Der rote Faden. Fünf Jahrzehnte ..., Stuttgart 1983.

Nach der Röhm-Affäre ließ Gürtner ein Diensttagebuch, das einen Umfang von über 2700 Schreibmaschinenseiten einnahm (knapp 1500 Blatt), durch seine persönlichen Referenten v. Dohnanyi vom 4.10.1934–24.12.1938 führen, das alle rechtsstaatswidrigen Eingriffe in die Justiz verzeichnete[5]. An den Nürnberger Rassengesetzen, an dessen Ausarbeitung das RJM nicht beteiligt war, konnte Gürtner nur geringfügige Milderungen durchsetzen.

Die Schwäche des RJM gegenüber der NSDAP und der Polizei zeigte sich nach dem Novemberpogrom 1938. Wie Gürtner in der Arbeitsbesprechung Ende Januar 1939 ausführte, war „eine justizförmliche Erledigung nicht möglich, weil der Staat seine eigene Rechtsordnung nicht aufheben und zugleich die bei dieser Gelegenheit vorgekommenen Taten verfolgen kann" (unten S. 112). Die Kriegsstrafgesetze dürfte Gürtner auch im Hinblick auf die Erfahrungen im ersten Weltkrieg wohl weitgehend gebilligt haben: „Ein Volk, dem es nicht gelänge, solchen Willen (Ablehnung des Gemeinschaftsgedankens) zu brechen, würde kaum hoffen können, einen Krieg mit Ehren siegreich zu bestehen" (unten S. 141). Am 29.1.1941 verstarb Gürtner an schwerer Krankheit in Berlin nach der Rückkehr von einer Reise in das Generalgouvernement unter Hans Frank. Gürtner hat sich während seiner Ministerzeit durch Teilnahme am Unrechtssystem des Nationalsozialismus in Schuld verstrickt, wohl auch um „Schlimmeres zu verhindern" (*Gruchmann*, S. 79). Jedoch ist zugleich festzustellen, dass Gürtner „bei seinem Verbleiben im Amt nicht ‚aus irgendwelchen *unlauteren* Motiven gehandelt hat, weder aus Habsucht, noch aus Ehrgeiz' [Niemöller 1950] noch – darf getrost hinzugefügt werden – aus Bedürfnis nach persönlicher Geltung, Sozialprestige oder aus Machtbesessenheit" (*Gruchmann*, S. 80).

Anhang: Staatssekretäre während der Amtszeit Gürtners

a) *Franz Schlegelberger*: über ihn unter II.

b) *Roland Freisler* (geb. 30.10.1893 in Celle als Sohn eines aus Mähren stammenden Diplom-Ingenieurs; gest. 3.2.1945 bei einem

---

5 Hierzu *Matthias Löffler*, Das Diensttagebuch des Reichsjustizministers Gürtner 1934–1938, Frankfurt a.M. 1997; s. auch *Gruchmann*, aaO., S. 254.

Bombenangriff in Berlin)[6], begann 1912 nach Besuch von Schulen in Duisburg, Aachen und Kassel (dort am Wilhelm-Gymnasium Abitur) das Studium der Rechtswissenschaften, und trat 1914 in ein Infanterie-Regiment ein. Im Oktober 1915 geriet er in russische Kriegsfangenschaft, während der er die russische Sprache erlernte. Als sich die Kriegsgefangenenlager nach Ausbrauch der Oktoberrevelution auflösten, wurde Freisler bolschewistischer Kommissar. Der Grund für seine späte Rückkehr aus der Kriegsgefangenschaft im Juni 1920 ist bis heute nicht bekannt. Er setzte das Studium der Rechtswissenschaften in Jena fort, das er 1921 mit dem ersten Staatsexamen und der Promotion abschloß (2. Staatsexamen im Oktober 1923). Im Februar 1924 ließ er sich als Rechtsanwalt in Kassel nieder (zusammen mit seinem Bruder Oswald F.). Zunächst im Völkisch-sozialen Block tätig, trat Freisler im Juli 1925 der NSDAP bei und war 1924–1933 Mitglied der Stadtverordnetenversammlung in Kassel, zugleich Kommunal- und Provinziallandtagsabgeordneter.

1932 wurde er in den preussischen Landtag, 1933 in den Reichstag gewählt. Im März 1933 wurde er Ministerialdirektor, zum 1.6.1933 Staatssekretär im preussischen Justizministerium (ab Herbst 1934 im Reichsjustizministerium). Auf Freisler – ein hochbegabter Jurist und dynamischer Redner – geht vor allem die Durchdringung des Straf- und Strafverfahrensrechts mit nationalsozialistischem Gedankengut zurück. Am 20.8.1942 wurde er als Nachfolger Thieracks zum Präsidenten des Volksgerichtshofs ernannt. Als Vorsitzender des Ersten Senats des VGH war er für eine Vielzahl von Todesurteilen vor allem in den als Schauprozesse anzusehenden Strafverfahren zum 20. Juli 1944 verantwortlich.

2. *Franz Schlegelberger* wurde am 29.10.1876 in Königsberg als Sohn eines wohlhabenden Kaufmanns geboren und verstarb am

---

6 Über Freisler ist bisher keine aus den Quellen erarbeitete umfassende Biografie, die auch die umfangreichen Veröffentlichungen Freislers berücksichtigen müsste, erschienen. Über Teilaspekte *Gert Buchheit*, Richter in roter Robe. Freisler, Präsident des Volksgerichtshofs, München 1968; *Helmut Ortner*, Der Hinrichter. Roland Freisler, Mörder im Dienste Hitlers, Göttingen 1995 (und später).

14.12.1970 in Flensburg[7]. Nach dem Studium an den Universitäten Königsberg und Berlin wurde er 1897 Referendar, promovierte 1899 zum Dr. iur., wurde 1901 Gerichtsassessor und 1904 Landrichter in Lyck. 1908 kam er als Hilfsrichter an das Kammergericht (hier 1914 Kammergerichtsrat). 1918 war er zunächst im Reichsjustizamt kommissarisch tätig, dann als Regierungsrat und Vortragender Rat im Reichsjustizministerium (seit 1920 Ministerialrat). 1921 wurde er Leiter (ab 1927 als Ministerialdirektor) der neuen Abteilung III Handels-, Gewerbe-, Arbeits- und Völkerrecht des RJM. In der Weimarer Zeit war er maßgeblich an der Aktienrechtsreform beteiligt, die er bis zum Aktiengesetz von 1937 betreute. Zunächst unter Joël, 1932 unter Gürtner, und zwar auch für die Zeit nach dem 31.1.1933, war er Staatssekretär des Reichsjustizministeriums. In die NSDAP wurde er 1938 zwangsweise aufgenommen. Schlegelberger schätzte sich „als bürgerlich konservativ", eher als „fortschrittlich konservativ" ein (*Förster*, S. 39). Im März/Anfang April 1933 leistete Schlegelberger teilweise „sorgfältig versteckten Protest" (*Förster*, S. 40; vereinzelt auch noch danach) gegen gesetzgeberische Zumutungen des Nationalsozialismus. Insgesamt hat er die Ausschaltung des Parlaments bei der Gesetzgebung sowie deren Abkehr vom „Individualismus" und „politischen Liberalismus" (*Förster*, S. 42) in der Gesetzgebung begrüßt, wie sich insbesondere in seinem Vortrag von 1937: „Abschied vom BGB" zeigte. Im ganzen war das Verhalten Schlegelbergers gegenüber Hitler und dem Nationalsozialismus zumindest bis Anfang 1941 ambivalent.

Vom 30.1.1941–20.8.1942 leitete er das Justizministerium als kommissarischer Justizminister. Im März 1942 war er mit dem Fall Schlitt (scharfe Kritik Hitlers an einem seiner Ansicht nach zu milden Urteil)

7 Über Schlegelbergers Amtszeit als Staatssekretär und vor allem als kommissarischer Justizminister existiert bislang keine detaillierte Untersuchung; vgl. *Arne Wulff*, Staatssekretär Dr. Dr. h.c. Franz Schlegelberger (1876–1970), Frankfurt a.M. 1991; *Eli Nathans*, Franz Schlegelberger. Baden-Baden 1990; *Michael Förster*, Jurist im Dienste des Unrechts. Leben und Werk des ehemaligen Staatssekretärs im Reichsjustizministerium, Franz Schlegelberger (1876–1970), Baden-Baden 1995; *Andreas Thier*, NDB Bd. 23 (2009), Sp. 44 ff.; *Jürgen Kipp*, in: Lebenswege und Rechtswege. Vorträge im Berliner Kammergericht, Berlin 2012, S. 81 ff.

konfrontiert[8], der nach einer Urteilskorrektur durch das Reichsgericht Ende März 1942 zur Verurteilung Schlitts zum Tode führte. Ein Jahr vorher war Schlegelberger mit dem Euthanasieproblem[9] befaßt, das er in der Arbeitsbesprechung am 31.3.1941 zur Sprache brachte. Unter ihm erfolgten der Erlass der Polenstrafrechts-VO vom 4.12.1941 und die Einführung der Nichtigkeitsbeschwerde in Zivilsachen durch VO vom 15.7.1941; hinzu kam eine „massive Bevormundung" der Staatsanwaltschaft (*Förster*, S. 98) durch sein Ministerium. Auch an der Nacht-und-Nebel-Aktion von Ende 1941/1942 (Verschleppung von 7000 nichtdeutschen Zivilisten aus Frankreich, Belgien, den Niederlanden und Norwegen zur Verurteilung in Deutschland) war Schlegelberger beteiligt (*Förster*, S. 127 ff.). Ferner erklärte sich Schlegelberger mit der Überstellung von Strafgefangenen an die Gestapo einverstanden. Endlich unterstützte er den Vorschlag des Innenministers, „Mischlinge ersten Grades" zu sterilisieren[10]: Es sei vorzuziehen „die Verhinderung der Fortpflanzung dieser Mischlinge ihrer Gleichbehandlung mit den Volljuden und der hiermit verbundenen Abschiebung". „Dem würde es entsprechen, dass die Abschiebung bei denjenigen Halbjuden von vornherein ausscheidet, die nicht mehr fortpflanzungsfähig sind. Ein völkisches Interesse an der Lösung der Ehe zwischen einem solchen Halbjuden und einem Deutschblütigen besteht nicht. Den fortpflanzungsfähigen Halbjuden sollte die Wahl gelassen werden, sich der Unfruchtbarmachung zu unterziehen oder in gleicher Weise (wie Juden) abgeschoben zu werden".

Im Nürnberger Nachfolgeprozeß III wurde Schlegelberger am 3.12.1947 zu lebenslanger Haft vor allem wegen seines Verhaltens

8 Hierzu unten S.; *Förster*, aaO., 58 ff.; *Johe*, aaO., 172 ff.

9 Hierzu u. a. *Ernst Klee*, „Euthanasie im Dritten Reich: Die Vernichtung lebensunwerten Lebens", vollst. überarbeitete Neuausgabe, Frankfurt a.M. 2010; *Gruchmann*, aaO., 997 ff.; *Förster*, aaO., 103 ff.

10 Hierzu *Förster*, aaO., 145 ff. Der Vorschlag war auf der Wannseekonferenz am 20.1.1941 und auf der Folgekonferenz am 6.3.1942 diskutiert worden (Zitat bei *Förster*, aaO., 146). Zur Wannseekonferenz *Norbert Kampe/Peter Klein*, Die Wannseekonferenz am 20. Januar 1942. Dokumente, Forschungsstand, Kontroversen, Köln 2013.

während der Ministerzeit verurteilt[11]. Seine Billigung des Vorschlags, Halbjuden „die Wahl zu lassen zwischen Unfruchtbarmachung und Abschiebung“ wurde vom Gericht nicht entlastend berücksichtigt. Anfang 1951 wurde er wegen „krankheitsbedingter Haftunfähigkeit“(*Förster*, S. 169) vorläufig aus der Haft entlassen. Erst 1957 wurde seine Strafe auf die tatsächliche Haftzeit herabgesetzt.

3. *Otto Georg Thierack* wurde am 19.4.1889 in Wurzen/Sachsen als Sohn eines Kaufmanns geboren (gest. 22.11.1946 im Lager Eselheide/Sennelager [Selbstmord])[12]. Studium der Rechtswissenschaften in Marburg und Leipzig, 1913 Referendarexamen, 1914 Promotion, 1914–1918 Teilnahme am 1. Weltkrieg. Nach dem Assessorexamen 1920 wurde er 1921 Staatsanwalt beim Landgericht Dresden (1926 beim OLG Dresden). Mitglied der NSDAP seit dem 1.8.1932. Vom 12.5.1933–31.3.1935 war er sächsischer Justizminister und ab 1.1.1935 zugleich Beauftragter des Reichsjustizministers zur Überleitung der Rechtspflege auf das Reich und Leiter der Abteilung Sachsen-Thüringen des RJM. Am 1.4.1935 wurde er Vizepräsident des Reichsgerichts, am 1.5.1936 Präsident des Volksgerichtshofs. Er war Mitglied der strafrechtlichen Ausschüsse der Akademie für Deutsches Recht zwischen 1933 bis ca. 1937, der Strafrechtskommission des Reichsjustizministeriums (1933–1939) und der Großen Strafprozeßkommission des RJM (1936–1938)[13]. Vom 20.8.1942–30.4.1945 war er Reichsjustizminister, zugleich auch Vorsitzender des NS-Rechtswahrerbundes und Präsident der Akademie für Deutsches Recht.

---

11 Hierzu *Lore Maria Peschelt-Gutzeit*, Das Nürnberger Juristenurteil, historischer Zusammenhang und aktuelle Bezüge, Baden-Baden 1996.

12 Über Thierack *Schädler*, aaO., S. 69 ff.; *Konstanze Braun*, Dr. Otto Thierack (1889–1946), Frankfurt a.M. 2005.

13 Protokolle dieser Gremien bei *W. Schubert*, Akademie für Deutsches Recht, Protokolle der Ausschüsse, Bd. VII und VIII, Frankfurt a.M. 1999; *Jürgen Regge/Werner Schubert*, Quellen zur Reform des Straf- und Strafprozessrechts, Abt. II, Berlin 1988–1990; *Werner Schubert*, Quellen zur Reform des Straf- und Strafprozessrechts, Abt. III, Berlin 1991–1993.

Nach dem im Reichsgesetzblatt veröffentlichten Führererlaß vom 20.8.1942 war Thierack damit beauftragt, „eine nationalsozialistische Rechtspflege aufzubauen" (RGBl. I 1942, S. 535). Thierack war ein „fanatischer Nationalsozialist"[14], der skrupellos die Ziele des Nationalsozialismus in der Justiz durchzusetzen versuchte. Mit Himmler vereinbarte er bereits am 18.9.1942 eine „Korrektur bei nicht genügenden Justizurteilen durch polizeiliche Sonderbehandlung"(*Braun*, S. 176 ff.). Ferner vereinbarte er mit dem Reichsführer SS: „Es werden restlos ausgeliefert die Sicherungsverwahrten, Juden, Zigeuner, Russen und Ukrainer, Polen über 3 Jahre Strafe, Tschechen oder Deutsche über 8 Jahre Strafe nach Entscheidung des Reichsjustizministers. Zunächst sollen die übelsten asozialen Elemente unter letzteren ausgeliefert werden"(*Braun*, S. 179)(bis Ende April 1943 wurden 14700 Personen von der Justiz unmittelbar in die Konzentrationslager deportiert).

Zur Abgabe von Strafverfolgungen wurde zwischen Thierack und Himmler im September 1942 folgende Vereinbarung getroffen: „Es besteht Übereinstimmung darüber, dass in Rücksicht auf die von der Staatsführung für die Bereinigung der Ostfrage beabsichtigten Ziele in Zukunft Juden, Polen, Zigeuner, Russen und Ukrainer nicht mehr von den ordentlichen Gerichten, soweit es sich um Strafsachen handelt, abgeurteilt werden sollen, sondern durch den Reichsführer SS erledigt werden. Dies gilt nicht für bürgerlichen Rechtsstreit und auch nicht für Polen, die in die deutschen Volkslisten angemeldet und eingetragen sind"(*Braun*, S. 192). Wegen des Widerstandes von östlichen Gauleitern und des OLG-Präsidenten Wohler (Danzig) wurde die Übernahme der Strafverfolgung von Polen durch die Polizei vorübergehend ausgesetzt. In einer Verordnung vom 1.7.1943 wurde allgemein bestimmt, dass „strafbare Handlungen von Juden durch die Polizei geahndet" würden (RGBl. I 372). Hinsichtlich einer Prügelstrafe für Jugendliche stellte die Niederschrift über die Besprechung vom 18.9.1942 fest: „Anläßlich der Berichterstattung über die Swing-Jugend hat der Führer die Einführung der

14 Nach einer Aussage des LGDir. a.D. Dr. Färber vor dem Internationalen Militärgerichtshof, zitiert nach *Schädler*, aaO., 87.

Prügelstrafe für diese Jugendlichen angeordnet. Aus äußerlichen Gründen soll von der gesetzlichen Einführung dieser Prügelstrafe abgesehen werden. Die für diese Strafe in Frage kommenden Jugendlichen sollen vielmehr durch den Herrn Justizminister an Jugendschutzlager der Sicherheitspolizei abgegeben werden, wo dann die Prügelstrafe zu vollstrecken ist" (*Braun*, S. 198). Die von Thierack eingeführten Richterbriefe (ab Oktober 1942)[15] und die teilweise schon früher praktizierte Vor- und Nachschau (Besprechung der Gerichtspräsidenten mit Vorsitzenden Richtern vor und nach der Hauptverhandlung) waren zwar noch kein Eingriff in die von Thierack immer wieder betonte „Weisungsfreiheit des Richters", dürften jedoch in praxi als Beeinträchtigung der Entscheidungsfreiheit des Richters empfunden worden sein.

Staatssekretär unter Thierack war zunächst der Hamburger OLG-Präsident *Curt Rothenberger*[16], der sich schon vor seinem Amtsantritt als Justizreformer empfohlen hatte. Wohl primär auf ihn geht die Begründung der im folgenden Abschnitt genannten „Ämter" des RJM und von Akademieausschüssen zurück. In den Beratungen des „Amtes" für „Neuordnung der deutschen Gerichtsverfassung" bestand für das zu erlassende Richtergesetz Einigkeit darüber[17], dass „der Richter seinem Wesen nach frei von bindenden Weisungen, die das Ergebnis des Einzelfalles betreffen, entscheiden müsse". Insbesondere in der Tatsachenermittlung und Beweiswürdigung sollte der Richter von äußeren Einflüssen frei sein. Auf der anderen Seite wurde als „Ausnahme" anerkannt, dass „der Führer nicht nur rechtsgrundsätzliche

---

15 Hrsg. von *Heinz Boberach* unter dem Titel: Richterbriefe. Dokumente zur Beeinflussung der deutschen Rechtsprechung 1942–1944, Boppard a.Rhein 1975.

16 Curt Rothenberger (geb. 1876 in Cuxhaven, gest. 1959) war seit 1925 Richter im Hamburger Justizdienst, bevor er im März 1933 Hamburger Justizsenator wurde. Von 1935–1942 war er Präsident des Hanseatischen Oberlandesgerichts. Verurteilung im Nürnberger Juristenprozess (1950 aus der Haft entlassen). Über R. *Klaus Bästlein*, in: Justizbehörde Hamburg (Hrsg.), Für Führer, Volk und Vaterland ... Hamburger Justiz im Nationalsozialismus, Hamburg 1992, 74–145; *Susanne Schott*, Curt Rothenberger – eine politische Biographie, Diss. iur. Halle-Wittenberg 2001.

17 Das Folgende nach *W. Schubert*, Akademie-Edition, Bd. VI, Frankfurt a.M. 1997, 88 f. m.w.N.

Weisungen erteilen, sondern auch in den Einzelfall eingreifen könne, indem er die Entscheidung an sich ziehe". Nach der Anlage zum Bericht über die Tagung des „Amtes" vom März 1944 wurden zu der Frage, „ob der Führer einen Richter anweisen könne, eine bestimmte Entscheidung zu fällen, ohne dass diese Anweisung im Rechtsstreit erwähnt werde", zwei Meinungen vertreten: „entweder: ‚Der Führer sollte das nicht tun', oder: ‚Der Führer kann das nicht tun, weil in der bindenden Anweisung schon die Entscheidung der Evokation liegt'. Wenn der Rechtsstreit aus dem Bereich des freien Rechts heraustrete und in die politische Sphäre überspiele, dann müsse man die Entscheidung dem Richter nehmen, und zwar offen. Der Führer wolle zweifellos keine Unehrlichkeit." Allerdings war unbestritten, dass der Richter sowohl an das Gesetz als auch die hinter ihm stehende nationalsozialistische Rechtsidee gebunden war. Verstieß er gegen die Grundlagen der nationalsozialistischen Weltanschauung und bot er danach nicht mehr die Gewähr, dass er das Recht als Nationalsozialist anwenden werde, so war er in den Ruhestand zu versetzen. Die Entscheidung war vom „Führer" zu treffen. Die Leitsätze vom 15.6.1944 zu einem Richtergesetz stellten fest, dass die Gerichtsbarkeit vom Führer ausgehe und dieser den Richter auf Lebenszeit ernenne und jede richterliche Gewalt bekleide. Damit sollte der Richter aus der beamtenrechtlichen Stellung herausgenommen werden. Unter Nr. 9 der Leitsätze war die Unabhängigkeit des Richters wie folgt umschrieben: „Niemand darf den Richter in der Ausübung seines Amtes behindern oder beeinflussen, niemand darf in sein Amt eingreifen. Sein Spruch fordert Achtung und Gehorsam. Für ihn ist er nur dem Führer verantwortlich". Unter Ziffer 10: „Nationalsozialistische Haltung des Richters" war in Abs. 1 festgestellt: „Der Richter ist Nationalsozialist."

Am 21.12.1943 wurde Rothenberger von Thierack, in deren Verhältnis es bald zu erheblichen Differenzen gekommen war, entlassen. Äußerer Anlaß hierfür war der Vorwurf, das Werk von Rothenberger „Der deutsche Richter" (1943), enthalte Plagiate aus einem Werk des Schweizer Rechtshistorikers Heinz Fehr.

Nachfolger Rothenbergers wurde zum 1.1.1944 *Herbert Klemm*[18], der im sächsischen Justizministerium persönlicher Referent Thieracks gewesen war und von März 1941 an der Parteikanzlei angehörte (Leiter der Gruppe: „Justiz und Parteirecht").

Trotz oder besser vielleicht auch wegen der Abgabe von Kompetenzen an die Polizei konnte Thierack die Stellung des RJM im NS-Staat konsolidieren: „Insgesamt hat sich das RJM" (so *Schädler*, S. 336 f.), „in den letzten drei Kriegsjahren als aktive und durchaus einflußreiche oberste Reichsbehörde präsentiert, die durch den Wechsel an der Justizspitze sehr bald aus ihrer vorübergehenden Bedeutungslosigkeit herausgetreten ist und wieder an Einfluß gewonnen hat. Das Reichsjustizministerium muß daher als ein wichtiges Ordnungszentrum am Ende des ‚Dritten Reichs' gesehen werden, das aufgrund seiner Radikalisierung weit davon entfernt war – wie zwischendurch einmal geplant -, als mit dem Nationalsozialismus unvereinbare Behörde aufgelöst und in andere Ministerien integriert zu werden."

III. Der Abbau der Rechtsstaatlichkeit durch die Justizgesetzgebung und sonstige Reformprojekte (1933–1944)[19]

Im folgenden wird auf wichtige Gesetze und Verordnungen sowie sonstige Maßnahmen, welche rechtsstaatliche Grundsätze aushöhlten oder beseitigten, und bedeutendere Reformgesetze hingewiesen. Ein Großteil von ihnen war Gegenstand der Besprechungen im Reichsjustizministerium.

---

18 Über Klemm (geb. 1903 in Leipzig; Todesdatum nicht bekannt) u. a. *Schädler*, aaO., 150 ff. Klemm war von 1933–1935 persönlicher Referent von Thierack, anschließend zunächst im Reichsjustizministerium, ab Juli 1940 beim Reichskommissar für die besetzten niederländischen Gebiete, ab 1941 beim Stab des Stellvertreters des Führers (Parteizentrale) Leiter der Abt. Justiz und Parteirecht beschäftigt. Verurteilung im Nürnberger Juristenprozess.

19 Die Gesetzestexte sind grundsätzlich auch über das Internet abrufbar. Die im Folgenden genannten Strafgesetze sind ausführlich besprochen von *Gerhard Werle*, Justiz-Strafrecht und polizeiliche Verbrechensbekämpfung im Dritten Reich, Berlin 1989.

- *VO des Reichspräsidenten zum Schutz von Volk und Staat vom 28.2.1933* (RGBl. I 83): Die Verordnung setzte „Kernfreiheitsrechte" (*Werle*, S. 65) wie die persönliche Freiheit, das Recht der freien Meinungsäußerung (einschließlich Pressefreiheit), das Vereins- und Versammlungsrecht sowie das Briefgeheimnis „bis auf weiteres außer Kraft", auch außerhalb der sonst hierfür bestimmten gesetzlichen Grenzen"(§ 1). § 1 der VO bildete die Grundlage für die Verhängung von Schutzhaft, der sog. vorbeugenden Polizeihaft (hierzu Erlasse vom 12./26.7.1934 und 25.1.1938), die der gerichtlichen Kontrolle entzogen und wiederholt Gegenstand von Besprechungen im RJM waren. Durch die VO wurden die mit der Todesstrafe bedrohten Delikte erweitert (vgl. auch § 4, der eine „unbegrenzte Ermächtigung an die Exekutive zum Erlaß strafbewehrter Anordnungen" enthielt (*Werle*, S. 65).
- *VO des Reichspräsidenten gegen Verrat am Deutschen Volke und hochverräterische Umtriebe vom 28.2.1933* (RGBl. I 85); Sie brachte eine Verschärfung der Vorschriften gegen Landesverrat und Verrat militärischer Geheimnisse.
- VO vom 21.3.1933 über die Bildung von Sondergerichten (RGBl. I 136), von denen zunächst für jeden OLG-Bezirk je ein Sondergericht gebildet wurde (zunächst 26 Sondergerichte, in der Kriegszeit bis zu 74 Sondergerichte). Die Zuständigkeit der Sondergerichte wurde sukzessive erweitert. Die Besetzung der Mitglieder der Sondergerichte (ein Vorsitzender, zwei Beisitzer) erfolgte zunächst durch das Präsidium des Landgerichts, ab 1937 wohl durch den OLG-Präsidenten. Rechtsmittel gegen Entscheidungen der Sondergerichte waren nicht zulässig (ab 1940 Möglichkeit der Erhebung der Nichtigkeitsbeschwerde durch die Reichsanwaltschaft beim Reichsgericht [in der Regel zu Ungunsten des Angeklagten]).
- *Verordnung des Reichspräsidenten zur Abwehr heimtückischer Angriffe gegen die Regierung der nationalen Erhebung vom 21.3.1933* (RGBl. I 135), ersetzt durch das sog. Heimtückegesetz, *das Gesetz gegen heimtückische Angriffe auf Staat und Partei und zum Schutz der Parteiuniformen vom 20.12.1934* (RGBl. I 1269): „Wer

vorsätzlich eine unwahre oder gröblich entstellte Behauptung tatsächlicher Art aufstellt oder verbreitet, die geeignet ist, das Wohl des Reichs oder das Ansehen der Reichsregierung oder der Nationalsozialistischen Deutschen Arbeiterpartei oder ihrer Gliederungen schwer zu schädigen, wird ... mit Gefängnis bis zu 2 Jahren und, wenn er die Behauptung öffentlich aufstellt oder verbreitet, mit Gefängnis nicht unter drei Monaten bestraft"(§ 1). – „Wer öffentlich gehässige, hetzerische oder von niedriger Gesinnung zeugende Äußerungen über leitende Persönlichkeiten des Staates oder der NSDAP, über ihre Anordnungen oder die von ihnen geschaffenen Einrichtungen macht, die geeignet sind, das Vertrauen des Volkes zur politischen Führung zu untergraben, wird mit Gefängnis bestraft" (§ 2 Abs. 1).

- *Gesetz zur Behebung der Not von Volk und Reich (Ermächtigungsgesetz) vom 24.3.1933* (RGBl. 1933 141). Nach dem vom Reichstag verabschiedeten Gesetz konnten Gesetze auch durch die Reichsregierung (d.h. ohne Zustimmung des Parlaments) beschlossen werden. Die „von der Reichsregierung beschlossenen Reichsgesetze können von der Reichsverfassung abweichen, soweit sie nicht die Einrichtung des Reichstags und des Reichsrats als solche zum Gegenstand haben (Art. 2)".
- *Gesetz über Verhängung und Vollzug der Todesstrafe vom 29.3.1933* (RGBl. I 151). Rückwirkende Einführung der Todesstrafe für die in § 5 der VO vom 28.2.1933 genannten Verbrechen für die Zeit vom 31.1.–28.2.1933 (sog. lex van der Lubbe) – insoweit Aufhebung des Grundsatzes nulla poena sine lege.
- *Gesetz zur Wiederherstellung des Berufsbeamtentums vom 7.4.1933* (RGBl. I 175). Nach diesem Gesetz waren Beamte (auch Richter und Staatsanwälte), „die nicht arischer Abstammung sind", in den Ruhestand zu versetzen (§ 3). Dies sollte nicht gelten für Beamte, „die bereits seit dem 1.8.1914 Beamte gewesen sind oder die im Weltkrieg an der Front für das Deutsche Reich oder für seine Verbündeten gekämpft haben oder deren Väter oder Söhne im Weltkrieg gefallen sind" (§ 3 Abs. 2). Nach § 4 konnten auch Beamte aus dem Dienst entlassen werden, „die nach ihrer bisherigen

politischen Betätigung nicht die Gewähr dafür bieten, dass sie jederzeit rückhaltlos für den nationalen Staat eintreten".

- *Gesetz über die Zulassung zur Rechtsanwaltschaft vom 7.4.1933* (RGBl. I 188): „Die Zulassung von Rechtsanwälten, die im Sinne des Gesetzes zur Wiederherstellung des Berufsbeamtentums vom 7. April 1933 nicht arischer Abstammung sind, kann bis zum 30. September 1933 zurückgenommen werden" (§ 1 Abs. 1). Diese Regelung sollte nicht gelten für die sog. Frontkämpfer und Altanwälte (§ 1 Abs. 2). Zur Beratung dieses Gesetzes des RJM mit den Justizministern der Länder *W. Schubert*: „Sentimentalität sei nicht am Platze sondern Brutalität" (Kerrl), Sav.–Zeitschrift für Rechtsgeschichte, Germ. Abt., Bd. 126, 2009, 281–295). – Die Entlassung der Notare erfolgte nach dem Berufsbeamtengesetz.
- *Gesetz gegen gefährliche Gewohnheitsverbrecher und über Maßregeln der Sicherung und Besserung vom 24.11.1933* (RGBl. I 995). Möglichkeit der Anordnung der zeitlich unbegrenzten Sicherungsverwahrung (§ 42 i StGB) von gefährlichen Gewohnheitsverbrechern. Diese Maßregel war wiederholt Gegenstand der Besprechungen im RJM. Ferner Möglichkeit der Anordnung der „Entmannung" gefährlicher Sittlichkeitsverbrecher (§ 42 k).
- *Gesetz zur Änderung von Vorschriften des Strafrechts und des Strafverfahrens vom 24.4.1934* (RGBl. I 341). Neufassung der Bestimmungen über Hochverrat (§§ 80–93 a StGB). Errichtung des Volksgerichtshofs zur Aburteilung von Hochverrats- und Landesverratssachen. Entscheidung in der Besetzung von fünf Mitgliedern. Der Vorsitzende und ein weiteres Mitglied mußten die Befähigung zum Richteramt haben (Art. III § 1 Abs. 2 des Gesetzes). Verfolgungs- und Anklagebehörde war der „Oberreichsanwalt" am VGH.
- *Zweites Gesetz zur Überleitung der Rechtspflege auf das Reich vom 5.12.1934* (RGBl. I 1214). Nach diesem Gesetz gingen die Zuständigkeiten der obersten Landesjustizbehörden auf den Reichsminister der Justiz über (vgl. Erstes Überleitungsgesetz vom 16.2.1934, RGBl. I 91). – Durch einen Erlaß des RJM Gürtner vom 16.10.1934 (DJ 1934, 1295) wurde zum 22.10.1934 das

preussische Justizministerium mit dem RJM vereint. Durch das 3. Gesetz zur Überleitung der Rechtspflege auf das Reich vom 24.1.1935 (RGBl. I 68) wurden mit dem 1.4.1935 „die Justizbehörden der Länder Reichsbehörden, die Justizbeamten der Länder unmittelbare Reichsbeamte“ (§ 1). Bereits unter dem 18.12.1934 war eine Ausführungsverordnung zur Vereinheitlichung der Staatsanwaltschaften ergangen (DJ 1934, 1608).

- *Gesetz zur Änderung des Strafgesetzbuchs vom 28.6.1935* (RGBl. I 839). Dieses brachte u.a. eine Durchbrechung des Grundsatzes „nulla poena sine lege“: „Bestraft wird, wer eine Tat begeht, die das Gesetz für strafbar erklärt oder die nach dem Grundgedanken eines Strafgesetzes und nach gesundem Volksempfinden eine Bestrafung verdient. Findet auf die Tat kein bestimmtes Strafgesetz unmittelbar Anwendung, so wird die Tat nach dem Gesetz bestraft, dessen Grundgedanke auf sie am besten zutrifft“ (§ 2 StGB).
- *Das Gesetz zur Änderung von Vorschriften des Strafverfahrens und des Gerichtsverfassungsgesetzes vom 28.6.1935* (RGBl. I 844) brachte eine „freiere Stellung des Richters“ (Rechtsschöpfung durch entsprechende Anwendung der Strafgesetze; Verhütung ungerechter Freisprechungen durch Zulassung der Wahlfeststellung; freieres Ermessen des Richters bei Beweiserhebungen; Beseitigung von einseitigen Bindungen des Rechtsmittelgerichts, eine Befreiung des Reichsgerichts von Bindungen an alte Urteile sowie eine freiere Stellung der Staatsanwaltschaft).
- *Legalisierung der „Röhm-Aktion“* (Ermordung von mindestens 85–90 Personen) durch das Gesetz vom 3.7.1934 über Maßnahmen der Staatsnotwehr (RGBl. I, 529).
- *Gesetz zum Schutz des deutschen Blutes und der deutschen Ehre vom 15.9.1935* (RGBl. I 1146). Nach § 1 war Staatsangehöriger, „wer dem Schutzverband des Deutschen Reiches angehört und ihm dafür besonders verpflichtet ist“. Reichsbürger war nur der „Staatsangehörige deutschen oder artverwandten Blutes, der durch sein Verhalten beweist, dass er gewillt und geeignet ist, in Treue dem Deutschen Volk und Reich zu dienen“ (§ 2). Nach § 4 der 1. VO zum Reichsbürgergesetz vom 15.11.1935 (RGBl. I 1333) konnte ein

Jude nicht Reichsbürger sein. – „Jüdische Beamte treten mit Ablauf des 31. Dezember 1935 in den Ruhestand" (§ 4 Abs. 2 S. 1). Dies galt jedoch nicht für Rechtsanwälte, die 1933 noch nicht entlassen worden waren (Frontkämpfer, Altanwälte). Nach der 5. VO zum Reichsbürgergesetz vom 27.9.1938 (RGBl. I 1403) schieden sämtliche jüdischen Anwälte aus der Rechtsanwaltschaft aus; im alten Reichsgebiet war die Zulassung jüdischer Rechtsanwälte zum 30.11.1938 zurückzunehmen. – Zur rechtlichen Beratung und Vertretung von Juden ließ die Justizverwaltung „jüdische Konsolenten" zu, soweit hierfür ein Bedürfnis bestand. Jüdische Konsolenten durften nur Rechtsangelegenheiten von Juden sowie von jüdischen Gewerbebetrieben usw. geschäftsmäßig besorgen.

- *Gesetz zum Schutze des deutschen Blutes und der deutschen Ehre (Blutschutzgesetz) vom 15.9.1935 (RGBl. I, 1146):* § 1 Abs. 1: „Eheschließungen zwischen Juden und Staatsangehörigen deutschen oder artverwandten Blutes sind verboten. Trotzdem geschlossene Ehen sind nichtig, auch wenn sie zur Umgehung dieses Gesetzes im Ausland geschlossen sind." – § 2: „Außerehelicher Verkehr zwischen Juden und Staatsangehörigen deutschen oder artverwandten Blutes ist verboten." – § 3: „Juden dürfen weibliche Staatsangehörige deutschen oder artverwandten Blutes unter 45 Jahren in ihrem Haushalt nicht beschäftigen."
- *Gesetz gegen die Schwarzsender vom 24.11.1937* (RGBl. I 1298). Dieses Gesetz war Gegenstand der Besprechungen im RJM.
- *Gesetz zur Vereinheitlichung des Rechts der Eheschließung und Ehescheidung im Lande Österreich und im übrigen Reichsgebiet* (*Ehegesetz vom 6.7.1938*, RGBl. I 807). Das Ehegesetz brachte u. a. die Möglichkeit der Ehescheidung nach Auflösung der häuslichen Gemeinschaft: „Ist die häusliche Gemeinschaft der Ehegatten seit drei Jahren aufgehoben und infolge einer tiefgreifenden unheilbaren Zerrüttung des ehelichen Verhältnisses die Wiederherstellung einer dem Wesen der Ehe entsprechenden Lebensgemeinschaft nicht zu erwarten, so kann jeder Ehegatte die Scheidung begehren. – Hat der Ehegatte, der die Scheidung begehrt, die Zerrüttung ganz oder überwiegend verschuldet, so kann der andere der

Scheidung widersprechen. Der Widerspruch ist nicht zu beachten, wenn die Aufrechterhaltung der Ehe bei richtiger Würdigung des Wesens der Ehe und des gesamten Verhaltens beider Ehegatten sittlich nicht gerechtfertigt ist“ (§ 55).

- *Gesetz über die Errichtung von Testamenten und Erbverträgen vom 31.7.1938* (RGBl. I 973). Nach § 48 Abs. 2 war eine Verfügung von Todes wegen nichtig, „soweit sie in einer gesundem Volksempfinden gröblich widersprechenden Weise gegen die Rücksichten verstößt, die ein verantwortungsbewußter Erblasser gegen Familie und Volksgemeinschaft zu nehmen hat.“
- *Die Verordnung zur Regelung der gesetzlichen Erbfolge in besonderen Fällen vom 4.10.1944* (RGBl. I 242) brachte folgende Regelung: „Soweit die gesetzliche Erbregelung offensichtlich von dem Willen des Erblassers zum Nachteil naher Angehöriger in erheblicher Weise abweicht, kann das Nachlaßgericht auf Antrag den Nachlaß diesem Willen gemäß regeln, wenn das gesunde Volksempfinden dies erfordert“ (§ 1 Abs. 1).
- *Verordnung über das Sonderstrafrecht im Kriege und bei besonderem Einsatz vom 17.8.1938/26.8.1939* (RGBl. 1939, I 1455). Bestrafung u. a. der sog. Wehrkraftzersetzung: „Wegen Zersetzung der Wehrkraft wird mit dem Tode bestraft: 1. wer öffentlich dazu auffordert oder anreizt, die Erfüllung der Dienstpflicht in der deutschen oder einer verbündeten Wehrmacht zu verweigern oder sonst öffentlich den Willen des deutschen oder verbündeten Volkes zur wehrhaften Selbstbehauptung zu lähmen und zu zersetzen sucht; 2. wer es unternimmt, einem Soldaten oder Wehrpflichtigen des Beurlaubtenstandes zum Ungehorsam, zur Widersetzung oder zur Tätlichkeit gegen einen Vorgesetzten oder zur Fahnenflucht oder unerlaubten Entfernung zu verleiten oder sonst die Manneszucht in der deutschen oder einer verbündeten Wehrmacht zu untergraben; 3. wer es unternimmt, sich oder einen anderen durch Selbstverstümmelung, durch einen auf Täuschung berechnetes Mittel oder auf eine andere Weise der Erfüllung des Wehrdienstes ganz, teilweise oder zeitweise zu entziehen“ (§ 5 Abs. 1).

- *Novemberpogrome* in der Nacht vom 9. auf den 10.11.1938 (sog. Reichskristallnacht). Die Verfolgung der hierbei begangenen Straftaten war der Justiz weitgehend entzogen (vgl. unten S. 93 f., 112 f. und L. *Gruchmann*, Justiz im Dritten Reich, 3. Aufl. 2001, S. 484 ff.).
- *Verordnungen vom September/Dezember 1939 zum sog. Sonderstrafrecht.*
  a) *VO über außerordentliche Rundfunkmaßnahmen vom 1.9.1939* (RGBl. I 1683); Strafbarkeit u. a. des Abhörens ausländischer Sender.
  b) *Kriegswirtschaftverordnung vom 4.9. 1939* (RGBl. I 1609).
  c) *VO gegen Volksschädlinge* vom 5.9.1939 (RGBl. I 1679): Strafbarkeit u. a. der Plünderung im frei gemachten Gebiet, der Verbrechen bei Fliegergefahr, von gemeingefährlichen Verbrechen. Ausnutzung des Kriegszustandes als Strafschärfung.
- *Verordnung zum Schutz gegen jugendliche Schwerverbrecher vom 4.10.1939* (RGBl. I 2000). Anwendung von Erwachsenenstrafrecht.
- *Verordnung gegen Gewaltverbrecher vom 5.12.1939* (RGBl. I 2378). Gewalttaten mit der Waffe: „Wer bei einer Notzucht, einem Straßenraub, Bankraub oder einer anderen schweren Gewalttat Schuß-, Hieb- oder Stoßwaffen oder andere gleich gefährliche Mittel anwendet oder mit einer solchen Waffe einen anderen an Leib und Leben bedroht, wird mit dem Tode bestraft.– Ebenso wird der Verbrecher bestraft, der Verfolger mit Waffengewalt angreift oder abwehrt" (§ 1). Erfordernis des Tätertyps (*Werle*, S. 295 ff.).
- *Gesetz zur Änderung von Vorschriften des allgemeinen Strafverfahrens, der Wehrmachtstrafverfahren und des Strafgesetzbuchs vom 16.9.1939* (RGBl. I, 1841): Einführung des außerordentlichen Einspruchs gegen rechtskräftige Strafurteile: „Gegen rechtskräftige Urteile in Strafsachen kann der Oberreichsanwalt beim Reichsgericht binnen einem Jahr nach Eintritt der Rechtskraft Einspruch erheben, wenn er wegen schwerwiegender Bedenken gegen die Richtigkeit des Urteils eine neue Verhandlung und Entscheidung in der Sache für notwendig hält". Aufgrund des Einspruchs hatte ein „besonderer Strafsenat des Reichsgerichts in der Sache von Neuem" zu entscheiden.

- *Gesetz über die Mitwirkung des Staatsanwalts in bürgerlichen Rechtssachen vom 15.7.1941* (RGBl. I 383): „In bürgerlichen Rechtssachen der ordentlichen Gerichte ist der Staatsanwalt zur Mitwirkung befugt, um die vom Standpunkt der Volksgemeinschaft im Verfahren bei der Entscheidung zu berücksichtigenden Umstände geltend zu machen" (§ 1 Abs. 1 S. 1). – Vgl. ferner § 2: „In rechtskräftig entschiedenen bürgerlichen Rechtssachen der ordentlichen Gerichte kann der Oberreichsanwalt beim Reichsgericht binnen eines Jahres nach Eintritt der Rechtskraft die Wiederaufnahme des Verfahrens beantragen, wenn gegen die Richtigkeit der Entscheidung schwerwiegende rechtliche oder tatsächliche Bedenken bestehen und er wegen der besonderen Bedeutung der Entscheidung für die Volksgemeinschaft die erneute Verhandlung und Entscheidung für erforderlich hält" (§ 2).
- *Gesetz zur Änderung des Reichsstrafgesetzbuchs vom 4.9.1941* (RGBl. I 549). Todesstrafe für gefährliche Gewohnheits- und Sittlichkeitsverbrecher. Neuregelung der Tatbestände des Mordes und des Totschlags (Problem des Tätertypenerfordernisses, *Werle*, S. 314, 334 ff.).
- *Verordnung über die Strafrechtspflege gegen Polen und Juden in den eingegliederten Ostgebieten vom 4.12.1941* (RGBl. I 759): I: Polen und Juden „werden mit dem Tode bestraft, wenn sie gegen einen Deutschen wegen seiner Zugehörigkeit zum deutschen Volkstum eine Gewalttat begehen". – „Sie werden mit dem Tode, in minderschweren Fällen mit Freiheitsstrafe bestraft, wenn sie durch gehässige oder hetzerische Betätigung eine deutschfeindliche Gesinnung bekunden, insbesondere deutschfeindliche Äußerungen machen oder öffentliche Anschläge deutscher Behörden oder Dienststellen abreißen oder beschädigen, oder wenn sie durch ihr sonstiges Verhalten das Ansehen oder das Wohl des Deutschen Reiches oder deutschen Volkes herabsetzen oder schädigen." – Nach II. sollten Polen und Juden auch bestraft werden, „wenn sie gegen die deutschen Strafgesetze verstoßen oder eine Tat begehen, die gemäß dem Grundgedanken eines deutschen Strafgesetzes nach den in den eingegliederten Ostgebieten

bestehenden Staatsnotwendigkeiten Strafe verdient" (II.). Die Aburteilung der Polen und Juden erfolgte vor dem Sondergericht oder dem Amtsrichter. Jedes Urteil war sofort vollstreckbar; jedoch hatte der Staatsanwalt das Recht, gegen Urteile des Amtsrichters Berufung an das OLG einzulegen. – Vgl. bereits die VO vom 6.6.1940 (RGBl. I 844) zur Einführung des Reichsstrafrechts und dessen „sinngemäße" Anwendung.

- *Erlaß des Führers über die Vereinfachung der Rechtspflege vom 21.3.1942* (RGBl. I 139; unten S. 273 f. abgedruckt).
- *Beschluß des Großdeutschen Reichstags vom 26.4.1942* (RGBl. I 247): „Es kann keinem Zweifel unterliegen, dass der Führer ... als oberster Gerichtsherr und als Führer der Partei jederzeit in der Lage sein muß, nötigenfalls jeden Deutschen – sei er einfacher Soldat oder Offizier, niedriger oder hoher Beamter oder Richter, leitender oder dienender Funktionär der Partei, Arbeiter oder Angestellter – ... im besonderen ohne Einleitung vorgeschriebener Verfahren aus seinem Amte, aus seinem Rang oder seiner Stellung zu entfernen".
- *Erlaß des Führers über besondere Vollmachten des Reichsministers der Justiz vom 20.8.1942* (RGBl. I 535): „Zur Erfüllung der Aufgaben des Großdeutschen Reiches ist eine starke Rechtspflege erforderlich. Ich beauftrage und ermächtige daher den Reichsminister der Justiz, nach meinen Richtlinien und Weisungen im Einvernehmen mit dem Reichsminister und Chef der Reichskanzlei und dem Leiter der Partei-Kanzlei eine nationalsozialistische Rechtspflege aufzubauen und alle dafür erforderlichen Maßnahmen zu treffen. Er kann hierbei vom bestehenden Recht abweichen."
- 1942–1944: Auf den Tagungen im RJM wurden die Arbeiten der folgenden Ausschüsse der Akademie für Deutsches Recht und von „Ämtern" des RJM zur Rechtsreform wiederholt angesprochen: a) Sonderausschuß für Wahrheitsforschung in der ADR (1943), – Rechtsprechung durch das Volk (Akademieausschuß und Amt des RJM), Richter und Rechtspfleger (Amt des RJM), Neuordnung der deutschen Gerichtsverfassung (Amt des RJM). (Protokolle der Ausschüsse der ADR und der „Ämter des RJM" bei *W. Schubert*,

Akademie für deutsches Recht, Protokolle, Bd. VI, 1997, S. 373 ff., 527 ff., 557 ff., 648 ff., 671 ff., 723 ff., 735 ff.).

- *Verordnung zur Angleichung des Strafrechts des Altreichs und der Alpen- und Donau-Reichsgaue (Strafrechtsangleichungsverordnung) vom 29.5.1943* (RGBl. I 339; vgl. hierzu *Werle*, S. 426 ff.). Änderungen im Allg. Teil des StGB im Sinne des Willensstrafrechts. Bestrafung der uneidlichen Falschaussage (§ 453 ff.). Zum Willensstrafrecht aus der Begründung zum StGB-Entwurf von 1936: „Die neue Weltanschauung stellt höchste Anforderungen an den Willen des Einzelnen in seinem Verhältnis zur Gemeinschaft. Sie erblickt deshalb in dem betätigten bösen Willen den eigentlichen Friedensstörer, den Feind, der mit den Waffen des Strafrechts zu bekämpfen ist. Der Entwurf will deshalb das künftige Strafrecht zu einem kämpferischen Recht, zu einem Willensstrafrecht ausgestalten"(zitiert nach J. Regge/W. Schubert, Quellen zur Reform des Straf- und Strafprozeßrechts, II. Abt., I 2, Berlin 1990, S. 4).
- *Neufassung des Reichsjugendgerichtsgesetzes vom 6.11.1943* (RGBl. I 635, 637). Unterscheidung zwischen Jugendstrafe (u. a. Gefängnisstrafe von unbestimmter Dauer), Zuchtmitteln (Jugendarrest, bereits seit 1940, Auferlegung von Pflichten, Verwarnung) und Erziehungsmaßregeln (Weisungen, Schutzaufsicht, Fürsorgeerziehung). Vorrangig Erziehung vor der Strafe. – Zum nationalsozialistischen Gehalt des JGG von 1943 *Werle*, S. 456 ff. und Jörg *Wolff*, Jugendliche vor Gericht im Dritten Reich. Nationalsozialistische Jugendstrafrechtspolitik und Justizalltag, München 1992.
- *Projekt (Entwürfe) zu einem Gesetz über die Behandlung Gemeinschaftsfremder* (letzte Fassung vom 17.3.1944: Entwurf zu einer Neufassung des Allgemeinen Teils des StGB vom 29.6.1944, in den das Gemeinschaftsfremdengesetz eingearbeitet wurde). Nach dem Entwurf zu einem Gemeinschaftsfremdengesetz war gemeinschaftsfremd (§ 1): „1. Wer sich nach Persönlichkeit und Lebensführung, insbesondere wegen außergewöhnlicher Mängel des Verstandes oder des Charakters außerstande zeigt, aus eigener Kraft den Mindestanforderungen der Volksgemeinschaft zu

genügen – 2. wer a) aus Arbeitsscheu oder Liederlichkeit ein nichtsnutzes, unwirtschaftliches oder ungeordnetes Leben führt und dadurch andere oder die Allgemeinheit belastet oder gefährdet oder einen Hang oder eine Neigung zum Betteln oder Landstreichen, zu Arbeitsbummelei, Diebereien, Betrügereien und anderen nicht ernsten Straftaten oder Ausschreitungen in der Trunkenheit betätigt oder aus solchen Gründen bereits Pflichten gröblich verletzt oder b) aus Unverträglichkeit oder Streitlust den Frieden der Allgemeinheit hartnäckig stört, oder 3. wer nach seiner Persönlichkeit und Lebensführung erkennen läßt, dass seine Sinnesart auf Begehung von ernsten Straftaten gerichtet ist (gemeinschaftsfeindlicher Verbrecher und Neigungsverbrecher)". Die Überwachung der Gemeinschaftsfremden sollte durch die Polizei erfolgen. Über Maßnahmen, die gegen Gemeinschaftsfremde wegen strafbarer Handlungen erforderlich waren, sollten Gerichte entscheiden; daneben sollten „polizeiliche Überwachungsmaßnahmen" zulässig sein (*Werle*, 621 ff., W. *Schubert*, Akademie für Deutsches Recht, Bd. VIII, Frankfurt a.M. 1999, S. 298 ff.; Sarah *Schädler*, „Justizkrise" und „Justizreform" im Nationalsozialismus. Das RJM unter Reichsjustizminister Thierack (1942–1945, Tübingen 2009, S. 280 ff.).

- *1939, September – 1944, September: Vereinfachungsverordnungen und Kriegsmaßnahmenverordnungen für den Zivilprozeß und die Gerichtsverfassung:* RGBl. I *1939* 658; *1940*, 1253, *1942*, 333, *1943*, 7, 290, *1944*, 229.
- *1939, September – 1944: Vereinfachungs- und Kriegmaßnahmenverordnungen für den Strafprozeß und die Strafgerichtsverfassung:* RGBl. I 1939, 1659, 1940, 405 (Zuständigkeitsverordnung, *1942*, 508, 512, *1943*, 342, 346 und *1944*, 339.)

IV. Die Chefpräsidenten, Generalstaatsanwälte und Oberstaatsanwälte (1933–1945)[20]

1. Oberlandesgerichtspräsidenten

Kammergericht (Berlin): Dr. Eduard Tigges (1922–1933), Heinrich Hölscher (1933–1943), Dr. Johannes Block (1943–1945).

Bamberg: Hans Aull (1932–1933), Albert Heuwieser (1933–1938), unbesetzt (1938–1939) (Vertreter: Vizepräsident Otto Stammler), Dr. Enst Dürig (1939–1944).

Braunschweig: Dr. Willy Röpcke (1930–1933), Dr. Bruno Heusinger (1933–1934), Günther Nebelung (1935–1944), Richard Kuhlenkamp (1944–1945).

Breslau: Max Witte (1927–1933), Dr. August Herwegen (1933–1935), Walther Frhr. von Steinaecker (1936–1942), Dr. Friedrich Jung (1943–1945).

Celle: Adolf von Garßen (1932–1945).

Danzig: Walter Wohler (1939–1945) (seit 1937 Präsident des Obergerichts Danzig).

Darmstadt: Dr. Adolf Müller (1931–1935), Dr. Wilhelm Stuckart (1935), Dr. Ludwig Scriba (1936–1945).

Dresden: Dr. Alfred Hüttner (1931–1939), Rudolf Beyer (1939–1945).

Düsseldorf: Dr. Franz Schollen (1922–1933), Wilhelm Schwister (1933–1943), Paul Windhausen (1943–1945).

Frankfurt a.M.: Dr. Bernhard Hempen (1930–1933), Otto Stadelmann (1933–1939), Artur Ungewitter (1939–1945).

Graz: Dr. Fritz Meldt (1938–1945),

---

20 Über die OLG-Präsidenten *Moritz von Köckritz*, Die deutschen Oberlandesgerichtspräsidenten im Nationalsozialismus (1933–1945), Frankfurt a.M. 2011, 545 ff. tabellarische Übersicht. Bei *Gruchmann*, aaO., 1211 ff. sind auch die Generalstaatsanwälte bis 1942 aufgeführt (Fortführung der Liste durch den Hrsg.).

Hamburg: Dr. Wilhelm Kiesselbach (1928–1933), Dr. Arnold Engel (1933–1935), Dr. Curt Rothenberger (1935–1942), Dr. Albert Georg Heinrich Schmid-Eyk (1943).

Hamm: Rudolf Schneider (1933–1943), Hans Semler (1943–1945).

Innsbruck: Dr. Hermann Greinz (1938; Kommisarischer Leiter), Dr. Oskar Stritzl (1939–1945).

Jena: Bruno Becker (1925–1945).

Karlsruhe: Dr. Karl Buzengeiger (1930–1937), Heinrich Reinle (1937–1945).

Kassel: Dr. Heinrich Anz (1925–1933), Dr. Kurt Delitzsch (1933–1945).

Kattowitz: Dr. Johannes Block (1941–1943), Karl Drendel (1943–1945).

Kiel: Dr. Gottfried Kuhnt (1928–1933), Dr. Karl Martin (1933–1943), Johannes Hastert (1943–1945).

Köln: Dr. Max Josef Vollmer (1932–1933), Dr. Alexander Bergmann (1933–1943), Dr. Erich Ludwig Heinrich Lawall (1943).

Königsberg: Walter Moehrs (1932–1933), Hugo Minde (1933–1934), Otto Hardt (1934–1937), Dr. Max Draeger (1937–1945).

Leitmeritz: Dr. Herbert David (1939–1944), Dr. E. Dürig (Vertretg. 1944/45).

Linz: Dr. Edmund Krautmann (1939–1943), Dr. Leo Sturma (1944/45).

Marienwerder: Dr. Arthur Ehrhardt (1923–1933), Dr. Max Karge (1933–1936), Dr. Max Draeger (1937), Fritz Szelinski (1937–1943).

München: Dr. Alexander Gerber (1931–1933), Georg Neithardt (1933–1937), Dr. Alfred Dürr (1937–1943), Dr. Walther Stepp (1943).

Naumburg: Georg Werner (1923–1933), Dr. Paul Sattelmacher (1933–1945).

Nürnberg: Friedrch Burkhardt (1933), Otto Bertram (1933–1937), Friedrich August Döbig (1937–1943), Dr. Ernst Emmert (1943–1945).

Oldenburg: Dr. Eduard Högl (1931–1939), Dr. Kurt Reuthe (1939–1945).

Posen: Hellmut Froböß (1940–1945).

Prag: Fritz Bürkle (1939–1945).

Rostock: Heinrich Burmeister (1930–1935), Rudolf Goetsch (1935–1943), Hans-Hermann Zastrow (1943).

Stettin: Dr. Paul Cormann (1920–1933), Richard Kulenkamp (1933–1944), Richard Köhler (1944).

Stuttgart: Dr. Eugen Schmoller (1926–1933), Erwin Heß (1933–1935), Dr. Otto Küstner (1935–1945).

Wien: Dr. Friedrich Schober (Kommissarischer Leiter 1938–1943), Dr. Gustav Adalbert Tamele (1943).

Zweibrücken: Friedrich Becker (1927–1933), Dr. Karl Siegel (1933–1945).

2. Generalstaatsanwälte

Kammergericht (Berlin): Dr. Carl Wiechmann (1931–1933), Dr. Ernst Gutjahr (1933), Dr. Friedrich Jung (1933–1942), Dr. Hanssen (1943).

Bamberg: Nikolaus Döll (1925–1934)(bis 1931 mit dem Titel Oberstaatsanwalt), Otto Kahl (1934–1944), Steuer (1944–1945).

Braunschweig: Paul Koch (1932–1933), Heinrich Müller (1933–1941), Wilhelm Hirte (Vertretg. 1941–1942), Willy Rahmel (1942–1943), Werner Meißner (1944–1945).

Breslau: Dr. Walter Schaeffer (1933–1935), Dr. Reinhold Sturm (1935–1945).

Celle: Georg Bach (1931–1933), Friedrich Parey (1933–1937), Karl Schnoering (1937–1945).

Danzig: Curt Graßmann (1939–1941), Dr. Bode (1942).

Darmstadt: Fritz Hoos (1928–1933), Dr. Gerhard Eckert (1933–1945).

Dresden: Rudolf Schlegel (1927–1933), Dr. Alfred Weber (1933–1935), Dr. Heinrich Jung (1936–1945).

Düsseldorf: Bernhard Wichmann (1932–1933), Karl Schnoering (1934–1937), Franz Hagemann (1937–1945).

Frankfurt a.M.: Dr. Kurt Wackermann (1932–1944). Hermann Vetter (1944).

Graz: Dr. Johannes Meißner (1939–1945).

Hamburg: Dr. Franz Lang (1921–1933), Dr. Erich Drescher (1933–1943, Hans Kaak (1944).

Hamm: Wilhelm Homann (1923–1933), Walther Frhr. von Steinaecker (1933–1935). Hans Semler (1936–1943), Dr. Hans Joël (1943).

Innsbruck: Dr. Johann Moser (1939–1941), Dr. Rudolf Löderer (1941), Dr. Anton Köllinger (1942).

Jena: Dr. Werner Wurmstich (1929–1945).

Karlsruhe: Dr. Karl Hafner (1924–1933), Emil Brettle (1933–1937), Ernst Lautz (1937–1939), Wilhelm Frey (1939–1945).

Kassel: Dr. Erich Trautmann (1932–1945).

Kattowitz: Dr. Georg Steimer (1941), Harry Haffner (1944).

Kiel: Dr. Peter Hansen (1921–1933), Dr. Viktor Sauer (1933–1938), Dr. Paul Kramberg (1939–1945).

Köln: Adolf Hepke (1928–1933), Paul Windhausen (1933–1943), Willy Rahmel (1944).

Königsberg: Danckwortt (1930–1933), Otto Hardt (1933–1934), Franz Hagemann (1934–1937) Dr. Günther Vollmer (1937–1943), Szelinski (beauftr. 1943–1945).

Leitmeritz: Hermann Stein (1939–1945).

Linz: Dr. Anton Köllinger (1939–1942), Dr. Rudolf Löderer (1942).

Marienwerder: Wilhelm Janßen (1932–1943).

München: Adolf Sotier (1931–1938), Karl Leimer (1938–1942), Helm (1943–1945), beim Bayerischen Obersten Landesgericht: Friedrich Manglkammer (1933–1935).

Naumburg: Dr. Ludwig Becker (1927–1936), Hermann Hahn (1936–1945).

Nürnberg: Edwin Leuchs (1926–1935) (bis 1931 mit dem Titel Oberstaatsanwalt), Friedrich August Döbig (1935–1937) Dr. Emil Bems (1937–1944).

Oldenburg: Dr. Rudolf Christians (1932–1945).

Posen: Karl Drendel (1940–1943), Steinberg (1944–1945).

Prag: Helmuth Gabriel (1939–1945).

Rostock: Paul Siegfried (-1933), Dr. Walter Pufpaff (1933–1942), Zastrow (1942–1943), Wilhelm Beusch (1944).

Stettin: Dr. Gotthard Mosler (1926–1933), Ulrich Stürenburg (1933), Dr. Reinhold Sturm (1934–1935), Otto Stäcker (1935–1945).

Stuttgart: Karl Heintzeler (1930–1937), Otto Wagner (1937–1945).

Wien: unbesetzt (1938); Vertreter: Dr. Ludwig Brunner (1938–1939), Dr. Johann Stich (1939–1945).

Zweibrücken: Rudolf Troeltsch (1932–1935), Hermann Hahn (1935–1936), Heinrich Welsch (1936–1945).

3. Präsidenten der Obersten Gerichte und Oberreichsanwälte.

Präsident des Reichsgerichts: Erwin Bumke (1929–1945).

Oberreichsanwälte beim Reichsgericht: Karl August Werner (1926–1936); Emil Brettle (1937–1945).

Präsidenten des Volksgerichtshofs: Wilhelm Brunner (1934–1936, geschäftsführend); Roland Freisler (1942- Febr. 1945); Wilhelm Crohne (Febr. 1945 – März 1945).

Oberreichsanwälte beim Volksgerichtshof: Friedrich Parey (1937–1938); Ernst Lautz (1939–1945).

V. Quellennachweis und weitere Informationen[21]

Quellenteil A

I: Bericht von GenStA Becker/Naumburg im BA R 3001/20953 (ergänzt aus der Akte der GStA Hamm im Landesarchiv NRW, Abt. Westf./Münster, Q 211, Nr. 6257).

II: BA Berlin 3001/20298 (auch wiedergegeben bei W. *Schubert*, Staatsanwaltschaftsrecht 1934–1982, Frankfurt a.M. 2013, S. 11 ff.). – Die Tagungsniederschrift ist nicht auffindbar. Der unter 2. wiedergegebene Text aus der Akte des BA Berlin R 3001/21333.

III. Die Tagungsniederschrift ist nicht auffindbar. Der Überblick über die Tagung aus DJ 1935, S. 1775–1776. Der Auszug aus dem Referat von Deluege aus BA Berlin, R 3001/21469 (voller Wortlaut des Referats in DJ 1935, S. 1846–1855).

IV. Die Tagungsniederschrift (11.–14.11.1936) ist nicht überliefert. Die Texte unter 1. – 3 aus BA Berlin R 3001/25004. – Die Niederschrift unter 4. aus dem BA Berlin, R 3001/20050). Der in der Niederschrift zu 3. genannte Vortrag Freislers ist nicht in den Akten überliefert. Die Teilniederschrift unter 4. findet sich in der Akte des BA Berlin, R 3001/21263. – Unter 5. wird die Pressemitteilung über die Arbeitstagung der Leiter der Justizpressestellen (in der DJ 1936, 1139 f.) wiedergegeben; das Originalprotokoll findet sich u. a. im Staatsarchiv Hamburg.

21 Im Folgenden sind nachgewiesen Archivalien des Staatsarchivs München, Bestand: Oberlandesgericht München, des Bundesarchivs (BA) Berlin, des Thüringischen Hauptstaatsarchivs Weimar (Bestände Thür. Generalstaatsanwaltschaft Jena und Oberlandesgerichtspräsident Jena), des Landesarchivs Nordrhein-Westfalen, Abt. Westfalen (Münster/Westf., Bestand Generalstaatsanwaltschaft Hamm), des Staatsarchivs Hamburg (Forschungsstelle für Zeitgeschichte Hamburg) und Beiträge in der Deutschen Justiz (DJ), dem Organ des Reichsjustizministeriums.

V. Tagungsniederschrift (18.6.1937) in der Akte BA Berlin, R 3001/24277 (gekürzt wiedergegeben). Über die Beratungen am Nachmittag des 18.6.1937 fehlt eine Niederschrift.

VI. Ein Protokoll über die Besprechung am 18.1.1938 ist nicht auffindbar. Wiedergegeben wird eine Aufzeichnung des OLG Hamburg (Staatsarchiv Hamburg).

VII. Das Protokoll der Sitzung vom 7.–8.3.1938 ist nicht auffindbar. Wiedergabe der Aufzeichnung vom OLG Hamburg (StA Hamburg). – Unter 2. wird eine Zusammenfassung der Referate in der DJ 1938, S. 385 ff. wiedergegeben.

VIII. Eine amtliche Niederschrift über die Tagungen vom Januar und Februar 1939 ist nicht überliefert. Unter 1. werden wiedergegeben die Aufzeichnungen des Generalstaatsanwalts am OLG München (Nürnberger DOKND-1566).
Unter 2. und 3. werden wiedergegeben die Aufzeichnungen des Vizepräsidenten des OLG München(Übertragung aus einem Stenogramm; Staatsarchiv München, OLG München 445) und ergänzende Aufzeichnungen des OLG-Präs. Becker/Jena (Thür. HStA Weimar, GenStAschaft, 821). Der Anhang S. 140 ff. aus der Akte des BA Berlin, R 3001/24158. In den Aufzeichnungen des Vizepräsidenten des OLG München wurden eingefügt die Äußerungen von OLG-Präsidenten hinsichtlich der Anwendung des § 55 des Ehegesetzes und hinsichtlich der Schutzhaft (BA Berlin, R 3001/20473 und 21467).

Hinsichtlich der Tagung im Januar findet sich in der DJ 1939, S. 156 folgende Notiz: Vom 23. bis 26.1.1939 fand in Berlin eine *Tagung* der Vorstandsbeamten *höheren Justizbehörden* statt: „An ihr nahmen die Präsidenten des Reichsgerichts, des Volksgerichtshofes, des Reichspatentamtes, die sämtlichen Oberlandesgerichtspräsidenten, die Oberreichsanwälte beim Reichsgericht und vom Volksgerichtshof und sämtliche Generalstaatsanwälte teil. Zum erstenmal waren auch die Vorstandsbeamten der höheren Justizbehörden in Österreich und im Sudetengau anwesend. Die Tagung fand statt unter der Leitung und dem persönlichen Vorsitz des Reichsministers der Justiz

Dr. Gürtner [...]. Am 24.1. versammelten sich die Teilnehmer zu einem Kameradschaftsabend, am 25.1. wurden die Polizeiführerschule in Berlin-Charlottenburg und das Außenpolitische Schulungshaus der NSDAP in Berlin-Dahlem besichtigt."

IX. Stenogramm des Arbeitstreffens vom 24.10.1939 im BA Berlin, R 3001/24158. Nicht wiedergegeben werden die Referate über § 1 Volksschädlings-VO von MinDirektor Crohne, über § 3 Volksschädlings-VO von MinRat Altmeyer, über § 4 Volksschädlings-VO von MinDirigent Schäfer, über die Wirtschaftsdelikte (insbesondere zu § 1 Kriegswirtschafts-VO), über die VO über außerordentliche Rundfunkmaßnahmen von LG-Rat Dr. Meeske, über Presseberichterstattung in Sondergerichtssachen von OLG-Rat Dr. von Schroeter und zu dem „Thema: Was bringt man vor die Sondergerichte?" von MinDirektor Dr. Crohne.
Ein „*Abgekürzter Bericht*" wurde vom RJM im Druck (nicht im Buchhandel erschienen; 52 S.) herausgegeben mit folgendem Inhalt: Die Strafrechtspflege im Kriege (Einleitende Ausführungen von Staatssekretär Dr. Freisler), die Stellung der Sondergerichte in der Strafrechtspflege (MinRat Rietzsch), die Volksschädlingsverordnung (zu § 1 von MinDir. Crohne), zu § 2 dieser VO von AG-Rat Dr. Schlüter nach den Ausführungen von Staatssekretär Dr. Freisler, zu § 3 von MinRat Altmeyer und zu § 4 von MinDirigent Schäfer, zu den Wirtschaftsdelikten von LG-Rat Meeske, zur VO über außerordentliche Rundfunkmaßnahmen von Dr. von Schroeter, über Presseberichterstattung von Min.–Rat Krug, über „Was bringt man vor die Sondergerichte?" von Crohne und sowie Schlußansprache des RJM Dr. Gürtner.

Ferner erfolgte eine Veröffentlichung der Ansprachen von Freisler (insoweit nicht im Stenogramm und in der Druckausgabe enthalten) und von Gürtner (gekürzt) in der DJ 1939, S. 1753–1755.

Die Ausführungen Freislers zur Gewaltverbrecherverordnung (vom 5.12.1939) beziehen sich auf eine Fassung des Verordnungsentwurfs, der mit der im Dezember erlassenen Verordnung übereinstimmt.

Die „Beantwortung der Fragen“ durch Freisler ist in der Druckausgabe nicht enthalten. Das „Schlußwort“ von Gürtner ist in der Druckausgabe und in der DJ leicht gekürzt.

Nicht aufgenommen in die Edition wurde die *Niederschrift über die Besprechung über Fragen des Strafvollzugs* am 11.9.1940 (Leitung: Freisler, Teilnehmer war u. a. eine größere Zahl von Generalstaatsanwälten). Gegenstand der Besprechung:
1. Arbeitseinsatz der Gefangenen
2. Entweichungen
3. Strafvollzugsordnung vom 22.7.1940
4. Ausdehnung des Rauchverbots auf Untersuchungsgefangene
5. Ernährungslage bei den Justizvollzugsanstalten
6. Baufragen und Kohlenversorgung

Quellenteil B

I. Unterlagen zur geplanten Tagung vom 20.3.1941 im BA Berlin, R 3005/20245.

II. Das Protokoll der Arbeitssitzung vom 23./ 24.4.1941 befindet sich im BA Berlin R 3001/20245, Bl. 56 ff.; teilweise bei Heinz *Boberach*, Richterbriefe. Dokumente zur Beeinflussung der deutschen Rechtsprechung 1942–1944, Boppard am Rhein 1975, S. 423 ff.
Der Vermerk des Kölner OLG-Präsidenten Dr. Bergmann über die (nicht auffindbaren) Referate von Brack und Heyde über das „Euthanasie-Problem“ wird wiedergegeben nach der Anklageschrift des Generalstaatsanwalts beim OLG Frankfurt/M. gegen Dr. Werner Heyde u. a. vom 22. Mai 1962 (Hess. HStA Wiesbaden); insoweit auch bei *Ernst Klee* (Hrsg.), Dokumente zur „Euthanasie“, Frankfurt a.M., S. 219 f.; *Thomas Vormbaum, „Euthanasie“ vor Gericht: die Anklageschrift des Generalstaatsanwalts beim OLG Frankfurt/M. gegen Dr. Werner Heyde u. a. vom Mai 1962,* Berlin 2005.

Das Referat von Hueber ist nicht auffindbar. In der DJ 1941, 533 heißt es dazu: „Auch das Thema ‚*Rasse und Recht*‘ nahm in der Tagung breiten Raum ein. Aufbauend auf der Darstellung des Rassegedankens, der Bedeutung und der Entwicklung des Rasseproblems wurden von Unterstaatssekretär R. Hueber die vielfältigen rassisch bedingten Einflüsse auf die Rechtsgestaltung und die Einwirkungen, die nunmehr die Kenntnisse der Rassenlehre auf das Rechtsleben gezeitigt haben, erörtert."

Weggelassen wurden die Ausführungen von Freisler zu „Fragen der Justiz, ihres Nachwuchses und ihrer Stellung" sowie die Aussprache hierüber (Bl. 77–95 der genannten Akte).

Weggelassen wurden folgende Protokollteile: Vortrag von MinDirektor Schneller über (verwaltungsmäßige) Vereinfachungsmaßnahmen (Bl 144 d.A.), die Ausführungen von Freisler über „Fragen des Strafvollzugs" (Bl. 170 ff. d.A.), Teile des Referats von Marx über Sicherung der Anstalten sowie die Referate von MinRat Eichler über „Strafvollzugsordnung (Organisationsfragen)", von Marx über „Arbeitseinsatz, Rohstoffbeschaffung und Werksdienst", vom Ersten Staatsanwalt Eggelsperger über „Ernährungslage der Vollzugsanstalten" und von LG-Direktor Hoffmann über „Dienstbekleidung".

III. Ein Protokoll über die Tagung der Generalstaatsanwälte und Jugendrichter vom 28.–31.10.1941 ist nicht überliefert. Die Tagesordnung ist entnommen der Akte des BA Berlin R 3001/20246; hier auch die Referate von Crohne und Kramberg (letzteres Referat ist vollständig wiedergegeben bei W. *Schubert*, Zur Geschichte der Justizverfassung in Schleswig-Holstein im 19. und 20. Jahrhundert. Quellen und Studien, Frankfurt a.M. 2012, S. 410 ff.) Unter 2. werden wiedergegeben die Aufzeichnungen des GenStA Wurmstich/Jena (Thür. HStA Weimar, GStA Nr. 430), ergänzt durch eine Niederschrift des GenStA Hamm (Landesarchiv NRW, Abt. Westf., Bestand Generalstaatsanwaltschaft Hamm Nr. 6257).
Erhalten geblieben ist das Referat von Freisler über „Strafrecht und Fremdvölker im Reich" (Institut für Zeitgeschichte, München). – Die Niederschriften über die Besprechungen unter 5. (Anhang) finden im BA Berlin, R 3001, 20848 und 20850.

In der DJ 1941, S. 1028 findet sich über die Tagung vom Oktober 1941 folgende Notiz: „Vom 28.–30.10.1941 fand unter dem Vorsitz von Staatssekretär *Dr. Schlegelberger*, der mit der Führung der Geschäfte des Reichsministers der Justiz beauftragt ist, eine Tagung der Generalstaatsanwälte aus dem ganzen Reich statt. An der Tagung nahmen der Oberreichsanwalt beim Reichsgericht, der Oberreichsanwalt am Volksgerichtshof sowie viele Oberlandesgerichtspräsidenten teil. Auf der Tagung wurde in Vorträgen, Berichten und Aussprachen eine Reihe von aktuellen Fragen des Kriegsstrafrechts sowie Fragen der Organisation besprochen. Dabei wurden Vorträge von Staatssekretär *Dr. Freisler*, Unterstaatssekretär *Dr. Hueber*, Ministerialrat *Gast* als Vertreter von Reichsminister Dr. Goebbels sowie verschiedenen Generalstaatsanwälten gehalten. Die Tagung diente der „Einheitlichen Ausrichtung der Rechtsprechung in Kriegsstrafsachen und der Sicherung höchster Schlagkraft der Strafverfolgungsbehörden gegenüber allen Schiebern und Kriegsverbrechern". – Im Zusammenhang mit der Tagung fand auch eine gemeinschaftliche Veranstaltung mit der *NS-Volkswohlfahrt* statt, in der Fragen der Entlassenenbetreuung behandelt wurden. Oberbefehlsleiter *Hilgenfeldt* sprach über die Betreuung von entlassenen Strafgefangenen im Kriege und Staatssekretär *Dr. Freisler* über die Frage der Rehabilitierung. In beiden Vorträgen wurde die Notwendigkeit hervorgehoben, „entlassene Strafgefangene wieder in Arbeit und Brot zu bringen und ihnen entsprechend ihrem Verhalten und ihrer Leistung den Rückweg in die Volksgemeinschaft zu ermöglichen."

IV. Besprechung des StS Schlegelberger am 16.12.1941 nach der Mitschrift des OLG-Präsidenten Becker/Jena (Weimar, Thür. HStA Weimar, Generalstaatsanwalt Jena, Nr. 430, Bl. 188 ff.).

V. Das Protokoll vom 31.3.1942 im Bundesarchiv Berlin BA R 3001/4162. – Die Referate von Rietzsch und Volkmar (aus dem Staatsarchiv Hamburg) (Forschungsstelle für Zeitgeschichte in Hamburg).

VI. Tagung der OLG-Präs. am 5. und der GenStA am 6.5.1942 im Reichsjustizministerium nach den Mitschriften des OLG-Präs. Becker und des GenStA Wurmstich im Thür. HStA Weimar, Generalstaatsanwaltschaft Jena, Nr. 430.

VII. Arbeitstagung der Generalstaatsanwälte in Berlin am 30.6./1.7.1942 nach der Mitschrift des GenStA Wurmstich/Jena, ergänzt durch die Aufzeichnungen des OLG-Präs. Becker (Thür. HStA Weimar, Thür. GenStA, Nr. 430).

Quellenteil C

I. Protokoll der Sitzung vom 29.9.1942 im BA Berlin R 3001/24199 (die Ausführungen von Thierack teilweise bei *Boberach*, Richterbriefe, S. 449 f.); Teile der Ansprache von Thierack auch in DJ 1942, S. 661–664.

II. Protokoll vom 10./11.2.1942 in der Akte des BA Berlin R 3001/4162. Weggelassen wurden die Abschnitte über Sicherstellung des Kräftebedarfs bei weiteren Einberufungen (*Willers*), Leitende Gesichtspunkte bei der Zurruhesetzung überalterter Richter (*Letz*), Arbeitszeit der Richter, Kriegsverdienstkreuze, Amt für Gemeinschaftspflege, Grundbuchrechtliche Fragen und Justizverwaltung.

III. Ein Protokoll der Arbeitstagung vom 19./20.10.1943 ist nicht überliefert. Mitgeteilt werden die Mitteilungen über die Tagung in der DJ 1943, S. 499 f., die Tagesordnung, die Referate aus dem Arbeitsgebiet der Strafrechtspflege (StA München, OLG München 444) und Mitschrift des GenStA Wurmstich, ergänzt mit Teilen der Mitschrift des OLG-Präs. Becker/Jena (Thür. HStA Weimar, Nr. 821).

IV. Protokoll der Ansprachen von Thierack und Klemm (3.–4.2.1944) aus der Akte des BA Berlin, R 3001/4205. Wiedergegeben wird statt der S. 1–11 des Protokolls die Zusammenfassung eines Teils der Ansprache von Thierack in der Kurzfassung (im übrigen vollständig: Staatsarchiv München, OLG München 444). Teile 2 und 3 ebenfalls nach dem Exemplar im StA München.

V. Die Ansprache von Thierack (23.5.1944) aus der Akte des BA Berlin, R 3001/24163; hieraus auch der Auszug aus dem Referat von

Kümmerlein (unter 4.).Unter 2. die Niederschrift über die Chefbesprechung vom 23.–25.5.1944 von Wurmstich/Jena, HStA Weimar, Generalstaatsanwaltschaft Jena, Nr. 430. Der Überblick über gesetzgeberische Arbeiten von Suchomel aus dem StA Hamburg (Forschungsstelle für Zeitgeschichte in H.). Das Referat Himmlers aus der Akte des BA Berlin, NS 19/4014.
Mitteilung in der DJ 1944, S. 150: „Vom 23.–25. Mai fand unter der Leitung von Reichsminister der Justiz *Dr. Thierack* die zweite diesjährige Arbeitstagung der Oberlandesgerichtspräsidenten und Generalstaatsanwälte statt. Hieran nahmen auch die Präsidenten des Reichsgerichts, des Volksgerichtshofs, des Reichspatentamts, ferner die Oberreichsanwälte und die Präsidenten der Rechtsanwalts- und Reichsnotarkammer teil. – Einleitend gab der Minister eine Übersicht über die in den vergangenen Monaten im Ministerium geleisteten gesetzgeberischen und verwaltungsmäßigen Aufgaben, wobei er insbesondere die Fortschritte der im Amt für „Neuordnung der Gerichtsverfassung" behandelten Fragen hervorhob. Er ging dann in überzeugender Weise und durchdrungen von unbedingter Siegeszuversicht auf die gegenwärtige politische und militärische Lage ein. Anschließend sprachen mehrere Behördenleiter über die durch die Luftkriegslage in verschiedensten Erscheinungsformen bedingten Probleme der Rechtspflege. Von den Sachbearbeitern des Ministeriums wurden Fragen in der praktischen Rechtsanwendung und gesetzgeberischen Maßnahmen unter Berücksichtigung der Verhältnisse des fünften Kriegsjahres erörtert. Den Höhepunkt der Tagung bildete eine Rede des Reichsführers SS, Reichsminister des Innern Heinrich *Himmler*, der auf Einladung Dr. Thieracks zu den Oberlandesgerichtspräsidenten und Generalstaatsanwälten sprach. Er schilderte die Entstehung und Entwicklung der SS, deren weltanschauliche Grundlagen und die Bedeutung der ihr gestellten mannigfaltigen Aufgaben. Die überaus packenden Ausführungen Himmlers hinterließen bei den Tagungsteilnehmern einen starken Eindruck und fanden lebhaftesten Wiederhall."

Anhang I: Teilbericht aus dem StA Hamburg (Forschungsstelle für Zeitgeschichte in Hamburg).

Anhang II: Besprechungsprotokoll aus dem StA München, OLG München 446 (gekürzt).

Anhang III. Rede von Thierack vom 16.9.1944 aus dem BA Berlin, R 3001/24165, Bl. 118 ff. (teilweise auch bei H. *Boberach*, Richterbriefe, 1975, S. 469 ff.).

Anhang IV. Arbeitstagung des Reichsjustizministeriums für die Scheidungsrichter. Referat des Senatspräsidenten Martin Jonas zur Praxis des Reichsgerichts zum Ehescheidungsrecht (BA Berlin, R 3001/10121).

Hinweis: Nicht wiedergegeben werden die Niederschrift über die Tagung des Justizministers Gürtner mit den Landesjustizverwaltungen in Dresden am 12.2.1934 und der Bericht über die Sitzung der norddeutschen Ländergruppe der Landesjustizverwaltungen am 27.2.1934 im preussischen Justizministerium (beides im Staatsarchiv Hamburg [Forschungsstelle für Zeitgeschichte in Hamburg] vorhanden).

Die Protokolle in Teil B unter II. und V. sowie in Teil C unter I. und II. beruhen auf den unbearbeiteten Stenogrammen. Einige Lücken (verlesene Texte) konnten nicht immer rekonstruiert werden.

Protokolle und sonstige Unterlagen der Arbeitstagungen im Reichsjustizministerium mit den Chefpräsidenten der obersten Gerichte und den Generalstaatsanwälten

Teil A: Arbeitstagungen unter dem Reichsjustizminister Franz Gürtner

I. Arbeitstagung der Staatssekretäre des Reichsjustizministeriums mit den Generalstaatsanwälten am 3.4.1935

[...] 2. *Staatssekretär Dr. Freisler:* Bei der Stellung vom Staat zur Partei sind Reibungen in der ersten Zeit als etwas Selbstverständliches hingenommen worden. Die unerfreulichen Übergangserscheinungen haben sich fortschreitend gebessert. Es ist aber auch weiter auf ein ständiges verständnisvolles Zusammenarbeiten zwischen Staat und Partei Bedacht zu nehmen. Die Äußerung „wir befehlen den Staat" ist häufig mißverstanden worden. Dieses Mißverständnis ist durch den Führer und auch den Ministerpräsidenten aufgeklärt worden, sodass jetzt feststeht, dass die Verantwortung von den Behördenvorständen auch bei Verhandlungen mit der Partei getragen wird und dass die Staatsbelange von den Beamten auch gegenüber Parteistellen gewahrt werden müssen. Bei der Zusammenarbeit zwischen Staatsstellen und Parteidienststellen ist zu beachten, dass grundsätzliche Fragen im allgemeinen nur bei den Spitzen ausgetragen werden sollen. In solchen Fragen ist daher stets an den Justizminister zu berichten. In Einzelfragen ist es erforderlich, dass die Provinzialbehörden mit den maßgebenden Parteistellen persönlich Fühlung nehmen, was in den verschiedensten Formen möglich ist. Ob eine Besprechung erfolgen soll und gegebenenfalls in welcher Form, muß dem Taktgefühl überlassen bleiben. Ein häufigeres Zusammenkommen mit Gauleitern und Reichsstatthaltern, im Einzelfalle auch mit Gaurechtsleitern und Leiter der Beamtenabteilung kann zweckmäßig sein. Die Landgerichtspräsidenten und Oberstaatsanwälte werden sich in den ihren Geschäftsbereich berührenden Fragen meistens mit den Kreisleitern der Partei in Verbindung zu setzen haben. Entsprechendes gilt für die in Frage kommenden Stellen der SA und SS.

Richter und Staatsanwälte können grundsätzlich nicht Rechtsberater sein. Hierüber besteht Einverständnis mit dem Stellvertreter des Führers Heß, dem Stabschef der SA Lutze und dem Stabschef der SS Himmler. Lutze hat durch Befehl vom 4.12.1934, Himmler durch Befehl vom 10.10.1934 die Vereinigung solcher Ämter mit dem Amt des Richters oder Staatsanwalts als unzulässig bezeichnet. Der Entwurf einer Verfügung des Justizministers über die Rechtsberatertätigkeit liegt bereits dem Führer oder dessen Stellvertreter vor. Anders ist eine Rechtsberatertätigkeit bei der Hitlerjugend zu beurteilen, soweit sie sich nur die Jugendgerichtshilfe und die Rechtserziehung der Jugend zur Aufgabe macht, da hierbei keine Konflikte mit dem Amt als Richter oder Staatsanwalt zu befürchten sind. Die Entwicklung dieser Tätigkeit bei der Hitlerjugend ist zu beachten. Sollte die Beobachtung bedeutungsvolle Erfahrungen ergeben, so ist hierüber zu berichten. Auch in dieser

Frage ist der Erlaß einer allgemeinen Verfügung nach Anhörung des Stellvertreters des Führers zu erwarten, die nähere Ausführungen über eine Zusammenarbeit mit der Hitlerjugend enthalten soll.

Über eine *Aussageverweigerung* von Amtsleitern der Partei und die Herbeiführung einer Aussagegenhmigung von Parteistellen haben grundsätzliche Besprechungen stattgefunden. Eine Regelung ist vielleicht in der Richtung zu erwarten, dass Reichsleitern, Gauleitern und prominenten Amtswaltern für gewisse Dinge eine Zeugnisverweigerungsrecht zugestanden wird, das erst durch die Aussagegenehmigung einer hohen Parteistelle beseitigt werden kann. Bis zum Erlaß dieser Regelung ist durch persönliche Fühlungnahme dahin zu wirken, dass den Ermittlungsverfahren keine Aussageverweigerungen hemmend entgegenstehen.

Die Beteiligung von Richtern und Staatsanwälten an Parteigerichten ist erwünscht.

Akteneinsicht ist nicht eine Frage der Zusammenarbeit von Staat und Bewegung, sondern eine allgemeine Frage, die für alle beteiligten Stellen in gleicher Weise geregelt sein muß. Zur Zeit gelten die Rundverfügung vom 21.9.1934 – betr. Akteneinsicht (wohlwollende Berücksichtigung von Anträgen auf Akteneinsicht, regelmäßig Akteneinsicht nur in den Geschäftsstellen der Gerichte und Staatsanwaltschaften, Aktenaushändigung nur unter besonderen Voraussetzungen und Bestimmung einer Frist für die Rückgabe) und die Allgemeine. Verfügung vom 15.2.1935 (DJ 282) betr. Akteneinsicht durch Parteidienststellen der NSDAP, durch die der Erlaß des Ministers des Innern vom 29.12.1934 zur Beachtung bekanntgegeben worden ist (Aktenversendung nur an den Stellvertreter des Führers, Aktenauskunft nach plichtmäßigem Ermessen auch an Reichsleiter und Gauleiter). Diese Verfügung ist ergänzt durch den Runderlaß des Ministers des Innern vom 9.3.1935 betr. den Reichsschatzmeister der NSDAP.

Über die Auslegung des Runderlasses vom 29.12.1934, besonders darüber, inwieweit er sich auf sämtliche Akten oder nur Personalakten bezieht, bestehen noch Zweifel. Besprechungen zwischen den beteiligten Stellen hierüber stehen bevor, deren Ergebnis mitgeteilt werden soll.

Den mit der Ausübung der Partei- und SA-Gerichtsbarkeit betrauten Dienststellen der Partei und der SA gegenüber besteht gemäß § 6 des Gesetzes zur Sicherung der Einheit von Partei und Staat vom 1.12.1933 (RGBl. I S. 1066) die Verpflichtung zur Rechtshilfe.

Bezüglich der *Hitlerjugend* ist eine Verfügung über Fühlungnahme mit dem Gebietsreferenten, Mitteilungen in Strafsachen an ihn und Akteneinsicht durch ihn zu erwarten. – Etwaigen Wünschen des Beamtenbundes, in Fragen der Personalpolitik, in ähnlicher Weise wie der NSDJ eingeschaltet zu werden, ist mit dem Hinweis entgegenzutreten, dass eine Regelung dieser Frage durch das Ministerium beabsichtigt sei.

Als eine der allerwichtigsten Fragen ist die Assessorenfragen anzusehen. In Preußen waren am 1.1.1935 bei einer Gesamtzahl von 6411 Richtern und Staatsanwälten 5600 Assessoren vorhanden.

Von diesen waren 2.100 entgeltlich, 450 unentgeltlich bei der Justiz beschäftigt. Die Zahl der freien Stellen in Preußen beträgt jährlich 250, im ganzen Reich einschließlich Preußen 450. Das Durchschnittsdienstalter der Gerichtsassessoren beträgt etwa 6 Jahre. Durch die Verordnung über die Laufbahn für das Amt des Richters und des Staatsanwalts vom 29.3.1935 (RGBl., S. 487) ist ein numerus clausus für die Anwärter eingeführt. Auf Antrag werden geeignete Assessoren ein Jahr in den Probedienst, der bezahlt wird, übernommen. Nach Ablauf der Probezeit können die Assessoren als Anwärter für die Laufbahn des Richters und Staatsanwalts als „Gerichtsassessor" mit ständiger Besoldung übernommen werden und haben dann nach etwa drei Jahren mit endgültiger Anstellung zu rechnen. Bis zum 1.4.1939 ist eine Übergangszeit vorgesehen, die für die Assessoren in Frage kommt, die das Assessorexamen vor dem 1.4.1935 bestanden haben. Aus der Zahl dieser soll in gleicher Weise wie aus den Assessoren, die erst nach dem Stichtage das Examen machen, die Besten zur Anstellung und zum Probedienst in der Justiz ausgesucht werden. Bei den Assessoren, die wegen ihrer schlechteren Leistungen mit einer Übernahme in den Staatsdienst nicht rechnen können, ist ein möglichst baldiges Ausscheiden anzuregen. Es ist erwünscht, das eine Kritik, die sich auf die Verordnung vom 29.3.1935 bezieht, in aufklärender Weise, gegebenenfalls auch durch die Presse, entgegengetreten wird. [...]

3. *Ministerialdirektor Crohne:* Bei der Bearbeitung von *Hoch- und Landesverratssachen* ist zu beachten, dass eine beträchtliche Menge von Schriften, insbesondere aus der Tschechoslowakei, Holland, Belgien und Dänemark getarnt eingeführt werden. – Da sich der Führer bei Gnadenerweisen wiederholt für die Anrechnung der Schutzhaft ausgesprochen hat, ist in den Gnadenberichten in jedem Falle zu Fragen der Anrechnung Stellung zu nehmen.

Die kirchlichen Kämpfe gehen in zwei Richtungen: Einmal wird ein Kampf gegen Rosenberg und den Mythos des 20. Jahrhunderts geführt. Bei der strafrechtlichen Beurteilung ist zu unterscheiden, wie Rosenberg und sein Werk angegriffen werden. Bei einem inneren, rein geistigen Kampfe gegen die Anschauungen des Buches liegt meist keine Straftat vor, wenn nicht Verallgemeinerungen auf die Politik der Regierung gemacht würden oder es sich etwa um Beleidigungen handele. Ferner besteht ein Kirchenstreit innerhalb der evangelischen Kirche. Dieser ist zum Teil aus rechtlicher und Glaubensüberzeugung, zum Teil aus politischem Machtstreben entstanden. Als verfolgbare Straftaten kommt meistens nicht der § 130 a StGB, sondern der § 4 der Verordnung des Reichspräsidenten zum Schutz von Volk und Staat vom 28.2.1933 (RGBl. I S. 83) in Frage. Hierbei ist zu beachten, dass durch den § 4 nicht polizeiliche Verfügungen gedeckt werden, sondern dass den Schutz nur Rechtsanordnungen genießen. – Bei dem Kirchenstreit müssen sich die Strafverfolgungsbehörden eine gewisse Zurückhaltung auferlegen. Es ist möglichst auf Aussöhnung hinzuwirken. Durch schneidiges Vorgehen kann viel verdorben werden. Soweit es sich um Streitfragen von überlokaler Bedeutung handelt ist an den Minister zu berichten. – Soweit noch Verfahren wegen Wahlfälschungen anhängig sein sollten, ist zu berichten. In gleicher Weise, wenn sich wegen Wahlfälschung Verurteilte noch in Strafhaft befinden. Wahlfälschungen sind nur in geringem

Umfang vorgekommen. Wer von hohen Wahlfälschungsziffern spricht, behauptet gröblich entstellte Tatsachen, sodass hierin ein Vergehen gegen § 1 des Gesetzes vom 20. Dezember 1934 gefunden werden kann.

Jede größere Veruntreuung innerhalb der Partei ist dem Minister mitzuteilen (RV vom 29.3.1935 – III a 18444/35–). Der Reichsschatzmeister der NSDAP vertritt bei diesen Straftaten eine strenge Auffassung. Bei der Bearbeitung dieser Strafsachen ist eine Fühlungnahme mit dem Reichsschatzmeister geboten. Auch ist ihm der Ausgang des Verfahrens, gegebenenfalls auch ein anderer wichtiger Verfahrensabschnitt mitzuteilen. Es empfiehlt sich, bei Durchsuchungen und Beschlagnahmen Beauftragte des Reichsschatzmeisters zur Unterstützung anzufordern, wenn das Verfahren hierdurch nicht verzögert wird. Ebenso ist die Zuziehung dieses Beauftragten als Sachverständiger in Strafverfahren empfehlenswert.

Von der Anwendung der Vorschrift des Abs. 2 des § 266 StGB wird ein etwas zu reichlicher Gebrauch gemacht. Bei kleineren Sachen, insbesondere wenn es sich um ganz geringe Beträge handelt, ist Zurückhaltung bei Anwendung dieser Vorschrift geboten. [Beispiel nach dem Bericht des GStA Hamm: Verurteilung eines Parteifunktionärs wegen Unterschlagung von 27 RM zu 1 Jahr Zuchthaus.]

Über *sogenannte Greuelsachen* ist in 342 Sachen eine Entscheidung des Stellvertreters des Führers herbeigeführt worden, wobei noch zu berücksichtigen ist, dass ein Teil der Sachen, in denen die Oberstaatsanwälte berichtet haben, bereits vom Justizminister nicht weitergegeben worden ist. In den meisten Fällen hat der Stellvertreter des Führers die Zustimmung zur Strafverfolgung versagt, insbesondere bei Behauptungen, die sich auf längst abgelaufene Ereignisse beziehen, die jetzt keine Rolle mehr spielen, z.B. Dr. Ley, von Schirach seien entflohen, hätten Geld unterschlagen u. dgl.

Bei dem § 1 des Gesetzes vom 20. Dezember 1934 (RGBl. I S. 1269) ist zu beachten, dass sich der Absatz 3 auf die Absätze 1 und 2 bezieht. [...]

[Bericht des GenStA Hamm:
1. *Hoch- und Landesverratssachen: Dr. Crohne* sprach über *Hoch-* und *Landesverratssachen:* Er sprach zunächst allgemein über die Lage der Strafverfolgung und erwähnte hierbei, dass die Gestapo alle 2 Monate einen geheimen Bericht dem Ministerium über die Lage des Kampfes gegen die KPD usw. zukommen lasse. Die Strafen der Gerichte entsprächen nicht immer der Sachlage. Insbesondere erfolgten mitunter Freisprechungen, die die subjektive Verantwortlichkeit eines Angeklagten ungerechtfertigter Weise verneinten. – Was die Gnadenberichte anginge, so sei es notwendig, darauf hinzuweisen, dass sie individuell zu gestalten seien und die Begründung und der Antrag auf den Einzelfall abgestellt werden müßten. Allgemeine Redensarten wie „aus grundsätzlichen Erwägungen wird ein Gnadenerweis nicht befürwortet" seien zu vermeiden. – Wenn ein Angeklagter in Schutzhaft gewesen sei, so sei diese stets in den Berichten anzugeben, ebenso der Grund dafür und weshalb evtl. das Gericht die Schutzhaft nicht angerechnet habe. Im allgemeinen sei damit zu rechnen, dass die Schutzhaft, wenn sie nur irgendwie mit der Straftat in Zusammenhang stünde, im Gnadenwege angerechnet würde. In

jedem Bericht müsse auf das politische Leben und die politische Vergangenheit des Angeklagten eingegangen werden.

2. *Bezüglich Art. I § 1 Abs. 3 des Gesetzes gegen heimtückische Angriffe usw. vom 20.12.1934* wurde bemerkt, dass die Zustimmung des Stellvertreters des Führers auch dann erforderlich sei, wenn der Beleidigte Funktionär der NSDAP, Beamter oder ähnliches sei. Auch dann müsse angenommen werden, dass sich die Tat ausschließlich gegen das Ansehen der NSDAP richte.

3. Es sprach dann noch *Ministerialrat Dr. Mettgenberg* vertraulich über die Schwierigkeiten im Auslieferungsverkehr mit *Österreich*. Jedes Auslieferungsersuchen sei zunächst an den Stellvertreter des Führers zu leiten, ob die Auslieferung erwünscht sei. Von Seiten der Staatsanwaltschaft sei der ersuchenden österreichischen Behörde keine Mitteilung über den Aufenthalt des Gesuchten und über seine evtl. Festnahme zu machen. Diese sei vielmehr unverzüglich mit den erforderlichen Durchschlägen an das Justizministerium zu leiten.]

II. Arbeitstagung im Reichsjustizministerium am 23.9.1935 mit dem Oberreichsanwalt und den Generalstaatsanwälten

1. Aufzeichnung über die Arbeitstagung

In der nachfolgenden Aufzeichnung sind die Weisungen, Richtlinien und sonstigen Informationen kurz zusammengefasst, die in der Besprechung vom 23. September 1935 seitens des Reichsministers der Justiz erteilt worden sind.

I. Einzelne technische Fragen

a) Der Tenor der *Anklageschrift* muss stets eine kurze, aber bezeichnende Angabe der charakteristischen Einzelheiten der Tat enthalten; die Bezugnahme auf das Ermittlungsergebnis genügt nicht. Bei der Angabe der Einzelheiten sind kurze klare Hauptsätze den oft seitenlangen Nebensätzen mit „indem ..." vorzuziehen. Alle für die Beurteilung in Frage kommenden Gesetze und Paragraphen müssen aufgezählt werden; insbesondere ist in Anklagen wegen Verbreitung staatsgefährlicher Schriften § 83 Abs. 3 Nr. 3 StGB häufig vergessen worden. Wird entgegen der eingereichten Anklage das Hauptverfahren nicht eröffnet, so muss der Staatsanwalt bei der Einreichung des ablehnenden Gerichtsbeschlusses an das RJM Stellung nehmen, warum er ein Rechtsmittel gegen diesen Beschluss für aussichtslos hält; dem Ministerium muss der auffällige Wechsel in der Stellungnahme zu den Anklagetatsachen verständlich gemacht werden. Diese Stellungnahme ist gleichzeitig ein gutes Erziehungsmittel, um überflüssige Anklagen zu vermeiden. Der Staatsanwalt darf nicht die Verantwortung für die Anklageerhebung auf das Gericht abwälzen, indem er in den ihm selbst zweifelhaften Fällen Anklage erhebt. Eine Erweiterung der Berichtspflicht ist damit nicht beabsichtigt; die Stellungnahme ist nur notwendig in den Strafsachen, in denen sowieso die Berichtspflicht besteht.

b) *Behandlung der Hochverratssachen*
aa) In Zukunft braucht nicht mehr in allen Fällen der *Urteilstenor* sofort nach Fällung des Urteils mitgeteilt zu werden. Die doppelte Mitteilung, einmal des Urteilstenors und später des Urteils mit Gründen, ist nunmehr nur noch in besonders bedeutenden Sachen notwendig; das Urteil mit Gründen aber muss in allen Fällen mitgeteilt werden (die gleiche Regelung gilt im Übrigen auch für Sondergerichtsurteile). Ebenso ist unnötig die besondere Mitteilung über Zeit und Ort des Strafantritts. – Die Staatsanwälte müssen die Justizverwaltung bei der Überwachung der rechtzeitigen Fertigung der Urteile dadurch unterstützen, dass sie bei Überschreiten der notwendigen und möglichst kurz zu bemessenden Fristen erinnern und bei Erfolglosigkeit ihre Leiter unterrichten; diese haben dann die Pflicht, die Vorgesetzten der Richter zu unterrichten.

bb) Bei *Gnadengesuchen in Hochverratssachen* ist stets das Formular Nr. 92 zu verwenden. Auch bei wiederholten Gesuchen ist dann die Benutzung dieses Formulars nötig, wenn eine *Befürwortung* des Gnadengesuchs erfolgt, da auch dann das Gesuch dem Führer vorgelegt werden muss. Die Darstellung des Sachverhalts ist vielfach unzureichend, so dass sie vor Vorlage an den Führer im Reichsjustizministerium erst ergänzt werden musste. Der Sachverhalt muss im Telegrammstil die wichtigsten Punkte bringen und muss vor allem richtig sein. Notwendig ist insbesondere die genaue Angabe der Tatzeit; es genügt z. B. nicht anzugeben: „Im Jahre 1933“, da für die Gnadenfrage besonders bedeutungsvoll ist, ob die Taten sich vor dem 30.1.1933 oder in der ersten Zeit nach der Umwälzung ereignet haben. Notwendig ist auch die genaue Angabe des angewandten Gesetzes und der Dauer der Schutzhaft (Beginn und Ende), auf deren Feststellung der Führer für seine Gnadenentscheidung Wert legt. Notwendig sind ferner genaue Angaben über die politische Betätigung des Verurteilten vor der Tat, sowie über sein Verhalten nach der Tat bis zum Strafantritt, da in dieser oft bedauerlich langen Zeit wesentliche Besserungszeichen sich bemerkbar gemacht haben können. Die Stellungnahme der übrigen Gnadenstellen darf nicht zu kurz angeführt werden, besonders wenn sie befürwortend ist.

c) Zur Vereinheitlichung des Verfahrens bei *Vollziehung der Todesstrafe* werden zur Zeit neue Richtlinien ausgearbeitet. Es handelt sich um eine Zusammenfassung der bisher für jede Hinrichtung einzeln mitgesandten Anweisungen unter Angleichung der Verschiedenheiten in den einzelnen Ländern. Offen gelassen sind dabei die Fragen der Einstellung und Entlohnung des Scharfrichters, da die Verhältnisse hier einstweilen noch zu verschieden sind. Offen bleibt auch die Frage der Vollstreckungsart, ob Handbeil oder Fallbeil.

d) Zur Frage des *Bereitschaftsdienstes:* Die preußische RV vom 11.1.1934 sieht Bereitschaftsdienst bis 8 Uhr abends vor. Vereinzelt ist insofern eine Abweichung gestattet worden, als bis 6 Uhr an die Dienststelle, nachher in der Privatwohnung ein Staatsanwalt erreichbar sein muss. Bei den jetzigen hochpolitischen Zeiten ist es nötig, dass stets Tag und Nacht ein Staatsanwalt erreichbar ist. Es muss daher

1. an der Dienststelle mindestens solange, als die üblichen Bürostunden dauern, ein Staatsanwalt anwesend sein;

2. nach Ende der Dienststunden stets ein Staatsanwalt unmittelbar (Umstellung des Diensttelefonanschlusses) erreichbar sein, so dass unmittelbare Verbindung vom Amt möglich ist, falls die Behörde angerufen wird.

Dem Reichsjustizministerium sind, soweit nicht schon wie in Preußen geschehen, auch die Privat-Anschlussnummern der Staatsanwälte mitzuteilen, damit notfalls auch auf diesem Wege eilige Mitteilung gemacht werden kann. Die Kosten eines dienstlichen Wohnungsanschlusses können von Amts wegen erstattet werden (Ersatz eines bestimmten Teils der Grundgebühr und der Ortsgespräche).

e) Für die *Arbeitsgemeinschaften* wird der Allgemeine Teil des Entwurfs des StGB in 2. Lesung zur Zeit gedruckt; er soll demnächst zur Versendung gelangen. Die Generalstaatsanwälte müssen, im Einvernehmen mit den Oberlandesgerichtspräsidenten mitteilen, wie viele Richter des Bezirks ganz oder teilweise mit Strafsachen beschäftigt sind und wie viele Staatsanwälte, Strafanstaltsdirektoren und Gerichtsassessoren in Betracht kommen. Die Zahlenangaben brauchen nicht vollkommen genau zu sein, da sie nur einen Maßstab für die Verteilung bilden sollen.

II. Beschleunigung der Strafverfahren

1. Zusammenarbeit von Polizei und Staatsanwaltschaft

Die Staatsanwaltschaft darf sich ihre Initiative nicht von der Polizei vorschreiben lassen. Es ist untragbar, dass bei einem großen Krawall, von dem die ganze Stadt spricht und über den die Polizei bekanntgibt, die Täter seien verhaftet und es werde ihnen der Prozess gemacht, die Staatsanwaltschaft nicht einschreitet, weil sie *dienstlich* nichts erfahren habe; sie darf sich nicht damit zufrieden geben, dass die Exekutivpolizei erklärt, es handle sich um eine politische Sache, die sie nichts angehe, und dass demgegenüber die Staatspolizei erklärt, es sei eine politische Sache und es stehe in ihrem Ermessen, wie weit sie der Staatsanwaltschaft Kenntnis gebe. Die Staatsanwaltschaft handelt pflichtwidrig, wenn sie auf solche dienstlichen Meldungen wartet und nicht bei jedem, auch außerdienstlich bekannt gewordenen zureichenden Anhaltspunkt (§ 152 Abs. 2 StPO) einschreitet.

Politische Übergriffe sind beschleunigt aufzuklären und zu verfolgen. Ihre Gefährlichkeit für die ruhige Entwicklung der Volksgemeinschaft betont die – bereits zur Verteilung gebrachte – *Verfügung des Ministers des Innern vom 20.8.1935,* die auf eine Weisung des Führers zurückgeht. Gegen Übergriffe zum Nachteil der Rechtspflege wendet sich insbesondere das *Rundschreiben des Stellvertreters des Führers Nr. 180 vom 3.9.1935.* Es verbietet mit allem Nachdruck Einzelangriffe irgendwelcher Parteidienststellen gegen die Justiz (und zwar sowohl unmittelbare Eingriffe in schwebende Gerichtsverfahren wie auch öffentliche Kritik an Gerichtsurteilen, insbesondere an noch nicht rechtskräftigen Entscheidungen). Selbstverständlich besitze die Partei das Recht, Entscheidungen der Gerichte und sonstigen Maßnahmen der Justiz vom nationalsozialistischen Standpunkt aus einer Kritik zu unterziehen. Eine solche parteiamtliche Kritik an gerichtlichen Entscheidungen dürfe aber künftig nur von Ministerialrat Sommer (im Stabe des Stellvertreters des Führers), der allein mit der Bearbeitung dieser Angelegenheiten betraut sei, abgegeben werden. Im Übrigen würden krasse und im nationalsozialistischen Sinne unverständliche Urteile im Benehmen mit dem Reichsjustizministerium nachgeprüft.

2. Zeitablauf im Strafprozess.
Das Mittel des Zeitablaufs zur Erledigung von Strafverfahren gehört nicht in die Hand des Staatsanwalts. Er muss für beschleunigte Durchführung des Verfahrens sorgen und verhindern, dass infolge der Verzögerung der Strafverfolgung das Interesse an der Durchführung des Verfahrens erlahmt. Treten gegen die beschleunigte Durchführung von irgendeiner Stelle Hemmnisse auf, die die Staatsanwaltschaft nicht zu überwinden vermag, so ist an das RJM zu berichten.

Ist die Durchführung eines Verfahrens aus beachtlichen Gründen nicht möglich oder unerwünscht, so kann es nur im Wege der Einstellung oder Niederschlagung abgeschlossen werden. Der Einstellungsbescheid muss aber mit der Aktenlage übereinstimmen. Es ist untragbar, dass ein Verfahren eingestellt wird, weil die beschuldigten Beamten in Bezug auf die schweren Verletzungen eines Häftlings erklären, er habe nur geringe Schläge mit dem Gummiknüppel erhalten und sich die Wunden durch Kratzen selbst beigebracht (während der Arzt diese Angaben der Beschuldigten für unwahr erklärt), und weil festgestellt sei, eine gewisse Gewaltanwendung sei nach der glaubhaften Bekundung der Beteiligten notwendig gewesen.

Ist in solchen Fällen die Nichtverfolgung ausnahmsweise erwünscht, so kommt nur der Weg der Niederschlagung in Frage. Die Erwägungen, die die Staatsanwaltschaft zur Befürwortung der Niederschlagung veranlassen, gehören nicht in die Gerichtsakten.

III. Laufende Unterrichtung der Zentralbehörde
1. Kriminalstatistik
Da die endgültigen Ergebnisse der Reichskriminalstatistik zur Zeit erst bis 1932, die vorläufigen bis 1933 vorliegen, muss die Justiz eine eigene Statistik schaffen, die sie über die Entwicklung der Kriminalität in großen Zügen auf dem Laufenden hält, jedoch ohne dass durch solche Erhebungen den Justizbehörden erhebliche Arbeit erwächst. Der Zeitpunkt, in dem die Statistik die Straftat erfasst, muss möglichst früh liegen. Die Anzeige als frühester Moment scheidet aus, weil 50% der Anzeigen zu keinem Strafverfahren führen. Das Urteil liegt für die Statistik regelmäßig zu spät. Am zweckmäßigsten sind daher die Anklagen zu zählen. Für eine solche Statistik genügt die Erfassung einiger weniger, besonders charakteristischer Deliktsgruppen (die Rundverfügung über diese Statistik ist inzwischen den GStA zugegangen – RV v. 25.9.1935 – III a 26025/35 -).

2. Zweimonatliche Lageberichte
Neben dieser Statistik ist notwendig ein regelmäßiger kurzer Bericht des Oberreichsanwalts und der GStA über die Lage in ihren Bezirken. Alle zwei Monate, erstmalig zum 1. Dezember 1935, soll ein solcher politischer Wetterbericht eingereicht werden, der einen allgemeinen Gesamtüberblick bietet, ohne auf Einzelheiten näher einzugehen. Die Berichte, die in fünf Exemplaren einzureichen sind,

müssen alles Wesentliche auf wenigen Seiten nur aufgrund eigener Beobachtungen der GStA bringen; büromäßige Erhebungen bei den nachgeordneten Behörden, Darstellung der personellen Verhältnisse und Übersichten über die Geschäftsbelastung kommen daher für diese Berichte nicht in Betracht. Die früher in einzelnen Ländern, z.B. Bayern, üblichen Jahresberichte sind nicht mehr zu erstatten.

IV. Auffällige Unterschiede im Strafmaß
Der Zustand, dass für Straftaten gleicher Art und Schwere von den einzelnen Gerichten Strafen von ganz verschiedener Höhe verhängt werden, muss allmählich verschwinden. Dafür einige Beispiele, zunächst aus dem Gebiete der Bekämpfung der *Bibelforscher.* Bei diesen sind drei Gruppen zu unterscheiden: Die Leiter, die Funktionäre (Sekretäre) und die Mitläufer. Es sind verhängt worden gegen die Leiter durchschnittlich bei dem Gericht I 4 ¾ Monate Gefängnis, bei dem Gericht II 9 Monate Gefängnis, bei dem Gericht III 3 Jahre 3 Monate Gefängnis; gegen die Funktionäre beim Gericht I 2 ¼ Monate Gefängnis, beim Gericht II 6 ¼ Monate Gefängnis, beim Gericht III 2 Jahre 3 Monate Gefängnis; gegen die Mitläufer beim Gericht I nur zu 23% Freiheitsstrafen mit 2 ¾ Monaten, meist Geldstrafe von 150 bis 300 RM, beim Gericht II zu 100% Freiheitsstrafen von 4 ¼ Monaten Gefängnis, beim Gericht III zu 100% Freiheitsstrafen von 1 Jahr 3 Monaten Gefängnis.

Weitere Fälle aus dem Gebiet der *Abtreibung:*

Fall I: Fünf Fälle von Abtreibung, davon ein Fall nach 1933; trotz Entgelts von ca. 50 RM je Fall Gewerbsmäßigkeit verneint; Verfahren aufgrund der Amnestie vom 7. August 1934 eingestellt;

Fall II: Zwei Fälle, beide nach 1933; keine Gewerbsmäßigkeit (Entgelt von 8 und 25 RM); Urteil 4 Jahre Gefängnis, Antrag des Staatsanwalts 5 Jahre Zuchthaus;

Fall III: Vier Fälle gewerbsmäßiger Abtreibung, davon einer nach 1933 (Entgelt 40 bis 70 RM); Urteil 1 ½ Jahre Zuchthaus;

Fall IV: 14 Fälle gewerbsmäßiger Abtreibung, davon drei nach 1933 (Entgelt 100 bis 150 RM), Urteil 2 ½ Jahre Gefängnis.

Die anerkannten Strafen entsprachen regelmäßig den Anträgen der Staatsanwaltschaft. Die Leiter der Staatsanwaltschaften müssen durch Kontrolle der Strafanträge in ihren Bezirken und durch Vergleiche mit anderen Bezirken darauf hinwirken, dass solche untragbaren Unterschiede ausgeglichen werden.

In *Hochverratssachen* erklären sich die auffälligen Unterschiede im Strafmaß zumeist daraus, dass in Preußen und einigen anderen Ländern die vorbereitenden Handlungen nach § 83 Abs. 2 StGB verfolgt werden, während die übrigen Länder besonders landesrechtliche Vorschriften aufgrund der VO vom 28.2.1933 haben. Die Rechtsprechung muss sich mehr der Praxis des Reichsgerichts annähern, das die „Vorbereitung“ außerordentlich weit auslegt. Dass jemand, der die KPD unterstützt, nicht über deren hochverräterische Ziele Bescheid weiß, kann heute ernsthaft nicht mehr angenommen werden. Dass in einzelnen Ländern noch die vorerwähnten Sondervorschriften bestehen, ist unerwünscht; das Ministerium wird prüfen, in welcher Weise diese Verschiedenheit zu beheben ist.

In Hochverratssachen muss die *Aberkennung der bürgerlichen Ehrenrechte* die Regel bilden, da seit der nationalsozialistischen Revolution der Hochverrat als das schwerste gegen die Volksgemeinschaft gerichtete Verbrechen der Treulosigkeit an die Spitze aller Verbrechen gestellt und mit den schwersten Strafen belegt ist. Die *Untersuchungshaft* darf in Hochverratssachen nicht grundsätzlich angerechnet werden, sondern nur dann, wenn dies wegen Reue, Geständnis oder unverschuldeter Verzögerung der Aburteilung angebracht erscheint. Bei der Anrechnung ist nach dem Wunsche des Führers auch die Schutzhaft mit zu berücksichtigen, wenn sie wegen der Tat verhängt worden ist, es sei denn, dass die Angeklagten eine besondere Rolle als Funktionäre gespielt haben.

V. Handhabung des Heimtückegesetzes

1. § 3 a der SondergerichtsVO ist sparsam zu verwenden, da er eine Ausnahmebestimmung darstellt. Maßgeblich für seine Anwendung ist, wie schon sein Wortlaut sagt, nicht, ob die Tat, sondern ob die *alsbaldige Aburteilung* von minderer Bedeutung ist. Ein Interesse an alsbaldiger Aburteilung ist aber regelmäßig vorhanden, wenn man solche Greuelbehauptungen nicht ungehindert weiter verbreitet wissen will. Grundsätzlich ist an der Aburteilung durch das Sondergericht festzuhalten im Interesse der gleichmäßigen Beurteilung, der Schnelligkeit des Verfahrens und der sofortigen Rechtskraft.

2. Bei der Prüfung der Fragen, ob und wie bei der Anwendung des § 1 d. Ges. vom 20.12.1934 über die Wahrheit oder gröbliche Entstellung der behaupteten Tatsachen Beweis zu erheben ist, ist mit Vorsicht und Geschick vorzugehen.

Folgende Grundsätze sind zu beachten:

a) Ist die Behauptung wahr oder annähernd wahr, dann keine Verfolgung.

b) Ist sie maßlos übertrieben oder offenbar unsinnig, dann sofort Strafverfolgung; eines besonderen Beweises bedarf es nicht, da das Gegenteil gerichtsbekannt ist.

c) Bestehen Zweifel, dann grundsätzlich Anfrage an das RJM, das das Erforderliche feststellen und eine amtliche Auskunft als für die Verhandlung genügende Beweisunterlage geben wird. Nur bei rein lokalen Vorgängen z. B. bei Behauptungen über Unterschlagungen eines Kreisleiters, werden eigene Ermittlungen genügen, die jedoch sowohl in der Form der Anfrage wie in der Auswahl der befragten Stelle stets taktvoll sein müssen, insbesondere nie den Anschein erwecken dürfen, als wenn die Staatsanwaltschaft die behauptete Tatsache ohne weiteres für wahr halte.

3. Die Strafverfahren, die aufgrund des Ges. vom 20.12.1934 gegen Mitglieder der NSDAP oder ihre Gliederungen eingeleitet sind und in denen das RJM an den Stellvertreter des Führers oder den Reichsschatzmeister herantreten muss, sind, einer Anregung des Stellvertreters des Führers entsprechend, in den Begleitberichten an das RJM *die Personalien und die Anschriften der Beschuldigten möglichst genau anzugeben,* damit die Parteistellen etwaige parteigerichtliche Maßnahmen alsbald ohne Schwierigkeiten weiterleiten können.

VI. Verkehr mit der Partei

1. Verkehr mit der Partei usw. Die Frage der *Aktenversendung, -einsicht und -auskunft* ist eingehend geregelt in der RV vom 28.6.1935, die stets einzuhalten ist. Von der in ihrer Nr. 8 vorgesehenen Möglichkeit, Ausnahmen zuzulassen, darf nur möglichst wenig Gebrauch gemacht werden. Sie soll als Übergangsbestimmung lediglich dazu dienen, die bisherige lokale Übung nicht zu stören, und dadurch Unstimmigkeiten verhüten, muss aber allmählich abgebaut werden. Da die Ausnahme aufgrund persönlicher Beziehungen gewährt worden ist, darf sie nicht ohne weiteres auch gegenüber dem Nachfolger angewendet werden.

Dem Ersuchen einer Parteistelle, die Aktenübersendung verlangen kann, Akten an eine untere Stelle zu übersenden, ist grundsätzlich nicht zu entsprechen, weil sonst die Gefahr einer Durchlöcherung der RV besteht. Die Akten dürfen daher nur an den Stellvertreter des Führers, die Oberste SA-Führung und die sonst in der RV genannten Stellen versandt werden. Wenn diese Stellen die Akten weiterleiten, kann die Justizverwaltung das zwar nicht verhindern, jene Stelle bleibt ihr aber für die Rückgabe der Akten verantwortlich. Die Aktenübersendung hat regelmäßig über das RJM zu erfolgen, außer bei abgeschlossenen Akten. Akten über schwebende Verfahren sollen nach Möglichkeit überhaupt nicht herausgegeben werden, da Verzögerungen des Verfahrens hierbei kaum vermeidbar sind.

2. Erörterung grundsätzlicher Fragen mit der Partei: Zwischen örtlichen Justizbehörden und örtlichen Dienststellen der Partei oder ihrer Gliederungen sind Fragen grundsätzlicher Art nicht zu regeln, ihre Behandlung muss vielmehr den beiderseitigen Zentralstellen vorbehalten bleiben. Eine dementsprechende Anordnung haben der Stellvertreter des Führers in seinem Rundschreiben vom 4.2.1935 und der Stabschef der SA in seinem Befehl vom 13. Mai 1935 erlassen. Anregungen über grundsätzliche Fragen, die einer einheitlichen Regelung bedürfen, sind also mit Stellungnahme dem RJM vorzulegen, und der anregenden Stelle ist anheimzugeben, die Frage auch ihrerseits ihrer Zentralstelle zu unterbreiten. Ebenso ist auch in bedeutenden politischen Einzelfragen hierher zu berichten, falls die Stellungnahme zweifelhaft oder allgemein bedeutsam erscheint.

3. Persönliche Besprechungen mit Parteistellen sind dringend erwünscht. Aber verschiedentlich haben Leiter von Staatsanwaltschaften mit Parteistellen Besprechungen abgehalten, ohne sich vorher mit den eigenen Sachbearbeitern in Verbindung gesetzt zu haben. Ein solches Verfahren birgt die Gefahr in sich, dass der verhandelnde Staatsanwalt von falschen Voraussetzungen ausgeht. Es ist unbedingt nötig, dass eine vorherige genaue Rücksprache mit den Sachbearbeitern stattfindet und dass diese von dem Ergebnis der Besprechungen benachrichtigt werden.

Solche Besprechungen dürfen auch keinesfalls in unberechtigtes Bagatellisieren von Strafanzeigen oder in schwächliches Nachgaben bei der Durchführung von Strafverfahren in missverstandenem Parteiinteresse ausarten. Offenes, aufrechtes Zusammenarbeiten unter Wahrung der staatlichen Belange nach gesunder nationalsozialistischer Auffassung ist zu erstreben. Ein warnendes Beispiel bilden hierbei die Erfahrungen mit dem wilden Plakatieren. In den wegen Entfernung solcher Plakate eingeleiteten Verfahren haben die Justizbehörden vielfach den Wünschen einzelner Parteistellen übereilt nachgegeben, Haftbefehle beantragt und erlassen und im Schnellverfahren harte Strafen ausgesprochen, ohne die Voraussetzungen der Strafbarkeit genügend geprüft zu haben.

4. Für die Frage der *Zeugnisverweigerung* durch Angehörige der Partei und ihrer Gliederungen steht eine endgültige Regelung bevor. Nach der augenblicklichen Rechtslage gibt es zwar ein Aussageverweigerungsrecht irgendwelcher Parteistellen nicht, ebenso zur Zeit auch keine Genehmigungspflicht. Jedoch ist bei der unlöslichen Verbundenheit der Partei mit dem Staat und seinen Behörden eine ähnliche Regelung zu erwarten wie bei Beamten. Die Verhandlungen schweben noch, einmal über den Kreis der Personen, zu deren Aussagen die Genehmigung erforderlich sein soll, und ferner darüber, wer die Genehmigung zu erteilen hat. Feststeht dagegen schon, dass sich die Genehmigungspflicht nur bezieht auf die Aussage über solche Tatsachen, die die betreffende Person in der Ausübung ihres Dienstes erfahren hat und deren Bekanntgabe gleichzeitig das Wohl des Reiches schädigen würde. Mit Rücksicht darauf, dass die Verhandlungen über den Umfang der Genehmigungspflicht in der Schwebe sind, ist es zweckmäßig, bei Aussageverweigerungen nicht rigoros vorzugehen, sondern die vorgesetzten Parteidienststellen um Abhilfe zu bitten, und – falls das keinen Erfolg hat, hierher zu berichten.

5. Zur Frage der *österreichischen Flüchtlinge* sind die Besprechungen mit dem Innenministerium noch nicht schriftlich festgelegt. Jedoch sind schon jetzt folgende Grundsätze anzuwenden: Österreichische Flüchtlinge sind Personen, die sich in Österreich im nationalsozialistischen Sinne betätigt haben und deswegen haben flüchten müssen. Haben sie bei der Flucht ohne Pass oder Ausweispapiere die Grenze überschritten, so soll von der Verfolgung wegen Passvergehens abgesehen werden. Sie sind, wenn sie nur wegen Passvergehens verfolgt werden, auch nicht in Haft zu nehmen; die weitere Verfolgung ist nach § 153 Abs. 2 oder 3 StPO einzustellen. Bei rechtskräftig abgeschlossenen Verfahren ist wegen eines Gnadenerweises zu berichten. Die Feststellung, ob es sich um einen österreichischen politischen Flüchtling handelt, wird zweckmäßig unter Zuhilfenahme des Hilfswerks für Flüchtlinge und Hinterbliebene in Berlin W, Lützowstraße 107/108, erfolgen. Vor allem ist darauf Bedacht zu nehmen, dass sich nicht Verbrecher unter Berufung auf die Flüchtlingseigenschaft der Strafe entziehen. Für künftige Fälle wird der Reichsminister des Innern bereits der Polizei entsprechende Anweisung geben.

Einzelfragen, die von den Generalstaatsanwälten aufgeworfen wurden

1. Verhältnis der Partei zum Stahlhelm

Frage: Kann in Bezirken, in denen der Stahlhelm verboten ist, in Strafverfahren wegen Beleidigung oder Misshandlung von Stahlhelmangehörigen durch Mitglieder der Partei oder ihrer Gliederungen das öffentliche Interesse an der Strafverfolgung noch bejaht werden?

Stellungnahme: Da über die Zukunft des Stahlhelms noch nicht entschieden ist, soll man bei diesen Fragen vorsichtig verfahren und vorerst Beleidigungen im Wege der öffentlichen Klage nur verfolgen, wenn man sie wegen der besonderen

Schwere verfolgen muss, etwa weil sie den Vorwurf des Landesverrats enthalten. Fühlung mit der Zentralstaatsanwaltschaft ist empfehlenswert.

2. Schutzhäftlinge in Gerichtsgefängnissen:
Frage: Unterstehen Schutzhäftlinge, die in Gerichtsgefängnissen untergebracht sind, hinsichtlich der seelsorgerischen Betreuung der Gefängnisordnung oder sind die Weisungen der politischen Polizei hierfür maßgebend?

Kann dem Antrage eines Staatspolizeiamts, in Zukunft alle Schutzhaftgefangenen wie Strafgefangene zu behandeln, stattgegeben werden?

Stellungnahme: Bei der Verwahrung von Schutzhaftgefangenen in Gefängnissen darf ein Unterschied gegenüber den Untersuchungshäftlingen nicht gemacht werden. Falls einmal verlangt werden sollte, dass die Justizverwaltung für Schutzhaftgefangene Räume ohne Justizpersonal zur Verfügung stellt, bedarf es eines sofortigen Berichts an das RJM.

3. Frage: Muss der Generalstaatsanwalt dem *Ersuchen eines Gauleiters um persönliche Rücksprache* Folge leisten?

Stellungnahme: Eine für alle Fälle gültige Antwort kann nicht gegeben werden; Pflege der persönlichen Beziehungen im Allgemeinen sowie Geschicklichkeit im Einzelfall müssen dabei maßgebend sein. In jedem Fall wird es sich empfehlen, bei dem Gauleiter vorher anzufragen, was Gegenstand der Unterredung sein soll und ob die Referenten teilnehmen sollen.

4. Frage: Ist die von einem Generalstaatsanwalt aus Anlass eines Einzelfalls, in dem sich ein auf Privatdienstvertrag angestellter *Geistlicher als politisch unzuverlässig* erwiesen hat, allen Anstaltsvorständen erteilte Anweisung, die politische Haltung der in gleicher Weise angestellten Geistlichen nachzuprüfen, unbedenklich?

Stellungnahme: Wenn irgendein Anlass vorliegt, muss für den Generalstaatsanwalt die Möglichkeit der Nachprüfung und vorläufiger Maßnahmen bestehen. Wie die Frage endgültig geregelt wird (Konkordat), muss besonderer Prüfung im Ministerium vorbehalten bleiben.

5. Frage: Ist das öffentliche Interesse an der Strafverfolgung zu bejahen, wenn ein *jüdischer Rechtsanwalt in Bezug auf seinen Beruf beleidigt* worden ist?

Stellungnahme: Der Grundsatz, dass jedes Organ der Rechtspflege zu schützen ist, muss zunächst auch für den jüdischen Rechtsanwalt gelten; die öffentliche Klage ist also auch heute berechtigt, wenn in einem gleich liegenden Fall bei einem arischen Anwalt die Klage erhoben werden würde. Im Übrigen wird die aufgeworfene Frage viel von ihrer praktischen Bedeutung verlieren, sobald sich die Nürnberger Gesetze auch auf dem Gebiet der Anwaltschaft ausgewirkt haben.

6. Anregung: Wiederholt sind aufgrund ungeprüfter Meldungen über angebliche Vorkommnisse von örtlichen Parteistellen *große Demonstrationen* veranstaltet worden, die unterblieben wären, wenn die Parteistellen sich vorher über den wahren Sachverhalt informiert hätten. Es empfiehlt sich daher, bei der Parteileitung darauf hinzuwirken, dass Demonstrationen nur mit Genehmigung des Gauleiters stattfinden dürfen.

Stellungnahme: Das RJM ist sich über die unerfreulichen Begleiterscheinungen und Folgen solcher Demonstrationen ebenso wie die führenden Parteistellen im Klaren. Es haben über den Weg der Abhilfe schon Besprechungen stattgefunden, die aber noch nicht abgeschlossen sind.

2. Auszug aus der Tagungsniederschrift

GStA Müller (Braunschweig): Schutzhäftlinge in Gerichtsgefängnissen: Die Frage des Besuches von Geistlichen bei Schutzhäftlingen, die in Gerichtsgefängnissen untergebracht sind, ist besonders für die größeren Gefängnisse, in denen Schutzhäftlinge auf mehrere Wochen in größerer Zahl in Verwahrung sind, von Bedeutung. Zweifelhaft ist, ob sie hinsichtlich der seelsorgerischen Betreuung der Gefängnisordnung unterstehen oder ob die Weisungen der politischen Polizei hierfür maßgebend sind. Bei Amtsgeistlichen, die der Dienstgewalt des Anstaltsvorstandes unterstehen, werden Schwierigkeiten nicht auftreten. Anders, soweit ein Amtsgeistlicher fehlt, da hier eine Möglichkeit der Auswahl und des Einschreitens für den Gefängnisvorstand nicht besteht. Fraglich ist auch, ob die Schutzhaftgefangenen in das Verzeichnis der neu eingelieferten Gefangenen aufzunehmen sind, das nach einer Verfügung dem kath. Pfarrer wöchentlich zu übersenden ist. Wir sehen die Aufnahme von Schutzhäftlingen in Gerichtsgefängnisse als Akt der Rechtshilfe an, so dass die Gefangenen der Ordnung des Gefängnisses unterworfen sind und die Polizei keine Anordnungen treffen kann.

GStA Brettle (Karlsruhe): Bei mir liegt ein Antrag des Staatspolizeidienstes vor, in Zukunft alle Schutzhaftgefangenen wie Strafgefangene zu behandeln. Ich habe das Badische Ministerium des Innern um Stellungnahme ersucht. M.E. kann dieses auch Anordnungen über eine andere Behandlung der Gefangenen treffen, soweit sie nicht unseren Bestimmungen vollkommen widerspricht; im Rahmen dieser Anordnung wäre dann eben uns die Verantwortung abgenommen.

Minister: Bei der Verwahrung von Schutzhaftgefangenen in Gefängnissen darf meiner Meinung nach ein Unterschied gegenüber den Untersuchungsgefangenen nicht gemacht werden. Es gelten für sie nur die Regeln unserer Gefängnisse, da auch wir die Verantwortung tragen. Gegen eine Gleichstellung der Schutzhäftlinge mit Strafgefangenen habe ich schwere Bedenken.

Staatssekretär: Die Anregung der Badischen Staatspolizei hätte nicht der Landesregierung, sondern als politische Frage von allgemeiner Bedeutung dem Reichsjustizminister vorgelegt werden müssen, um unterschiedlichen, örtlichen Regelungen vorzubeugen. Sachlich bin ich der Auffassung, dass, wenn wir schon Schutzhaftgefangene in unsere Gefängnisse aufnehmen, die Behandlung nach unseren Grundsätzen erfolgen muß. Als Parallele für die Schutzhaft kommt dabei nur die Untersuchungshaft in Frage. So stellt ja auch der Führer die Schutzhaft der Untersuchungshaft gleich. Falls einmal verlangt werden sollte, dass wir für Schutzhaftgefangene Räume *ohne unser Personal* zur Verfügung stellen, müßte sofort hierher berichtet werden.

GStA Dr. Becker (Naumburg): *Unterbringung von Häftlingen bei Massenverhaftungen:* Vor 3 Monaten kündigte mir die Stapo die bevorstehende Verhaftung von 300–400 Personen an. Einlieferungsort waren kleine Amtsgerichte. Ich erklärte, dass die kleinen Gefängnisse dafür nicht eingerichtet seien, und ersuchte, die Leute als Schutzhäftlinge zu behandeln. Das wurde abgelehnt, weil Ermittlungsverfahren eingeleitet werden sollten. Man müßte durch Verhandlungen mit dem Staatspolizeiamt doch erreichen, dass bei solchen Aktionen die große Menge der Mitläufer gesondert behandelt wird. Ich hatte in jenem Falle vorgeschlagen, dass die Mitläufer auf der Lichtenburg in Schutzhaft genommen würden.

III. Arbeitstagung vom 29.11.1935 der Generalstaatsanwälte und Oberstaatsanwälte des Reichs

1. Überblick über die Arbeitstagung (DJ 1935, S. 1775–1776)

Im Reichsjustizministerium kamen am 29. November 1935 die sämtlichen *Generalstaatsanwälte* und *Oberstaatsanwälte* des Reiches zu einer Tagung zusammen, die unter dem Vorsitz des Reichsministers der Justiz *Dr. Gürtner* stand. Sie erhielt ihr besonderes Gepräge durch die Anwesenheit des Befehlshabers der deutschen Polizei Generalleutnant *Deluege*, des Polizeipräsidenten von Berlin SA-Gruppenführer *Graf Helldorff*, und des Ministerialdirigenten im Reichs- und Preuss. Ministerium des Innern *Hall*, die damit der engen Verbundenheit zwischen Polizei und Staatsanwaltschaft sinnfällig Ausdruck gaben. Aus dem Reichsjustizministerium nahm Staatssekretär *Dr. Freisler* und die zuständigen Ministerialdirektoren und Sachbearbeiter an der Tagung teil.

In seinen *Begrüßungsworten* betonte Reichsminister der Justiz *Dr. Gürtner* die besondere Bedeutung der Tagung, in der zum ersten Mal in der nunmehr vom Reich geführten Justizverwaltung die Oberstaatsanwälte aus dem ganzen Reich im Reichsjustizministerium zusammenberufen seien. Der Minister äußerte, er werde entsprechend einer früher in Preußen bestehenden Übung mindestens einmal im Jahre die Oberstaatsanwälte zusammenrufen, um in mündlicher Aussprache alle die grundsätzlichen Fragen zu klären, die im Reichsjustizministerium und bei den Oberstaatsanwälten im Verlauf der Jahresarbeit sich ergaben und die im Schriftverkehr nicht erledigt werden könnten. Sodann sprach Generalleutnant *Deluege* über das Thema: „Polizei und Verbrechensbekämpfung“ [vollständig wiedergegeben in DJ 1935, 1846 ff.]. In seinen Ausführungen betonte er, dass Polizei und Staatsanwaltschaft in der Verbrechensbekämpfung sich gegenseitig ergänzen müßten. Generalleutnant Deluege machte sodann über die Maßnahmen der Polizei zur vorbeugenden Verbrechensbekämpfung etwa folgende Ausführungen: „Verschärfte Strafen und die Sicherungsverwahrung setzen Strafurteil und damit eine bestimmte Straftat und auch einen Schuldbeweis für diese Straftat voraus. Sie kommen damit immer nur für die Personen in Frage, die der Allgemeinheit oder dem einzelnen bereits einen Schaden zugefügt haben. Der gerichtlichen Aburteilung des Täters geht zudem stets ein oft schwieriges, langwieriges und insbesondere kostspieliges Ermittlungs- und Untersuchungsverfahren voraus. Wir wollen aber die Kosten der Strafverfolgung herabzumindern suchen, weil jede im Staatshaushalt ersparte Mark heute als Arbeitsentlohnung für erwerbslose Volksgenossen segensreich anzulegen wäre.

Für die polizeiliche Vorbeugungshaft gilt als äußere Voraussetzung, dass die Betroffenen drei mal wegen eines aus Gewinnsucht begangenen Verbrechens oder Vergehens zu Zuchthaus oder Gefängnis von mindestens 6 Monaten verurteilt sein müssen, ohne dass zwischen den einzelnen Straftaten ein straffreier Zeitraum von 5 Jahren liegt. Als innere Voraussetzung dieser Vorbeugungshaft gilt, dass es sich um Personen handeln muß, die nach dem wohlbegründeten Urteil der Kriminalpolizei als Berufsverbrecher bekannt sind, die ausschließlich oder zum größten Teil von dem Erlös aus Straftaten leben.

Wir haben die Anzahl der Personen, auf die die Vorbeugungshaft zunächst Anwendung finden sollte, bewußt klein gehalten. Es ist kaum einer unter diesen Häftlingen, der nicht mindestens 8- oder 10mal vorbestraft ist, dagegen so mancher, der schon 20 bis 30 Freiheitsstrafen verbüßt hat. Berücksichtigt man, dass wirkliche Berufsverbrecher immer nur für einen geringen Teil ihrer Straftaten zur Aburteilung kommen und dass sie ihr ganzes Leben lang, abgesehen von der Zeit, in der sie Strafen verbüßen, Straftaten planen und begehen, so wird man sagen müssen, dass die Schutzhaft dieser 476 Berufsverbrecher eine Schutzhaft im besten Sinne, eine Haft zum Schutze der Bevölkerung ist.

So sind auch nach statistischen Feststellungen in den größeren preußischen Städten im Jahre 1934 gegenüber dem Jahre 1932 die Tötungsdelikte um 39,9 %, die Raubüberfälle um 64,2 %, die Einbrüche um 49,7 %, die Brandstiftungen um 22,8 % zurückgegangen.

Besonders deutlich veranschaulicht diesen Rückgang folgende Gegenüberstellung:

In Berlin sind vorgekommen:

	März 1932	März 1934	März 1935
Wohnungseinbrüche	479	214	167
Geschäftseinbrüche	706	238	179
Büro- und Kontoreinbrüche	117	49	30
Fahrraddiebstähle	1101	521	486
Raubüberfälle	67	14	12

Die angeführten Zahlen beweisen uns, dass wir mit unseren Maßnahmen auf dem richtigen Wege sind und dass der Kampf der nationalsozialistischen Justiz und der nationalsozialistischen Polizei ein Erfolg war. So mancher wird dadurch, dass ihm Justiz und Polizei schon in der ersten Entwicklungsphase der von ihm geplanten Straftat empfindlich auf die Finger klopfen, davor behütet, sich schwerer strafbar zu machen.

Wir werden in dem Kriminalbeamten des Dritten Reiches der Staatsanwaltschaft einen zuverlässigen Mitarbeiter zur Verfügung stellen, der allen berechtigten Ansprüchen genügt.

In diesem Zusammenhang erwähnte der Redner die von Staatssekretär Dr. Freisler und ihm im März 1935 gemeinsam geplante Aufklärungswoche zur Verbrechensbekämpfung. Generalleutnant Deluege schloß mit den Worten: „Von dem nationalsozialistischen Staat verlangen unsere Volksgenossen eine vorbildliche öffentliche Sicherheit. Staatsanwaltschaft und Kriminalpolizei sind die berufenen Hüter dieser Sicherheit. Arbeiten sie verständnisvoll und erfolgreich zusammen, so werden sie damit ganz von selbst zu Werbern für die nationalsozialistische Staatsidee. In ihrer gewissenhaften und wirkungsvollen Berufsausübung liegt die beste Bestätigung für ihre nationalsozialistische Gesinnung."

Darauf hielt *Staatssekretär Dr. Freisler* einen Vortrag über die *Aufgaben und die Arbeitsweise der Staatsanwälte.* Er führte u. a. aus: In der Strafrechtspflege müsse man sich den Grundgedanken unseres Strafrechts und unserer strafrechtlichen Arbeit überhaupt immer vor Augen halten. Daraus folge einmal die Notwendigkeit, dem Sühnebedürfnis des Volkes als einem innerlichen Selbstreinigungsbedüfnis selbst Rechnung zu tragen, zum anderen das Volk gegen irgendwelche Angriffe auf seine ungehemmte Lebensbetätigung zu sichern und schließlich dem gesunden Teil des Volkes die Gewißheit zu geben, dass er nicht allein stehe, sondern dass sein Staat und die Volksführung überhaupt vorbildlich und wegzeigend vorangehe. Die innere und äußere Festigung des Volkes bei seiner natürlichen Lebensarbeit im nationalsozialistischen Staate sei also die Aufgabe der Strafrechtspflege. Die Tätigkeit der Staatsanwälte erfordere eine sichere und feste Haltung gegenüber dem Verbrecher. Bei jeder Straftat müsse man ihren Unrechtsgehalt erkennen und würdigen und nicht schematisch nach den Deliktstypen des StGB vorgehen. Ebenso müsse man dem Tätertyp gerecht werden. Als solche Typen seien die Staats- und Volkszersetzer und die Volksausbeuter zu nennen. Delikte wie Vergehen gegen Nahrungsmittelvorschriften und Höchstpreisbestimmungen könne man nicht als Formaldelikte behandeln, denn sie wirkten zersetzend auf den Aufbauwillen des Volkes und auf das Vertrauen des Volkes zu seiner Führung. Ebenso müsse man im Wucherer und Lebensmittelfälscher den Volksausbeuter erkennen. Bei der Frage des Strafantrages dürfe der Staatsanwalt nicht nur auf seine eigene Praxis sehen, sondern er müsse bewußt nach einer Gleichheit der Antwort des Staates auf Handlungen der Rechtsbrecher für das ganze Reich abzielen.

Der Staatsanwalt müsse aktiv sein, denn mit seiner ganzen Persönlichkeit stehe er im Dienst von Volk und Staat. Erhöhte Tätigkeit des Staatsfeindes müsse er deshalb mit erhöhter eigener Tätigkeit beantworten. So wie die politische

Grundhaltung des Nationalsozialismus eine kämpferische sei, so müsse auch die Staatsanwaltschaft kämpferisch sein. Sie dürfe sich nicht neutral gegenüber der Einstellung des Täters zum Staate und nicht neutral gegenüber der Gefahrenrichtung der Handlungen des Täters verhalten, sondern ihre Arbeit müsse in dem Lebensgesetz und der sittlichen Grundhaltung des Volkes verankert sein. Jeder Staatsanwalt müsse in seinem Leben, in seiner beruflichen und sonstigen Arbeit ein echter, treuer, überzeugter Deutschen, d. h. ein Nationalsozialist sein.

Der Organismus der Staatsanwaltschaft sei bewußt militärisch aufgebaut und der Staatsanwalt habe, wie der Soldat, auf dem bekannten Wege seine Anweisungen zu empfangen und zu erfüllen. Daraus ergebe sich dann klar die Verantwortungslinie, die zum Reichsminister der Justiz führe, als demjenigen, der vom Führer allein dazu bestellt sei, der Staatsanwaltschaft die Richtlinien zu geben für ihr allgemeines Verhalten und ihr Handeln im Einzelfalle, Anweisungen, die zu beachten sie gesetzlich und durch das besondere Treueverhältnis des Führers verpflichtet seien. Diese Verantwortungslinie dürfe nie verwischt werden, um nicht die einheitliche und geschlossene Führung der deutschen Justiz zu gefährden.

Der Reichsminister der Justiz erwarte von jedem Staatsanwalt, dass er in irgendeiner Gliederung der nationalsozialistischen Bewegung aktiv mitarbeite.

Staatssekretär *Dr. Freisler* forderte kameradschaftliches und verständnisvolles Zusammenarbeiten mit allen anderen dem gleichen Ziel dienenden Stellen des Staates. So wie Armeekorps, die gegen den gleichen Feind eingesetzt seien, Tuchfühlung halten müßten, so müsse auch die Staatsanwaltschaft mit der Staatspolizei, der Schutzpolizei, der Kriminalpolizei und der Gendarmerie Tuchfühlung halten.

Die Tätigkeit des Staatsanwalts bringe es mit sich, dass die Öffentlichkeit über seine wirklich geleistete und für den Schutz von Volk und Staat so ungeheuer wichtige Arbeit nicht voll unterrichtet sei und sie deswegen nur selten voll würdigen könne. Deswegen stoße der Staatsanwalt hier und da auf Unverständnis. Demgegenüber aber könne er das stolze Gefühl haben, auf besonders wichtigem Posten im Kampf für Volk und Staat zu stehen. Der Staatsanwalt, der treu, ehrlich und fest seine Pflicht tue, werde beim Führer und bei dem vom Führer mit der Leitung der Justiz betrauten Reichsminister der Justiz seinen Rückhalt finden.

Im Anschluß an diesen Vortrag berichteten Ministerialdirektor *Dr. Crohne* und Reichsanwalt *Jorns* über strafprozessuale Fragen.

Am Nachmittag wurde die Arbeitstagung durch Einzelbesprechungen mit den Sachbearbeitern des Reichsjustizministeriums fortgesetzt.

2. Auszug aus dem Referat von Karl Deluege

Allein in Berlin und allein durch Einbruch und schwere Diebstähle ist im Jahre 1932 der Bevölkerung ein Schaden von 10½ Millionen Mark und durch Betrug ein Schaden von etwa 30 Millionen Mark entstanden. Deshalb hat der preußische Ministerpräsident auf meinen Vorschlag durch die Erlasse vom 13.11.1933 und 10.2.1934 eine planmäßige Überwachung der Berufsverbrecher und die Anwendung einer polizeilichen Vorbeugungshaft gegen sie angeordnet. Für diese polizeiliche Vorbeugungshaft, die in dem Erziehungslager Esterwegen vollstreckt wird, gilt als äußere Voraussetzung, dass der Betreffende dreimal wegen eines aus Gewinnsucht begangenen Verbrechens oder Vergehens zu Zuchthaus oder Gefängnis von mindestens 6 Monaten verurteilt sein muß, ohne dass zwischen den einzelnen Straftaten ein straffreier Zeitraum von 5 Jahren liegt. Als innere Voraussetzung dieser Vorbeugungshaft gilt, dass es sich um Personen handeln muß, die nach dem wohlbegründeten Urteil der Kriminalpolizei als Verbrecher bekannt sind, die ausschließlich oder zum größten Teil von dem Erlös aus Straftaten leben. Der dreimaligen Bestrafung zu mindestens 6 Monaten Freiheitsstrafen wegen einer aus Gewinnsucht begangenen Straftat sind Straftaten aus § 173 StGB, Blutschande, § 174, Vornahme unzüchtiger Handlungen durch Pfleger, Pflegeeltern, Lehrer an minderjährigen Pflegebefohlenen und aus § 176, Vornahme unzüchtiger Handlungen an willenlosen oder geisteskranken Personen oder mittels Gewalt oder an Personen unter 14 Jahren, gleichgestellt. Damit erstreckt sich die Anwendung der polizeilichen Vorbeugungshaft auch auf solche gefährlichen gewohnheitsmäßigen Sittlichkeitsverbrecher, von denen mit hoher Wahrscheinlichkeit neue gleichartige Straftaten zu erwarten sind.

Wir haben die Zahl der Personen, auf welche die Vorbeugungshaft zunächst Anwendung finden sollte, bewußt klein gehalten. Sie ist für Preußen zur Zeit auf 525 Vorbeugungshäftlinge beschränkt. Wir wollen einen kleinen Teil der Berufsverbrecher mit der Vorbeugungshaft, die übrigen mit der Furcht vor der Vorbeugungshaft niederhalten. Zur Zeit befinden sich 476 Personen in Vorbeugungshaft, und zwar 215 Einbrecher, 144 Diebe, 66 Betrüger und Hehler, 38 Sittlichkeitsverbrecher und 13 Räuber. Diese 476 Mann waren mit insgesamt 2329 Jahren Zuchthaus und 2492 Jahren Gefängnis vorbestraft. Es ist kaum einer unter diesen Häftlingen, der nicht mindestens 8 oder 10 mal vorbestraft ist, dagegen so mancher, der schon 20 bis 30 Freiheitsstrafen verbüßt hat. Berücksichtigt man, dass wirkliche Berufsverbrecher immer nur für einen geringen Teil ihrer Straftaten zur Aburteilung kommen und dass sie ihr ganzes Leben lang, abgesehen von der Zeit, in der sie Strafe verbüßen, Straftaten planen und begehen, so wird man sagen müssen, dass die Schutzhaft dieser 476 Berufsverbrecher eine Schutzhaft im besten Sinne, eine Haft zum Schutz der Bevölkerung ist. Die Vorbeugungshaft soll die Begehung neuer Straftaten durch von ihr Betroffenen mechanisch durch ihre Internierung verhindern.

Mit der planmäßigen Überwachung der Berufsverbrecher haben wir nun einen neuartigen Versuch gemacht, Berufsverbrecher auch durch andere Mittel als Internierung, ebenfalls gewissermaßen mechanisch, an der Begehung neuer Straftaten zu verhindern. Personen, die nach ihrer Vergangenheit als Berufsverbrecher oder als gefährliche gewohnheitsmäßige Sittlichkeitsverbrecher anzusehen sind und auch heute noch nicht zu einer der Rechtsordnung entsprechenden Lebensführung zurückgekehrt sind, können von den Landeskriminalpolizeistellen durch gewisse Ge- und Verbote sogenannte Auflagen bzw. Verpflichtungen auferlegt werden. Die wissentliche und willentliche Mißachtung dieser Verpflichtungen kann die Vorbeugungshaft nach sich ziehen. Hinsichtlich der äußeren Vorbedingungen, der Anzahl der Vorstrafen, sind hier geringfügige Erleichterungen gegeben. Die unmittelbare Anwendung der Vorbeugungshaft gegen gefährliche Sexualgewohnheitsverbrecher ist nach dem Erlaß vom 13.11.1933 nur für Personen möglich, die in der vorhin erwähnten Weise aus den §§ 173, 174 und 176 vorbestraft sind; zur Verhängung der Auflage berechtigen dagegen entsprechende Strafen aus den §§ 175 bis 183. Während als Vorbedingung für die unmittelbare Vorbeugungshaft eine dreimalige Vorbestrafung von mindestens 6 Monaten Zuchthaus oder Gefängnis notwendig ist, ist bei den Auflagen die Strafhöhe gleichgültig. Auch wird bei gewohnheitsmäßigen Sexualverbrechen für die Verhängung der Auflagen nur ein- oder zweimalige Vorbestrafung gefordert. Immer aber muß der Betroffene nach dem genau begründeten Urteil der Kriminalpolizei wirklicher Berufsverbrecher oder gewohnheitsmäßiger gefährlicher Sexualverbrecher sein.

Zulässig sind folgende Auflagen. Erstens Verbot, den Wohnort ohne polizeiliche Genehmigung zu verlassen. Dieses Verbot wird denjenigen auferlegt, die sich als reisende Einbrecher, reisende Falschgeldvertreiber und im Lande umher reisende Wechselfallenschwindler betätigt haben. Zweitens: Geschäftseinbrechern und Fassadenkletterern, die zur Ausübung ihrer Verbrechensspezialität auf die Nachtzeit angewiesen sind, wird die Verpflichtung auferlegt, sich im Sommer von 23 bis 5 Uhr, im Winter von 23 bis 6 Uhr innerhalb ihrer polizeilich gemeldeten Wohnung aufzuhalten. Sie haben einen Hausschlüssel an die Kriminalpolizei abzuliefern, die damit instand gesetzt wird, jederzeit in beliebig großer Anzahl, die von dem Verbot betroffenen auch nachzukontrollieren. Drittens: Denjenigen Verbrechern, die ihrer Spezialität entsprechend Kraftwagen oder Motorräder zu Diebesfahrten, Fortschaffung der Beute oder zum Heranfahren an den Tatort oder zum Falschgeldvertrieb zu benutzen pflegen, wird die Führung und Benutzung von Kraftwagen und Motorrädern verboten. Dieses Verbot trifft auch diejenigen, die früher Kraftwagen benutzt haben, um sich systematisch einer polizeilichen Beobachtung zu entziehen. Viertens: Hehlern, wilden Buchmachern, Bauernfängern, Neppern und Fahrraddieben wird der Aufenthalt an bestimmten öffentlichen Örtlichkeiten wie Bahnhöfen und Versteigerungslokalen oder das Betreten von Rennbahnen und Wettannahmestellen verboten. Exhibitionisten und gewohnheitsmäßigen Jugendverführern kann das Betreten öffentlicher Heime und Parks, insbesondere solcher mit Kinderspielplätzen, untersagt werden. Fünftens: Heiratsschwindlern und anderen Betrügern, die ihre Opfer vorzugsweise durch Zeitungsinserate anlocken, wird verboten, unter Chiffre zu inserieren oder Zeitungsinserate aufzugeben.

Für diejenigen Personen, denen das Verlassen ihres Wohnortes ohne eine polizeiliche Genehmigung untersagt ist, und denen, die unter dem Verbot der Benutzung und Führung von Kraftwagen und Motorrädern stehen, werden im deutschen Steckbriefregister Merkkarten angelegt. Werden sie irgendwo außerhalb ihres Wohnortes aus irgendwelchen Gründen angehalten, so ist hierdurch die betreffende Polizeibehörde sofort in der Lage, ihren Verstoß gegen das Verbot festzustellen.

Diese Auflage oder Verpflichtung soll so gehalten sein bzw. angewendet werden, dass sie einen ehrlichen Arbeitserwerb der Betroffenen nicht beengen. Der Zweck ist ja gerade, die Berufsverbrecher am Verbrechen zu behindern und zum redlichen Broterwerb so weit wie möglich zu zwingen. Sowohl bei Verhängung der

Vorbeugungshaft wie auch bei der Festsetzung der Auflage ist eine dreifache Kontrolle eingeschaltet. Beide können nicht von den Ortspolizeibehörden verhängt werden, sondern müssen bei den Landeskriminalpolizeistellen beantragt werden. Das Preußische Landeskriminalamt beim Polizeipräsidium Berlin führt nicht nur eine zentrale Kartei, sondern prüft auch jeden Einzelfall der Verhängung genau nach. Die Überführung eines Vorbeugungshäftlings in das Erziehungslager muß außerdem in jedem Falle beim Ministerium des Innern beantragt werden, das damit als dritte Kontrollinstanz eingeschaltet ist. Als Beschwerdeweg steht dem Betreffenden die Beschwerde im Dienstaufsichtsweg offen, über die nach Anhörung des Landeskriminalamtes in erster Linie der Regierungspräsident und in zweiter Instanz das Ministerium des Innern entscheidet.

In Preußen sind zur Zeit für 740 Personen derartige Auflagen festgesetzt. Bei weiteren 220 sind sie inzwischen wieder aufgehoben worden, nachdem diese Leute zu einer rechtlichen Lebensführung zurückgekehrt sind.

Die Wirkung der Vorbeugungshaft und der Auflage ist eine außerordentlich günstige gewesen. Die vorzugsweise von Berufsverbrechern begangenen Straftaten sind bis zu 60 % zurückgegangen, während sie bis zum Jahre 1932 ständig gestiegen sind. In der Reichshauptstadt werden beispielsweise an einfachen Diebstählen zur Anzeige gebracht im Jahre 1926 32.452 Fälle, im Jahre 1932 52.231 Fälle. An schweren Diebstählen sind in Berlin zur Anzeige gebracht worden im Jahre 1926 19.675 Fälle du im Jahre 1932 36.724 Fälle. Dagegen sind nach statistischen Feststellungen in den größeren preußischen Städten im Jahre 1934 gegenüber dem Jahr 1932 die Tötungsdelikte um 39,9 %, die Raubüberfälle um 64,2 %, die Einbrüche um 49,7 %, die Brandstiftungen um 22,8 % zurückgegangen. Besonders deutlich veranschaulicht diesen Rückgang folgende Gegenüberstellung. In Berlin sind vorgekommen – ich nenne immer die Zahlen für März 1932 – März 1934 und März 1935 -: Wohnungseinbrüche 479–214–167, Geschäftseinbrüche 706–228–179, Büro- und Kontoreinbrüche 117–49–30, Fahrraddiebstähle 1101–521–486. Raubüberfälle 67–14–12. Übereinstimmend haben eine ganze Reihe Landeskriminalpolizeistellen berichtet, dass zahlreiche Berufsverbrecher sich zum ersten Mal in ihrem Leben einen redlichen Erwerb gesucht haben. Weihnachten 1934 hatten wir 32 Berufsverbrecher versuchsweise aus der Vorbeugungshaft entlassen. Von diesen sind 5 rückfällig geworden. 17 dagegen haben sich seitdem ordnungsmäßig geführt.

Die angeführten Zahlen beweisen uns, dass wir mit unseren Maßnahmen auf dem richtigen Wege sind und dass der Kampf der nationalsozialistischen Justiz und der nationalsozialistischen Polizei ein Erfolg war. Dem Vorgehen der preußischen Kriminalpolizei mit Vorbeugungshaft und Auflagen haben sich eine ganze Reihe außerpreußischer Staaten angeschlossen. Es wird eine unserer wesentlichen Aufgaben sein, sie auf das ganze Reich auszudehnen. Wir werden auf dem Gebiet der Vorbeugung weiter fortschreiten und haben dazu den Grundsatz aufgestellt: Selbstschutz muß den Polizeischutz ergänzen.

IV. Arbeitstagung im Reichsjustizministerium vom 11.–14.11.1936 mit den Chefpräsidenten und den Generalstaatsanwälten

1. Pressenotiz: Wichtige Besprechungen im Reichsjustizministerium

In der vergangenen Woche fanden im Reichsjustizministerium unter dem Vorsitz des Reichsministers der Justiz *Dr. Gürtner* Besprechungen wichtiger Fragen aus verschiedenen Aufgabengebieten der deutschen Rechtspflege statt, zu denen sich die Vertreter des Reichsjustizministeriums und der sonstigen Zentralstellen mit den Richtern und Staatsanwälten, die in der täglichen Praxis mit diesen Fragen beschäftigt sind, zusammengefunden hatten.

Die Besprechungen am 11. und 12. November betrafen die Bekämpfung hochverräterischer Umtriebe. An ihr nahmen Vertreter des Geheimen Staatspolizeiamtes, an ihrer Spitze der Chef der Sicherheitspolizei SS-Gruppenführer Heydrich, der Präsident des Volksgerichtshofs Staatsminister a.D, Dr. Thierack, der Reichsanwalt beim Volksgerichtshof Jorns, mit ihnen richterliche und ehrenamtliche Mitglieder des Volksgerichtshofs, die Oberlandesgerichtspräsidenten, Generalstaatsanwälte und Vorsitzenden der Senate der mit Hochverratssachen befaßten Oberlandesgerichte teil. Reichsminister der Justiz Dr. Gürtner eröffnete die Besprechungen und umriß die Fragen, die zur Erörterung standen. Staatssekretär im Reichsjustizministerium Dr. Freisler und der Chef der Sicherheitspolizei SS-Gruppenführer Heydrich hielten eingehende Referate, denen sich Vorträge der Sachbearbeiter des Reichsjustizministeriums und der Geheimen Staatspolizei über Einzelfragen anschlossen. In der Besprechung kam der gemeinsame Wille der Justiz- und Polizeiorgane zum energischen Kampf gegen alle kommunistischen und sonstigen hochverräterischen Bestrebungen zum Ausdruck. Die Beratungen standen im Zeichen kameradschaftlicher Zusammenarbeit zwischen den Strafverfolgungsbehörden und den Dienststellen der Geheimen Staatspolizei. Sie ließen wiederholt erkennen, wie erfolgreich diese Zusammenarbeit bisher schon war.

Am folgenden Tage stand die Handhabung der Rasseschutzbestimmungen der Nürnberger Gesetze zur Beratung. Außer dem Präsidenten des Reichsgerichts Dr. Bumke, dem Präsidenten des Volksgerichtshofs Staatsminister a.D. Dr. Thierack, den Vertretern des Reichsgerichts und der Reichsanwaltschaft, den Oberlandesgerichtspräsidenten und den Generalstaatsanwälten waren die Vorsitzenden der für Rasseschutzsachen zuständigen Strafkammern und die Oberstaatsanwälte dieser Gerichte erschienen. Als Gäste nahmen an der Besprechung der Oberreichskriegsanwalt Dr. Rohdans und einige Vertreter der Reichskriegsanwaltschaft teil. Reichsminister der Justiz Dr. Gürtner erklärte in seiner Begrüßungsansprache, es komme darauf an, das Problem des Rasseschutzes auch auf dem Gebiete der Rechtsprechung zu lösen. Staatssekretär Dr. Freisler legte im einzelnen die Grundgedanken des Rasseschutzes und ihre Durchführung auf Grund des Gesetzes zum Schutze des deutschen Blutes und der deutschen Ehre dar. Er wies darauf hin, dass die Verbrechen gegen dieses Gesetz, das für die Verwirklichung des nationalsozialistischen Rassegedankens von entscheidender Bedeutung sei, als ein Angriff auf die Lebensordnung des Volkes anzusehen seien, und behandelte die Aufgaben, die die Strafverfolgungsbehörden zu diesen wichtigen Gebieten zu erfüllen hätten. Die Schwere der Verbrechen der Rassenschande verlange, dass die Strafverfolgungsbehörden sich mit allem Nachdruck für die unbedingte Durchsetzung des Gesetzes einsetzten, wie es ihnen der Reichsminister der Justiz schon wiederholt zur Pflicht gemacht habe. Staatssekretär Dr. Freisler erwähnte in diesem Zusammenhang, dass der Hundertsatz der gegen Juden wegen Rassenschande ergangenen Zuchthausurteile in den letzten Monaten ständig gestiegen sei. In der Aussprache wurden Einzelfragen aus der Praxis der Strafverfolgungsbehörden geklärt.

Schließlich fanden sich sämtliche Generalstaatsanwälte des Reiches am 14. November im Reichsjustizministerium zur Erörterung von Fragen des Strafvollzugs zusammen. Staatssekretär Dr. Freisler brachte zum Ausdruck, dass dank der Mitarbeit aller Strafvollzugsbeamten heute wieder in allen Strafanstalten Zucht und Ordnung herrsche und dass der Gefangene nicht mehr Subjekt, sondern Objekt des Strafvollzuges sei. Er wies auf neue, demnächst zu bewältigende Aufgaben wie den Jugendstrafvollzug und die erforderliche Differenzierung des Vollzuges der Sicherungsverwahrung und des Strafvollzuges an Zuchthaussträflingen, Vorbestraften und nicht bestraften Gefängnisgefangenen hin.

2. Besprechung über die Behandlung von Hochverratssachen am 11. und 12.11.1936

11. Nov. Beginn 9 Uhr

a) Tagesordnung

I. Einleitende Ansprache: Staatssekretär *Dr. Freisler* (Dauer etwa 20 Minuten)
II. Vorträge der Geheimen Staatspolizei:
1. SS-Sturmbannführer *Müller*: „Die Komintern" und „Die kommunistische Bewegung in Deutschland". (Dauer 1 ½ bis 1 ¾ Stunden)
2. Regierungsrat *Heller*: „Die sozialdemokratische Bewegung in Deutschland". (Dauer ¾ Stunde)
3. SS-Hauptsturmf. *Huber*: „Die schwarze Front". (Dauer eine Stunde)
Gemeinsames Frühstück um 1.15 Uhr. Fortsetzung der Tagung um 3 Uhr.
III. SS-Gruppenführer *Heydrich*: „Der Kommunist im polizeilichen Ermittlungsverfahren" und „Die Stellung der Vertrauensmänner der Gestapo im Strafprozeß". (Dauer ½ Stunde)
IV. Ministerialdirektor *Dr. Crohne*: Allgemeine Fragen (Dauer etwa 1 ½ Stunden)

12. Nov. Beginn 9 Uhr
Vormittags Oberregierungsrat *Schmidt* (Thür.) und Nachmittags Erster Staatsanwalt *von Schroeter* über: Rechtsfragen
Schlussansprache des Herrn Staatssekretär *Dr. Freisler*

b) Vortrag von Dr. Crohne: Allgemeine Fragen (Vortragsgliederung)

I. Ziele der Hochverrats-Bekämpfung: gründliche Aufspürung – schleunige Ermittlungen – überraschendes und rücksichtsloses Zufassen, schnelle Anklage und Hauptverhandlung – harte Urteile – sofortige Vollstreckung.
II. Ermittlungsverfahren: 1. Enge Zusammenarbeit mit der Gestapo, laufende gegenseitige Unterrichtung über neueste Erfahrungen aus Aufbau, Verfolgung und Rechtsprechung – regelmäßige 2-monatliche Aussprache – möglichst frühzeitige Verständigung im Einzelfall -
2. Staatsanwalt als Herr des Ermittlungsverfahrens: Ermittlung insbesondere auch des inneren Tatbestandes – Untersuchungshaft – Trennung der Komplizen, Vorsicht bei Sprecherlaubnis, Vertrauensmänner der Gestapo,
3. Monstreverfahren möglichst aufteilen,
4. Verteilung der Verfahren zwischen VG und OLG je nach Ermessen des ORA und Wichtigkeit der Beschuldigten,
5. keine Abschiebung von Hochverratssachen auf andere Gerichte,
6. Beschleunigung des Ermittlungsverfahrens.
III. Hauptverhandlung: 1. Keine Ablehnung der Hauptverhandlung ohne Rücksprache mit StA,
2. Ort der Hauptverhandlung Zweckmäßigkeitsfrage,
3. Öffentlichkeit: Vorsicht bei Zulassung, insbesondere bei Ausländern,
4. Beschränkung bei Erörterung von Mißhandlungen und über Vertrauenspersonen,
5. Freispruch: Mitteilung an Gestapo und Erörterung, ob Schutzhaft angebracht,
6. Ordnungsstrafgewalt gegen renitente Angeklagte,
7. Pressebericht: sachlich, keine Sensationen.
IV. Gnadenberichte: Form und Inhalt.

c) Exposé zum Vortrag für Herrn MinDir. Dr. Crohne

I. Ausgestaltung des Ermittlungsverfahrens
Ziel: rücksichtslose Bekämpfung hochverräterischer Bestrebungen in einem raschen aber auch gründlichen Strafverfahren. – Vermeidung von Einstellungen, Außerverfolgungsetzungen und Freisprüchen in größerer Zahl, dann andernfalls:

a) Schädigung des Ansehens der Strafverfolgungsbehörden verbunden mit unerwünschter Kritik,

b) neuer Auftrieb für Hochverräter; neue Verteidigungs- und Tarnungsmöglichkeiten aus Freisprüchen,

c) u.U. Strafklagenverbrauch oder wenigstens Notwendigkeit der Wiederaufnahme.

Mittel: 1. *enge Zusammenarbeit zwischen Staatsanwaltschaft und Gestapo* (*Anregung:* Hamburg):

a) persönliche Fühlungnahme der Behördenvorstände, allgemeine Erörterung der schwebenden Fragen.

b) persönliche Fühlungnahme der beiderseitigen Sachbearbeiter im Einzelfall – keine zeitraubende und meist nicht erschöpfende schriftliche Anfragen, sondern mündliche Erörterung: von Seiten der Gestapo u.U. schon vor Abgabe der Sache Hinweis darauf.

c) Herstellung eines gegenseitigen Vertrauensverhältnisses, zur Erreichung des gemeinsamen Ziels, Vermeidung von kleinlichem Zuständigkeitsstreit, Mißverständnisse aufklären und nicht vertiefen

2. *Rechtzeitige Einschaltung der Staatsanwaltschaft* (*Anregung*: Hamburg, Jena):

a) kein zu frühes Zupacken der Gestapo [*Bem.:* Dresden (Fälle *hier* nicht bekannt) München (Coburger Bahnhof)] – weil sonst Beweissicherung und Überführung gefährdet und deshalb Einstellung oder Freispruch oft unvermeidlich, im übrigen auch vom Polizeistandpunkt aus Aufklärung der Zusammenhänge und der Verbindungen nach oben oft unmöglich, anderseits rechtzeitige Abgabe an die Staatsanwaltschaft [*Bem.:* z.B. Hamburg (Fall Simpson u. die anschließende Erörterung zwischen StA Bonner (Reichsanwalt) u. Dr. Streckenbach (Gestapo Hamburg)], damit sie ihrerseits die für die gerichtliche Behandlung notwendigen weiteren Unterlagen beschaffen kann.

Deshalb Bitte an Gestapo, auf rechtzeitige Beteiligung der Staatsanwaltschaft hinzuwirken und Anordnung an Staatsanwaltschaft, sich nach Möglichkeit rechtzeitig einzuschalten, in Fällen zu später Einschaltung Bericht an RJMin. unter Darlegung der entstandenen Schwierigkeiten.

In diesem Zusammenhang erwähnen, dass z.Zt. geprüft wird, ob nicht überhaupt der Oberstaatsanwalt auszuschalten und von vornherein der Weg Gestapo – Generalstaatsanwaltschaft einzuführen sei: Prüfung noch nicht abgeschlossen.

3. *Im Regelfall keine Voruntersuchung.* Immer noch zu viel unnötige Voruntersuchungen. [*Bem.:* (vergl. bes. dauernde Beanstandungen bei *München,* das in ganz kleinen Fällen V.U. macht.)] Anzuerkennen, dass sie Klarheit bringen, sie nehmen aber zu lange Zeit in Anspruch. Deshalb nur dann Voruntersuchung, wenn zwingende Gründe sie ausnahmsweise nötig machen.

4. *Staatsanwaltschaft darf nicht bloße „Anklagefertigerin" sein, sie muß selbst ins Verfahren eingreifen und ermitteln.* (Aufgefallen z.B. bes. bei *Hamburg, München.*) Der Staatsanwalt darf sich beim Schlußbericht der Gestapo nicht begnügen. Er muß – wenn nötig – selbst eingreifen und z.B. die Voruntersuchung im Regelfall ersetzen.

Er muß z.B.: a) sich *Geständnisse* wiederholen lassen, wenn Widerrufsgefahr droht oder sonst Anhaltspunkte dafür vorliegen, dass Bedenken gegen das Geständnis erhoben werden, b) *auch Entlastungsbeweise überprüfen* (z.B. Vorfall *Breslau,* wo zahlreiche Freisprüche erfolgten, weil – wie Rücksprache mit OStA Sturm ergab -, die Entlastungsbeweise gar nicht entgegen genommen, geschweige denn ihnen nachgegangen war. S.a. Fall Niesselbeck/Kanzler Volksgerichtshof) und ihnen nachgehen – nicht mit dem Ziele, solche Beweise zu schaffen oder anzuregen, sondern um der Gefahr zu begegnen, dass die Angeklagten in der Hauptverhandlung mit solchen Einwänden und Widerrufen kommen können und entweder Vertagungen erzwingen oder die Anklage schwächen oder den Zeitablauf auszunutzen. Ziel: Vermeidung von Freisprüchen.

Bitte an Gestapo, ihre Stellen anzuweisen, angetretenen Entlastungsbeweisen nachzugehen, sie in jedem Falle aktenkundig zu machen. Das Gericht kann sie nicht umgehen. Nicht aufgenommene Entlastungsbeweise schwächen die Stellung der Anklage, verzögern das Verfahren, verhindern u.U. sogar eine sachgemäße Aufklärung. Ebenso Vorsicht beim Abfassen von Niederschriften (*Anregung:* OLG Breslau.) Die Angeklagten versuchen bei Gericht die Niederschriften anzugreifen. Es ist mißlich und schwächt die Stellung der Staatsanwaltschaft, wenn es ihnen gelingt, Niederschriften zu entkräften. *Ersuchen an GStA,* darauf hinzuwirken, dass etwaige Mängel in dieser Richtung sofort aufgeklärt und ausgeglichen werden.

c) *Von Anfang an der inneren Tatseite besondere Beachtung schenken.* (*Anregung:* Dresden.) Während der äußere Tatbestand meist klar liegt oder sich mindestens leicht beweisen läßt, macht der innere Tatbestand häufig Schwierigkeiten, zumal die Gerichte geneigt sind, sehr strenge Maßstäbe anzulegen. (*Bem.:* z.B. *Dresden,* s.Tl. auch Hamburg und *Berlin,* bes. aber *München, Karlsruhe.*) Diese Anforderungen an den inneren Tatbestand dürfen nicht überspannt werden. Einen vollen Beweis für den inneren Tatbestand wird es beim Bestreiten nie geben. Die Erkenntnisquellen müssen im Regelfall aus äußeren Umständen und aus der Person des Angeklagten gewonnen werden. Deshalb muß es Aufgabe der *Gestapo* sein, von Anfang an ausführliche und umfassende Feststellungen über das politische Vorleben des Beschuldigten, seine Einstellung zu partei- und staatlichen Veranstaltungen und Einrichtungen, sein Verhalten im Betrieb sowie die einzelnen Tatumstände zu treffen. Bei einigen Stellen wird in dieser Richtung der Frage des Kirchenaustritts eine gewisse Bedeutung beigemessen. In manchen Fällen kann diesem Argument ev. Bedeutung zukommen. Verallgemeinert werden darf das aber nicht; es wird dabei viel auf den Zeitpunkt ankommen. Mindestens scheint es aber untunlich, diesen Umstand in der Anklage oder im Urteil besonders zu erwähnen. Die angeregten Ermittlungen sind besonders in den Fällen nötig, in denen Mundpropaganda von anderen Straftaten zu trennen ist. Die *Staatsanwaltschaft* muß notfalls diese Ermittlungen ergänzen und vertiefen. Jedenfalls darf es nicht dazu kommen, dass der über die Anordnung der Hauptverhandlung entscheidende Senat eine Art Beweisbeschluß erläßt (*Bem.:* hauptsächlich *München*), zugespitzte Fragen vom Amtsrichter klären läßt und so dem Angeklagten die Schwächen der Anklage offenbart, ja ihm Gelegenheit gibt, auf diese Weise zu entschlüpfen. Das gilt für die Sachaufklärung überhaupt. Solche „Beweisbeschlüsse" sind höchst unerwünscht; mindestens sollten solche Anregungen an die Staatsanwaltschaft gegeben werden, damit sie das vom Gericht Vermißte nachholt. Das Gericht muß den nötigen Feststellungsmut aufbringen und darf an den inneren Tatbestand nicht Anforderungen stellen, die kaum zu erfüllen sind.

d) Beim *Einsatz von Vertrauensmännern* (*Anregung:* Dresden, München.) – die Frage wird später behandelt – muß der Staatsanwalt alsbald klar stellen, ob der Vertrauensmann zur gerichtlichen Verhandlung benötigt wird und ob ihn die Gestapo freigibt oder ob nur ein mittelbarer Beweis möglich ist und ausreicht.

Die *Gestapo* wird gebeten, den Vertrauensmann in den Akten überhaupt nicht erscheinen zu lassen, wenn er in der Hauptverhandlung nicht auftreten kann. Der Staatsanwalt kommt in einen Pflichtenkonflikt, wenn er den Vertrauensmann kennt, u.U. vernommen hat, aber gehindert ist, ihn im Strafverfahren zu verwerten. Kann der Vertrauensmann nicht preisgegeben werden, müßte die Gestapo ausreichenden mittelbaren Beweis bieten. *Der Staatsanwalt* hat dann sorgfältig zu prüfen, ob er mit diesem Beweis zum Ziele kommen kann. Verneint er das, hat er die Gestapo unter Darlegung der Gründe davon mündlich in Kenntnis zu setzen und die Folgen aufzuzeigen. Gibt die Gestapo den Vertrauensmann trotzdem nicht frei, übernimmt sie die Verantwortung auch für das Fehlschlagen des Verfahrens. In keinem Falle geht es an, dass der Staatsanwalt den Vertrauensmann vernimmt [(Dresden (Fall Rechtsanwalt v. Carlowitz), Berlin (Fall Ruch – Bredow)], ihn mit 3 Kreuzen unterzeichnen läßt und diese Niederschrift zu den Akten bringt, oder dass eine Strafverfolgungsbehörde sich vertraulich von der Gestapo den Namen des Vertrauensmannes geben läßt, ihn dann niederschriftlich vernimmt und ihm zur Niederschrift Straffreiheit zusichert. Das greift in das Niederschlagungsrecht des Führers ein und führt zu ganz unmöglichen Folgerungen. Entweder wird der Vertrauensmann gestellt – oder gerichtliche Strafverfolgungsbehörden dürfen ihn nicht kennen.

Wird der Vertrauensmann gestellt, hat der *Staatsanwalt* die Glaubwürdigkeit nachzuprüfen. Sie wird regelmäßig in der Hauptverhandlung angezweifelt und die Staatsanwaltschaft muß in dieser Richtung gerüstet sein [*Bem.:* z.B. Fall Beilich (Hamburg), Heilmann (München).] Es ist besser, die Glaubwürdigkeit ist vorher untersucht, als dass dann in der Hauptverhandlung unliebsame Erörterungen stattfinden und schließlich Freisprüche erfolgen. Die *Gestapo* wird gut tun, bei der Auswahl der Vertrauensleute entsprechend vorsichtig zu sein, mindestens von vornherein die Staatsanwaltschaft aufzuklären.

e) *Aufteilung größerer Verfahren in mehrere Anklagen* (*Anregung*: Darmstadt). Darmstadt fragt an, ob es sich empfehle, die Verhandlung in Einem durchzuführen, oder gruppenweise zu trennen. In der Praxis werden beide Methoden gehandhabt. Hamm z.B. verhandelt auf einheitliche Anklage in Einem oft gegen 100 und mehr Personen, das Kammergericht und Hamburg z.B. verhandeln gruppenweise, so wie die Anklagen erhoben sind; oft werden 25 und mehr Teilanklagen erhoben (*Bem.:* Fall Held, Hamburg in die 50 Teilanklagen). Beide Methoden haben viel für sich; Vorschriften, ob nach der einen oder anderen zu verfahren sei, sollen nicht gemacht werden. Zweckmäßiger erscheint die Methode der Anklagenteilung und gruppenweisen Verhandlung unter der Voraussetzung, dass die Anklagen möglichst schnell hintereinander erhoben und verhandelt werden können, alle vor demselben Senat eingereicht werden, und dieser stets in derselben Besetzung, mindestens mit demselben Vorsitzer und Berichter tätig wird. – Die Einheitlichkeit bei der Schuldfrage und der Strafbemessung muß gewahrt bleiben und das wird immer der Fall sein, wenn Vorsitzer und Berichter (beide würden ja auch tätig werden müssen, wenn in einem angeklagt wäre, Mehrbelastung einzelner entsteht also nicht) nicht wechseln.

Ob ein größeres Verfahren zerlegt werden kann, wird die Staatsanwaltschaft im Regelfall erst nach Abschluß der Ermittlungen beantworten können, wenn sie die Zusammenhänge übersieht und dann entweder Zellen oder Stadtteile in je einer Anklage zusammenfassen oder die größeren Funktionäre, die mittleren Funktionäre und die Mitglieder (Beitragszahler, Zeitungskäufer usw.) herausschälen und nach diesen Gruppen anklagen, oder nach der Tatzeit oder historischen Gesichtspunkten und Tatgruppen teilen kann. Auch noch andere Teilungsmöglichkeiten können gegeben sein. Das alles sind Zweckmäßigkeitsfragen, die nur aus dem Einzelfall beantwortet werden können. Die Staatsanwaltschaft wird gut tun, sich in geeigneten Fällen mit der Gestapo in Verbindung zu setzen um tunlichst zu verhüten, dass etwa Strafklagenverbrauch eintreten kann oder der Zusammenhang zerrissen wird.

Für die Trennung und Zerlegung sprechen folgende Umstände:

aa) große Zahl der Angeklagten, die oft Aufsehen erregt und in der Auslands- und Emigrantenpresse Anlaß zu wüsten Beschimpfungen und Angriffen gibt. – bb) Raumfrage (z.B. Hamm hat keinen geeigneten Saal, muß oft reisen, verhandelt in Strafanstaltskirche, Angriffe der Emigrantenpresse). – cc) Ermüdung aller Beteiligter, wenn der Einzelprozeßstoff für 100 und mehr Angeklagte in Einem verhandelt und verarbeitet werden muß. – dd) Häufung schwerster Strafen mit nachteiliger Wirkung (z.B. Hammer Urteile mit über 200 Jahren Zuchthaus und mehr in einem Urteil) auf Zuhörer. – ee) Angeklagte hören die Einlassung der anderen, Zeugenaussagen usw. und können ihre Angaben danach einrichten. – Gefährdung der Wahrheitsermittlung. Unerwünschte Auseinandersetzungen zwischen Prozeßbeteiligten (z.B. verschärfte Vernehmung, Belehrung über Aussageverweigerung, Beschränkung der Aussagegenehmigung vor großem Kreis) werden vor einem großen Zuhörerkreis nachteiliger wirken. Bestärkung einzelnen Angeklagter durch Verhalten ihrer Funktionäre in der Hauptverhandlung, u.U. sogar Gefährdung der Staatssicherheit, wenn Zusammenhänge und Funktionärmethoden oder Aufdeckungsmittel und Bekämpfungsmethoden vor so vielen – oft nicht voll Eingeweihten – erörtert werden u.a.m. -ff) naturgemäß lange Dauer der Urteilsabsetzung (*Bem.:* Hamm z.B.). Gefahr der Schematisierung von Strafzumessungsgründen und summarischer Rechtsausführungen wie Tatsachenfeststellungen in derart langen Urteilen. Unübersichtlichkeit der Urteilstenore – Erschwerung der Gnadenberichterstattung, weil Verflechtung von tatsächlichen Feststellungen und Strafzumessungsgründen für mehrere Angeklagte (z.B. wenn das A.A. ausländische Vertretungen über den Sachverhalt unterrichten muß.). – gg) u.U. starke Vermehrung der Kosten, wenn Zeugen oder Sachverständige länger dabehalten werden müssen und vor allem die Verteidiger alle der ganzen Verhandlung beiwohnen müssen.

Diese Nachteile überwiegen die Vorteile, je mehr die eingangs erwähnten Voraussetzungen beobachtet werden können.

Zweckmäßiger erscheint daher die Zerlegung und die Hammer Stellen werden gebeten, ihr Verfahren zu überprüfen: Von Anweisungen soll aber – wie gesagt – abgesehen werden.

Schon vor längerer Zeit ist mit dem Reichsanwalt b. Volksgerichtshof erörtert worden, ob es nicht zweckmäßig sei, die Abgabe zwischen ihm und den Generalstaatsanwälten anders zu regeln, weil immer wieder Klagen kommen, dass durch die jetzige Handhabung besonders wegen des Nebeneinanders der Verfahren die Zusammenhänge zerrissen würden, Unterschiede im Strafmaß nicht zu vermeiden seien (z. B. härtere Bestrafung niedriger Funktionäre durchs Oberlandesgericht [bes. in Hamm vorgekommen] als die der höheren Funktionäre durch den Volksgerichtshof), u.U. auch eine starke Verzögerung eintrete und die Gefahr der nicht restlosen Aufklärung bestehe. Man hatte erwogen, das Schwergewicht auf die Generalstaatsanwälte zu verlagern und die Trennung erst nach Abschluß der Ermittlungen vorzunehmen.

Nach eingehender Prüfung ist man sich schlüssig geworden, es beim jetzigen Zustand zu belassen. Der Reichsanwalt muß die zentrale Stelle bleiben. Nur er hat den umfassenden Überblick und nur er kann beurteilen, ob die im Einzelfall Beschuldigten über mehrere Bezirke tätig waren, wie ihre Stellung im Apparat ist und ob eine Verfolgung durch ihn geboten ist. Nachteile haben beide Methoden, die jetzt geübte verdient den Vorzug. Inwieweit die Nachteile ausgeglichen werden können, wird später zu erörtern sein.

f) *Beschleunigung in allen Teilen des Verfahrens*

Erwähnt ist bereits, dass die Gestapo gebeten wird, die Ermittlungen sobald als möglich an die Staatsanwaltschaft abzugeben und dass eine Voruntersuchung, die das Verfahren oft um nahezu 1 Jahr verzögert [Bem.: Zeiten von bis zu 1 Jahr 6 Monaten von Einleitung bis Anklage (z. B. Hamburg, Volksgerichtshof)], im Regelfall zu unterbleiben hat. Die Staatsanwaltschaft muß alles daran setzen, so schnell als möglich zu arbeiten. Zeiträume von 3 und mehr Monaten zwischen Abgabe und Anklageerhebung dürfen – wenn der Fall nicht ganz besonders umfangreich oder sonst schwierig gelagert ist – nicht mehr vorkommen. Weit herabgesetzt werden muß auch bei einer Reihe von Senaten der Zeitraum zwischen Anklageerhebung und Hauptverhandlung (Dresden oft bis 5, 6 Monate) und der Zeitraum zwischen Urteilsfällung und Urteilsabsetzung (Hamm oft mehr als ¼ Jahr). Zwischen Anklageerhebung und Hauptverhandlung dürfen höchstens 2 (in Ausnahmefällen 3), zwischen Urteil und Urteilsabsetzung höchstens 1 (in Ausnahmefällen 2) Monate liegen. Um auf diesen Stand zu kommen, wird es in einer Übergangszeit eines gewissen Energieauffwandes bedürfen, der in Kauf genommen werden muß.

g) *Was Hochverrat ist, gehört vor den Senat: das Sondergericht als „kleines Hochverratsgericht" auszubauen ist nicht angängig,* Bestrebungen, offenbar aus Entlastungsgründen das Sondergericht stärker einzuschalten, als es zulässig ist, sind hauptsächlich in 3 Richtungen erkennbar: a) Anklagen aus dem Parteimonopolgesetz, obwohl Hochverrat vorliegt (Dresden – Freiberg), b) Anklagen aus dem Heimtückegesetz, obwohl hochverräterische Mundpropoganda vorliegt (bei mehreren

Oberlandesgerichten), c) Anklagen aus landesrechtl. VO in Verbindung mit § 4 obwohl Hochverrat vorliegt (namentlich Karlsruhe – Stuttgart – Mannheim).

Besonders auffällig sind die Fälle a) und c). Zu diesen Punkten sind Anfragen gestellt, die gesondert beantwortet werden: Die Abgrenzung ist deshalb jetzt nicht zu erörtern. Die Anklagebehörde muß sich aber allgemein klar machen, dass es nicht im Interesse der Gerechtigkeit, der einheitlichen Behandlung und des einheitlichen Strafmaßes liegt, wenn z.B. in Sachsen und Baden nach dem Parteibildungsgesetz [RGBl. I 14.7.1933, 479] bzw. d. LV mit oft unter Mindeststrafe für Hochverrat liegenden Strafen geahndet wird, was im übrigen Reich durchgängig als Hochverrat verurteilt wird.

Die ungleiche Rechtslage, die durch die genannten Landesverordnungen geschaffen worden ist, hat bisher noch nicht beseitigt werden können. Versuche, das Problem gesetzgeberisch zu lösen sind gemacht, aber bisher nicht zum Erfolg gekommen (gegenüber dem Innenministerium). Auch eine Anregung, die Landesverordnungen aufzuheben, hat bisher nicht zum Ergebnis geführt. Es ist deshalb Pflicht der Staatsanwaltschaft, in jedem Falle streng zu prüfen, ob nach der äußeren Tatseite – die im Regelfall zweifelsfrei gegeben ist – und nach der inneren Tatseite Hochverrat in Frage kommt. Dabei ist zu beachten, dass einerseits der Hochverratstatbestand nicht bagatellisiert werden darf, dass aber andererseits die allgemeine Lage es nicht zuläßt, Hochverräter unter anderen rechtlichen Gesichtspunkten zu behandeln, und dass es die Gerechtigkeit erfordert, im ganzen Reich gleiche Maßstäbe anzulegen. Dass an den inneren Tatbestand keine all zu hohen Anforderungen zu stellen sind, ist schon betont. Besonders an die Generalstaatsanwälte in Dresden und Karlsruhe ergeht deshalb die Bitte, die Übung in ihrem Bezirk insoweit einer eingehenden Prüfung zu unterziehen.

h) *Spätestens bei Anklageeinreichung erneut prüfen, ob Antrag auf Haftbefehl geboten ist*

Es ist wiederholt vorgekommen (z.B. Berlin), dass bei verhältnismäßig schwerer Tat trotz Anklageerhebung kein Haftbefehl beantragt worden ist mit dem Erfolg, dass der Angeklagte flüchtig ging. Bei der Höhe der zu erwartenden Strafe wird auch in den Fällen, in denen man den Beschuldigten im Ermittlungsverfahren auf freiem Fuß lassen konnte, im Regelfall Haftbefehl zu beantragen sein.

i) *Abwesenheitsverfahren* [weggelassen]

k) Die *Strafregisterauszüge* müssen bei Anklageerhebung bereits vorliegen.

II. *Entscheidung über die Anordnung der Hauptverhandlung*

Bei der Ablehnung von Hauptverhandlungen wird gewisse Vorsicht geboten sein (München). Es erscheint äußerst bedenklich, den inneren Tatbestand – um den handelt sichs in der Regel – nur auf Grund der Akten und der Anklage verneinen zu sollen. Gegebenenfalls scheint eine unverbindliche mündliche Rücksprache zwischen Berichter und Anklageverfertiger empfehlenswert. Im übrigen werden – wenn die eingangs gegebenen Richtlinien seitens der Staatsanwaltschaft beachtet werden – künftig die Aktenunterlagen insoweit besser sein. – Recht bedenklich erscheinen – wie schon erwähnt – die bei einigen Senaten (bes. München) beliebten oder beliebt gewesenen Ermittlungsbeschlüsse; bei allen von hier durch

Akteneinsicht gemachten Stichproben war es den Beschuldigten gelungen zu entschlüpfen; man hatte fast den Eindruck, als ob der Ermittlungsbeschluß dem die Hauptverhandlung ablehnenden Beschluß die letzte Grundlage hätte geben sollen. – Der Vorsitzer wird auf baldmöglichste Terminanberaumung Wert legen müssen.

III. *Hauptverhandlung*

1. OLGPräs. Hamm fragt, ob die *Hauptverhandlung am Sitze des Gerichts oder des Tatorts* stattfinden solle. – In der Art der Tat wird im Regelfall kein Grund liegen, die Hauptverhandlung am Tatort abzuhalten. Das Milieu wird dem Gericht meist bekannt sein, bes. Ortskenntnis oder Augenschein wird im Regelfall nicht nötig sein. Deshalb kann entscheidend wohl nur sein, die Raum-, Unterbringungs- und Kostenfrage. Da die Kosten meist nicht beibringbar sein werden, wird der Vorsitzer den Termin zweckmäßig da stattfinden lassen, wo die wenigsten Vorführungs- und Zeugenkosten entstehen. Dabei wird zu beachten sein, dass die Reisekosten, Tagesgelder und Verteidigergebühren die sonst entstehenden Kosten nicht übersteigen sollen. – Es dürfte also stets eine Zweckmäßigkeitsfrage sein, wo der Vorsitzer den Hauptverhandlungstermin ansetzt, die er nach seinem pflichtgemäßen Ermessen zu beantworten hat; man kann wohl in die Erfahrung der Herren Senatspräsidenten das Vertrauen haben, dass keine Mißgriffe vorkommen.

2. *Zur Frage der Öffentlichkeit der Hauptverhandlung* nimmt die Rundverfügung vom 12.4.1935 – III a 15584/35 – Stellung. Bei den dort festgelegten Grundsätzen, die eng anzuwenden sind und nicht erweitert werden dürfen, muß es bleiben. Die RVg. spricht nur von der KPD. Selbstverständlich gilt entsprechendes auch von anderen staatsfeindlichen und hochverräterischen Organisationen und Verbindungen. – In allen Fällen wird sich dann, wenn die Öffentlichkeit zugelassen wird, eine gewisse Überwachung durch die Gestapo empfehlen. Das gilt besonders bei wichtigen Hochverratsverfahren, die den üblichen Rahmen überschreiten. In diesen Fällen wird eine strenge Kontrolle nötig sein; es empfiehlt sich, Zuhörerkarten auszugeben und zwar nur an Personen, gegen deren Zuverlässigkeit seitens der Gestapo keine Bedenken erhoben worden sind (s. Hamburg, Etkar-André-Prozeß [ab 4.5.1936]). Zweckmäßig läßt man einen schriftlichen Antrag auf Zuteilung einer Zuhörerkarte stellen und holt an Hand dieses Antrages das Unbedenklichkeitszeugnis der Gestapo ein. (André-Prozeß).

Besondere Beachtung verdienen a) ausländische Verteidiger, b) ausländische Besucher, besonders Kommissionen, c) ausländische Behördenvertreter.

Im Regelfall erscheint es unerwünscht, ausländische Verteidiger in Hochverratsprozessen zuzulassen. In jedem Fall muß erwartet werden, dass, bevor eine Zulassung ausgesprochen wird, der Staatsanwaltschaft Gelegenheit zur Stellungnahme gegeben wird. Die Staatsanwaltschaft setzt sich sofort mit der Gestapo in Verbindung und läßt feststellen, ob gegen den Antragsteller Bedenken vorliegen. Gleichzeitig überreicht sie die Vorgänge hierher – die Stellungnahme der Gestapo ist erforderlichenfalls fernschriftlich nachzusenden –, damit von hier aus gegebenenfalls mit dem Auswärtigen Amt Fühlung genommen werden kann. Da das Gericht die Zusammenhänge meist nicht übersehen kann, darf erwartet werden, dass es unsere Stellungnahme abwartet und ihr tunlichst Rechnung trägt.

Ähnlich ist bei ausländischen Besuchern, bes. Kommissionen zu verfahren. Sie dürften auch zu öffentlichen Verhandlungen im Regelfall nur zuzulassen sein, wenn die Unbedenklichkeitserklärung der Gestapo vorliegt und eine ausdrückliche Befürwortung des Auswärtigen Amtes dargetan werden kann. In Zweifelsfällen empfiehlt sich immer fernmündliche oder fernschriftliche Rückfrage beim Sachbearbeiter des Ministeriums, der sich dann mit dem Auswärtigen Amt in Verbindung setzt. – In jedem Falle ist große Vorsicht geboten. Mit verschwindend geringen Ausnahmen kann man keine sachliche Einstellung erwarten, muß vielmehr mit entstellten Berichten in der ausländischen Presse rechnen. – Ausländern, bes. ausländischen Kommissionen – die sich erfahrungsgemäß stets überwiegend aus Marxisten oder Kommunisten zusammensetzen – darf grundsätzlich keine Sprecherlaubnis für wegen Hochverrats einsitzende Personen erteilt werden. Erfahrungsgemäß kann die beste Kontrolle nicht verhüten (Zwischenfall im André-Prozeß), dass Fragen gestellt und sofort beantwortet werden, die unzulässig oder unerwünscht sind. In jedem Falle wäre die Staatsanwaltschaft einzuschalten, die sich mit der Gestapo und mir zuvor in Verbindung zu setzen hat. Werden ausnahmsweise keine Bedenken erhoben, wird zweckmäßig der Berichter des Senats – nicht ein mittlerer oder oberer Beamter – mit der Überwachung des Besuchs zu beauftragen sein. [...]

3. Die Presseberichterstattung in Hochverratssachen ist durch einen Erlaß des Pressereferenten des RJM vom 13.7.1936 (der vom 17.10.1935 – Pr. 513 – ist damit überholt) erst kürzlich geregelt worden. Daraus ist die Tendenz klar erkennbar, die Berichterstattung in Hochverratssachen auf das notwendigste Maß zu beschränken. Der Abschreckungszweck dürfte damit erreicht werden. Jedenfalls erscheint es wichtiger, der uns übel gesinnten Auslandspresse kein Material zur Verfügung zu stellen (Zusammenzählung der ausgeworfenen Strafen – Hinweis auf Strafe für nur ein Flugblatt (z.B. Friedberg/Jansen) oder nur eine Zahlung von 10 Pfg. Beitrag kann in Völkern mit anderer Grundeinstellung stark zu unserem Nachteil ausgewertet werden – Zahl der Angeklagten – Berufe usw. – Die Warnung muß auf anderem Wege erfolgen. (Aufklärung durch Partei – volkstümliche Artikel z.B. der Artikel Dr. Seidels in der Morgenpost).

Eine Lockerung der Presserichtlinien, wie sie der OLGPräs. Jena anregt, ist deshalb vorerst nicht zu erwarten.

Die Zulassung *ausländischer Presseberichter* ist geregelt durch die Richtlinien für die Tätigkeit der Justizpressestellen vom 18.6.1935 – Dt. Justiz 1935 S. 868 -, bes. § 5, wonach es nach Abs. 3 Sache der Justizpressestellen ist, die Presseberichter auszuwählen und zuzulassen (also nicht Sache des Vorsitzers, dem natürlich die Sitzungsgewalt auch gegenüber dem von der Justizpressestelle zugelassenen Presseberichter bleibt). Hinsichtlich ausländischer Presseberichter sind die Leiter der Justizpressestellen mit der Weisung vom 4.4.1936 versehen worden, wonach vor Zulassung Rückfrage bei der Presseabteilung der Reichsregierung zu halten ist.

4. *Unerwünschte Erörterungen in der Hauptverhandlung*

Von Angeklagten wird oft versucht, ihre Behandlung im Konzentrationslager, in der Polizeihaft und bei Vernehmungen sowie die Art des Zustandekommens von

Geständnissen in der Hauptverhandlung zur Erörterung zu stellen. Der Vorsitzer wird jeweils genau zu prüfen haben, ob und inwieweit in der Hauptverhandlung auf diese Vorbringungen eingegangen werden *muß*. So wird die Behandlung in der Schutzhaft im Regelfall mit dem Stoff der Hauptverhandlung überhaupt nicht im Zusammenhang stehen, so dass eine Erörterung von vornherein abgeschnitten werden sollte. In einzelnen Fällen (Dresden) hat der Senat den Angeklagten abgenommen, dass sie durch die Behandlung im Konzentrationslager zum Kommunismus gekommen seien, er hat das bei den Strafzumessungsgründen als strafmildernd berücksichtigt. Ganz abgesehen davon, dass gegen die Anerkennung eines solchen Grundes als strafmildernd sehr starke Bedenken bestehen, erscheint es untunlich, diesen „Strafmilderungsgrund" im schriftlichen Urteil ausdrücklich niederzulegen. [...]

Eine Sonderstellung nimmt die *verschärfte Vernehmung* (sie näher darzulegen, wird Sache der Gestapovertreter sein.) ein. Mit ihr muß als gegeben gerechnet werden. Stellt ein Angeklagter die Behauptung auf, er sei verschärft vernommen worden und darauf seien seine Angaben zurückzuführen, wird der Senat etwa angetretenen Beweisen nach der jetzigen Rechtslage nachgehen müssen. Auch hier wird aber der nötige Takt angewandt werden müssen. Beim Laden der Zeugen wird die Aussagegenehmigung am besten vom Gericht beigezogen; obwohl es an sich nicht üblich ist, im Strafverfahren das Beweisthema anzugeben, wird es sich empfehlen, der die Aussagegenehmigung erteilenden vorgesetzten Behörde kurz den Ladungsgrund zu bezeichnen. Wenn nicht von vornherein die Beamten mit einer entsprechend eingeschränkten Aussagegenehmigung erscheinen, wird der dann erforderliche Hinweis auf § 55 StPO, dessen Inhalt bei den Polizeibeamten als bekannt vorausgesetzt werden kann – u.U. könnte das eine kurze Zwischenfrage klären -, so zu gestalten sein, dass durch eine nachfolgende Zeugnisverweigerung des Beamten keine unnötige Bloßstellung gegenüber dem Angeklagten bewirkt wird. – [...] Ebenso ist besonders zu erörtern die Frage der *Vertrauenspersonen*. Ohne die Verwendung von Vertrauenspersonen kann die Ermittlungstätigkeit der Gestapo nicht erfolgreich durchgeführt werden. Wie künftig im Ermittlungsverfahren seitens der Staatsanwaltschaft zu handeln ist, wurde eingangs bereits dargelegt. Der Senat wird also nach einer gewissen Übergangszeit nur mit preisgegebenen Vertrauensmännern zu tun haben, deren Glaubwürdigkeit bereits einer Prüfung unterzogen ist, so dass sich wesentliche Schwierigkeiten insoweit voraussichtlich nicht mehr ergeben werden. [...]

Dass für den Fall der Nichtpreisgabe des V-Mannes die Möglichkeit des mittelbaren Beweises bleibt, ist bekannt. (Fall Bullerjahn – RG-Entscheidung v. 11.12.1925);[hierzu Klaus Geppert, Der Grundsatz der Unmittelbarkeit, Berlin 1979, S. 292]. Das Gericht wird sich also nicht einfach damit begnügen können auszuführen, der Vertrauensmann sei ihm nicht bekannt, es könne seine Glaubwürdigkeit nicht nachprüfen und deshalb auf die nur durch Dritte vermittelten Feststellungen des V-Mannes keine Verurteilung gründen (wiederholt geschehen). Das ist mindestens dann nicht haltbar, wenn die so vermittelten Feststellungen in anderen Aussagen oder Umständen eine gewisse Stütze finden, oder wenn die nach Lage des Falles in sich so schlüssig sind und in das Prozeßbild passen, dass ihnen Glauben geschenkt werden kann. [...]

Von München ist aus Anlaß eines Einzelfalles (Fall Heilmann) darauf hingewiesen worden, der V-Mann dürfe nicht agent provocateur werden. Dort hatte der V-Mann erst eine kommunistische Organisation aufgezogen, bis dahin Unbeteiligte mühselig überredet und geworben, um sie dann anzuzeigen und seine Tüchtigkeit unter Beweis zu stellen. Das ist unzulässig und die Gestapo wird gebeten, darauf hinzuwirken, dass solche V-Männer ausgeschieden werden. Anerkannt wird die Notwendigkeit, zur Aufdeckung von organisatorischen Zusammenhängen und ähnlichem von Amts wegen Schriften usw. in den Verkehr zu bringen. Dann dürften aber diese Maßnahmen nur die Grundlagen für weitere polizeiliche Beobachtungen und Überwachungen sein. Zugegriffen werden darf erst, wenn der Verdächtige auf Grund eigenen Entschlusses hochverräterisch tätig wird. Hat er nur die vom Agenten ihm in die Hände gespielten Schriften angenommen und behalten bzw. aufbewahrt, kann bestenfalls eine Bestrafung aus § 21 OVO [nicht feststellbar] oder aus 139 StGB eintreten, wenn deren Voraussetzungen vorliegen. Von diesem ganzen Verfahren sollte die Gestapo aber möglichst wenig Gebrauch machen, denn es kann nicht Zweck der Übung sein, Hochverräter künstlich zu schaffen, sondern *vorhandene zu ermitteln.* [...]

5. *Ordnungsstrafgewalt* [weggelassen] *Einzelheiten*

[...] 3. Dass ein Angeklagter als Jude das Gastrecht mißbraucht und hochverräterisch tätig wird, wird im Regelfall als Strafschärfungsgrund angesprochen werden können.

IV. *Gnadenverfahren* [weggelassen]

V. *Unterrichtung der Justizbehörden*

a) durch die Gestapo, b) durch den Reichsanwalt, c) untereinander.

Zu a) Wie von einigen Stellen hervorgehoben und von mir bei dem Urteilslesen oft bemerkt, ist es für die Rechtsprechung in Hochverratssachen von entscheidender Bedeutung, dass die mit Hochverratssachen befaßten Staatsanwaltschaften und Senate über die Entwicklung der hochverräterischen Gruppen, über ihre Kampfmittel, ihre Methoden und ihre Einsatzarbeiten stets auf dem Laufenden gehalten werden. Das gilt besonders für die weniger beschäftigten Senate, aber auch für die anderen, denn es liegt in der Natur der Sache, dass die Justizbehörden erst längere Zeit nach der Tat mit der Sache befaßt werden und deshalb aus ihren Akten und Unterlagen die Sache meist nur so sehen, wie sie bestenfalls vor etwa ½ bis 1 Jahr war. Manche Vorgänge sind überhaupt nur verständlich, wenn man die Zusammenhänge im Großen und die Weiterentwicklung der Lage kennt. In einem Urteil (Braunschweig) kann man z. B. genau feststellen, wie die Angeklagten die Unkenntnis des Gerichts von den angewandten Methoden genau erkannten, geschickt ihre Einlassung danach einrichteten und so aus ganz glatten hochverräterischen Treffs harmlose Kaffeekränzchen in Schrebergärten wurden. In anderen Urteilen liest man, ob Hochverrat vorliege, habe nicht beurteilt werden können, weil die entsprechenden Nummern der Zeitschriften nicht vorgelegen hätten oder nicht alle Nummern hochverräterischen Inhalt hätten. Oder es wird ausgeführt, um die und die Zeit seien die Bestrebungen der SPD noch nicht hochverräterisch gewesen, denn das Programm sei damals noch nicht veröffentlicht gewesen und darin erst sei die Gewaltanwendung proklamiert worden. Oder man liest, in dem und dem Bezirk sei die KPD nicht besonders entwickelt, um dann aus einem anderen Urteil die Feststellung zu entnehmen, nach eigenen, Angaben hoher Funktionäre sei gerade dieser Bezirk am straffsten organisiert. Auch bei der Annahme minder schwerer Fälle spielt die Kenntnis der Lage – bes. über die Gefährlichkeit der Organisation – eine erhebliche Rolle.– Diese Mängel, die die Rechtsprechung ganz erheblich beeinträchtigen, sind allein auf mangelnde Unterrichtung der Gerichte zurückzuführen. Wer über die Lage nicht unterrichtet ist, von dem kann man kein einwandfreies Urteil erwarten.

Deshalb ergeht die Bitte an die *Gestapo,* jedem der 13 Generalstaatsanwälte und jedem Senatspräsidenten von Hochverratssenaten die *neueste staatsfeindl. Literatur* und *kurzfristigen Lageberichte*, die auch auf die Gefährlichkeit hinweisen, auf kürzestem Wege laufend zuzuleiten. [...]

VI. Gerichtsverfassungsgesetz: Von einigen Stellen (Jena – München) sind Vorschläge zur Änderung der Besetzung der Hochverrats-Senate gemacht worden. – Jena schlägt vor, in Sachen minderer Bedeutung dem Senat zu gestatten, mit 3 Richtern tätig zu werden, andererseits aber nur ständig in Hochverratssachen beschäftigte Richter teilnehmen zu lassen. München meint, die bisherige Besetzung möge bleiben, um das Ansehen der Senate, die dann in der Zahl der Mitglieder niederen Gerichten gleich ständen, nicht zu schädigen.

3. *Niederschrift über die Aussprache aus Anlaß der Tagung betreffend die Blutschutzrechtsprechung und Referat von Freisler über Richterfreiheit und Schutz der Richterehre vom 13.11.1936.*

Senatspräsident Witt: Aus dem Vortrag des Herrn Staatssekretärs [nicht in den Akten] entnehme ich, dass in das doch grundlegende Rasseschutzgesetz [v. 15.9.1935, RGBl. I, 1146] auch noch der Gedanke des Hochverrats hineingebracht werden soll. Bei der dann sicher eintretenden Idealkonkurrenz ist aber ein solches Verbinden für die praktische Rechtspflege nicht zu empfehlen. Besser wird der Strafrechtspflege durch eine spezielle Gesetzgebung genügt. Die vom Reichsjustizministerium durch Herrn Staatssekretär Freisler eingebrachten Anträge fasse ich als Leitsätze auf, durch die aber die richterliche Tätigkeit in ihrer Unabhängigkeit nicht berührt wird. Für mich waren die Ausführungen des Herrn Staatssekretärs Dr. Freisler von wissenschaftlichem Wert; es war zweifellos auch nicht die Absicht des Herrn Staatssekretärs, eine unmittelbare Beeinflussung der Richter vorzunehmen.

Reichsgerichtspräsident Dr. Bumke: Ich habe gegen diese Aussprache keine Bedenken, sondern glaube, dass sie notwendig ist, denn wir sind nicht hierher gekommen, um nur Richtlinien und Leitsätze entgegenzunehmen, sondern es soll ein schwieriges Problem, nachdem dessen Lösung bisher nicht befriedigend war, durchgesprochen und behandelt werden. Dazu hat uns Staatssekretär Dr. Freisler in seinem Vortrag die Grundlage gegeben. Auch der Herr Minister hat ja eingangs dieser Tagung eine offene Aussprache gewünscht. Ich möchte mich zur Sache selbst nicht äußern, sondern nur bemerken, dass es richtig ist, dass alle beteiligten Justizorgane an der heutigen Aussprache beteiligt sind. Im anderen Falle würden die Instanzgerichte an die bisherige Auffassung gebunden sein. Das Reichsgericht müßte die Urteile aufheben. Das ist natürlich nicht im Sinne einer straffen Rechtspflege und der notwendigen Beschleunigung des Rechtszuges. Zur Beseitigung dieser Hemmnisse sind wir hier zusammengekommen. Herr Staatssekretär Dr. Freisler hat durch seinen Vortrag den Weg aufgezeichnet, den wir gehen können.

Staatssekretär Dr. Freisler: Ich möchte zu dem bisher Gesagten noch nicht Stellung nehmen, sondern einen offenbaren Irrtum ausräumen. Wenn ich so verstanden worden bin, dass mit dem Rasseschutzgesetz der Hochverratsgedanke verquickt werden soll, so ist das ein Irrtum. Ich bin der Meinung, dass es etwas anderes ist, ob ein konkreter Einbruch in eine tatsächliche Ordnung erfolgt, oder ob an den Grundlagen gerüttelt wird. Im letzten Falle scheint mir der Hochverrat nahe zu liegen, im ersten Fall nicht. Daher bin ich der Meinung, dass eine Idealkonkurrenz oder ähnliches gar nicht in Frage kommt. Das Blutschutzgesetz stellt eine Regelung dar, die mit zu den Grundordnungen des Deutschen Volkes gehört, das wir in seinem Rechtsinhalt nicht einengen, sondern zum Schutz unserer Rasse ausweiten wollen.

Oberstaatsanwalt Krell (Darmstadt): Zu der Behandlung der Arier in Blutschutzsachen möchte ich folgendes sagen: Zwei jungverheiratete Arier, die beide in glücklicher, kindergesegneter Ehe lebten, hatten mit einer älteren Jüdin Geschlechtsbeziehungen unterhalten. Diese Beziehungen blieben nicht ohne Folgen. Muß man nicht in diesem Falle, wo ein Bastard die Folge des Blutverbrechens ist, nicht auch ein Verbrechen des Verrats am deutschen Volk feststellen? Wer sich in so weitgehender und schwerer Weise gegen seine Rasse und die Ehre des deutschen Volkes vergeht, handelt auch gegen den Bestand des deutschen Volkes und müßte als Hochverräter behandelt werden.

Der zweite Fall, den ich vortrage, behandelt die Frage der Mitbeteiligung der Frau und ihre evtl. Bestrafung als Gehilfin unter dem Gesichtspunkt der Begünstigung. In einem vorliegenden Fall war ein Jude mit einer Prostituierten in einem Hotel erwischt worden. Beide gaben an, miteinander verheiratet zu sein. Die Frau verhalf somit dem Juden zur Flucht. Sie ist jetzt wegen Begünstigung angeklagt. In Fällen dieser Art ist man geneigt, die an sich auch von der Frau begangene Rasseschande bei der Strafzumessung wegen Begünstigung strafschärfend zu berücksichtigen.

Generalstaatsanwalt Jung (Kammergericht): Ich kann im Namen wohl sämtlicher hier versammelten Generalstaatsanwälte erklären, dass wir mit dem von Herrn Staatssekretär Dr. Freisler gehaltenen Vortrag inhaltlich vollkommen einverstanden sind und die Verschärfung und Ausdehnung der Bestimmungen anerkennen. Ich hoffe aber, dass die Gerichte und Staatsanwaltschaften nicht von einem Extrem in das andere verfallen und durch sinnlos hohe Urteile Unverständnis im Volke erwecken, sondern immer dem einzelnen Fall seiner Bedeutung nach im Strafmaß Rechnung tragen.

Generalstaatsanwalt Jung (Dresden): Ich möchte hier die Frage erörtern, wo beginnt bei der Rassenschande der Versuch. – Wenn man einen Verstoß gegen das Blutschutzgesetz erst in der letzten Phase des Verbrechens feststellt, also den vollzogenen Geschlechtsverkehr zur Voraussetzung macht, dann ist meines Erachtens der Schutzwall der Rasseschutzbestimmungen zu nahe an das geschützte Objekt herangebracht und das Objekt nicht mehr genügend gesichert. Es muß m.E. hier der Schutz – ich will mich einmal militärisch ausdrücken – ins Vorfeld verlegt werden, da wo die Vorbereitung beginnt. Wir haben in einer Sache diesen Standpunkt eingenommen, sie ist noch im Lauf und steht im Endergebnis noch nicht fest. Zweckmäßig würde es daher sein, den Versuch auch des Blut- und Rasseverbrechens unter Strafe zu stellen.

Ich komme dann noch auf die Ausländersachen zu sprechen. Gerade wir in Dresden und im sächsischen Bezirk mit der nahen tschechischen Grenze und dem dadurch vermehrten Ausländerverkehr haben sehr viel Ausländer abzuurteilen. Ausländische Juden benutzen immer wieder ihre Anwesenheit in Deutschland gelegentlich zu rasseschänderischer Betätigung. In der letzten Zeit konnten wir feststellen, dass man in den ausländischen Judenkreisen anscheinend wie auf Verabredung eine Richtung gefunden hat, wie man sich am besten im Anklagefalle verteidigen könne. Alle wissen dann nicht mehr die Herkunft ihrer Großeltern und können auch in Bezug auf ihre Eltern keine genauen Angaben machen! Da ja nun bei den Ausländern im Falle eines Rasseverbrechens unbedingt deren Judeneigenschaft festgestellt werden muß, um eine Verurteilung zu erreichen, führt natürlich die neue Taktik der Ausländer zu Schwierigkeiten und Zeitverlust. Wir sind gezwungen, uns an unsere ausländischen Vertretungen zu wenden und wenn diese versagen, ist auch im Wege der Rechtshilfe mit ausländischen Staaten nichts zu erreichen, da die ausländischen Regierungen Verfolgungen aus dem Rasseschutzgesetz als politische Straftaten ansehen und ihre Rechtshilfe ablehnen. Es bleibt uns in solchen Fällen nur der Weg über das Hauptamt für Sippenforschung. Es wäre nun erwünscht, wenn wir in dieser Hinsicht orientiert werden könnten. Wir haben daran gedacht, ob es nicht möglich wäre, über das Hauptamt für Sippenforschung die nötigen Urkunden aus dem Auslande herbeizuschaffen. Auch eine Begutachtung der Täterpersönlichkeit durch das Hauptamt für Sippenforschung wäre erwünscht, und die so gegebenen Gutachten könnten die Grundlage des Strafurteils bilden unter dem Gesichtspunkt der freien Beweiswürdigung.

Ministerialrat Mettgenberg: Die besonderen Schwierigkeiten der Ausländersachen in Rasseschutzverbrechen sind dem Reichsjustizministerium wohl bekannt. Die Rücksichtnahme auf die außenpolitischen Belange Deutschlands macht die Behandlung dieser Fälle besonders schwierig. In der Feststellung der Frage der Judeneigenschaft ist mit dem zum Geschäftsbereich des Reichsinnenministeriums gehörenden Sippenforschungsamt eine Vereinbarung getroffen, nach der das reichhaltige Material und die dem Sippenforschungsamt nach dem Ausland zur Verfügung stehenden guten Verbindungen restlos den Strafverfolgungsbehörden überlassen worden. Unter dem Gesichtspunkt der freien Beweiswürdigung bietet sich somit den vom Sippenforschungsamt zur Verfügung gestellten Unterlagen eine letzte Möglichkeit zur Verurteilung der Rasseschänder. Es wird sich natürlich nicht vermeiden lassen, dass wegen der Schwierigkeit der Unterlagenbeschaffung mit längerer Haftdauer der Täter zu rechnen ist.

Oberstaatsanwalt Hennerici (Breslau): Ich sage meinen besten Dank und meine Anerkennung dafür, dass uns durch diese Aussprache Gelegenheit gegeben wird, auf das Wesen der Rasseschutzgesetzgebung einzugehen und die Möglichkeiten auszuschöpfen, die im Interesse des deutschen Volkes zum Schutze seiner Rasse nötig sind. Das Reichsjustizministerium ist die Zentralstelle, wo die Rassenschande-Urteile zusammenlaufen und wo die Fehler entdeckt werden, die in den einzelnen Bezirken nicht so leicht erkannt werden und deswegen darf ich mir erlauben, einen weiteren Fall zur Belehrung vorzutragen. Ich meine die Beschäftigung von weiblichen Hausangestellten in jüdischen Haushalten. Es ist dies eine Bestimmung, die auch in dem Rassenschandegesetz ihren Platz gefunden hat, weil offensichtlich hier zwei Gesichtspunkte zusammentreffen. Einmal der Schutz der Rassenehre und daneben aber auch der Gesichtspunkt der Rassengefährdung. Das Gesetz hat eine längere Übergangsfrist gewährt. In den bis jetzt bekannt gewordenen Fällen eines Verstoßes gegen diese Gesetzesbestimmung ist immer nur auf Geldstrafe erkannt worden. Auf die Dauer wird man aber nicht mehr mit der Geldstrafe auskommen, wie die Zunahme dieser Straftaten beweist. Es wird mehr auf Gefängnisstrafe erkannt werden müssen. Die Frage, ob nun der Haushaltsvorstand oder ob auch die Ehefrau desselben verurteilt werden soll, dürfte dahin beantwortet werden, dass wohl nur beim Haushaltsvorstand von Täterschaft gesprochen werden kann, dagegen wäre die Ehefrau bei dem doch immer vorliegenden Abhängigkeitsverhältnis zum Ehemann nur unter dem Gesichtspunkt der Beihilfe zu bestrafen.

Reichsminister Dr. Gürtner: Meine Herren, ich bitte überzeugt zu sein, dass die Einberufung dieser heutigen Konferenz keinem anderen Grunde entsprungen ist als dem Wunsche, mich in die Lage zu setzen, die Rechtsprechung auf dem Gebiete des Rassenschandegesetzes mit Erfolg verteidigen zu können. Die Justizverwaltung muß gegenüber den Angriffen, die gegen sie in der Frage der Aburteilung von Rasseschändern gerichtet werden, in der Lage sein, zu einem Urteil Stellung zu nehmen. Das ist im vergangenen Jahre in manchen Fällen außerordentlich schwierig gewesen. Es ist namentlich in Zeiten, in denen ein neues Recht geschrieben wird, nicht zu vermeiden, dass Rechtsprechung und Volksführung getrennte Wege gehen. In der letzten Zeit ist nun das Gerücht ausgestreut worden, die Rasseschutzgesetzgebung sei – soweit es sich um den Strafrahmen handele – gänzlich erfolglos geblieben, denn die Verfahren in Rasseschandesachen nähmen zu und die vor den Gerichten verhängten Strafen nähmen ab. Diese Behauptung, einmal erst aufgestellt, geht von Mund zu Mund und hat gewisse Kräfte mobil gemacht, von deren Endeffekt wir alle nicht glauben dürfen, dass sie zum Guten des deutschen Volkes ausschlagen. Die in der Debatte aufgeworfenen Fragen, wann beginnt der Versuch und wann ist die Bestrafung der Ehefrau eines Haushaltsvorstandes erforderlich, finden ihre Beantwortung im Gesetz selber. Hier geht es darum: Die These von der

Reinheit des deutschen Blutes soll gewahrt werden. Sie kann nicht zur Diskussion gestellt werden, denn sie ist ein Grundsatz und ein Glaubenssatz des neuen Staates und es ist völlig zwecklos, über richtig und unrichtig zu reden.

Wann der Gesetzgeber nun will, dass eine Bestrafung des Rasseschänders erfolgen soll, geht aus den Durchführungsbestimmungen zum Gesetz hervor. Der Richter darf sich von den persönlichen Verhältnissen des Rechtsbrechers nicht leiten lassen, sondern muß der Schwere der Schuld entsprechend die Strafe bemessen. Immer muß er sich den Ausgangspunkt des Rassenschandegesetzes vor Augen halten: Den unbedingten Schutz der Rasse und Rassenehre. Nur so kann dem Rasseschutzgedanken auch im Strafrecht zum Siege verholfen werden.

Staatssekretär Dr. Freisler: Zu dem § 3 des Blutschutzgesetzes möchte ich folgendes sagen. Der Paragraph lautet: „Juden dürfen weibliche Staatsangehörige deutschen oder artverwandten Blutes unter 45 Jahren in ihrem Haushalt nicht beschäftigen."

Die Verordnungsausführung des Gesetzes ist zu der Frage, ob und wann außer dem Haushaltsvorstand auch die Ehefrau sich strafbar gemacht hat, nicht deutlicher geworden als das Gesetz selbst. Die Rechtsprechung hat zu der Frage, ob auch die Ehefrau des Haushaltsvorstandes sich, sei es selbständig oder sei es unter dem Gesichtspunkt der Beihilfe oder ähnlichem strafbar gemacht hat, nicht einheitlich Stellung genommen. Wenn ich meine persönliche Meinung sagen soll, so ist es die, dass ich das Wort „in ihrem Haushalt" nicht auf den Haushaltsvorstand allein beschränkt auffasse, weil dieser ganze Satz im Plural steht und mit dem Wort „ihrem" keine rechtliche Ausführung gemacht werden sollte. Deshalb glaube ich, dass gesetzlich nichts im Wege steht, sich auf den Standpunkt zu stellen, der vorher in der Aussprache als wünschenswert vertreten worden ist.

Zur Frage, ob nicht auch hier immer mehr zur Gefängnisstrafe übergegangen werden müsse, ist folgendes festzustellen: Das Gesetz bestimmt hierzu: „Wer den Bestimmungen des § 3 oder 4 zuwiderhandelt, wird mit Geldstrafe oder mit Gefängnisstrafe oder mit einer dieser Strafen bestraft."

Wir betrachten auch diese Bestimmung nicht als eine zeitgebundene oder zeitbeschränkte Übergangsbestimmung, denn in das neue StGB soll diese Bestimmung aufgenommen werden. Die Strafrechtskommission hat sich grundsätzlich auf den Standpunkt gestellt, in das neue Strafrecht aus dem Nebenstrafrecht nur Dauerndes zu übernehmen. Im neuen Strafrecht wird es die Geldstrafe auch noch geben, aber nicht so, dass sie bei den einzelnen Strafbemessungsparagraphen als besonders zulässig genannt ist, sondern generell für alle Fälle, in denen ein leichterer Strafrahmen vorgesehen ist. Somit ergibt sich aus dieser Feststellung die Tatsache nach einer allgemeinen Zurückdrängung der Geldstrafe im neuen Strafrecht. Ob und inwieweit vor dem Inkrafttreten des neuen Strafrechts für das geltende Strafrecht aus dieser allgemeinen Tendenz im Einzelfalle Schlüsse gezogen werden können und diese auf die Strafbemessung im einzelnen Fall insofern Einwirkung haben wird, wird davon abhängen, ob neben der Geldstrafe auch auf Gefängnisstrafe erkannt werden kann.

Es ist die Frage gestellt, wann beginnt bei der Rassenschande der Versuch. Ich muß sagen, dass ich dem bisher Vorgetragenen nichts hinzuzufügen habe. Ich bin der Meinung, dass heute, wo Versuch und Vollendung unterschieden sind, wir da vor gar keiner anderen Entscheidung stehen als künftig, wo der Gesetzgeber den Beginn und die Vollendung einer Tat grundsätzlich gleich behandelt. Die Frage, wann ist der Beginn da, und die Frage, wann ist der Versuch da, sind Fragen, die man selbst, wenn noch so schöne Formulierungen in jahrelanger Beschäftigung gesucht und gefunden werden, doch immer bei der Betrachtung des einzelnen Falles entscheiden muß.

Es bleibt dann die Frage der Beurteilung von Deutschen, die sich der Rassenschande schuldig gemacht haben. Natürlich ist es richtig, dass der Deutsche einen Treubruch begeht und natürlich ist es richtig, dass wir gerade im Zuge der Strafrechtserneuerung den Treubruch als schweres Unrecht behandeln und es ist das soweit gegangen, dass in den Aufsätzen strafrechtspolitischer Art, die erschienen sind, seinerzeit der Gedanke vertreten wurde, zwischen Verbrechen und Verrat bestehe kein Wesensunterschied. Noch ist aber niemand soweit gegangen. Erst der nationalsozialistischen Rechtserneuerung blieb es vorbehalten, den Kern der schweren Verbrechen im Treubruch am Deutschen Volke zu sehen und die Auffassung ist heute Gemeingut des Volkes geworden. Unter diesen Umständen ist es sehr gut zu verstehen, dass auch ein Deutscher, der wegen Rassenschande angeklagt und verurteilt wird, die Zuchthausstrafe erleidet.

Damit glaube ich die noch offenstehenden Fragen Beantwortet zu haben.

Es wäre nun noch meine Aufgabe zu dem Thema, dass ich mir gestellt habe, zu sprechen: *Das Ringen um Richterfreiheit und Schutz der Richterehre.*

Ich möchte eins vorausschicken. Sie können überzeugt sein, dass das Ringen um Richterfreiheit und um die Wahrung der Richterehre noch nie mit größerer Leidenschaftlichkeit und Hartnäckigkeit geführt worden ist und von diesem Hause geführt worden ist wie jetzt. Es weiß jedermann, dass es auch heute öffentliche Kritiken an der Tätigkeit der Gerichte gibt, die nicht nur das Ergebnis der Tätigkeit der Arbeit des Richters kritisieren, sondern übergehen zu einer Kritik der Richterpersönlichkeit und sich dabei nicht begnügen mit einer Kritik der Richterpersönlichkeit in menschlicher Weise, sondern übergehen zu Behauptungen und noch öfter zu Anzweiflungen des Wirkens der Richter gegenüber dem deutschen Volke und seiner Führung. Solche Kritiken sehen wir hier und wir bleiben nicht beim Lesen der Kritiken. Es gibt viele Richter in Deutschland, die das an Hand solcher Kritiken und ihrer Erledigung erfahren haben. Wir sind der Meinung, dass es Aufgabe der Führung der deutschen Rechtspflege ist, in solchen Fällen mit allen uns zur Verfügung stehenden Mitteln hinzuarbeiten auf Wahrung der Ehre des deutschen Richters in der Öffentlichkeit, und zu dieser Wahrung der Ehre gehört in erster Linie, dass niemand das Recht hat, sich dem Führer entgegenzustellen, der dem deutschen Richter, Staatsanwalt und Urkundsbeamten die Hoheitszeichen des Staates verliehen hat und damit vor aller Welt unmißverständlich zum Ausdruck gebracht hat die Verbundenheit von Volk, Partei und Rechtspflege.

Der deutsche Richter hat keinen anderen Wunsch als diesen und er würde sich auch sonst in unverantwortlicher Weise dem Führer und seinem Aufbauwerk entgegenstellen. Nicht jede Kritik ist nun unberechtigt und wir sind robust genug, eine solche Kritik zu ertragen. Es braucht nicht immer bei einer mündlich oder schriftlich in Öffentlichkeit ausgebrachten Kritik gleich verlangt werden, dass im gleichen Druck, in derselben Nummer folgendes veröffentlicht wird: Wir haben kritisiert, wir sind überzeugt, dass es falsch war, wir bedauern außerordentlich. Ich gebe gern zu, dass eine solche Veröffentlichung an sich der Kränkung des einzelnen Betroffenen am meisten Gerechtigkeit widerfahren läßt. Ich bitte aber daran zu denken, dass wir mitten im Aufbau drinstehen, der erstmalig in einer revolutionären Zeit von der Führung der Revolution in einem Zuge mit der Revolution selbst versucht worden ist. Diejenigen von Ihnen, die vor einigen Tagen hier waren und über die Bekämpfung des Hochverrats gesprochen haben, werden sich daran erinnern, dass ein Teil der Staatsfeinde uns vorwirft, ihr seid die Gironde: Es ist ein Gesetz der Revolution, dass nach der Gironde die Jakobiner kommen. Wir kommen aber nicht als Jakobiner.

Es ist gerade die Größe der nationalsozialistischen Volksführung, dass sie weder Gironde noch Jakobiner sein will. Wir stellen uns bewußt entgegen dem angeblichen Naturgesetz der Revolution, wonach die Ideologen mit ihren Idealen geschlagen werden. Das zeigt das Ringen um die Macht und nach Erringung der Macht der endgültige Aufbau, der nicht überstürzt und nicht überhastet und auch nicht im Wolkenkuckucksheim gesucht, energisch und sicher durchgeführt wird. Wenn ein Kraftwagenfahrer am Steuer sitzt und mit 120 km-Geschwindigkeit dahinfährt und merkt, dass er die Gewalt über den Wagen verliert, dann kann er ganz sicher nur den einen Fehler machen, nämlich den Versuch machen, den Wagen auf 1 Meter zum Stehen zu bringen. Ich brauche Sie wohl nicht zu bitten, dieses Bild sich weiter durchzudenken und sich auszumalen. Bisher ist es geglückt, den Fehler nicht zu machen und wenn überhaupt einmal die Gefahr bestanden haben sollte, so nur in der Fantasie der Staatsfeinde, die uns solches immer wieder prophezeit haben. Ich bitte auch daran zu denken, dass es auch ein Gesichtspunkt gewesen ist, der immer wieder mit beachtet werden muß und dass es deshalb in einer Reihe von Fällen viel richtiger und zweckmäßiger für die Gesamtheit der deutschen Rechtspflege ist, Wiederholungen von Vorfällen für die Zukunft zu verhindern, als darauf zu bestehen, dass für einen vorgefallenen Einzelfall in der Öffentlichkeit die Antwort gegeben wird, von der ich vorhin gesagt habe, dass sie die schnellste Erledigung wäre.

Wir haben in unserem Material einen sehr guten Überblick darüber, wie weit die Verhütung für die Zukunft Fortschritte gemacht hat und wie weit noch nicht. Wir wissen ganz genau, dass diese Fortschritte weit gegangen sind und ich könnte Sie bitten, große Presseorgane und ihre Behandlung von Urteilen sich anzusehen, die nach diesen Presseorganen falsch sein sollen, im Zuge der einzelnen Vierteljahre von einst bis jetzt zu verfolgen. Sie würden einsehen, das hat seine tatsächlichen praktischen Erfolge gehabt. Aber wir sehen auch, dass dieser Erfolg nicht überall eingetreten ist und wir sehen auch, dass nicht überall auch nur ein Teilerfolg erzielt worden ist. Wir stehen aber nicht am Ende der Arbeit. Ich habe Ihnen vorhin eine Liste von Urteilen gegeben und habe es vermieden, zu diesen Urteilen eine amtliche Kritik zu geben, wie ich es überhaupt dabei vermieden habe, als Staatssekretär zu sprechen.

Der Herr Staatssekretär betont am Schluß seiner Ausführungen, dass bei begründeter Kritik an Urteilen die Zentralbehörde nicht in der Lage sei, nur wegen der Form der Kritik Maßnahmen zum Schutz der Ehre der Richter zu ergreifen.

Oberreichsanwalt *Rehdanz* dankt für die Hinzuziehung der Militärgerichtsbehörden zu dieser Tagung und hofft auf weitere fruchtbare Zusammenarbeit.

Der *Herr Minister* greift in seinem Schlußwort die Anregung des Generalstaatsanwalts bei dem Kammergericht auf und betont, dass es im Interesse des Ansehens der Justiz nicht erwünscht sei, wenn die Gerichte nunmehr plötzlich in das andere Extrem (zu harte Strafen) verfallen.

4. Niederschrift über die Erörterung von Strafvollzugsfragen in der Arbeitstagung der Generalstaatsanwälte am 14.11.1936

MinDirig. Marx eröffnet die Sitzung um 10 Uhr mit Begrüßungsworten an die GenStA.

Es ist eine alte Gepflogenheit, dass bei den Zusammenkünften der GenStA im Reichsjustizministerium auch die schwebenden Angelegenheiten des Strafvollzugs erörtert werden. Wir haben alle seit Jahren daran gearbeitet, dem Strafvollzug eine größere Bedeutung zu verschaffen. Der Strafvollzug darf nicht nur als Stiefkind behandelt werden, wie das früher lange geschehen ist. Wir freuen uns, dass wir bei diesen Bestrebungen einen so starken Bundesgenossen in der Person des Herrn StS *Dr. Freisler* gefunden haben, und wir sind Herrn StS Dr. Freisler außerordentlich dankbar, dass er sich trotz der Fülle anderer Aufgaben bereit erklärt hat, zu einigen grundsätzlichen Fragen des Strafvollzugs Stellung zu nehmen.

StS Dr. Freisler: Es ist richtig, dass ich an den Fragen des Strafvollzugs stark interessiert bin. Ich glaube, dies auch nach außen durch meine häufigen Anstaltsbesichtigungen und durch eine mit verschiedenen meiner Mitarbeiter zusammen herausgegebene Kameradschaftsarbeit über den Jugendstrafvollzug [Gedanken über Strafvollzug an jungen Gefangenen, Berlin 1936] bekundet zu haben. – Mit dem Strafvollzug, wie wir ihn bei der Machtübernahme in Preußen vorfanden, war ich allerdings nicht einverstanden. Dieser Strafvollzug war seines Wesens entkleidet. Es war eine der Hauptaufgaben des damaligen preuß. Justizmin. *Kerrl*, die Folgerungen der Verfallszeit auf dem Gebiete des Strafvollzugs rückgängig zu machen. Wir haben uns damals ideell frei gemacht von dem Kompromiß gegenüberstehender Anschauungen, nämlich einerseits man könne durch Erziehung eine Besserung des Gefangenen erreichen, und andererseits der Rechtsbrecher sei das Produkt seiner Umgebung und der Verhältnisse. – Wir haben dafür gesorgt, dass die Lebenshaltung der Gefangenen nicht mehr über derjenigen der Erwerbslosen liegt, sondern, soweit das mit gesundheitlichen Belangen vereinbar ist, unter ihr.

Durch all diese nach der Machtübernahme getroffenen Maßnahmen ist eine gesunde Grundlage für den Strafvollzug geschaffen worden. Es ist jetzt an der Zeit, den Aufbau des Strafvollzugs im einzelnen vorzunehmen. Ich bin nicht traurig darüber, dass wir bei diesen grundlegenden Maßnahmen bisher nicht mehr differenziert haben, und dass das Pendel im Jahre 1933 auch einmal etwas weit nach der anderen Seite ausgeschlagen ist. Es war erforderlich, dass wir die Auswüchse der früheren Zeit zunächst beseitigten, die ganz besonders stark im Norden hervorgetreten waren. Ich erkenne an, dass der Strafvollzug nicht überall im Reich so ungesund geworden war wie in Preußen.

Es ist auch jetzt noch erforderlich, dass unter den Gefangenen verschiedene Gruppen gebildet werden; keineswegs sind alle Gefangenen asozial. Die Gefangenen müssen daher unterschiedlich behandelt werden, je nach den Aussichten, die man der Rückführung der Gefangenen in das Volksleben im einzelnen zuschreibt. Deshalb werden wir in den nächsten Monaten dazu übergehen müssen, den Strafvollzug zu differenzieren. Ich kann für diese künftige Aufbauarbeit heute in diesem Rahmen nur ganz roh die Wege aufzeigen. Wir werden Gruppen bilden müssen. Ich denke dabei zunächst an die Gruppe der Sicherungsverwahrten, die Gruppe der Zuchthäusler, die Gruppe der mehrbestraften Gefängnisgefangenen, die Gruppe der erstbestraften fertigen Menschen, die Gruppe der Jugendlichen und der Jungmänner.

Die verschiedene Behandlung wird auch eine Trennung der einzelnen Gruppen zur Voraussetzung haben. Ich halte es nicht für gut, die erst- und die mehrbestraften Gefangenen in einer Anstalt zusammenzubringen; es ist auch ein schlechter Notbehelf, wenn sie in getrennten Flügeln untergebracht werden. Ich halte es für ganz unmöglich, dass jugendliche Gefangene mit erwachsenen Gefängnisgefangenen in einer Anstalt sind. Diese Gruppen wird man in verschiedenen Anstalten unterbringen müssen; das ist bisher teils gar nicht, teils unvollkommen durchgeführt worden. Die Trennung wird eine starke Verschiebung notwendig machen, die viel Mühe und Arbeit erfordern wird.

Es scheint mir ferner nicht richtig zu sein, dass man die modernsten Anstalten, weil sie am ausbruchsichersten sind, für Zuchthäusler verwendet. Dies kann leicht dahin führen, dass ein Gefangener, der nach Verbüßung von mehreren Gefängnisstrafen in ein neuzeitliches Zuchthaus kommt, sich sagt, hier ist es ja viel schöner als im Gefängnis. Es muß unter allen Umständen erreicht werden, dass die Zuchthäusler in solchen Anstalten untergebracht werden, die sie als unangenehmer empfinden als Gefängnisse.

Wir müssen außerdem das Problem der Unterbringung der Sicherungsverwahrten lösen. Ich persönlich bin nicht gesonnen, nur um der Theorie der Zweispurigkeit willen zu sagen: Der Sicherungsverwahrte muß anders behandelt werden als der Zuchthäusler. Ich sehe die Sicherungsverwahrung als eine Dauermaßnahme an, bei der ich es grundsätzlich nicht verantworten kann, den Sicherungsverwahrten wieder der Freiheit zu übergeben. Ausnahmen erkenne ich nur in solchen Fällen an, wo infolge des Nachlassens der Kräfte oder des Trieblebens von dem Sicherungsverwahrten eine Wiederholung der von ihm begangenen Verbrechen nicht zu erwarten ist. In allen anderen Fällen bin ich deswegen gegen eine Entlassung der Sicherungsverwahrten, weil es kein Mittel gibt, um mit Sicherheit festzustellen, dass der Sicherungsverwahrte nicht wieder straffällig werden wird. Wir arbeiten zur Zeit an einer Kameradschaftsarbeit über die Sicherungsverwahrung [Dringende Fragen der Sicherungsverwahrung, Berlin 1938]. Ich werde in dieser Schrift zum Ausdruck bringen, dass man die Voraussetzungen für eine Entlassung aus der Sicherungsverwahrung nur sehr schwer feststellen kann. Ich halte es im übrigen für wenig zweckmäßig, dass über die Entlassung die Staatsanwaltschaft zu entscheiden hat, da sie ihre Entscheidung nur unmittelbar auf Grund desjenigen Materials fällen kann, das den Strafvollzugsbehörden unmittelbar zur Verfügung steht.

Ich bin der Ansicht, dass der Vollzug der Sicherungsverwahrung ebenso gestaltet werden muß wie der Vollzug des Zuchthauses. Es widerstrebt mir, den Sicherungsverwahrten Vergünstigungen zu gewähren. Sie dürfen nicht rauchen, auch für sie muß der Arbeitszwang gelten. Wir tun zwar aus anderen Gründen gut, die Sicherungsverwahrten nicht mit den Zuchthäuslern in einer Anstalt zusammenzubringen. Aber das Leben der Sicherungsverwahrten muß genau so aufgebaut werden wie das der Zuchthäusler. Die Sicherungsverwahrten müssen in besonderen Anstalten verwahrt werden. Das wird wiederum zu größeren Transporten in den nächsten Monaten führen.

Wir müssen überall die Erstbestraften und die Vorbestraften Gefängnisgefangenen trennen. Die vorbestraften Gefängnisgefangenen sind auf dem Wege zum Zuchthaus. Wir müssen das Mittel der belehrenden Erziehung auf diejenigen Fälle beschränken, wo die Erziehung noch Nutzen hat.

Unsere besondere Aufmerksamkeit werden wir dem Aufbau des Jugendstrafvollzugs widmen; es ist dies der persönliche Wunsch des Ministers. Wir stehen dabei unter einer zwingenden inneren Macht: Das ist der Glaube an die Zukunft. Der Jugendstrafvollzug muß ganz besonders auf Erziehung abgestellt werden. Wir denken dabei nicht an die früheren Methoden der Erziehung, die uns völlig fehlerhaft gewesen zu sein scheinen. Es muß bei den jugendlichen Gefangenen eine glückliche Verbindung von Land- und Werkstättenarbeit Platz greifen. Für jeden jugendlichen Gefangenen muß Arbeitsmöglichkeit vorhanden sein. Zu der Arbeit muß eine belehrende und charakterbildende Schulung treten. Auch für die Zeit nach der Entlassung muß bei den Jugendlichen gesorgt werden. Es ist außerdem erforderlich, dass die Jugendlichen nur in solchen Anstalten untergebracht werden, die für den Jugendstrafvollzug besonders geeignet sind.

Das sind alles Aufgaben des Strafvollzugs, die ich nur überschriftenmäßig genannt habe. Die Arbeit ist um so schwieriger, als eine ganze Reihe von besonderen Schwierigkeiten vorliegen und wir uns andererseits hüten müssen, bei dem Neuaufbau des Strafvollzugs Erfolge, die wir in schwerer Mühe erreicht haben, wieder aufzuheben. Die Hauptschwierigkeit liegt im Mangel an Platz und geeigneten Anstalten. Die meisten Anstalten sind überbelegt. Eine große Gefahr, dass in mühevoller Arbeit Erreichtes wieder verlorengeht, sehe ich auf dem Gebiete der Beschäftigung der Gefangenen. Es ist in jahrelanger mühevoller gemeinsamer Arbeit geglückt, das Beschäftigungsmaß der Gefangenen wesentlich zu erhöhen. Ich muß Sie bitten, diesen Arbeitsstand auch bei den geplanten und zum Teil schwierig durchzuführenden Umtransporten zu halten. Die andere Schwierigkeit, die in der starken Überbelegung der Anstalten liegt, kann vielleicht überwunden werden. Es besteht die Möglichkeit, dass in erheblichem Umfange die Gefangenenlager im Emsland, die den modernsten Teil des Strafvollzugs darstellen, erweitert werden. Ich bitte Sie jedoch, diesen Punkt streng vertraulich zu behandeln, da die Verhandlungen über diese Angelegenheit noch nicht zum Abschluß gekommen sind.

Ich habe damit angedeutet, dass wir im Strafvollzug in der nächsten Zeit große Aufgaben zu bewältigen haben und habe die Bitte, dass Sie diesen Aufgaben Ihr ganz besonderes Augenmerk widmen. Ich bitte Sie ferner, sich persönlich um die Durchführung dieser Aufgaben zu kümmern und Gedanken, die Sie zu allen diesen Fragen haben, in persönlicher Form mir oder Herrn MinDirig. Marx zuzuleiten. Wir sind für alle Anregungen, die uns in formloser Weise gegeben werden, besonders dankbar.

MinDirig. Marx: Ich danke Herrn StS Freisler für die Ausführungen, die er soeben gemacht hat. Ich schlage vor, dass wir nunmehr in die Erörterung einzelner Probleme eintreten. Ich bitte zunächst zu der Frage der Sicherungsverwahrung Stellung zu nehmen und bitte diejenigen GenStA, in deren Bezirk Anstalten mit Sicherungsverwahrten sind, über ihre praktischen Erfahrungen zu berichten.

GenStA Jung (Berlin): Ich möchte zunächst ganz allgemein an die Ausführungen des Herrn StS Freisler anknüpfen und möchte dabei betonen – ich darf wohl im Namen aller GenStA sprechen -, dass uns der Strafvollzug außerordentlich am Herzen liegt. Ich trete in vollem Umfange den Ausführungen des Herrn StS bei. Ich begrüße es, dass durch die Unterbringung in verschiedenen Anstalten ein Stufenstrafvollzug besonderer Art eingeführt werden soll.

Zu der Frage, ob und in welchem Umfange Entlassungen bei der Sicherungsverwahrung vorzunehmen sind, halte ich die Führung von Statistiken für erforderlich, in welchen durch Zusammenarbeit mit der Polizei genau festgestellt wird, wie der Sicherungsverwahrte sich nach seiner Entlassung in der Freiheit führt.

Die Sicherungsverwahrten waren in meinem Bezirk zunächst in Sonnenburg untergebracht, jetzt befinden sie sich alle in Brandenburg. Die Stimmung unter den Sicherungsverwahrten war zunächst unruhig, jetzt ist jedoch alles in Ordnung. Es besteht m.E. kein Anlaß, die Sicherungsverwahrten anders zu behandeln als die Zuchthausgefangenen.

GenStA Trautmann (Kassel): In meinem Bezirk sind die Sicherungsverwahrten in Ziegenhain untergebracht. Sie werden dort genau so behandelt wie Zuchthausgefangene. Auch für die Sicherungsverwahrten besteht ein Rauchverbot. Die Stimmung ist jetzt allgemein ruhig, im Anfang war ein Teil der Sicherungsverwahrten sehr aufgeregt und machte seiner unruhigen Stimmung in langen Schreiben Luft. Die Sicherungsverwahrten arbeiten in Ziegenhain auch in der Landwirtschaft; sie sind sogar bei der Bergung der letzten Ernte auf Außenkommandos beschäftigt worden, obwohl dies grundsätzlich sonst nicht geschieht.

GenStA Döbig (Nürnberg): In Straubing sind ungefähr 500 Sicherungsverwahrte untergebracht. Die Stimmung war im Anfang sehr unruhig, besonders bei denjenigen Sicherungsverwahrten, die aus anderen süddeutschen Ländern zu uns gebracht wurden, weil sie in ihren früheren Anstalten mehr Rechte gehabt hatten. Die Sicherungsverwahrten werden genau wie Zuchthausgefangene behandelt. Ich halte es für dringend erforderlich, dass Zuchthausgefangene und Sicherungsverwahrte nicht in einer Anstalt untergebracht werden. Die unruhige Stimmung, die anfangs bei den Sicherungsverwahrten herrschte, ist zum Teil durch die zu häufigen Nachprüfungen der Gerichte verursacht worden, die in manchen Fällen bereits nach Ablauf eines Jahres geprüft haben, ob der Sicherungsverwahrte entlassen werden konnte. Ich bin daraufhin bei den verschiedenen Gerichten vorstellig geworden und habe darauf hingewirkt, dass diese Nachprüfungen frühestens in dreijährigen Zwischenräumen erfolgen.

GenStA Pufpaff (Rostock): Ich habe Bedenken, dass die Sicherungsverwahrten genau so behandelt werden wie die Zuchthausgefangenen. Warum nennt man dann die Einrichtung noch Sicherungsverwahrung, wenn man die Sicherungsverwahrten genau so behandelt wie Zuchthausgefangene?

MinDirig. Marx: Da zu der Frage der Sicherungsverwahrung das Wort nicht mehr gewünscht wird, können wir uns nunmehr einigen anderen Punkten zuwenden, die wir noch mit Ihnen besprechen möchten. Vorher jedoch möchte auch ich Sie besonders bitten, dem Jugendstrafvollzug Ihre ganz besondere Aufmerksamkeit zu widmen.

StS Freisler verläßt die Sitzung.

MinRat Dr. Schmidt: Es wäre mir erwünscht zu erfahren, ob und in welcher Weise die Referendare in den einzelnen Bezirken im Strafvollzug ausgebildet werden.

GenStA Wackermann: In meinem Bezirk werden die Referendare in 14tägigen Kursen in den Strafvollzug eingeführt. Dieser Ausbildungsabschnitt wird auf die Ausbildung bei der StA angerechnet. Darüber hinaus lasse ich die einzelnen Anstalten meines Bezirks durch die Referendararbeitsgemeinschaften besichtigen. Bei diesen Gelegenheiten werden den Referendare außerdem theoretische Vorträge über den Strafvollzug gehalten.

GenStA Parey (Celle): In meinem Bezirk dauert die Ausbildung der Referendare im Strafvollzug eine Woche. Sie erfolgt in der Strafanstalt in Celle, wo die Referendare in die einzelnen Arbeiten des Strafvollzuges eingeführt werden. Am Schluß ihrer Tätigkeit haben die Referendare ein Gutachten über einen Gefangenen anzufertigen, der ihnen besonders zugewiesen wird.

GenStA Wurmstich (Jena): Die Ausbildung der Referendare im Strafvollzug dauerte früher 14 Tage, jetzt dauert sie nur noch eine Woche. Die Referendare werden während dieser Zeit den einzelnen Strafanstalten zugewiesen und wohnen auch dort. Am ersten Tage ihrer Ausbildung werden sie regelrecht in die Zelle eingeschlossen und genau so wie die Gefangenen behandelt. Im übrigen werden sie in alle Zweige des Anstaltsdienstes eingeführt. Ich würde es sehr begrüßen, wenn die Ausbildungszeit wieder auf 2 Wochen verlängert werden könnte.

MinDirig. Marx: Ich habe Zweifel, ob es zweckmäßig ist, die Referendare einen Tag in der Zelle einzuschließen.

GenStA Stäcker (Stettin): Ich halte es ebenfalls nicht für richtig, einen Tag in der Zelle eingesperrt zu werden. Dadurch wird nur eine gewisse Sensationslust befriedigt. Nach meinem Dafürhalten ist auch vierzehntägiger Unterricht wertlos. Es genügt m.E., wenn den Referendaren Gelegenheit zur Besichtigung von Anstalten gegeben wird und wenn ihnen dabei Vorträge gehalten werden.

GenStA Trautmann (Kassel): In Kassel dauert die Ausbildung ebenfalls eine Woche. Sie wird in der gleichen Weise wie in Celle durchgeführt.

MinDirig Marx: Ich halte es für unbedingt erforderlich, dass die Anstaltsleiter sich persönlich um die Ausbildung der Referendare kümmern.

GenStA Janssen (Marienwerder): Ich bin der Auffassung, dass eine Ausbildung der Referendare im Strafvollzug, auch wenn sie nur eine Woche dauert, sehr wertvoll ist.

GenStA Sotier (München): In Bayern ist bisher eine besondere Ausbildung der Referendare im Strafvollzug nicht üblich gewesen. Es haben lediglich Besichtigungen von Anstalten und Vorträge stattgefunden. Es würde mich interessieren, ob die Ausbildung der Referendare eine Gruppen- oder eine Einzelausbildung sein soll.

GenStA Brettle (Karlsruhe): In den OLG-Bezirken mit durchweg ländlicher Bevölkerung liegen insofern gewisse Schwierigkeiten vor, als die Referendare an den einzelnen Landgerichten keine Gelegenheit haben, in besonderen Vollzugsanstalten ausgebildet zu werden. Wir helfen uns dadurch, dass wir die Referendare aus verschiedenen Landgerichtsbezirken zusammenfassen und gemeinsame Reisen zu den besonderen Vollzugsanstalten des Bezirks unternehmen.

MinDirig Marx: Ich bitte die GenStA über die Ausbildung der Referendare in ihren Bezirken zu berichten und diesen Berichten Vorschläge für die künftige Ausbildung beizufügen.

MinRat Dr. Schmidt: Ich muß noch einige Ausführungen machen, über die Frage der Hilfskräfte. Der Tit.4 des Haushalts wird wahrscheinlich um 2 Millionen RM überschritten werden. Ich habe den Eindruck, dass bei der Beantragung von Hilfskräften vielfach schematisch gearbeitet wird. Es geht nicht an, dass, wenn eine Anstalt mit 1000 statt wie bisher mit 500 Köpfen belegt wird, nunmehr auch das Personal verdoppelt wird. Ich muß ferner bitten, der Auswahl der vom Arbeitsamt namhaft gemachten Leute größere Aufmerksamkeit zu widmen. Leute mit Vorstrafen dürfen unter keinen Umständen eingestellt werden. Wenn den GenStA keine unbeschränkte Auskunft aus dem Strafregister erteilt wird, dann ist die Vermittlung des RJM zur Erlangung einer unbeschränkten Strafregisterauskunft in Anspruch zu nehmen.

KGRat Hecker: Da möglicherweise durch Neuerrichtung verschiedener Gefangenenlager im Emsland für eine Reihe von Anstalten besonders im Westen eine Entlastung in der Gefangenenbelegung eintreten wird, ist es schon jetzt erforderlich, bei Neueinstellung von Hilfskräften ganz besonders vorsichtig zu sein.

OStA Dr. Nörr: Ich möchte einige Ausführungen über das Arbeitswesen in den Vollzugsanstalten machen. Die Beschäftigungsverhältnisse sind in der letzten Zeit besser geworden. Dies ist zum Teil auf die Besserung der allgemeinen Arbeitslage zurückzuführen. – Bei den Konkurrenzbeschwerden geben wir nicht mehr in dem Maße nach, wie das früher vielfach geschehen ist. Die Konkurrenzbeschwerden werden grundsätzlich dann zurückgewiesen, wenn die Arbeiten in der

Vollzugsanstalt mit den aufgestellten Reichsgrundsätzen in Einklang stehen. Ich bitte Sie besonders darauf zu achten, dass von den Anstalten keine Preisschleuderei betrieben wird.

Maschinen dürfen nur in den unbedingt notwendigen Fällen angeschafft werden. Solche Maschinen, an denen nur ein Mann beschäftigt wird, sind für uns zwecklos. Daher sollen Druckereibetriebe nicht erweitert oder neu errichtet werden. Die Rentabilität spielt im Arbeitswesen der Vollzugsanstalten nur eine untergeordnete Rolle.

Die Arbeit in den Vollzugsanstalten interessiert uns heute noch unter einem neuen Gesichtspunkt, nämlich unter dem des Vierjahresplans. Die Rohstofffrage bringt für die Arbeitsbetriebe der Gefangenenanstalten besondere Schwierigkeiten mit sich. Die Rohstoffknappheit kann dazu führen, dass eine große Anzahl von Betrieben stillgelegt werden muß (Kokosmatten). Das Reichswirtschaftsministerium steht auf dem Standpunkt, dass die Kürzung der Rohstoffe in erster Linie bei den Strafanstalten zu erfolgen hat. Wir werden bemüht sein, ein Verbot der Herstellung von Kokosmatten durch die freie Wirtschaft zu erreichen. Die Verhandlungen sind jedoch noch nicht abgeschlossen.

Die Anstalten müssen mit allen Mitteln versuchen, die Umstellung auf Ersatzstoffe möglichst schnell durchzuführen. Dies ist in erster Linie ein Frage der Technik. Ich wäre dankbar, wenn die Herren GenStA der Frage nachgingen, ob außer den Kokosmatten sonstige ausländische Rohstoffe in den Anstalten verwertet werden. – Wir versuchen ständig neue Arbeitsmöglichkeiten für die Vollzugsanstalten zu schaffen. Es ist insbesondere unser Bestreben in das Altmaterialgeschäft hineinzukommen. Neuerdings sind Verhandlungen zwischen dem Reichsnährstand und dem Oberdirektor Schwerdtfeger in Brandenburg angeknüpft, um die Verwertung des Bindegarns sicher zu stellen. Es ist dies eine Arbeitsmöglichkeit, die vor allem für kleinere Anstalten in Frage kommt. – Im Rahmen des Vierjahresplans muß ferner auf folgende Punkte geachtet werden: Steigerung der Erzeugung in der Landwirtschaft, Flachsanbau, Erhöhung der Schafzucht, Seidenraupenzucht, Bodenkultivierung.

GenStA Parey (Celle): Ich habe Bedenken, ob der Transport des Altmaterials, das z. B. bei kleineren entlegenen Amtsgerichten anfällt, nicht zu kostspielig wird und halte es für zweckmäßig, dass nicht nur das Altmaterial des Amtsgerichts, sondern auch das der übrigen Behörden am Ort in die Sammlung einbezogen wird.

MinDirig Marx: Wir haben mit der von uns herausgegebenen Rundverfügung lediglich zunächst einen Rahmen schaffen wollen. Im übrigen haben Sie bei der Verwertung des Altmaterials Freiheit in jeder Richtung. Es muß nur dafür gesorgt werden, dass das Altmaterial an die richtigen Stellen kommt.

GenStA Jung (Berlin): Ich habe neuerdings Verhandlungen mit der Stadtverwaltung Berlin aufgenommen, um die Müllplätze von Gefangenen auf Altmaterial durchsuchen zu lassen.

GenStA Dr. Jung (Dresden): Bestehen Bedenken dagegen, dass wir uns bei der Altmaterialsammlung mit den Orts- und Landesbehörden in Verbindung setzen?

OStA Dr. Nörr: Nein, das ist im Gegenteil sehr zu begrüßen.

GenStA Semler (Hamm): Ich wollte in meinem Bezirk Bodenverbesserungen durchführen lassen. Das Arbeitsamt hat mir jedoch die Genehmigung dazu versagt, mit der Begründung, es seien noch nicht alle Arbeitslosen des Bezirks in Arbeit gebracht. Ich habe die Absicht, durch Verhandlung mit dem zuständigen Landesarbeitsamt die Genehmigung zu erwirken.

GenStA Hahn (Naumburg): Ich habe günstige Erfahrungen mit Arbeiten für das Winterhilfswerk gemacht.

MinDirig. Marx: Wenn die örtlichen Handwerksvertretungen sich einverstanden erklären, können die einzelnen Anstalten im Rahmen des Winterhilfswerks Instandsetzungsarbeiten usw. durchführen.

OStA Dr. Nörr: Bei den Arbeiten für das Winterhilfswerk muß darauf geachtet werden, dass mindestens die Arbeitsbelohnung (20 bis 30 Rpf.) gedeckt wird.

MinRat Dr. Schmidt: Es sind neue Formulare über die Personal- und Befähigungsnachweise herausgegeben worden. Ich bitte diese Formulare zu beachten. Es ist nicht richtig, wenn bei Bewerbungen sämtliche Urkunden über die arische Abstammung mit nach hier übersandt werden. Es genügt vielmehr die vom GenStA auszustellende Bescheinigung, dass der Nachweis der arischen Abstammung erbracht ist.

Bei der politischen Beurteilung des Beamten soll der GenStA persönlich Stellung nehmen. Die Äußerung des Gauleiters soll in Urschrift oder in beglaubigter Abschrift beigefügt werden, damit man hier feststellen kann, ob die Bearbeitung durch den Gauleiter selbst oder durch das Amt für Beamte erfolgt ist. Wenn mehrere Bewerber vorhanden sind, muß auch ein Bewerberverzeichnis übersandt werden.

GenStA Drescher (Hamburg) stellt eine Frage zur RV vom 23.10.1936 betr. Hilfsärzte, die MinRat *Dr. Weddige* beantwortet wird.

GenStA Parey (Celle): Wann ist mit der Übernahme der landgerichtlichen Gefängnisse durch die Oberstaatsanwälte zu rechnen?

MinDirig. Marx: Der Zeitpunkt läßt sich nicht genau bestimmen, vielleicht am 1.4.1937.

GenStA Sotier (München): Ich möchte einige Mängel zur Sprache bringen, die sich bei der Einführung der vorläufigen Arbeitsverwaltungs- und Arbeitskassenordnung in Bayern herausgestellt haben. Ich habe bei dieser Verordnung den Eindruck, dass hier nach dem Motto gehandelt wird: Warum soll man es einfach machen, wenn es kompliziert auch geht. Diese Arbeitsverwaltungsordnung ist zu schwierig, besonders im Dienstbetrieb der kleinen Gefängnisse. Ich möchte darum bitten, dass bei der endgültigen Regelung des Arbeitswesens die Vorläufige Arbeitsverwaltungsordnung nicht zugrunde gelegt wird.

LGDir Dr. Eichler: Gefühlsmäßig stimme ich Herrn GenStA Sotier durchaus zu. Ich war zunächst ebenfalls ein Gegner des heutigen Verfahrens, habe dann aber feststellen müssen, dass der Rechnungshof des Deutschen Reichs eine Verordnung in der vorliegenden Form für unbedingt erforderlich hielt. Die endgültige Arbeitsordnung wird anders aussehen. Der Rechnungshof muß davon überzeugt werden, dass seine Wünsche sich nicht in der Praxis verwirklichen lassen.

GenStA Jung (Berlin): Ich empfinde es als einen Mangel, dass eine Reihe von Beamten des Rechnungsamts mit Personalangelegenheiten von Strafvollzugsbeamten befaßt ist. Ich bin der Ansicht, dass diejenigen Beamten, die Strafvollzugsangelegenheiten bearbeiten, auch wenn es nur Personalsachen sind, mir disziplinarisch unterstellt sein müssen.

GenStA Stäcker: Ich möchte auf einen Mangel zu sprechen kommen, der bei der Verwaltung der Baumittel hervorgetreten ist. Wir sind hinsichtlich der Verwaltung der Baumittel selbständig, soweit es sich um Besondere Anstalten handelt. Bei den Gerichtsgefängnissen dagegen ist der Bauherr der OLGPräs. Dies ist ein unmöglicher Zustand besonders bei den GerGef., die baulich von den Amtsgerichten getrennt sind. Ich habe in meinem Bezirk kürzlich den Fall gehabt, dass die Beseitigung von baulichen Schäden in einem Amtsgerichtsgefängnis, die gelegentlich der Entweichung eines Gefangenen zutage getreten waren, einen Zeitraum von 6 Monaten erforderte.

GenStA Jung: Auch ich halte es für einen unwürdigen Zustand, dass wir in Bauangelegenheiten bei Gebäuden der Staatsanwaltschaft usw. dem OLGPräs unterstellt sind. Ich mußte, als ich kürzlich für das Dienstzimmer eines OStA einen Teppich anschaffen sollte, mich vorher um Genehmigung an den Kammergerichtspräsidenten wenden.

GenStA Sturm (Breslau): Wir haben außerdem noch den Vorteil die Bauarbeiten in den GerGef. Durch Heranziehung von Gefangenen wesentlich billiger zu gestalten.

Sämtliche GenStA stimmen den Ausführungen der GenStA Stecker und Jung zu.

Nachdem MinDir Dr. Crohne zu einigen außerhalb des Strafvollzugs liegenden Angelegenheiten Stellung genommen hat, schließt MinDirig Marx die Sitzung um 12.40 Uhr.

5. Anhang: Arbeitstagung der Leiter der Justizpressestellen vom 3.–5.11.1936 im RJM (DJ 1936, S. 1739)

Am 3., 4. und 5.11. kamen im Justizministerium die Leiter der Justizpressestellen aus dem ganzen Reich zu einer Arbeitstagung zusammen. Als Vertreter der Presseabteilung des Reichsministeriums für Volksaufklärung und Propaganda nahm Oberregierungsrat *Stephan* an der Tagung teil.

Zu Beginn des ersten Tages begrüßte Staatssekretär *Dr. Freisler* namens des Reichsministers der Justiz Dr. Gürtner die Erschienenen und führte sodann etwa folgendes aus: Er sei von der Einheit und Öffentlichkeit des ganzen Volkslebens von der unmittelbaren „germanischen Demokratie" überzeugt. Das Organ tiefer Einheit und Öffentlichkeit des Volkslebens sei nun einmal in erster Linie die Presse. Deswegen müsse sich jeder, der irgendwie in der Presse arbeiten wolle, zunächst über die Bedeutung und Stellung der Presse im Volksleben vollkommen klar sein. Deswegen erwarte er von den Leitern der Justizpressestellen, dass sie sich ernsthaft in die Aufgaben und die Arbeitsweise der Presse vertieften. Die zweite

Grundlage für die Arbeit der Pressestellen sei völlige Klarheit über die lebenswichtige Funktion, die die Rechtspflege in dem Rechtsleben des Volkes habe. „Es ist unmöglich" – so führte der Staatssekretär aus -„„dass ein Volk lebt, in dem nicht ein Recht lebt. Ein Volk, in dem gar kein Recht lebt, muß auf die Dauer zugrunde gehen, ebenso ein Volk, in dem zweierlei Recht besteht. *Ein* Recht in *einem* Volke ist Lebensbedingung und Lebensmerkmal des Volks, der Volksgemeinschaft. Das Rechtsleben ist eine unmittelbare und lebenswichtige Äußerung des Volkslebens selbst."

Anders als in der Systemzeit wolle die Presse nicht, wie einst die oppositionelle Presse, der Führung im Interesse der Opposition möglichst viele Schwierigkeiten machen, sondern ihr Wunsch und ihre Aufgabe sei es, um Verständnis für die Maßnahmen der Volksführung, um Vertrauen zur Volksführung zu werben. Dem müßten die Justizpressestellen bei ihrer Arbeit Rechnung tragen und nicht eine Abwehrstellung gegen die Kritik der Presse einnehmen, sondern eine Hilfestellung für die werbende Tätigkeit der Presse. Der Erfolg der Justizpressestellen liege in der Art, wie sie untereinander und mit der Presse zusammen arbeiteten; denn es sei das besondere Merkmal des Dritten Reiches, dass es mehr als an Paragraphen, mehr als an Bestimmungen, mehr als an Schriftwechsel an die Arbeit von Männern glaube, natürlich an die auf ein Ziel gerichtete Zusammenarbeit.

Oberregierungsrat Stephan vom Propagandaministerium wies in seiner Ansprache auf die kameradschaftliche und reibungslose Zusammenarbeit zwischen den Justizpressestellen und den Landesstellen des Reichsministeriums für Volksaufklärung und Propaganda hin und gab dem Wunsche Ausdruck, dass diese Zusammenarbeit sich auch in Zukunft erfolgreich gestalten möge.

Schriftleiter *Böttcher* vom „Völkischen Beobachter" ging in längeren Ausführungen auf die Arbeit der Justizpressestellen vom Standpunkt des Gerichtsberichterstatters ein und äußerte Wünsche und Anregungen der Gerichtsberichterstatter.

Oberstaatsanwalt *Dr. Krug* gab Hinweise für die Mitarbeit der Justizpressestellen an der „Deutschen Justiz" und ihren Ergänzungsblättern. Im zweiten Teil seiner Ausführungen gab er einen Überblick über die Behandlungen der Verkehrsstrafsachen in der Zeitungsberichterstattung, bei der es nicht so sehr darauf ankomme, durch zu scharfe Warnungen eine Angstpsychose zu schaffen, als vielmehr auf die vielen infolge der großen Zunahme des Kraftfahrzeugverkehrs neu auf die Straße gekommenen Verkehrsteilnehmer erzieherisch einzuwirken.

Schließlich berichtete Landesgerichtsdirektor *Dr. Mitschke* über den „Rechtsschutz des Volkes", wobei er insbesondere auf die vielfachen Berührungspunkte zwischen aufklärender Tätigkeit der Justizpressestellen und den Rechtsschutzgedanken einging.

Am zweiten Tage sprach Staatssekretär *Dr. Schlegelberger* zu den Teilnehmern der Arbeitstagung und führt u.a. folgendes aus: Man lese in den Zeitungen nur sehr wenig über Zivilrechtsfragen. Aber der Umbruch in der Justiz vollziehe sich tatsächlich nicht nur in der Strafrechtspflege, sondern auch in der Zivilrechtspflege: im Vollstreckungswesen, in der freiwilligen Gerichtsbarkeit, in den Entscheidungen über vermögensrechtliche Streitigkeiten, überall sehe man das starke und erfolgreiche Bemühen der Gerichte, Grundgedanken des Nationalsozialismus zu verwirklichen. Das müsse durch die Presse dem deutschen Volke nahegebracht werden. Staatssekretär Dr. Schlegelberger ging sodann auf die Behandlung des werdenden Rechts ein und führte dazu aus, die Gesetzgebungsarbeiten des Reichsjustizministeriums bedürften einer inneren Aufnahmebereitschaft im Volke. Aus diesem Grunde müsse man die neuen Werte der Gesetzgegebung noch viel stärker, als es bisher der Fall gewesen sei, ins Volk hineinbringen und ihm verständlich machen. Der Staatssekretär erläuterte das an einem Beispiel: Ministerpräsident Generaloberst Göring habe in seiner programmatischen Erklärung über den Vierjahresplan ausgesprochen, der deutsche Erfindergeist müsse sich anstrengen und dazu beitragen, die Schwierigkeiten der Wirtschaftslage zu überwinden. Hier helfe das neue Patentgesetz, das getragen sei von dem Gedanken des staatlichen Erfinderschutzes. Darauf müsse man das Volk hinweisen und allen denen, die sich zum Erfinder berufen fühlen, sagen: den Rechtsschutz, den ihr als Erfinder braucht, haben wir euch gerade geschaffen. Daneben aber komme es darauf an, dass die Leiter der Justizpressestellen sich selbst mit den im Werden begriffenen neuen Rechtsgedanken befaßten, um sich selbst aufnahmebereit zu machen und sich in die Lage zu versetzen, an der Verbreitung der zu erwartenden neuen Gesetze mitzuhelfen.

Der übrige Teil der Tagung, der unter Leitung des Pressereferenten im Reichsjustizministerium, Oberregierungsrat *Dr. Doerner*, stand, diente der Behandlung wichtiger Einzelfragen aus dem Arbeitsbereich der Justizpressestellen. Am Nachmittag des 4. November besichtigten die Leiter der Justizpressestellen die Filmlehrschau der Universum-Film-AG in Neubabelsberg. Am Abend nahmen sie an dem Presseempfang des Reichsministers der Justiz Dr. Gürtner über die Strafrechtserneuerung teil.

Am 5. November fand die Arbeitstagung ihren Abschluß mit einer Führung aller Teilnehmer durch das Gemeinschaftslager Hanns Kerrl in Jüterbog, die ihnen einen Einblick in diesen aus der Ausbildung der jungen Rechtswahrer nicht mehr fortzudenkenden wichtigen Ausbildungsabschnitt gab.

V. Arbeitstagung des Reichsjustizministers mit den Chefpräsidenten und den Generalstaatsanwälten am 18.6.1937

Minister: Ich möchte bereits jetzt ankündigen, dass wir im Herbst und noch mal über mindestens zwei Fragengruppen werden unterhalten müssen, über die wir heute zunächst nur unverbindlich sprechen wollen.

Ich möchte heute auf einige Fragen ihre Aufmerksamkeit lenken, die mir immer wieder entgegentreten, wenn ich einmal hinaus komme.

Als erste Frage möchte ich auf die *Frage des Nachwuchses* eingehen, und zwar des Nachwuchses bei den Angestellten und bei den Assessoren.

Für den Angestelltennachwuchs begegne ich in immer steigendem Maße der Klage, dass es schwer ist, Nachwuchs zu bekommen, weil die Gruppe 3 der

Tarifordnung, die bei uns die Eingangsstufe ist, von vielfacher Konkurrenz überboten wird. Konkurrenz machen uns nicht nur die Privatbetriebe, sondern in erster Linie auch die Militärbehörden, weiterhin aber auch andere Behörden der zivilen Reichsverwaltung. Ich wäre dankbar, für eine Unterrichtung darüber, ob diese meine Beobachtungen eine allgemeine Erscheinung sind oder ob diese starke Konkurrenz nur in einigen Bezirken auftritt. Die Frage des Angestelltennachwuchses ist wohl am schwersten in den Bezirken, in denen viel mit Entschuldungssachen zu tun ist.

Ich wäre weiter dankbar, wenn die Herren – und besonders die Herren außerhalb Preußens – mich wissen ließen, in welche Tarifklasse die Angestellten bei ihrem Eintritt eingestuft werden. Grundsätzlich soll die Einstufung in die Tarifklasse 3 erfolgen; möglich ist allerdings auch eine Einstufung in die Klasse 4.

Wir werden uns auch einmal grundsätzlich mit der Frage der Angestellten unter einem anderen Gesichtspunkt beschäftigen müssen. Ist es auf die Dauer zu ertragen und mit der wachsenden Zahl der Dienstjahre vereinbar, ausschließlich das Leistungsprinzip gelten zu lassen? Praktisch scheint mir dieses Prinzip sowieso nicht durchgeführt zu werden. Ich glaube mich nicht zu täuschen, dass in einer Reihe von Fällen eine Höherstufung nur mit dem Leistungsprinzip getarnt wird. Werden wir auch in Zukunft an dem Leistungsprinzip im Tarifwesen festhalten können oder werden wir zu einer größeren Differenzierung zwischen Jüngeren und Älteren, zwischen Verheirateten und Unverheirateten kommen müssen? Ich bitte, diese Frage aber heute nicht zu vertiefen.

Ich möchte jetzt um Äußerungen darüber bitten, in welche Klasse die ersten Einstufungen erfolgen, ob Konkurrenzschwierigkeiten bestehen, und woher diese Konkurrenzschwierigkeiten kommen. [...]

Ich möchte jetzt zu etwas anderem übergehen. Sie wissen alle, dass für die erste Anstellung als planmäßiger Beamter und in gewissem Umfange für die Beförderung die Forderung aufgestellt worden ist, dass der Betreffende sich aktiv in der Partei oder in ihren Gliederungen oder Verbänden betätigen soll. Es sind in dieser Richtung einige Übertreibungen vorgekommen, die bei den jungen Leuten Unruhe hervorgerufen haben. Diese Unruhe ist darauf zurückzuführen, dass einige dienstlich sehr gut bezeugte junge Leute, die zwar heiraten wollten, aber erst dann, wenn sie planmäßig angestellt waren, unmittelbar vor der Anstellung auf Zeit abqualifiziert worden sind. Es sind solche Abqualifizierungen auf sechs Monate, zum Teil auch auf ein Jahr vorgekommen. Dies ist besonders mißlich auch für die Zukunft, weil das Alter mit Rücksicht auf das Universitätsstudium, den Wehrdienst und die Wartezeit immer höher wird. Man kann nicht die Frühehe empfehlen oder fordern und gleichzeitig die erste Anstellung in dieser Weise um sechs Monate oder um ein Jahr verschieben. Im Rahmen dieser Fragen hat es sich ergeben, dass es sehr wichtig ist, dass wenigstens die Bereitwilligkeit dieser jungen Leute, sich irgendwo aktiv zu betätigen, eruiert und festgestellt werden kann. Die Gruppe, die die Justizbeamten im Beamtenbund betreut, hat sich bereit erklärt, diese Bereitwilligkeit festzustellen. Es ist nicht an jedem Orte möglich, dass jeder Assessor ein Amt ausübt; so viele Ämter gibt es nicht. Jeder muß sich aber zur Verfügung stellen.

Bei dieser Frage der aktiven Betätigung hat sich etwas ergeben, was zu sagen ich mich für verpflichtet halte, was man aber schriftlich schlecht mitteilen kann. So hatte sich z. B. ein junger Mann einmal darauf berufen, dass er sich sehr aktiv im Juristenbund betätigt habe. Er war der Meinung, dass diese Betätigung genüge. Nach Ansicht des Ministeriums Hess genügt dagegen die Betätigung im Juristenbund allein nicht, um unbedingt die Überzeugung von der aktiven Betätigung festzustellen, weil der Juristenbund die jungen Leute nicht mit der Volksgemeinschaft in Verbindung brächte. Ich möchte ihnen von dieser Stellungnahme Kenntnis geben. Wir dürfen die jungen Leute nicht in dem Glauben lassen, dass sie dann, wenn sie die Abende des Juristenbundes allein besuchen, sich genügend betätigt haben. Ich wäre Ihnen dankbar, wenn Sie das in geeigneter Weise den jungen Leuten zum Bewußtsein brächten.

Umgekehrt ist es vorgekommen, dass lediglich aus der Tatsache, dass jemand dem Juristenbund nicht angehört, trotz sonst ausgezeichneter Bezeugung und politischer Beurteilung geschlossen worden ist, dass dieser nicht bevorzugt befördert werden könne. So formal sollten wir die Beurteilung der Zugehörigkeit zu dem Juristenbund auf der anderen Seite auch nicht nehmen.

Aus dem Reich ist mir eine solche Anzahl von Abqualifizierungen von Assessoren bekannt geworden, dass ich mich für verpflichtet hielt, den Herren dies mitzuteilen.

Rothenberger: Gilt dies auch für die Mitglieder des Juristenbundes, die an einer exponierten Stelle ein Amt ausüben?

Minister: Dieser Fall ist mir noch nicht vorgekommen. Andererseits ist aber auch einmal jemand abgelehnt worden, der sich im Juristenbund durch Vorträge betätigt hatte. Ein Universitätsassistent hatte sich gerade in dieser Weise im Juristenbund betätigt, ist aber trotzdem abgelehnt worden.

Ich möchte dann noch eine zweite Frage behandeln. Wenn ich auf das Land hinaus komme, so klingt aus allen Ecken ein gewisses Unbehagen über Personalmangel. Die Gründe sind zum Teil äußere, wie z. B. militärische Übungen, Urlaub. Die Schwierigkeiten, die durch militärische Übungen entstehen, sind mir bekannt; auch im eigenen Hause kommen wir dadurch in eine schwierige Lage. Die Anforderungen in dieser Richtung müssen aber erfüllt werden. Ich wollte nur fragen, ob sich das Austauschsystem, das wir eingeführt haben, insofern bewährt hat, dass es einen gewissen Ausgleich herbeigeführt hat.

Sind die Herren über die Sommermonate so eingedeckt, dass die Geschäfte geleistet werden können? Ich bitte dabei nicht auf die Entschuldungsämter abzuheben; darüber werden wir ein anderes Mal sprechen.

Hölscher: Im Kammergerichtsbezirk haben wir keine Reserven, wir werden aber durchkommen. Wir haben noch eine Reihe von Assessoren auf Grund des § 7 der Durchführungsverordnung vorgemerkt.

Rinke: In Baden sind wir dadurch in einer besonderen Notlage, dass wir früher Referendare beschäftigt haben, was wir heute nicht mehr können. Wir kämpfen um jeden Assessor, der aus dem Examen kommt.

Schnoering: Meine Reserven sind voll erschöpft. Ich befürchte, dass dies nicht ein vorübergehender Zustand ist, sondern dass sich der Zustand noch wesentlich verschlimmern wird. Eine Heranziehung von Assessoren zur Staatsanwaltschaft ist sehr schwierig.

Sattelmacher: Wir werden in meinem Bezirk durchkommen, aber nur sehr knapp. Abgeben kann ich nichts mehr.

Dürr: Auch in München sind die Assessoren sehr knapp. Durch die Grundbuchumschreibung entsteht ein großer Bedarf. Da wir den bei der Grundbuchumschreibung tätigen Assessoren eröffnen müssen, dass sie eine Verwendung im Reichsdienst nicht zu erwarten haben, strengen sie alle Kräfte an, um an einer anderen Stelle unterzukommen. – Der Austausch mit anderen Oberlandesgerichtsbezirken hat noch keinen Erfolg gehabt. Die uns angebotenen Assessoren waren stets schlechter als die uns zur Verfügung stehenden. – Ich möchte dann noch fragen, wie es mit der Aufnahme in den Probedienst gehalten werden soll. Bisher habe ich die Aufnahme nur befürwortet, wenn der Betreffende das Prädikat „gut“ hatte. Vielleicht muß man hier aber weiter gehen.

Minister: Ich halte es für ausgeschlossen, dass wir und darauf beschränken können, nur die Assessoren mit dem Prädikat „gut“ zu übernehmen.

Staatssekretär Freisler: Der Grundsatz, dass bei der Übernahme ausnahmslos bei „gut“ Schluß ist, ist ein Grundsatz, der von hier aus stets bekämpft worden ist; denn das Prüfungsergebnis kann und soll nicht ausnahmslos entscheidend sein.

Bergmann: Für das laufende Geschäftsjahr habe ich genügend Assessoren. Wir haben auch auf einer Liste noch 19 Assessoren neuer Art, die zur Zeit ohne Beschäftigung sind. Mir ist es aber zweifelhaft, ob der einzelne, wenn ich wegen einer Beschäftigung an ihn herantrete, wirklich Dienst tun wird.

Brettle: In Karlsruhe haben wir zur Zeit 18 Referendare als Amtsanwälte beschäftigt. Außerdem haben wir noch 8 Assessoren aus anderen Bezirken, die sich sehr gut bewährt haben. Es ist zur Zeit nur mit diesen 18 Referendaren möglich, den Dienst aufrechtzuerhalten.

Kulenkamp: Ich habe im vorigen Sommer aus anderen Bezirken Assessoren übernehmen müssen. Zur Zeit habe ich mindestens 2 Dutzend Assessoren aus anderen Bezirken. Ob ich auskommen werde, hängt davon ab, ob die anderen Herren bereit und in der Lage sind, mir noch mehr zu helfen. Ich habe zum Teil schon Inspektoren den Urlaub verweigern müssen, weil ich Assessoren, die bisher im Rechtspflegerdienst tätig waren, aus dieser Tätigkeit heraus ziehen mußte.

Scriba: In Hessen besteht ein ausgesprochener Assessorenmangel; wir haben in großem Umfange außerhessische Assessoren herangezogen. Die Erfahrungen mit den außerhessischen Herren sind durchaus günstig. Wir warten aber nach jeder Prüfung sehnsüchtig auf das Ergebnis.

Im Zusammenhang hiermit steht der bedenkliche Mangel an oberen Justizbeamten. Wir hatten uns bisher damit geholfen, dass wir Assessoren im oberen Justizdienst beschäftigt haben. Jetzt haben wir aber keine Herren mehr für den oberen Justizdienst zur Verfügung.

Schneider (Hamm): Dem Oberlandesgerichtsbezirk ist es eine besondere Freude gewesen, als Wohltäter auftreten zu können. Jetzt bin aber auch am Ende, mehr Herren kann ich nicht abgeben. Vor der Liste der zur Beschäftigung Bereiten möchte ich warnen. Nominell habe ich auf dieser Liste auch eine ganze Reihe von Assessoren; im Ernst wollen diese aber nicht. – In und am Bezirk werde ich durchkommen. Ich habe kategorisch alle Ferienkommissorien abgelehnt. Die Landgerichtspräsidenten haben erklärt, dass sich diese Maßnahme auch durchführen läßt. – Ich möchte dann doch einmal die Frage aufwerfen, ob wir nicht endlich für die Zahl unserer Assessoren eine gewisse Grenze aufstellen müssen. Ich habe für meinen Bezirk eine derartige Grenze aufgestellt. Es ist aber zwecklos, in meinem Bezirk etwas zu tun, wenn dies nicht auf das ganze Reich ausgedehnt wird.

Wir müssen, glaube ich, einmal die Zahl der Assessoren in ein bestimmtes Verhältnis zu der Zahl der Planstellen setzen. Zur Zeit geht die Zahl der außerplanmäßigen Hilfsarbeiter über das erträgliche Maß hinaus. Wenn man bei einer Zahl von 700 planmäßigen Richterstellen mit 180 Kommissorien für die Gerichte rechnen muß, so ist dies zuviel.

Man könnte vielleicht daran denken, die Zahl der Planstellen zu erhöhen. Ich würde allerdings davon abraten, wir dürfen nicht zu einer Inflation der Richter kommen. Vielleicht ist jetzt schon die Zahl der planmäßigen Richter zu groß. Wenn wir brauchbare Kräfte in ausreichender Zahl hätten, so wäre alles gut; wir haben diese aber nicht. Ein Richter, der nicht voll und ganz auf seinem Platze ist, ist nicht nur fehl am Platze, sondern macht uns nur Mehrarbeit.

Es kommt folgendes hinzu, was mir ernste Sorge bereitet. Ich fürchte für die Zukunft ein weiteres erhebliches Absinken des Ansehens der Justiz. Ein Assessor, der die Aufnahme in den Probedienst als Rechtsanwalt nachsuchen wollte, hat mir ganz offen erklärt, dass er für die Richterlaufbahn ohne weiteres geeignet sei, da dort weniger Anforderungen gestellt würden als für den Rechtsanwaltsberuf. Wenn ich mit Kreisen der Industrie zusammenkomme, so erkenne ich, dass die Achtung vor dem juristischen Assessorexamen außerordentlich stark gesunken ist. Ich halte dies für außerordentlich bedenklich. Es liegt auch im Interesse unseres jungen Nachwuchses, möglichst bald Klarheit zu schaffen. Unter diesem Gesichtspunkt erscheint mir auch die Betreuungsliste bedenklich, von der bereits gesprochen worden ist. Es tut mir stets sehr weh, wenn ich einen Assessor mit der Frage ansehe, ob er einen Beschäftigungsvertrag übernehmen will, und ich weiß, dass er nach einiger Zeit wieder auf der Straße ist. Wir sollten vielmehr die, die ungeeignet sind, schon vorzeitig ausscheiden. Ich komme damit zu der Referendarfrage. Die Zahl unserer Referendare nimmt stark ab, ist aber immer noch viel zu groß. Ich empfinde es als eine außerordentlich ungleiche Regelung, dass ich mir jeden Justizsupernumerar persönlich vorstellen lasse und ihn mir aussuche, dass ich dagegen auf die Auswahl der Referendare nicht den geringsten Einfluß habe. Es sind auch da recht betrübliche Fälle vorgekommen. So ist es z. B. erforderlich geworden, kurze Zeit nach der Ernennung zum Referendar, die Ernennung zu widerrufen. Ich halte hier eine Änderung für sehr notwendig. Damit wäre gleichzeitig die Frage der Assessoren gelöst.

OLGPräs. Schwister (Düsseldorf): Es war einmal festgestellt worden, dass der Düsseldorfer Bezirk am meisten mit Assessoren überfüllt sei. Obwohl inzwischen viele Assessoren abgegangen sind, ist es auch jetzt noch so. Ich habe vor 3 Tagen festgestellt, dass wir an Gerichtsassessoren und Assessoren insgesamt 700 haben. Trotzdem wurde mir gemeldet, dass wir nunmehr auf des Fasses Boden gehen. Ich glaube immerhin auskommen zu können, weil ich meine Praxis, von § 7 Gebrauch zu machen, fortsetzen kann. Außerdem ziehe ich in starkem Maße Neuassessoren hinzu. Dabei tritt allerdings der Mangel hervor, dass die keine richterliche Praxis haben. Ich habe immer noch 13 Assessoren, die beschäftigungslos sind, unter den Gerichtsassessoren jedoch keinen. Zur Frage des Hilfsrichtertums möchte ich folgendes bemerken: Ich sehe hierin einen außerordentlich großen Krebsschaden. Bei mir werden nicht weniger als 20 Hilfsrichter beschäftigt. So läßt sich z.B. der Fall nicht vermeiden, dass ein OLGRat Vorsitzender ist und zwei Hilfsrichter als Beisitzer hat. Kürzlich hat das RG ein Urteil in einer Mordsache mit der Begründung aufgehoben, dass ein Richter dabei mitgewirkt habe, der nicht für das ganze Geschäftsjahr vorgesehen sei. Ich habe inzwischen festgestellt, dass bei dem in Frage stehenden LG von den 14 planmäßigen Richtern nur die Hälfte anwesend war. Nach meinem Dafürhalten ergibt sich die Folgerung, dass wir unsere Planstellen außerordentlich stark vermehren müssen.

In der Frage der Auslese möchte ich zur Vorsicht raten. Wenn die Justizverwaltung jetzt auf einmal eine Auslese treffen will, so hat das die Wirkung, dass die Besten fortgehen und die übrigen später einfach genommen werden müssen. Dabei ist zu beachten, dass die Referendarprüfungen sehr stark zurückgehen werden.

OLGPräs. Hüttner (Dresden): Ich möchte mich diesen Ausführungen anschließen. Zwar bin ich in statistischer Hinsicht nicht vorbereitet; aber ich kann hervorheben, dass in meinem Richterbezirk 72 Richterstellen im Augenblick nicht zu besetzen sind, weil es einfach an Assessoren fehlt. Die Ersatzfrage wird immer schwieriger. Bei mir steht die Hälfte aller Referendare im 3. Ausbildungsjahr, im zweiten 1/3 und das erste Ausbildungsjahr weist eine noch geringere Zahl auf. Die Zahl wird von Jahr zu Jahr geringer werden. Von den nach § 7 beschäftigten Assessoren ist bei mir noch keiner gekündigt worden. Sie sind zum Teil schon seit Jahr und Tag beschäftigt. Die Ansprüche an die Tätigkeit haben ihre Grenzen darin, dass die Zahl der besonders Tüchtigen verhältnismäßig gering ist. Das Referendarexamen ist in Dresden erschwert worden, damit von vornherein vermieden wird, dass absolut untüchtige in den Vorbereitungsdienst kommen. Die Zahl der Kandidaten, die in der ersten Prüfung durchgefallen sind, ist außerordentlich hoch.

Reichsjustizminister Dr. Gürtner: Ich möchte aus der Gedankenreihe, die vorgetragen worden ist, folgende Zusammenfassung geben: Dass wir in wenigen Jahren vor einer außerordentlich starken Depression unseres Angebots stehen, dürfte auch dem Blindesten nicht verborgen bleiben. Man braucht nur die Zahlen der Hochschulbesucher zu betrachten. Auch kann man bei den Gymnasial-Abiturienten nur eine kleine Neigung für die juristische und überhaupt für die Beamtenlaufbahn feststellen. Der ungeheure Bedarf des Heeres zieht die jungen Leute zur Wehrmacht. Für uns wird dieses Problem sehr ernst werden, und zwar vielleicht in etwa 3 bis 4 Jahren. Es ist wichtig sich zu überlegen, wie man es meistern kann. Uns schwebt dabei folgendes vor: Wir haben für diese Zeit zunächst eine gewisse Personalreserve. Das sind viele Hunderte von Assessoren, die abseits vom ordentlichen Dienst beschäftigt sind. Ich glaube nicht, dass ich ein Geheimnis preisgebe, wenn ich sage, dass die sog. Entschuldungsassessoren einmal in den Justizstaatsdienst aufgenommen werden. Ihre Zahl beträgt 952, während sich der Jahresbedarf zwischen 450 und 500 bewegt.

Daneben haben wir noch eine kleine Sachreserve. Darunter verstehe ich die Möglichkeit, eine Reihe von richterlichen Geschäften auch durch andere Beamte besorgen zu lassen. Wir haben davon in der neuen Hinterlegungsordnung Gebrauch gemacht. Vorbild ist hier Hamburg. Man wird mir entgegnen, dass Rechtspfleger auch nicht genügend da seien. Ich glaube, hier könnte aber doch an Personal gewonnen werden.

Dazu kommt ein Drittes: Wir haben vor wenigen Jahren, um den sinnlosen Zugang zu hemmen, die Einrichtung des Probedienstes eingeführt, aber eben gerade zu diesem bestimmten Zwecke. Wir sind ja auch nicht gehalten, die 3 Assessorenjahre sich voll auswirken zu lassen. Wir werden in wenigen Jahren auch gar nicht mehr in der Lage sein, diese Wartezeit durchzuhalten. Der Zweck, den sinnlosen Zugang zu hemmen, hat sich erfüllt. Ich möchte nicht jetzt durch mechanische Mittel die Richterzahl vermindern oder große Verschiebungen in der Geschäftsverteilung vornehmen.

Ohne Zusammenhang hiermit steht die Frage des *Hilfsrichtertums.* Was ich in diesem Punkte in Preußen angetroffen habe, widerspricht allem, was ich vordem in Bayern erlebt habe. Wir werden auf den Hilfsrichter nicht verzichten können. In Preußen ist ein solcher „beweglicher Flügel", wie ihn das Hilfsrichtertum darstellt, allerdings viel zu groß. Ich möchte ja auch nicht an den Finanzminister mit der Forderung auf Vermeidung der Planstellen herantreten. Das Ansehen eines Standes, der seine Zahl sozusagen „aufbläht", wird nicht gehoben.

Schließlich möchte ich noch auf einen ganz anderen Punkt zu sprechen kommen. Bei den Rechtsanwälten hat sich die Meinung gebildet, dass ein Rechtsanwalt kein Notariat mehr bekommen könne. Man beklagt sich darüber, dass gewisse Lebenserwartungen auf einmal zunichte geworden seien. Ich bitte, hier eine gewisse Beruhigung zu schaffen. Es ist nicht daran gedacht, berechtigte Lebenserwartungen mit einem Federstrich auszulöschen. Wer sich heute zur Anwaltschaft zulassen läßt, kann zwar in seine Lebensrechnung die Verleihung des Notariats nicht mit Sicherheit aufnehmen. Wer nahe an der Grenze steht, bei der in Preußen der Rechtsanwalt mit Sicherheit auf die Verleihung rechnen konnte, braucht hier aber keine Abschreibung vorzunehmen. Wer 5 Jahre auf die Verleihung des Notariats gewartet hat, kann grundsätzlich auch noch in Zukunft mit der Verleihung rechnen.

Sodann noch etwas anderes: Es wird einem Teil der Herren in Erinnerung sein, dass bei der Veranstaltung *gesellschaftlicher Zusammenkünfte* dadurch Schwierigkeiten entstanden sind, dass jemand das Monopol für solche Veranstaltungen für sich in Anspruch genommen hat. Ich sehe es nun in Übereinstimmung mit Herrn

Reichsminister Hess als die Pflicht des Amtsvorstandes an, sich auch einmal außerhalb des Amtes mit seinen Getreuen zu sehen, und möchte feststellen, dass es verfehlt wäre, dem Behördenvorstand das Recht abzusprechen, sich auch außerhalb des Dienstes mit seinen Beamten zu treffen.

Die Herren sind zum Teil mit der Arbeitsfront in Konflikt gekommen unter dem Gesichtspunkt, ob die Behörde ein „Betrieb" ist. Die Frage ist Gegenstand vieler Erörterungen unter den Ministerien gewesen. Wir sollten wenigstens darauf sehen, im Sprachgebrauch dem Gedanken, dass die Behörde ein Betrieb sei, nicht Vorschub zu leisten. Wir sollten dementsprechend nicht von einem Betriebsappell sprechen, sondern etwa von einem Dienstappell. Sonst ergibt sich auf einmal die Folge, dass die Behörden „Betriebe" i.S. der Arbeitsfront sind.

Die *Beteiligung der Gauleiter bei Personalsachen* funktioniert formell ganz nach den Vorschriften. Sachlich liegt es verschieden. In manchen Bezirken sind dunkle Gewitterwolken wieder abgezogen, in anderen hat sich die Sonne plötzlich verdüstert. Solche Dinge kann man nicht mit Vorschriften ordnen. Geduld, Humor und Entgegenkommen sind hier das rechte Mittel. Wir müssen uns darüber klar bleiben, dass eine Zusammenarbeit stattfinden muß.

In einzelnen Punkten scheint die Praxis verschieden zu sein. Ich möchte hier einmal fragen: Ist es üblich, bei der Prüfung der Frage, ob einem Beamten, der in den Ruhestand tritt, der Dank des Führers oder des Ministers ausgesprochen werden soll, dem Gauleiter Mitteilung zu machen? (Allgemeine Verneinung. Zwischenruf des StA. *Steinaecker, Breslau*: Nur wenn ich bei einem Beamten von vornherein Bedenken habe.) Es liegt doch so, dass nicht der ausgesprochene Dank sehr viel bedeutet, sondern das Fehlen des Dankes. Im allgemeinen wollen wir die Frage, ob der Dank ausgesprochen werden soll, aus eigener Zuständigkeit beurteilen. Ich brauche eine Begründung nur in den Fällen, in denen einem Beamten der Dank vorenthalten werden soll.

Das zweite Kapitel unserer Besprechungen bewegt sich auf dem *Gebiet des Strafrechts*. Die Herren werden sich erinnern, dass der Führer am 30 Januar d.J. [im Reichtag] [hierzu J. Regge/W. Schubert, Quellen zur Reform des Straf- und Strafprozeßrechts Bd. II 1,2, 1990, S. 617 ff.] einmal von der Tatsache der Reichsjustiz gesprochen hat und sodann davon, dass in kürzester Zeit ein neues Strafgesetzbuch herauskommen wird. Darüber, warum das Letztere noch nicht eingetreten ist, möchte ich die Herren vertraulich unterrichten. Ich kenne kein Gesetz des dritten Reiches, das im Kabinett so stark besprochen worden ist, wie dieses. Das ist gut und erfüllt mit Freude. Die Zahl der Kabinettsitzungen ist nicht sehr groß. Immerhin ist sie in diesem Frühjahr mit Rücksicht auf den Strafgesetzentwurf doppelt so hoch wie im Vorjahr. Der Allgemeine Teil ist beschlossen, und zwar ohne merkliche Änderung gegenüber dem Entwurf. Vom Besonderen Teil sind bis jetzt die Delikte des Hoch- und Landesverrats sowie die Angriffe auf die Ehre des deutschen Volkes erledigt. Dabei handelt es sich nicht so sehr um sachliche Änderungen, aber um einige formelle, z.B. die Betonung der Unerbittlichkeit des Strafrechts beim Landesverrat auch in der Form. Praktisch haben sich die Tatbestände, die unser tägliches Brot bilden, nicht geändert. Die nächste Kabinettssitzung wird noch in diesem Monat stattfinden. Ich glaube, dass der Allgemeine Teil und die einleitenden Abschnitte zu den Schwierigsten gehören. Nunmehr wird es schneller gehen.

Der Strafprozeßrechtsentwurf befindet sich zur Zeit in einer Kommissionsberatung [hierzu mit den Prot. W. Schubert, Quellen zur Reform des Straf- und Strapprozeßrechts, Teil III 1–2, Band III 1–2, 1991/92] und wird in diesem Sommer in der ersten Lesung zu Ende gedeihen. Im Strafprozeß werden sich einige Änderungen ergeben. Das Strafvollzugsgesetz ist im Entwurf [hierzu W. Schubert, Akademie für Deutsches Recht, Bd. VIII, 1999, S XXII ff., 413 ff.] und in der ersten Lesung fertig. –

Nachdem ich den Herren dieses zur Kenntnis gebracht habe, möchte ich auf eine wichtige Frage zu sprechen kommen, und das ist die der *Schutzhaft*. Wir können hier offen reden. Wir haben in Deutschland die Schutzhaft auch heute noch ohne ausgesprochene rechtliche Basis. Das ist die Quelle gewisser Anwendungsformen, die auf die Dauer nicht erhalten werden können. Es ist vielfach vorgekommen, dass die Schutzhaft nicht zu Präventivmaßnahmen verwendet worden ist, sondern z.B. um jemanden vergleichsbereit zu machen oder einen Freigesprochenen oder zu gering Bestraften noch festzuhalten. Der letzte Gesichtspunkt spielt zur Zeit eine mißliche Rolle auf dem Gebiet der internationalen Bibelforscher. Ich möchte Herrn Min.Direktor Crohne bitten, hierzu unsere Erfahrungen mitzuteilen.

Ministerialdirektor Crohne: Die Gestapo hat am 22.4. d.J. an die Stapo-Stellen einen Erlaß gerichtet. Ich lese ihn hiermit vor und bitte, ihn als vertraulich zu behandeln (Der Erlaß wird verlesen)[nicht bei den Akten]. Wir hatten uns eine Abschrift dieser Anordnung deswegen geben lassen, weil verschiedene OLG-Präsidenten und Generalstaatsanwälte von Fällen berichtet hatten, in denen der Angeklagte in Schutzhaft genommen worden war, unmittelbar nachdem er freigesprochen oder die erkannte Strafe für durch die Untersuchungshaft verbüßt erklärt worden war. Die Herren haben berichtet, weil sie in einem solchen Vorfall eine Herabsetzung des Ansehens der Justiz erblickt haben. Wir haben uns sofort mit der Gestapo in Verbindung gesetzt und sind zu folgendem Ergebnis gekommen: Wir können, nachdem die Allgemeine Anordnung nun einmal besteht, hiergegen nichts unternehmen. Der Kampf gegen die Internationalen Bibelforscher [Zeugen Jehovas] muß schärfer und schärfer werden. Es wurde mir bei der Gestapo gesagt, dass die Zahl der Internationalen Bibelforscher in Deutschland 5 bis 6 Millionen betrage. Ich selbst rechne mit 1 bis 2 Millionen. Da es sich bei den in der genannten Anordnung behandelten Maßnahmen lediglich um solche polizeilicher Art handelt, können wir gegen die Anordnung nichts machen. Uns wurde ausdrücklich zugesichert, dass es sich nicht um eine Kritik der Urteile handeln solle. Die Gestapo bittet, in allen Fällen vorstellig zu werden, in denen etwa einzelne Stapobeamte sich ungeschickt verhalten, insbesondere Freigesprochene sofort im Gerichtssaal verhaften sollten.

Der Reichsführer SS hat geltend gemacht, dass die Strafen gegen die Bibelforscher zu gering seien. Das Gesetz sieht Geldstrafe und Gefängnis von 1 Monat bis zu 5 Jahren vor. Der Reichsführer SS schlägt vor, in einer Novelle Zuchthaus anzudrohen. Nach dem Entwurf des Strafgesetzbuchs können die Bibelforscher in

Zukunft mit Zuchthaus bestraft werden wegen Teilnahme an einer wehrfeindlichen Verbindung. Eine Novelle wird nach der Besprechung bei Herrn Staatssekretär Dr. Freisler kaum noch vor dem neuen Strafgesetzbuch in Frage kommen. Falls jedoch aus anderen Gründen eine Novelle erforderlich sein sollte, wird diese Frage in erster Linie berücksichtigt werden. Wir müssen immer wieder feststellen, dass von der Möglichkeit, in der Gefängnisstrafe bis zu 5 Jahren hinauf zu gehen, wenig Gebrauch gemacht wird. Herr Staatssekretär Freisler hat kürzlich in einer Rundverfügung ausdrücklich hervorgehoben, dass hier die nötige Strenge anzuwenden sei. Nicht nur am 12. Dezember 1936, sondern auch zu Beginn dieses Jahres sind wieder umfangreiche Flugblattverteilungen durch Bibelforscher vorgekommen.

Die Höhe der erkannten Strafen ist in den einzelnen Bezirken sehr verschieden. Nur wenige Bezirke sind überhaupt bis zu 5 Jahren Gefängnis hinauf gegangen. Es sind dies die folgenden vier: Darmstadt, Dresden, Jena, Königsberg. Andere Bezirke sind auffällig milde; teilweise finden sich hier Geldstrafen. Dass eine Geldstrafe nicht mehr am Platze ist, brauche ich wohl nicht mehr hervorzuheben. Es handelt sich bei den milden Bezirken um folgende, wobei ich keine Anprangerung erreichen, sondern nur einen Hinweis geben will: Breslau, Celle, Düsseldorf, Neunburg, Stettin und Zweibrücken.

Es darf nicht mehr vorkommen, dass die Bibelforscher als eine religiöse Sekte angesehen werden. Sie sind eine absolut staatsgefährliche Vereinigung geworden, die z.T. vom Auslande aus geleitet wird. Sie haben auf ihre Fahne u.s. die Verweigerung des Wehrdienstes geschrieben, darüber hinaus aber auch die Verweigerung der Mitarbeit in den für die Wehrmacht arbeitenden Betrieben. Die Tragweite ist deutlich daraus erkennbar, dass sie z.B. auch die Tätigkeit bei der Eisenbahn und der Post im Kriegsfalle ablehnen. Dabei ist auffällig, wie viele Eisenbahn- und Postbeamte in der I.B.V. sind. Die Bibelforscher lehnen weiterhin die Eidespflicht ab sowie den Führergedanken und überhaupt jedes nationalsozialistische Empfinden. Bei den Anhängern der I.B.V handelt es sich auch nicht etwa nur um „alte Trottel“, auch wenn sie sich vor Gericht diesen Anschein geben.

Eine Novelle ist also – wie gesagt – vorläufig nicht zu erwarten. Wir müssen von den jetzt vorgesehenen Strafen Gebrauch machen. Ich bitte, darauf hinzuwirken, dass die Weichheit in dem Vorgehen gegen die Internationalen Bibelforscher zurückgestellt wird. Wir haben von der Gestapo Nachrichten, wonach der Kommunismus mit Gewalt in die I.B.V. hinein dringt. Dem können wir nur mit Strenge entgegenwirken.

Reichsjustizminister Dr. Gürtner: Das Bild sieht in der Tat so aus: Ursprünglich war die I.B.V. eine religiöse Sekte. Jetzt wird sie mindestens vom Kommunismus für seine Zwecke benutzt. Die Schwierigkeit liegt darin, dass die Fälle verstreut auftreten und nicht als Gesamtbild gesehen werden. Wenn einer der Herren aus einem Bezirk des fernsten Westens oder Ostens vielleicht Gelegenheit nehmen würde, uns das dortige Bild aufzuzeigen, so wäre das sicher nicht uninteressant.

Generalstaatsanwalt Schnoering (Düsseldorf): Ich habe die Feststellung gemacht, dass die Bibelforscher in der Tat zum Teil Staatsfeinde sind. Der größte Prozentsatz besteht jedoch nach meinem Eindruck aus mehr trottelhaften Typen. Diese

Meinung habe ich nicht etwa aus den Hauptverhandlungen, sondern aus den Gefängnissen mitgebracht.

Generalstaatsanwalt Windhausen (Köln): Im Saargebiet ist ein Anwachsen der Bibelforscher zu verzeichnen. Dort spielen auch politische Momente hinein. Bei der Saarabstimmung wurde propagiert, dass die Bibelforscher nicht für Deutschland stimmen sollten. Wenn sich diese Bewegung im Westen weiter ausbreiten könnte, würden alle Elemente, die sich sonst nicht organisieren können, unter diesem Deckmantel ihre Ausbreitung suchen.

Generalstaatsanwalt Schnoering (Düsseldorf): Ich darf noch darauf hinweisen, dass schon der äußere Eindruck vielfach zeigt, dass die Täter geistig nicht ganz normal sind.

Generalstaatsanwalt Windhausen (Köln): Ich möchte noch bemerken, dass ich ebenfalls die vorhin hervorgehobene Beobachtung gemacht habe, dass unter den Bibelforschern Beamte der Post und der Reichsbahn zu finden sind.

Generalstaatsanwalt Janssen (Marienwerder): In meinem Bezirk habe ich die Wahrnehmung gemacht, dass die I.B.V. in Elbing sehr stark verbreitet ist, dagegen westlich des Korridors nur wenig. Gerade in Elbing ist der kommunistische Einfluß sehr erheblich. Die Strafen gehen hier auch bis zu 3 und 4 Jahren hinauf. In der Regel handelt es sich aber um Mitläufer. In letzter Zeit ist unzweifelhaft ein erhebliches Abflauen zu verzeichnen gewesen, offenbar auf Grund der drakonischen Strafen.

Generalstaatsanwalt Dr. Sturm (Breslau): Die Betätigung der Bibelforscher hat sich m.E. eher versteift, als dass sie zurückgeht. Vor 6 Monaten habe ich noch in den Gefängnissen festgestellt, dass mir ein Bibelforscher, der seine Strafe absaß, erklärte, wenn er in die Freiheit kommt, werde er sich nicht mehr betätigen. Aber in der letzten Zeit habe ich immer wieder die Anwort erhalten: „Ich werde Bibelforscher bleiben und unter keinen Umständen in die Wehrmacht gehen; ich bin bereit, hieraus auch alle Folgerungen zu ziehen“. In der letzten Zeit wird eine Verbindung zwischen den Bibelforschern und dem Kommunismus gesucht.

Generalstaatsanwalt Welsch (Zweibrücken): Ich lasse ebenfalls in Zweibrücken die in Haft befindlichen Bibelforscher überwachen. Bei nahezu allen ist der Strafvollzug ohne Wirkung. Sie kommen geradezu aus der Strafhaft um so gefestigter in das Leben zurück. Die Zahl der Anzeigen hat jetzt allerdings nachgelassen.

Generalstaatsanwalt Staecker (Stettin): Ich halte die Bibelforscher für eine Nachwirkung des Krieges. Zahlreiche Menschen, die innerlich zerbrochen sind, haben für ihr religiöses Bedürfnis keine Befriedigung mehr gefunden und sind so auf diese Sekte gestoßen. Viele haben sich ihr in Jahren 1919 ff. angeschlossen, ebenfalls viele in den letzten Jahren. In Pommern sind seit der Aktion gegen die Bibelforscher etwa 500 bis 600 Verhaftungen vorgekommen, und zwar stoßweise. Da wir kein Konzentrationslager haben, sind die Verhafteten in die Gefängnisse gebracht worden, so dass jene völlig überfüllt wurden. Die Stapo verlangte für jeden eine Einzelzelle. Das ließ sich jedoch technisch gar nicht durchführen. Die Folge war, dass vielfach Gemeinschaftshaft bestand und so das Ziel, die Leute von ihrer Bewegung abspenstig zu machen, nicht erreicht werden konnte. Vielfach trat gerade das

Gegenteil ein. Die Bewegung ist selbstverständlich von einer außerordentlichen Gefahr. Besonders ihre pazifistischen Ideen sind geeignet, im Sinne des Kommunismus ausgebeutet zu werden. Ich bin an den Leiter unserer Stapo-Leitstelle herangetreten und habe ihm gesagt, zunächst müsse die Stapo die Funktionäre als solche erfassen, für diese würden wir Einzelhaft vorsehen. Dies ist jedoch ohne Erfolg gewesen. Zweifellos ist die Masse der Bibelforscher sehr verschieden. Man kann sie nicht alle gleich beurteilen. So hat das Sondergericht einmal einen Funktionär zu 2½ Jahren Gefängnis verurteilt, der ein früherer Rittmeister war und gleich nach dem Kriege sich der I.B.V. angeschlossen hatte, weil er innerlich zerbrochen war. Daneben gibt es aber eine ganze Reihe von Personen, die lediglich Mitläufer sind und eine Naivität zeigen, die milde Strafen verständlich erscheinen läßt. Aber auch beim weiblichen Geschlecht gibt es andererseits Personen von außerordentlichem Fanatismus. So blieb z.B. einmal bei einem Besichtigungsrundgang eine Frau in ihrer Zelle einfach sitzen und erklärte, sie stehe nur vor Jehova auf. – Man kann wohl auch die Verhältnisse in den einzelnen Bezirken nicht überall gleich beurteilen.

Generalstaatsanwalt Jung (Dresden): Im Dresdner Bezirk hat die I.B.V. sehr viele Anhänger. Es sind etwa 1300 bis 1500 Verhaftungen vorgenommen worden. Der Strafvollzug war bisher ohne große Wirkungen. Wir haben jetzt die Frage zu behandeln, wie wir die Strafen wirksam vollziehen. An dem Funktionär wird jeder Strafvollzug abprallen. Eine Gemeinschaftshaft ist hier gar nicht am Platze. Unter den Mitläufern gibt es viele, die nur ganz lose mit der I.B.V. in Verbindung stehen. Diese müssen wir beim Strafvollzug von dieser Bewegung wegholen. Zu diesem Zwecke müssen wir sie aus der Einzelzelle hinaus bringen, sie kräftig arbeiten lassen und ihnen zeigen, wie die nationalsozialistische Bewegung sich bemüht, dort zu helfen, wo Not ist. Der Ausgangspunkt für ihren Anschluß an die I.B.V. ist nämlich häufig irgendeine wirtschaftliche Not gewesen.

Oberlandesgerichtspräsident Siegel (Zweibrücken): Es müßte auch dienststrafrechtlich gegen die I.B.V.-Anhänger wirksam vorgegangen werden. Ich hatte einmal einen Bayerischen Verwaltungsassistenten vor der Dienststrafkammer, der durchaus nicht den Eindruck eines „Trottels" machte, sondern im Gegenteil eines klugen, aber fanatischen Mannes. Auf meine Frage, was er tun würde, wenn er in eine Kollision zwischen seinen Bibelforscherideen und seinen Staatsbeamtenpflichten komme, hat er die Anwort verweigert. Wir haben ihn dann aus dem Dienst entlassen.

Reichsgerichtspräsident Dr. Bumke: Ich kenne die Dinge vom Reichsdisziplinarhof. Es hat wohl kaum eine Sitzung gegeben, in der nicht ein oder zwei Bibelforscher vor uns erschienen sind. Ihre Eigenschaft stellte sich dadurch heraus, dass sie die Eidesleistung auf den Führer sowie den deutschen Gruß verweigert hatten. Es war immer dasselbe Bild eines älteren Beamten, der nie Anstoß erregt hatte. Diese Leute nehmen die Entlassung glatt in Kauf. Anscheinend handelte es sich um Menschen, die lange Zeit, vielleicht schon seit dem letzten Kriege zu der I.B.V. gehörten. Mir ist ein einziger Fall vorgekommen, in dem der Betreffende nach der Verhandlung gesagt hat, jetzt wäre er bereit, den Eid zu leisten. Es gibt aber noch eine andere Gruppe, von der ich zwar nichts sehe, wohl aber höre. Vor allem kommen Mitteilungen aus der Wehrmacht, dass die Leute zu Dutzenden den Eid verweigern. Ich habe das Gefühl, als ob die Bibelforscher hier einen Weg gesucht haben, um gewissermaßen auf eine anständige Art den Heeresdienst abzulehnen. Man will einfach den Märtyrertyp schaffen. Vor dem Disziplinarhof sehen wir allerdings mehr die Harmlosen.

Staatssekretär Dr. Freisler: (Verliest zunächst eine Statistik, zu der im Laufe der Besprechung einmal angeschnittenen Frage, ob wirklich die Anforderungen an einen Assessor, der Anwalt werden will, stärker sind als an den, der Beamter werden will, um darzutun, dass die Frage auf jeden Fall zu verneinen ist). – Der Prozentsatz der Assessoren mit der Prüfungsbeurteilung „ausreichend", die zur Anwaltschaft gegangen sind, ist nicht größer als der, die in den Staatsdienst eingetreten sind.

Zur Frage der Bibelforscher möchte ich folgendes ausführen: Über das richtige Maß und die Art der Strafe besteht keine einhellige Meinung. Die Ursachen dafür liegen einmal darin, dass nicht die Möglichkeit besteht, auf eine spezifisch entehrende Strafe zu erkennen. Diese Möglichkeit müßte es geben. Der Entwurf sieht sie vor. Wo auch außerhalb der Justiz Vorschläge für die Einführung einer entehrenden Strafe gemacht werden, wird nur das vorgeschlagen, was der Entwurf ebenfalls will. Wir haben die Beobachtung gemacht, dass auch die Höchststrafen in den einzelnen Bezirken uneinheitlich sind. Vielfach sieht man den Bibelforscher als jemanden an, der einer Sekte angehört, über deren geistige Grundlagen man lächelt, der man aber nicht mit Gefängnisstrafen entgegentreten will. Wir haben einen der Fälle, bei denen wir auf die Gefährlichkeit einer solchen Einstellung sehen müssen. Es ist für das Volk eine außerordentliche Gefahr, wenn der Wehrdienst und die Grundlagen unserer Rassengesetzgebung verneint werden. Dieser Gefahr muß in allen Bezirken Rechnung getragen werden. Ich habe den Eindruck, dass das nicht der Fall ist. Eine weitere Gefahr besteht darin, dass der Kommunismus sich dieser Einrichtung bedient, auch ohne dass der einzelne Bibelforscher davon eine Ahnung hat.

Es ist nicht leicht gewesen, ein einheitliches Maß und eine einheitliche Haltung in der Rassenschanderechtsprechung der deutschen Gerichte herbeizuführen. Dieses Ziel ist aber inzwischen erreicht worden. In der Behandlung der Bibelforscher ist ein solcher Erfolg noch nicht geglückt. Ich wäre dankbar, wenn die Herren sich einmal eine vergleichende Statistik ansehen würden. Eine aus dem Rahmen fallende Haltung hat weiterhin die Gefahr, dass die Aufgabe der Justiz, Rechtspflege zu üben, von anderen Stellen mit ergriffen wird, Es ist nicht gut, wenn jemand wegen einer Tat, für die er verurteilt worden ist, nach Verbüßung der gerichtlichen Strafe, ohne dass irgend etwas anderes hinzu gekommen ist, weiter in Haft bleibt, die ihm als verlängerte Strafhaft erscheint. Ganz unmöglich ist es, dass sich so etwas in unseren Strafanstalten abspielt. Ich habe Anlaß, anzunehmen, dass das aber der Fall ist. Es ist ausgeschlossen, dass die Strafanstalten dulden oder begünstigen, dass jemand, der bisher als Strafhäftling in einer Zelle saß, nach dieser Strafhaft als Schutzhäftling in der Zelle bleibt. Ich habe die dringende Bitte, alle solche Fälle zu melden. Wenn die staatlichen Organe über das Strafmaß und den Erfolg des Strafvollzugs verschiedener Ansicht sind, liegt es nahe, dass dann das andere Sicherheitsorgan sagt, es habe auch das Seinige zu tun. Die Verantwortlichkeit muß absolut klargestellt sein. Für polizeiliche Präventivhaft, die sich an eine Strafhaft anschließt, und wegen der Strafhaft verhängt wird, muß die dafür zuständige Stelle auch allein in Frage kommen. Sonst sieht es im Volke so aus, als ob in der Justiz selbst der Strafvollzug sich die Aufgabe gestellt hätte, die Urteile der Gerichte zu ändern. Eine solche Meinung dürfen wir nicht aufkommen lassen. Diese Gefahr wird erhöht, wenn es nicht glückt, eine Strafzumessungspraxis herbeizuführen, die den Meinungen der beteiligten Stellen entspricht. Man könnte sagen, es sei auch nicht gut, wenn Stellen außerhalb der Justiz gewissermaßen Strafzumessungsgründe vorschreiben. Ich meine, dass die richterliche Aufgabe der Strafzumessung viel stärker in unerfreulicher Weise dadurch eingeengt wird, dass der Täter in unseren Gefängnissen in einer gleichsam verlängerten Strafhaft bleibt, als dadurch, dass man sich das richtige Strafmaß überlegt.

Die Abgrenzung der Aufgaben von Behörden wird sich je nach der Art der Arbeit und des Behördenaufbaues immer verschieben können. Die Rechtspflege ist aber Aufgabe der Justiz. Wir werden da vor einem Problem stehen, wenn wir – wie beabsichtigt – aus dem Strafgesetzentwurf die Übertretungen ohne kriminellen Charakter herausnehmen wollen. Ich bitte, nirgends die Meinung aufkommen zu lassen, als ob das Ordnungsstrafrecht nicht mehr Aufgabe der Rechtspflege sein solle. Andererseits stellt die neue Zeit besondere Aufgaben. So ist es einfach nicht möglich, dass jemand aus der Strafhaft entlassen wird, der dem Gefängniswachtmeister erklärt, er sei Kommunist und werde es bleiben. Nun ist ja bei uns die Sicherungsverwahrung eingeführt worden. Man darf in Deutschland in ihrer tatsächlichen Handhabung nicht den Weg Englands gehen, wo in lächerlich wenigen Fällen die Sicherungsverwahrung angewendet worden ist, weil der Richter sich schwer an den Gedanken einer unbemessenen Strafe gewöhnt. Von der Sicherungsverwahrung muß in dem sinngemäßen Maße Gebrauch gemacht werden. Es ist auch ein Problem, ob eine polizeiliche Präventivhaft nötig ist. Wir können und dürfen von uns aus nirgends den Anschein erwecken, als wären wir nicht der Meinung, dass wir in der Lage sind, gegenüber dem Verbrechertum das Schlußwort des Staates zu sprechen und zu vollziehen.

Reichsjustizminister Dr. Gürtner: Ich bitte, nunmehr eine Pause eintreten zu lassen und die Besprechung um 4.15 Uhr fortzusetzen. [Hierzu sind Unterlagen nicht überliefert.]

(Schluß der Sitzung um 13.40 Uhr.)

VI. Arbeitstagung des Reichsjustizministers mit den Chefpräsidenten und den Generalstaatsanwälten am 18.1.1938 (Hamburger Aufzeichnungen)

Tagesordnung:

1. Grundlegende Ausführungen des Herrn *Ministers*
   a) Gedanken zur Richterstellung
   b) Geschäftsverteilungsgesetz
   c) Nebeneinander der Gerichtsbarkeiten
2. Ausgestaltung des Probedienstes (M.R. Grussendorf)
3. Eingruppierung, Aufrücken und Entlassung von Angestellten (M.R. Willers)
4. Fragen der Ausbildung, Erziehung und Prüfung a) Referendare (Präs. Palandt)
   b) mittlere Laufbahn (Vizepräs. Creutzfeldt)
5. Schlußwort des Herrn *Ministers*

Um 11 Uhr wurde die Sitzung mit Ausführungen des Ministers zu Punkt 1 eröffnet.
1.a.: Der *Minister* wies darauf hin, dass ihm durch Lageberichte und auch sonst bekannt geworden sei, dass gewisse Umstände den Entschluß gerade tüchtiger junger Kräfte, in den Staatsdienst zu treten, beeinträchtigten, und zwar einmal die Konkurrenz zwischen Wirtschaft und Staat und zum anderen Bedenken bezüglich der allgemeinen Stellung des Richters. Die erste Frage hielt er nicht für bedeutsam. Es sei immer ein Zeichen von Dekadenz gewesen, wenn lockende Aussichten außerhalb des Staates die Jugend und auch sonst Beamte beeinflußt hätten, den Staatsdienst zu meiden. Das Ethos des Staatsdienstes sei ein Wertfaktor, der für die wirklich Berufenen nicht durch höhere Gehälter in der Wirtschaft an Wert verlieren könne. Ein Wettlaufen des Staates mit der Wirtschaft in Gehaltsfragen könne und dürfe nicht erfolgen. Zu vermeiden sei nur nach Möglichkeit, dass innerhalb der einzelnen Ressorts des Staates Wegengagierungen, etwa unter Zubilligung von Zulagen u. dgl., erfolgten. Diese Frage sei bereits im Kabinett besprochen worden. – Sehr ernst sei aber der zweite Punkt zu nehmen, nämlich die Erörterungen über die allgemeine Stellung des Richters. Seine Stellungnahme sei folgende:

Die vielen schriftlichen und mündlichen Erörterungen über dieses Problem hätten nicht immer Gutes gebracht. Grundlegend sei zunächst die Frage gewesen, ob es mit dem Führerstaat überhaupt vereinbar sei, dass es eine Gruppe von Beamten gebe, die von Einzelweisungen des Führers ausgenommen sei. Von einem historischen Rückblick wolle er absehen (Trennung der Gewalten, Einheitlichkeit der Führergewalt). Jedenfalls sei festzustellen, dass gerade ganz große Monarchen – wie der Minister sich ausdrückte, die erleuchteten Monarchen – die *Unabhängigkeit der Rechtspflege* als Institution eingerichtet hätten. Sein praktischer Standpunkt sei der, dass die Staatsführung keinesfalls auf jeden Einfluß auf die Rechtsprechung verzichten könne. Das habe sie nie getan; denn die Gesetzgebung, die Zuweisung des Aufgabengebietes an die Justiz und die Auswahl bei der Ernennung der Richter seien ganz wesentliche Auswirkungen der grundsätzlich omnipotenten Staatsgewalt. Dieser Einfluß der Staatsgewalt sei durch einen Akt der Staatsgewalt selbst beschränkt, indem der Richter wegen eines sachlichen Inhalts eines Spruches nicht angesprochen werden solle. § 31 der Dienststrafordnung, in dem es heiße, die Dienststrafgerichte seien unabhängig und nur dem Gesetz unterworfen, habe diese Auffassung des ns. Staates erneut bestätigt. In diesem Sinne beruhe das Dritte Reich auf der Unabhängigkeit der Rechtsprechung. Die Selbstbeschränkung bestehe darin, dass die Staatsführung aus eigenem Willen darauf verzichte, dem Richter für eine Entscheidung eine Anweisung zu geben. Bei Erörterung dieser Frage in der letzten Zeit habe der Führer die Erstreckung seiner Führergewalt insoweit auch ausdrücklich abgelehnt mit der Erklärung: „Da müßte ich ja am Ende jeden Prozeß selber entscheiden!“ Diese Selbstbeschränkung der Staatsgewalt habe mit der Dreiteilung der Gewalten nichts zu tun.

Im Übrigen müsse er aber mit allem Ernst sagen, dass eine große Gefahr für die Aufrechterhaltung der Unabhängigkeit der Rechtspflege darin liege, wenn Urteile erlassen würden, die überhaupt nicht vertreten werden könnten. Dadurch würde immer wieder Wasser auf die Mühlen derjenigen Kreise getrieben, die die Unabhängigkeit der Gerichte nicht als im Einklang mit der omnipotenten Führergewalt stehend ansähen. Es häuften sich leider solche Urteile. So habe vor kurzem ein Landgericht bezüglich eines Geistlichen festgestellt: „Dabei mag es wohl einmal vorgekommen sein, dass der Angeklagte auch über die entblößten Schenkel und das Geschlechtsteil des Knaben gestrichen hat. Das Gericht hat aber nicht festgestellt, dass das zur Befriedigung geschlechtlicher Erregung geschehen ist.“ Das Reichsgericht habe mit einer Begründung aufgehoben, deren Veröffentlichung im Interesse der Rechtspflege schlecht möglich sei. Der Justiz gegenüber aber sei schon von verschiedenen Seiten der Vorwurf erhoben worden, sie unterstütze den Staat nicht im Kampf gegen Angriffe auf die Jugend. Festzustellen sei im übrigen, dass die Behandlung von Urteilen in der Presse und der Öffentlichkeit überhaupt in einem merkwürdigen Gegensatz zu der Kritik über Kunstleistungen in der Presse stehe. Teilweise beruhe das auf Unverstand, zum Teil aber zweifellos auf nicht ganz gutem Willen. Er arbeite ständig daran, diesen Mißstand zu beseitigen. Mit der offiziellen ns.Presse stände sich das Justizministerium gut. Er bäte, dass auch die örtlichen Stellen durch persönliche Einwirkungen alles versuchten, ein gutes Verhältnis zur Presse zu erreichen bzw. zu erhalten.

Der Minister wandte sich dann der Frage der *politischen Beurteilung durch die Parteistellen* zu und äußerte seine Ansicht dahin, dass ein apodiktisches Urteil über die politische Zuverlässigkeit nicht zugelassen werden könne und dass der Standpunkt, dass eine solche politische Beurteilung im Endergebnis als unappellabel hingenommen werden müsse, von ihm keinesfalls gebilligt werde. Die Praxis habe groteske Mißverständnisse ergeben. So sei einmal als Grundlage für eine politische Beurteilung die Behauptung aufgestellt worden, der betreffende Richter habe früher der SPD angehört, während er in Wirklichkeit dem Verein zur Bekämpfung der SPD angehört habe. In einem anderen Falle war eine Beurteilung auf Grund erwiesenermaßen gefälschter Briefe erfolgt. Er müsse verlangen, dass die Beamten über schlechte politische Beurteilungen gehört würden und Gelegenheit zur Stellungnahme bekämen. Im übrigen wies der Minister auf Wunsch des Innenministers in diesem Zusammenhang auf eine vertrauliche Verfügung vom 6. Januar 1938 hin, die zum Umlauf nicht geeignet ist. Darin heiße es, dass es nach Anordnung des Stellvertreters des Führers feststehender Grundsatz sein, dass ein Parteigenosse niemals die Dienststellung eines anderen übernehmen könne, zu dessen Beseitigung er beigetragen habe. Dasselbe müsse für den Staat gelten (der Mörder kann den Ermordeten nicht beerben).

Der Minister fuhr dann fort: Das Dritte Reich sei auf dem Fundament einer unabhängigen Rechtsprechung begründet. Schon in seiner Rede im Reichstag am 23. März 1933 habe der Führer die Unabsetzbarkeit des Richters proklamiert. Auch der damalige Justizminister Kerrl habe in seiner Rede vom 11. April 1933 den Grundsatz der Unabhängigkeit ausgesprochen. Der Minister formulierte schließlich als seinen Glaubenssatz, dass die Unabhängigkeit der Rechtsprechung das unerläßliche und unwegdenkbare Fundament des ns.Staates sei. An diesen Satz habe er immer geglaubt und werde er weiter glauben. Dabei sei jede Hindeutung etwa auf ein Privileg des Standes der Richter gefährlich. Nicht der Richter wegen sei die Unabhängigkeit geschaffen, sondern nur zugunsten des Volkes.

Sodann erklärte der Minister, dass die enorme Vielrederei und Vielschreiberei in der Justiz eine dauernde Gefahr sei. Der Referendar lerne schon den grundlegenden Unterschied zwischen einem Votum und einem Urteil. In der Praxis würde dieser Unterschied sehr häufig wieder verlernt. Die Gerichte redeten und schrieben ihre ganzen Gedankengänge daher, anstatt sich weise zu beschränken. Er bat die Chefpräsidenten, gegen diesen Mißstand unter Einsatz ihrer Persönlichkeit anzukämpfen. Der Mißstand wirke sich geradezu verhängnisvoll aus, wenn die Urteilsverfasser oder –verkünder sich mit Maßnahmen der politischen Führung abgäben, die sie schlechterdings gar nichts angingen. Dazu gab der Minister einige Beispiele:

In einer konfessionsgemischten Gegend waren politische Schwierigkeiten entstanden. In einem Urteil heißt es: „Die durch dieses Gerücht in der Bevölkerung entstandene Erregung war erklärlich, weil durch Art. 23 des Konkordats die Aufrechterhaltung der katholischen Schule gewährleistet ist." Diese Frage ist aber politisch außerordentlich umkämpft. Eine Feststellung des Gerichts in dieser Richtung kann der Staatsführung die größten Schwierigkeiten machen, weil sie als Argument für die Gegenseite gewertet werden kann. (Die Gründe sind später berichtigt worden, indem geschrieben worden ist: ...nach ihrer Meinung die Aufrechterhaltung der katholischen Schule gewährleistet ist).

In einem anderen Falle heißt es bei der Frage, ob eine Bestimmung zur Strafverfolgung gegeben sei, man könne nicht erkennen, ob der Reichsjustizminister im Einverständnis mit dem Stellvertreter des Führers gehandelt habe. *Vorliegend kommt es auf die Frage aber nicht an!*

In einem Falle, in dem strafmildernd für einen Amtsträger, der Unterschlagungen begangen hat, seine mangelnde persönliche Eignung hervorgehoben ist, heißt es: „Wohl soll dem Gauleiter und dem Reichsärzteführer ein Vorwurf nicht daraus gemacht werden, dass sie diese ungeeignete Persönlichkeit angestellt haben. Zweifellos haben aber deren Referendare nicht mit der erforderlichen Sorgfalt gehandelt. *Sie haben sich lediglich durch die alte Parteizugehörigkeit und die Blutordensinhaberschaft zur Anstellung bestimmen lassen.*"

In einem Ehescheidungsurteil wird der Ehebrecher mit sämtlichen Ämtern, die er jemals in der Partei innegehabt hat bzw. noch bekleidet, aufgeführt: ... ehemaliger Kreisleiter, jetziger ...

Im übrigen begrüßt der Minister die Gedanken des OLG Köln, die in einem neulich veröffentlichten Urteil zum Ausdruck gekommen sind, wonach die Tatsache alter Parteizugehörigkeit und das Vorliegen besonderer Verdienste um die Partei keinesfalls grundsätzlich zur Begründung einer Strafverschärfung herangezogen werden könne. Das könne selbstverständlich nur bei einem Zusammenhang zwischen Amt und Tat geschehen, wie auch der Beamte wegen einer Unterschlagung strenger bestraft würde als der Nichtbeamte.

In einzelnen Urteilen und Äußerungen der Gerichte würde auch eine Meinungsverschiedenheit innerhalb der Justiz offenbar, die durchaus unerwünscht sei. So sei kürzlich die Anwendung der Amnestie mit dem Zusatz verkündet worden: „Damit ist nicht gesagt worden, dass die ordentliche Kammer in anderer Besetzung die Amnestie auch als gegeben erachtet haben würde.", womit der Richter der Öffentlichkeit gegenüber völlig überflüssigerweise bekundet hat, dass eine andere Besetzung offenbar anderer Meinung gewesen wäre.

Der Minister erläutert dann den Fall, in dem ein Landgerichtspräsident in einem Beschluß geschrieben hätte, dass der Führer nicht befugt sei, den Gerichten innerhalb ihres Bereichs Anweisungen zu geben.

Als Leitsätze stellte der Minister heraus:

1. die Gerichte dürften nicht mehr reden und schreiben, als zur Ausführung ihrer Aufgaben notwendig sei;
2. die Gerichte müßten sich peinlichst davor hüten, auf fremde Gebiete, insbesondere auf das Gebiet der politischen Staatsführung, überzugreifen, und zwar auch nicht mit Erwägungen und Bemerkungen;
3. die Gerichte müßten sich ferner davor hüten, nicht völlig unverständliche und komisch wirkende Urteile zu erlassen, was sich sowohl auf den Inhalt als auch auf die Form beziehe.

Anschließend meinte der Minister, die Frage der Unabhängigkeit der Gerichte dürfe gar nicht erst zur Diskussion kommen. Nur auf ihrer Grundlage könne das deutsche Volk leben.

1.b: Bezüglich des neuen *Geschäftsverteilungsgesetzes* [v. 24.11.1937, RGBl. I. 1937, S. 1286] wies der Minister darauf hin, dass eine falsche Anwendung dieses Gesetzes zu einer Gefährdung der Unabhängigkeit führen könne. Wichtig sei die Beachtung des Grundsatzes, dass von der Möglichkeit der Versetzung über die bisherigen Bestimmungen hinaus nur dann Gebrauch gemacht werde, wenn dies im Interesse der Rechtspflege *dringend erforderlich* sei. Dass das Gesetz eine Gefährdung der Unabhängigkeit der Rechtspflege nicht mit sich bringen dürfe, müßten sich die Beteiligten immer vor Augen halten, und es sei ihre Aufgabe, dafür zu sorgen. In den nächsten Tagen würden Grundsätze erlassen werden, in denen u. a. bestimmt sei, dass der Landgerichtspräsident, wenn er von der Möglichkeit einer Versetzung im dringenden Interesse der Rechtspflege Gebrauch machen wolle, dem Oberlandesgerichtspräsidenten den Vorgang vorlegen müsse. Diese Bestimmung müsse ein Riegel gegen falsche Anwendung des Gesetzes sein.

1.c.: Die Besprechung dieses Punktes wurde von dem Minister eröffnet mit der Mitteilung, das zwischen dem Ministerium und dem NSRB eine Vereinbarung über die Zuständigkeit bei Veranstaltungen getroffen sei. Jeder Behördenchef habe es in der Hand, mit seinem Personal zusammen zu kommen. Soweit es zur Erörterung dienstlicher Angelegenheiten erforderlich sei, könne er auch Rechtsanwälte usw. dazu bitten. Dagegen sei es nicht zulässig, dass etwa die Behördenchefs die Juristen einer Stadt zusammenlüden; das sei Sache des Rechtswahrerbundes.

Der Minister wies dabei, auf das eigentliche Thema eingehend, darauf hin, dass bezüglich der Konkurrenz der Strafgerichtsbarkeit mit dem parteigerichtlichen Verfahren die durch Verfügung vom 13. März 1936 mitgeteilte Anordnung des Obersten Parteigerichts vom 15. November 1935 gelte. Danach seien die Parteigerichte an die Feststellungen der Strafgerichte gebunden und müßten ihr Verfahren aussetzen, soweit es für die Beurteilung der Parteiwürdigkeit darauf ankäme.

Was die Konkurrenz der Ehrengerichtsbarkeit des Rechtswahrerbundes mit der Dienstaufsicht und dem Dienststrafverfahren angehe, so sei durch einen Vorgang der letzten Zeit klargestellt, dass die Ehrengerichtsbarkeit sich nicht auf das dienstliche Verhalten oder auf Tatbestände erstrecken dürfe, deren Beurteilung dem Dienststrafverfahren vorbehalten sei. In Hannover sei in einem Ehrengerichtsverfahren einem Gemeinschaftsleiter der Vorwurf gemacht worden, dass er durch die Ansetzung des Dienstes die Teilnahme der Referendare an den Veranstaltungen des NSRB erschwert bzw. unmöglich gemacht habe. Ein von der vorgesetzten Dienststelle eingeleitetes Ermittlungsverfahren habe mit der Feststellung geschlossen, dass das Verhalten des Richters nicht zu beanstanden sei. Der Stellvertreter des Führers habe verlangt, dass das Ehrengerichtsverfahren eingestellt werden solle; es könne nicht im Wege des Ehrengerichtsverfahrens Kritik an dem Verhalten des RJM geübt werden, da im Interesse der Einheitlichkeit der Staatsführung unmöglich sei. Der Minister bat, in solchen Fällen die Zentrale rechtzeitig zu benachrichtigen.

Im Anschluß wurde dann von dem *Chefpräsidenten Düsseldorf* [Schwister] eine Reihe von Beschwerden darüber vorgebracht, dass die politischen Beurteilungen in seinem Bezirk teilweise unzuverlässig und unrichtig seien, und dass seiner Meinung nach sie auch durch die Stellungnahme gegen den Katholizismus beeinflußt würden. Der Minister verwies auf einen Erlaß des Ministers des Innern vom 3. Januar 1938, wonach die Freiheit des religiösen Bekenntnisse Grundsatz der NSDAP ist, ebenso die Wahl des Bekenntnisses. Aus der Wahl des Bekenntnisses dürften – innerhalb der Schranken des Art. 24 des Parteiprogramms – dem Beamten keine Nachteile erwachsen. Es sei klar, dass eine gewisse Berücksichtigung der Konfession stattfinden müsse schon mit Rücksicht auf die Bevölkerung.

Staatssekretär Dr. Freisler erklärte, dass in der Justiz die Religion grundsätzlich keine Rolle spiele. Was die politischen Beurteilungen angehe, so sei die Stellung der Justiz besonders günstig, weil immer schon eine Stellungnahme des Gauleiters vorläge, wenn die Sache an den Stellvertreter des Führers ginge. Diesen günstigen Zustand solle man nicht gefährden durch Kritik; vielmehr sollten etwaige unterschiedliche Meinungen an Ort und Stelle durch persönliches Eingreifen geklärt werden. Soweit Beurteilungen lediglich auf Eindrücken basierten, sei das sicher nicht sehr wünschenswert. Dann sei das Richtige, dass man dem Betreffenden eine Frist setze, sich zu bewähren, so dass gegebenenfalls die Eindrücke durch Tatsachen widerlegt werden könnten.

2. *MinRat Grussendorf* machte Ausführungen über den Verlauf des *Probedienstes*, die Neues nicht brachten. Die Stellung der Chefpräsidenten ist bezüglich der Einzelgestaltung des Probedienstes schon ziemlich freigestellt. MinRat Grussendorf erklärte, dass der Grundsatz, dass die Anwärter möglichst in andere Bezirke übernommen werden sollten, jetzt überall durchgeführt werden solle. Er wies darauf hin, dass die Zeugnisse über die Bewährung im Probedienst teilweise offenbar viel zu sehr von Wohlwollen diktiert seien.

Bei der anschließenden Besprechung wurde auf die Schwierigkeiten hingewiesen, die sich aus der Kürze der Ausbildungsabschnitte bezüglich der Besetzung der Gerichte ergäben. Nach den Ausführungen von Staatssekretär *Dr. Freisler* kommt es aber grundsätzlich nicht in Frage, dass Probestellen zusätzlich bewilligt werden. Der Probedienst dürfe nicht ein Abklatsch des Referendar-Vorbereitungsdienstes sein. Insbesondere sei es nicht erforderlich, dass der Proband auf allen möglichen Gebieten beschäftigt werde. Hauptziel sei, die Feststellung zu ermöglichen, ob der Betreffende sich seiner Persönlichkeit nach zum Richter eigne. – In einigen Bezirken leide die Verwaltung unter dem Mangel an Nachwuchs bei der Staatsanwaltschaft, der im wesentlichen mit der Unselbständigkeit der staatsanwaltschaftlichen Tätigkeit begründet würde. Der *Minister* unterstrich abschließend die Wahrheit des Grundsatzes: non multa, sed multum des Probedienstes und wies weiter noch besonders auf die Notwendigkeit der Durcheinandermischung der Justizbeamtenschaft zur Schaffung eines einheitlichen Reichsjustizbeamtentypus hin. Die jungen Leute müßten sich viel mehr die Wesensart des Offiziers zu eigen machen. Es müsse ihnen immer wieder klar gemacht werden, dass sie zunächst keinesfalls mit einem Verbleiben an einem und demselben Ort rechnen könnten und dass ihre Verwachsung mit einem Ort erst in reiferem Alter in Frage käme. Die Frage der Auswechselung zwischen Staatsanwälten und Richterschaft sei noch ein offenes Problem. Jedenfalls müsse erstrebt werden, dass innerhalb der Referentenstellung der Staatsanwaltschaft die Auswechselung zum Richter gefördert würde, dass also ein Staatsanwalt, der nicht für eine leitende Stellung in Frage käme, nach Erreichung eines gewissen Alters, wie das früher in Bayern üblich gewesen sei, Richter würde ...

3. der TO: [weggelassen]

4. *Präsident Palandt* machte allgemeine Ausführungen darüber, dass eine gute persönliche Behandlung der Referendare erforderlich sei; in dieser Hinsicht würde

noch viel geklagt. Die Leistungen, insbesondere die Arbeiten, müßten mit den Referendaren besprochen werden, damit diese nicht von schlechten Zeugnissen überrascht würden. Es werde immer noch nicht genügend von der Möglichkeit Gebrauch gemacht, einen Referendar, der im Vorbereitungsdienst nicht leiste, zu entlassen, was zur Vermeidung überflüssiger Prüfungen dringend erforderlich sei. Man erwäge eine Erhöhung des Betrages für Unterhaltszuschüsse auf 4 Millionen Mark. Für dieses Rechnungsjahr stehe ihm noch ein Betrag von 12.700 RM zur Verfügung, der in den nächsten Wochen auf die Oberlandesgerichtsbezirke verteilt werden würde.

4b. der TO [weggelassen]

5. In seiner abschließenden Ansprache erwähnt der Minister noch, dass er bei der nächsten Zusammenkunft gern hören würde, welches Echo die Neueinrichtung des Lagers bei den Referendaren gefunden habe. Er bat die Präsidenten, sich darüber zu unterrichten.

gez. Letz.

VII. Arbeitstagung des Reichsjustizministers mit den Generalstaatsanwälten am 7. und 8.3.1938

1. Bericht über die Tagung (Hamburger Aufzeichnungen)

Arbeitsplan. Beginn: Montag, den 7. März. 9 Uhr

I. *Es spricht der Herr Minister*
II. *Nachwuchsfragen der Staatsanwaltschaft*
a) Vortrag von MinRat Dr. Doerffler.
b) Dr. Freisler
c) Aussprache.
III. *Staatsanwaltschaftliche Arbeitsweise.*
a) Ausführungen des Herrn MinDir Dr. Crohne:
1. Beschleunigung der Ermittlungen
2. Beschleunigung der Strafvollstreckung.
3. Vernehmungen durch die Staatsanwaltschaft.
4. Gerichtliche Voruntersuchung.
aa) Weitestmögliche Einschränkung,
bb) die rechtspolitische Frage, ob man die Voruntersuchung künftig im Gesetz völlig ausschließen soll.
Zu diesem Punkte *Aussprache.*
5. Monstreprozesse.
6. Fehlgriffe beim Schlußvortrag und bei der Antragstellung.
b) Dr. Freisler
(*Mittagspause* 13.30 Uhr bis 15.30 Uhr)
IV. *Die Staatsanwaltschaft und die Bürgerliche Rechtspflege.* Staatssekretär Dr. Schlegelberger.

V. Sicherungsverwahrung.
a) Allgemeine Ausführungen Staatssekretär Dr. Freisler.
b) Fragen der Gesetzesanwendung und der rechtspolitischen Entwicklung. MinDir Schäfer.
Aussprache.
c) Praktische Fragen bei Anordnung der Sicherungsverwahrung. MinDir. Dr. Crohne.
d) Fragen des Vollzugs der Sicherungsverwahrung. MinDirig. Marx.
Aussprache.
Dienstag, den 8. März
VI. *Arbeitseinsatz im Strafvollzug.*
a) im Allgemeinen:
1. Einleitende Worte des Herrn Ministers.
2. Rede des Herrn Präsidenten der Reichsanstalt Dr. Syrup über die Bedeutung und Aufgaben des Arbeitseinsatzes der Gefangenen, insbesondere im Rahmen des Vierjahresplanes.
3. Ausführungen hierzu vom Standpunkt des Strafvollzuges aus. Staatssekretär *Dr. Freisler.*
4. Fragen organisatorischer Art. OStA *Nörr.*
5. *Aussprache.*
b) Emslandlager.
1. Einleitende allgemeine Ausführungen. MinDirig. Marx.
2. Einzelfragen: KGrat Hecker.
3. *Aussprache.*
c) Einzelfragen aus dem Strafvollzug. MinDirig. Marx.
(*Mittagspause* 13.30 Uhr bis 15.30 Uhr)
VII. *Einzelfragen der Strafrechtspflege.* MinDir. Dr. Crohne.
a) Die Handakten.
b) Richtigstellung von Fehlsprüchen.
c) Bereitschaftsdienst und auswärtige Termine.
d) Einzelfragen aus der Hochverrats- und der Heimtückerechtsprechung, der Abtreibungsbekämpfung, den Kirchenprozessen, Verschweigung des außerehelichen Vaters, Maul- und Klauenseuchebekämpfung.
VIII. *Staatsanwaltschaft und Polizei.* MinDir. Dr. Crohne.
Aussprache. Zusammenfassung: Staatssekretär Dr. Freisler.
IX. *Schlußausführungen des Herrn Ministers*

Mittwoch Vormittag findet eine Gefängnisrevision unter der Teilnahme sämtlicher Generalstaatsanwälte statt. Führung: MinDir. Marx. Herr Staatssekretär Dr. Freisler nimmt teil. Näheres wird mitgeteilt.

Zu I: Der Herr Minister begrüßte die Erschienenen und teilte mit, es habe sich als richtig herausgestellt, die Chefpräsidenten und die Generalstaatsanwälte gesondert zu Besprechungen aufzufordern, weil dann die Aussprache über die verschiedenen, jeweils nur eine Gruppe interessierenden Arbeitsgebiete fruchtbringender sei.

Zu II. Vortrag von Ministerialrat Dr. Doerffler: Doerffler berichtete, dass in Preußen am 2. Februar 1932 bei der Staatsanwaltschaft 800 Plan- und Hilfsstellen vorhanden gewesen seien; am 2. Februar 1938 dagegen seien es 1191 solcher Stellen gewesen, d.h. ein Mehr von 39%. Innerhalb dieser Gesamtzahlen haben sich die Hilfskräfte um 70% vermehrt. Andererseits sei in derselben Zeit die Zahl der Verbrechens- und Vergehens-Anklagen um 92.000 zurückgegangen. Das bedeutet ein Absinken der Zahl der Anklagen um 20%, der Einstellungen um 22,2%.

Wenn man den Gründen für dieses offenbare Mißverhältnis nachgehe, so komme man auf folgende Momente:

1. Die Zahl der Voruntersuchungen sei zurückgegangen. Die Arbeit des Untersuchungsrichters werde jetzt zum allergrößten Teil von der Staatsanwaltschaft erledigt.
2. Es werden jetzt mehr als vorher eigene Ermittlungen der Staatsanwaltschaft angestellt. Die Zahl der persönlichen Vernehmungen ist stark gestiegen.
3. Die Beurlaubungen infolge militärischer Übungen haben zugenommen.
4. Der Anteil der politischen Strafrechtspflege mit erhöhter Berichtspflicht, Verhandlungen mit Partei und anderen Staatsstellen usw. hat außerordentlich zugenommen.

Alles das erklärt aber dem Referenten noch nicht das Mißverhältnis der oben angegebenen Zahlen. Festzustellen sei allerdings noch, dass in Preußen, auf welches sich obige Zahl beziehe, von 100 Anklagen 22 an das Schöffengericht, 7 an die Strafkammer und der Rest von ca. 70 durch den Amtsanwalt erfolgen, während in anderen Ländern der Anteil des Schöffengerichts bedeutend geringer ist. Dort gibt es bei 100 Anklagen durchschnittlich 8–9 Schöffengerichts-Anklagen, 5 Strafkammer-Anklagen und 87 Einzelrichter-Anklagen.

Was die Kräfteverteilung der Assessoren zwischen Gericht und Staatsanwaltschaft anlangt, so soll in dem Abschlußbericht über den Probedienst von Chefpräsidenten und Generalstaatsanwälten mehr als bisher zum Ausdruck gebracht werden, ob der Assessor für die Staatsanwaltschaft geeignet ist. Offensichtlich besteht bei dem Nachwuchs eine größere Neigung zum Gericht, eine bedeutend geringere zur Staatsanwaltschaft. Woran liegt das? Die Bedenken der Assessoren scheinen sich in folgender Richtung zu bewegen:

1. Die Besoldung und Beförderung sei bei der Staatsanwaltschaft schlechter als beim Gericht. Das könne aber nicht zutreffen, denn bei 4701 Richtern und 991 Staatsanwälten gäbe es 5,98% Oberamtsrichter und 23,81% Erste Staatsanwaltsstellen. An Oberratsstellen seien allerdings 25,6% vorhanden, während nur 16% Oberstaatsanwaltsstellen da seien.
2. Die Abhängigkeit und Weisungsgebundenheit des Staatsanwalts; die jungen Leute neigen dazu, die Unabhängigkeit des Richters sehr hoch einzuschätzen.
3. Sie würden mehr als beim Gericht durch Versetzungen hin- und hergeworfen.

Die *Aussprache* wurde auf Vorschlag von Herrn Staatssekretär *Dr. Freisler* nach folgendem Programm vorgenommen:

1) Kräfteeinsatz:
2) Kräfteverteilung zwischen Gericht und Staatsanwaltschaft.

3) Ursachen der Nachwuchsnot der Staatsanwaltschaft und Möglichkeiten ihrer Minderung,

a) Unselbständigkeit,

b) Unsicherheit der Staatsanwaltsstellung,

c) Äußere Schlechterstellung.

Zu 1. führte *Dr. Freisler* aus, dass für die Staatsanwaltschaft eine Reihe neuer Aufgaben entstanden seien, die zum großen Teil das von Doerfler bekanntgegebene Zahlenverhältnis erklären könnten. So z.B. die Beschäftigung mit dem Willensstrafrecht (?), die Tätigkeit bei der Ermittlungshilfe, die Abnahme der Kriminalität nur bei einfachen Sachen, die Aufrollung der 175er Sachen ["Unzucht zwischen Männern"] und der vermehrte Umfang des Benachrichtigungswesens auf Grund der verlangten Mitteilungen. Ferner sei hinzuweisen auf die Vermehrung von Reibungen im Arbeitsgang, die dadurch entstehen, dass sich heute viel mehr als früher unzählige Dienststellen für die Arbeit der Justiz interessieren, sobald einer ihrer Angehörigen in eine Strafsache verwickelt ist oder die Sache sonst für die betreffende Dienststelle von Bedeutung ist. Möglicherweise sei auch die sinkende Qualität des Nachwuchses, über die viel geklagt werde, schuld daran, dass unverhältnismäßig viel mehr Menschen gebraucht werden.

Aus der Versammlung wurden diese Angaben bestätigt. Es wurde insbesondere darauf hingewiesen, dass in den letzten 5 Jahren viele neue Gebiete entstanden seien, die es früher gar nicht oder kaum gegeben habe, so z.B. Zwecksparkassensachen, Devisensachen, Terrorsachen, Kirchensachen.

Der ungeheuren Belastung mit Berichtssachen wurde schon hier wie auch später mit Nachdruck Erwähnung getan.

Zu 2. *Kräfteverteilung:* Von einer Seite wurde vorgeschlagen, die Trennung zwischen Staatsanwaltschaft und Gericht schon im Probejahr für die nächste Zukunft des Bewerbers eintreten zu lassen. Dem wurde aber allseitig widersprochen, und es wurde als wünschenswert bezeichnet, mehr als bisher einen Übergang von der Staatsanwaltschaft zum Gericht und umgekehrt einzuführen. Es sei daher notwendig, den Probe-Assessor im Probejahr bei Gericht und Staatsanwaltschaft zu prüfen. Man könne, so führte Dr. Freisler aus, von dem jungen Assessor, der sich durch seinen Eintritt in den Probedienst für mehrere Jahre Dienstzeit bei der Justiz verpflichtet, verlangen, dass er sich auch bereit erkläre, bei der Staatsanwaltschaft zu arbeiten. Wenn sich der junge Mann von vornherein für die Staatsanwaltschaft interessiere, empfehle es sich, den Probedienst bei der Staatsanwaltschaft an den Schluß des Probejahres zu legen. Denn der letzte Eindruck sei immer der entscheidende. Die Generalstaatsanwälte sollen dieser Frage ein erhöhtes Augenmerk zuwenden. Es empfiehlt sich, den Dienst bei der Staatsanwaltschaft im Probejahr zeitlich nach Möglichkeit zu verlängern und innerlich durch verstärkte Ausbildung der Probe-Assessoren zu fördern.

Zu 3. a) Dem Einwand der Unselbständigkeit, der im Verhältnis zum Dienst beim Gericht nicht von der Hand zu weisen sei, könne dadurch begegnet werden, dass man tüchtige Assessoren schneller als bisher mit dem Zeichnungsrecht ausstattet.

b) Unsicherheit der Staatsanwaltsstellung. Eine mangelnde Sicherheit beim Staatsanwalt als einem politischen Beamten sei zuzugeben. Dem könne und müsse dadurch entgegengetreten werden, dass der Assessor die Gewißheit fühle und erhalte, dass seine Vorgesetzten sich vor ihn stellen und in Schutz nehmen.

c) Eine äußere Schlechterstellung sei nur dann zuzugeben, wenn man die Sache in reinen Beförderungszahlen sehe. Da aber ein Wechsel zwischen Staatsanwaltschaft und Gericht mehr als bisher erwünscht sei, sei eine stärkere Abwanderung von Staatsanwälten in mittlerem Alter an das Gericht, aber kaum umgekehrt, zu erwarten. Infolgedessen kommt das bessere Zahlenverhältnis bei den Oberratsstellen dann auch den Mitgliedern der Staatsanwaltschaft zugute.

Zu III. Ministerialdirektor Crohne. In den einzelnen Bezirken wird mit verschiedener Schnelligkeit gearbeitet; es hat sich herausgestellt, dass das in starkem Maße von der Leitung der Provinzialbehörde abhängt. Es ist daher unsere Aufgabe, für die Beschleunigung der Verfahren zu sorgen. Zwar ist die Durchführung schon viel schneller geworden; sie läßt aber hier und da noch sehr viel zu wünschen übrig. Es ergibt sich daraus, dass eine erhöhte Kontrolle durch die Vorstandsbeamten notwendig ist. Empfohlen wird die Anlegung von Restelisten, und zwar *erstens* Vorlage eines Verzeichnisses der Sachen, die nach 3 Monaten nicht abgeschlossen sind, an den Oberstaatsanwalt, *zweitens* Vorlage der Sachen, die in 6 Monaten nicht abgeschlossen sind, an den Generalstaatsanwalt. Nebenpunkte sind herauszulassen. Die Gerichte müssen Termine kurzfristig ansetzen; wenn das nicht geschieht, Fühlungnahme mit den Chefpräsidenten. Darauf achten, dass die Urteile schneller abgesetzt werden und nicht erst 5 Monate warten, ehe man mahnt.

Die Vollstreckung muß beschleunigt werden. Auf wiederholte Gnadengesuche ohne neue Begründung ist nicht einzugehen. Parteistellen dürfen Gnadensachen nur über die Kanzlei des Führers anbringen. Deren etwa ablehnende Stellung darf nach außen hin nicht mitgeteilt werden.

Man soll nicht harte Strafen beantragen und erlassen, um den Verurteilten gleich hinterher warm zur Begnadigung zu empfehlen. Von persönlichen Besuchen im Justizministerium ist in Gnadensachen abzuraten. Der Betreffende wird, da sein Gesuch in der Regel abgelehnt wird, nur den Eindruck gewinnen, dass man ihn als einen lästigen Bittsteller loswerden will.

Andererseits ist in Gnadensachen auf die Bedürfnisse der Landwirtschaft Rücksicht zu nehmen. Nach Möglichkeit soll Vollstreckung bei bäuerlicher Bevölkerung in der Zeit der Frühjahrsbestellung und der Ernte nicht stattfinden; gegebenenfalls ist dafür zu beurlauben. – Wenn das Gericht eine Amnestie übersehen und daher zu Unrecht verurteilt hat, kommt kein Gnadenerweis, sondern nur völliger Erlaß und Tilgung in Frage, ohne Prüfung der Gnadenwürdigkeit.

Polizeiliche Vernehmungen sind, soweit notwendig, durch den Sachbearbeiter zu ergänzen. Es wäre daher verfehlt, etwa ähnlich dem Vernehmungsrichter einen Vernehmungs-Staatsanwalt einzurichten. Dem Vernehmungsrichter müssen genaue Richtlinien für seine Vernehmungen und die zur Klärung verstellten Fragen gegeben werden.

Voruntersuchung nur in ganz seltenen Fällen. Der Entwurf kenne zwar keine Voruntersuchung [vgl. W. Schubert (Hrsg.), Quellen zur Reform des Straf- und Straprozeßrechts, Bd. II 1, 1991, S. 381] mehr. Es fragt sich aber, ob das richtig ist, ob es sich nicht vielmehr empfiehlt, die Voruntersuchung als solche bestehen zu lassen, sie aber nur im Wege der Anweisung an die Staatsanwaltschaften auf ganz wenige Fälle zu beschränken, aber nicht mehr für gewisse Fälle als notwendig zu bezeichnen. – Oberreichsanwalt *Parey* teilte hierzu mit, dass im Volksgericht[shof] im Jahre 1936 46 Voruntersuchungen geschwebt hatten; in der 1. Hälfte 1937–9 VU, in der 2. Hälfte 1937 dagegen gar keine mehr. Man brauche daher die Voruntersuchung nicht mehr.

Dem wurde aus der Versammlung entgegengetreten, insbesondere mit der Begründung, dass, wenn man die Voruntersuchung ganz einschlafen lasse, es dann auch keine erfahrenen Untersuchungsrichter mehr geben würde. Vom Standpunkt der Staatsanwaltschaft aus seien zwei Fälle denkbar, in denen man die VU begrüßen müsse, nämlich

1. dann, wenn es sich darum handle, eine Straftat aufzuklären, die eine mit dem Dienst bei der Staatsanwaltschaft zusammenhängende Handlung betreffen;

2. in solchen Fällen, in denen eine andere Stelle auf Grund politischer Bedeutsamkeit die Aufklärung durch einen Untersuchungsrichter für erforderlich halte.

Monstreverfahren nach Möglichkeit beschränken. Die kleinen Mitläufer und nebensächlichen Beschuldigten weglassen. Die Gerichte hätten dazu geneigt, in Monstresachen mit 3, womöglich noch kurzen, Sitzungen in der Woche auszukommen. Es müßte verlangt werden, dass 5 Sitzungen in der Woche stattfinden; lieber solle man sie dann kurz halten, um die Ereignisse des Vormittags nachmittags auszuwerten.

Zeugen sind zwecks Zeit- und damit Kostenersparnis auf den Zeitpunkt ihrer Vernehmung zu laden, nicht alle auf 9 Uhr.

Das wichtigste Kennzeichen für einen guten Staatsanwalt sei ein gut durchdachtes Plädoyer gut vorzutragen. Völlig unmöglich ist eine Begründung, dass hartes Strafmaß beantragt werde, weil eine höhere Stelle es wünscht. – Wichtige Anklagen sollen nicht jungen Assessoren anvertraut werden.

Der Staatsanwalt soll je nach seiner Persönlichkeit ruhig oder temperamentvoll, aber immer sachlich sprechen. Er soll sich im Rahmen dessen halten, was zum Urteil verstellt wird und soll nur das sagen, was erforderlich ist. Dann ist er unangreifbar und um so wirksamer. Dabei soll er darauf Bedacht nehmen, auf wen er mit seinem Vortrag psychisch einwirken will, auf die Berufs- oder die Laienrichter. Die Grenzen und die Notwendigkeiten der öffentlichen Rede müssen dem jungen Kollegen näher gebracht werden.

In allen Fällen, in denen von außen her von irgend einer Stelle eine Einmischung droht, muß schnell gearbeitet werden, und zwar in gepflegtem Zusammenarbeiten mit den an der Verbrechensbekämpfung beteiligten Stellen. Etwaige Beschwerden dieser Stellen müssen schnell und in der Regel persönlich erledigt werden, so dass einer die Arbeit des andern anerkennen muß. Unerwünscht wäre es, wenn in den Zeitungen durch die jeweiligen Pressestellen immer nur die Leistungen des einen gepriesen, die des andern in den Hintergrund gerückt oder unterdrückt werden. Es soll aber vermieden werden, Reklame für die Justiz zu treiben. Die politische Auswirkung unserer Arbeit ist nicht unsere Sache.

Zu IV. *Vortrag von Staatssekretär Dr. Schlegelberger:*

Aktiengesetz. Es soll an das RJM berichtet werden, wenn Straftaten gegen das neue Aktiengesetz an uns herangebracht werden. (Es wurde übereinstimmend festgestellt, dass das bisher nicht der Fall war).

Ehesachen. In Anfechtungs- und Scheidungssachen wird sich voraussichtlich nichts ändern. Erhebung der Nichtigkeitsklage ist Monopol der Staatsanwaltschaft [vgl. § 28 EheG v. 1938], desgl. Namensgesetz, Ehegesundheitsgesetz und Blutgesetz. Die Anfechtung der Ehelichkeit wird nicht mehr Sache allein des Ehemannes sein. Vorläufig bleibt es bei der Erhebung der Klage. Später muß ein Antrag an das Vormundschaftsgericht gestellt werden. Zunächst hat dafür der Ehemann eine „Respektsfrist", dann aber tritt die Pflicht der Staatsanwaltschaft ein (zeitlich unbeschränkt), die Klage zu erheben oder den Antrag an das Vormundschaftsgericht zu stellen.

Diese Ausführungen sind vertraulich zu behandeln.

Zu V. *Sicherungsverwahrung.*

a) *Dr. Freisler:* Die Zahlen der *Verhängung der Sicherungsverwahrten* sinken (das ist auch in Hamburg der Fall). Welche Gründe sind dafür maßgebend? Werden die Bestimmungen etwa unrichtig angewendet? Eine etwaige Scheu des Richters (und auch des beantragenden Staatsanwalts) erklärt sich vielleicht aus folgendem:

1. Übermäßige Anwendung der einschränkenden Reichsgerichtsentscheidungen.

2. Das Schrifttum bringt immer nur die verneinenden Entscheidungen.

3. Schwierigkeiten der Gesetzeslage, die sich aus der Anwendung des Begriffs der fortgesetzten Handlung erklären.

4. Abneigung der Gerichte gegen eine unbestimmte Verurteilung, als die mancher Richter die Sicherungsverwahrung empfindet.

5. Die Prognose der Strafwirkung und somit die Notwendigkeit der SV am Ende der Strafzeit ist nicht genügend abzusehen.

All dem muß seitens der Staatsanwaltschaft entgegengetreten werden. Die SV ist soviel als möglich zu beantragen und gut zu begründen. Das Moment der Erziehungswirkung der Strafe darf nicht mit in Betracht gezogen werden.

Die Schwierigkeiten bei der Entlassung aus der SV sind nicht zu leugnen (vgl. die Aufsätze von Wurmstich, Jung und Eichler[DJ 1938, S. 223 ff., 259 f., 260 ff.] in den letzten Folgen der Deutschen Justiz).

Die SV darf nicht als 3jährige Strafverlängerung aufgefaßt werden. In dubio contra reum, denn wenn einmal auf SV erkannt ist, muß mit einer an Sicherheit grenzenden Wahrscheinlichkeit die Unschädlichkeit des Verurteilten festgestellt werden, wenn man der Entlassung nähertreten will. Diese Prognose kann eigentlich nur in 2 Fällen gestellt werden, nämlich erstens bei Gewaltmenschen, wenn die Kräfte nachlassen, und zweitens bei Sittlichkeitsverbrechern, wenn der Trieb durch Entmannung oder Alter erloschen ist. Die Frage des Übergangs durch besondere die Gefangenschaft immer mehr lockernde Anstalten unterliegt der Prüfung.

Notwendig ist, dass die Beamtenschaft in Sicherungsverwahrungsanstalten öfter ausgewechselt wird, weil es niemandem zugemutet werden kann, sich immer nur mit Gewohnheitsverbrechern abzugeben, an denen jede Erziehungsarbeit vergebliche Liebesmühe ist.

b) *Ministerialdirektor Schäfer:* Er erläuterte den Begriff der fortgesetzten Handlung nach der objektiven und subjektiven Theorie. Dabei wurde auf die Entscheidungen RG Bd. 55 S. 66 und die Entscheidung in Nr. 9 der Deutschen Justiz von 1938 verwiesen. Im übrigen wird auf dem Gebiete der SV durch eine besondere Bestimmung die bisher vorhandene Lücke der fortgesetzten Handlung geschlossen werden.

Ministerialdirektor Crohne: In der Frage der Entlassung ist die Polizei, die Kriminalbiologische Dienststelle und die Ermittlungshilfe heranzuziehen (vgl. den Aufsatz von MinRat Rietzsch in der DJ [1938, S. 178 ff.]). In diesem Zusammenhang wurde – was nun folgt, ist vertraulich – hingewiesen auf einen Erlaß des Reichsinnenministeriums vom 14. Dez. 1937, den wir nächstens zur Kenntnis zugeschickt erhalten sollen. Dieser Erlaß befaßt sich mit der vorbeugenden Verbrechensbekämpfung durch die Polizei, für die er vorsieht:

1. planmäßige Überwachung der Verbrecher und
2. die Vorbeugungshaft.

Diese Verfügung enthält einen Einbruch in das Reich der Justiz, weil sie für diejenigen Fälle, in denen das Gericht nach Meinung der Polizei versagt, ein Eingreifen der Polizei vorsieht. Dieser Verfügung kann nur dadurch das Wasser abgegraben werden, dass in allen geeigneten Fällen der Antrag der SV gestellt wird.

d) *Vollzug der Sicherungsverwahrung [SV]:* Hat für uns kein Interesse, weil in diesem Bezirk [des OLG Hamburg] keine Sicherungsanstalt besteht. Auch Herr Marx betonte die Notwendigkeit, der Frage von Übergangsanstalten näherzutreten.

VI. a) 2) Vortrag von *Dr. Syrup:* Zu dem Engpaß der Devisen und der Rohstoffe kommt jetzt auch der Engpaß von Menschen (Worte des Generalfeldmarschalls Göring). In Deutschland sind 25 Millionen Beschäftigte vorhanden. Weder in der Vorkriegszeit noch irgendwo in der Welt ist eine solche Beschäftigungsdichtigkeit vorhanden. 2 Millionen bisher nicht Erwerbstätige (nicht Arbeitslose) sind in den Arbeitsprozeß eingetreten. In manchen Berufen herrscht starker Mangel an Arbeitskräften, so z. B. fehlen in der Landwirtschaft 300.000, in der Bauwirtschaft 200.000, an Hausangestellten 70.000, bei den Krankenschwestern 30.000. Das neue Gesetz über die Beschäftigung der schulentlassenen weiblichen Jugend im praktischen Haushaltsjahr ist aus der Notwendigkeit entstanden, für die beiden zuletzt genannten Berufe Arbeitskräfte zu gewinnen. Der gesamte Arbeitseinsatz muß zentral geregelt werden. Es wird auch vor einer Umgruppierung von jetzt bereits Tätigen nicht zurückgescheut werden. Das wird besonders beim Einzelhandel der Fall sein, wo unendlich viele Zwergbetriebe bestehen, die von körperlich kräftigen Menschen ausgeübt werden. Es wird z. B. daran gedacht, einen Zigarrenhändler, der in den letzten 5 Jahren kein Einkommen versteuert hat, aus seinem Betrieb herauszunehmen, wenn er körperlich leistungsfähig ist, und ihn in der Landwirtschaft oder in der Industrie nach entsprechender Umschulung zwangsmäßig einzusetzen.

Daraus ergibt sich im Arbeitsbetrieb unserer Vollzugsanstalten, dass auch hier die Arbeit von hoher Warte aus gesteuert werden muß. Es darf z.B. nicht mehr möglich sein, dass Druckereien betrieben werden, die in der freien Wirtschaft augenblicklich notleidend sind. Ebensowenig dürfen Möbel hergestellt werden in einem Umfang, der über den eigenen Bedarf der Anstalten oder der Justizbehörden hinausgeht. Dagegen besteht Interesse an einer vermehrten Betätigung in der Metallindustrie. Es braucht nicht jeder Gefangene eine Brechstange dabei in die Hand zu bekommen. Es würde schon viel nützen, wenn die Fein- und Kleinindustrie des Metallgewerbes gepflegt würde. Für Außenarbeiten kommen in Betracht: Steinbrüche, Braunkohlegruben und die Landwirtschaft. Man soll aber nicht dem Bauern Strafgefangene geben, denn der Bauer muß dahin kommen, sich ständige Kräfte zu halten. Er darf sich nicht daran gewöhnen, dass ihm für die Zeiten vermehrter Arbeit, also bei der Frühjahrsbestellung und bei der Ernte Gefangene gestellt werden. Er muß sich die Kräfte für seinen täglichen Betrieb selbst beschaffen. Dagegen sind wichtig Meliorationsarbeiten für den Bauern, auch in jeweils kleinem Umfang, die er nicht mit eigenen Kräften beschaffen kann. Es besteht jetzt die Notwendigkeit, dass 100.000 Ausländer für die Landwirtschaft geworben werden. Da jeder Ausländer natürlich seine zu Hause gebliebene Familie mit Geld versorgen muß, so bedeutet das eine Abwanderung von etwa 35 Millionen Mark in Devisen.

VI. a) 3) Vom Standpunkte des *Strafvollzuges* aus trug *Dr. Freisler* folgendes vor: Wir haben z.Zt. 115.000 Gefangene, davon 24.000 Untersuchungsgefangene, 51.000 Gefängnis-Gefangene, 34.000 Zuchthaus-Gefangene und 4.000 Sicherungsverwahrte.

Von diesen sind 105.000 arbeitsfähig, 81.000 arbeitspflichtig (bei Untersuchungsgefangenen besteht z.Zt. noch keine Arbeitspflicht) und 85.000 in der Arbeit tätig. Als Allgemeinproblem ergibt sich erstens die Arbeit in den kleinen Strafanstalten, die bisher kaum als Arbeit, sondern mehr als Beschäftigung der kurzfristigen Gefangenen anzusehen war; zweitens die Einführung des Beschäftigungszwanges für die Untersuchungsgefangenen, die natürlich durch die notwendige Vorbereitung mit der Strafsache, Besprechung mit Verteidigung usw. eingeschränkt sein muß. Je mehr wir Gefangene in Meliorationen usw. beschäftigen sollen, desto mehr müssen Gefangene aus kleinen Anstalten in größere Anstalten versetzt werden. In die kleinen Anstalten können dann nur noch die Arbeiten kommen, die ohne Übung [!] gemacht werden können. Die Arbeitspflicht für den Untersuchungsgefangenen ergibt sich aus seiner Verpflichtung, sich in geordneter Weise zu verhalten. Dazu gehört aber bei den augenblicklichen Notzeiten Arbeit für die Allgemeinheit.

Die Produktivität muß durch geeignete Maßnahmen gehoben werden. Es muß jeder nach seinen Fähigkeiten und nach der Art und dem Grade dieser Fähigkeiten eingesetzt werden. Abgestellte Maschinen müssen wieder in Gang gebracht werden. Darüber hinaus müssen moderne Maschinen beschafft werden. Die Hausarbeitskräfte lassen sich verringern. Nichtsdestoweniger muß es aber in den

Anstalten ebenso sauber aussehen wie bisher. Nicht geeignet ist die Steigerung der täglichen Arbeitszeit.

Was soll nun gearbeitet werden? Nach den Ausführungen von Dr. Syrup muß der Gesamtarbeitseinsatz der Vollzugsanstalten einheitlich nach zentral zu beurteilenden Gesichtspunkten geregelt werden. Selbstverständlich ist aber, dass zunächst für die Selbstversorgung der Anstalten gesorgt ist. Die dazu erforderliche Landwirtschaft muß modern und produktiv betrieben werden. Alles übrige muß sich nach der Dringlichkeitsskala von Syrup ergeben.

Nötig ist, dass Gefangene für die unterbesetzten Berufe ausgebildet werden. Wir wollen keine Justizreklame treiben, aber wir wollen uns auch nicht verstecken. Einzeleinsatz eines Gefangenen bei einem Bauern kommt grundsätzlich nicht in Frage. Insbesondere muß immer dafür gesorgt werden, dass der Gefangene nachts in die Anstalt zurückkehrt.

Der Strafvollzug muß sich aber darauf einstellen, auf dem flachen Lande Gefangene in gelockerten Anstalten (Baracken) zu beschäftigen. Die Geeignetheit der Gefangenen hierfür muß im Vorwege durchgeprüft werden. Eine Leistungssteigerung kann durch geeignete Belohnungen gefördert werden. In Frage kommt hier der Erlaß von Reststrafen bei besonders guter Führung und hervorragender Arbeitsleistung. Über weitere Möglichkeiten, den Arbeitseinsatz zu verbessern und die Arbeitsleistung zu verstärken, sollen wir Generalstaatsanwälte berichten.

VI. a) 4) *Vortrag Oberstaatsanwalt Nörr:* Wir müssen dahin kommen, landwirtschaftliche Musterbetriebe zu werden. Von dem Ziel der Deckung des eigenen Bedarfs sind wir in dieser Beziehung noch weit entfernt. Über Anträge der Landwirtschaft auf Gestellung von Arbeitskräften vergl. Rundverfügung vom 23.7.1937. Der Einsatz hat truppweise zu geschehen. Die Gefangenen sind von freien Arbeitern, insbesondere von Landjahrleuten und HJ fernzuhalten. Bei der Erntearbeit ist der Einsatz zwischen Generalstaatsanwälten und Landesarbeitsämtern zu regeln. Bezahlt werden muß vom Bauern der Lohn für die freien Landarbeiter, sonst gewöhnt er sich an die billigen Löhne.

Bei Kultivierungsarbeiten sind solche zu bevorzugen, die schnellen Erfolg gewährleisten. Lohnend ist auch Beschäftigung auf Müllplätzen, die dadurch in fruchtbares Land verwandelt werden und wobei viel Altmaterial und Metalle gewonnen werden können. Bei allen größeren Vorhaben ist zentrale Anweisung einzuholen. Eigenbetriebe für Metallarbeiten, wie es Dr. Syrup wünschte, einzurichten, ist zur Zeit nicht möglich. Jeder Arbeitsplatz eines Metallarbeitsgefangenen kostet ungefähr RM 3.000. Es fehlt auch an geeignetem Aufsichtspersonal. Infolgedessen kann das nur in Zusammenarbeit mit großen Firmen gemacht werden, die ihrerseits die Werkmaschinen, Drehbänke usw. stellen und auch für geschultes Aufsichtspersonal an Werkmeistern usw. sorgen. Bei Eigenbauten sind möglichst viel Gefangene einzusetzen, um den Baumarkt zu entlasten und um gleichzeitig die Gefangenen für die Bauwirtschaft, z.Zt. eine Bedarfswirtschaft, vorzubereiten.

1. Um neue Arbeitskräfte zu gewinnen, müssen wir auf Arbeit der Untersuchungsgefangenen dringen und die Zahl der Hausarbeiter vermindern. An letzteren haben wir z.Zt. 13.000, das sind 4.000 zuviel. Die Kurzsträflinge müssen

mehr eingesetzt werden. Das erfordert eine Änderung der Strafvollstreckungspläne. In die kleinen Anstalten kommen in Zukunft nur die ganz kurzen Strafen, in die mittleren Sträflinge von 14 Tagen bis zu 3 Monaten. Alles übrige kommt in die großen Anstalten.

2. Die Betriebe müssen umgestellt werden, insbesondere die Unternehmerbetriebe. Bast-, Stroh-, Matten-, Tauarbeiten müssen eingeschränkt werden; die Unternehmer müssen sich mehr auf Maschinenarbeit einstellen. Minderwertige Arbeiten müssen durch hochwertige Arbeiten verdrängt werden. Dazu ist eine Übergangszeit notwendig. Eingeschränkt werden muß die Druckereiarbeit. Jedenfalls kommt eine Erweiterung hierfür nicht in Frage.

3. Gefangene in überbesetzten Betrieben müssen umgeschult werden in unterbesetzte Betriebe. Notwendig sind z. B. Bäcker und Drucker.

4. Die Arbeitsleistung muß gesteigert werden.

Besondere Aufmerksamkeit ist einer guten, kräftigen Kost zuzuwenden. Es darf nicht der Ehrgeiz des Wirtschaftsinspektors sein, mit einem möglichst niedrigen Verpflegungssatz aufzuwarten. Viel nützen wird auch das Inaussichtstellen von Abkürzung der Strafzeit bei hervorragender Arbeitsleistung.

Generalstaatsanwalt Jung – Dresden regte an, in geeigneten Fällen Strafen von etwa bis zu 4 Monaten zu erlassen gegen die Verpflichtung, dieselbe Zeit in einem ländlichen Betriebe in der Ernte oder bei der Bestellung abzumachen. Dieser Vorschlag fand keinen Beifall, obgleich ich ohne Vorkennung der mannigfachen Schwierigkeiten in der Durchführung einen gesunden Gedanken darin erblicke.

b). *Emslandlager* [hierzu u. a. *Elke Suhr*, Das Emslandlager, Bremen 1985]: Es soll nicht mehr ein enger Maßstab an die Moorfähigkeit gelegt werden. Wir sollen dieser Frage unsere persönliche Aufmerksamkeit zuwenden. Es werden 8 neue Läger mit größter Beschleunigung im Emsland erstellt. Dafür sind 11 Millionen RM bereits zur Verfügung gestellt. Hieraus ergeben sich folgende Probleme: 1. Gestellung der Gefangenen, 2. Anforderung an Beamten, 3. Die Beschaffung der Einrichtungsgegenstände.

Zu 1.: Bis Oktober (d. h. bis zur Fertigstellung der neuen Läger) bedarf es nur der Einstellung des laufenden Ersatzes, d. h. 200 Mann im Monat. Eine besondere Auffüllung ist zurzeit nicht erforderlich. Ein Teil der Gefangenen braucht nicht moorfähig zu sein (für Innendienst usw.).

Im Herbst aber beginnen die organisatorischen Schwierigkeiten, weil dann die neuen Läger aufgefüllt werden müssen. Diese sollen zunächst nicht voll belegt werden. Es genügen 4–5.000 Mann. Diese sollen Wege und die Umgebung des Lagers selbst herrichten. Erst später wird diese Zahl auf 9.000 erhöht. Diese Gefangenen sollen in der Regel aus den Zuchthäusern kommen. Das zwingt dazu, die Anstalten zum Teil umzuwandeln. Dagegen wird nicht beabsichtigt, etwa Anstalten als zurzeit entbehrlich ganz zu schließen, weil dann zu befürchten ist, dass andere Stellen sich ihrer bemächtigen und wir sie dann nicht wieder bekommen.

Zu 2.: Auswahl der Beamten: Für die 7 Läger der Gruppe Nord sind schon Dauerstellungen bewilligt. Für die großen Lager (1500 Mann) Amtmänner, für die kleineren OJ [wohl: Oberjustizinspektor]. Sehr großer Wirkungskreis. Persönlichkeit muß soldatischer Natur sein und muß sich politisch auch mit den SA-Leuten verstehen. Daher besondere Sorgfalt bei der Auswahl. Sie bekommen alle Dienstwohnungen im Moor. In jedem Lager 4 Häuser, die später als Häuser bei der Siedlung verwendet werden sollen. Sie sollen mehrere Jahre da sein. Unter dem Lagerleiter Inspektoren und Sekretäre. Auch jüngere Kräfte dafür. Sie haben keine Funktion des Strafvollzuges, sondern nur der Wirtschaft und des Arbeitsdienstes. Es können jüngere sein. – Kammer, Küche, Schreibstube, Oberaufseher (Polizeiinspektor) soll mit 1 Hauptwachtmeister besetzt werden in Planstellen. Nicht zu alte, aber militärisch geschult. – Es brauchen nicht erste Hauptwachtmeister zu sein. Für die Aufstellung der Truppe muß in den Anstalten eingespart werden – 154 planmäßige Aufsichtsbeamten müssen abkommandiert werden. Auch Hilfskräfte müssen in die Läger. Wachtmeister-Anwärter müssen ins Moor gehen nach Erledigung des Ausbildungskursus. Ein Teil ist den Männern der Wachtruppe vorbehalten. Diese werden den Bezirken zur Ausbildung zugewiesen und bleiben dann in den Anstalten.

Zu 3.:Jeder Bezirk muß prüfen, was kann er von der Nachweisung liefern. Zeiten müssen innegehalten werden.

Eine besondere Verfügung ist in Aussicht gestellt. Wir sollen uns aber jetzt schon mit den Anstalten in Verbindung setzen zur Prüfung, welche Sachen geliefert werden können.

Das Holz für die Möbel muß trocken sein, da bei der im Emsland gegebenen Torfheizung die Möbel sich leicht verziehen. Die Verteilung der Aufträge wird, wenn wir die örtlichen Möglichkeiten dafür gemeldet haben werden, zentral erfolgen.

c*) Ministerialdirigent Marx* [weggelassen].

VII. *Einzelfragen der Strafrechtspflege.*

a) Handakten der Staatsanwaltschaft dürfen unter gar keinen Umständen an andere Dienststellen herausgegeben werden.

b) Bei Fehlsprüchen ist sofort ein neues Verfahren in Gang zu bringen. Es kann eine sofortige Entschädigung in Höhe von etwa 1/3 des zu erwartenden Betrages gegeben werden. Notwendig ist schärfstes Vorgehen gegen die Verursacher des Fehlspruchs, d.h. Meineidige, Verleumder usw.

c) Bereitschaftsdienst: Bis zum 1. Mai ist nachzuprüfen und zu melden: 1) Wie lange dauert der Bürodienst? 2) Wie ist die Erreichung eines Staatsanwalts zu jeder Zeit gewährleistet? Wie kann man den Staatsanwalt durch die Polizei erreichen? Welche Hausanschlüsse sind notwendig?

d) Hochverratssachen. Die Zahlen des Hochverrats sinken; das ist also besser geworden. (Ich persönlich bezweifle das etwas; ich glaube vielmehr, dass wir den verfeinerten Methoden der Kommune [unklar: Pariser Kommune v. 1871?] noch nicht ganz nachgekommen sind). Die Benachrichtigung der Presse muß vorsichtig geschehen. Wenn nur Mitläufer auf der Anklagebank sitzen, so kann ein solcher Fall benutzt werden, die Öffentlichkeit vor den Gefahren solcher Unbedachtsamkeit zu warnen.

Wirtschaftssabotage: Hier war für die Zuständigkeit des Volksgerichtshofes eine Mindestgrenze von 100.000 RM gegeben. Diese Grenze soll aber nicht ein für allemal maßgebend sein. Denn es sind Fälle denkbar, in denen trotz Überschreitens dieser Summe keine schwere Schädigung des Volkes vorliegt. – Im Lagebericht: Stellungnahmen dazu, wie sich die Gauleitung zur Verfolgung der Greuelsachen stellt. – § 1 des Heimtückegesetzes steht in Idealkonkurrenz mit § 186 StGB. Meistens wird deswegen kein Strafantrag gestellt. Wenn das Gericht aus § 1 nicht verurteilen will, dann darf es aber nicht freisprechen, sondern es muß das Verfahren einstellen gemäß § 260 Abs. 3 StPO. – Vor dem 1.4.1933 ging die Parteimitgliedschaft dadurch verloren, dass der Parteigenosse wegen Interessenlosigkeit in der Kartei gestrichen wurde; es genügten auch schlüssige Handlungen zum Verlust der Parteimitgliedschaft. – Nach dem 1.4.1933 genügt Streichung in der Kartei aber nicht mehr. Es muß vielmehr auf Ausschluß erkannt sein.

Unterdrückung des Personenstandes. Die Mutter ist zur Angabe des Erzeugers verpflichtet, auch bei unehelichen Kindern. Infolgedessen kann bei Zuwiderhandlung gegen sie eingeschritten werden. Solche Strafsachen sind aber unerwünscht. Erforderlich ist Bericht nach Berlin.

Behandlung von Rassenschande-Frauen. Das Gesetz will die Frauen in jeder Weise freilassen. Die Anwendung des Begünstigungs-Paragraphen ist offenbar vom Gesetzgeber nicht ins Auge gefaßt. Es handelt sich aber hierbei um ein selbständiges Delikt, und das RG hat die Strafbarkeit der Frauen aus dem Gesichtspunkt der Begünstigung bejaht. Eine Änderung des reichsgerichtlichen Standpunktes ist nicht zu erwarten. Auf die vom RJM eingeforderten Berichte hat der Herr Minister noch nicht entschieden. Es soll darüber noch vorgetragen werden. Eine Änderung des bestehenden Zustandes wird voraussichtlich nicht eintreten. Bis zur Klärung dieser Frage sollen Hauptverhandlungen nicht mehr stattfinden, jedenfalls keine Anklage mehr erhoben werden.

Maul- und Klauenseuche. Scharfes Vorgehen wird mit Recht vom Reichsnährstand gefordert.

Bibelforscher. Es ist möglich, dass der Zusammenhang mit den Kommunisten bei vielen Bibelforschern immer deutlicher herauskommt. (Vorläufig hat in einer Hamburger Sache der Oberreichsanwalt beim Volksgerichtshof die Übernahme des Verfahrens wegen Hochverrat abgelehnt. Er hat mir aber erklärt, dass möglicherweise bald der Zeitpunkt kommt, wo Bibelforscher als Hochverräter zu behandeln sein werden).

Kirchenstrafsachen. Es ist nicht damit zu rechnen, dass die Sachen in der nächsten Zeit in Gang kommen. Anscheinend haben sich mehrere Landgerichte nicht dazu verstanden, die bei ihnen eingereichten Klagen liegen zu lassen. Infolgedessen sollen wir sie zurückfordern. Die Anklage ist fertigzustellen, aber in den Akten zu behalten und nicht dem Gericht einzureichen. Die kleinen Geistlichen, die nur auf Befehl ihrer Oberen Erklärungen verlesen, sollen nicht verfolgt werden. Dagegen soll in enger Fühlung mit der Stapo dem Verfasser der Schriften nachgegangen werden. Der Schlußbericht muß eine eingehende Stellungnahme enthalten, aber ohne Bezugnahme auf den Akteninhalt, weil die Berichte weitergegeben werden. Die Stoppverordnung darf nicht erwähnt werden. In Kollektensachen kann Abstand genommen werden von der Rundverfügung vom 13.8.1937, weil eine

Neuregelung in Aussicht steht. Nur solche Sammlungen sollen verfolgt werden, die ausgesprochen kirchenpolitischen Zweck haben. Wenn eine Gemeinde für Kirchenglocken, für Altardecken und dergl. sammelt, kann § 153 StPO angewendet werden, falls eine Anzeige eingeht. Im übrigen Mindesstrafe von RM 50,-, abzustufen je nachdem, ob auf Anordnung gehandelt ist oder ob der Pfarrer das von sich allein gemacht hat. Von Verhaftungen ist abzusehen.

VIII. Staatsanwaltschaft und Polizei.

Nichts Besonderes für Hamburg. Es ist darauf zu dringen, dass die Abwehr-Beauftragten alles Politische von Bedeutung auch zu wissen bekommen. Die Staatspolizei hat mitunter begnadigte Hochverräter erneut in Schutzhaft genommen. Das ist ein Eingriff in die Justiz, wegen dessen jetzt Verhandlungen schweben.

2. Zusammenfassung der Referate in der Deutschen Justiz (1938, S. 385 ff.)

Am 7. Und 8. März fand im Reichsjustizministerium unter persönlicher Leitung des Reichsjustizministers Dr. Gürtner eine Tagung der Generalstaatsanwälte statt, an der auch die Oberreichsanwälte beim Reichsgericht und beim Volksgerichtshof teilnahmen. Nach einleitenden Worten des Ministers über die Bedeutung dieser von Zeit zu Zeit regelmäßig stattfindenden Tagungen wurden zunächst *Nachwuchsfragen im Bereiche der Staatsanwaltschaft* erörtert. In einem Bericht von Ministerialrat *Dr. Dörffler* und in den anschließenden grundsätzlichen Ausführungen von Staatssekretär *Dr. Freisler* wurde insbesondere der Umfang der Arbeitsaufgaben, der daraus sich ergebende Kräftebedarf und weiter die Frage behandelt, inwieweit ein geeigneter, der Zahl nach ausreichender Nachwuchs für die Staatsanwaltschaft gesichert sei. Bei der daran anknüpfenden eingehenden Aussprache betonten die Generalstaatsanwälte, dass z.B. den Staatsanwaltschaften genügende, voll leistungsfähige Kräfte zur Verfügung ständen. Um sicherzustellen, dass auch künftig die Staatsanwaltschaften mit dem gleichen Maße von Verantwortung und Einsatzbereitschaft ihre Aufgabe erfüllten, hielten die Generalstaatsanwälte es für erwünscht, dem jungen Nachwuchs durch eine zweckentsprechende Gestaltung des Vorbereitungs- und des Probedienstes einen tieferen Einblick in die Arbeitsweise und die Verantwortlichkeit der Stellung eines Staatsanwalts zu gewähren und durch eine Verbesserung der beruflichen Verhältnisse die Neigung zur Staatsanwaltschaft und die Dienstfreudigkeit des im Amt befindlichen Staatsanwalts zu erhöhen.

Im Anschluß an die Erörterung der Nachwuchsfragen wurde die *staatsanwaltschaftliche Arbeitsweise* besprochen. Ministerialdirektor *Dr. Crohne* wies in einem Vortrag darauf hin, dass zu einer erfolgreichen und nachdrücklichen Strafrechtspflege in erster Linie eine schnelle und bewegliche Arbeit der Staatsanwaltschaft gehöre. Deshalb müßten die Ermittlungen der Staatsanwaltschaft stets mit größtmöglicher Beschleunigung durchgeführt werden. Gleiches gelte aber auch für die Strafvollstreckung, denn nur die Strafe, die wirklich alsbald nach der rechtskräftigen Verurteilung zum Vollzug komme, mache Eindruck und gebe der Öffentlichkeit das Gefühl, dass die Justiz das Verbrechertum wirksam bekämpfe. Insbesondere müßten auch bei Ermittlungen zur Gnadenfrage alle Verzögerungen vermieden werden, damit ein schneller Vollzug der Strafe sichergestellt sei. In angemessenem Maße solle im übrigen die Staatsanwaltschaft Vernehmungen selber durchführen, um auf diese Weise beschleunigt eine Sache durchführen zu können und selbst einen um so gründlicheren Eindruck für die Beurteilung zu haben. Von einer gerichtlichen Voruntersuchung könne, wie dies in den letzten Jahren auch fast durchweg geschehen sei, in aller Regel abgesehen werden. Besondere Beachtung sei ferner den Monstre-Prozessen zu widmen, die in sich in den meisten Fällen durch geschickte Einteilung des Stoffes, Beschränkung auf das Wichtigste und vor allem beschleunigte Durchführung auch der Hauptverhandlungen im sachlichen Umfange wie in der zeitlichen Behandlung verkleinern ließen. Die Herauslassung nebensächlicher Dinge sei hier wie überhaupt sehr wichtig. Gerade sie verführten auch häufig dazu, Beurteilungen in eine Sache mit hinein zu legen, die nicht erforderlich seien und unnötig Anlaß zu Auseinandersetzungen böten. Der Staatsanwalt und der Richter hätten sich vielmehr auf das gerechte Erfassen und Beurteilen des speziellen Sachverhalts zu konzentrieren, wobei Maßstab selbstverständlich das nationalsozialistische Rechtsdenken sein müsse.

Nach einer hieran anschließenden Aussprache über die Frage einer Notwendigkeit der Voruntersuchung im kommenden Strafverfahrensrecht faßte Staatssekretär *Dr. Freisler* die Ergebnisse zusammen und führte dabei unter anderem über die Arbeitsweise und die Einstellung des Staatsanwalts folgendes aus: „Größte Aufmerksamkeit muß auf die bei Wahrung der Zuverlässigkeit und Genauigkeit möglichst schnelle Bearbeitung von Kriminalfällen gerichtet werden. Es ist ganz sicher heute so und war immer so und wird wohl auch immer so sein, dass in diesem oder jenem Falle von irgend einem Interessierten oder vermeintlich Interessierten versucht wird, in den Gang der Justizmaschine Sand zu streuen. Je langsamer wir arbeiten, desto aussichtsreicher sind solche Versuche, je schneller wir arbeiten, desto aussichtsloser sind sie. Daher ist es erforderlich, dass gerade die Fälle, in denen eine solche Gefahr droht, dass mit einer besonderen Schnelligkeit, die natürlich nicht auf Kosten der Sorgfalt gehen darf, bearbeitet werden.

Dazu ist erforderlich, dass eine verständnisvolle, vertrauensvolle gute Zusammenarbeit mit all den Stellen gepflegt wird, die auch ihrerseits an der Verbrechensbekämpfung mit beteiligt sind. Werden von solchen beteiligten Stellen Beschwerden über ein angebliches Versagen der Staatsanwaltschaft an sie gerichtet, so ist es vorbehaltlich des selbstverständlichen Eintretens für ihre Männer erforderlich, dass diese Beschwerden mit größter Beschleunigung geklärt werden.

Zum guten Zusammenarbeiten mit den Stellen, die sonst noch mitwirken bei der Verbrechensbekämpfung, also der Polizei, gehört auch, dass einer die Arbeit des anderen anerkennt. Es ist unerwünscht, wenn die entsprechenden Pressestellen der Polizei und des Gerichts bzw. der Staatsanwaltschaft sich darin überbieten, die Leistung der eigenen Sparte in den Zeitungen groß erscheinen zu lassen und dabei jeweils den Anschein erwecken, als ob der andere, der mitkämpfen soll, seinerseits überhaupt nicht da sei. Ich glaube dass diese Methode, die hüben wie drüben manchmal geübt wird, sehr viel dazu beiträgt, die vertrauensvolle Zusammenarbeit zu stören.

Ich bin zwar der Meinung, dass es wichtig ist, die Öffentlichkeit über die Arbeit der Justiz angemessen zu unterrichten. Ich glaube aber, dass wir gutem Beispiel vorangehen sollten, in dem wir vorkommendenfalls in unseren Notizen die Mitarbeit anderer beteiligter Stellen nicht nur nicht verschweigen, sondern angemessen nennen.

Über solche sachgemäße Unterrichtung der Öffentlichkeit hinaus scheint es mir nicht gut zu sein, dass wir mit unserer Arbeit Reklame treiben, sondern ich bin der Meinung, dass die Justiz diejenige Behörde ist, die durch ihre Arbeit selbst und deren sachliches Gewicht – die natürlich der Öffentlichkeit in angemessener Weise bekannt gemacht werden kann – wirkt. Insbesondere scheint mir dem Interesse der Justiz nicht zuträglich, sondern in höchstem Grade abträglich zu sein, wenn wir etwa die Verfahren, die wir betreuen, *selbst* irgendwie politisch-öffentlich erörtern. Es ist selbstverständlich, dass die Tatsache bestimmter Prozesse – sagen wir einmal einer starken Häufung von Korruptionsprozessen oder einer starken Häufung von Rasseschandeprozessen oder irgendwelcher sonstigen Prozesse – politischer Erörterung unterliegt. Aber nicht wir sollten diejenigen sein, die diese vornehmen, weil die Justiz gerade dadurch wirkt und die deutsche Rechtspflege ihre große Bedeutung und starke Autorität gerade deshalb hat, dass sie ihre Arbeit um der Arbeit selbst, um der Aufgabe selbst willen führt.

Nun noch einen Punkt. Seit dem Jahre 1933 bemühen wir uns besonders, die Gerichtsreden der Staatsanwaltschaft auf ein Niveau zu bringen, dass höchste Wirkung und geringste Angreifbarkeit miteinander verbindet. Ich bin der Meinung, dass bei den Plädoyers die Staatsanwaltschaft in erster Linie folgendes beachten muß: Einmal eine vollkommene Sachlichkeit. Die Art, rhetorisch zu wirken, wird durch die Persönlichkeit des Staatsanwalts bestimmt. Der eine wird durch eine absolute, unerbittlich scheinende und vielleicht auch wirklich unerschütterliche Ruhe, die er auch äußerlich behält, wirken, dem anderen muß das nicht gegeben sein. Der andere wird vielleicht innerlich erregbarer und seiner Natur nach auch so sein, dass diese innere Erregung äußerlich in seiner Redeweise und in seinem Auftreten zum Ausdruck kommt. Wollte er handeln wie der andere, würde er wahrscheinlich lächerlich wirken, und wollte der andere handeln wie er, so würde der andere lächerlich wirken. Da kann niemand einem Rednervorbild nachstreben, das nicht eine Grundlage auch in der eigenen Persönlichkeit hat. Aber der eine wie der andere muß mit absoluter Sachlichkeit wirken.

Dazu gehört, dass das, was er sagt auch seine wirkliche Begründung hat, dass er nichts sagt, was über den Fundus, der dem Gesagten zugrunde liegt, hinweggeht. Er soll sich auch innerhalb des Rahmens dessen halten, was für die gerichtliche Behandlung des anstehenden Falles erforderlich ist und damit zu tun hat. Manche unnötige Schwierigkeiten entstehen dadurch, dass Dinge in die Urteilsgründe geschrieben werden oder in den Gerichtsreden der Staatsanwälte gesagt werden, die gar nicht zur Begründung der Stellungnahme sachlich erforderlich sind. Deshalb muß der Staatsanwalt auch dazu erzogen werden, dass er nur das sagt – das aber auch ganz –, was erforderlich ist.

Wenn beiden geschieht, wird die Gerichtsrede des Staatsanwalts unangreifbarer und wirksamer werden. Die Wirksamkeit kann der Staatsanwalt dadurch noch steigern, dass er weiß, dass er sich an zwei Adressaten zu wenden hat: An den berufsmäßig, fachlich vorgebildeten Richter, und gegebenenfalls an den mitarbeitenden Laienrichter. Es ist selbstverständlich, dass die Sprechweise verschieden sein muß, um sowohl dem einem wie dem anderen ein und dasselbe Problem nahezubringen, um sowohl die einen wie den anderen dahin zu bringen, die Entscheidung, die der Staatsanwalt für richtig hält, auch selbst für richtig zu halten. Jeder Redner will psychisch einwirken. Das will und darf und muß auch der Staatsanwalt tun. Er muß aber sich darüber klar sein, dass er zwar beiden Gruppen dasselbe sagen muß – im andern Fall wäre es ja Demagogie, die übrigens kurze Beine hätte -, dass er aber die Art der Klarmachung danach einrichten muß, ob er sich an den Berufsrichter oder an den Laienrichter wendet."

Dass die Staatsanwaltschaft auch in gewissem Umfange in der bürgerlichen Rechtspflege mitzuwirken hat, hob Staatssekretär *Dr. Schlegelberger* hervor. Er wies insbesondere auf die Beteiligung der Staatsanwaltschaft im neuen Aktienrecht hin. Er machte ferner auf die steigende Bedeutung des Staatsanwalts im neuen Familienrecht aufmerksam, wie sie darin zum Ausdruck komme, dass im Blutschutzgesetz, im Ehegesundheitsgesetz und im Gesetz gegen Mißbräuche bei der Eheschließung dem Staatsanwalt allein die Erhebung der Ehenichtigkeitsfrage zustehe, und erklärte, dass die Mitwirkung der Staatsanwaltschaft in weiterem Umfange besonders bei der Neugestaltung des Familienrechts in Betracht komme. Die erweiterte Aufgabenstellung ergebe sich daraus, dass in stärkerem Maße als bisher der Vertreter des Staates dafür eingesetzt werde, die Interessen der Gemeinschaft zu wahren.

Eingehende Behandlung fand hiernach das Problem der *Sicherungsverwahrung*. Staatssekretär *Dr. Freisler* erörterte an einem Einzelfall den Aufbau der Ermittlungen und der Anklageschrift in Fällen, in denen der Täter zahlreiche gleichartige Straftaten begangen hat. Er empfahl, eine Reihe schwererer Straftaten auszusondern, sie bei den Ermittlungen und in der Anklageschrift ausführlicher zu erörtern, die übrigen Straftaten aber zurücktreten zu lassen, geeignetenfalls auch nach § 154 Strafprozeßordnung zu behandeln. Dies Verfahren erleichtere eine zielsichere Führung der Hauptverhandlung und die Abfassung des Urteils, ohne der Zumessung der erforderlichen gerechten Strafe Schwierigkeiten zu bereiten. Er ging dann auf Fragen der Sicherungsverwahrung über. Die Sicherungsverwahrung sei durch das Gewohnheitsverbrechergesetz [v. 24.11.1933, RGBl.I 1933, S. 995] eingeführt, um die Volksgemeinschaft gegen das gefährliche Gewohnheitsverbrechertum zu schützen und dieses als Brut- und Lehrstätte für einen Nachwuchs jüngerer Verbrecher auszuschalten. Es sei Aufgabe der Staatsanwaltschaft, auf eine energische Anwendung des Gesetzes hinzuwirken. Die Anträge auf Anordnung der Sicherungsverwahrung seien in Zweifelsfällen durch Heranziehung der Stellungnahme der Polizei, durch das Material des kriminalbiologischen Dienstes und durch ärztliche Gutachten zu untermauern und sorgfältig zu begründen. Bei der Prüfung, ob der Täter ein gefährlicher Gewohnheitsverbrecher sei, müsse der Stand zur Zeit der Hauptverhandlung den Ausschlag geben; die unbestimmte Annahme, die Strafe werde eine gewisse erziehliche Wirkung ausüben, müsse gegenüber den Feststellungen über das bisherige Leben des Verbrechers, seine Anlagen und seinen Charakter zurücktreten. Staatssekretär *Dr. Freisler* wies auch auf die Gründe hin, die nach der bisherigen Erfahrung in Einzelfällen der Anordnung der Sicherungsverwahrung im Wege gestanden hätten, und erörterte ihre Bedeutung. Zur Frage der Entlassung aus der Sicherungsverwahrung führte er aus, die Sicherungsverwahrung dürfe nicht als eine Verlängerung der erkannten Strafe um drei Jahre angesehen werden, und es sei ein Irrtum anzunehmen, die Entscheidung über die Verlängerung der Sicherungsverwahrung erfordere dieselbe Prüfung, wie sie der Anordnung vorauszugehen habe. Vielmehr dauere die Sicherungsverwahrung gemäß § 42 f StGB so lange, als ihr Zweck, der Schutz der Volksgemeinschaft, es erfordere. Das Gesetz bringe klar zum Ausdruck, dass die Entlassung nur angeordnet werden könne, wenn dieser Zweck der Unterbringung erreicht sei, die Volksgemeinschaft also keines Schutzes gegen den Täter mehr bedürfe, mit anderen Worten, wenn der Täter keine Gefahr für die Allgemeinheit mehr bilde. Es gelte mithin für die Entlassung aus der Sicherungsverwahrung der Satz: In dubio contra reum. Eine Entlassung könne etwa verantwortet werden, wenn ein Sittlichkeitsverbrecher so alt geworden sei, dass man annehmen könne, dass sein Trieb erloschen sei, oder wenn ein gewalttätiger Verbrecher ein Alter erreicht habe, in welchem Gewalttätigkeiten nicht mehr von ihm zu erwarten seien. In anderen Fällen sei größte Zurückhaltung geboten. Anschließend erörterte Staatssekretär Dr. Freisler die Frage, ob es sich empfehle, de lege ferenda die Entscheidung über die Entlassung aus der Sicherungsverwahrung dem Gericht oder der Staatsanwaltschaft (dem Generalstaatsanwalt) zu übertragen, und bat die Generalstaatsanwälte, diese Frage zu prüfen und sich demnächst darüber zu äußern.

Ministerialdirektor *Schäfer* erörterte die Behandlung des *fortgesetzten Delikts im Hinblick* auf Fälle, in denen eine *Sicherungsverwahrung* nach § 20 a Abs. 2 StGB in Frage kommt. In einzelnen Fällen sei die Frage praktisch geworden, ob die Anordnung der Sicherungsverwahrung gegen Personen zulässig sei, die nicht im Sinne des § 20 a Abs. 1 StGB vorbestraft seien, aber ernste Verbrechen begangen hätten. Einzelne Gerichte hätten sich den Weg zur Anordnung der Sicherungsverwahrung durch die Annahme verbaut, dass die Taten des Verbrechers als fortgesetzte Handlung zusammenzufassen seien. MinDir. *Schäfer* erörterte die neueren Lehrmeinungen über den Begriff der fortgesetzten Handlung, zeigte seine Anwendung in der Praxis an einzelnen Entscheidungen des Reichsgerichts (RGSt 55,134;66,238, RG in DJ 38,340) und warnte vor einer übertriebenen Ausdehnung des Begriffs des Fortsetzungszusammenhangs durch seine Anwendung auf Fälle, für die er nach der Rechtsprechung des Reichsgerichts nicht in Frage komme. MinDir. Dr. Crohne wies auf die AV über Strafsachen gegen gefährliche Gewohnheitsverbrecher v. 3.3. 1938, DJ 38 S. 323, hin und betonte besonders die Bedeutung einer engen Zusammenarbeit der StA mit den Dienststellen der Kriminalpolizei, dem Psychiater und dem Kriminalbiologen zur Feststellung der Eigenschaft des gefährlichen Gewohnheitsverbrechers. Anschließend behandelte er die von der Polizei getroffenen Präventionsmaßnahmen gegen das Gewohnheitsverbrechertum.

Ministerialdirigent *Marx* berichtet über die Gestaltung des *Vollzugs der Sicherungsverwahrung*. Der Zweck der unbedingt sicheren Verwahrung fordere bauliche Einrichtungen und sonstige Maßnahmen, die sowohl das heimliche Entweichen wie das gewaltsame Ausbrechen aus der Anstalt ausschließen. Dieser Zweck fordere aber auch Maßnahmen, die eine innere Befriedung der Anstalt gewährleisten und den Zustand der Spannung mildern, den die Verwahrung auf unbestimmte Zeit notwendig erzeuge. Dazu bedürfe es vor allem einer Aufteilung des Bestandes an Verwahrten, die Zusammenrottungen verhindere, und einer unbeirrbar festen Haltung in der Durchsetzung der Manneszucht, auf der anderen Seite aber auch planvoll gewährter Vergünstigungen, die dem Zweck der Maßregel nicht widerstreiten. Ein Problem bilde dabei auch die Frage des Beamteneinsatzes: Die Beamten müssen vor überraschenden Angriffen der Verwahrten gesichert sein, man könne aber wohl keinem Aufsichtsbeamten zumuten, länger als einige Jahre im Vollzugsdienst an Sicherungsverwahrten zu stehen. Von besonderer Bedeutung sei die Frage, wie im Vollzuge die Unterlagen für die Entscheidung der Frage beschafft werden sollen, ob die Sicherungsverwahrung weiter aufrechterhalten werden müsse oder ob Entlassung angängig sei. Dazu wurde in der Aussprache angeregt, die kriminalbiologische Erfassung der Wesensart des Verwahrten dadurch zu erleichtern, dass, wenn der vorläufigen Prognose nach verantwortbar, eine gewisse fortschreitende Auflockerung des Vollzuges herbeigeführt würde. Die Generalstaatsanwälte wurden gebeten, auf Grund einer Prüfung der Verhältnisse bei der in ihrem Bezirk gelegenen Sicherungsanstalt binnen bestimmter Frist Vorschläge für ein solches Verfahren der Auflockerung zu machen.

Der nächste Punkt der Tagesordnung, der *Arbeitseinsatz im Strafvollzug*, stand im Zeichen der Aufgaben des Vierjahresplanes. Der Präsident der Reichsanstalt für Arbeitsvermittlung und Arbeitslosenversicherung, *Dr. Syrup*, hielt einen längeren Vortrag über die Lage auf dem Arbeitsmarkt und die Notwendigkeit eines Arbeitseinsatzes auch der Gefangenen, insbesondere im Hinblick auf den Vierjahresplan. Auf die Ausführungen Dr. Syrups und die weiteren Erörterungen, die zu diesem Punkte gemacht wurden, wird die Dt. Just. noch zurückkommen.

Das Thema des Strafvollzugs wurde durch Berichte von Ministerialdirigent *Marx* über die *Emslandlager* nebst ergänzenden Ausführungen zu Einzelfragen durch Kammergerichtsrat *Hecker* mit anschließender Aussprache und schließlich einem Vortrag von Ministerialdirigent *Marx* über *einzelne praktische Fragen des Strafvollzugs* beschlossen.

Im letzten Teil der Tagung hielt *Ministerialdirektor Dr. Crohne* zwei Vorträge über „Einzelfragen der Strafrechtspflege“ und „Zusammenarbeit zwischen Staatsanwaltschaft und Polizei“. MinDir. *Dr. Crohne* gab in den beiden Vorträgen eine Reihe von praktischen Hinweisen in fachlicher und technischer Hinsicht. So erörterte er u.a. z.B. die Handhabung der Handakten der Staatsanwaltschaft, die Notwendigkeit einer schnellen und gerechten Wiedergutmachung eines erlittenen

Schadens bei Wiederaufnahmeverfahren, die Ausgestaltung der Bereitschaftsdienstes, damit jederzeit die Staatsanwaltschaft zur Verfügung steht, die Durchführung einer nachdrücklichen Bekämpfung der sog. Ernsten Bibelforscher, Fragen aus dem Heimtückegesetz und dergl. mehr.

Abschließend betonte Reichsjustizminister *Dr. Gürtner*, der neben der Tagung die Teilnehmer an einem Abend auch zu einem kameradschaftlichen Zusammensein im Hause er Flieger eingeladen hatte, nochmals die Notwendigkeit einer schnellen schlagkräftigen Strafverfolgung, um damit einen wirkungsvollen Schutz der Volksgemeinschaft zu gewährleisten. Gleichzeitig wies er nochmals auf die neuen Aufgaben, die sich durch die Notwendigkeit des Arbeitseinsatzes im Strafvollzug ergeben, hin und forderte die Generalstaatsanwälte auf, für restlosen Einsatz ihrer Behörden Sorge zu tragen.

VIII. Arbeitstagung des Reichsjustizministers mit den Chefpräsidenten und den Generalstaatsanwälten vom 23.–26.1. und 27.2.1939

1. Besprechung mit den Generalstaatsanwälte im Reichsjustizministerium in Berlin vom 23.–26.1.1939

Es wurden wenig allgemeine, vielmehr aktuelle Fragen besprochen.

1. Die Generalstaatsanwälte berichteten über Vorgänge in ihren Bezirken bei der Aktion gegen die Juden um den 9.11.1938. Es wurde dabei besonders beklagt, dass den Staatsanwaltschaften durch die Anordnungen des Ministers die Hände gebunden und die Initiative der Gestapo überantwortet worden sei.

Staatssekretär *Freisler* berichtete über die Gründe, die zu den RV des Ministers geführt haben.

Wegen der Weiterbehandlung der Sachen führte er aus, dass an eine Vorentscheidung durch eine andere Stelle (Partei, Polizei) nicht gedacht sei, dass die Entscheidung vielmehr bei der Justiz liege, dass entweder verfolgt oder vom Minister wegen der Niederschlagung im Einzelfall beim Führer Vortrag gehalten werde. Personen, die nicht zur Partei oder ihren Gliederungen gehören, können im Rahmen der Gesamtbetrachtung und den dadurch sowie durch die Notwendigkeit der Rechtsgleichheit gebotenen Grenzen verfolgt werden, ohne dass die Justiz ihre Arbeit groß an die Welt hinausschreit. Handelt es sich um Parteiangehörige oder Angehörige der Gliederungen, so ist, da die Leute nicht als Parteizugehörige in diesen Sachen vor Gericht kommen sollen, zunächst der Ausschluß aus der Partei pp. zu ermöglichen. Kommen dem Polizeigericht oder der Polizei überlassene einschlägige Akten nicht zurück, so wird der Minister, da Bericht durch die ergangenen RV angeordnet ist, hiervon erfahren und das Nötige veranlassen. (Man kann ja die Akten direkt zurückfordern und, wenn fruchtlos, berichten.) Nur die groben Brocken sind zu verfolgen (Notzucht), nicht Kleinigkeiten (Mitnahme von

Lebensmittelbüchsen in nicht übertriebener Zahl), die zweifelhaften Fälle werden Gegenstand der Niederschlagung sein müssen.

OStA Joël: Die Verbrechen sollen, wie auch angeordnet, verfolgt werden. So auch Ministerpräsident Görings Anordnung an Gestapo. Diese Akten kommen von Gestapo an Chef der Sicherheitspolizei, von da an das Parteigericht, dann an Justizministerium, hier werden sie behandelt und dann zurückgegeben in Abschrift, diese hat also nur abzuwarten.

Wo Täter bekannt ist, soll nicht falsch „wegen unbekannten Täters" eine Sachbeschädigungssache eingestellt werden, vielleicht fehlt Strafantrag, oft, da allgemeine Aktion, Rechtswidrigkeit oder deren Bewußtsein, da wegen Allgemeinheit der Aktion für erlaubt angesehen. Landfriedensbruch scheidet aus, da angeordnete Aktion. Auch keine „schweren" Anklagen. Mitnehmen einer Unterhose nach § 153 StPO einstellen. Keine zu hohen Strafen bei kleinen Sachen, berücksichtigen, dass Versuchung groß, Bedürftigkeit gegeben, dass SA aufgefordert hat. Strafbefehle, keine Anklagen zur großen Strafkammer, höchstens zum Schöffengericht.

Bei DAF nicht abwarten, bis über Ausschluß aus DAF entschieden ist.

Was *vor* 9.11.1938 gegen Juden begangen worden ist, muß wie die Vorgänge vom 9.–11. XII.1938 begangenes behandelt werden. Was nach 11.XII.1938 verübt ist, wie sonst zu behandeln, da damals der Gegenbefehl bekannt war.

OStA Klein: Äußerungen (Heimtücke) über Vorgänge werden bei der Gestapo gesammelt. Empörung soll nicht verfolgt werden. Wer aber ein bekannter Schmäher ist, soll diesen Anlaß nicht zur weiteren Schmähung (Kritik) nützen dürfen; bei ihm soll geprüft werden, ob nicht verfolgt werden soll. Die Gestapo wartet auf Anordnung, dass sie die Sachen an Staatsanwälte der Sondergerichte abgeben soll. Dann ist ohne große Erörterungen zu berichten. Wo verfolgt werden soll, haben Erörterungen, ev. auch durch Gestapo, stattzufinden. Abgabe an die anderen Oberstaatsanwälte hat hier nicht zu erfolgen.

StS Freisler: Es wird auch Bericht für § 1 Heimtückegesetz angeordnet werden, um Klarheit zu schaffen.

Reichsminister Dr. Gürtner: Ob in den Hauptverhandlungen die Öffentlichkeit ausgeschlossen werden soll, muß der Entscheidung im Einzelfall überlassen bleiben. Das Gemeinwohl entscheidet, ev. mit den interessierten Stellen in Verbindung treten. Kleine „Plünderungen" überhaupt nicht verfolgen; wer sich dabei in entsprechenden Grenzen selbst versorgte, ist nicht schwer zu strafen.

2. Beteiligung der Frau an Rassenschande

Reichsminister Dr. Gürtner: Hier hat der Führer eine ganz feste Meinung und nimmt es sehr ernst.

Min.Dir. Crohne: Der Gesetzgeber will keine Bestrafung der Frau, wenngleich sie notwendige Teilnehmerin ist. Begünstigung ist nicht akzessorisches Delikt, sondern richtet sich auf Hinderung der Verfolgung (auch Reichsgericht). Dieser Standpunkt widerspricht dem Willen des Gesetzgebers. Maßgeblich war, dass die Frau aus ihrer verbliebenen Schwäche heraus nicht widerstehen kann, dass sie im wesentlichen die duldende Rolle hat. Auch unverständliche Ergebnisse: Wenn Jüdin Jugendlichen verleitet, sich also durch Leugnen selbst entlastet, soll sie nach

RG strafbar sein; wenn dagegen Begünstigung vorher zugesagt, soll sie straffrei bleiben. Die Gestapo nimmt Frau in Schutzhaft, weil weiterer Verkehr möglich.

Grundsätze: Keine Verfolgung, wenn Frau nur ableugnet; die Akten mit Stellungnahme vorliegen! Wenn in Hauptverhandlung, dann unbedingt aussetzen, Haftentlassung, Aktenvorlage (ev. also davonlaufen!). Nach Hauptverhandlung Rechtsmittel einlegen, Aktenvorlage! Aus Strafvollzug Frau entlassen, Gnadenbericht!

Wenn Frau den Täter verbirgt, ihm zur Flucht hilft, dann vor Anklage berichten.

Wenn Frau in Tateinheit andere Delikte begangen hat (z.B. Meineid), dann Begünstigung weglassen! Wenn schon Anklage eingereicht, dann Begünstigung fallen lassen, Gericht informieren, ev. wie oben zu behandeln!

Freisler: Begünstigung darf hier in keiner Form zur Anklage oder Aburteilung kommen. [persönlicher Befehl des Führers; Semler] Kein Staatsanwalt wird das übersehen! Im Urteil darf sie nicht erörtert werden, dafür hat Staatsanwalt zu sorgen. Bei Verbindung mit anderen Delikten Bericht!

Reichsminister Dr. Gürtner: Bei der Schaffung des Gesetzes wurde vertreten, dass physisch nur die deutsche Frau Rasse schänden könne. Dies hat sich dabei nicht durchgesetzt. Die Sache ist für Justizministerium keine Kleinigkeit, sehr ernst.

3. § 169 StGB, Personenstandsunterdrückung durch Frau

Min.Dir. Crohne: Die Praxis hat diese Bestimmung angewendet, wenn Frau sich weigerte, wegen der Volksgemeinschaft und Sippen- und Rassezugehörigkeit. Das war verständlich, übersah aber, dass Frau nicht angabepflichtig ist, wenn Verheiratete in Betracht kommen, Ehebruch oder Blutschande vorliegt, dass Frau auch achtenswerte Beweggründe haben kann, zumal wenn sie die wirtschaftlichen Belange zurückstellt.

Es muß immer Bericht erstattet werden (RV!), bei bloßem Verschweigen stets nicht verfolgen. Der Innenminister hat die Jugendämter angewiesen, keine Anzeigen bei bloßem Verschweigen zu machen.

Justizminister Dr. Gürtner: Eigentlich gehört es ins Gesetz, aber das geht nicht. Die Sache ist sehr ernst und ich bitte mich hier zu entlasten.

4. Die Kostenvollstreckung bei länger abgeurteilten Hochverrat:

Min.Rat Schneller: trägt das vor, was in der inzwischen ergangenen RV vom 29.1.1939 enthalten ist.

Allgemein kann der Generalstaatsanwalt den Verurteilten sagen, wenn er, der nur schwer die Verfahrens- und Vollzugskosten zahlen kann, einen zu bestimmenden Teil, auch in Raten, tilge, dann werde er – der Generalstaatsanwalt – die Niederschlagung des Restes beantragen. Er läßt sich Fälle, die geeignet sind, vom Kostenbeamten über den Oberstaatsanwalt berichten, empfiehlt dann nur einen bestimmten Teil, auch in Raten, einzuziehen und beantragt, den Rest bei ordentlicher Zahlung jenes Teils und bei guter Führung niederzuschlagen durch Bericht an Minister.

5. VO über Erweiterung der Zuständigkeit der Sondergerichte

Freisler: Keine Fälle vor das SG, die Beweisschwierigkeiten erwarten lassen. Man muß den Täter sicher beurteilen können (§ 51 StGB bei Todesstrafe!), sicher

Verurteilung zu erwarten. Klarheit nach der objektiven und subjektiven Seite, Klarheit, ob Mitbeteiligte da sind oder nicht, ob noch weitere Straftaten vorliegen.

Justizminister Dr. Gürtner: Nicht jeder Mord gehört vor SG, die Sache muß sich eignen. Veranlaßt sie umfangreiche Beweisaufnahme (z.B. Identitätsnachweis), dann ungeeignet. Prüfen, ob nicht zur Beschleunigung noch andere Sachen als Gangster- u. Mordfälle [VO v. 20.11.1938] vor SG gebracht werden können! Die Sache darf nur über den Generalstaatsanwalt ans Sondergericht kommen, er muß die Sache in der Hand haben, auch verfügend. Der Ermittlungsstaatsanwalt muß die Sache behalten, er ist zum SG abzuordnen für diese Sache, andernfalls Arbeitsverschwendung.

Die SG sollen sich nicht verbrauchen, Einhaltung der Ladungsfristen muß möglich sein. Bei der Vollstreckung der Strafe auch der Todesstrafe muß schriftlich abgesetztes Urteil vorliegen (Standgericht kann darauf verzichten).

6. Schutzhaft, nach Freispruch oder gerichtlicher Haft

Wo aus polizeilichen Gründen, da ist nichts einzuwenden. Wo aber Berichtigung einer gerichtlichen Maßnahme oder Entscheidung, da ist die Schutzhaft bedauerlich und abzulehnen. Am schlimmsten ist, wenn sie berechtigte Maßnahme gegen falsche Entscheidung des Gerichts. – Seit der Zentralisierung der Verhängung in Berlin ist eine Besserung des Zustands eingetreten.

Anhang zum Thema „Schutzhaft" aus den Akten des Reichsjustizministeriums

a) Besprechung mit den Generalstaatsanwälten am 23.1.1939

Aus den einzelnen Bezirken: *München* (Leimer) In Memmingen sind Inschutzhaftnahmen 4 vorgekommen und zwar 2 nach Strafhaft, 2 nach U-Haft (unzuträglich deshalb, weil in derselben Anstalt, wahrscheinlich sogar in der gleichen Zelle vollstreckt), in Augsburg 8, Kempten 1, München 7. Insgesamt nach Strafhaft 359. Die Fälle sind im Abnehmen begriffen.

Hamm (Semler): Keinen abträglichen Fall mehr. In Arnsberg 1 Fall mit Erklärung, dass keine Kritik am Urteil beabsichtigt ist. Häufig Ersuchen um Rückführung, falls kein Haftbefehl erlassen wird.

Berlin (Jung): Stapo nimmt nach Strafhaft Funktionäre der KPD in Schutzhaft. Bei Ablehnung von Haftbefehl in Hochverratssachen sofort Schutzhaft. Außerdem 1937 u. 1938 wenige Pfarrer und Juden in Schutzhaft bei Ablehnung von Haftbefehlen. Bei einem freigesprochenen Sittlichkeitsverbrecher mit Recht Schutzhaft (später Verurteilung). Ärgerliche Zusammenstöße nicht mehr.

Jena (Wurmstich): Zuchthäusler ganz allgemein nach Strafhaft immer in Schutzhaft, ebenso Hochverräter und Reversbrecher. Hinsichtlich der abträglichen Fälle Besserung seit 1936. Bibelforscher werden nach Strafhaft grundsätzlich festgenommen, meistens aber nach 3–4 Tagen entlassen.

Düsseldorf (Hagemann): 3–4% der Entlassenen kommen in Schutzhaft. Bibelforscher werden entlassen, wenn sie Revers unterschreiben. Rückführungsersuchen, falls Haftbefehl nicht ergeht, sind häufig.

Stettin (Stäcker): Nur in ganz wenigen Fällen Schutzhaft nach Strafhaft. In 2 Fällen (Abtreibung durch die Angeklagte Dr. Buchholz und 1 weiterer Fall nach

§ 175a StGB) war Schutzhaft durchaus am Platze, wie sich nach Durchführung der Revision ergeben hat (Fall Buchholz 4 Jahre Zuchthaus). Allgemein werden Bibelforscher und Hochverräter in Schutzhaft genommen.

Celle (Schnoering): Grundsätzlich nach Strafhaft werden in Schutzhaft genommen Hochverräter, Bibelforscher, Homosexuelle und Abtreiber. 4 Fälle von Schutzhaft, die abträglich waren: Geistlicher (10.000 RM Kaution), Rasseschänder (15.000 RM Kaution, freigesprochen infolge erwiesener Unschuld), Jude (nach Freispruch wegen Heimtückevergehens), Beleidiger der SS (nach Strafhaft).

Hamburg (Drescher): Schutzhaft als Präventionsmaßnahme nach Strafhaft usw. muß als berechtigt anerkannt werden, jedoch nicht als Korrektur einer Justizentscheidung. Besondere Einzelheiten sind nicht vorgekommen.

Karlsruhe (Lautz): Bibelforscher grundsätzlich nach Strafhaft in Schutzhaft. In 2 Fällen sind Beschuldigte mit Recht in Schutzhaft nach Aufhebung des Haftbefehls genommen worden.

Graz (Meißner): In 2 Fällen die Stapo vom GStA um Schutzhaftmaßnahme gebeten, da 13 Jahre alter Gangster nicht verfolgt werden konnte, ferner einem Geistlichen bei einem Sittlichkeitsverbrechen die Gewaltanwendung nicht einwandfrei nachgewiesen werden konnte.

Braunschweig (Müller): Es liegt ein Fall vor, wo Schutzhaft als Korrektur der Justiz peinlich ist, weil die Schutzhaft berechtigt ist (Pfarrer, Sittlichkeitsverbrecher). In einem weiteren Falle (Pfarrer, Sittlichkeitsverbrecher) ist die Schutzhaft nicht berechtigt. Im allgemeinen bemüht sich die Stapo um Einvernehmen mit StA.

Oldenburg (Christians): Grundsätzlich in Schutzhaft nach Strafhaft KPD-Funktionäre, ferner fast immer Bibelforscher. Einige wenige unbefriedigende Fälle.

Naumburg (Hahn): Häufig Rückführungsantrag, falls kein Haftbefehl erlassen wird. Es ist der Eindruck entstanden, dass Richter sich für Haftbefehl entscheiden, weil ihnen Schutzhaft noch härter als U-Haft erscheint. Oft ist Kritik an der Justiz durch Schutzhaftmaßnahmen nicht ganz unberechtigt. Besonderes Beispiel: Ehemaliger SS-Sturmführer (Untreue) kam nach einjähriger Strafhaft auf ein weiteres Jahr in Schutzhaft.

Nürnberg (Bems): Fälle von Schutzhaft nach Strafhaft usw. zurückgegangen, allerdings oft Schutzhaft, falls kein Haftbefehl ergeht. Schutzhaft als Kritik an der Justiz nicht mehr vorgekommen. Grundsätzlich kommen nach Strafhaft in Schutzhaft Hochverräter, Bibelforscher, Rasseschänder.

Herr Minister schließt die Aussprache mit der Feststellung, dass im Interesse der Justiz die Fälle zu bedauern sind, in denen die Schutzhaft als berechtigte Kritik an der Justiz zu betrachten ist, im übrigen kann gegen Präventionsmaßnahmen nichts eingewandt werden. (gez. Klemm, 25.1.1939)

7. Ehrenschutz der Richter und Staatsanwälte

Generalstaatsanwalt Vollmer – Königsberg – berichtet über die Zustände in Ostpreußen. Gesetzliche Sondermaßnahmen fanden Ablehnung. Zur Frage der politischen Urteile bei Stellenbewerbungen erklärt Reichsminister Dr. Gürtner, es werde immer erklärt, dass darauf geachtet werde, wer das Urteil abzugeben habe. Der gute Wille ist da, die Vorstellung einer gegensätzlichen Front dürfe aber nicht entstehen.

Generalstaatsanwalt Wagner – Stuttgart – erklärt den Fall der „Möhlinger Arche“ auf.

Später erklärt *Staatssekretär Dr. Freisler*, da nun der neue Artikel „Schwarzen Korps“ mit der Behauptung der „Rechtsreaktion“ erschienen sei, (23.1.1939), werde der Herr Reichsminister „von einer anderen Ebene vorgehen“. Zu beachten wurde gegeben, dass das, was einmal dem Ministerium zur Behandlung übergeben sei, auch dort weiter behandelt werden muß. Keine Zwischensprünge unterer Stellen!

8. Bessere Ausbildung in der Strafrechtspflege

Generalstaatsanwalt Jung – Dresden – vertrat kriminologische Ausbildung in Arbeitsgemeinschaften und Kürsen. Dies wurde abgelehnt. Die vom Minister veranstalteten Kurse (Jena) wurden als genügend angesehen, aber Weitergabe des Gehörten durch die Teilnehmer an die anderen Staatsanwälte der Staatsanwaltschaft geboten.

Staatssekretär Dr. Freisler faßt zusammen:

a) Es ist richtig, dass die Ausbildung an der Universität und im Vorbereitungsdienst oft Mangel an Vermittlung der Hilfswissenschaften der Strafrechtspflege und ihrer Anwendung empfinden läßt, nicht so, dass etwa der Staatsanwalt und Richter alles selbst machen kann, sondern, dass er sich ein Bild machen kann und den Sachverständigen versteht.

b) Diesen Mangel müssen wir zu beheben suchen. Falsch wäre es, eine systematische Schulung zu organisieren. Jeder Chef muß in seiner Art (Tradition!) dem seine Aufmerksamkeit widmen, vielleicht in einer Schulung, in Appellen der Staatsanwälte, im Einzelfall, durch Bildung eines Stammes [?] und Sorge, dass dessen Erkenntnisse erhalten bleiben.

c) Begrüßt wird, wenn im Reiche vom Ministerium Fachschulungswochen durchgeführt werden. Das soll jährlich 1–2 mal geschehen. Wünschenswert ist, die Weitergabe des Gelernten durch die Teilnehmer (Vorträge, Briefe). Richtlinien können hier nicht gegeben werden. Das muß den Außenstellen überlassen bleiben. Auf Universität soll weitere Ausbildung nicht erfolgen. Keine handwerksmäßige Heranbildung.

Min.Dir. Dr. Nadler: Das Probedienstjahr ist entbehrlich, von 1400–1500 Assessoren sind nur 7 nicht Anwärter geworden. Es kann verkürzt, ja abgeschafft werden. Die Zeit zwischen Prüfung und Anstellung soll nur 2 Jahre dauern, da braucht es keine Scheidung in Probe- und Anwärterdienstzeit. Die Assessoren nehmen Anstoß an der Bezeichnung „Probeassessor“. Die Abschaffung der Probezeit erspart viel Arbeit und führt uns mehr Leute zu. Wer sich unbedingt eignet, muß sofort Anwärter werden, bei anderen erst Beobachtung. Die Generalstaatsanwälte müssen von der engen Bindung an die OLG-Präsidenten befreit werden, sie müssen sich selbst ihren Nachwuchs schaffen.

Dr. Palandt: Die Referendare klagen über Mangel an Selbständigkeit, sie wollen in eigener Verantwortung arbeiten. Die Staatsanwälte sollen ihnen Vernehmungen übertragen, der Referendar führt nach der Vernehmung dem Staatsanwalt die

Leute vor und legt ihm die Niederschrift vor. Das bildet den Referendar am meisten. Auch zu Besprechungen der Oberstaatsanwälte mit den Staatsanwälten sind die Referendare beizuziehen.

Staatssekretär Dr. Freisler: Früheres Selbständigmachen der Assessoren durch Anstellung bedeutet 1–2 Generationen mehr und wir brauchen keine Probezeit. Für den Richterdienst brauchen wir allerdings (Nichtversetzbarkeit) eine bewegliche Reserve (nicht für Staatsanwaltschaft, da hier Versetzbarkeit). Dazu brauchen wir Stellen, bei deren Verteilung sind die Staatsanwaltschaften vorzuziehen. Das Aufrücken leidet an den ersten Staatsanwälten, da es hier zweimal so lang dauert, bis ein anderer OLG-Rat wird. Weiter leidet es darunter, dass der Oberstaatsanwalt dem Beisitzer am OLG gleichgewertet ist. Besserstellung ist schwer zu erreichen, aber wir arbeiten daran. Wird es erreicht, dann ist die Stellung der Generalstaatsanwälte und der Ersten Staatsanwälte zu heben, auch eine Angleichung in den einzelnen Bezirken zu schaffen. Soll Staatsanwaltschaft ein geschlossener Körper sein (preuss. System) oder Wechsel mit Richterstellen (bayer. System)! Keines ausnahmslos. Alte Staatsanwälte (nicht Oberstaatsanwälte!) etwa mit 55 Jahren müssen ans Gericht abgeschoben werden. Die Referendare müssen besoldet werden, auch daran wird gearbeitet, schon jetzt sind die Unterhaltszuschüsse auf das achtfache erhöht.

Die Überalterung der Staatsanwaltschaften wird beachtet. Die OLG-Präsidenten protestieren gegen die Zuweisung der alten Staatsanwälte. Rechtzeitiges Abschieben ist nötig; wer sich nicht zum Staatsanwalt eignet, ist für das Gericht zu empfehlen, Vorschläge werden im Ministerium verständnisvoll bearbeitet.

9. *Stellenvermehrung 1939*

Ministerialrat Anders: 1938 standen 12000 Planstellen gegen 4000 Hilfsstellen an höheren Beamten. Wir sollen 1266 Planstellen erhalten (ein Teil fällt noch Grundbuchumschreibung weg). Dazu 500 Stellen, die am 1.10.1938 frei waren. Die Besetzung der neuen Planstellen wird voraussichtlich am 1.4.1939 erfolgen. Damit werden die Anwärter, die ihre vorgeschriebene Dienstzeit hinter haben, aufgebraucht werden, es bleiben nur 2½ Jahrgänge Assessoren über. Die Stellen müssen dahin kommen, wo jetzt Hilfsstellen sind (die Einstufungen der Behörden, z.B. Generalstaatsanwälte, erster Staatsanwalt, werden davon nicht berührt, Finanz stimmt nicht zu), oder dahin, wo ständige Abordnungen sind oder Stellen verwaltet werden. Die Staatsanwaltschaft wird dabei günstig abschneiden.

Es ist zu prüfen, ob künftig Einberufung der Assessoren durch das Ministerium oder die höheren Justizbehörden erfolgen soll.

GStA Leimer, München tritt für das bayer. System ein, das gerade den Typ des Staatsanwalts auch als Richter in Erscheinung treten läßt und setzt sich besonders in der Übergangszeit für die Übernahme der noch bayer. gewesenen Staatsanwälte an die Gerichte ein.

10. Fragen der Personalpolitik

Staatssekretär Dr. Freisler: Folgende Punkte sind von Bedeutung.

a) Die dauernde Verminderung der Möglichkeit, Angestellte zu bekommen,

b) wie hat sich in den letzten Zeiten die Beurteilung der Beamten durch außerhalb der Justiz stehende Stellen bemerkbar gemacht?

c) 4 ½ 5 Monate dauert es, bis eine Stelle wiederbesetzt ist; trotz Beschleunigung ist frühere Wiederbesetzung nicht möglich. Darin liegt eine große Gefahr, aber die Aufgaben sollen erfüllt werden, deshalb müssen auch die Leute ausgesucht sein. Stehen mehrere Bewerber zur Verfügung, dann ist nicht von Bedeutung, ob der erste, der zweite oder der dritte die Stelle bekommt. Der Auswahl dient auch die politische Beurteilung und das hat sich bewährt. Aber gegen *Vorschläge* von Stellen außerhalb der Justiz wehren wir uns und damit werden wir fertig. Aber es wird auch von *Vorständen* außerhalb der Justiz angefragt, ob jemand von dort vorgeschlagen werden kann. Hier die Bitte, nicht nur nach den Vorschriften zu verfahren und wenn Stellen durch Erreichung der Altersgrenze frei werden, bald und rechtzeitig mit den Vorarbeiten beginnen!

Ministerialdirektor Marx: Angestellte, die treu gedient haben, besonders wenn sie Familie haben, müssen gehalten werden, sie sollen Beamte werden. 200 dürfen nach Zusage des Finanzministers ins Beamtenverhältnis übernommen werden. Die Vertreter für den Sommerurlaub an den Vollzugsanstalten (in Preußen nicht in Bayern!) können nicht dauernd gehalten [werden], hier müssen eben Ledige (hört! Ablehnung!) eingestellt werden. (auch Staatssekretär Freisler lehnt das ab). Die Verhältnisse liegen in den einzelnen Bezirken verschieden, bis auf 10 Gefangene trifft eine Aufsichtskraft. Wenn Einheitlichkeit erzielt ist, kann es den Generalstaatsanwälten überlassen werden, in ihrem Bezirk frei zu wirtschaften unter Aufsicht der Zentrale.

Auf Klage, dass Angestellte immer nur für Termine (6 Monate, 1 Jahr) bewilligt und weiter bewilligt werden, erklärt Ministerialrat Anders, dass die Zeiten nur der Kontrolle dienen.

Generalstaatsanwalt Leimer – München empfiehlt großzügigere Einstufung der Angestellten.

- *Generalstaatsanwalt Jung* – Berlin erklärt, er stufe rücksichtslos höher ein, habe nur 1 Angestellten in der untersten Gruppe.

Ministerialrat Haastert gibt als „Geheim“ bekannt:

1. Ministerpräsident Göring hat Innenminister veranlaßt, zu verfügen, dass dem Unfug, deutsche Volksgenossen wegen Kaufen, Wohnen unf dgl. bei Juden zu denunzieren, Einhalt geboten werden soll.

2. An sich können Deutschblütige mit jüdischem Bluteinschlag angestellt werden. Aber der Stellv. des Führers hat erklärt, das solche Leute grundsätzlich von der Anstellung ausgeschlossen sein sollen mit besonderen Ausnahmen z.Z. dringender Not der Behörde.

3. Beamte sollen nicht mehr in ihrem Urlaub die Arbeitsstellen zu beurlaubender Arbeiter einnehmen, bis der Vierjahresplan erledigt ist.

4. Selbstverständlich muß jeder Beamte die NS-Presse *lesen*, aber dass Bezug *gefordert* wird, dagegen hat sich Propagandaminister gewendet. Der Stellvertreter d. Führers will auch nicht haben, dass ein Druck zum Bezug der NS-Presse ausgeübt wird.

11. *Entlassung aus der Sicherungsverwahrung:* Nicht behandelt. Staatssekretär Dr. Freisler gab nur bekannt, dass die Frage der Übergangslager besprochen werden müsse, da solche in caritativen Händen sich für Sicherungsverwahrte nicht eignen, dass vor Entlassung lange Zeit gewisse Lockerungen eintreten müßten, dann erst Entlassung in Übergangslager, dass Entwurf eines Gesetzes ausgearbeitet werden müßte, wodurch Entlassung nur auf Vorschlag der der Anstalt übergeordneten Generalstaatsanwaltschaft zu erfolgen hat.

12. *Die Gnadenpraxis 1938:* Nicht behandelt, da vor kurzem erst schriftliche Berichte erstattet worden sind.

13. *Strafvollzug und Vierjahresplan*

OStA (OLG München) Nörr: Nach der Statistik hat der Strafvollzug an dem wirtschaftlichen Aufschwung wesentlich teilgenommen: 1935/36 waren 66% der Gefangenen in Arbeit, 1937 schon 78%, im 1. Viertel 1938 bereits 90%, im 2. Viertel 95%.

Die Untersuchungsgefangenen sind arbeitspflichtig.

Als Hausarbeiter dürfen nur 7%, ausnahmsweise bis zu 10% beschäftigt werden; leider wird dieser Satz nicht immer eingehalten. Bei den Vierteljahresnachweisungen muß die Einhaltung nachgeprüft werden.

Wegen des besseren Arbeitseinsatzes auch angeordnet, dass Strafen über 2 Wochen in größeren Anstalten zu vollstrecken sind; in diesen sind nur 4% außer Arbeit, in den kleineren Gefängnissen bis zu 40%.

Qualität der Arbeit ist gehoben worden. Reinertrag 1935 – über 7 Millionen RM, 1936–11, 1937–12, 1938–16–18 Millionen RM; dazu noch etwa 5 Millionen aus Emsland. 1/4–1/5 der Kosten der Strafvollstreckungen einschließlich Löhne werden damit gedeckt.

Wenig wichtige Arbeiten wie Garn-, Bast-, Papierarbeiten einstellen oder einschränken.

Wert legen auf geschultes Personal in den Anstalten. Arbeitsleitung nur durch Meister!

Der Lohnsatz ist 3 RM, 2,50 RM bei Versorgung durch die Anstalt. Möglichst Angleichung der Gefangenenlöhne an die Hilfsarbeiter.

Was die Anwendung der Preisstopp-VO auf die Gefangenenarbeit betrifft, so war hier zunächst die Auffassung, dass die VO nicht anzuwenden, weil hier nur Lohn, dann aber doch Anwendung verlangt. Neuerdings wieder Verhandlungen, da Arbeitsminister sich der ersten, unserer Ansicht angeschlossen.

Rohstofffrage: Ob wir 1939 ein Eisenkontingent erhalten, ist noch fraglich. Holzbedarfsdeckung ist bedenklich, hier Verhandlungen mit Reichsforstmeister. Auch Verhandlungen wegen Kokosfaserlieferung.

Neue Aufgaben: Die Zahl der Gefangenen in Papenburg, in Rodgau, auch an der Ostwerkstraße und an der Elbe ist zu erhöhen, bis hier 15000, künftig 28000 also 13000 mehr. Dafür stehen 68000 zur Verfügung, hier von 24000 nicht einsatzfähig, so dass 44000 bleiben, 12000 davon sind bei den großen Bauvorhaben schon verwendet, es bleiben 32000. Danach muß jeder 2–3 Gefangene zur Abstellung der

13000 abgegeben werden. Welche Maßnahmen müssen getroffen werden, um die Planung sicherzustellen, wie wirkt sich das auf die Anstalten aus?

Neue Arbeit darf, außer bei Dringlichkeit (z.B. Reichsverteidigung), nicht übernommen werden. Betriebsänderungen sind geboten, Einsatz der Frauen u. der 6-Monatsgefangenen, auch zu Außenarbeiten, notwendig. Feld- und Gartenbestellung muß sichergestellt sein. Schneiderei, Wäscherei, Schlosserei, Weberei möglichst erhalten, bs. für Anstaltsbedarf! Im eigenen Betrieb Außenarbeitsfähige durch Nichtaußenarbeitsfähige ersetzen. Untersuchungsgefangene und Maschinen einsetzen! Die Unternehmer werden betroffen werden, dabei die alteingesessenen berücksichtigen! Kein außenarbeitsfähiger Gefangener darf Haus- oder Hofarbeiter sein!

Die durch die Verlegung in Anstalten eintretende Unruhe läßt sich nicht vermeiden. Auch Lockerung des Strafvollzugs wird die Folge sein. Dagegen Vorteil, dass alle Gefangenen beschäftigt werden und zwar ernster und nützlicher; auch Leistungssteigerung wird sich ergeben. Wir haben die Zusicherung, dass wir ¼ des Gewinns für Arbeitsbelohnungen ausgeben dürfen. Bei Gnadengesuchen muß die Arbeitsleistung berücksichtigt werden. Auszahlung des Einsatzes an die Leistungsfähigkeit der Gefangenen ist natürlich geboten, auch Betriebshygiene (Bad, Dusche, Leibesübungen). – Dem Arbeitswesen muß größte Aufmerksamkeit geschenkt werden, auch hinsichtlich der kleinen Gerichtsgefängnisse.

Staatssekretär Dr. Freisler: Jeder Gefangene an den richtigen Platz! Keiner, der ernste Arbeit leisten kann, darf Hausarbeiter sein; kein Mann darf Hausarbeiter bleiben, wenn ihn eine Frau ersetzen kann. Vergünstigungen (bei Gnadengesuchen, Kostzulagen) zur Hebung der Leistungen! Für die 4 Großplanungen muß geholfen werden, die Leute müssen her, jedes Material muß es sein.

Der Sicherung in den Lagern persönliche Beachtung schenken, immer wieder, auch nachts Besichtigungen! Von Einlaß Begehrenden ist Ausweis zu fordern. Waffen müssen versorgt, für die Posten gut erreichbar sein (nachts!). Patronen- u. Posten- Reserve! Immer 2 Mann bei Nacht auf Posten! Die Sicherung der Bevölkerung muß gewährleistet sein!

14. *Strafvollzug in festen Anstalten und Lagern:* GStA Semler – Celle [recte: Hamm]: Jeder GStA sollte sich Papenburg ansehen. Einzelbehandlung nur in festen Anstalten, in Lagern Massenbehandlung. Einwendungen gegen die Lager können nur aus Vollzugsgründen erhoben werden. Wer nur für die Zelle taugt, darf nicht ins Lager kommen.

Min.Rat Dr. Eichler: In den „Massen“-Lagern ist der Vollzug völlig unpersönlich, Massenvollzug in Gruppenlagern (etwa 200 Gefangene) ist dagegen schon persönliche Einwirkung auf die Gefangenen möglich. Erstbestrafte sollten von den Massenlagern ferngehalten, nur in Gruppenlagern untergebracht werden.

Staatssekretär Dr. Freisler: Ob die Lager, wie GStA Bems – Nürnberg sagte, ein notwendiges Übel sind, ist noch nicht entschieden. Die Art der Arbeit und das Fehlen der Mauern kann auf die Gefangenen gut wirken. Bisher noch nicht genügend Versuche. Wenn auch in Lagern kein Unterricht möglich, so muß es doch möglich sein, dass der Gefangene seine Anliegen vorbringt. Die Bücher sind auch in den

Lagern, besonders für Sonntage, nötig. Es muß versucht werden, auch die Gedanken des Strafvollzugs in den Lagern möglichst durchzusetzen, hier darf man nicht resignieren.

Min.Rat Weddige: Ärztlicher Dienst:

1. Verwaltungssektionen in Strafvollzugsanstalten zur Feststellung der Todesursachen oder ähnlichen Gründen bestehen an sich keine Bedenken. Angehörige sind vorher zu hören. Nähere Regelung der Frage, wird nächstens erfolgen.

2. Die Gewinnung von ärztlichem Nachwuchs für die Vollzugsanstalten ist geboten. Es soll deshalb, soweit Dienst es gestattet, Privatpraxis gestatten, aber nur auf Antrag (als Nebenbeschäftigung der ärztl. Beamten).

3. Wenn ein Arzt-Bewerber Anrechnung seiner früheren dienstlichen Tätigkeit auf Besoldungsalter verlangt, dann sind dem Besetzungsbericht die Bescheinigungen über die Vortätigkeit beizufügen. – gez. (Leimer)

2. Besprechung mit den Chefpräsidenten am 24.1.1939

Fragen der neuen Ehescheidungspraxis, insbesondere des § 55 des Gesetzes vom 6.7.1939 [RGBl. I 1939, S. 807]

Reichsjustizminister: Ich weise auf die Geschichte des § 55 des Ehegesetzes hin. Es ist klar, dass er von der Rechtsprechung nicht einheitlich zur Zeit aufgefasst wird. Es gibt 3 Bezirke, in denen eine Ehe nach § 55 überhaupt nicht geschieden wird, andere, die die gegenteilige Meinung vertreten. Beim Landgericht Berlin sind sich die Kammern nicht einig. Verweigerungen der Scheidung sind vorgekommen in Fällen, die nicht dem Willen des Gesetzgebers entsprechen. Das Reichsgericht wird Stellung nehmen müssen. Die Enttäuschung der Prozessparteien entlädt sich schon jetzt fortgesetzt, so dass die heutige Besprechung notwendig geworden ist. Es ist schon angeregt worden, den § 55 zu ändern, wenn es nicht gelingt, eine einheitliche Rechtsprechung zu erreichen. Der Verband für Eherechtsreform hat mitgeteilt, dass insgesamt 100.000 Scheidungsprozesse in Deutschland anhängig sind. 60.000 Ehen wurden geschieden, 10.000 sind auf Widerspruch der Frau abgewiesen worden, 30.000 sind noch anhängig. Es handelt sich dabei nur um Prozesse nach § 55. Die Zahlen stammen aus dem Material des Verbands für Eherechtsreform.

Schneider (Hamm): Die älteren Richter stehen auf dem Standpunkt des Treueverhältnisses, manchmal auch jüngere Richter. Andere wollen Scheidung, wenn die Ehe eben unheilbar zerrüttet ist. Eine einheitliche Rechtsprechung zu finden ist zur Zeit unmöglich. Ich lasse alle Entscheidungen sammeln und habe die Senatspräsidenten zusammengerufen, um eine einheitliche Rechtsprechung zu erzielen. Es hat aber nichts geholfen. Das Reichsjustizministerium soll die Führung übernehmen, damit das richterliche Ansehen nicht leidet. Das Volk versteht nicht, dass die Gerichte einen verschiedenen Standpunkt vertreten. Man kann nicht abwarten, bis das Reichsgericht gesprochen hat, und bis dessen einzelne Senate sich geeinigt haben. Die Presse soll bearbeitet werden. Das muss vom RJMin aus geschehen.

Reichsjustizminister: Ein Lokomotivführer, 60 Jahre, 20 Jahre verheiratet, 3 Kinder, verlässt die Frau und verlangt Scheidung nach § 55, um eine 60jährige Frau zu heiraten. Die Frau widerspricht. Dieser Widerspruch ist durchgedrungen. Diese Entscheidung wird man allgemein als richtig anerkennen müssen.

Rothenberger (Hamburg): Jeder Fall liegt anders. Generelle Grundsätze sind daher sehr schwer zu geben. In Hamburg wurde eine allgemeine Regelung gefunden: Der Grundsatz des § 55 Abs. 1 besteht in dreijähriger Trennung und unheilbarer Zerrüttung. Es ist also kein moralischer, sondern ein biologischer Grundsatz. Das ist beim Widerspruchsrecht ebenfalls besonders zu beachten. Man muss darauf Wert legen, ob eine neue, ernsthaft zu nehmende Ehe zu erwarten steht, so z.B. wenn bereits uneheliche Kinder aus der zu erwartenden Ehe vorhanden sind, aber nicht dann allein, sondern auch dann, wenn eine Eheschließung mit der zweiten Frau zu erwarten ist. Man muss versuchen, die Unterhaltsansprüche vergleichsweise zu erledigen, was oft sehr schwer ist. Wenn eine neue aufbaufähige Ehe zu erwarten ist, kann nicht nur der Einwand der Rache keine Beachtung finden, also der Fall, dass die Frau den Mann nicht loslassen will, sondern auch die wirtschaftlichen z.B. die Pensionsansprüche der ersten Frau. Ein Hineinsteigen in das Verhalten des Mannes muss abgelehnt werden, außer dann, wenn es sich um ein besonders übles Verhalten des Mannes handelt. Ausnahmefall: Die lungenkranke, aus dem Sanatorium zurückgekehrte Frau überrascht bei ihrer unerwarteten Rückkehr den Mann mit ihrer eigenen Stieftochter, von der er schon drei uneheliche Kinder hat. Ein weiterer Grundsatz ist die Ehebereitschaft der ersten Frau, d.h. ihre Bereitschaft, die Ehe wiederherzustellen. Eine solche Bereitschaft erscheint unbeachtlich, weil sie zu einer absoluten Heuchelei führen muss. Ebenso wenig beachtlich erscheint die sog. Reue des Mannes Auch sie geht auf Heuchelei hinaus. Die Hamburger Gerichte sind scheidungsfreudig. Einen Ausnahmefall bilden die sogen. Liquidationsehen: Wenn beide Ehegatten schon im vorgerückten Alter stehen, erscheint es ausgeschlossen, dass der Mann eine neue aufbaufähige Ehe schließen kann. In einem solchen Fall ist die Klage auf Widerspruch abzuweisen. 40 % der in Hamburg klagenden Ehemänner stehen im Alter von 55–82 Jhr. Man muss verlangen, dass der Mann im jungen oder mittleren Alter steht.

Scriba (Darmstadt): Wenn beide Ehegatten einig sind, ist es leicht. Das ist aber meist nicht der Fall. Der Abs. 2 des § 55 trägt einen neuen Gesichtspunkt herein. Ich verweise auf den Artikel im Deutschen Recht S. 19. Bei mir sind sich die Kammern nicht einig. Eine Kammer lehnt grundsätzlich die Scheidung nach § 55 ab, wenn der klagende Mann beabsichtigt, die Ehebrecherin zu heiraten. Das Volk klagt darüber, dass der Gesetzgeber im Abs. 1 des § 55 etwas gibt und im Abs. 2 es wieder wegnimmt. [In der großen Mehrzahl der Fälle Klage des Mannes. Dadurch gefühlsmäßige Einstellung der Richter für die Frau. Fassung des § 55 widerspruchsvoll und missverständlich. Die Gerichte im Bezirk Darmstadt gingen grundsätzlich davon aus, dass *Abs. 1* eine *Zerrüttung ohne Verschulden* voraussetze und dass demgemäß *Abs. 2 bei alleiniger Schuld eines Ehegatten* grundsätzlich *keine Scheidung* zulasse. Widerspruch in Abs. 2 insofern, als einerseits auf die *Alleinschuld des Klägers*, andererseits aber auch auf das *gesamte Verhalten beider Ehegatten* abgestellt werde. *Ergebnis*: Abs. 1 gebe, Abs. 2 nehme den Scheidungsgrund (BA Berlin, R 3001, 20473).]

Reichsjustizminister: Eine übereinstimmende Grundanschauung über das Wesen der Ehe ist eben leider nicht vorhanden. Im vorbereitenden Ausschuss gingen die Ansichten der maßgebenden Persönlichkeiten, auch der Partei, weit auseinander. Die einen waren sehr scheidungsfreudig, die anderen ganz orthodox. Der Führer hat sich dahin geäußert, dass eine unfruchtbare Ehe geschieden werden müsse, wenn die Klage nicht eine Gemeinheit des Klägers darstelle. Die beklagte Frau hat es in der Hand, ob sie Widerspruch erheben will. Die alte Verschuldungsmaxime soll nicht wieder eingeführt werden. Das Armenrecht darf auf keinen Fall mit der Begründung verweigert werden, dass den Mann ein Verschulden trifft.

Schwister (Düsseldorf): Die Revision soll möglichst weitgehend zugelassen werden. Bei mir bewilligen die Senate in allen zweifelhaften Fällen das Armenrecht und lassen die Revision zu, soweit es irgendwie geht. Nicht nur die Landgerichte sind sich bei mir nicht einig, sondern auch innerhalb der Landgerichte die einzelnen Kammern. Der Kläger ist bei mir immer der Mann. Widerspruch ist bis jetzt immer erhoben worden. Der Abs. 1 des § 55 vertritt das Zerrüttungsprinzip. Der Abs. 2 bringt unter Umständen das Verschuldungsprinzip zur Anwendung, wovon Satz 2 wieder eine Ausnahme macht. M. E. hat das beste der Rechtsanwalt [Hans Peter] Danielcik [JW 1938, 2866, 3082] geschrieben. Die Stellungnahme des Reichsgerichts wird abzuwarten sein.

Bumke (Reichsgericht): Für diese Revisionen ist beim Reichsgericht nur ein Senat zuständig.

Jonas (Reichsgericht): Schwierig sind die Fälle, in denen für das Gericht eigentlich kein Material für den Widerspruch vorliegt. Die Frau muss plausibel machen, dass sie sittlich gerechtfertigte Gründe zum Widerspruch hat. Man kann nicht sagen, weil der Mann die Ehe zerrüttet hat, soll der Widerspruch der Frau gerechtfertigt sein. Es wäre sehr unangenehm, wenn die Ehescheidungssachen beim Reichsgericht so zunehmen würden, dass noch ein zweiter Senat mit ihnen befasst werden müsste.

Reichsjustizminister: Es handelt sich nur um die Aufrechterhaltung des äußeren Ehebandes. Die innere Verbundenheit ist eben nicht mehr vorhanden. Das ist die Voraussetzung des § 55. Ich muss immer wieder darauf zurückkommen, wie der Führer gesagt hat: Es darf eben keine Gemeinheit sein. Es muss versucht werden, diese Frage in der Praxis zu lösen. Der Gesetzgeber hat sie nicht lösen können. [Bekanntgabe des Briefes des Führers an Hermann Esser; hierzu Dirk *Blasius*, Ehescheidung in Deutschland 1794–1945, 1987, 215 ff.; BA 43 II 1523a; BA R 3001, 20473.]

Springmann (Reichserbhofgericht): Man muss den Blick auf die Auswirkung richten. Was geschieht mit der Frau und den Kindern aus der ersten Ehe und mit der Frau und den Kindern aus der neuen Ehe? Die Frauen stehen auf dem Standpunkt, dass das Gesetz hier zugunsten des Mannes erlassen ist und behandelt wird.

Reinle (Karlsruhe): Die Schwierigkeit liegt in der Umschreibung des Zerrüttungs- und des Verschuldungsprinzips. Manche Frau wehrt sich nur deshalb, weil sie eben keine geschiedene Frau sein will. Die Frauenwelt wehrt sich geschlossen gegen dieses Gesetz und bezeichnet es als ein von Männern gemachtes Gesetz.

Bergmann (Köln): Die Richter sind sehr erregt darüber, dass sie so in der Öffentlichkeit angegriffen werden. Ein Normalfall, dass aus der ersten Ehe keine Kinder, aus dem Verhältnis mit der zweiten Frau aber Kinder vorhanden sind, wird sehr verschieden behandelt. Ein großer Teil der Gerichte hat in einem solchen Fall die Klage abgewiesen. Die Misshelligkeit liegt in der Fassung des Paragraphen, solange er in dieser Form besteht. Er muss also entweder anders gefasst oder authentisch interpretiert werden.

Hüttner (Dresden): Die prozessuale Durchführung des § 55 stößt auf sehr große Schwierigkeiten, wenn Beweis erhoben werden soll über Sachen, die schon Jahre zurückliegen.

Reichsjustizminister: Die Fassung des Paragraphen ist eine Folge langer Verhandlungen. Es sollte ursprünglich nur heißen: „Der Widerspruch ist nicht gerechtfertigt, wenn er sittlich nicht begründet ist". Das ließ sich aber nicht durchführen. Was bedeutet denn eigentlich das formelle Eheband und was das ideelle? Die Leidtragenden sind immer die Kinder. Die Rechtsprechung muss das Problem lösen. Über das Problem selbst sind wir alle einig. Die Gerichte haben unrecht, die grundsätzlich nicht nach § 55 scheiden, weil der Mann die Ehe zerrüttet hat.

Siegel (Zweibrücken): Die Rechtsprechung in meinem Bezirk ist verschieden. Die älteren Richter sind noch in dem Gedanken des Verschuldungsprizips befangen. Eine Typisierung zu finden wird nicht möglich sein. Der Paragraph muss eine andere Fassung bekommen, nämlich: „Absatz 2: Die Ehe nicht nicht zu scheiden, wenn die Scheidung dem gesunden Volksempfinden widersprechen würde." oder so ähnlich.

Reichsjustizminister: Ich würde einer Neufassung des Paragraphen nur dann zustimmen, wenn es sich herausstellt, dass die gesamte Rechtsprechung bei der Auslegung auf dem falschen Wege ist. Ich halte es für ausgeschlossen, dass eine neue Fassung jede Schwierigkeit beseitigt.

Sattelmacher (Naumburg): Es herrscht allgemein große Verwirrung. Zur Zeit handelt es sich um Aufräumungsarbeiten, nämlich um die alten Ehen, die schon über 10 Jahre und länger getrennt sind. Die größte Schwierigkeit liegt auf dem Gebiet der Beweisführung. Darunter leidet die Gerechtigkeit der Entscheidung.

Rothenberger (Hamburg): Ich rate von einer Änderung des Gesetzes aus rechtspolitischen Gründen ab, weil es erst seit einem halben Jahr besteht, aber auch deshalb, weil die Rechtsprechung in der Lage ist, den Paragraphen auszulegen. Das Reichsgericht wird im Laufe eines Jahres kaum zu allgemeinen Thesen kommen können. Es wird also auf diesem Weg in absehbarer Zeit kaum eine einheitliche Rechtsprechung zu erreichen sein. Die Revision soll man möglichst weitgehend zulassen. So kommt man früher zu einer einheitlichen Auffassung. Es wäre außerordentlich erwünscht, wenn das RJMin in der Lage wäre, zu den grundsätzlichen Punkten grundsätzlich Stellung zu nehmen. Die Auffassung unter den Bezirken ist geteilt. Dass sich die Rechtsprechung zu Ungunsten der Frau auswirkt, ist nicht Schuld der Gerichte, sondern vom Gesetzgeber gewollt.

Reichsjustizminister: Es ist ein Unterschied, ob eine Ehe 3 Jahre getrennt ist, oder schon 25 Jahre. Diese alten Ehen haben zum Teil bereits 3 Scheidungsprozesse hinter sich. Man sollte da vorsichtig mit der Beachtung des Widerspruchs sein. Wenn die Unterhaltsfrage klar gelöst werden kann, wird überhaupt oft kein Widerspruch erhoben. Ich würde auch gerne über die Erfahrungen in den Bezirken Breslau und München etwas hören.

Castner (München): Geklagt wird in meinem Bezirk eigentlich nur über die mangelnde Scheidungsfreudigkeit einer Kammer des LG München I, die mit alten Richtern besetzt ist und dem Widerspruch der Frau zu große Bedeutung beimisst. Es ist auf diese Kammer, soweit es zulässig ist, versucht worden, Einfluss zu nehmen. Die Auswirkung wird abzuwarten sein. Die Richter klagen darüber, dass der Gesetzgeber die Verantwortung in Abs. 2 auf die Richter abwälzt.

Frhr. v. Steinäcker (Breslau): Die Schwierigkeiten in meinem Bezirk sind nicht anders, wie anderswo auch.

Reichsjustizminister: Große Meinungsverschiedenheiten zwischen den Erschienenen bestehen nicht. Man kann folgende Richtlinien geben:

1. Es ist unmöglich, die Klage aus § 55 abzuweisen, weil der Mann die Zerrüttung der Ehe verschuldet hat.

2. Wenn hier auf das gesamte Verhalten verwiesen wird, so wird es sich hier auch um das Verhalten der Frau zu handeln haben, nicht nur um das des Mannes. Es wird festzustellen sein, ob sie eine gute Ehefrau war.

3. Wenn der Mann nur seine Freiheit anstrebt, also sich seines Dienstes um die Volksgemeinschaft nicht bewusst ist, so muss dem Widerspruch der Frau eine größere Bedeutung beigemessen werden. Der Widerspruch verengert sich auf die Fälle: Besonders übles Verhalten des Mannes.

4. Rücksichten auf die Wirtschaft oder auf den Gedanken: „Ich will die Ehe wieder herstellen" oder „Reue" sollen sehr wenig in den Bereich der Erwägungen gezogen werden. Eine Beispielgebung in der Begründung des Gesetzes allein kann nicht ausschlaggebend sein. Die Gefährdung der Existenz der Frau kann auch ein Grund sein, den Widerspruch beachtlich zu machen, wenn die Frau viele Jahre sich gut verhalten hat, jetzt aber im Fall der Scheidung vor dem Nichts stehen würde. Rache und ähnliche Gesinnung darf nicht beachtet werden, ebenso wenig sonstige rein persönliche Gefühle.

5. Wenn die neue Ehe beständig zu werden verspricht, so muss das ein ausschlaggebender Gesichtspunkt sein.

6. Eine Änderung des Textes des Gesetzes ist nicht vorstellbar, weil es einen furchtbaren Eindruck machen würde, wenn das Gesetz gleich wieder geändert würde, noch bevor die Richter Gelegenheit hatten, die Rechtsprechung zu betätigen. Es gäbe auch keine Formulierung, die alles ausdrückt.

7. Eine Dienstanweisung oder etwas ähnliches für das Ehescheidungsrecht kann es natürlich nicht geben.

8. Wenn es nicht gelingt, die alten Ehen, die schon seit 20 Jahren und länger tatsächlich getrennt sind, zu liquidieren wird die Justiz ein großes Maß von Vertrauen verlieren.

9. Ein Armenrechtsgesuch oder eine Klage, darf nicht abgewiesen werden mit der Begründung, dass der Mann die Zerrüttung verschuldet habe.

10. Es darf nicht sein, dass im gleichen Bezirk oder sogar am gleichen Ort verschieden judiziert wird.

11. Aufräumungsarbeit ist der Titel, der über das zu setzen ist, was jetzt erledigt werden muss.

12. Besprechungen sollen abgehalten werden. Auf die Presse soll nicht soviel Bezug genommen werden. Das „Schwarze Korps" soll in diesen Angriffen nicht so ernst genommen werden. Es ist in einer anderen Sache (Rassenschande) auch nicht vollkommen über die Ansichten des Führers unterrichtet gewesen. *Diese Angelegenheit soll vertraulich behandelt werden.* Große Pressebelehrungen haben keinen Zweck, sie führen nur zur Polemik. Das Reichsgericht soll sich seiner Mission bewusst sein, dass das Gesetz für die Praxis behandelbar gemacht werden muss und zwar bald. Es kommt jetzt zunächst darauf an, die ganz großen Widersprüche und Fehler zu beseitigen.

Volkmar (Reichsjustizministerium): Die Anwendung des § 616 ZPO auf Eheverfahren im Rahmen des § 55 ist nicht richtig. § 616 ZPO kann nur Anwendung finden in einem Verfahren nach § 49, wenn die alten Verfehlungen den Scheidungsgrund bilden. Ebenso ist es mit der Verzeihung. Die Verzeihung kann nicht formell hindernd berücksichtigt werden, sondern nur evtl. materiell. Man kann nicht sagen, dass alles, was vor dem letzten Verkehr liegt, auszuscheiden hat. Der Richter muss ein Gesamtbild haben. Mit „Verhalten" des Gatten ist nicht nur schuldhaftes Verhalten gemeint, sondern das gesamte Verhalten. Man muss endlich wissen: Der liest das Gesetz falsch, der sagt, der letzte Satz bildet nur eine seltene Ausnahme von dem 1. Satz des § 55.

[Niederschrift des OLG-Präs. Becker/Jena:
§ 55 des Ehegesetzes: Ein Sachbearbeiter des Ministeriums, *Ministerialrat Ficker*, gab zunächst drei Beispiele, um die Aussprache in Gang zu bringen.

1. Fall: Die Ehe ist zerrüttet durch Schuld des Mannes, die Ehegatten leben 6 Jahre getrennt, im vierten Jahre nach der Trennung hat der Mann ein Verhältnis angefangen, aus dem mehrere uneheliche Kinder da sind; aus der Ehe keine Kinder; der Unterhalt der Frau ist gesichert. – hier zu *scheiden.*

2. Fall: Der Mann hat kein festes Verhältnis, aus der Ehe sind Kinder da, die Trennung besteht seit drei Jahren, die Frau will vergeben. – hier *Klage abzuweisen.*

3. Fall: Trennung 6 Jahre, der Mann nimmt sich nach 6 Jahren eine Geliebte, die Frau zeigt keine versöhnliche Gesinnung, es sind Kinder da, die des Vaters noch bedürfen, die wirtschaftlichen Verhältnisse sind so, dass die Unterhaltsansprüche der Frau ernstlich gefährdet sind (- oder es handelt sich um die Ehe eines Beamten, die lange bestanden hat, die Frau hat gewissermaßen den Ruhegehaltsanspruch mit erdient -) hier Entscheidung zweifelhaft, da hier das Verhältnis erst begonnen ist, nachdem die Ehe schon lange aus anderen Gründen zerrüttet war. Bei dem Unterhalt der Frau ist auch an § 102 des Deutschen Beamtengesetzes zu denken (Bewilligung eines Witwengeldes an die unschuldig geschiedene Frau).

Nach Ansicht eines gut unterrichteten Mannes sollen jetzt etwa 100.000 Ehescheidungen nach § 55 Ehegesetzes zur Bereinigung der alten zerrütteten Ehen in Frage kommen. Davon sollen 30.000 Ehen geschieden sein, bei 10.000 Ehen soll die Klage abgewiesen sein, 30.000 Fälle sollen noch anhängig sein und in weiteren 30.000 Fällen soll noch keine Klage erhoben sein.

OLG-Präs. Rothenberger/Hamburg: Wir stellen in den Vordergrund, ob eine neue ernste aufbaufähige Ehe zu erwarten ist. Darunter fallen besonders die Fälle, in denen schon uneheliche Kinder da sind, es kann aber auch ein ernsthaftes Verhältnis genügen.

Bei den Einwänden der Frau steht im Vordergrund der Unterhalt, die Hinterbliebenenversorgung, die Erbansprüche. Die Gerichte versuchen diese Fragen von sich aus zu klären. Das gelingt häufig nicht, weil der Mann zwei Familien nicht ernähren kann. Man kann die Frau auch nicht darauf verweisen, dass sie unter Umständen bei Scheidung einen Teil der Pension bekommen kann (§ 102 des Deutschen Beamtengesetzes). Aber wir lassen das zurücktreten, wenn eine neue gute Ehe zu erwarten ist.

Der Widerspruch aus reinem Rachegefühl hat natürlich keine Bedeutung. Ebensowenig zieht im allgemeinen die Begründung des Widerspruchs mit dem schlechten Verhalten des Mannes in der Ehe. Auch die Tatsache, dass die Frau bereit ist, die Ehe fortzusetzen, ist nicht beachtlich, weil das zu einer Heuchelei führt. Umgekehrt ist auch unbeachtlich die sogenannte Reue des Mannes. Denn sie ist ja doch meist nicht ernst gemeint, ebenfalls Heuchelei. Die Hamburger Gerichte also ziemlich scheidungsfreundlich.

Grundsätzliche Ausnahmen von der Scheidungsfreundlichkeit bei alten Ehen. Da ist schon die Voraussetzung nicht gegeben, dass der Mann eine neue aufbaufähige Ehe eingeht. In diesen Fällen kann man meist davon sprechen, dass sich die Frau ihren Unterhalt erdient hat. (Leute über 50 Jahre, in Hamburg etwa die Hälfte der Fälle Leute von 50–82 Jahren).

Reichsjustizminister: Die Schwierigkeiten haben darin ihren Grund, dass keine einheitliche Anschauung über das Wesen der Ehe vorhanden ist. Mit der Berufung auf die Grundanschauung kann man deshalb die Schwierigkeiten nicht beseitigen. Bei vielen ist die Grundanschauung noch stark orthodox beeinflußt. Als Wegweiser für die Scheidung bei kinderlosen Ehen kann die Schlußformel dienen, die der Führer einmal ausgesprochen hat: „Natürlich muß die kinderlose Ehe scheidbar sein, aber die Scheidung darf keine Gemeinheit sein" (der Mann verliert durch eine Kriegsverletzung die Zeugungsfähigkeit oder ein Flieger verliert sie durch einen Unglücksfall; die Frau hat eine schwere erste Fehlgeburt, ihr muß die Gebärmutter entfernt werden. – In allen diesen Fällen wäre Scheidungsverlangen eine Gemeinheit -).– Nicht richtig wäre anzunehmen, dass bei Widerspruch, die Zerrüttung sei verschuldet, die Klage abgewiesen werden müsse; denn damit würde die Scheidung ohne Verschulden, die der § 55 einführt, glatt wieder beseitigt.

OLG-Präs. Schwister: Durchweg ist der Mann der Kläger, und zwar klagt er, weil er ein Verhältnis mit einer jüngeren Frau hat. Standpunkt nicht einheitlich, manche Kammern lassen den Widerspruch grundsätzlich zu, manche lehnen ihn grundsätzlich ab. Manche Kammern meinen, die Klage könne bei Widerspruch nur durchgehen, wenn der Mann Reue zeige, die Frau sich aber ablehnend verhalte; das sei der einzige Fall. Manche Kammern sagen: „Wenn der Absatz 1 des § 55 zutrifft, dann muß geschieden werden." Damit wird der Absatz 2 einfach ausgeschaltet. Der Absatz 1 stellt das Zerrüttungsprinzip auf. Dagegen Widerspruch, wenn der *schuldige* Teil klagt, und gegen den Widerspruch, aus dem Einzelinteresse kann dann wieder das Gemeinschaftsinteresse durchdringen (Abs. 2 Satz 1 und 2). Der Widerspruch ist also nicht etwa nur in Einzelfällen zurückzuweisen, sondern nur wenn das Gemeinschaftsinteresse überwiegt. Bei der Abwägung z.B. zu beachten die lange Dauer der Ehe, Vorhandensein von Kindern, die Dauer der Trennung, die Stärke des Verschuldens.

Senatspräsident Jonas vom Reichsgericht: Bei der Interessenabwägung muß man zunächst verlangen, dass zur Begründung des Widerspruchs etwas Besonderes vorgebracht wird. Man darf nicht sagen: Weil der Mann die Ehe zerrüttet hat, ist der Widerspruch begründet. Der Widersprechende muß etwas Greifbares vorbringen, der andere muß dem wichtigere Gesichtspunkte entgegenstellen. Z.B. die Frau hat eine Fehlgeburt gehabt, sie hat sich mehrfach operieren lassen, um Kinder bekommen zu können; sie hat ihrem Mann sogar gesagt, er solle sich ein Kind von einer anderen tüchtigen Frau anschaffen, das sie erziehen und an Kindesstatt annehmen wolle. Demgegenüber muß dann der Mann etwas vorbringen, was all diese Gründe noch schlagen kann. Es kann sein, dass auch diesen Gründen gegenüber der Grund einer neuen aussichtsvollen Ehe durchschlägt.

Der Zufluß von Scheidungsklagen ans Reichsgericht mag nicht zu stark werden. Er ist jetzt schon reichlich. Daher nicht etwa den Gerichten nahelegen, die Revision noch in stärkerem Umfange zuzulassen.

Reichsjustizminister: Ich möchte jedenfalls keinen Schritt tun, der die Zulassung der Revision abdrosselt. Die Typisierung der Fälle ist außerordentlich schwer, und sie ist um so schwerer, je weniger Fälle vorliegen. – Der Richter wird, wenn er die Scheidung ablehnt, nicht die Erwartung haben, dass er die Ehe innerlich wiederherstellen kann, das jedenfalls höchstens in seltenen Fällen. Aufrechterhalten wird lediglich die äußere Verbundenheit, nicht die innere Ehe. Ist das sinnvoll? Ich empfehle die Formel, die ich bei der Umfruchtbarkeit als Ausspruch des Führers gegeben habe: Es darf halt keine Gemeinheit sein.

OLG-Präs. Reinle/Karlsruhe: Manche Frauen sagen, sie wollten nicht als geschiedene Frauen dastehen, wollten nicht, dass die Kinder eine geschiedene Ehe ihrer Eltern hätten. Die Frauenwelt ist geschlossen gegen den § 55, nennt ihn ein von Männern gemachtes Gesetz.

OLG-Präs. Bergmann/Köln: konstruierter Normalfall: Aus der Ehe keine Kinder, aus dem Verhältnis Kinder, die Frau trifft keinerlei Schuld, sie will die Ehe fortsetzen. Die Meinungen waren hier in Köln geteilt.

Reichsjustizminister: Die immateriellen Gründe, wie sie Herr Reinle vorgetragen hat, sind wohl zu erwägen; die Leidtragenden bei der Scheidung sind die Kinder. Das ist wohl zu bedenken, wenn man vor der Frage steht, ob man eine nur äußerlich bestehende Ehe aufrecht erhalten soll. – Wer grundsätzlich nach § 55 nicht scheidet, versteht die Bestimmung nicht.

MinR. Ficker: Folgender Fall: Die Ehegatten leben 18 Jahre getrennt, keine Kinder, die Ehegatten haben sich getrennt, weil der Mann die Ehe gebrochen hat, das alles längst erledigt, jetzt neues Verhältnis angefangen, daraus zwei Kinder, hat sich bereit erklärt, die Frau durch Lebensversicherung zu sichern. Das Gericht hat Beweis erhoben über die Vorgänge bei der Zerrüttung und hat dann die Klage abgewiesen. Das sicher falsch.

Reichsjustizminister: Wenn die Ehegatten sich seit sehr langer Zeit getrennt haben, dann wird man in der Ablehnung der Scheidung sehr vorsichtig sein müssen. – In vielen Fällen würde ein Widerspruch gar nicht erhoben, wenn die Unterhaltsfrage gelöst wäre; sie ist aber in den meisten Fällen nicht zu lösen, weil keine Sicherheit für den Unterhalt gegeben werden kann. Ich stelle folgenden Gesichtspunkt heraus:

1. Es ist unmöglich, die Klage aus § 55 abzuweisen, weil der Mann die Zerrüttung verschuldet hat. Das widerspricht dem § 55 und würde auf die Hereinziehung des Schuldmoments hinauslaufen. Der § 55 will aber eine Scheidung ohne Verschulden des Verklagten geben. Es kommt also grundsätzlich nicht darauf an, ob der Kläger die Zerrüttung verschuldet hat. (Das waren die ersten Fälle, die im Aufsichtswege an mich heerangetragen wurden. Hier ist die Stellungnahme des Gerichts sicherlich falsch).

2. Wenn auf das gesamte Verhalten der Ehegatten verwiesen wird, so kann dabei natürlich auch das Verhalten der Frau eine Rolle spielen z. B. dabei, ob man ihr zumuten kann, ihren Unterhaltsanspruch zu verlieren. Da kann man berücksichtigen, ob sie ihre Pflichten als Hausfrau erfüllt hat oder nicht.

3. Wenn der Mann nichts anderes begehrt als seine Freiheit, so ist das ein Fall, wo von vornherein dem Widerspruch der Frau ein größeres Gewicht einzuräumen sein wird. Wenn wir die Ehe aufrecht erhalten, so bedeutet das nur die Aufrechterhaltung von Verpflichtungen, nicht werden wir erwarten, dass die Ehegatten wieder innerlich zusammenkommen. Dann verengert sich aber der Raum, in dem der Widerspruch als begründet angesehen werden kann, auf ein *besonders übles* Verhalten des Mannes.

4. Die Rücksicht auf die Bereitschaft zur Ehe und auf mangelnde Reue ist so wenig wie möglich in den Kreis der Betrachtung zu ziehen. Denn diese Bereitwilligkeit wird nur erklärt, solange keine Möglichkeit besteht, die Ehe wiederherzustellen. Ebenso ist die Reue des Mannes meist nur Heuchelei.

5. Die Gefährdung der Existenz der Frau kann natürlich auch ein Grund sein, den Widerspruch zu beachten. Eine Frau, die sich in der Ehe aufgeopfert hat, kann man nicht verstoßen. Diese Unterhaltsgründe verdienen auch von einem höheren Standpunkt aus Beachtung.

6. Bloßes Rachegefühl genügt natürlich nicht.

7. Wenn eine zweite Ehe für die Volksgemeinschaft eine größere Bedeutung hat als die alte Ehe, so kann das natürlich ein Grund sein, über den Widerspruch hinwegzugehen.

Jedenfalls ist an keine gesetzliche Änderung gedacht, ehe die Fragen durch die Rechtsprechung geklärt sind. Die Rechtsprechung muß sie lösen. Der Absatz 2 des

§ 55 ist eingefügt, damit nicht etwa dem Kläger die Macht in die Hand gegeben wird, erst eine Ehe einzugehen und sie dann nach 3 Jahren von sich aus wieder zu lösen. – Es handelt sich jetzt stark um eine Aufräumungsarbeit, deshalb werden die ganz alten zerrütteten Ehen nach § 55 möglichst aufzulösen sein.

MinDir. Volkmar: Die Zerrüttungsgründe die die Ehegatten im Rahmen des § 55 vorbringen, bilden nicht den Scheidungsgrund, deshalb hindert der § 616 ZPO nicht, auf sie einzugehen. Ganz ähnlich liegt es mit der Verzeihung. Ein Eingehen auf Verziehenes im Rahmen der Gesamtbetrachtung ist durchaus möglich. Der Satz: „Der Widerspruch ist nicht zu berücksichtigen ..." ist keine Ausnahme von einer Regel. Man muß das Gesetz so lesen: Die Frau kann widersprechen, wenn der Mann die Zerrüttung verschuldet hat und die Aufrechterhaltung der Ehe bei richtiger Würdigung ihres Wesens und des Gesamtverhaltens beider Gatten sittlich gerechtfertigt ist.

Als Beispiele wurden noch folgende Fälle genannt: Der Mann ist ein Mitgiftjäger, er will eine andere heiraten, weil sie vermögend ist und ihn in bessere wirtschaftliche Verhältnisse bringt. – Der Mann hat ein großes Wirtschaftsunternehmen, das notleidend ist. Er kann es retten, wenn er eine Frau heiratet, die ihm die nötigen Mittel bringt, um das Geschäft zu erhalten. – Ein Mann aus einfachen Verhältnissen hat sich durch Tüchtigkeit emporgearbeitet, seine Frau ist in ihrer ganzen Auffassung in der früheren Enge zurückgeblieben, sie genügt deshalb den geistigen Ansprüchen des Mannes nicht mehr. – In allen diesen Fällen scheint mir der Satz: Die Scheidung darf keine Gemeinheit sein, eine ganz gute Richtlinie zu geben. – Herausgehoben wurde auch noch, dass das in der Begründung zum Gesetz angeführte Beispiel (Reue über den Fehltritt, trotzdem ablehnendes Verhalten des anderen Teils) eben nur ein Beispiel sei und nicht etwa grundsätzlich als einziger Fall aufgefaßt werden dürfe, in dem nach § 55 zu scheiden sei.]

Behandlung von Einzelfällen:
a) des Straftatenbereichs 9.–11. November 1938
Reichsjustizminister: Eine justizförmliche Erledigung ist nicht möglich, weil der Staat seine eigene Rechtsordnung nicht aufheben und zugleich die bei dieser Gelegenheit vorgekommenen Taten verfolgen kann. Es sind zu unterscheiden: a) Sachbeschädigungen und was damit zusammenhängt, z. B. Diebstahl u.s.w., b) Tötungen, c) Sittlichkeitsverbrechen, d) Erpressungen, Nötigung u.s.w.

Es ist selbstverständlich, dass man Sachbeschädigungen nicht verfolgen kann. Es kommt darauf an, was die Täter für eine Auffassung hatten oder haben mussten. Man kann aus dieser Gruppe nur das herausnehmen, was so zum Himmel schreit, dass man es nicht übergehen kann. So wird man z. B. Notzucht oder versuchte Notzucht wohl nicht im Zusammenhang mit den Motiven der Aktion vom 9. und 10. November 1938 bringen können. Die Brandstiftung an den Synagogen zu verfolgen, ist ausgeschlossen. Ebenso ist es ausgeschlossen, eine Amnestie hierüber zu erlassen, weil diese voraussetzt, dass eine strafbare Handlung begangen worden ist. Das ist aber nicht der Fall, weil es am inneren Tatbestand fehlt. Es ist der

Gedanke aufgetaucht, eine besondere Stelle zu schaffen, die entscheidet, ob eine solche Sache vor die Staatsanwaltschaft kommt.

Die Partei muss Kenntnis von den Tatbeständen bekommen. Sie wünscht nicht, dass ihre Mitglieder oder Mitglieder der SA u.s.w. wegen solcher Sachen vor die ordentlichen Gerichte gezogen werden. Die Parteigerichte werden dann gewisse Beschuldigte aus der Partei u.s.w. ausschließen und die Akten den ordentlichen Gerichten zur Verfügung stellen. Wenn aber die Partei der Ansicht ist, dass etwas nicht verfolgt werden soll, so wird sie die Gerichte in diesem Sinn verständigen. Kleinere Verfehlungen solcher Art sollen nicht so schwer geahndet werden. Grabschändungen, besonders üblen Charakters, sind verfolgungswert, dagegen nicht, wenn etwa irgendwo ein einzelner Grabstein umgeworfen worden ist.

[*Niederschrift des OLG-Präs. Becker/Jena:*
Minister: Meine Auffassung: eine justizförmige Erledigung ist überhaupt nicht möglich. Denn der Staat kann seine eigene Rechtsordnung nicht außer Kraft setzen und doch gleichzeitig diese Straftaten verfolgen. Hauptgruppen der Straftaten sind: Sachbeschädigung und dabei Diebstahl, Plünderung und Raub – Tötungen – Sittlichkeitsverbrechen – Erpressungen, Nötigungen und ähnliche Vergehen. – Man kann aus dieser trüben Sauce die Brocken herausnehmen, die so zum Himmel schreien, dass man sie nicht ignorieren kann: z.B. also die Notzucht an einer Jüdin.– Ausgeschlossen ist, dass man die Brandstiftungen strafrechtlich anspricht; ausgeschlossen ist auch, eine beschränkte Amnestie zu erlassen, denn das würde die Annahme voraussetzen, dass die Handlungen strafrechtlich zu verfolgen wären; das wäre bei den Sachbeschädigungen nicht wahr.

Es ist die Ansicht vertreten, man müsse diese Dinge ganz an der Justiz vorbeileiten. Das wird nicht angehen. Die Parteigerichte bekommen Nachricht, sobald die Täter bekannt sind. Die Partei wünscht, dass diese Mitglieder vorher aus der Partei ausgeschlossen werden, damit sie nicht als Parteimitglieder vor dem Strafrichter stehen. Die Parteigerichte werden gewisse Mitglieder aus der Partei ausschließen und die Akten dann der Staatsanwaltschaft zur Verfügung stellen. Ist das Parteigericht der Ansicht, dass die Tat nicht zu verfolgen ist, dann wird es der Staatsanwaltschaft von dieser Ansicht Kenntnis geben. Einzelne Sachen werden dann vielleicht niedergeschlagen werden. – Bei der Ausräumung dieser Fälle darf man dann natürlich das Geschehen im Ganzen nicht außer Acht lassen und darf kleine Vergehen, die dabei begangen sind, nicht zu schwer ansehen (z.B. Frau, die einen Eimer mit Marmelade wegschleppte – Einstellung mit Zustimmung der Staatsanwaltschaft oder des Gerichts, § 153 StPO).]

b) Strafrechtliche Behandlung der Frau bei Rassenschande und Personenstandsunterdrückung

Crohne (Reichsjustizministerium): Nur der Mann wird bestraft. Die Frau darf nicht bestraft werden, soweit sie als notwendige Teilnehmerin in Betracht kommt. Ratio legis: Der Mann wird als der aktivere Teil betrachtet. Streitig ist, ob die Frau auch bei der Begünstigung straffrei bleibt. Das Reichsgericht hat die Frau als wegen Begünstigung strafbar bezeichnet, weil Begünstigung keine Teilnahme ist.

Diese Folgerung widerspricht aber dem Willen des Gesetzgebers. Er wollte die Frau überhaupt außerhalb der Strafverfolgung lassen. Es würde zu einem Unsinn führen, wenn man die Begünstigung für strafbar erklären wollte, aber eine vorher zugesagte Begünstigung für straflos, weil diese als Beihilfe zu betrachten ist. Die Polizei pflegt allerdings die Frau, aber nur wenn sie Jüdin ist, in Schutzhaft zu nehmen. Die Entscheidung des Führers ist angerufen worden, der Vorschlag lautet, dass eine Strafverfolgung bei rein wörtlicher Begünstigung nicht stattfinden soll. Geschieht die Begünstigung in Tateinheit mit anderen Delikten (Meineid u.s.w.), dann soll nur eine Verurteilung wegen dieser anderen Delikte stattfinden. Die Staatsanwälte sind entsprechend angewiesen.

Staatssekretär Dr. Freisler: Es ist innerhalb der Begünstigung nicht zu differenzieren. Die Begünstigung ist vielmehr der Teilnahme gleichzuachten und deshalb nicht zu bestrafen. Im Zweifel wird die Staatsanwaltschaft Vertagung beantragen, damit an das Reichsjustizministerium berichtet werden kann, weil die Frage geprüft werden soll, ob nicht eine Gesetzesänderung vorzunehmen ist. Bei Konkurrenz der Begünstigung mit anderen Straftaten (Meineid) wird nur dieser andere Tatbestand verfolgt.

Bumke – Reichsgericht: Wo steht, dass die Ansicht des Gesetzgebers darin besteht, dass die Frau deshalb nicht wegen Teilnahme bestraft werden soll, weil anzunehmen ist, dass der Mann der aktivere ist? Wenn die Frau wegen Begünstigung nicht bestraft werden soll, wird die Verfolgung der Rassenschande erschwert.

Staatssekretär Dr. Freisler: Notwendige Teilnahme ist aufzufassen als einschließlich der Begünstigung. Das war der Sinn des Gesetzgebers. Eine Gesetzesänderung ist unerwünscht.

Reichsjustizminister: Der Führer hat seine Entscheidung noch nicht getroffen. Die Frage liegt ihm z. Zt. zur Entscheidung vor. Es liegt nicht im Sinne des Reichsjustizministeriums, wenn ein Vertagungsantrag der Staatsanwaltschaft vom Gericht abgelehnt würde.

Bei *Personenstandsunterdrückungen* geht die erste Meinung dahin, dass aus Gründen der Klarstellung der Abstammung und der Rasse in jedem Fall die außereheliche Abstammung mit allen Mitteln klar gestellt werden muss. Die zweite Meinung geht dahin, dass es in der Regel beachtenswerte Gesichtspunkte sind, die die außereheliche Mutter veranlassen, den Namen des Vaters zu verschweigen. Die Ansicht des Führers geht dahin, dass mit Rücksicht auf die zweite Meinung nicht in jedem Fall nach § 169 StGB belangt werden darf.

Verfolgungen nach § 169 StGB [Personenstandsfälschung] waren früher selten. Jetzt sind sie mit Rücksicht auf die oben erwähnte erste Meinung häufig. An die Staatsanwaltschaften wurde im Januar 1938 eine RV hinausgegeben, wonach die Mutter nicht nach § 169 StGB verfolgt werden soll. Es soll vielmehr berichtet werden, damit gegebenenfalls nach § 153 StPO vorgegangen werden kann. Diese RV ist aber manchesmal übersehen worden. Manchmal wurde nicht bloß der Vater verschwiegen, sondern es wurde ein anderer, falscher Vater angegeben. Deshalb ist im Oktober 1938 eine neue RV erlassen. Die Staatsanwaltschaft soll Aussetzung beantragen, wenn die Sache unter einem anderen Gesichtspunkt angeklagt worden ist. Eine neue RV vom 9.1.1939 geht dahin, dass Strafverfolgung eintreten soll, wenn unwahre Angaben gemacht worden sind, insbesondere dann, wenn ein falscher Vater von der Mutter benannt worden ist. Der Reichsinnenminister hat die Jugendämter angewiesen, bei bloßem Verschweigen des Vaters keine Anzeige wegen Personenstandsunterdrückung zu erstatten. Der Reichsjustizminister hat die Vormundschaftsrichter angewiesen, ebenso zu verfahren. Das Reichsgericht hat sich dahin ausgesprochen, dass eine uneheliche Mutter, die sich weigert, den Namen des Vaters ihres Kindes anzugeben, damit nicht den Personenstand des Kindes unterdrückt. Eine Nichtbeachtung dieser Grundsätze bringt in der Öffentlichkeit großen Schaden.

Bumke – Reichsgericht: Ich weise besonders darauf hin, dass die Strafdrohung des § 169 sehr schwer ist.

c) *Kostenvollstreckung bei länger abgeurteilten Hochverrat*

Staatssekretär Dr. Freisler: In vielen Fällen werden Personen, die schon 1933 und 1934 wegen Hochverrats abgeurteilt worden sind, jetzt aber wieder längst in ein geordnetes Leben und in den Arbeitsprozess eingegliedert sind, jetzt wegen sehr hoher Strafkosten belangt. Das ist unerwünscht. Die Entscheidung erfolgt auf dem Wege über die Staatsanwaltschaft.

d) Die Verordnung über die Erweiterung der Zuständigkeit der Sondergerichte vom 20. November 1938 [RGBl. 1938, 1632] und die Beschleunigung der Urteilsabsetzung

Staatssekretär Dr. Freisler: Ich verweise auf die RV vom 20. November 1938. Die ordentliche Gerichtbarkeit soll nicht ersetzt werden. Sonst besteht Gefahr, dass sich das Sondergericht totläuft. 16 Fälle sind seither anhängig geworden. Die meisten betreffen Autofallenräuber (7). Die Gefahr, dass das Sondergericht sich totläuft, besteht also im Augenblick nicht. Bei einigen wenigen dieser Fälle taucht die Frage auf, ob in allen Fällen auch die Liquidität beachtet worden ist, und zwar in tatsächlicher und rechtlicher Hinsicht, weil es keine zweite Instanz gibt und weil die Rechtseinheitswahrungsinstanz des Reichsgerichts ausgeschlossen ist.

Reichsjustizminister: Es ist die Frage, ob man nicht dieses besondere Verfahren ein wenig mehr ausdehnen kann. Kann man nicht auch andere Verbrechen vor die Sondergerichte bringen? In Hamburg ist der Versuch gemacht worden.

Bergmann (Köln): Ich halte es für möglich, kann mir aber keine praktischen Fall denken.

Staatssekretär Dr. Freisler: Es muss ein gewisser Aktionsradius vorhanden sein, z.B. ein vielfach vorbestrafter, auf frischer Tat ertappter Einbrecher könnte vor das Sondergericht gebracht werden.

Rothenberger (Hamburg): Die tendenziöse Berichterstattung in der Presse reizt direkt an. Sie soll möglichst unterbleiben.

Schneider (Hamm): Schnelligkeit ist erwünscht. Es bestehen aber Bedenken wegen Mangels der Gründlichkeit.

Reinle (Karlsruhe): Beim Sondergericht sind meist Beisitzer im verhältnismäßig jugendlichen Alter. Außerdem halte ich die Heterogenität der sonst beim Sondergericht anhängigen Fälle für bedenklich im Vergleich mit den Fällen, die jetzt unter das Sondergericht kommen sollen. Wäre es nicht möglich, das Sondergericht an die Oberlandesgerichte zu verlegen?

Bumke (Reichsgericht): Das gewöhnliche Tempo der ordentlichen Strafrichter ist zu langsam.

Thierack (Volksgerichtshof): Ich warne vor einer zu weiten Inanspruchnahme des Sondergerichts.

Staatssekretär Dr. Freisler: Auch die schwurgerichtlichen Urteile müssen alsbald abgesetzt werden. Man könnte die Schwurgerichte so einteilen, dass der Beisitzer, der das Urteil in einer Sache zu machen hat, erst dann wieder an der Session teilnimmt, wenn er sein Urteil verfasst hat.

Reichsjustizminister: Die Meinungen sind geteilt. Man soll gewiss ganz vorsichtig sein, in der Ausdehnung der Zuständigkeit, aber man soll doch auch die Ausdehnung in Erwägung ziehen. Es genügt auch die Vermehrung der Aufmerksamkeit in einem gewissen Bezirk.

Zur Judenfrage: Volkmar (Reichsjustizministerium): Zur Judenfrage sind verschiedene Zweifelsfragen aufgetaucht. Z.B.: Kann man Juden als Zeugen vernehmen, kann ein Gerichtsvollzieher Vollstreckungstitel vollziehen, die Juden erteilt worden sind, wann kann ein Mieter, der Jude ist, gekündigt werden? Über diese Fragen wurde eine Beratung mit sämtlichen Ressorts herbeigeführt. Das Ergebnis war, dass es nicht angeht, diese einzelnen Punkte für sich zu regeln, sie müssen vielmehr nur zusammen mit der großen Aktion der Verdrängung der Juden aus dem deutschen Reich und aus dem deutschen Wirtschaftsleben behandelt werden. Es wurde alles in ein gewisses System gebracht. Eine schriftliche Niederlegung erschien nicht zweckmäßig.

a) Juden als Gläubiger. Man kann nicht sagen, dass Vollstreckungen zu Gunsten von Juden unmöglich sind. Das würde eine großen Vorteil für die darstellen, die sich mit einem Juden eingelassen haben. Ein solcher könnte dem Juden das alles schuldig bleiben. Es ist also die Vollstreckung von Forderungen, die Juden zustehen, zulässig, ohne Unterschied, ob es sich um Vollstreckung in Geld oder in Forderungen oder Mobiliar handelt. Der Vollstreckungsschutz bietet immer die Gelegenheit, Härten zu vermeiden. Der Gerichtsvollzieher ist nicht der Büttel des Gläubigers. Er vollstreckt den Anspruch des Gerichts. Andernfalls müsste man einem Juden ja auch verbieten, zu klagen, was ebenso unmöglich ist. Man kann den Juden auch nicht wie einen Ausländer behandeln. (Sicherheit für die Prozessordnung).

Die Frage, ob man dem arischen Mieter die Zahlung an den Juden zumuten kann, kann auch nur im Zusammenhang mit der Arisierung des jüdischen Grundbesitzes geregelt werden. Wenn der Mieter Zweifel hat, ob der Jude noch Hauseigentümer ist, kann er hinterlegen.

b) Juden als Schuldner: (Vollstreckungs- und Kündigungsschutz)

Der Vollstreckungsschutz hängt teilweise vom Ermessen ab. Man wird in vielen Fällen diesen Schutz einem Juden wegen Unwürdigkeit versagen können. Anders, wenn der Vollstreckungsschutz kraft Gesetzes besteht. Ein solcher kommt natürlich auch dem Juden zugute. Andererseits kann kann aber auch wieder eine andere

Behandlung stattfinden bei Ermessensfragen, z.B. was gehört zum notwendigen Haushalt? Ein Radioapparat, der z.B. bei einem Volksgenossen als unpfändbar zu bezeichnen sein wird, weil dieser die Kundmachungen des Führers und der Bewegung hören muss, wird bei einem Juden nicht unpfändbar sein.

Über die Fälligkeitsregelung bei Hypotheken ist zu sagen, dass der Richter Stundung gewähren kann, ob aber auch Juden, darüber lässt sich eine allgemeine Regelung nicht geben. Auf Grund des richterlichen Ermessens kann unter Umständen dem Juden das versagt werden, was man einem Volksgenossen zubilligt.

c) Sicherung deutscher Gläubiger: Der Haftpflichtige, z.B. bei einem Autounfall, ist ein Jude, der zu einer Rente verurteilt worden ist, und bisher gezahlt hat und auch zahlen konnte. Ist die Tatsache, dass er ein Jude ist, ein Arrestgrund? Das ist eine Ermessenssache des Richters. Unter Berücksichtigung des Umstands, dass der Jude bald auswandern kann, kann ein Arrestgrund gegeben sein.

d) Die Berechtigung eines Juden, Prozess zu führen kann nicht bestritten werden.

e) Juden als Zeugen: Juden müssen Zeugen sein können. Es gibt ja Prozesse, in denen sämtliche Beteiligte Juden sind. Ob der Jude glaubwürdig ist, muss von Fall zu Fall geprüft werden.

Schutzhaft nach Strafverbüßung, nach Freispruch, nach Entlassung aus der Untersuchungshaft:

Schneider (Hamm): Es ist oft vorgekommen, dass der Ermittlungsrichter einen Haftbefehl abgelehnt hat und dass dann Schutzhaft verhängt worden ist. Ein Fortschritt in meinem Bezirk ist insofern zu verzeichnen, als die Inhaftnahme in einem solchen Fall schonender erfolgt als bisher, also nicht unmittelbar nach der Ablehnung des Haftbefehls. Geklagt wird über lange Dauer der Schutzhaft. Mancher Rechtsanwalt legt im Falle des Vorliegens eines richterlichen Haftbefehls keine Haftbeschwerde ein, damit nicht, wenn sie durchdringt, Schutzhaft verhängt wird.

Über Schutzhaft nach Freispruch liegen bei mir nur Erfahrungen über Fälle vor, die schon längere Zeit zurückliegen. Fälle von Schutzhaftverhängung nach Strafverbüßung sind mir nicht gemeldet worden.

Scriba (Darmstadt): Die Laienrichter werden unsicher, wenn sie damit rechnen, dass im Anschluss an ein freisprechendes Urteil Schutzhaft verhängt wird. In meinem Bezirk sind die Fälle zurückgegangen. Die Zentrale der Gestapo kümmert sich jetzt mehr um diese Dinge. So haben sich auch die Generalstaatsanwälte geäußert. In den meisten Fällen handelt es sich um Homosexuelle, Bibelforscher, Hochverräter oder gewerbsmäßige Abtreiber.

Rothenberger (Hamburg): Meine Erfahrungen bekunden gerade das Gegenteil. Die Inschutzhaftnahme hat sich in meinem Bezirk erheblich gesteigert.

Reichsjustizminister: Eine Verhaftung im Gerichtssaal müssen die Vorstände der Behörden vermeiden. Die leitende Stelle der Gestapo in Berlin will das selbst nicht. Die Staatsanwälte und Richter müssen Querverbindung mit der Gestapo halten.

Besprechung mit den Chefpräsidenten am 24.1.1939 zum Thema Schutzhaft [Akten des RJM]

Hamm (Schneider): Eine Besserung der Zustände ist im Jahre 1938 eingetreten. Die wichtigsten Fälle sind die nach Entlassung aus der Untersuchungshaft. Die Inschutzhaftnahme wird heute für das Ansehen der Justiz schonender vorgenommen. Klage wird darüber geführt, dass die Dauer der Schutzhaft Strafcharakter annimmt. In einem Falle (Notar) war die Schutzhaft nach Entlassung aus der U-Haft berechtigt. Manche Rechtsanwälte unterlassen eine Haftbeschwerde, weil Schutzhaft droht. Es gibt Richter, die in Zweifelsfällen Haftbefehl erlassen, um Schutzhaft zu vermeiden. Während einer Strafverhandlung sind Homosexuelle aus der U-Haft entlassen und später rechtskräftig freigesprochen worden, sie wurden jedoch während der Hauptverhandlung jeden Tag aus der Schutzhaft vorgeführt. Ordensbrüder aus Dorsten sind nach Freisprechung in Schutzhaft genommen worden.

Darmstadt (Scriba): In einem Falle Inschutzhaftnahme noch im Sitzungssaal nach Freisprechung. In einigen Fällen Schutzhaft nach Aufhebung der U-Haft, jedoch Entlassung auf Einspruch der Justiz. Allgemeines Bild: Rückgang von Maßnahmen der Schutzhaft gegenüber entgegenstehenden Justizentscheiden.

Berlin (Hölscher): 1938 nur 3 Fälle von Inschutzhaftnahme. Es ist ein Rückgang nach Umfang und Art der Verhaftung festzustellen.

Düsseldorf (Schwister): Häufig Ersuchen um Rückführung falls Ablehnung eines Haftbefehls. Es ist sogar festgestellt worden, dass entsprechende Vereinbarungen zwischen Ermittlungs- oder Untersuchungsrichter und Stapo getroffen worden sind (Düsseldorf). In einem Falle Schutzhaft berechtigt. In einem anderen Falle noch 1 Jahr Schutzhaft. Jetzt sind die Fälle seltener, gutes Einvernehmen zwischen Gericht und Stapo, sodass der Eindruck einer Kritik an der Justiz nicht besteht.

Naumburg (Sattelmacher): Eine Milderung ist festzustellen, häufig jedoch Ersuchen um Rückführung bei Ablehnung des Haftbefehls.

Hamburg (Rothenberger): Inschutzhaftnahmen haben sich gesteigert, weil die Entscheidung über Schutzhaftbefehl in Berlin liegt. In 6 Fällen Schutzhaft gegen Jüdinnen, die einmal mit Ariern geschlechtlich verkehrt haben. Im Falle Laeiß [Laeisz ?] gegen Halbjüdin jetzt bereits 1½ Jahr Schutzhaft. Stapo-Aktenvermerk aus Polizeiakten:

1. Schutzhaft, „um endlich die Strafe wirksam zu gestalten" ..., – 2. Schutzhaft, um „die verbüßte Strafe noch wirksamer zu gestalten" ..., – 3. Schutzhaft „wegen der großen Anzahl der Vorstrafen", 4. Schutzhaft, „um der Verdunkelung vorzubeugen durch Zwischentreten von Rechtsanwälten als Verteidigern".

Rostock (Götsch): Gutes Zusammenarbeiten mit Stapo, nur Präventivmaßnahmen festgestellt.

Graz (Meldt): Keine Schwierigkeiten, nicht der geringste Mißton oder Kritik an der Justiz.

Herr Minister schließt die Aussprache mit dem Hinweis, dass es Aufgabe der Chefpräsidenten sei, dafür zu sorgen, dass Verhaftungen im Gerichtssaal durch die Stapo vermieden werden, im übrigen empfiehlt er, die Querverbindung mit der Stapo aufrechtzuerhalten. gez. Klemm.

3. Fortsetzung der Besprechung am 25.1.1939 (Aufzeichnungen des Vizepräsidenten des OLG München)

Der Ehrenschutz der Richter und Staatsanwälte:
Rothenberger (Hamburg): Man kann den Standpunkt vertreten, dass die Autorität des Richters so hoch ist, dass sie durch einen Angriff in der Presse überhaupt nicht beeinträchtigt werden kann. Seit einigen Monaten halte ich diesen Standpunkt aber nicht mehr für haltbar. Die Ehrenschutzfrage ist die Kardinalfrage der Justiz. Die Ehre ist das höchste Gut und z. Zt. ist nur die Ehre des deutschen Richters angreifbar. Es handelt sich um die Ehre nicht des Individuums, sondern des Standes. Von der Existenz des Richters hängt die des Rechts und damit die des Staates ab.

Das „Schwarze Korps" und der „[Der] SA Mann" haben seit August 1938 fortgesetzte Angriffe gegen die Richter veröffentlicht. [hierzu L. *Gruchmann*, Justizministerium, 3. Aufl. 2001, S. 663 ff.] So veröffentlichte das „Schwarze Korps" Angriffe wegen Räumungsklagen gegen Juden mit Beschimpfungen der Richter und der Justiz. Ebenso in der Angelegenheit der Mödlinger Sekte [vgl. DJ 1939, 58 f.] Angriffe gegen die Staatsanwälte in Tübingen, ferner Angriffe in einem Arrestverfahren gegen Juden, wobei die Richter beim Namen genannt wurden. In einem anderen Fall belobte das „Schwarze Korps" ein Urteil, wonach die Abtreibung einer Jüdin für nicht strafbar erklärt worden war, weil die deutsche Rasse nicht gefährdet sei unter Benennung eines Richters. Der „SA Mann" brachte Angriffe, weil ein Landgerichtsrat sich dagegen gewandt hatte, dass ein Staatsminister a.D. von der Finanzbehörde auf der Steuerkarte als Pensionär bezeichnet wurde. Das „Schwarze Korps" brachte auch Angriffe gegen einen SS Mann, der ein Mädchen überfahren und getötet hatte. Hier handelt es sich um einen Fall, der noch schwebt. Ebenso wandte sich das „Schwarze Korps" gegen einen Formularbescheid in Entschuldungssachen. Ferner brachte es Angriffe wegen Anwendung des § 55 des Ehegesetzes. Hier wurde unterschieden zwischen den nationalsozialistischen Richtern und den übrigen. Ich erwähne auch die Veröffentlichungen im „SA Mann" über den Landgerichtsdirektor Dr. Tischler in Landshut [hierzu W. *Benz*, in: Der 9. November, hrsg. von Johannes Willms, 1994, S. 53 f.]. Die gleiche Zeitschrift brachte einen Aufsatz in einer Fürsorgeerziehungssache mit der Überschrift: „Opposition oder Idiotie". Ebenso wandte sich der „SA Mann" dagegen, dass ein Gerichtsvollzieher das Buch „Mein Kampf" gepfändet hatte, dass ein Oberamtsrichter einen alten, gebrauchten Roller zum Verkauf ausgeschrieben hatte und dass gewisse Örter bei einem Gericht mit der Überschrift „Männer, Frauen, Beamte" versehen waren. Im „Schwarzen Korps" waren einmal 10 Juden abgebildet mit krummen Nasen, unrasiert u.s.w. Darunter 6 Richter unter Erwähnung des Namens. Die gleiche Zeitung brachte einen Artikel über den § 55 des Ehegesetzes mit der Überschrift „Volksverärgerung mit System".

Zu unterscheiden ist sachlich berechtigte, sachlich unberechtigte und in der Form unzulässige Kritik. Man muss sich fragen: Ist bei uns alles in Ordnung, wenn nicht, dann muss man die Fehler rücksichtslos beseitigen und dann ebenso so rücksichtslos angreifen. In England ist jeder Angriff auf den Richter verboten, auch der berechtigte. Wir sind in der Umgruppierung begriffen. Bei uns muss man eine Pressekritik zulassen. Aber:

1. [es] muss der Tatbestand einwandfrei feststehen, die Presse muss vorher mit der Stelle Fühlung nehmen, die den Tatbestand am besten kennt, also nicht mit dem Unterlegenen, sondern mit dem Richter.
2. es muss sich um grundsätzliche Fragen handeln, nicht um Kleinkram.
3. Niemals darf ein solcher Angriff in der Form zu einer Verallgemeinerung führen.
4. Niemals darf sich der Angriff in der Form vergreifen und sich niemals gegen den Richter persönlich wenden.

Eine vollkommen einwandfreie Personalpolitik muss geführt werden. Jeder Chef muss seine Hauptaufgabe darin sehen, im öffentlichen Leben zu stehen und mit sämtlichen Parteidienststellen und Staatsdienststellen in Fühlung sein. Die Chefs müssen immer wieder durch Vorträge über die Schwierigkeiten der Aufgaben der Justiz aufklären. Die weitere Aufgabe des Chefs muss nach innen gerichtet sein, gegenüber seiner Gefolgschaft. Menschenführung, taktvolle Dienstaufsicht.

Zu beachten ist die Wirkung auf die Richterseele, auf den einzelnen Richter, auf den Richterstand, das Volk, das Ausland und den Nachwuchs.

Der Richter fühlt sich persönlich vollkommen schutzlos. Er überlegt sich, ob er Strafantrag stellen soll. Vielleicht ist er sogar überstimmt worden und muss sich wegen eines Urteils angreifen lassen, das nicht einmal seiner eigenen Überzeugung entspricht. Die Wirkung auf den Stand ist so, dass der Richter jeweils das „Schwarze Korps" als erste Zeitung liest, oder dass sich doch der Inhalt sofort von Mund zu Mund verbreitet. Die Richterschaft ist völlig eingeschüchtert. Der Richter muss um seine Stellung, seine Familie u.s.w. bewusst oder unbewusst fürchten. Das führt entweder zur Schwäche oder zur Dickköpfigkeit. Die Wirkung auf das Volk zeigt sich darin, dass die Leute den Richtern und den Chefs schon im Laufe des Prozesses Zeitungsausschnitte aus dem „Schwarzen Korps" zusenden mit dem Bemerken: Mein Fall liegt ebenso wie der im „Schwarzen Korps" besprochene oder der Richter ist ebenso einer, wie der im „Schwarzen Korps" angegriffene. Ein ganz allgemeines Misstrauen gegen die Justiz ist erzeugt worden. Es handelt sich um eine Vertrauenskrise der Justiz und damit des Staates. Die Wirkung auf den Nachwuchs besteht darin, dass es sehr schwer ist, die wirklich tüchtigen aktiven Leute für die Justiz zu bekommen. Man kann mit gutem Gewissen keinem Assessor mehr sagen, dass der Richterberuf ein idealer Beruf ist. Ich habe dem Sicherheitsdienst geschrieben, dass die Hetze nachteilig auf das Ausland wirkt. Der Sicherheitsdienst hat sich meinen Ausführungen angeschlossen und sie dem Reichsführer der SS berichte.

Vorschläge: Man könnte an Strafantragstellung durch den Vorstand denken. Dieser Weg ist falsch. Die Folge wäre ein Beleidigungsprozeß. Damit stünde der nun entscheidende Richter im Brennpunkt der Angriffe.

Man könnte daran denken, dass der Chef Anzeige gegen das Blatt beim Ehrengericht der Presse stellt. Dieser Weg erscheint mir nicht ganz ungangbar. Ich habe meinen Gauleiter schon darauf hingewiesen. Man muss jeden nationalsozialistischen Führer für [über] die Stellung des Richters aufklären und das immer wieder tun. Der Stellvertreter des Führers hat am 16.1.1939 erklärt: „Wiederholt sind Schriftleiter stark gefärbten Berichten zum Opfer gefallen und haben Parteigenossen angegriffen. Solche Angriffe gehören nicht in die Öffentlichkeit. Ich untersage allen Parteizeitschriften die öffentliche Behandlung von Angriffen gegen Parteigenossen, belastendes Material ist dem Hoheitsträger oder dem Parteigericht zuzuleiten." Unter diese Bestimmungen kann man die Angriffe gegen die Richter bringen, die fast alle Parteigenossen sind. Aber dieser Erlass ordnet auch strengste Prüfung bei Volksgenossen an und droht Maßregelung der Redakteure an.

Es ist auch die Frage zu prüfen, ob es ratsam ist, Berichtigungen zu bringen. Die Richter wären schon erheblich beruhigt, wenn in der Deutschen Justiz an ganz sichtbarer Stelle gebracht würde, dass der Reichsmister der Justiz das Verhalten des betreffenden Richters deckt, wenn er es decken kann natürlich. Im Falle „Rettungsarche" war es ähnlich. Der Pressereferent hätte allerdings faktisch anders verfahren müssen. Auf den Brief des „Schwarzen Korps" hin, hätte er persönlich dorthin gehen müssen und eine für beide Teile tragbare Berichtigung vereinbaren sollen. Es war nicht richtig, dass er den schriftlichen Weg gewählt hat. Ich selbst würde im Falle des Angriffs auf einen Richter eine Richterversammlung einberufen und den Richtern erklären, dass ich sie decke, wenn ich das nach Prüfung des Sachverhalts tun kann.

Hölscher (Kammergericht): Meine Richter sind besonders angegriffen worden und zwar unbegründet. Sie sind nicht gesonnen die Beleidigung auf sich sitzen zu lassen. Sie bitten den Herrn Reichsminister um Schutz und werden sich selbst Genugtuung verschaffen, wenn sie ihnen nicht gegeben wird.

Martin (Kiel): Man muss sich überlegen, ob man selber noch Richter bleiben will, wenn es so weitergeht.

Bumke (Reichsgericht): Wir machen keinen Anspruch auf Beliebtheit, aber auf Achtung. Der Führer muss für die Sache interessiert werden.

Schwister (Düsseldorf): Ich kann mich den Ausführungen Rothenbergers nur anschließen.

Stadelmann (Frankfurt): Eine Erklärung in der Deutschen Justiz genügt nicht. Eine parteiamtliche Zurückweisung ist notwendig.

Schneider (Hamm): In meinem Bezirk herrscht wegen dieser Angriffe große Erregung.

Scriba (Darmstadt): Ich kann mich den Ausführungen Rothenbergers nur anschließen.

Reinle (Karlsruhe): Ich bin Vorsitzender des Berufsehrengerichts der Presse. Eine Anrufung dieses Gerichts wird nichts helfen. Die Entscheidung darüber, ob ein Verfahren eingeleitet wird, hängt vom Antrag des Reichspropagandaministeriums ab. Ob ein solcher Antrag gestellt wird, möchte ich bezweifeln.

von Garßen (Celle): auch die Erregung in meinem Bezirk ist sehr stark.

Staatssekretär Dr. Freisler: Im Falle „Rettungsarche" habe ich selbst angeordnet, dass der Pressereferent des Reichsjustizministeriums nicht zum „Schwarzen Korps" hingehen, sondern schreiben soll, weil schon lange mündlich verhandelt worden ist. Die Generalstaatsanwälte haben in der gestrigen Besprechung nicht, wie Rothenberger gelegentlich erwähnte, um das „Schwarze Korps" herumgeredet, sondern ernsthaft Stellung genommen (Rothenberger nimmt diese Bemerkung zurück). Die Frage einer Aufgabe der Richterstellung kommt für mich nicht in Betracht, weil der Kapitän und seine Leute ein Schiff in Not nicht verlassen dürfen. Die Sache ist die ernsteste seit Jahren. Die Gründe der Angriffe erblicke ich darin, dass es Leute gibt, die die Rechtsordnung nicht für notwendig halten. Die Partei hat teilweise unangenehme Erinnerungen an die Rechtspflege. Aus Kreisen des Rechtslebens selbst werden Vorwürfe erhoben.

Was die Angriffe des Jahres 1938 betrifft, so unterscheide ich Angriffe im Gaumaßstab und Angriffe im Reichsmaßstab. Die Angriffe im Gaumaßstab beschränken sich nicht auf die Presse, sie sind allgemein gut abgeschlagen worden. Angriffe im Reichsmaßstab sind eine Zeitlang im „Stürmer" gebracht worden. Sie sind aber seit etwa 2 Jahren nicht mehr beobachtet worden, wenigstens nicht als System. Eine Zeitlang kamen schwere Angriffe im „Rechtsspiegel". Diese haben nicht lange gedauert, waren aber deswegen beachtlich, weil sie von Rechtswahrern stammten. Auch das kann als erledigt betrachtet werden. Einmal kam ein Angriff auf den Oberlandesgerichtspräsidenten in Dresden im „SA Mann". Diese Sache ist erledigt. Seither kamen im „SA Mann" bis auf 2 Fälle keine Angriffe mehr.

Das „Schwarze Korps" bringt sein Ende 1937 systematische Angriffe. Der Pressereferent des Reichsjustizministeriums hat der Sache besondere Aufmerksamkeit zugewendet. Im Anfang brauchte man nicht den Eindruck haben, dass ein System besteht. Im Anfang haben verschiedene Abmachungen stattgefunden. Die Angriffe haben dann 5 ½ Monate lang aufgehört. Im Oktober 1938 haben sie wieder begonnen. Man hat sofort den Sachverhalt festgestellt und sich immer bemüht, das „Schwarze Korps" zu überzeugen. Das „Schwarze Korps" hat angefragt, ob das Reichsjustizministerium bereit ist, einen Justizinspektor in Breslau zu bestrafen, der gesagt hat, das Reichsjustizministerium würde das „Schwarze Korps" in den Justizgebäuden verbieten, wenn die Angriffe nicht aufhören. Wegen der „Rettungsarche" haben verschiedene Besprechungen stattgefunden. Z. Zt. schweben Verhandlungen mit dem „Schwarzen Korps" in 16 Sachen. Der Ausgang wird abgewartet werden müssen. Wenn keine Einigung zustande kommt, muss die Klärung nicht durch das Urteil eines Gerichts, oder Ehrengerichts erfolgen, sondern auf andere Weise.

Reichsjustizminister: Ich stelle fest, dass die Hetze gegen die Juristen keine Bedeutung hat, soweit die Gaupresse in Betracht kommt. Es handelt sich nicht um die Hetze einer wildgewordenen Zeitung, sondern um eine periphäre Erscheinung des Kampfes gegen die Justiz überhaupt, und damit wendet man sich gegen den Führerstaat. Ein Offizier oder Verwaltungsbeamter kann versetzt werden. Warum nicht auch ein Richter? Wollen manche nicht einsehen können. Alle Staatsdiener müssen den Weisungen folgen, die ihnen erteilt werden. Warum nicht auch die

Richter, können die Laien nicht verstehen. Ich habe immer hierüber aufgeklärt. Bei der Auslegung von Gesetzen haben die Gerichte selbst wiederholt Anlass zur Kritik gegeben. Über das, was zur Wiederherstellung einer angegriffenen Ehre notwendig ist, sind die Ansichten geteilt. Zweidrittel der höheren Beamten sind aktiv in der Partei tätig. Aber alle diese Hinweise sind erfolglos, wenn sich der Kampf nicht gegen die Richter, sondern gegen das Richteramt richtet.

Ich bin entschlossen, wegen dieser Angriffe nicht mehr mit dem „Schwarzen Korps“ zu verhandeln. Ich frage: Wer ist denn für diese Artikel verantwortlich? Ich werde die Verhandlungen auf einer anderen Ebene fortsetzen.

[*Niederschrift des OLG-Präs. Becker/Jena*: Zunächst gab *OLG-Präs. Rothenberger* einen einführenden Bericht. Er führte besonders aus, wie das Schwarze Korps seit August 1936 die deutschen Richter und Staatsanwälte angreift, wie Angriffe sich häufen, wie sie schärfer und schärfer werden, wie die angegriffenen Richter mit Namen genannt werden. Im November Angriff, weil einem Juden Mieterschutz gewährt worden sei (ausdrücklicher Wunsch des Führers, dass der Mieterschutz der Juden vorläufig bleibt. – Geheimerlass –). Dann der Möttlinger Fall: „Die Rettungsarche ...“ (s. Deutsche Justiz 1939,38). Aufhebung eines Arrestes gegen einen Juden auf eidesstattliche Versicherungen jüdischer Angestellter (dabei irrtümlich angenommen, dass der Jude 7000 RM Sicherheit verlangt habe, während sie der Gläubiger hinterlegt hatte); hier die beteiligten Richter beim Namen genannt. Freisprechung einer Jüdin wegen Abtreibung; hier ausnahmsweise ein Lob erteilt, und zwar von bestimmten Richtern. – Behandlung des Falles, in dem ein SS-Mann ein junges Mädchen überfahren hatte: Wir können uns nicht denken, dass ein deutsches Gericht solchen unverschämten Forderungen stattgeben wird; also zunächst Eingriff in ein schwebendes Verfahren. – Angriff gegen die Anwendung des § 55 des Ehegesetzes. – Dann überaus übler allgemeiner Angriff in der letzten Nummer des Schwarzen Korps. – Er führte dann aus: Kritik sei nicht abzulehnen, aber vorher müßte der Tatbestand durch Anfrage bei der entscheidenden Stelle geklärt sein. Es muß sich ferner um grundsätzliche Fragen handeln, Kleinkram gehört nicht in die Presse und dann darf ein solcher Angriff niemals in der Form zu einer Verallgemeinerung führen oder nur andeuten, dass alle deutschen Gerichte hier falsch handeln, und darf niemals persönliche Angriffe gegen den entscheidenden Richter enthalten.

Mit Strafantrag ist nicht zu helfen. Der Weg einer Klage beim Ehrengericht der Presse wäre vielleicht gangbar. Der Stellvertreter des Führers hat den Zeitungen und Zeitschriften untersagt, falsches Verhalten von Parteigenossen öffentlich zu behandeln. Die Angriffe gegen die Richter sind zum großen Teil Angriffe gegen Parteigenossen. Weiter sagt der Stellvertreter des Führers, dass auch bei Angriffen gegen Volksgenossen vorher die Dinge aufzuklären seien. Mit Berichtigungen ist wenig zu helfen, wenn sie überhaupt aufgenommen werden.

Es wäre beruhigend, wenn der Herr Minister in der Deutschen Justiz an ganz sichtbarer Stelle erklärte, dass er das Verhalten der angegriffenen Richter decke (wenn er es decken kann). – Herr *Rothenberger* wies eindrücklich auf die ernste Gefahr dieser Angriffe, auf die wachsende Empörung der Richter hin. Ebenso zeigten der *Kammergerichtspräsident* und der *Reichsgerichtspräsident* die schweren Gefahren für die Rechtspflege auf. Auch auf die Wirkung auf den Nachwuchs wurde hingewiesen.

Staatssekretär Freisler: Es ist das ernsteste Problem, das uns seit 1933 beschäftigt hat. Die Angriffe sind außerordentlich gefährlich, sie treffen den Einzelnen und treffen uns alle. Darin sind wir einig: Den Angriffen, die über den Gau nicht hinausgehen, ist mit steigendem Erfolg begegnet worden. Angriffe im Reichsmaßstab haben wir früher besonders beobachtet im „Stürmer"; das ist seit etwa 2 Jahren als System nicht mehr beobachtet worden. Eine Zeit lang schwere Angriffe im „Rechtsspiegel", das hat nicht lange gedauert, aber besondere Wirkung gehabt, weil sie von Seite der Rechtswahrer ausgingen. Mit dem Angriff gegen den OLG-Präsidenten von Dresden im „SA-Mann", der als falsch zurückgewiesen wurde, sind auch vom SA-Mann keine Angriffe mehr beobachtet worden; im letzten Moment sind zwar Angriffe wieder vorgekommen, nach langen Zwischenräumen. – Im „Schwarzen Korps" erscheinen seit Ende 1937 zeitlich in schnellerer Folge und im Inhalt allgemeiner und heftiger werdende Angriffe zuletzt unter Namensnennung. Der Pressereferent des Ministeriums hat sich dieser Angelegenheit mit großer Aufmerksamkeit angenommen. Im Anfang bestand nicht der Eindruck, dass es sich um ein System handele. Das „Schwarze Korps" machte Zusagen und wiederholte sie auch, dass nicht geprüftes Material nicht verwendet werden solle. 5 ½ Monate lang haben die Angriffe dann ausgesetzt. Mit dem Oktober 1938 begannen die Angriffe aus neue und häuften sich. Wir haben die Fälle untersucht und dem „Schwarzen Korps" mitgeteilt, dass die Angaben nicht richtig seien. Wir haben die Angriffe als systematisch erkannt und die Juden im Zusammenhang behandelt. Darin bot der Artikel „Die Rettungsarche" die Gelegenheit und es hat da verschiedene Besprechungen gegeben [hierzu und zum Folgenden DJ 1939, S. 58 f; *Gruchmann*, Justiz im Dritten Reich, 3. Aufl. 2001, S. 666 ff.], das „Schwarze Korps" hat nach eigenen Quellen festgestellt, dass seine Behauptungen unrichtig waren. Weil die Sache dann eilte, wurde von uns der Berichtigungsantrag dem „Schwarzen Korps" vorgelegt. Obwohl dieses mit uns über die Berichtigung hatte in Verbindung treten wollen, brachte es eigene Berichtigung. Daran anknüpfend haben wir dann die letzten 12 Fälle behandelt und haben unsere Feststellungen ans „Schwarze Korps" gegeben. Diese Bemühungen müssen irgendwie enden, vielleicht mit einer Feststellung im „Schwarzen Korps", vielleicht mit einer Feststellung in der „Deutschen Justiz". Was weiter wird, ist zunächst müßig. Wenn die Bereinigung nicht glückt, dann müßte die Angelegenheit geklärt werden, nicht durch gerichtliches Urteil, sondern in anderer Weise.

Minister: Manche stellen das unabhängige Richtertum als ein Überbleibsel aus alter Zeit dar, das zum Führerstaat nicht passe. Es sind nicht die belanglosesten Menschen, die das auch propagieren. In Aussprachen habe ich mit Erfolg darauf hingewiesen, dass die Aufgabe der Richter in der Hauptsache ist, die Wahrheit zu erforschen. Für die Überzeugung, die der Richter in der Verhandlung gewinnt, kann er keine Befehle annehmen. In Sonderheit ist eine Erwiederung niemals erfolgt. Bei der Auslegung der Gesetze haben die Berichte Anlaß zur Kritik gegeben,

z. B. bei § 55 Ehegesetz. Das tritt besonders auf, wenn man über den Grundgedanken nicht einig ist. Das „Schwarze Korps“ arbeitet im Sinne dieser Vorstellung, dass das Richteramt ein Überbleibsel sei: Zwei Drittel der Richter betätigen sich in der Partei, dazu kommen noch so und so viele Parteiangehörige. Diese unsere Hinweise helfen nichts, wenn der Gedanke zutreffend ist, dass es sich nicht um den Richter handelt und um einzelne Urteile, sondern um das Richteramt. Und der Gedanke drängt sich auf. Wenn es richtig ist, kann man das „Schwarze Korps“ nicht in der bisherigen Weise darauf ansprechen. Ich habe das verfolgt und bin nun entschlossen, den Kampf nicht mehr auf der Ebene der Schriftleitung zu führen. Wer kann als verantwortlicher Mann angesprochen werden? Die Überschriften zeigen eine ganz andere Zielrichtung als der Kampf gegen einzelne Urteile. Den Ernst der Sache empfinde ich tief. Wir müssen aus dem Gedanken, dass es ohne ein Recht im Volke nicht geht, aushalten.

Die Gerichte sollten sich vorsichtiger ausdrücken, so auch bei Aufsichtsbeschwerden, wenn sie ausführen, dass auch der Herr Reichsminister die Rechtsprechung nicht angreifen könne (oder gar der Führer, was übrigens nicht stimmen würde). Draußen wird das falsch aufgefaßt, wie auch der neue Artikel im „Schwarzen Korps“ zeigt. – Die Nachwuchsfrage geht den öffentlichen Dienst überhaupt an.]

München, den 6. Februar 1939 [Vizepräsident des Oberlandesgerichts]

4. Fortsetzung der Besprechung am 27.2.1939 (Aufzeichnungen des Vizepräsidenten des OLG München)

a) Ehrenschutz der Richter und Staatsanwälte

Reichsjustizminister: Wegen der Angriffe im Schwarzen Korps habe ich mich gleich nach Beendigung der Beratung vom 24. und 25. Januar 1939 mit dem Reichsführer SS ins Benehmen gesetzt und eine Unterredung mit ihm gehabt. Ich habe ihm dabei meine Ansicht und die Meinung der Oberlandesgerichtspräsidenten über diese Sache ganz deutlich und ausführlich vorgetragen. Über den Verlauf der Unterredung im einzelnen will ich mich nicht verbreiten, sondern nur das Ergebnis bekanntgeben. Es ist eine Vereinbarung folgenden Inhaltes getroffen worden: Über Justizangelegenheiten erscheinen im Schwarzen Korps keine Veröffentlichungen mehr, die nicht vorher dem Reichsführer SS vorgelegt und von ihm mir zugeleitet worden sind. Der wahre Sachverhalt wird dann von mir mit aller Beschleunigung festgestellt und dem Reichsführer SS wieder mitgeteilt. Diese Vereinbarung ist schriftlich niedergelegt und bisher auch eingehalten worden. Den Komplex des § 55 des neuen Ehegesetzes habe ich bei dieser Unterredung mit dem Reichsführer SS nicht berührt. Dagegen haben die anderen Sachen auf ihn einen tiefen Eindruck gemacht. Man wollte nicht glauben, dass bei den Veröffentlichungen im Schwarzen Korps der wahre Sachverhalt so ganz anders liegt.

Seither sind nur zwei Sachen im Schwarzen Korps über Justizdinge erschienen. Die eine war ein ganz kleiner Artikel des Inhalts ungefähr, die Nationalsozialisten hätten nun einmal die Erziehungsgewalt über das deutsche Volk und würden sie ausüben, gleichgültig ob es anderen gefalle oder nicht. Ich habe mich deswegen an den Reichsführer SS gewendet, weil der Artikel mir nicht zugeleitet wurde. Er hat geantwortet, dass damals sein Befehl das Schwarze Korps noch nicht erreicht habe. Der zweite Artikel trägt die Überschrift „Ein netter Kommentar" und betrifft den Vollstreckungsschutz. Dieser Artikel enthält zwar ein Lob, aber insofern einen Angriff, als der Sinn der ist, dass der Richter so gut und vernünftig entschieden hätte, dass es ihm gar nicht zuzutrauen war. Über solche Dinge bitte ich hinwegzulesen.

Bei der Besprechung habe ich zum Reichsführer SS gesagt, selbst wenn die tatsächlichen Vorgänge, über die das Schwarze Korps früher geschrieben hat, richtig gewesen wären, so könnte man doch die Form, die gewählt worden sei, nicht billigen. Darin hat er mir zugestimmt. Ich hoffe, dass die Angelegenheit damit als erledigt betrachtet werden kann.

Ein weiteres Kapitel ist die Frage, was geschehen soll, um den angegriffenen Richtern und Staatsanwälten, die teilweise namentlich angeführt worden sind, Genugtuung zu verschaffen. Die erste Möglichkeit wäre, in der Presse, d.h. also in der Deutschen Justiz eine abschließende, die Richter rechtfertigende Darstellung zu geben. Die zweite Möglichkeit bestünde darin, dass die Beteiligten Strafantrag stellen. Einzelne Angegriffene, die Parteimitglieder sind, wollen auch ein Parteigerichtsverfahren gegen sich beantragen. Endlich haben einige Angegriffene, die Amtswalter sind, ihre Parteiämter niedergelegt. Zur ersten Möglichkeit möchte ich ausführen, dass, wie schon erwähnt, als Presseorgan nur die Deutsche Justiz in Betracht käme, weil man keine Zeitung finden wird, die eine solche Erklärung aufnimmt. Mehrere Artikel sind entworfen und mir vorgelegt worden. Es erscheint mir aber keiner geeignet zur Veröffentlichung und zur Herbeiführung und Sicherstellung eines ersprießlichen Zusammenarbeitens mit dem Schwarzen Korps. Zur zweiten Möglichkeit möchte ich bemerken, dass ich nicht weiß, ob Strafanträge gestellt worden sind. Die Frist hierzu läuft am 6. März 1939 ab. Die Sache muss als Ganzes betrachtet werden. Es würde einen schlechten Eindruck machen, wenn nur einzelne Angegriffene Strafantrag stellen würden. Wenn überhaupt Strafantrag gestellt wird, müsste das vom Reichsjustizministerium aus geschehen. Ob einzelne der Angegriffenen wirklich ein Parteigerichtsverfahren gegen sich beantragt haben, weiß ich nicht. Es steht das jedem Einzelnen frei. Endlich ist mir bekannt geworden, dass einer oder zwei der angegriffenen Richter die Parteiämter niedergelegt haben. Die Partei oder die betreffende Gliederung, wie z.B. die NSV, wird sich an das RJMin wenden und ein Urteil über den betreffenden Richter erbitten. Das RJMin wird die Integrität des betreffenden Richters zu wahren wissen. Ich halte einen anderen Weg für den richtigen, nämlich den, den Beteiligten noch vor Ablauf der Strafantragsfrist von der Stellungnahme des Reichsführers SS Kenntnis zu geben.

b) *Auswirkungen der Stellenvermehrung auf die bewegliche Personalreserve*

Reichsjustizminister: Die Zahl der Planstellen soll erhöht werden auf Kosten der außerplanmäßigen Stellen.

MinRat Anders: Es war stets das Bestreben, die Zahl der Planstellen zu erhöhen. Die Vorbereitungszeit im höheren Dienst ist von vier Jahren auf 2 Jahre (1 Jahr Probedienst, 1 Jahr Anwärterdienst) vermindert worden. 1266 neue Planstellen stehen zur Verfügung, und zwar bereits vom 1.4.1939 an. Deshalb hat das RJMin zur Berichterstattung eine so kurze Frist gestellt. die Stellen haben keinen Einfluss auf die Dienstpostenbewertung. Wenn z.B. durch Zuweisung einer solchen Stelle die Richterzahl eines Amtsgerichts von 5 auf 6 anwächst, so bleibt der Vorstand Oberamtsrichter und wird nicht zum Amtsgerichtsdirektor dadurch. Für die neuen Stellen hat man den Ausdruck „Ergänzungsstellen" geschaffen. Besser wäre vielleicht, sie als „zusätzliche Stellen" zu bezeichnen, zumal der Begriff des E-Offiziers bei der Wehrmacht weggefallen ist. Die Bewilligung der Stellen liegt beim RJMinisterium. Die Oberlandesgerichtspräsidenten und Generalstaatsanwälte haben angestrebt, dass ihnen die Zuweisung dieser Stellen auf die einzelnen Gerichte und Staatsanwaltschaften übertragen wird. Diese Bestrebungen sind bis jetzt ohne Erfolg gewesen. Das Personal hat sich vermehrt, während die Geschäfte allgemein zurückgegangen sind. Aus diesem Grunde kann man also die Stellen besser halten, wenn man dem Reichsfinanzministerium mitteilen kann, die Sache sei vom Reichsjustizministerium geprüft worden und nicht auf die höhere Reichsjustizbehörden zurückgreifen muss.

Ministerialrat Haastert: Alle Gerichtsassessoren, die bis zum 1. Oktober 1936 das Assessorexamen bestanden haben, sollen angestellt werden unter der Voraussetzung, dass sie dienstlich geeignet sind. Die Versetzungswünsche sollen den Leitern der höheren Reichsjustizbehörden bekannt sein, damit sie möglichst bei dieser Gelegenheit berücksichtigt werden können. Es soll also z.B. nicht so sein, dass ein Planstelleninhaber, der die Versetzung an einen Ort anstrebt, dem jetzt eine E-Stelle zugeteilt wird, diese nicht erreicht, sondern hinter einem Assessor zurückstehen muss, dem diese E-Stelle jetzt verliehen wird. Die Verteilung auf die einzelnen Bezirke wird dazu führen, dass einzelne Bezirke mehr Assessoren bekommen als sie Stellen haben und umgekehrt. Es muss jetzt schon festgestellt werden, wieviel überschießende Assessoren die Versetzung in einen anderen Bezirk anstreben. Die Vermehrung der Planstellen bedeutet keine Vermehrung der Arbeitskräfte. Die noch zur Verfügung stehenden Assessoren müssen zur Verwaltung von Planstellen ausreichen. Sollten sich Schwierigkeiten ergeben, so müsste auf die Verwendung von planmäßigen Richtern zur Verwaltung von Planstellen zurückgegriffen werden. § 10 der Verordnung zur einheitlichen Regelung der Gerichtsverfassung vom 20.3.1935, RGBl. I S. 403.

Reichsjustizminister: Der Wunsch auf Verringerung der außerplanmäßigen Stellen kommt aus der Ostmark.

Rothenberger (Hamburg): Ich nehme an, dass die besonders guten, z. B. die lobenswerten Gerichtsassessoren auch dann auf die E-Stellen angestellt werden können, wenn sie den Stichtag vom 1. Oktober 1936 noch nicht erfüllt haben.

Reichsjustizminister: Das stimmt.

Meldt (Graz): Die Assessoren, die in der Ostmark eine Verzögerung ihrer Ausbildung erlitten haben, müssten besonders berücksichtigt werden. Die Verzögerung ist meist auf politische Gründe zurückzuführen. Sie dürfen nicht schlechter gestellt werden als die Assessoren im Altreich, die diese Schwierigkeiten nicht hatten.

MinRat Haastert: Ausnahmen sind zulässig mit Zustimmung des Reichsministers des Inneren und der Finanzen. Solche Fälle, wie die vom Oberpräsidenten in Graz erwähnt worden sind, haben Aussicht auf Erfolg.

Reichsjustizminister: Ich stelle anheim, solche Anträge zu stellen.

Dräger (Königsberg): Ich fürchte, dass ich meine Probeassessoren nicht mehr unterbringen kann, wenn die neuen Planstellen besetzt werden. Einige wenige Assessoren sind verheiratet. Es wird schwer sein, sie unterzubringen, weil die Kommissorien zu kurzfristig sind. Besonders tüchtige Leute muss man auch nach § 7 der Laufbahnvorschriften einstweilen beschäftigen, bis ihr Gesuch um Übernahme in den Probedienst entschieden ist. Sonst laufen sie zu anderen Verwaltungen davon. Es wird das künftig schwer gehen.

Martin (Kiel): Solche Schwierigkeiten wird es immer geben. Man muss eben notfalls auf den zusätzlichen Dienstleistungsauftrag zurückkommen. Wird nicht die Probezeit überhaupt einmal abgeschafft? Ich würde es begrüßen. Das zweite Formular, das der RV beigelegt hat, die Meldung über die Anträge auf Zuteilung von E-Stellen anordnete, gibt m. E. keine Möglichkeit zur Berücksichtigung von Versetzungswünschen.

MinDirektor Nadler: Wenn es sich um besonders gute Orte handelt, auf die E-Stellen verteilt werden, dann müssen Versetzungswünsche berücksichtigt werden.

Schwister (Düsseldorf): Ich begrüße es außerordentlich, wenn bei dieser Gelegenheit Versetzungswünsche von bewährten Richtern berücksichtigt werden könnten, ebenso dass die Überschussbezirke entlastet werden sollen. Ich habe 141 Assessoren, die vor dem 1. Oktober 1936 das Examen gemacht haben. Die Assessoren, die aus meinem Bezirk stammen, aber als Anwärter in einen anderen Bezirk überwiesen worden sind, hoffen, dass sie bei dieser Gelegenheit wieder in meinen Bezirk kommen. Die Frage, ob noch eine genügende Reserve zur Verwaltung von Planstellen übrig bleibt, wird sich in jedem Bezirk verschieden gestalten. Wenn die Justizverwaltung klar sehen will, muss sie eine Umfrage veranstalten, wer von den nicht übernommenen Assessoren, also von denen, deren Gesuche um Probedienst seinerzeit abgelehnt worden sind, eine Verwendung bei der Reichsjustizverwaltung anstrebt.

Staatssekretär Freisler: Die letzten Altassessoren sind aufgerufen und scheiden mit dem 31. März 1939 aus. Zum 1. April 1939 tritt auch die neue Bestimmung in Kraft, wonach jeder Referendar 135 RM und, wenn er verheiratet ist, 200 RM Unterhaltszuschuss ohne Rücksicht auf Bedürftigkeit und Leistung erhält. Damit ist der ungeheure preußische Assessorenballast aufgearbeitet und gleichzeitig ein weiterer Schritt zur Besoldung der Referendare getan. Damit ist zum 1. April 1939 ein großer Fortschritt geschehen. Der junge und werdende Rechtswahrer soll sobald als möglich heiraten können. Das war die Begründung, die gezogen hat. Es müssen auch alle anderen Maßnahmen diesem Grundsatz dienen. Eine solche ist die Vorverlegung des Zeitpunktes der festen Anstellung. Ursprünglich waren die 4 Jahre Probe- und Anwärterdienst notwendig. Man musste aufs gleiche kommen und eine Parallele mit der Anwaltschaft ziehen. Was die Anwaltschaft selbst an Zuschüssen zahlen muss, ist sehr wenig. Wie sich herausgestellt hat, können die einzelnen Anwälte, denen die Assessoren zugewiesen sind, auch die Zahlungen leisten.

Sieben von 1500 Assessoren wurden nach Ablauf des Probedienstes nicht in den Anwärterdienst übernommen, d.h., dass sich das Probeassessorjahr im allgemeinen als nicht notwendig erwiesen hat. Damit ist aber noch nicht gesagt, dass es am 1. April 1939 bereits wegfällt. Die wichtige Frage betrifft die Kürzung der Anwärterzeit. Wir müssen sehen, dass die planmäßige Anstellung immer näher an den Zeitpunkt der Aufnahme heranrückt. In diesen Fragen kann die Justiz aber nicht allein vorgehen. Die anderen Verwaltungen haben gleiche Verhältnisse.

Es wurde davon gesprochen, dass es im allgemeinen 3 Monate dauert, bis das Gesuch eines Assessors um Übernahme in den Probedienst entschieden ist. Wir bemühen uns stets, die Entscheidung über solche Gesuche zu beschleunigen. Es muss aber immer ein gewisses Paket von Bewerbungen vorhanden sein, damit man eine Auswahl treffen kann. Die Dauer der Assessorprüfung selbst hat sich in den letzten Jahren etwas verlängert. Auch das ist unerwünscht. Auftauchenden Wünschen von Referendaren um Beurlaubung muss entgegengetreten werden. Die Prüfung muss sofort auf den Vorbereitungsdienst folgen und so schnell als möglich durchgeführt werden. Die Rechtswahrerausbildung selbst, also der Vorbereitungsdienst, darf nicht verkürzt werden, sonst kommt man zum Handwerk. Umsomehr muss jeder Tag ausgenützt werden und jeder Tag, der möglich ist, erspart werden.

Reinle (Karlsruhe): Der preußische Assessorenballast, den Baden nicht gekannt hat, macht sich bei uns jetzt erst geltend. Die Zahl der Verwesungen wächst sehr stark an. Dies bewirken hauptsächlich die militärischen Übungen. Der Jahresabgang an Planstellen beträgt bei mir 10–12 im Jahr. Dem gegenüber stehen in meinem Bezirk 110 Probeassessoren und Anwärter, dazu kommen noch 30 Assessoren, die nach § 7 der Laufbahnvorschriften beschäftigt sind.

MinRat Anders: Die Bezirke, die bisher mit Planstellen günstig eingedeckt sind, werden natürlich weniger an neuen Stellen bekommen als die anderen.

Martin (Kiel): Ich rate davon ab, die Assessoren, deren Gesuch um Übernahme in den Probedienst abgelehnt worden ist, zu befragen, ob sie nicht doch noch zur Justiz wollen. Auf diese Weise bekommt man nur den Bodensatz, d.h. diejenigen, die sich wo anders nicht bewähren.

Reichsjustizminister: Als ich die Verwaltung in Preußen übernommen habe, war ich entsetzt darüber, wie groß die Zahl der kommandierten Richter war. Der Prozentsatz solcher Richter, die man in Süddeutschland als Richter extra statum bezeichnet hat, war dort ganz gering. Jetzt ist es gelungen, die Zahl dieser beweglichen Richter zu vermindern. Es handelt sich darum, ob die Zahl der beweglichen Richterstellen genügend ist, um allen Anforderungen zu entsprechen und darum, ob die Zahl nicht etwa zu groß ist. Es lässt sich das normalisieren. Ganz ausgezeichnete Leute sollen nicht zuviel mit Warte- und Probezeiten belastet werden. Örtliche Wünsche von Anfängern dürften nicht allzusehr berücksichtigt werden. Das geschieht z.B. beim Militär auch nicht. Man muss sich auch daran gewöhnen, dass Altreich und Neureich ein Gebiet darstellen. 240 von den neuen Planstellen sind k.w. Wir brauchen uns aber bei der Besetzung dieser Stellen daran nicht zu halten.

MinDir Nadler: Ein Assessor, der gut oder lobenswert hat, kann schon jetzt sofort als Anwärter übernommen werden.

MinRat Haastert: Ich habe über *Personalpolitik im Zusammenhang mit Wehr- und Arbeitsdienst* Ausführungen zu machen. Es muss ein Ausgleich geschaffen werden für die, die durch Ableistung des Arbeitsdienstes und Wehrdienstes 2½ Jahre verloren haben. Dabei ist folgendes zu beachten:

1. Künftig ist der Arbeitsdienst und Wehrdienst doch die Regel. Wenn man die Laufbahnabschnitte verschieden regeln will, so muss man darauf abstimmen, dass es die Regel darstellt, dass der Betreffende den Arbeitsdienst und den Wehrdienst abgeleistet hat. Die Ausbildungszeit muss auf jeden Fall auf das Mindestmaß zurückgeschraubt werden.
2. Es wird nicht gut möglich sein, einem Bewerber die Zeit zu verlängern, der den Arbeitsdienst und Wehrdienst nicht abgelegt hat (Frühehe).
3. Leute die anstellungsreif sind und Arbeitsdienst und Wehrdienst abgeleistet haben, müssen bevorzugt werden, so z.B. bei späteren Beförderungen.

Damit hängt die Behandlung der Kriegsteilnehmer, der Frontsoldaten und Kriegsbeschädigten zusammen. Auch hier muss ein Ausgleich gefunden werden. Sie dürfen nicht darunter leiden, dass im allgemeinen das Alter für Beförderungen herabgesetzt werden soll. Die Hauptmasse der Kriegsteilnehmer steht z. Zt. im Alter zwischen 40–52 Jahren.

Reichsjustizminister: Dieses Problem ist nicht neu. Es machte damals schon Schwierigkeiten, als es sich um die Leute handelte, die vor dem Krieg das Einjährigenjahr abgeleistet hatten, und die, bei denen dies nicht der Fall war. Jetzt ist die Sache von höherer Bedeutung, weil Arbeitsdienst und Wehrdienst 2½ Jahre ausmachen. Früher hat man in Bayern die Leute, die wegen Ableistung des Einjährigenjahres ein Jahr verloren hatten, einfach in den früheren Prüfungsjahrgang eingereiht.

c) Fragen der Justizausbildung unter besonderer Behandlung einer besseren Ausbildung in der Strafrechtspflege.

Martin (Kiel): Wir müssen auf die JAO aufbauen, so wie sie jetzt ist, auch wenn man manches anders hätte haben wollen. Ich nehme an, dass sie in der jetzigen Fassung auch noch lange gilt.

Was die Auszubildenden betrifft, so gilt der Leitsatz: Unsere Referendare sind erwachsene Menschen, keine Kinder, keine Schüler und auch keine Hochschüler. Sie sind schon durch das Leben gegangen und haben schon eine gewisse Reife. Sie dürfen nicht als Laufburschen und Lehrlinge behandelt werden, sondern als junge Kameraden. Man muss ihnen Gelegenheit zu selbständiger Arbeit geben. Das ist bis jetzt nicht in dem Maße geschehen, in dem es wünschenswert ist. Die JAO bietet jedoch dazu die Hand. Von diesen Möglichkeiten muss aber auch Gebrauch gemacht werden. M. E. soll man die Referendare die Entwürfe mitzeichnen lassen, die sie gefertigt haben. Die Frage der Besoldung ist noch nicht geregelt, aber vorerst dadurch praktisch gegenstandslos, weil jeder Referendar jetzt ohne Rücksicht auf Bedürftigkeit und Leistung einen Unterhaltszuschuss erhält. Vielleicht zwingt der Umstand, dass der Nachwuchs so zurückgeht, dazu, den Referendaren immer mehr selbständige Arbeiten zu überlassen.

Was die Ausbilder betrifft, so gibt es wenige Richter und Staatsanwälte mit pädagogischen Fähigkeiten und wenige Richter und Staatsanwälte mit pädagogischen Neigungen. Es ist schwer, geeignete Gemeinschaftsleiter zu finden, und ebenso schwer, geeignete Kräfte zu finden, die sich als Lehrer für das Hanns-Kerrl-Lager eignen. Die Ausbilder müssen darauf hingewiesen werden, dass die Ausbildungstätigkeit genau so hoch eingeschätzt wird, wie die eigentliche Tätigkeit des Richters und Staatsanwalts. Die Arbeiten müssen mit den Referendaren genau besprochen werden. Die Ausbilder müssen auch ein Auge auf die äußere Form der Arbeiten der Referendare haben. Allzu hohe Anforderungen dürfen wiederum nicht an die Ausbilder gestellt werden.

Über das Lager habe ich ein eigenes Urteil nicht. Die Referendare betrachten es aber sehr häufig als eine versäumte Zeit, die sie dort zubringen. Es ist notwendig, dass die Vorträge im Lager sich auf einer entsprechenden Höhe halten. Das Lager muss eine Art Kriegsschule darstellen. Auf keinen Fall darf das Strafrecht im Lager zu kurz kommen.

Die Zeugnisse über die Referendare dürfen nicht schönfärben. Da fehlt es aber noch sehr. Die Zeugnisse müssen wahr sein. Man muss die Leute zur rechten Zeit sieben. In der Regel lauten die vom Rechtsanwalt ausgestellten Zeugnisse auf „gut“ und die von der Staatsanwaltschaft ausgestellten ähnlich. Auf diese Zeugnisse ist deshalb in der Regel wenig Wert gelegt worden.

Man soll die Referendare nicht in zu vielerlei Sparten ausbilden. Es war z. B. früher so, dass der Referendar beim großen Amtsgericht alle 14 Tage das Dezernat wechselte. Damit ist nichts gedient.

Von Ausführungsbestimmungen zur JAO sollte man absehen, weil dadurch der nötige Spielraum genommen wird.

Dass das kleine Amtsgericht die Eingangsstufe geblieben ist, halte ich für sehr gut. Das kleine Amtsgericht ist eine der wichtigsten Stationen. Hier besteht auch die hauptsächliche Möglichkeit zur Ausbildung in der freiwilligen Gerichtsbarkeit und zur Einführung in die Strafrechtspflege. Der Referendar soll einen Richter allmählich den ganzen im Dezernat anfallenden Einlauf durchsehen können.

Was die Ausbildung in der Strafrechtspflege betrifft, so leidet sie darunter, dass man nicht weiß, wie lange das jetzige Strafrecht noch gilt. Die Ausbildung im Strafrecht auf der Universität genügt nach meinem Eindruck. Die Ergebnisse in der ersten Prüfung sind auch gut, nicht aber in der zweiten.

Dagegen sind die Erfahrungen mit den Assessoren und jungen Richtern in der Strafrechtspflege wieder günstig.

Was den Strafprozess anlangt, so wird, wie es mir scheint, auf der Universität und im Vorbereitungsdienst nicht genügend Wert auf ihn gelegt, so dass die Ergebnisse mäßig sind. Der Referendar muss sehen, wie ein guter Vorsitzender eine Verhandlung gestaltet. Hier wird die Ausbildung bei der Strafkammer vorzuziehen sein, weil hier ein Richter in einer Beförderungsstufe und mit größerer Erfahrung tätig ist, was beim Einzelrichter und Schöffengericht nicht der Fall ist. Bei der Staatsanwaltschaft liegt m. E. die Ausbildung noch ziemlich im Argen.

Die Ausbildung im Strafvollzug halte ich so, wie sie vorgesehen ist, für genügend. Die Kriminalpsychologie kann man im wesentlichen aus der Praxis lernen.

Der Werdegang ist so eingerichtet, dass Strafrecht und Strafprozess im späteren Verlauf des Vorbereitungsdienstes zu kurz kommen. Man soll auch den Rechtsanwälten nahelegen, dass sie den Referendaren Gelegenheit zur Tätigkeit mit dieser Materie geben.

Reichsjustizminister: Ich möchte eine Werbung versuchen. Es liegen so viele Wünsche in der Luft, die die Abkürzung der Ausbildung zum Gegenstand haben. Es heißt, die Universitätszeit soll 2 Jahre betragen und der Vorbereitungsdienst hernach ist auch zu lang. Es wird dabei aber die notwendige geistige Ausbildung vergessen und eine rein handwerksmäßige Ausbildung angestrebt. Würde man diesen Weg gehen, so würden die führenden Berufe herabgedrückt und auch die gesamte Stellung Deutschlands in der Welt gefährdet werden. Bei jeder Gelegenheit muss man für diesen Gedanken werbend eintreten. Man darf sich dabei nicht nur auf das eigene Fach beschränken.

Bergmann (Köln): Ich halte es für sehr wichtig, dass im Interesse der Referendare die Beratung vor der Urteilsverkündung Strafsachen vollständig durchgeführt wird. Man darf dabei nicht nur auf die Beisitzer abstellen, sondern auch auf die zuhörenden Referendare muss Rücksicht genommen werden. Dass diese an den Sitzungen teilnehmen, halte ich für sehr wichtig.

Staatssekretär Freisler: Es sind schwere Bedenken entstanden, ob die strafrechtliche Ausbildung genügt. Auf der Universität leidet sie z. Zt. sehr darunter, dass die Professoren nicht wissen, was sie vortragen sollen, und die meisten von ihnen auch den Wortlaut des neuesten Entwurfs nicht in Händen haben. Daran ist nichts zu ändern. Es leidet aber auch die Ausbildung bei den Justizbehörden. Man konnte für die Ausbildung im Strafrecht und Strafprozess im Vorbereitungsdienst nicht mehr Zeit zur Verfügung stellen, als ein halbes Jahr. Das genügt aber nicht. Die Ausbildung im Strafrecht und Strafprozess darf auch nicht zu kurz kommen, da wo sie nebenher geschehen kann, also beim kleinen Amtsgericht, beim Rechtsanwalt, beim Oberlandesgericht und beim Gemeinschaftsleiter. Man muss darauf sehen, dass der Referendar an den Strafsitzungen des kleinen AG immer teilnimmt und dabei mitarbeiten muss. Ich habe die Bitte von der Möglichkeit, die staatsanwaltschaftliche Station abzukürzen nur dann Gebrauch zu machen, wenn der Generalstaatsanwalt einverstanden ist. Die strafrechtliche Betrachtungsweise muss vielmehr unmittelbarer sein, als im Zivilprozess. Es muss immer darauf gesehen werden, dass die praktische Übung in der Strafrechtspflege erfolgt. Ausführungsbestimmungen zur JAO kommen nicht. Die Chefpräsidenten müssen der strafrechtlichen Ausbildung besonderes Augenmerk zuwenden. Beim Rechtsanwalt wird das recht wenig Erfolg haben, bei den Referendargemeinschaften jedoch umso mehr. Ich richte an die Gemeinschaftsleiter den Aufruf auf Pflege der forensischen Rede. In den Gemeinschaften muss der Strafrechtspflege genügend Aufmerksamkeit zugewendet werden. Die Gemeinschaftstage müssen so gelegt werden, dass der Referendar keine Strafsitzung versäumen muss. Der Gemeinschaftstag selbst darf allerdings nicht verschwinden.

Der Strafrichter ist der Richter, an den der Volksgenosse denkt, wenn er überhaupt von einem Richter spricht. Ein Versagen der Strafrechtspflege wirkt sich auf das Volk sehr schlimm aus.

d) Entlassung aus der Sicherungsverwahrung

MinRat Eichler: Die Entscheidung über die Entlassung fußt auf der Prüfung der Frage, ob die Unterbringung noch notwendig ist. Das bedingt eine immer sehr schwierige Vorhersage auf das Verhalten des Untergebrachten in der Freiheit. Man muss ein Urteil darüber haben, ob sich der Untergebrachte seit der Unterbringung umgestellt hat. Dazu muss man ihn beobachtet haben. Das kann natürlich das Gericht nicht selbst tun, sondern es muss sich die Kenntnis auf dem Wege des Berichts verschaffen. Den Wert der gebotenen Unterlagen kann sich das Gericht nicht richtig vorstellen, weil es die Personen nicht kennt, die die Unterlagen erstellt haben. Oft begründet das Gericht seine Entscheidung aus allgemeinen Schlüssen. Das ist sehr gefährlich. Naturgemäß sind bei den zahlreichen Entlassungsbescheiden auch sehr viele Gerichte beteiligt, so dass es an der notwendigen Einheitlichkeit fehlt. Ebenso war es in der Gnadenpraxis. Ordnung und Sicherheit werden gefährdet, wenn viele verschiedene Entscheidungen fallen, die auch nach Ansicht der Betroffenen nicht einheitlich sind.

Sehr wichtig ist die Auferlegung besonderer Pflichten bei der Entlassung. Wenn das zweckmäßig gemacht wird, so kann es eine sehr segensreiche Wirkung haben. Es muss ein Zusammenarbeiten zwischen der Anstalt und der entscheidenden Stelle stattfinden. So etwas liegt aber dem Gericht nicht. Das Gericht kann auch die Lebensführung des Entlassenen nicht überwachen lassen.

Das sind Bedenken, die gegen die Beibehaltung der gerichtlichen Zuständigkeit für die Entlassung aus der Sicherungsverwahrung vorgebracht worden sind und die auch beachtlich erscheinen. Die Generalstaatsanwälte in deren Bezirk Sicherungsverwahrungsanstalten liegen, sind gehört worden. Es sind das insgesamt neun Generalstaatsanwälte. Es ist theoretisch durchaus möglich, dass über die Anordnung der Sicherungsverwahrung eine andere Stelle entscheidet als über die

Entlassung aus der Sicherungsverwahrung. Die Anordnung bleibt ja auch bei der Entlassung bestehen. Sie wird nur ausgesetzt und kann jederzeit wieder in Kraft treten. Wer einmal in Sicherungsverwahrung ist, ist ein Mensch minderen Rechts. Er kann keinen Anspruch auf die Entscheidung eines Gerichts erheben.

Der Generalstaatsanwalt Köln will die Zuständigkeit der Strafsenate des OLG für die Entlassung angeordnet wissen wegen der größeren Einheitlichkeit. Der Generalstaatsanwalt in Hamm will es so haben, dass das Gericht ausschließlich dann für die Entscheidung über einen Entlassungsantrag zuständig ist, wenn er von der Vollstreckungsbehörde, also nicht vom Verurteilten, gestellt wird. Die übrigen GenStÄ lehnen die gerichtliche Zuständigkeit ab und wollen, dass der Generalstaatsanwalt entscheidet, in dessen Bezirk die Vollzugsanstalt gelegen ist. Dieser Standpunkt ist auch der des Reichsjustizministeriums. Die Vollzugsanstalt selbst kann natürlich nicht entscheiden, weil sie zu nahe an den Gefangenen steht.

Reichsjustizminister: Die Frage, ob die Gerichte oder eine andere Behörde über die Entlassung aus der Sicherungsverwahrung entscheiden, ist nicht nur eine solche der Zuständigkeit. Ein Mann hatte 4 Jahre Zuchthaus und dann Sicherungsverwahrung. Diese dauerte 3 Jahre. Er kam dann in ein Übergangslager. Dort ist er entsprungen und hat sich am nächsten Tag eine Pistole verschafft, mit der er auf Raub ausging. Er beraubte eine Ladenkasse und machte einen Anschlag mit seiner Pistole auf einen Polizeibeamten. Dieser Fall gab Anlass, die Frage der Zuständigkeit für die Entlassung neu zu prüfen. Man kann dem Gericht keinen Vorwurf machen, weil kein Mensch allwissend ist. Es fragt sich nur, wem man am sichersten die Verantwortung zuschieben kann. ich sehe in der Entscheidung über die Entlassung nicht einen Rechtspruch, sondern eine Verwaltungsentscheidung. Die Verwahrung selbst ist ja auch keine Strafe, sondern eine Verwaltungsmaßnahme.

Staatssekretär Freisler: Es wurde die Erfahrung gemacht, dass oft keine Sicherungsverwahrung angeordnet wurde, obwohl das RJMin sie für angebracht gehalten hätte. Seit der AV vom 3.3.1938, die an die Staatsanwaltschaften ergangen ist, sind 414 Entlassungen bei insgesamt über 4000 Sicherungsverwahrten vorgekommen. Von diesen Entlassungen sind 92 widerrufen worden. Der Widerruf erfolgte nicht wegen irgendeiner Kleinigkeit, sondern wegen schwerer neuer Verfehlungen. Manchmal ist die Entlassung vom Gericht ausgesprochen worden gegen den Standpunkt der Staatsanwaltschaften und Vollzugsanstalten. Die Entscheidung ist für das Gericht sehr schwer. Das Gericht steht dem Betroffenen am fernsten, wenigstens von den Justizbehörden. Die Gerichte haben Auflagen ganz verschiedener Art gemacht. Auch das hat zu Missständen geführt. Es ist z.B. die Auflage gemacht worden, sich in ein Heim zu begeben, das unter caritativer Leitung steht. Was dort geschieht, entzieht sich vollständig der Kenntnis der Gerichte.

Man weiß auch nicht, wer in einem solchen Heim den anderen ansteckt. Meistens ist es wohl so, dass der Böse den Guten oder Besseren ansteckt. Passiert etwas, dann wendet man sich natürlich gegen die Justiz, obwohl sie keinen Einfluss auf das hat, was im Heim vorgeht. In Mecklenburg ist vom Statthalter ein Lager aufgelöst worden aus diesen Gründen. Der Leiter der Sicherungsanstalt kann den für die Entlassung in Aussicht genommenen immer lockerer behandeln. Das kann immer weiter gehen (Außenarbeit). So wird die Prognose für das Verhalten in der Freiheit erleichtert. Der Sprung ist dann nicht mehr so gewaltig. Es ist Sache des Richters zu entscheiden, ob die Freiheit entzogen werden soll oder nicht. Die Aufhebung ist aber Sache der Verwaltung und zwar des GenStA. Entschieden ist die Angelegenheit noch nicht. Ein im RJM ausgearbeiteter Entwurf sieht vor dem Generalstaatsanwalt die Entscheidung zu übertragen. Er muss natürlich vorher das Material von allen Seiten erholen.

Hölscher (Kammergericht): Beim Landgericht Berlin hat früher über die Entlassung die gleiche Kammer entschieden, die über die Anordnung zu entscheiden hatte. Es waren aber bei der Länge der inzwischen verstrichenen Zeit meist andere Leute. Um eine möglichst einheitliche Rechtsprechung zu sichern hat man dann einer Kammer alle diese Anträge überlassen. Höchstens 5% der einlaufenden Anträge gehen fast alle von den Verurteilten aus. Es ist eine Verwaltungssache und es kommt auf die persönliche Erkenntnis an, die sich die Kammer nur sehr schlecht verschaffen kann. Ich habe mit ihren Mitgliedern gesprochen, sie sind sämtl. dafür, dass die Entscheidung dem GStA überlassen wird.

Rothenberger (Hamburg): Ich bin anderer Meinung. Es ist unbestritten, dass eine Änderung des gegenwärtigen Zustandes erwünscht ist. Ich habe aber ganz erhebliche Bedenken, dass der GenStA zuständig sein soll. Die Anordnung der Sicherungsverwahrung soll beim Gericht bleiben. Sie ist praktisch die größte Freiheitsentziehung. Diese Anordnung kann nicht von einer Verwaltungsbehörde korrigiert werden. Andernfalls machte man einen Schritt, den wenigstens die Justiz nicht machen soll, nämlich die Übertragung der richterlichen Geschäfte auf eine Verwaltungsstelle. Der Generalstaatsanwalt hat übrigens die gleichen Schwierigkeiten wie das Gericht. Er muss sich ebenso auf Berichte stützen. Ich habe den Versuch gemacht, das italienische Vorbild nachzuahmen. Ich habe einen Sicherungsrichter eingesetzt, der in der Strafanstalt Dienst hat und entscheidet. Er hat laufenden Umgang mit dem Verurteilten.

Schwister (Düsseldorf): Der Generalstaatsanwalt in Düsseldorf hat sich beschwert, dass die Beschlüsse nicht mehr genügend begründet sind. Ein Beschluss, der sich gegen den Standpunkt des Anstaltsvorstands richtete, war nur mit dem Wortlaut des Gesetzes begründet. Die Richter haben sich darauf berufen, dass der Standpunkt des Strafanstaltsvorstands im Beschluss nicht zum Ausdruck gebracht werden darf. Ich habe da den Vermittlungsvorschlag gemacht, dass die tatsächliche Begründung nur in einem Aktenvermerk niedergelegt werden soll. Ich bin auch der Ansicht, dass es sich um eine Verwaltungsentscheidung handelt.

Döbig (Nürnberg): Als früherer Generalstaatsanwalt über Straubing habe ich mich genauer mit der Angelegenheit befasst. Die Richter betrachten die Entscheidung über die Entlassung als eine Angelegenheit des Vollzugs und wollen, dass der Generalstaatsanwalt die Entlassung verfügen kann. Die Richter waren zum Teil noch nie in einer Sicherungsanstalt. Es wäre auch deswegen zu begrüßen, wenn über die Entlassung der Generalstaatsanwalt zu entscheiden hätte, weil im ganzen deutschen Reich nur 9 Generalstaatsanwälte in Betracht kommen.

MinDirektor Schäfer: Ursprünglich sollte die Sicherungsverwahrung vom Gericht alle 3 Jahre nachgeprüft werden. Das ist dann nicht Gesetz geworden. Man entschloss sich dann, der gleichen Instanz die Entscheidung über die Entlassung zu geben, die auch über die Anordnung entschieden hatte. Es ist aber der zeitliche Zusammenhang mit dem Strafvollzug völlig gelöst, ebenso der sachliche. Es handelt sich um die Beobachtungen der letzten Jahre in der Anstalt. Wer ist der nächste, um hierüber zu entscheiden? Doch nur die Anstalt oder der ihr übergeordnete Generalstaatsanwalt. Außerdem hängt die Frage der Entlassung mit allen möglichen anderen Dingen zusammen (Übergangsstadium). Das sind alles Verwaltungsangelegenheiten. Ich erinnere an die Parallele mit der bedingten Entlassung. Diese Frage unterliegt auch der Entscheidung des Gerichts, ist aber so gut wie nie zur Anwendung gekommen. Sie ist praktisch durch die bedingte Begnadigung verdrängt worden.

Martin (Kiel): Ich schließe mich Rothenberger an. Man darf keinen Schritt vom Rechtsstaat zum Polizeistaat machen. Der Generalstaatsanwalt kennt die Verwahrten ebenso wenig wie das Gericht und muss sich auch auf Berichte verlassen.

Staatssekretär Freisler: Es ist eine bedauerliche Nebenerscheinung, dass durch die Sicherungsverwahrung der Begriff der fortgesetzten Handlung gestört wird. Der Entwurf zum neuen Strafgesetzbuch wird das in Ordnung bringen. Freilich kann man sagen,dass der Richter die Entlassungsfrage ebenso gut beurteilen kann, wie der Generalstaatsanwalt. Dieser kennt aber zwar den Verurteilten nicht persönlich, aber doch den Anstaltsvorstand. Er kann dessen Gutachten beurteilen und weiß, wie die kriminalbiologische Seite in der Anstalt behandelt wird. Der GStA kennt auch den Wachtmeister, der das allererste Urteil abzugeben hat, nicht aber den Richter. Man muss ganz langsam und allmählich mit schrittweiser Vorbereitung den Weg in die Freiheit ermöglichen. Alles dies kann nur die Strafvollzugsbehörde machen.

Reichsjustizminister: In der Praxis besteht also über diese Frage keine einheitliche Meinung und zwar nicht nur bei den Richtern, sondern auch den Chefpräsidenten.

e) Mitteilungen

MinRat Haastert: Ich habe noch einige Mitteilungen zu machen, die aber den beteiligten Chefpräsidenten noch schriftlich zugehen werden.

1. Generalfeldmarschall Goering hat zur Sprache gebracht, dass er es nicht billigt, wenn Volksgenossen denunziert werden, die vor Jahr und Tag geschäftliche Beziehungen zu Juden unterhalten habe. Das Ausspionieren solcher, viele Jahre zurückliegenden Dinge ist durchaus unerwünscht. Dieser Standpunkt kann in laufenden Dienststrafverfahren wichtig sein.
2. Beamte, die zwar deutschblütig im Sinne der gesetzlichen Bestimmungen sind, aber einen jüdischen Bluteinschlag haben, sollen nicht mehr angestellt werden.

3. Der Stellvertreter des Führers wünscht nicht, dass Beamte einen Teil ihres Urlaubs dazu verwenden, um in einer Fabrik oder sonstwo zu arbeiten, damit ein Arbeiter längeren Urlaub bekommt.
4. Eine Verpflichtung eines Beamten zum Bezug der NS-Presse besteht nicht. Er muss die NS-Presse nur lesen.
5. Es ist erwünscht, dass in gerichtlichen Verfügungen u.s.w. alle Beteiligten einheitlich aufgeführt werden, also nicht, wie es einmal vorgekommen ist, die eine beteiligte Person als Frieda Müller, geborene Meier, und die andere als Frau von soundso.

Reichsjustizminister: Ein Chefpräsident hat bei der Besetzung einer besonders wichtigen Stelle, die nicht ausgeschrieben wird, vorher bei seinem Gauleiter angefragt, was er für Wünsche habe und dann erst seine Vorschläge dem Reichsjustizministerium unterbreitet. Das billige ich nicht; denn es schafft unerhörte Konsequenzen. Die Personalpolitik wird dadurch gefährdet.

Das neue Reichshaushalts- und Besoldungsblatt Nr. 6 enthält bereits den Unterhaltszuschuss für Referendare zu 135 und 200 RM, je nachdem sie ledig oder verheiratet sind. Die Beträge sind Nettobeträge und unterliegen keiner Gehaltskürzung. Sie werden ohne Rücksicht auf Bedürftigkeit und Leistung bezahlt.

Über die Personalpolitik des Ostens möchte ich heute nicht sprechen.

Reinle (Karlsruhe): Ich möchte gerne die Arbeitszeit der Richter erörtert haben.

Reichsjustizminister: Dieses Problem kann man nicht lösen.

Auf die Frage, ob diese Besprechung, insbesondere meine Aufführungen, vertraulich behandelt werden sollen oder nicht, erwidere ich: Was bisher geschehen ist, kann besprochen werden. Aber über meine Absichten bitte ich nicht zu sprechen. Ich glaube, dass ich mich deutlich genug ausgedrückt habe.

München, den 3. März 1939, Vizepräsident des Oberlandesgerichts.

5. *Anhang*: Politische Beurteilung der Beamten (Kriterienkatalog des Reichsjustizministeriums) [wohl von Anfang 1939]

Mängel bei der politischen Beurteilung der Beamten, die bezirksweise in recht verschiedenem Maße hervortreten, lassen sich im wesentlichen durch die Schwierigkeiten der Aufgabe erklären. Die fachliche Eignung muß sich bei der täglichen Berufsarbeit stets aufs neue bewähren und ist verhältnismäßig leicht zu beurteilen. Dagegen sind die Möglichkeiten zur politischen Bewährung selten. Die Beweggründe des Handelns, auf die es bei der politischen Beurteilung besonders ankommt, können bei gleichartigem Verhalten durchaus verschieden sein und sind nicht immer klar zu durchschauen. Den maßgebenden Hoheitsträgern fehlt persönlich weithin die zur Beurteilung erforderliche Personalkenntnis und Beobachtungsmöglichkeit. Der Schwerpunkt der Beurteilung verlagert sich infolgedessen leicht in den Bereich der untersten Parteiorgane, bei denen sich nicht selten eine zu engherzige und bisweilen auch – begünstigt durch die Heimlichkeit des Verfahrens – unsachliche Beurteilungsweise geltend macht.

Um so wichtiger ist es, dass die höheren Justizbehörden im Wege kameradschaftlichen Gedankenaustausches mit den Gauleitungen Fehlbeurteilungen möglichst frühzeitig entgegenwirken. Die allgemeine Verfügung vom 14.11.1935 bahnt dazu den Weg. Nach den Beobachtungen im Ministerium wird von dieser Möglichkeit in weitem Umfange [n]ut[z?]bringender Gebrauch gemacht, ohne dass allerdings von der Beamtenschaft das drückende Bewußtsein bereits gewichen wäre, zeitlebens in wenig durchsichtiger Form überwacht zu werden.

Der Stellvertreter des Führers betrachtet die jetzige Regelung selbst keineswegs als Dauerlösung. Als Fernziel schwebt ihm vielmehr die Beseitigung der Einschaltung seiner Dienststellen bei der politischen Beurteilung vor. Einstweilen haben die Ministerien so wie bisher gemäß dem Erlaß des Führers und Reichskanzlers über die Ernennung von Beamten vom 10.4.1937 den Stellvertreter des Führers bei allen Anstellungen und Beförderungen zu beteiligen. Doch soll das Verfahren, soweit es sich im Rahmen der Partei abspielt, durch folgende Maßnahmen vereinfacht werden:

a) Der Stellvertreter des Führers beabsichtigt, künftig von seinen nachgeordneten Dienststellen politische beurteilungen nur noch bei Erstanstellungen einzuholen; bei Beförderungen dagegen nicht mehr, es sei denn, dass es sich um die Besetzung von Spitzenstellen handelt.

b) Die persönliche Verantwortung des Gauleiters für das Urteil soll stärker betont werden. Während der Stellvertreter des Führers bisher nicht nur vom Gauleiter, sondern auch vom Reichsrechtsamt, vom Hauptamt für Beamte und vom Sicherheitsdienst Auskünfte über die Beamten einzog, sollen jetzt nur noch die Gauleiter angegangen werden. Wenn diesen auch überlassen bleibt, aus welchen Quellen sie sich ihrerseits die Beurteilungsgrundlagen beschaffen, so tragen sie doch künftig gegenüber dem Stellvertreter des Führers allein die Verantwortung für die Begutachtung. Im übrigen erwartet der Stellvertreter des Führers, dass die Gauleiter bei der Beurteilung von Anwärtern für Spitzenstellen ihr Urteil in aller Regel auf Grund persönlicher Kenntnis des zu Beurteilenden abgeben.

c) Besondere Aufmerksamkeit wendet der Stellvertreter des Führers dem Beurteilungsmaßstab zu. Es soll künftig nicht mehr zugelassen werden, einen Beamten, der Mitglied der Partei ist, als unzuverlässig abzulehnen, wie es früher vereinzelt geschehen ist. Ebenso findet eine Beurteilungsweise Ablehnung, welche die Angehörigen einzelner Stände oder Berufsgruppen von vornherein mit Mißtrauen betrachtet und frühere Handlungen oder Äußerungen kleinlich und engherzig auswertet. Das Urteil soll allgemein weniger auf die politische Vergangenheit als auf das Verhalten seit der nationalsozialistischen Revolution abgestellt werden. Bei Erstanstellungen wird in der Regel vorausgesetzt, dass sich der Beamte innerhalb der Bewegung politisch betätigt.

d) Wenn künftig die Gauleiter in Einzelfällen seltener als bisher um Auskunft angegangen werden sollen, so will der Stellvertreter des Führers andererseits sich nunmehr in regelmäßigen Abständen allgemein über Beamte berichten lassen, die in politischer Hinsicht günstig oder ungünstig hervortreten. Ebenso soll künftig die Laufbahngestaltung der günstig beurteilten Beamten regelmäßig mit Vertretern der einzelnen Ministerien besprochen werden. Die Vertreter der Ministerien sollen bei diesen Besprechungen ihrerseits auf die nach Ansicht ihrer Verwaltung zur Beförderung besonders geeigneten Beamten hinweisen, damit die Aufmerksamkeit der zuständigen Parteidienststellen auf diese Beamten gelenkt werden kann. Diese Erörterungen sollen dazu dienen, für Beförderungsstellen Beamte zu finden, die sowohl fachlich wie politisch besonders geeignet sind.

6. Schreiben des Reichsjustizministeriums vom 7.3.1939 zum „Ehrenschutz" der Richter

Im Anschluß an meine mündlichen Mitteilungen auf der letzten Tagung der Oberlandesgerichtspräsidenten vom 27. Februar d.Js. teile ich Ihnen nachstehend das Ergebnis der bisher von mir unternommenen Schritte mit:

1. Der Reichsführer SS hat mir zugesagt, dass künftig im „Schwarzen Korps" Veröffentlichungen über Zuschriften, welche die Justiz betreffen, nur dann gebracht werden dürfen, wenn diese Veröffentlichungen ihm vorher vorgelegen haben. Er wird ferner dafür sorgen, dass mir das zur Veröffentlichung bestimmte Material zuvor zur sachlichen Stellungnahme zugeleitet wird.

2. Der Herr Reichsführer SS mißbilligt die verletzende Form der an den Richtern und an ihrer Rechtsprechung geübten Kritik – ohne hierbei zum sachlichen Inhalt der Kritik Stellung zu nehmen –. Er hat mich ermächtigt, diese seine Auffassung den Oberlandesgerichtspräsidenten mitzuteilen. Ich ersuche deshalb die Oberlandesgerichtspräsidenten, die ihnen unterstehenden Richter, soweit sie im „Schwarzen Korps" beleidigt worden sind, hiervon in geeigneter Weise zu unterrichten.

3. Ich habe den Herrn Reichsführer SS davon verständigen lassen, dass ich mir persönlich die Stellung von Strafanträgen vorbehalte, falls künftig in der Presse wieder grobe ehrenrührige Angriffe gegen einen Beamten meines Ressorts erhoben werden.

4. Inzwischen habe ich erfahren, dass verschiedene örtliche politische Hoheitsträger Ermitlungen über die im „Schwarzen Korps" angegriffenen Richter in die Wege geleitet haben. Ich habe hierüber heute den Stellvertreter des Führers schriftlich unterrichtet und ihn gebeten anzuordnen, dass.

a) alle Nachforschungen gegen Richter, die im „Schwarzen Korps" genannt worden sind, sofort eingestellt werden und dass.

b) aus den parteiamtlichen Personalvorgängen und -karteien alle Unterlagen entfernt werden, die zu irgendeiner Disqualifikation der Richter, soweit sie im „Schwarzen Korps" angegriffen worden sind, führen können.

Über die Stellungnahme des Stellvertreters des Führers behalte ich mir nach ihrem Eingange weitere Mitteilung vor.

5. Ich beabsichtige, wegen der Auswirkungen der beleidigenden Veröffentlichungen im „Schwarzen Korps" auf die Richter mit dem Herrn Reichsführer SS erneut in Verbindung zu treten. Über das Ergebnis dieses Schrittes werde ich zu gegebener Zeit weitere Mitteilungen folgen lassen.

Die Behandlung der Dinge, die durch die Veröffentlichungen im „Schwarzen Korps" veranlaßt worden sind, hat gezeigt, dass die Entscheidung über die Stellung eines Strafantrags bei der Bedeutung einer solchen Angelegenheit für die gesamte

Richterschaft nicht mehr den einzelnen Beamten überlassen werden. Ich behalte mir deshalb für die Zukunft persönlich die Stellung von Strafanträgen vor, wenn in der Presse grobe ehrenrührige Angriffe gegen Justizbeamte wegen ihrer amtlichen Tätigkeit erhoben werden. gez. Dr. Gürtner.

IX. Anhang: Arbeitstreffen des Reichsjustizministers am 24.10.1939 mit den Vorsitzenden der Sondergerichte und den Sachbearbeitern für Sondergerichtsstrafsachen bei den Generalstaatsanwälten

1. Einleitende Ansprache durch Reichsminister der Justiz Dr. Gürtner:

Meine Herren! Ich begrüße Sie zu Beginn dieser Besprechung und heiße Sie herzlich willkommen. Lassen Sie mich zur Einleitung dessen, was geplant ist, ein paar Worte zu Ihnen sprechen. Wir sind uns wohl bewußt, dass es in dieser Zeit eine Zumutung an die Herren ist, aus allen Teilen des Reiches an einem Tag hierher zu kommen; nicht bloß die Unbequemlichkeit der Reise, sondern vor allem die Tatsache, dass jeder, wie ich überzeugt bin, an seinem Platz genug Arbeit hat, lassen solche Besprechungen in dieser Zeit immerhin als ein Opfer erscheinen. Aber ich bitte, das alles in Kauf zu nehmen. Ich hoffe, Sie werden, wenn wir auseinandergehen, das Gefühl haben, dass Anlaß genug bestand, Sie trotz dieser Unbequemlichkeit, wozu ich auch die feldmäßige Unterbringung in diesem Raum rechne, hierher zu bitten.

Wir haben jetzt eine zwar kurze, im ganzen acht Wochen dauernde Erfahrung über die Handhabung des Strafrechts im Kriege. Diese Erfahrungen, so kurz sie sind, sind eindrucksvoll und teilweise stürmisch gewesen, und diese Erfahrungen haben mich veranlaßt, die Herren, in deren Hände die Ausübung der Strafrechtspflege gegeben ist, die augenblicklich im Mittelpunkt des öffentlichen Interesses steht, nach so kurzer Zeit schon hierher zu bitten.

Der Krieg hat auf die Lebensverhältnisse eines Volkes einschneidenden Einfluß. Der moderne Krieg, der keinen Volksgenossen unbeteiligt läßt, hat diese Einwirkung auf die Lebensverhältnisse noch viel, viel mehr als die Kriege der Vergangenheit, die sich außerhalb der Heimat angespielt haben und deren Lasten die Heimat nicht entfernt in dem Maße mit zu tragen hatte, wie im modernen oder totalen Krieg.

Zu den Gebieten, auf die der Krieg diesen entscheidenden Einfluß hat, gehört auch die Strafrechtspflege. Wir haben gelernt, das ganze Strafrecht aus dem Gedanken der Volksgemeinschaft zu entwickeln; ich brauche dazu in diesem Kreise nichts zu sagen. Das stärkste Gemeinschaftserlebnis ist der Krieg. Das war zu allen Zeiten so und ist heute noch mehr so. Im Kriege verlangen wir von Soldaten den rücksichtslosen, bedenkenlosen Einsatz seiner Person und seines Lebens für die

Verteidigung seines Volkes. Im Kriege muß auch in der Heimat das persönliche Schicksal rücksichtslos der Idee der Verteidigung des eigenen Volkes untergeordnet werden.

Aus dieser dramatischen Steigerung, aus dieser Verlebendigung des Gemeinschaftsgedankens ergibt sich, wie ich glaube, unausweichlich auch eine gewisse Umwertung der Friedenswerte im Strafrecht. Wenn wir schon im Frieden den Verbrecher danach werten, dass er den Frieden der Volksgemeinschaft gestört habe, dass er sich mit seinem Willen aufgelehnt habe gegen den Willen der Gemeinschaft, so müssen wir diesen Gesichtspunkt im Kriege soweit herausstellen, dass dahinter die Rücksicht auf die Person des Verbrechers, auf die Umstände des einzelnen Falles in vielen Fällen einfach zu schweigen haben.

Das gilt an sich für das Verbrechen überhaupt. Nun gibt es aber im Kriege gewisse Typen von Verbrechen, die deswegen so verwerflich sind, weil sie in der dramatischen Form zum Ausdruck bringen, dass der Verbrecher sich von diesem Gemeinschaftsgedanken lossagen will, weil er es ablehnt, seine Wünsche und seine Interessen einzuordnen in den allgemeinen Gedanken der Verteidigung. Ein Volk, dem es nicht gelänge, solchen Willen zu brechen, würde kaum hoffen können, einen Krieg mit Ehren und siegreich zu bestehen. Unsere Erinnerungen an den Weltkrieg sind noch lebendig genug, um sagen zu können, dass die Figur des Kriegsgewinnlers, der sich an der Not des Krieges bereichert hat, zur Zermürbung der inneren Front und für die Bereitschaft, die Waffen niederzulegen, mehr beigetragen hat, als die schlechtesten Nachrichten, die von der Front selbst gekommen sind. Das darf es nicht mehr geben, und die Gesetzgebung und die Verwaltung haben ja vom ersten Tage des Krieges an ihre ganze Erfindungskraft aufgeboten, um einer solchen Entwicklung die Wege zu verbauen.

Das vorhin vom Verbrechen allgemein Gesagte gilt für die vorhin genannten gewissen Typen von Verbrechern deswegen ganz besonders, weil hier der Einzelne besondere, durch den Krieg geschaffene Verhältnisse für sich und sein verbrecherisches Tun auszunützen gedenkt. Ich will den Referaten, die diese Einzelfragen ausführlich behandeln werden, nicht vorgreifen, sondern nur zur Verdeutlichung dessen, was ich sagen wollte, darauf hinweisen, dass z.B. die Verdunklung eine große und schwere Belastung des Volkes im allgemeinen darstellt. Wir sehen das allein an der Zahl der Verkehrsunfälle. Es wird nicht in allen Orten und besonders in den kleinsten Orten ebenso sein wie in einer großen Stadt mit dichtem Verkehr und weiten Entfernungen. Wenn sie aber die Berliner Zeitungen darauf prüfen, wieviel der nächtliche lichtlose Verkehr an Opfern erfordert, so werden Sie meinen Vordersatz, dass die Verdunkelung eine schwere Belastung mindestens der Stadtbevölkerung darstellt, sicher nicht in Zweifel ziehen.

Die Dunkelheit ist dem Verbrecher willkommen. Wir erfahren naturgemäß nur von einem ganz geringen Prozentsatz der strafbaren Handlungen, die in der Dunkelheit begangen werden. Wo solche aber zur Kenntnis der Behörden kommen und wo es der Polizei gelingt, überhaupt einen Täter zu fassen, da erhebt sich für Polizei und Justiz die unausweichliche und elementare Forderung, diesen Verbrechern mit einer Schärfe gegenüberzutreten, die nicht mit den Maßstäben des Friedens gemessen werden kann. In den Kriegsverordnungen tritt dieser Typus besonders benannt hervor. Es gibt aber auch noch andere Verhältnisse, die speziell der Krieg geschaffen hat. Denken Sie an die geräumten Gebiete, wo die eigenen Volksgenossen ihr Hab und Gut – wörtlich genommen – liegen- und stehenlassen mußten und wo sie sich darauf verlassen müssen, dass es in guter Hut sei. Auch das ist ein Kriegszustand, der, wenn der Verbrecher ihn ausnützt, nach einer Umwertung der Werte verlangt.

Mit dieser Umwertung der Werte meine ich nicht bloß die sittliche Bewertung des Verbrechens in der Kriegszeit und vor allem dieser typischen Verbrechen, sondern selbstverständlich auch die Antwort, die die Rechtsordnung darauf zu geben hat. Es wird heute Gelegenheit sein, über all diese Fragen im einzelnen und ausführlich zu sprechen. Es haben sich ja beim Rückblick auf diese acht Wochen auch eine Reihe von Zweifelsfragen über die Auslegung der oder jener Bestimmung ergeben, ja, wir haben in einer ganz wichtigen Bestimmung vorläufig noch eine verschiedene Rechtsprechung der Zivil- und Militärgerichte. Das alles kann auf die Dauer nicht bestehen bleiben.

So ist der Zweck unseres heutigen Zusammenkommens der: uns allen ins Bewußtsein zu bringen, dass der Schritt vom Frieden in den Krieg auch auf dem Gebiete der Strafrechtspflege getan werden muß, zum anderen aber zu versuchen, bei der Auslegung gewisser Zweifel eine Gleichrichtung der Rechtsprechung zu schaffen, soweit das im Rahmen einer solchen Besprechung überhaupt möglich ist. Wir haben allen Grund, nach diesem Ziel mit allen Mitteln zu trachten, die uns zur Verfügung stehen. Wenn die Kriegsrechtsprechung den billigen Erwartungen, die das Volk an sie stellt, nicht gerecht werden würde, würden wir selbst einer Entwicklung die Bahn ebnen, die bedenklich, gefährlich, ja verhängnisvoll sein müßte. Die Probleme, um die es sich handelt, sind sehr ernst, und ich hoffe, die heutige Besprechung wird uns die Lösung dieser Probleme näher und rascher näher bringen, als wenn die Rechtsprechung einen solchen Versuch, sich auch nur gleichzurichten und auf die Bedürfnisse des Krieges allgemein umzustellen, nicht machen würde.

(Folgen Mitteilungen geschäftsordnungsmäßigen Inhalts, insbesondere das dringende Ersuchen, nur zur Unterrichtung ausgegebene Stücke des Entwurfs einer Verordnung gegen Gewaltverbrecher wieder abzugeben.)

2. Die Stellung der Sondergerichte in der Strafrechtspflege (Rietzsch)

I. 1. Die Sondergerichte des nationalsozialistischen Staates blicken bereits auf eine sechseinhalbjährige Geschichte zurück. Das könnte überraschen; denn die Bezeichnung „Sondergericht“ legt den Gedanken nahe, dass es sich bei ihrer Einrichtung um etwas von vornherein als vorübergehend Gedachtes, um eine Einrichtung handelt, die aus besonderem Anlaß geschaffen wurde und mit dem erwarteten Wegfall ihres Anlasses auch wieder in Wegfall kommen sollte. In dieser Annahme könnte man sich bestärkt fühlen, wenn man sich die Aufgaben vergegenwärtigt, die den Sondergerichten in der ersten Zeit ihres Bestehens gestellt wurden:

Die nationalsozialistische Regierung hatte sich damals einer Lügenkampagne ohne gleichen zu erwehren. Durch Greuelmärchen verschiedenster Art suchte der innere Gegner ihre Bestrebungen zu verdächtigen und die Stimmung gegen sie zu vergiften; und durch Banditenstreiche unter Mißbrauch der Uniformen der nationalsozialistischen Verbände suchte er das Ansehen der Reichsregierung zu unterhöhlen. So übertrug man den Sondergerichten die Abwehr der Greuelpropaganda und des Uniformmißbrauchs auf Grund der VO v. 21.3.1933 [RGBl.I 1933, S. 175], an deren Stelle dann das Heimtückegesetz trat. [vom 20.12.1934, RGBl.I 1934, S. 1269] (Später kamen um des inneren Zusammenhangs mit der Greuelpropaganda willen die Vergehen gegen §§ 134a und b StGB hinzu). Ferner sah sich die nationalsozialistische Regierung zu Beginn der Machtübernahme vor die Aufgabe gestellt, terroristische Anschläge zu verhindern und kommunistische Umtriebe nieder zu ringen. Es war zu besorgen, dass der Reichstagsbrand weitere schwere Verbrechen auslösen würde, durch die der Staatsfeind seine Anhängerschaft aufputscht, die ruhige Bevölkerung aber in Angst und Schrecken versetzen wollte. So wurden den Sondergerichten Sprengstoffdelikte, Brandstiftungen und Sprengungen in der Absicht, in der Bevölkerung Angst und Schrecken zu erregen, Vergiftung mit schwerer Folge, Überschwemmung, Beschädigung von Eisenbahnanlagen, gemeingefährliche Vergiftung, also schwerste Straftaten des politischen Terrorismus überwiesen. Blickt man auf diese ersten Zeiten der Machtübernahme zurück, so könnte man sagen: Die Aufgaben dieser Übergangszeit sind gelöst, die Kämpfe jener Zeit sind ausgefochten, die Übergangserscheinungen von damals sind überwunden. Und doch sind die Sondergerichte geblieben. Wie erklärt sich das?

2. Soll man vielleicht argumentieren: Sondergerichte sind eine Erscheinung der Zeiten politischer Hochspannung. Aus der politischen Hochspannung aber sind wir seit 1933 noch nicht herausgekommen. Die vom Nationalsozialismus übernommene Aufgabe der Sprengung der Fesseln des Versailler Diktats mußte Deutschland immer wieder in gefahrvolle Situationen führen, die auch dem innenpolitischen Gegner ein immer erneutes Betätigungsfeld boten, und so konnten die Sondergerichte noch nicht entbehrt werden? Aber auch diese Betrachtungsweise trifft nicht zu.

3. Werfen wir einen Blick auf die künftige Entwicklung des Strafrechts, wie sie bisher geplant ist, so sehen wir, dass die bisher skizzierten Aufgaben der Sondergerichte keineswegs nur vorübergehender Natur sind. Das Heimtückegesetz wird in das kommende Strafrecht organisch eingefügt werden, und auch die dem älteren Recht nicht geläufigen hohen Strafen für gemeingefährliche terroristische Akte werden aus dem sachlichen Strafrecht nicht mehr verschwinden. Das den Sondergerichten übertragene Gebiet der politischen Strafrechtspflege bildet also nicht anders als das ebenfalls politische Aufgabengebiet des Volksgerichtshofs und der einziginstanzlichen Senate der Oberlandesgerichte – eine Daueraufgabe. Die Lösung dieser Aufgabe aber muß Gerichten von der Art der Sondergerichte verbleiben. Der tiefere Grund liegt darin, dass die politischen Strafsachen der Sondergerichte übereinstimmend eine besondere Eigenart aufweisen. Es handelt sich bei ihnen durchweg um Straftaten, auf die der Staat um seiner Selbsterhaltung

willen mit größter Beschleunigung und mit Härte reagieren muß. Es besteht also ein innerer Zusammenhang zwischen der Eigenart dieser Straftaten und den Besonderheiten des Verfahrens, wie es vor den Sondergerichten gestaltet werden muß und gehandhabt wird. Sie kennen, m.H., die Eigenart dieses Verfahrens. Es zeichnet sich zunächst in all seinen Stadien durch größtmögliche Beschleunigung aus. Schon im Ermittlungsverfahren wird die Vorbereitung konzentriert, die – stets verzögerlich wirkende – Voruntersuchung ist ausgeschaltet. Die Hauptverhandlung wird zielbewußt und planmäßig gelenkt; Zersplitterung, Abschweifen auf Nebendinge werden durch Ermessensentscheidungen des Gerichts über den Umfang der Beweisaufnahme verhindert. Bei Bemessung der Strafe wird dem Zweck der Sondergerichte weitestgehend Rechnung getragen: Schutz von Volk und Staat, entschlossene Abwehr des Staatsfeinds, Niederhaltung politisch unruhiger und unzuverlässiger Elemente, Stärkung des Vertrauens aller Wohlgesinnten in die Entschlossenheit der Staatsführung, die Zügel fest in der Hand zu halten, sind die Erwägungen, die dabei im Vordergrund stehen. Durch sofortige Rechtskraft und Vollstreckung der Entscheidung wird eine einprägsame Wirkung erzielt.

Diese Kennzeichen des sondergerichtlichen Verfahrens entsprechen genau den Bedürfnissen der politischen Strafrechtspflege auf den den Sondergerichten zugewiesenen Gebieten. Soll den politischen Terrorakten und der Greuelpropaganda wirksam begegnet werden, so ist gerade dieses Verfahren erforderlich. Die Schnelligkeit des Verfahrens, die Entschiedenheit der Abwehr, die Strafzumessung unter unerbittlicher Voranstellung der Bedürfnisse der Gemeinschaft und die Unwiderruflichkeit der Entscheidung, diese charakteristischen Merkmale des Verfahrens vor den Sondergerichten sind gerade das, was die Staatsführung im Kampfe gegen die politischen Straftaten, die vor die Sondergerichte gelangen, braucht. Die Staatsführung muß es ablehnen, sich in einem lang dauernden Verfahren mit diesen gegnerisch eingestellten Elementen auseinanderzusetzen und ihnen in einer langen Hauptverhandlung und gar in zwei oder drei Instanzen Gelegenheit zu geben, den Sachverhalt zu verdunkeln, zu zerreden oder die Strafvollstreckung hinzuziehen. Eine energische Staatsführung, die ihren Willen dem politischen Gegner aufzwingen will, darf sich nicht auf lange Verhandlungen mit ihm einlassen. Sie muß schleunigst klären, was geschehen ist, und darauf ihre Entscheidungen darüber, was Gerechtigkeit und Staatsinteresse erfordern, kurz und knapp fällen, kundtun und durchsetzen. „Wir haben es eben", so hat Herr Staatssekretär Freisler im deutschen Strafrecht 1936 S. 325 ausgeführt, „in der politischen Strafrechtspflege mit einer besonderen Gruppe von Tätern, von Straftaten, einem besonderen Unrechtsgehalt dieser Straftaten, einer besonderen Unmittelbarkeit der Gefährdung der Lebensgrundlagen des Volkes durch diese Taten zu tun, deren erfolgreiche Bekämpfung tiefgreifende Besonderheiten des Verfahrens verlangt." Diese Eigenart der Verknüpfung der politischen Strafsachen mit der Ordnung des Verfahrens vor den Sondergerichten tritt bereits in der AV v. 9.12.1935, über die Sondergerichte hervor. Wenn dort der Zweck, der mit der Errichtung der Sondergerichte verfolgt ist, dahin umrissen wird, „heimtückische Angriffe staatsfeindlicher Elemente auf Staat und Partei mit allem Nachdruck und größter Beschleunigung abzuwehren, die ruhige und planmäßige Aufbauarbeit des deutschen Volkes zu sichern, den inneren Rechtsfrieden zu gewährleisten und die Kraft der deutschen Volkswirtschaft zu erhalten", so werden damit zweifellos Daueraufgaben gekennzeichnet. Wenn ferner § 3 a der VO über die Strafgerichte vom 21.3.1933 die Abgabe von Strafsachen zur Behandlung im ordentlichen Verfahren nur zuläßt, wenn die „alsbaldige Aburteilung der Tat für die Aufrechterhaltung der öffentlichen Ordnung oder für die Staatssicherheit von *minderer* Bedeutung ist", so ist damit zugleich gesagt, dass Strafsachen, bei denen die alsbaldige Aburteilung der Tat für die Aufrechterhaltung der öffentlichen Ordnung oder für die Staatssicherheit von *größerer* Bedeutung sind, grundsätzlich vor die Sondergerichte gehören. Wiederum ist aber klar, dass die Aufrechterhaltung der öffentlichen Ordnung und der Staatssicherheit Daueraufgaben des Staates darstellen.

In diesen Rahmen fügt sich neuestens die ausschließliche Zuständigkeit der Sondergerichte für Zuwiderhandlungen gegen die VO über außerordentliche Rundfunkmaßnahmen v. 1.9.1939, RGBl.I 1939, S. 1683 zwanglos ein. Über diese VO wird heute noch von anderer Seite gesprochen werden; ich erwähne sie daher nur zur Abrundung des Bildes von der politischen Zuständigkeit der Sondergerichte.

Wir sehen also: Die Sondergerichte erfüllen in ihrer politischen Rechtsprechung eine Daueraufgabe. Mag der Rechtsstoff in Einzelheiten wechseln, der Grundgedanke: Abwehr des Staatsfeinds, der mit Lüge, Hetze oder Terrorakten arbeitet, wird bleiben. Ist aber die Aufgabe der Sondergerichte, im großen gesehen, eine Daueraufgabe, so sind die heute sog. Sondergerichte keine echten Sondergerichte, sondern in Wahrheit Spezialstrafkammern mit besonderer Zuständigkeit und einem besonderen Verfahren.

II. Jeder Zweifel an der Richtigkeit dieser Auffassung aber muß schwinden, wenn wir die neueste Entwicklung der Sondergerichte betrachten, wie sie sich seit dem Herbst 1938 vollzogen hat. Wir standen im Herbst 1938 vor einer überraschenden Welle schwerer und schwerster Straftaten. Der vierfache Mord bei Graz, die zahlreichen Überfälle auf Kraftwagen aus jener Zeit sind noch in frischer Erinnerung. Die damaligen Ereignisse führten zu der Erkenntnis: Der politische Staatsfeind – der Greuellügner, Hetzer, Terrorist -, mit dem sich die Sondergerichte bisher allein beschäftigt hatten, ist nicht der einzige Gegner, dessen Abwehr der Eigenart des sondergerichtlichen Verfahrens bedarf. Neben ihm steht weiter der unpolitische schwere Verbrecher. Der Mörder oder Räuber, dessen Tat die Öffentlichkeit auf das schwerste erregt, muß ebenso in beschleunigtem Verfahren überführt, in ebenso konzentrierter Hauptverhandlung abgeurteilt, ebenso streng (und oft noch strenger) beurteilt werden als der politische Staatsfeind. Auch darf es mit ihm ebenso wenig wie mit dem politischen Gegner ein Verhandeln in mehreren Instanzen geben. So verschaffte die VO zur Erweiterung der Zuständigkeit der Sondergerichte vom 20.11.1938 [RGBl.I, 1632] den Anklagebehörden die Möglichkeit, über die bisherigen politischen Fälle hinaus Anklage vor dem Sondergericht zu erheben, wenn sie der Auffassung ist, dass mit Rücksicht auf die Schwere oder die Verwerflichkeit der Tat oder die in der Öffentlichkeit hervorgerufene Erregung die sofortige Aburteilung durch die Sondergerichte geboten sei. Diese Entwicklung hat nunmehr bei Ausbruch des Krieges ihre folgerichtige Fortsetzung gefunden in § 19 der Vereinfachungs-VO vom 1.9.1939 (RGBl.I 1939 S. 1656), wonach die Anklagebehörde nunmehr Anklage vor den Sondergerichten nicht nur bei Verbrechen, sondern auch bei Vergehen erheben kann, wenn sie der Auffassung ist, dass durch die Tat die öffentliche Ordnung und Sicherheit besonders gefährdet worden ist. Praktisch kann hiernach die Anklagebehörde jedes – nicht zur Zuständigkeit des VGH oder der erstinstanzlichen Oberlandesgerichte gehörende – Verbrechen oder Vergehen vor das Sondergericht bringen, wenn sie die sofortige Aburteilung mit Rücksicht auf die Schwere oder die Verwerflichkeit der Tat, wegen der in der Öffentlichkeit hervorgerufenen Erregung oder wegen ernster Gefährdung der öffentlichen Ordnung und Sicherheit für geboten hält. Nach besonderen Vorschriften kann sie ferner Zuwiderhandlungen gegen die Preisvorschriften vor die Sondergerichte bringen. Ausschließlich zuständig sind die Sondergerichte endlich für Plünderungen in freigemachten oder freiwillig geräumten Gebieten nach § 1 der VO gegen Volksschädlinge vom 5.9.1939 [RGBl.I 1939, S. 1679].

Alle diese Straftaten erfordern aus genau denselben Gründen wie die bisher den Sondergerichten überwiesenen politischen Straftaten die Abwehr im sondergerichtlichen Verfahren. Auch hier handelt es sich um Staatsfeinde gefährlichster Art, mit denen eine energische Staatsführung in des Wortes eigentlicher Bedeutung kurzen Prozeß machen muß.

III. Mit dieser erweiterten Zuständigkeit sind die Sondergerichte nunmehr die vorderste Linie der Verteidigung des Staates gegen ernste Straftaten gerückt. Sie sind zum Kern der Strafgerichtsbarkeit geworden. Sie stehen neben den Strafkammern alter Art als Strafkammern neuer Art mit einem besonderen Verfahren.

Betrachtet man das Verhältnis beider Arten von Strafkammern nebeneinander, so könnte es auf den ersten Blick verwunderlich erscheinen, dass gerade für die minder wichtigen Straftaten ein ausgedehntes Vorverfahren, eine mit allen Garantien für die erschöpfende Feststellung des Sachverhaltes versehene Hauptverhandlung und eine Nachprüfung durch ein Rechtsmittel vorgesehen ist, während für die wichtigeren Strafsachen der Sondergerichte ein konzentriertes Vorverfahren und eine kürzere Hauptverhandlung gefordert und eine Nachprüfung des Ergebnisses durch eine höhere Gewalt versagt wird. Allein der Widerspruch ist nur ein scheinbarer. Die Beschleunigung des Vorverfahrens bedeutet nicht die Beeinträchtigung seiner Gründlichkeit, das Gebot der Konzentration der Hauptverhandlung bedeutet nicht ihre Oberflächlichkeit: Alles Wesentliche soll und muß selbstverständlich auch vor dem Sondergericht geprüft und festgestellt werden. Vollends bedeutet die sofortige Wirksamkeit des Urteils kein Privileg für mangelnde Sorgfalt bei Abfassung der Entscheidung, sondern höchste Verantwortung für ihre Richtigkeit.

So ergeben sich aus der Struktur der Sondergerichte gesteigerte Verpflichtungen sowohl für die Justizverwaltung wie auch für die bei den Sondergerichten tätigen Richter und Staatsanwälte:

1. Die Justizverwaltung muß durch Maßnahmen der Geschäftsverteilung den Staatsanwalt instand setzen, die Ermittlungen mit aller Beschleunigung zu führen;

sie muß ihn dazu dann von allem Kleinkram entlasten und darf ihn nicht mit mehr Untersuchungen belasten als er bewältigen kann.

2. Die Justizverwaltung muß die Strafsachen zwischen der allgemeinen Strafkammer und dem Sondergericht so verteilen, dass das letztere seine eigentümlichen Aufgaben erfüllen kann und nicht durch Überlastung lahmgelegt wird.

3. Die Justizverwaltung muß ferner bei Auswahl der Mitglieder der Sondergerichte darauf bedacht sein, Persönlichkeiten einzusetzen, die nach Charakter, Fähigkeiten, Erfahrung und Verantwortungsbewußtsein die größtmögliche Gewähr dafür bieten, dass ihre Entscheidungen der Nachprüfung durch eine höhere Instanz nicht mehr bedürfen.

Über die Aufgaben, die sich hieraus ergeben, wird Herr Ministerialdirektor Crohne nachher noch zu Ihnen sprechen. Ich möchte mich hierauf beschränken, hier noch auf einen Gesichtspunkt einzugehen:

IV. Da das Reichsgericht auf dem Gebiet der Sondergerichte nicht mehr tätig werden kann, so fehlt es nunmehr auch an einer Stelle, welche die Aufgabe des Reichsgerichts auf diesem Gebiet wahrnehmen könnte, bei Auslegung der gesetzlichen Vorschriften die *Einheit* der Rechtsprechung zu fördern und zugleich rechtsfortbildend zu wirken. Diese Aufgabe müssen die Sondergerichte nunmehr selbst übernehmen. Das hiermit auftauchende weitschichtige Problem kann hier heute nicht näher erörtert werden; es seien nur einige praktische Maßnahmen erwähnt. Der Herr Minister hat ein Sonderreferat für alle zur Zuständigkeit der Sondergerichte gehörenden nichtpolitischen Strafsachen eingerichtet. Aufgabe dieses Referats wird es *auch* sein, im Zusammenwirken mit der Abteilung des Hauses für strafrechtliche Gesetzgebung auf Einheitlichkeit in der Rechtsprechung der Sondergerichte hinzuwirken. Der Herr Minister ist bereit, durch Abdruck geeigneter Auszüge aus Urteilen der Sondergerichte in der Deutschen Justiz, wie dies bereits zur Erleichterung der Auslegung des Autofallengesetzes [v. 22.6.1938, RGBl.I 1938, S. 414] planmäßig geschehen ist, zur Einheitlichkeit der Rechtsprechung der Sondergerichte beizutragen; er hat den Sonderreferenten beauftragt, hierfür geeignete Vorschläge zu machen, und bittet auch Sie, meine Herren, zum Abdruck geeignete Entscheidungen im Interesse der Erzielung einheitlicher Rechtsprechung zu empfehlen.

Für die *Fortbildung* des Rechts bietet sich den Sondergerichten ein weites Feld. Sie wissen alle, dass das geltende deutsche Strafrecht in weitestem Umfange reformbedürftig ist. Der veraltete Zustand unseres Strafgesetzbuchs erschwert es in nicht wenigen Fällen, zu befriedigenden Ergebnissen zu gelangen. Eine verständnisvolle, nicht am Buchstaben des Gesetzes klebende Auslegung und eine mutige Anwendung des § 2 StGB kann aber viel dazu beitragen, die Mängel des geltenden Rechts einigermaßen auszugleichen. Die Bitte des Herrn Ministers an die Praxis der Sondergerichte geht daher dahin, nunmehr bei den neu der Zuständigkeit der Sondergerichte unterbreiteten Tatbeständen die Aufgabe moderner Auslegung und Fortbildung des Rechts nicht zu scheuen, sondern sie an Stelle und in Vertretung des Reichsgerichts verantwortungsbewußt in die Hand zu nehmen. Gerade bei den schwersten Straftaten verträgt die breite Öffentlichkeit noch weniger als anderswo Entscheidungen, die mit unserem heutigen Empfinden für Recht und Gerechtigkeit nicht in Einklang stehen.

Ich darf einige wenige Beispiele kurz nennen.

Es erfüllt mit Sorge, dass die *Unterscheidung zwischen Mord und Totschlag* noch immer auf verstandesmäßige Erwägungen abgestellt sein soll und nicht auf die Gesinnung, wie sie in der Tat und ihrer Ausführung zu Tage tritt. Wer aber je in Mordprozessen gewirkt hat, der weiß, dass eine Auslegung, die dem Grundgedanken des Gesetzes nachgeht, auf die eisige Gefühlskälte des Täters gegen sein Opfer abzustellen, sehr wohl zu Entscheidungen gelangen kann, deren Gerechtigkeit einleuchtet.

Die Mängel der Regelung der *gefährlichen Körperverletzung* (§ 223 a StGB) lassen sich weitgehend durch Auslegung und unter Heranziehung des § 2 StGB eindämmen. Dasselbe gilt von den Lücken der Vorschrift gegen schweren Diebstahl (§ 243 StGB); die Ansicht, dass die sieben Fälle dieser Vorschrift den schweren Diebstahl erschöpfen, mochte sich unter der Herrschaft des Satzes nulla poena sine lege vertreten lassen, ist aber heute schlechthin unhaltbar. Wer noch heute die Meinung vertritt, der Einbrecher, der die ganze Geldkassette mitnimmt und zu Hause erbricht, begehe keinen schweren Diebstahl, oder wer heute noch glaubt annehmen zu müssen, es gebe keinen schweren Diebstahl auf Schiffen, der möge auch überzeugend darlegen, warum er diese Ansicht für gerecht hält; denn angesichts des § 2 kann er sich auf die Rückständigkeit des Gesetzes allein nicht mehr berufen.

Die fehlende Strafvorschrift gegen *gewerbsmäßige Urkundenfälscher* kann die Praxis freilich nicht schaffen; ihr Fehlen ist im Zeitalter der Passfälscherzentralen, deren Kundschaft die Devisenschieber sind, eine empfindliche Lücke. Aber die Praxis kann helfen durch Ausschöpfen des Strafrahmens des § 268 StGB, durch Festhalten an der neuen Rechtsprechung des Reichsgerichts, dass die Gewerbsmäßigkeit einer Handlung ihre Selbständigkeit nicht berührt, und durch Anordnung der bei diesem Ausgangspunkt regelmäßig zulässigen Sicherungsverwahrung. -

Die Mängel des geltenden *Wucherrechts*, die sich bei längerer Dauer des Krieges möglicherweise stark bemerkbar machen werden, wird der Gesetzgeber beseitigen müssen; aber auch die Praxis kann helfen, indem sie die Mängel des geltenden Rechts nicht unnötig durch enge Auslegung noch vergrößert.

Bei der Auslegung der Strafvorschrift gegen *Hehlerei* hat das Reichsgericht neuerdings – namentlich auf dem Gebiet der Ersatzhehlerei – wichtige Vorarbeit geleistet; diese Rechtsprechung wird auszubauen sein. Die vielfach fehlende Vorschrift gegen fahrlässige Hehlerei (Erwerb verdächtiger Sachen) wird allerdings der Gesetzgeber schaffen müssen.

Auf diese Beispiele möchte ich mich beschränken. Der Herr Minister wird bemüht sein, den wesentlichsten Mängeln des geltenden Rechts auf dem Gebiet der schweren Verbrechen durch Novellen abzuhelfen. Über die erste kürzere wird Herr Staatssekretär Dr. Freisler nachher sprechen. Eine weitere größeren Umfangs soll folgen. Bis zu ihrem Zustandekommen – und dies könnte sich infolge der derzeitigen Überlastung aller Zentralbehörden verzögern – ergeht die Bitte an die Praxis, selbst zu helfen, wo immer es möglich ist, um unbefriedigende Entscheidungen zu vermeiden.

Dr. Crohne: So kurz der Überblick sein mußte, den ich über die Stellung der Sondergerichte geben durfte, so hoffe ich doch, dass die große Bedeutung ihrer Tätigkeit und ihrer Aufgaben klar hervorgetreten sind. Die Sondergerichte sind heute das Rückgrat der Strafrechtspflege. Die Rechtserwartung des Volkes blickt auf sie und erhofft von ihnen kraftvollen Schutz; das Vertrauen der Staatsführung begleitet sie. Die VO v. 20.11.1938 und die VereinfachungsVO haben die Sondergerichte auf dem neuen Gebiete der Strafsachen gegen Schwer- und Schwerstverbrecher in den Sattel gesetzt. Kein Zweifel, dass sie reiten werden.

3. Staatssekretär Dr. Freisler: Allgemeines zur Volksschädlings-Verordnung (v. 5.9.1939, RGBl.I 1939,S. 1679) und zu deren § 2

Staatssekretär *Dr. Freisler:* Herr Minister, Mitarbeiter! Der Krieg hat uns kriminalpolitisch und strafrechtspolitisch nicht unvorbereitet getroffen. Im Sektor der Justiz sind als besonders wichtige Vorbereitungsarbeiten all die Arbeiten der Strafrechtskommission und der Strafprozeßkommission zu nennen. Wir haben in diesen acht Wochen bereits sehr deutlich und eindringlich fühlen können, dass die Beschlüsse, die dort in vielen Arbeitstagungen gefaßt worden sind, gut sind, sowohl verfahrensrechtlich als materiell-rechtlich für die Zeit, in der von der Strafrechtspflege höchste Leistung unter Aufwendung möglichst geringer Kräfte gefordert wird. Wir ziehen daraus den Schluß, dass das, was für eine solche Zeit der Überbeanspruchung gut ist, für normale Zeiten nicht schlecht sein kann. Wir gehen, wie Herr Ministerialrat Rietzsch zum Schluß seiner Ausführungen darlegte, bereits daran, diese Beschlüsse jetzt in nicht unerheblichem Ausmaß zu Gesetzen zu machen. Auf dem Gebiete des Verfahrensrechts haben wir das schon getan durch die Vereinfachungverordnung, in der die Strafrechtspflege ihrer Überkompliziertheit – gemäß den für den Frieden vorgesehenen Reformbeschlüssen – bereits entkleidet ist und in der die Schlagkraft durch die Beschleunigung des Strafkammerverfahrens und die bis zur standrechtlichen Schnelligkeit geführte Beschleunigung der sondergerichtlichen Verfahren erheblich gesteigert wurde.

Wir empfinden die Mängel des geltenden Strafrechts natürlich nicht minder im materiellen Strafrecht. Die Verordnung, die wir am heutigen Tage zunächst besprechen, die Volksschädlings-Verordnung, kennzeichnet sich zunächst in der Durchführung von Grundsätzen der Strafrechtserneuerung, wie ich sie insbesondere in der Subjektivierung des Anschauens des Verbrechers sehe. Darüber hinaus kennzeichnet sie sich vor allem darin: Es ist jetzt besonders notwendig, mit allen Mitteln des Staates diejenigen zu bekämpfen, die im Ergebnis ihrer lichtscheuen Arbeit die Einheit, die Geschlossenheit und die Entschlossenheit des Volkes in seiner Abwehr schwächen. Insofern ist diese Verordnung ein besonderes Justizgesetz. Sie ist so früh gekommen, nicht etwa, weil Verbrechen der in ihr beschriebenen Art sich bereits erschreckend häufig gezeigt hätten, sondern weil der Staat seine Abwehrmaßnahmen bereit halten muß, ehe der Verbrecher in größerem Maßstabe zu seinem Angriff vorgeht. Weder der Gesetzgeber noch die Justiz dürfen zu spät kommen. Durch diese Verordnung hat der Gesetzgeber vorbeugend ein Zuspätkommen der Rechtspflege auf wichtigsten Gebieten verhindert. Er hat damit das seine beigetragen und wird es weiter tun, um die katastrophalen Folgen, die ein Zuspätkommen haben könnte – katastrophal für die Gesamtlage des Volkes – von vornherein zu seinem Teil zu verhindern. In solchen Lagen muß die Rechtspflege scharf sein. Wir können da an dem Beispiel unserer Feinde aus dem Weltkriege lernen. Ich glaube, dass es nicht zu viel gesagt ist, wenn ich behaupte, dass Frankreich als erste Großmacht des Weltkrieges zusammengebrochen wäre, wenn nicht mit unerbitterlicher Härte und Strenge, immer ausschließlich auf das Gesamtwohl schauend, damals der General Nivelle teils durch unmittelbare militärische Gegenmaßnahmen, teils mit Hilfe der Kriegsgerichtsbarkeit die Defaitisten- und Meutererbekämpfung rücksichtslos durchgeführt hätte. Man tut gut, aus solchen Lagen vorbeugend zu lernen, damit man bereit ist, auch wenn eine solche Lage bei uns nicht im entferntesten vorhanden ist oder auch nur sich andeutet. Ein Versagen der Rechtspflege, mag daran nun das Gesetz oder Rechtspflege schuld sein, ist dabei erfahrungsgemäß immer in gleicher Weise Ursache wie Wirkung einer Lockerung der Geschlossenheit und Entschlossenheit und evtl. eines Zusammenbruches.

Das können wir deutlich an der Entwicklung der kriminalstatistischen Zahlen aus dem Weltkriege sehen. Während in den beiden letzten Friedensjahren vor dem Weltkrieg vor den Strafkammern und Schwurgerichten 61.000 bzw. 62.000 Strafsachen anhängig waren, sank bereits 1914, als die allgemeine Begeisterung und die damit zunächst vorhandene Konsolidierung auch der Ordnung sich nur 5 Monate des Jahres auswirken konnte, diese Zahl bereits um 20% auf 51.900 und im Jahre 1915, als die innere Geschlossenheit des Volkes immer noch nicht im entferntesten auch nur spurenweise angenagt war, um noch weitere 20 v.H. bis auf 40.800. Dann aber sehen wir ein dauerndes Steigen. 1916 sind es bereits wiederum 10% mehr, nämlich 44.900. 1917 bereits 53.800. 1918 scheint die Zahl mit 55.000 nicht stark gestiegen zu sein, jedoch fehlen in der Reichskriminalstatistik dieses Jahres bereits die Oberlandesgerichtsbezirke Posen und Colmar. Wenn Sie die hinzuzählen, kommen Sie zu einem weiteren erheblichen Steigen, das sich dann vollends mit dem Zusammenbruch fast ins Uferlose ausdehnt. Im Jahre 1919 ist die entsprechende Zahl bereits 79.600 und im Jahre 1920 100.000.

Auch daran können wir lernen, und da wir, die wir hier sind, so gut wie alle uns an die Entwicklung jener Jahre noch erinnern, wissen wir, ohne dass wir darüber viele Worte zu machen brauchen, dass hier Ursache und Wirkung sich aneinander emporranken, die Ursache zur Wirkung und die Wirkung wieder zur Ursache wird. Das muß unseren Gesetzgebern und Richtern diesmal eine Warnung sein. Jeder muß, auch über die Handhabung vereinfachender und daher die Schlagkraft steigernder Reformgedanken in unserem Arbeitsfeld und unserer Arbeitsweise hinaus, in seinem kriminalistischen Abwehrgedanken einen gewaltigen Sprung machen, einen Sprung mitten in die Kriegsnotwendigkeiten hinein. Wir, die wir alle, jeder an seiner Stelle, zusammenwirken, dürfen uns nicht selber täuschen und meinen, wenn im Einzelfalle gegenüber dem, was vor dem Kriege begründete

Gewohnheit des Gesetzgebers oder der Rechtspflege war, nun mit ein, zwei oder drei Jahren Zuchthaus in den Fällen, in denen es sich um Angriffe auf die Einheit, Geschlossenheit und Entschlossenheit des Volkes handelt, dieser Sprung schon getan wäre. Der Sprung, der notwendig ist, ist um ein vielfaches größer.

Das ergibt sich schon aus der einfachen Überlegung, dass, wo die Besten als Soldaten ihr Leben für das Volk einsetzen, es doch merkwürdig wäre, wenn nicht der, der gegen das Volk arbeitet, sein Leben ebenfalls riskieren müßte. Die Gerechtigkeit dem Einzelnen gegenüber wahren wir selbstverständlich. Aber es wäre nicht richtig anzunehmen, dass diese Gerechtigkeit nur möglich wäre bei einem bestimmten, aus den Verhältnissen einer Friedenszeit oder aus den Verhältnissen der letzten Jahre vor allem im Zusammenhang mit der inneren Konsolidierung in Deutschland gewonnenen allgemeinen strengeren Niveau. Die Gerechtigkeit gegenüber dem einzelnen ist bei jedem allgemeinen strengen Niveau möglich. Dort liegt sie im Gleichmaß bei gleicher Schuld. Das strenge Niveau selbst muß aber jedenfalls in der Sphäre derjenigen Straftaten, die die Sondergerichte aburteilen, soweit sie heute auch auf der Tagesordnung stehen – wir haben ja bewußt die eine Hälfte heute ganz ausgeschaltet -, außerordentlich gehoben werden.

Nur wenn wir das tun, werden wir das, was wir werden müssen: eine der stärksten Stellungen der inneren Front unseres Volkes. Nur dann tun wir das unsere, um einer Geschlossenheits- und Entschlossenheitsverminderung unseres Volkes durch Aufwendung aller Energie mit ganz neuen Maßanwendungen in der Schädlingsbekämpfung vorzubeugen. Viel wichtiger – aber keineswegs im Gegensatz dazu stehend – als die Gerechtigkeit mit Blick auf den einzelnen ist heute die Gerechtigkeit mit Blick auf das Ganze, die wir auch sonst schon immer pflegen, die aber jetzt, wie der Herr Minister vorhin schon hervorgehoben hat, alles andere in den Schatten stellen muß.

Eines der wichtigsten Strafgesetze, mit dem der Gesetzgeber sein Teil an dieser Pflege auf materiell-rechtlichem Gebiet erfüllt, ist so die Verordnung gegen die Volksschädlinge mit ihren vier Tatbeständen, dem § 1, dem Tätertyp des Plünderers, dem § 2, dem Verbrecherparasiten des Luftkrieges, dem § 3, dem gemeingefährlichen Volksschädling, dem § 4, dem Verbrecherparasiten des Krieges.

Meine allgemeine Einleitung zu den Ausführungen unserer Mitarbeiter im Hause zu den einzelnen vier Bestimmungen muß nun leider hier und da, weil ich das allgemein Zusammenfassende bringen muß und möchte, etwas vorwegnehmen, was Ihnen nachher viel genauer dargelegt werden muß. Das bitte ich, von vornherein zu entschuldigen.

Zu dieser Verordnung als ganzer und ihrer Anwendung habe ich zunächst zu sagen: Diese Verordnung muß als Strafgesetz aus sich heraus verstanden werden. Ihre vier Bestimmungen sind nicht Pfropfreiser auf allgemeine Straftatbestände – nebenbei gesagt auch da nicht, wo, wie in den §§ 1, 3 und 4, sprachlich, gesetzgebungstechnisch Bezug genommen wird auf Straftatbestände des Allgemeinen Strafrechts. Übrigens ist diese Bezugnahme z. B. beim § 3 nur eine scheinbare, denn es wäre nicht richtig, und die Praxis hat das auch nicht gemacht, etwa die Brandstiftung, von der dieser § 3 spricht, als die der §§ 306 und 308 des Strafgesetzbuches anzusehen. Doch darüber wird Herr Altmeyer nachher des Näheren sprechen. Dasselbe gilt genau so – wenn ich mich recht erinnere, ist das auch in den Ausführungen genau dargelegt – für die allgemein gefährlichen Delikte des § 3.

Bei den §§ 2 und 4 handelt es sich um einen ganz besonderen Tätertyp. Auch Verbrecher kennen und nutzen ihre Konjunkturen. Dabei kann ein bisher wohlanständiger und angesehener Mann zum Verbrecher werden. Dabei denke ich an den bereits hier vorgeführten Typ des Kriegsgewinnlers, der zunächst nicht aus Verbrecherkreisen kam, sondern ein Abgleiten aus dem Anständigen als seine Genesis selbst bezeichnen könnte. Aber auch der Verbrecher, der schon Verbrecher war, kennt und nutzt seine Konjunktur. Diese Konjunkturnutzung ist dann der eigentliche Unrechtsgehalt, und darin liegt das Typenhafte der Tatbestände oder der Verbrechensbilder der §§ 2 und 4 unserer Verordnung. Die Gemeinheit der Ausnutzung der Kriegslage ist hier der eigentliche Unrechtsgehalt. Sie ist das charakterisierende Kriterium z.B. des Diebes, der während der Verdunkelung einsteigt. Die Ausnutzung der Verdunkelung ist hier das, was das Strafwürdige des Diebstahls an sich bei weitem überstrahlt. Genau so der Notzüchter während der Verdunkelung, genau so der Räuber während der Verdunkelung. Die Gemeinheit der Kriegslagenausnutzung ist es, die z.B. den Handtaschenräuber während der Verdunkelung zu etwas ganz anderem macht – nebenbei bemerkt auch zu etwas ganz anderem als denjenigen, der, sagen wir, in Friedenszeit vor der Villa, vor der die Straße nicht gut beleuchtet ist, wartet, bis die dort wohnende Frau aus dem Theater kommt, um ihr dort in der Dunkelheit die Handtasche zu entreißen. Es wäre völlig unzureichend zu meinen, der Tätertyp des Handtaschenräubers, der in der Dunkelheit der Nacht an sich, unabhängig von der besonderen Kriegslage, die Handtasche entreißt, sei derselbe und die typische Gestalt des in der Verdunkelung unserer Jetztzeit die Handtasche Raubenden; denn die Gemeinheit wird eben nicht nur in dem objektiven Vorhandensein einer Dunkelheit empfunden, sondern auch und gerade in der Ausnutzung der besonderen, zum Schutze des Volkes notwendigen Verdunkelungsmaßnahme. Deshalb wäre ein Emporsteigen auf das strenge Niveau, das für die Dunkelheit an sich gilt, durchaus noch kein unangemessenes Emporsteigen.

In der Ausnutzung der Kriegslage gilt – um andere Beispiele zu bringen – der typische Unrechtsgehalt des Versicherungsschwindlers, der in das Dorf gekommen ist und dort erzählt hat, ein paar Dutzend Söhne des Dorfes seien schon gefallen, und daher müßten die anderen, die ihre Söhne und Ernährer draußen hätten, schleunigst irgendwelche Versicherungen abschließen, um sich dagegen zu sichern. In der Gemeinheit der Kriegslagenausnutzung liegt der Unrechtsgehalt des Kriegskameradenhochstaplers, den wir gehabt haben, also des Mannes, der da zur Frau eines Soldaten kommt und sich fälschlich, noch dazu in einer ihm nicht zustehenden Uniform, als dessen Oberfeldwebel ausgibt, damit sie ihm Uniform und Geld, das er angeblich ihrem Manne ins Feld bringen will, gebe. In dieser Ausnutzung der besonderen Kriegslage liegt der Unrechtsgehalt. Darin liegt aber auch das Verlangen, dass, wer das tut, wer so Parasit der Kriegsnotlage wird, seinen Kopf dabei riskiert.

Am typischsten ist dabei der Verbrechertyp des § 2, denn er knüpft an das sinnfälligste Kriegsbild in der Heimat an, ein Kriegsbild, das erst der jetzige Krieg geschaffen hat; eben an die Verdunkelung. Nur um dieses Typencharakters willen ist ja auch der § 2 in das Gesetz aufgenommen worden, denn im Grunde wäre seine Aufnahme nicht notwendig gewesen, um diesen Tätertyp zu bestrafen, denn § 2 ist ja im wesentlichen gar nichts anderes als ein herausgezogenes Beispiel des § 4. Das sage ich hier, weil es uns später in meinem nächsten Referat befassen wird, wenn ich die gesetzgeberischen Strafrahmen behandle und die §§ 2 und 4 miteinander vergleichen werde.

Zweitens: Daraus, dass es sich auch bei den §§ 2,3, und 4 um selbständige Delikte handelt, folgt, dass auf sie unmittelbar die allgemeinen Strafrechtsbestimmungen anzuwenden sind. Zwei Punkte, die bisher insofern praktisch geworden sind und teilweise Sorge bereitet haben, möchte ich hervorheben den Versuch und die mildernden Umstände.

a) Den Versuch: Es wäre meines Erachtens nicht richtig, bei den §§ 2, 3, und 4 den Versuch eines dort erwähnten Verbrechens des Allgemeinen Strafgesetzbuches beim Vorliegen der übrigen Kennzeichnungen dieser §§ 2,3, und 4 nur als Versuch eines Verbrechens gegen § 2,3, oder 4 der Volksschädlings-Verordnung anzusehen. Ganz im Gegenteil, auch der Versuch eines Raubes oder einer Notzucht ist ein Verbrechen gegenüber Leib bzw. Eigentum im Sinne der Bestimmungen der Verordnung. Ist also dieser Versuch bei Verdunkelung – um bei diesem Beispiel zu bleiben – vorgenommen, so liegt ein vollendetes Verbrechen gegen den § 2 vor.

Danach erscheint mir praktisch – theoretisch ist das anders – der Versuch eines Verbrechens gegen § 2 nur sehr schwer oder oder kaum denkbar zu sein, und dasselbe gilt mit der gleichen Deduktion für § 4.

Etwas anders ist die Lage bei § 3, doch scheint sich mir die volkstümliche Brandstiftungsvorstellung dem juristischen Brandstiftungsversuch des Strafgesetzbuches bereits erheblich zu nähern. Sie umfaßt nämlich nach dem Vorstellungsbild ein Tätigkeitsbild. Sie schließt nicht unbedingt, wie das bei vielen der Hauptworte auf –ung, die unmittelbar aus dem Infinitiv eines Verbums abgeleitet sind, der Fall ist, ein Erfolgsbild ein. Konkreter gesprochen: Diese allgemeine volkstümliche Vorstellung vom Brandstiften verlangt nicht ein Feuerfangen des in Brand zu setzenden Objektes. Auch hier ergibt sich also aus der Bestimmung selbst eine erhebliche Annäherung an den allgemeinen strafrechtlichen Brandstiftungsversuch, ohne dass ich damit eine Gleichsetzung behauptet haben will.

Bei der Anwendung dieser Verordnung muß man stets an die subjektive Unrechtswertung denken, die ihr zugrunde liegt. Dann ist das Problem des Versuches auch für denjenigen viel leichter zu überwinden, der sich meiner Deduktion nicht sollte anschließen wollen. Diese Verordnung ist echtes Willensträger-Strafrecht. Freilich könnte man da auch übertreiben, und das darf man nicht. Zum Beispiel könnte man da auch übertreiben, und das darf man nicht. Zum Beispiel wäre es nicht richtig, in § 3 so etwas wie eine Sabotageabsicht als notwendig hinein zu geheimnissen. Ist doch im Gegenteil – und das sage ich für die Herren von den Sondergerichten aus Prag und Brünn – gerade der § 3 dieser Verordnung der

Ausgangspunkt gewesen, um z. B. den Sabotagebegriff der Sabotageverordnung des Herrn Reichsprotektors für Böhmen und Mähren der Gefahr zu entkleiden, übertrieben subjektiviert zu werden.

Wem im übrigen auch diese Ausführungen über den Versuch nicht stichhaltig zu sein scheinen, dem kann ich sagen, dass die Verordnung, deren Entwurf [vgl. unter 3.] in Ihrer Hand ist, schon vorsieht, Ihnen theoretisch die Schwierigkeit des Versuches sehr zu erleichtern, sie praktisch völlig zu beseitigen. In diesem Versuch ist vorgesehen, eine der fundamentalsten Forderungen der Strafrechtserneuerung zu verwirklichen, die seit 1933 folgerichtig verfolgt wurden und im Strafrecht der Ostmark übrigens seit langem verwirklicht ist: Es ist gestattet, den Strafrahmen der vollendeten Tat auch beim Versuch bis zur obersten Grenze auszuschöpfen.

Zu § 1 weise ich im Zusammenhang mit diesen Ausführungen über den Versuch darauf hin, dass schon sprachlich das Plündern nicht das vollendete Wegnehmen in sich schließt, erst recht nicht das Ziel, den erstrebten Erfolg, das Sichaneignen. Plündern bezeichnet vielmehr eine Tätigkeit. Der Plünderer kann sehr wohl, bevor ihm die Zueignung geglückt ist, ja bevor er sie eigentlich durchgeführt hat, eben beim Plündern selbst überrascht und erwischt werden. Nehmen wir z. B. an, er habe gerade die ausgesuchten Gegenstände in dem Hause, das er plündert, auf einen Tisch zusammengetragen und gebündelt, als ein Ordnungsorgan der Wehrmacht oder der Polizei ihn dabei überrascht. Wenn wir dem Begriff des Plünderns nicht Zwang und Gewalt antun, dann ist diese Tat in diesem Augenblick bereits ein vollendetes Plündern.

Nun möchte ich kurz und klar noch, weil uns das, wie ich einleitend schon sagte, einmal Sorge gemacht hat, etwas über mildernde Umstände sagen. Mildernde Umstände gibt es im Rahmen der Verordnung nicht. Rechtsdogmatisch folgt das meines Erachtens unmittelbar aus der Betrachtung der §§ 1 und 4 als besonderer Straftatbestände, die ich an die Spitze gestellt habe, in Verbindung mit der Gesetzestechnik des Strafgesetzbuchs über die Behandlung mildernder Umstände. Viel wichtiger aber ist, dass das vor allem aus dem kriminalistisch einseitigen Zweck der Verordnung folgt, eine Hebung des strengen Niveaus zu erreichen. Diesen Zweck verkörpert ja die Verordnung geradezu, und damit wäre ein Abkommen auf mildernde Umstände etwa auf Grund einer anderen Betrachtung dieser §§ 1 und 4, als ich sie gewählt habe, unvereinbar.

Drittens: In jedem der vier Fälle läßt der Gesetzgeber dem Richter und ebenso dem Staatsanwalt eine Freiheit. Die Technik des Gesetzgebers ist dabei aber verschieden. In den §§ 2 und 4 wählte der Gesetzgeber als Freiheitsventil die Weite des Strafrahmens. Dabei weise ich hier zum zweiten Male ganz knapp auf etwas hin, was ich in einem späteren Referat näher ausführen werde, dass nämlich Unterschiedlichkeiten der Wortfassung in diesen beiden Strafrahmen-Darstellungen nicht gewollte Inhaltsverschiedenheiten sind. Bei den §§ 1 und 3 bedient sich der Gesetzgeber der Elastizität des Tatbestandes selbst als eines Freiheitsventils. In § 1 liegt sie im Begriff des Plünderns und bei § 3 in dem Tatbestandsmerkmal „Schädigung der Widerstandskraft des Volkes“.

Zur Freiheit beim Strafmaß kann ich nicht eindringlich genug sagen, dass hier eine Härte erreicht werden muß, die vor dem Härtesten nicht zurückschreckt, und diese Härte darf auch nicht wieder weich werden.

Bei der Tatbestandselastizität des § 1 bemühen wir uns – freilich ist dieses Bemühen bisher von der Praxis der Rechtspflege als ganzer nicht einheitlich gemacht worden -, ein Zerlegen des Plünderns, ein Sezieren des Plünderertyps in Tatbestandsmerkmale zu verhindern. Ich sagte: Die Rechtspflege ist da nicht einheitlich mitgegangen. Die Militärstrafrechtspflege geht einen anderen Weg und meint, das Plündern in diesem § 1 sei das ihr aus dem Militärstrafgesetzbuch bekannte Plündern. Wir sind anderer Meinung und bitten Sie darüber hinaus, das Plündern auch nicht ausschließlich an bestimmte Strafgesetzdelikte, z.B. den Diebstahl, anzuschließen. Um hier einmal ein in Professorenkreisen der Justiz beliebtes, hier aber passendes Wort zu gebrauchen: Überhaupt kein Trennungsdenken, sondern das Anschauen des Tatbildes und des Täters bei der Tat. Darüber wird Herr Ministerialdirektor Crohne wie bereits vor einigen Wochen in Heidelberg eingehender sprechen. Die bisherigen Divergenzen zwischen der Wehrmachtsjustiz, die übrigens da in sich auch nicht einheitlich ist, und unserer Justiz werden wir in Fühlungnahme mit der Rechtsabteilung des Oberkommandos der Wehrmacht zu beseitigen suchen.

Hier darf ich einen Hinweis für die Staatsanwälte anschließen. Was nicht „plündern" im natürlichen Sinne ist, bitten wir auch gar nicht als solches anzuklagen. In dem Plündern steckt an sich schon etwas von der Todeswürdigkeit drin. Man kann in einem gewissen Umfange sagen: Wenn das eben nicht todeswürdig ist, dann ist es eben kein Plündern. Dann soll man auch den Fall nicht als Verbrechen gegen den § 1 betrachten und nicht vor das Sondergericht bringen, das, wenn man das Plündern bejaht, im Falle des § 1 ausschließlich zuständig wäre, und soll damit das Seine tun, um ein Auseinanderklaffen von Staatsanwaltschaften und Gericht im Endergebnis zu vermeiden. Das ist sonst nämlich fast unvermeidlich, weil ja der Tatbestand sich in diesen Fällen vor dem Gericht kaum anders erweisen wird, als die Anklage bereits annimmt – das ergibt die Vorbereitung -, und weil infolgedessen dann die Staatsanwaltschaft weitgehend an ihre vorherige Rechtswertung gebunden ist. Das möchte ich hervorheben in dieser Besprechung von Richtern und Staatsanwälten, die an einem gemeinsamen Werk arbeiten. Es hat Bedeutung über die Sondergerichts-Rechtspflege hinaus. Ein tatsächlich vorkommendes, in Wirklichkeit vermeidbares Auseinanderklaffen der rechtlichen Wertung schadet sowohl der Justiz im Volke als auch ihrer Autorität sehr, ebenso wie ein Auseinanderklaffen –zwischen der beantragten und der erkannten Strafe.

Bei § 4 liegt also das Freiheitsventil in der Elastizität des „die Widerstandskraft schädigen". Hier bitten wir, keine überspannten Anforderungen zu stellen. Bei dem Maß des Schadens, das etwa durch das Anzünden einer mit Erntevorräten gefüllten Scheune eingetreten ist, brauchen wir uns keine Gedanken zu machen, ob, aufs Volksganze gerechnet, dadurch eine meßbare, ins Gewicht fallende Schädigung der Widerstandskraft eingetreten ist. Mit Recht hat ein Sondergericht einen Schaden von 1500 Mark, der durch das Inbrandsetzen von Erntevorräten eingetreten war und sich als Verminderung der Ernährungsgrundlage des Volkes natürlich nur ganz gering und kaum meßbar auswirkt, als ausreichend angesehen. Die Freiheit, die der Gesetzgeber mit seinen verschiedenen Systemen gegeben hat, muß von Staatsanwalt und Gericht mit Maß angewandt werden. Das Normale des Ergebnisses bei Schuldbejahung muß dabei an der oberen Strafrahmengrenze liegen, die die Verordnung vorgesehen hat. Darauf komme ich in einem späteren Referat zurück.

Viertens: § 1 macht die Sondergerichte ausschließlich zuständig. Im übrigen besteht überall bei §§ 2 bis 4 die Möglichkeit, die Sondergerichte zu befassen, und angesichts der besonderen Art gerade dieser Delikte wird diese Möglichkeit stets im Kreise der Erwägungen der Anklagebehörde sein. Falls das verneint wird, soll in irgendeiner möglichst unbürokratischen schnellen Weise hierher berichtet werden, wie ja auch der umgekehrte Fall hierher berichtet wird. Durch eine Ausführungsverordnung werden wir es erleichtern, dass nicht zum Sondergericht führende Sachen vor die Schnellgerichte gebracht werden können. Es ist Ihnen bekannt, dass da zur Zeit gewisse Schwierigkeiten bestehen.

Zu dem sondergerichtlichen Verfahren brauche ich in diesem Kreise heute nichts zu sagen. Die Sondergerichte müssen ausreichend in Anspruch genommen werden, um trotz ihres Namens im Volke als das zu erscheinen, was sie sind, als ordentliche Gerichte unseres Gerichtssystems, dürfen andererseits aber auch nicht überbeansprucht werden, damit sie weder von der Masse der schwebenden Verfahren in ihrer Schnelligkeit gebremst werden, noch ihre Wirkung im Volke als alltägliche Erscheinung abgestempelt sehen. Diese Sondergerichte müssen ihrem Wesen treu bleiben. Das kann nur in Zusammenarbeit der Staatsanwaltschaft und der Sondergerichtsvorsitzenden erreicht werden. Dazu gehört vor allem eins: Unter keinen Umständen ein Hineinwachsen der sondergerichtlichen Verfahren in Monstreverfahren. Es ist nicht sondergerichtsgemäß, etwa mehrere Monate zu verhandeln. Das sollte überhaupt justizfremd werden. Es paßt nicht, wenn etwa die Öffentlichkeit vor dem Bilde steht: Eine starke Militärmacht wird in 18 Tagen zerschlagen, um aber mit einer Verbrecherbande fertig zu werden, brauchen wir zwei oder wieviele Monate. Das geht nicht. An diesen Eindruck bitte ich immer zu denken, und zwar alle Beteiligten. Ich habe den Herrn Ministerialdirektor der Strafrechtspflegeabteilung gebeten – die entsprechende Verfügung wird Ihnen bald zugehen oder schon zugegangen sein -, die Staatsanwaltschaften anzuweisen, über alle Fälle, in denen voraussichtlich ein Strafverfahren, sei es vor Sondergerichten oder sonst, mehr als sechs Tage dauern wird, vorher zu berichten, nicht, weil wir diese Berichte haben möchten, sondern weil wir hoffen, dass Sie diese Berichte auch nicht schreiben wollen. *(Heiterkeit.)*

Außerdem könnten wir, wenn dann einmal so ein Verfahren kommt, auch noch etwas dazu sagen, wie man es etwa vermeiden könnte, z. B. durch eine Verfahrensteilung, z. B. durch eine viel großzügigere Weglassung von Nebensächlichkeiten, durch eine intensivere Vorbereitung des Hauptverfahrens vor der Anklageerhebung. Die Herren Richter möchte ich bitten, aus diesem merkwürdigen Gefangensein von der Vorstellung der Größe und Bedeutung langer Prozesse loszukommen, und zwar durch prozeßleitende Maßnahmen. Auch da, wo wirklich ein Prozeß mal eine Woche dauert, sollte man das vorher nicht allzu sehr ausposaunen. Natürlich muß der Vorsitzende sich seinen Verhandlungsplan gemacht haben. Vielleicht ist es aber nicht immer nötig, eine weit ausschauende Prozeßplanung in der ordentlichen Verhandlung zu Beginn zu verkünden und dadurch der Presse die Unterlagen zu liefern für die ihr so beliebte, aber die Justiz so schädigende Schlagzeile wie „Neuer Monstreprozeß, 2, 3, 4 Monate vorgesehen!". Die Justizpressestellen selbst müssen natürlich auch in dieser Richtung arbeiten. Nicht die Länge, sondern die Kürze des Verfahrens, natürlich mit sichtbarer Arbeitsweise ist der Ruhm. Auch die lange Dauer eines Verfahrens wirkt als eine Bürokratisierung der Rechtspflege, die völlig unnötig ist. Diese Bürokratisierung wollen wir aber gerade in Sondergerichtsverfahren am allerwenigsten.

Die neuen Referenten der Herren Generalstaatsanwälte darf ich – das darf ich in Parenthese vielleicht sagen – bitten, auch ihrerseits ihre Einflußnahme möglichst unbürokratisch zu gestalten, d. h. sich der Möglichkeit, sich persönlich an Ort und Stelle zu begeben und der Möglichkeit, das Telephon zu benutzen, sowohl gegenüber ihren Außenstellen als auch uns gegenüber in einem erheblicherem Maße zu bedienen als der Möglichkeit, Verbindungen durch Berichte zu suchen und zu verlangen. Die Sondergerichte müssen immer daran denken, dass sie gewissermaßen eine Panzertruppe der Rechtspflege sind. Sie müssen ebenso schnell sein wie die Panzertruppe, sie sind mit ebenso großer Schlagkraft ausgestattet. Kein Sondergericht kann sagen, dass der Gesetzgeber ihm nicht genügend Kampfkraft gegeben habe. Mehr gibt es eben gar nicht. Sie müssen denselben Drang und dieselbe Fähigkeit haben, den Feind aufzusuchen, zu finden und zu stellen, und sie müssen die gleiche durchschlagende Treff- und Vernichtungssicherheit gegenüber dem erkannten Feind haben.

Und dabei bin ich wieder bei einem A und O unserer Sorgen angelangt, nämlich beim Strafmaß, dabei, dass dieses noch nicht einheitlich sichergestellt ist, dass da eine Divergenz zwischen Erwartung und Erfüllung sich nicht selten beim Lesen der Urteilsgründe ergibt. Oft lesen sich diese Urteilsgründe so, dass man bis zum Schluß sich sagt: Ja, das geht nun absolut zielklar und energisch auf die die Beantwortung der Tat los, die die Öffentlichkeit verlangt. Aber das Ergebnis steht dann auf einem ganz anderen, tieferen, strengen Niveau. Das zeigt eben, dass der Sprung zwar versucht, in den Gründen auch als notwendig bezeichnet, in Wirklichkeit aber doch nicht durchgeführt ist. Denken Sie bitte daran, was der Gesetzgeber Ihnen für eine Gabe in die Hand gegeben hat, indem er Ihre Urteile ohne weiteres rechtskräftig sein läßt, und tun Sie doch bitte das Ihre dazu, dass nicht die Staatsführung dann auf dem Wege über die Verordnung vom 16.9.[1939] über den außerordentlichen Einspruch das zu tun genötigt ist, was sie gar nicht möchte: Letzten Endes um einer Strafmaßfrage willen den besonderen Senat des Reichsgerichts zu beschäftigen. Natürlich war schon in der Behandlung, die der außerordentliche Einspruch in der Strafverfahrenskommission gefunden hat, auch an die Möglichkeit gedacht, ihn wegen des Strafmaßes einzulegen. Aber das war nicht der Kern der Sache, und das soll und darf auch nicht Gewohnheit werden. Tun Sie doch zur

Wahrung der Rechtskraft der Sondergerichtsentscheidungen auch bei dem Sprung in das jetzt erforderliche strenge Niveau das Erforderliche!

Staatssekretär Dr. Freisler zu § 2 der Volksschädlings-Verordnung: „Wer unter Ausnutzung der zur Abwehr von Fliegergefahr getroffenen Maßnahmen ein Verbrechen oder Vergehen gegen Leib oder Eigentum begeht, wird mit Zuchthaus bis zu 15 Jahren oder lebenslangem Zuchthaus, in besonders schweren Fällen mit dem Tode bestraft."

In dieser Bestimmung und in ihrem sie umschließenden Mantel in § 4 der gleichen Verordnung liegen die Hauptgefahren, denen die Rechtspflege bei Anwendung der Verordnung nicht erliegen darf. In § 1 liegen diese Hauptgefahren nicht einmal deswegen, weil das Plündern sich nicht unter uns abspielt, sondern gerade dort, wo die Öffentlichkeit nicht zur Stelle ist, weil der Ort des Verbrechens geräumt ist, dann aber auch, weil die absolute Todesstrafe bei Tat- und Schuldbejahung das Ergebnis zwingend herbeiführt. Auch nicht in § 4 liegen die Hauptgefahren. Keiner der hier bisher vorgekommenen Fälle, die wir auch alle hier im Hause sehr eingehend verfolgt haben, hat der Praxis bisher Schwierigkeiten gemacht. Insbesondere hat die Praxis bei Brandstiftung an volkswichtigen Sachen gleich auf Anhieb zwei Begründungen gefunden und angewandt, mit § 308 StGB im Hintergrund mit Vorbehalt, wenn ich an meine früheren Ausführungen erinnern darf.

Aber in den §§ 2 und 4 liegen die Hauptgefahren einer Nichtbewährung des Gesetzes und der Rechtspflege. Diese Delikte werden vom Volk viel mehr verspürt, weil sie sich unter uns abspielen. Insbesondere die Tat des § 2 beschäftigt als Möglichkeit – ich glaube, nicht zu übertreiben, wenn ich sage: – täglich die Mehrheit derjenigen, die sich bei Verdunklung auf der Straße bewegen. Hier muß zudem die außerordentlich gesteigerte Leichtigkeit, mit der der Verbrecher sich nähern und wieder entkommen kann, vor allem um die Zeit des Neumondes herum, die absolute Unmöglichkeit, sich auf seinen Angriff vorzubereiten und ihn zu verfolgen, diese Unmöglichkeit, die einen gefährlichen Anreiz zur Tat bildet, durch die größere Schwere der abschreckenden Folgen der Tat wettgemacht werden. Hier muß die Risikosteigerung für den Verbrecher das höchstmögliche Maß erreichen. Der Verbrecher, der die Verdunkelung ausnutzt, muß wissen, dass er seinen Kopf einsetzt, und falls er erwischt wird, muß es für ihn von vornherein höchst wahrscheinlich sein, dass er seinen Kopf dabei verliert. Denn hier steht der Schutzgedanke als Bedürfnis noch mehr im Vordergrunde der Strafzwecke, als es sonst der Fall ist, und Ihnen ist ja bekannt, dass der Führer persönlich bei der Beratung des Vorspruches zum neuen Strafgesetzbuch [bei *J. Regge/W. Schubert*, Quellen, Abt. II, Bd. 1,2, 1990, S. 517] den Schutzzweck des Strafrechts ganz allgemein an die Spitze der von uns bezeichneten drei Strafrechtszwecke gesetzt hat. Das hebe ich zu Beginn meiner Ausführungen besonders hervor, weil wir damit ohne weiteres zur Strafmaßfrage kommen und weil die Strafmaßfrage in der Handhabung der Verordnung tatsächlich das Entscheidende ist.

Sie ist das Entscheidende, wenn man sich die Münze von der einen Seite ansieht, für die Bewährung des Gesetzes, und sie ist das Entscheidende, wenn man die Kehrseite der Münze ansieht, für die Bewährung der Justiz. Sie ist auch das

Entscheidende, aufs Volksganze gesehen, für den Schutz und die Sicherungssteigerung des Volkes. Wir haben in der Justiz schon einmal ein Gesetz zu praktizieren gelernt, das zwar voll hochinteressanter juristischer Fragen war und das infolge dessen auch den an der Rechtsentwicklung mitarbeitenden Gerichten zu der Möglichkeit verholfen hat, sehr gute, die Entwicklung vorwärtstreibende Entscheidungen zu fällen, und das Reichsgericht als höchstes Gericht hat dabei an der Spitze mitgewirkt, ein Gesetz, dessen entscheidender Punkt aber nach den eben hervorgehobenen Gesichtspunkten das Entscheidende für die Bewährung des Gesetzes, für die Bewährung der Justiz und auch für den Schutz und die Sicherungssteigerung des Volkes auch in der rechten Strafmaßgewinnung lag, die die deutsche Rechtspflege sich erkämpfen mußte. Das ist die Strafbestimmung gegen die Rassenschändung. Es ist kein Zufall, dass wir schon einmal – das war noch drüben in der Voßstraße in dem dortigen Saal des Reichsjustizministeriums – zu einem so großen Arbeitskörper zusammengetreten sind [oben S. 37 ff.], im Grunde um der Strafmaßfrage willen; eine Zusammenkunft, die neben den anderen juristisch hochinteressanten Fragen dieser Strafbestimmung galt. Dort ist es geglückt, ein Strafmaß allgemein in der Rechtspflege zu gewinnen, das den vernünftigen Erwartungen vollauf entspricht. Dort haben wir uns dabei daran gewöhnt, und deshalb erinnere ich mich jetzt daran, die vom Gesetzgeber räumlich an die Spitze gestellte Strafdrohung, Gefängnis, nicht allein wegen ihrer Voranstellung als die Regelstrafe, als die Ausgangsstrafe anzusehen. Vielmehr ist die Rechtspflege ganz allgemein dazu gekommen – und hat dafür die besten Gründe -, die Zuchthausstrafe dort, die in der Androhung an sich erst als zweite folgt, als die Ausgangs- und Regelstrafe anzusehen.

§ 4 unserer Verordnung, von dem ich ausgehen muß, enthält die gleiche Strafrahmentechnik wie jene Bestimmung über die Rassenschändung. Für sie muß also auch gelten, dass nicht die erstgenannte Strafe die Regel oder der Ausgangspunkt sein kann.

Das muß auch gelten für die Strafrahmentechnik des § 2 und ihre Anwendung, über die ich hier im Rahmen dieses meines Referats zu sprechen habe. Vergleichen wir die Strafrahmentechnik der §§ 2 und 4: § 2 droht an: Zuchthaus bis zu 15 Jahren oder lebenslanges Zuchthaus, in besonders schweren Fällen Tod. § 4 droht an: Zuchthaus bis zu 15 Jahren, lebenslanges Zuchthaus oder Tod, und zwar mit dem Zusatz: wenn dies das gesunde Volksempfinden wegen der besonderen Verwerflichkeit der Strafe erfordert.

Was zunächst diesen letzten „Wennsatz" anlangt, so bringt er meines Erachtens nichts der Hervorhebung im Gesetz besonders Bedürftiges, und zwar ganz einerlei, ob man nun diesen Wennsatz sprachlich nur als Anknüpfung an die wahlweise zur Verfügung gestellte Todesstrafe ansieht, oder ob man meint, er knüpfe auch schon an die Zuchthausmöglickeit an, sei es nun zeitliche oder lebenslängliche. In der Anrufung des gesunden Volksempfindens scheint mir im vorliegenden Falle nichts besonders der Hervorhebung Bedürftiges zu liegen. Man könnte statt des gesunden Volksempfindens hier auch ruhig sagen: Wenn die Gerechtigkeit es verlangt; das wäre dasselbe. Dass aber Gerechtigkeit auch für das Strafmaß Maßstab und Ziel sein muß, ist selbstverständlich. Ich sehe auch nichts Besonderes darin, dass in diesem Wennsatz von der Verwerflichkeit der Tat gesprochen ist; denn ganz sicher hat gerade diese Verordnung nicht etwa zu einem Tatstrafrecht zurückführen wollen. Wir haben nicht etwa sagen wollen: Die Verwerflichkeit der Tat ist das besonders Entscheidende, nicht etwa die Gefährlichkeit oder Verkommenheit des Täters. Ich streiche also beim Vergleich der Strafrahmentechnik der beiden Paragraphen diesen Wennsatz zunächst einmal, als eine Selbstverständlichkeit bringend, die übrigens natürlich auch bei § 2 gilt, weg.

Dann tritt um so deutlicher hervor, dass die Strafrahmentechnik beider Paragraphen verschieden ist. § 2 hat zeitliches oder lebenslängliches Zuchthaus, in besonders schweren Fällen die Todesstrafe; § 4 zeitliches oder lebenslängliches Zuchthaus oder Tod. Trotz dieser ja nicht wegzudiskutierenden Verschiedenheit der Sprechweise des Gesetzgebers hat aber der Gesetzgeber nicht die Todesstrafe in § 2 entfernter zur Wahl stellen wollen als in § 4. Dass dies nicht gewollt sein kann, ergibt sich aus folgendem:

Erstens: Wie bereits in meinem ersten Referat von mir ausgeführt ist – ich sagte dort, ich würde darauf zurückkommen -, ist im Tatbestandlichen, und zwar im subjektiven wie im objektiven, der § 2 ja nur ein Fall des § 4, den ich eben als seinen ihn umhüllenden Mantel bezeichnet habe.

Zweitens ist der Fall des § 2 auch nicht generell in der Reihe des § 4 zu den weniger schweren zu rechnen. Das ergibt sich vor allem daraus, dass er ausgeht vom Verbrechen oder Vergehen gegen Leib, Leben oder Eigentum. Er knüpft also an Delikte an, die wir aus dem allgemeinen Strafrecht kennen, wie etwa Totschlag, Notzucht, gleichgeschlechtliche Unzucht, Raub, Einstiegsdiebstahl, also alles Delikte, die wir allgemein als schwere Delikte betrachten. Darauf, dass § 4 theoretisch sogar an Übertretungen anknüpft, lege ich dagegen als Argument keinen Wert, da das kaum praktisch werden wird und auch nicht praktisch werden soll.

Drittens ergibt sich die Richtigkeit meiner Darlegung, dass § 2 die Todesstrafe nicht entfernter als § 4 zur Wahl stellen wollte, daraus, dass die Verbrechenssituation, die der § 2 treffen will, die der höchstmöglichen Schutzlosigkeit ist, einer viel höheren Schutzlosigkeit, als generell die Verbrechenssituation des Mantels, der den § 2 umschließt, nämlich des § 4. Das Gesetz kann daher, weil es gerade von schon allgemein als schwer angesehenen Delikten ausgeht und eine Verbrechenssituation vor sich sieht, die in der höchsten Schutzlosigkeit der Allgemeinheit besteht und daher das größte Schutzbedürfnis offenkundig werden läßt, mit der verschiedenen Sprechweise unmöglich die Todesstrafe bei § 2 haben entfernter rücken wollen.

Natürlich tritt die Frage auf: Warum denn dann eine verschiedene Technik? Dem so Fragenden kann ich zur Erklärung auch nur sagen, dass ursprünglich im Entwurf den besonders schweren besonders leichte Fälle mit Gefängnisandrohung gegenübergestellt waren. Sie sind gestrichen worden in einem Augenblick, als der Entwurf sich schon nicht mehr in den Händen des Reichsjustizministeriums befand. Die in diesem Streichen zum Ausdruck gekommene allgemeine Hebung des Strafrahmenniveaus für die Fälle des § 2 konnte nicht mehr durch eine Fassungsänderung der Todesstrafenandrohung zum Ausdruck kommen, sondern die besonders leichten Fälle konnten technisch ihren Platz nur in Gestalt der Antragsdelikte in der Ausführungsverordnung finden. Diese Erklärung eignet sich nicht etwa für Begründungen in Urteilen; sie ist kein Argument, das man der Öffentlichkeit direkt geben kann. Ich glaube aber, sie hier doch bringen zu sollen, weil dadurch die dem Kenner auffallende Verschiedenheit dieser Strafrahmentechnik ihre Erklärung findet und damit die meines Erachtens geradezu zwingenden Argumente, die dafür sprechen, die Todesstrafe im § 2 nicht entfernter als in § 4 angedroht anzusehen, wesentlich an Gewicht gewinnen.

Im übrigen brauche ich zu dem richtigen Strafmaß in diesen Fällen wohl nicht viel zu sagen. Wie die Erfahrung zeigt, erwartet die Öffentlichkeit, dass insbesondere bei der Verbrechenssituation des § 2 regelmäßig die zur Verfügung gestellte Höchststrafe erkannt wird. Neben dieser Verbrechenssituation der Verdunkelung gibt es ja auch noch andere, etwa den Fliegeralarm. Die Häuser und Straßen sind leer, alles ist in den Luftschutzkellern. Das ist neben der Verdunkelung die andere typische Situation. Wenn in ihr die Verbrechen der Notzucht und des Raubes begangen werden, soll auf die höchste Strafe erkannt werden.

Bei dem Strafrahmen, den der § 2 androht, darf ich noch auf eine große Problematik hinweisen. Sie besteht in dem lebenslangen Zuchthaus. Das ist an sich eine Strafe, deren Berechtigung und Wert angefochten ist. Das kommt verschiedentlich zum Ausdruck, im Schrifttum dadurch, dass vielfach ihre Abschaffung unter Beibehaltung der Todesstrafe verlangt wird, in der Gnadenpraxis bei Todesurteilen dadurch, dass kaum je, wenn die Todesstrafe in eine Freiheitsstrafe umgewandelt wird, die Umwandlung in eine lebenslange, sondern so gut wie immer in eine zeitige Zuchthausstrafe erfolgt. Diese Problematik der lebenslangen Zuchthausstrafe sticht in der jetzigen Zeit besonders hervor, und man sollte sich ihrer erinnern, wenn man im Einzelfalle glaubt, bei Anwendung des Gesetzes über die zeitige Zuchthausstrafe hinausgehen zu müssen.

Wenn ich mich so eingehend mit der Strafrahmengestaltung des Gesetzgebers und der Strafmaßfrage beschäftigt habe, so geschah das einmal mit Rücksicht auf die Fassungsschwierigkeiten, die das Gesetz uns zu knacken gibt, zweitens, weil hier der entscheidende Punkt für die Bewährung der allgemeinen Verordnung liegt, und drittens, weil ich glaube, dass es hier mit einem generellen Appell an die Härte angesichts der schweren Folgen dieses Problems im Einzelfall nicht getan ist.

Im übrigen brauche ich nicht zu wiederholen, dass auch für § 2 das gilt, was ich in meinem ersten Referat über Versuch und mildernde Umstände sagte. Es erübrigt sich wohl auch der Hinweis, dass auf den Willen des Opfers einwirkende Delikte wie Notzucht und Raub auch in den Augen dieser Bestimmung – auch in den Augen des Opfers und selbstverständlich auch der Allgemeinheit – als unter § 2 fallend angesehen werden, auch von dem, der strafrechtssystematisch nun gerade die Notzucht und den Raub als Verbrechen gegen die Freiheit des Willens auffaßt. Diese rechtssystematisch-theoretische Meinungsverschiedenheit darf natürlich unter keinen Umständen auf dem Boden des § 2 ausgefochten werden. Es ist selbstverständlich, dass man bei der Fassung des § 2 gerade an Notzucht und Raub als an dessen typische Fälle gedacht hat.

4. Staatssekretär Dr. Freisler: Entwurf des Gesetzes gegen Gewaltverbrecher (VO v. 5.12.1939, RGBl. I, S. 2378).

Sie haben die Verordnung den ganzen Tag vor sich gehabt und sie inzwischen gelesen. Ich möchte dazu nur einiges sagen. – Zunächst bitte ich, diese Verordnung nicht als ein Gelegenheitsgesetz im eigentlichen Sinne anzusehen. Damit würde man der Verordnung doch nicht gerecht werden. Es ist zwar richtig, dass bestimmte Einzelfälle den letzten Anstoß zur Ausarbeitung dieser Verordnung gegeben haben, genau so, wie das sonst sehr vielfach geschehen ist. Aber wir glauben, dass diese Verordnung sich innerlich als eine Einheit selbst trägt und nicht den Charakter einer Gelegenheitsarbeit hat.

Sie kennzeichnet sich als Verordnung gegen Gewaltverbrecher. Damit ist zwar nicht der ganze Inhalt der Verordnung, aber sind doch die drei ersten Paragraphen zusammenfassend gekennzeichnet. Den äußeren Anstoß zum § 1 hat die Tatsache gegeben, dass in einem aufsehenerregenden Fall des Bankraubs es nur mit einer doppelten Analogie, auf die ich näher nicht eingehen will, möglich gewesen wäre, sehr gezwungenermaßen zu einem Todesurteil zu kommen, das an sich im Bereich der Erwägungen gelegen hätte, wenn die Rechtslage es gestattet hätte. Diese gestattete es aber nicht. Das hat veranlaßt nachzusehen, wie es im Strafgesetzentwurf ist und ob da für diesen Fall die Todesstrafe zulässig gewesen wäre. Es war das also wieder ein Fall, in dem wir uns sagten: Jetzt, wo sowieso über das dort Vorgesehene hinaus strengere Strafen bei den schweren Delikten erstrebt werden müssen, kommt eine höhere Strafe als selbst die dort vorgesehene in Frage.

Wir sind nun technisch im Abs. 1 den Weg gegangen, den wir auch in der Verordnung gegen Volksschädlinge beschritten haben. Wir haben Beispiele genannt und dann eine alles umfassende und die Lückenhaftigkeit einer Beispielsgesetzgebung ausgleichende generelle Bezeichnung hinzu gesetzt. Wir haben gesprochen von dem Bild der Notzucht, des Straßenraubs und des Bankraubs und haben hinzugefügt: „oder eine andere Gewalttat". Was eine andere schwere Gewalttat ist, wird sich auch hier nicht einfach aus bestimmten Abschnitten des Strafgesetzbuchs ablesen lassen. Es ist das kein technischer, sondern ein allgemein, vielleicht sogar kriminalpolitisch gesehener Ausdruck, der seine klare Kennzeichnung lediglich durch den Zusatz „Gewalt" hat. Es muß also eine Gewalttat sein. Wer bei einer solchen Tat Schuß-, Hieb- oder Stichwaffen verwendet! Damit ist gegenüber der Rechtsprechung des Reichsgerichts, was Waffe ist, der engere technische Begriff des Schußwaffengesetzes angewendet worden. Darunter fällt alles das, was von vornherein bestimmt ist, Waffe zu sein. Das wäre aber zu eng. Es würde nicht darunter fallen z.B. das Stahlrohr. Deshalb haben wir andere gleich gefährliche Mittel diesen Waffen des Schußwaffengesetzes gleichgestellt. Gleich gefährliche Mittel sind nicht nur Waffen im weiteren Sinne wie etwa ein Stahlrohr, sondern z.B. auch Gifte, Pfeffer oder Ähnliches. Bei Pfeffer will ich mich aber nicht endgültig festlegen, weil ich nicht weiß, wie dies über eine unmittelbare Unfähigkeit zu sehen hinaus eine Dauerwirkung herbeiführt. Aber Vitriol und ähnliche Dinge fallen darunter. Wer also bei einer schweren Gewalttat eine einer Schußwaffe gleich gefährliches Mittel anwendet oder, ohne es anzuwenden, mit einer solchen Sache einen anderen an Leib und Leben bedroht, wird unausweichlich mit dem Tode bestraft. Das ist der Ausgangspunkt des Gesetzes.

In demselben Fall, den ich eben erwähnte, hat sich nun ein anderer Mangel gezeigt, nämlich der, dass zwar bestimmte Gruppen von Volksgenossen, wenn sie aufgerufen zum Dienst polizeiliche Hilfsdienste bei der Verfolgung von Verbrechern leisten, also z.B. SA- oder SS-Männer, seit 1933 besonders geschützt sind, dass aber dieser besondere Schutz diesen Männer nicht ganz sicher dann zugute kommt, wenn sie nicht aufgerufen sind, sondern sich gewissermaßen selbst in den Dienst der Verbrecherverfolgung gestellt haben. Es könnte vielleicht zweifelhaft sein, ob sie dann auch den besonderen Schutz genießen würden. Jedenfalls genossen sie bisher diesen besonderen Schutz nicht. Da haben wir nun in § 2 diese Personen, was ihren Schutz anbelangt, den zum Dienst Aufgerufenen gleichgestellt.

Übergangen habe ich den Abs. 2 des § 1, der ebenso den Verbrecher bestraft, der Verfolger mit Waffengewalt angreift oder abwehrt. Dieser Abs. 2 kann natürlich in nicht unerheblichem Maße eine Überschneidung des § 2 sein, auf die ich jetzt nicht näher eingehe.

Ich bemerke dazu, dass der Begriff der Waffengewalt des Abs. 2, der darin liegende Begriff „Waffe" nicht in der engen Form des Waffenbegriffes des Schußwaffengesetzes – Schuß-, Hieb- oder Stoßwaffe – aufzufassen ist, sondern dass hier der uns bekannte weitere Waffenbegriff Geltung beansprucht, wie es auch aus der verschiedenen Diktion, die gewählt ist, einwandfrei hervorgeht. Es ist glaube ich, schon vorhin bei einem der anderen Referate hervorgehoben worden, dass der Abs. 2 des § 1 sich keineswegs auf Notzucht, Straßenraub, Bankraub oder eine andere schwere Gewalttat beschränkt. Ein ursprünglicher Entwurf sah eine entsprechende Beschränkung vor, aber die nähere Durchdenkung hat ergeben, dass diese Beschränkung unberechtigt wäre; denn das Wesentliche, um dessentwillen die schwere Strafe, die Todesstrafe, angedroht wird, ist ja nicht die Tatsache, ob der Verbrecher vorher eine Straftat begangen hat, Verfolger mit Waffengewalt angreift oder abwehrt, ganz unabhängig davon, was für eine Straftat er vorher begangen hat.

§ 2 sagt, dass für die Fälle der §§ 1 und 2 die Sondergerichte zuständig sind, und zwar ausschließlich zuständig sind. Ich kann im Augenblick nicht übersehen, ob in dem Fall, wo es sich um die Rechtsfriedensverordnung handelt, auch die ausschließliche Zuständigkeit vorhanden ist. (Wird bejaht.) Dann kann da also irgendeine Schwierigkeit nicht bestehen.

Dann haben wir noch den § 4, der allerdings unter die Überschrift der Verordnung nicht ganz paßt. Der § 4 enthält eine Forderung, die oft erhoben ist und literarisch, rechtspolitisch eingehend durchgesprochen ist, die die Einheitsforderung aller derjenigen ist, die von irgendeiner Seite her an der Strafrechtserneuerung arbeiten und die so bekannt ist, dass ich zu ihr eigentlich nichts weiter zu sagen habe. Es handelt sich dabei um eine der Umsetzungen dessen, was wir das Willensstrafrecht nennen, in die gesetzliche Festlegung. Das Wesentliche ist eben viel weniger die Vollendung der Tat als der Wille, diese Tat zu begehen, der bereits bis zum Beginn der Ausführung gediehen ist. Ich brauche dazu nichts weiter hervorzuheben.

Die Verordnung soll rückwirkende Kraft haben. Der letzte Paragraph gibt dem Reichsminister der Justiz die Möglichkeit, zur Prüfung und Ergänzung der Verordnung Rechts- und Verwaltungsvorschriften zu erlassen.

Wenn diese Verordnung eine besondere Bedeutung hat, so scheint sie mir im folgenden zu liegen: Erstens darin, dass der Kampf gegen schwere Gewaltverbrecher, des allgemeinen, außerhalb der politischen Sphäre, wenn man sie noch so weit zieht, stehenden gemeinen Verbrechertums, noch mehr, als es bisher schon möglich war, in die sondergerichtliche Aburteilung einbezogen und damit einem Gedanken der gesetzgeberische Ausdruck gegeben wird, dass die Bekämpfung dieser Verbrecher auch eine – im richtigen Sinne verstanden – politische Aufgabe der Strafrechtspflege ist, weil von dort das Nagen an der politischen Einheit und Sicherheit des Volkes ebenso gefährlich betrieben wird wie dort, wo der Verbrecher selbst etwa ein politisches Ziel hat. Die Bedeutung scheint mir ferner darin zu liegen, dass wir auch hier, wo es sich um gleiche Gefährlichkeit handelt, mit größerer Sicherheit die schwerste Strafe, die unser Recht kennt, die Todesstrafe, handhaben und anwenden können.

Die Ausweichmöglichkeit, die auch hier gegeben ist, ist nicht im vollen Umfange der §§ 1 und 2 gegeben. Sie besteht nicht bei einem mit Waffengewalt begangenen Verbrechen der Notzucht, des Straßenraubs oder des Bankraubs. Sie besteht, von diesen Beispielen abgesehen, dadurch, dass der Begriff der schweren Gewalttat ein Begriff ist, der eine Wertung voraussetzt, die an den Einzelfall anknüpft. Das liegt im Worte „schwer". Hier besteht also eine Ausweichmöglichkeit. Da aber bei der Notzucht, dem Straßenraub und Bankraub, der mit Schuß-, Hieb- oder Stoßwaffe, überhaupt mit Waffengewalt ausgeführt ist, die Ausweichmöglichkeit vom Gesetzgeber nicht gegeben worden ist, ergibt sich das auch für die andern Fälle, die nicht beispielhaft genannt sind. Wir haben im Anfang z. B. noch den Kassenboten genannt, den wir haben streichen müssen, weil er in das Bild der genotzüchtigten Frau, des Straßenraubs und Bankraubs schlecht hineingepaßt hätte. So hat der Gesetzgeber nahegelegt, nur in Ausnahmefällen von der Ausweichmöglichkeit Gebrauch zu machen.

In Abs. 2 ist eine Ausweichmöglichkeit nicht gegeben. Das ist aber auch gut, denn derjenige, der im Bewußtsein, eine Straftat begangen zu haben, auf die ihn Verfolgenden schießt, muß wissen, dass er sein Leben verwirkt hat.

Das ist das, was ich vorausschauend zu dieser Verordnung, die Sie auch bald anwenden werden, zu sagen habe. Der Herr Minister hat Ihnen ja schon gesagt, dass der Führer die Verordnung in diesem Wortlaut gebilligt hat.

Ich kann vielleicht noch eines hinzufügen. Es ist die Frage aufgetaucht, ob nicht die Notzucht und der Raub bei Dunkelheit ganz allgemein auch unter die absolute Todesstrafe gestellt werden sollte. Soweit diese Dunkelheit eine Verdunkelung ist, ist das ja kein Problem mehr, da haben wir die Möglichkeit. Im übrigen ist beabsichtigt, nach dieser Verordnung eine umfangreichere Verordnung herauszubringen, die erhebliche Teile des Inhalts des Strafrechtsentwurfs, bei den

Gewaltverbrechen u. a., in Kraft setzt. Dort wird die Möglichkeit, den Raub, der bei Dunkelheit auch außerhalb der Verdunklung begangen ist, auch mit der Todesstrafe zu beantworten, geschaffen werden; höchstwahrscheinlich so, dass das Delikt Raub bei Dunkelheit irgendwie im Gesetz namentlich erscheint. Dagegen wird eine absolute Todesstrafe für diesen Fall nicht vorgesehen werden.

Was die Notzucht bei Dunkelheit anlangt, so wird auch in irgendeiner Weise ein Hinweis auf die besondere Strafwürdigkeit der Notzucht bei Dunkelheit vorgenommen werden; ob freilich in der Form, in der es beim Raub geschehen wird, wie ich eben sagte, steht noch nicht fest, weil ja etwas, was sich zwischen einem Mann und einem Mädel in der Dunkelheit abgespielt hat, oft nachher nur dann als Notzucht erscheint, wenn etwas hinzugekommen ist, was es dem Mädel als erstrebenswert und zweckmäßig erscheinen läßt, diesen Vorfall als Notzucht zu bezeichnen, und weil darin natürlich eine Gefahr liegt, die ja bei der Notzucht überhaupt besteht, die aber nun, wenn man in die Gegend der Todesstrafe hineinkommt, natürlich außerordentlich hoch erscheint.

Wir hoffen, dass Sie dem sicher auftretenden Verlangen der Öffentlichkeit, Raub in der Dunkelheit, auch wenn die Dunkelheit nicht als Verdunkelung entstanden ist, gegebenenfalls mit der Todesstrafe zu beantworten, nach dieser in Aussicht stehenden Novelle, in geeigneten Fällen werden Folge leisten können. [...]

5. Beantwortung von Fragen

Staatssekretär Dr. Freisler: Ich finde hier folgende Fragen:

1. Wie ist die Ausgestaltung des Sonderdezernats bei den Staatsanwaltschaften der Oberlandesgerichte gedacht? Selbständige Bearbeitung der anfallenden Anzeigen durch den Sonderdezernenten anstelle der sonst zuständigen Behörde beim Sondergericht? Vertretung der Anklage in allen Fällen?

Die Ausgestaltung dieses Sonderdezernats ist so gedacht, wie es den Verhältnissen des Bezirks entspricht. Wir möchten nicht den Herren Staatsanwälten ein für alle Fälle gültiges Rezept angeben. Es leuchtet ein, dass z. B. die Verhältnisse in einem Bezirk wie Braunschweig, schon was die Größe und die Zahl der Landgerichte anlangt, ganz andere sein werden als etwa in einem Bezirk wie Breslau, wo schon jetzt, ich glaube, 14 Landgerichte vorhanden sind und aus Oberschlesien noch einige hinzukommen. Die Herren Generalstaatsanwälte sollen das in ihren Bezirken so einrichten, wie sie es für zweckmäßig halten.

Im Justizministerium hat der entsprechende Dezernent die Möglichkeit, die Bearbeitung in seinem Dezernat vorzunehmen – natürlich soweit hier eine Bearbeitung im Ministerium vorkommt -, er hat auch die Möglichkeit, sich lediglich als Beteiligter bei dem an sich zuständigen Bezirksreferenten mit einzuschalten. Von der einen wie von der anderen Möglichkeit wird Gebrauch gemacht. Das hängt im wesentlichen von der Sache, um die es sich handelt, ab. Es bestehen auch da keine bestimmten Richtlinien. Das jus evocandi hat aber der Sonderreferent, der ernannt worden ist, d. h. sein Abteilungsleiter, rechtlich gesehen, indem ja nun hier im Hause die Verteilung sowieso zusammenfällt.

Ich bitte also die Herren Generalstaatsanwälte, in ihrem Bezirk das so einzurichten, wie sie es für richtig halten, und gegebenenfalls auch abzuändern. Wir möchten das von hier aus nicht gängeln und möchten nur den Wunsch äußern, dass die Regelung, die in dem Bezirk getroffen wird, auch so locker wie möglich gehalten wird. Allzu leicht wird sonst eine solche Regelung sich als die Zwischenschaltung einer neuen Instanz auswirken. Das würde aber bedeuten, dass sie Zeit kostet, und dass sie Papier kostet, und was Papier bedeutet, nicht nur rein äußerlich, sondern an Sand, der in den Gang einer Maschine eingestreut wird, brauche ich nicht zu sagen.

Vertretung der Anklage in allen Fällen? Es ergibt sich schon daraus, dass daran nicht gedacht ist. Das würde, glaube ich, den Anklagebehörden beim Sondergericht doch einen Teil ihrer Freude an der Arbeit nehmen, und das wäre nicht erwünscht. Ob überhaupt der Referent für die Sondergerichtssachen beim Generalstaatsanwalt selbst auftreten soll oder nicht, das scheint mir eine Frage zu sein, die im Einzelfall, wenn sie wirklich mal auftritt, der Herr Generalstaatsanwalt entscheidet. Ich kann mir schon denken, dass, wenn eine Sache eine solche Bedeutung hat, dass sie vom Generalstaatsanwalt dann auch in der Sitzung behandelt wird, der Herr Generalstaatsanwalt schon selbst auftreten würde. Das würde jedenfalls die Anklagebehörde beim Sondergericht nicht treffen; wie es kürzlich, glaube ich, auch in einem Fall im Bezirk Hamm geschehen ist.

2. Welche Eigenverantwortlichkeit wird dem Sonderdezernenten unbeschadet der Aufsichtspflicht des Generalstaatsanwalts eingeräumt? Darf er gegenüber Behörden oder überhaupt nach außen hin in Erscheinung treten?

Da kann ich nur die Antwort geben wie eben: das muß der Herr Generalstaatsanwalt bestimmen, ob und wieweit er selbst nach außen in Erscheinung treten will, ob und wieweit er will, dass sein Referent in Erscheinung tritt. Es ist natürlich nicht erwünscht, dass er nur im Dunkeln hinter Akten sitzt. Es ist erwünscht, dass er nach außen auftritt. Aber ob und in wieweit das geschieht und ob und wieweit das den Anklagebehörden beim Sondergericht überlassen bleibt, ist wieder etwas, was von den örtlichen Verhältnissen, von dem Charakter der Sache und von den Schwierigkeiten, die dabei auftreten, abhängt.

3. Darf er mit Stapo- und Parteistellen Fühlung nehmen, insbesondere wenn bereits enge kameradschaftliche Beziehungen bestehen?

Selbstverständlich darf er das. Es ist erwünscht. In welchem Masse das geschieht, das hängt davon ab, wieweit sein Generalstaatsanwalt ihm dazu die Freiheit gibt. Dabei wird die Anregung begrüßt, dass das alles geschehen muß frei von allen bürokratischen Hemmungen. Das gilt für die ganze Sondergerichts-Rechtspflege und erst recht für die staatsanwaltschaftliche Arbeit bei der Sondergerichts-Rechtspflege.

4. Gehören Fälle, die in Friedenszeiten mit 1 bis 3 Monaten Gefängnis geahndet würden, vor das Sondergericht, wenn sie typische Straftaten unter Ausnutzung der Kriegslage darstellen?

Es ist sehr schwierig, diese Frage zu beantworten. Hier muß ich erst den Fall sehen. Es interessiert mich nicht so sehr, ob das ein Fall ist, der im Frieden mit

1 bis 3 Monaten Gefängnis geahndet worden wäre, als das Zweite, ob das ein Fall ist, der eine typische Straftat unter Ausnutzung der Kriegslage darstellt. Ist das der Fall, dann ist es, glaube ich, schwer zu sagen, dass der Fall im Frieden, in dem diese Kriegslage gar nicht bestand, wo also der Fall ein ganz anderer gewesen wäre, mit 1 bis 3 Monaten Gefängnis geahndet worden wäre; denn dann wäre er als solcher gar nicht da gewesen. Ich erlaubte mir heute Vormittag schon zu sagen, dass der Fall gerade dadurch, dass er in Ausnutzung der Kriegslage entstanden ist, ein völlig anderes Gesicht gewinnt. Es ergibt sich daraus also, dass die Frage nicht so allgemein zu beantworten ist.

Freilich kann man sich ein Beispiel denken: Betrug unter Vorspiegelung einer Kriegsverletzung. Das ist ein Beispiel, das schon etwas mehr ins Konkrete geht. Das Beispiel liegt anders als das Beispiel, das ich heute Vormittag anklingen ließ, dass jemand Betrug begangen hat unter Vorspiegelung einer besonderen Kameradschaft eine Gefälligkeit für einen Frontsoldaten übernehmen zu wollen: Er sei dessen Oberfeldwebel und bitte um Aushändigung von Extrauniform, Geld und Paketen usw. Dieser letztere Fall ist der Fall, der meiner Ansicht nach ganz zweifellos vor das Sondergericht gehören würde, während man das bei dem ersten Fall zwar unter Umständen, aber nicht immer sicher sagen kann. Denn schließlich ist die Kriegslage die hier vorliegt, ja eine andere. Er täuscht vor, er selbst sei ein Beschädigter des Krieges. Er täuscht vor, er habe eine Kriegsverletzung und will vielleicht deshalb irgend eine kleine Gefälligkeit oder eine kleine Gabe, die er sonst nicht bekommen würde, bekommen. Liegt dieser Fall so im Nichtigen und Kleinen, dann würde ich ihn nicht zu den Sondergerichtssachen ziehen, weil er mir dann auch nicht typisch als eine Ausnutzung der Kriegslage erscheinen würde. Ist es aber eine größere, bedeutendere Sache, liegt darin eine bodenlose Frechheit, dann kann natürlich das auch in Frage kommen. Das kann man nicht generell beantworten, sondern hier vermag nur eine konkrete Betrachtungsweise des Einzelfalles die sichere Antwort zu geben.

Dann ist im Anschluß an diese Fragen die *Frage* gestellt worden: *Könnte, wenn der Schaden gering sei, der Täter unbestraft sei, einerseits der Strafrahmen des § 263 ausreichend sein, andererseits allein wegen der Verderblichkeit der Art der Begehung 2 bis 3 Jahre Gefängnis durch die Strafkammer oder 1 bis 2 Jahre Zuchthaus durch das Sondergericht in leichten oder besonders leichten Fällen nach § 4 der Volksschädlings-Verordnung in Frage kommen?*

Die Frage kann ich auch nicht beantworten, nicht nur deshalb, weil ich nicht einsehe, warum dieselbe Tat bei der Strafkammer mit 2 bis 3 Jahren Gefängnis und beim Sondergericht mit 1 bis 2 Jahren Zuchthaus bestraft werden soll; ich kann auch nicht sagen, ob eine solche Strafe ausreichen würde. Eine solche genaue Festlegung ohne genaue Kenntnis des Einzelfalles ist nicht möglich.

Dann noch eine *Frage*: *Soll in Sachen wegen Abhörens ausländischer Sender grundsätzlich Zuchthaus beantragt werden?*

Der Herr Referent hat sich dazu in seinem Referat nicht geäußert, und zwar, wie ich glaube, mit gutem Grund. Es ist nämlich eine sehr schwierige Frage. Die Schwierigkeit dieser Frage liegt in folgendem: Die Polizei wird zur Anzeige bringen – ich glaube, es heißt formell: Strafantrag stellen – nur in solchen Fällen, die sie selbst als schwer ansieht. Soweit ich unterrichtet bin, wird sie, falls es sich nicht um Verbreitung handelt, nicht tun bei Neugierde, wohl aber, wenn eine böse Einstellung dazu geführt hat. Das hängt nun, wenn solche Fälle sich häufen sollten, notwendigerweise von der Kognition nicht allzu hochgestellter Polizeiorgane ab. Man kann also wohl annehmen, dass dadurch eine allgemeine Linie einzuhalten versucht wird, und auch, dass das in nicht unerheblichem Umfange gelingt. Es können aber doch Fälle vorkommen, bei denen der Strafantrag erfolgt, die doch nicht zu den schwereren gehören, und wenn wir als ordentlichen Strafrahmen auch Gefängnis vorsehen – in leichteren Fällen -, das heißt doch praktisch: In den leichteren von den schwereren Fällen, die überhaupt zur Anzeige kommen, so können wir grundsätzlich das Gefängnis nicht ausschalten. Freilich, wenn es dort heißt „in leichteren Fällen“ und wenn diese polizeiliche Sichtung der Vorfälle funktionieren sollte, wird man doch wohl häufiger zum Zuchthaus als zum Gefängnis kommen; grundsätzlich und ausnahmslos davon ausgehen, dass das Zuchthaus sein muß, würde ich aber nicht.

Es scheint noch eine weitere *Frage* gestellt zu sein: *Was heißt unter Ausnutzung zu § 2?*

Die Auffassung, die hiernach, glaube ich, in Hamburg besteht, sei die: a) Jede Tat, die überhaupt im Wirkungsbereich der Verdunkelung getätigt wird, genügt als eine „unter Ausnutzung“ begangene. b) Es genügt, wenn der Täter die Tatsache, dass verdunkelt ist, in sein Bewußtsein aufgenommen hat. – Das möchte ich auch annehmen. Es ist also ein weiteres und besonders konkret irgendwo – man möchte fast sagen: in der Dunkelheit sichtbar gewordenes Ausnützen. Ich meine aber, dass es schwer ist, das zu unterscheiden. Ich glaube, es gibt keinen Fall, in dem ein Verbrecher die Dunkelheit, also die Verdunkelung als Tatzeit und den verdunkelten Ort als Tatort wählt, weil ihm dort die Tat schwerer wird, sondern er wählt diese Zeit und diesen Ort, weil die Tat für ihn dadurch risikoloser und leichter wird. Deshalb liegt schon in der Wahl der Verdunkelungszeit und des Verdunkelungsortes eine Ausnutzung auch in einem engeren und strengeren Sinne, als es hiernach dem Hamburger Gericht erforderlich scheint.

Eine andere *Frage*: *Woher erfährt die Staatsanwaltschaft, dass eine sonst nach § 1 des Heimtückegesetzes zu wertende Nachricht auf den ausländischen Rundfunk zurückgeht?*

Die Staatsanwaltschaft erfährt das nicht durch eigenes Abhören des ausländischen Rundfunks *(Heiterkeit)*, sondern notfalls muß sie darüber Beweise erheben und bei den zuständigen Stellen nachfragen.

Gilt § 2 der Verordnung für Nachrichten, die vor dem Tage des Inkrafttretens gesendet, aber nach dem 7. September verbreitet sind?

Der Gedanke ist mir noch nicht gekommen, ich möchte aber annehmen: ja. Hier kommt die Verbreitungsstrafbestimmung in Frage.

Fällt gemeinsames Abhören unter § 1 oder § 2 der Rundfunkverordnung?

Das scheint mir sehr wesentlich vom Einzelfall abzuhängen. Das kann ich auch nicht so allgemein sagen. Wenn sie da nur zusammensitzen und jeder es hört, dann scheint mir das noch kein Verbreiten zu sein. Wenn aber einer die anderen hingerufen hat, damit sie hinhören und er es nicht erst zu erzählen braucht, könnte man im Einzelfall annehmen, dass damit das Hören, Hörenlassen und damit Verbreiten in einem Vorgang verwirklicht worden ist.

Reichsjustizminister *Dr. Gürtner*: Meine Herren! Ich möchte zunächst die Frage stellen: Besteht der Wunsch, zu den Punkten, die heute nachmittag verhandelt worden sind, noch irgendeine Frage zu stellen?

Landgerichtsdirektor *Heckle*: Vorhin ist mit Recht gesagt worden, das Sondergericht sei dafür da, die Sachen schnell zu erledigen. Nun muß ich aber bekennen, dass ich selbst kürzlich eine Verhandlung gehabt habe, die 65 Verhandlungstage benötigt hat, und zwar deshalb, weil es sich um eine außerordentlich schwere Devisensache handelte, die vor das Sondergericht gekommen ist, und weil dabei zugleich eine Volksverratssache in Frage kam. Ich kann versichern, dass es nicht möglich war, diese Sache kürzer zu verhandeln; denn es handelte sich hier um sehr schwierige holländische Verhältnisse. Es mußte sogar ein Sachverständiger über holländisches Recht vernommen werden. Die Sache ist so viel wie möglich beschleunigt worden. Die Frage wäre nun die: Wenn das Sondergericht – und das ist zweifellos sein Charakter – als schnell urteilendes Gericht durchgehalten werden soll, müßten die Devisensachen dieser Art vom Sondergericht möglichst ferngehalten werden. Das geht aber dann nicht, wenn zugleich eine Volksverratssache dabei ist, und das wird sehr häufig der Fall sein; denn derjenige, der seine Devisen nicht an den Stichtagen angegeben hat, hat natürlich auch die Volksverratsanzeige nicht ausgefüllt, und deshalb vereinigen sich beide Sachen. Ich habe schon früher einmal eine derartige Devisensache gehabt, die 20 Jahre gedauert hat, und habe demnächst eine, die allerdings kürzer ist, wahrscheinlich aber auch mehrere Tage dauern wird. Jeder, der in Devisensachen gearbeitet hat, weiß, wie raffiniert und kompliziert das Devisenrecht ist. Es handelt sich hier nicht um ein Recht, wie wir es sonst beim Sondergericht gewöhnt sind, wo es sich um einen einfachen Tatbestand handelt, sondern es handelt sich tatsächlich um ganz raffinierte juristische Definitionen. Es kann also dabei nichts überstürzt werden, meistens auch deshalb nicht, weil es sich vielfach um Leute handelt, die noch nicht vorbestraft sind und bisher eine durchaus ehrenwerte Stellung in Staat und Volk einnehmen. Es ist nun die Frage: Wäre es möglich, durch eine Abänderung des Volksverratsgesetzes derartige Sachen auch vor die Strafkammer zu bringen? Die Strafkammer ist viel mehr in der Lage, einen solchen langwierigen und komplizierten Prozeß zu führen. Außerdem wäre es wünschenswert, dass bei diesen komplizierten Devisenfragen eine Instanz da wäre, die eine Nachprüfung vornehmen könnte. Das sind keine Fragen, die das Sondergericht in einer mit Beschleunigung durchgeführten Verhandlung sofort beantworten kann. Nach der bisherigen Gesetzgebung ist das nicht möglich; denn die Volksverratssache ist nur vor dem Sondergericht anzuklagen.

Staatssekretär *Dr. Freisler*: Es ist ein reiner Zufall, dass Sie eine 63-Tage-Sache hatten und ich von 2 Monaten sprach. Der Fall, an den ich dachte, ist ein anderer, in dem 2 Monate angekündigt wurden und nachher die Nachricht kam, es ginge in 5 bis 6 Tagen.

Das Volksverratsgesetz zu ändern, ist aus allgemeinpolitischen Gründen nicht möglich. Es geht nicht immer alles nur nach praktischen Gesichtspunkten. Im übrigen bezweifle ich auch, dass es sehr praktisch wäre, in einem Fall, in dem Sie nun schon 65 Tage Sorgfalt auf die Aufklärung verwandt haben, noch eine weitere Instanz zu geben, also die Revision und demnächst die Urteilsrüge. Das dient keineswegs einer erfolgreichen besseren Aufklärung und scheint mir auch in diesem Falle nicht praktisch zu sein. Wenn ich vorhin sagte, bei den Sondergerichten sollten solche Monstresachen überhaupt verschwinden und in der Justiz im allgemeinen sollten sie justizfremd werden, so bitte ich auch, sich daran zu erinnern, dass ich sagte: Wir sprechen heute von den Delikten, die hier auf der Tagesordnung stehen. Bei dem Devisenfall liegt es ganz anders. Sie interessieren öffentlich, politisch gar nicht. Die Justiz wird gar nicht unter dem Gesichtspunkt angesehen: Da hast du diesen Mann nicht schnell genug beseitigt! Das spielt sich vor einem beschränkten Kreise von Interessenten ab. Höchstens interessiert nachher einen größeren Teil das Urteil. Was ich gegen Monstreprozesse sagte, ist also nicht in dem Maße wörtlich zu verstehen wie sonst.

Im übrigen besteht die Weisung an die Staatsanwaltschaften, die heute oder morgen herausgegeben wird, über alle Sachen, die voraussichtlich länger als 6 Tage dauern, vorher zu berichten, auch für diese Fälle, und ich glaube, die Herren Sondergerichtsvorsitzenden werden es nur begrüßen, weil sich vielleicht gerade bei diesen Sachen manchmal einiges Beiwerk, das nicht zur Aufklärung und Beurteilung unbedingt notwendig ist, aber viel Zeit kostet, vorher ersparen läßt.

6. Reichsjustizminister Dr. Gürtner (Schlußwort)

Meine Herren! Wenn ich aus der verhältnismäßig geringen Anzahl der Fragen, die heute gestellt worden sind, den Schluß ziehen dürfte, dass die Ausführungen, die Sie heute gehört haben, ausführlich und deutlich genug gewesen sind und von sich aus manche Zweifel, Bedenken oder Fragen behoben haben, so wäre das ein großes Kompliment für die Mitarbeiter dieses Hauses.

Erlauben Sie mir, zum Schluß noch ein paar Bemerkungen zu machen.

Zunächst möchte ich auf einen schmerzlichen Punkt hinweisen, der heute nicht zur Sprache gekommen ist, der das äußere Bild der Strafrechtspflege im Kriege bestimmt. Unter dem äußeren Bild verstehe ich auch die Hauptverhandlung. Dieser schmerzliche Punkt ist der: Wenn in einer Hauptverhandlung am Schluß zwischen dem Antrag des Staatsanwalts und dem Urteil Differenzen entstehen, die zum Nachdenken Anlaß geben. Dass der Antrag des Staatsanwalts und das Urteil koinzident sein müssen, wäre eine ganz unsinnige Vorstellung. Aber ganz große Differenzen und ebenso ganz kleine Differenzen erwecken immer die Frage: Warum eigentlich? Es ist nicht begreiflich. Man kann es furchtbar schwer einem Nichtjuristen begreiflich machen, wenn der Staatsanwalt etwa 12 Jahre Zuchthaus beantragt und dann nach einer langen Beratung das Gericht auf 10 Jahre erkennt. Diese kleinen Unterschiede in der Bewertung waren wir ja von einer anderen Stelle, vom Berufungsschöffengericht, sehr gewohnt, wo auch wieder eine Berufung eingelegt war, die sich kraft der eigenen richterlichen Überzeugung sehr oft dahin geäußert hat, dass im Beleidigungsfall statt 200 RM nur 180 RM Geldstrafe ausgesprochen wurden. So ist es wohl in vielen Teilen Deutschlands gewesen. Leichter ist es ja noch eingänglich, wenn der Staatsanwalt eine schwere Strafe beantragt und das Gericht freispricht, weil es den Tatbestand nicht für gegeben hält oder weil ein Indizienbeweis nicht für durchschlagend gehalten wird. Nun geht meine Bitte dahin – und ich spreche das hier in diesem gemischten Kreise aus Richtern und Staatsanwälten ganz offen aus -: Wäre es nicht möglich, wie es früher bei vielen Gerichten, auch bei denen, wo ich Staatsanwalt gewesen bin, Übung war, in solchen Fällen zu versuchen, dass sich zwischen der beantragten und der erkannten Strafe nicht solche Differenzen zeigen. Das reizt zu einer ganz überflüssigen Kritik.

Zu dem äußeren Ablauf der Strafrechtspflege im Kriege gehört auch die Presseberichterstattung. Da möchte ich nur ganz allgemein einen Satz aussprechen, den ich überall vielfach tauben Ohren gepredigt habe: Die Justiz und ihr Geschäft eignen sich weder zur Reklame noch zur Sensation. Wenn einer von den Herren Gelegenheit hat, den Film „Der Prozeß Casilla“ [Regie: Eduard v. Borsody; Urauf. 22.9.1939] zu sehen, dann kann er einen Eindruck bekommen – ich hoffe, einen karikierten Eindruck aber immerhin einen starken Eindruck -, was die Gerichtsberichterstattung in Amerika sich leistet. Ein abschreckendes Vorbild und Beispiel und eine abschreckende Linie, auf die wir nicht treten dürfen. Ich bin der Meinung, die Strafrechtsprechung im Kriege ist eine besonders ernste Angelegenheit, dass Würde und Ernst dabei gar nicht genug in die Erscheinung treten können.

Nun werden die Herren vielleicht einwenden: Ja, die Presse haben wir ja nicht in der Hand, und der Mann, der etwa nach Zeilen oder Berichten bezahlt wird, hat natürlich ein Interesse daran, viele Zeilen zu schreiben und seine Überschriften so zu wählen, schon auf der ersten Seite, dass das Blatt auch gern gekauft wird. Nun, ganz so ist es nicht in Deutschland. Wir haben die Presse schon ein wenig in der Hand, und zwar sowohl die lokale wie insbesondere die zentrale. Wenn in unserem Blickkreis eine so mit Sensation gefüllte Presseberichterstattung tritt, dann geschieht von hier aus schon das Erforderliche, und ich kann wohl sagen, in der Regel mit einem gewissen Erfolg. Ich wäre aber auch dankbar, wenn die Herren in ihrem Wirkungskreis diesem Gedanken ein wenig Raum schaffen würden, denn ich bin der Meinung, wir schwächen die Wirkung einer ernsten Rechtspflege im Kriege nur ab, wenn wir sie in das Gebiet der Sensation treiben.

Ich habe heute früh schon gesagt, dass die Herren eine zusammengedrängte Übersicht der hauptsächlichsten Gedanken, die heute hier ausgesprochen worden sind, bekommen werden. Das wird sehr viel kürzer sein als die Summe der Referate. Ein Beispiel: Die Erörterungen, die sich heute angeknüpft haben an die Kontroverse, die im eigenen Hause bestand, ob etwa eine Versuchshandlung nach der Kriegsverordnung strafbar wäre, brauchen in diesem Bericht nicht enthalten zu sein, nachdem die Versuchsbestrafung ja jetzt ganz allgemein nach den Grundsätzen des neuen Strafrechts geregelt werden soll.

Ich habe eine kleine Befürchtung. Vielleicht sind Kollegen hier unter Ihnen, die den Gedanken haben könnten, dass das, was sie heute gehört haben, eine fleißige

Hausarbeit der Mitarbeiter dieses Hauses mit der von einem solchen Hause zu erwartenden Gründlichkeit und Ausführlichkeit und mit dem ernsthaften Bestreben ist, ja alles zu tun, um sich gegenseitig zu verständigen und vielleicht auch da und dort etwas zu sagen, was der andere für ganz überflüssig hält. Dem ist nicht so. Ich habe ein Album von einer Reihe von Urteilen in der Hand, die wirklich gesprochen worden sind, und die ich genau kenne. Der Anlaß, Sie hierher zu bitten, und der Inhalt dessen, was Sie gehört haben, beruht auf wirklichen Beobachtungen und Erfahrungen. Das möchte ich nur an ein paar kleinen Beispielen Ihnen noch zeigen.

Wir haben bei der Vorbereitung der heutigen Tagung uns darauf geeinigt, im Laufe der einzelnen Referate keine einzelnen Urteile anzusprechen und nicht über das Gericht zu Gericht zu sitzen. Dieses Verfahren ist unerwünscht und hat nicht die Wirkung, die ich unserer heutigen Aussprache geben möchte, nämlich erstens die Erkenntnis zu vertiefen, worum es sich handelt, und zweitens den gemeinsamen Willen zu stärken, alles zu tun, um die Krise, in die die Strafrechtspflege in jedem Kriege kommen kann, nicht entstehen zu lassen.

Wenn ich z. B. hier ein Urteil vor mir habe, in dem ein mehrfach bestrafter Mann zusammen mit anderen in eine Werkstätte eindringt unter Ausnutzung der Dunkelheit mit einer zu diesem Zweck gestohlenen Taschenlampe, mit einem Dietrich die Tür öffnet, auch eine Tür einschlägt und nun aus dieser Werkstätte freilich keine wertvollen Gegenstände, sondern eine Anzahl von neuen Hüten entwendet und als Strafe unter Anwendung des § 2 der Volksschädlings-Verordnung ein Jahr Zuchthaus ausgesprochen wird, so bin ich der Meinung, dass dieses Urteil nicht allgemeinem Verständnis begegnen würde.

Oder wenn ich hier ein Urteil habe, in dem ein zweimal wegen Rückfalldiebstahl vorbestrafter Mann, der als Werkluftschutzwache in einer Spedition in einem Lagerraum bestellt war, aus diesem Lagerraum 40 Büchsen Kondensmilch entwendet, um sie für sich zu verbrauchen oder zu veräußern, und zwar unter Ausnutzung der Dunkelheit und unter Ausnutzung der Tatsache, das just um die Tatzeit die sämtlichen Anwohner und Einwohner dieses Hauses damit beschäftigt waren, eine vorher angekündigte Rede anzuhören, woraus sich also eine gewisse Sicherheit wegen Entdeckung ergab, und das Urteil lautet auf 3 Jahre Zuchthaus, so bin ich auch der Meinung dass nach den Grundgedanken, die wir uns heute ins Bewußtsein gerufen haben, dieses Urteil kaum jeder Kritik standhalten würde.

Oder ein Mann beobachtet im Wirtshaus, dass ein anderer einen größeren Geldbetrag bei sich hat – es ist nicht der Fall, der heute erwähnt wurde -, und dieser Geldbesitzer verläßt nach Mitternacht das Lokal in etwas angetrunkenem Zustande, und der andere geht ihm nach, überfällt ihn und entreißt ihm die Geldbörse mit dem gesamten Inhalt, und das Urteil lautet auf 2½ Jahre Zuchthaus. Vollendeter Raub unter Ausnutzung der Dunkelheit.

Oder ein Mann wird von einem jungen Menschen angesprochen in der Dunkelheit, er möge ihm den Weg zur nächsten Straßenbahnhaltestelle zeigen. Der Junge kennt sich nicht aus, er behauptet, er müßte jetzt nach Hause. Der Angesprochene erklärt sich auch dazu bereit, führt ihn aber nicht dahin, sondern führt ihn auf verschiedenen Umwegen zu seiner eigenen Wohnung, zu dem Hause, in dem seine Wohnung ist. Dort zwingt er ihn, und zwar unter Zuhilfenahme eines Messers, mit dem er ihn körperlich bedroht, ihm zu Willen zu sein, verschleppt ihn trotz des Widerstandes und des Schreiens dieses jungen Menschen in sein Zimmer und begeht dort ein vollendetes Verbrechen nach § 175 StGB. Eine Reihe von Erschwerungsgründen: Einmal der über 21-Jährige den unter 21-Jährigen, zweitens unter Anwendung von Gewalt – das alles schon Friedensrecht – und drittens unter Ausnutzung der Dunkelheit! Das Urteil lautet auf vier Jahre Zuchthaus. Auch das, glaube ich, entspricht nicht den Maßstäben, die wir heute an solche Taten anlegen müssen.

Oder ein Fall, der auch zum Urteil geführt hat, und den ich als letzten erwähnen möchte: Ein Mann überfällt in der Nacht, also in der Dunkelheit, in der Verdunkelung im Zeitabschnitt von einer Stunde zwei Frauen auf der Straße und begeht an beiden einen massiven Notzuchtversuch, massiv insofern, als er die beiden zu Boden geworfen hat und sie mit Gewalt zwingen wollte, ihm zu Willen zu sein. Es kommt in beiden Fällen nicht zur Vollendung, weil durch das Geschrei der Überfallenen der Täter sich schließlich veranlaßt sieht, von der Vollendung abzukommen. In diesem Falle sind vier Jahre Zuchthaus ausgesprochen worden, auch unter Anwendung des § 2 der Volksschädlings-Verordnung. Dieser Fall würde ja, wenn diese Verordnung in Kraft gewesen wäre oder wenn die Aburteilung der Tat unter die Verordnung fällt, eine ganz andere Bewertung erfahren. Ich meine, aber auch ohne die Verordnung gegen die Gewaltverbrecher entspricht die Strafe hier nicht ganz den Erwartungen, die man billigerweise an das Urteil hätte stellen können.

Ich möchte es damit bewenden lassen. Ich habe noch eine ganze Reihe von anderen solchen Urteilen zur Kenntnis bekommen, und ich bitte Verständnis dafür zu haben, dass diese praktischen Beobachtungen und Erfahrungen Anlaß genug gewesen sind um mit den Herren, in deren Hände dieser Teil der der Rechtspflege gegeben ist, einmal ausführlich und offen über die wirkliche Lage und über die Aufgaben der Kriegsrechtspflege zu sprechen.

Meine Herren! Man begegnet sehr oft dem Einwand, und ich selber mache ihn mir, wenn ich die Häufung der Todesurteile sehe, die wir in den letzten Monaten erlebt haben, Todesurteile, die ganz außerhalb dieses Bereichs liegen, meistens aus § 211, ein verhältnismäßig geringer Teil aus den Bestimmungen des Landesverrats: In Deutschland häufen sich ja die Todesurteile so, dass der Eindruck enstehen muß, als ob die schwerste Kriminalität dauernd im Wachsen wäre. Das stimmt für die vergangenen Jahre gar nicht. Ich selber, der ich die Verhältnisse für das Reich nicht so beherrscht habe, habe mir die Mühe genommen, die Vollstreckungen auf lange Jahre zurück zusammenzuzählen. Es ist richtig, das augenblicklich in diesem und im vergangenen Monat sich die Todesurteile in einer Zahl gehäuft haben, die in langer Vergangenheit nicht dagewesen ist. Aber wenn jetzt etwa ein solcher Gedanke Raum griffe, dann bitte ich die Herren, die Betrachtung solcher Vorgänge wie den nächtlichen Raub, den nächtlichen Überfall auf Frauen nie anders anzusehen als auf dem Hintergrund des Kriegstheaters, nie anders zu werten als im Vergleich mit dem, was einem Teil des Volkes in diesem Krieg wie in jedem Krieg zu tragen auferlegt wird.

Ich möchte nichts wiederholen von dem, was dazu gesagt worden ist und verweise auf das, was ich zu Eingang bei ihrer Begrüßung schon gesagt habe: Eine Umwertung der Werte nicht nur was den Unrechtsgehalt anlangt, sondern auch was die Antwort anlangt, die der Strafrichter auf solche Taten zu geben hat! Ich glaube, dass diese straffe und, wenn Sie wollen, harte Rechtsprechung, die diese Gesetze z.T. erzwingen, z.T. möglich machen, eine wichtigsten Aufgaben ist, die wir im Kriege haben. Es ist ganz klar, dass bei längerer Dauer des Krieges auf dem Gebiet des Wirtschaftlichen, auf dem Gebiet des Versorgungswesens die Gefahr dauernd wächst, dass die Kriminalität sich vermehrt. Das liegt ganz in der Natur der Sache. Und ähnlich wie bei einer Truppe – auch darauf wurde schon hingewiesen -, bei der nicht von vornherein mit den härtesten Mitteln die Aufrechterhaltung der Disziplin durchgesetzt wird, genau so ist es im gesamten deutschen Volk.

Wenn es gelungen wäre, dieses Bewußtsein, diese Erkenntnis in uns allen zu vertiefen und den Willen zu stärken, mit den Mitteln, die uns in die Hand gegeben sind, für die innere Front diese Aufgabe zu leisten, dann hätte der heutige Tag seine Aufgabe voll und ganz erfüllt.

(Schluß der Besprechung 17 Uhr 40 Minuten.)

Teil B: Arbeitstagungen unter dem kommissarischen Reichsjustizminister Franz Schlegelberger

I. Geplante Arbeitstagung am 20.3.1941 mit den Generalstaatsanwälten in Berlin

1. Arbeitsplan

I. Die Lage der Strafjustiz im Kriege.

1. Lage der Polen a) in den eingegliederten Ostgebieten (Polenstrafen-Entwurf) b) im Altreich Strafmaß, Volksschädlingsverordnung (auch Beispiele, die u.U. mildere Behandlung gegen Deutsche, Anspruch der Polizei, die Sache selbst zu machen).

2. Exekutionen (Gründe) a) Reine Exekutionen erklären sich daraus, dass wir nicht die entsprechenden Gesetze haben, z.B. Verkehr zwischen Polen und Deutschen. – Fall des Volksgerichtshofs, der bedauert hat, nicht in der Lage zu sein, ein Todesurteil zu erlassen. b) Gerichte und Staatsanwälte versagen manchmal (unzulängliche Strafmaße, Beispiel. Bei der Gelegenheit einfließen lassen, es dürfen nur echte Strafanträge gestellt werden, kein Vorbieten oder Unterbieten, Beispiel aus Düsseldorf, Hagemann). c) Haarabschneiden von Mädchen. Unsere Versuche, zu einer Besprechung zu gelangen, mißglückt. d) Die Unmöglichkeit gesetzgeberischer Änderungen. Schwierige Lage, dass wir in manchen Fällen Gesetzgebungsänderungen nicht durchdrücken können, dass der Führer aber erwartet, dass die Rechtspflege trotzdem elastisch ist. – Hervorheben, dass die Staatsanwaltschaft Einheitlichkeit der Auffassung vertreten muß. Im Schrifttum mag der eine oder andere Staatsanwalt (Mittelbach, Hennerici und einer aus Posen) abweichende Ansichten vertreten. e) Vernichtung lebensunwerten Lebens. Was draußen gesagt wird. Besonderer Ausblick auf Heimtückesachen. Das RJM ist zu verschiedenen Fragen um Weisung gebeten worden. Tötungsanzeigen. f) Zusammenarbeit innerhalb der Justiz (Düsseldorf) g) Nach außen keine unnötigen Gegensätze zu anderen Behörden. Reichsernährungsminister hat sich darüber beschwert, dass die Ordnungsstrafbeschlüsse der Ernährungsämter in nicht recht verständlicher Weise geändert werden (z.B. Abänderung auf 40 RM, wenn Entscheidung des Ernährungsamtes auf 30 RM lautete. Ebenso hat der Ernährungsminister gebeten, es möchte bei den Staatsanwaltschaften angeregt werden, dass sie mit den Ernährungsämtern öfter konferieren. Der Reichswirtschaftsminister hat einen entsprechenden Wunsch geäußert (?) h) Notwendigkeit schneller Arbeit (keine großen Aussprachen).

II. Gesetzgeberische Arbeiten – ausgenommen Polenstrafrecht und Jugendstrafrecht -.

1. *MinDir. Suchomel:* Über Angleichung des Strafrechts des Reichs und der Ostmark.

2. *MinRat Rietzsch:* Sonstige gesetzgeberische Arbeiten (unbestimmte Verurteilung, SchwerverbrecherVO, Schutz vor Gemeinschaftsfremden, WehrkraftschutzVO).

III. Wie hat sich der Jugendarrest eingespielt? Äußerungen der Generalstaatsanwälte anhören (Auskünfte *Kümmerlein*)

IV. Einzelfragen der Strafrechtspflege

1. VolksschädlingsVO. Überschreitung des Strafrahmens der Grundtat. Festhalten an unserer Meinung. Der große Senat wird entscheiden. Nicht angedeutet, wie die Entscheidung voraussichtlich lauten wird.

2. Widerstandsstrafen (Beispiele).

3. Zeugenvernehmung von Gefangenen. Beschwerde Mutschmann. Vorgänge im Emsland; Auftreten von 20 Zuchthäuslern als Zeugen.

4. Behandlung der Arbeitsverweigerung (Wieweit der Erlaß des Reichsarbeitsministers solche Sachen klarstellt; wie schnell die Treuhänder der Arbeit arbeiten. Möglichkeit, die Bestellung des Verteidigers nach § 23 Abs. 1 ... zu beantragen.

2. Material für die Besprechung mit den Generalstaatsanwälten am 20.3.1941

1. Gelegentlich ist aufgefallen, dass im Anklagetenor oder im Urteilskopf, wenn es sich um Straftaten gegen Juden handelt, die *Anführung des Vornamens „Israel" bzw. „Sara"* fehlt. Es war in Aussicht genommen, die OLGPräs und GenStA gelegentlich hierauf hinzu weisen und sie zu bitten, der Beachtung der gesetzlichen Vorschriften betreffend jüdische Vornamen ihr Augenmerk zu schenken. – Herr OLGR von Schroeter, der die Kontrolle der Blutschutzsachen hat, hat mitgeteilt, dass in der letzten Zeit falsche Namensbezeichnungen kaum noch vorkommen. Es kann daher davon ausgegangen werden, dass ein Hinweis nicht mehr erforderlich ist.

2. Der Reichsführer SS hat gelegentlich bemängelt, dass *Strafverfahren wegen Widerstandes gegen die Staatsgewalt* von den Gerichten *zu milde* geahndet werden. Der von ihm als Beispiel angeführte Einzelfall hat den Generalstaatsanwalt des in Betracht kommenden OLGBezirks veranlaßt, die Oberstaatsanwälte seines Bezirks darauf hinzuweisen, dass gegen Widerstandsleistungen mit größter Strenge vorzugehen sei. Hiervon haben wir dem Reichsführer SS in unserem Antwortschreiben Kenntnis gegeben und ihm zugesagt, dass wir die Frage bei der nächsten mündlichen Besprechung mit den OLGPräs und GenStA behandeln und auf nachdrücklichere Ahndung hinwirken würden. Der Vorgang stammt aus dem Jahre 1939; Klagen über unzureichende Bestrafungen von Widerstandsleistung sind uns bisher nicht bekannt geworden. Es kann angenommen werden, dass während des Krieges die Gerichte auch ohne einen besonderen Hinweis für einen ausreichenden Schutz von Polizeibeamten sorgen werden.

3. *Reichsstatthalter Mutschmann* (Sachsen) hat im Januar 1940 einen Einzelfall bemängelt, in dem auf Grund einer anonymen Anzeige gegen den stellvertretenden *Anstaltsdirektor einer Heil- und Pflegeanstalt* von der Staatsanwaltschaft ein *Ermittlungsverfahren* eingeleitet und Insassen der Heilanstalt als Zeugen vernommen worden seien. Die Insassen der Anstalt hätten sogar eine Zeugenladung mit dem Vermerk: In der Strafsache gegen Dr. Wischer usw. erhalten. Wegen des beanstandeten Einzelfalles ist das Erforderliche veranlaßt. Es ist in Aussicht genommen worden, die Angelegenheit bei einer Besprechung der Chefpräsidenten und Generalstaatsanwälte zu erörtern und dabei Hinweise über die Zweckmäßige Behandlung solcher Anzeigen zu geben.

4. Die Rechtsanwaltskammer Stuttgart hat bei dem Generalstaatsanwalt in Stuttgart angeregt, die Oberstaatsanwälte anzuweisen, von der *Möglichkeit, die Bestellung eines Verteidigers* gemäß § 32 Abs. 1 Ziffer 3 der Zuständigkeitsverordnung [v. 21.2.1940, RGBl.I, 405, 409] zu beantragen, einen großzügigen Gebrach zu machen. Der Anregung ist nicht entsprechen worden; der Generalstaatsanwalt hat der Rechtsanwaltskammer mitgeteilt, dass die Anregung im RJM geprüft werde. In dem Schreiben an den Generalstaatsanwalt haben wir erwähnt, dass wir uns vorbehielten, die Frage gelegentlich einer Besprechung mit den Generalstaatsanwälten mündlich zu erörtern. – Dass die Staatsanwälte bei der Stellung des Antrages dem Angeklagten einen Verteidiger beizuordnen, nicht sachgemäß verfahren, ist bisher nicht aufgefallen. Die Anregung der Rechtsanwaltskammer Stuttgart entsprach offenbar dem Wunsche, durch häufigere Pflichtverteidigungen das Einkommen ihrer Mitglieder zu erhöhen.

5. Die *Vernichtung lebensunwerten Lebens* bildet oft den Gegenstand von Heimtückeäußerungen sowie von *Strafanzeigen gegen Unbekannt wegen Mordes*. Die Generalstaatsanwälte bitten in derartigen Fällen um Weisung, wie sie sich verhalten sollen. Es könnte erwogen werden, ihnen mündlich gewisse Richtlinien für die Behandlung derartiger Fälle zu geben.

3. Zusammenstellung der bei der Tagung der Generalstaatsanwälte am 20.3.1941 zu erörternden Punkte, die das Arbeitsgebiet des Sonderreferats betreffen

1. Bei *häufig vorbestraften Asozialen*, die sich gegen die VVO vergangen haben, sollen regelmäßig besonders schwere Fälle angenommen werden, allein mit Rücksicht auf die Persönlichkeit, auch wenn die Straftat sonst verhältnismäßig geringfügig ist (*typische Exekutionsfälle*).

2. *Straffällige Polen* müssen auch und gerade im Gebiet des Altreichs wesentlich schärfer angefaßt werden, als Deutsche in den entsprechenden Fällen, insbesondere bei Sittlichkeitsverbrechen. Besonders sorgfältig zu prüfen, ob nicht Todesstrafe nach *§ 4 VVO* [VolksschädlingsVO] erzielt werden kann.

3. *Ehebrüche mit Soldatenfrauen* und einverständlich unzüchtige Handlung mit solchen sind in Anlehnung an die RGRechtsprechung bei Bestehen der Ehe

grundsätzlich nicht zu verfolgen, auch nicht als Beleidigung des Ehemanns, außer wenn besondere Tatumstände vorliegen. Das OKW hat allerdings hiergegen Stellung genommen; Erörterungen schweben.

4. Das RG zweiter Strafsenat hat sich für Anwendbarkeit des *§ 4 VVO* ausgesprochen auch für Fälle, *wo der normale Strafrahmen an sich ausreicht* (DJ 1941 S. 289). Diese Rechtsprechung wird im Gegensatz zu der bisherigen des ersten Strafsenats von hier gebilligt. Wichtig besonders das Sondergericht Koblenz und Stettin, die anderer Meinung sind.

5. Schwarzschlachtungen werden in den Bezirken Frankfurt a.M., Karlsruhe, Stuttgart, München und Innsbruck verhältnismäßig sehr milde bestraft. Diese Praxis muß allmählich verschärft werden.

6. *Reichsernährungsministerium – Oberregierungsrat Peren* – empfiehlt regelmäßige Besprechungen der Staatsanwaltschaften mit den Leitern der Ernährungsämter, um die Staatsanwälte über die Versorgungslage aufzuklären und einheitliche Vorgehen bei Verstößen gegen die Verbrauchsregelung [VO v. 6.4.1940, RGBl.I, 610] zu sichern.

7. Das Reichsernährungsministerium beklagt sich, dass bei Einsprüchen gegen *Ordnungsstrafbescheide* der Ernährungsämter die Amtsrichter mit Vorliebe kleine *Korrekturen* vornehmen (etwa Strafherabsetzung von 100 auf 80 RM). Dem ist im Interesse der Staatsautorität entgegenzuwirken.

8. Bei Verstößen gegen § 1 Abs. 2 KWVO (*Geldhortung*) findet sich gelgentlich im Urteil die Feststellung, das zwar die Bereitstellung von Barmitteln begründet, aber nicht gerechtfertigt sei, weil das Geld ebensogut bis zum letzten Augenblick auf einem Konto hätte angelegt werden können. Diese Praxis ist manchmal nicht unbedenklich, namentlich wenn etwa Beträge von einigen Tausend Mark nur einige Wochen oder Monate aufbewahrt werden. Besonders scharfe Handhabung ist derzeit nicht erforderlich, da Geldhamsterungen größeren Stils praktisch nicht vorkommen.

Außerdem Erörterung der Beschlagnahme des gehorteten Geldes in analoger Anwendung des § 40 StGB oder entsprechend hohe Geldstrafe. gez. Dr. Crohne.

4. Material für die Besprechung mit den Generalstaatsanwälten

Die Frage, ob und inwieweit es angezeigt ist, wegen Verdachts staatsfeindlicher Betätigung gerichtlich verhaftete Personen *nach Aufhebung des Haftbefehls der Geheimen Staatspolizei zu überstellen* wird nach den Beobachtungen des Oberreichsanwalts nicht einheitlich entschieden. Schwierigkeiten in der Praxis sind allerdings bisher nicht bekannt geworden, so dass von einer generellen Regelung der Frage, die nur im Einvernehmen mit dem Reichsführer SS erfolgen könnte, abgesehen worden ist. Es dürfte sich vielleicht empfehlen, den Generalstaatsanwälten mündlich nahezulegen, *wegen erwiesener Unschuld freigesprochene* Angeklagte der Geheimen Staatspolizei nicht ohne besonderen Rückführungsbefehl zuzuführen.

Neueste Lageberichte: 1. Beschwerde GStA Hamm und Berlin: *übersteig. Bearbeitung* von Arbeits-, Kriegsgefang-., Umgangs-, Kriegswirtschs. u. Polensachen *durch Polizei unter Ausschluß* der StAschaft.

2. *Hamm:* Frage Strafmaß bei Polendelikten. Anwendung *§ 4 VVO* grundsätzlich, auch im Altreich? Bejaht a) bei politisch. Straft., b) bei Straft. gegen Leib, Leben, Eigentum eines Deutschen, dagegen nicht bei weiblichen Polen.

3. *Berlin* verlangt Mitteilung der an die polizeil. Dienststellen ergang. Anweisungen über *Sonderbehandlungen.* – gez. Dr. Crohne 17/3.

II. Arbeitstagung des kommissarischen Reichsjustizministers mit den Chefpräsidenten und den Generalstaatsanwälten am 23. und 24.4.1941

1. Protokoll der Sitzung vom 23. und 24.4.1941

Staatssekretär *Dr. Schlegelberger:* Sehr verehrte Gäste! Meine Herren Präsidenten des Reichsgerichts, des Volksgerichtshofs, der Oberlandesgerichte, des Landeserbhofgerichts, des Reichspatentamts! Meine Herren Oberreichsanwälte und Generalstaatsanwälte! Heute sind es gerade drei Monate, seit der erste Reichsjustizminister Adolf Hitlers die Augen für immer schloß. (Die Anwesenden erheben sich.) Die allgemeine Liebe und Verehrung, die diesem Manne gezollt wird, ist ohne Beispiel. Auch wir haben ihn von ganzem Herzen geliebt und ihn tief verehrt. Sein Edelsinn, seine Güte und Gerechtigkeit, seine Klarheit des Geistes und sein Mut, sich zu dem zu bekennen, was er für recht und wahr erkannte, seien uns stets Vorbild und Mahnung. – Sie, meine lieben Kameraden, haben sich zu Ehren des Verstorbenen von den Plätzen erhoben; ich danke Ihnen.

Meine sehr verehrten Herren! Zum ersten Mal versammeln sich die Spitzen der Justiz nicht im Hause des Justizministeriums. Da Haus ist zu klein geworden. Die Zahl der Oberlandesgerichte einschließlich des Landeserbhofgerichts ist seit Beginn des Krieges von 27 auf 36, also um 9, d.h. ein Drittel gestiegen. Dies allein schon mahnt uns bei Beginn unserer Tagung zu tief empfundenem Dank an den Mann, dessen Geburtstag wir vor wenigen Tagen feierlich begangen haben. Die Namen Danzig, Posen, Kattowitz, Leitmeritz, Prag, Wien, Linz, Graz, Innsbruck reden eine beredte Sprache von der Aufgabenerweiterung der gesamten Reichsjustizverwaltung. Denn die neuen Bezirke sind ja nicht den Stammbezirken nur äußerlich angegliedert, sondern sie sind in den Blutkreislauf unserer Verwaltung eingefügt und es ist gewiß nicht zuviel gesagt, wenn ich bekenne, dass mit der ungeheuren räumlichen Ausdehnung die Reichsjustizverwaltung auch ein neues Lebensziel erhalten hat. Dieses Ziel ist die tatkräftige Mitarbeit am Neuaufbau nun des Großdeutschen Reichs und damit des von Deutschland geführten befriedeten Europa. Diese Aufgabe ist nicht außerhalb des Staates zu lösen. Unsere Pflicht ist es damit, die Justiz bewußt und kompromißlos immer mehr in den nationalsozialistischen Staat einzuordnen. Dazu gestatten Sie mir einige Bemerkungen.

Vorurteile, denen die Justiz noch so oft begegnet, knüpfen an an den noch so häufig mißverstandenen Begriff der richterlichen Unabhängigkeit. Die Unabhängigkeit von Weisungen ist nach gefestigter Volksüberzeugung ein selbstverständliches und unentbehrliches Attribut des Richters. Dass das Recht nur von in diesem Sinne unabhängigen Richtern gesprochen werden dürfe, hat der Führer schon in seiner ersten Kanzlerrede mit Nachdruck hervorgehoben. In seiner Urteilsfindung muß der Richter sich von irgendwelchen Weisungen frei wissen. Frei und unabhängig hat der Richter das Recht zu finden und – das bedeutet das Symbol des Schwertes – sich mit Mut zu diesem Recht zu bekennen. Mit dieser Freiheit von Weisungen muß sich die wahre, d. h. die innere Unabhängigkeit paaren. Sie ist Sache des Charakters. Der wahre Richter muß die Abwehrstoffe gegen Beeinflussung in sich tragen und darf sie nicht dadurch ersetzen wollen, dass er sich ängstlich von Meinungsäußerungen Außenstehender abschließt. Wahrhaft unabhängig ist, wer in voller Kenntnis aller über den Rechtsfall vorhandenen Meinungen mit der durch Wissen begründeten inneren Freiheit entscheidet.

Daneben aber gilt folgendes. Das Volk verlangt die Ausübung der Rechtspflege durch Richter seines Vertrauens. Es erinnert sich sehr wohl daran, dass das gelehrte Richtertum als Einrichtung nur eine Folge der immer mehr zunehmenden Unübersichtlichkeit der Lebensverhältnisse und damit der Rechtsordnung war, dass der gelehrte Richter aber ebenso in der Volksgemeinschaft stehen muss wie der Volksrichter vergangener Zeiten. Fühlt der Richter sich nicht mit seinem ganzen Herzen dem Volke verbunden, so kann er den ihm vom Volke durch den Führer erteilten Auftrag, das Recht zu finden, nicht erfüllen. Der Richter soll Recht sprechen im Namen des Volkes. Hat sich die Weltanschauung in einem Volke so grundlegend und mit so gefestigter Kraft gewandelt, wie in Deutschland nach dem Siege der Bewegung, so kann der Richter getreu seines Amtes nur walten, wenn er von dieser neuen Weltanschauung durchdrungen ist und es kann keinem Zweifel unterliegen, dass nunmehr jede Norm des geltenden Rechts unter der Berücksichtigung der im Parteiprogramm anerkannten Sittenordnung und Weltanschauung und dazu der maßgebenden Willensäußerung ihres Schöpfers und berufensten Künders, des Führers, auszulegen und anzuwenden ist. Wer das unter Berufung auf seine richterliche Unabhängigkeit leugnen wollte, würde das Maß der Bindungen verkennen, die auch ihm der Staat auferlegt. Diese Bindungen einzuhalten, ist selbstverständliche Pflicht jedes Richters. Für ihre Erfüllung ist der Richter dem Führer verantwortlich, dem Führer, von dem er die Befugnis, das Recht zu sprechen, ableitet.

Für die Mitglieder des Reichsverwaltungsgerichts ist dieser Rechtszustand übrigens in dem Führererlass vom 3. April d.J. ausdrücklich festgestellt. Dort heißt es: „Die Mitglieder des Reichsverwaltungsgerichts sind bei der Sachentscheidung keinen Weisungen unterworfen. Sie haben ihre Stimme nach ihrer freien, aus dem gesamten Rechtsstand geschöpften Überzeugung und nach der von nationalsozialistischer Weltanschauung getragenen Rechtsauslegung abzugeben." [RGBl. I 1941, 201]

Meine Herren! Dafür zu sorgen, dass alle Beamten der Reichsjustizverwaltung sich in immer steigendem Maße in diesem Sinne in den nationalsozialistischen Staat einordnen, ist meine vordringliche Aufgabe. Ich kann diese Aufgabe nur lösen, wenn ich mich bedingungslos auf das vor mir versammelte Führerkorps der beamteten Justiz stützen kann. Durch Sie, meine Herren, hindurch, oder noch besser: aus Ihnen heraus muss diese Erkenntnis der Einordnungsnotwendigkeit zielbewußt und unnachsichtlich hinausgehen in alle Zweige ihrer Gefolgschaft. Daraus erwächst für mich die Verpflichtung, Sie mit allen Entschließungen des Führers vertraut zu machen, die für Ihre Amtsführung von Bedeutung sind. Tatsachen, nicht nur Gerüchte müssen Ihnen bekannt werden. Geschieht das nicht, so ist es unabwendbar, dass Richter und Staatsanwälte sich zum schweren Schaden der Justiz und des Staates gegen Maßnahmen wenden, die sie gutgläubig, aber irrtümlich für illegal halten, und sich schuldlos mit dem Willen des Führers in Widerspruch setzen.

In Ihren mündlichen und schriftlichen Berichten, meine Herren, kehrt fortlaufend der Zweifel wieder, welche Bewandnis es mit der Vernichtung lebensunwerten Lebens hat. Sie berichten über unglaubliche im Volke herumschwirrenden Gerüchte und Sie beklagen, dass Sie sich außerstande sähen, aufklärend zu wirken, weil Ihnen das Wissen der Dinge fehlt. Diese Klage ist begründet. Ich habe deshalb alsbald nach der Übernahme des Ministeramts Gelegenheit gesucht, mir selbst restlose Klarheit zu verschaffen, und ich danke auch an dieser Stelle dem Chef der Kanzlei des Führers, Reichsleiter Pg. Bouhler, für die eingehende Unterrichtung. Noch mehr danke ich ihm dafür, dass er sich bereit gefunden hat, durch seine ersten Sachkenner in dieser Versammlung die Aufschlüsse zu geben, die für die Amtsführung der Oberlandesgerichtspräsidenten und Generalstaatsanwälte notwendig sind. Ich begrüße die Herren Oberamtsleiter Reichsabteilungsleiter *Brack* und Universitätsprofessor *Heyde* und bitte sie, zu ihren Ausführungen das Wort zu nehmen. (Die nun folgenden Vorträge des Vormittags werden anderweitig stenografisch aufgenommen [nicht auffindbar].)

[Notizen des Kölner Oberlandesgerichtspräsidenten Dr. Alexander Bergmann über die Referate von Brack und Heyde 23.4.1941.

Brack (- Oberdienstleiter -): Euthanasie-Problem – 1.9.1939 Auftrag des Führers an Bouhler und Brand durch Erweiterung namentlich bezeichneter Ärzte. Gewährung des Gnadentodes an unheilbar Kranke.

Keine Aufgabe an Staatsbehörden. Neues Problem ohne Erfahrung, deshalb Vorermittlung nötig, ehe Gesetz kommt. Für solche, nach außen hin illegal erscheinende Arbeit ist Staatsbehörde ungeeignet.

Es handelt sich nicht um Vernichtung lebensunwerten Lebens, sondern Durchführung eines Erlösungsaktes für Schwer- und Schwerstleidende und ihre Angehörigen.

Gesetz betr. letztärztliche Hilfe ...

§ 1 Auf eigenen Willen bei unheilbar Kranken (Abkürzung des Todeskampfes).

§ 2 Schmerzlose Beendigung des Lebens bei unheilbar Geisteskranken ohne deren Willen.

Organisation: Muss getarnt werden unter unverfänglichen Namen – beste Psychiater -, besondere Heil- und Pflegeanstalten mit besonderen Einrichtungen für humane Durchführung.

Männer finden, die den Mut zur Ausführung und die Nerven zum Aushalten haben.

Meldebogen vom Reichsinnenminister an die Heil- und Pflegeanstalt mit Krankenbericht. Zurück an Reichsinnenminister. Fotokopiert von Reichsanstalt. Gehen an mehrere (3) Gutachter, die unabhängig von einander sind. Nach Rückkunft Übertragung der 3 Gutachten auf neue Fotokopie; diese an Obergutachter. Ist auch dieser für Liquidation, so Patient verlegt an andere Pflegeanstalt; hier Untersuchung des Patienten aufgrund persönlicher Kenntnisse. Nach Beobachtung Abholung in Liquidationsanstalt. Auch hier hat der durchführende Arzt noch ein Vetorecht.

Umfangreicher Verwaltungsapparat.

Auseinandersetzung mit Angehörigen. Vermögensauseinandersetzung. Benachrichtigung an Angehörige war zuerst unglücklich gewählt. Wert der Aktion – nicht nur pekuniär. Wichtige Bindung wertvoller Kräfte durch Pflege der Kranken.

Dr. Heyde, Prof.: Frage der Abzweigung der Patienten. Natürlich nur unheilbar Kranke, aber auch hier Einschränkungen. Geisteskranke zunächst allein ins Auge gefaßt, weil bei ihnen Gemeinschaftsleben meist ausgeschlossen. Voraussetzung also:

1. unheilbare Geisteskrankheit.
2. unbrauchbar, auch innerhalb der Anstalt für gemeinschaftliches und produktives Leben.

Krankheiten, die überhaupt in Frage kommen:

Schizophrenie (70 % der Anstalten),

Epilepsie – Erkrankungen des Zentralnervensystems durch Syphilis, angeborener Schwachsinn,

Folgen der Kopfgrippe, weitere krankhafte Veränderungen.

Senile Erkrankungen sind grundsätzlich auf Zeit ausgenommen.

Meldebogen umfaßt die vorstehenden Erkrankungen, ferner die Personen, die seit 5 Jahren in der Anstalt waren, die kriminellen Kranken. Zur Kontrolle Krankengeschichte. (Auch gegenüber falschen Meldebogen.)

Evtl. auch Erfassung der Kranken durch besondere Kommissionen bei unsicheren Anstalten. Die ersten Begutachtungen sind rein ärztlich; das Obergutachten nicht nur ärztlich, sondern auch politisch (z.B. ob Weltkriegsbeschädigung einbezogen werden kann – verneinen -; ferner alte Leute ausgenommen). Nach Bejahung der Voraussetzung gehen Fotokopien an gemeinnützige Krankentransportvereinigung. Patienten in Zwischenanstalten, nochmalige Beobachtung. Alsdann in Liquidationsanstalten, die von der Umwelt weitgehend abgeschlossen sind.

Patient stirbt an fingierter Todesursache; Grund Geheimhaltungsgebot des Führers. Sterbeurkunde. Datum und Todesursache stimmen nicht. Daneben wird aber ein wahres Standesregister geführt. Jetzt wird der Nachlaß genau registriert, um den es den Angehörigen zumeist zu tun ist. In 80 % der Fälle sind Angehörige einverstanden; 10 % protestieren, 10 % sind gleichgültig.]

Staatssekretär *Dr. Schlegelberger*: Meine Herren! Wir beginnen wieder mit unserer Tagung. Ich begrüße einen alten, treuen, bewährten Freund unseres Hauses, Herrn Ministerialdirektor Dr. Lehmann, der die Güte haben wird, in unserem Kreise über die Einrichtung einer Bewährungstruppe einen Vortrag zu halten.

MinDir. *Dr. Lehmann*: Herr Staatssekretär! Meine Herren! Ich bin aufgefordert worden, über eine neue Einrichtung im Bereich der Wehrmacht zu sprechen, die auch für die Reichsjustizverwaltung von Bedeutung ist und die nur mit Hilfe der Reichsjustizverwaltung, wie ich hinzufügen möchte, ganz richtig durchgeführt und aufgebaut werden kann. Es handelt sich dabei um die Einrichtung einer neuen Truppe, der sogenannten Bewährungstruppe. Zur Vorgeschichte habe ich folgendes vorzutragen.

Als das Oberkommando der Wehrmacht und die Oberkommandos der drei Wehrmachtsteile mit den Vorbereitungen der Kriegsgesetzgebung beschäftigt waren, hatten sie anzuknüpfen an die Erfahrungen des Weltkrieges. Es steht heute für uns fest, dass die Handhabung der Kriegsstrafrechtspflege im Weltkrieg nicht richtig gewesen ist, dass sie durch ihre Schwäche mit dazu beigetragen hat, dass der Krieg den ungünstigen Ausgang nahm. Die schärfsten Worte darüber finden sich in dem Buche des Führers „Mein Kampf", wo er von der milden, unsachgemäßen und schlappen Behandlung der Fahnenflüchtigen und Deserteure spricht, die sich, wie wir alle wissen, in den Jahren 1917 und 1918 zwischen den Reihen und in den Etappenorten haufenweise herumtrieben. Wenn ich die Charakterisierung einer unsachgemäßen Milde durch eine Zahl belegen kann, dann ist es diese: Im ganzen Weltkrieg sind im Bereich der deutschen Wehrmacht nur 47 Todesurteile an Soldaten vollstreckt worden. Es unterliegt keinem Zweifel, dass das keine sachgemäße Kriegsstrafrechtspflege war.

Waren also nach der jetzt herrschenden richtigen Auffassung die Strafen zu milde, so war auch die Strafvollstreckung nicht in Ordnung. Der Weltkrieg hat vor allem in seinen letzten beiden Jahren gezeigt, dass Freiheitsstrafen, auch Zuchthausstrafen, keinen Eindruck auf Feige und Ehrlose machten, dass sie ihnen im Gegenteil erwünscht waren, weil sie ihnen die Gelegenheit und die Möglichkeit boten, dem Stellungskrieg im Westen zu entgehen.

An diese beiden Gruppen von Erfahrungen haben wir nun angeknüpft. Ich habe hier nur über die Probleme des Strafvollzugs zu sprechen. In Auswertung dieser Erfahrungen wurde nun in den Jahren 1937 und 1938, als die in Betracht kommenden Gesetze vorbereitet wurden, bestimmt, dass grundsätzlich eine Freiheitsstrafe, d. h. eine Gefängnisstrafe – von denen ich zunächst überhaupt nur spreche – ausgesetzt werden solle für die Dauer des Krieges bei einem Wehrpflichtigen und dass dem Mann Gelegenheit gegeben werden solle, durch Bewährung an der Front sein Unrecht wieder gut zu machen. Dieser Grundsatz fand die Billigung aller in Betracht kommenden Stellen, und da, wo er hat angewandt werden können, haben wir mit ihm auch die allerbesten Erfahrungen gemacht. Das Oberkommando des Heeres hat uns berichtet, dass von den Strafaussetzungen, die in den ersten vier

Monaten des Krieges, also vor allen Dingen in den Monaten des Polen-Feldzuges, verlangt werden mußten, nur 6% widerrufen worden sind. Alle übrigen Männer haben sich durch Einsatz bewährt.

Wir haben aber den Grundsatz, dass die Strafen im Allgemeinen ausgesetzt werden sollten, nicht durchhalten können. Das lag daran, dass der Krieg im Ganzen genommen eine völlig andere Entwicklung genommen hat, als man früher glaubte. Unsere Vorschriften waren gedacht für den Fall eines Krieges, wie es eben der Weltkrieg war, wo dauernd an irgendeiner Front schwere Kampfhandlungen stattfanden. Bei einer solchen Lage war es ja ein Leichtes, wenn man das damals gemacht hätte, Bestrafte zum Zwecke der Bewährung zur Front zu schicken, um ihnen, wenn sie ihrem Charakter nach dessen überhaupt würdig waren, diese Gelegenheit zu geben, ihr Unrecht wieder gut zu machen. Nun wissen Sie, dass der Krieg ja eine vollkommen andere Entwicklung genommen hat. Auf kurze, blitzartig verlaufende Feldzüge folgten nicht Wochen, sondern viele Monate, in denen abgesehen von der Marine und von der Luftwaffe überhaupt Kampfhandlungen nicht stattfanden. Da mußte der Grundsatz der Bewährung an der Unmöglichkeit der Durchführung scheitern.

Es kam hinzu, dass für einen großen Teil der Soldaten eine unmittelbare Bewährungszeit an der Front auch deshalb nicht gegeben gewesen wäre, weil sie für diesen Einsatz nicht geschult waren. Ich will als Beispiel das Bodenpersonal der Luftwaffe erwähnen. Was sollte man mit den Leuten anfangen? Sie haben zwar eine infanteristische Grundausbildung; aber das reicht noch nicht aus, um sie ohne weiteres zu dieser Frontgruppe zu stecken.

Das hat nun dazu geführt, dass der Grundsatz der Aussetzung zum Zwecke der Bewährung immer weiter durchbrochen wurde. Die Zahlen sind sehr eindrucksvoll. Im zweiten Vierteljahr des Jahres 1940, also in dem Vierteljahr, in das der Feldzug im Westen fällt, wurde in der Hälfte aller Fälle in denen eine Freiheitsstrafe von unseren Gerichten ausgesprochen worden war, die Strafe bedingt ausgesetzt und dem Mann die Gelegenheit zur Bewährung an der Front gegeben. Im dritten Vierteljahr war es nur noch 1/5 der Fälle, im vierten Vierteljahr 1940 war es 1/10 und im ersten Vierteljahr dieses Jahres nur noch 1/12 aller Verurteilungen. Das liegt an den Gründen, die ich entwickelt habe und hat auch noch einen anderen Grund. In der Truppe erhält sich mit außerordentlicher Zähigkeit die Meinung, dass am Schluß des Krieges eine Amnestie zu erwarten sei, bei der mit einem großen Schwamm alles weggewischt werden würde. Wir sind aus Gründen der Erhaltung der Mannszucht gezwungen, diesem Gerücht nicht nur mit dem Wort entgegenzutreten, sondern auch dadurch, dass wir eben zur Vollstreckung der Strafen in größerem Umfange anhalten mußten, weil sonst die Strafrechtspflege der Wehrmacht eine leere Förmlichkeit geworden wäre.

Nun führt die Praxis, die wir jetzt haben, zu gewissen Ungleichmäßigkeiten und Härten. Es ist ein Glück für den Mann, ob er bei einer Division ist, wo er eingesetzt werden kann, oder ob er zu einem Verband gehört, der auf einen Einsatz nicht rechnen kann. Das ist schon nicht angenehm. Es kommt hinzu, dass die Besonderheiten der Kriegsstrafrechtspflege dazu geführt haben, dass die Urteile in sich weniger gleichmäßig ausfallen, als Sie, meine Herren, das gewöhnt sind, die sich der Segnungen einer straffgeführten Zentralverwaltung erfreuen. Die Gerichtsbarkeit ist bei uns so weit dezentralisiert, und das Bestätigungsrecht der Gerichtsherren ist, um den Bedürfnissen der schnellen Strafrechtspflege Rechnung zu tragen, so weit nach unten gelegt, dass ganz naturgemäß die Strafzumessung nicht so gleichmäßig gehandhabt werden kann, wie es erwünscht wäre. Auch das führt zu Unbilligkeiten, die im Strafvollzug, wo die Leute ihre Strafe miteinander vergleichen und ebenso ihre Taten, zu erheblichen Unannehmlichkeiten, Schwierigkeiten und Beschwerden Anlaß geben.

Dann kommt noch etwas anderes dazu. Wir sind – das entspricht dem Willen des Führers – gezwungen, die Mannszucht mit scharfen Mitteln aufrecht zu erhalten. Nun ist aber gar nicht zu verkennen, dass der Soldat im Kriege Versuchungen unterliegt, denen er in dieser Form im Frieden nicht einmal begegnet wäre. Ein außerordentlich starker Prozentsatz der Verurteilungen, die unsere Gerichte aussprechen, hat Taten zum Gegenstand, die in irgendeiner Weise durch zu starken Alkoholgenuß beeinflußt sind. Man muss die Versuchungen richtig sehen, auch die Versuchungen auf dem Gebiete der Sexualdelikte. Man muss auch die Lage richtig beurteilen, in die alte Reservisten kommen, wenn sie jetzt plötzlich unter junge Unteroffiziere gestellt werden, die 15, 20 Jahre jünger sind als sie selbst. Das führt zu Reibungen und Konflikten und bei Leuten, die sich nicht ganz in der Hand haben, dann zu Exzessen, die unter normalen Umständen niemals passiert wären.

Neben diesen Gruppen von Tätern steht nun natürlich eine andere große Gruppe. Das sind die eigentlichen richtigen und typischen Verbrecher. Von diesen Männern wird in den folgenden Ausführungen nicht die Rede sein; die werden ihre Strafe bis zum Ende verbüßen. Wir haben keine Veranlassung, uns um sie zu kümmern. Wohl aber ist es ein Gebot der Gerechtigkeit und der Fürsorge – und unter diesem großen Begriff steht ja die Strafrechtspflege der Wehrmacht überhaupt -, dass wir uns um die Männer kümmern, die einmal, wenn auch noch so erheblich, gestrauchelt und ausgerutscht sind, ohne dass das Vergehen, dessen sie sich schuldig gemacht haben, auf einen schweren Charaktermangel oder auf einer verbrecherischen Anlage beruht.

Nun haben wir Überlegungen angestellt: Wie kann man diesen Leuten, die noch in großer Zahl in den Wehrmachtsgefängnissen sitzen, helfen? Die Schwierigkeiten der Versetzung zur Kampftruppe habe ich dargelegt. Ich könnte noch hinzufügen, es könnte ja ein Gerichtsherr, der jetzt in Frankfurt an der Oder ist, mit einem Gerichtsherrn, der vor dem Einsatz steht, verabreden, dass der ihm seinen Mann abnimmt. Aber erstens ist die Geheimhaltung des Einsatzes auch großer Truppenverbände sehr weit getrieben. Das stößt auf die erheblichsten Schwierigkeiten. Dann aber muß man auch mit einer gewissen Einstellung des Soldaten rechnen, die ihnen allen bekannt ist. Der Soldat, der Führer, kümmert sich sehr gern um seine eigenen Leute und sorgt für sie, auch im Sinne des zu starken Begütigens, manchmal mehr, als zweckmäßig ist; aber um fremde Männer kümmert er sich nicht besonders gern. Das stößt also alles auf erhebliche praktische Schwierigkeiten.

Diese Schwierigkeiten haben im vergangenen Sommer bei uns dazu geführt, dass wir uns überlegt haben, ob man nicht eine besondere Truppe einrichten könnte. Ich habe diese Sorgen einmal dem Herrn Staatssekretär Dr. Freisler vorgetragen, und er sagte sofort: Ja, warum machen Sie nicht so etwas, wie die SS gemacht hat, wo man einen „verlorenen Haufen" eingerichtet hat? Das war eigentlich der Funke, der in das schon bereitstehende Pulverfaß schlug, und wir haben, als die Anregung auch von dieser Seite sofort und uneingeschränkt kam, uns entschlossen, den Gedanken weiterzutreiben, haben ihn in vielen Besprechungen mit militärischen Stellen durchgedacht und ihn schließlich zu einem Erlaß des Führers verdichtet. Der Führer hat Ende v.J. [Erlass v. 21.12.1940, in „Führer-Erlasse" 1939–1945, hrsg. Von Martin *Moll*, Stuttgart 1997, S. 156] angeordnet es sei eine Bewährungstruppe einzurichten, um auch den Soldaten, die einmal gestrauchelt seien, Gelegenheit zur Bewährung vor dem Feinde zu geben, bei denen eine Bewährung innerhalb der eigenen Truppe nicht möglich oder nicht zweckmäßig sei. Der Führer hat verlangt, es müßten Männer sein, die bis auf die Tat selbst sich einwandfrei geführt hätten. Es müsse sich um eine einmalige Entgleisung handeln. Der Mann dürfe keine erheblichen Charaktermängel aufweisen und müsse selbst den ehrlichen Willen haben, das vor dem Feinde wieder gut zu machen, was er gesündigt habe. Der Führer hat dann bestimmt, diese Bewährungstruppe sei durch das Heer aufzustellen für alle drei Wehrmachtsteile in Form von Bataillonen. Die Führer innerhalb dieser Truppe müßten besonders ausgesucht werden. Die Truppe – und das ist nun außerordentlich wichtig – sei keine Straftruppe. Der Dienst in dieser Truppe sei Ehrendienst wie jeder Dienst mit der Waffe. Die Truppe solle an der Front unter schwierigen Bedingungen eingesetzt werden und, solange das nicht möglich sei, bei gefahrvollen Arbeiten verwandt werden.

Der Erlaß des Führers ist nun durch Erlasse des Oberkommandos der Wehrmacht und des Reichsministers der Justiz ergänzt worden. Unser Grundsatz ist: Wir möchten gern, soweit es geht, daran festhalten, dass die Bewährung vor dem Feinde erfolgen soll. Nun will ich keine technischen Einzelheiten vortragen. Klar ist: Der Mann, der für eine solche Truppe in Betracht kommt, muss für die Verwendung in einem Infanteriebataillon geeignet sein. Erwünscht ist, dass die Strafe teilweise vollzogen ist und notwendig ist, dass der Strafrest mindestens 6 Monate beträgt, damit es sich überhaupt lohnt, den Mann dort hinzuschicken.

Nach dem in Betracht kommenden Erlaß ist bei der Prüfung dieser Voraussetzungen, vor allen Dingen, soweit die persönliche Würdigkeit in Frage kommt, ein strenger Maßstab anzulegen. Es sind bestimmte Taten, die den Mann unfähig machen, in diese Truppe eingereiht zu werden, nicht vorgesehen. Auch die Strafhöhe ist nicht entscheidend. Die Entschließung darüber, ob der Mann in diese Truppe kommt, erfolgt durch den Gerichtsherrn. Dabei wird, was nach unseren Erfahrungen dringend notwendig war, der Strafvollzug, der Kommandant des Wehrmachtsgefängnisses, ganz stark eingeschaltet, weil die genaue Kenntnis, die sich jemand im Strafvollzug über den Mann verschaffen kann, mit für die Entscheidung des Gerichtsherrn fruchtbar gemacht werden muß. Das sind die Vorschriften, die sich auf die Gefangenen beziehen, die zu Gefängnis verurteilt worden sind.

Nun interessiert Sie, meine Herren, die Frage: Was wird aus den Männern, bei denen der Strafvollzug nach den bestehenden Bestimmungen von der Wehrmacht auf die Reichsjustizverwaltung übergegangen ist? Was wird also aus den Zuchthausgefangenen? Die Frage ist keineswegs bedeutungslos. Es sind bisher seit Beginn des Krieges ungefähr 3500 Männer der Reichsjustizverwaltung zur Verbüßung von Zuchthausstrafen durch uns überwiesen worden. Es ist ja klar, unter diesen werden sich sehr viele befinden, die vollkommen ungeeignet sind, die eben Verbrecher in dem typischen Sinne sind, die wir nicht haben wollen und auch nicht haben dürfen. Aber die Härte unserer Strafrechtspflege und die Notwendigkeit, in bestimmten krisenähnlichen Epochen mit Strafen einzugreifen, die ganz stark auf Abschreckung berechnet sind, haben dazu geführt, dass auch in den Zuchthäusern Leute sitzen, die unter normalen Umständen dort nie hingekommen wären, die nichts mit einem Verbrecher gemeinsam haben und denen man wünschen und gönnen kann, dass sie bei sich bietender Gelegenheit von ihrer Strafe wieder erlöst werden.

Aufgrund solcher Darlegungen hat der Führer gestattet, dass auch Zuchthausgefangene in die Bewährungstruppe eingereiht werden dürfen. Er hat dafür aber eine besondere Kautele verlangt. Der Mann, der aus dem Zuchthaus in die Bewährungstruppe soll, ist ja der Aufsicht und der Einwirkung, der Kenntnis der militärischen Dienststellen vollkommen entglitten, und es bedarf daher einer erneuten Überprüfung, ob er sich auch nach militärischer Ansicht wirklich für eine solche Verwendung eignet. Daher soll der Mann, der dafür geeignet befunden wird, zunächst sozusagen zur Vorprüfung in das Wehrmachtsgefängnis Torgau eingeliefert werden, und dort soll er mindestens einen Monat unter militärischen Gesichtspunkten beobachtet werden. Wenn er dann der Prüfung standhält und wenn das Oberkommando des betreffenden Wehrmachtsteils zustimmt, dann kann er der Bewährungstruppe durch die Verfügung des für ihn zuständigen Gerichtsherrn überwiesen werden.

Nun ist ja ein Zuchthäusler nicht wehrwürdig. Es war daher notwendig, für die Zeit, in der der Mann verwandt werden soll, die Wehrwürdigkeit wieder herzustellen. Das geschieht nach dem Führererlaß und dem Erlaß des Chefs des Oberkommandos der Wehrmacht dadurch, dass die Zuchthausstrafe für die Dauer der Verwendung in der Bewährungstruppe in eine Gefängnisstrafe von gleicher Dauer bedingt umgewandelt wird. Mit der Zugehörigkeit zur Bewährungstruppe wird die Strafvollstreckung ausgesetzt. Der Mann ist ein Soldat wie jeder andere. Es sind innerhalb der Truppe auch Beförderungen zugelassen, auch Auszeichnungen. Nur sollen sie nach einem scharfen Maßstab gehandhabt werden. Dasselbe gilt für die Erteilung von Urlaub. Wenn der Mann sich in diesem Bataillon nicht bewährt, dann wird der Gerichtsherr ihn, sei es dem Wehrmachtsgefängnis, sei es dem Zuchthaus, zurücküberweisen. Das wird geschehen auf Vorschlag des Kommandanten der Truppe, also des Bataillonskommandeurs. Ich habe schon gesagt, dass das ganze Stammpersonal dieser Truppe vom Heer gestellt wird, vor allen Dingen also die Führer. Wenn der Mann sich aber bewährt, kann er auch in dieser Truppe Führer werden, und er kann – das ist das Ziel – nach einer angemessenen

Zeit aus dieser Truppe wieder herausversetzt und in eine gewöhnliche Truppe eingegliedert werden.

Nun werden Sie von mir die Antwort auf die Frage verlangen, wen Sie uns schicken sollen. Darauf kann ich eigentlich nur eine Antwort geben: Schicken Sie uns niemand, den Sie nicht selbst haben möchten, wenn Sie Kompaniechef wären. Anders kann ich es schlechterdings nicht charakterisieren. Eine Hilfe bei der Entschließung wird Ihnen ja die allgemeine Charakterisierung des betreffenden Mannes und die grobe Vorsortierung geben, ob der Mann ein Verbrecher ist oder ob er nur einmal gefehlt hat. Dabei wird es selbstverständlich zu vielen Grenzschwierigkeiten kommen; das ist ganz sicher. Das ist aber kein Grund, der Entschließung und der Frage überhaupt auszuweichen. Denn dass es immer noch besser ist, wenn wir einen Teil der Fragen befriedigend lösen, als wenn wir sie alle ungelöst lassen, scheint mir ziemlich sicher zu sein. Der viel mißhandelte Begriff des Tätertyps wird hier doch wirklich verwendbar sein, wie er für uns überhaupt bei der Anwendung der Vorschriften mit sehr weitem Strafrahmen eine Rettung ist, nicht der Tätertyp im engeren Sinne, aber der Verbrechertyp. Verbrecher wollen wir, wie gesagt, nicht haben. Es wird zweckmäßig sein, am Anfang an die Auswahl der Männer, die Sie uns schicken wollen, einen scharfen Maßstab anzulegen. Denn das Ganze ist ja ein Experiment, und zwar ein Experiment, das keineswegs ganz unbedenklich ist.

Es ist auch nicht so gewesen, dass sich gegen dieses Projekt, das ich Ihnen jetzt als durchgeführt vorgetragen habe, keine Bedenken erhoben hätten; nein. Das erklärt sich schon aus der Ungewöhnlichkeit der Maßnahme, auch aus der Verschiedenheit der Interessenlage, aus der Tatsache, dass es dem Heer nicht gerade lieb ist, ausgerechnet diese Männer von der Marine und von der Luftwaffe zu bekommen. Es erklärt sich aber auch aus militärischen Gründen. Es ist nämlich nicht sehr einfach, nun das richtige Führerpersonal zu stellen. Erstens müssen das Leute sein, die wirklich in der Lage sind, diese schwierige und doch mit einem Handikap belastete Truppe zu führen, und zweitens hat das Personalamt gesagt: Wie kommen wir eigentlich dazu, nun gerade für diese Leute jetzt Führer zu stellen, die sich im Kampf mehr exponieren müssen als irgendein anderer Truppenführer? Dieser Einwand hat dazu geführt, dass wir von dem Gedanken, der durch das Stichwort „verlorener Haufen" gekennzeichnet wird – oder wie man im Mittelalter sagte: Fähnlein der verlorenen Knechte -, ganz abgekommen sind. Es soll nicht etwa eine Truppe sein, die nun unter allen Umständen überall dabei ist, wo etwas los ist. Es soll aber eine Truppe sein, von der man weiß, dass sie eingesetzt werden kann, und das weiß man, wie ich eingangs dargestellt habe, nicht oder nicht mit Sicherheit von dem Großteil der Truppenverbände der deutschen Wehrmacht.

Wie sich das ganze entwickeln wird, wissen wir nicht. Ob es in dieser Form bestehen bleiben wird, ob es bei einem Bataillon bleiben wird, ob das ganze einmal den Charakter einer Legion annehmen wird, die man vielleicht in anderen Erdteilen verwendet, wird sich herausstellen. Es kam uns jetzt darauf an, dieses Kind endlich marschieren zu lassen, und zwar möglichst bevor der Krieg zuende war. Ich will noch einmal betonen: Es ist uns allen, die dabei mitgewirkt haben, ganz klar gewesen, dass das ganze ein Versuch ist, den wir unternehmen und bei dem wir in hohem Maße nunmehr auf Ihre Mitwirkung angewiesen sind. Wir haben uns aber an den guten alten Satz der alten Felddienstordnung gehalten, dass Untätigkeit und Säumnis den Verantwortlichen schwerer belasten als ein Fehlgriff in der Wahl der Mittel.

Staatssekretär *Dr. Schlegelberger*: Ich danke Ihnen, Herr Ministerialdirektor, herzlichst für Ihre interessanten und vorbildlich klaren Ausführungen. Diese Ausführungen haben erneut unter Beweis gestellt, dass die Justiz ihre Aufgabe verkennt, wenn sie sich isoliert, und haben gezeigt, dass wir nur dann leben können, dass wir dann aber auch wirken können, wenn wir im lebendigen Zusammenhang mit den Geschehnissen des Staates und aller Interessen des Staates handeln.

Ich darf nun Herrn Staatssekretär Dr. Freisler bitte, das Wort zu nehmen zu dem Thema: *Fragen der Justiz, ihres Nachwuchses und ihrer Stellung.*

Freisler: [...] Vielleicht ist mir am Schluß noch gestattet, einiges über Fragen – und zwar jetzt nur ganz leise andeutend – zu sagen, die, wie mir scheint, die Ausblicke sind, von denen ich eingangs sprach, die wir durchdenken können und dann gemeinsam bearbeiten müssen und die zu unserem Thema „Stellung der Rechtspflege im nationalsozialistischen großdeutschen Reich und Volk" gehören.

Erstens. Es ist ein sehr schweres Erbe, unter dem wir leiden, dass Stellung und Aufgabe des Richters im überkommenen Gesetz negativ ausgedrückt sind. Wir müssen sie positiv formen, und zwar auch äußerlich gesetzgeberisch, wie wir sie innerlich in unserer Haltung längst positiv geformt haben und durchzusetzen mit dem positiven Inhalt innerhalb der Richterschaft uns alle zusammen unermüdlich bemühen müssen:

a) In durch Festigkeit der Persönlichkeit gewonnener innerer Freiheit, die niemand antasten soll, den Sachverhalt feststellen;
b) in nationalsozialistischer Gesinnung ihn an Hand der nationalsozialistischen Volksordnung treffend werten und demgemäß entscheiden;
c) drittens, das erste und zweite krönend, dafür dem Führer und ihm allein als dem höchsten Richter, dem deutschen Richter schlechthin, verantwortlich sein!

Das jedem ins Herz zu hämmern, das auch zum Ausdruck zu bringen, halte ich mit für das Wichtigste. Darauf muss sich meines Erachtens die ganze Gerichtsverfassung aufbauen. Das wird sie in dem Augenblick können, in dem wir das dem entferntesten Richter zur ihm bewußt gewordenen Selbstverständlichkeit gemacht haben. Ich selbst sage und schreibe es seit langem überall: etwa vor der Verwaltungsakademie der Nordmark oder Danzigs, auf dem Kriegsdienstappell der NSDAP in Köln, oder in meinen Aufsätzen über den außerordentlichen Einspruch, über die Befreiung des strafrechtlichen Denkens, in meinen Vorträgen bei den Appellen der Richter des Warthegaues und vor den Rechtsbewahrern des Reichsarbeitsdienstes, in Vorlesungen an der Universität Posen, vor Jahren schon in der Festschrift „200 Jahre Preußisches Justizministerium" [Gürtner, Franz, 200 Jahre Dienst am Recht. Gedenkschrift, 1938, S. 191 ff] und sonst überall.

Ich glaube, aus dieser Stellungnahme folgt das, was den Richter auch rechtlich über die anderen Beamten heraushebt, nämlich – das ist ja vielleicht eine etwas romantische Wortfassung, aber sie sagt doch meines Erachtens das Richtige – die Unmittelbarkeit seines Lehens. Er hat es ohne Vermittelung unmittelbar vom Führer. Er ist im Richten des Führers Repräsentant. Das ist von ungeheurer Wichtigkeit. Wenn sich das durchsetzt, gibt es neben dem Beamten im allgemeinen nur drei besondere Gruppen von Hoheitsdienern, die sich besonders herausheben. Das ist der Soldat, das ist der Amtsleiter der Bewegung, und das ist der Richter. Ich empfehle, darüber das zu lesen, was vielleicht doch nicht jeder gelesen hat, was nämlich auf der Wiener Arbeitstagung der italienisch-deutschen Arbeitsgemeinschaft [vgl. Alessandro *Somma*, I giuristi e l´Asse culturale Roma-Berlino, Frankfurt a.M., S. 551 ff.] ausgeführt worden ist von einem der Herren, die ja hier als Chefs mit in dem Zimmer sitzen. Möchte das doch überall unterstützt und in der Rechtswahrerschaft, vor allem in der Richterschaft verbreitet werden!

Wenn wir aber immer wieder mit den Worten von einst unsere Stellung mit dem umreißen, was wir nun – wirklich oder angeblich – nicht seien, machen wir uns zum Fremdkörper im Staat des Führers, dessen kräftige, organische Stütze wir sein sollen und wollen.

Aus der Unmittelbarkeit des Lehens entwickeln wir dann folgendes: die Unmöglichkeit, den Richterspruch anders als durch Richterspruch nachzuprüfen und zu verbessern, wenn er verbesserungsbedüftig ist, die eindeutige Klarstellung, dass das Richten nicht irgendeinem bürokratischen Instanzenaufbau unterworfen ist, und zweitens auch den Aufbau unserer äußeren Stellung. Dieser Auf- und Ausbau muss erfolgen. [...]

Es folgt nun der Vortrag des Unterstaatssekretärs *Dr. Hueber* über *Justiz und Rasse*. (Der Vortrag liegt schriftlich vor.[nicht auffindbar])

2. Protokoll der Sitzung vom 24.4.1941

Vors. Staatssekretär *Dr. Schlegelberger*: Meine Herren! Wir setzen unsere Tagung fort und kommen zu den *Kurzen Mitteilungen der Abteilungsleiter des Reichsjustizministeriums.*

MinDirektor *Dr. Madler*: *Mitteilungen der Abteilung I*:

1. Es ist öfter darüber geklagt worden, dass das Ministerium den Bezirken zu wenig Selbständigkeit gewähre, dass alles in Berlin zentralisiert sei und dass man von der Möglichkeit der Dezentralisierung nicht genügend Gebrauch gemacht habe.

Demgegenüber ist darauf hinzuweisen, dass bei Besprechungen im Ministerium des Innern über Vereinfachung und Dezentralisation der Verwaltung ausdrücklich anerkannt worden ist, dass in keiner Verwaltung von der Möglichkeit der Dezentralisation in so weitem Umfange Gebrauch gemacht worden ist wie im Justizministerium. Das Justizministerium steht zusammen mit dem Kultusministerium, was die Dezentralisation angeht, an erster Stelle. Eine weitere Dezentralisation ist bei diesen Beratungen nicht verlangt worden, ja sogar nicht einmal für wünschenswert erklärt worden. ...[weggelassen]

MinDirigent *Dr. Vogels*: Meine Herren! Die *Fragen des bürgerlichen Rechts* sind im allgemeinen auf diesen Rechtstagungen etwas stiefmütterlich behandelt worden. Es erscheint aber doch zweckmäßig, einen kurzen Überblick über das zu geben, was wir aus Anlaß des Krieges auf dem Gebiete unseres Rechtslebens haben verwirklichen müssen. Als der Krieg ausbrach, machte man sich zunächst große Sorge darüber, wie die Wirtschaft die Umstellung vom Frieden auf die Kriegsverhältnisse überstehen würde. Sie erinnern sich an die Verhältnisse bei Kriegsausbruch 1914. Damals machte man sich Gedanken darüber, ob Maßnahmen wie etwa Geschäftsaufsicht notwendig wären. Die Geschäftsaufsicht fiel aber zunächst weg, weil andere Formen wie das Vergleichsverfahren sowohl bei uns wie in Österreich zur Verfügung standen. Sehr bald machte sich jedoch aus der Wirtschaft heraus das Bestreben bemerkbar, das Vergleichsverfahren wieder zu beseitigen. Das Vergleichsverfahren hat man infolgedessen nach einiger Zeit wieder aufgeben müssen, weil es den Kredit schädigt. Infolgedessen verlangte man, dass das Vergleichsverfahren durch richterliche Maßnahmen ersetzt würde, um ein Notleidendwerden eines Betriebes, der an sich gesund ist, zu verhindern. Das war der Zweck der Verordnung vom 30. November 1939 [RGBl. I, 2329], die dem Reichsminister das Recht gab, Stundung zu gewähren, Verträge aufzuheben, Mieten für Geschäftsräume herabzusetzen, Mietverträge über Geschäftsräume aufzulösen. Die Verordnung hatte von vornherein das Bestreben, die Störung des normalen Geschäftsverkehrs auf ein Mindestmaß zurückzuführen. Es steht in der Einleitung der Verordnung: Pflicht eines jeden vaterlandsbewußten Volksgenossen ist es, namentlich in der Kriegszeit, seine Zahlungsverpflichtungen soweit als irgend möglich zu erfüllen, weil das die Grundlage dafür ist, dass der Kreislauf der Wirtschaft überhaupt in Gang bleibt. Ferner haben wir in dem Bestreben, möglichst wenige Forderungen der Stundungsmöglichkeit, möglichst wenige Verträge der Auflösungsmöglichkeit zu unterwerfen, angeordnet, dass alles dies nur zulässig ist, wenn der Vertrag oder Verbindlichkeit vor dem 1. September 1939 abgeschlossen oder entstanden ist. Es ist im Laufe des Jahres 1940 verschiedentlich ein Vorstoß unternommen worden, man möge diesen Stichtag beseitigen, weil auch nach Kriegsausbruch sich Veränderungen in der gesamten Wirtschaftslage ergeben könnten, die es als richtig erscheinen ließen, einen Vertrag durch Richterspruch aufzuheben, eine Zahlungsschwierigkeit durch neue Stundungen zu erleichtern. Wir haben diesem Verlangen bisher nicht nachgegeben, und ich glaube, auch die bisherigen Erfahrungen haben uns recht gegeben.

Das zweite Problem war: Was machen wir mit den zahlreichen Aufträgen, die bei der Industrie unerledigt liegen und die infolge des Kriegsausbruches nicht mehr ausgeführt werden konnten? Sie wissen, dass die Industrie schon vor dem Kriege außerordentlich lange Lieferfristen hatte. Bei Maschinen war es gar nicht selten, dass Lieferfristen von zwei Jahren selbst bis zu fünf Jahren vereinbart wurden. Wenn dann ein plötzlicher Schnitt in diesen ganzen Auftragsbestand gemacht wird, fallen ungeheuer viele Verträge unter die Erschwerungen des Krieges. Die

Industrie wünschte, von Prozessen über diese Verträge befreit zu werden, und erbat ein besonderes Vertragshilfeverfahren zur Abwicklung von Lieferverträgen. Das ist geschehen durch die *Verordnung vom 20.4.1940* [RGBl. I, 354]. Zuständig ist das Oberlandesgericht, in zweiter Instanz das Reichsgericht, mit Laienbeisitzern. Nun sind aus der Praxis Anregungen an uns herangebracht worden, wir möchten gestatten, dass der Vorsitzende in eiligen Sachen oder in rein verfahrensrechtlichen Fragen allein, ohne Beisitzer entscheidet. Wir haben das bisher auch nicht für opportun gehalten, weil die Wirtschaft besonderen Wert darauf legt, dass ihr Vertrauensmann bei diesen Schlichtungsverfahren, die meistens sehr hohe Objekte zum Gegenstand haben, ständig anwesend ist. Im übrigen sind die Verfahren nicht sehr zahlreich. Der Hauptwert dieser Verordnung besteht darin, dass sich die Beteiligten ohne weiteres außergerichtlich einigen, indem man den Widerspenstigen mit der Drohung: „Ich wende mich an den Richter" zwingt, gefügig zu werden.

Eine andere Anregung geht dahin, dass diese Wirkung auch auf Verträge über Bauten ausgedehnt wird. Sie wissen, dass zahlreiche Bauten liegengeblieben sind. Wir müssen uns eigentlich wundern, dass über diese Bauten, die ja sehr große Vermögenswerte enthalten, in der Öffentlichkeit so wenig gesprochen wird, dass die Gerichte und auch wir mit diesen Dingen kaum behelligt worden sind. Es ist mir außer ein bis zwei Eingaben nicht erinnerlich, dass ein Bauunternehmer oder ein Bauherr gebeten hat, ein Schiedsgerichtsverfahren, ein Vertragshilfeverfahren zur Regelung der Schwierigkeiten, die durch die Unterbrechung des Baues entstanden sind, einzuleiten. Nur in einem Falle, bei dem Bau einer Talsperre in der Ostmark, bei einem 5-Millionen-Objekt, hat der Bauunternehmer den Bau zwar weitergeführt, hat aber erklärt: „Durch den Krieg wird das alles doch sehr viel teurer; ich kann nicht, wie vorgesehen, in zwei Schichten arbeiten, ich muß in einer Schicht arbeiten: ich habe schlechte Arbeiter, ungelernte Arbeiter, nicht so viele Arbeiter, wie ich möchte; die Maschinen werden schlecht ausgenutzt; die Generalunkosten bleiben gleich; das Ganze zieht sich länger hin; ich muß statt 5 Millionen 6 oder 7 Millionen haben, und diesen Betrag möchte ich durch das Vertragshilfeverfahren bewilligt bekommen." Ich will nicht sagen, dass eine solche Sache für das Vertragshilfeverfahren geeignet ist. Das Fall ist bis zum Reichsgericht gediehen, und das Reichsgericht hat die Zulässigkeit verneint. Es liegt aber schon der Antrag beim Wirtschaftsminister vor, dass wir das außergerichtliche Verfahren zulassen sollen. Ich glaube, man kann darauf nicht eingehen. Hier wäre eine subtile, umständliche Beweiserhebung notwendig, die sich selbst wieder auf viele Monate erstreckte. Dazu ist das Vertragshilfeverfahren nicht da. Es soll dazu helfen, dass die Parteien sich vergleichen; es soll durch dieses Verfahren den Parteien vorgehalten werden: ich halte es für recht und billig, dass es so und so gemacht wird; bitte, seid einverstanden. In den weitaus meisten Fällen ist auf diese Weise selbst ein sehr hohes Objekt in ganz kurzer Zeit zur Zufriedenheit beider Beteiligten aus der Welt geschafft worden.

Die dritte Gruppe von Fällen, die dem Wirtschaftsminister und auch der Wirtschaft große Sorgen machten, waren die Energiewirtschaftsfragen, die Elektrizitäts- und Gasversorgung. Da ist nämlich in großem Umfange eine Umstellung notwendig gewesen. Alle Leute, die Dieselmotoren hatten, um sich den Strom selbst zu machen, mußten sich, weil sie keinen Brennstoff mehr bekamen, den Strom von woanders zulegen, und sie haben nun den Strom von einem Werk zugewiesen bekommen, ohne dass über den Preis für den Strom, der bei Großunternehmern immerhin im einzelnen festgelegt ist, gesprochen wurde. Der Streit darüber, was nun zu zahlen ist, konnte, weil es da auch gleich in die Millionen geht, zwischen den Beteiligten einfach nicht geschlichtet werden. Jeder stellte Forderungen, die sich nicht überbrücken ließen, und da ist auf Wunsch des Wirtschaftsministers das Oberlandesgericht, verstärkt mit Beisitzern aus den Energiewirtschaftskreisen, bestimmt worden, um diese Vertragslücke auszufüllen.

Sie sehen, dass diese drei Gruppen von Fällen dem Richter ein Rechtsgestaltungsrecht in einem Umfange geben, wie wir ihn früher niemals gekannt haben. Der Krieg hat sich hier als der Schöpfer eines Fortschritts erwiesen, in einem Maße, wie es früher einfach undenkbar war. Ich glaube, dass wir als Justizverwaltung und Sie als die Chefs unserer Richter stolz darauf sein können, dass den Richtern eine so große Verantwortung im Kriege übertragen wird.

Ich komme nun zu einigen Fragen des *Mietrechts*. Sie wissen, dass bei Kriegsausbruch alle Leute sich darüber klar waren, dass die Bautätigkeit eingestellt wird. Der Wohnungsbedarf steigt fortgesetzt. Es muss also dafür gesorgt werden, dass die Leute nicht ohne weiteres auf die Straße gesetzt werden, sondern Mieterschutz genießen. Es sind noch einige Fälle übriggeblieben, in denen der Mieter heraus mußte, weil er die Wohnungsgemeinschaft störte, sich als unerträgliche Belastung für die ganze Hausgemeinschaft erwies. Die Gerichte haben einen solchen unverträglichen Mieter zur Räumung verurteilt. Wenn das an einem Ort erfolgte, in dem große Wohnungsknappheit herrschte, hat die Polizei sofort nach der Räumung die alte Wohnung beschlagnahmt und hat den ausgewiesenen Mieter wieder in seine alte Wohnung eingewiesen. Das ist für die Gerichte nicht sehr schön und für die Polizei im Grunde auch eine unmögliche Aufgabe. Man kann das eine Staatsorgan nicht gegen das andere in Bewegung setzen. Wie uns berichtet wurde, ist das in vielen Bezirken, z. B. im Ruhrgebiet, fast die absolute Regel, so dass es dazu kommt, dass die Gerichtsvollzieher vorher bei der Polizei anfragen: „Werdet ihr den Mann wieder einweisen?“ und dass der Gerichtsvollzieher dann die Räumung überhaupt nicht mehr vornimmt, was schließlich auch verständlich ist. Die Richter sprechen infolgedessen ein Räumungsurteil überhaupt nicht mehr aus, sondern wirken auf die Leute solange ein, bis sie sich irgendwie vergleichen und die Sache auf andere Weise aus der Welt schaffen. Es ist trotzdem ein unbefriedigender Zustand, dass unser Gesetz in diesen Dingen bisher, wie man ruhig zugeben muss, völlig versagt hat. Es soll jetzt geprüft werden, wie man darüber hinwegkommt. Es liegen Anregungen vor, die dahin gehen, man solle in das Wohnungsmangelgesetz einen Paragraphen hineinschreiben: Es ist verboten, dass der ausgewiesene Mieter wieder eingewiesen wird. Wenn wir das erreichen könnten, wenn der Innenminister, der Stellvertreter des Führers und die politischen Stellen das mitmachten, wäre die Sache ja sehr einfach. Aber es ist ganz ausgeschlossen, dass die Partei, die unter keinen Umständen will, dass eine politische Beunruhigung wegen eines solchen obdachlosen Ausgewiesenen entsteht, uns eine solche Konzession macht. Wir müssen uns also schon selbst zu helfen versuchen, und das geht wohl nur so, dass der Richter sich vorher mit der Polizei in Verbindung setzt, bevor er das Räumungsurteil erläßt, und sich darüber vergewissert, dass ausreichender Ersatzraum für den ausgewiesenen Mieter vorhanden ist, und dass die Polizei sich dann auch verpflichtet, das Räumungsurteil des Richters anzuerkennen. Wir wollen uns mit dem Innenministerium in Verbindung setzen, dass es seinerseits eine entsprechende Weisung an die Verwaltungsbehörden erläßt. Mit gutem Willen auf beiden Seiten wird man mit den wenigen ganz verzweifelten Fällen, in denen der Mann eben unbedingt heraus muss, schon fertig werden. Im Übrigen muss es immer das Bestreben des Räumungsrichters sein, dafür zu sorgen, dass die Fälle, in denen im Kriege eine Räumung erfolgt, bei unserer großen Wohnungsknappheit zu den Seltenheiten gehören.

Dann einige Fragen des *Pachtrechts*! Sie wissen, dass vor einigen Monaten die Reichspachtschutzordnung herausgekommen ist, die auch wieder den Gerichten in der Form des Pachtschutzamts eine große neue Machtbefugnis übertragen hat, und dass dieser Apparat jetzt im Anlaufen ist, dass seine Aufgaben trotz des Krieges weitergehen werden. Es macht sich aber folgendes hinderlich bemerkbar. Wenn sich ergibt, dass der Pachtpreis bei einem Vertrage, der durch das Gericht verlängert wird, unangemessen niedrig ist – solche Fälle kommen häufig vor -, dann muss der Preis vom Gericht erhöht werden; denn sonst ist die Verlängerung unbillig. Um diesen Preis zu erhöhen, muss das Gericht wieder bei der Preisbehörde anfragen. Das ist ein unbequemer Bittgang des Richters zu einer anderen Behörde. Deswegen streben wir an, dass die Befugnis der Preisbehörde auf das Pachtschutzamt übertragen wird. Dann fällt dieser Gegensatz, diese Reibungsfläche fort. Ebenso wird angestrebt, dass das Pachtschutzamt die Befugnis erhält, die Genehmigung zur Neuverpachtung, die bisher aufgrund der Verkehrsbekanntmachung durch den Landrat oder Oberbürgermeister erteilt wird, durch das Pachtschutzamt gegeben wird. Dann sind alle Befugnisse, die sich auf die Verwertung von Land beziehen, in seiner Hand. Es scheint, dass die anderen Behörden, die auch mit diesen Dingen zu tun haben, und die im Grunde froh sein sollten, wenn wir ihnen diese Restarbeit abnehmen, sich darauf einlassen wollen.

Mit dem *Preisstopp* hängt eine ganze Reihe weiterer Schwierigkeiten zusammen, z.B. das Problem: Preisstopp und Zwangsversteigerung. Es ist jetzt so: Wenn ein Grundstück versteigert wird, muss erstens jeder Bieter sich vom Landrat oder Oberbürgermeister die Genehmigung zur Bietung geben lassen, und zweitens muss festgestellt werden, wie hoch das Gebot sein darf, damit es den Preisstopp nicht verletzt. Um nun der Verwaltungsbehörde den Nachweis zu erbringen, dass das Gebot, das der Betreffende machen will, angemessen ist, muss er die Rentabilität des Grundstückes nachweisen. Diese Unterlagen hat im allgemeinen der Gläubiger nicht. Er muss sie sich also auf irgendeinem Umwege beschaffen. Die Leute müssen zu dem Portier des Hauses gehen und müssen ihn fragen: „Was kommt monatlich an Mieten ein?“, müssen ihn also bestechen. Das ist ein absolut unwürdiger Zustand. Vor allen Dingen, da ja viele Leute dasselbe wollen, entsteht ein Wettrennen bei den Behörden, die die Genehmigung erteilen. Alles das ist das Gegenteil von Recht und Ordnung. Darum sind wir dabei, dafür zu sorgen, dass die Verordnung in kurzer Zeit erlassen werden kann, die bestimmt, dass der Versteigerungsrichter sich selbst seinerseits vor der Versteigerung als Gericht an die Preisbehörde mit der Bitte wendet, zu bestimmen, wie hoch auf das Grundstück geboten werden darf. Dann stellt die Preisbehörde von Amts wegen die Ermittlungen an, setzt den Stoppreis fest, und das wird bei Beginn der Versteigerung auch schon in den Ankündigungen bekannt gemacht, indem gesagt wird: Stoppreis so und so viel; höhere Gebote unzulässig. Dann geht es gewöhnlich so: Da der Stoppreis meistens sehr niedrig ist – er wird nach dem Ertragswert berechnet -, erklären alle Leute, die auf das Grundstück reflektieren, gleichzeitig: Wir bieten zum Stoppreis. Es sind also 10 Gebote auf denselben Preis vorhanden. Was macht man dagegen? Bisher haben die Richter, um irgendwie fertig zu werden, gelost, so dass das ganze eine Lotterie wird. Das ist auch nicht sehr schön, und das soll jetzt vermieden werden, indem eine Rangordnung aufgestellt wird, in der gleichzeitig zum gleichen Preise abgegebene Gebote nun nach gerechten Gesichtspunkten berücksichtigt werden. An erster Stelle steht der Nießbraucher, an zweiter Stelle die, die eine Auflassungsvormerkung, ein Auflassungsrecht haben, an dritter Stelle der Pächter, an vierter Stelle die Hypothekengläubiger und an fünfter Stelle die sonstigen Personen, die das Grundstück in Besitz haben, etwa ein Käufer, der es schon hat in Besitz nehmen können, oder ein Mieter oder sonstige Besitzrechte. Nun kann es ja vorkommen, das mehrere Personen in dieselbe Gruppe fallen. Dann soll bei den Hypotheken der Rang entscheiden, und wenn eine solche Rangordnung nicht zur Verfügung steht wie bei den anderen Gruppen, dann soll in den ganz wenig noch übrigbleibenden Fällen das Los entscheiden. Eine andere Möglichkeit ist nicht gegeben, Es ist zu hoffen, dass durch dieses neue Gesetz die Schwierigkeiten aus der Welt geschafft werden.

Das nächste Problem *betrifft Preisstopp und Grundstücksveräußerung.* Das ist ein Krieg zwischen Justizverwaltung, Justizministerium und Preiskommissar, der schon seit etwa zwei Jahren oder noch länger in Artikeln im „Deutschen Recht" und sonstwo ausgefochten wird. Die Herren Referenten auf beiden Seiten strengen sich an, Ihre Argumente möglichst überzeugend zu machen, Bisher ist der Versuch, dass der eine den anderen überzeugt, völlig gescheitert. Auch amtliche Schreiben, die wir an den Preiskommissar gerichtet haben und die er an uns gerichtet hat, haben irgendeine Einigung über die Frage nicht herbeiführen können. Es handelt sich kurz um folgendes. Die Veräußerung eines Grundstücks, sagen wir, mit einem Preis von 20.000 RM muss nach der Grundstücksverkehrsbekanntmachung genehmigt werden. Der Landrat ist gleichzeitig Preisbehörde. Er sagt meinetwegen: „Ich erteile die Genehmigung nur, wenn der Kaufpreis auf 15.000 M herabgesetzt wird; denn das ist der Stoppreis". Nun, dann nimmt der Käufer, der ja 5.000 RM auf diese Weise geschenkt bekommt, an: Der Vertrag gilt zu dem herabgesetzten Preise und klagt auf Auflassung des Grundstücks. Der Preiskommissar vertrat in Artikeln usw. die Meinung, dass das richtig sei; denn bei der Autorität der Preisbehörde sei die Festsetzung der Preisbehörde für das Gericht bindend; der Verkäufer müsse sich auch unter diesen Umständen an dem Vertrag festhalten lassen. Das ist aber offenbar unbillig; denn das ist geradezu eine Falle, die dem Verkäufer gestellt wird. Er hat das Grundstück zu 20.000 RM verkaufen wollen. Hätte er gewußt, dass er nur 15.000 RM bekommt, hätte er den Vertrag nicht abgeschlossen. Er hat sich das Geld Monate vorher zurechtgelegt, wie er Hypotheken bezahlen muss, Unkosten und was er weiter machen will. Die ganze Kalkulation ist umgeworfen, wenn der Preis anders ist, als er im Vertrag steht. Gott sei dank hat das Reichsgericht im Januar d. J. [RGZ 166, 89] in einem solchen Testfalle zugunsten dieser letzteren These entschieden und hat gesagt: Die Meinung, die der Preiskommissar auch in dem Runderlaß an die Preisbehörden zum Ausdruck gebracht hat, ist unrichtig; in diesen Fällen ist der Vertrag durch die Verweigerung der Genehmigung zum vereinbarten Preise nichtig geworden und es ist keine Rede davon, dass der Vertrag zum Stoppreis aufrechterhalten wird.

Nun hat der Preiskommissar in einem Runderlaß vom März d. J. den Rückzug angetreten insoweit als die Preisbehörden in einer Verfügung lediglich erklärt haben: Der Stoppreis ist als Vertragspreis soundso viel. Der Preiskommissar ersucht aber nunmehr die Preisbehörden, stets zu prüfen, ob sie ein Interesse daran haben, den Verkäufer am Vertrage festzuhalten, und dann sollen sie die Form wählen: Es wird angeordnet, dass der herabgesetzte Preis für beide Parteien bindend ist. Es führt im Runderlaß aus, dass die Anordnung der Preisbehörde für das Gericht bindend ist. Es steht in dem Erlaß und in der Verordnung, durch die der Preiskommissar eingesetzt ist, daß die Anordnungen, die er erläßt, im Rahmen seiner Befugnisse für die Gerichte bindend sind. Also wäre doch der Sieg vor dem Reichsgericht wieder in Wirklichkeit eine Niederlage. So ist es aber nicht. Das, was der Preiskommissar in seinem Runderlaß an seine Behörde schreibt, ist kein Gesetz, und das, was der Preiskommissar von den Landräten verlangt, überschreitet deren Befugnisse. Die Befugnisse des Preiskommissars gehen dahin, dafür zu sorgen, dass die Preise den Preisstopp nicht übersteigen. Nirgendwo steht in irgendeiner Rechtsquelle, dass die Preisbehörden zivilrechtliche Verträge umgestalten können, dass sie anordnen können: Ich halte jemand an einem Vertrag fest, obwohl er das nicht will. Nirgendwo steht das, was der Preiskommissar auch noch für sich beansprucht, nämlich, dass Rücktrittsvorbehalte für den Fall, dass der Kaufpreis nicht genehmigt wird, nichtig sein sollen. Wir haben in der Anmerkung in der „Deutschen Justiz" zu der Entscheidung des Reichsgerichts vom Januar 1941 [RGZ 166, S. 89 (30.1.1941); DJ 1941, S. 410 f; Pritsch] zum Ausdruck gebracht, dass wir bezüglich der Frage, ob die Anordnung, dass der Vertrag weiter gelten soll, verbindlich ist, der Meinung sind, dass das über die Befugnisse der Preisbehörden hinausgeht. Wir wollen hoffen, dass die Rechtsprechung uns in diesem Punkte folgt. Es ist nicht schön, dass wir als Justizverwaltung den Gerichten nahelegen sollen, eine behördliche Anordnung nicht zu befolgen. Wir haben alle Mittel, auf normalem Wege den Preiskommissar zum Einlenken zu bewegen, erschöpft, und es bleibt uns, da eine gesetzliche Regelung wegen der völligen Unvereinbarkeit der beiderseitigen Auffassungen nicht möglich ist, nur übrig, das dem Richter zu überlassen.

Sie werden vielleicht das Gefühl haben: Warum machen sich denn beide Parteien über diese Frage so viel Kopfzerbrechen? Die Sache ist wirtschaftlich von allergrößtem Ausmaß. Es handelt sich bei diesen Herabsetzungen um Schwankungen von vielen tausend Mark, und wir bringen unseren ganzen Grundstücksverkehr völlig in Unordnung, wenn wir unsere Grundstücksverkäufer nicht vor dieser Gefahr schützen. Wir haben vor, in einer allgemeinen Verfügung den Notaren zu empfehlen, dass sie, solange die Frage nicht geklärt ist, überhaupt nur Vertragsentwürfe beurkunden sollen und diese Entwürfe zunächst der Preisbehörde vorlegen. Wenn die Preisbehörde dann sagt: „Der vorgesehene Preis ist unangemessen hoch; der Preis ist nur so und so hoch", und wenn die Parteien dann gezwungen werden sollen, den Vertrag zu diesem Preise abzuschließen, dann ist das nicht möglich, weil nur ein Entwurf vorliegt. Aber auch das sind Versuche, die Kosten des Vertragsabschlusses zu erhöhen, die unbegründet sind.

Damit kann ich das Gebiet des Schuld- und Sachenrechts verlassen und zu den Fragen des *Familienrechts* übergehen. Vor einigen Tagen bekamen wir einen Brief der Reichskanzlei, in dem stand, der Führer habe gehört, dass irgendwo ein Chinese die Erlaubnis bekommen habe, ein deutsches Mädchen zu heiraten; der Führer sei der Meinung, dass das vollkommen undenkbar sei; Chinesen, Neger usw. hätten keine deutschen Mädchen zu heiraten. Wir sind der Sache nachgegangen, und es stellte sich heraus, dass tatsächlich folgendes vorgekommen war. Ein chinesischer Metzger – merkwürdigerweise in einem belgischen Ort – hatte ein Mädchen geschwängert und wollte das Mädchen heiraten. Die Behörden hatten dringend befürwortet, die Genehmigung zu erteilen, damit das Kind nicht die deutsche Staatsangehörigkeit bekommt. Es wird ein Mischling, wird ein Chinese und ist uns als fremder Staatsangehöriger weniger lästig und unbequem, als wenn es deutscher Staatsangehöriger, deutsch-chinesischer Mischling ist. Diese Praxis entsprach dem, was auch das Innenministerium in ähnlichen Fällen zu empfehlen pflegt. Der Führer hat aber diese Meinung mißbilligt und hat verlangt, es solle verhindert werden, dass solche Fälle sich wiederholen. Wir können nun nicht so weit gehen, zu sagen, dass das vollkommen unmöglich wäre, sondern es gibt eben ganz besondere Fälle, in denen man schon eine Ausnahme machen kann. In einem Falle ist folgendes passiert. Ein indischer Journalist, der sehr deutschfreundlich ist und sich sehr zugunsten Deutschlands einsetzt, hat auch ein deutsches Mädchen so weit gebracht, und da das Mädchen nicht besonders wertvoll war, so dass der Verlust verschmerzt werden konnte, ist ausnahmsweise mit Zustimmung des Rassepolitischen Amtes die Genehmigung erteilt worden. Es muss aber daran festgehalten werden, dass in aller Regel solche Dinge nicht mehr zugelassen werden. Wenn man die These mit dem Verlust der Staatsangehörigkeit billigt, kann man das auch sehr wohl rechtfertigen; denn wenn nun dieser Chinese das Mädchen heiratet, bekommt er doch weiter Kinder; aus dem einen Mischling werden drei, vier Mischlinge, und wenn der Mann an dem Ort Metzger ist, kann er auch dableiben; die Mischlinge laufen herum; ob es Chinesen sind, weiß die Bevölkerung nicht; sie kommen in deutsche Schulen; sie wollen schließlich mal heiraten. Kurz und gut, diese fremde Beimischung ist in höchstem Maße unerwünscht, gleichgültig, wie hier die Staatsangehörigkeitsfrage gestellt wird. Wir haben also gebeten, uns diese Fälle jedesmal vorzulegen, und wir werden wohl in 99 von 100 Fällen dazu kommen, die Erteilung der Genehmigung abzulehnen.

Dann gibt es eine Reihe von Fragen, die mit der Durchführung des *Ehegesetzes*, so jung wie es ist, zusammenhängen und deren Regelung sich nicht vermeiden läßt. Wir haben schon eine sehr lange Durchführungsverordnung [1. VVO, 27.7.1938, RGBl. I 1938, S. 928] dazu machen müssen. Drei weitere sind gefolgt, und jetzt ist eine vierte im Werden. Sie behandelt Ehen, die bisher im Altreich und in der Ostmark völlig verschieden geregelt sind. Im Protektorat ist es zum Teil auch wieder anders, und in anderen Grenzgebieten wiederum anders. Wir haben jetzt ein sehr buntscheckiges Bild bei gewissen Fragen, die mit dem Vollzug des Ehegesetzes zusammenhängen, so dass selbst der beste Spezialist nicht mehr durchfindet. Da muss man eben durchhauen. Wir wollen die Verschiedenheiten an den Punkten, auf die es ankommt, beseitigen, indem wir ein einheitliches Recht herstellen. Das ist erstens Vereinheitlichung der Zuständigkeiten in Ehesachen. Namentlich handelt es sich um die Frage: Bei welchem Gericht darf in Deutschland eine Ehescheidungsklage angebracht werden? Ich möchte die Verhältnisse, die sehr kompliziert sind, im einzelnen nicht darlegen. Ich erwähne nur, dass wir die Schwierigkeiten, die sich für die Gerichte bisher ergeben haben, durch Vereinheitlichung ausräumen.

Die zweite Gruppe betrifft die *Vereinheitlichung des internationalen Familienrechts.* Das ist die Frage: Welches Recht wird angewendet, wenn einmal ein deutsches Gericht in einer internationalen Familienrechtssache zuständig ist? Das ist in der Ostmark bisher völlig verschieden vom deutschen Recht geregelt. Wir haben uns im wesentlichen an die Regelung im Einführungsgesetz zum BGB gehalten, weil sie moderner ist und weil sie das wiedergibt, was jetzt im internationalen Rechtsverkehr als das Übliche angesehen wird. Sodann handelt es sich um die Frage der Anerkennung ausländischer Urteile in Ehesachen. Sie ist in § 328 ZPO in einer entsprechenden Vorschrift in Österreich geregelt. Sie ist sehr kompliziert. Es sind so schwierige Fragen, dass man immer wieder bei den Spezialisten in vielen Büchern nachschlagen muss. Heute ist es so, dass der Standesbeamte, wenn einer von den im Auslande geschiedenen Ehegatten in Deutschland wieder heiraten will, prüfen muss, ob das ausländische Ehescheidungsurteil in Deutschland anerkannt wird. Das kann der Standesbeamte in einfachen Sachen, aber nicht in komplizierten Fällen. Er muss dann immer anfragen. Da wollen wir angesichts der heutigen Lage, wo in Europa die politischen Verhältnisse so verwickelt liegen, die Grenzen sich fortgesetzt ändern und die Staatsangehörigkeit wechselt, – diese Fragen sind für den Standesbeamten heute zu schwer -, die ganzen Fragen an das Ministerium heranziehen. Es soll bestimmt werden, dass in der Regel namentlich bei Scheidungsurteilen von Deutschen, die im Ausland ausgesprochen sind, die Urteile anerkannt werden, nachdem der Justizminister die Anerkennung ausgesprochen hat.

Dann einige Restpunkte. Sie wissen, dass im Ehegesetz bestimmt ist, dass, wenn in der Ostmark jemand von Tisch und Bett geschieden ist, also nicht dem Bande nach, er zum Amtsgericht gehen kann und dass nach Prüfung der Frage, ob die beiden Ehegatten sich nun wirklich getrennt haben und nicht wieder zusammengezogen sind, die Scheidung von Tisch und Bett in eine wirkliche Scheidung dem Bande nach umgewandelt werden kann, und zwar in einem formlosen Verfahren der freiwilligen Gerichtsbarkeit. Das soll jetzt auf die Fälle der Umsiedler ausgedehnt werden. Diese Umsiedler kommen z.T. aus Rechtsgebieten, die nur die Trennung von Tisch und Bett kennen, z. B. aus Italien und anderen katholischen Ländern. Da soll es genügen, dass z. B. ein Südtiroler zum Amtsgericht in Deutschland geht und nun die wirkliche Scheidung erreicht.

Dann haben wir uns weiter im Zusammenhang mit den Umsiedlern mit der Frage beschäftigen müssen: Was geschieht, wenn ein verheirateter Umsiedler allein bei uns ankommt, während die Frau, etwa weil sie nicht dem deutschen Volkstum angehört, also z. B. Russin oder Polin oder Rumänin oder Bulgarin ist, dort bleibt und nicht mit nach Deutschland kommt. Solche Fälle hat es gegeben und der unglückliche Mann sitzt nun hier, ist verheiratet, seine Frau sieht er nie mehr wieder, er möchte gern wieder heiraten; es liegt kein Ehescheidungsgrund vor, jedenfalls nicht ein Ehescheidungsgrund, der ohne weiteres nachweisbar wäre. Man kann zwar sagen: Es ist eine schwere Verletzung der ehelichen Pflichten, nicht mitzukommen; wenn die Frau aber sagt: „Ich bin keine Deutsche; man kann mir infolgedessen nicht zumuten, mitzukommen", so ergeben sich Schwierigkeiten. Alle solche Dinge will man verhindern, indem in einem besonderen Paragraphen gesagt wird, dass ein solcher Umsiedler in einem derartigen Falle, im Regelfalle die Scheidung begehren kann. Ähnlich ist es mit den deutsch-polnischen Mischehen. Da liegen Anregungen aus einigen Ostgebieten vor, man solle den Abschluß einer Ehe zwischen einem deutschen Staatsangehörigen und einem polnischen Volkszugehörigen, der nicht deutscher Staatsbürger geworden ist, verhindern, weil das eine unerwünschte Rassemischung ist. Leider ist ja im Osten das germanische und slawische Blut schon jetzt sehr stark vermengt. Man will verhindern, dass diese Vermengung sich weiter fortsetzt, und das soll in radikaler Form erreicht werden, indem Eheverbote dieser Art gegen polnische Volkszugehörige [vgl. VO v. 25.4.1943, RGBl. I 1943, S. 271] aufgestellt werden, allerdings mit Befreiungsmöglichkeiten in Härtefällen, die es immer geben kann. Ferner soll erleichtert werden, dass Ehen, die zwischen einem deutschen Staatsangehörigen und einem polnischen Volkszugehörigen, als er polnischer Staatsangehöriger war, geschlossen sind, geschieden werden können ohne Nachweis irgendeines weiteren Scheidungsgrundes. Es soll genügen, dass diese Blutverschiedenheit erwiesen ist. Ähnlich wie bei den Umsiedlern scheint das recht und billig zu sein. Wenn der polnische Volkszugehörige gar nicht mitkommt und wenn die beiden sich aller Voraussicht nach niemals wiedersehen, ist es wirklich unzumutbar, dass man diese völlig zerbrochene Ehe noch künstlich zusammenhält.

Dann eine letzte Frage, die mit den familienrechtlichen Dingen zusammenhängt! Das sind die Schwierigkeiten bei der *Erstattung erbbiologischer Gutachten.* Wenn jemand die Ehelichkeit eines Kindes anficht, muss er nachweisen, dass das Kind nicht von ihm, sondern von einem fremden Erzeuger stammt. Dieser fremde Erzeuger pflegt zu leugnen. Von der Feststellung, ob das Kind ehelich oder unehelich ist, hängen ungeheure Wirkungen ab. Das uneheliche Kind hat kein Erbrecht und kein Unterhaltsrecht; im Gegenteil der Unterhaltsanspruch richtet sich gegen den anderen Erzeuger usw. Nun ist es, wenn der andere leugnet und andere Beweismittel nicht zur Verfügung stehen, außerordentlich schwer, den Nachweis zu erbringen: Von wem von den beiden stammt das Kind? Da bleibt in der Regel nichts anderes übrig als das sogenannte erbbiologische Gutachten, dass darin besteht, dass man Ähnlichkeiten von allen möglichen Dingen bei den drei Personen vergleicht und dann eine Wahrscheinlichkeitsbehauptung aufstellt: Nach den und den Ähnlichkeitsmerkmalen stammt das Kind mit allergrößter Wahrscheinlichkeit von dem und wahrscheinlich nicht von dem. Wenn nun noch einige weitere Beweise hinzukommen, genügt das, um die Anfechtungsklage abzuweisen. Soweit ist alles ganz schön. Es ist nur außerordentlich schwer, Wissenschaftler zu finden, die diese erbbiologischen Gutachten abgeben können. Es gibt in Deutschland nur einige Universitätsinstitute, die das machen. Diese Institute sind ungeheuer überlastet. Sie haben im Kriege auch keine Möglichkeit, ihr Personal zu verstärken.

Die Ersuchen häufen sich infolgedessen zu Hunderten an und schließlich kommt es so weit, dass die Herren Gutachter erklären: Wir nehmen keine weiteren Anträge mehr an. Das Gericht steht dann vor der Frage: Wie kommt es mit dem Prozeß weiter? Ein Gericht hat erklärt: In diesem Falle hat sich der Gutachter, der in Frage kommt, wegen Überlastung auf 1½ Jahre geweigert, ein Gutachten zu erstatten, ein anderer steht nicht zur Verfügung; infolgedessen fällt dieses Beweismittel als untauglich aus, und ich weise die Klage wegen Beweisfälligkeit ab. Die Sache kommt an das Reichsgericht und das Reichsgericht hat Ende v.J. entschieden [RGZ 165, 248 (28.11.1940)]: Das geht nicht; in diesen Vaterschaftsprozessen herrscht der Grundsatz des Amtsbetriebs; das Gericht muss jeden Beweis, den es erheben kann, auch erheben; der Umstand, dass das lange dauert, ist kein Grund, den Beweis überhaupt nicht zu erheben. Es besteht ein großes öffentliches Interesse daran, dass das Blutband zwischen den Personen geklärt wird; es ist ja für unsere Rassegesetzgebung nicht nur aus privatrechtlichen, sondern auch aus öffentlich-rechtlichen Gesichtspunkten von entscheidender Bedeutung, diese Frage zu klären und das Reichsgericht besteht darauf, dass das Gutachten abgewartet wird, bis der Krieg zuende ist, bis die Institute verstärkt werden, bis der betreffende Wissenschaftler seine Reste aufgearbeitet hat usw. Schön ist das auch nicht. Es ist angeregt worden, das Reichsjustizministerium möge für Abhilfe sorgen. Diese Bitte ist leicht ausgesprochen, aber außerordentlich schwer erfüllt; denn wir können schließlich die Institute auch nicht in die Welt setzen; wir können sie auch nicht mit Personal besetzen. Wir können nur das billigen, was das Reichsgericht gesagt hat, dass tatsächlich die Rassenfrage im heutigen Deutschland so fundamental ist, dass man den Nachteil der Verlängerung der Prozeßdauer und andere Übel in Kauf nehmen muss.

Nun liegt auch da natürlich die Kunst des Richters darin, mit solchen unvermeidlichen Schwierigkeiten durch Geschicklichkeit fertig zu werden. In den Fällen, in denen solche Klagen offenbar schikanös erhoben werden, wenn es z.B. so liegt, dass ein unehelicher Vater, der zur Zahlung von Unterhalt verpflichtet ist, seinerseits gegen das Mündel die Klage auf Feststellung erhebt, dass er nicht der blutmäßige Vater ist – solche Fälle kommen vor -, muss das Gericht dieser doch lediglich aus Drückebergerei erhobenen Behauptung nachgehen. Es kommt vor, dass der Mann sagt: „Ich kann keinen anderen Schwängerer nennen, ich weiß keinen; aber ich weiß, dass dieses Mädchen auch mit anderen verkehrt hat; es ist eure Sache, das von Amts wegen zu prüfen; quetscht ihr das Mädchen aus". Das sind natürlich Fälle, in denen der Richter sofort fühlen muss, dass das ein Prozeß ist, der aus unehrlichen Motiven angestrengt worden ist, und da wird er sich eben mit dem erbbiologischen Gutachten keine große Mühe machen, er wird dieses Gutachten nicht erheben und wird die Klage wegen offenkundiger Unbegründetheit abweisen. Ich zweifle nicht, dass, wenn ein solcher Prozeß vor das Reichsgericht kommt, der betreffende Senat diese Auffassung billigen wird; denn das Reichsgericht will doch auch nur Fälle schützen, die schützenswert sind.

Eine Frage des *Erbrechts*! Es ist ein bedauerlicher Fall vorgekommen, wo ein Flieger in einem ländlichen Ort an seine Mutter von einem Hafen am Kanal einen sehr eindrucksvollen Berief gerichtet hat, in dem er sagte: „Wir sind hier an einer sehr gefährlichen Stelle; wir werden fast täglich eingesetzt; hier und da fällt auch schon mal einer, und ich meine: wenn mir etwas passiert, dann soll mein Vermögen der und der bekommen; ich nehme für diesen Fall schon von euch allen Abschied; macht euch um mich keine Sorgen; ich weiß, dass ich meine Pflicht gegen mein Vaterland erfülle". Dieser Mann ist tatsächlich 14 Tage darauf über Dover als Jäger abgeschossen worden, und der Richter – es war in Bayern, wo das Gericht von Amts wegen davon verständigt wird, ob ein Testament vorliegt – bekam Nachricht von dem Todesfall. Der Bürgermeister hatte die Familie gefragt: Liegen Testamente vor? Da hatte die Mutter gesagt: „Jawohl, mein Sohn hat mir einen Brief geschrieben, in dem er gesagt hat, was mit seinem Vermögen geschehen soll". Darauf hat der Richter die Frau aufgefordert, den Brief, weil er ein Testament darstellt, zu den Nachlaßakten einzureichen. Dann ist die Frau zum Gericht gekommen und hat gesagt: „Ich weigere mich, diesen Brief, das letzte teure Andenken an meinen Sohn, herzugeben; wir haben die Sache so, wie er das haben wollte, schon geordnet und das Gericht braucht sich um diese Sache weiter nicht zu kümmern". Das war nun ungesetzlich. Im Gesetz steht, dass der Richter darauf bestehen muss, dass das Testament, eine wichtige Urkunde, in der ja nicht nur Rechte des Besitzers des Testamentes, sondern auch Rechte anderer Personen geregelt sind, hergegeben wird. Er hat die Frau bestellt und hat ihr zugeredet. Das hat nichts genützt. Schließlich hat er ihr eine Ordnungsstrafe von 20 RM angedroht. Damit ist die Frau zum Kreisleiter im Ort gelaufen. Der Kreisleiter hat sich der Sache angenommen, hat sich an den Stellvertreter des Führers gewandt, und der Stellvertreter des Führers hat verlangt, dass die Frau vor diesem Gewissenskonflikt geschützt wird.

Man muss ja zugeben, daß das Fälle sind, in denen einfach der Buchstabe des Gesetzes nicht ausgeführt werden kann. Es muss vom Richter, solange das Gesetz nicht geändert ist, erwartet werden, dass er in solchen Fällen, die ja nicht häufig sind – es ist der einzige Fall, der bisher bekannt geworden ist -, mit dem erforderlichen Takt seinen Versuch nach einiger Zeit, wenn die Erregung über den

Todesfall etwas verklungen ist, in vorsichtiger Form erneuert, dass er der Frau sagt: „Man kann eine Fotokopie herstellen". Man kann auch vielleicht einmal gegen den Buchstaben des Gesetzes, solange das Gesetz nicht geändert ist, verstoßen; man kann den Brief wieder herausgeben, indem man sagt: Es ist vielleicht gar kein Testament; es ist nur ein Wunsch; er hat nicht wirklich testiert. Also da gibt es jedenfalls Möglichkeiten, sich unter Umständen mit dem Zurückbehalten der Fotokopie zu begnügen. Auf alle Fälle muss verhindert werden, dass solche Dinge geschehen, die natürlich unliebsames Aufsehen erregen und sich herumsprechen, die auch die Freudigkeit unserer Flieger und die Bereitwilligkeit der Eltern, ihre Söhne ins Feld zu schicken, beeinträchtigen können. Wir tragen uns mit dem Plan, eine Bestimmung zu erlassen, dass in solchen Fällen unter sehr engen Voraussetzungen der Richter ermächtigt wird, die Urkunde, nachdem er sie erhalten, eröffnet, verkündet und abgeschrieben hat, fotokopieren zu lassen und das Original wieder herauszugeben. Wir haben an einige Chefpräsidenten die Frage gerichtet, wie sie sich dazu stellen. Dabei sind uns sehr gewichtige Bedenken entgegengehalten worden, indem gesagt wurde, die Echtheit lasse sich bei einer Fotokopie nicht mehr nachweisen, es sei auch schwerlich damit zu rechnen, dass ein solcher Brief wirklich jahrelang aufbewahrt wird. Kurz und gut, es ist sehr schwer, da eine Lösung zu finden. Ich selbst möchte meinen: Man kann für die Dauer des Krieges eine solche Erleichterung gewähren, wenn man sie auf Sterbefälle nach dem 1. November 1939 beschränkt. Wenn man die Sache mit dem Vorbehalt macht: „Der Justizminister bestimmt, wann die Vorschrift wieder außer Kraft tritt", dann würde man nach Kriegsende, wo ja diese Fälle gar nicht mehr vorkommen können, die Bestimmung wieder aufheben, und dann sind die Nachteile, die von der Praxis befürchtet werden, doch wohl auf ein erträgliches Maß beschränkt. Jedenfalls können wir uns unmöglich der Gefahr aussetzen, dass sich solche Fälle wiederholen; denn dann hätten wir wieder die Möglichkeit, dass die politischen Stellen sagen: Der deutschen Justiz fehlt das Fingerspitzengefühl für das, was im Kriege der sehr empfindlichen Bevölkerung unbedingt beachtet werden muss.

Ich möchte dann eine Mitteilung machen, die die Herren Chefpräsidenten, wahrscheinlich auch die Herren Generalstaatsanwälte erfreuen wird. Sie betrifft die leidige Angelegenheit der *Karteien für die ausgewiesenen Juden.* Viele von ihnen haben uns geschrieben, das sei eine der fürchterlichsten Aufgaben für die Amtsgehilfen; die Karteien hätten bis jetzt oft schon 30.000 Karten, und es sei eine schwierige Sache, diese Karten einzuordnen, außerdem koste es furchtbar viel Geld, allein der Transport der Karten, die alle 14 Tage oder noch häufiger von der Druckerei aus an alle Chefpräsidenten versandt würden. Sie haben uns immer wieder gebeten, wir möchten Ihnen doch erlassen, dass sie für jedes Gericht solche Karteien führen müssen; Sie seien zufrieden, wenn Sie für den ganzen Gerichtsbezirk eine Kartei führten, und das wäre auch noch zuviel; es werde genügen, wenn im ganzen Deutschen Reich nur eine Kartei geführt würde. Wir haben das bisher nicht machen können, weil der Reichsführer SS darauf bestanden hat, dass Karteien bei den Gerichten geführt werden, die zur Einsicht für Rechtsanwälte, Notare und auch für andere Stellen, die nachher in erbrechtlichen Fragen in Erscheinung treten können und die ein Interesse daran haben, die Karteien einzusehen, vorhanden sind. Ich kann Ihnen aber jetzt sagen, dass voraussichtlich eine Verordnung ergeben wird, durch die die Juden, die ins Ausland gegangen sind, en bloc der deutschen Staatsangehörigkeit und ebenso ihres Vermögens für verlustig erklärt werden. Damit würde diese Einzelausweisung wegfallen, und die En-Bloc-Vermögensentziehung würde dann für jeden Juden, der sich im Ausland befindet, die erbrechtliche Beschränkung zur Folge haben. Damit fällt der einzelne Nachweis weg; denn für das Gericht, das die Erbscheine ausstellen muss, genügt es, festzustellen, dass der Jude, der früher in Deutschland war, sich jetzt im Ausland befindet. Ich glaube, dass damit diese ganze Frage auf eine wirklich radikale und befriedigende Weise gelöst ist.

Nun ein kurzes Wort über ein Gerücht, das mit einer erstaunlichen Hartnäckigkeit und mit einem außerordentlich weitem Verbreitungsgebiet von überall her gemeldet wird. Ich habe es schon vor drei Jahren gehört, und es ist mir Anfang des Krieges dasselbe gesagt worden. Vorgestern erhielt ich wieder einen Brief vom Vorsitzenden des Erbrechtsausschusses, Herrn Prof. Lange, er werde in München bestürmt, die Rechtsanwälte würden vom Publikum aufgesucht und wüßten sich einfach nicht zu helfen. Das Gerücht geht ziemlich übereinstimmend immer nach folgender Richtung, es werde im Ministerium ein neues Erbrechtsgesetz ausgearbeitet, darin stehe, wer nicht 4 Kinder zurücklasse, würde einen Teil seines Vermögens an das Reich abführen, und zwar werde ihm für jedes fehlende Kind ein Viertel abgezogen; wer drei Kinder habe, müsse ein Viertel abgeben, wer zwei Kinder habe, die Hälfte, wenn einer ein Kind habe, fielen drei Viertel an das Reich, und wer kein Kind hinterlasse, müsse das Ganze an das Reich abführen. Dieses Gerücht trägt den Stempel der Unglaubwürdigkeit an sich. Trotzdem wird es geglaubt. Bisher habe ich immer wieder die Leute, die mir diese Mitteilung machten, gefragt: „Könnt ihr euch vorstellen, wer das Gerücht aufgebracht hat, hat euer Gewährsmann euch gesagt, woher das Gerücht kommt?“ Es wurde von den Leuten immer wieder erklärt: „Ich habe das gehört; es wurde erzählt; es wurde von allen Seiten davon gesprochen, und da muss etwas dran sein; es kann nicht gelogen sein“. Da geht nun die Bitte der Herren dahin, wir möchten ein Dementi loslassen. Nun ist das mit der amtlichen Ableugnung solcher Dinge, die geglaubt werden, eine etwas zweifelhafte Sache. *(Heiterkeit!)* Man sagt sich: Also ist doch etwas daran; wenn es vollständig unsinnig wäre, würde der Minister sich nicht dazu hergeben, es abzuleugnen; die wollen das hereinnehmen, und wir tun alles, um diesen Beutezug des Reiches auf unseren Nachlaß, der im Geheimen geplant wird, illusorisch zu machen. Die Leute gehen dann eben zu den Anwälten und Notaren und übertragen ihr Vermögen bereits bei Lebzeiten auf präsumptive Erben, so dass das Reich nichts mehr vorfindet. Das ist eine Wirkung, die übrigens stets mit dem Zwangserbrecht des Staates verbunden ist.

In Sowjetland hat man es so gemacht, und dann ist herausgekommen, dass der Fiskus weniger geerbt hat als vorher; es war nie etwas da. Das würden wir in Deutschland auch erleben. Schon aus diesem Grunde hat der Erbrechtsausschuß, der sich immer wieder mit dieser Frage befaßt hat, das radikal abgelehnt. In der Erbrechtsdenkschrift des Ausschusses [vgl. W. *Schubert,* Akademie für Deutsches

Recht. Protokolle Bd. III, 8, 1996, S. XXXII ff.] und in dem Entwurf der Neuordnung des gesetzlichen Erbrechts [bei W. *Schubert*, Das Familien- und Erbrecht unter dem Nationalsozialismus, Paderborn 1993, S. 396 ff.], der im vorigen Jahr erarbeitet wurde, steht infolgedessen von diesem Gedanken nicht ein Wort. Auch der Fiskus, das Reich, hat sich bestens für solche Nachlässe bedankt; denn im allgemeinen bekommt der Fiskus nur die wertlosen oder minderwertigen Nachlässe, den Plunder. Frage: Was soll man tun? Wenn Sie Gelegenheit haben, mit Ihren Herren Nachlaßrichtern über diese Dinge zu sprechen – die Nachlaßrichter sind vielleicht auch ungewiß darüber, ob nun wirklich so etwas in Aussicht steht, und Sie fragen vielleicht: „Wenn wir vom Publikum gefragt werden, was sollen wir antworten?" -, dann sagen Sie ihnen: Es ist an der Sache absolut nichts dran. Herr Prof. Lange wird in einer Anmerkung zu dieser Entscheidung in der Akademiezeitschrift [vgl. ZADR 1941, 102; dort nicht auffindbar] von sich aus als Vorsitzender des Erbrechtsausschusses erklären: „Ich habe mich erkundigt; es ist an der ganzen Sache bestimmt nichts daran". Wenn das in dieser weniger amtlichen Form verbreitet wird, wird es wohl nach und nach seine Wirkung erzielen. Im übrigen ist es ja möglich, dass hinter diesem Gerücht jemand steckt, der ein Interesse daran hat, die Fruchtbarkeit des deutschen Volkes im Kriege durch ein solches Winken mit dem Zaunpfahl zu fördern. Ich weiß es nicht, es ist eine bloße Vermutung. Das Gerücht hält sich sehr hartnäckig und wird immer wieder aus den verschiedensten Gegenden des Reiches gemeldet. Da die Leute es gar nicht alle von derselben Quelle haben können, müssen eben verschiedene Verbreiter dieses Gerüchtes vorhanden sein. Wenn wir wirklich dadurch erreichen, dass die Fruchtbarkeit in den Fällen, wo es noch möglich ist, gesteigert wird, wäre das Gerücht letzten Endes doch zum Segen des deutschen Volkes ausgegangen. Dass die betreffenden Personen gezwungen worden sind, sich ein bißchen früher um ihre Hinterlassenschaft zu kümmern, dass vor allem die Bauern veranlaßt worden sind, rechtzeitig einen Nachfolger zu bestimmen, ist eine Frage, über die man sich den Kopf zerbrechen könnte. Denn es kommt vor, dass ein Bauer es nicht für der Mühe wert gehalten hat, den Anerben zu bestimmen, und Jahre darüber vergehen, bis die Gerichte unter Aufbietung allen Scharfsinns herausgefunden haben, wer der richtige Anerbe ist.

Dann eine Frage des *Verfahrensrechts*, eine Mitteilung, die die Herren wahrscheinlich erfreuen wird! Es ist in Aussicht genommen, die Berufungs- und die Revisionssumme herabzusetzen, weil die streitigen Verfahren jetzt so stark zurückgegangen sind und die Gründe, die früher für die Heraufsetzung gesprochen haben, weggefallen sind. Die Berufungssumme soll jetzt auf 300 RM [VO v. 16.7.1941 RGBl. I 390; durch VO vom 16.5.1942 RGBl.I, 333, wieder auf 500 RM festgesetzt], die Revisionssumme auf 6000 RM festgesetzt werden. Damit wird ein angemessener für die jetzt etwas zu starke Schrumpfung bei den Amtsgerichten geschaffen werden.

Dann eine Sache, für die ich Ihr besonderes Wohlwollen erbitte! Das ist ein *Gesetz über die Mitwirkung des Staatsanwalts in bürgerlichen Rechtssachen* [RGBl. I 1941, 383]. Bisher hat der Staatsanwalt in Ehesachen mitgewirkt – eine Vorschrift, die fast vollständig auf dem Papier stand. Die Ehescheidungsklagen, die beim

Staatsanwalt eingehen, werden zu den Akten geschrieben. Es kommt fast nie vor, dass der Staatsanwalt sich beteiligt, obwohl er es könnte. Im Hypotheken- und Schuldenregelungsgesetz [RGBl. I 1938, 1033] ist der Staatsanwalt nach neuerer Gesetzgebung eingeschaltet. Bei der Beschwerde ist es so geregelt, dass der Generalstaatsanwalt in München oder Berlin uns den angegriffenen Beschluß, die Beschwerdeschrift und den Entwurf seiner Stellungnahme zuleitet und der Referent für das Schuldenbereinigungsgesetz sich die Sache ansieht. Da wird nun geprüft, ob sich Anhaltspunkte über die Bewährung des Gesetzes ergeben. In den meisten Fällen wird geschrieben: Wir sind einverstanden. In manchen Fällen, wo Gesichtspunkte in dem Verfahren eine Rolle spielen, die der Generalstaatsanwalt nicht kennt, weil es Interna sind, wird dem Generalstaatsanwalt in freundlicher Form anheimgestellt, diese Gesichtspunkte bei seiner Stellungnahme zu verwerten. Das ist eine Einschaltung des Ministeriums in ein Verfahren, das stark politischen Charakter hat. Sie wissen, daß das Schuldenbereinigungsgesetz als ein großes Zugeständnis sozialer Art aufgefaßt wird, dass die etwas engherzige Handhabung dieses Gesetzes in der Anfangszeit im „Schwarzen Korps", von dem Stellvertreter des Führers und von den verschiedensten Stellen angegriffen worden ist, so dass wir jetzt ein Interesse daran haben, in geeigneter Form darauf hin zu wirken, dass ein etwas sozialer Geist in die Anwendung dieses vom bisherigen Denken stark abweichenden Gesetzes hinein getragen wird. Die Erfahrungen, die wir bei diesem Gesetz gemacht haben, haben uns ermuntert, den Gedanken, dass die Belange der Volksgemeinschaft auf legalem Wege an die Gerichte herangebracht werden, zu verallgemeinern.

In dem neuen Gesetz, das dem Kabinett vorliegt und im allgemeinen durchaus gebilligt wird, das deshalb sicherlich in Kürze verabschiedet werden wird, heißt es in § 1: Der Staatsanwalt kann in bürgerlichen Rechtssachen der ordentlichen Gerichte sich am Verfahren beteiligen; er kann sich gutachterlich äußern; er kann Beweismittelbehauptungen aufstellen. Er kann allerdings keine Anträge stellen; denn an dem Prinzip, dass eine private Rechtsstreitigkeit der Herrschaft der Parteien überlassen bleibt, soll nicht gerüttelt werden. Der Staatsanwalt soll nur als Beobachter auftreten und als derjenige, der in den Fällen, in denen es angebracht ist, die Belange der Volksgemeinschaft zur Geltung bringt. Vor allen Dingen soll dem Stellvertreter des Führers oder auch uns die Gelegenheit gegeben werden, durch Vermittlung des Anwaltes des Staates sich an die Gerichte zu wenden. Nun werden Sie sagen: Wo soll das hinführen, wie sollen wir arme, geplagte Staatsanwälte, die schon jetzt kein Personal haben, die wir – leider müssen wir es zugeben – bisher nicht viel gelten, alle die Zivilprozesse verfolgen können, wie sollen wir wissen, welche unter den hunderttausenden von Prozessen für uns interessant sind und wo wir uns einschalten können? In dieser Richtung brauchen Sie keine Sorge zu haben, Sie brauchen sich nur in den Fällen einzuschalten, wo wir sie darum bitten. Es wird gleich nach Erlaß des Gesetzes eine Rundverfügung herausgehen, in der diese Frage geregelt wird. Wir werden Sie nur, wenn wir auf irgendeine Weise, sei es durch Ihre eigenen Berichte, sei es durch den Stellvertreter des Führers, sei es von einem anderen Ministerium darauf aufmerksam gemacht werden, dass da ein Prozeß läuft, der für das Reich, für die Volksgemeinschaft, für die Partei eine erhöhte Bedeutung hat, bitten: Bring du durch den Staatsanwalt die und die Gesichtspunkte bei dem Gericht vor. Ich glaube, wir können das alle nur begrüßen. Es ist gestern gesagt worden: Die deutsche Justiz muss sich bestreben, nationalsozialistisch zu sein und den nationalsozialistischen Geist unter allen Umständen in der Rechtsprechung durchzusetzen. Die Gefahren, die daraus entstehen, dass der Richter eben nichts davon gewußt hat, dass er, weil es ihm nicht gesagt wurde, das nicht hat annehmen können, werden vermindert, wenn wir den Richter rechtzeitig darauf aufmerksam machen, welche politischen Gesichtspunkte oder welche Gesichtspunkte höherer Art bei der Sache mitspielen.

Es ist dann im Zusammenhang hiermit eine zweite, nicht gerade sehr angenehme Frage geregelt worden. Das hängt zusammen mit Angriffen, die teils in der Presse, teils wieder auf dem Wege des Stellvertreters des Führers gegen rechtskräftige Urteile gerichtet worden sind. Es wurden Urteile vorgelegt und gesagt: Bitte, lies du selbst das Urteil; es ist völlig gegen den heutigen Geist unseres Staates; der Richter hat es nicht verstanden, den springenden Punkt zu erkennen; das Urteil ist leider rechtskräftig geworden; die Auswirkungen dieses Urteils sind unerträglich; bitte, sorge du, Justizminister dafür, dass dieses Anstoß erregende rechtskräftige Erkenntnis aus der Welt geschafft wird. Wir haben lange darüber nachgedacht. Wir haben das lange abgelehnt. Wir haben immer wieder den Stellvertreter des Führers vertröstet, indem wir sagten: Es ist ein Einzelfall; er wird sich nicht wiederholen; die Richter sind ja jetzt alle Nationalsozialisten; sie bemühen sich alle und haben nur den einen Wunsch, das Beste zu tun; also beruhige dich. Es hat nichts genützt. Es sind immer wieder solche Fälle vorgekommen. Angesichts dieser Tatsache erscheint es für die Gerichte, für die Justiz als Ganzes, für uns und für die politische Stellung, die wir einnehmen, am besten zu sein, dass wir ein Ventil schaffen, um die Mißstimmung, die in Einzelfällen besteht und die verallgemeinert wird, indem man sagt: „Da sieht man: Die Justiz hat das nicht fertiggebracht; die ganzen Richter taugen nichts“ zu beseitigen, diese Diskreditierung unseres Richterstandes zu verhüten.

Wir haben uns deshalb dazu entschlossen, einen zweiten Paragraphen in dieses Gesetz aufzunehmen, der besagt: In Fällen, in denen ein rechtskräftiges Erkenntnis wegen rechtlicher tatsächlicher Mängel in grober Weise mit den Belangen der Volksgemeinschaft in Widerspruch steht, kann der Oberreichsanwalt beim Großen Zivilsenat des Reichsgerichts den Antrag stellen, dass das Verfahren trotz Rechtskraft wieder aufgenommen wird. Dieser Große Senat des Reichsgerichts kann dann das Urteil aufheben und die Sache an dasselbe oder ein anderes Gericht verweisen; er kann selbst darüber entscheiden, oder es kann ein anderer Senat des Reichsgerichts entscheiden. Kurz und gut, er kann die Sache in die Hände legen, die er für gut befindet, wenn er der Meinung des Oberreichsanwalts beitritt, dass dieses Urteil ein Fehlspruch ist. Nun wird der Herr Oberreichsanwalt sagen: Ja, das ist eine Aufforderung an alle Querulanten, die hoffnungslosen Fälle. Deretwegen sie bei allen Behörden die Türen abgelaufen haben, an mich zu bringen; ich werde überschwemmt mit Eingaben von Querulanten, ich solle verlorene Prozesse wieder in

Ordnung bringen. Nun, das wird nicht eintreten. Es mag sein, dass in der ersten Zeit Querulanten glauben, eine neue Chance gefunden zu haben. Es wird aber die absolut feste Praxis des Oberreichsanwalts sein müssen, dass er solche Dinge, an denen die Volksgemeinschaft als solches kein Interesse hat, bei denen es sich lediglich um einen normalen verlorenen Prozeß handelt, selbst wenn er unrichtig sein sollte, strikte zurückweist und es ablehnt, sich um die Sache zu kümmern; denn wir können das Fundament der ganzen Rechtssicherheit, das Prinzip der Rechtskraft nicht antasten. Es beschränkt sich also die Anwendung dieses neuen Satzes auf die Fälle etwa, die der Stellvertreter des Führers in der eben von mir skizzierten Weise an uns heranbringt, die wir dann dem Herrn Oberreichsanwalt mitteilen, die der Herr Oberreichsanwalt auf unseren Wunsch hin nachprüft und in denen er dann im Einvernehmen mit uns den Prozeß vor dem Reichsgericht erneuert. Wir werden auch das in einer Sonderverfügung klarstellen. Die Belästigung, die wahrscheinlich in der ersten Zeit für die Herren bei der Reichsanwaltschaft insofern eintreten wird, als diese Querulanten erneut ihre Versuche unternehmen, wird von selbst aufhören, und zwar sehr bald, wenn sich rundspricht, dass niemand mit diesem Versuch irgendeinen Erfolg gehabt hat. Es wird genügen, wenn formularmäßig dem Betreffenden der Bescheid gegeben wird, dass die Voraussetzungen für die Anwendung dieser Vorschrift nicht gegeben sind.

Nun ein letztes Wort über den Stand des *Volksgesetzbuches.* Wer von Ihnen an der letzten Jahrestagung der Akademie für Deutsches Recht in München teilgenommen hat, wird den sehr eindrucksvollen Vortrag des Herrn Prof. Hedemann im Gedächtnis haben, der in wirklich begeisternden Worten den Plan darlegte, ein neues, fundamental erneuertes Volksrecht mit dem Namen „Volksgesetzbuch" zu schaffen. Herr Prof. Hedemann hat auch mitgeteilt, dass in 32 Leitsätzen, die dem Volksgesetzbuch vorangestellt werden sollen, die Grundmaximen des völkischen Denkens niedergelegt sind [Justus *Hedemann* u. a., Volksgesetzbuch. Grundregeln und Buch I, 1942]. Er hat ausgeführt: Das erste Buch, das Personenrecht, die Volljährigkeit, die Altersstufen, die verschiedenen Fähigkeiten, Rechtsfähigkeit, Gewerbefähigkeit usw. enthält, ist schon fertig. Alles dies ist auch in einer schwungvollen Sprache gehalten. Herr Prof. Hedemann hat weiter mitgeteilt, dass zahlreiche Ausschüsse der Akademie für Deutsches Recht sich mit einzelnen Abschnitten des Bürgerlichen Gesetzbuches befassen, dass mit Bienenfleiß selbst im Kriege an diesen Arbeiten gewerkelt wird und dass der gesamte deutsche Professorenstand, unterstützt von erfahrenen Praktikern, sich darum bemüht, nunmehr den veralteten Geist des Bürgerlichen Gesetzbuches durch den Schwung der nationalsozialistischen Bewegung zu ersetzen und ein vom Gemeinschaftsgeist wirklich erfülltes Recht zu finden und zu formulieren. Das neue Volksgesetzbuch soll so vorbereitet werden, dass nachher der Gesetzgeber diesen Entwürfen seine Billigung geben kann. Wir haben, nachdem wir anfangs des Krieges wegen Überlastung der wenigen noch verbliebenen Sachbearbeiter uns an den Ausschüssen zeitweilig nicht hatten beteiligen können, seit einigen Monaten wieder die schon vor dem Kriege bestehende Fühlung aufgenommen, indem jeweils der Sachbearbeiter als Mitglied in die Ausschußsitzung entsandt wird und sich an den Beratungen beteiligt. Es ist sogar vorgekommen, dass der Sachbearbeiter des Hauses zum Berichterstatter für eine bestimmte Frage bestellt wurde. Wir haben alles getan, um dieses nationalsozialistische Werk nach Kräften zu fördern.

Nun liegt es in der Natur der Aufgaben und in ihrer besonderen Schwierigkeit, dass bei dem ehrlichsten Bemühen die Ergebnisse der Ausschußarbeiten nicht immer ganz dem entsprechen, was wir uns von einem neuen Gesetzbuch vorstellen. Das hängt zum Teil damit zusammen, dass die Professoren in der Überzahl sind, dass der Professor zum theoretischen Denken neigt, indem er eben die Weisheit aus den Büchern, nicht aus dem Leben zieht und dass er das Bestreben hat, auf Streitfragen, die ihm sehr wichtig vorkommen, die aber für die Praxis belanglos sind, eine riesige Mühe verwenden, um die Dinge zu formulieren. Das, was dabei herauskommt, ist dann manchmal so wenig volkstümlich, dass man sagt: Wenn ich die Wahl habe zwischen dem bisherigen BGB – und es ist auch nicht schön – und dem, was an die Stelle gesetzt werden soll – das ist nicht schöner -, dann bleibe ich lieber bei dem, was da ist; dann habe ich wenigstens nicht die Schererei des Umlernens. Was im einzelnen herauskommen soll, kann man nicht allgemein sagen. Nur so viel steht fest: Es ist für uns alle ein außerordentlich großes und wertvolles Stück Arbeit vorweggenommen. Das Durchsieben dessen, was im Schrifttum an Anregungen für eine Erneuerung des Rechtes im Laufe der Jahre geäußert worden ist, nehmen uns die Professoren ab. Sie machen das mit deutscher Gründlichkeit und mit deutschem Idealismus, sie machen es eben mit nationalsozialistischer Überzeugungstreue. Viele Gedanken, die vielleicht eine wenig glückliche Form bisher gefunden haben, viele Vorarbeiten lassen sich später, wenn man das Ganze beieinander hat, glücklich verwerten. Es wird dann ebenso, wie bei dem Zustandekommen des BGB der Professorenentwurf nachher von anderen Kommissionen und Praktikern, die unter der Leitung der gesetzgebenden Stellen stehen, überprüft werden. Diese Vorarbeiten sind eben als eine notwendige Vorstufe auf alle Fälle zu leisten. Wir haben selbst im Ministerium die amtliche Bearbeitung der großen Reformpläne auf Weisung des Führers einstellen müssen, weil es wegen des beschränkten Kräftebestandes nicht nur bei uns, sondern auch bei den anderen Ressorts, die doch mitwirken müssen, vor allen Dingen bei den Behörden, die nachher die neuen Gesetze anwenden müßten, jetzt im Kriege inopportun ist, große Neuerungen, die nicht unbedingt lebenswichtig sind, zu machen. Wir haben daher notgedrungen das, was wir bereits vorbereitet hatten, wieder in die Schublade legen müssen.

Wir hoffen, dass es nach dem Kriege gelingt, in einem größeren, siegreichen Deutschland diese Arbeiten zu einem glücklichen Ende zu führen. Wir haben aber auch den Wunsch, dass schon jetzt die Praxis die Arbeiten der Akademie an der Erneuerung des Volksgesetzbuches trotz der Kriegsverhältnisse aufmerksam verfolgt. Darum wirken wir in denn einzelnen Ausschüssen stets darauf hin, dass eine Denkschrift über die Ergebnisse der Durchberatung irgendeines Abschnitts von dem Ausschußvorsitzenden zusammen mit dem einzelnen Berichterstatter des Ausschusses hergestellt werde. Diese Denkschrift wird veröffentlicht und damit der Öffentlichkeit, namentlich den Richtern, den Rechtsanwälten, den Notaren und den wirtschaftlich Interessierten vorgelegt mit der Aufforderung zwischen den Zeilen, sich zu diesen Neuerungsvorschlägen zu äußern. Sie werden die bisher erschienenen Denkschriften kennen. Es sind die von Herrn Stoll ausgearbeitete Denkschrift über die Leistungsstörung, die von Herrn Prof. Lehmann über die Formen der Kreditsicherung, dann über Fahrnisrecht usw., ferner 4 Erbrechtsdenkschriften des Herrn Prof. Lange, und eine ganze Anzahl weiterer Denkschriften dieser Art, die sich ausschließlich mit Problemen des zukünftigen Rechts befassen, sind im Werden. Leider ist das Echo, das diese Denkschriften bei der Praxis und bei denjenigen, die die Rückführung theoretischer Gedankengänge in die Praxis nun herbeiführen könnten, nicht so stark, wie es im Interesse des Volksganzen zu wünschen wäre. Zum Beispiel auf die vier Erbrechtsdenkschriften, die ungemein eingehend, sorgfältig, sehr flüssig und verständlich geschrieben sind, deren Lektüre für den Kenner des Erbrechts geradezu ein Genus ist, wie dargelegt wird, was richtig und was falsch ist, weil die verschiedenen Wege erörtert werden, wie man es besser machen könnte, in denen vor allem dringend darum gebeten wird, mitzuteilen, ob der eine Vorschlag durchführbar ist oder der andere, ist das Echo leider ziemlich schwach. Woran das liegt, kann man sich nicht erklären. Wir sind allerdings im Kriege. Vielleicht glauben auch manche, etwas zu vorlaut zu sein, wenn sie sich äußern. Jedenfalls ist es wünschenswert, wenn Sie in geeigneter Form darauf aufmerksam machen, dass das Schweigen nicht erwünscht ist, dass im Gegenteil eine möglichst lebhafte Beschäftigung mit den neuen Gedankengängen, die in diesen Denkschriften niedergelegt sind, erwünscht ist. Wenn wir dann im Zusammenwirken mit der Akademie für Deutsches Recht und unter Benutzung der Erfahrungen der Praxis später in einer amtlichen Kommission das ganze Werk überprüfen, dann dürfen wir hoffen, daß das bürgerliche Recht so erneuert wird, dass unsere Richter es leicht haben werden, auf dieser Grundlage gute Urteile zu finden.

Vors.: Wir kämen jetzt zu dem *Vortrag des Herrn MinDirektor Schneller über Vereinfachungsmaßnahmen* [weggelassen].

2. Fortsetzung der Tagung mit den Generalstaatsanwälten über Fragen des Strafvollzugs

Vors. Staatssekretär *Dr. Freisler* [weggelassen. Zum Personalmangel im Strafvollzug. Sanktionen gegen entwichene Strafgefangene].

Wir kommen jetzt zu *Punkt 2: Sicherung der Anstalten.*

Marx: Herr Staatssekretär! Meine Herren Generalstaatsanwälte! Das Thema über das ich sprechen will, ist bekannt. Der Herr Staatssekretär hat es bereits genannt. Es betrifft die Entweichenden und die Sicherung unserer Anstalten. Das Thema ist so alt, als wir Leute einsperren. Solange müssen wir schon alle Vorkehrungen treffen, um Entweichungen zu verhindern. Wir wissen genau, dass auch in der bestgeleiteten Anstalt Entweichungen vorkommen, dass also die Sicherung der Anstalten nicht 100%-ig durchzuführen ist. Wenn die Entweichungen aber so zahlreich werden, dass sie, wie es in dem Erlaß des Ministers, der von dem Herrn Staatssekretär gezeichnet ist, gesagt wurde, die Existenz des Staates gefährden und eine ernste Gefahr für die Staatssicherheit sind, dann muss etwas geschehen, dann muss es möglich sein, alles daran zu setzen, um die Entweichungen auf ein normales Maß zurückzuführen; denn tatsächlich gefährden sie die öffentliche Sicherheit.

In dem Erlaß sind schon einige Wege angegeben worden. Es soll heute eingehend darauf eingegangen werden. Eine Mitteilung der Zahlen wird Ihnen auch zeigen, dass noch das, was wir an Entweichungen in den letzten Jahren zu verzeichnen haben, recht erheblich ist. Ich darf kurz eine Übersicht vom Jahre 1936 an geben, und zwar nenne ich die Zahlen in folgender Reihenfolge. Die ersten Zahlen sind die Entweichungen aus den selbständigen Vollzugsanstalten. Die zweiten Zahlen beziehen sich auf die sonstigen Vollzugsanstalten. Dann kommen die Zahlen außerhalb der geschlossenen Anstalten und zum Schluß die Gesamtzahlen. 1936: 66, 137, 246, zusammen 449; 1937: 83, 159, 320, zusammen 562; 1938: 92, 134, 537, zusammen 763. Für das Jahr 1939 muß ich unterscheiden zwischen Altreich und dann von der Ostmark. 1939: 109, 140, 512, zusammen 761; Ostmark: 40, 74, 49, zusammen 163; beide zusammengezogen würde eine Zahl von 924 ergeben. 1940: Altreich 86, 132, 614, zusammen 832; Ostmark: 55, 63, 96, zusammen 214; beide insgesamt 1046. Für 1941 haben wir nur ein Vierteljahr, und das müssen wir evtl. mit 4 multiplizieren, um zu sehen, ob eine Vermehrung oder eine Verminderung vorhanden ist. 1941: Altreich: 25, 26, 120, zusammen 171. Ostmark: 7, 10, 24, zusammen 41. Die Gesamtzahl ist 212. Wenn wir nun 212 mit 4 multiplizieren, kommen wir auf 848, rund 850. Wir hätten also schon etwas weniger als im Jahr 1940, obgleich die Verhältnisse in unseren Anstalten hinsichtlich des Personals immer schlimmer geworden sind. Das ist ein Zeichen dafür, dass man etwas verhindern kann, wenn einer dahinter sitzt. Hoffentlich bleibt es so. Im ganzen ist die Zahl noch erschreckend...[weggelassen]

[Folgende weitere Beiträge werden nicht abgedruckt:
Ministerialrat Eichler: Strafvollzugsordnung (Organisationsfragen)
Stellv.Vors. Marx: Arbeitseinsatz, Rohstoffbeschaffung und Werkdienst
Erster Staatsanwalt Eggensperger: Ernährungslage der Vollzugsanstalten
Landgerichtsdirektor Hoffmann: Dienstbekleidung]

III. Arbeitstagung des kommissarischen Reichsjustizministers mit den Generalstaatsanwälten vom 28.–29.10.1941 und den Jugendrichtern vom 30.–31.10.1941

1. Tagesordnung

Mittwoch, den 28.10.1941

1. Der Staatsanwalt im bürgerlichen Rechtsverfahren. Es spricht Unterstaatssekretär *Dr. Hueber*. [Bericht von Semler: „Es kann Fälle geben, in denen das Gericht daran interessiert ist, aus dem Munde des weisungsgebundenen Staatsanwalts die authentische Auffassung der Staatsführung zu erfahren. Das Maß der Anwendung ist nach dem Bedarfsfall am Einzelfall zu entscheiden. Die Mitwirkung ist nicht

erforderlich, wenn ein anderes Ministerium beteiligt und über die zur Entscheidung stehenden Fragen unterrichtet ist.

Die Stellung des Staatsanwalts im Prozeß ist die des Anwalts des *öffentlichen* Interesses, nicht des Vertreters *einer* Partei. Keine Hilfestellung für *eine* Partei. Beschränkung auf *die* Seite des Stoffes, der öffentliches Interesse hat. Einlegung von Rechtsmitteln ist Sache der Partei. – Der Staatsanwalt hat in der Sitzung seinen Platz am Richtertisch.]

2. Wichtige Mitteilungen strafrechtlicher oder das Strafrecht am meisten berührender Art.

Es sprechen Staatssekretär *Dr. Freisler*, Ministerialdirigent *Dr. Mettgenberg* und Kammergerichtsrat Westphal.

Ministerialdirigent *Dr. Mettgenberg* befaßt sich mit folgenden Themen: a) Umgang mit Kriegsgefangenen, b) Trennung der Verfahren gegen Polen und Juden von den Verfahren gegen Deutsche, c) Verlust der Rechte aus §§ 32 ff StGB bei Polen und Juden, d) Tagesmeldungen, e) polizeiliches Sicherungsgeld [hierzu Gerhard *Werle*, Justiz-Strafrecht und politische Verbrechensbekämpfung, Berlin 1989, 561 f], f) Kirchenfeiertage.

Kammergerichtsrat *Westphal* erörtert: a) Wiederverleihung der Wehrwürdigkeit und der Amtsfähigkeit, b) Sonderreferat in Gnadensachen, c) Aussagegenehmigung bei Angehörigen der NSDAP, d) Schwarzsender. [...]

Nachmittags 15.30 Uhr: Tagung zu Fragen der Kriegsstrafrechtspflege, zu denen Staatssekretär *Dr. Freisler* und Oberregierungsrat *Gast* vom Propagandaministerium sprechen werden. Anschließend Aussprache.

Mittwoch, den 29.10., vormittags 10 Uhr

1. Soll ein Reichsinspekteur der Staatsanwaltschaft eingerichtet werden? Hierzu referiert Generalstaatsanwalt *Kramberg* und wird ein Referat von Ministerialdirektor *Dr. Crohne* verlesen. Aussprache.

2. Staatsanwaltschaft als Anklagebehörde und im Ermittlungsverfahren. Hierüber referiert Generalstaatsanwalt *Jung* (DJ 1941, S. 597 ff.), Berlin. Aussprache.

3. Die berufliche Weiterbildung der Staatsanwälte. Generalstaatsanwalt *Hahn* referiert. Aussprache.

Donnerstag, den 30.10., nachmittags 16 Uhr

Tagung in Gemeinschaft mit der NSV über *Fragen der Entlassenenbetreuung*. Es spricht Oberbefehlsleiter Pg. *Hilgenfeldt* über Entlassenenbetreuung im Kriege. Ferner spricht Staatssekretär *Dr. Freisler* über Entlassenenbetreuung und Rehabilitation nach dem Kriege.

Abends 19.30 Uhr: Kameradschaftliches Beisammensein bei Pg. Hilgenfeldt im Haus der Deutschen Presse, Tiergartenstr. 16.

II. Tagung der Jugendrichter, Donnerstag, den 30.10., vormittags 10 Uhr.

Thema: Unbestimmte Verurteilung.

Es referieren: 1. Zu Fragen der Bedeutung und des Anwendungsbereichs Landgerichtsrat *Dr. Kümmerlein*, 2. Zu Fragen des Vollzugs und der Vollstreckung Ministerialrat *Dr. Eichler*.

Nachmittags 15 Uhr: Besichtigung des Frauen-Jugendgefängnisses in Berlin-Lichtenberg, Magdalenstr. 14.

Freitag, den 31.10., vormittags 10 Uhr:

Berufserziehung und Jugendbetreuung im Betrieb.

Besichtigung der Lehr- und Anlernwerkstätten der Firma Mix & Genest AG in Berlin Schöneberg, Geneststr. 5. (3 Min. von der S-Bahn-Haltestelle Papestraße).

Anläßlich der Besichtigung sprechen die Ausbildungsleiter des Betriebs, der Betriebsarzt und der Abteilungsleiter Strecke vom Jugendamt der DAF über „Berufserziehung und Jugendbetreuung im Betrieb". [...]

Nachmittags 15 Uhr: Erfahrungsaustausch über den Jugendarrest und die Beschleunigung des Verfahrens in Jugendsachen.

Es referieren: 1. Über materielles Recht und Verfahren Landgerichtsrat *Dr. Kümmerlein,* 2. Über Vollstreckung und Vollzug Ministerialrat *Dr. Eichler.*

2. Aufzeichnungen des Generalstaatsanwalts Wurmstich/Jena über die Mitteilungen von Mettgenberg, Westphal und Freisler

Mitteilungen von MinRat Wolfgang Mettgenberg:

1. Umgang mit Kriegsgefangenen. § 4 VO zum Schutze der Wehrkraft (RGBl.I 1939, 2319); Verordnung über den Umgang mit Kriegsgefangenen vom 11.5.1940 (RGBl.I 769). Das OKW sieht in einem Kriegsgefangenen einen Gefangenen eigener Art. Er ist weder Straf- noch Untersuchungsgefangener, darf deshalb auch nicht in Polizeigewahrsam gebracht werden. Er ist für uns der tapfere Soldat seiner Heimat, schon mit Rücksicht auf unsere beim Feind befindlichen Gefangenen. Beim Umgang mit ihnen ist zu beachten: 1. die Würde des eigenen Volkes, 2. die Spionagegefahr, 3. Sabotagegefahr. Deshalb Zurückhaltung erforderlich. Die Urteile sind grundverschieden ausgefallen. Der Versuch, Richtlinien für einheitliche Strafen anzugeben, ist gescheitert. [Keine Ausnahme zugunsten der Franzosen; Semler] *Schwere Fälle:* Beihilfe zur Flucht, Briefschmuggel, Umgehung der Zensur durch Geschenk oder Briefmarken, Briefwechsel unter Deckadresse; *mittelschwer:* gemeinsames Fotographieren. *Leichter:* gemeinsames Klavierspielen, Schüler [spricht], um sich zu üben, mit Gefangenen Französisch. – Franzosen nehmen keine Sonderstellung ein.– Fall [*GenStA Hamm:* Besondere Aufmerksamkeit bei Umgang mit Geistlichen. Falls hier bei Geistlichen Verfehlungen festgestellt werden, ist strengstens einzuschreiten.]

2. Polen und Juden durch Staatssekretär Freisler erledigt.

3. Polen. Verlust der bürgerlichen Ehrenrechte. Soll in Urteilen gegen Polen die Nebenstrafe der §§ 32 ff. StGB verhängt werden, so bitte ich, die Fassung: „Ehrverlust", „Aberkennung der bürgerlichen Ehrenrechte" zu verwenden. Es genügt, wenn in solchen Fällen erkannt wird: „Die Folgen der §§ 32–34 StGB treten für die Dauer von ... Jahren ein" oder „Die in §§ 32–34 StGB bezeichneten Rechte werden für die Dauer von ... Jahren aberkannt." – Auch bei *Juden* anwendbar!

4. *Tagesmeldungen:* sind nicht von den Oberstaatsanwälten, sondern von den Generalstaatsanwälten zu erstatten. Material müssen sich die OStA selbst

verschaffen. Stapo hat durch Reichssicherheitshauptamt abgelehnt, täglich Berichte an Oberstaatsanwälte zu erstatten.

5. *Polizeiliches Sicherungsgeld* ist eine staatspolizeiliche Präventivmaßnahme für zwei Fälle:

a) wenn Schutzhaft nötig wäre, wegen Haftunfähigkeit aber nicht vollzogen werden kann,

b) gegen Unkler und Nörgler, die aus Dummheit, nicht aber aus Schlechtigkeit oder staatsfeindlicher Einstellung handeln.

Der Täter muß einen bestimmten Betrag auf ein Sparkonto einzahlen, das polizeilich gesperrt wird. Höhe des Betrags bestimmt Stapo. Bei Kranken wird er so hoch angesetzt, dass er einen Ausgleich für die nichtverbüßte Schutzhaft ist. Im übrigen ist er je nach dem persönlichen Verschulden verschieden hoch. Die wirtschaftlichen Verhältnisse des Beschuldigten dürfen aber nicht zerrüttet werden. Zinsen und Zinseszinsen werden gutgeschrieben. Bewährt sich der Beschuldigte, dann wird der Sperrvermerk aufgehoben, wird er rückfällig, bekommt NSV das Geld. Sofort berichten, wenn in einer bei der Justiz anhängigen Sache polizeilich Sicherungsgeld festgesetzt wird.

6. Himmelfahrt und Fronleichnam 1941: VO vom 15.5.1941 (RGBl.I, 269) versetzt sie auf den nachfolgenden Sonntag. RV vom 7.6.1941 fordert hohe Geldstrafen für alle Zuwiderhandlungen, insbesondere Prozessionen, Hochämter, Gottesdienste mit sonntäglichem Charakter und Aufforderungen dazu. Schwierigkeiten sind nicht berücksichtigt. ... Dazu jetzt RV vom 6.11.1941. – Wegen V. vom 27.10.1941 (RGBl.I 662) Allerheiligen-Tag 1.11.1941 bis auf Anweisung nichts unternehmen.

Mitteilungen des Kammergerichtsrates Westphal:

1. *Wiederverleihung der Rechte aus §§ 32 ff. StGB.* Können diese Rechte getrennt werden? a) Grundsatz: Einheitliche Wiederverleihung, b) Ausnahme: Wehrwürdigkeit kann ohne Amtsfähigkeit wieder verliehen werden, dann muß aber nach Kriegende geprüft werden, ob auch die Amtsfähigkeit wieder verliehen werden soll. Hat der Wehrunwürdige auch die Eidesfähigkeit verloren (§ 16 StGB), dann muß ihm diese wieder verliehen werden, damit der Betreffende den Fahneneid leisten kann. Für die Wiedererlangung der W. ist es ohne Einfluß, ob der Betreffende auch eingezogen wird. Eine entsprechende Bedingung kann also nicht gestellt werden. Es wird sich auch um seltene Ausnahmefälle handeln.

2. Das *Sonderreferat in Gnadensachen* ist direkt unter Sommer Freisler unterstellt.

3. *Aussagegenehmigung für Parteimitglieder*: Grundlage G. vom 1.12.1936 (RGBl.I 994). Wer über Erteilung entscheidet, ist geregelt in der VO vom 2.12.1936 (RGBl.I 997) Parteikanzlei beschwert sich, dass Anträge auf Erteilung zu kurzfristig vorgelegt werden. Zwischen dem Zugang des Antrags und der Hauptverhandlung sollen mindestens drei Wochen liegen. Da dadurch die Hauptverhandlung unnötig verzögert wird, soll der Antrag schon vor der Terminsanberaumung vorbereitet werden, sobald sich übersehen wird (!), dass die Aussage gebraucht wird.

4. [*Bericht von Semler:* Auf die besonderen Gefahren des *Schwarzsendens* ist vom OKH verwiesen (Störung der Eigensendungen und Spieonageverdacht). Alle

beteiligten Kreise (Amateurvereinigungen pp.) sind unterrichtet. Subjektiver Tatbestand und Kenntnis der Strafbarkeit sind daher genügend geklärt. Nachdrücklichstes Einschreiten. Grundsätzlich als Landesverrat (§ 91 b StGB) zu behandeln (s. RV vom 30.4.1941), grundsätzlich Zuchthaus.] Ziff. 5 u. 6 unten S. .

Kriegsstrafrecht: Vortrag des Oberregierungsrats Gast vom Propagandaministerium: Wir stehen vor dem dritten Kriegswinter. Das Volk hatte nicht damit gerechnet. Es durfte annehmen, dass der Krieg in diesem Winter beendet würde. Nunmehr muß es über diese Zeittäuschung hinweg gebracht werden. Das Propagandaministerium geht mit schweren Vorbelastungen in den Winter. Wir müssen mit häufigen und starken Luftangriffen rechnen. – Das Volk ist verstimmt über die Mangellage auf vielen Gebieten. Kohle kann nicht mehr viel herangeschafft werden. Wir müssen mit dem Vorhandenen auskommen. Die Zuteilung kann bis Weihnachten gehalten werden. Das Volk hatte gehofft, dass die im Frühjahr genommenen 100 Gr. Fleisch wieder zugeteilt würden. Ausgeschlossen. Mit weiteren Fleisch- und Fettkürzungen ist zu rechnen. Texilien gibt es kaum noch, ebenso wenig Schuhe. Ärzte fehlen allenthalben.

Das Volk ist über den vollen Ernst der Lage noch nicht aufgeklärt. Die Propaganda hat es bisher vermieden, die Erinnerungen an den Weltkrieg wachzurufen. Die Engländer – Blut, Tränen – haben es von ihrem Standpunkt richtig getan. Denn sie konnten auf den endgültigen Sieg von 1918 verweisen. Für uns ist es jetzt Zeit, die nackte Wahrheit zu sagen. Wir haben noch genügend propagandistische Reserven, die auch darüber hinweghelfen, dass große Siege für den Winter kaum zu erwarten sind und deshalb nicht stimmungshebend sind. Das Volk muß wissen, dass allenthalben ein Notstand herrscht und deshalb ist es unbedingt nötig, alle Kriegsverbrechen zu verfolgen. Aber auch alle! Vor allem muß vermieden werden, dass „hohe Paten" die Strafverfolgung hintertreiben. Das Propagandaministerium will solche Fälle wissen und im Lagebericht dem Führer direkt vorlegen.

Freisler: 1. Die „hohen Paten" sind eine Kardinalfrage der Rechtspflege geworden. Alle Fälle sollen in die Lageberichte aufgenommen werden, damit sie dann an das Propagandaministerium weitergegeben werden können.

2. Die Justizpressestellen sollen rechtzeitig und ausreichend unterrichtet werden. Es soll größten Wert auf richtige Nachrichtenpolitik gelegt werden. Es ist falsch – wie es geschehen ist – das Urteil über den Juden zu verschweigen, der 60.000 Eier gehamstert und nur 2 1/2 Jahre Gefängnis erhalten hat.

3. Vorziehungen durch Verwaltungsbehörden müssen unbedingt vermieden werden. Es darf nicht vorkommen, dass Reiche sich durch Zahlungen von Ordnungsstrafen loskaufen und Arme der Justiz überliefert werden und Strafen erhalten, die ins Strafregister kommen. Solche Fälle sind zu berichten.

4. Alle Anweisungen über Strafanträge gehen unter der Voraussetzung, a) dass der Bericht des Staatsanwalts zutrifft, b) dass sich die Sachlage in der Hauptverhandlung nicht ändert.

5. Besonders stimmungsdrückend wirken drei Erscheinungen:

a) Tausch von Mangelware. Deshalb Beobachtung im ganzen Reich. Es soll versucht werden, mit § 22 der Kriegswirtschaftsverordnung vorzugehen.

b) Verkauf nur an Bekannte. Leute stehen umsonst Schlange (§ 1 Ziff. 3 Verbrauchsregelungsverordnung).

c) Bestechen von Angestellten. Straf-Bestimmungen werden in der Regel fehlen.

6. *Schwarzschlachtungen, ein Massendelikt,* das unbedingt unterbunden werden muß. Bei der Strafhöhe soll nicht mit der Waage gemessen werden. Insoweit ist RV vom 21.7.1941 überholt, nach der Schwarzschlachtungen auch bei Fleischmengen von 1–2 Zentnern dem Einzelrichter im einfachen Verfahren überlassen werden sollen, wenn für eigenen Haushalt, nicht aber aus Gewinnsucht und zum Weiterschieben schwarzgeschlachtet worden ist. [...]

Mitteilungen von MinRat Westphal:

5. *Heimtückesachen*: Immer prüfen, ob nicht auch § 4 der Volksschädlingsverordnung vorliegt. Ausnutzung des Kriegsstrafrechts als Strafschärfung. Kein Strafbefehl, hohe Strafen.

6. Auf die besonderen Gefahren des Schwarzsendens ist vom OKW verwiesen, (Störung der Eigensendungen und Spionageverdacht). Alle beteiligten Kreise (Amateurvereinigungen pp.) sind unterrichtet. Subjektiver Tatbestand und Kenntnis der Strafbarkeit sind daher genügend geklärt. Nachdrücklichstes Einschreiten. Grundsätzlich als Landesverrat (§ 91b StGB) zu behandeln (s. RV vom 30.4.1941), grundsätzlich Zuchthaus.

3. Roland Freisler: Strafrecht und Fremdvölker im Reich

Das Reich hat seine Aufgabe der Ordnung in unserem Erdteil wieder übernommen. In dem Maße der erfolgreichen Übernahme dieser Ordnungsaufgabe hat es nicht nur ermöglicht, dass alle in Mitteleuropa geschlossen siedelnden Deutschen im Reiche selbst wieder ihre Heimstätte finden konnten, sondern im Zuge dieser Entwicklung sind in den Bestand des Reiches auch Fremd-Völker aufgenommen worden. Darüber hinaus erstreckt sich der Machtbereich des Deutschen Reiches eben infolge seiner Ordnungsfunktion über weite Gebiete, in denen Fremdvölker ausschließlich oder doch vorwiegend siedeln. Diese Entwicklung hat – durch das Bedürfnis an Arbeitskräften für die Arbeitsstätten des Reiches außerordentlich unterstützt – weiter eine Entwicklung gezeitigt, die dazu führt, dass Millionen fremdvölkischer Arbeiter im Reiche selbst tätig sind. Diese Völker stehen zum Reiche und zum deutschen Volke ganz verschieden. Verbündete kommen zu uns, um uns in der kriegswichtigen Arbeit zu helfen. Angehörige von Völkern, deren Gebiet die deutsche Wehrmacht im Laufe des Krieges besetzt hat, kommen freiwillig zu uns. Und andere Völker senden auf Grund von Dienstverpflichtungen Arbeitskräfte hierher. Gemäß der äußerlich völlig verschiedenen Lage ist auch die innere Einstellung dieser Fremdvölker zu uns und die unsrige zu ihnen verschieden. Dieser neuen Entwicklung muß unser Recht und unsere Rechtspflege, vor allem unsere Strafrechtspflege, Rechnung tragen.

Kurz vor seinem Tode hat der verstorbene Reichsminister der Justiz in einer Rede in Danzig darauf hingewiesen, dass zwar jeder, der im Reiche lebt, unter einem Recht stehen und nach diesem Recht behandelt werden müsse, dass es aber durchaus nicht notwendig sei, dass dieses Recht für die Angehörigen aller verschiedenen Völker, die im Reiche wohnen oder sich doch in ihm aufhalten, das gleiche sein müsse.

Es ist nicht möglich, für die Behandlung der Angehörigen fremder Völker im Reich überall strafgesetzliche Bestimmungen zu erlassen oder die Strafrechtspflege betreffende Verwaltungsbestimmungen herauszubringen. Das wäre auch untunlich. Nirgends mehr als auf diesem Gebiete ist deshalb ein *sehr feines Sicheinfühlen in die politische Lage* auf Seiten derjenigen erforderlich, die die Strafrechtspflege leiten.

Es ist selbstverständlich, dass *Angehörige der uns verbündeten Völker* strafrechtlich in jeder Beziehung unter demselben Schutze stehen müssen und dieselben Rechtsgarantien des Prozeßganges erfahren müssen und dass für sie dasselbe Strafrecht gelten muß wie für Deutsche. Sie sind unsere uns verbündeten im Kampfe und beistehenden *Gäste.* Dazu ist überhaupt nichts Weiteres zu sagen. Dass trotzdem infolge der Verschiedenheit der nationalen Charaktere hier und da Schwierigkeiten entstehen können, ist richtig. Sie müssen eben mit Feingefühl und Takt gemeistert werden. Die Herren Generalstaatsanwälte werden in ihren Bezirken hierauf sicher ihre persönliche Aufmerksamkeit richten. Das eben Gesagte gilt nicht nur für das Strafverfahren bis zur Verurteilung, sondern ebenso für den Strafvollzug.

Schwieriger ist schon die Aufgabe der Strafverfolgungsbehörden in den Fällen, in denen Angehörige von Fremdvölkern, die vielleicht bisher Kriegsgefangene waren, freiwillig als Arbeiter hier blieben oder alsbald hierher wieder zurückkommen, weil sie sich in der Heimat freiwillig als Arbeiter nach Deutschland melden. Bei ihnen braucht *nicht diejenige innere Einstellung* zu uns bestehen, die *wir bei Angehörigen verbündeter Völker* voraussetzen können. Zu ihnen braucht auch bei uns nicht dieselbe Einstellung zu bestehen. Die besondere Schwierigkeit der Lage wird hier nicht selten dazu führen, dass strafbare Handlungen nicht an die Justiz herangetragen werden, sondern in anderer Weise, etwa durch Abschieben der Betreffenden in die Heimat oder auch durch eine mahnende Verwarnung erledigt werden. Das ergibt sich aus den besonderen Verhältnissen des Krieges. Kommen solche Fälle an die Strafverfolgungsbehörden und wird Anklage erhoben, so kann im großen und ganzen auch hier nur das gesagt werden, was ich zu der ersten Gruppe bei uns wohnender und arbeitender Angehöriger von Fremdvölkern gesagt habe. Auch hier müssen die Herren Generalstaatsanwälte ihr persönliches Augenmerk darauf richten, dass im Einzelfalle alles richtig läuft.

Es ist selbstverständlich, dass neben diesen beiden Gruppen *eine ganz andere Stellung die Angehörigen derjenigen Völker einnehmen, die sich europaunwillig und europaunfähig erwiesen haben.* Ich nenne da die Polen und die Juden.

1. Die Polen [vgl. VO vom 4.12.1941 über das Strafrecht gegen Polen und Juden, RGBl.I 1940, 759].

Den Herren Generalstaatsanwälten ist bekannt, dass die Polizei, gestützt auf einen Erlaß des Herrn Reichsmarschalls für das Großdeutsche Reich, eine polizeiliche Jurisdiktion über bestimmte Handlungen von Polen in Anspruch nimmt und ausübt. Es handelt sich dabei um Handlungen, für die eine Strafbestimmung in Gesetzesform nicht besteht, die aber das deutsche Volk nicht dulden kann, insbesondere um den Geschlechtsverkehr von Polen mit deutschen Frauen, soweit er nicht als Notzucht oder weil er an Mädchen im Schutzalter begangen wird, gesetzlich strafbar ist. Außerdem kommen Delikte der Arbeitsplatzflucht oder des Arbeitsdisziplinbruches in Frage, bei denen die Justiz vor dem schwierigen Problem steht, ohne sich selbst aufzugeben, einen Strafvollzug an Polen aufzubauen, der diesen bei ihrem ihnen gewohnten niedrigen Kulturniveau wirklich als Härte erscheint, und bei denen andererseits diejenigen Behörden, die für den Arbeitseinsatz der Polen verantwortlich sind, eine Form der strafähnlichen Reaktion wünschen, die möglichst wenig Arbeitszeit des einzelnen Polen verloren gehen läßt. Zu diesen beiden Fällen habe ich nichts weiteres auszuführen.

Handelt es sich um Taten, die nach unserem Strafrecht gesetzlich mit Strafe bedroht sind, so ist die Justiz zweifellos zur Aburteilung zuständig. In all diesen Fällen müssen die Justizbehörden sich darüber klar sein, dass das Ergebnis der Aburteilung eines Polen etwa wegen eines Notzuchtfalles oder wegen eines Sittlichkeitsdeliktes an Mädchen im Schutzalter oder wegen gleichgeschlechtlicher Sittlichkeitsdelikte mit Deutschen nicht milder ausfallen darf als die Behandlung eines Polen in polizeilicher Jurisdiktion wegen Geschlechtsverskehrs mit einer Deutschen. Wir kämen sonst zu einer *Inkongruenz der polizeilichen und Strafrechtspflegemaßnahmen gegenüber Polen*, die *untragbar* ist. Eine solche harte, scharfe Rechtspflege ist um des Schutzes unserer deutschen Frauen und Kinder willen, darüber hinaus aber auch um des Schutzes der Ordnung im Reiche willen bei der Eigenart der Polen und bei ihrer großen Zahl im Reich, insbesondere auch angesichts der Tatsache, dass vielfach in den Dörfern und in den einzelnen Bauernhöfen die Männer nicht zu Hause sind, dringend erforderlich. Wenn sie bisher gesetzlich nicht selten auf Schwierigkeiten stieß, da die Voraussetzungen der Volksschädlingsverordnung oder der Gewaltverbrecherverordnung vorliegen mußten, so ist das bereits durch die vorletzte Strafrechtsnovelle für Sittlichkeitsdelikte beseitigt worden. Und durch das in Kürze zu erwartende besondere Polenstrafrecht, das auch für Polen aus den Ostgebieten, die sich im Altreich aufhalten, gelten wird, werden die letzten Schwierigkeiten beseitigt werden. Darauf werde ich zur Unterrichtung der Generalstaatsanwälte aus dem Altreich weiter unten noch zurückkommen. Schon jetzt muß aber darauf hingewiesen werden, dass Polen gegenüber die Gewaltverbrecherverordnung selbstverständlich vernünftig ausgelegt werden muß. So kann ich es nicht für richtig halten, wenn ein Gericht in folgendem Falle Gewaltverbrechen ablehnt: Drei Polen legen ein siebenjähriges Mädchen, das sich nicht wehrt, auf ein Bett, ziehen ihm den Schlüpfer herunter und mißbrauchen es nacheinander. Das vereinte Zusammenwirken von drei Männern muß meines Erachtens in einem solchen Falle dem Gebrauch einer Waffe gleichgeachtet werden, also als gleichgefährliches Mittel im Sinne der Gewaltverbrecherverordnung angesehen werden. Der Herr Oberreichsanwalt ist gebeten worden, in diesem Falle außerordentlichen Einspruch einzulegen.

Zu § 4 der Volksschädlingsverordnung ist folgendes zu bemerken: Wenn es mir auch richtig erscheint, dass die Tatsache allein, dass der Pole ohne den Krieg nicht nach Deutschland gekommen wäre, zur Feststellung der Ausnutzung besonderer Kriegsverhältnisse meist nicht genügen wird, so sind doch bei genauerem Zusehen in fast allen Fällen die Voraussetzungen der Volksschädlingsverordnung feststellbar. Es ist nur erforderlich, daran zu denken, dass, wenn nicht gerade auf dem betreffenden Bauernhofe selbst, so doch im Dorfe oder in der Stadt, zahlreiche Männer abwesend sind und dadurch der allgemeine Gemeinschaftsschutz verringert ist; oder dass infolge des Krieges der polnische Arbeiter wegen des sonstigen Arbeitermangels Zutritt zu manchem bekommt, wozu er sonst keinen Zutritt hätte; dass die Behörden, insbesondere die Sicherheitsbehörden, mit einer geringen Zahl von Kräften und noch dazu mit Ersatzkräften weitgehend arbeiten müssen. Das und vieles andere wird in fast allen Fällen gestatten, die Voraussetzungen der Volksschädlingsverordnung anzunehmen, wenn es sich um schwere Taten handelt.

Bleibt nur als letzte Schwierigkeit die Frage des Tätertyps. Es ist Bestandteil des Grundsatzes, dass jeder zwar nach einem Rechte behandelt werden muß, dass dieses Recht aber nicht für die Angehörigen der verschiedenen Völker dasselbe zu sein braucht, wenn ich hervorhebe, dass der Tätertypgedanke, der und bei Deutschen allein eine sachgemäße, nach der mildernden und der schärfenden Seite hin gerechte Kriegsstrafrechtspflege ermöglicht hat, durchaus nicht dieselbe Rolle gegenüber Angehörigen des polnischen Volkstums oder gegenüber Juden spielt. Er kann hier nur herangezogen werden, um den Schutz des deutschen Volkes zu verstärken. Das liegt letzten Endes daran, dass das Strafrecht gegenüber Deutschen und den diesen gleichzustellenden den Sühne- und Schutzgedanken zu einer harmonischen Einheit gestalten muß, während gegenüber Angehörigen eines europaunwilligen und europa-unfähigen Volkes der Schutzgedanke durchaus dominiert.

Freilich wäre es unrichtig und der deutschen Rechtspflege meiner Ansicht nach nicht würdig, jedes Maß gegenüber Polen aus den Augen zu lassen. So scheint mir folgender Fall weit über das Ziel zu schießen: Ein 18jähriger Pole verläßt verbotswidrig seinen Arbeitsplatz, um heimzuwandern. In einer Nacht schneidet er das Fliegenfenster der Speisekammer eines Bauernhofes auf und stiehlt daraus ein Brot (1. Todesurteil); in der nächsten Nacht holt er in gleicher Weise aus der Speisekammer eines anderen Bauernhofes ein halbes Pfund Butter und trinkt eine Satte Milch aus (2. Todesurteil). In der dritten Nacht holt er von der Wäscheleine eines Hofes ein ärmelloses Hemd (im Urteil Herrenpolohemd genannt).(3. Todesurteil) usw. bis zu einem 6fachen Todesurteil. Wenn Polen gegenüber ein anderes Maß angewandt werden kann und muß, so muß es doch ein Maß geben!

Wenn ich von der erforderlichen Härte gegenüber Polen sprach, so darf aber eines nicht vergessen werden: Verdachtsstrafen darf es auch hier nicht geben. Der Sachverhalt, wegen dessen der Betreffende verurteilt wird, muß feststehen.

Mir scheint, dass bei richtigem Sich-Hineinleben in die Lage und die Bedürfnisse des Reiches und des Volkes der deutsche Staatsanwalt und der deutsche Richter sich zu diesem Strafrecht gegen die Polen auch dann bekennen kann, wenn er nicht an die furchbaren Greuel denkt, die in den deutschen Ostgebieten die Polen an den Deutschen begangen haben. In den wiedereingegliederten Ostgebieten hat auch ein angemessenes Polenstrafrecht sich in der Strafrechtspflege tatsächlich durchgesetzt. Dagegen habe ich sowohl aus Urteilen als aus Einzelberichten wie auch aus allgemeinen Lageberichten mehrfach entnommen, dass in verschiedenen Teilen des Reiches, ganz besonders in Westen, aber nicht nur dort, Rechtswahrer Bedenken haben, eine solche starke Strafrechtspflege Polen gegenüber auszuüben. So ist es dazu gekommen, dass in einem Fall im Westen der Vorsitzende des Gerichts dem amtierenden Staatsanwalt gegenüber sein Erstaunen über einen übrigens nicht auf Todesstrafe lautenden Strafantrag zum Ausdruck gebracht hat, der hier im Hause gebilligt worden war. So ist mir aus zwei Bezirken mitgeteilt worden, dass allgemein eine Scheu vor einer solchen Strafrechtspflege bestehe; aus einem Bezirk sogar, dass Rechtswahrer besorgten, im Zuge der weiteren Entwicklung in den russichen Osten abgeordnet zu werden und dort dann eine Rechtspflege von besonderer Schärfe ausüben zu müssen. Das letzte empfinde ich ganz besonders peinlich. Mir scheint, jemand, der nicht bereit ist, mit den erforderlichen Mitteln Ordnung, Ruhe und Arbeit in den Gebieten zu sichern, die der deutsche Soldat unter schweren Blutopfern in den letzten Monaten erobert hat, darf auch nicht den Anspruch erheben, deutscher Rechtswahrer bleiben zu wollen. Ich muß die bestimmte Erwartung aussprechen, dass die Rechtswahrer der Justiz sich bis zum letzten und ausnahmslos die Gedanken eines für das Reich notwendigen Strafrechtes gegenüber Polen zu eigen machen und bin sicher, dass die Herren Chefs dafür sorgen, dass diese Bejahung in ihren Bezirken allgemein ist.

Im übrigen ist wahrscheinlich, dass in Kürze ein eigenes Polenstrafrecht als Verordnung des Ministerrats für die Reichsverteidigung gemäß den Vorschlägen des Reichsministers der Justiz erlassen [VO v. 4.12.1941] und in Kraft treten wird. Dieses wird in 12 Artikeln das gesamte materielle Strafrecht, Verfahrensstrafrecht und Vollzugsrecht enthalten. Es ist in einer Gemeischaftstagung der Chefpräsidenten und Generalstaatsanwälte der wiedereingegleiderten Ostgebiete vor knapp einem Jahre [unten im Anhang unter 5a] als Entwurf erarbeitet und seitdem weiter durchgearbeitet und zu einer Einigung aller beteiligten Ressorts über seinen Inhalt geführt worden. Es wird, was das materielle Strafrecht anlangt, auch in allen Teilen des Reiches außerhalb der eingegliederten Ostgebiete anzuwenden sein, und zwar hier auf Polen, die am 1. September 1939 im Gebiete des ehemaligen polnischen Staates wohnten oder sich ständig aufhielten und die Straftat in einem anderen Gebiet des Deutschen Reiches als in den eingegliederten Ostgebieten begangen haben. Dieses Recht werden daher auch die Gerichte und Staatsanwälte des Altreichs anzuwenden haben. Polen im Sinne der Verordnung sind Schutzangehörige und Staatenlose polnischen Volkstums. Zum materiellen Polenstrafrecht ist folgendes zu sagen: Es beginnt mit einem Hinweis, dass die Polen und Juden in den eingegliederten Ostgebieten sich den deutschen Gesetzen und den für sie ergangenen Anordnungen der deutschen Behörden entsprechend verhalten müssen und dass sie alles zu unterlassen haben, was der Hoheit des Deutschen Reiches oder dem Ansehen des deutschen Volkes abträglich ist. Darauf folgen eine Reihe von Sonderstrafbestimmungen. Danach wird mit dem Tode bedroht, wer gegen einen Deutschen eine Gewalttat wegen seiner Zugehörigkeit zum deutschen Volkstum begeht. Die gleiche Strafe und in minderschweren Fällen Freiheitsstrafe trifft gehässige oder betrügerische Betätigung, die eine deutschfeindliche Gesinnung bekundet; als Beispiel sind deutschfeindliche Äußerungen, Abreißen oder Beschädigung deutscher Behördenanschläge oder ein sonstiges Verhalten, das das Ansehen oder das Wohl des Deutschen Reiches oder des deutschen Volkes herabsetzt oder schädigt, genannt. Mit dieser Generalklausel erhält die Strafrechtspflege gegenüber Polen über die Abgegrenztheit der einzelnen Tatbestände hinaus ein Hilfsmittel, um jeder strafwürdigen Tat eines Polen angemessen begegnen zu können.

Danach folgen weitere einzelne mit dem Tode, in minderschweren Fällen mit Freiheitsstrafe bedrohte Tatbestände, die sich im wesentlichen bereits in der Verordnung finden, in der das deutsche Strafrecht in den eingegliederten Ostgebieten eingeführt worden ist. Außerdem – und insoweit ist das deutsche Strafgesetz auch in das Polenstrafrecht eingegliedert – werden die Polen bestraft, wenn sie gegen die deutschen Strafgesetze verstoßen oder eine Tat begehen, die gemäß dem Grundgedanken eines deutschen Strafgesetzes nach den in den eingegliederten Ostgebieten bestehenden Staatsnotwendigkeiten Strafe verdient. Beachtenswert ist aber, dass für diese Taten nicht die Strafrahmen des Strafgesetzbuches gelten. Das Polenstrafrecht hat keine den einzelnen Straftaten zugeordnete spezielle Strafrahmen, wenn ich von den von mir eben genannten Fällen absehe. Als Strafen gegen Polen werden Freiheitsstrafe, Geldstrafe oder Vermögenseinziehung verhängt, soweit nicht auf Todesstrafe zu erkennen ist. Auf Todesstrafe kann nur erkannt werden, wenn die im Gesetz ausdrücklich angedroht ist; darüber hinaus dann, wenn die Tat von besonders niedriger Gesinnung zeugt und aus anderen Gründen besonders schwer ist; in diesen Fällen ist sie auch gegen jugendliche Schwerverbrecher zulässig. Das gilt für alle Taten. Als Freiheitsstrafe wird Straflager von 3 Monaten bis zu 10 Jahren verhängt. Das Straflager vollstreckt die Reichsjustizverwaltung. Selbstverständlich darf auf Grund der Bestimmung, dass die Freiheitsstrafe allgemein 3 Monate bis 10 Jahre beträgt, nicht die Mindestdauer einer in einem deutschen Strafgesetz bestimmten Strafe unterschritten und auch nicht eine zwingend vorgeschriebene Strafe nicht unterschritten werden, es sei denn, dass sich die Straftat ausschließlich gegen das eigene Volkstum des Täters richtet. Auf diese Fälle, die besonders zu behandeln sind, komme ich noch zurück.

Für die Verfolgung von Straftaten von Polen ist der Verfolgungszwang im Entwurf der Verordnung aufgehoben.

Die im Verordnungsentwurf nun folgenden Bestimmungen betreffen das Verfahren. Vorläufig ist nicht vorgesehen, dass diese Verfahrensbestimmungen, die eine außerordentliche Erleichterung und Freierstellung für das Gericht bedeuten, und die voraussetzen, dass der deutsche Richter jedenfalls die allgemein erprobten Grundsätze richtiger Wahrheitserforschung anwendet, auch von den Altreichgerichten angewandt werden. Ich glaube aber, dass die Entwicklung sehr schnell, und zwar schon in den ersten Durchführungsvorschriften dazu führen wird, auch den Altreichgerichten das gleiche Verfahren zu ermöglichen, das den Gerichten in den eingegliederten Ostgebieten zur Verfügung gestellt ist. Es ist nämlich nicht einzusehen, warum ein Pole vor Gericht im Altreich mehr Rechte haben soll als in den eingegliederten Ostgebieten. Das gilt m.E. auch für die in der Verordnung vorgesehene sofortige Vollstreckbarkeit der Urteile und dafür, dass Rechtsmittel nur der Staatswalt einlegen kann. Da aber zunächst bis zum Erlaß einer solchen Durchführungsverordnung das Verfahrensrecht des Entwurfes von den Gerichten des Altreiches nicht anzuwenden ist, gehe ich darüber hinweg.

Mit diesem Polenstrafrecht wird es ganz zweifellos möglich sein, eine Strafrechtspflege gegenüber Polen aufzubauen, die allen Bedürfnissen des Reiches Rechnung trägt.

Ich möchte nun im Anschluß noch einige besondere Fragen, die die Polenstrafrechtspflege betreffen, behandeln.

Wie ich oben sagte, hat die Verordnung, die bald in Kraft treten dürfte, ein Unterschreiten der deutschen Strafrahmengrenze dann nicht ausgeschlossen, wenn es sich im Straftaten handelt, die sich nur gegen das polnische Volkstum richten. Das liegt daran, dass wir seit 1933 unserem deutschen Strafrecht einen ganz anderen Charakter gegeben haben. Während es bis dahin viel mehr auf den allgemeinen Schutz des einzelnen gerichtet war, hat es seitdem die Funktion des allgemeinen Volksschutzes bewußt in den Vordergrund gestellt und dabei die Güter des Volkes, die bis dahin nicht oder nur mangelhaft geschützt waren, wie Lebenskraft und Ehre, ganz besonders in seinen Schutz genommen. Daher erklärt sich unsere ganz andere strafrechtliche Einstellung etwa zur Abtreibung oder zu gleichgeschlechtlichen Sittlichkeitsvergehen und –verbrechen; unsere völlig veränderte Einstellung zu Sittlichkeitsverbrechen an Jugendlichen; unsere ganz andere Einstellung zu Landes- und Hochverratsverbrechen und ähnlichem. Wir haben nun wohl die Aufgabe, dass allgemein menschlich erforderliche Maß von Ordnung auch unter den Polen aufrecht zu erhalten. Wir müssen darüber hinaus das Polenstrafrecht und die Polenstrafrechtspflege nach den Bedürfnissen des Reiches ausrichten, also unerbittlich dafür sorgen, dass dessen Ruhe und Ordnung nicht gestört, dessen Ehre und Ansehen nicht angetastet wird. Und wir müssen endlich auch dafür sorgen, dass nicht mangelnde Sühne von Straftaten von Polen dazu führt, auf Deutsche ansteckend zu wirken. Das ist m.E. bei Abtreibungen möglich, an denen Deutsche beteiligt sind oder die aus irgend welchen Gründen auf Deutsche anreizend wirken können, oder bei denen in der Person des Täters, etwa weil er gewerbsmäßig und in Gegenden, wo auch Deutsche sind, handelt, die Gefahr in sich bergen, auch auf Deutsche sich auszudehnen. Davon abgesehen aber besteht ein deutsches Interesse oder eine deutsche Verpflichtung zur Wahrung des polnischen Volkstums so, wie wir unser deutsches Volkstum wahren, selbstverständlich nicht. Das Strafrecht des ehemaligen polnischen Staates selbst hat ja das polnische Volkstum niemals in solcher Weise in den Mittelpunkt seiner Sorge gestellt. Das wirkt sich, besonders wenn wir auch gesetzlich offiziell den Verfolgungszwang gegenüber polnischen Straftaten nicht mehr haben, auf die Frage aus, ob Anklage erhoben werden soll oder nicht, und wenn die Anklage erhoben wird, auf die Frage des Strafmaßes. Vergehen, für die diese Besonderheiten in Frage kommen, sind neben einfachen und gefährlichen Körperverletzungen, die sich ganz unter Polen abspielen, und neben Beleidigungen unter Polen vor allem die oben von mir bereits genannten Delikte.

Für das Verfahren bitte ich folgende Gesichtspunkte besonders zu beachten: Wie im Vollzug muß im Ermittlungsverfahren und im Hauptverfahren, insbesondere in der Hauptverhandlung, eine Trennung von Polen und Deutschen unter allen Umständen vollkommen durchgeführt werden. Es darf nicht vorkommen, dass ein Pole und ein Deutscher in Untersuchungshaft oder in Strafhaft in *einer* Zelle sind, weil das den Deutschen nicht zuzumuten ist, auch wenn er selbst ein Rechtsbrecher ist. Auch muß, wenn irgend möglich, selbst unter Inkaufnahme prozessualer Weiterungen, die Trennung der Verfahren gegen Polen und Deutsche in der Anklage, im Hauptverfahren und in der Hauptverhandlung aus demselben Grunde durchgeführt werden.

Dass Polen Eidzeugen gegen Deutsche sind, muß nach Möglichkeit vermieden werden. Auch ist es unerwünscht, dass polnische Zeugen überhaupt in der Hauptverhandlung auftreten, wenn es sich um Verfahren gegen Deutsche handelt. Soweit ihre Vernehmung erforderlich ist, soll sie, wenn es irgend prozessual möglich ist, kommissarisch erfolgen; freilich darf das nicht im Einzelfall zu einer Schädigung des Deutschen führen, etwa dann, wenn dessen Verteidigung eine Gegenüberstellung oder Fragen an den Polen oder Ähnliches erforderlich ist. Die Durchführungsverordnung zum Polenstrafrecht wird Entsprechendes bestimmen.

2. Alles über Polen Gesagte gilt auch für Juden. Die in Bearbeitung befindliche Polenstrafverordnung wird übrigens ausdrücklich auch auf Juden ihre Geltung ausdehnen.

Es besteht Veranlassung, darauf hinzuweisen, dass nicht immer das notwendige Verständnis über die erforderliche Härte der Behandlung von Juden in der Rechtspflege beobachtet wird. So ist kürzlich folgender Fall vorgekommen: Ein Jude steht in Verdacht, Schwarzhandel mit Eiern zu betreiben. Bei ihm wird deshalb eine Haussuchung veranstaltet, und man findet 69.000 Eier, von denen infolge unsachgemäßer Lagerung fast 15.000 verdorben sind. Der Staatsanwalt beantragt 5 Jahre Zuchthaus, das Gericht erkennt auf 2 ½ Jahre Gefängnis, Todesstrafe wäre erforderlich gewesen. Dieser Fall ist deshalb besonders lehrreich und warnend, weil hier ein Jude gerade auf *dem* Gebiet ertappt ist, nämlich als Wirtschaftsschädling, auf dem der Jude überhaupt sich volksschädlich zu betätigen pflegt. Wenn wir in solchen Fällen nicht zu den härtesten Strafen kommen, so erfüllt die Rechtspflege ihre Aufgabe nicht. Ich bin sogar der Meinung, dass in einem Fall wie dem vorliegenden, ein Deutscher hätte als Volksschädling verurteilt werden müssen.

3. Vielfach sind Zweifel aufgetaucht, wie Ukrainer zu behandeln sind. Dazu ist zu sagen, dass Ukrainer weder Polen noch Russen sind. Für die allgemeine Strafrechtspflege wird das bis jetzt nur bedeuten, soweit es sich um Ukrainer aus dem Generalgouvernement handelt, da Ukrainer aus dem bisherigen Sowjetgebiet der Rechtspflege wegen Straftaten wohl überhaupt noch nicht zugeführt worden sind.

4. Referate über das Thema: „Reichsinspekteur der Staatsanwaltschaft“

a) Referat von Kramberg (Generalstaatsanwalt in Kiel) [...] *c) Ich fasse meine Ausführungen in folgenden Sätzen zusammen*

1. Es ist anzustreben, auch durch organisatorische Maßnahmen die Stellung der Staatsanwaltschaft entsprechend ihrer Bedeutung im nationalsozialistischen Führerstaat zu heben, ihre Autorität und ihre Schlagkraft durch eine einheitliche Ausrichtung sicherzustellen.

2. Dieses Ziel ist durch die Schaffung einer reichseinheitlichen Spitze *außerhalb* des Reichsjustizministeriums – Oberster Reichsanwalt – nicht zu erreichen.

3. Auch der Einsatz mehrerer Inspekteure der Staatsanwaltschaft innerhalb der Abteilung III – Strafrechtspflege des Reichsjustizministeriums ist nicht geeignet, diesem Ziele näher zu kommen.

4. Die Bestellung eines besonderen den Abteilungsleitern übergeordneten Unterstaatssekretärs zum Reichsinspekteur der Staatsanwaltschaft würde zwar eine einheitliche Ausrichtung der Staatsanwaltschaft und eine Stärkung ihrer Autorität gewährleisten, wahrscheinlich aber eine unerwünschte Versteifung des Geschäftsganges mit sich bringen, so dass – zum mindesten zur Zeit – gegen eine solche Einrichtung erhebliche Bedenken bestehen.

5. Hingegen würde der Ausbau der Abteilung III des Reichsjustizministeriums zu einer den gesamten Lebens- und Wirkungskreis der Staatsanwaltschaft betreuenden Stelle und eine Erweiterung der Vollmachten des Leiters dieser Abteilung das mit der Schaffung eines Reichsinspekteurs der Staatsanwaltschaft verfolgte Ziel verwirklichen.

b) Korreferat von Crohne

[...] *Eigener Vorschlag:* Es kann nicht bestritten werden, dass bei der vollzogenen und zu erwartenden Ausdehnung Großdeutschlands die Übersicht über die Strafrechtspflege für die Zentrale erschwert und die Gefahr einer unerträglichen Verschiedenheit in den Rechtsauffassungen und der Geschäftsbehandlung der Staatsanwaltschaften heraufbeschworen wird. Dieser kann und muß vorgebeugt werden durch noch engere Verflechtung der GStA mit dem RJM. Sie kann zunächst erreicht werden durch Besprechung aller GStA im Hause unter Vorsitz des Ministers oder Staatssekretärs und zwar mindestens dreimal im Jahre. Hierzu haben einen Monat vorher die Generalstaatsanwälte etwaige Besprechungswünsche mitzuteilen. Zwei Wochen vorher wird ihnen das genaue Programm mitgeteilt, sodass sie sich auf die einzelnen Fragen noch vorbereiten können.

Zwischen diesen alle vier Monate abgehaltenen Besprechungen im Hause finden außerdem allmonatlich in einzelnen Bezirken Besprechungen statt und zwar stets unter Zuziehung von etwa sechs bis acht benachbarten GStA. Die Bezirke und die Teilnahme der GStA wechseln. Das RJM stellt jeden Dezember ein

Jahresprogramm zusammen. Die Besprechungen werden gleichzeitig zur Besichtigung wichtiger Einrichtungen in diesem Bezirk (Strafanstalten, Ausbildungskurse usw.) benutzt. Den Vorsitz hat der GStA des betreffenden Bezirks, der das Programm spätestens 14 Tage vor Beginn allen Beteiligten mitteilt. In ihnen nimmt der Staatssekretär oder Abteilungsleiter mit den nötigen Referenten teil.

Außerdem hält der ORA am RGH je nach Bedarf mit den GStA, die Hoch- und Landesverratssachen bearbeiten, Besprechungen ab, deren Programm dem RJM rechtzeitig mitgeteilt wird, das dazu seine Sachbearbeiter entsendet. [...]

Diese regelmäßigen Besprechungen im RJM und die wechselnden Besprechungen in den Bezirken, die wieder durch die Teilnahme des RJM einheitlich ausgerichtet werden, sichern m.E. die gleichmäßige Strafrechtspflege bei der Staatsanwaltschaft.

[GenStA Hamm: *Reichsinspekteur der StA.* Möglichkeiten: Oberstreichsanwalt, 2. Reichsinspekteur eingebaut in die Abteilung 3, 3. Unterstaatssekretär für die StA, 4. Erweiterung der Aufgaben des Leiters der Abteilung 3 und Übertragung der Aufgaben des Reichsinspekteurs an diesen. – Die Vorschläge wurden abgelehnt, da eine Stärkung der Staatsanwaltschaft dadurch nicht erreicht werden kann.

Staatsanwaltschaft als Anklagebehörde: Es wurde darüber gesprochen, dass sich die Staatsanwaltschaften, die keine Sondergerichtssachen zu bearbeiten haben, zurückgesetzt fühlen. Es wurde für möglich erklärt, dass in den Fällen, wo Sachbearbeiter der örtlichen Behörde die Verfahren bis zur Anklage vorbereitet haben, diese auch unter Abordnung an das Sondergericht vertreten. – Für dringend notwendig gehalten werden laufend dienstliche Besprechungen der Oberstaatsanwälte mit den unterstellten Sachbearbeitern. Bei dieser Gelegenheit sind die wesentlichsten oberstrichterlichen Entscheidungen zu erörtern. Ermittlungen sollen weiterhin nach Möglichkeit durch die Staatsanwaltschaft erledigt werden.]

5. Anhang

a) *Besprechung mit den OLG-Präs. und Generalstaatsanwälten der eingegliederten Ostgebiete am 8.11.1940 unter dem Vorsitz des Herrn* Ministers *in Anwesenheit des Herrn* Staatssekretärs *Dr. Freisler, Herrn MinDir. Schäfer, MinDir. Dr. Crohne sowie von Sachbearbeitern der Abt. I, II u. III.*

Fragen einer besonderen Strafgerichtsbarkeit gegen Polen und Juden in den Ostgebieten und zwar

a) auf dem Gebiet des sachlichen Strafrechts und
b) auf dem Gebiet des Strafverfahrens, der Gerichtsverfassung und des Strafvollzugs.

Einleitend machte Herr *Minister* grundsätzliche Ausführungen darüber, dass eine Gleichheit der Rechtsordnung für Deutsche und für Polen und Juden weder eine Folge des Prinzips der Gerechtigkeit noch auch nötig sei, dass aber auf derselben

Ebene dasselbe Recht gelten und für den Einzelnen erkennbar sein müsse, welchem Recht er unterstellt sei.

Herr *Staatssekretär* gab sodann ein Schreiben des RFSS v. 9.10.1940 bekannt, in dem die Einführung des deutschen Strafrechts in den Ostgebieten als verfehlt bezeichnet und beanstandet wird, dass Polen und Juden nach demselben Recht und vor denselben Gerichten wie deutsche Volkszugehörige abgeurteilt würden.

Herr StS wies darauf hin, dass durch die Schaffung der besonderen Strafbestimmungen in Art. II der EinführungsVO v. 6.6.1940 (RGBl. I S. 844), zu der Frage eines Sonderstrafrechts für Polen und Juden schon grundsätzlich Stellung genommen sei und in dem vom Reichsmin.d.Inn. nicht gebilligten Entwurf einer DurchführungsVO zur EinführungsVO v. 6.6.1940 zwei weitere Sondertatbestände betr. polnische Propaganda und Abreißen amtlicher Bekanntmachungen vorgesehen gewesen seien.

Zu Punkt a: wurden an die Vertreter der Ostgebiete folgende zwei Fragen gerichtet:

1. Sollen nach den bisherigen Erfahrungen noch weitere Sondertatbestände gegen Polen und Juden geschaffen werden?
2. Ist eine weitgehende allgemeine Erhöhung der Strafrahmen (Generalklausel) erwünscht?

Zu Frage 1. vertraten die OLG-Präs. u. GStA´te übereinstimmend die Auffassung, dass grundsätzlich kein Anlass bestehe, gegen Polen und Juden in weiterem Maße als bisher ein Sonderstrafrecht einzuführen, dass das deutsche Strafrecht mit den in der EinführungsVO. enthaltenen besonderen Vorschriften genüge, um den Besonderheiten der Ostgebiete Rechnung zu tragen, und dass nur noch einige Sonderbestimmungen zur Bekämpfung der polnischen Propaganda, des Abreißens amtlicher Bekanntmachungen und des Alkoholmißbrauchs, für Begünstigung von Angehörigen (GStA Drendel – Posen) und unbeeidigte unwahre Angaben vor Gericht, für besonders gemeine falsche Anschuldigungen (OStA Capeller – Königsberg) und über Erweiterung der Strafrahmen des Heimtückegesetzes (GStA Grassmann – Danzig) zweckmäßig wären.

Vizepräs. Tautphäus – Posen betonte, dass die Anwendung des deutschen Strafrechts sinngemäß (vgl. § 2 EinführungsVO) zu erfolgen habe und dabei den völkischen und staatspolitischen Belangen durchaus Rechnung getragen werden könne und dass mindestens solange, als die staatspolitische Stellung der Polen und Juden nicht geklärt sei, für diese auch ein vom allgemeinen deutschen Strafrecht losgelöstes Sonderrecht nicht in Frage komme. Die sinngemäße Rechtsanwendung lasse auch in erwünschtem Umfang eine von den Richtern sehr begrüßte rechtsschöpferische Tätigkeit zu.

OLG-Präs. v. Steinäcker – Breslau, der noch aus anderen grundsätzlichen Erwägungen sich dagegen wandte, die Polen auf Kolonialrecht zu setzen, erklärte, dass auch auf eine vom Stellvert.d. Führers veranlaßte Umfrage bei den Gaurechtsämtern sich ergeben habe, dass keinerlei Bedenken gegen die bisherige Rechtsanwendung gegen Polen bestehen, während Juden sich im Bezirk Oberschlesien abgesehen von kleinen Zoll- etc. Zuwiderhandlungen nicht kriminell betätigen würden.

Übereinstimmung herrschte weiter darüber, dass auch bei Anwendung des deutschen Strafrechts die Polen und Juden nicht den Deutschen gleichzustellen, sondern mit größter Strenge anzufassen seien und ihre deutschfeindliche Betätigung mit den schärfsten Strafen bekämpft werden müsse *(OLG-Präs. Draeger – Königsberg). GStA Grassmann (Danzig)* erblickte nur in der polnischen Intelligenz, die bis auf die kriegsgefangenen Offiziere im wesentlichen verschwunden sei, den auch mit allen Mitteln des Strafrechts zu bekämpfenden Feind des Deutschtums, während für den polnischen Arbeiter der Grundsatz „ubi bene ibi patria" gelte. Auf eine vom *Herrn Minister* aufgeworfene Frage wurde allgemein die Auffassung vertreten, dass dieses scharfe Vorgehen bei Straftaten, die Polen und Juden nur gegen Polen und Juden begehen, nicht angebracht sei, wenn dabei nicht deutsche Belange berührt würden *(Vize-Präs. Tautphäus – Posen). OLG-Präs. Wohler (Danzig)* dagegen forderte auch für diese Fälle gleiches Maß, da entscheidend sei, dass der Pole und Jude die deutsche Rechtsordnung verletzt habe.

Zum Abschluß stellte *Herr Minister* fest, dass eine endgültige Stellungnahme zu dieser Frage nicht möglich sei, solange das Problem, was mit Polen geschehen soll, noch nicht gelöst sei.

Die *Frage 2*, ob dem deutschen Strafrecht eine Generalklausel angefügt oder der gesamte Strafrahmen des StGB für sämtliche Straftaten von Juden und Polen zur Verfügung gestellt werden soll, wurde allgemein verneint. Nur *OLG-Präs. Wohler* (Danzig) sprach sich ohne Ausdehnung auf die Todesstrafe dafür aus, und zwar einmal aus taktischen Erwägungen, um dem Einwand, das deutsche Strafrecht genüge nicht, zu begegnen, und dann, um die Richter erneut zu scharfem Vorgehen gegen Polen und Juden zu veranlassen. *OLG-Präs. Draeger* (Königsberg) erklärte eine solche Aufforderung an die Richter für überflüssig. Herr *Minister* und Herr *Staatssekretär* sprachen sich ebenfalls dagegen aus, zumal die Rechtsprechung der Sondergerichte der Ostgebiete nicht als zu milde beanstandet werden könne. Nur für den Fall, dass ein Pole Notzucht an einer deutschen Frau begeht und keinerlei Erschwerungstatbestände vorliegen, also auch nicht die GewaltverbrecherVO und die VolksschädlingsVO anzuwenden sind, wurde der Strafrahmen des § 177 StGB (bis zu 15 Jahre Zuchthaus) nach deutschem Rechtsempfinden als nicht ausreichend angesehen.

Zu dem *Punkt b)* „Sonderrecht für Polen und Juden auf dem Gebiet des Strafverfahrens und der Gerichtsverfassung" wies *Herr StS* auf die Sonderbestimmung in § 1 II der EinführungsVO v. 6.6.1940 (keine Privatklage und Nebenklage für Polen und Juden) hin und warf die Frage auf, ob neue Sondergerichte bei den Landgerichten und größeren Amtsgerichten oder fliegende Sondergerichte geschaffen werden sollen oder ob die Erweiterung der Zuständigkeit des Amtsrichters vorzuziehen sei, um in Einzelfällen dem Einwand, das ordentliche Gericht sei nicht rechtzeitig an Ort und Stelle gewesen und deshalb sei das Eingreifen eines Polizeistandgerichtes nötig geworden, zu begegnen.

Die Schaffung fliegender Sondergerichte wurde allgemein abgelehnt und zur Frage der Erweiterung der Zuständigkeit des Amtsrichters wurde nicht ausdrücklich Stellung genommen. Eine Vermehrung der Zahl der Sondergerichte wurde vor allem im Interesse der Wahrung einer einheitlichen Rechtsprechung der Sondergerichte als unerwünscht bezeichnet. Wenn geeignete Beförderungsmittel, am besten besondere Dienstkraftwagen für die Sondergerichte zur Verfügung gestellt würden, könne jedes Sondergericht in kürzester Frist tätig werden. *GStA Sturm* (Danzig) erklärte, dass im Bezirk Danzig das Sondergericht innerhalb von 6 Stunden jederzeit an Ort und Stelle sein könne. In ähnlichem Sinne äußerte sich *OLG-Präs. v. Steinäcker* (Breslau) für den Bezirk Oberschlesien.

Herr *Staatssekretär* stellte fest, dass diese Frage für die 4 Bezirke der Ostgebiete nicht gleichmäßig zu behandeln sei und dass besonders für die weiten Gebiete des Warthegaues es – auch aus taktischen Erwägungen – notwendig sei, für besondere Fälle Sondergerichte dort, wo sie tätig werden sollten, bereit zu haben, und dass das erforderliche Personal aus dem benachbarten Gerichtsbezirk beschafft werden müsse.

OLG-Präs. Draeger (Königsberg) berichtete, dass er für Notfälle schon an den meisten Amtsgerichten geeignete Richter als Ersatzrichter des Sondergerichts bestimmt habe, die jederzeit einspringen könnten, und dass er noch nie den Vorwurf gehört habe, das Sondergericht sei zu spät gekommen.

Es wurde weiter erwähnt, dass die Belastung der Strafkammern seit Inkrafttreten der EinführungsVO v. 6.6.1940 immer mehr zunehme und dass es schon wegen des Wegfalls der Rechtsmittel angebracht sei, sämtliche Strafsachen gegen Polen und Juden vor die Sondergerichte zu bringen.

b) Herr *Staatssekretär* führte weiter aus:

1. Polen und Juden seien im Strafvollzug von den Volksdeutschen getrennt zu halten. Die erforderlichen Maßnahmen hierfür seien von den Generalstaatsanwälten bereits getroffen worden. Der Strafvollzug müsse gegen Polen und Juden, wie durch AV angeordnet, verschärft sein, damit die Strafe auch als solches empfunden werde.

2. Es sei darüber geklagt worden, die jetzige Gerichtsorganisation der Ostgebiete reiche zur wirksamen Bekämpfung des Schmuggels nicht aus. Der Reichsmin.d.Fin. habe aber auf Anfrage das Gegenteil bestätigt. Immerhin solle auf besonders schnelle Abwicklung solcher Verfahren geachtet werden.

3. Der Stellvertr.d. Führers habe der Anwendung des Straftilgungsgesetzes auf Polen und Juden widersprochen. Eine praktische Bedeutung komme der Frage kaum zu, da bei Freiheitsstrafen von mehr als 5 Monaten die Löschungsfrist 20 Jahre betrage. Immerhin solle unter Hinweis auf diese geringe praktische Auswirkung auf die Anregung des Stellvertr.d. Führers eingegangen werden. Die technische Durchführbarkeit hänge dann davon ab, ob die allgemeine Verwaltung dem Richter im Einzelfall sagen könne, welcher Angeklagte Pole oder Jude sei.

4. Das Jugendgerichtsgesetz könne nicht allgemein auf Polen und Juden angewendet werden. Die Bestimmungen über das jugendliche Alter und den Strafrahmen für Jugendliche müßten gelten. Dagegen könnten die Vorschriften über die Jugendgerichte, Erziehungsmaßnahmen, Jugendarrest und Jugendstrafvollzug

nicht zur Anwendung kommen. Jugendliche Polen und Juden sollten unter sich im Erwachsenenstrafvollzug zusammengenommen werden.

Herr Minister bemerkte zu Punkt 3, dass die Nichtanwendung des Straftilgungsgesetzes auf Polen und Juden einen unnötigen Aufwand verursache, dass aber doch aus taktischen Gründen zugestimmt werden solle. Auch sonst wurde zu den aufgeworfenen Fragen von keiner Seite eine gegenteilige Meinung vertreten.

Die *OLG-Präs.* und *GStA`te* erwähnten bei der Aussprache mehrfach, dass noch keinerlei Klagen über zu langsame oder unerwünschte Tätigkeit der Sondergerichte ihrer Bezirke gekommen seien, dass vielmehr auch von Polizei und SS die Arbeit der Sondergerichte durchaus anerkannt (*GStA Sturm – Breslau* besonders für Kattowitz) und keine Änderung des jetzigen Rechtszustandes gewünscht werde (*OLG-Präs. Draeger – Königsberg*). *GStA Grassmann – Danzig* gab bekannt, dass das Sondergericht Bromberg in einem Jahr 220 Todesurteile erlassen und auf 1143 Jahre Zuchthaus erkannt habe. *Vize-Präs. Tautphäus – Posen* betonte besonders, welche Anforderungen an die richtige politische Einstellung des Strafrichters der Ostgebiete zu stellen seien, dass Vorträge und Arbeitstagungen der politischen Schulung der Richter dienten und auch die Erfahrungen der Polizei dem Richter vermittelten und wie notwendig es sei, dass auch die unteren Justizbehörden mit der Polizei und dem SD ihrer Bezirke Verbindung halten.

Zum Schluss wies *Herr Minister* noch darauf hin, dass eine gute Zusammenarbeit mit den Polizeibehörden in den Ostgebieten allgemein und nicht nur auf der Ebene der Generalstaatsanwälte erwünscht sei.

b) Besprechung über die Strafrechtspflege der eingegliederten Ostgebiete am 13.12.1940 unter dem Vorsitz des Staatssekretärs Freisler in Posen

Anwesend: 1. Staatssekretär *Dr. Freisler*, MinDirektor *Schäfer*, Mindirigent *Marx*, MinRat *Grau*, ORRat *Mielke*, AGRat *Dr. Sommer*,

2. die OLGPräsidenten *Froböss* – Posen, *Dr. Dräger* – Königsberg, *von Steinäcker* – Breslau und *Wohler* – Danzig, Vizepräsident *Tautphaeus* – Posen,

3. die Generalstaatsanwälte *Grassmann* – Danzig, *Drendel* – Posen, *Sturm* – Breslau, OStA *Capeller* – Königsberg und OStA *Dr. Knobloch* – Posen.

Zu den Fragen, die Herr Staatssekretär zu Beginn der Besprechung zur Erörterung stellte, wurde im einzelnen in folgender Weise Stellung genommen:

I. *Sollen die Polen und Juden unter ein Sonderstrafrecht gestellt werden?*

Diese Fragen wurden von allen OLGPräs. außer von Steinäcker und von den GenStAen unbedingt bejaht. OLGPräs. von Steinäcker wandte ein, dass im Bezirk Oberschlesien 3 verschiedene polnische Bevölkerungsteile vorhanden seien: 1. solche, die früher preußische Staatsbürger gewesen seien und kulturell höher stünden als die anderen, 2. die Polen im Teschener Land und 3. die Kongreß-Polen. Bei den letzteren hielt er, sofern sie im Lande bleiben sollten, ein Sonderstrafrecht für zweckmäßig, während er ein Bedürfnis hierfür bei den anderen verneinte.

Herr Staatssekretär erklärte, in der Stellungnahme des RMdJ werde besonders erwähnt werden, dass die polnische Volkszugehörigkeit bei einer Reihe von

Stämmen zweifelhaft sein werde und dass eine unterschiedliche Behandlung der eigentlichen Polen entsprechend ihrer Verschiedenheit in kultureller Hinsicht in den OLG-Bezirken Breslau, Danzig und Posen in Erwägung gezogen werden könnte.

Sodann bestand Einigkeit darüber, dass die staatliche Innenverwaltung zuständig und in der Lage sein muß, dem Richter in jedem Einzelfall auf Anfrage schnell zu sagen, wer Pole ist. Auf diese Notwendigkeit soll ebenfalls in der Stellungnahme des RMdJustiz hingewiesen werden.

OLGPräs Froböss erwartet bei der Bestimmung der Volkszugehörigkeit für Posen keine Schwierigkeiten, da die dortige Bevölkerung schon die entsprechenden Ausweise besitze. In Oberschlesien gibt es nach Mitteilung des OLGPräsidenten von Steinäcker solche Ausweise noch nicht. OLGPräs Wohler bezeichnete die in Danzig ausgegebenen Ausweise als unzureichend. Nach seiner Ansicht müssen auch die Polen gleichgültig, ob sie kulturell höher oder tiefer stehen, vollkommen gleich behandelt werden.

GenStaatsanwalt Sturm sprach sich dafür aus, dass das Sonderstrafrecht auch für Taten, die von Polen und Juden der eingegliederten Ostgebiete im Altreich begangen werden, gelten und eine von solchen Polen und Juden in den Ostgebieten begangene Tat auch im Altreich nach dem Sonderstrafrecht abgeurteilt werden soll.

II. *Verfahren und Zuständigkeit*

Sämtliche OLGPräsidenten und GenStaatsanwälte stimmten folgendem zu:

1. Polen und Juden sollen nur beim Amtsrichter und beim Sondergericht angeklagt werden. Die Strafkammer soll ausgeschaltet werden.

2. Polen und Juden können gerichtliche Entscheidungen nicht anfechten. Die Urteile des Amtsrichters und des Sondergerichts sollen sofort vollstreckbar sein.

3. Der Staatsanwalt soll zu Gunsten und Ungunsten von Polen und Juden gegen Urteile des Amtsrichters Berufung an das OLGericht einlegen können. Die Frage der Einlegung der Berufung soll durch einen anderen Staatsanwalt als den Sitzungsvertreter geprüft werden. OLGPräs von Steinäcker hatte keine Bedenken dagegen, dass die Strafkammer über die Berufung entscheiden sollte.

4. Der Generalstaatsanwalt soll ohne Einschaltung des Oberreichsanwalts beim Reichsgericht unmittelbar beim Oberlandesgericht Nichtigkeitsbeschwerde gegen Entscheidungen des Amtsrichters und des Sondergerichts erheben können.

Materiell-rechtlich sollen von dem Sonderstrafrecht alle in den Ostgebieten heimatberechtigten Polen und Juden betroffen werden, auch wenn sie die Straftat außerhalb der Ostgebiete begangen haben.

5. Das Verfahren soll sich nach der lex fori richten. Es soll aber ein Gerichtsstand des Heimatortes für Polen und Juden in den Ostgebieten geschaffen werden.

OStA Capeller und OLGPräs Dräger wiesen darauf hin, dass Sowalki und Soldau trotz ihrer Eingliederung in Bezirke des Altreichs zu den eingegliederten Ostgebieten zu rechnen seien und dass daher die Berufung des Staatsanwalts an das OLG Königsberg gehen müsse. Sofern der Gauleiter einer solchen Regelung nicht zustimmen sollte, wird OLGPräs Dräger berichten.

III. *Freiheitsstrafen und Strafbann des Amtsrichters*

Als Freiheitsstrafen und Strafbann gegen Polen und Juden sollen die Strafen des StGB ausscheiden und als besondere Strafart das Zwangslager 1. und 2. Grades geschaffen werden.

Allgemein zugestimmt wurde, dass das Zwangslager 1. Grades von 3 bis 6 Monaten bis zu 10 Jahren und das Zwangslager 2. Grades von 3 oder 5 Jahren bis zu 15 Jahren verhängt werden soll.

Über die Maßregeln der Sicherung und Besserung soll in der VO nichts gesagt werden. Die Sicherungsverwahrung wird gegen Polen und Juden nicht praktisch werden; dagegen wird die Entmannung, z.B. bei Exhibitionisten in Betracht kommen.

Es sollen daher in der VO nur folgende Strafen ausdrücklich genannt werden: Todesstrafe, Zwangslager 1. und 2. Grades, Geldstrafe und Vermögenseinziehung.

Der Strafbann des Amtsrichters soll auf 5 Jahre Zwangslager begrenzt werden.

IV. *Haftbefehl und andere Zwangsmittel*

Die OLGPräs und GenStA stimmen vorbehaltlos zu, dass die Zwangsmittel bei dringendem Tatverdacht ohne weitere Voraussetzungen zulässig sein sollen.

Dagegen bestanden teils aus grundsätzlichen Erwägungen teils aus Gründen der Zweckmäßigkeit Bedenken dagegen, dass der Staatsanwalt – nicht auch der Amtsanwalt – bis zur Anklageerhebung berechtigt sein soll, diese Zwangsmittel anzuordnen. Während die GenStaatsanwälte einer solchen Regelung zustimmten, sprachen besonders die OLGPräs von Steinäcker und Dräger sich dagegen aus und zwar vor allem wegen der Gefahr weiterer Auswirkungen in Bezug auf die richterlichen Befugnisse. Es wurde auch darauf hingewiesen, dass der Amtsrichter meist leichter erreichbar sei, als der Staatsanwalt und dass es unerwünscht sei, wenn der Amtsrichter einen Haftbefehl ablehne und der Staatsanwalt daraufhin einen solchen erlasse. OLGPräs Wohler sprach sich vor allem dafür aus, dass der StA nicht neben dem Amtsrichter sondern allein zuständig sein soll.

Herr Staatssekretär betonte, dass StAe auch bei großen Amtsgerichten tätig sein sollen und die StAe angewiesen werden sollen, ohne neues Material keinen Haftbefehl zu erlassen, wenn zuvor der Amtsrichter einen solchen abgelehnt habe. Er stellte schließlich fest, dass sich hier zwei Meinungen entgegenstehen, und erklärte, er würde vorschlagen, dem StA neben dem Amtsrichter das Recht, bis zur Anklageerhebung solche Zwangsmittel anzuordnen, zu geben und im Verwaltungsweg sicher zu stellen, dass der StA nicht auf Grund der bisherigen Ermittlungen eine ablehnende Entscheidung des Amtsrichters korrigiert.

V. *Zeugenvernehmung von Polen und Juden*

Es bestand Einigkeit darüber, dass Polen und Juden nur dann, wenn es sich nicht umgehen läßt, als Zeugen vernommen werden sollen, dass aber eine Beeidigung ausgeschlossen und die uneidliche Aussage vor Gericht unter Strafe gestellt werden soll. Während zunächst teilweise ein besonderer Hinweis des Richters an die Polen und Juden, dass ihre falsche Aussage strafbar sei, für erforderlich gehalten wurde, wurde schließlich allgemein die Auffassung vertreten, dass eine solche Belehrung zwar durch den Richter erfolgen, aber nicht Voraussetzung für die

Strafbarkeit der falschen Aussage sein soll. Auch die Angehörigen sollen in solcher Weise strafbar sein; jedoch soll dieser Besonderheit in geeigneten Fällen durch Absehen von Anklage oder bei der Strafbemessung Rechnung getragen werden.

VI. Für eine *Zurücknahme der Anklage* nach Eröffnung des Hauptverfahrens wurde ein dringendes Bedürfnis verneint. Die *Ablehnung eines Richters* durch Polen und Juden muß ausgeschlossen werden. *Strafbefehl* soll zulässig sein. Ein *Jugendgericht* soll es nicht geben. *Gegen Jugendliche* soll *Todesstrafe* nur, wenn es sich um jugendliche Schwerverbrecher handelt, zulässig sein.

VII. *Sachlich-rechtliche Bestimmungen*

Die unbeeidigte Lüge von Polen und Juden vor Gericht soll unter Strafe gestellt werden.

Durch einen allgemeinen Hetzeparagraphen soll jede dem Reich abträgliche Betätigung, z.B. das Plakatabreißen unter Strafe gestellt werden.

Einer weiteren Prüfung soll anheimgestellt werden, ob der Geschlechtsverkehr von Polen mit Deutschen bestraft werden soll.

Ein Verstoß gegen Strafvorschriften, die dem Schutz des deutschen Volkstums dienen z.B. Abtreibung und Kindestötung, soll, wenn er von Polen und Juden nur gegen Polen und Juden begangen wird, nicht verfolgt oder doch nur mit geringer Strafe belegt werden. Eine gesetzliche Ermäßigung der bestehenden Mindeststrafen wird nicht nötig sein.

Die Freiheitsstrafe soll Zwangslager und in schweren Fällen verschärftes Zwangslager sein und auf Grund einer Generalklausel soll bei besonders gemeiner Gesinnung, Gefährlichkeit und Betätigung gegen das Deutschtum die Todesstrafe zulässig sein.

Einer von MinDir Schäfer vorgeschlagenen Fassung einer über den § 2 StGB hinausgehenden, den besonderen Verhältnissen der Ostgebiete entsprechenden Generalklausel wurde allgemein zugestimmt.

Herr Staatssekretär gab sodann folgenden kurzen Überblick, wie die VO etwa gestaltet werde: 1. Allgemeine Vorschrift, wie sich Polen und Juden zu verhalten haben; 2. Er wird bestraft, wenn er gegen das Deutschtum hetzt. 3. Insbesondere wird er bestraft, wenn er gegen die deutschen Gesetze oder deren Grundgedanken (Analogie-Generalklausel) verstößt. 4. Aufzählung der Strafarten. 5. Insbesondere wird mit dem Tod bestraft: entsprechend Abschn. II der EinführungsVO vom 6.6.1940. Sodann 6. Verfahrensrecht.

Privatklage und Nebenklage sollen für Polen und Juden nicht zugelassen werden. Auch gegen sie soll nicht Privatklage sondern nur öffentliche Klage erhoben werden. Strafantragserfordernis entfällt. Die Frage der Verjährung und ähnliche Fragen sollen in späteren Ausführungsbestimmungen geregelt werden.

VIII. *Vollzug*

Die Disziplinarmittel sollen verstärkt werden. Gegen den Vorschlag, dass der Strafanstaltsleiter die Verlängerung der Strafzeit bis zu 1 Monat und der GStA bis zu 6 Monaten und dieser auch die Versetzung in das verschärfte Zwangslager anordnen kann, wandten sich die OLGPräs von Steinäcker, Wohler und Froböss. Nach Ansicht der OLGPräs von Steinäcker und Wohler sollte der Richter für eine solche Anordnung, durch die sein Urteil abgeändert werde, zuständig sein, während OLGPräs Froböss eine Verlängerung der meist langjährigen Strafzeit um 6 Monate für zwecklos erklärte.

OLGPräs Froböss und GStA Sturm sprachen sich für die Prügelstrafe aus. MinDirigent Marx wies auf die Schwierigkeiten des Vollzugs der Prügelstrafe hin und schlug dafür den vollständigen Dunkelarrest vor, durch den bisher noch jeder Widerstand gebrochen worden sei. Gegen diesen Dunkelarrest wurden von keiner Seite Einwendungen erhoben. OLGPräs Froböss und GStA Sturm hielten aber trotzdem die Prügelstrafe für unentbehrlich.

IX. OLGPräs Wohler und GStA Grassmann erklärten, dass dieses Sonderstrafrecht auch unbedingt im Gebiet der ehemaligen Freien Stadt *Danzig* gelten müsse.

Am 18. Dezember 1940 wurde ein entsprechender Entwurf einer VO ausgearbeitet und den OLGPräsidenten und GenStaatsanwälten zur Kenntnis gebracht. Diese stimmten ihm in allen Teilen zu, soweit sie nicht bei der vorherigen Besprechung ausdrücklich Vorbehalte gemacht hatten.

c) Besprechung mit den Vorstandsbeamten der eingegliederten Ostgebiete am 28.7.1942 im Reichsjustizministerium

Die Besprechung hatte folgendes Ergebnis:

A. Wie ist zu verfahren, wenn sich im Laufe oder nach Abschluß eines Strafverfahrens herausstellt, dass der Angeklagte zu Unrecht als Pole behandelt worden ist?

Auszugehen ist von Folgendem: Als Pole wird behandelt, wer nicht die amtliche Bescheinigung darüber beibringt, dass er in die Deutsche Volksliste eingetragen oder wenigstens von der sogenannten Vorerfassungskommission zur Eintragung vorgeschlagen ist. Besitzt der Angeklagte eine solche Bescheinigung nicht, beruft er sich aber trotzdem darauf, deutschen Volkstums zu sein, so bedarf es in allen *zweifelhaften* Fällen einer Anfrage bei der zuständigen Verwaltungsbehörde.

Angehörige anderer Volksteile müssen ihre Volkstumszugehörigkeit ebenfalls durch Vorlage einer Bescheinigung nachweisen.

Darüber, ob eindeutschungsfähige Polen (das sind solche, die vom Reichsführer-SS, Reichskommissar für die Festigung deutschen Volkstums gemäß § 6 Abs. 2 der Volkslistenverordnung [v. 4.3.1941, RGBl.I, 118] als solche bezeichnet werden) auch schon für die Zeit zwischen ihrer Bezeichnung und ihrer Einbürgerung nicht mehr der Polenstrafrechtsverordnung unterliegen, sollen noch weitere Feststellungen durch Rückfrage bei dem Reichskommissar für die Festigung deutschen Volkstums und dem Reichsminister des Innern getroffen werden. Weitere Mitteilung bleibt vorbehalten.

Im übrigen sind folgende Fälle zu unterscheiden:

I. *Die Volkszugehörigkeit stellt sich vor Erlaß des Urteils heraus.*

Das Polenverfahren ist dann sogleich in das allgemeine, für Deutsche geltende Verfahren überzuleiten. Heilbare Mängel sind möglichst durch Verzicht des Angeklagten zu beseitigen. Bei unverzichtbaren Mängeln sind die betreffenden Prozeßhandlungen in den für Deutsche geltenden Formen zu wiederholen. Ist die

Anklage vor dem Sondergericht erhoben und wäre sie nach der Erklärung des Staatsanwalts gegen einen Deutschen vor dem Amtsrichter erhoben worden, so wird die Sache mit Zustimmung des Staatsanwalts an den Amtsrichter verwiesen.

Ist die Tat des Angeklagten auch nach deutschem Recht strafbar, so wird er auf die Veränderung des rechtlichen Gesichtspunktes gemäß § 263 StPO hingewiesen. Ist die Tat nur nach der Polenstrafrechtsverordnung strafbar, so wird das Verfahren eingestellt.

II. *Die deutsche Volkszugehörigkeit stellt sich nach Erlaß des Urteils, aber noch vor dessen Rechtskraft heraus.*

a) Berufung ist noch nicht eingelegt. Der Angeklagte kann dann als Deutscher selbst Berufung einlegen; diese geht an die Strafkammer als das deutsche Berufungsgericht. Das Berufungsgericht stellt unter Aufhebung des erstinstanzlichen Urteils das Verfahren ein, wenn es sich um eine allein nach der Polenstrafrechtsverordnung strafbare Tat handelt. Andernfalls hebt sie das erste Urteil auf und verweist die Sache an den Amtsrichter zurück.

b) Das Verfahren schwebt bereits im Berufungsrechtszug beim Oberlandesgericht. Liegt eine nur nach der Polenstrafrechtsverordnung strafbare Handlung vor, so stellt das Oberlandesgericht unter Aufhebung des erstinstanzlichen Urteils das Verfahren ein. In allen anderen Fällen hebt es das erste Urteil auf und verweist die Sache zurück, und zwar je nach dem Antrag des Staatsanwaltes an die Strafkammer oder an den Amtsrichter.

III. *Die deutsche Volkszugehörigkeit stellt sich erst nach Rechtskraft des Urteils heraus.*

a) War die Eintragung in die deutsche Volksliste schon zur Zeit des Urteils erfolgt und nur aus Unkenntnis nicht beachtet worden, so ist die Wiederaufnahme des Verfahrens nach § 359 Nr. 5 StPO zulässig, und zwar unabhängig davon, in welche Abteilung der deutschen Volksliste der Verurteilte eingetragen worden ist.

b) Ist der Verurteilte erst nach dem Ergehen des Urteils in Abteilung 1 oder 2 der deutschen Volksliste eingetragen worden, so ist ebenfalls die Wiederaufnahme des Verfahrens zulässig.

c) Die Frage der Zulässigkeit der Wiederaufnahme des Verfahrens für den Fall, dass der Verurteilte nach Rechtskraft des Urteils in Abteilung 3 oder 4 der deutschen Volksliste eingetragen worden ist, ist in den 4 Oberlandesgerichtsbezirken bisher verschieden beantwortet worden, da sich die Volkstumspolitik die Bevölkerungsstruktur und das Tempo der Eindeutschung in den einzelnen Bezirken wesentlich voneinander unterscheiden. Vor allem in Danzig-Westpreußen wurde die Wiederaufnahme des Verfahrens in solchen Fällen für politisch untragbar angesehen. Im Warthegau spielt die Frage kaum noch eine Rolle. da die deutsche Volksliste dort ziemlich abgeschlossen ist. Dagegen wird in Oberschlesien ein Bedürfnis für die Zulassung der Wiederaufnahme des Verfahrens auch in solchen Fällen bejaht. Übereinstimmend wurde die Auffassung vertreten, dass diese Frage nur innerhalb der einzelnen Bezirke, aber nicht für alle Bezirke einheitlich geregelt werden kann.

Soweit Wiederaufnahme des Verfahrens in Frage kommt, entscheidet das erkennende Gericht über den Antrag. Handelt es sich um eine Straftat, die nur nach der Polenstrafrechtsverordung strafbar ist, so wird das Verfahren unter Aufhebung des früheren Urteils sofort eingestellt; im übrigen wird die Hauptverhandlung erneuert. In den Bezirken, in denen die Wiederaufnahme des Verfahrens bei nachträglicher Eintragung in Abteilung 3 oder 4 der Volksliste für untragbar erachtet wird, soll die Eintragung eine Trennung des Verurteilten von Polen im Strafvollzug und notfalls einen Gnadenerweis zur Folge haben.

B. *Teilnahme Deutscher an Straftaten von Polen und Juden*
Schwierigkeiten macht nur der Fall, dass die Tat des Polen oder Juden nur nach der Polenstrafrechtsverordnung strafbar ist. Hierfür sind 4 Lösungen denkbar:

a) Verurteilung auf Grund des § 2 StGB nach einem ähnlichen deutschen Strafgesetz (z.B. bei Bekundung deutschfeindlicher Gesinnung nach dem Heimtückegesetz).

b) Bestrafung des Teilnehmers nach Ziff. I der Polenstrafrechtsverordnung, jedoch unter freier Umwandlung des Polenstrafrahmens in einen deutschen Strafrahmen, wie es in der RV vom 29.5.1942 – IIa [2] 817/42 – empfohlen wird.

c) Schaffung eines neuen Tatbestandes. Als solches kommen in Frage: *entweder:*

Wer durch sein Verhalten gegenüber einem Polen oder Juden, der der Verordnung über die Strafrechtspflege gegen Polen und Juden in den eingegliederten Ostgebieten vom 4. Dezember 1941 (Reichsgesetzbl. I S. 759) unterliegt, das Ansehen des deutschen Volkes gröblich verletzt, wird mit Gefängnis, in besonders schweren Fällen mit Zuchthaus bestraft. *Oder:*

Wer sich an der strafbaren Handlung eines Polen oder Juden beteiligt, der der Verordnung für die Strafrechtspflege gegen Polen und Juden in den eingegliederten Ostgebieten vom 4. Dezember 1941 (Reichsgesetzbl. I S. 759) unterliegt, wird, sofern er nicht nach den allgemeinen deutschen Strafgesetzen zu bestrafen ist, mit Gefängnis, in besonders schweren Fällen mit Zuchthaus bestraft.

Einhellig wurde die Schaffung eines neuen Tatbestandes für erwünscht gehalten, und zwar wurde der letztere empfohlen, weil er sich am stärksten an das Polenstrafrecht anschließt und deshalb am leichtesten zur Verabschiedung zu bringen sein wird.

C. *Ordnungsstrafen gegen Polen und Juden*
Hierzu sind in den Bezirken bisher keine besonderen Erfahrungen gemacht worden. Bedenken gegen die Zulässigkeit des Ordnungsstrafverfahrens auch gegen Polen und Juden bestehen nicht. Soweit die Umwandlung einer Ordnungsstrafe in eine Freiheitsstrafe in Frage kommt, wird sie in Straflager erfolgen müssen.

D. *Geplante Änderungen der Polenstrafrechtsverordnung*
a) Gegen die vorgesehene Ergänzung der Ziff. IX der Polenstrafrechtsverordnung durch Einfügung eines Tatbestandes, wonach auch die unwahre uneidliche Aussage in bürgerlichen Rechtssachen sowie die falsche Abgabe einer Versicherung unter Strafe gestellt werden soll, wurden Bedenken nicht erhoben.

b) die vorgesehene Höchstgrenze von 1 Jahr Straflager für den amtsrichterlichen Strafbefehl gegen Polen und Juden wird allgemein als zu gering angesehen.

In einzelnen Fällen ist schon bis zu 5 oder 6 Jahren Straflager durch Strafbefehl verhängt worden. Von einer zentralen Regelung soll deshalb abgesehen werden. In den Bezirken soll darauf hingewirkt werden, dass im allgemeinen nur einfaches Straflager bis zu 3 Jahren durch Strafbefehl verhängt wird. Soll im Einzelfall darüber hinausgegangen werden oder verschärftes Straflager verhängt werden, so ist zuvor Bericht an den RMdJ erwünscht.

In diesem Zusammenhang wurden Bedenken gegen den Erlaß des Reichsführers-SS über die polizeilichen Strafverfügungen gegen Polen und Juden erhoben. Es wurde beanstandet, dass nach dem Wortlaut des Erlasses bei allen leichten Straftaten – nicht nur bei Übertretungen – Straflager bis zu 6 Monaten verhängt werden kann und dass diese Strafverfügung sofort rechtskräftig wird. Damit werde ein großer Teil der kleinen Kriminalität den Gerichten entzogen. Vom RMdJ soll geprüft werden, ob eine nochmalige Fühlungnahme mit dem RMdI über diese Frage zweckmäßig ist.

c) Gegen die vorgeschlagene Ausdehnung der verfahrensrechtlichen Sondervorschriften der Polenstrafrechtsverordnung auch auf das übrige Reichsgebiet wurden Bedenken nicht erhoben.

IV. Arbeitstagung des kommissarischen Reichsjustizministers Schlegelberger mit den OLG-Präsidenten im Reichsjustizministerium am 16.12.1941

Die Besprechungen leitete der Staatssekretär *Dr. Schlegelberger.* Es waren weiter beteiligt Herr Staatssekretär *Freisler* und Herr Unterstaatsekretär *Hueber.*

Dr. Schlegelberger gedachte zunächst des verstorbenen Reichsministers Kerrl und des im Oktober an der Front gefallenen Generalstaatsanwalts Müller [Braunschweig].

Was besprochen wurde, zerfiel in zwei große Abschnitte: 1. Vom Personal der Wehrmacht zur Verfügung zu stellen, was irgend möglich, 2. Vorschläge für Vereinfachungen zu machen, die zum Einsparen von Kräften führen.

Dr. Schlegelberger führte aus: Die Besprechung sei vertraulich zu behandeln. Was besprochen werde, sei den Generalstaatsanwälten vertraulich mitzuteilen.

Er knüpfte an an die Zahlen, die der Führer in seiner letzten Reichstagsrede über die Verluste im Osten angegeben hat. Diese erheblichen Verluste müssen ausgeglichen werden. Deshalb ist es notwendig, dass auch die Justizverwaltung hergibt, was nur irgend möglich ist. Die zunächst bis 31.12.1941 verkündete Sperre für Unabkömmlichkeitserklärungen werde bleiben. Die mittlere Instanz müsse eingehend prüfen, was sie der Wehrmacht noch zur Verfügung stellen könne. Er erwarte eine starke Initiative. Die Chefs dürften nicht erst tätig werden, wenn sie von der Wehrmacht dazu gedrängt würden. Die Nachprüfung vertrage keinen Aufschub, sie müsse noch vor Weihnachten vorgenommen werden. Es müsse also mit weiteren, erheblichen Ausfällen an männlichen Arbeitskräften gerechnet werden. An

Ersatz sei nur durch Frauen zu denken. Für diesen Ersatz müsse schon jetzt schnell gesorgt werden, nicht erst, nachdem die männlichen Kräfte der Rechtspflege entzogen seien. Der für notwendig gehaltene Ersatz sei sofort einzustellen und zu schulen. Es müsse vorausschauend vorgearbeitet werden.

MinDir. *Dr. Schneller* bemerkte dazu, dass im Rahmen der bisherigen Bestimmungen Frauen eingestellt werden können, auch wenn sie nicht sofort gebraucht würden. Sollte die Zahl der verfügbaren Arbeitsplätze nicht ausreichen, so müsse an den Reichsjustizminister berichtet werden.

Dr. Schlegelberger fuhr fort: Es sei daran gedacht, die Arbeitszeit auszudehnen. Das könne nur für alle Geschäftsbereiche der ganzen Reichsverwaltung einheitlich geregelt werden. Er erwarte aber, dass vor allem die höheren Beamten der Justizverwaltung vorbildlich in der Einhaltung der Arbeitszeit vorangingen. – Die Maßnahmen zur Vereinfachung in der Justizverwaltung marschierten. Darüber hinaus sei daran zu denken, die Arbeit nur auf kriegswichtige Dinge zu beschränken. Auch nach dieser Richtung sei sofort das Notwendige zu tun, nicht erst nach den Feiertagen.

Staatssekretär Dr. Freisler bemerkte: Die Besprechung erstrecke sich auch auf die gesamte Strafgerichtsbarkeit. Die Generalstaatsanwälte seien daher eingehend zu unterrichten. – Im inneren Geschäftsgang machten die Berichte und Mitteilungen sehr viel Arbeit. Sie könnten aber nicht völlig entbehrt werden, da der Minister für die gesamte Geschäftsgebarung verantwortlich und daher seine Unterrichtungen notwendig sei. Im Ministerium werde ständig geprüft, inwieweit Berichte und Mitteilungen noch notwendig seien, aber auch die Außenstellen sollen ständig prüfen, ob Berichte und Mitteilungen überflüssig würden, und dann das Ministerium darauf aufmerksam machen.

Hinsichtlich der periodischen Berichte sei seine Abteilung 3 angewiesen zu prüfen, ob die Fristen innerhalb deren zu berichten sei, verlängert werden könnten. Berichtspflichten seien schon aufgehoben. Zuständigkeiten seien auf die Staatsanwaltschaften verlagert worden. So bei der Bekämpfung der Heimtücke und in Gnadensachen. Vielfach sei das Justizministerium nicht allein zu entscheiden berechtigt. Anderen beteiligten Zentralstellen widerstrebten Übertragungen nach unten. In diesen Fällen sei es aussichtslos, auf diesem Wege eine Vereinfachung nochmals zu versuchen. Aber seit Kriegsbeginn seien doch schon zahlreiche Erleichterungen gegeben worden. So auf dem Gebiete der Abtreibung durch den Erlaß vom 16. August 1939, Verfahren gegen Ordensangehörige und Geistliche, Beleidigungen der höheren Beamten, heimtückische Angriffe auf Partei, Uniform usw., Ablehnung der Sicherungsverwahrung, Delikte der Justizbeamten, Ersetzung der Jugendkammer, Besetzung der Sondergerichte, Anwendung der §§ 153, 154 StPO bei den Aufsichtsbeschwerden, bei bedingter Strafaussetzung, in Sondergerichtssachen, bei der Straflöschung, bei der Anklagestatistik.

Schon diese Vereinfachungsmaßnahmen seien nicht überall begrüßt worden. So habe der Reichsleiter Hilgenfeld nicht gern gesehen, dass die Ermittlungshilfe nicht erweitert worden sei. Die NSV wünscht dringend, sei wieder voll in Tätigkeit zu setzen.

Weiter habe der Erlaß vom 14.10.1940 in der Strafvollstreckung, vom 22.11.1939 bei jugendlichen Schwerverbrechern und Vergehen gegen Rundfunkbestimmungen, vom 6.8.1941 in der Sondergerichtsbarkeit, vom 4.3.1941 bei Revisionen, vom 5.9.1941 beim Berufsfahrer, bei der Verhandlungsdauer über 6 Tage und Straflöschungsgesuchen Erleichterungen gebracht.

Auf diesem Wege sei noch kein Abschluß erreicht, aber doch schon eine Fülle von Erleichterungen eingetreten, die sich auch bei der Zahl der Arbeitskräfte auswirken müßten. Eine Zusammenstellung sei in Aussicht genommen und werde den Mittelbehörden zugehen.

Der RV vom 10. November 1941, nach der Anklagen und Urteile möglichst kurz zu fassen sind, sei besondere Aufmerksamkeit zu widmen. Die Chefs müssen persönlich dafür sorgen, dass vor allem lange Rechtsausführungen gemieden werden. Die Kürze müsse zur guten Gewohnheit werden.

Der Aufbau im Rechtszug sei schon vereinfacht, eine Prüfung, ob man noch weiter gehen könne, habe ergeben, dass auf diesem Gebiete nichts mehr erreicht werden könne. – Das beschleunigte Verfahren sei möglichst auszudehnen. Von den § 153 StPO sei möglichst Gebrauch zu machen, doch mit Fingerspitzengefühl. Auch eine kleine Sache könne kriegswichtig sein. Auf dem Gebiete der Privatklage dürfte das Gefühl der Rechtsverweigerung nicht aufkommen. Wenn es sich wirklich um die Ehre handele, dürfe eine Verhandlung nicht hinausgeschoben werden. Wenn kein Vergleich zustande zu bringen sei, so sei zu prüfen, ob die Sache eine Hauptverhandlung verlohne. Finde sie statt, so sei die Zahl der Zeugen möglichst einzuschränken. Es sei aber zu prüfen, ob sie nicht bis Kriegsende ausgesetzt werden könne.

Das neue Polenstrafrecht sei im Druck und werde wohl heute schon herauskommen. Wenigstens für die Ostgebiete bringe es eine erhebliche Erleichterung.

Sehr dankbar würde das Reichsjustizministerium sein, wenn auf dem Gebiete des Strafvollzugs mit größter Beschleunigung konkrete Vorschläge zur Vereinfachung gemacht würden. Es müssen aber auch wirkliche Vereinfachungen sein, wenn die Vorschläge auch zunächst mehr Arbeit bringen würden, um das Aufsichtspersonal bei ihrer Einführung zu schulen.

1939 110.000 Gefangene, heute 156.000 Gefangene einschl. der eingegliederten Gebiete. Im Frieden entfielen auf einen höheren Beamten 100 Gefangene, auf einen mittleren Beamten 200 Gefangene, auf einen Aufsichtsbeamten 8,5 Gefangene. Heute auf einen höheren Beamten 174 Gefangene (im Ostgebiet 313), auf einen mittleren Beamten 361 Gefangene, auf einen Aufsichtsbeamten 10,7 Gefangene. Dabei sei in Rechnung zu stellen, dass der Anteil der Aushelfer sehr groß sei.

Unterstaatssekretär Dr. Hueber führte aus: Auf dem Gebiete der streitigen Gerichtsbarkeit seien die Zuständigkeitsgrenzen herabgesetzt worden. Man würde dies wahrscheinlich nicht getan haben, wenn man die Entwicklung der Dinge habe voraussehen können. Nachdem dieser Abbau aber einmal vorgenommen sei, könne man jetzt nicht wieder ändern. Aber auch ein Stillstand der Rechtspflege dürfte keinesfalls eintreten. Der Mißstimmung, die dadurch entstehen würde, würden sich andere Kreise bemächtigen und sie zum Nachteil der Justiz ausbeuten. Das Mittel, überflüssige Rechtsstreite auszusetzen, hätte sich nicht sehr ergiebig erwiesen.

Er sehe im übrigen keine Möglichkeit, auf dem Gebiete des Zivilprozesses, die Arbeit zu erleichtern. – In der freiwilligen Gerichtsbarkeit könnten die Umschreibungen ausgesetzt werden, soweit das der sonstige Kräftebedarf erfordere. Für weitere Anregungen würde das Justizministerium dankbar sein. Sie sollten möglichst bald gegeben werden. – Man könne daran denken, kleinere Amtsgerichte völlig stillzulegen und an ihrem Sitz nur Amtstage abzuhalten. Vorschlägen werde entgegengesehen. – Auf dem Gebiete der Vollstreckung sei keine Erleichterung möglich. – Die Arbeit der Entschuldungsstellen könne eingeschränkt werden, dürfe aber nicht völlig zum Erliegen kommen. Die Beteiligung der Staatsanwälte an den Zivilprozessen müsse weitergeführt werden. In den Berichten könnten sich die Mittelbehörden auf wesentliches beschränken. Das Wesentliche müssen sie aber bringen. – Auch in den bürgerlichen Rechtsstreitigkeiten sei mit allen Mitteln dahin zu streben, die Entscheidungen kurz zu fassen. Auch die Parteien und Anwälte seien zur Kürze zu erziehen. Vor allem auf die Anwälte sei dahin zu wirken, dass sie keine Bücher schreiben. Eine Zusammenarbeit mit dem Präsidenten der Rechtsanwaltskammer sei zu empfehlen. Die Dienststunden seien voll auszunutzen. In den Oberlandesgerichtsbezirken seien die Bestände an Arbeitskräften im Verhältnis zum Friedensstand nicht gleichmäßig. An höheren Beamten seien 50 v.H. noch vorhanden. Mehr als 60 v.H. könnten keinesfalls abgegeben werden. Freigegeben für die Wehrmacht solle werden, wer schießen könne. An den anderen Stellen der Wehrmacht sei der Justizbeamte kaum notwendig. Er werde dann besser in der Rechtspflege weiter eingesetzt.

Aus der *Aussprache* ist hervorzuheben:

In einem Bezirk sind alle Beamte freigegeben worden, die Offizier sind und nicht über 55 Jahre alt. – Bedenken, jüngere Richter freizugeben, wurden mit Rücksicht auf die Sondergerichte geltend gemacht. Ein Oberlandesgerichtspräsident sagte, dass er seine Sondergerichte überhaupt nicht mehr besetzen könne, wenn er alle jüngeren Richter freigeben müsse. – Allgemein wurde empfohlen, bei der Besprechung mit den Wehrmachtsstellen zunächst zu fragen, an welchen Wehrpflichtigen der Wehrmacht in erster Linie gelegen sei (Offiziere, Jahrgang 1910 und jünger, bereits Ausgebildete usw.). In diesem Rahmen wurde noch bemerkt, dass nicht so sehr Stabsoffiziere und Leutnants, sondern die Zwischenstufen fehlten. Die Wehrmacht scheint ein besonderes Interesse an den Jahrgängen 1914–1925 zu haben. – Zur Frage der Aussetzung wurden Bedenken geäußert, Scheidungsstreite auszusetzen, wenn Kläger ein Frontkämpfer ist. – Dagegen, Assessorinnen als Streitrichter zu verwenden, bestehen nach wie vor Bedenken. Die Bewegung ist grundsätzlich gegen jede Verwendung von Assessorinnen als Richter. Zu den Privatklagen wurde vorgeschlagen, auf die Schiedsmänner dahin einzuwirken, dass sie Vergleiche zustande bringen. Privatklagen abschneiden bedeutet vielfach eine Vermehrung der Arbeit bei den Staatsanwaltschaften.

Kleinere Amtsgerichte völlig aufzuheben, hat auch seine Nachteile. Vielfach fehlen die Notare völlig. Die Vormundschaftsgerichte sind stärker als im Frieden beschäftigt. Man sollte sich auf die Verwaltung mehrerer kleinerer Gerichte und einen Richter beschränken. – Die Papiernot ist in manchen Bezirken so groß, dass die Behörden sich untereinander aushelfen müssen. Es ist vorgekommen, dass von den Rechtsanwälten das Papier für Abschriften verlangt worden ist. – Bei der Begründung von Strafurteilen liegt heute der Nachdruck auf den Strafzumessungsgründen. – Referendare sind, soweit das angängig ist, zur richterlichen Tätigkeit heranzuziehen. Frauen sind möglichst so zu schulen, dass sie auch den mittleren Dienst vertreten können. Zur Frage des Urlaubs und der Einhaltung der Dienststunden bemerkte *Dr. Schlegelberger*: Verlängerung der Arbeitszeit müsse allgemein vom Reichsministerium des Innern geregelt werden. Urlaub sei notwendig. Es könne sich nur um das Ausmaß handeln.

Dr. Schlegelberger faßte den Zweck der Besprechung nochmals dahin zusammen. Es soll mit möglichster Beschleunigung ein Plan aufgestellt werden, was die Justiz an Wehrpflichtigen noch irgend entbehren kann. Abzuwarten ist, bis die Wehrersatzbehörden an die Justizbehörden mit ihren Wünschen herantreten. Der fertige Plan muß dann aber unbedingt vorliegen.

Die Behördenvorstände müssen sich rechtzeitig nach Ersatz durch Frauen umsehen, sie einstellen und schulen. Über die Verwendung von Frauen im richterlichen Dienst ist die Weisung des Ministers abzuwarten. Anregungen auf Vereinfachungen in der Justizverwaltung sind möglichst bald an das Ministerium heranzubringen.

Die ganze Verhandlung ist vertraulich. Darauf sind die Generalstaatsanwälte besonders hinzuweisen.

V. Arbeitstagung des kommissarischen Reichsjustizministers Schlegelberger mit den Chefpräsidenten und den Generalstaatsanwälten am 31.3.1942

Staatssekretär *Dr. Schlegelberger*: Meine Herren, ich eröffne die Sitzung. –

Seit unserer letzten Zusammenkunft hat unser Haus einen schweren Verlust erlitten. Ministerialdirigent Dr. Werner Vogels ist, wie Sie wissen, plötzlich verschieden. (Die Sitzungsteilnehmer erheben sich.) Wir beklagen den Verlust eines liebenswerten Kameraden und eines ungewöhnlich tüchtigen Mitarbeiters. Sie selbst werden zum großen Teil noch das ausgezeichnete Referat in Erinnerung haben, das Herr Vogels vor etwa einem Jahre über die Zwangsversteigerung gehalten hat. – Sie haben sich zu Ehren des Verstorbenen von den Sitzen erhoben; ich danke Ihnen.

Meine Herren, ich weiß, dass eine Reise hierher und ein Aufenthalt hier in der gegenwärtigen Zeit eine starke Belastung ist. Ich habe Ihnen diese Reise trotzdem zumuten müssen, weil wir Ihnen einige unaufschiebbare Hinweise und Mitteilungen machen müssen.

Bevor ich Herrn Staatssekretär Dr. Freisler bitte, das Wort zu nehmen, möchte ich selbst einige Worte an Sie richten, die ich als sehr ernst zu nehmen bitte. Bei jeder Zusammenkunft haben wir uns unterhalten und offen ausgesprochen über die schwierige Lage, in der sich die Justiz zur Zeit befindet; und die Herren Chefs verkennen diese Schwierigkeiten ja nicht, denn ihre Lageberichte sind voll von Klagen hierüber: Sie sprechen über die Einbuße des Ansehens der Rechtspflege durch vielfache außerjustizmäßige Behandlung von Strafdingen und von Korrektur der Urteile; und diese akute Gefahr für den Bestand der Rechtspflege dürfen wir in der Tat nicht leugnen, nicht verkennen.

Diese Gefahr wurde mir besonders plastisch vorgeführt, als mich vor etwa 10 Tagen der Führer aus dem Großen Hauptquartier anrief und mir in größter Erregung und mit heftigem Zorn über ein Urteil sprach, das vor einem norddeutschen Gericht vor einiger Zeit gefällt worden war [Fall Schlitt, Urteil des LG Oldenburg v. 14.3.1942; hierzu Hubert *Schorn*, Der Richter im Dritten Reich, Frankfurt a.M. 1959, S. 659 ff.]. Es handelt sich um einen Vorgang, bei dem ein Ehemann seine Ehefrau zu Tode gequält hatte, und der Führer sagte, er begriffe es nicht, dass, während seine besten Soldaten im Kampf verbluten, das Verbrechertum hier Zuhause so milde beurteilt würde – der Mann hatte 5 Jahre Zuchthaus bekommen –, und er hat in einem Ton und einer Diktion, die einen Zweifel an dem Ernst nicht aufkommen ließ, über die Dinge gesprochen und schärfste Maßnahmen angekündigt, wenn hier nicht Wandel geschaffen werden würde.

Meine Herren, wir dürfen uns, glaube ich, aber nicht darauf beschränken, diese Lage zu beklagen und andere für diese Lage verantwortlich zu machen, sondern wir müssen frei von jedem Pessimismus selbst prüfen, ob wir nicht in der Lage und deshalb verpflichtet sind, das Grundübel zu beseitigen oder doch zu verringern.

Wie ich selbst zu diesen Dingen stehe, bitte ich aus einem Briefe zu entnehmen, den ich aus Anlaß des letzten Gesprächs an den Führer gerichtet habe. Ich habe in diesem Brief u. a. folgendes geschrieben: „Aus voller Überzeugung teile ich Ihr Verlangen, mein Führer, nach härtester Bestrafung des Verbrechertums, und ich bitte, überzeugt zu sein, dass der Richter den ehrlichen Willen hat, diesem Verlangen zu genügen. Dauernde Belehrung mit dem Zweck, sie in diesem Willen zu stärken, und die erhöhten gesetzlichen Strafdrohungen haben dahin geführt, dass die Zahl der unter diesem Gesichtspunkt zu beanstandenden Urteile bei der Gesamtzahl der Strafurteile von mehr als 300.000 jährlich stark gesunken ist. Ich werde aber dauernd bemüht bleiben, diese Zahl noch erheblich zu vermindern und hierbei, falls es nötig sein sollte, wie schon bisher auch vor personellen Maßnahmen nicht zurückschrecken."

Meine Herren, wie schon in der allerersten Ansprache beim Tode unseres verehrten Herrn Ministers kann ich nur wiederholen: Die Grundbedingung ist die restlose Einordnung der Justiz in den nationalsozialistischen Staat; und ich wiederhole: Ich zweifle nicht daran, dass die große Mehrzahl der Richter den ehrlichen Willen dazu hat, hiernach zu handeln. Aber, meine Herren, dieser Wille allein ist gar nichts, wenn dem Willen nicht auch die Tat folgt. Ich darf Sie an den Ausspruch eines Mannes erinnern, der sein Deutschland über alles liebte, eines Mannes, der, im Liberalismus groß geworden, sich von ihm abgewandt hat und dann ein leidenschaftlicher Vorkämpfer im Kampfe gegen Parteienstaat, Marxismus und Judentum geworden ist: Heinrich von Treitschke. Heinrich von Treitschke, einer der großen nationalpolitischen Erzieher des deutschen Volks, hat einmal gesagt:

„Alle Rechtspflege ist eine politische Tätigkeit. Aus dem Geist und aus der Geschichte eines bestimmten Staats heraus soll der Richter urteilen. Die richterliche Tätigkeit muß wie keine andere immer Fühlung behalten mit der Entwicklung der Wissenschaft; aber sie soll zugleich praktisch bleiben und heimisch in den vaterländischen Institutionen."

Meine Herren, ob ein Angeklagter schuldig ist, hat der Richter zu beurteilen – ich wiederhole die bekannte Diktion – nach seiner freien, aus dem gesamten Sachstand geschöpften Überzeugung und nach der von der nationalsozialistischen Weltanschauung getragenen Rechtsauslegung. Kommt der Richter zum Schuldspruch, so muß er bei der Bemessung der Strafe beachten, dass der nationalsozialistische Staat sich die kompromißlose Bekämpfung und Ausrottung des Verbrechertums zum Ziele gesetzt hat. Das Verlangen des Führers der härtesten Bestrafung ist für den Richter ein Befehl, dem er zu folgen hat. Darin, meine Herren, dass dies so oft verkannt wird, dass der Richter seine Tätigkeit nicht als politische Tätigkeit auffaßt, dass er nicht urteilt aus dem Geiste des nationalsozialistischen Staates, liegt die tiefste Ursache dieser Krise.

Ich darf hier vielleicht zur Illustration drei Urteile erwähnen. Das erste Urteil behandelt einen Polen. Es liegt noch vor der Polen-Strafrechtsverordnung. Dieser Pole ist verurteilt worden wegen Verführung eines vierzehnjährigen deutschen Mädchens. Strafe: 1 Jahr Gefängnis. *(Bewegung.)*

Ein zweiter Fall. Ein Deutscher wird verurteilt wegen Verdunklungsdiebstahls. Er war fünfmal vorbestraft wegen Unterschlagung und Diebstahls, hatte dann elf Laubendiebstähle begangen und war wieder verurteilt worden und beging jetzt 18 Laubendiebstähle unter Verdunkelung, bekam 4 Jahre Zuchthaus. – Diese beiden Angeklagten leben nicht mehr, sondern sind auf Befehl des Führers erschossen.

Und nun lassen Sie mich aus allerneuester Zeit noch ein Urteil erwähnen, das mir vorgestern durch die Hand ging. Da ist ein Pole verurteilt worden aufgrund der Polen-Strafrechtsverordnung wegen Beleidigung eines deutschen Mädchens, und zwar auf sexuellem Gebiet, als Volksschädling: 3 Jahre verschärftes Straflager. Er hatte dieses deutsche Mädchen wiederholt unsittlich berührt und nach jeder Richtung verfolgt. Ich glaube nicht, dass dieser Mann am Leben bleiben wird.

Meine Herren, ich muß von Ihnen verlangen, dass Sie mit Nachdruck dafür sorgen, dass solche Urteile nicht mehr gesprochen werden. Ich setze mich mit meiner ganzen Person und mit unbeugsamem Willen für die Achtung vor der Justiz ein; aber ich kann diesen Kampf nur gewinnen, wenn ich mich restlos auf mein Führerkorps verlassen kann, und wer hier versagt, verletzt seine Treuepflicht und lädt auf sich eine historische Schuld!

Ich darf Herrn Staatssekretär Freisler bitten, das Wort zu ergreifen.

Staatssekretär *Dr. Freisler*: Im Kriege tritt noch viel deutlicher als sonst hervor, dass der politische Schwerpunkt der Rechtspflege die Strafrechtspflege ist. Ihre innere Sicherheit muß sich im Kriege ganz besonders bewähren. Sie erlebt auch außerhalb aller gewollten und beabsichtigten Strafrechtsentwicklung, die man füglich der entscheidenden Mitarbeit des siegreichen Soldatentums nach dem Kriege nicht vorwegnehmen darf, fast automatisch ein ganz besonderes Maß von

Kriegsproblemen, die der Lösung bedürfen. Auf den Weg, den im Gleichschritt mit den inneren Kriegsbedürfnissen des Volkslebens und mit der äußeren Machtentfaltung und Ordnungsgestaltung des Reichs in seinem Großraum das Strafrecht in Gesetzesentwicklung, Rechtsprechung und Verwaltungssteuerung genommen hat, einzugehen, ist hier nicht der geeignete Ort, ist nicht notwendig. Die Bewährung der Strafrechtspflege im Kriege hängt ganz entscheidend davon ab, dass die Haltung ihrer Träger soldatisch, nationalsozialistisch genug ist, um verantwortungsbewußt, zielsicher und schlagkräftig den absoluten Schutz der Volksgemeinschaft im Rahmen ihres Aufgabengebiets unverbrüchlich sicherzustellen. Jede theoretische Durchdringung des Rechtsstoffes hat überhaupt nur Sinn, wenn sie bewußt und allein diesem Zwecke dient. Das ist kein Abdrücken von wissenschaftlicher Rechtserfassung, sondern das bedeutet umreißen, was überhaupt wissenschaftliche Rechtserfassung ist und allein einen Sinn hat. Rechtskunde als geistiges Rechtserfassen, Rechtswahrertum als geschulte meisterhafte Fähigkeit und unbeugsamer Wille zu lebensnotwendigem Volksdienst sind keine im Ursprung voraussetzungslose und im Ziel unvorbestimmte Naturforschungen oder ähnliche Art von Wissenschaft, sondern sind Kunde von den inneren Kräften – den positiven wie den negativen – wie von den Bedürfnissen der Volksgemeinschaft, sind darüber hinaus Kennen der Mittel und Wege, die Kräfte diesen Bedürfnissen gemäß einzusetzen, zu entwickeln oder zu hemmen.

Die Kunde von Leben und Recht weist auch uns den natürlichen und sicheren Weg der Rechtsfindung. Wenn wir ihn gehen, dann kommen wir nicht so leicht zu Fehlurteilen, Eine Hauptschwierigkeit, die der deutschen Rechtspflege immer wieder erwächst, besteht aber darin, dass sie in einer Methode der Rechtsarbeit erzogen ist und dass diese Methode, die subsumierende, leicht dazu führt, dass derjenige, der sie anwendet, bei logischer Fehlerlosigkeit seiner subsumierenden Denkarbeit zugleich von der Richtigkeit ihres Ergebnisses und somit seines Urteils überzeugt ist, was dann zu schweren Erschütterungen und zu Enttäuschungen führt, während bei Anwendung der neuen Methode der Rechtsfindung und der Rechtsarbeit, die wir in diesen Jahren uns erarbeiten, sichergestellt ist, dass kein strafwürdiger Fall ohne Bestrafung bleibt. Und damit bin ich bei einem der ersten Punkte angelangt, die immer wieder Entscheidungen herbeiführen, die dem Schutzbedürfnis des Volks nicht entsprechen und die deshalb auch immer wieder zu Schwierigkeiten für die ganze Rechtspflege führen. Das kann an Hand von scheinbar ganz kleinen Fällen offenkundig werden.

Da ist folgender Fall – er ist, glaube ich, in Hagen passiert -: Einem Chauffeur eines schweren Lastwagens gefällt es nicht, dass er nur 28 Stundenkilometer fahren darf [vgl. § 36 a StVZO in d. F. von 1940]. Infolgedessen nimmt er eine Manipulation an dem Diagramm des Tachometers vor, und zwar so, dass er von der Stelle ab, wo der Strich 28 überschritten würde, über den Papierstreifen einfach einen weiteren Streifen legt, so dass jede größere Geschwindigkeit nun nicht mehr auf dem eigentlich zugehörigen Papierstreifen, sondern auf dem darüber gelegten abgezeichnet wird, und den nimmt er dann weg, und wenn die Werkkontrolle nachsieht, stellt sie fest, dass er niemals über 28 km gefahren ist, – ein Fall, der sicher nicht groß ist, der aber nicht etwa deshalb, weil er einen kleinen Lebensvorgang darstellt, für die Wahrung der Ordnung im Volk und auch für die Stellung der Justiz bedeutungslos ist.

Wie ist die Rechtspflege damit fertig geworden? Sie hat sich die Tatbestandsmerkmale der Urkundenfälschung und dann des Betruges angeguckt. Beim Betrug hat sie erklärt: er wollte sich ja keinen Vermögensvorteil verschaffen, sondern nur mehr Freizeit, und bezüglich der Urkundenfälschung – mit einer Begründung, die ich zwar nicht verstehe, aber immerhin –, das sei keine Urkunde. Damit ist der Fall für die Justiz bis jetzt aus, d.h. er wäre aus gewesen, wenn man das hier nicht gemerkt hätte, – übrigens auch ein Zeichen dafür, dass wir nicht auf alle Berichte verzichten können; denn was würde passieren, wenn wir diese vielen Dinge, die vorkommen, nicht merken würden und wenn also nicht Rechtsmittel eingelegt wären. Es ist mir einfach unverständlich, wie es möglich ist, dass ein solcher Fall von der Justiz so beendet wird. Jedermann ist klar: Ein solches Verhalten eines solchen Fahrers ist strafwürdig. Seit Jahren sind wir uns alle darüber klar, dass gerade das Wesen unseres Strafrechts darin besteht, dass alles, was strafwürdig ist, auch bestraft werden muß. Wir haben dazu auch die gesetzlich erforderlichen Hilfsmittel gegeben, in diesem Fall für den, der die Urkundeneigenschaft meint verneinen zu müssen, den § 2 des Strafgesetzbuchs [1935]. Es gibt keinen Fall im heutigen deutschen Volksleben, den nicht eine rechtskundige Anwendung unseres heute geltenden Strafrechts bestrafen könnte, wenn er strafwürdig ist. Das muß auch in jedem einzelnen Fall erzielt werden. In diesem Fall konnte es wahrhaftig sehr leicht erzielt werden. Wir haben angeordnet, dass Berufung eingelegt wird.

Da das Durchdringen der neuen Auffassung des Verhältnisses von Recht und Leben nun aber nicht Sache eines Befehls, sondern Sache einer weltanschaulich-geistesgeschichtlichen Entwicklung ist, so ist schon wegen dieser Schwierigkeit des heutigen Entwicklungsstandes der deutschen Rechtspflege eine Steuerung ihrer Arbeit aufs dringendste erforderlich, und diese Steuerung vorzunehmen, und zwar mit Zielsicherheit und Festigkeit, ist daher der erste Appell meines heutigen Vortrags.

Die Rechtspflege zu steuern – das ist eine Frage, zu der, je nach der herrschenden politischen Grundeinstellung, man verschieden stehen kann. Wir wissen, dass eine andere Zeit von ihren Grundgedanken aus mit Recht sich sehr erheblich zurückhält gegenüber jedem Wunsch, die Rechtspflege zu steuern, und zwar nicht nur allgemein gesetzgeberisch zu steuern, sondern auch allgemein verwaltungsmäßig zu steuern und im Rahmen des Notwendigen und des Bedürfnisses in der Behandlung des Einzelfalles zu steuern. Es ist nun seit 1933 kein Geheimnis mehr, dass die Führung der Justiz diese Steuerung der Rechtspflege in jeder der drei Richtungen, die ich genannt habe, als eine ihrer wesentlichsten Aufgaben ansieht, und die Arbeit der Abteilung III des Ministeriums und überhaupt die Arbeit des Reichsministers der Justiz geht ja zu einem großen Teil deutlich erkennbar in dieser Richtung. Es werden aber hier und da immer noch aus früherer Zeit und deren Anschauung stammende Bedenken gegen das Maß und die Art der Steuerung laut. Wir reden zu diesen Bedenken nicht sehr viel, weil wir der Meinung sind: Sie sind durch die Tatsachen überholt. Heute muß ich auf sie deshalb eingehen, weil natürlich dort, wo solche Bedenken dem Ministerium gegenüber etwa in Lageberichten laut werden, man annehmen kann, dass in den betreffenden Bezirken diese Bedenken gehandhabt, d.h. die Steuerung nicht in dem entsprechenden Maße gehandhabt wird, wie das notwendig ist.

Bedenken einer längst untergegangenen Art der Betrachtung richterlicher Unabhängigkeit sind durch die neue, vom Führer gegebene Aufgabenstellung der Richterarbeit überholt worden. Diese neue Aufgabenstellung, die wir aus Anlaß der Errichtung des Reichsverwaltungsgerichts im Führererlaß [RGBl. I 1941, 201] ja gelesen haben, bedingt geradezu eine solche Steuerung. Ohne sie ist eine Rechtspflege, wie sie der Führer will, und ist eine Führungsaufgabe, wie sie der Führer dem Richter gestellt hat, überhaupt nicht möglich. Diese Führungsaufgabe kann nicht einzig und allein vom Ministerium aus übernommen und durchgeführt werden. Diese Führungsaufgabe muß genau so in den Oberlandesgerichtsbezirken, und zwar dort genau so in der staatsanwaltschaftlichen Sparte wie auch in der richterlichen Sparte übernommen und ausgeführt werden. Es ist eine wesentliche Aufgabe der Herren Chefpräsidenten wie der Herren Generalstaatsanwälte, dafür zu sorgen, dass sich die Steuerung von hier, von Ihnen aus weiter überträgt bis in die Bearbeitung der einzelnen Sachen hinein. Dass das in einer Weise geschieht, die den Richter Richter bleiben läßt, das ist allerdings selbstverständlich; ich glaube, das braucht aber nicht in diesem Kreise noch besonders hervorgehoben zu werden.

Mir scheint darüber hinaus ein Weiteres notwendig zu sein. Die Justiz kann es sich, wenn sie ihre Aufgabe erfüllen will, nicht leisten, dass hier und da in einem Bezirk eine Art persönlicher Privatkrieg zwischen den beiden Chefs der beiden Sparten der Justiz besteht; denn ein solcher Privatkrieg, ein solches nicht gutes Zusammenkönnen, wirkt sich geradezu auf die Steuerung der Rechtspflege aus. Ich kann mir eigentlich gar nicht vorstellen, dass es einen Bezirk geben könnte, in dem nicht etwa wöchentlich einmal der Chefpräsident und der Generalstaatsanwalt vielleicht einmal bei dem einen, das andere Mal bei dem anderen zusammenkommen, um eine Vorschau der demnächst anstehenden wichtigsten Strafsachen und eine Nachschau der in der letzten Woche entschiedenen wichtigsten Strafsachen kameradschaftlich in einer Besprechung untereinander zu halten. In einer Reihe Bezirken ist mir bekannt, dass das geschieht, und ich glaube, es wäre von großem Vorteil und sollte eine Selbstverständlichkeit sein, dass das in allen Bezirken geschieht.

Die Führungsaufgabe der Rechtspflege ist natürlich immer bedeutungsvoll. Sie war zu Beginn des Krieges einfacher als heute. Das liegt an verschiedenem: Einmal daran, weil wir damals ganz wenige, aber sehr plastisch hervortretende Kriegsstrafrechtsbestimmungen hatten, und dann auch deshalb, weil die Probleme natürlich am Anfang noch nicht so verwickelt erschienen, wie sie jetzt vielleicht erscheinen. Die Führungsaufgabe ist also schwieriger geworden. Wir haben im ersten Teil des Krieges mit der Strafrechtspflege zweifellos Erfolg gehabt, nämlich damals, als es im wesentlichen darauf ankam, die Volksschädlingsverordnung zu handhaben. Damals ist es geglückt, mit großer Geschwindigkeit durch eine damals freilich in der

Hauptsache lediglich zentrale Führung, eine harte, strenge und im ganzen gesehen auch, soweit das möglich ist, gleichmäßige Kriegsstrafrechtspflege aufzustellen. Es ist nach einigen etwas längeren Bemühungen auch geglückt, auf dem Gebiete der Bekämpfung des Rundfunkverbrechens dasselbe zu erreichen. Je mehr wir aber nun in die Bekämpfung von Massendelikten hineinsteigen müssen, desto schwieriger wird die Führung; desto mehr muß aber auch die Führung und die Steuerung in den Bezirken selbst in den Vordergrund treten. Denn es ist nicht möglich und es ist auch nicht gut, wenn es sich um Delikte handelt, die mindestens Gefahr laufen, die Entwicklung zum Massendelikt zu nehmen, dass jeder Fall hierher berichtet wird und dann hier statt durch die Staatsanwaltschaften in den Bezirken vorbearbeitet wird. Deshalb ist gerade bei den Delikten, die jetzt im Vordergrund der Betrachtung stehen – und das sind vor allem diejenigen, die gegen die Gerechtigkeit der Verteilung von Versorgungsgütern sich richten –, die Führung in den Bezirken unbedingt notwendig und muß sich in den Vordergrund stellen. Wir können und wollen hier nicht jeden Schwarzschlachtungsfall selbst bearbeiten.

Das setzt nun freilich mehrererlei voraus. Erstens: Die Herren Chefs müssen darüber unterrichtet sein, was in ihren Bezirken vorliegt. Zweitens: Sie müssen das von der zentralen Führung für notwendig Gehaltene kennen und müssen selbst den unbedingten Willen haben, das von der zentralen Führung für notwendig Gehaltene in ihren Bezirken durchzusetzen, auch dann, wenn sie im einzelnen oder zu einzelnen Fragen und Fragenkomplexen anderer Meinung sein sollten. Das geht jedem im Führerstaat so, bis zum Führer selbst. Jeder, der in irgendeinem Punkte anderer Meinung sein sollte, muß selbstverständlich in seinem Bereich die Meinung, die letztlich vom Führer kommt, unter allen Umständen durchführen.

Ich würde nun nicht hier in unserem Kreise sagen, die erste Voraussetzung sei, dass die Herren wissen müssen, was in ihren Bezirken vorliegt, wenn ich dazu nicht dringende Veranlassung hätte. Wenn ich nun zum Beleg dafür Beispiele nenne, so kann ich immer nur ein, zwei Beispiele geben, ich habe viel mehr. Wenn dabei erkennbar ist, aus welchen Bezirken das kommt, soll das gar nicht heißen, dass in diesem oder jenem Bezirk nach dieser oder jener Richtung besonders etwas nicht in Ordnung wäre. Das liegt eben daran, dass aus der Reihe der Beispiele gerade das mir zur Hand ist.

In Berlin ist folgendes vorgekommen. Juden haben sich zur Kaffeeverteilung auch angemeldet. Sie haben nicht verschwiegen, dass sie Juden sind. Daraus sind etwa 400 Strafverfahren entstanden. Es ist dann zu einem Einstellungsbeschluß gekommen, der mit 50 Seiten begründet worden ist. In der Begründung sind erhebliche Vorwürfe gegen das Wirtschaftsamt, die absolut unnötig waren. Die Begründung kriegt einer der Juden zur Kenntnis; für die anderen 399 konnten wir es noch stoppen. Es hat niemand für nötig gehalten, dem Chef des Bezirks das Vorliegen dieses Komplexes von Straftaten oder von Strafanzeigen zu melden, und daher konnte natürlich auch der Chef in dem Augenblick, in dem wir natürlich von außerhalb der Justiz auf diese Angelegenheit aufmerksam gemacht wurden, den Fall nicht kennen. Das meine ich damit. Ich meine nicht damit etwa, dass Sie, meine Herren, nicht den Wunsch und den Willen hätten und alles daransetzen, um zu wissen, was in Ihrem Bezirk vorliegt. Aber wir merken immer wieder, dass Ihnen aus Ihren Bezirken Wissenswertes gar nicht gemeldet wird, und da würde ich, wenn ich einen solchen Bezirk hätte, allerdings ziemlich erheblich dazwischenfahren.

Ein anderer Fall: Der Fall, den Herr Staatssekretär Schlegelberger vorhin genannt hat und den ich vielleicht noch ein klein wenig eingehender schildern kann. Ein bis dahin unbestrafter Mann läßt sein Mädchen nach Wilhelmshaven nachkommen, weil er dort Arbeit findet, und heiratet sie dort. In den 4 Jahren der Ehe bringt sie 3 Kinder zur Welt; eins davon stirbt, zwei leben, und ein viertes Kind ist auf dem Wege. Während der ganzen Zeit mißhandelt er sie, die eine stille Heilige – wie die Nachbarn sich ausdrücken – ist, derartig, dass sie schließlich eines Nachts während des Fliegeralarms unter den Mißhandlungen in Geisteskrankheit verfällt. Sie muß dann in eine Geisteskrankenanstalt gebracht werden. Dort bekommt sie einen infektiösen Darmkatarrh, an dem sie nie gestorben wäre, wenn nicht infolge der Mißhandlungen und der dadurch verursachten Geisteskrankheit ihre gesamte Lebenskraft vernichtet gewesen wäre. Sie starb daran. So nicht etwa ein einseitiger Auszug von irgendeiner Seite, so übereinstimmend die Auffassung der Staatsanwaltschaft, die Begutachtung durch den Sachverständigen und die Feststellung durch das Gericht. – Urteil: 5 Jahre Zuchthaus. In diesem Zusammenhang bringe ich aber nicht die Sache wegen der 5 Jahre Zuchthaus, sondern um etwas anderes zu zeigen. Nicht etwa der Herr Generalstaatsanwalt, sondern der Oberstaatsanwalt der Oldenburger Staatsanwaltschaft – es war also im Bezirk Oldenburg – hat von diesem Fall erst am Tage vor dem Termin überhaupt erst erfahren, nämlich als er gewissermaßen als sein eigener Sachbearbeiter seine Mappe zusammenmachte, um am nächsten Tag in Wilhelmshaven die Termine wahrzunehmen. Da erfuhr er, dass bei ihm in seiner Oberstaatsanwaltschaft, die ja nun noch zu überschauen ist, in Oldenburg, ein solcher Fall überhaupt bearbeitet wird. Kein Wunder, dass der Herr Generalstaatsanwalt nichts davon wußte, denn wenn es der Oberstaatsanwalt nicht einmal weiß, dann meldet er nichts, und kein Wunder, dass wir nichts wußten. Unsere Herren hier im Hause erklären – und das entspricht auch der ganzen Übung im Hause –: Wäre dieser Fall im Hause hier gemeldet worden, er wäre sicher vor der Frage der Anklageerhebung bis zum Herrn Staatssekretär Schlegelberger hin vorgetragen worden, und es wäre also über die Bearbeitung gesprochen und eine Entscheidung gefällt worden. So weiß in einem solchen Bezirk nicht einmal der Oberstaatsanwalt davon, niemand darüber weiß davon; es wird nicht einmal geprüft, ob man die Sache vor die Strafkammer oder vor das Sondergericht bringen soll. Es kommt keiner auf die Idee: Sondergericht, sondern plötzlich findet er das als die morgen anstehende Sache vor einer Strafkammer.

Das sind zwei Beispiele, meine Herren, von denen ich glaube, dass Sie mir Recht geben, wenn ich sage: Sie berechtigen mich, Sie, meine Herren, zu bitten, alles daran zu setzen, damit Sie wissen, was in Ihren Bezirken überhaupt geschieht. Wir haben die Überzeugung: Was bis zu Ihnen kommt, das wird, wenn das erforderlich ist, auch hierher gemeldet. Da haben wir gar keine Bedenken. Aber es muß dafür gesorgt werden, dass es auch bis zu Ihnen gelangt. Ich kann mir also denken, dass Sie jetzt ernst und streng Ihre Herren anhalten, Sie auch zu unterrichten. Wir haben übrigens in der Praxis des Ministeriums die Erfahrung gemacht: Die Unterrichtung kommt nicht von selbst; man muß sie immer wieder, und zwar mit Zähigkeit, zu sich heranholen. Von selbst kommt sie nicht, und eine einmalige Bitte um Unterrichtung, auch wenn in deutlicher Form, wird auch sehr bald wieder vergessen.

Und ich sage zweitens: Sie, meine Herren, müssen natürlich wissen, was die zentrale Führung für notwendig hält, und müssen dann freilich, wie mir scheint, auch das für notwendig Gehaltene durchsetzen. Ich darf sagen, dass wir einigermaßen erstaunt waren, auf der letzten Tagung auf unseren Appell zu Zuchthaus bei Schwarzschlachtungen hier in diesem Saal z. B. die Antwort zu hören: Ja, in meinem Bezirk ist es schon viel, wenn ein altes Weiberl ein Jahr Gefängnis bekommt. Das gehört eben in dieses Kapitel hinein, dass das, was die Führung für nötig hält, auch durchgeführt wird, selbst wenn, was jedem von uns passiert, in diesem oder jenem Punkt dieser oder jener anderer Meinung sein sollte.

Wir erleben jedenfalls, dass das Nicht-im-Gleichschrittgehen mit dem zentralen Führungswillen leider auch sonst sich zum Schaden der Justiz auswirkt, nicht nur in Einzelsachen. So z. B.: Na ja, das Reich wird immer größer, und die neu einzugliedernden Gebiete sind immer ferner, und wenn dann etwa im Süden bei den Eingliederungsarbeiten neuer Grenzmarken Gedanken von der Justiz vertreten werden, die durchaus anders sind als die Gedanken, die von hier aus vertreten werden, ja, dann merken wir, dass sich das eben zum Schaden der Justiz auswirkt. Wenn meinetwegen ganz im Süden des Reichs plötzlich der Richter, ohne dass von vornherein die Chefs der Justiz sich dagegen gewandt haben, in die Lage versetzt wird, wenn auch nur vorübergehend, Urteile zu fällen, die nur Gutachten sind und deren Gültigkeit von einem Mann, der Staatsanwalt ist, erst durch eine Stempelung vorgenommen wird, dann ist das eine Methode des Aufbaus einer Justiz, die zweifellos völlig andere Wege geht, als wir sie zu gehen für richtig halten. So etwas schadet aber im Verfolg der Entwicklung der Justiz als ganzes. Denn natürlich wird einem einmal so etwas als ein Musterbeispiel entgegengehalten werden. Deshalb eben auch die Berechtigung, wie ich glaube, meiner Bitte, nicht nur Sie darüber zu unterrichten, welches der Wunsch und welches die Richtung ist, die die Führung gehen will, sondern nun auch selbst, wenn Sie anderer Meinung sind, diesen Weg wirklich zu gehen.

Heute muß die Steuerung der Strafrechtspflege besonders in zweierlei Richtung Obacht geben. Erstens: Strafwürdiges darf nicht aus sogenannten juristischen Gründen unbestraft bleiben, und zweitens: Stets muß das rechte Strafmaß gefunden werden.

Juristische Gründe, die Strafwürdiges als nicht strafbar erklären, zeigen durch dieses Ergebnis, dass sie keine juristischen Gründe sind. Ich brauche nicht noch einmal auf den Fall von dem Tachographen zurückkommen; ich möchte ein zweites Beispiel erwähnen. Der Fall spielt in Eichstätt. Da ist ein Soldat gefallen, und irgendeine Nachbarin, die ihn nicht leiden konnte, sagt: Na, da hat der Herrgott sich gerade den Rechten ausgesucht, dass er den fallen ließ. Dass eine solche Äußerung gemein ist, dass sie irgendwie von der Justiz mit einer Bestrafung beantwortet werden muß, das steht fest. Da brauchen wir nur jeder unser Gefühl zu fragen. So etwas darf man nicht sagen können. Es ist also strafwürdig, was diese Frau getan hat, und muß deshalb bestraft werden.

Es gibt verschiedene Wege. Der richtigste, schönste, grundanschaulich richtige Weg wäre der, zu sagen: Der Tote ist beleidigt, und die Ehre des Toten wird auch nach dem Tode noch gewahrt. Ich hätte gar kein Bedenken – und ich glaube, alle, die mit mir zusammen z. B. die Debatten damals in der Strafrechtskommission gehört haben, haben sicher auch gar keine Bedenken, zu einem solchen Urteil zu gelangen. Wer aber meint, das geht nicht, der darf dann auch nicht zu einem Freispruch kommen, wie es in dem Fall geschehen ist, sondern der hat noch andere Wege. Er kann z. B. die Voraussetzung dafür schaffen, dass er das Heimtückegesetz anwenden kann, oder er kann unter irgendeinem Gesichtspunkt der Beleidigung des deutschen Volks oder in ähnlicher Form zu einer Verurteilung kommen. Jedenfalls ist es vollkommen unmöglich, einen solchen einfach mit einem Freispruch zu beantworten, weil wir heute nach 9 Jahren nationalsozialistischer Strafrechtsentwicklung nicht die Möglichkeit hätten, etwas Derartiges zu bestrafen.

Das Zweite ist nun das rechte Strafmaß. Dieses Strafmaß kann in allen unseren Krieg berührenden Fragen nur ein sehr strenges Strafmaß sein. Das ist die Meinung und der Wille des Führers, den er doch wirklich oft genug öffentlich und jedermann erkennbar – ich erinnere an die erste Kriegsreichstagsrede – zum Ausdruck gebracht hat. Aber mir scheint, davon abgesehen sollte aus den vom Führer angeordneten Exekutionen das wirklich jeder erkennen, wenn er es nicht wie wir hier unmittelbar erlebt. In den Lageberichten wird, wie Herr Staatssekretär Schlegelberger auch schon hervorhob, so viel über diese Exekutionen gesprochen. Das verstehe ich auch; aber viel wichtiger ist es, nachdem Ihnen, meine Herren, ja nun schon mehrfach gesagt ist, dass diese Exekutionen ungeachtet der Art und des Wortlauts der Veröffentlichung Exekutionen sind, die der Führer angeordnet hat, – viel wichtiger ist es, jeden Fall einer solchen Exekution aus dem eigenen Bezirk zum Anlaß zu nehmen, diese Akten durchzusehen und die Richter darüber zu belehren und die anderen Strafrichter darüber zu belehren, daraus Folgen zu ziehen; denn eine solche Exekution ist in fast allen Fällen dadurch zustande gekommen, dass nach der Meinung des Führers das Strafmaß, das das Gericht auch hätte aussprechen können und das hätte ausgesprochen werden sollen, nicht ausgesprochen wurde. Es gibt wenige Fälle, in denen andere Gründe vorliegen: vor dem Erlaß der Polenstrafverordnung Unzulänglichkeit der Gesetzesmöglichkeiten für diese besondere Bestrafung von Polen, die von der politischen Führung für notwendig gehalten wird; oder in ganz wenigen Ausnahmefällen eine bestimmte Grenze, sei es eine bestimmte Strafrahmenhöchstgrenze, die auch nicht mit Hilfe der Volksschädlingsverordnung oder der Gewaltverbrecherbestimmung oder mit der Gewohnheitsverbrecherbestimmung überschritten werden konnte, oder bestimmte feste Mindestmaße etwa der strafrechtlichen Verantwortlichkeit und ähnliches. Das sind aber sehr seltene Ausnahmen, dass man diesen Ausnahmecharakter eben bei Durchsicht der Akte dieser Akte sofort ansieht. Im allgemeinen sind das alles Fälle unzulänglichen Strafmaßes, und deshalb ist es sehr wichtig, wenn solche Exekutionen kommen, sich die Akte anzusehen und den Fall zur Veranlassung zu nehmen, in kameradschaftlicher Weise mit den Richtern, die geurteilt haben, und, wenn nötig, auch mit den anderen Strafrichtern darüber zu sprechen, um daraus Lehren für die Zukunft zu ziehen.

Es gibt nämlich wirklich enormes Fehlgreifen im Strafmaß. Natürlich und Gott sei Dank im Verhältnis zu den 300.000 Urteilen im ganzen wenige Fälle. Aber das ist es ja: Die vielen Fälle, die unbeachtet bleiben, auch unbeachtet bleiben sollen – denn wir wollen doch nicht mit den 300.000 Fällen Reklame machen –, zählen nicht; es zählen nur diejenigen, die in das Bewußtsein der Öffentlichkeit emporsteigen, und das sind bisher in einem besonders großen Maße die Fälle, in denen eben das Strafmaß nicht ausreichend war. Im übrigen sind – darauf komme ich später zurück – Maßnahmen getroffen, um für die Zukunft diejenigen Fälle möglichst allein in das Bewußtsein der Öffentlichkeit dringen zu lassen, in denen das Strafmaß befriedigt. Darauf komme ich aber später in einem anderen Teil meiner Ausführungen.

Darf ich Ihnen einige ganz wenige Beispiele solchen enormen Fehlgreifens im Strafmaß sagen. Da ist der Jude aus den Karpathen im oberen Weichseltal, der 80.000 Eier beiseite geschafft hat, und ein großer Teil – die Hälfte ungefähr – war schon verdorben, und er hat, glaube ich, 3 oder 4 Jahre gekriegt. Da ist natürlich eine Exekution gekommen.

Dann haben wir folgenden anderen Fall, den auch wir nie erfahren hätten, wenn nicht zufällig mein Adjutant in der Nähe dieses Falles seine Ferien verbracht hätte; im Riesengebirge, glaube ich. Da ist ein Schuhmacher, und der besohlt die Schuhe nur gegen Fleischmarken. Einen solchen Fall suchen wir geradezu, denn an diese Fälle kommt man nicht heran; da muß ein Exempel statuiert werden. Das ist ja gerade dieses Tauschgeschäft, das wir nicht haben wollen, das wir bekämpfen. – Ja, der ist auch verurteilt worden: Er hat nämlich 10 Tage Gefängnis bekommen. Es ist unfaßbar. – 10 Tage! Es wäre nur in zwei Fällen einwandfrei nachgewiesen! – Und wenn es nur in einem Falle nachgewiesen wäre – dass der eine tüchtige Anzahl von Monaten bekommen muß, darüber könnte, glaube ich, gar kein Zweifel bestehen.

Oder ein anderer Fall, der Fall Schlitt von vorhin, der seine 5 Jahre bekommen hat. Ich glaube, nachdem ich den Fall geschildert habe, wird auch jeder von Ihnen sagen: Ja, wenn der Oldenburger Fall so liegt, dann allerdings kann man auch, nachdem das Gericht nicht nur § 224, sondern auch § 226 [StGB], bejaht hat, d.h. durch die lebensgefährdende Mißhandlung ist auch der Tod verursacht worden, – dann kann man nicht verstehen, dass das Gericht die Gewaltverbrechereigenschaft abgelehnt hat. Natürlich ist es richtig, dass man bei Familientragödien mit dem Gewaltverbrecher vorsichtig sein soll. Aber wenn der Mann die Frau jahrelang so mißhandelt, dass es abends täglich die ganze Nachbarschaft hörte: Jetzt ist der Mann nach Hause gekommen, jetzt ist Krach, aber nur einseitiger Krach von ihm, und dann nur das Klatschen der Schläge und das Wimmern der Frau, dann kommt die Frau heraus, zerschlagen, und sagt den Nachbarn: Nein, er hat mich nicht geschlagen – sie gibt den Mann noch nicht einmal heraus -, dass man da den Gewaltverbrecher ablehnt und infolgedessen nicht zur Höchststrafe kommt, ist m.E. auch ganz unbegreiflich.

Und noch ein Beispiel: Die Behandlung des Verkehrs mit Kriegsgefangenen. Man muß einem Fall auch ansehen, was eigentlich der Kerngehalt des Unrechts ist. Da ist also ein Bauer, der wildert; ich glaube, durch Schlingenstellung, und das macht er durch einen Kriegsgefangenen; er tut sich mit dem Kriegsgefangenen zusammen, der halb frei herumläuft, damit sie gemeinsam wildern, und schließlich werden sie ertappt. Er bekommt 6 Monate. Das erscheint schon für diese Art des Wilderns wenig. Aber dass hier ein verbotener Umgang mit Kriegsgefangenen vorliegt, und zwar ein verbotener Umgang schlimmster Art, nämlich die Bildung einer Verbrechergemeinschaft, geht vollkommen unter, erscheint deshalb auch nicht im Strafmaß.

Das, meine Herren, aus vier ganz verschiedenen Lebensgebieten vier Beispiele dafür, dass wirklich das Fehlgreifen im Strafmaß uns sehr viel Sorge macht. Nehmen Sie bitte an dieser Sorge möglichst viel teil.

Mit diesen beiden wesentlichsten Punkten, die ich genannt habe – keine strafwürdige Sache darf straffrei bleiben, und es muß überall das rechte Strafmaß eingehalten werden, und das muß ein bei allen mit dem Kriegsrecht zusammenhängenden Dingen sehr strenges Maß sein -, mit diesen beiden Punkten verbindet sich aber noch ein dritter, dessen Beachtung ein ganz persönliches Einfühlen in das Rechtsempfinden des Führers erfordert: Je härter eine Strafrechtspflege sein muß, desto näher liegt es, daß sie bestrebt ist, andererseits nicht zu strafen, wo eine innere Schuld nicht da ist, selbst wenn man sie juristisch konstruieren kann, und milde zu strafen, wo diese innere Schuld gegenüber der Volksgemeinschaft gering ist, und endlich nicht, wenn das Schicksal schon bestraft hat, noch mit der Justiz nachholzen zu wollen. Auch hier wiederum müssen wir acht geben, sowohl wenn es sich um die Bestrafung an sich handelt, als auch bei der Strafe des Strafmaßes.

Fälle der Strafbarkeit eines Verhaltens, das man zwar nach dem äußeren und inneren Tatbestand unter eine der Strafbestimmungen des Gesetzes subsummieren kann, wo aber die innere Schuld von der Volksgesittung verneint wird, sind gesetzgeberisch als die negative Seite des § 2 des Strafgesetzbuchs zu betrachten. Das Problem habe ich einmal – ich glaube, im vorigen Jahre – im Strafrecht angesichts des Ertrinkenlassens des Töchterchens durch die Mutter behandelt. Unsere Auffassung, daß das Strafrecht immer in der Volksgesittung enthalten ist, d.h. dass eine strafrechtliche Abwertung eines Verhaltens nur möglich ist, wenn das gesunde Volksempfinden auch, vom Rechtlichen unabhängig, dieses Verhalten als ein unanständiges Verhalten ansieht, – diese Auffassung von uns muß dazu führen, entweder auf dem Wege der Umkehranwendung des § 2 oder auf dem Wege, dass man mit der modernen strafrechtlichen Schuldauffassung das Unrechtsbewußtsein zum Schuldbestandteil macht, in diesen Fällen nicht zu strafen.

Hier gilt es nun ganz besonders Fühlung halten und führen; denn hier befinden wir uns auf Gebieten, in denen es nicht möglich ist, alles, was man wissen muß, gesetzgeberisch hinauszugeben oder auch in Aufsätzen oder sonstwie der

Öffentlichkeit mitzuteilen. Deshalb ist engstes Fühlunghalten hier besonders wichtig. Hier muß die Strafrechtspflege ihre Elastizität ganz besonders beweisen, und es ist schwierig, das sicherzustellen; denn wenn man einerseits immer wieder predigt, dass nichts, was strafwürdig ist, ohne Strafe bleiben darf und dass die Strafe, besonders jetzt im Kriege, auch eine harte sein muß, so ist es natürlich nicht leicht, klar zu machen: Es gibt nun Fälle, da muß man nach der anderen Richtung gehen.

Es gibt da eine Reihe von menschlichen Problemen, die der besonderen Aufmerksamkeit durch Sie bedürfen, und die möchte ich nun einmal, jedes an Hand von wenigen Beispielen, Ihnen nennen.

Das erste Problem ist das Problem Ehrenwahrung und Straftat. Jemand begeht eine Straftat, um Ehre zu wahren, seine Ehre oder die Ehre eines andern. Drei Beispiele habe ich mir notiert, alles Beispiele, bei denen wir in unserer Praxis eindeutige Führerweisungen in Einzelfällen haben. Wenn ein Ehebrecher zum Schutz der Frau einen Meineid schwört und den Ehebruch abschwört, so kann das natürlich geschehen aus Angst vor Bestrafung. Aber, meine Herren, da wollen wir uns doch nichts vormachen: Die Bestrafung wegen Ehebruchs, die also die Ehescheidung voraussetzt und dann einen Strafantrag voraussetzt und dann voraussetzt, dass nicht vom Justizminister aus die Sache niedergeschlagen wird, kommt doch kaum vor; denn Ihnen ist ja aus der Strafrechtserneuerung her bekannt, dass der Führer zu der tatsächlichen Durchführung eines Ehebruchstrafverfahrens grundsätzlich ablehnend steht, wobei das Problem der Kriegerehe, hier jetzt einmal gar nicht berührt werden soll, so dass also diese Furcht vor der Bestrafung wegen Ehebruchs ja wohl mehr eine Konstruktion unsererseits als ein wirklicher seelischer Vorgang in der Person des Mannes ist, der den Meineid leistet. – Es können aber sonstige Unannehmlichkeiten sein, die etwa aus der Ehescheidung folgen würden, auch wirtschaftlicher Art. Es kann aber auch so sein, dass der Meineid erkennbar und erweislich nur geleistet wird, um die Frau zu schützen. Den Fall haben wir einmal in Reinkultur so erlebt. Die Frau war schon tot, die Ehe war also schon weg; es konnte also gar keine Ehe mehr geschieden werden; es konnte also auch gar kein Strafverfahren mehr geben. Furcht vor Bestrafung konnte keine Rolle spielen, Furcht vor wirtschaftlichen Nachteilen auch nicht. Da hat der Amtsleiter – es war ein Mann aus Sachsen – den Ehebruch unter Eid fälschlich abgestritten. Da hat der Führer entschieden – ich kann Ihnen jetzt nicht mehr sagen, ob der Fall vor dem Urteil niedergeschlagen worden ist oder nachher aus allen Listen die Bestrafung gestrichen worden ist; aber das ist ja im Ergebnis dasselbe. – Das ist der eine Fall.

Der zweite Fall: Meineid der Frau bei Rassenschande. Da haben wir folgenden Fall in Nürnberg. Da ist ein Jude, der hat nach Feststellung des Gerichts, die zwar kühn ist, aber gegen die man nichts sagen kann, jahrelang Rassenschande mit einer deutschen Frau begangen, und die Frau hat das unter Eid abgeleugnet. Der Jude ist nun wegen Rassenschande und noch dazu als Volksschädling, weil er nämlich auch nachts zu ihr gegangen ist und weil es da dunkel war und man seinen Judenstern nicht sehen konnte, zum Tode verurteilt worden. Die Frau hat wegen Meineids zwei Jahre Zuchthaus bekommen, und zwar zunächst vier Jahre, davon wurden aber zwei als verwirkt angesehen und die Strafe aufgrund dieser besonderen Bestimmung auf die Hälfte, auf zwei Jahre, heruntergedrückt. Wir haben sofort Anfrage aus dem Führerhauptquartier bekommen – wir kennen noch nicht das Ergebnis, aber es dürfte anzunehmen sein, dass hier der Gedanke eine Rolle spielt, wie wir aus den Fragen, die an uns aus dem Führerhauptquartier gestellt sind, entnehmen können: Ja, wenn die Frau aus Angst vor Strafe oder Schande gehandelt hat, ist es dann richtig, sie wegen Meineids zu verurteilen?

Nun befinden wir uns hier freilich auf einem Gebiet, wo grundsätzlich der Führer die Nichtbestrafung der Frau angeordnet hat – darauf komme ich noch im nächsten Absatz meiner Ausführungen – nämlich auf dem Gebiet der Rassenschande; und vom Standpunkt des Führers aus gesehen ist nun der Meineid zwar eine juristisch vielleicht selbständige Tat, aber er hängt doch mit dem Komplex Rassenschande zusammen, so dass hier die Frage des Führers: Soll man diese Frau wegen eines Meineids bestrafen, auch im Zusammenhang damit zu betrachten ist, dass es eben eine Rassenschandeangelegenheit ist, in der der Meineid vorgekommen ist.

Dritter Punkt: Personenstandsunterdrückung durch ehelose Mutter. Wenn ich mich recht erinnere, ist da eine Rundverfügung oder eine allgemeine Verfügung schon vor einiger Zeit herausgegangen, dass hier grundsätzlich eine Bestrafung nicht eintreten soll. In solchen Fällen, meine Herren, wo Ehrenwahrung und Straftat in einem menschlichen Zusammenhang miteinander stehen, würde ich an Ihrer Stelle die Sache immer an mich ziehen und würde auch, selbst wenn und soweit darüber keine ausdrückliche Bestimmung besteht, hierher berichten. Denn hier das finden, was angemessen ist, ist uns leichter als Ihnen draußen.

Der zweite Komplex von Lebensfragen: Das Verhältnis von Frau und Mann und die strafrechtliche Verantwortlichkeit. Hier steht der Führer unter dem Grundgedanken: Verantwortlich dafür, was auf geschlechtlichem Gebiete zwischen Mann und Frau vor sich geht, ist der Mann. Das ist absolut klar erweislich, *erstens* an der strafrechtlichen Behandlung der Rassenschande. Ich erinnere mich noch ganz genau, wie es damals in Nürnberg um diesen Punkt ging, und alle waren der Meinung, dass schon in Nürnberg ganz klar festgestellt worden ist, dass die Verantwortung strafrechtlich nur den Mann trifft. Dann aber natürlich gibt es in einer solchen Frage viele, viele, die anderer Meinung sind, und immer wieder ist nun etwa bei der Frage der Beihilfe oder der Begünstigung die Frage neu aufgetaucht, ob denn auch da die Frau nicht verantwortlich sei. In der Ausführungsverordnung vom Jahre 1940 [VO v. 16.2.1940, RGBl.I 394] ist das wiederum ausdrücklich und klar festgestellt: Auch bei Begünstigung ist die Frau nicht verantwortlich.

Zweiter Beweis: Die Ablehnung der Strafbarkeit der lesbischen Liebe. Wir haben ja zweierlei deutsches Strafrecht im Deutschen Reich, und Sie wissen, dass das Strafrecht der Donau- und Alpengaue die Unzucht unter Frauen mit Strafe bedroht. Das ist ganz sicher nicht die Richtung, in der die Gesamtstrafrechtsentwicklung geht. – Das ist der zweite Beweis.

Drittens eine Gnadenentscheidung in einem Falle eines Doppelkindesmordes. Es war folgender Fall: Ehe war restlos zerrüttet; Mutter hat die Kinder bei sich, fährt zum Vater, um Aussöhnung zu erzielen, erzielt die Aussöhnung nicht, schneidet den Kindern die Kehle durch; beide Kinder tot. Todesurteil. Alle Außenstellen waren für Vollstreckung, im Hause fast alle Stellen für Vollstreckung – es war noch zu Lebzeiten von Herrn Reichsminister Gürtner –, er hat für Begnadigung votiert. Der Führer hatte, weil das damals noch nicht delegiert war – es war noch vor dem Kriege – entschieden: Begnadigen und sofort aus der Haft entlassen, – ein außerordentlich eindrucksvolles Beispiel für die Einstellung: Für das, was auf diesem Gebiete zwischen Mann und Frau geschieht, ist der Mann verantwortlich.

Nun habe ich gewiß nicht die Bitte, meine Herren, solche Fälle einfach einzustellen – das werden Sie gar nicht können –, aber ich habe die Bitte, solche Fälle, in denen die Frage der Verantwortlichkeit der Frau dafür, was zwischen Mann und Frau vorgeht, eine mitentscheidende Rolle spielt, sich berichten zu lassen und uns hierher mitzuteilen, damit wir diese Fälle einzeln behandeln können.

Ganz besonders gilt aber die Einstellung des Führers zum Schutz der Frau dann, wenn es sich um sadistische Handlungen des Mannes gegen die Frau handelt, und das kommt natürlich zum Ausdruck in dem Verlangen eines besonderen Strafmaßes. In dem Oldenburger Fall, der hier erwähnt ist, ist zwar in den Akten nirgends ersichtlich, ob diese Mißhandlungen eine sadistische Grundlage haben; man kann nur eine wirkliche Grundlage überhaupt nicht feststellen. Es liegt uns nahe, das anzunehmen. Wir haben den Fall in aller Eile noch vor einen besonderen Senat bringen können, der heute, glaube ich, entscheidet, – ein besonderer Senat des Reichsgerichts entscheidet auf den außerordentlichen Einspruch [G. vom 16.9.1939, RGBl.I, 1841] über diesen Fall. Deshalb kann ich nicht sagen, wie es ausgehen wird.

Wir haben aber einen anderen besonders eindrucksvollen Fall aus Bayern. Ein Radfahrer fährt immer am Bürgersteig entlang, und wenn ein Mädchen in der Nähe ist, holt er plötzlich aus seinem Ärmel einen Rohrstock und haut ihm eine runter, und dann fährt er im rasenden Tempo um die nächste Ecke. Das hat er mehrere Wochen gemacht, bis man ihn schließlich erwischt hat. Man hat ihm drei Wochen gegeben. – Er ist auf Befehl des Führers auf 10 Jahre ins Konzentrationslager gekommen. Auch wieder ein markanter Fall, der darstellt und zeigt, wie der Führer eingestellt ist, wenn es sich um Dinge handelt, die zwischen Mann und Frau vorgehen.

Zwei Punkte müssen wir uns also da in unserem Gedächtnis notieren: Erstens: Die Verantwortlichkeit trägt grundsätzlich der Mann; zweitens: Bei sadistischen Mißhandlungen ist der Natur dieser Mißhandlung entsprechend eine besonders harte Bestrafung erforderlich.

Ich komme nun zu einem dritten Komplex, und zwar, Frauen gegenüber, insbesondere Müttern gegenüber soll man nicht nachholzen wollen, wenn das Schicksal schon selbst furchtbar sein Urteil gesprochen hat. Vor einigen Monaten ist Ihnen die Bitte zugegangen, Fälle, in denen infolge Fahrlässigkeit der Mutter die Kinder verbrennen – in denen also das Zimmer vom Ofen her Feuer fängt und die Kinder verbrennen, doch hierher mitzuteilen. Veranlassung dazu gab ein solcher Fall, in dem eine ordentliche Mutter nun doch einmal eine Nachlässigkeit begangen und in ihrer Abwesenheit das Zimmer Feuer gefangen hat und die drei Kinder zugrunde gegangen sind und der Führer die Niederschlagung mit der Begründung angeordnet hat: Hier hat das Schicksal schon so gestraft, dass die menschliche Strafe demgegenüber keine erhebliche Rolle spielt.

Kurz darauf kam ein zweiter Fall aus Berlin, der war folgendermaßen. In engsten Verhältnissen, kleinster Wohnung, Vater ist auf Arbeit, Mutter wäscht, ein Bottich mit sehr heißem Wasser, und in einem Augenblick fällt ein Kindchen hinein und verbrüht sich; tot. Ebenfalls ein Fall, in dem sofort ein Anruf kam, weil der Fall auch in der Zeitung gestanden hatte, – ein Anruf kam: Ein solcher Fall fällt natürlich auch darunter, obgleich hier ein Kind verbrüht und nicht gerade in Flammen umgekommen ist.

Dann ein vierter Fall im Königsberger Bezirk: Eine Soldatenfrau mit drei Kindern im ersten Stock, im zweiten Stock darüber eine Soldatenfrau auch mit drei Kindern; sie gehen jeden Abend aus ins Kino, und nach dem Kino amüsieren sie sich mit Soldaten, während ihre Männer draußen an der Front sind. Obgleich schon einmal etwas mit dem Ofen passiert war, wird nicht acht gegeben. Im ersten Stock geht das Zimmer hoch: Die drei Kinder sind tot, der Rauch dringt durch bis ins obere Stockwerk: Die drei Kinder oben ersticken. Das ist natürlich ein anderer Fall. Hier ist gegen die Frau im unteren Stock das Verfahren durchgeführt worden. Sie ist angemessen, entsprechend bestraft worden. Die Bestrafung der Frau im oberen Stockwerk scheiterte nur daran – und das auch wiederum mit Recht -, dass man das allerdings nun nicht voraussehen konnte, dass Rauch durch das Feuerauskommen im Stockwerk darunter durch die Decke dringen und die Kinder ersticken würde.

Darf ich nun diesen Komplex benutzen, um Sie noch einmal darauf aufmerksam zu machen, dass wir jedenfalls genügend unterrichtet werden müssen. Nachdem dieses Rundschreiben herausgegangen war, ist folgender Fall passiert, ich glaube, in Dortmund, jedenfalls in dem Bezirk, zu dem auch Dortmund gehört. Da ist eine ordentliche Frau, sie wohnt in einem hübschen Häuschen und hat drei Kinderchen. Der Vater ist Soldat draußen. Sie bringt die Kinder zu Bett. Ein Kanonenofen ist da, der nicht ganz heil ist, also eine gefährliche Sache. Dann bringt sie Fleisch, das sie für ihre Schwiegermutter gekauft hatte, in ihre Wohnung. Dieser Fall ist uns nicht einmal gemeldet worden, und zwar mit folgender Begründung, wie wir auf Anfrage festgestellt haben: Außer den drei Kindern sei auch noch fremdes Rechtsgut dabei draufgegangen. – Ich habe vergessen zu sagen: Das Haus ist abgebrannt, und als die Mutter nach Hause kann, waren das Haus und die Kinder weg. – Es wurde also gesagt: Es ist auch fremdes Rechtsgut mit vernichtet worden, außer den drei Kindern auch dieses Haus, und infolgedessen habe gar kein Zweifel bestanden, dass der Fall nicht hier gemeldet werden muß, sondern seinen normalen Weg geht. Wir haben den Fall auch irgendwie – ich glaube, durch Niederschlagung – erledigt. Aber das geht natürlich nicht: Neben den drei Kindern spielt nun das Haus wirklich keine entscheidende Rolle, und wenn schon der dortige Staatsanwalt wirklich der Meinung war: Der Fall liegt anders als die anderen Fälle, so lag er jedenfalls nicht unzweifelhaft im anderen Sinne und mußte unbedingt hierher gemeldet werden. Wenn er nicht gemeldet wird, ist eben auch eine Steuerung unmöglich.

Ähnliche Fälle, die auch unter dem Gesichtspunkt zu betrachten sind, für die wir aber eine spezielle Führerentscheidung noch nicht haben, sind die ja nicht ganz seltenen Selbstmordversuche. Wenn es ein echter Selbstmordversuch war und nur das Kindchen dabei drauf gegangen war, die Mutter aber, weil sie schon erwachsen ist, es ausgehalten hat, dann sind das auch Fälle, bei denen ich bitten möchte, vor der Anklageerhebung hierher zu berichten.

Da habe ich diejenigen Komplexe von Lebensvorgängen benannt, die ich unter diesem Gesichtspunkt zusammengefaßt habe.

Es gibt nun Fälle, bei denen man auch in einer anderen Richtung feinfühlend mitarbeiten muß und die Sie am besten dadurch meistern, dass Sie sich um solche Fälle kümmern und in solchen Fällen rechtzeitig hierher berichten.

Aus einer ganz anderen Gedankensphäre herkommend möchte ich nun noch einige Fragen der Fremdvolkbestrafung behandeln. Wir haben hier Taten, ohne dass sie die Tendenz in sich haben, auf das deutsche Volk nachteilig einzuwirken. Diese meine ich. Solche Taten, vor allem bei Polen und Juden, bitte ich ebenfalls unter einem besonderen Gesichtspunkt zu betrachten, wie ebenfalls, aber durchaus nicht mit allgemeinem Erfolg, schon mehrmals in Rundschreiben und Amtsverfügungen gesagt worden ist. Kindestötung, Abtreibung, 175er-Vergehen, Schlägereien und ähnliche Taten nur unter Juden, nur unter Polen, ohne eine irgendwie naheliegende Möglichkeit einer Breitenwirkung auf das deutsche Volk müssen anders behandelt werden, als wenn diese Vorgänge sich unter Deutschen abspielten, und zwar deshalb, weil wir kein Interesse daran haben, diese beiden Völker mehr zu schützen, als ihr eigenes Strafrecht sie beschützt hat oder schützen würde, das eigene polnische Strafrecht, das ja heute noch im Generalgouvernement insoweit gilt, und die strafrechtliche Tendenz, die das Judentum in der Verfallszeit bei uns vertreten hat. Natürlich gilt das nur für Fälle, in denen die Gefahr eben auch nur darin besteht, dass dieses fremde Volkstum durch solche Taten geschädigt wird, gilt aber nicht für Fälle, in denen die Gefahr besteht, dass die Ordnung im Reiche erheblich geschädigt werde oder dass eine Breitenwirkung auf das deutsche Volk – bei Abtreibung ja leicht möglich – sich bemerkbar machen würde. Und im Vordergrund, meine Herren, steht natürlich heute die Kriegsstrafrechtspflege.

Ich möchte noch einmal ganz kurz sagen: Ich bitte, nicht locker zu lassen in den *Volksschädlingssachen.* Die Auslegungsfragen der Volksschädlingsverordnung sind nunmehr restlos alle, ohne eine einzige Ausnahme, erledigt, und überall ist eine vollkommene Einigkeit der Sondergerichte und des Reichsgerichts erzielt worden. Wenn ein solcher Zustand erreicht ist, dann liegt es nahe, die Aufmerksamkeit von diesen Dingen abzulenken. Das wäre aber verkehrt. Der Härte der Einzelentscheidung müssen wir nach wie vor unsere Aufmerksamkeit zuwenden; sie könnte sonst allmählich untergehen.

Die Hauptfälle, in denen es grundsätzlich eine Gnade vor Gericht nicht geben kann, sind der geschlechtsbetonte Überfall auf die Frau in der Verdunkelung, der Handtaschenraub, der Verdunkelungseinbruch, die gemeine, betrügerische Ausnutzung seelischer Kriegsnot, etwa die Sorge darum, ob der Sohn draußen gefallen ist oder ob er noch lebt oder ob er im Krankenhaus irgendwo ist, um auf solche Art durch Betrug und Ähnliches sich Vorteil zu verschaffen, überhaupt die Schädigung von Soldaten, das Wegnehmen von Soldatengut, während der Soldat draußen ist, und die Feldpostberaubung. – Das zu den Volksschädlingssachen.

Sie haben nun, meine Herren, in den letzten Jahren und Monaten einige neue, sehr wirksame Waffen bekommen, die natürlich auch in der Kriegsstrafrechtspflege eine große Rolle spielen, nämlich die Möglichkeit schwerster Strafe gegen Gewalt- und gegen Gewohnheitsverbrecher.

Was die *Bestrafung der Gewaltverbrecher* anlangt, so ist die Steuerung der Rechtspflege hier auch nicht leicht. Die Bestimmung sieht die Todesstrafe vor. Wir haben aber ein Korrektiv nötig. Das Korrektiv haben wir uns dadurch geschaffen, dass wir erklären: Er muß den Tätertyp des Gewaltverbrechers erfüllen. In der Wissenschaft ist natürlich der Tätertyp eine sehr umstrittene Sache, und man kann auch sehr darum streiten. Es hat aber keinen Sinn, um den Tätertyp und um seine Bedeutung und Gültigkeit in der Strafrechtspflege heute im Kriege zu streiten. Wir haben ihn nötig. Ohne ihn hätten wir die Volksschädlingsverordnung nie handhaben können. Niemals wären wir fertig geworden mit den vielen Fällen des § 1 der Volksschädlingsverordnung, die wir nicht unter diesem Gesichtspunkt verfolgt haben, wenn wir nicht den Tätertyp des Volksschädlings in diesen Fällen hätten verneinen können. Das setzt aber voraus, dass wir uns auf den Standpunkt stellen: Der Betreffende muß dem Volksschädlingstyp entsprechen.

Genauso ist es mit der *Gewaltverbrecherverordnung*. Wenn wir dazu kämen, aus jeder Gewalttat gleich den Gewaltverbrecher herauszulesen und dazu die Todesstrafe zu haben, die dort im Gesetz steht, so wäre das natürlich falsch. Deshalb haben wir die Einschaltung des Tätertyps notwendig. Sonst würde die Rechtspflege anarchisiert werden. Sonst würden nicht nur solche Fälle wie die Oldenburger Familientragödie, sondern auch alle anderen Familientragödien, die mit einer Gewalttat enden, ohne die Untersuchung der seelischen Grundlagen der Tat einfach nur auf dem Wege über die Gewaltverbrecherverordnung erledigt werden. Sonst würden fast alle Morde einfach auf dem Wege über die Gewaltverbrecherverordnung ihre Erledigung finden können, ohne dass es notwendig wäre, wirklich genau in die Einzelheiten der Mordbestimmung hineinzugehen. Das wäre natürlich falsch. Das würde zu einer Oberflächlichkeit unserer Rechtspflege erziehen, die durchaus unerwünscht ist.

Natürlich liegt nun in der Einschaltung des Tätertyps auch eine schwere und große Problematik, besonders Ausländern gegenüber. Hier, meine Herren, müssen wir etwas von dem Polen-Strafrecht lernen. Es gibt eben Ausländergruppen, denen gegenüber unsere allgemeine deutsche Strafrechtsauffassung, wie wir sie für Deutsche anwenden, nicht paßt. Da ist eben ein anderes Strafrecht; da ist eben statt des Täter- und des Willensstrafrechts bewußt ein autoritatives und autoritäres Tatstrafrecht aufgestellt worden, und das hat seine Ausstrahlung natürlich auch auf andere Fälle von Ausländertaten. Wir müssen, wenn meinetwegen ein polnischer Arbeiter hier in Deutschland eine schwere Straftat begeht, etwas großzügiger sein in der Tätertypbejahung als bei einem Deutschen. Das ist wiederum eine Aufgabe der Steuerung der Rechtspflege, die nur erfüllt werden kann, wenn

Sie meine Herren, sich die einzelnen Sachen selbst ansehen und selbst mit Ihren Herren sprechen.

Gewohnheitsverbrecher. Hier wird ebenfalls die Aufgabe des richtigen Aussuchens gestellt. Man kann natürlich aus allen Verbrechensgebieten heraus zu dem Gewohnheitsverbrecher kommen, der schließlich mit dem Tode bestraft wird. So haben wir in Oldenburg einen Fall, wo eine durch und durch verbrecherische Frau dauernd Abtreibungen begangen hat, die zum Tode verurteilt worden ist auf dem Wege über die Gewohnheitsverbrecher-Verordnung. Es ist auch schon die Entscheidung gefällt, dass die Vollstreckung stattfindet. Aber natürlich darf nun nicht wahllos jeder Gewohnheitsverbrecher unter die Todesstrafe gebracht werden, freilich im Kriege in höherem Maße als im Frieden, denn jetzt steht eben der Gedanke an den draußen sich opfernden Soldaten ganz groß im Vordergrund. In dem Anruf des Führers, von dem Herr Staatssekretär Schlegelberger vorhin gesprochen hat, ist gerade dieser Gedanke, wie immer, wenn von dort eine solche Äußerung kommt, ganz besonders in den Vordergrund gestellt worden, wie es auch der Führer in seiner ersten Reichstagsrede nach Kriegsbeginn getan hat, wo er auch gegenübergestellt hat den, der sich nun, wie es dort hieß, am Kriege bereichert, und denjenigen, der sich opfert. Wir müssen also jetzt im Kriege den Gewohnheitsverbrecher viel stärker anpacken und in viel größerem Umfang von den Möglichkeiten Gebrauch machen, die da jetzt auch, bis zur Todesstrafe zu gehen, gegeben sind, als im Frieden. Aber ein Aussuchen ist doch nötig.

Der Gedanke, dass der Sicherungsverwahrte eigentlich eine schwere Last für das Volk wäre und dass es sich nicht lohnt, soviel Arbeitskraft und soviel Geld für ihn zu verschwenden, ist ja ein Gedanke, der durchaus irrig ist. Wer unseren Strafvollzug kennt – und die Herren kennen ihn ja –, der weiß, dass das nicht der Fall ist, sondern dass in Wirklichkeit gerade die Sicherungsverwahrten, die sich ja zum größten Teil aus den Gewohnheitsverbrechern rekrutieren, sehr wesentliche Vollzugsarbeit für das Volksganze leisten, und zwar Arbeiten, die man anderen kaum anvertrauen könnte. Das liegt daran, dass sie eben sicher für sehr lange Zeit verwahrt sind. Wir haben auch die Absicht, die falsche Meinung, die darüber im Volke besteht, zu bekämpfen. Herr Ministerialdirigent Marx hat Vorkehrungen getroffen, um demnächst eine ganze Reihe von Pressemännern durch entsprechende Anstalten zu führen, damit auf diesem Wege einmal von anderer als der Justizseite her eine richtigere Auffassung von unserem Strafvollzug verbreitet wird. Aber dieser Gedanke, dass ein Gewohnheitsverbrecher als Sicherungsverwahrter nützliche Arbeit leiste, ist natürlich heute im Kriege ein Gedanke, der gar nicht durchschlägt gegenüber dem anderen Gedanken: Der Soldat, der Beste, verblutet sich, und dieser andere wird aufgehoben. Wir müssen also in erheblicherem Maße, als wir es im Frieden tun würden, von der Todesstrafe bei Gewohnheitsverbrechern ebenfalls Gebrauch machen.

Darf ich bei der Gelegenheit noch einmal bitten, wie schon mehrfach geschehen ist, nicht zu sehr mit allzu langen Zuchthausstrafen zu arbeiten. Eine der ersten Folgen der neuen Art der Presseberichterstattung über Justiz ist die heutige Veröffentlichung im „V.B.". In der heutigen Veröffentlichung im „V.B.", in der drei oder vier solche Urteile stehen, ist ein Urteil enthalten, über 12 Jahre Zuchthaus. Ob das gut geht, weiß ich noch nicht. Bei über 10 Jahren, meine Herren, wird die Zuchthausstrafe schon an sich problematisch. Oder wenn jemand geradezu auf die Idee käme, eine lebenslange Zuchthausstrafe zu verhängen, wie es einmal im Breslauer Bezirk war, dann ist die Folge ja absolut klar: Dann kommt die Exekution ganz sicher. Auch schon bei 12 Jahren habe ich Bedenken, zumal, wenn dann breit geschildert wird, warum dann nicht die Todesstrafe, wenn also der Pressemann gewissermaßen das Gericht entschuldigt, dass es aus diesem Grunde, und zwar nur aus diesem Grunde nicht zur Todesstrafe gekommen sei. Das bitte ich doch zu beachten, wenn Sie mit Ihren Richtern und den Herren Staatsanwälten Besprechungen haben. Es gibt eben eine bestimmte Grenze. Sechs oder 10 Jahre leuchten noch ein. 15 Jahre zieht schon nicht mehr, weil dann im Kriege der Gedanke der Todesstrafe übermächtig ist. Bei 12 Jahren kann man so oder so denken.

Ganz besonders wichtig, meine Herren, ist natürlich jetzt die Härte im Kampf gegen die *Versorgungsgerechtigkeit*. Die Übeltaten auf diesem Gebiet dürfen nicht zu unüberwindbaren Massendelikten werden. Wir müssen alles daran setzen, dass wir die Grenze nicht überschreiten, jenseits deren man der Verbrechen nicht mehr Herr werden kann. Wir haben solche Verbrechen, deren man nicht mehr Herr werden kann, in unserer Entwicklung gekannt: Der Massenstreik, – der ist einfach aus. Da kann die Justiz nichts mehr tun, da ist es aus. Das lag aber damals im Weltkrieg daran, dass man gegen dieses Delikt nicht rechtzeitig genug streng genug vorgegangen war. Uns steht ja das französische Beispiel immer vor Augen. Als im französischen Heere im Weltkriege die Krisis da war, da ist mit einer ungeheuren Strenge die Krisis überwunden und wahrscheinlich dadurch der Sieg Frankreichs im Weltkriege überhaupt erst möglich gemacht worden. Heute nehmen bei uns die schwereren Vergehen und die Verbrechen gegen die Versorgungsgerechtigkeit ein solches Ausmaß an, daß wir mit höchstem Ernst darauf sehen müssen, daß wir das Unsere tun, damit diese Taten nicht unüberwindbare Massenverbrechen werden. Gerade jetzt, wo neue Versorgungseinschränkungen notwendig gewesen sind, muß die erforderliche Härte schlagartig einsetzen. Wir sind mit anderen für die Volksstimmung und die Volksernährung zuständigen Ressorts einig darin, dass wir dabei zusammenstehen. Die heutigen Veröffentlichungen im „V.B." – übrigens ist auf der ersten Seite auch noch ein anderes Todesurteil, das dahin gehört – bedeuten bereits, daß wir zusammenstehend dafür sorgen werden, dass erstens das Volk sieht: Hier wird hart zugegriffen, und zweitens: kleine Dinge, die uninteressant sind, werden eben nicht gebracht, auf diese kleinen Dinge kann man nicht die Todesstrafe und kann man nicht schwere Zuchthausstrafe setzen, sie erscheinen dann eben nicht in den Zeitungen. Es erscheinen dort diejenigen Fälle, die Wert sind, scharf bestraft zu werden, und scharf bestraft worden sind.

Das bedeutet freilich für Sie, meine Herren, dass in Fällen, in denen ein solches Urteil nicht veröffentlicht werden kann, weil es, obgleich es hätte scharf sein müssen, nicht scharf war, Sie einschreiten müssen. Dann müssen wir bei uns, obgleich wir in der Öffentlichkeit vielleicht nicht mehr in dem Maße gedrängt werden, gerade das Unsere tun, um in den Fällen, in denen wir wissen: Es ist nicht ganz ordnungsmäßig gegangen, in entsprechender Weise einzuschreiten. Was bisher geschehen ist, ist nichts gegenüber dem, was wir in Zukunft tun müssen.

Ein Musterbeispiel einer nicht voll erfüllten Aufgabe der Justiz ist die bisherige *Schwarzschlachtungsbekämpfung*. Wir haben viel bittere Kritik erlebt. Wir sind auch selbst berechtigt, manch bittere Kritik an anderen zu üben, und tun das auch. Denn leider ist gerade auf dem Gebiet der Schwarzschlachtungen nicht selten der berühmte und berüchtigte Pate aufgestanden und hat erklärt: Das war doch gar nicht so schlimm, den Mann darf man nicht belangen. Meine Herren, wir haben die Bitte: Wenn auf dem Gebiete der Bekämpfung von Vergehen gegen die Versorgungsgerechtigkeit sich künftig irgendein Pate meldet, uns diesen Paten sofort mit dem Fall, um den er sich bemüht, mitzuteilen. Wir sind mit anderen Ressorts einig, dass wir dann gemeinsam diesen Paten bekämpfen wollen. Denn natürlich ist es schwierig, dem Richter zu sagen: Du mußt streng vorgehen, wenn der Richter einfach auf 2, 3 Fälle verweist, die ihm aus seinem Bezirk bekannt sind, in denen nicht so verfolgt werden konnte, wie er jetzt in jenem anderen Fall verfolgen soll.

Die Kritik, die wir erleben, geht in mehrfacher Richtung. Erstens: Die Justiz behandelte in Schwarzschlachtungsbekämpfungssachen zu ungleichmäßig und zweitens allgemein zu milde. Die Vorwürfe kommen von den verschiedensten Stellen, z. B. vom Leiter der Parteikanzlei oder vom Vierjahresplan, aber auch aus Gauen; so ein sehr bitterer Vorwurf von dem Gauleiter des Gaues Oberdonau, der schon vor Monaten darauf hinwies, dass in seinem Überschußgebiet die dringende Gefahr bestehe, dass dort die Fleischrationen um 100 Gramm zurückgeschraubt werden müssen, weil die Schwarzschlachtungen überhand nehmen und von der Justiz nicht genügend bekämpft werden. Meine Herren, vorher, als die Gefahr noch nicht bestand, konnte man Pate sein. Wenn die Gefahr aber da ist, dann liegt es immer nahe, einen Sündenbock zu holen; dann werden die Urteile, die nicht befriedigen, herausgeholt, und dann erscheinen diese Urteile, um zu sagen: Ja, wenn der Staat nur so schwach reagiert, ist es kein Wunder, dass die Schwarzschlachtungen überhand nehmen, dann ist es kein Wunder, dass die Rationen gekürzt werden müssen.

Aber, meine Herren, wir bekommen die Beschwerden nicht nur von außerhalb der Justiz. Es ist so weit gekommen, dass die Herren Chefs der Bezirke sich selbst untereinander beschweren. In den Lageberichten sind in den letzten Monaten Hinweise drauf erschienen: In meinem Bezirk kann ich nicht so schroff vorgehen, denn im Nachbarbezirk – im paradiesischen Oberbayern –, wird ganz wenig bestraft. Wenn es also so weit kommt, dass schon ein Chefpräsident oder Generalstaatsanwalt darauf hinweisen muß: Ich habe Schwierigkeiten, das bei mir mit der nötigen Strenge durchzuführen, denn in meinem Nachbarbezirk ist das Paradies der Schwarzschlachter, dann, meine Herren, ist es aber, glaube ich, allerhöchste Eisenbahn, dass wir uns nun nicht danach erkundigen, welcher Nachbarchef ist derjenige gewesen, der das in seinen Lagebericht geschrieben hat – denn das sagen wir nicht –, sondern dass man dann im eigenen Bezirk danach sieht, dass es anders wird.

Wir haben übrigens aus dem Bezirk München schon wieder vier Urteile, die ich im Einzelnen nicht bringen will, die mir aber auch vollkommen unzulänglich erscheinen und die auch auf Meldungen des Sonderreferats beruhen.

Was den Vorwurf des Ungleichmäßigen anlangt, so ist es zwar richtig, dass die Behandlung einer Straftat nicht überall in einem Reich von 90 oder 100 Millionen Einwohnern in allen Gegenden die gleiche sein kann; es ist zwar ferner richtig, dass man die Vorwürfe, wir behandelten diese Fälle ungleichmäßig, allzusehr nur auf das Äußere sehen, nämlich auf die Gewichtsmenge, die sagen: Hier hat einer mit einem Zentner soviel bekommen, und der andere mit zwei Zentnern geschlachtetem Schwein hat nicht das Doppelte bekommen, – das sind natürlich Kritiken, mit denen wir schon fertig werden. Das sind falsche Kritiken. Das erkennen auch andere Stellen an. So ist mir aus einem Rundschreiben bekannt, das der Herr Propagandaminister an seine Außenstellen gerichtet hat, dass er sich ausdrücklich und besonders gegen eine solche rein schematische Vergleichung von Urteilen wendet. Aber viel mehr – das ist ja klar – müssen Vorleben, Schuldmaß, Beweggrund und viele andere Dinge natürlich herangezogen werden, um das Maß der Schuld und deshalb auch das richtige Maß der Strafe festzustellen.

Nur eins. Eine Quelle der Ungleichmäßigkeit muß unter allen Umständen innerhalb der Strafrechtspflege verstopft sein, und zwar ohne jede Widerrede: nämlich der Bezirk sei Überschußbezirk, und infolgedessen könne man da nicht streng vorgehen. Alle Bezirke im Reich sind Überschußbezirke: Der eine mit Fleisch, der andere mit Eisen, der dritte mit Kohle; und wenn nun jeder Überschußbezirk sagt: woran ich Überschuß habe, damit verschwende ich, dann würde das, was sonst unmöglich ist, sicher kommen, nämlich die Niederlage. Das darf nicht sein. Deshalb darf der Gesichtspunkt: Wir sind Überschußgebiet – mag das Niederbayern, Oberbayern, Oberdonau, mag das Pommern oder irgendeiner sein – überhaupt nicht kommen, er darf keine Rolle spielen. Meine Herren, soweit Ihre Bezirke Überschußgebiete auf dem Gebiete der Ernährung sind, habe ich die Bitte, dass Sie diesen Gedanken, wenn Sie zurückkommen, Ihren Strafrichtern bzw. Ihren Staatsanwälten ganz besonders sagen. Dieser Gedanke wird nämlich nicht ausgesprochen, er erscheint nicht in den Urteilen, nicht in der offiziellen Begründung; er spielt aber eine entscheidende Rolle. Denn wir sehen ja doch, wie es ist. Wir sehen ja doch, dass in den Fleischüberschußbezirken die Urteile im ganzen milder sind als in den Bezirken, die Fleisch beziehen müssen, und darum müssen eben die Fleischüberschußbezirke dagegen bewußt und mit Energie angehen.

Außerdem wird immer in den Kritiken hervorgehoben, allgemein seien die Urteile in Schwarzschlachtungssachen viel zu milde. Ein Fehler der Rechtsprechung wird hier in gleicher Weise eine Gefahr für das Volk und für die Justiz. Hier war ein Wandel von Grund auf nötig. Die letzte Tagung, die wir hatten, vermittelte in der zu diesem Punkt stattgehabten Debatte leider teilweise den Eindruck des Verteidigenwollens von bisher Unzulänglichem. Inzwischen hat sich aber das, was wir damals nur andeuten konnten, in aller Öffentlichkeit gezeigt: Die Rationen mußten herabgesetzt werden und sind herabgesetzt worden. Jetzt, denke ich, werden wir vollkommen einig sein, einerlei, welche Bezirke es sind: Wer gewerbsmäßig schwarzschlachtet, muß mindestens Zuchthaus bekommen; wer sonst schwarzschlachtet – außerhalb des Gewerbsmäßigen -, muß mindestens Gefängnis bekommen; grundsätzlich niemals Geldstrafe und auch nicht Erledigung im Wege des Strafbefehls.

Mir ist bekannt, dass hier und da die Rechtsprechung bei der Bekämpfung der Schwarzschlachtungen auf Schwierigkeiten stößt, weil hier und da Ernährungsämter diese Angelegenheit mit Ordnungsstrafen erledigen sollen. Erstens bitten wir, wenn Sie darüber handhaftes Material haben, das mitzuteilen, denn der Herr Reichsernährungsminister ist anderer Ansicht, mißbilligt das ausdrücklich; in seinem Rundschreiben an die Ernährungsämter ist das ausdrücklich als unzulässig bezeichnet worden. Wenn Sie also dafür handhaftes Material haben – es muß natürlich handhaftes Material sein -, bitte ich, das hierher zu geben.

Zweitens: da es absolut unzulässig ist, sind diese Bescheide, diese Ordnungsstrafen der Ernährungsämter gegenüber Schwarzschlachtungen absolut nichtig – das ist doch ganz außer allem Zweifel? *(Zustimmung).* Freilich versucht man – neulich auch in der „Deutschen Justiz" den entsprechenden Standpunkt in einem Aufsatz zu vertreten; aber den haben wir nicht veröffentlicht, er ist auch nicht aus Kreisen der Justiz, sondern der Ernährungsämter gekommen. – Deshalb darf auch der Richter nicht meinen, wenn nun die Sache an ihn kommt, habe er Schwierigkeiten mit dem Grundsatz ne bis in idem. Er hat keine Schwierigkeiten. Für ihn ist die Ordnungsstrafe überhaupt nicht erkannt. Ob das Veranlassung gibt, das nachher im Gnadenwege auszugleichen, ist eine ganz andere Frage. Wir müssen das den Ernährungsämtern, die insofern gegen die Anordnung ihres eigenen Ministers handeln, dadurch abgewöhnen, dass wir diese Fälle verfolgen und bestrafen, als ob diese Ordnungsstrafen gar nicht da wären, denn sie sind keine zulässigen Ordnungsstrafen.

Und drittens: Bei wirklich schweren Taten war die Todesstrafe erforderlich. Wer ganze Herden im Laufe eines Jahres oder mehrerer Jahre schwarzschlachtet, – verdient der eigentlich eine geringere Strafe als derjenige, der in der Verdunkelung eine Handtasche raubt? Man braucht sich doch nur das Maß einmal gegenüber zu halten, um einzusehen: Das geht nicht. Dann müssen wir mit der Todesstrafe kommen. Immer wieder muß hier die Abteilung III mit Weisungen eingreifen, und bei der Wichtigkeit der Schwarzschlachtung bitte ich, mir zu gestatten, eine Reihe von Fällen ganz kurz zu erwähnen. Dabei bin ich bei der Kürze der Darstellung freilich genötigt, auf die Masse des Schwarzgeschlachteten ein besonderes Gewicht zu legen. Das sind aber dann auch Fälle, wo soviel schwarzgeschlachtet ist, dass die Masse allerdings eine enorme Bedeutung hat.

Ein Gastwirt – also schon gewerbsmäßig – hatte nach der Anklage bis zum Sommer 1941 vier Schweine, vier Kälber, ein Schaf schwarzgeschlachtet. Da hat erst die Abteilung III darauf hinwirken müssen, dass er überhaupt verhaftet wurde.

Vier Bullen, 5 Kühe, 9 Fersen, 12 Schweine. – Da hat der Staatsanwalt erklärt: 2 Jahre Zuchthaus. Darauf haben wir, weil wir nicht immer mit prompten Weisungen kommen wollen, gesagt: Bitte doch etwas mehr. 2 Jahre 6 Monate sind herausgekommen. Damit allerdings, meine Herren, gewöhnen Sie uns ab, Freiheit in der Antragstellung zu lassen, wenn das nachher der Erfolg ist.

Beiseiteschaffen von etwa 200 Zentnern durch Schwarzschlachtung. Generalstaatsanwalt wollte 10 Jahre Zuchthaus beantragen. Es war in Graz. Da haben wir allerdings Weisung gegeben, zu prüfen, ob nicht in einem solchen Falle – etwa 200 Ztr. – die Todesstrafe angemessen ist. Nun halten wir uns mit Weisungen, auf Todesstrafe zu erkennen, begreiflich sehr zurück. Wenn wir aber schon sagen: Prüft es bitte, dann sind das doch wohl Fälle, in denen diese Prüfung auch schon dort zu einem entsprechenden Ergebnis hätte kommen können. Das Urteil steht noch aus.

Ein Magdeburger Gastwirt: 74 Ztr. Da haben wir Weisung gegeben, statt 2 Jahre Zuchthaus, 5 Jahre zu beantragen.

Auch Magdeburg: Verwirtschaftung von 600 Ztr. Fleisch und 77 Ztr. Fett. Da sollten 3 bis 5 Jahre Zuchthaus beantragt werden. Wir haben gebeten zu prüfen, ob nicht Todesstrafe in Frage kommt. 4 Jahre Zuchthaus sind herausgekommen. Wir kennen aber die Gründe noch nicht. Ich kann mich noch nicht näher dazu äußern.

Ziegenau: Eine Schwarzschlachtung eines Polen, glaube ich; sie führt zu Trichinoseerkrankung und zum Tode von 24 Menschen. – Das war wohl der Fall, wo die deutschen Soldaten betroffen wurden. *(Zustimmung.)* Da haben wir auch Weisung erteilt, die Todesstrafe zu beantragen.

Schwarzhandel mit 8000 Eiern und 240 kg Fleisch. Das sind also kleinere Sachen; auf die will ich nicht weiter eingehen.

75 Schweine im Gesamtgewicht von über 60 Ztr. Schwarzgeschlachtet, und zwar ein Verteiler von Ernährungswerkschweinen, ein Mann, der damit zu tun hat, dass das ordnungsmäßig verteilt wird. Der Staatsanwalt hat 2 Jahre 6 Monate beantragt. Wir haben gebeten, mehr.

Dann: 39 Ztr. Staatsanwalt beantragt 3 Jahre. Wir haben gesagt: 5 bis 6 Jahre.

Dann: 3 Monate Gefängnis wegen gewerbsmäßiger Schwarzschlachtung von mindestens 14 Schweinen im Stuttgarter Bezirk. Urteil vom 5.1.1942: 1 Jahr 3 Monate Gefängnis. Das ist überhaupt nicht zu fassen. Mit solchen Urteilen können wir uns überhaupt nicht sehen lassen.

Dann Beiseiteschaffen von 48 Ztr. durch Schwarzschlachtung. Da wollte der Staatsanwalt 2 bis 3 Jahre haben. Wir haben gebeten 4 bis 5 Jahre.

Schwarzschlachtung von 69 Schweinen, 15 Kälbern – das ist natürlich immer gewerbsmäßig –, 22 Rindern, 16 Schafen. 10 bis 12 Jahre Zuchthaus wollte der Oberstaatsanwalt. Der Generalstaatsanwalt – es ist in Frankfurt/Oder – wollte 6 bis 8 Jahre. Wir haben angewiesen, dem Oberstaatsanwalt bei seiner Meinung, 10 bis 12 Jahre zu beantragen, nicht entgegenzutreten.

Beiseiteschaffen von 685 Ztrn. durch Schwarzschlachtungen. Der Oberstaatsanwalt ist angewiesen worden, statt der 15 Jahre Zuchthaus, die er beantragen wollte, Todesstrafe zu beantragen.

Beiseiteschaffen von über 538 Ztrn. Fleisch durch Schwarzschlachtung. Weisung, statt der 8 Jahre Zuchthaus, die beantragt werden sollten, Todesstrafe zu beantragen.

Beiseiteschaffen von 205 Ztrn. durch Schwarzschlachtung. Da war die ursprüngliche Weisung: Todesstrafe. Es sind dann nur 100 Ztr. festgestellt worden und 3 Jahre Zuchthaus herausgekommen, meiner Ansicht nach auch viel zu wenig, obgleich dann die Frage der Todesstrafe eine Frage ist, die bei der veränderten Lage in der Hauptverhandlung selbständig entschieden werden mußte.

Schwarzbezug von 2½ Ztrn. Fleisch. Da wollte der Staatsanwalt 3 Jahre 5 Monate Gefängnis beantragen. Der Schwarzbezug muß natürlich auch verfolgt werden; denn mit Recht hat Staatssekretär Backe mir bei einer Besprechung vor kurzem gesagt, er erwarte, dass nun in geeigneten Fällen auch gegen die Bezieher vorgegangen wird. Das muß natürlich auch geschehen.

Ein Fleischbeschauer schafft durch Gewichtdrücken mindestens 28 Ztr. beiseite. Ein Jahr 6 Monate Gefängnis sollten beantragt werden. Hier ist auch gebeten worden, mehr zu beantragen.

Ich könnte es noch sehr, sehr verlängern, will es aber nicht tun. Sie sehen daraus, dass es nicht so seltene Ausnahmefälle sind, in denen wir von hier aus mit Weisung vorgegangen werden muß, sondern dass es durchaus zahlreiche Fälle sind.

Vorgänge aus letzter Zeit, in denen wir Nichtigkeitsbeschwerde erheben mußten, liegen auch eine Reihe vor. Ich will sie auch nicht alle vorlesen, es sind eine ganze Reihe: Leipzig, Halle, Magdeburg, Innsbruck stehen hier; dann Sondergerichte, bei denen die zu milde Strafe dazu führte, dass wir in der passenden Form unser Befremden zum Ausdruck gebracht haben: Darmstadt, Bamberg, Essen, Freiburg, Oppeln, Innsbruck, Frankfurt, Magdeburg, München. Es ist kaum ein Bezirk, bei dem nicht zu Beanstandungen Veranlassung gewesen wäre.

Dabei habe ich die herzliche Bitte, meine Herren, es doch nicht dahin kommen zu lassen, dass wir zu Nichtigkeitsbeschwerden greifen müssen, denn wir haben bei Nichtigkeitsbeschwerden nur in wenigen Fällen Erfolg; nicht deshalb, weil die Urteile richtig gewesen wären, sondern weil die Nichtigkeitsbeschwerde noch voraussetzt, dass ein Fehler in der Rechtsanwendung die Ursache für die Ungerechtigkeit des Urteils ist, und bis wir eine Absicht, die bei uns in Bearbeitung ist, verwirklicht haben, die laesio enormis im Strafmaß, noch nicht Grund zur Erhebung der Nichtigkeitsbeschwerde [VO v. 21.2.1940, RGBl.I, 405, 410] ist. Aber davon abgesehen, es kommt auch darauf an, dass solche Fälle möglichst in einem Instanzenzug endgültig erledigt werden, dass eigentlich die Nichtigkeitsbeschwerde nicht dazu da ist, für die erstinstanzlichen Strafsachen wiederum eine Art Revision zu schaffen; sie soll ganz anderen Zwecken dienen. Darum die Bitte: möglichst von Anfang an zu suchen, dass ein solches Einschreiten nicht erforderlich ist.

Darf ich nun noch die Bitte aussprechen, doch nicht die Richterstimmung dafür verantwortlich zu machen, wenn es in diesem oder jenem Bezirk mit der Bekämpfung der Schwarzschlachtungen nicht klappt. Wir wissen, es gibt Bezirke – und da ist München auch zu nennen -, in denen die nichtnormale Erledigung eines Einzelfalles, der besonderes Aufsehen erregt hat, natürlich auf die Richterstimmung gewirkt hat. Wenn aus besonderen Gründen, die an der Justiz liegen, ein Fall, der Aufsehen erregt in einer Stadt wie München, eben nicht auf normale Weise, sondern mit Strafbefehl zum großen Teil erledigt wird, fragen sich natürlich überhaupt die Richter, ob sie mit ihrer schärferen Praxis noch auf dem rechten Wege sind. Und da müssen Sie uns beistehen. Das sind Fälle, bei denen wir nicht anders konnten, in denen wir Weisungen bekommen haben. Wir haben, wenn ich gerade an den Münchener Fall dabei erinnern darf, dann aber auch den Herren Chefs in München sehr deutlich gesagt: Das darf auf die sonstige Behandlung anderer Schwarzschlachtungssachen keinen Einfluß haben.

Natürlich sind wir auch nicht so weltfremd, dass wir nicht wüßten: Das hat doch Einfluß. Deshalb müssen wir alles tun, um eine nicht normale Erledigung auch einer einzigen Sache zu vermeiden. Aber Sie, meine Herren, können uns auch helfen und können mit Ihren Richtern so sprechen, dass Sie eine Verstimmung der Richter überwinden. Ich habe die herzliche Bitte, da auch nicht zu schwarz zu sehen.

Sehen Sie, einmal haben wir sehr aufgehorcht, als in einem Lagebericht gestanden hat, es bestehe die große Gefahr – es habe sich schon bemerkbar gemacht -, dass die Richter nicht mehr auf Sicherungsverwahrung in dem Maße wie bisher erkennen, weil jetzt die Beendigung der Sicherungsverwahrung nicht mehr der Richter, sondern der Staatsanwalt ausspricht. Ich habe darum gebeten, Sie möchten mir doch Mitteilung machen, ob solche Beobachtungen gemacht werden, und in allen Lageberichten ist zu dieser Frage Stellung genommen worden. Kein einziger Bezirk hat die Frage bejaht, dass solche Beobachtungen gemacht werden, alle Bezirke haben gesagt: Nein, nein, kommt gar nicht in Frage, zwar gibt es jene Richter, die meinen, das hätte man dem Richter lassen und nicht dem Staatsanwalt geben sollen, aber die Praxis in Erkennung der Sicherungsverwahrung hat sich in nichts gewandelt. Das sagen sämtliche Chefpräsidenten und sämtliche Generalstaatsanwälte.

In einem Bezirk aber ist offenbar eine andere Beobachtung gemacht worden. Aber das scheint mir nun ein typischer Fall, indem in dem Bezirk dafür gesorgt werden muß, dass der Richter sich durch solche Stimmung nicht beeinflussen läßt. Wir müssen Sie bitten, die Führung auch so aufzufassen, wie Sie es auch sicher tun, dass Sie Mißstimmungen innerhalb der Richterschaft in der Ihnen geeignet erscheinenden Form entgegentreten, damit solche Mißstimmungen überwunden werden und auf keinen Fall Einfluß auf die Rechtsprechung haben.

Was ich eben gesagt habe über die Festigkeit und über die Strenge der Strafrechtspflege in Schwarzschlachtungssachen gilt natürlich entsprechend für alle anderen Kriegswirtschaftssachen. Ich darf dabei besonders darauf hinweisen, dass unter dem 17. März der Herr Reichsminister und Chef der Reichskanzlei mit einem Anschreiben einen Erlaß des Führers zur Sicherung des Preisstandes uns mitgeteilt hat. Er wendet sich nicht unmittelbar an uns, aber in dem Beischreiben von Reichsminister Dr. Lammers findet sich ein Satz, der für uns von entscheidender Bedeutung ist. Der Führer wünscht, dass ungerechtfertigten Preiserhöhungen, wo immer sie auch hervortreten, mit aller Schärfe und allen Mitteln entgegengetreten wird. Ich habe den Herrn Reichsmarschall des Großdeutschen Reiches, Beauftragten für den Vierjahresplan, im Auftrage des Führers gebeten, im Benehmen mit den beteiligten Ministerien, Maßnahmen usw. zur Durchführung zu treffen.

Besonders also bei Preiserhöhungen, wenn sie zu uns kommen. Dort ist freilich die Krux, daß dazwischen immer noch die Möglichkeit der Ordnungsstrafe steht, und da führen wir noch einen erheblichen Kampf. Zu welchem Erfolg wir da auf dem Gebiet kommen werden, und ob überhaupt, können wir noch nicht sagen. Aber wenn die Sachen zur Justiz kommen, dann muß da in der Erinnerung jedes Staatsanwalts und jedes Richters das Wort des Führers: „Wer an diesem Krieg verdienen will, der holt sich damit den Tod", ganz groß wieder aufstehen, damit die Fälle nun wirklich mit Energie verfolgt werden.

Ein Versagen irgendwo in der Kriegswirtschaftsversorgung schädigt ganz ungeheuer neben dem Volk als ganzem die Justiz. Dafür will ich Ihnen zwei Beispiele als Beleg nennen. Der Fall des Tachometers hat zu einer Beschwerde des Reichsverkehrsministers geführt, die gerade in dem Augenblick kommt, in dem wir nun genügend Verbündete haben, um die Einführung weiteren Ordnungsstrafrechts auf anderen Gebieten zu verhindern. In dem Augenblick kommt ein solcher Fall, und aus dem Fall wird natürlich geschlossen: Es geht eben ohne das Ordnungsstrafrecht nicht, denn du, Justiz, stehst ja völlig hilflos einem solchen Lebensvorgang gegenüber.

Zweiter Fall. Warenlager sind verschleppt worden, und zwar in die Wohnung von Kaufleuten geschafft worden, und vor Weihnachten ist dann ein Befehl des Reichswirtschaftsministers herausgegangen, wonach ein bestimmter Prozentsatz zu Weihnachten verkauft werden muß. Das haben nun verschiedene nicht getan, sondern sie haben ihr Warenlager in ihren Wohnungen versteckt gehalten und dann hinterher verkauft. Das ist bekannt geworden. Der Staatsanwalt hat eingestellt, und zwar mit folgender Begründung: Warenverkehrsordnung – ja, da liegt nicht die ordnungsgemäße Anordnung vor; zwar lag diese Anordnung des Reichswirtschaftsministers vor, aber in der Anordnung ist nicht Bezug genommen auf die Bestimmung, gegen die vergangen ist, es liegt also eine ordnungsgemäße Anordnung nicht vor. Dass man eine solche Sache unter dem Gesichtspunkt der Kriegswirtschaftsverordnung sehen kann, dass im übrigen auch die Begründung nichts ist, hat der Staatsanwalt überhaupt nicht betrachtet. Die Sache ist eingestellt worden. Natürlich kommt nun ein fulminanter Beschwerdebrief des Reichswirtschaftsministers hierher. Wiederum Beleg dafür: Die Justiz kann ja nicht, die bringt es ja nicht fertig, infolgedessen haben wir die Ordnungsstrafe nötig.

Ich bitte, aus diesen Beispielen zu sehen, welch ungeheure die Justizinteressen schädigende Breitenwirkung ein Versagen auf dem Gebiet des Kriegswirtschaftsstrafrechts hat.

Vor einigen Tagen ist, wie Ihnen schon bekannt ist, eine Verordnung zur Ergänzung der Kriegswirtschaftsverordnung [vom 25.3.1942, RGBl.I S. 147] herausgekommen, über die Herr Rietzsch heute nachmittag eingehend referieren wird. Es handelt sich um Bekämpfung des Tauschhandels, Bekämpfung der Korruption, der Bestechung usw. Ich brauche darauf jetzt nicht einzugehen. Hier ist besonders wichtig, dass die Justiz feinfühlig und richtig den Einzelfall beurteilt. Hier gibt es in der Tat kleine und bedeutungslose Dinge, die man ausschalten muß. Freilich muß die Justiz bedenken, daß diese Ausschaltungsarbeit bereits durch die Wirtschafts- und Ernährungsämter im großen Ganzen schon vorgenommen ist in den Fällen, die an die Justiz kommen, von Korruption und Bestechung abgesehen, dass also schon nach Meinung der Wirtschafts- und Ernährungsämter es nur die schweren Fälle sind, die an die Justiz kommen. In solchen schwereren Fällen wird auch hier mit absoluter Kraft eingegriffen und vorgegangen werden müssen.

Unsere heutige Tagung sehen wir auch bereits im Zusammenhang mit einer ganz großen Aktion, die in der Öffentlichkeit eröffnet wurde durch den Artikel von Reichsminister Dr. Goebbels im „Reich", die in einer Fülle von Presseveröffentlichungen in den nächsten Tagen und Wochen weitergeleitet wird, und in die unsere heutige Tagung auch hinein gehört. Deshalb gilt die Mahnung, mit Kraft gegen den Tauschhandel und gegen die Bekämpfung der Korruption im Warenverteilungswesen, insbesondere durch Bestechung, einzugreifen, ganz besonders auch hier.

Wir werden hier neue Methoden der Lenkung der Rechtspflege anwenden müssen. Wir haben nicht die Absicht, die Steuerung dieser Rechtspflege nach dem Vorbild der Heimtücke durchzuführen, d.h. wir haben nicht die Absicht, die einzelnen Fälle hierher zu rufen. Aber es darf auch keine Lenkungslosigkeit einsetzen. Wir denken uns die Sache so – und darüber wird Herr Rietzsch ebenfalls nähere Ausführungen machen -, daß in jedem Bezirk ein Herr von Ihnen für verantwortlich erklärt wird, die dortige Rechtsprechung in diesen Dingen zu beobachten, Ihnen laufend Vortrag zu halten, und dass wir bis auf weiteres 14tägige Stimmungsmeldungen bekommen über das, was geschieht und wie eingegriffen wird, aber nicht etwa über jeden einzelnen Fall, sondern nur Stimmungsmeldungen, von denen wir hoffen, dass wir sie bald in einmonatige und dann in dreimonatige umwandeln können.

Voraussetzung ist, dass die Lenkung in den Bezirken wirklich funktioniert. Notwendig dafür ist, dass Sie sich darum besonders selbst kümmern. Außerdem haben wir die Absicht, in beschränktem Maße diese Rechtsprechung zu zentralisieren, d.h. in beschränktem Maße, nicht auf alle Amtsgerichte heruntergehen zu lassen, sondern bei einzelnen größeren Amtsgerichten zusammenzufassen, soweit nicht die Strafkammern oder Oberlandesgerichte oder Sondergerichte zum Zug kommen sollten. Auch darüber werden Sie nachher weiteres erfahren.

Nun darf ich Sie noch bitten, sich durch eine Presseveröffentlichung nicht irre machen zu lassen. Vor einigen Tagen erschien eine Presseveröffentlichung, wonach das Reisen ohne entsprechende Genehmigung strafbar sei. Von einer besonderen Strafbarkeit ist dem Justizministerium nichts bekannt und dem Reichsverkehrsminister auch nicht. Ich nehme also an, dass diese Veröffentlichung mehr oder ausschließlich propagandistischen Zwecken dient. Falls Sie nun Anzeigen bekommen, haben Sie natürlich Schwierigkeiten, und mit diesen Schwierigkeiten müssen Sie irgendwie fertig werden. Ich würde vorschlagen, nicht dadurch mit der Schwierigkeit fertig zu werden, dass Sie einstellen mangels Strafbarkeit, das führt nur zu unnötigen Reibungen, sondern man kann ja so nach einem Monat sich die Akte wieder vorlegen lassen, um festzustellen, ob an die Strafanzeige noch erinnert wird, und ist nicht erinnert worden – ich nehme an, es wird nicht erinnert -, ist die Angelegenheit erledigt.

Ich habe nun noch ein paar andere Kapitel. Ein Kapitel, das ich vorhin schon unter einem anderen Gesichtspunkt berührt habe, ist das *Fremdvolk-Strafrecht*. Wir haben da zunächst, was das *Strafrecht gegen Juden* anlangt, ein paar sehr bittere Beschwerden von seiten des Leiters der Partei-Kanzlei. Diesen Beschwerden sind wir nachgegangen und haben festgestellt, dass eine Reihe der Urteile – es waren immer Beschwerden über zu geringe Bestrafung – sich daraus erklären, dass es tatsächlich Sonderfälle sind. Es sind auch Fälle darunter, bei denen wirklich die Justiz nicht genügend eingeschritten ist.

Die Partei-Kanzlei hat mit Schreiben vom 2. März eine milde Strafe gegen den Juden Jachmann beanstandet. Dieser 54jährige frühere Kaufmann hat im Frühjahr 1940 an nicht ermittelte Bekannte 3 Flaschen Weinbrand verkauft, 2 an seinen Freund Suhlke. Dieser forderte ihn auf, ihm wöchentlich 20 bis 30 zu liefern, die Suhlke an Bekannte absetzen sollte. An jeder Flasche wollte er 3 Mark verdienen. Strafbefehl: 6 Wochen Gefängnis wegen Eröffnung eines jüdischen Gewerbebetriebs ohne Genehmigung.

Ich nehme an, dass heute – die Sache ist im Jahre 1940 geschehen – so ein Urteil nicht mehr ergehen würde, sondern eine viel strengere Bestrafung herauskommen würde.

So haben wir noch andere Fälle. Die befassen sich vor allem mit Vergehen von Juden gegen die Kennkartenordnung [vgl. VO vom 22.7.1938, RGB.I,913]. Ein Jude muß ja eine Kennkarte haben und darf sich nur mit dieser Kennkarte ausweisen. Wenn er sich mit einem anderen Ausweis ausweist, ist er strafbar, und das gilt immer als schwerer Fall des Kennkartenvergehens. Da haben wir von der Partei-Kanzlei eine ganze Reihe von Urteilen bekommen, von denen eine Reihe nicht befriedigten, entweder weil die Ausrede der Juden, sie hätten fahrlässig gehandelt, hätten das nicht gewußt – was doch wahrscheinlich ein Jude immer weiß -, zu leichtgläubig geglaubt worden sei, oder auch, weil die Strafe zu gering sei. Ich möchte diese Gelegenheit wahrnehmen, Ihre Aufmerksamkeit darauf zu lenken, dass Sie bei Vergehen und Verbrechen von Juden für eine exemplarische Bestrafung sorgen.

Ein Fall verdient noch besonders hervorgehoben zu werden, ein Breslauer Fall. Da haben Jüdinnen im Hausflur sich mit den Worten „Heil Moskau" begrüßt, und zwar am 21. Juni 1941, also einen Tag vor der Rußland-Sache, als man schon davon munkelte. Die sind mit 4 Wochen Haft wegen groben Unfugs bestraft. Wir haben andere Fälle, in denen die Begrüßung mit dem Ruf „Heil Moskau" unter hochverratsähnlichen Gesichtspunkten oder unter Heimtückegesichtspunkten betrachtet worden sind. Das ist natürlich eine Kritik an der Justiz, die ja geübt werden kann, wenn ein solches Urteil vorliegt, das unerwünscht ist. Viel wichtiger, als dass eine Kritik an der Justiz geübt werden kann, ist, dass überhaupt solche Urteile im Interesse des Volkes unterbleiben. Ich habe daher die Bitte, auch auf eine entsprechend exemplarische Bestrafung von Juden Ihre Aufmerksamkeit besonders zu richten.

Wir haben vor einigen Monaten ein Polen-Strafrecht [RGBl.I 1941,759] herausgebracht. Dieses Polen-Strafrecht ist wirklich in der Justiz gemeinsam erarbeitet worden. Es ist fast wörtlich so herausgekommen, wie es seinerzeit in einer Arbeitstagung der Herren Chefpräsidenten und Generalstaatsanwälte der vier neuen Ostgebiete und der Abteilungen II und III des Ministeriums unter seinem Vorsitz in Posen vorgeschlagen und erarbeitet worden ist. Dieses Polen-Strafrecht haben Sie auch im Altreich anzuwenden, mindestens den materiellen Teil. Es ist darüber bisher nur sehr wenig veröffentlicht worden, weil sich dieses Polen-Strafrecht zur wissenschaftlichen Bearbeitung in der Öffentlichkeit aus naheliegenden Gründen nicht gut eignet. Ich selbst habe sämtlichen Sondergerichtsvorsitzenden der Ostgebiete und den Oberstaatsanwälten alle daraus auftauchenden Fragen auseinandergesetzt, und das ist in der „Deutschen Justiz" [DJ 1941, 1129, *Freisler*] erschienen. Das ist, soweit ich weiß, neben einem Aufsatz im „Deutschen Recht" [DR S. 2629, *Freisler*] auch das einzige, was auf diesem Gebiet erschienen ist.

Natürlich hat die Praxis, wie z.B. ein sehr eingehender Bericht von Oberstaatsanwalt Semler von vor 2 oder 3 Tagen beweist, viele Fragen aufgeworfen, auch sind in den Ostgebieten, z.B. in dem Gau Kattowitz, also in Oberschlesien, sehr viele Fragen aufgetaucht. Wir haben hier folgende Bitte. Wenn auf dem Gebiet des Polen-Strafrechts neue Fragen auftauchen, dann bedenken Sie, dass dieses Polen-Strafrecht ein Experiment ist, mit ganz wenigen Bestimmungen das gesamte materielle Verfahren und das gesamte Gerichtsverfassungsrecht zu geben so, dass man es an der Tür einer Bürgermeisterei für die Polen anschlagen kann.

Das geht natürlich nur, wenn hier die Rechtspflege gelenkt wird. Die Lenkung der Rechtspflege muß aber zentral erfolgen, und insofern haben wir die Bitte, zu grundsätzlichen Fragen möglichst schnell eine Entscheidung von hier zu erbitten, ehe Sie etwa Ihre Oberstaatsanwälte in den einzelnen Bezirken zusammenholen, um mit ihnen solche Zweifelsfragen zu behandeln. Denn dann kommen wir dazu, dass die einzelnen Bezirke ein völlig verschiedenes Polen-Strafrecht aufbauen. Das hat sich schon gezeigt: Ein Bezirk, der eine sehr dankenswerte Initiative entfaltet hat, hat nun in diesem Fall auch schon grundsätzliche Leitsätze herausgegeben. Aber diese Leitsätze scheinen uns nun nach der Richtung zu gehen, die man nicht gehen sollte, und das ist peinlich. So etwas kann man vermeiden.

Vor allem eins: Wir bitten, immer daran zu denken; für das Polen-Strafrecht passen nicht die Grundsätze des Deutschen Strafrechts, das Polen-Strafrecht ist kein Binnenstrafrecht, ist kein Täterstrafrecht, es ist ein Strafrecht autoritärer Art. Nichts von dem Grundsätzlichen, was wir aufgebaut haben und was auf die Persönlichkeit des Volksgenossen hin ausgerichtet ist, paßt in dieses Polen-Strafrecht. Deshalb ist es aber auch nicht erwünscht, nun die Einzelbestimmungen des Polen-Strafrechts allzu sehr durch Auslegung und Festlegung in grundsätzlichen Fragen ihrer Elastizität zu berauben. Es werden z.B. Fragen auftauchen wie die, ob die Verwandtenbegünstigung bei Polen immer strafbar sei, ob die Vorbereitung zu strafbaren Handlungen immer bei Polen strafbar sei. Ich habe die Bitte, solche Frage möglichst nicht so zu beantworten, dass nachher keine Elastizität mehr möglich ist. Wir haben das gar nicht nötig. Wir haben im Polen-Strafrecht die wunderbare

Bestimmung in Artikel I Abs. 3, dass der Pole bestraft werden kann, wenn er durch sein sonstiges Verhalten das Ansehen und das Wohl des Deutschen Reiches und deutschen Volkes herabsetzt oder schädigt. Mit dieser Klausel kann man, ohne dass man sich in solchen Fragen wie der Bestrafung einer Vorbereitungshandlung festlegt – wir kommen ja da viel zu weit, wenn wir uns da so festlegen, – auch zu Bestrafungen kommen. Deshalb haben wir ja diese Klausel in das Polen-Strafrecht hineingebracht. Darüber wird im einzelnen Herr Ministerialrat *Grau* heute nachmittag noch sprechen.

[*Semler: Polenstrafrecht:* Es ist reines Tatstrafrecht und daher ganz verschieden vom deutschen Strafrecht, also kein Willensstrafrecht. – Gegen die weitere Anwendung von § 27b bestehen keine Bedenken. Auch Strafbefehle sind möglich. Es gilt der Grundsatz der allgemeinen Gehorsamspflicht der Polen gegenüber Deutschen. Da reines Tatstrafrecht keine Bestrafung wegen Vollendung, wenn nur Vorbereitungshandlung. – Grundsatz von Tateinheit und Tatmehrheit gilt auch für das Polenstrafrecht. – Hat StA öffentliches Interesse angenommen, so kann es das Gericht *nicht* verneinen. – Das Strafantragsrecht der Behörden ist nicht beseitigt. – Deutsche können in Verfahren gegen Polen pp. als Nebenkläger zugelassen werden und Rechtsmittel nach der Polenverordnung einlegen. In diesen Fällen soll sich der Staatsanwalt dem Rechtsmittel anschließen. – Einspruch eines Juden und Polen gegen gerichtlichen Strafbefehl ist zulässig, dagegen nicht Einspruch gegen polizeiliche Strafverfügung oder solche der Verwaltungsbehörden. Zu tenorieren ist: nicht als Pole, sondern: wegen Überfalls auf einen Deutschen nach § 1 oder sonst: wegen z. B. Diebstahls, strafbar nach ... unter Anführung auch der Bestimmungen der Polenverordnung. – Die Rückwirkung gilt überall dort, wo Polenstrafverordnung gültig ist. – Bei uns gilt nicht: Verbot der Vereidigung von polnischen oder jüdischen Zeugen und die gesamte Verfahrensfreiheit.]

Ich habe nur die Bitte, doch nicht grundsätzliche Fragen in den Bezirken erledigen zu wollen, wie ich überhaupt die Bitte habe, wenn von den Bezirken aus Aktionen in der Öffentlichkeit gemacht werden, das vorher das Ministerium wissen zu lassen, z. B. wenn Artikel geschrieben werden. Wir haben z. B. dem Herrn Reichsstatthalter des Warthegau das Gnadenrecht übertragen. Es ist nicht sehr erfreulich, wenn diese Tatsache in 100.000 oder 96.000 Exemplaren – ich weiß nicht wie viel Exemplare das „Deutsche Recht" hat – nun plötzlich der gesamten politischen Welt mitgeteilt wird. Die Folge ist, die kommen muß: Sämtliche andere haben dasselbe verlangt, während wir sonst vielleicht über die Kriegszeit mit dieser einen Delegierung hinweggekommen wären. Wir haben also die Bitte, wenn Aktionen in der Öffentlichkeit gemacht werden, noch dazu solche, die politische Bedeutung haben können, das vorher hierher mitzuteilen.

Ein Krebsschaden, an dem wir leiden, ist die bisherige Art der *Presseberichterstattung*. Die Presseberichterstattung hat uns ungeheure Schwierigkeiten gemacht. Sie hat einmal die Funktion übernommen, die ihr nicht zukommt: Urteile, die nicht befriedigen, an die Öffentlichkeit zu bringen. Diese Funktion muß natürlich jemand erfüllen, aber diese Funktion müssen Sie übernehmen, indem Sie die Urteile herausholen und dann nicht an die Öffentlichkeit, sondern hierher geben, damit wir dafür sorgen, dass solche Urteile nicht wieder vorkommen. Das ist aber nicht Sache der Presseberichterstattung.

Es ist nunmehr in Besprechungen mit dem Herrn Reichspropagandaminister, und zwar auf seine Initiative hin, eine Neuregelung in Aussicht genommen, die höchstwahrscheinlich wie folgt laufen wird. Eine freie Gerichtspresseberichterstattung wird es nicht mehr geben, sondern es wird nur noch eine Berichterstattung geben, die amtlich gebilligt ist. Ob das an sich wünschenswert ist oder nicht, ist keine Frage, die das Ressort der Justiz zu beantworten hat, das geht uns nichts an. Die Auswirkung einer solchen Regelung für die Justiz ist jedenfalls gut. Denn das führt dazu, dass nur solche Urteile, die gemeinsam der Pressereferent der Justiz und der Leiter oder Referent des Reichspropagandaamtes in dem Gau noch für richtig halten, noch veröffentlicht werden.

Es soll folgendes geschehen. Wöchentlich einmal sollen unsere Pressereferenten und die zuständigen Herren im Reichspropagandaamt in dem Gau zusammenkommen und eine Vorschau und eine Nachschau halten; eine Vorschau der wichtigen Sachen, die kommen sollen, und eine Nachschau der wichtigen Sachen, die geschehen sind; und da sollten dann geeignete Fälle zur Veröffentlichung herausgesucht werden. Veröffentlicht werden sollen nur Fälle, die eine wirkliche Bedeutung haben, und nur solche, deren Urteile derart sind, dass ihre Veröffentlichung im Volke den Eindruck stärkt: Diese Urteile erfüllen das Rechtsverlangen des Volkes; andere Urteile dürfen nicht veröffentlicht werden. Ist darüber oder über den Wortlaut der Veröffentlichung, wobei natürlich der Pressereferent nicht nur auf eine juristische, sondern auf eine journalistische Veröffentlichung sehen muß, eine Einigkeit nicht zu erzielen, so berichtet gemeinsam im Schnellwege das Gaupropagandaamt dem Reichspropagandaminister und der Pressereferent dem Justizminister, und die beiden werden sich dann hier darüber einigen, ob die Veröffentlichung erfolgen soll oder nicht. Meist wird sie dann eben nicht erfolgen. Im Reichsmaßstab werden Veröffentlichungen nur noch stattfinden dürfen, wenn das sowohl der Reichspropagandaminister wie der Reichsjustizminister für richtig halten.

Das wird zu einer wesentlichen Einschränkung der Gerichtspresseberichterstattung führen. Aber es gibt heute kein Ressort – jetzt vom Krieg und von der Wehrmacht abgesehen –, über das so viel in den Zeitungen steht wie über die Justiz. Viel zu viel, vor allem falsche Dinge stehen drin, und die machen uns dann auch immer Schwierigkeiten. Hier ist also eine Neuregelung zu erwarten, die ich eben kurz skizziert habe.

Natürlich ist wichtig, dass sowohl die Herren Oberlandesgerichtspräsidenten wie die Oberstaatsanwälte nunmehr dem Pressereferenten eine ganz besondere Bedeutung beimessen. Die Pressereferenten sind ja immer Richter. (*Widerspruch.*) Jedenfalls muß der Betreffende, wenn er Staatsanwalt ist, trotzdem sich auch dem Oberlandesgerichtspräsidenten gegenüber verantwortlich fühlen wie umgekehrt.

Dann darf ich noch eine verwandtes Gebiet kurz streifen. Es ist Beschwerde laut geworden, und es sind auch Anregungen aus dem Kreise der Justiz selbst in Lageberichten gekommen, die *Urteilsbekanntmachungen* zu ändern. Es wäre sehr erwünscht, wenn das geschähe. In den Fällen, in denen das Urteil bekanntzumachen ist, wird so verfahren, dass der Urteilstenor veröffentlicht wird. Von dem Urteilstenor hat aber niemand was. Der enthält so viele Paragraphen und allerlei juristische Kennzeichen, aber was der Betreffende getan hat, steht nicht drin. Nun wird gesagt, der § 200 [StPO] verbiete etwas anderes als die wörtliche Veröffentlichung. Das ist nur richtig für die Ehebeleidigungen. Für keine andere öffentliche Bekanntmachung findet sich im Gesetz irgendeine Bestimmung; in allen anderen Fällen ist man deshalb vollkommen frei. Da muß eben gesagt werden, was der Betreffende getan hat und nicht nur einfach der Urteilstenor veröffentlicht werden, der für die Öffentlichkeit nicht genug besagt.

Wir sind seit etwa 4 Jahren bei Veröffentlichungen von Hinrichtungen schon den Weg gegangen, nicht mehr wie früher zu sagen: Wegen Verbrechens gegen § 212 StGB usw., sondern einfach darzutun, was der Betreffende getan hat. Das steht mit ein, zwei Sätzen in der Veröffentlichung der Hinrichtung, und Sie lesen das ja alle Tage. Ähnlich muß gefaßt werden die Bekanntmachung von Urteilen. Das müssen die Herren nun den Richtern sagen; denn die Richter müssen in den Fällen, in denen der § 200 StPO zum Zug kommt, eben den Urteilstenor schon so fassen, dass er entsprechend veröffentlicht werden kann, und in den anderen Fällen kann der Richter, wenn die öffentliche Bekanntmachung angeordnet wird, für zulässig erklären, den zu veröffentlichenden Text aufzusetzen. Er bedient sich dabei am besten der Hilfe des Pressereferenten.

Ich bin am Schluß. Ich habe noch eine einzige Bitte. Ich bitte, auf die Besetzung der Strafgerichte und der Staatsanwaltschaften Ihre besondere Aufmerksamkeit zu richten. Diesmal ist besondere Veranlassung darauf hinzuweisen, weil in einem Fall sich folgendes herausgestellt hat. Ein Urteil, das zu schwerer Beanstandung geführt hat, ist von einem Gericht gefällt worden, das eine Verteidigermehrheit hat, nämlich eine Mehrheit von Rechtsanwälten. Die Rechtsanwälte als beauftragte Richter nehmen wir sehr gern. Aber in Strafsachen hat der Rechtsanwalt immer nur das Verteidigungsamt. Es ist sehr schwer für ihn, wenn er plötzlich als Richter da sitzt und nun eine ganz andere Einstellung haben soll, eine Einstellung, die der eines Staatsanwalts immerhin näher sein müßte als der des Verteidigers. Denn der Verteidiger bearbeitet eine Strafsache nur nach der entschuldigenden oder den Freispruch erstrebenden Richtung, während der Staatsanwalt beide Seiten ansehen soll. Selbst wenn in solchen Fällen diese beiden Rechtsanwälte sich wirklich als Richter gut bewährt haben – darüber kann ich in dem Einzelfall, den ich im Auge habe, nichts sagen -, so ist das Bild einer solchen Zusammensetzung nicht gut, mit einem solchen Bilde können wir nicht bestehen. Ich will nicht sagen, weil ein beauftragter Richter, der Rechtsanwalt ist, mit drin sitzt, aber doch bitte nicht das, was ich eine Verteidigermehrheit nenne, auf der Richterbank, das ist nicht nötig.

Und dann habe ich weiter immer dieselbe Bitte. Wir sind jetzt in Schwierigkeiten, weil von den Staatsanwälten schon 53 % und von den Richtern 45 % nicht mehr bei uns, sondern irgendwo anders eingesetzt sind. Die Strafrechtspflege muß aber unter allen Umständen gutes Richterpersonal behalten, und zwar sowohl bei den Staatsanwaltschaften wie bei den Gerichten. Ich kann da auch nur immer wieder das wiederholen, was ich nicht ohne Erfolg schon in vielen Einzelfällen gesagt habe: Setzen sich doch bitte die Herren Chefpräsidenten und Generalstaatsanwälte zusammen und suchen Sie aus den Richtern, die zwar bisher nicht Strafrechtspflege hatten, aber eine sonstige echte Rechtsprechung, also eine urteilende Rechtspflege hatten, tüchtige heraus, geben Sie die zum Teil zur Verstärkung der Strafgerichtsbarkeit herüber und suchen Sie den nötigen Ersatz für die Zivilrechtspflege – deren Wichtigkeit ich damit gar nicht herabsetzen will, die nur nicht so im Mittelpunkt der politischen Bedeutung heute steht wie die Strafrechtspflege – aus der freiwilligen Gerichtsbarkeit. Das muß möglich sein. Wenn nur noch 25 % Beschäftigung der Zivilrechtspflege gegenüber dem Frieden da ist, muß da noch eine Reserve herauszuholen sein. Die Strafrechtspflege muß mit der bestmöglichen Besetzung arbeiten können.

Nachmittagssitzung
[*Nach einer Zusammenfassung in den Akten des OLG Hamburg:* Nach der Mittagspause ergriff zunächst Ministerialrat *Rietzsch* das Wort und machte Einzelausführungen zur Ergänzungsverordnung [vom 25.3.1942, RGBl.I,147] zur Kriegswirtschaftsverordnung. Durch die weite Fassung des § 1 sei jedes Zurückhalten von bezugsbeschränkten Waren strafbar, z.B. auch das Lagern von Stoffen in Privaträumen der Händler, um sie der Bestandsaufnahme zu entziehen. § 1 sei entsprechend anwendbar auf Schlachtvieh und Beiseiteschaffen von Arbeitskräften.

§ 1 Abs. 2 sei neu eingeführt im Hinblick auf die Rechtsprechung des Reichsgerichts, dass die Vorsorgungskarten ohne Namensunterschrift noch keine Urkunden seien. § 1 Abs. 3 sei erforderlich geworden, weil vielfach Klagen laut geworden seien, dass die Geldstrafen weit hinter dem Gewinn zurückblieben. § 1 a soll der Bekämpfung von Korruption und Tauschhandel dienen. Gleichzeitig werde eine große Propagandaaktion gegen die Mißstände einsetzen. Die ganz weite Fassung der Bestimmung erfasse auch den Tauschhandel mit nichtbewirtschafteten Gütern, auch konkludentes Fordern von Vorteilen. Der Verbraucher bleibe straffrei, weil er in einem gewissen Notstand handle, aber nur soweit er nicht nach bereits bestehenden Vorschriften strafbar sei. Soweit Strafbarkeit nach bestehenden Vorschriften gegeben sei, bleibe sie natürlich erhalten. Für straffrei werde noch erachtet der vielfach geübte Wursttrick: Erscheinen eines Käufers mit einem großen Stück Wurst in der Hand, der von dem Ladeninhaber alsdann Ware erhält, dann aber, wenn der Verkäufer die Wurst fordert, die Hergabe der Wurst verweigert; und der Kartoffelbuttertrick: Vorlage ½ Pfundes Butter, die in Wirklichkeit Kartoffelmus ist.

Bei der Abgrenzung des öffentlichen Interesses bei der Strafverfolgung nach § 1 b sei die Auffassung des Generalstaatsanwaltes selbstverständlich für die Gerichte bindend. Erwartet würde, dass für die Strafsachen nach § 1 a Spezialreferenten bei den Generalstaatsanwälten, Oberstaatsanwälten und Gerichten bestellt würden. – Bei der Geldhortung nach § 1 d denke der RJM an eine strafbare Hortung bei Beträgen von RM 6.000,– bei Silber und RM 30.000,- bei Banknoten. Anschließend sprach Ministerialrat *Grau* über das Polenstrafrecht und betonte den Grundsatz des Tatstrafrechts.

Alsdann nahm Ministerialdirektor Dr. *Crohne* das Wort über gewisse Einzelfragen:

1. *Münzstrafsachen*: In manchen Bezirken sei der Verdacht aufgetaucht, dass diese durch die Gestapo erledigt würden, weil die Anzeigen in Münzstrafsachen zurückgegangen seien. Dem RJM lägen nähere Anhaltspunkte vor, dass dieser Verdacht begründet sei.

2. Bei der *Briefkontrolle ausländischer Untersuchungshäftlinge* beständen keine Bedenken, wenn der Briefverkehr auf 1 Brief pro Monat beschränkt würde im Hinblick auf die wenigen Dolmetscherkräfte, die zur Verfügung ständen [Sprachendienst des AA; *Semler*].

3. Bei *Jagd- und Fischdiebstahl* sei eine verschärfte Strafpraxis erforderlich.

4. *Diebstahl an Umsiedlergut* sei besonders scharf zu bestrafen.

5. Der *Umgang mit französischen Kriegsgefangenen* bliebe weiter strafbar. Das RJM habe beim OKW angefragt, ob eine Milderung der Vorschriften möglich sei, weil die franz. Kriegsgefangenen teilweise halb frei herumliefen. Das OKW habe sich ablehnend geäußert.

6. *Ethische Indikation.* Bisher sei diese neben der medizinischen und erbbiologischen Indikation noch nicht anerkannt gewesen. Der Führer habe nunmehr durch eine mündliche Ermächtigung an Reichsleiter Bouhler gestattet, dass Schwangerschaftsunterbrechungen auch in gewissen Fällen der ethischen Indikation erfolgen dürften. Die Angelegenheit sei strengstens vertraulich zu behandeln. Die Ermächtigung würde nicht einmal den Ärzten allgemein bekanntgegeben. Das Verfahren würde durch eine geheime AV. d. RJM und des Reichsinnenministers neu geregelt werden. Zuständig würden die Gesundheitsämter sein. Als Gründe würden anerkannt werden Notzucht, Schändung willenloser Frauen, Rassen- und Blutschande und Erbkrankheit des Erzeugers. Die Generalstaatsanwälte würden bei Notzucht, Schändung, Rassen- und Blutschande über das Vorliegen der Straftat zu hören sein. Es sei erforderlich, in diesen Fällen stets schnellstens zu ermitteln und zu entscheiden, weil die Unterbrechung nur bis zum sechsten Monat gestattet werden würde.

7. *Sondergerichtsbarkeit der SS.* Zur Sondergerichtsbarkeit der SS gehöre für die Kriegszeit auch der Einsatz im Einzeldienst der Polizei.]

Staatssekretär *Dr. Schlegelberger*: Meine Herren! Wir kommen jetzt zu einem ganz anderen Gebiet. Den Herren wird bekannt sein der *Erlaß des Führers über die Vereinfachung der Rechtspflege,* den der Führer am 21. März 1942 auf meinen Vorschlag unterzeichnet hat. Sie werden den Erlaß alle gelesen haben; ich brauche den Erlaß selbst nicht mehr vorzulesen. Aber es ist unser Wunsch, ein wenig darüber Auskunft zu geben, was nun auf Grund dieses Vereinfachungserlasses geschehen soll. Es heißt am Schluß des Erlasses: „Ich beauftrage den Reichsminister der Justiz; im Einvernehmen mit dem Reichsminister und Chef der Reichskanzlei und dem Leiter der Partei-Kanzlei die zur Durchführung dieses Erlasses erforderlichen Rechtsvorschriften zu erlassen." [Wortlaut des Erlasses vom 21.3.1942 (RGBl. I 1942, S. 139 f.): Die Verteidigung von Volk und Reich erfordert reibungslose und schnelle Arbeit der Rechtspflege. Um die Gerichte und Staatsanwaltschaften instand zu setzen, ihre Aufgaben unter den besonderen Verhältnissen des Krieges auch weiterhin zu erfüllen, bestimme ich:

I. Das Verfahren in Strafsachen einschließlich des Strafvollzugs, in Zivilsachen und in Angelegenheiten der freiwilligen Gerichtsbarkeit ist unter Fortfall aller entbehrlichen Maßnahmen und unter Einsatz aller verfügbaren Kräfte so weit zu vereinfachen und zu beschleunigen, wie dies mit dem Zweck des Verfahrens noch vereinbar ist. Insbesondere haben in Strafsachen die Erzwingung der Anklage durch den Verletzten und die Eröffnung des Hauptverfahrens fortzufallen; die Strafgewalt des Amtsrichters ist zu erweitern und die Zulässigkeit des Strafbefehls auszudehnen.

II. Anklageschriften und gerichtliche Entscheidungen sind in bündiger Kürze unter Beschränkung auf das unbedingt Notwendige abzufassen.

III. Die Mitwirkung der hauptamtlichen Beisitzer in gerichtlichen Entscheidungen ist einzuschränken.

IV. Rechtsbehelfe gegen gerichtliche Entscheidungen sind den Kriegsverhältnissen entsprechend zu gestalten; sie können auch von besonderer Zulassung abhängig gemacht werden. In Zivilsachen ist die Beschränkung neuen Vorbringens im Berufungsrechtszug zu verschärfen.

V. (1) Die Amtszeit der Mitglieder der Besonderen Senate des Reichsgerichts und des Volksgerichtshofs sowie der ehrenamtlichen Mitglieder des Volksgerichtshofs wird bis zum Kriegsende verlängert. –(2) Die Organe sowie die Mitglieder der Reichs-Rechtsanwaltskammer, der Reichsnotarkammer und der Notarkasse bleiben bis zum Kriegsende im Amt; ihre Bestellung ist jederzeit widerruflich.

VI. Ich beauftrage den Reichsminister der Justiz im Einvernehmen mit dem Reichsminister und Chef der Reichskanzlei und dem Leiter der Partei-Kanzlei die zur Durchführung dieses Erlasses erforderlichen Rechtsvorschriften zu erlassen. Ich ermächtige den Reichsminister der Justiz, unter Beachtung des § 2 der Verordnung vom 16. Januar 1942 (Reichsgesetzbl. I S. 35) die erforderlichen Verwaltungsvorschriften zu treffen und Zweifelsfragen im Verwaltungswege zu entscheiden.]

Wir haben die Vorschriften ausgearbeitet sowohl auf strafrechtlichem Gebiet wie auf zivilrechtlichem Gebiet. Ich darf Herrn Staatssekretär Freisler bitten, die Erläuterung zu dem strafrechtlichen Gebiet zu geben.

Staatssekretär *Dr. Freisler*: Dem Entwurf des Erlasses des Führers vom 21. März, der sich im Reichsgesetzblatt vom 26. März 1942 findet, und in dem der Führer den Reichsminister der Justiz nicht nur ermächtigt, sondern beauftragt, im Einvernehmen mit dem Reichsminister und Chef der Reichskanzlei und dem Leiter der Partei-Kanzlei die zur Durchführung dieses Erlasses erforderlichen Rechtsvorschriften zu erlassen, war der Entwurf einer Verordnung beigefügt worden, durch den der Reichsminister der Justiz den Führer darüber unterrichtete, welche Maßnahmen er auf Grund einer solchen Beauftragung, falls sie der Führer durch Erlaß unterzeichnen sollte, zu treffen gedenke.

Dieser Verordnungsentwurf hat also dem Führer vorgelegen, und zu seinem Inhalt hat er Stellung genommen. In dem Begleitschreiben des Reichsministers und Chefs der Reichskanzlei Dr. Lammers an Herrn Staatssekretär Dr. Schlegelberger, das dem Erlaß des Führers beigefügt war, ist folgendes gesagt: „In dem mir von Ihnen übersandten Entwurf eines Führererlasses über die Vereinfachung der Rechtspflege habe ich die vereinbarten Änderungen vorgenommen. Der Leiter der Partei-Kanzlei hat sich nach diesen Vereinbarungen mit dem Entwurf einverstanden erklärt. Ich habe daraufhin den Erlaß dem Führer vorgelegt. Der Führer hat den Erlaß vollzogen. Beglaubigte Abschrift füge ich bei usw. – Ich habe dem Führer auch kurz über die von Ihnen beabsichtigen Durchführungsvorschriften, deren Entwurf Ihrem Schreiben vom 26. Februar 1942 beigefügt war, Vortrag gehalten. Der Führer bemerkte zu Artikel VI: Vereinfachung der Privatklage, dass ihm eine bestimmte Behandlung dieses Punktes zweckmäßig erscheine." Ich werde darauf nachher zurückkommen, wenn ich von der Privatklage und den Ausnahmen, die da getroffen werden sollen, sprechen werde.

Ich bitte, daraus zu entnehmen, dass dem Führer der Entwurf der Durchführungsvorschriften vorgelegen hat, dass er ihn gebilligt hat, zu einem Punkt eine besondere Anregung gegeben hat, und dass dem Entwurf auch der Leiter der Partei-Kanzlei bereits zugestimmt hatte und ebenso der Reichsminister und Chef der Reichskanzlei, also die beiden Minister, im Einvernehmen mit denen, nachdem die notwendigen Bestimmungen zu treffen sein werden.

Wir können deshalb, zumal wir in der heutigen Zeit nicht in der Lage sind, solche Zusammenkünfte des öfteren zu wiederholen, von der Übung, sonst nur von den Dingen zu sprechen, die schon herausgekommen sind, hier unter dem Vorbehalt mehr sagen, als sonst üblich ist, dass natürlich hier und da sich noch eine Änderung ergeben kann.

Ich weiß nicht, ob es richtig ist, daß die Herren den Erlaß alle schon gelesen haben. (*Wird verneint.*) Dann darf ich kurz den Erlaß vorlesen. (*Erlaß wird verlesen.* [oben S. 273 f.]) Wir sind über diesen Erlaß, wie ich nicht weiter zu sagen brauche, ganz besonders glücklich, insbesondere auch darüber, dass es sich nicht nur um eine Ermächtigung, sondern, wie Herr Staatssekretär Dr. Schlegelberger auch schon vorgetragen hat, um eine Beauftragung handelt. Wir haben nun die Absicht, im einzelnen auf Grund dieses Erlasses im Gebiete der Strafrechtspflege folgendes zu tun.

1. Was die Rechtsmittel anlangt, so wollen wir in der gesamten Strafrechtspflege keine Rechtsmittel mehr automatisch zulassen, sondern immer nur auf Grund einer besonderen Zulässigkeitserklärung. Das soll gelten für Beschwerde, für Berufung und für Revision. Die Zulässigkeitserklärung soll bei der Beschwerde der judex a quo aussprechen, bei der Berufung und Revision der LG-Präsident. Wir denken uns das so, dass ein Antrag auf Erklärung der Zulässigkeit des Rechtsmittels gestellt wird. Diesen Antrag soll der Staatsanwalt und soll auch der Angeklagte nicht stellen können vor dem Urteil, und er soll auch nicht unmittelbar nach dem Urteil gestellt werden. Er soll also vor allem in der Hauptverhandlung gar nicht zutage treten können, um nicht durch einen solchen Antrag die Autorität des Urteils gleich zu schwächen. Die Staatsanwaltschaft wird also Weisung bekommen, das erst am Tage darauf frühestens zu tun, und wir werden gesetzgeberisch das so einrichten, dass vom Tage darauf eine Woche lang der Antrag gestellt kann.

Wenn ich nun sagte: Der LG-Präsident fällt die Entscheidung, so darf ich dazu einiges ausführen. Der LG-Präsident ist hier als Richter gedacht, und das wird auch in der Verordnung zweifelsfrei zum Ausdruck gebracht werden. Er soll also nicht als Verwaltungsorgan erscheinen. Das zum Ausdruck zu bringen, ist deshalb besonders notwendig, weil wir bisher in unserer Gesetzgebung den LG-Präsidenten als Richter noch gar nicht hatten. Es wird drinstehen: Der LG-Präsident oder sein Vertreter, und wo es einen LG-Präsidenten gibt, soll er die Entscheidung treffen. Sie tragen sie mit ihrer richterlichen Autorität.

Erstmalig wird hier amtlich eingeführt werden müssen ein Richterreferent für diesen LG-Präsidenten. In Landgerichten wie Meseritz und kleineren mag das der Präsident allein können, in großen Verhältnissen hat er dazu natürlich einen Stab von Mitarbeitern nötig, die dann aber Referenten, Richterreferenten, für ihn sind, in seiner Stellung als entscheidender Richter. Ich glaube, das ist zwar etwas Neues, aber wir haben ja bei der Strafrechtserneuerung derartige Gedanken schon ausgearbeitet gehabt; das wird zweifellos gehen.

Wir sind dann freilich genötigt, die besonderen Rechtsbehelfe ein klein wenig auszuweiten, und haben da folgendes vor. Wir wollen die Nichtigkeitsbeschwerde für zulässig erklären: 1. Wenn erhebliche Bedenken gegen den Strafausspruch bestehen, also eigentlich das, was ich heute morgen die laesio enormis im Strafmaß nannte; 2. Rechtsfehler, auch im Verfahrensrecht, sollen genügen, während bisher ja nur genügten für die Nichtigkeitsbeschwerde Rechtsfehler in der Anwendung des Rechts auf die festgestellten Tatsachen, also des sachlichen Rechts; 3. Erhebliche Bedenken gegen die tatsächlichen Feststellungen.

Wenn die Herren sich etwas näher darüber orientieren wollen, was damit gemeint ist, so würde ich an Ihrer Stelle nachlesen, was in den Arbeiten über die Strafrechtserneuerung zur Urteilsrüge, zur Umwandlung der Revision in die Urteilsrüge gesagt ist. Wir denken, hier die Nichtigkeitsbeschwerde zuzulassen in einem Umfang, indem wir gedacht hatten, aus der Revision die Urteilsrüge zu entwickeln. Das ist notwendig, weil bei der Einschränkung der Rechtsmittel auch für die Staatsgewalt andererseits die Staatsgewalt in erheblicherem Umfang die Möglichkeit haben muß, einmal den besonderen Rechtsbehelf, den der Nichtigkeitsbeschwerde einzulegen.

Es soll damit verbunden werden die Möglichkeit, die Behandlung der Nichtigkeitsbeschwerde abzugeben an die Oberlandesgerichte, ein Wunsch der von seiten des Reichsgerichts und von seiten des Herrn Oberreichsanwalts schon immer zum Ausdruck gekommen ist, auch bei der bisherigen Einschränkung der Nichtigkeitsbeschwerde; ein Wunsch, den auch seinerzeit die Strafrechtskommission bereits ausgesprochen hatte für den Augenblick, in dem die Nichtigkeitsbeschwerde sich bereits eingeführt hätte, was inzwischen geschehen ist. Die Erfahrung hat gezeigt, dass sie sich in demselben Umfang eingeführt hat, in dem das früher in den alten Donaugauen der Fall war. Wir haben etwa 1000 bis 1200 Nichtigkeitsbeschwerden, man hatte in der Ostmark 100 im Jahr.

Das wäre die Rechtsmittelbeschränkung. Dass wir nicht den judex a quo genommen haben bei dem Rechtsmittel der Berufung, der Revision, erklärt sich daraus, dass damit die Rechtspflege auf anderen Gebieten, mindestens auf strafrechtlichem Gebiet keine guten Erfahrungen gemacht hat, wie wir auch der Meinung sind, dass die Bevölkerung mindestens bei Strafurteilen doch der Ansicht ist, die Prüfung, ob ein solches Rechtsmittel eingelegt werden sollte, sollte ein anderer haben als der, der das Urteil gefällt hat.

2. Die amtsrichterliche Strafgewalt soll erweitert werden, und zwar denken wir, den Strafgewaltsbann des Amtsrichters bis auf 5 Jahre Zuchthaus zu erweitern. Wir werden freilich die Staatsanwälte anweisen, in der Regel Anklage vor dem Amtsrichter, wie bisher, nur zu erheben bis zur bisherigen Strafgewaltsbanngrenze, das waren 2 Jahre Zuchthaus, es sei denn, dass es sich um Rückfalldelikte handelt, bei denen bisher der Amtsrichter die Sache auch machen kann, auch wenn die Strafe von 2 Jahren überschritten wird.

Ich bitte aber, zu beachten: Wenn der Staatsanwalt Anklage erhoben hat vor dem Amtsrichter und seine Vorausschau sich nicht rechtfertigt, es also nicht bei den 2 Jahren sein Bewenden hat, dann kann der Amtsrichter, ohne abgeben zu müssen, bis zu 5 Jahren Zuchthaus gehen.

Ich möchte nun auch bei den einzelnen Punkten ganz kurz angeben, ob und wie weit wir es für möglich halten, dass solche Maßnahmen sich so bewähren, dass sie künftig ins Friedensrecht übernommen werden, und wie weit das nicht der Fall ist.

In der Einschränkung der Rechtsmittel bis zu diesem Maße sehen wir keine Vorwegnahme etwaiger Strafrechtserneuerungsarbeiten, was ich besonders hervorheben möchte, sondern darin sehen wir eine Kriegsnotmaßnahme.

In der Ausdehnung der Nichtigkeitsbeschwerde bis zu den Voraussetzungen der Urteilsrüge sehen wir dagegen etwas, was möglicherweise sich so bewährt, dass es einmal auch auf die Revision, wie es ja die Strafrechtskommission schon beschlossen hatte, in Frieden übergeführt werden kann.

Was den amtsrichterlichen Strafbann anlangt, so können wir nicht sagen, welche Grenze sich nach der Erfahrung als diejenige herausstellen wird, die man endgültig in den Frieden übernehmen soll. Dass aber die Ausdehnung des amtsrichterlichen Strafbannes in den Fällen der Rückfalldelikte wünschenswert ist, auch als Dauereinrichtung bis zu einem gewissen Grade, scheint uns allerdings festzustehen.

3. Kräfteersparung in der Besetzung der Strafgerichte. Wir denken dabei an folgende Maßnahmen. Alle kollegialen Strafgerichte mit Ausnahme des Reichsgerichts und des Volksgerichtshofs sollen in Besetzung mit dem Vorsitzer allein entscheiden können auch in der Hauptverhandlung und ebenso außerhalb der Hauptverhandlung, freilich mit Zustimmung des Staatsanwalts, unter der sachlichen Voraussetzung: Wenn der Vorsitzer wegen der Einfachheit der Sache und Rechtslage die Mitwirkung der Beisitzer für entbehrlich hält, d. h. in Wirklichkeit nach seinem Ermessen, und der Staatsanwalt soll zustimmen können.

Wir haben die Absicht, die Staatsanwälte in einer Rundverfügung anzuweisen, in gewissen Fällen diese Zustimmung generell nicht zu geben, nämlich dann, wenn besonders hohe Strafen in Aussicht stehen. – Ich brauche nicht zu sagen, dass man selbstverständlich von so etwas nicht Gebrauch machen wird, wenn eine

Todesstrafe in Aussicht steht. Aber auch darüber hinaus in besonders schweren Fällen und in besonders schwierigen Fällen und in den Fällen, in denen besonders schwere Strafen zu erwarten sind, soll der Staatsanwalt die Einwilligung nicht geben, da das den Richtern ja bekannt sein wird, wird sich das als eine absolute Grenze auswirken.

Auch hierin, dass der Vorsitzer allein soll Urteile fällen können im Kollegialgericht, sehen wir nicht die Vorwegnahme einer Strafrechtserneuerung, sondern auch eine ausgesprochene Kriegsnotmaßnahme.

4. Vereinfachungen der Anklageschrift, der Urteile und der Beschlüsse. In der Anklageschrift soll die Darstellung des Ermittlungsergebnisses unterbleiben können. Die Darstellung des Ermittlungsergebnisses hat im Grunde den Sinn, dass sich der Angeklagte an Hand dieser Darstellungen unterrichten kann und gegen die Eröffnung des Hauptverfahrens Schritte unternehmen kann. Da wir, worauf ich noch zurückkommen werde, wie Sie aber schon aus der Verlesung des Führererlasses entnommen haben, den Eröffnungsbeschluß nunmehr abzuschaffen gedenken, fällt diese Wirkung, dieser Zweck der Darstellung des Ermittlungsergebnisses in der Anklageschrift weg. Denn das Ermittlungsergebnis sollte nie dazu dienen, den Richter der Durchsicht der Akten zu überheben, und hat das hoffentlich auch nie getan.

Die Urteile und Beschlußgründe sind in bündiger Kürze zu fassen. Diese Sache hat ja ihre Geschichte. Es hat gar nichts genützt, dass wir in Rundschreiben, Rundverfügungen immer wieder gesagt haben, dass diese überlangen Urteilsgründe immer unnötige Schwierigkeiten machen. Jetzt aber haben wir hier einen Satz klipp und klar und selbst bündig und kurz als Führerbefehl, und wir hoffen, dass das nun nützen wird.

Ich darf vielleicht noch ein paar Beispiele einschalten, um zu zeigen, welche Schwierigkeiten durch die übermäßig breiten und langen Gründe entstehen. Da ist folgender Fall. Es fällt eine Leuchtbombe herunter, und jemand macht sich daraus irgendeinen Schlüpfer oder so etwas. Der Richter, ein braver Amtsrichter an irgendeinem Amtsgericht in Mitteldeutschland, opfert seinen Sonntag – man stellt sich das schon so vor -, um von früh bis abends in riesigen Ausführungen darzutun, wie es denn nun eigentlich mit der Leuchtbombe ist, ob das eine herrenlose Sache ist, wem sie gehört, ob man sich die zueignen könne; alles Dinge, die in der heutigen Zeit den Eindruck erwecken müssen, als sei an dem Amtsgericht gar nichts anderes zu tun, als sich mit diesen rein theoretischen Fragen zu befassen.

Dahin gehört auch die Beschlußbegründung in der Judensache, von der ich vorhin sprach. 50 Seiten lang ist die Beschlußbegründung, die darlegt, dass ein Jude sich nicht strafbar macht, wenn er, ohne seine Judeneigenschaft zu verschweigen, für sich Kaffeeausteilung beantragt. 6 Sätze wären, worüber alle Welt einig ist, nötig gewesen, um den Beschluß zu begründen.

Ich bitte, immer zu bedenken, was für eine Arbeitsverschwendung beim Richter, aber auch dann bei dem ganzen technischen Personal da zusammenkommt, wenn man sich ausrechnet, was da alles unnötig gemacht wird. Und man hätte keine Schwierigkeiten bekommen. Wenn man die Beschlußbegründung kurz und bündig gefaßt hätte, wäre nicht von allen Ämtern Sturm gelaufen worden gegen den Inhalt der Begründung, weil die nämlich allen Ämtern Vorwürfe macht, dass sie nicht rechtmäßig gehandelt hätten und ähnliches.

Also wir erleben immer wieder, dass diese breiten, langen Urteile, die unnötig sind, der Justiz unnötig Schwierigkeiten machen. Auch aus diesem Grunde sollte man gegen diese Breite angehen. Hier aber ist Kürze angeordnet. Für die Kriegszeit ist die Begründungskürze angeordnet unter dem Gesichtspunkt der Einsparung, die wir ja auch bitter nötig haben.

Besonders wenn Rechtsmittel nicht zulässig sind, soll genügen, im Urteil die Angabe des festgestellten Sachverhalts, des zur Anwendung gebrachten Strafgesetzes und der Umstände, die für die Strafbemessung wesentlich sind. Es soll also dann nicht nötig sein die Würdigung der Beweismittel im einzelnen und die Darstellung des Ergebnisses der Beweisaufnahme im Einzelnen. Die Identität der Tat muß aber selbstverständlich als allererstes unter allen Umständen in dem Urteil klargestellt sein.

Natürlich müssen wir für diese Bestimmungen auch einen Preis zahlen, es gibt eben nichts in der Welt, was ohne Preis erhältlich wäre. Der Preis, den wir bezahlen müssen, liegt in folgendem.

Erstens Schwierigkeiten bei der Wiederaufnahme. Die werden entstehen, und wir sehen voraus, dass wir vielleicht in einem Jahre, oder wenn diese Frage aufkommt, Maßnahmen treffen müssen, um dann, wenn die Urteile so kurz und bündig sind, dass man aus ihnen allzu wenig entnehmen kann, die Wiederaufnahme zu erleichtern. Das wird aber nur in wenigen Fällen zu geschehen brauchen und jedenfalls erst nach dem Kriege. Und das ist ein Preis, den wir zu bezahlen bereit sein müssen.

Ebenso haben wir jetzt Schwierigkeiten bei der Nichtigkeitsbeschwerde, und zwar weil man zwar binnen einer Woche voraussehen kann, ob ein ordentlicher Rechtsstand möglich ist. Bei der Nichtigkeitsbeschwerde, die wir [während eines Jahres (im Original gestrichen und mit Fragezeichen versehen)] einlegen können, kann man das aber nicht voraussehen. Bei der Berufung und Revision haben wir deshalb Schwierigkeiten nicht, weil diese besondere Abkürzung dann nicht zulässig sein soll, wenn die Berufung oder die Revision für zulässig erklärt wird. Notfalls muß dann eben, wenn ein solcher Antrag eingeht, der Richter noch die Urteilsgründe entsprechend ergänzen. Darüber müssen technische Vorschriften noch im Wege einer Rundverfügung ergehen.

Dass die Bestimmungen über eine solche, über die allgemein bündige Kürze hinausgehende Einschränkung nicht als Dauerrecht gedacht sind, brauche ich nicht hervorzuheben.

5. Auch bei Verbrechen wollen wir den Strafbefehl zulassen. Das bedeutet zunächst, dass er zulässig sein soll, wenn bei einem Verbrechen nur eine Vergehensstrafe verwirkt ist, also nicht mehr als 6 Monate Gefängnis, was ja bei mildernden Umständen möglich ist, weil ja heute, wo wir die konkrete Betrachtungsweise insofern noch nicht gesetzlich verankert haben, dieser Fall heute doch ein Verbrechen bleibt. Aber wir erwägen darüber hinaus entweder allgemein oder für

bestimmte Straftaten insbesondere wieder für die Rückfalldelikte den Strafbefehl bis zu einer bedeutend höheren Strafmaßgrenze zuzulassen. Wie gesagt, vielleicht kommen wir darauf ab, ihn zu beschränken auf bestimmte Deliktarten, bei denen es wirklich mit dem Strafbefehl ginge. Auch das kann man als Bestandteil einer künftigen Strafrechtserneuerung betrachten.

6. Der Staatsanwalt kann im amtsrichterlichen Verfahren auf die Teilnahme verzichten. Wir glauben, dass das eine sehr wesentliche Entlastung der Staatsanwaltschaft bedeuten wird. Auch hier sind natürlich nun bestimmte Richtlinien und auch Einschränkungen in einer A.V. oder R.V. zu erwarten.

7. Künftig soll ein Schriftführer in der Hauptverhandlung nur mitwirken, wenn der Vorsitzer es für erforderlich hält. Wir haben den Eindruck, dass hier ungeheuer viel wertvolle Arbeitszeit und Kraft vergeudet wird, indem also der Schriftführer da sitzt und ab und zu zu seinem Stempel greift und vermerkt, dass wieder ein Zeuge sich zur Sache geäußert hat. Das kann in Zukunft vermieden werden.

Freilich muß ich auf folgendes aufmerksam machen. Protokoll muß doch geführt werden. Das Protokoll muß also der Vorsitzer führen, und das ist natürlich ein gewisser Schutz für eine weitgehende Benutzung dieser Freiheit, die wir schaffen wollen. Die Herren Chefpräsidenten bitten wir deshalb, darauf zu sehen, dass die Vorsitzenden trotz der geringen Mehrarbeit, die sie dabei leisten müssen, von dieser Möglichkeit wirklich in erheblichem Umfang in der großen Mehrzahl der Fälle Gebrauch zu machen.

8. *Wegfall des Anklageerzwingungsverfahrens.* Das ist ja vom Führer ausdrücklich in dem Erlaß genannt worden. Das Klageerzwingungsverfahren paßt ja überhaupt nicht zu unserem Gedanken, dass die Anklage eine öffentliche sein muß. Das ist nur aus der Struktur des früheren Staates zu erklären. Die Strafrechtserneuerungsvorschläge aller beteiligten Stellen sehen den Wegfall des Klageerzwingungsverfahrens sowieso vor. Das würde also etwas sein, was Dauerrecht werden könnte.

Und dann: Eine Hauptforderung der Strafrechtsverordnung hat der Führer ja ausdrücklich in dem Erlaß selbst gebilligt, nämlich den Wegfall des Eröffnungsbeschlusses, den wir in einigen besonderen Verfahrensarten bereits haben, der dort gar nicht die Bedenken gerechtfertigt hat, die in den seinerzeitigen Behandlungen der Strafrechtserneuerungskommissionen gegenüber dem Plan, den Eröffnungsbeschluß wegfallen zu lassen, geltend gemacht worden sind. Es wird also künftig so sein, daß der Vorsitzer die Hauptverhandlung anordnet. Nur wenn er Bedenken dagegen hat, holt er sein Kollegium zusammen und kommt zu einer gerichtlichen Entscheidung. Das Gericht kann die Hauptverhandlung ablehnen nur wegen mangelnder Zuständigkeit und dann, wenn mit Sicherheit zu erwarten ist, dass der Betreffende nicht verurteilt werden wird. Das ist also eine ganz große Einschränkung gegenüber den jetzigen Bestimmungen über den Eröffnungsbeschluß.

Natürlich ist es richtig, dass diese Einschränkung auf der anderen Seite wieder zu einer Ausdehnung der Verteidigungsmöglichkeiten führen muß. Die Verteidigungsmöglichkeit im Vorverfahren muß dann eben erweitert werden. Wir wollen das auch jetzt tun, allerdings erst von der Einreichung der Anklageschrift ab.

Später werden wir wohl einmal dazu übergehen müssen, auch die Verteidigungsmöglichkeiten im Vorverfahren zu erweitern, insbesondere ein letztes Gehör vor der Anklageerhebung durch den Staatsanwalt einzuführen, was ebenfalls in der Strafrechtserneuerungsarbeit allgemein vorgeschlagen ist.

Außerdem haben wir vor, die *Privatklage* zu vereinfachen. In den letzten Monaten ist sehr viel darüber gesprochen worden, und es sind Vorschläge gemacht worden, ob man überhaupt das Privatklageverfahren beibehalten soll für die Kriegszeit oder ob man nicht diese Minima überhaupt im Kriege ruhen lassen soll. Der Reichsminister der Justiz hat sich immer gegen ein Ruhenlassen der Privatklagesachen ausgesprochen, und zwar deshalb, weil das im Volk von den Beteiligten als eine Art Rechtsverweigerung angesehen würde, und weil diese Minima vielfach im Leben der Beteiligten monatelang geradezu den Kern des ganzen Denkens, Fühlens und Trachtens darstellen, und weil man deshalb auch zur Stärkung der Arbeitsfähigkeit, der inneren Geschlossenheit der Volksgemeinschaft irgendeine Entscheidung herbeiführen muß.

Wir haben nun folgenden Vorschlag gemacht, den der Führer ja insbesondere gebilligt hat, wie in dem Begleitschreiben von Reichsminister Dr. Lammers ausgeführt ist. Wir haben vorgeschlagen, dem Richter nicht nur die Möglichkeit zu geben und ihn nicht nur auf die Möglichkeit zu verweisen, einen Vergleich herbeizuführen, sondern gewissermaßen diesen Vergleich autoritär zu dekretieren, und zwar nennen wir das einen Friedensspruch zu fällen. Von dem Augenblick ab, in dem die Privatklage in die Hand des Richters kommt, also auch schon vor der Hauptverhandlung, bis zu dem Augenblick, in dem er das Urteil fällt, soll er in der Lage sein, statt des Urteils einen Friedensspruch zu fällen. Er soll das können, einerlei wie weit er in die Beweisaufnahme eingetreten ist. Er soll insbesondere z. B. zur Vorbereitung eines Friedensspruchs die Parteien laden können und meinetwegen einen oder zwei Zeugen dazu laden können und die anderen 17 Zeugen zu Hause lassen und in den Fabriken weiter arbeiten lassen, und er soll dann einen Friedensspruch fällen können. Dieser Friedensspruch wird sofort rechtskräftig. Darin kann er aussprechen eine Verwarnung, er kann eine Friedensbuße verhängen, er kann eine Friedensbürgschaft auferlegen. – Das letztere bedarf freilich noch sehr der Ausarbeitung; wir wissen noch nicht, ob wir jetzt, wo die Vereinfachung im Vordergrund steht, das durchführen können. – Und er kann eine Feststellung treffen zur Wiederherstellung des gutes Rufes des einen der Beteiligten oder beider Beteiligten.

Wenn Sie darüber Näheres lesen wollen, so empfehle ich, das nachzulesen, was in den Straferneuerungsarbeiten über den Friedensrichter gesagt worden ist, mit Ausnahme desjenigen Beiwerks, das dort zugleich in einem Aufwaschen mit gewissen zivilistischen Streitfragen erledigt ist.

Das ist die eine Seite der Vereinfachung des Privatklageverfahrens. Die andere ist nun die, die vom Führer selbst genannt ist, und worüber Herr Reichsminister Dr. Lammers in seinem Begleitschreiben folgendes ausführt. (Wird verlesen. [nicht anbei]).

Daraus ergibt sich, daß gerade für diese im Volksleben außerordentlich wichtige Angelegenheit der Führer ein besonderes Interesse hat.

Nun ist es sicher richtig, dass der alte preußisch-militärische Grundsatz, dass man erst 24 Stunden überschlafen sollte, bisher in unserer Regelung der Privatklage durchaus vernachlässigt worden ist, und das ist ja der Grundsatz, der hier eigentlich herangeholt werden soll. Wir denken, bei der technischen Ausarbeitung diesen Grundsatz in doppelter Weise zu verwerten. Einmal bei gewissen, ich will nicht sagen, juristischen Deliktarten, aber Deliktsarten, die Lebensvorgänge betreffen, also Nichtigkeiten, bei denen nicht die Gefahr besteht, dass, wenn man da noch länger wartet, aus einer Beleidigung eine Mord- oder Totschlagangelegenheit entsteht – und solche Fälle kann es auch geben –, das Einreichenkönnen einer Privatklage hinauszuschieben. Darüber hinaus aber dem Richter in allen Fällen, in denen er es für angemessen hält, die Möglichkeit zu geben, ihn sogar weitgehend anzuhalten, wenn daraus keine Gefahr für Sicherheit usw. entsteht, mit einem Einschreiten möglichst lange zu warten, mindestens aber dann zu warten, wenn er sich uneinsichtigen Parteien gegenüber sieht und glaubt, Gründe zu haben, wegen der Verworrenheit der Sachlage nicht einen Friedensspruch fällen zu sollen. Wir werden also hier zwei auf den ersten Augenblick heterogene Elemente zusammenwirken lassen, um auch eine Vereinfachung der uns schwer belastenden Privatklage herbeizuführen. Wir könnten uns auch denken, dass daraus ein Friedensrecht erwachsen würde, überhaupt die Gestalt des Friedensrichters.

Ich habe nun noch ganz kurz Ihnen einige andere Punkte zu nennen. Wir denken ferner noch auf Grund der Vollmacht folgende anderen Punkte zu regeln, vielleicht in der ersten, vielleicht in einer zweiten Verordnung.

Die Einstellung des Verfahrens nach § 153 Abs. 2 StPO soll auch ohne Zustimmung des Amtsgerichts möglich sein. Wir erleben da z. B. die häßlichen Sachen wie jetzt in einem norddeutschen Bezirk, dass eine Anklage erhoben ist wegen Gefangenenmißhandlung, ohne dass eine solche Anklage hätte erhoben werden sollen. Da sind 19 Gefangene aus einem Zuchthaus als Zeugen aufgeführt, und passiert ist eigentlich nichts. Jetzt können wir die Sache nur einstellen mit Zustimmung des Gerichts, und das Gericht gibt die Zustimmung nicht, obgleich alle einig sind, dass das eine Sache ist, die man nicht verfolgen sollte. Da können wir jetzt mit Niederschlagung arbeiten, was auch nicht schön ist. Es soll also in Zukunft die Anwendung des § 153 Abs. 2 ohne Zustimmung des Amtsgerichts erfolgen können.

Entlastung des Richters von Entscheidungen während der Untersuchungshaft, Briefkontrolle, Besuchserlaubnis u.ä., ferner Beseitigung der unmittelbaren Ladung von Zeugen und Sachverständigen durch den Angeklagten. Meist ist mit diesen Zeugen und Sachverständigen doch nichts los. Wenn aber was los ist, kann der Angeklagte vorher sagen, warum er die Zeugen geladen haben will, dann werden sie schon geladen werden; sonst führt das nur dazu, dass Arbeitskräfte unnötig von ihrer Arbeit in der Fabrik oder sonstwo ferngehalten werden.

Dann Beseitigung des Kreuzverhörs, Vermeidung entbehrlicher Wiederholungen der Hauptverhandlung. Es soll – das haben wir schon erarbeitet unter dem

Gesichtspunkt der Angleichung zwischen dem Donau- und dem Altreichs-Strafrecht auf einer Tagung auf dem Semmering vor einiger Zeit – es soll die Wiederholung der Hauptverhandlung nur möglich sein, wenn ein Monat – jetzt ist es eine Woche – dazwischen liegt.

Dann Erleichterung bei Verlesung von Urkunden, erweiterte Ausdehnung der Anklage in der Hauptverhandlung auch bei Verbrechen ohne Zustimmung des Angeklagten. Wohl aber soll das Gericht gehalten sein, wenn die Verteidigung sehr erschwert würde, dem Angeklagten das Recht zu geben, eine kurze Unterbrechung zu beantragen, um sich auf diese Ausdehnungspunkte vorbereiten zu können.

Vereinfachung der Beteiligung des Staatsanwalts in privaten Verfahren. Es soll künftig nicht mehr so sein, dass der Staatsanwalt diese Privatklagen alle bekommt, sondern er soll sie nur bekommen vom Richter, wenn der Richter der Meinung ist: Das hat für den Staatsanwalt ein Interesse. Dieses übermäßig zeit- und kraftraubende Akten hin und her tragen wird dann erspart.

Erweiterung der Zulassung der Widerklage im Privatklageverfahren. Wenn meinetwegen der Ehemann geklagt hat, weil seine Frau beleidigt ist, dann soll die Widerklage, die bisher nicht zulässig ist, jetzt zulässig sein.

Das ist das, was wir nach dem jetzigen Stande der Vorarbeiten an Hand der auf Grund dieses Führerauftrages durchführen und, soweit das noch vorbehalten ist, dem Führer zur Genehmigung vorzulegen vorhaben. Es wird bei uns geprüft, ob auch auf sachlich-rechtlichem Gebiet, wozu freilich dieser Erlaß die Grundlage nicht gibt, Vereinfachungsmaßnahmen möglich sind.

Der Gedanke ist, dass, wenn die Herren dazu noch irgendwelche Vorschläge zu machen haben, diese Vorschläge vielleicht nachher noch gemacht werden können. Ich darf gleich bemerken, daß ein großer Teil dessen, was wir zu tun beabsichtigen, auch als Vorschläge in den Lageberichten der Herren Chefpräsidenten und Generalstaatsanwälte und in deren rechtspolitischen Vorschlagsberichten schon vorhanden ist.

Staatssekretär *Dr. Schlegelberger*: Meine Herren! Es war mein Wunsch, den Herren im frühest möglichen Zeitpunkt Kenntnis von den Maßnahmen zu geben, die zur Vereinfachung der Rechtspflege geplant sind. Ich hoffe, dass trotz der vorgerückten Stunde die Dinge Ihnen noch so vorgetragen sind, dass Sie sie alle haben aufnehmen können, Ich habe nicht den Mut zu hoffen, dass Sie den Wunsch haben, über die Sache noch in eine Aussprache einzutreten. Ich möchte nur noch Herrn Staatssekretär Dr. Freisler das Wort zu einer kurzen Mitteilung ganz anderer Art geben.

Staatssekretär *Dr. Freisler*: Am 1. August 1940 hat der Reichsminister der Justiz durch Erlaß die höheren Reichsjustizbehörden angewiesen, die Träger der höchsten Kriegsorden und der höchsten Orden der Bewegung sowie der Rettungsmedaille dienstlich besonders zu fördern. Uns ist vom Leiter der Partei-Kanzlei mitgeteilt worden, dass dieser Erlaß hier und da falsch verstanden worden sei. Das hat zu einem Schriftwechsel Veranlassung gegeben, der zum Schluß in einer uns abschriftlich mitgeteilten Stellungnahme des Leiters der Partei-Kanzlei gegenüber dem Reichsminister des Innern geführt hat. In dieser Stellungnahme wird folgendes ausgeführt: „Bei der Gesamtbeurteilung eines Beamten wird naturgemäß auch auf den Einsatz, den der Beamte unter bestimmten Voraussetzungen außerhalb des Dienstes erbracht hat, Rücksicht zu nehmen sein, Die Entscheidung über die Besetzung von Beförderungsstellen oder sonstwie wichtigen Stellen bitte ich aber, neben der persönlichen Eignung in erster Linie von der Beantwortung der Frage nach der politischen Zuverlässigkeit abhängig zu machen ...". (Folgt weitere Verlesung. [fehlt])

Ich wollte dazu folgendes bemerken. Wir sind ganz genau derselben Meinung, der der Leiter der Partei-Kanzlei ist, dass die Tatsache, dass ein Beamter, der dadurch einen höchsten Einsatz bekundet hat, dass er Träger eines höchsten Kriegsordens oder eines höchsten Ordens der Bewegung oder der Rettungsmedaille ist, allerdings nicht überflüssig macht zu prüfen, ob er politisch zuverlässig ist. Wir glauben nur, dass nur wenige Fälle vorkommen, in denen die Träger solcher Orden und Auszeichnungen nicht politisch zuverlässig sind. Geprüft werden muß die politische Zuverlässigkeit aber in jedem Falle. Wir bitten deshalb, bei Ihren personalpolitischen Maßnahmen die Verfügung vom 1. August 1940 so aufzufassen, dass selbstverständliche Voraussetzung der Förderung immer die politische Zuverlässigkeit sein muß.

Staatssekretär *Dr. Schlegelberger*: Meine Herren! Die Schwierigkeiten, die die augenblicklichen Transportverhältnisse einer häufigeren Zusammenkunft der Herren Chefs der Justizbehörden bereiten, macht es leider nicht möglich, die Herren so oft zusammenzurufen, wie es meinem Wunsche entsprechen würde. Daraus folgt zwangsläufig, dass unsere Sitzungen etwas überreich an Stoff sind, und die Herren werden vielleicht mit mir den Eindruck bekommen, dass wir auch heute eine außerordentliche Fülle von Material erörtert haben. Das müssen wir aber in Kauf nehmen.

Nur den einen Wunsch habe ich heute am Schluß unserer Tagung: Dass die Erörterung der vielen sehr wichtigen Fragen, die der Nachmittag gebracht hat, nicht die Ausführungen in Vergessenheit geraten lassen dürfen, die am Vormittag gemacht worden sind.

Meine Herren! Lassen Sie mich die heutige Tagung schließen in der festen Zuversicht, dass Sie mit allen Ihren Kräften und dem größten Ernst mir helfen werden wie bisher und, wenn es möglich ist, noch in erhöhtem Maße, die Achtung vor der Justiz sicherstellen. Heil Hitler!

[Nach einer Aufzeichnung in den Akten des OLG Hamburg kam noch die Zivilgerichtsbarkeit zur Sprache:

Ministerialdirektor Dr. Volkmar sprach zu den Vereinfachungsmaßnahmen auf dem Gebiet der zivilen Rechtsprechung:

1. *Referendare* sollten in weitergehendem Maße selbständig bei der Ausführung richterlicher Geschäfte verwandt werden.

2. *Rechtsmittel.* Die Berufungsgrenze solle auf RM 500 heraufgesetzt werden. Es solle zulässig sein, aussichtslose Berufungen durch Beschluß des übergeordneten Gerichts zu verwerfen. Die Revisionsgrenze solle nicht erhöht werden, weil das Reichsgericht zur Zeit nicht überlastet sei. Eine Reihe von Beschwerden solle

fortfallen, insbesondere in Armenrechtssachen bei Ablehnung und Entziehung des Armenrechts und bei Kostenfestsetzungsbeschlüssen, Wertfestsetzungen und dergleichen.

3. *Neues Vorbringen in der Berufungsinstanz* solle beschränkt werden. MinDir. Dr. Volkmar verwies auf den Unterschied zwischen der alten deutschen Urteilsrüge und der römischen Berufung, die zu einem novum judicium führe. Neue Tatsachen, Angriffs- und Verteidigungsmittel sollen nur insoweit zugelassen werden, als ihr Vorbringen in erster Instanz bei sorgfältiger Führung des Prozesses der Partei nicht zumutbar war. Neue Ansprüche und Widerklagen sollen in der Berufungsinstanz nicht erhoben werden dürfen. (Ausnahme in Ehe- und Kindschaftssachen). Die Einheitlichkeit der Rechtsanwendung zu diesen Punkten solle durch eine AV.d.RJM. mit bindender Wirkung für die Gerichte gesichert werden.

4. *Urteile und Beschlüsse* sollen auch in Zivilsachen in möglichst kurzer, bündiger Form gefaßt werden.

5. *Tatbestand und Begründung des Urteils* sollen ganz fortfallen können bei sofort rechtskräftigen Entscheidungen. Die Urteilsgebühr solle sich dann auf die Hälfte ermässigen.]

(Schluß der Sitzung 18 Uhr 10 Minuten)

VI. Arbeitsagung mit den Chefpräsidenten und den Generalstaatsanwälten im Reichsjustizministerium am 5. und 6.5.1942

1. Besprechung vom 5.5. 1942 mit den Chefpräsidenten

Staatssekretär Schlegelberger: (Mitschrift von Becker/Jena) Bei der letzten Besprechung hatte ich über den Ernst der Lage keinen Zweifel gelassen. Einige meinten, dass ich zu schwarz sähe. Inzwischen hat sich das drohende Wetter entladen. Es gibt Männer, bei welchen in solchen Fällen die Nerven versagen. Deren müssen Sie sich annehmen, Sie haben die Pflicht, für Ihre Richter zu sorgen. Und wenn Sie sich dieser Pflicht erinnern, dann werden auch die durch das Wetter Erschreckten einen klareren Blick bekommen. – Der Führer hat ins Gedächtnis gerufen, dass niemand einen Anspruch auf Urlaub hat. Sie haben aber die Pflicht, die Arbeitskraft zu erhalten und Urlaub zu erteilen, soweit das nötig ist. Deshalb war nicht etwa ein Urlaub ohne weiteres abzubrechen. Heute nur Aussprache von uns zu Ihnen. Ich möchte mich aber häufiger mit Ihnen unterhalten und muß Sie deshalb alle zwei Monate nach Berlin bitten.

Staatssekretär Freisler: Ich werde nur über Fehlendes oder zu Bemängelndes sprechen, könnte alles durch Beispiele belegen. Es wäre sehr verfehlt, wenn am Schlusse auch nur einer das Gefühl haben könnte, dass ihn von allen Versagern nichts betreffe. Es trifft jeden. Sie müssen in den Bezirken auch dort nach dem Rechten sehen, wo Sie glauben, dass alles in Ordnung ist. Notwendig ist die Sicherung der geistigen Haltung, die Klarheit, die wir selber haben müssen über einen verfassungsmäßigen Einbau der Justiz ins Reich. Kriegsaufgabe ist die erforderliche Härte, da dürfen wir uns nicht irre machen lassen. Man hört schon Stimmen, die Strafjustiz sei zu hart. Der Führer ist anderer Ansicht. Wir bedürfen höchster Elastizität, wir müssen die Gesetze nach der lebenswirklichen Bedeutung der Vorgänge ausweiten. Es gibt keinen einzigen Fall des Lebens, den wir mit unseren Gesetzen nicht meistern könnten, nötigenfalls mit § 2 StrGB (Rostocker Fall: zwei Volksgenossen weigern sich, Flüchtlinge aufzunehmen. § 4 VolksschädlingsVO – unter Verwendung von § 330 c StGB).

Wir dürfen auch in der schwierigen Lage nicht in Panik verfallen. So kam aus Rostock ein Anruf an uns, ein Plünderer sei verhaftet worden, wann er abgeurteilt werden könne, stehe noch nicht fest. Ich bin gleich nach Rostock gefahren und fand, dass kein einziger Richter verletzt war. In der schwierigsten Lage müssen wir die ersten sein, müssen immer auf dem Posten sein. Wir müssen schnell sein, damit nicht die Polizei statt unserer eingreift und sagt, sie habe eingreifen müssen, weil wir versagt hätten.

Die Rechtspflege muß gelenkt werden, im ganzen wie auch im einzelnen Falle, von jeder Ebene aus, nicht nur vom Minister. Bisher hat die Lenkung nur beim Ministerium gelegen, sie muß auch vom Oberlandesgerichtspräsidenten und den Landgerichtspräsidenten durchgeführt werden. Eine deutlich hervortretende Lenkung ist nötig. Heute ist der Kern unserer politischen Aufgabe die Strafrechtspflege. Deshalb muß damit Ernst gemacht werden, dass die Strafrechtspflege genügend und richtig besetzt wird. Es gibt immer noch Richter, die glauben, sie könnten später kommen und früher weggehen als die anderen Beamten; das würde ich an Stelle der Richter nicht tun. Es wird geklagt, dass die Vorbereitung der Strafsachen durch die Staatsanwaltschaft öfter mangelhaft sei. Aber die Staatsanwälte arbeiten länger als die Richter. Deshalb auch richtige Verteilung der Kräfte auf die Staatsanwaltschaften.

Abseits Liegendes muß beiseite gelassen werden. 200-Jahrfeiern sind heute nicht nötig. Wenn wir uns mit so abseits liegenden Dingen befassen, so regt das den Führer auf. Fälle wie der mit der Leuchtbombe sind dem Führer unverständlich, er fragt sich, ob der Richter nichts anderes zu tun hat. Der Verwaltungsapparat muß so eingerichtet sein, dass er von den Präsidenten mit der linken Hand geleitet wird. Von den Vereinfachungsbestimmungen muß in vollem Umfange Gebrauch gemacht werden. Die Verwaltung muß aus dem Handgelenk gemacht werden, damit Zeit ist, sich um die Rechtsprechung zu kümmern, Fälle müssen besprochen werden. Oberlandesgerichtspräsidenten und Generalstaatsanwälte müssen zusammen, nicht nebeneinander arbeiten, ein inniges Zusammenarbeiten muß es sein. Wenn man schon eine Feier zum 200jährigen Bestehen des Oberlandesgerichts macht, dann muß auch der Generalstaatsanwalt beteiligt werden, auch wenn die Staatsanwaltschaft noch keine 200 Jahre alt ist.

Wenn der Generalstaatsanwalt eine Beschwerde über das Sondergericht hat, so muß er das mit dem Oberlandesgerichtspräsidenten bereinigen, ebenso umgekehrt. Vor unbegründeter Eifersucht auf die Staatsanwaltschaften müssen sich die Richter hüten (so wenn der Staatsanwaltschaft im Vollstreckungsverfahren Aufgaben neu übertragen werden, z.B. im Jugendstrafvollzug. Hier sind nur Zweckmäßigkeitserwägungen entscheidend gewesen. Es wird auch davon geredet, dass dem Staatsanwalt der Erlaß des Haftbefehls übertragen werden soll, obwohl daran gar nicht gedacht ist.). Wenn eine Aufgabe der Staatsanwaltschaft zufällt, dann soll sich die Richterschaft nicht gleich herabgesetzt fühlen. Jeder muß an die Stellung des anderen denken. Es gibt hier keine Entschuldigung. Das Verhältnis muß innig und vertrauensvoll sein. Präsident und Generalstaatsanwalt müssen wöchentlich mehrfach miteinander beraten, jeder kommt einmal zum anderen; ebenso muß es bei den Landgerichten sein. Niemand darf etwas vom anderen erobern wollen. Wenn sich das gute Verhältnis nicht erreichen läßt, dann bitte ich zu berichten. Dann sind die Betreffenden untauglich. Es muß überall der Geist der Kameradschaft herrschen. Dafür sind die Chefs verantwortlich.

Auch der Pressereferent muß wöchentlich mehrmals Vortrag halten beim OLG-Präsidenten und Generalstaatsanwalt. Ebenso muß es bei den Landgerichten sein.

Das Technische der Arbeit: Am Orte sollte viel weniger geschrieben, sondern vorgetragen und besprochen werden. Das geht schneller und führt zu einem persönlicheren Arbeiten. Der Fernsprecher muß weitgehend benutzt werden. Sehr peinlich ist, wenn sich in einer Strafsache, für die sich das Ministerium interessiert hatte, herausstellt, dass die Revisionsbegründungsfrist versäumt worden ist. Die schriftlichen Berichte sind oft unverwendbar. Ein Pole hat eine Gewalttat begangen. Wir bekommen Bericht, dass § 51 Abs. 1 StGB [Schuldunfähigkeit] in Frage komme. Die Polizei verlangt Herausgabe des Polen und hängt 11 anderen Polen, weil sie den Gewalttäter nicht herausbekommt. Dann kommt Bericht, dass der § 51 Abs. 2 StGB gegeben sei. Wäre das gleich gekommen, so wäre der 12. Pole hingerichtet worden und die anderen 11 wären am Leben geblieben. Die Sprechweise muß so sein, dass an ihr nichts auszusetzen ist (das große Hängen hat also begonnen). Keine Verallgemeinerungen, besonders auch nicht in den Lageberichten. Manchmal stellt sich bei Nachfragen heraus, dass gerade ein Fall oder auch gar keiner vorgekommen ist. So wars bei der Behauptung, dass Richter nicht mehr so viel auf Sicherungsverwahrung erkännten, weil die Entlassung der Staatsanwaltschaft übertragen worden sei. – Bei Berichten und Anrufen muß die richtige Adresse gewählt werden. So würde eine Mitteilung, dass eine Begnadigung nicht verstanden worden sei, an den Ministerialrat gemacht, sie hätte an den Staatssekretär gerichtet werden müssen. Die zu wählende Adresse liegt bei Ihnen weit oben, das ergibt Ihre Stellung. Sie müssen Fühlung mit dem Ministerium halten. Wenn Sie einmal in Berlin sind und vorsprechen wollen, paßt es häufig nicht. Daher vorherige Anmeldung und Festlegung der Zusammenkunft. – Wenn das Ministerium in einem Briefwechsel einmal jemand die Wahrheit sagt, dann bitte nicht alles mißzuverstehen. So schreibt jemand, die Stimmung unter den Richtern sei nicht gut. Ich antworte, ich bäte dann auf die Stimmung zu wirken. Darauf schreibt der andere, er habe geglaubt, er solle sagen, was er meine.

Pflege der Zusammenarbeit nach außen: Es ist persönlich Sache beider Chefs die Beziehungen nach außen zu pflegen, besonders zum Gauleiter. (Gauleiter mietet dem Chefpräsidenten den Fahrer weg. Wäre nicht vorgekommen, wenn die rechte Fühlung bestanden hätte). Angriffe der Partei gegen die Justiz mit Gauleiter besprechen. Manchmal habe ich den Verdacht, dass ein Chef, der bessere

Beziehungen zum Gauleiter hat als der andere, darauf bedacht ist, die Vorzugsstellung zu behalten, statt dafür zu sorgen, dass auch der andere ebenso gern gesehen wird. Einzelne der Herren haben sich noch nicht in den neuen Staatsaufbau hineingefunden und in die Stellung des Gauleiters und Reichsstatthalters. Manchmal ist bei unseren Chefs eine gewisse Unsicherheit aufgetreten und die Meinung, schriftlich sei besser als mündlich. Manchmal sind es auch Vorfälle persönlicher Art, die den Gauleiter hindern, in die rechte Fühlung zu kommen. Solche Vorfälle muß der Betreffende ausräumen. Wenn es ihm nicht gelingt, sind wir bereit zu helfen.

Es kann sich empfehlen, den Gauleiter in die Appelle der Justiz einzuladen. Das hat sich als gut erwiesen. Ich würde vorschlagen, dass Sie alle danach streben, das allmählich zu erreichen. Es ist besser, wenn der Gauleiter von Ihnen unterrichtet wird als von einer anderen Stelle. Natürlich darf man nicht mit jeder Kleinigkeit zum Gauleiter kommen. Vortrag hält der Chef nicht bei einem Gauamtsleiter, sondern beim Gauleiter selbst. Er muß verhindern, dass die Gauamtsleiter zwischen ihn und den Gauleiter treten. Das Entsprechende muß für die Landgerichtspräsidenten und die Oberstaatsanwälte gelten. Sie müssen sich überzeugen, dass diese Beziehungen ebenfalls persönlich gepflegt werden. Bei allem aber muß Justiz Justiz bleiben, wir müssen alle die Politik des Ministers vertreten. Nach *außen* müssen wir unbedingt geschlossen sein. (Geschlechtsverkehr eines Deutschen mit einer Polin. Besteht Bedürfnis, den Deutschen zu bestrafen? Der dortige Chef hat das Verfahren hingezogen, keine Anklage erhoben. Anwendung der Bestimmungen über Rassenschande hätte nahegelegen. – Ein Generalstaatsanwalt läßt eine Sache vor die Strafkammer bringen, weil das Sondergericht überlastet sei. Dann hätte das Sondergericht verstärkt werden müssen. Jedenfalls hätten wir, da diese Maßnahme des Generalstaatsanwalts weitgreifend war, *vorher* unterrichtet werden müssen.) Es wäre schön, wenn Vertrauliches und sonst allgemein politisch Wichtiges nicht veröffentlicht würde, ohne dass vorher hier angefragt würde. Dinge, deren geheime Behandlung wir gepflegt haben, sind veröffentlicht worden. Da hätte man doch vorher anfragen können. Vertrauliche Dinge (so auch die Mitteilungen über die geplanten Vereinfachungsmaßnahmen) dürfen nicht weitergegeben werden.

Lenkung der Rechtspflege: Die bisherigen Lenkungsmaßnahmen haben nicht genügt; Lenkung durch gesetzgeberische Richtlinien, Verwurzelung der Rechtspflege im gesunden Sinn des Volkes, richtungweisende Aufsätze, Besprechungen von strafrechtlichen Dingen, vorherige Einflußnahmen auf den Gang sehr vieler Einzelstrafsachen, Verbesserung von einzelnen Rechtssprüchen durch außerordentlichen Einspruch oder Nichtigkeitsbeschwerde, verwaltungsmäßige Einflußnahme durch Besprechungen. Die Urteile, die der Führer als unmöglich empfunden hat, sind durchweg in Sachen ergangen, in denen entweder das Ministerium nicht tätig geworden ist oder seine Ratschläge nicht beachtet worden sind, ohne dass in der Hauptverhandlung eine Änderung der Lage eingetreten war. Daher kann man mit Recht sagen, es geht nicht ohne die Einflußnahme auf die einzelnen Strafsachen. Draußen fehlt es an der Einflußnahme und dem Sichrichtigdurchsetzen. Bis auf weiteres wollen wir Beschwerden über dieses Tätigwerden nicht mehr hören.

Wenn die bisherige Lenkung nicht genügt, so liegt das daran: Draußen ist manchmal gezweifelt worden, ob das, was das Ministerium wolle, das sei, was der Führer wolle. Das ist nun klar. Für uns sind Erklärungen des Führers von absoluter Gültigkeit. – Ferner sind wir nicht genügend unterrichtet worden. Die Berliner Judensache ist vorher nicht hierher berichtet worden (Beteiligung der Juden an der Kaffeeverteilung). So hat der Richter einen langen Beschluß gemacht, während ein kurzer genügt hätte. Der Oldenburger Fall ist dem Oberstaatsanwalt erst bekannt geworden, als er am Tage vor dem Termin die Akten in die Hand bekam. Fälle fahrlässiger Tötung durch Mutter sind auch nach der Mahnung vom 31. März erst nachträglich hierher gekommen. Wenn Ausschreitungen von deutschen Arbeitgebern gegen polnische Arbeiter vorkommen, so sollte doch das Fingerspitzengefühl sagen, dass auch dieser Seite die Aufmerksamkeit zugewendet und dass das dem Ministerium gemeldet werden muß. Es ist freilich schwer, für die richtige Unterrichtung zu sorgen. Die Einzelunterrichtung ist zu kultivieren. Unser Mittel: Jeden Morgen um 10 Uhr wird mir vorgetragen, was an Wichtigem geschehen ist. Der Referent wird täglich in seinem Bezirk anrufen und sich darüber unterrichten, was an Wichtigstem vorliegt und was in den nächsten drei Tagen geschieht. Ich selbst werde jeden Tag bei einzelnen Gerichten selbst anfragen.

Nicht von Interesse sind Fälle mit juristischen Feinheiten. Der Kern muß darin liegen, denn sittlichen Scherpunkt herauszufinden, den gemeinschaftssittlichen Unrechtsgehalt zu erforschen (bejahend und verneinend). Dann findet man auch den richtigen Rechtssatz, notwendig ist Werten des Unrechtsgehalts nach der menschlichen Seite. Eine Mutter hat für ihre Kinder nach und nach 6 Pfund Butter erschlichen, indem sie Vermerke auf den Karten ausradiert hat. Die Strafe war 7 Monate Gefängnis wegen Urkundenfälschung, das ist viel zu hart, in Frage kam die Verbrauchsregelungsstrafverordnung, auch hier ist nicht angefragt worden, ob vollstreckt werden soll. Wir müssen den Sühnegedanken einordnen in das Schutzbedürfnis des Volkes, dieses steht im Vordergrund. Man muß aufsuchen, was wichtig sein könnte. Was ist nun unterrichtenswert? Bestehende Rundverfügungen bleiben natürlich bestehen. Wissenswert sind zunächst Fragen von allgemeinpolitischer Bedeutung. Dabei muß man herausfühlen, dass eine solche Frage im Einzelfall drinliegt (Mißhandlung eines Polen durch den Bauern mit einer Reitpeitsche; darin liegt eine allgemeinpolitische Bedeutung). Ferner sind wissenswert Einzelsachen von politischer Bedeutung nach der Tat selbst und ihrer Beziehung entweder zum Allgemeinheitsschutz oder zu Forderungen der Bewegung, auch wenn diese Forderungen umstritten sind; nach der Tat auch in Beziehung zur Stärkung oder Schwächung des Volkes im Kriege oder in Beziehung auf die Wirkung nach außen. Es interessiert nicht nur die Gewalttat des Polen gegen den Deutschen, sondern auch die Kehrseite, die Gewalttat des Deutschen gegen den Polen. Die politische Bedeutung kann also in der Persönlichkeit des Täters oder des Betroffenen liegen. Auch Einwirkungsversuche einflußreicher Stellen in Staat, Partei oder Wirtschaft können bedeutsam werden. Nach der Führerrede haben Sie in einem ganz anderen Maße die Möglichkeit, Ansinnen an die Justiz, Dinge nicht zu verfolgen, zurückzuweisen.

Ferner haben Interesse Sachen von allgemein menschlicher Bedeutung, wirkliche oder behauptete Konflikte zwischen gemeinsittlicher Wertung und der angeblichen strafrechtlichen Wertung einer Tat, also sowohl wenn angeblich keine rechtliche Möglichkeit bestehen soll, die Tat mit der angemessenen hohen Strafe zu belegen, als auch wenn trotz menschlicher Berechtigung doch eine Notwendigkeit zu strafen besteht. Von Interesse sind Fälle, die für den Täter eine Tragik enthalten (fahrlässige Tötung durch eine Mutter). Jugendsachen sind in hohem Maße von Bedeutung, sowohl Sachen der Jugenderziehung als auch Sachen des Jugendschutzes. Kriegsausnutzungsvergehen bedürfen besonderer Bedeutung. Alle zum Bericht geeigneten Sachen müssen dauernd beobachtet und gelenkt werden. Keine neuen schriftlichen Mitteilungen, sondern mündliche Mitteilungen, damit keine Verzögerungen in den Strafsachen eintreten. Der Landgerichtspräsident sollte jedenfalls einmal in der Woche mit seinen Strafrichtern fernmündlich reden. Wöchentlich mehrmals sollte er aber, außer den Zusammenkünften mit dem Oberstaatsanwalt, mit den Vorsitzern der Sondergerichts- und der Strafkammern zusammenkommen. Der Oberlandesgerichtspräsident soll sich wöchentlich einmal mit den Landgerichtspräsidenten unterhalten und mindestens einmal im Monat mit ihnen zusammenkommen. Weiter soll er jeden Landgerichtspräsidenten einmal im Vierteljahr aufsuchen. Das sind kriegswichtige Fahrten. (In Schlesien SA-Mann erschossen, Strafgefangener bezichtigt sich Mitgefangenen gegenüber der Tat, man glaubt auch, einen alten kommunistischen Führer für die Tat verantwortlich machen zu können. Auch hier ist das Ministerium nicht rechtzeitig unterrichtet worden. Wochenlange Verhandlung, schreckliche Dinge sind geschehen in Bezug auf die Verhandlungsführung. Schließlich hört man, dass es zu einem Freispruch kommen soll. Die Staatsanwaltschaft erwirkt darauf Aussetzung. Beschluß von 18 Seiten mit Hinweis auf die vielen entstandenen Unkosten, mit langer Erwägung des Für und Wider und mit 7 Seiten rhetorischen Fragen. Am Abend nach der Aussetzung geselliges Zusammensein der Richter, nicht mit der Staatsanwaltschaft.)

Die Lenkung muß bestimmt und taktvoll erfolgen. Aber sie kann von jetzt ab ohne jedes rechtliche Bedenken erfolgen. Das ist Ausfluß der Gerichtsherrlichkeit unter Wahrung des Wesens des Gerichts. Der Reichstagsbeschluß ist die Grundlage für die sichere und bestimmte Lenkung der Rechtsprechung.

Wenn man vorgetragen bekommt, dass die Stimmung der Richter schlecht sei, dann erwartet man aber auch zu hören, was die Chefs dagegen getan haben, um die Stimmung zu heben. Die Lenkung muß fest, bestimmt und entschieden sein, vor der Hauptverhandlung, während der Hauptverhandlung und nachher. Wenn eine Panne droht, die im Bezirk nicht gemeistert werden kann, dann muß berichtet werden, entweder an Herrn Ministerialdirektor Crohne, Staatssekretär Freisler oder Schlegelberger. Einer davon ist jederzeit in kürzester Zeit zu erreichen. Bei der Lenkung nach dem Urteil geht es vor allem um die Schnelligkeit der Urteilsfertigung. Das Urteil muß sofort abgefaßt werden. Ich wüßte gern, welche Maßnahmen die Chefs dafür getroffen haben. Ich würde grundsätzlich verlangen, dass mir die Urteilsabschrift spätestens am nächsten Tage vorliegt. Das wird auch dazu beitragen, dass die Urteile kurz ausfallen.

Auch bei Veröffentlichung von Urteilen muß Vorsicht walten. (Eine Mutter soll ihr Kind sadistisch mißhandelt haben. Hier kann man berichten wie man will, ein Teil nimmt immer Anstoß, mag Sadismus bejaht oder verneint werden, daher solche Fälle nicht veröffentlichen). Bei der Presseberichtung [!] kommt es nicht auf das Juristische an, das Allgemein-Menschliche muß hervortreten. Wenn aber ein Fall schief gelaufen ist, dann muß sofort berichtet werden, damit schon vorgebeugt werden kann (durch außerordentlichen Einspruch). Der Pressedezernent muß ständig vorsprechen.

Das wichtigste Jetztziel muß das sein, dass der Richter den Kurs des Staates in Bezug auf das Rechtswesen innerlich bejaht. Nun hat der Führer die Stellung der Justiz umrissen, und der Reichstag hat dies bestätigt. Das Richtertum des Führers ist eingearbeitet in den Staat. Dass der Richter auch innerlich bejahend dazu steht, das ist die Hauptsache. Die Sorge der Richter, dass ihnen das Rückgrat gebrochen werden könnte, muß abgewendet werden durch das Vertrauen des Richters zum Führer. Was der Führer in Anspruch genommen hat, muß von jedem Richter bejaht werden. Der Führer hat sich darauf berufen, dass er der oberste Gerichtsherr ist. Das zeigt, wie der Führer selbst die Richterstellung auffaßt. Der Führer hat in seiner Person verschiedene Spitzen vereinigt, auch die des obersten Gerichtsherrn.

Staatssekretär Schlegelberger: Wir kommen aus der ernsten Lage nur heraus durch klare Führung. Ich werde einen Weg finden, die falschen Ansichten über die Justiz und ihre Leistungen zu zerstören. Ich werde einen Weg finden, der Sie aus dem Dunkel hinausführt. Sie müssen kompromißlos meiner Führung folgen. Wer den Mut und den Willen nicht findet, dieser Führung zu folgen, der muß überlegen, ob er daraus die Folgerungen zieht.

2. Arbeitstagung vom 6.5.1942 mit den Generalstaatsanwälten

Die Besprechung wird durch den Herrn Staatssekretär *Dr. Freisler* geleitet, weil Herr Staatssekretär Dr. Schlegelberger zu einer Dienstbesprechung mit dem Herrn Reichsmarschall Göring in Karinhall weilt.

Dr. Freisler begrüßt die Anwesenden und weist darauf hin, dass einzelne Herren wegen der Besprechung ihren Urlaub unterbrochen haben. Er ist dankbar dafür, bittet aber dafür zu sorgen, dass dieses Verhalten von der Gefolgschaft nicht nachgeahmt wird. Urlaub zu nehmen, ist *Pflicht* jedes Beamten.

Weiter führte er aus: Mit der Führerrede ist ein Gewitter über die Justiz heruntergegangen und hat die Menschen ganz verschieden beeindruckt. Wir haben die Pflicht der Sorge für die Gefolgschaft und müssen die Ausführungen des Führers männlich, mit Zuversicht und Glauben auf uns nehmen. Wir müssen uns verhalten wie eine Mutter, die Angst vor dem Gewitter hat und es doch mit Rücksicht auf ihre Kinder übersteht. Die Ausführungen des Führers hätten bewiesen, dass der Minister nicht zu schwarz gesehen hat. Das, was der Minister immer vertreten hat, entspricht dem Willen des Führers. Eine Aussprache darüber ist zur Zeit völlig ausgeschlossen. Nur untereinander können wir darüber sprechen. Ein Bedürfnis dazu bestehe natürlich. Ihm soll dadurch Rechnung getragen werden, dass wir künftig alle zwei Monate in Berlin zusammenkommen und Aussprache halten. Die Versammlungen werden jeweils in der zweiten Hälfte des Monats stattfinden, in dem der Lagebericht fällig ist.

Dr. Freisler will nur Versager in seiner Rede behandeln. Nichts von dem, was [er] hervorbringt, ist Phantasie. Die Rechtspflege befindet sich immer noch in einem Übergangszustand. Sie macht seit 1933 einen Umstellungs- und Erneuerungsprozeß durch. Das besagt nicht, dass trotzdem alle Juristen schon positive Nationalsozialisten sind. Der verfassungsmäßige Einbau der Justiz ins Dritte Reich ist noch nicht festgelegt und konnte noch nicht festgelegt sein, da der verfassungsmäßige Aufbau des Reiches noch im Zuge ist. In diesem Übergangsstadium hat die Justiz trotzdem wichtigste Kriegsaufgaben zu lösen. Sie muß dabei hart sein. Der Führer ist der Meinung, dass sie zu mild ist. Neben der Härte muß die Justiz außerdem die nötige Elastizität aufbringen, um jeden Fall zu meistern. Die Rechtsbeherrschung muß an Stelle der Gesetzesbefangenheit treten. So hat sich z.B. nach dem Fliegerangriff auf Rostock ein dortiger Rechtsanwalt geweigert, obdachlos Gewordene in seiner Wohnung aufzunehmen. Hier muß wegen verweigerter Menschenhilfe nach § 330 c StGB und § 4 der Volksschädlingsverordnung bestraft werden. Das Strafrecht meistert jeden Fall. Bei der Strafverfolgung müssen wir immer als Erste auf dem Posten sein. Nie darf eine Panik in der Justiz ausbrechen. So hat die Staatsanwaltschaft in Rostock nach dem Fliegerangriff den Minister unterrichtet, dass Plünderer festgenommen worden seien, dass aber nicht gesagt werden könne, wann die Aburteilung erfolgen werde, weil noch unbekannt sei, welche Richter den Fliegerangriff überlebt hätten. Dr. Freisler ist sofort nach Rostock gefahren und hat am nächsten Tag festgestellt, dass die Justiz überhaupt keinen Verlust erlitten hatte. Die Plünderer sind an einem Tag abgeurteilt, an demselben Tag sind die Urteile vollstreckt worden. Das sei ein Beispiel dafür, wie sich die Justiz immer als Erste bewähren müsse.

Die Bewährung sei nur durch eine Lenkung der Staatsanwaltschaft und des Gerichts möglich. Da es bisher an einer systematischen Lenkung gefehlt habe, müsse diese jetzt energisch einsetzen. Sie müsse sicher, fest und klar sein und dürfe nicht leise auftreten. Wenn dabei technisch einmal etwas daneben gehe, dann sollten nicht gleich Beschwerden an den Minister gehen mit theoretischen Ausführungen über einen Eingriff in die richterliche Unabhängigkeit. Zu einer Lenkung sei eine höchste innerliche Konsolidierung auf die Kernaufgabe der Justiz, nämlich auf die Strafrechtspflege, unbedingt erforderlich. Strafgerichte und Staatsanwaltschaften müßten richtig und voll ausreichend besetzt sein. Das sei schon die Rundverfügung vom 14.1.1942 angeordnet worden. Der Staatssekretär will wissen, ob und wie die Reserven der Gerichte, auch soweit sie sich am Oberlandesgericht befinden, für das Strafrecht mobilisiert worden sind und wieviel Richter zur Aushilfe an die Staatsanwaltschaft abgegeben worden sind. Heute ist keine Zeit, Zweihundert-Jahrfeiern und sonstiges Abseitiges zu veranstalten. Auf das Wichtigste müssen wir uns konzentrieren und Nebensächliches lassen. Beispiel: Leuchtbombenfall.

Die Justizverwaltung muß zurücktreten und müßte so in Ordnung sein, dass sie für die Kriegszeit aus dem Handgelenk gemeistert werden kann. Die Justizverwaltungsgeschäfte sind nicht unsere eigenste Aufgabe. Von allen Delegierungsmöglichkeiten soll restlos Gebrauch gemacht werden. Der Staatssekretär wird feststellen lassen, in welchem Umfang das geschehen ist. Die Chefs müssen sich in erster Linie um die Rechtspflege kümmern und zwar um die Einzelsachen. Sie müssen dabei führen. Das gilt auch für die Oberstaatsanwälte. Daneben muß das Verhältnis zwischen Oberlandesgerichtspräsident und Generalstaatsanwalt, zwischen Landgerichtspräsidenten und Oberstaatsanwalt innigst konsolidiert werden. Vielfach gehen beide aneinander vorbei, versetzen sich gegenseitig Nadelstiche und bekämpfen sich sogar bitter. Es ist unmöglich, dass bei einer Zweihundert-Jahrfeier des Oberlandesgerichts der Generalstaatsanwalt nicht beteiligt wird, weil seine Behörde noch keine zweihundert Jahre besteht.

Die Generalstaatsanwälte sollten keine Minderwertigkeitskomplexe haben. Die erste Klasse in der Reichsbahn komme in der nächsten Besoldungsnovelle. Wenn nur die Oberlandesgerichtspräsidenten den Kraftwagen von der Wohnung zum Dienst und zurück benutzen dürften, so liege das an einer Verfügung des Führers, der es in der Wehrmacht nur den Generalleutnanten und aufwärts und in der Justiz den Herren mit dem Mindestrang eines Ministerialdirektors erlaubt habe. Wenn der Minister auf die gemeinschaftliche Benutzung des Wagens hingewiesen habe, so habe er damit nur das Beste beabsichtigt, dem betreffenden Oberstaatsanwalt aber nicht zugemutet, in einem *fremden* Wagen zu fahren. An Stelle der manchmal vorhandenen gespannten Beziehungen zwischen Oberlandesgerichtspräsidenten und Generalstaatsanwalt müsse eine innige Zusammenarbeit treten. Es sei undenkbar, dass ihm berichtet werde, das Sondergericht eines Bezirks sei schlecht durchsetzt, ohne dass der Generalstaatsanwalt und der Oberlandesgerichtspräsident zuvor über eine Abhilfe verhandelt hätten. Der Oberlandesgerichtspräsident sei der Primus inter pares. Der Generalstaatsanwalt solle an den Primus denken, der Oberlandesgerichtspräsident an die pares. Jeder soll auf die Wahrung der Stellung des anderen bedacht sein. Ein korrektes Zusammenarbeiten genüge nicht, es müsse innig sein. Dazu müsse alles, was bisher geschehen sei, vergessen werden. Er könne sich nicht vorstellen, dass der Oberlandesgerichtspräsident und der Generalstaatsanwalt ihre Aufgabe erfüllen könnten, ohne in jeder Woche mehrmalig zusammen beraten zu haben. Diese Beratung müsse sich aus einer Nachschau und einer Vorschau zusammensetzen. So müsse die ganze Justiz belebt werden. Der Pressereferent müsse dreimal wöchentlich dem OLG-Präsidenten und GStA Vortrag halten. Auch alle Ausbildungsfragen und alle justizpolitischen Fragen müßten von den beiden Chefs miteinander besprochen werden. Sie sind einander die nächsten Berater. Keiner dürfe dabei irgend etwas erobern wollen. Jeder bringt dabei die Pannen seines Geschäftsbereichs zur Sprache und bereinigt sie.

Ebenso müsse die Zusammenarbeit zwischen dem Landgerichtspräsidenten und Oberstaatsanwalt konsolidiert werden. Dafür sind wir verantwortlich. Wir sollen melden, wenn uns das nicht glückt. Denn dann ist entweder der Landgerichtspräsident oder der Oberstaatsanwalt ungeeignet.

Zu einer richtigen Zusammenarbeit gehört auch die richtige technische Bearbeitung der einzelnen Sachen. Sind verschiedene Justizbehörden an einem Ort, dann soll mit dem Briefschreiben Schluß gemacht und an seine Stelle der Vortrag gesetzt werden. Auch nach auswärts soll weniger geschrieben als telefoniert werden. Das spart Arbeit, Zeit und Ärger.

Auf Einhaltung der Fristen, besonders der Revisionsfristen, soll geachtet werden. In einem Fall, an dem das Ministerium stark interessiert war, ist die Revisionsfrist versäumt worden. Sprechweise und Inhalt der Berichte müssen für den Minister verwertbar sein. Man kann nicht einmal berichten, dass § 51 Abs. 1 StGB zugebilligt werde und dann mitteilen, der Täter falle unter Absatz 2. Jedes Wort eines Berichts müsse darauf nachgeprüft werden, ob es auch für andere Leser, z.B. für die Gestapo, verwertbar sei. – Die Lageberichte brächten eine Fülle von Anregungen. Sie müßten aber einer Nachprüfung standhalten. Einzelfälle dürften nicht verallgemeinert werden.

Bei allen Schreiben und fernmündlichen Anrufen müsse die richtige Adresse gewählt werden. So seien zum Tode verurteilte polnische Offiziere begnadigt worden. Der Generalstaatsanwalt habe Zweifel gehabt wegen der Unterschrift auf der Begnadigungsverfügung und habe bei dem Abteilungsleiter angerufen. Die Sache sei erst durch Zufall in die Hände des Staatssekretärs, der zur Klärung der Zweifel allein zuständig gewesen sei, gekommen. Die Staatssekretäre Schlegelberger, und Freisler, Ministerialdirektor Crohne und ...[Lücke im Original] seien jederzeit, auch bei Nacht, innerhalb von zwei Stunden zu erreichen. – Die unmittelbaren Beziehungen zur Leitung des Ministerium müssen besser gepflegt werden. Wir sollen beim Staatssekretär vorsprechen, so oft wir im Hause sind. Dazu sollen wir uns drei bis vier Tage vorher anmelden, damit er entsprechend über seine Zeit verfügen kann.

Die Zusammenarbeit nach außen, vor allem mit den Gauleitern, dem Oberpräsidenten usw. ist die persönliche Angelegenheit der beiden Justizchefs. Wer die besseren Beziehungen hat, muß sie dem anderen verschaffen. Wenn schlechte Beziehungen bestehen, so beruht das in dem nicht richtigen Hineinarbeiten in die Stellung des Gauleiters, in der Annahme, dass der schriftliche Verkehr sicherer sei, als der mündliche. Manchmal liege das schlechte Verhältnis an Vorfällen in der eigenen Person. Das müsse ausgeräumt werden. Persönliche Voreingenommenheit könne nicht mehr bestehen. Die Interessen der Justiz gingen vor. Der Minister will helfen, wenn keiner der drei Punkte vorliegt. In einem Bezirk ist es gelungen, dass der Gauleiter in einem Behördenappell der Justiz gesprochen hat und dass der Gauleiter in einem Führerappell der Partei auch über die Aufgaben der Justiz gesprochen hat, nachdem er über diesen Teil der Rede mit den beiden Justizchefs Rücksprache gehalten hatte. Solche engen Beziehungen konnten angeknüpft werden, ohne dass man sich aufdrängt. Auch zur Umgebung des Gauleiters müßten gute Beziehungen geschaffen werden. Es dürfte aber nicht vorkommen, dass sich dadurch der Gauamtsleiter zwischen die Justizchefs und den Gauleiter einschalte. – Entsprechendes gelte für die Beziehungen zwischen Landgerichtspräsidenten und Oberstaatsanwalt und zwischen beiden mit dem Kreisleiter, dem Oberbürgermeister usw. Auch sie müßten aufs Beste zusammenarbeiten.

Die Politik des Ministers muß von den Justizchefs vertreten werden, auch wenn sie anderer Meinung sind. Sie dürfen sich nicht davon absondieren. Vertrauliches und politisch Wichtiges darf nicht ohne Rückfrage publik gemacht werden. Es war z.B. falsch, die in der letzten Besprechung behandelten rechtspolitischen Absichten an die Landgerichtspräsidenten und Oberstaatsanwälte weiterzugeben. Das war vertraulich mitgeteilt worden.

Die Lenkung der Strafjustiz hat bis jetzt nicht genügt. Sie ist erfolgt durch richtungweisende Gesetze, durch entsprechende Aufsätze in der [Deutschen] Justiz, durch Besprechungen im Ministerium, durch Spezialrichterversammlungen, durch Einflußnahme auf einzelne Sachen und durch Intensivierung der Urteilsrektifizierung. Die als unmöglich beanstandeten Urteile sind alles solche, in denen der Minister nicht tätig war oder in denen seine Weisungen nicht beachtet worden sind. Eine Kritik an der Steuerung der Rechtspflege gibt es nach der letzten Führerrede nicht mehr. Der Führer wünscht sie. Nur wird er nicht immer mit Gläubigkeit aufgenommen.

Der Minister ist meistens nicht genügend unterrichtet worden. So von den Berliner Judensachen, vom Oldenburger Fall, von der Mutter, die Unglück mit Feuer gehabt hat. Er will über alles unterrichtet sein, worüber wir selbst unterrichtet sein möchten. Wenn wir über Ausschreitungen polnischer Arbeiter gegen Deutsche berichten, so sei es selbstverständlich, dass auch Ausschreitungen Deutscher gegen Polen berichtet werden müßten. Wir müssen durchsetzen, dass wir über alles unterrichtet werden. Das komme nicht von selbst. Wir sollen die Unterrichtung aufsuchen und sie nicht auf uns zukommen lassen. Die Unterrichtung soll kultiviert werden. Dazu gibt es folgende Mittel:

Ab Anfang nächster Woche wird zwischen 4 Uhr nachmittags und 9 Uhr morgens (Nachtstunden natürlich ausgenommen) jeder Bezirksreferent des Ministeriums seinen OLG-Präsidenten und GStA fernmündlich anrufen und um Auskunft über die Lage im Bezirk bitten. Er will eine Rück- und Vorschau haben. Um 10 Uhr ist Vortrag der Abteilungsleiter bei Staatssekretär Dr. Freisler. Dieser selbst wird täglich persönlich bei zwei Bezirken fernmündliche Nachfrage halten. Die bisher vorgeschriebenen sogenannten Frühstücksberichte waren ein Fehlschlag und werden dann wegfallen. Alle übrigen Berichtspflichten bleiben bestehen. Juristische Fragen interessieren den Minister nicht. Die Strafrechtspflege wird nicht danach beurteilt, wie sie gelöst werden. Vielmehr muß aus jeder Straftat mit Feingefühl der mögliche Unrechtsschwerpunkt herausgesucht werden. Dann wird auch eine angemessene Lösung gefunden werden. Es war falsch, eine Mutter, die durch Urkundenfälschung für ihre 6 Kinder fünf bis sechs Pfund Butter geschafft hat, wegen Urkundenfälschung zu bestrafen. Hier lag ein typisches Vergehen gegen die Verbrauchsregelungsstrafverordnung vor. Sie hatte die 7 Monate Gefängnis leider schon abgesessen, als der Minister von der Straftat erfuhr.

Wir müssen es verstehen, den Sühnezweck der Strafe zu propagieren. Im Krieg ist das Schutzbedürfnis des Volkes besonders groß. Es geht allem anderen vor, das Sühnebedürfnis muß ihm eingegliedert werden.

Was soll berichtet werden? a. Fragenkomplexe von allgemeiner politischer Bedeutung, b. Einzelsachen von besonderer politischer Bedeutung 1. wegen der Tat und ihrer Begehung, 2. wegen des Schutzes der Allgemeinheit, 3. wegen eines Interesses der Bewegung, 4. wegen Schutzes der Kriegskraft, 5. wegen außenpolitischer Bedeutung.

Zu 2: unter den Schutz der Allgemeinheit fallen nicht nur Straftaten von Polen gegen Deutsche, sondern auch umgekehrt von Deutschen gegen Polen.

Zu 3: die Bewegung kann auch an Strafsachen interessiert sein, die innerhalb der Bewegung noch umstritten sind. So fordert der „Stürmer" bei Rassenschande ein Todesurteil. Es ist immer dann zu berichten, wenn auch nur die Möglichkeit besteht, dass die Bewegung ein Interesse an der Sache haben könnte.

Zu 1. Es kommt nicht nur auf den Täter, sondern auch auf den an, der von der Straftat betroffen worden ist oder der sich getroffen fühlen kann. Eingriffsversuche hoher Stellen, sogenannter Paten, sollen keinesfalls geduldet und sofort gemeldet werden. Zu melden sind außerdem Einzelsachen von besonderer menschlicher Bedeutung, wenn sie schicksalhafte Folgen gehabt haben. Weiter auch Jugendsachen, in denen die Erziehung der Jugend wie auch der Schutz der Jugend eine Rolle spielen.

Zu 4: Darunter fallen alle Strafsachen, in denen die besonderen Verhältnisse des Krieges ausgenutzt werden.

Alle diese Strafsachen sind nicht nur zu melden, sondern von den Justizchefs auch persönlich und ständig zu überwachen. Dieselbe Verpflichtung haben die Landgerichtspräsidenten und Oberstaatsanwälte. Eine Verzögerung darf dadurch aber nicht eintreten. Deshalb dürfen keine neuen schriftlichen Berichtspflichten eingeführt werden. Alles muß auf eine persönliche Zusammenarbeit zwischen den beteiligten Dienststellen abgestellt werden. Dazu verhandeln die Landgerichtspräsidenten wöchentlich mindestens einmal fernmündlich mit ihren Strafrichtern und außerdem mehrmals wöchentlich mit dem Oberstaatsanwalt und den Vorsitzern der Strafkammern und des Sondergerichts. Der OLG-Präsident muß wöchentlich mehrmals mit dem Landgerichtspräsidenten telefonieren und mindestens einmal im Monat mit ihnen zusammenkommen. Er muß mindestens alle drei Monate die Landgerichtspräsidenten aufsuchen. Entsprechendes gilt für den Verkehr des GStA mit den Oberstaatsanwälten. Das ist auch ohne Auto möglich und muß mit der Eisenbahn gemeistert werden. Hier handelt es sich um kriegswichtige Eisenbahnreisen.

Beispiel wie es nicht gemacht werden soll: „18 Seiten langer Beschluß über die Aussetzung eines Verfahrens gegen einen ehemaligen Kommunisten wegen Mordes an einem SA-Mann. Ausführungen über die Kosten dieses Verfahrens, die darauf verwendete Arbeit und den trotzdem gestellten Antrag des Staatsanwalts auf Aussetzung. Am Abend nach der Aussetzung hat noch ein geselliges

Zusammensein der Richter stattgefunden, ohne dass die Staatsanwaltschaft beteiligt worden wäre."

Die Lenkung der Rechtspflege muß bestimmt und taktvoll unter Wahrung der Richterstellung erfolgen. Die Führerrede hat darüber Klarheit geschaffen und für den, dem das noch nicht genügt, liegt außerdem der Reichstagsbeschluß vor. Die Lenkung hat nunmehr eine gesetzliche Unterlage. Es ist nicht mehr möglich, gegen sie wegen der Unabhängigkeit des Gerichts Verwahrung einzulegen. Berichte über eine schlechte Stimmung im Bezirk beweisen nur, das die Lenkung nicht richtig erfolgt. Die Justizchefs haben für eine gute Stimmung zu sorgen. Bei der Lenkung, vor, während und nach der Hauptverhandlung, soll keine Ängstlichkeit Platz greifen. Dem Richter soll bleiben, was des Richters ist. Er soll aber beraten werden. Bei einer drohenden Panne muß sofort angerufen werden. Die Lenkung ist auch nach dem Urteil fortzusetzen. Hier kommt es darauf an, dass das Urteil sofort abgesetzt und sofort vollstreckt wird. Das gilt vor allem für alle Sondergerichtssachen. Die Urteile sollen kurz und bündig sein. Auch das Gnadenverfahren soll beschleunigt werden. Es ist aufgefallen, dass eine Untersuchung wegen Schwarzschlachtens ein Jahr gedauert hat.

Mit der Veröffentlichung von Urteilen sind schlechte Erfahrungen gemacht worden. Es ist erst besser geworden, seitdem die Urteile ausgesucht werden, die veröffentlicht werden. Man muß es einer Sache von vornherein ansehen, ob sie sich zur Veröffentlichung eignet. Beispiel: Eine Frau hat ihr Kind mißhandelt. Es ist zweifelhaft, ob Sadismus sie dazu getrieben hat. Der Fall ist ungeeignet für die Zeitung, weil immer Bedenken wegen des Sadismus unter den Lesern auftauchen werden. Der Pressereferent soll uns vortragen, ob ein solcher Fall veröffentlicht werden soll. – Wie soll veröffentlicht werden? Juristisch peinlich [pingelig ?] brauchen wir dabei nicht zu sein. Es kommt darauf an, die Tat menschlich in ihrem Unrechtsgehalt zu schildern und verständlich zu machen. Muster dafür sind die Bekanntmachungen für die Vollstreckung von Todesurteilen, die der Staatssekretär lange Zeit selbst redigiert hat. – Pressepannen sind sofort zu melden. Der Pressereferent muß uns häufig Vortrag halten.

Dann wird noch ein Beispiel aus dem Bezirk Hamm bekanntgegeben. Das Gericht hatte wegen schweren Raubes auf 1½ Jahr Zuchthaus erkannt, obwohl bei Versagen mildernder Umstände die Mindeststrafe 5 Jahre Zuchthaus beträgt. Das Urteil ist auf Nichtigkeitsbeschwerde aufgehoben worden. Jetzt hat das Gericht unter Zubilligung mildernder Umstände auf eine Gefängnisstrafe von 1 Jahr 6 Monate erkannt. Zur Absetzung des eine Seite langen Urteils hat es 4 Wochen gebraucht. Das Urteil wird als Sabotage angesehen. Der anwesende Oberreichsanwalt ist beauftragt worden, sofort außerordentlichen Einspruch einzulegen.

Die Lenkung der Rechtspflege ist unsere wichtigste Aufgabe. Dabei muß der Kurs des Staates innerlich positiv bejaht werden. Oberster Gerichtsherr und Höchster Richter ist der Führer. Auf dem abgedroschenen Unabhängigkeitsbegriff der Richter darf nicht mehr herumgeritten werden. Aufrechtes Mannestum und tiefstes Verantwortungsgefühl gegenüber dem Führer müssen dem Richter die Sicherheit in der Rechtsprechung geben. Wer in Sorge um seine Zukunft und um seine Arbeit ist, muß das überwinden. Denn im Reichstagsbeschluß ist ausdrücklich gesagt, dass nur nach gewissenhafter Prüfung des Einzelfalles eingegriffen wird. Und diese gewissenhafte Prüfung ist sichergestellt. Der Führer hat das jus evocandi nur für die Kriegszeit in Anspruch genommen.

Der Reichstagsbeschluß eröffnet auch neue und große Perspektiven für die Rechtspflege. In ihm ist gesagt, dass die Justiz nicht der allgemeinen Verwaltung unterliegt, sondern etwas Besonderes ist. Denn der Führer hat die Rechte nicht nur als oberster Regierungschef, sondern auch als oberster Gerichtsherr erhalten. Das wird sich in Zukunft auswirken.

Wir sind für die allgemeine Stimmung im Bezirk verantwortlich.

Dann wiederholt Staatssekretär Freisler das, was Staatssekretär Schlegelberger in seinem Schlußwort am Tage zuvor ausgeführt hat. Er ist bestrebt, eine positive Justizpolitik zu treiben. Das hat schon erhebliche Früchte getragen. Eine unmittelbare laufende Unterrichtung des Führers ist trotz der Kriegsverhältnisse sichergestellt. Wir alle müssen das Gehörte positiv bejahen. Fehlt einem dazu der Mut oder der gute Wille, dann soll er die Folgen daraus ziehen. gez. Wurmstich

VII. Arbeitstagung der Generalstaatsanwälte in Berlin am 30.6. und 1.7.1942 (Aufzeichnungen von Generalstaatsanwalt Wurmstich/Jena)

Staatssekretär Dr. Schlegelberger eröffnet. Die Gerichte sollen die Autorität des Staates schützen. Das Wesen dieser Autorität hat der Führer in seiner großen Rede umschrieben. Sie beruht auf dem Vertrauen der Bevölkerung und auf der Überzeugung von der Redlichkeit der Verwaltung. Dieses Vertrauen müssen die Strafgerichte aufrechterhalten und mit ihnen verbunden die Staatsanwaltschaften. Es ist dringend davor zu warnen, Ratschläge in der Richtung zu machen, die Aufgaben der Staatsanwaltschaft anderen Stellen zu übertragen. Es ist auch nicht ersichtlich, warum andere Stellen besser arbeiten sollten. Kein Minister kann die Verantwortung tragen, wenn ihm nicht eine weisungsgebundene Behörde zur Verfügung steht. Gerichte und Staatsanwaltschaften haben ein gemeinsames Ziel und müssen unbedingt für einander eintreten. Lob und Tadel gilt in gleicher Weise für beide. Beide sitzen in demselben Boot. Beide sind verpflichtet, mit allen Mitteln die durch die Führerrede veranlaßten Zweifel aufzuklären und für Beruhigung zu sorgen. Niemand hat etwas zu fürchten, der ein aufgeschlossenes Verständnis für den Lebenskampf des Volkes hat. Die Worte des Führers haben sich nicht gegen die Justiz als solche, sondern nur gegen einzelne offensichtliche Mißgriffe gerichtet. Die Justiz soll in allen ihren Sparten die sicherste Stütze des nationalsozialistischen Staates sein.

TOP 1: *Staatssekretär Dr. Freisler* über die Personallage der Staatsanwaltschaften und ihre Meisterung: 55% aller Staatsanwälte stehen unter den Fahnen. Trotzdem dürfen wir keinen Vorschlag machen, unsere Arbeit einzuschränken oder Teile davon abzugeben. Alle Arbeiten der Staatsanwaltschaft sind kriegswichtig. Aus den

Reihen der Rechtsanwaltschaft ist kaum noch Ersatz zu bekommen. Dagegen ists zweifelsfrei, dass ein Teil der Richter noch minderbelastet ist. Deshalb muß als Ersatz auf Richterkräfte zurückgegriffen werden. Das ist in einzelnen Bezirken auch ohne besonderes Eingreifen des Justizministeriums geglückt, in anderen Bezirken aber fehlgeschlagen. Dabei sind nicht immer die besten Kräfte, sondern Bruch zur Verfügung gestellt worden. Das Ministerium will für diese Bezirke zentral eine Richterreserve von guter Durchschnittsware schaffen. Die notleidenden Bezirke sollen von dort Hilfe bekommen. Jeder Bezirk kann die Aufnahme in die Liste der notleidenden Bezirke verlangen, wenn das Oberlandesgericht keine oder nur minderwertige Richter zur Verfügung gestellt hat. Jena steht nicht mit auf der Liste.

TOP 15: Die *Staatssekretär Dr. Freisler: Beobachtungen und Erfahrungen mit der Steuerung der Strafrechtspflege.* Die Notwendigkeit der Steuerung kann nicht bezweifelt werden. Auch der Einsatz der Chefpräsidenten war nötig. Sie erfahren die Untersuchungen zuerst, verfügen über eine weisungsgebundene Truppe und vertreten die Staatsautorität Sie haben die Steuerung persönlich zu führen. Sie enthält natürlich eine große Gefahr. Das Verantwortungsgefühl der nachgeordneten Stellen kann leiden. Deshalb muß besonders darauf gesehen werden, dass die Verantwortungsfreudigkeit der Oberstaatsanwälte gestärkt wird. Deshalb sollen diese sehen, dass auch die Generalstaatsanwälte in der Regel selbständig entscheiden und nicht immer erst das Ministerium fragen. Außerdem muß die Tendenz gesteuert werden, in unangenehmen Sachen keinen Vorschlag zu machen. Das darf keinesfalls geduldet werden. Endlich sollen die Oberstaatsanwälte in schwierigen Fällen selbst in der Hauptverhandlung auftreten.

Das Ministerium hat folgende Beobachtungen gemacht: Die persönliche Initiative der Generalstaatsanwälte und Oberstaatsanwälte und ihre Einwirkung auf die Schnelligkeit der Verfahren ist nicht in allen Bezirken gleich. Auch Prozesse, deren Untersuchung jahrelang gedauert hat, sind nach ihrem Abschluß schnellstens zu beenden.

Die gewünschte und erforderliche dauernde persönliche Fühlungnahme zwischen dem Generalstaatsanwalt und dem Oberlandesgerichtspräsidenten ist noch nicht in allen Bezirken durchgeführt.

In manchen Bezirken fehlt es noch an der persönlichen Beweglichkeit des Generalstaatsanwalts innerhalb seines Bezirks. Er soll immer sofort an Ort und Stelle sein.

Es ist überflüssig, in Einzelsachen Weisungen für prozessuale Schritte beim Ministerium einzuholen. Es ist auch falsch, als Tagesmeldung ganze Terminzettel nach Berlin zu geben. So hat ein Bezirk täglich bis zu 40 Sachen mitgeteilt. Aufgabe der Generalstaatsanwälte ist es, das von den Oberstaatsanwälten mitgeteilte Material zu sieben und nur das Wichtigste an den Minister weiterzugeben.

Außerdem sind dem Minister folgende Mißverständnisse einzelner Bezirke aufgefallen. Das Problem, dass der Mann der Frau gegenüber im Familienleben die Verantwortung trägt, besteht nur auf geschlechtlichem Gebiet, nicht aber z.B. bei Hochverrat.

Die Verfügung, dass nicht eingeschritten zu werden braucht, wenn das Schicksal schon gesprochen hat, hat nur Bedeutung für das Verhältnis zwischen Mutter und Kind. Es darf nicht schablonisiert und verallgemeinert werden. Das Fingerspitzengefühl muß entscheiden. Allgemeine Regeln können nicht gegeben werden.

TOP 2: Für die Verfolgung von Polen ist immer das Gericht zuständig. Eine Ausnahme soll nur gemacht werden, wenn sich Polen gegen Polizeiorgane vergangen haben. In diesen Fällen will die Justiz keinen Konfliktstoff schaffen und die ihr an sich zustehende Verfolgung der Geheimen Staatspolizei überlassen. Die Frage der polizeilichen oder gerichtlichen Zuständigkeit darf nicht zum Konflikt gemacht werden. Entstehen im Einzelfall Schwierigkeiten, dann ist dem Minister zu berichten. Sitzt ein Pole als Polizeigefangener im Gerichtsgefängnis, dann wäre es falsch, gegen ihn richterlichen Haftbefehl zu erwirken und die Herausgabe des Polen auf Grund dieses Haftbefehls zu verweigern. Ähnliches gilt für die Verfolgung von Russen. Es ist falsch zu behaupten, die Russen unterstünden überhaupt nicht der Justiz. Zur Zeit kann aber darüber keine starre Regelung getroffen werden. Einzelne Bezirke tanzen bei der Verfolgung von Polen eine von der Stellung des Ministeriums abweichende Extratour. Die Staatsanwaltschaften müssen immer die offizielle Meinung des Ministeriums vertreten. Denn eine Einheitlichkeit muß erreicht werden. Eine Jugendstrafrechtspflege gegen Polen gibt es als sinnlos nicht. Die Justizzuständigkeiten müssen nicht voll ausgeschöpft werden. Auch eine polizeiliche Erledigung kann als angemessen bezeichnet werden.

(Ich hatte vor Beginn der Arbeitstagung eine lange Besprechung mit Herrn Ministerialdirektor Dr. Crohne. Er hat den Standpunkt des Ministeriums in kurzen Sätzen so klargelegt: Die Verfolgung der Polen gehört ausnahmslos der Justiz. Der Herr Staatssekretär will aber entgegen der Meinung der Strafrechtsabteilung in zwei Fällen der Geheimen Staatspolizei entgegenkommen. Einmal, wenn der Pole sich gegen die Polizei vergangen hat und dann, wenn er sich in der Zeit, in der er in Polizeihaft war, strafbar gemacht hat. Für die Russen liegt eine dem Ministerium erst am 27. Juni bekannt gewordene Anweisung des Führers vor, nach der sie der Stapo überstellt werden sollen.)

Die Justizchefs haben nicht in allen Bezirken die Justizbeziehungen zu anderen Behörden gut gepflegt. Es ist selbstverständlich, dass sie einer Einladung des Gauleiters folgen und nicht absagen, weil sie Bedenken wegen der Verwendung des Benzins haben. Die Fahrten zu einer solchen Einladung sind selbstverständlich Dienstfahrten.

Wenn die Gauleiter zu Justizfragen irgendwie Stellung nehmen, soll dem Minister berichtet werden.

Die Justiz wird in eine enge Zusammenarbeit mit dem Sicherheitsdienst der SS kommen. Der Wortlaut einer Allgemeinen Verfügung darüber steht schon fest. Er schreibt eine enge und vertraute Zusammenarbeit vor. Der SD bekommt von uns Auskunft wie jede andere Behörde. Ebenso erfolgt es umgekehrt. Der dienstliche Verkehr erfolgt über die SD-Leitabschnitte. Der SD ist ein Organ der Partei. Die Mitarbeit in ihm gilt als Parteiarbeit.

Die Zusammenarbeit mit der Polizei muß vertrauensvoll erfolgen. Wir dürfen die Polizei nicht dadurch vor vollendete Tatsachen stellen, dass wir treuhänderische Verwahrer von Polizeigefangenen sind und dies zu Gunsten der Justiz ausnutzen. Auf der anderen Seite darf die Justiz auch nur eine gerichtliche Erledigung von Strafverfahren vorschlagen und in ihnen keine polizeilichen Zwangsmittel androhen. Dagegen wendet sich ein vertrauliches Rundschreiben des Reichsführers SS, weil Gerichte mit polizeilicher Vernehmung der Beschuldigten und mit Konzentrationslager gedroht haben. Die eigene Zuständigkeit der Justiz muß in allen Fällen ausgeschöpft werden.

Die Hauptsache ist, dass die Staatsanwaltschaft selbst eine aufrichtige und selbstsichere Haltung pflegt. Es liegt nur an den beiden Chefs, wenn ein Problem „Staatsanwaltschaft in der Justiz" überhaupt anklingt. Ein solches Problem gibt es nicht. Es verrät keinen guten Korpsgeist, wenn ein Staatsanwalt wegen einer Kritik, die an seinem Verhalten geübt worden ist, seinen Ehrenschutz außerhalb der Justiz sucht.

TOP 15: Die Technik der Justizsteuerung ist heute nur ein Notbehelf. Die Steuerung wird überflüssig werden, wenn 1. eine völlige Übereinstimmung der Generalstaatsanwälte mit dem Ministerium in der Beurteilung der Fälle gesichert ist. Deswegen soll engste Tuchfühlung gehalten werden,

2. diese Übereinstimmung sich auch im Bezirk durchgesetzt hat,

3. die erforderliche Schnelligkeitsinitiative durch die Persönlichkeit des Chefs gesichert ist,

4. nicht alles so im Fluß ist und sich nicht alles so schnell ändert, wie heute.

Die in der Steuerung liegenden Gefahren müssen beseitigt werden.

1. *Der Gefahr, dass die Verantwortung getötet wird*, soll dadurch vorgebeugt werden, dass der Minister nicht mehr täglich anruft. Es soll auch nicht mehr jede einzelne Entwicklungsphase der gemeldeten Untersuchungen berichtet werden.

2. Durch die Steuerung soll die *Zuständigkeit zwischen Generalstaatsanwalt und Oberlandesgerichtspräsident nicht verlagert* werden. Das Verhältnis der beiden Chefs zueinander bleibt. Jeder trägt seine Verantwortung. Es darf kein Rennen um die Priorität der Meldung stattfinden. Es ist Unsinn, wenn Haftbeschwerden über den Landgerichtspräsidenten geleitet werden, um ihm Material für die Tagesmeldungen des Oberlandesgerichtspräsidenten zu verschaffen. Diese sollen sich zurückhalten mit Berichten, die das Verfahren vor der Anklageerhebung betreffen. Es sind Zweifel aufgetaucht, wer die Meinung des Ministeriums richtig wiedergibt. In den Fällen, in denen Sonderreferate bestehen, entscheidet nicht der anrufende Bezirksreferent, sondern der Sonderreferent. Z. B. in Devisensachen.

3. In den Tagesmeldungen liegt die *Gefahr, dass Weisungen auf ungenaue Meldungen* erfolgen, weil die Tagesmeldungen in der Regel kurz sind und im Anfangsstadium der Verfahren gegeben werden, wo noch nicht alles feststeht. Der Minister muß sich selbstverständlich darauf verlassen, dass die Tagesmeldungen richtig sind. Selbst Anklagen sind manchmal ungenau, so dass die Weisung des Ministeriums von falschen Voraussetzungen ausgehen. So fehlten z. B. in einer Anklage die 26 Vorstrafen des Angeklagten.

4. Die Gefahr, dass die *Verteidigung der Angeklagten* durch die vorherige Besprechung zwischen Staatsanwaltschaft und Gericht beschränkt wird, muß beseitigt werden. In den Verteidigern darf nicht die Meinung aufkommen, ihre Verteidigung sei überflüssig, das Urteil stehe schon vorher fest. Die Hauptverhandlung muß noch ihren Sinn behalten. Deshalb sind etwaige Weisungen elastisch zu gestalten, so dass sie etwaigen Veränderungen in der Hauptverhandlung Rechnung tragen.

5. Allgemein könnten die Gefahren der Steuerung dadurch verringert werden, dass die Generalstaatsanwälte und Oberstaatsanwälte die Sitzungsvertreter persönlich überwachen, dass Aussprachen mit der Stapo erfolgen, die Oberstaatsanwälte sich persönlich um ihre Sachbearbeiter kümmern und persönlich in allen Fällen mit dem Generalstaatsanwalt Fühlung halten, dass Oberlandesgerichtspräsident und Generalstaatsanwalt eng zusammenarbeiten, dass der Pressereferent mehrmals wöchentlich persönlich Vortrag hält. Eine Teilnahme des Bezirksreferenten des Ministeriums an Lenkungsbesprechungen der OLG-Präsidenten und Generalstaatsanwälte wird nur ausnahmsweise in Frage kommen. Die Einreichung ganzer Terminszettel an den Generalstaatsanwalt und ans Ministerium ist eines Teils zu wenig und eines Teils zuviel. Denn die Terminszettel enthalten zu wenig über die Persönlichkeit und Straftat der Angeklagten und insofern zuviel, als die meisten Sachen in der Regen ohne Interesse sein werden.

Nach einer Aussprache erklärt Staatssekretär *Dr. Schlegelberger:* das Ergebnis der Lenkung sei die beabsichtigte Erhöhung der Strafen gewesen. Daran werde auch manchmal von Parteiseite Kritik geübt. Wenn wir davon hören, sollen wir den Minister unterrichten.

TOP 2: *Ministerialdirektor Dr. Schäfer* über den Bruch von Kriegerehen. Die Rechtslage entspricht nicht mehr dem Wunsch der Kriegsteilnehmer. Im Einzelnen führt er dazu das aus, was auch in meinem Bericht an den Minister (403 – 2.17/6/42) steht. Das Ministerium hatte schon im Jahre 1941 den Versuch gemacht, den § 172 des StGB zu ergänzen. Das ist aber an dem Widerspruch eines anderen Ressorts gescheitert, das schädliche propagandistische Wirkungen befürchtet hat. Im Winter 1941/42 ist ein neuer Versuch unternommen worden, der die Bewilligung aller Ressorts gefunden hat. Das Gesetz wird demnächst verkündet werden. Hinter § 172 wird ein neuer Paragraph eingeschaltet, nach welchem derjenige bestraft wird, der mit der Ehefrau eines Wehrmachtsangehörigen oder einer deutschen Staatsangehörigen unter Ausnutzung des Krieges Geschlechtsverkehr hat. [Geplanter Wortlaut: „Wer unter Ausnutzung der durch die Kriegsverhältnisse bedingten Abwesenheit des Mannes ...“] Die Strafverfolgung soll nur auf Antrag eintreten, dieser aber soll teilbar sein. Die Strafbestimmung ist nur auf den Krieg zugeschnitten und richtet sich nur gegen den Mann. Strafandrohung ist Gefängnis, in schweren Fällen Zuchthaus. Eine Koppelung mit der Volksschädlingsverordnung ist nicht erwünscht. Wenn sie im Einzelfall doch stattfinden soll, muß berichtet werden. Rückwirkende Kraft bekommt das Gesetz nicht.

Oberreichsanwalt Brettle gibt eine Übersicht über die rechtspolitisch bedeutsamsten Entscheidungen des Reichsgerichts seit Kriegsbeginn. Die Übersicht wird in der Deutschen Justiz [1942, S. 431–437] erscheinen.

TOP 5: *Generalstaatsanwalt Steimer* aus Kattowitz berichtet über Einzelfragen aus dem Polenstrafrecht und seine Handhabung. Der Bericht hat nur Interesse für die eingegliederten Ostgebiete, da er die Besonderheiten des Altreichs nicht berücksichtigt. In der Aussprache stelle ich die in meinem Bericht 91 – 2.17/6/42 [hier nicht wiedergegeben] aufgeworfenen Fragen zur Debatte. Meine Anweisungen an die Oberstaatsanwälte werden vom Ministerium gebilligt. Danach sind Strafbefehle gegen Polen im Altreich für eine im Altreich begangene Straftat zulässig. Weiter kann, wenn die im Strafgesetzbuch angedrohte Mindeststrafe unter 3 Monaten liegt, auf dem Umweg über § 27 b eine [Ersatz-]Geldstrafe verhängt werden. Weiter ist die Strafandrohung in der Thüringischen Landespolizeiverordnung über die Behandlung der im Reich eingesetzten Zivilarbeiter und -arbeiterinnen polnischen Volkstums vom 30. März 1940 (Thüring. Ges.Sammlung S. 9) durch die Polenstrafrechtsverordnung vom 4.12.1941 überholt. Es kann also auf Geldstrafe unter 50 RM erkannt werden.

Staatssekretär Freisler spricht dann über das *Notwehrrecht des Polen.* Man kann es ihm nicht ganz abschneiden. Ein Züchtigungsrecht des Deutschen an Polen kann nicht ausdrücklich anerkannt werden. In Anklagen und richterlichen Urteilen geht man über diese Fragen stillschweigend hinweg. In Praxis muß es natürlich anerkannt werden, ohne dass darüber viel gesagt wird. Am besten wird in solchen Fällen an den Minister berichtet.

Weiter wird über die Frage debattiert, wie verfahren werden soll, wenn sich die Entscheidung über die Volkszugehörigkeit des Angeklagten im Laufe des Verfahrens ändert, z.B. wenn sich herausstellt, dass der als Pole Angeklagte zur Zeit der Begehung der Tat tatsächlich Deutscher war, oder umgekehrt. Anweisung: Ein Deutscher muß immer als Deutscher behandelt werden. Ist er als Pole verurteilt worden, dann ist das Urteil auch in der Berufung nichtig und das Verfahren muß in den ersten Rechtsgang zurückversetzt werden.

Ministerialrat Grau verwirft den Vorschlag, dass auch der Staatsanwalt an Stelle des Gerichts Strafbefehle gegen Polen erlassen soll. Er bejaht aber nochmals die Zulässigkeit von Strafbefehlen, obwohl alle Straftaten von Polen grundsätzlich als Verbrechen zu behandeln sind, so dass Versuch und Beihilfe regelmäßig strafbar sind. Die Zulässigkeit wird demnächst kein Problem sein, weil im Wege der Vereinfachungsverordnung auch gegen Deutsche Strafbefehle wegen Verbrechen zugelassen werden sollen [Art. 3 der VO vom 13.8.1942, RGBl. I 508]. Die Zulässigkeit, mit Hilfe von § 27 b zu einer Geldstrafe zu kommen, begründet er damit, dass das Strafgesetz in den Fällen, in denen § 27 b anwendbar ist, eben auch eine Geldstrafe androht, so dass die angedrohte Mindeststrafe nicht etwa 1 Tag Gefängnis sondern 3 RM Geldstrafe ist. Er bezeichnet diese Auslegung selbst als sophistisch. Wenn Vermögen von Polen eingezogen werden soll, ist mit der Treuhandstelle Ost zu verhandeln. Eine Rundverfügung darüber kommt.

Staatssekretär Freisler: Die RV des Ministeriums 9170 Ost/2 II/-IVa [4] 1072/42 vom 8.6.1942, nach der Anklagen gegen Juden und Polen regelmäßig so zu erheben sind, dass die Rechtskraft der Entscheidungen in einem Rechtszug eintritt, eilt den Verhältnissen voraus. Die Strafkammer sollte ausgeschaltet werden. Die

Anklage soll nur ans Amtsgericht oder ans Sondergericht gehen. Rechtsmittel gegen Amtsgerichtsurteile wirds in Zukunft nicht mehr geben. Es soll durchaus nicht jede Polensache vors Sondergericht kommen. Wird in den z.Zt. laufenden Sachen Berufung eingelegt, dann soll der Berufungsrichter sehr zurückhaltend sein und die Berufung mit größter Beschleunigung durchführen. Voraussichtlich wird das Polenverfahren auch im Altreich eingeführt werden.

An den in Art. XIII der Polenverordnung [v. 4.12.1941, RGBl. I, 759] eingeführten *Standgerichten* ist das Ministerium uninteressiert. Amtierende Richter sollen in ihnen nicht mit sitzen.

Angriffe von Polen auf die Geschlechtsehre der Frau und Angriffe von Polen auf Deutsche sind ganz schwer zu ahnden, auch wenn sie sonst nur als Beleidigung anzusehen wären und auch, wenn kein Strafantrag wegen Beleidigung gestellt wird.

TOP 6: *Ministerialdirektor Dr. Schäfer* über den jetzigen Stand der weiteren Vereinfachungsmaßnahmen (Vereinfachungsverordnung [= VO vom 13.8.1942, RGBl. I 508]).

Bis jetzt haben alle Ressorts, bis auf eins, zugestimmt. – Der gerichtliche Eröffnungsbeschluß wird beseitigt. Der Vorsitzer ordnet einfach Hauptverhandlung an. – Die Strafgewalt des Amtsrichters wird auf 5 Jahre Zuchthaus erweitert. – Strafbefehl ist auch bei gewissen Verbrechen zulässig. – Die Vorsitzer der Strafkammern und der Senate können auch allein entscheiden, wenn der Staatsanwalt zustimmt. – Die Hauptverhandlung vorm Amtsrichter kann stattfinden, ohne dass der Staatsanwalt oder ein Schriftführer teilnehmen.

Die Rechtsbehelfe sind im Gegensatz zu ersten Entwurf geändert. Sie werden nur beschränkt für den Angeklagten, den Nebenkläger und den Privatkläger, nicht aber für den Staatsanwalt. Die Revision gegen Strafkammerurteile bleibt bestehen. Über die Zulässigkeit der Beschwerde entscheidet der judex a quo, der Berufung der judex ad quem. Die weitere Beschwerde fällt ganz weg.

Die Möglichkeiten der Nichtigkeitsbeschwerde des Oberreichsanwalts werden erweitert als Ersatz für die Rechtsmittel. Das geschieht durch eine Erweiterung der Nachprüfungsmöglichkeit. Zur Entlastung des Oberreichsanwalts wird dieser ermächtigt, die Nichtigkeitsbeschwerden an den Generalstaatsanwalt abzugeben und dieser kann von sich aus Nichtigkeitsbeschwerde beim Oberlandesgericht erheben.

Auf Wunsch des Führers sind Privatklagen erst nach Ablauf eines Monats nach der Beleidigung zulässig. Der Amtsrichter erhält die Möglichkeit, Privatklagen durch einen Friedensspruch zu erledigen. Er kann auf Verwarnung oder Friedensbuße erkennen und eine Friedensbürgschaft einsetzen. Die Staatsanwaltschaft soll nicht mehr schematisch von allen Privatklagen unterrichtet werden. Das Ermessen des Amtsrichters soll entscheiden. – Für Zustellungen und Ladungen sind Vereinfachungen geplant. – Der Verfolgungszwang wird gelockert. Nach § 153 Abs. 2 StPO kann auch der Staatsanwalt allein und ohne das Gericht von der Erhebung der öffentlichen Anklage absehen. Bei allen Antragsdelikten entscheidet der Staatsanwalt nach freiem Ermessen, ob er verfolgen will.

Die Anklageschrift braucht das Ermittlungsergebnis nicht mehr zu enthalten, wenn es der Staatsanwalt nicht für erforderlich hält. Das Kreuzverhör wird beseitigt. – Die Dauer einer möglichen Unterbrechung der Hauptverhandlung wird verlängert. Neue Hauptverhandlung braucht nur stattzufinden, wenn die Unterbrechung länger als 30 Tage gedauert hat. – Die Aburteilung von Abwesenden wird erleichtert. – Die Verlesung von Urkunden an Stelle der Vernehmung von Zeugen wird erleichtert. Die Anklage kann im Laufe der Hauptverhandlung auch ohne Zustimmung des Angeklagten auf neue Taten, selbst auf Verbrechen ausgedehnt werden. – Der Urteilsspruch soll volkstümlicher gestaltet werden. Alles was bisher in ihm steht und dem Volke unverständlich ist, soll in die Gründe verwiesen werden. Die Möglichkeiten einer Widerklage werden erweitert.

TOP 7: *Staatssekretär Dr. Freisler* über die Aburteilung von Plünderern nach Luftangriffen. RV d. RJM IVa [4] 1127/42 vom 16. Juni 1942 und unsere gemeinschaftliche RV 9133 vom 22. Juni 1942. Der Staatssekretär legt Wert auf folgendes:

1. OLG-Präsident und Generalstaatsanwalt begeben sich sofort persönlich an Ort und Stelle.
2. Beide nehmen sofort Verbindung mit dem zuständigen Hoheitsträger auf. Bisher ist regelmäßig ein Einsatzstab gebildet worden. Wir müssen unbedingt in diesen Einsatzstab hinein. Wir bleiben am Ort, solange Not am Manne ist.
3. Wir haben dafür zu sorgen, dass sofort ein Sondergericht an Ort und Stelle ist.
4. Wir haben dafür einzustehen, dass Plünderer noch am Tage der Überstellung von der Polizei durch das Sondergericht abgeurteilt werden.
5. Wir sind dafür verantwortlich, dass das Urteil noch am selben Tage schriftlich abgesetzt und dass am selben Tage noch fernmündlich die Weisung des Ministers über die Vollstreckung des Urteils herbeigeführt wird. Für die Durchführung der Vollstreckung sorgt Ministerialdirektor Dr. Crohne. Dieser ist besonders sofort zu unterrichten.

TOP 10: *Ministerialdirektor Crohne über Einzelermittlungen aus dem Gebiete der Strafrechtspflege:*

Der *Preisstand* muß nach einem vertraulichen Führererlaß unbedingt gehalten werden. Der Reichsmarschall ist mit der Durchführung beauftragt. Die Stabilität der Preise ist die Grundlage für die Stabilität der Währung. Bei unvermeidbaren Preiserhöhungen ist der strengste Maßstab anzulegen und notfalls eine Entscheidung des Führers herbeizuführen. Alle Preisstrafsachen sind strengstens zu ahnden, falls nötig, ist mit Hilfe des § 4 der Volksschädlingsverordnung auf Todesstrafe zu erkennen.

Über die Zuständigkeit für die *Vollstreckung von Todesstrafen* sind Zweifel aufgetreten. Auch vom Reichsgericht werden Todesstrafen verhängt. Zuständig für die Vollstreckung ist immer die Staatsanwaltschaft des ersten Rechtsganges, also in der Regel nicht der Oberreichsanwalt. Erkennt das Reichsgericht nach außerordentlichem Einspruch, dann ist der Oberreichsanwalt Vollstreckungsbehörde und hat die Möglichkeit, die Vollstreckung abzugeben. Verweist das Reichsgericht eine

Strafsache an ein anderes Gericht, dann ist dieses Gericht auch für die Vollstreckung zuständig.

TOP 3: An der Aufklärung von *Kriegswirtschaftsverbrechen* sind die zuständigen Reichsstellen zu beteiligen. Welche Stelle zuständig ist, ist beim Minister zu erfragen. So hat man in einem Fall, in dem es sich um die Verwendung von Cocastoff für Regenmäntel statt für Schlauchboote handelte, übersehen, die Reichsstelle für Chemie zu hören.

Gnadenberichte in Sachen, die die Wiederverleihung der Wehrwürdigkeit betreffen, sollen offen und nicht geheim behandelt werden. Das Reichssicherheitshauptamt will zu diesen Fragen nicht gehört werden. Wir sollen uns an die Kriminalpolizeileitstellen wenden.

Nach der RV vom 11. Februar 1942 kann der Oberstaatsanwalt *eingezogene Gegenstände* freigeben. Sind diese Gegenstände schon verwertet, dann ist der Oberstaatsanwalt berechtigt, auch den Erlös freizugeben.

Die Schweinelähme ist aus der Tschechei ins Altreich eingeschleppt worden und verursacht großen Schaden. Die Folgen sind dieselben wie bei der Kinderlähmung. Es soll beschleunigt verhandelt und mit besonders schweren Strafen vorgegangen werden. Sachverständige und Tierärzte stehen zur Verfügung. Wir sollen uns an den Reichsbeauftragten Oberregierungs- und Veterinärrat Dr. Tänzer in Breslau 16, Kaiserstraße 78/80 wenden.

In *Jugendsachen* sollen die Berichte immer auf die Persönlichkeit des Jugendlichen ausgedehnt werden. Der Reichspostminister hat sich darüber beschwert, dass Jugendliche in zunehmendem Maße die Isolatoren der Telegraphen- und Fernsprechanlagen zerstören, so dass der ganze Betrieb gestört wird. Es sollen nachdrückliche Strafen verhängt werden. Vor allem kommt auch eine Verfolgung auf Grund von § 2 der Wehrkraftschutzverordnung in Frage. Durch die Reichsjugendführung sind die Jugendlichen über die Tatbestände dieses § 2 und des § 317 StGB aufgeklärt worden, so dass in aller Regel auch der innere Tatbestand dieser Vergehen bejaht werden kann.

Besprechung am 1.7.1942

TOP 8: *Generalstaatsanwalt Hahn* referiert über die Erfahrungen der Staatsanwälte über das Nebeneinander von kriminellen und Ordnungsstrafrecht.[...]

Staatssekretär Schlegelberger führt aus, dass sich die derzeitige Regelung nicht bewährt hat. Es ist der Eindruck entstanden, dass der Reiche seine Verfehlungen durch Bezahlen der Ordnungsstrafen abmacht, während der Arme ins Gefängnis wandert. Deswegen laufen Verhandlungen des Ministeriums mit den maßgebenden Stellen in der Richtung, dass die Staatsanwaltschaft einen größeren Einfluß auf die Verfolgung bekommt und diese, soweit erforderlich, den Wirtschaftsämtern und sonstigen Kriegsstellen genommen wird. Vor allem soll die Staatsanwaltschaft die Entscheidung darüber bekommen, wann ein öffentliches Interesse an der Strafverfolgung vorliegt. Wir sollen uns Gedanken darüber machen und vorschlagen, wie die Abgrenzung zur Zuständigkeit der Wirtschaftsämter erfolgen soll. Man könnte z.B. daran denken, dass die Wirtschaftsämter alle die Fälle der Staatsanwaltschaft vorzulegen haben, in denen sie eine Ordnungsstrafe verhängen wollen, die höher ist als ein Wochenverdienst des Angeklagten. im übrigen wünscht der Minister Material für seine Verhandlungen mit dem Wirtschaftsministerium usw., besonders über folgende Punkte:

1. Lange Dauer der Ermittlungen durch die Wirtschaftsämter bis zu ihrer Abgabe an die Staatsanwaltschaft. – 2. Milde Strafen, die von den Wirtschaftsämtern verhängt sind, – 3. Akten, die nur deswegen an die Staatsanwaltschaft abgegeben sind, weil die Beschuldigten schlechte Zahler sind, im Ordnungsstrafverfahren also nichts für das Wirtschaftsamt herausspringt, – 4. Fälle, in denen die Beschuldigten nur aus Angst, ins Strafregister zu kommen, die Ordnungsstrafen bezahlt haben.

Das Propagandaministerium und die Geheime Staatspolizei sind gegen die Wirtschaftsämter und für die Staatsanwaltschaft eingestellt. Wenn die Gauleitungen die Forderungen der Staatsanwaltschaft teilen, sollen wir mit ihnen sprechen und auch darüber berichten.

In allen Preisstrafsachen geht das Bestreben dahin, das Einschreiten der Staatsanwaltschaft nicht mehr von dem Verlangen der Preisbehörde abhängig zu machen.

TOP 9: *Staatssekretär Dr. Freisler* über Schwarzschlachtungen unter besonderer Behandlung der Strafmaßhärte, der Strafmaßgleichheit und der Bekämpfung von Versuchen, Schwarzschlachtungen als berechtigte Schlachtungen zu tarnen.

Die Ausführungen sollen in erster Linie für die Schwarzschlachtungen von Schweinen und Rindern gelten. Gegen die Justiz wird immer der Vorwurf erhoben, dass in den Strafen keine Einheitlichkeit bestehe. Das ist durch die Erfahrungen des Ministeriums bestätigt worden. Deswegen wird es von Interesse sein, zu erfahren, wie das Ministerium darüber denkt. Richtig ist es, dass eine Uniformierung der Strafen nicht möglich ist. Denn für die Strafhöhe kann nicht nur das Gewicht der geschlachteten Tiere entscheiden. Vom wesentlichen Einfluß auf die Strafhöhe ist auch der Volkscharakter. In Süddeutschland denkt man über die Bestrafung anders als in Ostpreußen. Ein Unterschied in der Betrachtung muß aber unbedingt ausgeschaltet werden. Es darf keinesfalls vorkommen, dass Überschußgebiete wie z.B. Bayern und dort wieder München, ganz milde urteilen, während Zuschußgebiete besonders hart zupacken. So hat z.B. der Landesbauernführer im Bezirk Niederdonau die Weisung gegeben, dass die Fleischbeschauer bei Hausschlachtungen es nicht so genau nehmen und bei jedem Schwein 20 Pfd. weniger schätzen sollen. Im Gegensatz dazu hat Staatssekretär Backe die Anweisung gegeben, die Gewichte auch bei Hausschlachtungen der Bauern genauestens festzustellen.

Die vorgeschlagenen Strafanträge der Staatsanwälte sind oft zu mild. Der Minister mußte häufig Weisung geben, höhere Strafanträge zu stellen. Es ist aufgefallen, dass die gerichtlichen Urteile in den meisten Fällen dem ersten Vorschlag des Staatsanwalts entsprachen. Ein Jahr Gefängnis sollte auch bei Hausschlachtungen die geringste Strafe sein. Wenige Monate sollen nie beantragt werden. Selbstverständlich muß ein Unterschied zwischen Hausschlachtung und gewerblicher Schlachtung gemacht werden. Eine Schablonisierung aller Schwarzschlachtungen auf Zuchthaus ist unmöglich. Hausschlachtungen können ruhig mit Gefängnis bestraft werden und nur im Wiederholungsfall mit Zuchthaus. Die bisher verhängten Strafen sind dem Staatssekretär oft noch zu mild. Viele andere Stellen, insbesondere auch Gauleitungen, sind anderer Meinung. Wir sollen uns aber nicht abhalten lassen und die beschrittene gerade Linie einhalten. Besonders ernst zu nehmen ist der Fall, dass Werkkantinen mißbräuchlich durch die Chefs benutzt werden. Wenn dadurch die Ration des einzelnen Arbeiters auch nicht spürbar verringert wird, so sind doch die schwersten Strafen angemessen. So ist ein Direktor Rubing in Braunschweig zum Tode verurteilt worden. Wenn er auch begnadigt worden ist, so soll das nicht abhalten, in ähnlichen Fällen Todesstrafe zu beantragen.

Ebenso wie die Schwarzschlächter müssen behandelt werden die Abnehmer für den gewerblichen Bedarf der Gastwirtschaften, die Aufkäufer des Viehes für Schwarzschlächter, die Fleischbeschauer, die unter Ausnutzung ihres Berufes den Schwarzschlächtern Vorschub leisten, die Verkäufer des schwarzgeschlachteten Fleisches.

Der Staatssekretär gibt dann eine Zusammenfassung von Fällen, in denen die Verfolgung von Schwarzschlachtungen nicht geklappt hat und in denen das Ministerium eingreifen mußte. Es handelt sich ausschließlich um Fälle aus dem Jahre 1942.

Bezirk	Gewicht Menge	Vorschlag d. StA.	Minister	Urteil
Breslau	4 Bullen 5 Kühe 12 Färsen 5 Schweine	2 Jahre Zuchthaus	zu wenig	2 Jahre 6 Monate
Magdeburg	74 Ztr.d. Gastwirt	2 Jahre Zuchthaus	5 Jahre Zuchthaus	noch nicht gefällt
Düsseldorf	75 Schweine	2 Jahre Zuchthaus	erhebl. mehr	noch unbekannt
Düsseldorf	2 Schweine 2 Kälber			6 Monate Gef.
Stuttgart	39 Ztr.	3 Jahre Z.	5–6 Jahre Z.	unbekannt
Stuttgart	14 Schweine	1–2 Jahre Z.	mehr	1 Jahr 3 Mon. Gef.
Stuttgart	48 Ztr.	2–3 Jahre Z.	4–5 Jahre Z.	2 Jahre Z.
München	135 Ztr.	3 Jahre Z.	6 Jahre Z.	3 Jahre Z.
München	6 Ztr.	10 Mon.Gef.	mehr	7 Mon.Gef.
München	18 Ztr.	2 Jahre Z.	mehr	2 Jahre Z.
München	6 Schweine	Gefängnis	mehr	unbekannt
München	2 ½ Ztr.	3 Mon.Gef.	mehr	unbekannt
München	9 ½ Ztr.	Gefängnis	Zuchthaus	unbekannt
München	2 Schweine	2–3- Mon.Gef.	mehr	unbekannt

München	28 Ztr.	1 Jahr 6 Mon. Z.	mehr	1 Jahr 2 Mon.Z.
München	28 Ztr.	1 Jahr 6 Mon. Gef.	Zuchthaus	unbekannt
Mannheim	48 Ztr.	2½ Jahr Z.	5 Jahr Z.	unbekannt
Bamberg	28 Ztr.	1 Jahr Gef.	Zuchthaus	1 Jahr Gef.

Dann kamen Fälle, in denen entgegen dem Vorschlag des Oberstaatsanwalts der Minister Weisung gegeben hat, Todesstrafe zu beantragen.

München	538 Ztr.	statt 8 Jahre Zuchthaus	
Graz	200 Ztr.	„10 „ „	
Hannover	685 Ztr.	„15 „ „	12 Jahr.Z.
Köln	800 Ztr.	„15 „ „	15 Jahr.Z.

Im Bezirk Zichenau sind 24 Todesfälle [von Soldaten] eingetreten, weil schwarzgeschlachtetes Fleisch tierärztlich nicht untersucht worden ist und voll von Trichinen war. Die Gerichte sollen nicht denken, dass der Minister keine Möglichkeit hat, zu milde Urteile aus der Welt zu schaffen. Die Nichtigkeitsbeschwerde wird in immer weiterem Umfange angewandt und der Oberreichsanwalt sowie das Reichsgericht unterstützen das Ministerium vorbildlich, auch in der Schnelligkeit, mit der abgeurteilt wird. So ist ein Urteil des Reichsgerichts schon innerhalb von 24 Stunden gefällt worden. Zur Zeit sind dort folgende Fälle anhängig:

Bezirk *Halle* 1000 kg durch Fälschen der Sammelbogen, 1 Jahr 4 Monate G., Bezirk *Magdeburg* 160 Ztr. 3 Jahre Gefängnis, Bezirk *Innsbruck* 20½ Rinder und 75 Schweine 1 Jahr 6 Monate Zuchthaus.

Von neuen Urteilen sind dem Minister folgende als falsch aufgefallen *Stettin* 52 Ztr. 2 Jahre Zuchthaus, *Stettin* 50 Ztr. 2 Jahre Zuchthaus, *Oppeln* 3 Schweine 6 Monate Gefängnis, *Oppeln*, 22 Ztr. 1 Jahr 9 Monate Zuchthaus, *Magdeburg* 35 Ztr. 2 Jahre 6 Monate Zuchthaus, *Magdeburg* 20 Ztr. 2 Jahre Gefängnis, *Graz* 10 Ztr. 10 Monate Gefängnis, *Weimar* 74 Ztr. 3 Jahre Zuchthaus, *Weimar* 35 Ztr. 1 Jahr 4 Monate Zuchthaus, Halle 30 Ztr. 1 Jahr 6 Monate Gefängnis, *Halle* 68 Ztr. 2 Jahre Zuchthaus, *Innsbruck* 6 Ztr. 10 Monate Gefängnis, *Darmstadt* 20 Schweine und 15 Kälber 1 Jahr 9 Monate Gefängnis.

Sämtliche Urteile sind nach der Meinung des Ministers zu mild.

Fälle, die den Oberlandesgerichtspräsidenten als unverständlich gemeldet worden sind:

Freiburg	146 Ztr.	3 Jahre 3 Mon. Zuchthaus
Bamberg	19 Ztr.	1 Jahr 1 Tag Gefängnis
Bamberg	36 Ztr.	2 Jahre Gefängnis
Essen	28 Ztr. Speck	4 Jahre Gefängnis
Kattowitz	12–15 Urteile	
Innsbruck	3 Urteile	
Frankfurt a.M.	3 Urteile	

Magdeburg	40 Schafe, 1 Kalb 2 Jahre Gefängnis
München	zweimal Zusammenstellungen von Urteilen.

Gegen Schwarzschlächter soll *rücksichtslos mit Verhaftung* vorgegangen werden. Der oft erhobene Einwand, dass durch die Verhaftung von Fleischern die Ernährung gefährdet werde, soll nicht beachtet, notfalls dem Minister berichtet werden. Eine schnelle Aburteilung ist mit Rücksicht auf die Schockwirkung unbedingt erforderlich. Über lang zurückliegende Fälle soll in der Presse nichts veröffentlicht werden. Ebenso wenig über kleine Strafen in kleinen Fällen. Hier bleibt es den Propagandaämtern überlassen durch allgemeine Aufsätze die Bevölkerung zu warnen und von der Meinung abzubringen, dass nur große Schwarzschlachtungen bestraft werden.

Um eine schnelle Aburteilung zu erreichen, sind die Sondergerichte durch die Generalstaatsanwälte dauernd zu kontrollieren, ob sie reinen Tisch haben. Es ist unmöglich, dass die Termine mangels freier Terminstage erst auf 3 Wochen nach Eingang der Anklagen anberaumt werden. Es darf nicht gezögert werden, neue Kammern oder neue Sondergerichte bei Bedarf sofort einzurichten. Der Minister wird keine Schwierigkeiten machen und von sich aus die Einrichtung sofort genehmigen. – Allen Tarnversuchen muß mit Nachdruck entgegengetreten werden. – Anschließend fand eine kurze Aussprache über Tarnversuche statt. Sie deckte sich mit den Erfahrungen in unserem Bezirk.

[*Aufzeichnungen von OLG-Präs. Becker*: In den meisten Fällen ist Verhaftung am Platze, hiergegen wird oft eingewandt, dass das Interesse der Bevölkerung der Verhaftung im Wege stehe. Wenn es sich um Gastwirte handelt, ist dieser Einwand stets unbeachtlich, aber auch bei Fleischermeistern wird in aller Regel die Verhaftung durchzuführen sein. Können Widerstände nicht beseitigt werden, dann Bericht. Um der erwünschten Schockwirkung willen, müssen Verhaftungen und Verurteilungen möglichst rasch erfolgen, vor allem wichtig schnelle Aburteilung, da sonst länger zurückliegende Fälle, die ein gewissenhafter Richter ex tunc und aus der früheren besseren Versorgungslage heraus beurteilt, bei der Veröffentlichung zu abträgiger Kritik Anlaß geben. Falls solche schnellen Aburteilungen erfolgen, ist Veröffentlichung der Urteile zu verhindern. Große Breitenwirkung der Presseberichte ist festgestellt, die jetzige Übung, nur schwere Fälle zu veröffentlichen und von Veröffentl. kleinerer Fälle abzusehen, kann zu falschen Verallgemeinerungen führen. Deshalb Fühlungnahme mit Propag.-Ämtern, um zu veranlassen, dass von Zeit zu Zeit in geeigneter vielleicht feuilletonistischer Form von einem Einzelfall ausgehend Sammelberichte auch über kleinere Fälle erscheinen. Darauf achten, dass Sondergerichte (SG) stets reinen Tisch haben, es darf nicht sein, dass SG schon über 3 Monate hinaus über Termine verfügt hat. Notfalls müssen neue Kammern oder SG gebildet werden. Derartige Anträge werden postwendend im RJM erledigt. *Tarnungsversuche.* Maiskolben in Luftröhre – Schwarzschlachtung als angebliche Notschlachtung wegen Erstickung. Absichtliche Verletzung der Tiere. In Thüringen wurde bei ungefähr 20 Schwarzschlachtungen von je einem 4-Ctr.-Schwein stets das gleiche 2-Ctr.-Schwein zur Waage gebracht. – Statistik der Notschlachtung kann aufschlußreich sein. Ermittlungen sind erschwert seit Zollfahndungsstellen wegen Wegfall der Schlachtsteuer nicht mehr mit Aufklärung befaßt sind. Verhandlungen zwischen Reichs- und Finanzminst. über vorl. Zusammenarbeit der bei den Zollfahndungstellen frei gewordenen Beamten mit Kripobeamten sind im Gange. Die weitere Bearbeitung der Sache durch Zollfahndungsbeamten allein hat F.Min. abgelehnt.– Strafvollstreckung gegen schwarzschlachtende Bauern begegnet Schwierigkeiten, die von Ortsbauernführern zu bereitwillig unterstützt werden. Strafaufschubsgesuch ist nach Möglichkeit keine Folge zu geben, es ist zu versuchen, die Landes- und Kreisbauernführer zu veranlassen, sich die Entscheidung über derartige Gesuche selbst vorzubehalten und sich alle Gesuche vorlegen zu lassen. Auch auf beschleunigte Aburteilung der Schwarzschlächter ist mit allem Nachdruck zu dringen. In einem Bezirk läßt sich GStA von Leitern der Vollz.-Anst. von jedem Fall Mitteil. machen, in dem ein Schwarzschl. 3 Wochen überschreitet.]

TOP 3: *Staatssekretär Dr. Freisler* über die justizmäßige Behandlung politischer Führungszeugnisse. Hier handelt es sich um ein bis heute noch unerledigtes Problem. Die politischen Führungszeugnisse können zur Charakterisierung von Zeugen und Angeklagten eine besondere Bedeutung gewinnen. Sie dürfen aber nie zu Konflikten führen. Es liegt im richterlichen Ermessen, ob sich die Urteilsgründe mit ihnen befassen sollen. hier muß das Geschick des Richters entscheiden. Besonders schwierig wird es, wenn der im Zeugnis Abgewertete gegen den Beurteiler wegen Beleidigung klagt. In der Partei hat man den Begriff der Altäre der NSDAP geprägt, auf die jeder alles niederlegen kann, ohne dafür bestraft zu werden. Es kann also auch etwas gesagt werden, was nicht zutrifft. Folgendes ist zu beachten.

1. Wenn im Prozeß die Richtigkeit einer politischen Beurteilung unter dem Gesichtspunkt der Beleidigung angegriffen wird, dann ist es falsch, wenn das Gericht durch eigene Erhebungen die Richtigkeit der Beurteilungen nachprüfen wollte. Sache der politischen Beurteilung ist Aufgabe der Partei. Es wäre umgekehrt auch nicht richtig, wenn die Partei die schlechte fachliche Beurteilung eines Richters durch den Oberlandesgerichtspräsidenten nachprüfen wollte.
2. Tauchen erhebliche Bedenken gegen die Richtigkeit einer politischen Beurteilung auf, dann muß eine Auskunft bei dem Vorgesetzten des Beurteilers eingeholt werden. Das ist in der Regel der Gauleiter. Seine Auskunft ist dann maßgebend. Handelt es sich um Beurteilungen des Gauleiters, dann sind auf dem Weg über den Minister Urteile des zuständigen Reichsleiters einzuholen.
3. Sind in den Urteilen förmliche Beleidigungen enthalten, dann soll weitgehend § 193 StGB angewendet, notfalls berichtet werden.
4. Behauptet der Privatkläger, der Beurteilende habe wider besseres Wissen gehandelt, dann soll immer rechtzeitig vorher dem Minister berichtet werden.
5. Ist eine Privatklage dem Minister unerwünscht, dann besteht die Anordnung des Ministers – und nur dann – die Möglichkeit, die Verfolgung als im öffentlichen Interesse liegend zu übernehmen. Die Privatklage ist dann nach § 153 StPO einzustellen.

TOP 11: *Ministerialdirigent Marx* über UK-Stellungen von Strafvollzugsbeamten:

Die Justiz hat zur Zeit 175.000 Gefangene. Die Zahl der Strafvollzugsbeamten steht dazu in keinem Verhältnis. Wir müssen versuchen, Ersatz zu schaffen. Möglichkeiten dazu gibt es zunächst durch Notdienstverpflichtungen, dann durch Zeitungsanzeige und durch sonstige Werbung. Für den mittleren Dienst hat sich gezeigt, dass in der Gerichtsvollzieherlaufbahn Kräfte überflüssig und geneigt sind, nach Vorbereitung in die Inspektorenlaufbahn überzutreten. Wir sollen mit dem Chefpräsident verhandeln und darum bitten, uns Gerichtsvollzieher zur Verfügung zu stellen. Wenn Schwierigkeiten gemacht werden, soll berichtet werden. Auf alle Fälle soll der derzeitige Bestand an Beamten erhalten werden. Dazu bietet die vom Oberkommando der Wehrmacht erwirkte Sonderregelung die Möglichkeit. Besonders mit den Wehrersatzinspektionen soll Fühlung genommen und geplant werden. Wer in einem Bezirk etwas zu zeigen hat, soll Vertreter der Presse, politisch interessierte Stellen, Vertreter der Wehrmacht nach guter Vorbereitung persönlich durch die Anstalt führen.

TOP 12: *Generalstaatsanwalt Semler* über die Ernährungs- und Beschäftigungslage der Vollzugsanstalten. [...] *Oberregierungsrat Eggensberger* führt aus: Fische für die Vollzugsanstalten können nur durch die Landesernährungsämter vermittelt werden. Die aus dem letzten Jahr noch vorhandenen Restbestände von Trockengemüse sind unterdessen freigegeben worden. Wegen der Gemüseversorgung soll an die Gartenbau-Wirtschaftsverbände herangetreten werden. Die Umstellung der Lastkraftwagen auf Holzgeneratorenbetrieb ist noch nicht überall durchgeführt. Die Verteilungsstelle für die Band- und Flechtartikelindustrie in Berlin W 50, Tauentzienstr. 4 liefert Schuhriemen. Die Gauwirtschaftskammern werden Bezugsquellen für Schuhfett angeben können.

Staatssekretär Dr. Freisler weist darauf hin, dass die Verwaltungsgeschäfte des Strafvollzugs nicht mit der linken Hand geführt werden können. Wir sollen uns persönlich um alles kümmern und uns nicht darauf verlassen, dass alles zentral geregelt wird. In allen Zweigen des Vollzugs muß eine vorausschauende Politik getrieben werden.

TOP 13: *Generalstaatsanwalt Sturm* berichtet über Mittel zur Mobilisierung auch der letzten Arbeitskräfte der Gefangenen für die Kriegsproduktion. Er schildert den Arbeitseinsatz der Gefangenen in seinem Bezirk, der für unseren Bezirk kaum von Bedeutung ist.

Ministerialrat Nörr berichtet über das Ergebnis der letzten Statistik. Nach ihr befinden sich 107.492 Gefangene in Haft mit Strafen über 3 Monaten. Davon sind 99.000 in Arbeit, davon arbeiten wieder 33.000 in reinen Wehrmachtsbetrieben, 60.000 in lebenswichtigen und sonstigen Kriegsbetrieben,3.533 für sonstigen Bedarf. Die letzteren müssen verschwinden. Auf Außenarbeit befinden sich 42.700 Gefangene, 4.300 stellen Munition her. Um den Prozentsatz der unbeschäftigten Gefangenen, die in der Hauptsache in kleineren Gefängnissen sitzen, zu drücken, sollen diese Gefängnisse nach Möglichkeit geschlossen werden. Gefängnisse mit einer Durchschnittsbelegung von 2, 3 und 4 Mann haben keine Existenzberechtigung mehr. Eine Reserve ist auch noch in den Frauen enthalten. Genau wie in den freien Berufen die Frau den Mann vertreten muß, muß sie auch in der Gefangenschaft alle Männerarbeiten verrichten. Auch die jungen Gefangenen sind für kriegswichtigen Bedarf einzusetzen. So wird jetzt in Hirtenberg (Wiener Bezirk) ein Betrieb für die Gustloff-Werke eingerichtet. *Militärgefangene* dürfen nicht unbeschäftigt bleiben, aber nicht auf Außenarbeit verwendet werden. Die Handhabung dazu ist schon in Nr. 2 der Kleinen Arbeitsverwaltungsordnung gegeben. Nachdem jetzt alle Gefangenen arbeiten, muß jetzt daran gegangen werden, die minder wichtigen Heeresbetriebe, z.B. das Trennen von Kleidungsstücken und Schuhwerk, auf wichtigere z.B. die Herstellung von Munition umzustellen. Vor allem müssen alle Fachkräfte ihrem Beruf entsprechend eingesetzt werden. Das ist nur möglich, wenn die beim Ministerium eingerichtete *Facharbeiterkartei* dauernd auf dem Laufenden gehalten wird. Leider haben die Meldungen zu ihr in den letzten Monaten nachgelassen. Das Verhältnis der Innen- und Außenarbeiter ist in den Bezirken verschieden. Der Reichsdurchschnitt beträgt 50 v.H. Manche Bezirke haben nur 8 v.H. Es muß angestrebt werden, dass jeder außenarbeitsfähige Gefangene auch in der Außenarbeit eingesetzt wird. Zuständig für den Arbeitseinsatz ist ausschließlich der Reichsbevollmächtigte Sauckel.

Eisenkennziffern [Zuteilungsziffern] dürfen auf keinen Fall verfallen. Der Minister hat die Möglichkeit, sie noch am letzten Tage ihrer Gültigkeit unterzubringen und erwartet, dass rechtzeitig telefoniert wird. Aller Schriftwechsel über Eisenkennziffern und über die Rüstungsbetriebe soll offen und nicht mehr geheim geführt werden. – Das Zuchthaus Wartenburg [Ostpreußen] betreibt eine chemische Reinigungsanstalt für schmutzige Gefangenenkleider. – Bei Abgabe von Gefangenen an andere Vollzugsanstalten darf keinesfalls Bruch abgegeben werden. – *Staatssekretär Freisler* erklärt dazu: Jeder Gefangene muß seinen Spezialfähigkeiten entsprechend kriegswichtig beschäftigt werden. Frauen müssen für Männerarbeiten eingesetzt werden. Der Gesamteinsatz aller Gefangenen ist sorgfältig zu planen. Wenn sich mehrere Unternehmen um Gefangenenstellung bemühen, wird der Dringlichkeitsgrad der Arbeit von den Stellen bestimmt, die auch außerhalb der Justiz zuständig sind. Der Jugendstrafvollzug ist in die Kriegsproduktion einzuschalten. Die öffentliche Meinung ist sachgemäß über die Gefangenenarbeit aufzuklären.

Ministerialrat Marx über Einzelmitteilungen aus dem Strafvollzug.

Demnächst kommt eine Rundverfügung über die Aussetzung der Strafvollstreckung zur Bewährung vor dem Feinde. Eingehende Anträge sind beschleunigt zu behandeln.

Mitteilungen ans Justizministerium, die auch die Vollzugsabteilungen interessieren, sind als Durchschlag auch dieser mitzuteilen.

Die Abordnung von Beamten nach dem Osten macht Schwierigkeiten. Die Beamten wollen wieder heim und sind teilweise heimlich abgerückt. Dagegen soll mit empfindlichen Disziplinarstrafen vorgegangen werden. Anderthalb bis zwei Jahre muß jeder aushalten.

In den Jugendgefängnissen sind viele Elemente, die nicht hinein gehören. Sie müssen rücksichtslos ausgemerzt und dem ordentlichen Strafvollzug für

Erwachsene zugeteilt werden. Da alle Jugendgefängnisse beängstigend überfüllt sind, sollen wir in den Bezirken Ausschau halten, ob Gebäude vorhanden sind, in denen 2–300 weibliche Jugendliche untergebracht werden können.

In einem Gefängnis ist es einem katholischen Pfarrer erlaubt worden, obwohl er selbst Gefangener war, anderen Gefangenen die Beichte abzunehmen. Das ist natürlich unzulässig.

Teil C: Arbeitstagungen unter dem Reichsjustizminister Otto Georg Thierack (1942–1944)

I. Arbeitstagung des Reichsjustizministers mit den Chefpräsidenten und Generalstaatsanwälten am 29.9.1942

Die Tagung wird durch den Reichsjustizminister um 10 Uhr 20 Minuten eröffnet.

Reichsjustizminister *Dr. Thierack*: Meine Berufskameraden ich habe zunächst, zugleich im Namen des Herrn Staatssekretärs, Ihnen zu danken für Ihre Schreiben, für Ihre guten Wünsche. Ich weiß, dass sie gut gemeint waren, dass Sie glaubten, zeigen zu sollen, dass Sie mit der neuen Justizführung verbunden sind.

Der Sinn dieser Tagung ist klar: Sie sollen die neuen Männer sehen, sprechen hören, kennenlernen, und für uns ist diese Tagung wie alle künftigen Tagungen ein Führungsinstrument. Wir werden diese Tagung fortsetzen, und zwar zum Zwecke der Führung der Justiz. Hier war bisher ein Mangel, der erkannt worden ist.

Sie wissen, es liegt eine ganz neue Lage vor. Die Lage ist dadurch gekennzeichnet, dass der Führer mir das Vertrauen geschenkt hat und mir restlos alle Mittel der deutschen Rechtspflege in die Hand gegeben hat. Sie wissen, dass ich nicht nur Reichsminister der Justiz bin, sondern auch Präsident der Akademie für Deutsches Recht und Leiter des Rechtswahrerbundes. Es gibt nunmehr zwischen diesen Organisationen kein Gegeneinander, sondern nur ein Miteinander. Es ist klar, dass diese Organisationen von mir planvoll und zielbewußt eingesetzt werden. Ebenso klar ist, dass dieses Ministerium hier der Kern, die Zentralstelle für die Justiz sein wird.

Aber noch bedeutender und noch wichtiger als diese Ernennungen, meine Herren, ist der Auftrag, den mir der Führer gegeben hat. Dieser Auftrag ist niedergelegt in dem Ihnen bekannten Erlaß vom 20. August. Er ist viel wichtiger als die Ämter die ich bekommen habe. Denn mit diesem Erlaß tauchen alle jene großen Probleme wieder auf, die nicht nur seit 1933 von dieser Stelle aus zu lösen versucht worden sind, sondern schlechthin alle Probleme der deutschen Justiz, ich möchte sagen des letzten Jahrhunderts, die wiederholt zu lösen versucht und noch mehr besprochen worden sind; sie alle sind wieder da, und sie müssen und sie werden gelöst werden.

Der Wortlaut des Erlasses ist Ihnen bekannt. Ich habe den Auftrag, eine starke nationalsozialistische Rechtspflege aufzubauen. Hierbei darf ich von bestehendem Recht abweichen, d.h. also beim Aufbau dieser starken nationalsozialistischen Rechtspflege. Es war klar, dass die Feindpropaganda aus diesem Nachsatz des Führererlasses alsbald etwas gegen uns machen würde. Sie schickte vor allen Dingen den amerikanischen Justizminister Beattly [Francis Biddle] vor, der natürlich nach einem Stichwort von London aus eine Hetze gegen uns begann. Der Sinn war kurz der: Nun ist überhaupt Schluß in Deutschland, jetzt ist zappenduster dort, da steht jetzt ein Mann, der seinen Nachweis bisher nur dadurch erbracht hat, dass er hundertfacher Mörder ist als Präsident des Volksgerichtshofs, an der Spitze einer Justiz, die nunmehr zur Dirne der Politik wird.

Meine Herren, es gibt auch Stimmen hier im Lande, wie es auch noch Menschen hier im Lande gibt, die ausländische Sender hören, die solchen Unsinn weitergesagt haben. Sie werden inzwischen meinen Einführungserlaß hinsichtlich der Richterbriefe alle bekommen haben; da steht das Nähere drin, ich brauche nichts weiter darüber zu sagen.

Dieser Erlaß gibt mir also eine sehr umfassende Macht, die Rechtspflege, die der Führer wünscht, aufzubauen. Wir wollen nichts beschönigen, meine Herren. Es ist ein Unfug, und ist auch wiederholt in diesem Hause laut geworden, vor meiner Zeit, dass keine Justizkrise da sei. Sie ist da, sie ist seit langer Zeit da, wir wollen es offen aussprechen. Es gehört ebenso wie für jeden Arzt, so für jeden vernünftig denkenden Menschen zur ersten Erkenntnis, wenn er etwas bessern will, dass er die Gründe irgend eines Vorgangs, den er erkennen will, durchschaut. So ist es auch in der Justiz. Sprechen wir es offen aus, stecken wir nicht den Kopf in den Sand. Die Krise, die höchste Krise der Justiz war offenbar dem ganzen Volk, bloß die Justiz selbst schloß die Augen davor, durch die Reichstagsrede des Führers vom 26. April d.Js. gegeben. Man brauchte nur dieser Reichstagssitzung beizuwohnen oder ihre Übertragung im Radio zu hören und dabei das aufbrandende Echo der Männer des Reichstags zu spüren, da wußte man, dass die Krise ausgebrochen war. Dass man an dieser Stelle hier nicht die Konsequenzen aus dieser letzten Warnung des Führers zog, habe ich nicht zu verantworten.

Wir wollen uns also genau wie der Arzt, der eine Krankheit untersucht, auch bemühen, die Gründe dieser Krise zu erkennen. Denn wir wollen sie beseitigen, ja, wir sind mitten drin, sie zu beseitigen. Etwas haben wir schon restlos beseitigt. Das ist das Mißtrauen, das von der Partei aus gegenüber der Justiz an den Tag getreten ist. Dieses Mißtrauen ist restlos beseitigt. Sie haben wahrscheinlich davon gehört, dass der Führer an sämtliche unterstellten Parteistellen eine Verfügung herausgegeben hat, die erkennen läßt, dass er nunmehr wünscht, dass Schluß ist mit der Kritik an der Justiz. Soweit ich das beurteilen kann, ist diesem Befehl des Führers bisher immer gefolgt worden.

Was mich in den Tagen, als ich den Auftrag des Führers anzunehmen hatte, ich kann wohl sagen, tief innerlich erschüttert hat, das war die Tatsache, dass der Führer in einem Augenblick, wo er als Feldherr an der Spitze seines Heeres, wie, weit draußen im Osten seinen Blick gegen den hartnäckigsten und gefährlichsten deutschen Gegner zu wenden hat, noch so viel Zeit aufbrachte, seine Gedanken über die Lösung dieser Krise auszusprechen. Es wird mir immer unvergeßlich bleiben, wie dieser Mann aus sich heraus die Gedanken und die Pläne entwickelte, woran seiner Ansicht nach die deutsche Rechtspflege bisher krankte, und wie ihre Heilung zu bewerkstelligen sei. Auch hier offenbarte sich immer wieder, dass es eigene Erfahrungen waren, die ihn zu diesen Gedanken und diesen Überlegungen gebracht haben. Es gibt wohl kein Problem der deutschen Rechtspflege, das der Führer damals nicht besprochen und zu dem er nicht Stellung genommen hätte.

Ich habe das Gefühl, meine Herren – und das müssen Sie auch wissen –, dass hier zum ersten und zum letzten Mal versucht wird, diese Krise zu lösen und die deutsche Rechtspflege aufzubauen. Gelingt mir das nicht, dann weiß ich, dass die Justiz im Reiche Wege gehen wird, die kein mit dieser Organisation innerlichst seit Jahrzehnten verbundener Mensch gutheißen kann. Es hängt also von uns ab. Ich bin ebenso überzeugt, dass es gelingt.

Was sind die Gründe dieser Krise? Ich werde sie ebenso offen aussprechen, wie ich mir selbst Rechenschaft gelegt habe.

1. Die Machtübernahme 1933 durch den Nationalsozialismus war eine echte Revolution. Es war das keine Scheinrevolution, kein Vorgang, der etwa vergleichbar wäre mit ähnlichen Vorgängen, geschweige denn mit 1918. Es übernahm nicht eine neue Clique, es übernahmen nicht neue Menschen oder ein Teil des Volkes die Macht, sondern es brach etwas durch, was Jahre, ja Jahrzehnte, schon vor Beginn des Weltkrieges in Deutschland gerungen und gekämpft und sich nicht durchgesetzt hatte: Ein Besinnen auf uralte deutsche Werte, Kräfte und Maßstäbe. Die wurden sichtbar verkörpert durch diesen einzigen Mann, unseren Führer. Und das haben die führenden Menschen in der deutschen Rechtspflege bis herunter zum Amtsrichter nicht verstanden. Sie haben geglaubt, das sei ein Vorgang, der sich entweder allmählich totlaufen, oder der irgendwie überwunden werden könnte. Auf dieser grundfalschen Auffassung der dynamischen Kraft der nationalsozialistischen Bewegung beruht ein Teil der Krise.

2. Die Männer, die neu an die Spitze des Reiches kamen, waren Kämpfer. Sie brachten nicht nur die Erinnerung an ihren eigenen Kampf mit, sondern auch die Erinnerung an Leiden, die sie oder andere erduldet hatten in diesem Kampf, und diese Leiden waren z.T. verbunden mit Justizerfahrungen. Daher ein tiefes Mißtrauen gegen diese Justiz.

3. Der dritte Grund war die Erziehung des deutschen Richters, Staatsanwalts, deutschen Rechtswahrers, Rechtsanwalts. Diese Erziehung war so, dass sie nur abgestellt war auf rein geistige Werte, dass sie die geistige Potenz in Verbindung mit Gesetzeskenntnis und Konstruktionen als überwiegend herausstellte, und die Folge davon war, dass der Mensch in diesen Erscheinungsformen der Justiz vernachlässigt wurde.

Dazu kam noch die Überzeugung von einer Objektivität, die aber keine Objektivität mehr war, sondern die eine einseitige Zurückhaltung war gegenüber allen Problemen, die das politische Leben und das Leben des Volkes schlechthin aufwarfen. Das hatte zur Folge das Sich-Fernhalten der Repräsentanten der Justiz vom Volke. Ja, es ging sogar soweit, dass man es verschmähte, sich mit den politischen Fragen zu beschäftigen, weil man das teilweise für unanständig, teilweise aber auch für etwas hielt, was der Richter nicht tun dürfte, um ängstlich zu vermeiden, dass er irgend wie ein bodenständiges „Ich" herausstellen würde. Grundfalsch! Wenn ein Mensch als Richter aus seinem Volk herausgestellt ist und das Recht sprechen soll zwischen den Volksgenossen, dann darf er nicht über ihnen, sondern dann muß er unter ihnen stehen, wenigstens darf er, wenn er über ihnen thront, nicht seinen Thron gebaut haben aus Gesetzesidee, aus Theorien, die ihm Professoren oder sonstwelche Menschen in seiner Universitätsstadt eingebläut haben, sondern wenn er schon über ihnen thronen mußte und sollte, so mußte der Thron, den er sich baute, die persönliche Haltung sein. Das war nicht der Fall.

4. Die Folge war natürlich, dass ganz wenige der Repräsentanten der Justiz Anschluß an diese Bewegung gefunden hatten. Während in anderen Zweigen der Verwaltungen alsbald Menschen herausgestellt wurden, die bekannt in dieser Bewegung waren, die mindestens aufgeschlossen dieser Bewegung gegenüber waren, hatte die Justiz kaum etwas herauszustellen. Es fehlte die lebendige Bindung. Leider Gottes wurde sie in den seltensten Fällen hergestellt.

Der fünfte und letzte Grund dieser Krise basiert auf dem Rechtsdenken unserer Juristen. Auch heute noch kann ich das immer wieder feststellen und immer wieder beobachten. Das ist das, was eigentlich dem Richter jenen Namen der Weltfremdheit eingetragen hat. Meine Herren, glauben Sie, dass derjenige, der von Ihnen gestraft wird, oder derjenige, der sein Recht sonstwie vor Ihnen sucht, Wert darauf legt, oder es überhaupt nur versteht, wenn Sie ihm ausführen, aus welchem Gesetzesparagraphen er verurteilt worden ist, oder aus welchen gesetzlichen Bestimmungen es hergeleitet ist, dass dieser oder jener Richterspruch gefällt ist? Das ist ihm egal, das ist ihm gleichgültig. Er will nur wissen, und zwar verständlich mit menschlichen Worten begründet, warum er verurteilt wird, und warum das rechtens ist, was der Richter ausspricht. Das ist überhaupt der Kern, das Kernproblem des Urteils. Ich werde das auch zu ändern versuchen.

Diese Punkte, meine Herren, sind meiner Ansicht nach die Grundlagen der Krise der deutschen Justiz gewesen. Wir müssen sie also ändern, wenn wir diese Krise restlos beseitigen wollen. Ich sagte schon: Von Partei wegen aus ist die Grundlage restlos da. Es ist nicht nur so gewesen, dass der Führer mir seine letzten Probleme entwickelt hat; es war auch alsbald so, dass der oder jener Exponent der staatlichen oder der parteilichen Sektoren zu mir Verbindung aufnahm und ebenso aufgeschlossen und klar, ja ich möchte sagen mit dem Gefühl des Aufatmens und auch mit dem Gefühl der kameradschaftlichen Hilfe mir ihre Ansicht gesagt haben. Wenn ich z.B. daran denke, wie der Reichsmarschall mir die Probleme der Justiz nahelegte, oder wie Dr. Goebbels mir Ratschläge gab, wie wir alsbald sichtbar mit seiner Hilfe die Krise überwinden könnten, so war das für mich ein Zeichen dafür, dass diese Stellen auch restlos erkannt haben, dass nunmehr die Lösung gelingen muß, oder sie wird nicht mehr gelingen.

Ein Beispiel aus der Aussprache mit Goebbels. Ich habe Sie gebeten, mir gute Urteile aus Ihren Bezirken zur Verfügung zu stellen. Ich habe noch nicht eins erhalten. Es wird höchste Zeit, dass ich sie bekomme. Goebbels hat folgende richtige Auffassung: Es müßten nunmehr dem Volke auch Urteile deutscher Richter vor Augen geführt werden in der Presse, woraus das Volk ersieht, dass auch gute Urteile gefällt werden. Wir sollten diese Hilfe einer so potenten Stelle, die bereit ist, alle diese Urteile in der ganzen deutschen Presse erscheinen zu lassen, nicht ungenutzt lassen, meine Herren. Ich ergreife jede Möglichkeit – und sie wird mir in sehr weitgehendem Maße geboten -, um hier von Grund auf zu helfen.

Das waren meiner Ansicht nach die Ursachen der Krise. Ich denke, daran wird wohl in diesem Saale hier keiner zweifeln, der mich reden hört, dass ich gewillt bin, die deutsche Justiz kraftvoll zu führen. Ich sehe in der Justiz vor allen Dingen drei Exponenten: Das ist der Richter, das ist der Staatsanwalt, und das ist der Rechtspfleger. Es ist ganz selbstverständlich und aus der Natur der Erscheinungsformen geboren, dass das wichtigste Instrument der Richter ist. Es ist grundfalsch, wenn man irgend eine von diesen Sparten ihm gegenüber oder sogar höher stellen würde. Wenn man eine Erscheinungsform des Lebens namentlich eine, an der das Volk interessiert ist, werten will, so muß man das Volk selbst fragen, welche Erscheinungsform ihm am wichtigsten ist, und in welcher Erscheinungsform es den Repräsentanten erblicken würde. Der Repräsentant der Justiz ist der Richter. Er steht vor dem Volke, er richtet, von ihm erwartet das Volk das Urteil. Es ist klar, dass der Richter in einer anderen Form herausgestellt werden muß, als das bisher geschehen ist.

Der Staatsanwalt ist etwas ganz anderes. Er ist der Gehilfe des Ministers, was der Richter sehr bedingt ist. Der Unterschied zwischen ihnen ist so in die Augen springend und geläufig, dass ich kein Wort hierzu zu sagen brauche.

Der Rechtspfleger ist der verwaltende Mensch in der Justiz. Er richtet nicht, sondern er verwaltet.

Ich möchte Ihnen nun einige Worte über den Richter sagen, wie ich mir den Richter vorstelle, d.h. ich werde Ihnen hierbei Äußerungen des Führers bringen, so wie er sie mir gegenüber gebracht hat. Es ist klar, dass die Richter, wenn sie die Funktionen, die der Führer wünscht, im Reiche zu übernehmen haben, anders herausgestellt werden müssen, als sie heute herausgestellt sind. Es ist klar, dass die Richter dann nur noch richten dürfen, dass sie nichts anderes zu tun haben. Diese Richter müssen freie, innerlich klare, anständige Menschen sein, deren Potenz auch in materieller Hinsicht in unserem Reiche sichtbar herausgehoben ist. Was der Richter sein soll, sagt ein uraltes deutsches Rechtssprichwort: Er hat Recht zu gebieten und Unrecht zu verbieten. Das ist der Richter, und alles andere ist kein Richter. Also der Spruchrichter, der Entscheidungsrichter!

Diese Richter, so wie sie mir denke, und wie sie sich der Führer auch vorstellt, die aus ihrem Innern frei von jeder Weisung ihre Urteile schöpfen, müssen aber geführt werden. Hier war bisher ein Mangel, der bisher sich immer wieder gezeigt hat, und der noch nicht überwunden werden konnte. Ich weiß, was gegen den Gedanken der Richterführung spricht. Es taucht jenes Wort auf, das ich nicht mehr hören möchte: das Wort von der Unabhängigkeit des Richters. Die Unabhängigkeit des Richters, meine Herren, war in ihrem Kern gut und richtig. Was ist aber aus diesem Begriff der Unabhängigkeit gemacht worden? Diese Unabhängigkeit wurde schließlich in der letzten Auswertung eine Bezeichnung von Standesinteressen, und damit war das Wort „unabhängig“ entwertet. In dieser Auffassung ist es nunmehr in den Begriff der Partei und mancher führender Persönlichkeit eingegangen. Man erkennt nicht mehr, was früher unter dem Begriff „unabhängig“ zu verstehen war; man sieht eben nur das, was in gewissen Zeiten daraus gemacht worden ist. Das ist falsch. Gebrauchen Sie – deshalb meine Bitte – nicht mehr das Wort unabhängig. Ich will nicht mit banalen Phrasen kommen und heute sagen: Unabhängig ist kein Mensch. Jeder Mensch ist von Erscheinungsformen des Lebens irgendwie anhängig. Das ist Unsinn. Aber eins ist klar: Der Kern der Unabhängigkeit, der richtige Kern, die freie, weisungsungebundene Tätigkeit des Richters soll bleiben und wird bleiben.

Das Problem der Führung der Richter ist deshalb so schwer und bisher auch noch nicht gelöst worden, weil das richtige Wesen dieser Führung noch nicht ausgesprochen worden ist. Und das auszusprechen, will ich mich jetzt bemühen. Der Richter muss wissen, dass er Vorgänge im Leben seines Volkes zu ordnen hat, das ist seine Aufgabe. Er muß wissen, dass diese ordnende Hand, diese Richtersprüche nicht dazu da sind, etwa die Staatsführung zu kontrollieren. Was will schon ein Richter mit seinen Urteilen an der Staatsführung etwas ändern? Das ist Unsinn. Er muß hier also die Grenzen seiner richterlichen Tätigkeit erkennen. Auf der anderen Seite ist es bekannt, dass gerade in demokratischen und liberalen Staaten der Gedanke der Staatsgerichtshöfe herausgestellt wird. Dieser Gedanke der Staatsgerichtshöfe ist nichts anderes als ein Kontrollieren-wollen der Staatsführung durch den Richter. Wir haben auch so ein unglückseliges Gebilde gehabt. Diese Erscheinungsformen sind nichts anderes als ein Mißbrauch des Richters. Das haben wir auch erlebt. Denn wie endet ein solcher Prozeß vor einem solchen Staatsgerichtshof, in dem nicht ein freier, unabhängiger, im richtigen Kern des Begriffes weisungsfreier Richter urteilt, sondern ein Mann, der eben nach allen Seiten hören muß, weil er weiß, dass seine Entscheidung ja gar nicht durchdringen kann, sondern seine Entscheidung von irgend einem Amt getragen werden muß? Es kommt dort entweder zum Kompromiß, oder es kommt zum Bruch des Richters mit seinem Auftraggeber. Es ist typisch, dass in vielen Staaten diese Art und Weise, die Staatsführung durch einen Staatsgerichtshof zu kontrollieren, durch jüdische Männer, mindestens im Hintergrund geleitet worden ist. Auch das ist ein bekanntes Machtmittel der Juden, Einfluß auf die Staatsführung zu gewinnen. Ich nenne dieses Beispiel nur, um Ihnen zu zeigen, wo die Grenzen des Richters sind.

Der Richter muß in lebendiger Fühlung mit seinem Volke stehen. Das ist eine Selbstverständlichkeit, darüber brauche ich nicht zu sprechen. Er muß aber auch – und das ist das Neue – die Probleme der Staatsführung kennen, mit denen die Staatsführung fertig werden muß, um das Volk richtig zu führen. Denn der Richter ist insofern durch seine Urteile ein Gehilfe der Staatsführung, denn er will auch die Rechtsordnung in seinem Volke aufrecht erhalten. Und dazu, meine Herren, bin ich jetzt da, Ihnen solche Probleme zu zeigen, wenn es an der Zeit ist, dass sie gezeigt werden. Auch dazu werde ich heute noch kommen.

Der Führer sprach: Der Richter muß auf das Engste mit der Staatsführung verbunden sein. Das war er bisher nicht. Die Verbindung ist hergestellt. Diese Verbindung muß sich auswirken bis herunter zum letzten Richter. Auch der letzte Richter muß diese Probleme kennen, denn sonst kann er nicht Recht sprechen, das heißt nicht etwa Recht sprechen im Sinne der Staatsführung, sondern Recht sprechen im Sinne der Probleme, die gelöst werden müssen für das Volk. Es wird Ihnen klar werden, wenn ich Ihnen diese Probleme, wenigstens einige davon, dann ausführen werde.

Der Führer sagt weiter: Der Richter ist Träger der völkischen Selbsterhaltung. Eine hohe Meinung von dem Richter! Das heißt also, er ist Schützer der Werte eines Volkes und Vernichter der Unwerte. Oberstes Gesetz ist also beim Richter, dass er, wenn er Recht spricht, nicht nur durch die Brille des Gesetzes einen Tatbestand, den er zu ordnen hat, anschaut, sondern aus diesem Blickpunkt heraus, dass er Träger der völkischen Selbsterhaltung ist. Es wird dann, meine Herren, vieles leichter, was bisher schwer zu lösen gewesen ist. Das sind keine Normen. Sie können das nicht als Gesetz ansehen. Das sind auch nicht etwa Aufforderungen, die Sie zum Richten veranlassen sollten gegen das Gesetz. Aber es ist ein ethischer Obersatz und eine klare Linie, wenn Ihnen gesagt wird, dass Sie Träger der völkischen Selbsterhaltung sind. Dann finden Sie mit dem Gesetz zusammen die richtige Linie. Nehmen Sie nun Verdunkelungsverbrechen an, nehmen Sie irgend welche Erscheinungsformen des Krieges an.

Der Führer sprach in diesem Gedanken davon, dass er ein Richterkorps zu sehen wünsche, und dieses Richterkorps muß eine Auslese der Nation darstellen. Sehen Sie, so hoch stellt sich der Führer sein Richterkorps vor. Also Richter, die Kenntnis haben von den Problemen der Staatsführung, die wissen, dass sie der völkischen Selbsterhaltung dienen, die sich so verbunden fühlen mit dieser Staatsführung, dass sie sich als ein Richterkorps nach außen repräsentieren. Dies soll genommen werden und darstellen als eine Auslese der Nation. Das heißt natürlich eine Auslese der Qualität nach. Und danach richtet sich auch die Stellung des Richters im Staat, die naturgemäß erst noch in dieser Form geschaffen werden muß, nicht zuletzt durch eine genügende materielle Versorgung des Richters.

Mit der Auslese hängt eng zusammen die Bezeichnung des Richters. Er hat es nicht mehr nötig, und die Staatsführung hat es nicht mehr nötig, Differenzierungen zu machen zwischen Räten und Oberräten und noch weiß was alles. Der Name Richter genügt allein, wenn der Richter ins Volk hineingestellt wird. Es müssen das aber auch Menschen, Persönlichkeiten sein, die einen weiten Blick haben, damit sie die Ideen und Probleme der Staatsführung überhaupt begreifen. Ihre Zahl muß klein gehalten werden. Es muß ein Richterkorps sein und nicht eine Richtermenge. Denn in einer großen Zahl kann man diese Auslegung nicht in der Form vornehmen, in einer großen Zahl kann man auch nicht den Menschen von nur weitem Blick finden, in einer großen Zahl kann man die Qualität nicht so herausstellen, dass es als ein Korps nach außen erscheint.

Der Führer sprach: Das Richterkorps muß eine hohe innerliche Verantwortung tragen und darf nicht – das sind seine eigenen Worte – zur Hure der Macht werden. Ein wunderbares Wort! Der Richter kann, wie ich schon vorhin sagte, die Staatsführung gar nicht kontrollieren. Noch viel weniger kann etwa ein Richter die Staatsführung hindern, unsauber zu sein. Aber ein Richter kann durch seine Urteile die klare, anständige, redliche Linie immer wieder zeigen, die sich letzten Endes überall und immer durchsetzt. Jeder Staat geht zu Grunde, meine Herren, der diese Linie verläßt. Und hier liegt die staatserhaltende und wichtigste Aufgabe des Richters. Wir haben Erscheinungen genug in der Geschichte, wo gut fundierte machtvolle Staaten zusammenbrachen nur daran, dass der Richter zur Hure der Machthaber wurde. Der Richter kann den Machthaber nicht hindern, schlecht zu handeln. Aber was er verhindern kann, ist, dass er selbst schlecht denkt und schlecht handelt in seinen Richtersprüchen. Erst dann, wenn ein Richterkorps seine rechtschaffende klare Linie verläßt, erst dann bricht der Staat zusammen. Er bricht nicht zusammen, wenn Machthaber nicht rechtschaffen handeln. Denn dann bleibt das Fundament der Gerechtigkeit immer noch im Volke sichtbar. Das ist die letzte entscheidende und wichtigste Aufgabe des Richters. Der Richter muß weiter, sagte der Führer, der bestbezahlte Mann im Staate sein, nicht auf Deckung durch das Gesetz bedacht, sondern er muß Mut haben, die Verantwortung zu tragen, also freigestellt werden muß dieser Mensch von wirtschaftlichem Druck. Eine Selbstverständlichkeit! Da möchte etwas aus meinem Leben sagen. Mir ist es vergönnt gewesen, und ich kann nichts dafür, in meiner Jugend große Reisen zu machen, meinen Blick zu erweitern. Da war es nun erschütternd für mich, wenn ich als junger Staatsanwalt oder später am Reichsgericht Menschen um mich sah, deren Horizont so tief lag, daß es einen jammern konnte. Die Menschen konnten nichts dafür, es waren das alles redliche, brave Leute, die fleißig arbeiteten und ihre Gesetze kannten, aber ihnen fehlte jeder Weitblick für das Menschliche, für das Große und auch für das Entscheidende fürs Volk.

Diese Sorte Richter müssen weg, die können wir nicht gebrauchen. Wir wachsen jetzt in ein Großdeutschland hinein, in einen weiten Raum, und da ist auch hier wie überall in unserem Volke entscheidend die Auslese der Menschen; auch hier wie überall müssen wir, wollen wir dieses Richterkorps so hinstellen, wie es der Führer befiehlt, Menschen an die Spitze stellen, die einen Weitblick haben. Und es ist nun mal so, es läßt sich nicht ändern: Es hängt das sehr eng mit der persönlichen wirtschaftlichen Freiheit zusammen. Daher die Ausdrucksform: Der Richter muß der bestbezahlte Mann im Staate sein.

Der Richterberuf ist meiner Ansicht nach ein Urberuf, genau wie der Beruf des Bauern oder des Soldaten. Neben dem deutschen König stand, als er selbst nicht mehr richten konnte, der Richter; er war sein Helfer, sein engster Mitarbeiter. Natürlich mußte das verloren gehen durch die Größe der Entwicklung. Aber es brauchte nicht verloren zu gehen in einer Form, wie es geschehen ist. Auch das soll von mir, soweit ich es vermag, wieder in Ordnung gebracht werden. Es ist mir ja eine große Hilfe, dass der Führer, von dem man eine Justizfeindlichkeit behauptet hat, in Wirklichkeit ganz anders eingestellt ist, und er hat sich nun mal mir gegenüber in dieser Form geäußert und offenbart. Mir war es selbst eine Offenbarung, was er sich eigentlich unter einem Richter vorstellt. Da kommt wieder etwas zur Erscheinung, was anknüpft an die uralte deutsche Auffassung von König und seinen richterlichen Gehilfen. So auch stellt sich der Führer einen deutschen Richter vor.

Es entscheidet aber bei diesen Menschen nicht die Gesetzeskenntnis, nicht die mehr oder weniger gelehrte Ausdrucksform in seinen Sentenzen oder seinen

Urteilen, sondern entscheidend bei diesen Menschen ist die Redlichkeit und die Überlegenheit als Mensch, also die Haltung, die innere Haltung entscheidet. Das ist auch das, was das Volk von einem Menschen letzten Endes überzeugt. Das Können ist eine Selbstverständlichkeit, aber die innere Haltung und die damit dem Volke gezeigte Überlegenheit ist das, was das Volk letzten Endes beeinflußt und mitreißt.

Ich habe neulich vor der deutschen Presse gesprochen. Ich mußte das. Es handelte sich vor allen Dingen darum, wenigstens etwas den ausländischen Angriffen zu begegnen. Und da habe ich etwas gesagt von dem Abbau der Zahl der Richter. Es ist mir nun hinterher klar geworden, ich hätte das besser nicht sagen sollen. Es ist mir von verschiedenen Seiten mitgeteilt worden, daß dadurch eine Unruhe in die Richterschaft gekommen ist. Das habe ich mir damals nicht überlegt. Ich kann darüber ganz offen zu Ihnen sprechen. Ich sagte Ihnen schon: Wir haben einen Unterschied zu machen zwischen dem Richter und dem Rechtspfleger. Wir haben heute eine Zahl von 14.000 Richtern. Darunter sind aber auch die Rechtspfleger in großer Anzahl einbegriffen. Wenn ich damals von einer Zahl von 4.000 bis 5.000 gesprochen habe, dann bedeutet das natürlich nicht, daß die Zahl 14.000 auf diese Zahl herabgeführt werden muß, sondern es bedeutet, dass ich diese Zahl für ausreichend halte, um das vor Ihnen eben entwickelte Richterkorps repräsentativ in einer Zahl darstellen zu können.

Natürlich müssen wir zu einer Vereinfachung der Justiz kommen. Das, was jetzt durch Kriegsverordnungen geschieht, das erzwingt der Krieg. Das ist aber keine durchdachte Organisation, ist auch nicht gedacht für die Dauer. Und doch müssen wir, für die Dauer gesehen, zu einer Vereinfachung unseres Rechtslebens kommen. Das ist Ihnen alles geläufig, ich brauche dazu kein Wort zu sagen. Ist es doch heute dem Volksgenossen kaum möglich, ein Urteil darüber abzugeben oder vorher zu wissen, welches Gericht oder welche Form des Gerichts schließlich über sein Petitum oder seine Person entscheidet. Eine solche Verworrenheit bringt keine Vereinfachung, sondern eine Erschwerung der Justiz mit sich.

Die Vereinfachung muß also bei der Organisation der Justiz einsetzen. Ich glaube, dass sowohl im Zivil- wie im Strafrecht eine einzige große Tatsacheninstanz genügend ist. Natürlich muß es gegen diese Entscheidung eine Revision geben, eine Revision, die naturgemäß in der Breitenwirkung aufzuziehen ist, wie es heute möglich ist, und die auch in den kommenden Gesetzen bereits genügend vorbereitet ist.

Es muß auch zu einer Veränderung der Spruchmehrheiten kommen. Wir urteilen noch mit viel zu viel Richtern.

Und dann komme ich zum letzten Punkt in diesem großen Problem: Das ist die Rechtsprechung durch das Volk selbst. Haben Sie also keine Angst, meine Herren, und sagen Sie es auch nach unten weiter: Es ist nicht so, dass nun Ihre Richter Sorge tragen müssen, sie würden abgebaut. Wir brauchen im neuen Deutschen Reich jeden brauchbaren Menschen. Aber es hängt auch hiermit zusammen die neue Ausrichtung des Richters in seiner Vorbereitungszeit. Wir müssen, ob wir es wollen oder nicht, Einfluß nehmen auf die Universitäten. Wir müssen darlegen, dass es so nicht geht wie bisher. Die Professoren haben nun in den letzten 8 bis

9 Jahren gezeigt, dass sie den Gedanken nicht verstehen können oder wollen, ich weiß es nicht. Sie legen immer wieder den Haupt- und ausschließlichen Wert auf die Unterrichtung in Gesetzeskenntnissen, und sie erschöpfen sich – man braucht nur Ihre Ergüsse irgendwie zu lesen – in solchen Rechtsproblemen. Das ist nicht das Entscheidende der Erziehung. Natürlich muß der junge Mensch das nötige Handwerkszeug mitbekommen. Aber er muß auch noch etwas anderes haben: Das ist die innere Haltung. Und wenn das die Universitäten nicht geben können, wenn sie diese innere Haltung, die vor allen Dingen auf praktischem Gebiet liegt, dem angehenden Rechtswahrer nicht beibringen können, dann muß ich dazu übergehen, an die Universitäten Richter zu setzen, die dort lehren, und gelingt es dann nicht, dann muß ich mich von den Universitäten trennen.

Der junge Rechtswahrer, der dann in die Rechtspflege eintritt, muß auch einen anderen Weg gehen, als er heute läuft. Es würde zu weit führen, hierüber jetzt weitere Ausführungen zu machen. – Schließlich nur noch ein Hinweis. Ein Richter darf nicht nur in seiner praktischen Haltung und in seinem Format als solcher geradezu prädestiniert sein, sondern er muß auch für seine Stellung durch das Leben vorbereitet sein. Da geht es nicht an, dass wir die jungen Männer von den Universitäten sorgsamst behütet in die Justiz übernehmen und dann in hohe Richterstellungen bringen. Sie mögen im Leben sich erst mal zurechtfinden. Erst dann sollen sie zu uns kommen. Der Anreiz ist sicher da, denn die Bezahlung wird so sein, dass sie gern zu uns kommen.

Ich komme jetzt zu einem weiteren Problem: Die Rechtsprechung durch das Volk. Es ist das ein Problem, das uralt ist, das ich vor 11 oder 12 Jahren schon einmal vor einem Gremium der Partei ausgeführt habe, ein Problem, das mich nie verlassen hat, und das nunmehr verwirklicht werden wird. Wenn Sie mir bisher gefolgt sind und die Überzeugung gewonnen haben, dass die Persönlichkeit des Richters in Zukunft eine besonders geartete sein wird und dass besonders seine Stellung eine besonders geartete sein wird, und wenn Sie mir weiter darin folgen, dass infolgedessen auch die Zahl eine bedeutend niedrigere sein wird, dann werden Sie mir zugeben, dass ein Richter nicht für eine Sache zur Verfügung stehen darf, die ein freier, unabhängiger, innerlich klarer, redlicher Mann aus dem Volke selbst schlichten könnte. Wozu dann diese Vorbereitungen, wozu dann diese großen Ausgaben, wozu dann diese Jahre, die ein solcher junger Mensch braucht, um zu dieser Qualität, um zu diesem Ausmaß zu kommen, wenn er dann in diesen Kleinheiten des Lebens zu urteilen hat? Gewiß, ich bin der Letzte, der es verkennen würde, dass für denjenigen, der das Recht sucht, auf der untersten Stufe der Rechtspflege ein Urteil genau so schwerwiegend und genau so empfindlich sein kann, wie auf einer höheren Stufe. Aber ich habe nun mal die Überzeugung, und ich täusche mich nicht, denn ich habe oft genug selbst solche Probleme erlebt und habe mir auch genügend Zeit genommen, in unserer alten Rechtsgeschichte nachzugraben, dass ich annehmen kann, dass dieses Problem glücken muß.

Wie war es denn früher? Früher war es uralter deutscher Brauch, dass die Freien im Volke durch den Freien gerichtet wurden. Natürlich konnte das auf die Dauer nicht durchgeführt werden; dazu wurden die Vorgänge zu kompliziert. Aber so, wie man damals im 15. und 16. Jahrhundert dieses Recht des Volkes brach, war es von Seiten derjenigen, die es taten, nämlich von Seiten der deutschen Landesfürsten, ein Verbrechen gegenüber dem Volk. Es kam damals den Landesfürsten nur darauf an, ihre eigene Macht durch ihre beamteten Richter zu stabilisieren und dieses Recht des Volkes zu vernichten. Es mußte ihnen natürlich gelingen, denn sie waren die Stärkeren. Ich möchte jedem von Ihnen wünschen, einmal zu lesen – ich habe die Sachen aus der Reichsgerichtsbibliothek erhalten können – die Erklärung Ullrich von Huttens oder die eines Wimpheling aus dem Jahre 1502, um zu erkennen, wie bitter schwer diese Menschen in ihrem Rechtsgefühl getroffen wurden, als ihnen dieses deutsche Recht genommen wurde. Das ist nun alles beseitigt, aber das ist grundfalsch.

Ich bin mir klar, dass diese Probleme, richtig angefaßt, auch richtig gelingen müssen; d.h. Sie müssen hier anknüpfen an das je nach der Gegend im Volke noch erhaltene Gefühl für eine solche Rechtsprechung. Sie müssen es einführen können dort, wo die Verhältnisse einfach liegen, d.h. auf dem Dorfe, in der kleinen Stadt. Dort kennt der Mann aus der Ortsgemeinschaft genau seinen Nachbarn, er kennt das ganze Dorf, er kennt die Zusammenhänge, er weiß Bescheid. Man kann aber nur dazu übergehen, die Rechtsprechung durch das Volk auf dieser Linie einzurichten. Ob es später möglich sein wird, eine ähnliche Rechtsprechung in der Großstadt oder in größeren Städten durchzuführen, wage ich noch nicht zu entscheiden. Dort unten muß es möglich sein und wird es möglich sein.

Ich habe jetzt in dem sogenannten „Hoheitsträger der Partei", der demnächst erscheinen wird, darüber geschrieben und die Partei [nicht nachweisbar] aufgefordert, dazu Stellung zu nehmen und mir jene Orte zu benennen, wo man glaubt, dass noch eine historische Erinnerung an diese Zeit der Rechtsprechung durch das Volk vorhanden ist und mir Vorschläge zu machen. Das bedeutet aber nicht, dass die Partei richten soll. Das lehne ich ab. Es kann nicht sein, dass Ortsgruppenleiter oder Kreisleiter Richter sind, das gibt es nicht; dann wird die Sache nicht eingeführt. Aber ich bin mir klar, dass in gewissen kleinen Erscheinungsformen des Lebens, z.B. bei Hausfriedensbruch, nachbarrechtlichen Streitigkeiten, Beleidigungen, Mietstreitigkeiten, kleinen Diebstählen, kleinen Unterschlagungen, auch bei Betrug auf einer gewissen Ebene und vielleicht auch bei sogenannten bürgerlich-rechtlichen Streitigkeiten die Rechtsprechung auf dieser Ebene ihre Lösung finden kann. Dieses Problem ist in Angriff genommen. Es ist von mir mit leitenden Persönlichkeiten des Staates und der Partei durchgesprochen worden. Der Vortrag beim Führer steht noch aus. Ich kann noch nicht sagen, wie sich der Führer dazu stellt. Ich bin aber überzeugt, dass er seine Zustimmung geben wird. Wir werden alsbald einen Ausschuß der Akademie für Deutsches Recht einrichten, der schon in allernächster Zeit dieses Problem durchdenken und vorbereiten soll, und ich hoffe, dass wir in kurzer Zeit schon damit beginnen können.

Ich sagte Ihnen schon, meine Herren, ich werde Ihnen von der Fülle der Probleme, die auf uns einstürzen, nur diejenigen bringen, die augenblicklich gelöst werden müssen, und das war ein solches Problem. Ich sagte Ihnen weiter, ich werde Ihnen Gedanken der Staatsführung mitteilen müssen, damit Sie wirklich die

Forderungen des Führers durchführen können, als seine Gehilfen in Ihren Urteilen zu erscheinen. Nunmehr verlasse ich die beiden Probleme, die ich jetzt besprochen habe: Richter und Rechtsprechung durch das Volk, und ich komme jetzt zu zwei weiteren Problemen – mehr will ich heute gar nicht sagen –, die vordringlich sind. Ich muß hierbei erklären, dass Sie die Schlußfolgerungen aus diesen Problemen Ihren unterstellten Behörden mitteilen dürfen, nicht aber die Überlegungen, die zu diesen Schlußfolgerungen führen. Es handelt sich um letzte Pläne der Staatsführung. Auch muß ich Sie bitten, dass diese Pläne streng geheim gehalten werden. Was ich dazu ausführe, betrachten Sie als geheime Reichssache. Ich bitte vor allen Dingen die Stenographen sich bewußt zu sein, dass eine Weitergabe dieser Gedanken Landesverrat bedeutet und absolut schwerste Strafen nach sich ziehen muß.

Das sind die beiden Probleme, die, wie ich Ihnen, meine Herren, schon sagte, jetzt gelöst werden müssen. Das eine ist das Problem der fremdrassigen Völker. Ich muß Ihnen das in der letzten Konsequenz klarmachen; denn ich lege Wert darauf, dass Sie mir folgen, freiwillig und gern folgen. Ich muß Sie also überzeugen.

Sie kennen unsere uralte falsche deutsche Politik. Sie lag darin, dass die deutschen Kaiser ihren Blick nach Süden drehten. Es waren teilweise Vorgänge, die sich ganz natürlich erklären ließen. Jeder, der mal im Süden gereist ist, vor allen Dingen in Italien, hat das Gefühl, dass uns das Land, wenigstens in seiner Kultur, innerlich sehr verwandt ist. Aber wir haben bei diesen Gedanken im Laufe der Jahrhunderte, vielleicht Jahrtausende der Geschichte so viel Blut gelassen, dass wir uns das heute gar nicht mehr leisten können. Es hat auch immer wieder Menschen von größtem Format in unserem Volke gegeben – ich erinnere nur an Heinrich den Löwen und auch an deutsche Kaiser –, die dieses ewige Blutlassen erkannten und wußten, dass dabei nichts Vernünftiges herauskam. Im Gegenteil, es war das verlorene Blut, das entweder drüben verwässerte oder alsbald gegen uns aufstand. Daher wurde sich unsere Staatsführung klar, dass wir unserer ganzen Blutgebundenheit, unserer Bodengebundenheit, unserer ganzen Struktur nach geistig, seelisch, körperlich, dort unten in diesen Sonnenländern nichts zu suchen haben. Wir wollen nicht den Rest unseres guten Blutes dort noch opfern und dann als Volk ein kümmerliches Dasein führen.

Der Führer hat das vollkommen klar erkannt. Er wendet deshalb den Blick nach dem Osten, und was jetzt im Osten geschieht, ist nichts anderes, als die Durchsetzung dieser richtigen Idee. Das heißt: Im Osten liegt deutscher Kolonialboden; im Osten eingesetzte Menschen bleiben uns erhalten; denn sie verändern sich nicht durch Boden oder Klima, wenn sie nur richtig weiter mit der Heimat in Verbindung bleiben. Der Osten hat alle jene Möglichkeiten, die zur Versorgung unseres Volkes sowohl hinsichtlich der Rohstoffe wie auch der Lebensmittel geboten sind. Dort ist unser Kolonialgebiet.

Das setzt voraus, meine Herren, daß wir die dort lebenden Völker vernichten müssen – brutal spreche ich das vor Ihnen aus, meine Herren-, mindestens niederhalten müssen. Wenn Sie – die Herren, die aus dem Osten stammen, werden mir das sofort zugeben – die Gaue Wartheland oder Danzig-Westpreußen oder Kattowitz heute bereisen und sich die Menschen dort ansehen, so werden Sie innerlich betroffen sein, was dort für polnisches Blut sitzt. Wenn Sie dann weiter nach Osten in das Gouvernement gehen, so wird der Prozentsatz des fremden Blutes und werden die Erscheinungsformen immer schlimmer, und da wir unsere Grenze schon sehr weit hinausgeschoben haben, wird das Mißverhältnis immer größer.

Dieses Gebiet ist also das Gebiet, das Kolonialgebiet des deutschen Volkes sein muß, oder aber unser Volk geht zugrunde. Das ist nämlich die Problemstellung: Entweder gehen wir zugrunde – das kann in vielfacher Form geschehen, dass wir überhaupt verschwinden, was durchaus möglich ist, oder dass wir wieder auseinanderfallen und zum Spielball unserer Nachbarn werden –, oder aber wir sichern uns die Freiheit, die wir zum Leben uns zum Werken brauchen, durch den Osten. Ein anderes Problem gibt es für uns nicht. Die anderen Kämpfe mit England und Amerika sind ja nur Begleiterscheinungen bei der Lösung dieses Problems.

Wenn Sie das so auffassen, so werden Sie manches verstehen, was geschehen ist, weil es für unser Volk geschehen mußte. Diese Probleme können natürlich in Zeiten des Krieges durch das Schwert ganz leicht gelöst werden; da vernichtet sich alles von selbst. Durch Einwirkung des Krieges regelt sich dieses Problem von selbst. Wenn Sie dann aber schon in die Gebiete kommen, die der Krieg verlassen hat, die nun wieder organisiert werden, so wird das Problem schon schwieriger. Ich persönlich stehe auf dem Standpunkt: Es ist ein Wahnsinn, in diesen Gebieten Gerichte aufzuziehen, noch dazu deutsche Gerichte. Es geht mich nichts an; es ist nicht mein Ressort. Wenn Sie dann aber zu der Problemstellung kommen, dass die Gerichte einmal da sind, so werden Sie mir sofort zugeben, dass diese Gerichte das große Problem im letzten Ziel gar nicht durchführen können.

Jetzt kommen wir ins Reich. Ich sagte Ihnen schon: Jeder von Ihnen, der im Osten eingesetzt ist, weiß um das Problem des fremden Volkstums in seinem Bezirk, und er weiß auch, dass die Gauleiter und Reichsstatthalter dort ganz fest umrissene Aufträge haben. Sie müssen sie auch haben. Sie handeln auch richtig. Dieses Volkstum muß also dezimiert, vernichtet werden, nicht aus Grausamkeit, nicht weil wir Freude am Sadismus haben, oder weil ich – angeblich – hundertfacher Mörder bin, spreche ich das aus, nein, das tue ich meines Volkes wegen, weil es getan werden muß. Das sind auch Gedanken des Führers.

Wenn man das erkennt, wird man sofort verstehen, dass die Justiz in dieser Form dort gar nicht eingesetzt werden darf; denn es wird ihr etwas zugemutet, was sie nicht tun kann. Jetzt erklären Sie sich auch vielleicht verschiedene Vorgänge.

Ich will Ihnen zwei Vorgänge, die mir hier vorgelegt sind, mitteilen. Es ist wiederholt vorgekommen, dass die Gestapo einen Polen nur an die Staatsanwaltschaft oder an das Sondergericht herausgeben wollte, wenn ihr zugesichert wurde, dass er zum Tode bestraft wurde. Ein unmöglicher Zustand! Wie kann man einer deutschen Justizeinrichtung einen Verbrecher unter der Bedingung ausliefern, dass die Todesstrafe erkannt werden muß! Die Gestapo handelt ganz richtig. Es ist ja ihre Aufgabe, die Menschen zu vernichten. Aber der Weg ist falsch.

Ein Vorgang in Wien, der mich besonders betroffen hat, ist vor einiger Zeit passiert. Dort ist ein Pole oder Jude (*Zuruf*: Ein Pole!) von einem Gericht abgeurteilt worden. Er ist dann freigesprochen worden, oder es lag irgend etwas anderes vor.

Das spielt auch keine Rolle. Jedenfalls war die Strafe nach Ansicht des dortigen SS-Führers nicht genügend. Darauf hat der SS-Führer einen Brief an das betreffende Gericht geschrieben und mitgeteilt, er würde nunmehr diesen Polen vor dem Gebäude des Gerichts aufhängen. Der SS-Führer handelt richtig; er muß so handeln, denn er ist so eingesetzt und tut das, was getan werden muß. Aber der Richter darf nicht dazu mißbraucht werden.

Wenn also dieses Problem gelöst werden muß – und es muß gelöst werden, nicht etwa aus theoretischen Überlegungen heraus oder aus sadistischen Beweggründen, sondern aus unserem Volkswillen: Wir müssen dieses Kolonialland für unser Volk haben -, dann mag dieses Problem gelöst werden von den Stellen, die es allein lösen können, von der Wehrmacht und der Polizei, aber nicht vom Gericht. Meine Herren, hier zerbrechen wir ja unseren Richter, wenn wir ihm zumuten, in solcher Form zu urteilen. Ich kann verstehen, dass ein Pole, der des Nachts einen deutschen Bauernhof bestohlen hat, von Ihnen zum Tode verurteilt wird. Das taten Sie auch aus innerem Verständnis, weil es unter Ausnutzung der Verdunkelung geschah. Aber bei einem Polen, der z. B. gegen irgend einen Bauern auf dem Felde Schimpfworte gebraucht oder die Hand gegen ihn erhoben hat, sind Sie schon nicht geneigt, die Todesstrafe zu erkennen. Es ist aber in Ordnung, dass der Pole, der sich gegen einen Deutschen empört, beseitigt und ausgebrannt wird. Dann mag das aber eine Stelle tun, die mit der Justiz nichts zu tun hat. So habe ich dieses Problem auch bereits weiter verfolgt. Die Verhandlungen sind abgeschlossen. In Zukunft werden deutsche Gerichte nicht mehr in Strafsachen gegen Polen, Juden, Russen, Ukrainer und Zigeuner judizieren. Diese gehen mich nichts an, das macht die Polizei.

Meine Herren! So empfindlich ich werden kann, wenn es sich um Recht oder Unrecht eines deutschen Menschen handelt, so gleichgültig sind mir jene Menschen. Das bedarf natürlich der näheren Untersuchung. So abrupt, wie ich Ihnen das gesagt habe, kann das nicht verordnet werden. Es ist klar, das Polen, die in die deutsche Volksliste eingetragen oder zu ihr angemeldet sind, unserer Judikatur unterliegen müssen. Es ist auch klar, dass Polen, Russen, Ukrainer, die vor dem 1. September 1939 in Deutschland domiziliert haben – denken Sie nur an die große Menge von Polen, die im Ruhrgebiet seit Generationen als Bergarbeiter sitzen –, von uns betreut werden müssen; sie dürfen nicht herausgegeben werden. Hier spielen andere Momente mit. Seit Jahrzehnten haben sie im deutschen Volke gelebt, ihnen ist Gastrecht gewährt, sie sind mit Deutschen womöglich versippt und vermengt. Dann aber sind diese Leute, selbst wenn sie die deutsche Staatsangehörigkeit nicht erworben haben, selbst wenn sie sich nicht mit Deutschen vermengt haben sollten, der deutschen Rechtspflege unterworfen und keiner Exekution. Das kann aber nur für das Strafrecht gelten.

Weiter müssen selbstverständlich Ausnahmen hinsichtlich des Volksgerichtshofes gemacht werden. Dieses höchst politische Gericht muß in der Lage sein, sich von irgendwelchen politischen Strömungen Kenntnis zu verschaffen, die an die Wurzeln des Reiches greifen, die von solchen fremdvölkischen Menschen ausgehen. Dann wird es Aufgabe des Oberreichsanwalts beim Volksgerichtshof sein, in richterlicher Würdigung der Sachlage diejenigen Sachen von sich abzuschieben, die er nicht abzuurteilen braucht. Aber was er für diesen Zweck haben muß, muß er bekommen.

Ebenso klar ist es aber auch, dass alle fremdländischen Völker der deutschen Justiz unterstehen müssen, also auch Tschechen, Litauer, Esten und Letten. Denn diese Völker sind nicht in das Kolonialproblem, das wir im Osten durchführen wollen, einbezogen.

Es ist eine typische Führerinformation, die ich Ihnen gebe. Sie ist geheime Reichssache. Sie darf nicht von Ihnen irgend jemand mitgeteilt werden. Nur die Auswirkungen können von Ihnen mitgeteilt werden.

Ich kommen zu einem zweiten Problem, dem vierten und letzten, das ich hier bespreche, und das zweite, das geheim zu halten ist.

In den deutschen Gefangenenanstalten und Gefängnissen befanden sich am 15. September 1942 188.000 Menschen, darunter 8.000 für die Polizei, also 180.000 von uns. Darunter sind 7.400 Sicherungsverwahrte und 7.600 mit mehr als 8 Jahren Zuchthaus Bestrafte. Diese Zahlen sind absolut nicht geheim, ich führe sie Ihnen nur vor, um Ihnen ein eindrucksvolles Bild zu geben.

Nun kommt das Problem! Der Krieg ist, von diesem Problem aus gesehen, eine negative Auslese. Gewiß, Sie hören auch: Der Krieg ist eine positive Auslese. Das ist er auch, sowohl draußen an der Front, wie in der Heimat zeigt sich unter dem Druck der Kriegserscheinungen der Wert der einzelnen Menschen. Das ist richtig. Aber negativ ist die Auslese insofern, als die Besten des Volkes fallen. Wenn Sie das Volk als Ganzes betrachten, so ist es ein Block. Dieser Block ist in seinem ganz großen Kern – ich möchte sagen – eine amorphe Masse, eine Masse, die weder gut noch schlecht, die weder heiß noch kalt ist. Aber an den Polen dieses Blockes leben rechts und links fluktuierende Elemente. Das sind die Elemente, die im Grunde ein Volksschicksal bestimmen. Genau so, wie an Kathode und Anode der Kern fest ist, aber an der Außenfläche die Wirkungen der Elektrizität sichtbar werden, sogar so, dass die Lebendigkeit dieser beiden Pole überhaupt bloß durch die feste konstante Masse getragen und genährt wird. Ich will nicht philosophieren. Daraus entstehen sie und dahin kehren sie auch wieder zurück. Aber richtig ist, dass beide Pole ganz heterogene Pole sind, d. h. der eine Pol wird von den Idealisten des Volkes gebildet, von denjenigen Menschen, die den Wert des Volkes schlechthin ausmachen, und sichtbar machen, der andere aber von den sog. asozialen Elementen. Die Idealisten werden im Kriege genau so eingesetzt wie die Masse, der Kern des Volkes. Wer von Ihnen Soldat ist, wird mir sofort bestätigen – und diese Erfahrungen habe ich im Weltkriege wie auch in diesem Kriege gemacht –: Es ist immer wieder dasselbe; wenn Sie vor Ihrer Kompanie stehen, und es gilt, irgend eine schwierige Unternehmung durchzuführen, eine Erkundung, oder eine schwierigere Stellung soll mit kleinen Mitteln genommen werden, und Sie wenden sich, was der soldatische Führer ja immer tut, mit einer kurzen Ansprache an Ihre Männer: Das und das ist zu tun; wer ist freiwillig bereit? Dann treten immer wieder dieselben hervor, das sind die Idealisten, hier in einem verkleinerten Maßstab in einer Kompanie, genau so wie im Großen Volk. Naturgemäß fallen diese Leute; denn sie setzen sich

Gefahren aus. Denken Sie sich das überspitzt für das ganze Volk wie für das Heer. Draußen an der Front fallen unsere Besten, unsere Idealisten, und drinnen sitzen unsere Asozialen in den Zuchthäusern und werden konserviert. Ein Widerspruch an sich! Warum öffnet jede Revolution, die aus den niedrigsten Instinkten des Volkes geboren ist, – denken Sie an 1918 oder 1917 an Rußland oder an die große französische Revolution am Ausgang des 18. Jahrhunderts! – warum öffnen dann die Machthaber sofort die Gefängnisse? Weil ihr asozialer Instinkt ihnen rät, sich auf die asozialen Elemente zu stützen, die hinter den Mauern sitzen. Und warum hat die Revolution der Bewegung 1933 nichts dergleichen getan? Weil sie sich auf die Idealisten des Volkes stützte. Diejenigen, die gefangen sitzen sollten, saßen ja schon in den Gefängnissen. Das ist ein Beweis für die Richtigkeit meiner Theorie.

Wenn Sie also davon ausgehen – ich kann Ihnen keine Zahlen nennen, darf es auch nicht -, dass Zehntausende der jungen Idealisten draußen gefallen sind, und hier sehen Sie 15.000 Asoziale in den Zuchthäusern sitzen, dann kommt Ihnen sofort zum Bewußtsein: Hier ist etwas nicht richtig! Diese Frage muß gelöst werden.

Wie kann sie gelöst werden? Da gibt es ein einfaches Mittel: Der Justizminister brauchte nur im vorigen Winter anzuordnen, dass in den Zuchthäusern genau dasselbe geschah, wie draußen an der Front, nämlich er brauchte nur anzuordnen, dass die zu 8 Jahren Zuchthaus und darüber verurteilten Zuchthäusler und ebenso die Sicherungsverwahrten 14 Tage lang draußen des Nachts bei den Kältegraden, die wir hier hatten, auf Pritschen schliefen. Wie war es denn in Rußland? Zehntausende unserer besten Idealisten und wertvollsten Menschen lagen draußen bei 50, 52 Grad Kälte ohne Schutz und erfroren zu Tausenden. Das war Soldatenschicksal. Wenn aber damals der Justizminister gewagt hätte, eine solche Verfügung herauszugeben, hätte sich das Volk empört. Die Problemstellung ist richtig, die Lösung ist falsch. Es durfte nicht geschehen, und mit Recht hätte sich das Volk empört.

Ich habe mir das überlegt und bin dahin gekommen: Diese Lösung kann auch nur im Wege der Ethik gefunden werden, im Wege des Rechts, können sie ruhig sagen. Denn wir sind hier in Notwehr. Wer diese Probleme in ihrer letzten Konsequenz erkennen will, muß in ihnen leben. Dann wird er erkennen: Hier ist der Tatbestand der Notwehr für das ganze Volk absolut gegeben.

Nun sind das nicht Gedanken, die bei mir selbst gewachsen sind. Nein, sie sind zwar bei mir auch gewachsen, aber gleichzeitig auch bei anderen, und ich habe sie dann weiter durchdacht. Es ist klar, dass sie von den anderen Stellen, wo sie gewachsen sind, nun an den neuen Mann heran getragen wurden. Eine der bekanntesten Persönlichkeiten des Reiches hat mich auf dieses Problem aufmerksam gemacht und war dann erstaunt, als ich sagte: Ich habe mir das Problem schon längst überlegt! Es ist eben so: Solche Dinge liegen in der Luft. Ich bin dankbar und heilfroh, dass man mir die Lösung nahelegte, ich persönlich sollte bestimmen, ob bei diesen Leuten das Lebensunwerte so stark sei, dass ich es durch meine persönliche Verfügung vernichten durfte. Das lehnte ich ab. Aber es muß vernichtet werden – wenn man die Problemstellung erkannt hat – und wird vernichtet, und zwar durch Einsatz. Ich löse damit das Problem durch Anwendung einer gewissen Ethik.

Sie müssen nun wissen, meine Herren, dass Zuchthäusler bis zu 3 Jahren Zuchthaus, die später als 1908 geboren sind, jetzt ins Heer eingereiht werden. Sie bekommen nicht die Wehrwürdigkeit, aber sie kriegen die Waffe in die Hand, und wenn sie sich bewähren, werden sie die Wehrwürdigkeit erhalten und selbstverständlich von mir den Erlaß der Strafe. Das ist der untere Pol.

Was mache ich nun mit den 7.600 Sicherungsverwahrten? Das ist unwertes Leben in höchster Potenz. Ich kann hier weder einen neuen Richterspruch produzieren, noch selbst entscheiden. Aber sie werden alle dort eingesetzt, wo sie zugrunde gehen. Dabei werden sie noch Werte für unser Volk leisten. Also, meine Herren Generalstaatsanwälte, Ihre Sicherungsanstalten werden sehr bald dezimiert werden.

Jetzt kommt die Masse dazwischen. Auch hier ist an einen Einsatz gedacht, der außerordentlich gefährlich ist, bei dem wahrscheinlich ein Teil dieser Menschen zugrunde gehen wird. Dass sie zum Teil zum Feinde überlaufen, können wir nicht hindern. Das sollen sie ruhig tun. Sie werden dann dort massakriert. Das kann uns egal sein. Aber denjenigen, die übrig bleiben und sich bei diesem Einsatz, einem ganz besonderen Einsatz, bewähren, wird man mit dem Gedanken der Ethik, der Hilfe in unserem großen Volkskampf weitherzigst entgegenkommen. Also rechnen Sie damit, dass unsere so gut konservierten Asozialen alsbald ihr Asyl bei uns verlassen werden, und zwar unter diesem großen Blickpunkt.

Nun wird es Leute geben, die meinen: Da gibt es eine wunderbare Fabrik in Werl; dort soll ein geradezu musterhafter Rüstungsbetrieb sein! Das tut mir leid, aber die von mir gezeigten Gedanken gehen viel weiter. Auch Bequemlichkeit und Stumpfsinn können mich hier nicht erschüttern. Das Geplante wird durchgeführt. Ich habe es dem Führer vorgetragen, und er hat mir gestern persönlich seine Zustimmung gegeben.

Meine Herren! Das waren Probleme, wie Sie sie vielleicht noch von keiner Stelle gehört haben. Ich habe sie offen vor Ihnen dargelegt; denn ich will Sie als meine Mitarbeiter gewinnen. Wir werden dann diese Tagung fortführen. Sie dient Ihrer Unterrichtung, sie dient der Richterführung genau so wie die Richterbriefe der Richterführung dienen. Das müssen Sie wissen, wenn Sie wirklich an dieses Richterkorps Anschluß haben wollen.

Ein ganz kurzes Wort möchte ich noch sprechen, ehe ich mich von Ihnen verabschiede, zur Frage der Strafen. Es ist klar, wenn in Hunderten oder Tausenden von Gerichten in diesem großen Reich entschieden wird, verschiedene Urteile herauskommen. Das liegt an den Männern, nicht allein an den Tatbeständen, freilich daran auch. Aber gewisse Richtlinien müssen Sie haben, haben Sie auch bekommen. Was ich Ihnen sage, ist nicht geheim. Ich habe mir nun die Strafrechtsabteilungen des Ministeriums selbst unterstellt, und zwar nur für eine kurze Zeit, weil ich in diesem Element zu Hause bin und eben da ein gewisses Gefahrenmoment sehe; auch weil der Staatssekretär überlastet ist, mache ich das selbst. Ich habe also vieles schon gesehen. Meine Herren, sagen Sie Ihren Richtern und Staatsanwälten: Hart sein, barbarisch hart sein um des Volkes willen, aber weich sein in den kleinen Sachen des Lebens. Was habe ich schon für einen Unfug erlebt! Zuchthaus um kleiner Sachen willen und nicht die nötige Härte, wo es notwendig ist.

Wo muß man denn hart sein? Hart sein muß man bei allen Sachen, die jetzt im Kriege eine besondere Gefahr in sich tragen, vor allen Dingen, wie es der Führer bezeichnet, bei der sog. Seuchengefahr. Eine solche Gefahr ist z. B. die Straftat in der Verdunklung. Wenn ein solches Subjekt die Verdunklung benutzt, um eine deutsche Frau zu attackieren, dann ist er des Todes würdig. Der einzige, der hier korrigieren kann, bin ich. Wenn ein vorbestraftes Subjekt die Zeit der Verdunklung benutzt, um Diebstähle zu begehen, dann ist er des Todes würdig. Keine Gnade! Wenn irgendein Subjekt die Tatsache benutzt, dass in Großstädten die Wände in Kellern durchbrochen sind, um Kellereinbrüche zu begehen, keine Gnade! Das sind die typischen Seuchengefahrenherde, die im Kriege auftauchen. Auch bei großen Schiebungen keine Gnade, ganz gleich, wer vor Ihnen steht. Aber seien Sie vernünftig gegenüber den kleinen Leuten, die irgend mal etwas kaufen, natürlich müssen sie bestraft werden. Da fehlt noch die einheitliche Linie. Seien Sie lieber mal zu hart in den großen Fällen als zu milde. Glauben Sie mir, daß mir jedes Urteil auf Todesstrafe genauestens vorgetragen wird, und ich prüfe es noch mal nach meinem besten Wissen und Gewissen, ob die Todesstrafe richtig war oder nicht [hierzu Anm. von Boberach, Richterbriefe, S. 453].

Manchmal kommen Begnadigungen vor, meine Herren, die Sie nicht verstehen und die auch ich nicht verstehe. Aber dann muß ich! Es gibt sonst außenpolitische Verwicklungen und dergl. Das ist mein Appell, den ich nochmals dringendst an Sie richten muß: Seien Sie hart, unerbittlich hart in diesen Seuchensachen. Was hätte es für einen Sinn, wenn wir nicht hart genug sind und die Seuche greift dann um sich, ohne dass wir ihrer noch Herr werden können, weil die Fälle dann in die Tausende gehen. Im großen Ganzen liegt die Linie gegenüber diesen Verbrechern richtig, aber nicht überall. Auch Plünderer nach Bombenangriffen sind des Todes würdig, und wenn sie ein Taschentuch nehmen. Lassen Sie den Mann dann nicht begnadigen! Von dieser Linie gehen wir nicht ab, sonst mehren sich die Plünderungen, und die Seuche wächst. Ich bin mir klar, dass das nicht am Volke zu liegen braucht; auch die Angriffe wachsen. Aber mir ist es durch die Liebenswürdigkeit des Reichsmarschalls möglich gewesen, einen Einblick in die englischen Verhältnisse zu bekommen. Wie ist es in England nach Coventry und nach der Bombardierung von London und Liverpool gewesen? Die englische Justiz hat sie nicht mehr bewältigen können, auch nicht die Polizei; Militär mußte eingesetzt werden.

Sie meine Herren sind – wie hat der Führer gesagt? – die Erhalter des Völkischen. Das ist ein Punkt, wo Sie der Staatsführung als Gehilfe dienen, und das ist das Entscheidende. Das Richterkorps soll ein Korps mit Korpsgeist sein; es muß gleichmäßig judizieren. Der Führer hat mir gestern eine Reihe von Urteilen vorgelegt, bei denen er die einzelnen Punkte berührt hat. Er hat sie alle schon wieder gelesen – es ist fabelhaft –; ich weiß nicht wann. Jedenfalls war er ganz genau im Bilde. Ich bringe ihnen hier auch nicht eigene Meinungen, d. h. ich bin genau der Auffassung, aber ich bringe Ihnen eine Meinung, die an höchster Stelle besteht, und diese Meinung ist richtig. Es gibt auch andere Ansätze – ich kann nicht darüber sprechen, ich habe nicht die Zeit -, wo das Umgehen mit Volksgut Erscheinungsformen annimmt, die bedenklich sind. Ich habe auch hier schon berichtet, mag es sich auch nur um Mittel handeln, die aufgestapelt sind und für den Fall eingesetzt werden, dass Volksgenossen in bombardierten Städten ihre Wohnung verlieren. Wer dann über solche Mittel verfügt, der ist des Todes würdig. Hoffentlich kommt es nicht zur Seuche, und wenn es dazu kommt, keine Gnade!

Ehe ich meine Rede beende, habe ich noch eine Bitte an Sie. Die Oberlandesgerichtspräsidenten und Generalstaatsanwälte sind mir persönlich für ihre Bezirke verantwortlich. Hier gibt es keine Entschuldigung. Ich werde jeden bis zum letzten schützen, der richtig handelt, und Sie werden an mir wirklich eine Stütze haben. Gott sei Dank kann ich mir das leisten. Aber ich werde rücksichtslos die entfernen, die ich nicht für richtig halte. Bei uns in der Justiz herrscht von heute ab das militärische Prinzip. Sie sind draußen meine Außenstellen, meine Vertreter. Sie sind verantwortlich für alles, aber auch für alles. Entschuldigen Sie sich nicht damit, Sie haben es nicht gewußt. Das gibt es nicht, auch beim Militär nicht.

Ich bin viel zu sehr Soldat, als dass ich je von dieser Auffassung abgehen könnte. Das bedeutet für Sie, meine Herren: Kümmern Sie sich um die Ihnen unterstellten Menschen, und wenn Sie Ihre Berichte an mich machen, dann überlegen Sie sich Ihre Berichte. Glauben Sie nicht, dass hier ein Mann sitzt, der keine Erfahrung hätte oder der sich einwickeln ließe. Aus manchen Berichten merke ich ganz genau, wie sie gequält sind; denn Sie wissen nichts zu schreiben. Dann ist es mir schon lieber, Sie schreiben mir: Ich weiß nichts, als wenn Sie solchen Schmus schreiben.

Ein ganz willkürliches Beispiel! Es wird berichtet über ein Verfahren, das gegen einen katholischen Pfarrer anhängig war. Der Mann ist freigesprochen worden. Das mag richtig sein, interessiert mich aber nicht. In diesem Urteil war eine geradezu blödsinnige Fassung. Das ganze hatte sich im Dorfmilieu abgespielt, und der Pfarrer sollte Heimtücke begangen haben. Nun steht im Bericht und im Urteil – warum, wissen die Götter! – dass gesagt worden wäre, der Pfarrer hätte lieber seinen Pelz zur Wintersachensammlung abgeben sollen. Da wurde im Urteil abgehandelt, der Pfarrer müsse aber den Pelz behalten; denn er sitzt – ich weiß nicht wie oft in der Woche – in der kalten Kirche im Beichtstuhl. Es ist nicht geheizt, und der Pfarrer muß einen Pelz haben. Wenn Sie dem Richter schreiben oder zu ihm hinfahren, dann sagen Sie ihm Ihre Meinung: Das ist Unsinn! Was soll denn der Mann, der zur Beichte geht, machen? Er muß dann doch auch einen Pelz verlangen, wenn der Pfarrer im Pelz im Beichtstuhl sitzt. Ich bin der letzte, der behauptet, der Pfarrer muß ihn abgeben. Aber wozu nimmt denn der Richter, noch dazu in so blödsinniger Form, überhaupt dazu Stellung! Das mir zu melden, ist Unsinn. Melden Sie mir, dass Sie das in Ordnung gebracht haben. Das ist wichtig. – Ich wollte Ihnen nur an einem Beispiel zeigen, wie Sie es machen sollen.

Ich sagte Ihnen schon: Jeder, der von Ihnen hier richtig handelt, wird außer der inneren Befriedigung, die er alsbald haben wird, zur deutschen Justiz gehören zu dürfen, von mir auch jeden Schutz bekommen, aber nicht derjenige, der falsch handelt. Ich kenne da überhaupt keine Hemmung. Schließlich bin ich für dieses Richterkorps verantwortlich, das hier aufgebaut wird und aufgebaut werden muß.

Ich muß mir dann vorbehalten, auch den Erlaß des Führers anzuwenden, wenn mir gesetzliche Maßnahmen nicht mehr zur Verfügung stehen. Meine Herren, ich habe ein großes Amt in die Hände bekommen. Ich gehöre nicht zu den Menschen, die machttrunken werden, niemals in meinem Leben. Es ist auch nicht das erste Mal, dass ich Minister der Justiz bin, wiewohl die Macht, die ich heute habe, unendlich viel größer ist. Aber ich bitte doch auch zu erkennen, dass, so vorsichtig ich mit den mir gegebenen Machtmitteln umgehen werden – das liegt bei mir -, ich doch davon Gebrauch machen werde, wenn ich es muß.

Nun bin ich am Ende meiner Ausführungen. Die Zeit, die mir gesetzt worden ist, ist leider verstrichen. Ich habe die Hoffnung, dass Sie innerlich schon mit mir gegangen sind, dass Sie das Gefühl haben: Hier steht tatsächlich nicht nur ein neuer Mann, sondern eine neue Idee. Denn, meine Herren, was will ich anderes, als die Gerechtigkeit in unserem Volke erhalten wissen. Kein Volk der Welt hat ein so starkes Gefühl für Recht und Gerechtigkeit wie das deutsche. Es ist so stark wie ein religiöses Gefühl. Das kenne ich, und ich kenne auch die Folgen; wenn dieses Gefühl zerstört würde, würde auch das deutsche Volk zerstört werden. Das ist das, was mich innerlich wie eine Flamme ergriffen hat und was mich überhaupt befähigt, die Verantwortung zu tragen. Ich wünsche, meine Herren, ich könnte Ihnen einen Teil davon abgeben.

Staatssekretär *Dr. Rothenberger*: Meine lieben Kameraden! Wenn ich in den letzten Jahren darüber nachdachte, wo die eigentlichen Ursachen für den Zustand, in dem wir uns seit 1933 immer mehr anwachsend befinden, liegen, dann habe ich nirgends irgendwie gegen irgendeinen in der gesamten Justiz einen Vorwurf entdecken können und erhoben, und ich war immer darüber klar, dass die allertiefste Ursache in der Dynamik unserer Zeit liegt, die mit dem Wesen der Justiz irgendwie in Konflikt kommen mußte. Aber ich habe mir auch seit Jahren immer wieder die Erinnerung wachgerufen an ein Bild von Raffael, dass die Justitia darstellt, und zwar umgeben von ihren drei Genien: Der Genie der Weisheit, der Genie der Wahrheit und vor allen Dingen der dritten, die häufig von uns vergessen worden ist, nämlich der, die der Göttin den Spiegel vorhält, der Selbsterkenntnis.

Ich habe mir immer die Frage vorgelegt: Warum kritisieren dann der Führer, die Partei und das Volk immer wieder die Justiz, und welche Vorschläge kann die Justiz selbst dem Führer und dem Volk machen um diesen Zustand zu beseitigen? Ich war mir immer darüber klar, dass die Auffassung, dass wir gewissermaßen in einer ganz normalen Justizkrise leben, grundfalsch ist. Unter „normaler Justizkrise" verstehe ich einen Zustand, der in der Natur der Sache liegt, dass niemand, der mit der Justiz zu tun hat, ganz zufrieden ist. Wenn er obsiegt, so ist das selbstverständlich; wenn er hereinfällt oder verurteilt wird, so schimpft er. Ich war mir immer darüber klar, dass der Zustand, in dem wir uns seit Jahren befinden, ein völlig anderer ist. Der grundlegende Unterschied zwischen einer normalen Krise und der Krise, in der wir leben und gelebt haben, liegt darin, dass die deutsche Justiz es bisher nicht fertig gebracht hat, eine Brücke, und zwar eine ideenmäßige und äußere Brücke, zum Führer und zur NSDAP zu finden, ja dass die deutsche Justiz im Begriff war, auch die Brücke zum Führer und zum Volk aber braucht die Justiz wie der Mensch die Luft zum Leben. Unter Krise versteht man im allgemeinen einen Zustand mit sehr heftigen Krankheitsäußerungen des Menschen oder des Volkes, und sie führt entweder zum Abstieg, also zum Tode beim Menschen oder zum Verschwinden dieser Einrichtung im Volke, oder aber zur Gesundung.

Acht Tage nach der Führerrede habe ich in meinem damaligen Bezirk vor meinen Richtern gesagt, ich sei der Meinung, dass der Höhepunkt der Krise mit der Führerrede erreicht war und dass diese Führerrede kein erhabener Augenblick für die Justiz war, sondern der beschämendste, den die deutsche Justiz überhaupt erlebt hat, und wir haben jetzt 5 Wochen hinter uns, die für den, der daran teilnehmen durfte, fast traumhaft erscheinen. Unser Herr Minister ist in unseren Verhandlungen mit allen maßgebenden Männern in Deutschland mit einem Maß von Vertrauen und von Aufgeschlossenheit empfangen worden, das fast unvorstellbar erscheint. Für den Uneingeweihten ist das jedenfalls die größte Überraschung, die es überhaupt für einen Angehörigen der Justiz geben kann. Für den Eingeweihten ist es nur eine Bestätigung der an sich so natürlichen und selbstverständlichen Idee, dass der Führer seiner ganzen Persönlichkeit nach der Deutsche ist, der am durchdrungendsten von einer ganz starken Rechtsidee ist, von einer ganz starken Auffassung einer hohen und starken Justiz, und dass der Führer nun darauf wartete, seit Jahren wartete, dass ihm Vorschläge gemacht wurden, wie diese Justiz zur Gesundung geführt werden kann. Diese Brücke zur Führung und zum Führer, die nunmehr hergestellt ist, zu erhalten, ist das A und O unserer ganzen Arbeit. Die hervorstechendsten äußeren Momente und Beweise für die enge Verbindung zwischen Justiz und Führer liegen in der Vollmacht, von der der Herr Minister näher sprach. Die Tatsache, dass der Herr Minister alle Ämter in seiner Hand vereinigt, dass hier kein persönlicher Machtkampf im Justizleben mehr geführt wird, schließlich und nicht zuletzt auch die Tatsache, dass wir uns mit dem Reichsführer SS über alle Probleme, die die Justiz und die Polizei angehen, eingehend unterhalten und geeinigt haben, beweist alles. Die Pläne, die durchzuführen sind, werden nun nicht gegen die Partei und nicht gegen die SS, sondern alle im engsten Einvernehmen mit beiden durchgeführt.

Welche Pläne das im einzelnen sind, hat der Minister Ihnen kurz angedeutet. Dass meine persönliche Auffassung mit diesen Plänen voll übereinstimmt, wissen die meisten von Ihnen, auch aus früheren Verhandlungen in diesem Saal. Das Ziel ist, rein äußerlich und formal gesehen, ein Richtergesetz, und der beste Beweis für die Notwendigkeit eines solchen eigenen Richtergesetzes ist die Äußerung des Führers, von der der Minister sprach, dass wir ein Richterkorps und einen Richterstand haben müssen, der mit dem normalen Beamtenstand nichts zu tun hat. Ich warne nur vor dem einen, meine Herren. Dieses Richtergesetz kommt nicht morgen, sondern es kommt erst in Jahren; denn zunächst müssen wir die sachlichen Voraussetzungen für ein solches Richterkorps und damit auch für ein Richtergesetz schaffen. Ich sehe das Richtergesetz so an wie die Verfassung des Deutschen Reiches, die ja auch wohl mal kommen wird, für das Deutsche Reich insgesamt. Die Verfassung des Richtertums kann erst eine Bestätigung dessen sein, was wir vorher geschaffen haben, ebenso wie die Verfassung des Deutschen Reiches einmal nur das bestätigen wird, was vorher organisch geschaffen wird. Denn wenn wir heute unserem Richtertum mit seinen 14.000 Richtern ein Richtergesetz geben würden, so wüßte das Richtertum von heute damit nichts anzufangen, und wir würden damit, glaube ich, eine ganz, ganz große Gefahr heraufbeschwören. Wir müssen also jahrelang während des Krieges und nach dem Kriege die erheblichsten Etappen zurücklegen, ehe wir soweit sind, unserer Richterschaft das geben zu können, was wir ihr später geben wollen.

Welche Etappen dazu notwendig sind, hat der Herr Minister Ihnen auch nur ganz kurz angedeutet: Die Geisteshaltung der Richter, die beamtenmäßige Laufbahn der Richter, die Verringerung der Richterzahl, den Friedensrichter, die Frage des Rechtspflegers, vor allen Dingen die Neuorganisation der Gerichte. Unser zukünftiger Richter braucht ein anderes Haus, in dem er wohnt usw. Die Arbeitsmethode, mit der wir an alle diese Probleme und viele andere herangehen werden, und zwar von heute ab, nicht erst nach dem Kriege, wird so sein, dass die Zentrale für diese ganze Arbeit in diesem Hause liegt und dass wir alle Einrichtungen, die uns zu diesem Zwecke zur Verfügung stehen, benutzen werden. Ich meine damit die Akademie, NSRB und vor allen Dingen Sie, meine Herren, und Ihre Richterschaft selbst soll dieses Haus mit bauen, und der Plan dafür soll ihr nicht von oben her aufoktroyiert werden.

Ich möchte mich heute in der begrenzten Zeit mit einer ganz anderen Frage beschäftigen, nicht mit dem Zukunftsprogramm, das wir zwar auch sofort in Angriff nehmen, dass aber erst später in Wirkung treten kann, sondern mit dem Sofort-Programm.

Bei der Aufstellung dieses Sofort-Programms müssen wir von zwei Erkenntnissen ausgehen. Die erste Erkenntnis erwähnte ich eben schon kurz: Wir haben zwar in Deutschland einen Richterstand von höchsten ethischen Werten, von anständiger Gesinnung, aber wir haben heute keinen Richterstand, der dem Idealziel, dem wir zustreben, entspricht. Die zweite Erkenntnis ist die, dass wir uns heute im Kriege befinden, dazu in einer Weltrevolution. Infolgedessen sind all die Maßnahmen, die zu dem Sofort-Programm gehören und von denen ich jetzt kurz sprechen werde, nicht mein Ideal, sondern sie sind lediglich durch die beiden Erkenntnisse bedingt. Wenn wir diese Maßnahmen jetzt ergreifen, müssen wir uns darüber klar sein, dass wir eine einmalige Chance haben, die wir nutzen müssen, und daß der Herr Minister eine Autorität bekommen hat, die erst noch verdient werden muß. Denn Autorität bedeutet in erster Linie eigene Güte der Justiz. Das hat zur Folge, dass wir nicht nur dem Minister gegenüber, sondern auch dem Volke gegenüber im Augenblick eine ungeheure Verpflichtung haben, uns diese Autorität zu verdienen.

Welche Konsequenzen ergeben sich daraus? Lassen Sie mich zunächst mit ein paar Worten über die sog. Steuerung der Rechtspflege sprechen! Es wäre am einfachsten, die Rechtspflege zu steuern, wenn man die Weisungsfreiheit beseitigen würde. Das kommt nicht in Frage. Die eigene Verantwortung des Richters ist das A und O des Richtertums. Es wäre auch relativ bequem, die Idee aufzugreifen, daß der Herr Minister, oder Sie, meine Herren, das Recht hätten, jede etwas unbequeme Sache an sich zu ziehen. Auch diese Maßnahme kommt nicht in Frage.

Eine dritte Möglichkeit, die auch relativ bequem wäre, wäre die, das in der Militärjustiz vorhandene Bestätigungsrecht durch den Herrn Minister oder durch die Chefpräsidenten oder Landgerichtspräsidenten einzuführen. Ich hoffe, dass auch das nicht in Frage kommt. Zur Zeit kommt es bestimmt nicht in Frage. Es hängt von der Frage ab, wie die anderen Mittel, von denen ich nachher sprechen werde, zum Erfolg führen oder nicht. Denn wir müssen uns bei unseren Maßnahmen immer wieder darüber klar sein: Wir dürfen nur so weit gehen, dass die Autorität des Richterkorps und die Eigenverantwortung des deutschen Richters nicht zu sehr angetastet und belastet wird; sonst könnte das ganze Bild verwischt werden, und es könnten für die Zukunft Gefahren entstehen.

Das gelindeste Mittel, das zur Zeit, wenn es richtig gehandhabt wir, absolut ausreichen muß – ich bin überzeugt davon, dass es ausreichen wird –, ist die Steuerung durch Sie. Diese Steuerung besteht einmal in einer theoretischen weltanschaulichen Führung der deutschen Richter, indem man ihnen immer wieder die Ziele der Staatsführung, die sich im übrigen täglich ändern können, mitteilt; und zwar nicht mitteilt – und darauf komme ich nachher noch im einzelnen –, indem man Rundverfügungen erläßt, sondern in persönlicher Aussprache.

Aber diese Steuerung genügt nicht. Aus den beiden bekannten Gründen, weil heute die deutsche Richterschaft den Anforderungen noch nicht genügt und vor allen Dingen, weil Krieg ist, muß eine Steuerung am konkreten Einzelfall hinzutreten. Gerade die vom Minister betonte Seuchengefahr kann nicht richtig an der Wurzel beseitigt werden, wenn der Richter heute im Einzelfall von Ihnen gesteuert wird. Dabei möchte ich von vornherein die Auswüchse dieser Steuerung sehr diskreditieren und anprangern. Ich halte jedes Gängeln und jede allzusehr in die Einzelheiten steigende Steuerung, die dem Richter das Gefühl nimmt, dass er die Verantwortung hat, für einen Grundfehler. Man muß sich immer darüber klar sein: Der Richter hat die Verantwortung, und er steht noch vor der Hauptverhandlung. Die Hauptverhandlung ist das A und O der Tatbestandsfeststellung und auch der Urteilsfindung. Wir werden auch von Hause aus Ihnen gegenüber dieses Gängeln auf keinen Fall betreiben, und ich bitte auch Sie, Ihren Richtern gegenüber das Gängeln zu unterlassen. Wie aber Sie uns – das hat der Herr Minister schon mit aller Deutlichkeit betont – für jedes Urteil verantwortlich sind, ob Sie es kennen oder nicht, genau so muß jeder Richter Ihnen für jedes Urteil verantwortlich sein. Da gibt es keine Entschuldigungsgründe. Wie der Herr Chefpräsident das macht, dazu möchte ich nur generell sagen: Das ist seine Sache, das können wir ihm nicht in einem Kommentar im einzelnen vorschreiben. Denn dann würden wir wieder Ihre Eigenverantwortlichkeit untergraben. Aber der Erfolg muß eintreten.

Trotzdem möchte ich aus der Erfahrung der letzten beiden Jahre heraus Ihnen ein paar Richtlinien geben, die meiner Ansicht nach praktisch am ehesten zu dem gewünschten Erfolg führen. Erstens: Die Steuerung der Rechtspflege, die nur nachher, also nach dem Urteil getrieben wird, genügt nicht. Es ist zwar außerordentlich wertvoll, an Hand von eingehenden Urteilen die Urteile auszuwerten, sie allgemein mit den Richtern zu besprechen, ebenso mit dem einzelnen Richter im konkreten Fall zu sprechen, aber das genügt für die gegenwärtige Zeit nicht.

Hinzutreten muß eine Steuerung vorher, also vor der Hauptverhandlung, bevor das Kind in den Brunnen gefallen ist. Frage: Wie erhält nun der Chefpräsident von den wichtigen Hauptverhandlungen Kenntnis, und wie soll er steuern? Darüber möchte ich folgendes sagen: Nicht über die Staatsanwaltschaft, und zwar nicht, weil ich es der Staatsanwaltschaft nicht zutraue, im Gegenteil, weil ich die Wirkung auf den Richter für das Wesentliche halte. Nach meiner Erfahrung läßt sich ein Richter gern steuern, ich möchte sagen: richterlich, rechtsprechungsgemäß durch den höchsten Richter, wenn der es taktvoll und richtig tut. Aber die Steuerung durch den Generalstaatsanwalt oder auch durch den Staatsanwalt in der Verhandlung, der sagt: Die Todesstrafe, die ich beantrage, ist irgendwie abgesprochen oder sonstwie, halte ich für psychologisch verkehrt. Ich glaube, die Herren Generalstaatsanwälte werden mich darin vollkommen verstehen, wenn ich die Richter durch Richter gesteuert haben möchte. Der Chefpräsident ist der Mann, der für uns der alleinige Steuerer ist.

Es wird also notwendig sein – so hart das klingt und so schwere Bedenken Sie mir aus Ihren weiten Bezirken entgegenhalten werden –, dass der Chefpräsident laufend erstens mit den Senatspräsidenten seines Oberlandesgerichts – das wird er wahrscheinlich, wie ich es in vielen Bezirken gesehen habe, durch seinen Vizepräsidenten machen können, der im allgemeinen in der Rechtsprechung seines Oberlandesgerichts steht und ihm gegenüber dann die Verantwortung zu tragen haben wird – sich laufend über alle wichtigen Prozesse unterrichten müssen. Er wird zweitens – und das ist natürlich das wichtigste –, sich durch seine Landgerichtspräsidenten laufend über alle wichtigen Prozesse unterrichten lassen müssen. Hier bin ich allerdings der ketzerischen Meinung: persönlich halte ich es für unabwendbar, dass der Chefpräsident mit seinen Landgerichtspräsidenten etwa alle vierzehn Tage zusammen kommt. Ich habe mir das entfernungsmäßig in den einzelnen Gauen genau angesehen und bin nicht in den Fehler verfallen, das vom Hamburger Gesichtspunkt aus zu betrachten, wo es leicht war. Ich weiß, dass es Landgerichtspräsidenten gibt, die über 200 km entfernt sitzen, einzelne im Osten noch viel weiter. Das sind aber ganz überwiegend Ausnahmen. Dort kann man es anders einrichten, wie es überhaupt kein Schema gibt, das hundertprozentig paßt. Im allgemeinen wird aber der Chefpräsident in der Lage sein, die Landgerichtspräsidenten alle 14 Tage zu sich kommen zu lassen. Das bedeutet allerdings für den Landgerichtspräsidenten einen Zeitverlust von etwa 2 Tagen. Diese Tage sind aber bei der Wichtigkeit dieser Besprechungen für unsere ganze Rechtsprechung nicht verloren.

Der Chefpräsident wird sich drittens laufend unterrichten lassen müssen durch die Vorsitzenden der Sondergerichte, und zwar kann ich mir vorstellen, dass das, wenn das Sondergericht außerhalb liegt, mit durch den Landgerichtspräsidenten besorgt wird. Wenn das Sondergericht am Orte des Oberlandesgerichts selber ist, halte ich es für praktisch, dass der Vorsitzende des Sondergerichts das selbst beim Chefpräsidenten macht, weil er sowieso dem Oberlandesgerichtspräsidenten unmittelbar untersteht.

Sie werden mich fragen: Was ist nun wichtig? Ich habe darüber langjährige Erfahrungen, was wichtig erscheint. Ich will es im einzelnen hier nicht ausführen. Darüber wird in den nächsten Tagen eine Verfügung an Sie hinausgehen, die nach meinen Erfahrungen als Unterrichtung für sie ausreicht, auf der anderen Seite aber auch notwendig ist. Ich lege also entscheidendes Gewicht darauf, dass der persönliche Konnex zwischen Ihnen und den Landgerichtspräsidenten sehr eng wird, genau wie der persönliche Konnex zwischen Ihnen und dem Hause viel enger werden muß. Die Personalreferenten des Hauses werden viel häufiger in ihre Bezirke hinausfahren müssen, und Sie, meine Herren, werden sehr viel häufiger in dieses Haus kommen müssen als bisher. Also Beweglichkeit, dazu Mündlichkeit und persönliche Aussprache sind das A und O der Steuerung der Rechtspflege.

Sie werden mir entgegenhalten: Das kann ich nicht; ich habe zuviel anderes zu tun! Darauf darf ich Ihnen antworten: Dann müssen Sie anderes abgeben. Die Delegation vom Chefpräsidenten sowohl an den Vizepräsidenten, der im allgemeinen viel mehr in manchen Bezirken in die Verwaltung eingeschaltet werden kann, als es heute der Fall ist, als auch an den Leiter des Rechnungsamts, oder ich weiß nicht, was sonst noch im einzelnen häufig vom Chefpräsidenten selber gemacht wird, kann viel weitgehender vorgenommen werden, als es teilweise schon der Fall ist. Das ist das A und O der Aufgabe des Chefpräsidenten: die Steuerung und Beobachtung der Rechtspflege und Personalpolitik der Richter. Wenn er das andere dabei vernachlässigt, so schadet es nichts. Dafür muß er Männer finden, die ihm gegenüber verantwortlich sind.

Ich möchte dann noch ein anderes Thema anschneiden, das mit dem unschönen Wort: *Personalpolitik* gekennzeichnet werden kann. Wir werden den Abbau der Richterzahl nur sehr vorsichtig und vor allen Dingen nur sehr organisch vornehmen können. Anfangen werden wir damit, dass wir Sie schon sehr bald bitten werden, uns Richter zu benennen, die nach Ihrer persönlichen Auffassung dem Alter, der inneren mangelnden Frische nach, was nicht immer mit dem Lebensalter zusammenhängt, für die heutige Aufgabe in keiner Weise mehr tragbar erscheinen. Ich kann mir vorstellen, dass es Richter in Deutschland gibt, die auch unter Berücksichtigung der heutigen Personalknappheit mehr eine Belastung als eine Entlastung für die Justiz darstellen. Ich bitte Sie schon jetzt – wir werden Ihnen das noch schriftlich geben, vertraulich und geheim, damit keine Unruhe draußen entsteht -, da keinerlei persönliche Schwächen oder Rücksichten auf die Persönlichkeit, die Familie usw. zu zeigen. Da wird schon weitgehend geholfen werden. Aber als Richter ist diese Kategorie von Juristen schon jetzt nicht mehr tragbar. Wir werden diesen organischen Abbau auf eine andere Sparte übertragen müssen, nämlich auf die freien Stellen, die bei Ihnen vorhanden sind. Ich möchte Sie bitten, keineswegs einen Vorschlag für eine freie Stelle zu machen, nur weil sie frei ist. Im Gegenteil, ich freue mich über jede freie Stelle, die wir haben. Also Vorsicht bei Ihren Vorschlägen auf Wiederbesetzung einer Stelle! Man wird dabei an schon übernommenen Gerichtsassessoren, die durchschnittlich befähigt sind und sich im Kriege bewährt haben, nicht vorübergehen können. Aber wenn jemand unterdurchschnittlich befähigt ist und nicht exorbitante Verdienste in diesem Kriege hat – also Ausnahmen, ganz große Ausnahmen! –, dann bitte ich, einen solchen Vorschlag nicht erst zu machen.

Denn vor allen Dingen – und das ist mir das wichtigste Moment für jeden Menschen – die Übernahme als Gerichtsassessor! Da müssen wir anfangen, einen erheblich schärferen Maßstab als bisher anzulegen. Bei den schon übernommenen Gerichtsassessoren hat man das Gefühl einer gewissen moralischen Verpflichtung, und ich sagte Ihnen ja schon, unter welchen Voraussetzungen man diese Männer noch übernehmen muß. Aber wenn wir heute vor der Frage stehen: Sollen wir jemand als Gerichtsassessor in die Justiz übernehmen, so bitte ich da allergrößte Vorsicht walten zu lassen. Ich habe häufig das Gefühl, daß wir in den letzten beiden Jahren eine große Anzahl von Gerichtsassessoren übernommen haben, die nur des Geldes wegen zu uns gekommen sind, damit sie während des Krieges ihr Gehalt beziehen, die erstens gar nicht befähigt sind, Richter zu werden, und zweitens gar nicht Richter werden wollen. Ich bitte, solche Übernahmen für die Zukunft auf jeden Fall zu unterlassen.

Auf der anderen Seite möchte ich Sie dringend bitten, mich darin zu unterstützen, die Ausverkaufspolitik in der Justiz, wie ich es nennen möchte, nicht weiter zu betreiben. Die Justiz darf nicht den Ehrgeiz haben, die besten Leute an andere Dienststellen der Wirtschaft, des Staates, der Partei usw. abzugeben. Die besten Leute gehören zu uns, und wenn sie bei uns keine Aussicht auf Beförderung haben, weil sie nicht an der Reihe sind, dann werden sie befördert. Aber losgelassen werden die Leute nicht mehr. Die vielen, die schon losgelassen sind, werden, wie es in einigen Fällen in den letzten Wochen schon geschehen ist, zurückgeholt. Natürlich gibt es Stellen im Staat, bei denen auch die Justiz ein Interesse daran hat, dass dort ein Mann von uns sitzt. Ich nenne die Parteikanzlei, die Reichskanzlei, ich nenne gewisse höchste Stellen des Staates, mit denen wir ständig zu tun haben. Grundsatz bei der Personalpolitik muß im übrigen sein: Ganz sturer Egoismus.

Nun noch ein paar Worte zur *Beförderungspolitik!* Ich halte es nicht für möglich, dass heute, im Jahre 1942, noch ein Richter befördert wird, der nicht Parteigenosse ist. Grundsätzlich Nein! Ich kann mir nur eine Ausnahme vorstellen: Bei ganz exorbitanten Kriegsverdiensten. Aus welchem Grunde der Betreffende nicht Parteigenosse ist, ist mir gleichgültig. Ferner halte ich es nicht für richtig, dass zu alte Richter befördert werden. Ich möchte da nicht stur eine Grenze von 60 Jahren festsetzen, aber immerhin ist jemand, der 62 Jahre alt ist und noch Senatspräsident oder gar Landgerichtspräsident werden soll, eine Ausnahme. Wenn er innerlich besonders frisch ist, dann ja, aber nicht, damit er nur noch eine etwas höhere Pension erdient. Da kann und darf für eine Beförderung kein Grund sein.

Dann noch ein weiterer Gesichtspunkt, der die Überflieger angeht! Ich habe eine große Schwäche für Überflieger, aber es müssen auch solche sein. Fördern Sie junge Kerle, die Ihnen als Überflieger erscheinen, in der Beförderungspolitik mit allen Mitteln; denn die Männer brauchen wir in den nächsten 10 oder 20 Jahren an unserer Stelle.

Schließlich noch ein Wort zu den UK-Stellungen! Dass wir in erster Linie der Wehrmacht alles geben müssen, was bei uns wehrdienstfähig ist, ist eine

Selbstverständlichkeit. Davon möchte ich eine Ausnahme für die Behördenchefs machen. Ein Behördenchef in Ihrer Ebene, aber auch in der Ebene der Landgerichtspräsidenten oder Oberstaatsanwälte gehört nach meiner Meinung bei den Aufgaben, die wir vor uns haben, an seinen Platz; denn er wird im allgemeinen auch in einem Alter sein, in dem er bei der Wehrmacht nur eine Funktion ausübt, die keine kämpfende mehr ist. Wenn Sie das in Ihrer Instanz nicht erreichen, dann wenden Sie sich an uns.

Ich komme dann noch zu einem andern Gebiet, das ich kurz als „Außenpolitik" der Justiz bezeichnen möchte. Der Herr Minister hat Ihnen schon gesagt, dass die Brücke zwischen Führer und Partei auf der einen Seite und dem Justizministerium auf der anderen Seite gefunden ist. Darin bestand die Aufgabe der letzten vier Wochen. Das bedeutet natürlich noch lange nicht – darüber sind wir uns vollkommen klar –, dass damit auch in allen unteren Sparten sowohl der Justiz wie auch der Partei nun schon diese Brücke da ist. Den von uns gewünschten Erlaß des Leiters der Parteikanzlei und des Chefs der Reichskanzlei, in dieser Beziehung auch die nötige Brücke zu finden, will ich Ihnen kurz mitteilen. Der Reichsleiter Bormann und der Reichsminister Lammers haben am 27. August an die ihnen unterstellten Behörden bzw. Parteistellen und alle Reichsstellen ein Rundschreiben erlassen, und zwar mit einem fast gleichlautenden Inhalt. Ich brauche Ihnen deshalb nur das eine Rundschreiben zu verlesen. Es wird Ihnen nicht schriftlich durchgegeben, weil das nicht sein soll, aber mündlich können Sie es an die Ihnen unterstellten Landgerichtspräsidenten dem Inhalt nach weiter mitteilen: „In Anbetracht der besonderen Bedeutung, die den Aufgaben der Rechtspflege während des Krieges zukommt, hat der Führer sich entschlossen ..." (Weitere Verlesung. [nicht aufgefunden])

Die Folgen dieser beiden Erlasse für uns liegen darin: Einmal dürfen wir nicht übermütig werden. Ich könnte mir denken, dass mancher kleine Richter oder auch Landgerichtspräsident, der von Ihnen darüber erfährt, sagt: So, jetzt haben wir uns um nichts mehr zu kümmern; wir machen, was wir für richtig halten, und die Partei hat nichts mehr zu sagen! – mal ganz grob gesprochen. Ich warne davor! Die Zusammenarbeit mit den örtlichen Parteistellen sowohl in Ihrer Instanz wie in den unteren Instanzen ist genau wie bei uns dringendstes Gebot. Erziehen Sie Ihre Behördenchefs dazu, dass Anstände, die da sind, örtlich bereinigt werden, und wenn der Landgerichtspräsident das nicht fertigbringt, dann muß er weg. Sollten aber mal Dinge da sein, wo die Partei entgegen der Anweisung in Justizangelegenheiten eingegriffen hat – das wird selbstverständlich vorkommen, sonst wären wir ja keine Menschen -, dann sofort Meldung hierher! Wenn Sie die Sache in Ordnung bringen können, – herrlich, dann wären wir entlastet. Aber wenn Sie irgendwie das Gefühl haben: Die Sache geht schief! Sofort Meldung hierher, damit wir von uns aus eingreifen können.

Ich komme dann zum Schluß noch auf zwei kurze Fragen zu sprechen, und zwar einmal zur Staatsanwaltschaft und zweitens zur Rechtsanwaltschaft.

Ich könnte mir denken, dass so mancher *Staatsanwalt* in Deutschland in den letzten 5 Wochen gedacht hat: Ja, es wird immer vom Richter gesprochen, aber wo bleibt der Staatsanwalt? Ich habe dazu folgendes zu sagen: Der Herr Minister hat Ihnen schon gesagt: Der Zentralpunkt der Rechtspflege ist nun mal das Richtertum. Das sieht auch jeder vernünftige Staatsanwalt ein. Dass die Staatsanwaltschaft ein wichtigstes Organ der Justiz ist, ist für den Herrn Minister und für mich selbstverständlich. Ich betone „der Justiz". Dass die Justiz ohne Staatsanwaltschaft keine geordnete Strafrechtspflege mehr treiben kann, ist auch selbstverständlich. Die Staatsanwaltschaft ist also als Exponent des Staates und der Justiz ein wesentlicher Teil der Justiz, und ich bin persönlich davon überzeugt, dass die Autorität der Staatsanwaltschaft eine selbstverständliche Folge der Autorität des Richtertums ist. In dem Augenblick, wo wir einen Richterspruch in Deutschland haben, der Autorität genießt, wird auch die Staatsanwaltschaft daran teilhaben und wird folgen. Gerade wegen der Wechselwirkung zwischen Richtertum und Staatsanwaltschaft halte ich einen engen Kontakt zwischen beiden Sparten für das A und O unserer ganzen Arbeit.

Vor allen Dingen müssen wir dafür sorgen, dass die Staatsanwaltschaft wieder bessere Männer bekommt. Die Entwicklung in den letzten Jahren ist leider dahin gegangen, nüchtern betrachtet, dass die besten Kräfte vom Chef weggeschnappt wurden – das ist kein Vorwurf – oder selbst es wollten. Der tüchtigste Assessor sagte sich: Lieber Richter als Staatsanwalt! Das muß aufhören. Wir haben als Staat das größte Interesse daran, dass der Mann, der plädiert, den höchsten Anforderungen entspricht, und wir werden Mittel finden, durch die wir das erreichen. Wir halten überhaupt einen ständigen Wechsel zwischen Staatsanwaltschaft und Richterschaft in jüngeren Jahren für unbedingt erforderlich, und ich stelle mir vor, dass in Zukunft keiner mehr Richter wird in einem gereifteren Lebensalter als heute, wenn er nicht vorher einige Zeit in der Staatsanwaltschaft gewesen ist. Mit uns muß also auch jeder Chefpräsident ein Interesse an guten Staatsanwälten haben, und dieses Interesse wird geweckt werden.

Schließlich noch ein Wort zur *Rechtsanwaltschaft*! Sie ist unser Sorgenkind. Ich glaube, dass sich die Rechtsanwaltschaft geradezu in einer gefahrdrohenden Situation befindet. Das hat verschiedene Gründe. Den tiefsten sehe ich darin, dass der Anwalt nun mal seinem Beruf nach der Vertreter von Individualinteressen ist, auch sein muß und dass er schon durch diese Tatsache allein in einen Konflikt mit der heutigen Zeit kommt. Einen weiteren Grund sehe ich darin, dass der Verfechter dieser Individualinteressen doch mehr oder weniger vom Geldverdienen abhängig ist, und den letzten Grund darin, dass doch wohl ein gewisser Prozentsatz unserer heutigen Anwaltschaft Angriffsflächen, und zwar beträchtliche Angriffsflächen bietet.

Um diesen Anwaltstand zu retten – und wir brauchen einen Anwaltstand, einen ganz starken Anwaltstand -, wird man sehr bald grundlegende Maßnahmen ergreifen müssen. Wir sind uns im Hause noch nicht klar über den Weg, den wir einschlagen werden. Andeuten möchte ich nur, dass wir in irgendeiner Form eine etwas nähere Heranführung des Anwaltstandes an den Staat für erforderlich halten. Man kann da an die Ehrengerichtsbarkeit denken, die heute rein berufsständisch aufgezogen ist, jedenfalls in erster Instanz. Man kann auch an eine etwas nähere Heranführung an die höheren Reichsbehörden denken, und ich glaube auch, dass es dem Alter nach einen gewissen Prozentsatz von Anwälten gibt, die materiell nicht leben und nicht sterben können und die auch innerlich ihrem Berufe nicht mehr gewachsen sind. Man wird also jetzt an das berühmte Problem der Versorgung der Altersanwälte herangehen müssen. Jedenfalls dient eine gesunde Anwaltschaft genau wie eine gesunde Staatsanwaltschaft und ein gesundes Richtertum immer nur dem einen Ziel, nämlich einem starken Recht und damit einem starken Reich.

Reichsjustizminister *Dr. Thierack*: Meine Herren! Damit ist unsere Sitzung für heute morgen beendet. (Mittagspause.)

Nachmittagssitzung

Reichsjustizminister *Dr. Thierack*: Meine Herren! Wir fahren in unserer Arbeitssitzung fort. Nunmehr haben wir die Freude, zuzuhören. Ich darf bitten, irgend welche Wünsche oder Stellungnahmen vorzutragen oder Erklärungen abzugeben.

Präsident des Volksgerichtshofs *Dr. Freisler*: Herr Reichsminister! Arbeitskameraden! Als rechtskundiger Nationalsozialist, den der Führer mit den Pflichten eines der beiden höchsten Richterämter der allgemeinen Rechtspflege belehnt hat, und als ein alter Marschierer der Bewegung, der über 16 Jahre lang, darunter 9 Jahre in der Kampfzeit, ununterbrochen öffentlich in der NSDAP und für sie aktiv arbeitet, würde ich pflichtwidrig handeln, wenn ich heute nicht reden würde.

Der Auftrag, den der Führer am 20. August 1942 dem Reichsminister der Justiz erteilt hat, erweckt in jedem rechtskundigen Nationalsozialisten den heißen Wunsch, daß das Werk gelingen möge. Er fühlt sich und ist verpflichtet, dabei nach Kräften schöpferisch mitzuarbeiten. Durch den Gedanken, dies sei die letzte Chance für die Justiz, lasse ich mich dabei freilich nicht beeinflussen; denn ich schaue auf das Werk und glaube an die Aufgabe. Der Führer hat gesagt, dass das Reich eine starke Rechtspflege nötig hat. Sie wird daher kommen, ob justizmäßig im überlieferten Sinne oder anders. Und das, nicht Ressortgedanken, ist das Wesentliche.

Dieses Werk ist auch, gerade wegen seiner Notwendigkeit, letztlich nur an *eine* Person, den Führer, gebunden. An seinem Gelingen zweifeln, hieße: Dem Führer in seinem Innern nicht ganz glaubenvoll treu sein und an den Bestand des Reiches nicht wirklich glauben. Dieses kann ohne starke Rechtspflege gar nicht leben. Es ist richtig, dass Staaten vergingen, nur weil in ihnen das Rechtsleben krankte. Das Reich aber wird bestehen.

Aus den bisherigen Veröffentlichungen und den heutigen Ausführungen des Herrn Ministers und des Herrn Staatssekretärs Dr. Rothenberger entnehme ich folgende Grundgedanken, um nur einige zu nennen:

1. Der Richter muß ein, ich möchte sagen, rechtskundiger Nationalsozialist sein. Dazu muß ihn Erziehung und Ausbildung machen. Sie bedarf einer Änderung, schon im Hochschulstudium; sie bedarf des Ausreifens, auch noch nach Erlangung der Richteramtsfähigkeit, durch Bewährung in sonstiger volkswichtiger Arbeit. Die ganze Arbeit an der Erneuerung der Ausbildung versuchte bisher bereits, in

zielbewußter, organischer Entwicklung das zu erreichen. Ich kann dem also nur zustimmen. Doch habe ich hier zweierlei zu bemerken:

Wenn der Führerauftrag und die erstmalige Vereinigung aller Führungspositionen in deutschem Rechtswahrertum in einer Hand es ermöglichen, auch im Bereich des Reichserziehungsministers Forderungen zur Ausbildung des Rechtswahrers geltend zu machen, so gehen diese Forderungen in doppelter Beziehung nicht weit genug, treffen meines Erachtens nicht den ganzen Kern des Problems. Darauf werde ich bei passender Gelegenheit zurückkommen. Denn heute sind natürlich nur allgemeine Ausführungen möglich.

Neu ist die Forderung, dass der Richter, ehe er zum Richten kommt, erst ausreifen und sich in sonstiger Berufsarbeit im Volk bewähren soll. Die Forderung ist mutig und berechtigt; man muß sie unterstützen. Sicher soll das mit der volkspolitischen Forderung, dass der junge Deutsche früh eine Familie muß gründen können, harmonisiert werden, was auch möglich ist. Nur eine Anmerkung dazu: Justizarbeit, auch in der Anwaltschaft scheint mir zu diesem Zweck nicht geeignet; am besten politische Arbeit.

2. Das Richteramt ist ein Führerlehen, das jeder Richter unmittelbar vom Führer erhielt; an seiner Statt als des obersten Gerichtsherrn und deutschen Richters schlechthin spricht er Recht. Er ist dem Führer, und zwar nur ihm, verantwortlich, niemand darf ihm daher in den Arm fallen.

Zu dieser Auffassung vom Richteramt und der Verantwortlichkeit gegenüber dem Führer habe ich mich öffentlich in fast gleicher Formulierung schon vor Jahren – ich glaube als erster – bekannt.

3. Über die Überwindung etwaiger Reste einstiger Justizstaatlichkeit hinaus muß der Richter die Aufgaben erhalten und auf sie beschränkt werden, die des Richters sind. Sein Ansehen und auch seine äußere Stellung bedarf der Hebung, vor allem durch... [nicht entzifferbar], aber auch durch staatliche Maßnahmen. Auch diese Forderung ist nicht neu. Voraussetzung für ihre Verwirklichung war, dass der langjährige Leiter der Personalabteilung in neunjähriger zäher Arbeit den Ballast der vielen Tausende Assessoren beseitigt hat, die in Preußen auf Anstellung warteten, und im ganzen Reich das Anstellungsalter so nahe an den kürzesten Zeitpunkt gelegt hat, den die Reichsgrundsätze zulassen, dass dagegen sogar schon Einspruch erhoben worden ist.

Überall kann man hören, dass die Richterschaft zu diesem Punkt folgende Fragen besonders beschäftigen:

a) Welche unserer bisherigen Aufgaben sind nicht wirklich richterlich? – Mit Sorge – wie ich annehmen möchte, zu Unrecht – wird hier von der Vormundschafts- und Nachlaßgerichtsbarkeit, den Grundlagen der Richterstellung auf dem Lande, gesprochen. Mit Sorge – wie wir es jetzt wissen, unberechtigt – wird auch in Richterkreisen über das Schicksal der Staatsanwaltschaft geredet.

b) Welche bisherigen Richteraufgaben sollen künftig überhaupt nicht mehr justizmäßig, also auch nicht unter allgemeiner richterlicher Aufsicht geführt werden? – Es hat sich herumgesprochen, dass in einer von dem Parteigenossen Rothenberger erwähnten Denkschrift davon die Rede sein soll, gewisse Aufgaben der bisher richterlichen Register- und Buchungstätigkeit könnten künftig nicht nur nicht richterlich, sondern auch nicht justizmäßig behandelt werden. Hier und da fürchtet man deshalb für die Rechtssicherheit, besonders für die Grundlagen des ganzen Grundstücksrechtes und ihre Rechtsgemäßheit.

c) Wie stark wird das Richterpersonal beschränkt werden? – Hier haben wir ja nur herbeigeführt, dass die Zahl von 4.000 bis 5.000 keine Grenzzahl sein soll. ...[nicht lesbar] Dass mancher sich dabei die Frage stellt: Was wird aus mir?, ist menschlich verständlich und zeugt nicht einmal von einem Minderwertigkeitskomplex, ist aber nicht besonders erheblich.

Wichtiger ist die oft gehörte Frage: Würde dadurch die Richterdecke im deutschen Volk nicht so dünn, dass sie eine der wesentlichsten Aufgaben des Richtertums, nicht nur Prozesse zu entscheiden, sondern ein Helfer und ein Berater zu sein, den das Volk vertrauensvoll angeht, nicht mehr erfüllen kann. Führt das nicht zu einer rein intellektuellen, und was man vielfach mit Besorgnis hört, einseitig millionenstädtischen Schau von der Aufgabe des Richtertums, während doch das weite Land mit seinen Dörfern, Klein- und Mittelstädten und viel weitergehenden Bedürfnissen auch da ist? Ob neu oder nicht und wieweit neu, das ist doch nicht das Wesentliche. Es ist auch nicht wesentlich, ob alles in allen Punkten ausgegoren ist, was sicher nicht der Fall ist, auch nicht sein kann. Aber erfreulich ist, das muß man sachlich anerkennen:

a) Der Weg für das Werk ist erstmals wirklich frei; es besteht kein Widerstreit mehr im Rechtswahrerleben;

b) Der Weg zum Führer ist gefunden. Das hat seine Wirkung. Die Grundlage einer Arbeitsmöglichkeit ist da. Selbst wenn nichts Neues wäre, was nicht der Fall ist, so ist es doch zum Führer gedrungen, und das ist die Hauptsache.

c) Es ist infolgedessen möglich, die Probleme in ihrer ganzen Ausdehnung und offen und ohne Nebenrücksichten anzusehen und anzupacken.

Niemand kann sich daher dem Rufe nach Einsatz auf seiner ganzen Kraft entziehen, um an dem Werke zu helfen.

Ich habe mir die Frage gestellt, ob ich noch einige Gefahren erwähnen soll, die dem Werk in der Öffentlichkeit in den ersten Wochen entstanden sind. Ich habe mich entschlossen, das zu tun, weil Sie, Herr Reichsminister, und weil auch der Parteigenosse Rothenberger selbst heute vormittag solche Gefahren erwähnt haben, und weil der Meister des Werkes den Gefahren dann, wenn er sie kennt, begegnen kann. Ich will da noch zwei Punkte behandeln:

Immer wieder hört man, ob denn jetzt der Anfang einer nationalsozialistischen Rechtspflegeentwicklung sei. Zunächst kann, wenn man mich fragt, so tun, als sei das nur eine Frage ad personam, und kann das dann humoristisch mit dem Beispiel der Ente abtun, von deren Rücken das Wasser einfach abläuft. Peinlich aber ist die Frage, ob denn nicht der verstorbene erste preußische und der verstorbene erste Reichsjustizminister, beide Träger des Ehrenzeichens der Bewegung, nationalsozialistische Arbeit geleistet haben? Und das Wichtigste: Wenn die Frage weiter lautet, ob denn die vielen Tausende deutsche Richter 9 1/2 Jahre lang unnationalsozialistisch gearbeitet haben, so fühlt man, dass eine Gefährdung des Werkes in den Seelen der Richter eintreten könnte.

Seit 1933 war es in der deutschen Justiz so, dass das Vertrauen für alle Justizaufgaben sich ausschließlich auf den Minister als den Mann des Vertrauens des Führers richtete. Meiner Ansicht nach muß das auch künftig so sein. Nach dem, was, über den Wortlaut zweier Presseerklärungen übrigens weit über die Justiz hinaus verlautet, besteht aber – nach dem heutigen Tag nur noch außerhalb der Justiz – vielfach der Eindruck, als sei das Werk der Justizerneuerung infolge einer Arbeitsteilung in erster Linie einem anderen in der Justiz übertragen. Auch besteht hier und da draußen der Eindruck – der sicher nicht richtig ist –, dies Werk solle ein Werk des Alleingangs werden, was die Freude, mitzuarbeiten, abkühlt.

Was ich ausgeführt habe, ist von dem Wunsche getragen, schon gleich zu Beginn an dem Werke mitzuhelfen. Denn das kann man – vor allem im Kreise der berufendsten Sachkenner wie hier – nicht mit vielfacher Versicherung der Mitarbeitsbereitschaft, die selbstverständlich ist, sondern in einer allgemeinen Debatte, wie notwendigerweise der heutigen, dadurch dass man frühzeitig auf Gefahrenquellen hinweist, die drohen können.

Reichsjustizminister *Dr. Thierack*: Der Herr Präsident des Volksgerichtshofs hat eine Frage angeschnitten, die ich absichtlich heute früh nicht behandelt habe. Das ist die Frage, was etwa abgegeben werden soll von Sachen der Justiz, also Registersachen usw. Ich meine, die Zeit ist dazu noch nicht reif, um darüber jetzt schon zu sprechen. Es ist klar, dass, wenn man den Gedanken Raum gibt, von denen der Herr Staatssekretär Rothenberger und ich heute morgen sprachen, also Heraushebung des Richters und Dreiteilung: Richter, Staatsanwalt, Rechtspfleger, es einen Teil Sachen geben wird – ich möchte sie als Justizrand bezeichnen -, die man wohl abgeben könnte. Aber ich will darüber noch nicht sprechen, denn die Zeit ist noch nicht reif dazu. Ich hatte Ihnen ja heute morgen gesagt, dass ich nur Probleme, die augenblicklich brennend sind, vor Ihnen aufrollen würde, und dass Sie Gelegenheit genug haben werden, zur rechten Zeit zu allen Problemen Stellung zu nehmen.

Es ist u. a. auch das Grundbuchwesen angeschnitten worden. Ich bin persönlich der Meinung, dass die Grundbuchsachen zur Justiz gehören, weil hier Rechtsvorgänge verkörpert werden, die eben in die Hand eines verantwortlichen Justizangehörigen gehören, die die Justiz nicht aus der Hand geben sollte. Es ist das meine persönliche Meinung. Es ist das noch nicht durchgesprochen und ausgeklärt. Ich kann zu diesem Problem also heute nichts sagen.

Was mich aber besonders beschäftigt, ist, dass Sie zu den Problemen, die heute früh berührt worden sind, irgendwie sprechen. Ich darf dazu auch ganz offen sagen: Wenn man in die Lage versetzt wird wie ich, hier wirklich weitgehende Probleme lösen zu müssen, die zur Lösung reif sind, denen man nicht ausweichen darf und kann, dann ist es für mich unendlich wertvoll, wenn ich hier Mitarbeiter habe. Gewiß, im Hause steht mir jeder zur Verfügung, und es ist hier im Hause so eingerichtet, dass jeder seine Meinung offen sagen darf, und die soll er sagen. Aber ich habe gerade Sie, die Chefpräsidenten und Generalstaatsanwälte, hierher gebeten und vor Ihnen dieses Problem entrollt, um einmal von Ihnen die Meinung zu diesen Problemen zu hören.

Jung – Berlin: Ich möchte nur ganz kurz zu der Frage der Lenkung der Rechtspflege sprechen. Ich halte dieses Problem für außerordentlich wichtig. Ich, der ich zur Zeit Staatsanwalt bin, weiß, dass man zu gehorchen hat, und dass der Staatsanwalt die Anweisungen, die er vom Ministerium bekommt und weiterzugeben hat, zu befolgen hat. Das ist eine Selbstverständlichkeit. Es ist mir auch klar, dass in der heutigen Zeit, wo durch unrichtige Urteile politische Schwierigkeiten größeren und kleineren Maßstabs hervorgerufen werden können, der Versuch angestrebt wird, eine gewisse Lenkung der Justiz herbeizuführen. Ich halte es aber für außerordentlich gefährlich, eine Lenkung so herbeizuführen, wie sie vielleicht vielfach gehandhabt worden ist, dass beispielsweise die Strafe, die beantragt und erkannt werden soll, zwischen der Staatsanwaltschaft und den richterlichen Behörden besprochen und, wenn ich den Fachausdruck gebrauchen darf, ausgeknobelt wird. Ich habe neulich schon einmal gesagt: Ich halte die Lenkung der Rechtspflege im Einzelfall für außerordentlich gefährlich; denn dann können wir ja auf die – richterliche Unabhängigkeit darf man ja nicht mehr sagen, mir fällt kein passender Ausdruck ein – auf die richterliche Selbständigkeit verzichten. Aber es hat Herr Staatssekretär Rothenberger vorhin auch gesagt, dass als Grundlage unseres Richtertums und unserer nationalsozialistischen Rechtspflege der unabhängige Richter im Mittelpunkt stehen soll. Deswegen möchte ich noch einmal betonen: Ich halte diese spezielle Lenkung der Rechtspflege im Einzelfall für untunlich. Es gibt natürlich Fälle, wo ein Einzelfall von außerordentlicher Bedeutung ist. Dann würde ich es für richtig halten, dass der zuständige Richter den erkennenden Richter auf die Wichtigkeit dieser Sache aufmerksam macht, aber nicht, dass er ins Einzelne geht. Ich entnehme auch aus den Worten, die Herr Staatssekretär Rothenberger gebracht hat, man solle jegliches Gängeln vermeiden, das gedacht ist, man solle nicht darauf hinwirken: Diese und jene Strafe ist erwünscht. Denn wenn dann der junge Richter oder Assessor nicht so erkennt, wie sein Vorgesetzter es wünscht, gibt es Friktionen. Ich halte es vielmehr für richtig und wesentlich – und ich glaube, in der Praxis ist das auch nur durchführbar -, dass eine generelle Lenkung der Rechtspflege das Richtige ist, dass also der Chefpräsident oder Landesgerichtspräsident mit dem zuständigen Richter von Zeit zu Zeit Besprechungen abhält und auf die Wichtigkeit gewisser politischer Probleme: Frage der Rasenschande, Frage der Polenbehandlung usw. generell hinweist und auf die Lenkung im Einzelfalle verzichtet.

Block: Ich bin der Ansicht, dass ein generelle Lenkung der Strafrechtspflege nicht zu entbehren ist, und dass man dazu verschiedene Wege gehen kann. Doch zu diesem Punkt möchte ich nicht reden, sondern zu dem Punkt der speziellen Strafrechtspflege im konkreten Fall. Ich habe schon neulich auszuführen Gelegenheit gehabt, dass ich die Erfahrung gemacht habe, dass die Richter außerordentlich dankbar sind, wenn man sie im Einzelfall lenkt, d.h. ihnen nicht sagt, welche Strafe in dem Einzelfall zu verhängen sein wird, sondern auf Gesichtspunkte aufmerksam macht, die ihnen vielleicht in dem Einzelfall nicht so vor Augen stehen, die für die Auswahl der Strafe aber von ganz besonderer Bedeutung sind. Man kann insbesondere darauf aufmerksam machen, dass z.B. Schwarzschlachtungen, um auf einen Fall zu kommen, die Ernährungslage des Volkes in ganz besonderer Weise beeinträchtigen, und dass daher solche Schwarzschlachtungen nur mit sehr schweren Strafen zu ahnden sind. Man kann sie auch auf andere Gesichtspunkte aufmerksam machen, was immer nur dankbar empfunden wird.

Frh. *von Steinaecker*: Ich muß es einmal aussprechen, obwohl ich selber ein alter Staatsanwalt bin, dass ich es für sehr begrüßenswert halte, dass zum ersten Mal von der obersten Justizverwaltung ein naheliegender, aber leider ein etwas überwucherter Gedanke wieder klar zum Ausdruck gekommen ist: Dass der Richter der Mittelpunkt der Rechtspflege ist, und dass der Richter derjenige ist, dem die ganze Pflege und Sorgfalt der Justizverwaltung jetzt zuteil werden muß. Ich fühle mich völlig frei von dem Vorwurf, der mir gemacht werden könnte, dass ich meine Vergangenheit vergäße. Ich bin auch immer als Staatsanwalt der Meinung gewesen, dass der Staatsanwalt ein Richter sei, wenn auch auf eine andere Weise als der Richter. Er hat aber auch die Pflicht und die Sorgfalt, dem Recht zur Geltung zu verhelfen. Jetzt aber ist es einmal klar zum Ausdruck gekommen: Der Richter ist Mittelpunkt der Rechtspflege, und zwar in einem Zusammenhang, der uns ja alle und das ganze Volk beschäftigt, nämlich im Zusammenhang mit dem, wie der Herr Minister und der Herr Staatssekretär mit Recht gesagt haben, zum Teil gemißbrauchten Wort von der Unabhängigkeit der Rechtspflege. Daraus ist ein Schlagwort geworden. Es war gerade eine der Hauptaufgaben der Nationalsozialistischen Bewegung, in das Volk den Gedanken hineinzubringen, dass alles, was da ist und Aufgaben hat, dazu da ist, dem Volke zu dienen, und dass es da auch keine Ausnahmen geben darf, dass nicht etwa ein Stand oder ein Beruf nun sagen kann: Mich kümmert das alles nicht, denn ich habe meinen Auftrag, der mich unabhängig macht, d.h. mich loslöst vom Volke und den großen Zielen des Volkes. Denn darauf kommt es an. In diesem Augenblick kommt es ja hauptsächlich darauf an, diesen Krieg zu gewinnen, alles andere ist gleichgültig.

Deshalb glaube ich auch, man sollte die Erörterungen über die Aufgaben des Richters in der weiteren Zukunft zurückstellen und allein jetzt den Schwerpunkt darauf legen: Was kann der Richter dazu beitragen, dass wir den Krieg gewinnen. Dazu kann er sehr viel beitragen, und zwar nicht nur in materieller Hinsicht, sondern auch in psychologischer Hinsicht in unendlich vielem Alltäglichen, Großem und Kleinem. Jeder, der im Leben steht, weiß, dass gerade ein Mann wie der Richter dazu mitwirken kann. Leider erkennen wir das hauptsächlich an den Fehlern, die gemacht werden, nicht an dem, was der Richter Gutes leistet. Man ist ja immer gern bereit, zu sagen, wie der Richter dieses und jenes falsch gemacht habe. Ich habe nicht die Absicht, mich mit diesen Menschen auseinanderzusetzen, sondern ich will lieber positiv sagen: Was kann der Richter tun, um mitzuwirken, den Krieg zu gewinnen?

Da ich leider nicht die Gelegenheit gehabt habe, mich eingehender vorzubereiten, um die Vorschläge zu formulieren, die ich vielleicht für meinen Teil gefunden hätte, so kann ich nur sagen, dass das, was der Herr Minister und der

Herr Staatssekretär heute ausgesprochen haben, in unserem Kreise einen starken Widerhall gefunden hat, und dass ich, wenn ich mir erlauben darf, im Namen auch anderer zu sprechen, die heute nicht das Wort ergreifen, sagen darf, dass wir entschlossen sind, diese Linie treu und fest und energisch durchzuführen.

Betreuung der Rechtspflege, Kontrollierung der Rechtspflege hat ja für den, der im Hintergrund immer das Wort „Unabhängigkeit des Richters“ sieht, etwas Peinliches. Immer, wenn ich mit meinen Richtern zusammenkomme, habe ich ein unangenehmes Gefühl: Tust du hier recht, gehst du nicht zu weit, beugst du nicht da Recht, oder was tust du hier? Und da kommt es eben auf den Menschen und auf die Persönlichkeit und auf den Konnex an, den man mit den Menschen findet, mit denen man zusammen zu arbeiten hat. Darauf ist der entscheidende Wert zu legen. Erfolgen alle Steuerungen, Kontrollen, Betreuungen der Rechtspflege aus der Gesinnung heraus: Dieser Krieg muß gewonnen werden, dann werden sie auch das richtige Gehör finden. Ich muß auch, wie ich es sonst auch tun muß, wenn ich einen Menschen überzeugen will und das Gefühl habe, er begegnet mir mit einem gewissen Mißtrauen, in irgendeiner Weise das Vorgesetztenverhältnis abstreifen. Ich muß dem Richter sagen: Wir wollen jetzt einmal von Mann zu Mann reden, du mußt wissen, worauf es ankommt; bei mir kannst du voraussetzen, dass ich weiß, worauf es ankommt, und deshalb hast du die Pflicht, in allen Fällen, wo dir Sprüche zugemutet werden, die dir zu schwierig sind oder die dir sogar unzumutbar erscheinen, zu mir oder zu deinem Landgerichtspräsidenten zu kommen; dann werden wir in einer klaren Aussprache versuchen, den Fall zu klären. Du mußt immer das Gefühl haben: Du bist der Richter, ich bin dein Berater. Ich habe meinen Herren gesagt: Wenn Sie einen Fall haben, der Ihnen peinlich ist, dann machen wir doch mal eine Vorberatung. Sie sollen meinetwegen, um ein Beispiel zu nehmen, einen Tschechen, der ein tadelloser Mensch ist, der Ihnen aus seinem Herkommen heraus nahesteht, der vielleicht ein Professor oder Ingenieur ist, und der einen Zündstreifen gehabt hat, der bestimmt war, an eine Flasche gebunden zu werden, zum Tode verurteilen. Dann sprechen wir die Sache mal durch, und ich stelle Ihnen dann vor, wie die Dinge liegen, in welchem Kampf das deutsche Volk mit dem Tschechenvolk steht, und das es da jetzt nicht darauf ankommt, moralische Betrachtungen anzustellen, für die ich an sich ein sehr starkes Empfinden habe, sondern dass Sie jetzt mitwirken müssen, diesen Kampf zu unseren Gunsten zu entscheiden. Denn Sie wären, mit Verlaub zu sagen, komplette Idioten, wenn Sie sich etwa auf den Standpunkt stellten, Sie müßten aus allgemeinen Betrachtungen heraus diesen Mann schonen. Das wäre nicht recht, das wäre Blödsinn.

Ich habe mir erlaubt, dieses kleine Beispiel anzuführen. So glaube ich, dass man dem Richter helfen muß. Der Richter hat ja – das ist hier auch schon ausgesprochen worden – gegen uns gar kein Mißtrauen. Wenn man richtig mit ihm spricht und ihm sagt: Ich will dir deine Freiheit des Denkens, ich will dir deine Verantwortung nicht abnehmen, die kann ich dir gar nicht abnehmen, ich will dir nur helfen, dann ist der Richter dankbar dafür. Er mag, unter uns gesagt, den Staatsanwalt nicht. Der Mann tritt in der Sitzung offiziell auf, stellt Anträge, die ihm mitunter allzu hoch sind, die für sein richterliches Empfinden unmöglich sind. Er kann sich mit ihm ja gar nicht unterhalten. Der Staatsanwalt stellt seine Anträge, hält ein großes Plädoyer, eine Unterhaltung aber gibt es nicht. Denn die Unterhaltung, die ja vielleicht mal, auch in früherer Zeit – sie ist mir aus meiner Praxis noch bekannt – üblich war, ist meiner Meinung nach, was heute auch schon ausgesprochen worden ist, eine unerwünschte Angelegenheit.

Dagegen nimmt der Richter von einem wohlmeinenden Mitrichter sehr wohl und gern eine Belehrung und eine Hilfe an. Das ist nicht etwas ganz Neues. Auch unter der früheren Leitung des Justizministeriums ist das gewünscht worden, es ist jetzt aber mit aller Schärfe herausgestellt worden. Und weil es gewünscht wird, habe ich geglaubt, nicht schweigen zu sollen; denn es wäre vielleicht hier unangebracht, zu sagen: Wer schweigt, stimmt schon zu. Wir alle – ich glaube das sagen zu können, obwohl ich keinen Auftrag habe – sind erfreut und froh darüber, dass diese entschiedene Linie eingehalten werden soll, zumal mich wenigstens eine Befreiung heute getroffen hat, die mir sehr leicht macht, was mir vor Wochen noch schwer gewesen wäre. Das ist nämlich die glückliche Mitteilung, dass man die Justiz befreit hat von Dingen, die mit der Justiz überhaupt nichts zu tun haben. Ich habe das wiederholt unter Kollegen und sonst ausgesprochen. Wenn ich mich empört habe, dass man in Oberschlesien 50 Polen an einem Tag aufgehängt hat – ich leugne nicht, dass ich mich darüber empört habe –, dann habe ich mich darüber empört, weil in diesem Bezirk ein Gericht, eine Staatsanwaltschaft, eine Polizei war, wo ausdrücklich bestimmt war, diese Organe seien dazu berufen, diese Straftat zu ihrer Sühne zu führen. Und man tat es nicht, sondern man hängte die Leute einfach coram iustitiae auf. Das hat mich immer empört, und ich habe immer gesagt, dass diese politischen Sachen vor ein Militärgericht oder vor ein Gestapo-Gericht oder was gehören, aber dass das mit Justiz nichts zu tun hat.

Ich begrüße es also als wahre Befreiung, das man uns davon endlich erlöst. Das hat mich sehr beglückt. Denn mein Leben lang hat mich das Wort begleitet: Gerechtigkeit, was der Herr Minister als letztes Wort aussprach. Das soll auch immer der rote Faden sein, der sich durch die nationalsozialistische Rechtsprechung hindurch zieht.

Dr. Bergmann: Zur Steuerung der Justiz will ich nicht davon sprechen, dass diese Steuerung nicht dahin führen darf, dass die eigene Entschließung des Richters beeinträchtigt wird; ich will nur ein paar Worte über die technische Seite der Sache sagen. Es wird unterschieden zwischen der Steuerung im Voraus und der Steuerung nachher. Die Steuerung im Voraus hat gewisse Schwierigkeiten, die darauf beruhen, dass es nicht leicht ist, dass der Landesgerichtspräsident oder die Stelle, die die Steuerung vorzunehmen hat, nun wirklich von den Fällen, um die es sich handelt, Kenntnis erhält. Ich bin jetzt seit neun Jahren in meinem Bezirk und kann ein Lied davon singen, welchen Erfolg es gehabt hat, wenn ich vom Landesgerichtspräsidenten forderte, dass er mir wichtige Dinge mitteilte. Ich glaube, die Herren werden ähnliche Erfahrungen gemacht haben. Es werden also alle möglichen anderen Mittel gefunden werden müssen, um die Kenntnis bevorstehender Strafsachen an mich zu bringen. Ich darf gleich sagen, dass ich mir von der

Mitwirkung der Justizpressestelle einen guten Erfolg verspreche und bei mir auch schon guten Erfolg damit gehabt habe.

Aber es muß – und darauf wollte ich hauptsächlich kommen – die Steuerung sehr stark unterstützt werden durch die nachträgliche Kenntnis von den Strafsachen, durch die Kenntnis der ergangenen Urteile. Die zu erlangen, ist keine Schwierigkeit. Ich kann aus den Dingen, die mir da vorgelegt werden, das Facit ziehen, und ich kann daraus sehen, welches Strafmaß im allgemeinen bei gewissen Delikten verhängt wird, und welche groben Abweichungen davon bestehen, und ich kann dann mit den betreffenden Richtern über die Dinge sprechen. Ich möchte deshalb diese Frage der nachträglichen Informierung und die Auswertung der Urteile und die daran anzuknüpfende Belehrung der Richter doch stark in den Vordergrund schieben.

Wohler: In Fragen der Steuerung in Strafsachen stehe ich grundsätzlich auf dem Standpunkt, wie ihn bereits Herr Generalstaatsanwalt Jung hier entwickelt hat, dass es in der Regel untunlich sein wird, eine einzelne Strafsache vorher zu steuern. Ich verschließe mich nicht den Notwendigkeiten, die eintreten können. Wenn eine Notwendigkeit vorliegt, greife ich auch ein und spreche mit dem Richter und sorge dafür, dass das, was ich für richtig halte, durchgesetzt wird. Das kann aber immer nur die Ausnahme sein, um dem Richter nicht alles Verantwortungsgefühl zu nehmen.

Ich stehe auch auf dem Standpunkt, dass man nicht nach einem bestimmten Schema die Richter veranlassen sollte, die und die Sachen dem Chefpräsidenten oder Landgerichtspräsidenten zu melden. Die Richter müssen dahin erzogen werden, selbst ein Gefühl dafür zu haben, welche Sache sie für wichtig halten, um darüber vorher mit der einen oder anderen Stelle Rücksprache zu nehmen.

Ich habe in der Steuerung der Justiz eine gewisse Erfahrung. Ich habe seit drei Jahren den Oberlandesgerichtsbezirk Danzig-Westpreußen, also einen Bezirk, der von den Polen übernommen worden ist, und in dem zunächst nichts war. Ich bekam Richter aus allen Gauen des Deutschen Reiches. Ich glaube, lediglich der Gau Ostmark war daran nicht beteiligt. Alle Richter waren aufeinander abzustimmen, und zwar besonders auf die politischen Aufgaben des Ostens. Es war also unausbleiblich, dass eine ständige Information der Richter erfolgte, ständige Richterbesprechungen stattfanden. Ich kenne jeden einzelnen, weiß, was jeder einzelne leistet, und die Landgerichtspräsidenten haben sich auch intensiv mit jedem einzelnen Richter befaßt. Wir haben den Richtern Vorträge halten lassen. Der Gauleiter selbst pflegt jährlich zweimal zu den Richtern zu sprechen, der Landesbauernführer spricht zu ihnen, der Leiter des Wirtschaftsamtes, des Ernährungsamtes, die Stellen der höheren SS, der Polizeiführer usw. Wir lassen den Richtern regelmäßig Vorträge halten und haben dadurch erreicht, dass sie aufeinander abgestimmt wurden, das sie die politischen Gegebenheiten in unserem Gau kennenlernten. Es finden auch jetzt noch monatliche Besprechungen mit den Landgerichtspräsidenten statt. Auf diese Weise ist die Steuerung der Justiz bisher gelungen, und ich kann sagen: Zur Zufriedenheit. Ein Gegensatz zwischen politischer Führung und Justiz besteht im Gau Danzig-Westpreußen nicht. Der Gauleiter stellt sich, wenn die Justiz angegriffen wird, vor die Justiz. Es ist verschiedentlich so gewesen. Ich erinnere mich noch aus der letzten Führertagung, die vor einigen Tagen stattfand: Da meckerte irgendein Kreisleiter über die Justiz, und der Gauleiter nahm sofort für die Justiz Stellung.

Das haben wir bei uns im Gau Danzig-Westpreußen erreicht, und zwar nicht dadurch, das ich vorweg jede Strafsache mit den Richtern besprochen habe, sondern dadurch, dass ich die Richter dahin erzogen habe, dass sie in schwierigen Sachen von sich aus der Dinge Herr werden oder, wenn sie es nicht können, dann an den Landgerichtspräsidenten oder an mich herantreten.

Dies scheint mir der beste Weg zu sein, die Richter dahin zu erziehen, dass sie die Sachen, die aus einem bestimmten Schema herausfallen, zur Kenntnis des Landgerichtspräsidenten oder des Chefpräsidenten bringen, wenn aber in jedem Fall dem Richter die Strafe vorgeschrieben wird, die er zu verhängen hat, dann werden sie nie zu einem verantwortungsvollen Richtertum kommen. Wir können dann zwar erreichen, dass die unsicheren Richter, also die weniger wertvollen, sich restlos fügen, aber bei allen anderen werden sie Opposition erwecken, die werden nicht so freudig mitarbeiten, und das sind die, die wir später brauchen.

Bombe [Frobös]: Die Notwendigkeit einer Steuerung der Rechtspflege kann in den Gebieten, die zu den eingegliederten Ostgebieten gehören, überhaupt nicht bestritten werden. Da treten soviel neue Erscheinungen an den Richter, der aus dem Altreich kommt, heran, dass er sich ohne eine ganz genaue Kenntnis einfach nicht zurecht findet; er muß in irgendeiner Form die nötige Information erhalten. Der Richter, der in irgend einem kleinen Nest sitzt, ist ganz auf sich selber gestellt in seinem engen Kreis und kann die Gedankengänge der politischen Führung und das, was augenblicklich notwendig ist, nur übersehen, wenn er entsprechend geführt wird. Diese Führung wird in der Hauptsache eine Retrospektive sein müssen. Das hat auch schon Herr Block zum Ausdruck gebracht. Aber diese retrospektive Betrachtung, die regelmäßig alle Woche bei mir mit den Landesgerichtspräsidenten stattfindet, wobei die Ergebnisse der letzten Wochen mit dem Vorsitzenden der Sondergerichte und mit einigen Amtsrichtern der Strafrechtspflege durchgesprochen werden, führt lediglich dahin, dass eine gewisse Gleichmäßigkeit herbeigeführt wird und dass die hervorstehenden Angelegenheiten nachher mir zugeleitet werden und einer weiteren Erörterung unterworfen werden. Es genügt das unter gar keinen Umständen, um so weniger, weil gerade jetzt bei den sehr vielen Einziehungen der jungen Richter, die vornehmlich in der Strafrechtspflege angesetzt sind, sehr viele andere eintreten müssen, die nicht diese Versierung haben und infolgedessen in die allergrößten Schwierigkeiten hineinkommen. Ich muß in den nächsten Monaten damit rechnen, dass ungefähr 20 % der Richter eingezogen werden, da sie sich in den Jahrgängen von 1904 und darüber befinden, die in vollem Umfang zur Einziehung freigegeben sind. Es geht infolgedessen gar nicht anders, als die Richter dazu zu veranlassen, dass sie bei der Unmöglichkeit der eigenen Überschaumöglichkeit von sich aus die Frage stellen: Wie ist der Gedankengang der politischen Führung zu dieser oder jener Frage, die in dem Prozeß, sei es Zivilprozeß oder Strafprozeß, zur Entscheidung drängt?

Die Richter selbst sind keineswegs etwa abgeneigt, diesem Gedanken nachzukommen. Es handelt sich nur darum wie auch Herr Wohler schon zum Ausdruck gebracht hat, dem Richter das Fingerspitzengefühl dafür beizubringen: Wo fängt eine Sache an, mulmig zu werden, und wo fängt die Geschichte an, einen politischen Einschlag zu bekommen. Da habe ich die Erfahrung gemacht, dass die Herren, die ganz jung nach dem Osten kommen, am allermeisten die Versager darstellen. Sie müssen sich erst eingewöhnen und hinein fühlen in die gesamten Gedankengänge unserer manchmal vielleicht etwas befremdlich erscheinenden östlichen Auffassung, und sie können das von sich aus nicht schaffen, obwohl ich jedem Richter zur Pflicht mache, sich innerhalb seiner Kreisleitung unter allen Umständen nicht nur zur Mitarbeit zur Verfügung zu stellen, sondern jeden ihm erteilten Auftrag zu übernehmen.

Die Richter machen aber auch in immer steigendem Umfang von dieser Möglichkeit des Heranbringens der Sache vor ihrer Entscheidung Gebrauch, und ich habe erst gestern unmittelbar vor meiner Abreise nach hier wieder die Erfahrung gemacht, dass ein Zivilrichter in Posen, der über eine einstweilige Verfügung zu entscheiden hatte, vorher bei seinem Landgerichtspräsidenten vorgefühlt hatte.

Ich glaube, dass man von dieser Möglichkeit mindestens in demselben Umfang wird Gebrauch machen müssen wie von der retrospektiven Betrachtung der gesamten Urteilspraxis, auch der Tätigkeit des Richters auf dem Gebiet der freiwilligen Gerichtsbarkeit in Grundbuchsachen, in Feststellungsverfahren, in Aufwertungssachen usw., die manchmal einen reichlich unerfreulichen Umfang annehmen, und die sehr häufig mit Rücksicht auf die Rückwanderer, die zu uns kommen, und mit Rücksicht auf die Haltung der Haupttreuhandstelle Ost und des Reichskommissars zur Festigung des deutschen Volkstums ein mehr oder weniger stark politisches Gesicht annehmen.

Ich muß daher bitten, dass es nicht nur bei der retrospektiven Betrachtung der Rechtsprechung und Rechtspflege überhaupt verbleibt, sondern dass gerade das Hauptgewicht darauf gelegt wird, die Richter dazu zu bekommen, dass sie selber versuchen, durch eine intensive Mitarbeit im politischen Denken ihres kleinen Bezirks zu erkennen: Welche Angelegenheit fängt an, politisch-mulmig zu werden? In welcher Angelegenheit ist es richtig, zuvor eine Rücksprache mit den Stellen, die die politische Führung übernehmen und vermitteln können, vorzunehmen? Diese Erziehungsarbeit sehe ich als mein Haupterfordernis an, um bei der Steuerung der Rechtspflege zu positiven Ergebnissen zu kommen. Ich glaube aber nicht, dass man dabei irgendwelche Gedanken des Unbehagens wird haben müssen, wenn man derartig steuert, selbst wenn diese Steuerung bei etwas ostmäßig gepflogenem Verkehrston manchmal etwas herbere Form annehmen sollte.

Reichsjustizminister *Dr. Thierack*: Aber ich nehme an, Sie würden dasselbe Unbehagen haben, wenn Polen vor Ihrem Gerichtsgebäude aufgehängt würden.

Vorredner: Nein, dann bleibt der Richter nicht da.

Block: Ich darf noch eins nachtragen zur Frage der Lenkung der Strafrechtspflege in konkretem Fall. Es ist da noch ein besonderer Grund vorhanden. Es war früher so, dass jüngere aktive Kräfte für Strafsachen herangezogen wurden. Die sind jetzt zum Teil eingezogen. Die Chefpräsidenten bei uns sind daher gezwungen, entweder ganz junge neu hinzu gekommene Kräfte zu Strafrichtern zu machen, die noch nicht den richtigen Überblick haben, oder aber ältere Richter, die seit vielen Jahren den Strafsachen entwöhnt sind, und nun vor der Frage stehen, was sie im einzelnen Fall machen sollen. Gerade diese Richter, die bei uns diejenigen sind, die auf dem Lande die Strafrechtspflege haben, sehnen es geradezu herbei, wenn ihnen im Einzelfall ein Rat erteilt wird, und zu diesem Rat sind wir, glaube ich, auch verpflichtet.

Schwister: Ich möchte eine kurze Mitteilung machen über eine Einrichtung, die ich seit ein paar Monaten zur Regelung der sogenannten Nachschau getroffen habe. Ich hatte im vorigen Jahre hier zur Vorbereitung dieser Besprechungen im kleineren Kreise ein Gutachten über die Weisungsfreiheit der Richter vorgelegt [hierzu *W. Schubert*, Festschrift für Jan Schröder, Tübingen 2013, S. 771 ff.], worin ich mich grundsätzlich dahin ausgesprochen habe, dass im Führerstaat die Justizverwaltung nicht auf die alte Aufgabe eingeschränkt bleiben könnte, die Einrichtungen für die Rechtspflege bereitzustellen und die Rechtsprechung zu kontrollieren, sondern dass eine gewisse Lenkung im allgemeinen heute unumgänglich nötig sei.

Gleichzeitig hatte ich unter Anführung von einer Reihe von Beispielen davor gewarnt, zusätzlich im Einzelfall und insbesondere in Ermessenssachen einzugreifen und auch nur noch mittelbar Einfluß zu gewinnen zu suchen, wenn auch nur in Form einen nachträglichen Kritik. Ich hatte dazu besonderen Anlaß in meinem Bezirk, weil sich der Richter eine sehr große Unruhe wegen dieser Weisungsfreiheit – oder, wie man früher sagte, Unabhängigkeit der Richter – bemerkbar gemacht hatte. Herr Staatssekretär Dr. Rothenberger hat heute morgen schon bemerkt, dass die Richter ganz besonders empfindlich seien gegenüber Kritiken, die vom Staatsanwalt her kommen. Gerade die rheinischen Richter sind, obgleich die Einrichtung der Staatsanwaltschaft gerade über den Rhein nach Deutschland gekommen ist, gegenüber allen mittelbaren und unmittelbaren Kritiken der Staatsanwaltschaft außerordentlich empfindlich. Die Herren Staatsanwälte können ja gar nicht anders: Sie müssen Bericht erstatten in Gnadensachen, müssen unter Umständen berichten in Revisionssachen und wenn dann ein Ukas etwa aus dem Ministerium kommt, gerichtet an den Chefpräsidenten, in dem ihm entweder die Äußerungen des Generalstaatsanwalts mitgeteilt werden, oder nur die Quintessenz zusammengefaßt ist, und er nun ersucht wird, in irgendeiner Weise an die Richter heranzutreten, oder wenn, was noch schlimmer ist, ein derartiger Erguß über den Weg des Generalstaatsanwalts in der Weise kommt, dass der Generalstaatsanwalt beauftragt wird, sich mit dem Chefpräsidenten in Verbindung zu setzen, und wenn dann schließlich, was der Chefpräsident gar nicht anders kann, er mit dem Richter Rücksprache nimmt, dann bin ich wiederholt starker Erregung begegnet und der Entgegnung: Woher können diese Herren – und mit diesen Herren waren nicht nur Herren der Staatsanwaltschaft, sondern auch Herren des Justizministeriums gemeint – diese Herren, die doch in der Hauptverhandlung nicht zugegen gewesen sind, wissen, dass hier eine höhere Strafe – darum hat es sich meistens gehandelt – am Platze wäre?

Um diesen Schwierigkeiten zu begegnen und gleichzeitig auch, um mich grundsätzlich über alles, was in der Strafrechtspflege des Bezirks passiert, zu unterrichten, habe ich in Anlehnung an eine Einrichtung, die zunächst in Köln getroffen war, folgendes angeordnet. Vorausschicken will ich: Mir war aufgefallen, dass bei einem Amtsgericht eines bestimmten Landgerichtsbezirks die Milchfälschungen außerordentlich stark bestraft wurden und dass die Verteidiger bei dem Gericht auftreten und sagten: Ja, in Düsseldorf sind in solchen Fällen nur Geldstrafen verhängt worden. Aufgefallen war mir weiter bei einem bestimmten Landgericht, dass die Sittlichkeitsdelikte so lax beurteilt wurden. Um eine größere Einheitlichkeit zu erzielen, und mich zu gleicher Zeit zu unterrichten, habe ich die Anordnung getroffen, dass noch am Tage der Urteilsfällung über sämtliche Urteile, mit Ausnahme der Übertretungssachen und Privatklagesachen, ein formalmäßiger Bericht erstattet wird. Jeden Tag bekomme ich also eine ganze Reihe von derartigen Berichten. Ich sehe sie kurz durch. Schon beim ersten Eingang vermerke ich bei einigen Sachen, dass die Akten beigezogen werden. Die sämtlichen Berichte werden dann in dem Präsidialbüro zusammengestellt, sortiert, und jeden Dienstag hält ein von mir besonders dafür bestellter Sachbearbeiter mir Vortrag über diese Sachen und schlägt dabei wieder die Einziehung von einer Reihe von Akten vor. Gehen sie ein, so wird von mir das Urteil gelesen, und unter Umständen mache ich das Vortragskreuz darauf, und jeden Tag trägt mir der Strafrechtssonderreferent nun diese Fälle vor. In den meisten Fällen schicke ich, nachdem ich die Akten dem Herrn Generalstaatsanwalt vorgelegt habe, sie wieder zurück über den Landgerichtspräsidenten. Rügen über formelle Mängel und Verzögerungen nehme ich selbst nur vor, wenn es sich um exorbitante Fälle handelt. Nur in den Fällen, in denen es mir notwendig erscheint, auf Einheitlichkeit hin zu wirken und dadurch mittelbar auch die Ansicht auszusprechen, dass das Erkenntnisurteil nicht angemessen sei, wird bei Rücksendung der Akten ein Vermerk gemacht in der Richtung: Die erkannte Strafe erscheint gegenüber den in sonstigen ähnlichen Fällen üblichen auffallend gering; hier und da mache ich wohl auch den Zusatz: Bei der Schwere der Tat oder bei der Gemeinheit der Gesinnung wäre eine Freiheitsstrafe am Platze gewesen.

Bei den regelmäßigen Besprechungen mit den Landgerichtspräsidenten war mir ursprünglich mitgeteilt worden, dass auch durch diese Art die Richter etwas beunruhigt wären. Ich habe darauf die Landgerichtspräsidenten darauf hingewiesen, dass es sich hier ausgesprochen um eine Aktion handle, um eine Gleichmäßigkeit der Rechtsprechung herbeizuführen. Die Fälle, die mir besonders auffallen, trage ich bei den regelmäßigen Besprechungen mit den Landgerichtspräsidenten vor, hier und da auch lasse ich den Sachreferenten darüber noch Einzelvorträge halten. Ich glaube, schon jetzt sagen zu können, dass die Einrichtung sich durchaus wohltätig ausgewirkt hat. Die Richter haben sich damit zufriedengegeben. Ich habe z. B. erreicht, dass in den Schwarzschlachtungen eine sehr viel größere Einheitlichkeit, und zwar eine angemessen scharfe Rechtsprechung erzielt ist. In anderen Einzelheiten: Verbrauchsregelungssachen, Verfütterung von Getreide an Vieh, auch bei Sittlichkeitsdelikten und bei der Bestrafung von Jugendlichen habe ich noch nicht die Einheitlichkeit vollständig erzielt, die wohl erwünscht wäre.

Dazu, den Richter zu mir zu bescheiden, bin ich nur in besonderen Ausnahmefällen geschritten. Solche Fälle kommen auch vor. (Folgt Beispiel, wo ein Litauer auf der Wiese seines Nachbarn nachts die Kühe abgemolken hat und dafür mit 30 RM Geldstrafe bestraft worden ist.)

Was nun die Vorschau anbetrifft, so lasse ich jede Woche vom Vorsteher der Pressestelle eine Übersicht über die in der nächsten Woche anstehenden Sachen vor dem Sondergericht und bei wichtigeren Sachen auch vor der Strafkammer mir vorlegen, lasse mir von jeder einzelnen Sache kurz vortragen, worum es sich handelt, lasse mich auf diejenigen Sachen hinweisen, in denen vielleicht irgendeine Maßnahme erforderlich ist, sei es, dass ich selbst die Sitzung besuche oder jemand hinschicke oder auch mal einen Vorsitzenden zu mir bescheide. Davon habe ich allerdings mit größter Vorsicht Gebrauch gemacht, und zwar auch nur in der Form, dass ich den Vorsitzenden auf bestimmte Gesichtspunkte, die hier wohl zu beachten seien, etwa zu der Frage, ob die Voraussetzungen der Volksschädlingsverordnung gegeben sind, hinweise. Im übrigen habe ich bei diesen Unterredungen immer aufs schärfste betont, dass der Richter nach bestem Wissen und Gewissen auf Grund der Hauptverhandlung zu entscheiden habe, und ich habe bisher auch mit dieser Einrichtung keine schlechten Erfahrungen gemacht.

Reinle: Die Lenkung der Rechtsprechung in Strafsachen ist wohl das ureigenste Kind der Justizkrise. Wenn dies zum Teil sehr wohl darauf beruht, dass nicht wenige Richter, vielleicht infolge ihrer weltanschaulichen Herkunft oder ihrer falschen Rechtserziehung, gelegentlich die innere Haltung vermissen lassen und dadurch zu Rechtssprüchen kommen, die unsere Billigung nicht finden, so ist die Justizkrise doch wohl immer nur dann akut geworden, wenn besondere Urteile dem Führer oder anderen höheren politischen Persönlichkeiten aufgefallen, und zwar unangenehm aufgefallen sind. Insofern wird wohl die Lenkung der Rechtspflege aus dem Bestreben heraus geboren sein, derartige Rechtssprüche, die mißbilligt werden könnten, im voraus unmöglich zu machen. Das besagt, dass man das Schwergewicht der Lenkung nach wie vor vor die Hauptverhandlung wird setzen müssen. Und das ist nun das Schwere und manchmal etwas Unmögliche, was uns zugemutet wird. Ich darf Ihnen versichern, dass die Mehrzahl der Chefpräsidenten und Generalstaatsanwälte die Lenkung als eine schwere Belastung empfinden, auch als eine Gewissensbelastung.

Es ist und bleibt nun mal so, dass wir ein Urteil oder Weisungen abgeben sollen auf Grund eines Tatbestandes, der notwendig unvollständig sein muß. Ich habe versucht – und viele andere Kollegen haben es auch versucht –, hier von vornherein mir einen möglichst großen Überblick über das zu verschaffen, was an Stoff vorliegt. Ich habe mir alle wichtigen Anklagen vorlegen lassen und habe sie gelesen, stundenlang täglich, und habe dann gemerkt, dass im Grunde genommen immer nur wenige Fälle übrigbleiben, die eine Lenkung erforderlich machen. Aber um diese wenigen Fälle zu finden, war das Lesen der vielen unnötigen Fälle fast unvermeidlich, so dass ich schließlich dahin gekommen bin, mich auf den Generalstaatsanwalt zu verlassen und mit dem auszumachen: Du mußt die Anklagen sowieso lesen, sei es weil nach Berlin zu berichten ist oder aus sonstigen Gründen;

ich erwarte, dass ich in all den Fällen verständigt werde, in denen Schwierigkeiten zu erwarten sind oder vielleicht vom Oberstaatsanwalt im Bezirk bereits gemeldet sind. Und wenn es dann an Hand des Einzelfalles nötig ist, dass ich mich mit dem Richter unterhalte, werde ich verständigt und schalte mich ein.

Wie ich aus den Worten des Herrn Staatssekretärs Dr. Rothenberger entnommen habe, wird dieses Verfahren nicht als ausreichend empfunden, sondern es wird jetzt erwartet, was bisher auch schon teilweise Übung war, dass wir alle 14 Tage uns mit den Landgerichtspräsidenten unterhalten und uns von denen Vortrag halten lassen. Abgesehen von dem großen Zeitverlust, den das für die Herren bedeutet, krankt das Verfahren an der gleichen Fehlerquelle wie die ganze Lenkerei: Wir wissen ja, in welchen Fällen es nun wirklich zu solchen Mißhelligkeiten führt. Oft sind es ganz geringfügige Dinge, die in der Hauptverhandlung irgendwie eine Wendung nehmen, in denen der Richter sich ungeschickt benimmt oder ein ungeschicktes Urteil fällt oder Gründe hineinschreibt, die besser nicht darin ständen. Diese Dinge kann man nicht vermeiden, weder dadurch, dass ich vorher die Anklage lese, noch dadurch, daß ich mir von dem Landgerichtspräsidenten in wenigen Sätzen sagen lasse, was in den zur Verhandlung stehenden Fällen vorkommt. Wenn ich die Anklage lese, habe ich wenigstens einen relativ großen Einblick in die Sache. Wenn ich aber auf das angewiesen bin, was der Präsident mir in ganz wenigen Sätzen, auch wieder aus dritter Hand von dem Kammervorsitzenden, mir vorträgt, habe ich keine Sicherheit dafür, dass ich wirklich über die politisch wichtigen oder mulmig werdenden Fälle unterrichtet werde. Also Fehlerquellen haften dem System immer an, und es ist dann für uns etwas unangenehm, wenn wir bedingungslos die Verantwortung übertragen bekommen für Dummheiten, die in Gottes Namen begangen werden, und die wir auch bei heißestem Bemühen nicht ändern können. Insofern macht also die Technik dieser Lenkung, wie ich glaube, uns berechtigte Sorge.

Dass die Herren im Einzelfall sich lenken lassen, kann ich auch bestätigen. Wenn man sich mit den Herren, wie ich es getan habe, über die psychologischen und sonstigen Gründe unterhält, stößt man immer auf Verständnis. Gelegentliche Schwierigkeiten habe ich trotz gelegentlicher Empfindlichkeiten, die bei alten Parteigenossen auch aufgetreten waren, überwinden können. Aber die eigentlichen Ursachen, die für die Justiz im ganzen, auch für das neue Regime, gefährlich sind, die Fehlerquellen, aus denen manchmal falsche Urteile entstehen, werden auch auf diesem Wege, den man da versucht, nicht beseitigt, und die Energie, die man im einzelnen darauf verwenden muß, ist so groß, dass man tatsächlich manchmal das Gefühl hat, nicht mehr zu können. Das wollte ich doch ausgesprochen haben.

Drescher: Die meisten der Generalstaatsanwälte sind zeitweilig Richter gewesen. So ist es auch mir gegangen. Wo es nicht der Fall ist, gehören sie im allgemeinen so lange der Justiz an, dass alles, was wir heute morgen vom Herrn Minister und vom Herrn Staatssekretär über die zukünftige Stellung des Richters gehört haben, ihre uneingeschränkte und ungeteilte Zustimmung finden muß. Es ist zu hoffen, dass all die Pläne, Entwürfe und Hoffnungen in Erfüllung gehen und dass die Staatsanwaltschaft dann im Zuge der Hebung des Richters auch den Platz erhalten wird, der ihr gebührt.

Bei den Erörterungen über die Steuerung des Richters sollte man einen Gesichtspunkt nicht außer acht lassen, der auf staatsanwaltschaftlichem Gebiete liegt. In all den schwierigen Jahren, die hinter uns liegen, hat sich in politischen Strafsachen – und das sind gerade die, die heute zur Debatte standen – der Kampf im ersten Stadium und auch in der Hauptsache auf dem Buckel der Staatsanwaltschaft abgespielt. Die Hauptentscheidung lag sehr häufig darin, ob überhaupt Anklage erhoben werden sollte oder nicht. Es ist sehr viel besser, alle Steuerung dort einzusetzen, wo die größte Wahrscheinlichkeit besteht, einen Schaden zu vermeiden, nicht erst dann, wenn durch dumme und falsche Urteile das Kind in den Brunnen gefallen ist. Man sollte deshalb der Staatsanwaltschaft das Vertrauen entgegenbringen, und der Richter sollte vor dem Urteil und der Anklage vertrauensvoll mit den Vertretern der Anklage reden, wie die Sachlage ist und wie es zu machen ist. Auf der anderen Seite soll der Staatsanwalt, der zuschlägt, sich erst vergewissern, was wird aus deiner Anklage? Deshalb möchte ich vom Standpunkt der Staatsanwaltschaft aus nochmals betonen, dass die Steuerung vorher unendlich viel besser ist als die Steuerung nachher.

David: Herr Minister! Wenn sich die Aussprache bisher lediglich darum gedreht hat, ob generelle oder spezielle Lenkung, so glaube ich aus den Ausführungen von heute morgen entnehmen zu müssen, dass hier sowohl als auch, auch absolut notwendig ist, weil es hieß: Die Verantwortung tragen nach der einzelnen Stufe die betreffenden Herren. Es handelt sich dabei nicht um die politische Verantwortung, sondern ausschließlich um die sachliche, und zwar deshalb, weil doch die Grundlagen für jenes Richtergesetz gelegt werden sollen, das uns in einer gewissen Ferne aufgezeigt worden ist. Um die Grundlagen dafür zu schaffen, erscheint mir sowohl die generelle wie auch die spezielle Lenkung absolut notwendig, und es ist lediglich eine Frage der Persönlichkeit, wie man das am besten macht. Dass wir da keine allgemeinen Richtlinien aufstellen können, ist eindeutig. Dankbar sind wir aber für die Anregungen, die heute gegeben worden sind.

Wenn ich weiter auf die Frage der Strafen eingehen darf, so stößt man nicht nur im Volke, sondern auch bei nicht unbeachtlichen politischen Leitern – mir geht es immer so bei meinem Gauleiter – auf gar kein Verständnis in der Richtung, dass der Staatsanwalt sowohl hinsichtlich der Strafart als auch des Strafmaßes einen konkreten Antrag stellt und dann Abweichungen im Urteil vorkommen. Ich habe diese Frage zu überprüfen versucht und festgestellt, dass auch im Altreichs-Strafrecht eine zwingende Form dafür, dass der Vertreter der Anklage einen konkreten Antrag stellen muß, nicht vorliegt. Im österreichischen Strafrecht war es dem Anklagevertreter direkt verboten, einen solchen konkreten Antrag zu stellen, und es ist dann nur über die Anklageverordnung und eine Verwaltungsvorschrift dazu gekommen, dass dem Anklagevertreter der Ostmark das zu einer zwingenden Vorschrift gemacht wurde. Dass niemals eine absolute Gleichheit in der Auffassung zwischen Anklagevertreter und Richter eintreten kann, bedarf weiter keiner Worte. Es fragt sich nur: Ist das konkrete Antragsrecht des Anklagevertreters zweckdienlich oder nicht? Ich halte diese Frage für aktuell, weil sich aus dieser Frage Angriffspunkte gegen den Anklagevertreter ergeben und gewisse Vorkommnisse auch zu Weiterungen führen können und geführt haben. Es erscheint mir auch nicht zuträglich für die Harmonie, die zwischen Anklagevertreter und Richter bei ihrer gemeinsamen Arbeit absolut notwendig ist. Wir haben mit der Einrichtung im österreichischen Strafrecht, das eine recht lange Tradition hat, die besten Erfahrungen gemacht. Der konkrete Antrag des Anklagevertreters lautet dahin: Ich beantrage Schuldspruch des Angeklagten und angemessene Bestrafung. Aufgrund dieses Schuldspruchs und Antrages sind Urteile gefällt worden, die nicht auf Verständnis gestoßen sind. Denn man wendet ein: Der konkrete Antrag ist zur Lenkung und zur politischen Ausrichtung der Straftat notwendig. Durch das, was in der letzten Zeit gesprochen worden ist, nämlich sowohl die generelle als auch die spezielle Vor- bzw. Nachschau, ist diese Frage eigentlich schon nicht mehr notwendig geworden, und sie kann auf diesem Wege gelöst werden, ohne dass jene Momente hinzukommen, die an sich der ganzen Frage abträglich sind.

Zur Frage der Strafe wäre ich persönlich unendlich dankbar für das heute Gehörte, nämlich in großen Sachen Härte, womöglich größte Härte, in Kleinigkeiten aber menschliches Verständnis. Ich möchte die Frage kurz unter folgendem Gesichtspunkt berühren: Was sagt das Volk, und was sagt der politische Leiter? Ich habe die strafrechtliche Behandlung unserer braven Burschen ganz vorn vor dem Feind kennen gelernt. Es ist einem mitunter schwer gefallen, einen braven Burschen wegen Diebstahls, den er wirklich aus Hunger begangen hatte, oder wegen eines Wachvergehens, das er wegen absoluter Übermüdung begangen hatte, verurteilen zu müssen. Das war aber notwendig zur Aufrechterhaltung der Disziplin der Truppe. Ich habe nun meinem Gauleiter gegenüber argumentiert: Ich halte vielfach Strafen in der Heimat für zu niedrig unter dem Gesichtspunkt des vierten Kriegsjahres und im Verhältnis zu den Urteilen gegen die jungen Burschen vorn an der Front. Man hat mir darauf entgegnet: Draußen muß schärfer gestraft werden als an der Front, weil sonst die Disziplin draußen irgendwie leiden und die Front zusammenbrechen kann. Darauf habe ich gegenargumentiert: 1918 ist nicht die Front zerbrochen, sondern die Heimat, und daher sind die Strafen, die in der Heimat verhängt werden, in ein absolutes Verhältnis zu den Strafen zu bringen, die draußen verhängt werden müssen, auch wegen Sachen, die vielleicht nicht so wesentlich erscheinen, die aber unter dem Gesichtswinkel des vierten Kriegsjahres absolut Beachtung verdienen.

In diesem Zusammenhang darf ich die Frage des Gnadenrechts anschneiden. Der Herr Minister hat heute morgen angedeutet, dass mitunter Gnadenerweise verhängt werden. Ich wäre dankbar, wenn wir darüber näheres erfahren könnten. Denn es ist oft vorgekommen – ich gehe nicht auf einen bestimmten Fall, sondern spreche allgemein -, dass Urteile gegen Männer in gehobener Stellung ergangen sind und dass in kürzester Zeit die Freiheitsstrafe in Geldstrafe überführt wurde. Dass stieß bei den Richtern nicht auf Verständnis und machte sie unsicher. Wenn wir darüber näheres erfahren könnten, wäre es außerordentlich wertvoll.

Nun sagt das Volk vielfach: Zu dem Richter haben wir das allergrößte Vertrauen, aber es gibt viele Sachen, die gar nicht an den Richter herankommen, die vorher irgendwie abgebogen oder erledigt werden. Wenn wir hier die Möglichkeit hätten, auf Grund einer autorisierten Stellungnahme etwas zu sagen, wäre es gut. Denn man spricht zu dieser Frage, man versucht auch, vernünftig und überzeugend dazu zu sprechen, man weiß aber nicht immer, ob das vollauf gelingt.

Nun haben wir heute weiter gehört, dass wir in kürzester Zeit in die Möglichkeit versetzt werden, den Herren eine Ruhe zu gönnen, welche sie sich wohl verdient haben. Wir sind aber mit Kräften nicht gerade übermäßig versehen. Jeder wird für die Möglichkeit, die ihm hier gegeben ist, unendlich dankbar sein, er wird aber jetzt vor der Frage stehen: Was mache ich nun? Ich kann mir vorstellen, dass es wesentlicher ist, dass jemand in der Versenkung verschwindet und die Bearbeitung von Sachen etwas länger dauert, weil weniger Kräfte da sind.

Was die UK-Stellungen angeht, so ist es selbstverständlich, dass wir alles das, was zur wirklich kämpfenden Truppe gehört, hergeben müssen. So ist in der Justiz auch eindeutig verfahren. Ist es aber nun zweckmäßig, dass Landgerichtspräsidenten, Staatsanwälte, die kv sind, irgendwo draußen bei einem Verpflegungsamt stecken? Wenn solche Männer eine Verwendung draußen finden, die nicht immer ganz sinnvoll ist, so muß doch der Militärverwaltung gegenüber nunmehr der Gesichtspunkt ins Feld geführt werden, da es gilt, eine starke Justiz zu errichten, dass der Mann bei uns einen wesentlich größeren Aufgabenkreis zu erfüllen hat.

Meißner: Ich möchte die Frage aufwerfen: Warum steht jetzt die Frage nach einer Lenkung der Richterschaft im Vordergrund, die früher nicht aufgerufen wurde? Aus der Beantwortung dieser Frage ergibt sich bereits die wesentliche Art der Lenkung. Das Warum hat darin seine erste Grundlage, dass die politische Konzeption des Führers über Jahrhunderte hinausgeht, dass sie so großzügig ist, dass man einem kleinen Amtsrichter oder überhaupt einen Richter, der seine tägliche Pflicht erfüllt, nicht immer zumuten kann, solchen Gedankengängen zu folgen. Das zweite ist, dass die wirtschaftlichen und politischen Verhältnisse derart kompliziert sind, dass da wohl den meisten Richtern nicht das nötige Wissen zur Verfügung steht, um diese Verhältnisse richtig zu beurteilen. Ich möchte nur erinnern an die Wandelbarkeit der Verhältnisse in der Entwicklung der Devisensachen. Wenn sich hier jemand nach den früheren Erlassen richten würde, würde er Mißfallen erregen. Weiter kommt in Betracht, daß eine Reihe von Delikten da sind, die vermöge ihrer Eigenart und ihrer Verflochtenheit mit unserem Daseinskampf von besonderer Wichtigkeit sind. Ich denke etwa an die Fälle des Schleichhandels [und] der Eisenbahndiebstähle, die, wie letzthin im Ministerium auch betont wurde, mit der größten Schärfe zu verfolgen sind. Natürlich wird ein junger Richter, der die Verhältnisse im früheren Kriege, die durch die Eisenbahndiebstähle entstanden sind, nicht miterlebt hat, sich zu Beginn solcher Erscheinungen nicht darüber klar sein, was hier an wirtschaftlichen Existenzen und Werten auf dem Spiele steht und welche Schärfe notwendig ist, um das Umsichgreifen von vornherein zu unterbinden. Aus diesen Gesichtspunkten scheint mir doch die vorausschauende Lenkung der wichtigste Teil der Lenkung zu sein.

Das ist aber eine Tätigkeit, bei der der Chefpräsident und der Generalstaatsanwalt nicht immer die ausreichenden Kräfte sein werden, um wirksam durchzugreifen. Wenn ich dem Richter ein gewisses Wissen über bestimmte staatliche und wirtschaftliche komplizierte Verhältnisse geben will, so kann ich natürlich nicht erwarten, dass er mich oder den Chefpräsidenten als Autorität ansieht. Es wäre wünschenswert, wenn die Richter, die zu judizieren haben, öfters von den maßgebenden Männern, die über die politischen und wirtschaftlichen Zielen unterrichtet sind, Vorträge entgegennehmen könnten. Gerade in wirtschaftlichen Dingen gibt es komplizierte Verhältnisse! In einem Einzelfall, der besonders schwierig und fraglich in seiner Auswirkung ist, kann ja noch eine besondere Besprechung stattfinden. Das Wesentliche wird immer die Verknüpfbarkeit des Einzelfalls mit den allgemeinen Verhältnissen im Staate und mit unserem Daseinskampf sein.

Nicht wünschenswert erscheint es mir, bei Jugendlichen mit besonderer Strafschärfe vorzugehen, sondern hier werden die Maßnahmen so sein müssen, dass man den Menschen nicht vernichtet, sondern etwas aus ihm macht, so dass der Jugendrichter, der immer mehr das Individuum ansehen muß, nicht ganz mit demselben Maßstab wird messen können wie der Richter, der Schleichhändler oder ähnliche Verbrecher abzuurteilen hat. Am schwierigsten scheint es mir beim Strafmaß zu liegen, wo man, wenn der allgemeine Hinweis auf die Notwendigkeit der größeren Strenge nicht genügt, im Einzelfall immer Schwierigkeiten haben wird, ohne Anstoß zu erregen, dem Richter ein Strafmaß vorzuschlagen, das ihm vielleicht nicht liegt und das er auf Grund seines aus der Verhandlung gewonnenen Wissens nicht für richtig hält.

Becker (Jena): Im Anschluß an die Worte von Herrn Präsidenten von Steinaecker wollte ich sagen, dass wir in Jena im Rahmen der Lenkung mit den Besprechungen zwischen Richter und Staatsanwalt die besten Erfahrungen gemacht haben und diese Lenkung nicht missen möchten. Es handelt sich ja nicht um eine Lenkung durch die Staatsanwaltschaft, sondern man bespricht sich, und der gegenseitige Standpunkt wird klar. Es kommt nicht darauf an, habe ich meinen Richtern gesagt, dass ihr euch unbedingt mit dem Staatsanwalt auf eine bestimmte Strafe einigt. Das wird hier und da nicht erreicht werden. Wenn der Staatsanwalt nicht zufrieden ist, kann er ja Berufung einlegen. Aber im allgemeinen wird doch erreicht werden, dass der Strafantrag der Staatsanwaltschaft nicht stark vom Urteil abweicht, sondern dass Strafantrag und Urteil übereinstimmen. Es wurde auch darauf hingewiesen, dass die Anwälte gesagt hätten: Es hat gar keinen Zweck, dass wir noch reden; denn die beiden Teile haben ja schon alles festgelegt! Ich habe meinen Richtern gesagt: Wenn ihr mit den Anwälten sprecht, so weist sie unbedingt darauf hin, dass das nicht der Fall ist, sondern dass jeder Anwalt die Möglichkeit hat, mit schlagenden Gesichtspunkten die Beweisführung umzustoßen. Es kommt doch alles auf die Hauptverhandlung an. Die Besprechungen haben auch nicht den Sinn, unbedingt festzulegen, dass so und nicht anders entschieden werden muß, sondern erst die Hauptverhandlung ergibt die Grundlage für die wichtige Entscheidung. Ich hoffe auch, das die Anwälte nunmehr einen anderen Standpunkt [einnehmen?].

Martin: Ich wollte nur meine Zustimmung zu den Ausführungen von Herrn Meißner erklären, zwar nicht in allen Einzelheiten, aber im Grundgedanken. Die Lenkung wird dadurch sehr schwierig, dass auch wir sehr häufig nicht in der Lage sind, zu sagen, welche die Ideen und Pläne der Führung sind, dass wir dem Richter nicht mit einiger Sicherheit sagen können. In welcher Richtung ein Urteil vom Richter als Gehilfen des Führers erwartet werden muß. Vielfach scheitert die Richtigkeit des Urteils daran, dass der Richter den großen Zusammenhang, in dem jeder solcher Lebensvorgang steht, nicht übersehen kann.

Ich erinnere mich eines Falles. Ein Bauer, der bisher zu gar keinen Beanstandungen Anlaß gegeben hatte, hatte Getreide verfüttert. Der Bauernführer brachte diesen Fall an die Staatsanwaltschaft. Der Bauer erhielt eine verhältnismäßig geringe Strafe. Der Landesbauernführer sagte nachher, er habe gerade diesen Fall herausgegriffen, weil der Bauer in der Gegend ein gewisses Ansehen hätte und die Verfütterung von Brotgetreide einen großen Umfang angenommen habe. Das wußten aber die Herren des Sondergerichts nicht, sondern sahen es als einen Einzelfall an. Sie konnten von ihrem Standpunkt aus den Mann, der durchaus gut bezeugt war und sich bisher durchaus ehrenhaft benommen hatte, allerlei mildernde Umstände zubilligen. Das haben sie getan, und so entsprach das Urteil nicht dem, was notwendig gewesen wäre. Wir konnten nicht darüber hinweg, dass in der Kriegszeit der größte Teil der Strafrechtspflege einen generalpräventiven Charakter hat und es nicht nur auf die Sühne des Einzeldelikts ankommt, sondern auf den Gesichtspunkt der Abschreckung. Daran nimmt ein großer Teil unserer älteren Richter Anstoß. Hier können wir aber unsere Richter belehren. Aber wir können ihnen nicht sehr häufig sagen, welches die Ideen und Pläne der Führung sind, welches die großen Linien sind, innerhalb deren das Delikt, das zur Aburteilung kommt, nur ein kleiner Punkt ist. Es ist zu begrüßen, wenn uns der Herr Minister in Aussicht stellt, daß wir hier weitere und umfangreichere Aufklärung bekommen werden, so dass wir die uns vermittelte Kenntnis weitergeben können.

Wenn ich dann noch einen kurzen Gedanken bezüglich der Unabhängigkeit anfügen dürfte – „Weisungsfreiheit" deckt sich nicht ganz damit -, so tritt für mich bei der ganzen Erörterung über diese Frage viel zu sehr in den Hintergrund die Frage der Ermittlung der Wahrheit und der Feststellung des Tatbestandes. Viel wichtiger ist, dass der Richter unabhängig ist in der Feststellung des Tatbestandes, dass ihm dabei keiner hineinredet. Das muß immer aufrechterhalten werden. Man kann mir schließlich auch durch eine lex specialis theoretisch sagen, ohne meine Unabhängigkeit zu gefährden: Wenn du festgestellt hast, dass dieser Mann das getan hat, mußt du ihn zum Tode verurteilen! Dafür trage ich erst in zweiter Linie die Verantwortung. Aber in die Feststellung: Ist der Mann der Täter? kann mir niemand hineinreden. Darin kann man mich anweisen: Wenn er es getan hat, muß die und die Strafe erkannt werden. Aber das ist ein viel geringeres Moment als die Feststellung des Tatbestandes.

Reichsjustizminister *Dr. Thierack*: Meine Herren, ich bin Ihnen außerordentlich dankbar, daß zu diesen Fragen so zahlreich gesprochen worden ist. Die Frage der

Lenkung ist ja eine Kernfrage, und sie muß naturgemäß die Richter besonders bewegen.

Nun ist zunächst die Frage aufgeworfen worden: Warum denn nun Lenkung? Warum jetzt die Lenkung? Ich will Ihnen hierzu sagen, was der Führer mir gesagt hat. Er ist ebenso wie ich der Überzeugung, dass Fehlurteile, die vorgekommen sind, nicht auf die Böswilligkeit der Richter zurückzuführen sind. Ich glaube auch nicht, dass heute noch irgendwo ein böswilliger Richter sitzt. Der Führer hat aber gesagt: Die Richter sind noch nicht gleichmäßig ausgerüstet. Er meint damit: Sie wissen noch nicht so recht, worum es eigentlich geht. Zweitens hat der Führer gesagt, was ich Ihnen heute früh schon angedeutet habe: Der Richter soll der Gehilfe des Führers sein, er soll also die Ideen der Staatsführung kennen und sich danach richten. Diese Probleme der Staatsführung ändern sich, namentlich im Kriege, aber dauernd. Wenn Sie heute morgen von Herrn Staatssekretär Rothenberger den Erlaß an sämtliche Parteistellen gehört haben, dass wir den Auftrag bekommen haben, ein Richterkorps gleichmäßig auszurichten, so betrifft das den ersten Punkt. Aus diesen Gesichtspunkten ist die Lenkung der Richter notwendig. Wenn wir mal, meine Herren, zu diesem Richterkorps kommen, wie sich der Führer ausdrückt und wie er es wünscht – das wird aber erst in Jahren der Fall sein, vielleicht, wenn die Jugend so weit ist, wie wir heute sind -, werden wir keine Lenkung mehr brauchen. Denn erstens wird dann das Richterkorps von sich aus gleichmäßig ausgerichtet sein, und zweitens werden die Probleme, vor denen heute die Staatsführung steht, nicht mehr so schroff gelöst werden müssen und nicht in der Form zur Lösung bereit stehen. Es ist klar, dass die Lage, in der wir uns befinden, uns alles erschwert, und es ist weiter klar, dass die Probleme, die der Führer zu lösen berufen ist, dass die ganze Zeit eben eine Ausrichtung und eine Kenntnis dieser Probleme auf seiten der Richter erfordert.

Ich habe keinen von Ihnen gehört, der gegen die Lenkung gewesen wäre. Herr von Steinaecker sprach zwar von dem „unangenehmen Gefühl", wenn man nun einem Richter gegenüberstehe und ihn lenken solle. Meine Herren, ein solch unangenehmes Gefühl, ein solches Gefühl des Unangenehmen darf Sie gar nicht überkommen. Das ist ein falscher Blickpunkt. Sie müssen sich davon freimachen; denn Sie tun ja nichts anderes als Ihre Pflicht; Sie wollen ja dem Richter helfen, dass er die Probleme so sieht oder so ausgerichtet ist, wie er es in diesem Falle sein muß.

Nun müssen wir uns darüber klar sein, dass die Lenkung, die wir vorhaben, ganz verschieden durchgeführt werden muß. Was Sie heute hier erleben, meine Herren, ist eine Lenkung. Ich bin überzeugt, dass Sie heute abend, wenn wir auseinander gehen, eine Überzeugung mitgenommen haben, dass Sie in der bestimmten Richtung tätig sein wollen, nicht nur sollen. Sie haben wahrscheinlich die Überzeugung gewonnen: Wir müssen jetzt so handeln. Dass ich Ihnen heute die Probleme dargestellt habe, ist schon eine Lenkung. Mit anderen Worten: Die Lenkung wird von der Spitze der Justiz aus vorgenommen Ihnen gegenüber, und zwar können wir das natürlich nur in der Form, dass wir Ihnen ideenmäßig sagen, wie sich ein Richterkorps zu einer Frage stellen muß, und auf der anderen Seite die Probleme aufzeigen, vor denen die Staatsführung steht. Deshalb habe ich Ihnen heute morgen einige dieser dringendsten Probleme ganz offen aufgezeigt. Wir müssen doch dankbar sein, dass uns von der Justiz aus gesehen, dieser Weg gegeben wird, zu wissen, was der Führer will. Das ist die Brücke, von der der Herr Staatssekretär heute morgen sprach. Es ist ein so ungeheurer Vorteil, dass wir das wissen, dass wir das auch ausnutzen müssen. Das heißt: Ich sage es Ihnen, und Sie sagen es weiter. Schon das ist eine Lenkung. Die Justiz, also von mir aus gesehen, kann weiter lenken. Sie kann die Staatsanwaltschaft irgendwie anweisen – das muß immer bestehen bleiben -, in dem einen Fall Anklage zu erheben, in anderen das Verfahren einzustellen. Das kann ich natürlich auch nur im Namen meines Rechtsgefühls. Ich kann keine Verfahren zur Einstellung anweisen, wo eine strafbare Handlung vorliegt, sondern kann dann höchstens niederschlagen. Das ist auch klar. Die Lenkung gegenüber dem Staatsanwalt ist so natürlich, dass Sie wahrscheinlich darin überhaupt nichts mehr finden werden. Nun muß natürlich der Staatsanwalt dieser Weisung, die ich ihm gebe, entsprechen; er muß also Anklage erheben oder sonst was tun.

Es ist selbstverständlich, dass zwischen Staatsanwalt und Richter ein enges Verhältnis besteht. Das ist wiederholt auch nach außen hin in diesem Hause betont worden. Es wird auch danach gehandelt, aber manchmal falsch. Vor wenigen Tagen ist mir eine Revisionsbegründung an das Reichsgericht vorgelegt worden, die dahin ging, das Urteil sei aufzuheben, weil der Staatsanwalt während der Beratung des Richterkollegiums mit im Beratungszimmer gewesen sei. Das scheint tatsächlich der Fall gewesen zu sein. Daraus geht aber schon klar hervor, dass das Gericht das Bedürfnis gehabt hat, mit der Staatsanwaltschaft im Beratungszimmer vor der Urteilsfällung zu sprechen. Das ist vernünftig. Falsch war, dass der Staatsanwalt coram publico durch die Tür des Gerichtssaals in das Beratungszimmer ging. Das erzeugt Mißtrauen gegenüber allen Beteiligten, und der Niederschlag ist die Revisionsbegründung. Wenn Sie also, meine Herren, das Bedürfnis haben, als Richter mit einem Staatsanwalt zu sprechen, so begrüße ich das, und ebenso wenn der Staatsanwalt das Bedürfnis hat, mit dem Richter zu sprechen. Ich bin 12 Jahre Staatsanwalt gewesen, ehe ich Richter wurde. Ich kenne die Verhältnisse genau, und ich glaube, auch davon wird Gebrauch gemacht. Das ist keine Lenkung, meine Herren! Niemals wird von uns ein Staatsanwalt angewiesen werden, in das Beratungszimmer zu gehen und vor der Beratung zu sagen: Ihr müßt dieses Urteil fällen! Das lehnen Sie mit Recht mit Entrüstung ab. Sollte ein Staatsanwalt ein solches Verfahren einschlagen, so weisen Sie es zurück. Das ist nicht richtig.

Nun kommen wir zum Richter. Der Richter wird also von Ihnen gelenkt, indem Sie die Probleme, die wir heute in dieser Tagung angerührt haben, ihm weitergeben. Das ist schon eine Lenkung. Sie tun das vielleicht ganz unbewußt, vielleicht aber auch bewußt, freudig. Sie haben vieles in sich aufgenommen, was Sie bisher im Leben noch nicht gehört haben und von dem Sie sicherlich innerlich überzeugt sind. Es ist richtig, dass wir das den Richtern sagen. Wir können von der Justiz auch niemals an den Richter herantreten und ihn anweisen, Urteile in bestimmter Richtung zu fällen. Das ist ausgeschlossen. Sie kennen ja meine Präambel oder meinen Einführungserlaß zur [im Original offen gelassen]...regelung.

Dort ist das klipp und klar ausgesprochen. Die Richterlenkung kann von hier aus durch die Richterbriefe geschehen, d. h. post hoc. In diesen Briefen werden Urteile, die wegen ihrer besonderen Güte auffallen, herausgezogen, ebenso die, die wegen ihrer nicht guten Beurteilung auffallen, und Ihnen dann mit meiner persönlichen Erklärung vorgelegt. Das ist eine ganz glatte Richterlenkung, die ich mir erlaube durchzuführen und die ich auch verantworten zu können glaube, also post hoc. Diese Richterführung ist mit dem Führer verabredet. Sie stammt nicht von ihm, auch nicht von mir, sondern sie stammt von einer dritten Seite, aber ist so gut, dass ich es dem Führer vorgetragen habe und dass er von jedem Richterbrief eine Abschrift verlangt.

Ich glaube, meine Herren, ein Teil dieser Begründung stammt vom Führer selbst. Ich habe schon mehrere Begründungen zu Urteilen bekommen. Das ist das, was mich so freut, dass unser Führer in diesem schwersten Kampf noch die Zeit findet, auch dazu noch Stellung zu nehmen. Ich kann Ihnen das nicht in Briefe rot drucken – das darf ich nicht -, aber meine engsten Mitarbeiter wissen genau, was bei diesen Begründungen von unserer höchsten Staatsspitze stammt.

Meine Herren, wollen Sie diese Lenkung nicht annehmen? Sie nehmen sie sicher an, und finden nichts darin.

Nun kommen wir zu einer Lenkung, die von Ihnen aus geschieht. Ich habe nichts dagegen, dass Sie Ihre Richter lenken, wie jeder es für richtig hält. Ich habe schon betont: Ich lasse jedem von Ihnen seine Freiheit. Man muß sie auch einem Behördenchef lassen. Aber ich nehme jeden in Verantwortung. Daraus entlasse ich keinen. Das ist die jetzige militärische Ausrichtung der Justiz. Sie stehen zu mir in einem Vorgesetztenverhältnis, genau wie beim Militär, nicht als Richter, sondern als Behördenchef. Genau so ist es bei Ihnen nach unten hin. Wenn Sie lenken wollen, so tun Sie es, wie Sie es wollen; ich rede nicht hinein. Machen Sie es nur, und es muß einmal sichtbar werden.

Nun ist gar keine Frage, dass die Lenkung, die Sie vornehmen, wie der Herr Staatssekretär sagte: Wenn das Kind in den Brunnen gefallen ist, natürlich die leichteste Lenkung ist. Sie ist aber nicht diejenige Lenkung, die am wertvollsten ist. Vielmehr ist die Lenkung am wertvollsten, die einsetzt, ehe so etwas geschieht. Dagegen wenden sich nun einige von Ihnen. Ja, meine Herren, das ist nur eine Sache des Taktes [!] nur! Wenn der Richter, mit dem Sie sprechen, erkennt, dass Sie ihm helfen wollen, dann werden Sie weder das „unangenehme Gefühl" haben, das Herr von Steinaecker hatte, noch wird der Unterstellte, wie einer der Herren sagte, dass es im Rheinland so stark ausgeprägt sein soll, das Gefühl haben, dass er gegängelt wird. Was Herr Martin sagte, ist absolut richtig: Der Richter muß die absolute Freiheit der Feststellung des Tatbestandes haben. Da haben Sie auch nicht hineinzureden; das ist seine Sache. Wohl aber können Sie mit ihm sprechen: Ich sehe den Fall so an. Wenn der Richter in dem Falle des Bauern, der Brotgetreide verfüttert hatte, vorher gewußt hätte, dass es sich um einen besonderen Fall handelte, so hätte er das bei der Strafe berücksichtigt. Ihm das zu sagen, bedeutet ein Helfen und nicht ein Unfreimachen des Richters. So stelle ich mir die Lenkung vor.

Nun plädiert Herr David für die österreichische Art des Antrags des Staatsanwalts, die wir auch eine Zeit lang in Sachsen gehabt haben – ich kenne sie auch -, dass also vom Staatsanwalt kein genauer Antrag gestellt werden soll. Dann vermeiden Sie das, was Herr David vermieden wissen will, eine Diskrepanz nach außen zwischen Antrag des Staatsanwalts und Urteil und infolgedessen auch die Angriffsmöglichkeit gegenüber dem Urteil. Wenn also das Gericht meinetwegen zu milde urteilt und der Staatsanwalt hat schärfer beantragt, so betrifft das nur die äußere Form, und das kann die Justiz ertragen. Jedenfalls sind die vielen Vorteile, die sich aus einem spezialisierten Strafantrag des Staatsanwalts ergeben, nicht zu verachten.

Meine Herren! Auch der Antrag des Staatsanwalts ist eine gewisse Lenkung. Wer über eine lange Praxis als Staatsanwalt verfügt wie ich und jahrelang an einem Gericht gewesen ist – ich war 6 Jahre im Landgericht und 6 Jahre im Oberlandesgericht -, hat zuletzt eine gewisse Virtuosität darin, seine Richter durch den Antrag zu beeinflussen. Das möchte ich nicht missen. Ich will die Richter damit durchaus nicht abwerten.

Weiter ist der Staatsanwalt dadurch, dass er gehalten ist, einen präzisierten Antrag zu stellen, auch gezwungen, sich die Sache sehr genau zu überlegen. Er muß den Antrag verantwortlich stellen. Das ist etwas ganz anderes, als wenn er nur für eine Bejahung der Schuld plädiert. Dann ist nach unseren Verfahrensvorschriften von dem Strafmaß, das der Staatsanwalt erwartet, das Gericht, das judiziert, abhängig. Dem Gericht wird durch den Antrag des Staatsanwalts schon klar, was dieser erwartet. Schließlich ist der Staatsanwalt, wenn er verantwortlich handelt, sehr oft gezwungen, ehe er in die Hauptverhandlung geht, um einen bestimmten Strafantrag zu stellen, entweder mit seinem Oberstaatsanwalt zu sprechen oder sogar vorher mit dem Gericht: Was meinen Sie, Herr Direktor, ich wollte 6 Jahre Zuchthaus beantragen! Auch da ist es gut, wenn die Verbindung zwischen Gericht und Staatsanwaltschaft vorhanden ist.

Abschließend möchte ich meinen: Die Mehrheit von Ihnen oder wohl alle begrüßen die Lenkung. Sie sehen ein, aus welchen Gründen gelenkt werden wird. Sie wehren sich nur dagegen, dass von irgendeiner Seite dem Richter für einen bestimmten Fall ein bestimmtes Urteil aufgezwungen wird. Ich habe heute mit aller Schärfe betont, dass das nicht geht. Das will keiner von uns, auch der Führer nicht. Er hat ja gesagt – und ich habe Ihnen heute morgen seine eigenen Worte mitgeteilt -: Er wünscht, dass der Richter aus eigener Verantwortung sein Urteil findet. Sonst zerbricht nämlich der Richter. Das will keiner von uns. Aber lenken müssen wir jetzt die Richter aus den Gründen, die ich eben dargestellt habe, und ich glaube, dass Sie das auch verstehen werden.

Das zweite Problem war die Rechtsprechung durch das Volk selbst. Dieses Problem müssen wir jetzt in Angriff nehmen, und ich wäre Ihnen, meine Herren, zu Dank verpflichtet, wenn Sie von sich aus zu diesem Problem etwas sagen könnten. Ich habe Ihnen heute morgen gezeigt, wie ich es mir denke. Aber ich bin auch nur ein Mensch und kann auch fehl denken. Haben Sie dazu irgendwelche Anregungen oder Bedenken oder irgend etwas zu sagen?

N.N.: Man könnte an die Ortsgerichte denken, die im Hessischen eine sehr segensreiche Tätigkeit ausgeübt haben. Diese Tätigkeit bezieht sich im wesentlichen auf die Beratung und Betreuung der Leute im Liegenschaftsrecht. Soviel ich aber weiß, geht ihre Tätigkeit auch weiter. Man könnte darin auch das Schiedsmannswesen und die Rechtsprechung in Bagatellsachen einbauen.

Staatssekretär *Dr. Rothenberger*: Ich habe die Herren schon gebeten, mir das geschichtliche Material zur Verfügung zu stellen.

Reichsjustizminister *Dr. Thierack*: Mir ist in der Aussprache mit dem Reichsführer SS gesagt worden, dass in Hessen solche Gerichte noch vorhanden seien. (*Widerspruch und Zuruf*: In Franken!) Es hieß da, dass die sog. Siebenerei z. B. in Schwaben noch vorhanden sei. (*Erneuter Zuruf*: In Baden auch! [auch in Bayern, Feldgeschworene hinsichtlich der Grenzsteine]) Meine Herren, wenn Sie vielleicht jetzt nicht auf dieses Thema vorbereitet sind oder dazu nichts sagen können, so wäre ich Ihnen dankbar, wenn Sie uns durch Ihre Kenntnis unterstützen und einen schriftlichen Bericht darüber abgeben könnten. Ich betonte ja heute morgen: Wir wollen bewußt an noch historisch Vorhandenes anknüpfen.

Scriba: In Hessen bestehen die Ortsgerichte. Sie sind im wesentlichen lediglich mit Schätzungen von Grundstücken befaßt, haben aber keinerlei schiedsrichterliche Tätigkeit. Ein Friedensgericht hat in Hessen nie bestanden, ist auch nicht aufgehoben. Wohl aber hat zur Zeit der französischen Besatzung von Rheinhessen ein [...] bestanden. Das waren Amtsgerichte, die die Bagatellsachen zu erledigen hatten. Aber eigentliche Gerichte, wie sie dem Herrn Staatssekretär vorschweben, hat es in Hessen nicht gegeben. Die Ortsvorsteher sind auch nicht mit eigentlichen richterlichen Aufgaben befaßt, sondern nur mit Schätzungen und Unterschriftsbeglaubigungen.

Reichsjustizminister *Dr. Thierack*: Ich bitte Sie auch, meine Herren, lassen Sie sich nicht etwa durch meine Stellungnahme oder irgend etwas beeinflussen. Wenn Sie gegen diese Einrichtung sind, sprechen Sie es doch frei aus. Sie ist noch nicht eingeführt. Ich habe nur die Absicht, das zu tun. Von vielen Seiten wird mir das empfohlen, weil es gut sei.

Ungewitter: In Nassau haben wir die Ortsgerichte seit 100 Jahren. Die haben im wesentlichen Aufgaben der freiwilligen Gerichtsbarkeit, Unterschriftsbeglaubigungen usw., vor allem aber auch Erbauseinandersetzungen zu regeln. Sie beurkunden Grundstücksverträge bis zu 500 Mark und sind sehr weitgehend auch die Rechtsberater der Bevölkerung. (*Minister*: Was sind das für Menschen?) – Es sind in der Regel, jedenfalls zu 75 %, die Bürgermeister, vielfach die Altbürgermeister, gelegentlich auch der Ortsgruppenleiter. (*Minister*: Also keine Rechtskundigen?) – Nein. Es sind ältere ortsansässige Bauern, und auf dem Lande bewährt sich diese Einrichtung sehr gut. Ich habe gerade vor kurzem die Gelegenheit gehabt, einen Amtsgerichtsrat in Walldorf über die Angelegenheit zu sprechen. Im Februar, wenn auf dem Lande wenig zu tun ist, läßt er sich seine 35 Ortsgerichtsvorsteher kommen, spricht mit ihnen die Fragen durch, erörtert mit ihnen Fehler, die sie gemacht haben, und führt das so. Nötig ist nur, dass man diese Ortsgerichte auch in einem Verbande mit der Justiz läßt, damit sie von der Justiz aus unterstützt werden und etwas Fühlung mit uns behalten. Wir behandeln die Ortsgerichtsvorsteher als Ehrenbeamte auf Widerruf nach § 147 des Beamtengesetzes. Sie werden vom Oberlandesgerichtspräsidenten ernannt mit Zustimmung der Gemeinden und Zustimmung der politischen Stellen, die von uns gehört werden. Wir haben mit dieser Einrichtung auf dem flachen Lande sehr gute Erfolge gehabt. Sobald wir etwas mehr in städtische Verhältnisse kommen, sinkt der Ortsgerichtsvorsteher zum Schätzungsmann herab. Dann hat er lediglich noch die Aufgabe, die Grundstückstaxe festzusetzen. Darüber hinaus ist er aber auch bei der Regelung von Erbsachen, als Berater in Vormundschaftssachen tätig, und als solcher, wie ich weiß, eine vom Gauleiter außerordentlich geschätzte Einrichtung.

Beyer: Die Siebener waren in meiner Jugend – ich bin in Franken aufgewachsen – nur mit den Abmarkungen betraut. Sie hatten die Grenzsteine zu setzen und das sog. Siebener-Geheimnis: Es wurde irgendein geheimes Zeichen am Gemarkungsstein angebracht. Es handelte sich um eine reine Abmarkungstätigkeit.

Reichsjustizminister *Dr. Thierack*: Dann wollte Herr David noch etwas über die Gnadenfrage wissen. Ich habe kein Geheimnis vor Ihnen, nur ist es sehr schwer, Ihnen da irgendeine Richtlinie zu nennen. (*David*: Dass der Richter nicht die Überzeugung hat, er hat zwar nach bestem Wissen und Gewissen geurteilt, aber sein Urteil wird desavouiert.) Es gibt Urteile, die nicht richtig sind. Diese werden heute im allgemeinen durch die außerordentlichen Rechtsbehelfe, Nichtigkeitsbeschwerden durch das Reichsgericht in ausgezeichnetster Weise erledigt. Ich habe noch nicht einen Fall erlebt, wo das Reichsgericht nicht doch den richtigen Weg gefunden hätte. Diese Rechtsbehelfe sind meinem Gefühl nach eine Einrichtung, die auf die Dauer nicht bleiben kann. Sie sind aber in dieser Zeit notwendig. Wenn also ein Urteil im allgemeinen nicht richtig ist, so wendet man dieses Mittel an, dass man zum Reichsgericht geht und die bestimmte Erwartung hat, dass es in dieser Form in Ordnung kommt.

Nun gibt es aber Urteile, die nicht in Ordnung sind und nicht mehr angefochten werden können, d.h. nicht aus Rechtsgründen, sondern weil die Frist von einem Jahr verstrichen ist. Dann muß irgend etwas im Gnadenwege geschehen. Das sind wohl die Urteile, die Herr David meint, wo der Richter sich desavouiert fühlt. (*David:* Nein, vielfach ist die Frist noch nicht verstrichen.) Solche Fälle sind mir unbekannt. – Auf der anderen Seite gibt es Gnadenakte, die wie ich heute morgen schon angedeutet habe, erzwungen werden. (*Vertrauliche Ausführungen.*) Es gibt aber auch Fälle, wo die Wirkung des Urteils allein genügt, nämlich die Plakatierung. Nehmen wir an, dass bei einer Plünderung 11 Zigarren weggenommen worden sind, oder, wie ich neulich einen Fall hatte, ein Gegenstand im Werte von 2,50 RM oder – ein Fall in Danzig-Westpreußen – von einem Bahnbediensteten wurde eine Uhr aufgehoben, die mir vom Referenten vorgelegt wurde, die auf der Straße lag und vollkommen verkohlt war. Wenn man hier unterstellt, dass der Täter geglaubt hat, eine wertvolle Uhr an sich zu nehmen, so war die Tat mit dem Tode zu sühnen. Aber wenn man das Ding dann vor sich liegen sah, konnte man anderer Meinung sein. Dann handelt es sich also um Korrekturen, die aus staatspolitischen Gründen vorgenommen werden. Das können Sie unten den Gnadenakten nicht ansehen.

Im übrigen gibt es so viel Modifikationen, dass man das gar nicht in Richtlinien festlegen kann. Für das Gnadenrecht gilt nur eins: Es muß an einer Stelle durchgeführt werden. Es ist Ihnen vielleicht bekannt – oder nicht bekannt -, dass in der letzten Gauleiterbesprechung – mir war es auch unbekannt; ich habe es erst erfahren, als ich in dieses Haus kam – der Wunsch ausgesprochen ist, dass die Gauleiter das Gnadenrecht haben möchten. Es war selbstverständlich, dass ich mich alsbald dafür einsetzen mußte, dass das nicht durchgeführt werden kann. Denn das würde zunächst bedeuten, dass wir statt der früheren 17 Landesregierungen in Gnadensachen nun wieder ähnliche Instanzen haben würden und eine neue heterogene Entscheidungsmöglichkeit gegeben ist. Dann ist das Gnadenrecht ja ein Recht des Führers. Es bleibt beim Führer, es ist nur jetzt delegiert worden, und zwar in sehr weitgehendem Maße. Der Justizminister darf alle Urteile vollstrecken lassen; nur wenn er Gnade üben will, muß er das Urteil dem Führer vorlegen. Nun kann es Fälle geben – ein solcher Fall ist gerade jetzt unterwegs -, wo an und für sich die Vollstreckung notwendig gewesen wäre und ich die Vollstreckung auch für richtig gehalten habe, und doch muß dieser Fall dem Führer vorgetragen werden. Es handelt sich um einen Fall, der seiner Bedeutung und der Seuchengefahr nach so weite Kreise gezogen hat, dass der Führer unterrichtet sein muß. Das ist eine Entscheidung, die ich anrufe, obwohl ich ermächtigt bin, zu vollstrecken. Diese Entscheidung geht dann auch nicht über den Chef der Präsidialkanzlei, der die Entscheidung vorlegt, wenn ich eine Begnadigung wünsche – dann geht es über die Präsidialkanzlei -, sondern das geht unmittelbar von mir zum Führer, – auch ein Novum!

Ich glaube, damit wohl etwas zur Gnadenfrage gesagt zu haben. Im übrigen habe ich es im Ministerium so eingerichtet, wenn Sie das noch wissen wollen: Jeden Donnerstag um 9 Uhr kommt die betreffende Abteilung und trägt mir vor, bis die Sachen erledigt sind. In jeder Woche werden mir etwa 70 Urteile vorgetragen, und das kostet einen ganzen Tag.

Ist noch eine Frage?

Jung: Ich wollte zu einem anderen Punkt noch gern einiges sagen und halte mich dafür für verpflichtet. Heute morgen ist erklärt worden, dass über die Zuchthäusler, die zu über 8 Jahren Zuchthaus verurteilt sind, und über die Sicherungsverwahrten gewissermaßen das Urteil schon gesprochen ist. Nun gibt es unter denjenigen, die zu derartig hohen Zuchthausstrafen verurteilt sind, sicherlich einige, die zu hoch verurteilt sind. Ich kenne Gnadenverfahren, in denen ich das dem Ministerium gegenüber geltend gemacht habe, wo auch das Ministerium meinen Standpunkt anerkannt und erklärt hat, man werde diese zu hohen Urteile zu gegebener Zeit rektifizieren. Es handelt sich dabei um Urteile, die zu Beginn des Krieges ohne allgemeine Kenntnis der Dinge im Einzelfall oft zu hart geworden sind. Auch bei einigen Sicherungsverwahrten liegen ähnliche Fälle vor, dass sie zu Beginn des Krieges aus der Sicherungsverwahrung entlassen werden sollten, dann aber vermöge der Grundsätze während des Krieges nicht zur Entlassung kamen, so dass diese zurückgestellt sind. Von meinem Vertreter ist gestern noch gesagt worden, dass bei uns jetzt einige Anträge auf Entlassung aus der Sicherungsverwahrung vorliegen, die von allen noch in Frage kommenden Stellen, auch von der Geheimen Staatspolizei befürwortet sind, und die nunmehr dem Ministerium zur Entscheidung vorgelegt werden sollen. Ich halte mich für verpflichtet, auf diese Sonderfälle hinzuweisen.

Reichsjustizminister *Dr. Thierack*: Ganz stimmt Ihre Auffassung nicht. Ich habe nicht so gesagt, dass alle über 8 Jahre zu Zuchthaus Verurteilten durch Arbeitseinsatz vernichtet werden sollen. Das habe ich nicht gesagt, sondern ich habe gesagt: Es besteht die Absicht, dass alle zur Sicherungsverwahrung Verurteilten – und das waren, soviel ich weiß, 7.400 – und alle, die mehr Strafe bekommen hatten, ausgeliefert werden sollen. Aber von denen, die 8 Jahre bis zu 15 Jahren Zuchthaus bekommen haben, also ein zeitliches Zuchthaus, soll bei jedem einzelnen, soweit es sich um Deutsche handelt, untersucht werden, ob der Betreffende zu dieser Kategorie zu rechnen ist oder nicht. Eine Riesenarbeit, die hier geleistet werden muß! Neu an Ihrer Darlegung ist für mich, dass es auch bei Sicherungsverwahrten Fälle geben kann, wo diese Behandlung nicht richtig wäre. Das ist doch Ihre Auffassung? (*Jung*: Jawohl!) Das muß also geprüft werden. Ich bin für diesen Hinweis dankbar. Es muß geprüft werden, ob da der Weg geändert werden muß.

Hat einer von den Herren sonst noch einen Wunsch?

Christians: Ich hätte gern um eine Auskunft gebeten. Der Herr Minister hat gesagt, dass in allen Fällen der Plünderung die Todesstrafe erkannt werden solle, auch wenn es sich nur um ein Taschentuch handle. Ich möchte um Auskunft bitten, ob § 1 der Volksschädlingsverordnung geändert werden soll oder ob in solchen Fällen, wo eine Plünderung in diesem Sinne nicht anzunehmen ist, gemäß § 4 der Volksschädlingsverordnung auf Todesstrafe erkannt werden soll.

Reichsjustizminister *Dr. Thierack*: Das kommt auf den Fall an. Das kann ich nicht aus dem Handgelenk schütteln. (*Zuruf*: Wenn es sich um eine wertlose Sache handelt, so war nach dem bisherigen Recht der Gegenstand der Plünderung nicht gegeben, sondern nur bei Gegenständen wertvoller Art.) Unter dem Taschentuch verstehe ich folgendes: Wenn jemand des Plünderns wegen in ein Haus geht und dort ein Taschentuch an sich nimmt, so wäre das wohl Plündern. Wenn jemand aber ein Taschentuch im Vorübergehen an sich nimmt, ihm in dem Moment die Idee kommt: Du nimmst es mit, so wäre das wohl nicht Plündern. Entscheidend ist für mich nicht so sehr der Wert der Sache wie der Wille des Täters. Ich kenne die Einwendungen. Ich habe sie mit der Abteilung schon längst besprochen. Aber das ist meine Auffassung. Nun werden Sie gleich sagen: contra legem. Wenn jemand getroffen wird, der meinetwegen einen Geldbetrag von 100 RM oder, wie ich neulich den Fall gehabt habe, eine Frauensperson, die in einem Hotel angestellt war und drei Anzüge des Inhabers mitgenommen hat, so brauchen wir überhaupt nicht zu fragen, was es ist. Wenn dieselbe Angestellte in dem Hause herumsucht, hat aber noch nichts gefunden, bloß ein Taschentuch,- ob das nun glückselig wie bisher gemacht worden ist, ich weiß es nicht.

Staatssekretär *Dr. Rothenberger*: Sehr häufig passiert der Fall, dass eingesetzte Männer vom SD-Dienst, die in der Nacht aufräumen, irgendwelche Lebensmittel an sich nehmen, Kognak trinken, eingemachte Früchte verzehren usw. Ich glaube, dass man das nicht als Plündern bezeichnen kann, selbst wenn es in einem etwas erheblichen Umfange geschieht.

Reichsjustizminister *Dr. Thierack*: Nein, das ist kein Plündern. Wenn der Mann aber einige Weckgläser einsteckt und mit nach Hause nimmt, so sieht die Sache schon anders aus. Ich bin absichtlich auf dieses Thema nicht näher eingegangen. Ich will Sie auch nicht verwirren. Aber Sie werden die richtige Linie schon finden können. Jedenfalls kann ich ein Urteil, das zu hart ist, immer korrigieren, das zu weich ist, nur schwer. Hier liegt die politisch begründete Lenkung darin – das betone ich heute morgen -, dass wir niemals zu den Zuständen kommen dürfen, die mir der Reichsmarschall vermittelt hat, nämlich bei den Bombenabwürfen auf London und Coventry eingetreten sind. Hier abzuschrecken ist das A und O. Aber Sie sollen auch da vernünftig sein. Ob Sie, wie es neulich geschehen ist, einen Mann, der auf der Straße einige Zigarren vor einem Zigarrenladen, dessen Fensterscheiben zertrümmert waren, aufgehoben hat, als Plünderer anfassen, weiß ich nicht. Nachdem der Mann die Zigarren gefunden hat – darauf hat das Urteil keinen entscheidenden Wert gelegt -, ist er aber zurückgekehrt und hat ins Schaufenster hinein gegriffen. Dabei ist er gefaßt worden, und das ist das Entscheidende. Ich will nicht weiter variieren und kein Rechtskolleg halten. Ich bin aber mit meiner Abteilung nicht ganz im klaren. Vielleicht kommt da mal eine Änderung. Jedenfalls müssen Sie nach diesem Blickpunkt urteilen. Das ist die Lenkung, die ich Ihnen mitgegeben habe.

Semler: Ich wollte auf dasselbe zu sprechen kommen, was Chefpräsident David angeschnitten hat, auf die Frage der Reklamierung. Ich habe, wie dem Herrn Minister bekannt ist, einen Sonderauftrag, bei dem ich reine Wehrmachtsaufgaben erledige, und ich habe, um die nötigen Staatsanwälte für diesen Zweck zu bekommen, eine Reihe von Herren freizugeben. Es waren sechs, bei denen ich mich, soweit es möglich war, überzeugt hatte, dass sie für diese Sache fachlich und auch persönlich geeignet waren. Es waren Herren, die zum großen Teil seit Kriegsbeginn in der Heimat auf Schreibstuben verwandt werden. Ich hatte also gebeten, die Frage zu prüfen, ob diese Staatsanwälte für die betreffenden eng mit der Wehrmacht zusammenhängenden Aufgaben freigegeben werden könnten. Das hat das OKH leider Gottes abgelehnt. Auch einige andere Generalstaatsanwälte werden durch diese Frage berührt.

Staatssekretär *Dr. Rothenberger*: Ich halte Anträge auf UK-Stellungen in der gegenwärtigen Zeit für außerordentlich schwer durchzuführen, und glaube, wir sollten und zur Zeit davor hüten, solche Fälle, wo unsere Landgerichtsräte irgendwo bei der Wehrmacht auf Schreibstuben herumsitzen, anzurühren. Die Wehrmacht steht heute wohl mit Recht auf dem Standpunkt: Ich brauche jeden Mann, und wo ich ihn einsetze, das ist meine Sache und richtet sich meistens auch nach der körperlichen Verfassung des Betreffenden. Die Zeit wie vor einem oder zwei Jahren, dass wir unsere Landgerichtsräte, die auf Schreibstuben herumsitzen, reklamieren und dabei Erfolg hatten, ist, glaube ich, vorbei. Das ist natürlich mit der Kriegslage begründet. Dass eine Reklamierung in dem Sonderfall, den Herr Semler eben anschnitt, wo die Betreffenden für Wehrmachtszwecke tätig sein sollen, aussichtslos sei, kann ich allerdings nicht einsehen. Ich könnte mir denken, dass in diesem Fall auch von uns nochmals Schritte unternommen werden könnten. Es handelt sich dabei aber um einen ganz besonderen Einzelfall. Im übrigen war mein Standpunkt, das wir bei den Behördenchefs, die wir jetzt für die Lenkung und den Aufbau der Rechtspflege dringend brauchen, dort allerdings auch mit Erfolg, wenn auch nur in gewissem Umfange, Anträge auf UK-Stellung stellen wollen und zum Teil schon gestellt haben.

Reichsjustizminister *Dr. Thierack*: Ist sonst noch eine Frage zu den Themen, die wir heute besprochen haben?

N.N.: Der Herr Minister teilte uns heute mit, dass die Strafgerichtsbarkeit gegen Polen und Juden ausschließlich auf die Polizei übertragen werden solle. Ich möchte auf die Auswirkung, die das in meinem Bezirk haben wird, hinweisen. Wir verlieren damit in Danzig-Westpreußen außerhalb des Gebiets der früheren Freien Stadt Danzig 50 bis 75 % der Strafsachen. In Danzig selbst, das ins eingegliederte Gebiet hinein reicht, sind 25 bis 40 % Polen-Sachen. Was für uns besonders schwer tragbar ist, ist der Umstand, dass dies gerade der allerwichtigste Teil unserer Tätigkeit bisher gewesen ist. Das war ein Gebiet, auf dem die Justiz auch politisch wirken konnte, und, jedenfalls nach Auffassung unserer politischen Instanzen, auch politisch gut gewirkt hat. Das Polen-Strafrecht füllte 75 % aller Richterbesprechungen aus, es bildete den Hauptteil der Überwachungstätigkeit der Landgerichtspräsidenten. Jetzt soll das anders werden. Was ich bisher erwähnte, sind eben eigentlich nur die Belange der Justiz, auf die es ja allein nicht ankommt. Schwerwiegender aber ist folgendes: Der Reichsstatthalter von Danzig-Westpreußen hat bisher immer auf dem Standpunkt gestanden, dass die Ausübung der Justiz, auch der Justiz über Polen allein Sache der ordentlichen Gerichte sein sollte. Das Polen-Strafrecht in der bisherigen Form ließ die Einrichtung von Standgerichten zu. Es sind, soweit ich unterrichtet bin, in sämtlichen Bezirken außer in Danzig-Westpreußen derartige Standgerichte eingerichtet, sowohl in Ostpreußen wie in Oberschlesien wie in Warthegau. Der Gauleiter Forster ist vom Reichsministerium des Innern, von der Parteikanzlei, vom Reichsführer SS dieserhalb wiederholt angegangen worden und hat es konsequent abgelehnt, das letzte mal erst vor wenigen Wochen.

Der Gauleiter steht auf dem Standpunkt: Es liegt im Interesse der ruhigen Fortentwicklung des Reichsgaues, wenn die Justiz lediglich von einer Stelle ausgeübt wird und dieser Auffassung bin ich allerdings auch. Zu dieser Auffassung muß man aus der ganzen Struktur der Bevölkerung bei uns kommen. Es ist nicht so, dass wir hier Polen und dort Deutsche haben und dass eine starre Trennungslinie besteht. Es gibt nicht etwa den Unterschied zwischen Deutschen und Polen wie zwischen Deutschen und Juden, Negern usw. Man hat in dem eingegliederten Teil nur einen verhältnismäßig geringen Prozentsatz reiner Deutscher und nur einen verhältnismäßig geringen Prozentsatz reiner Polen. Dazwischen steht die große Schicht derer, die irgendwie, irgendwann mal deutsches Blut hat. Der Gauleiter ist bestrebt, diese Zwischenschicht allmählich einzudeutschen. Es ist nicht so, dass, wenn die Volksliste jetzt fertiggestellt wird, diese Aktion beendet sein soll. Die Aktion soll weitergeführt werden, und man will nach Möglichkeit jeden

Tropfen deutschen Blutes erfassen. Die Grenze, die durch das Volkstum gezogen ist – solche, die in der Volksliste eingetragen sind, und die außerhalb Stehenden – ist eine ganz willkürliche. Es gibt deutsch sprechende Polen und polnisch sprechende Deutsche. Dieses ganze System der Eindeutschung, wie es dem Willen des Reichsstatthalters entspricht, kann dadurch gefährdet werden, dass die Justiz nun von zwei verschiedenen Stellen ausgeübt werden wird. In der Weise: Über den eingedeutschten Kaczmarek entscheide ich, über den noch nicht eingedeutschten Kaczmarek, der durchaus kein größerer Pollak sein mag als der erste, entscheidet die Polizei. Ich weiß nicht, ob diese Absichten für das Gedeihen des Gauen von Vorteil sein werden.

Reichsjustizminister *Dr. Thierack*: Sie haben gesagt, dass Sie bis zu 75 % Ihrer Tätigkeit verlieren würden. Das wäre sehr zu begrüßen; denn dann würden Männer frei.

N.N.: Ich werde von den fünf Sondergerichten mindestens zwei, wahrscheinlich aber drei auflösen können.

Reichsjustizminister *Dr. Thierack*: Dann sprechen Sie davon, dass der Gau Danzig-Westpreußen keine Sondergerichte eingerichtet hat. Das ist mir bekannt. Aber es ist nicht daran gedacht, diese Polen durch Standgerichte aburteilen zu lassen. Weiter ist mir auch bekannt, dass in Ihrem Gau die Eintragung in die Volksliste sehr weit fortgeschritten ist, und ich sagte Ihnen schon, dass die Vereinbarungen zwischen dem Reichsführer SS und mir dahin gingen, dass er es zu respektieren hat, sobald ein Pole zur Volksliste eingemeldet und eingetragen ist, ihn von deutschen Gerichten judizieren zu lassen.

N.N.: Dann würde die Grenze jetzt eine andere sein. Für die Justiz würde nicht die Volksliste, wie sie besteht, die Grenze bilden, sondern wie sie später mal sein wird. (*Minister*: Nein, wie sie besteht!) Nach Ihren Worten würde doch die Anmeldung für die Volksliste schon maßgebend sein. Dann würden der Jurisdiktion der Polizei nur diejenigen unterstehen, die von der Volksliste abgelehnt sind, (*Zuruf*: Oder gar nicht angemeldet sind!) von denen man sagen kann: Sie bleiben definitiv Polen. (*Minister*: Die Gründe habe ich Ihnen heute früh dargelegt.) Ich kann mich den Gründen nicht verschließen. Die Maßnahmen gelten vor allen Dingen und sind notwendig bei den polnischen Arbeitern, die in Deutschland arbeiten und aus dem Gouvernement stammen. Die anderen interessieren gar nicht so sehr stark. Im übrigen ist es doch im Gau Wartheland so, dass ein großer Teil der Polen von Standgerichten abgeurteilt wird. (*Widerspruch.*)

N.N.: Im Gau Wartheland ist die Möglichkeit vorgesehen, Standgerichte einzusetzen. Praktisch bestehen sie aber noch nicht. Der Gauleiter hat ausdrücklich erklärt, dass er nur persönlich ein solches Standgericht einsetzen könne und keinen Gebrauch davon mache. Vor sechs Wochen hat er vor versammeltem Kriegsvolk und sämtlichen Sondergerichtsvorsitzenden erklärt, dass er keine Veranlassung dazu habe, mit der Tätigkeit der Sondergerichte vollständig einverstanden zu sein. Also Sondergerichte sind bei uns nicht eingesetzt gewesen, wenigstens nicht in der letzten Zeit. (*Minister*: Was macht die Gestapo bei Ihnen?) – Die Gestapo hat in einer Reihe von Fällen Exekutionen vorgenommen, aber alle Retorsionsmaßnahmen nicht etwa mit dem Gedanken einer Aburteilung. Beispielsweise als in einem Ort in der Nähe von Kudno ein Polizeibeamter totgeschlagen oder erschossen war, wurden 100 Mann aus den Gesellschaftskreisen des Täters gegriffen und auf dem Marktplatz aufgehängt. (*Richtig!*) Das ist eine Angelegenheit, die mit Justiz gar nichts zu tun hat und die uns infolgedessen auch absolut nichts angeht.

Reichsjustizminister *Dr. Thierack*: Insofern aber hat die Justiz etwas damit zu tun, als von der Staatsanwaltschaft untersucht werden mußte, wer der Täter ist.

N.N.: Das geschieht. Die Verfolgung der Täter ist damals bei den zwei erschossenen Polizeibeamten erfolgt und ich glaube, sie sind auch ergriffen worden. (*Minister*: Wer hat sie abgeurteilt?) – Das Sondergericht, also nicht in dem abrupten Verfahren der Gestapo. Diese Maßnahmen waren reine Retorsionsmaßnahmen.

Wenn es gestattet ist, möchte ich aber doch auf eine gewisse Schwierigkeit hinweisen, die durch diese Abgabe entsteht. In Litzmannstadt sitzt eine sehr große Zahl von Volksdeutschen, die zum Teil stark ins polnische Fahrwasser hinüber gegangen waren. Dort kommt es recht häufig vor, dass Deutsche und Polen an einer Straftat gemeinschaftlich beteiligt sind. In diesen Fällen wird es zu recht erheblichen Schwierigkeiten führen, wenn die Gestapo die Polen griffe und sehr schnell einer Erledigung zuführte, über die ich mich nicht weiter auszulassen brauche.

Reichsjustizminister *Dr. Thierack*: Diese Frage ist schon besprochen worden, und für diesen Fall ist auch Vorsorge getroffen worden, dass es nicht geschieht, ebenso mit dem Volksgerichtshof. Ist sonst noch irgendeine Frage?

N.N.: Herr Minister, Sie haben uns mehrfach persönlich für das verantwortlich gemacht, was in unseren Bezirken geschieht. Ich darf auf eine kleine Schwierigkeit hinweisen. Wie sollen wir die Verantwortung tragen namentlich in Bezirken mit vielen kleinen Gerichten, wenn wir nicht hinfahren können? (*Minister*: Sie wollen Betriebsstoff haben?) – Ja, Benzin ist da, es wird nur nicht uns zugeteilt, sondern anderen Leuten. Es fahren so unendlich viel Menschen mit Autos, nur nicht die Justiz.

Reichsjustizminister *Dr. Thierack*: Ich führe schon einen Kampf um den Betriebsstoff, die berühmten 100 l, für die Generalstaatsanwälte. Ich habe mir schon gesagt, dass das nicht von Ihnen durchgefochten werden kann, sondern auch mit von mir. Wir müssen sehen, was dabei herauskommt. Ich kann Ihnen nur sagen, dass es uns in Berlin nicht viel anders geht als Ihnen. Es sind nur wenige Menschen mit Benzin so gut fundiert wie der Präsident des Volksgerichtshofs.

Meine Herren, wenn Sie keine Fragen haben, darf ich nur noch einem Wunsch und einer Bitte Ausdruck verleihen, was ich heute morgen schon sagte: Wollen wir doch den guten Gedanken des Reichsministers Dr. Goebbels unterstützen, die Veröffentlichung von positiven Urteilen. Es wäre doch falsch, wenn wir dieses Angebot in seiner wirklich großzügigen Art nicht annehmen würden. Ich bitte Sie also: Machen Sie etwas Druck dahinter, dass wir möglichst bald gute Urteile aus Ihrem Bezirk bekommen, damit sie in der Zentrale von der Presse veröffentlicht werden können.

Die zweite Bitte geht dahin: Senden Sie uns auch möglichst bald das Material, das wir zu den Richterbriefen brauchen. Ich brauche Ihre Mitarbeit in diesen beiden

Punkten. Wenn auch im Ministerium viel anfällt und gesehen wird, so reicht das bei weitem nicht aus. Ich glaube, Sie überzeugt zu haben, welchen Zweck sowohl die Publikation von seiten des Reichspropagandaministeriums als auch der Richterbrief verfolgt. Ich habe Ihnen ja darüber Näheres gesagt.

Wenn keiner der Herren noch eine Erklärung abgeben will, so habe ich Ihnen nur für Ihre Mitarbeit zu danken. Ich darf den Wunsch aussprechen, dass wir uns recht bald wiedersehen und glaube, dass das sehr bald der Fall sein kann und dass Sie von dieser Tagung das mitnehmen mögen, was wir von ihr wollten, nämlich das Gefühl, das hier die Justiz neue Wege beschreitet und dass sie dabei auf dem rechten Wege ist.

(Schluß der Sitzung 19 Uhr 15 Minuten)

II. Arbeitstagung des Reichsjustizministers mit den Chefpräsidenten und den Generalstaatsanwälten vom 10. und 11.2.1943

1. Protokoll vom 10.2.1943

Reichsjustizminister *Dr. Thierack*: Meine Herren! Ich begrüße Sie zur zweiten Arbeitstagung. Wir haben ein sehr umfangreiches Programm vor uns, und es bedarf einer sicheren Führung, damit wir mit diesem Programm fertig werden. Wir haben uns deshalb auch entschlossen, nicht genau nach dem Programm vorzugehen, sondern zunächst die wichtigsten Materien herauszunehmen.

Mein Staatssekretär und ich haben in den letzten Wochen, etwa seit Ende November eine Tournee durch Deutschland unternommen. Wir haben regelmäßig in den Gauhauptstädten vor den politischen Leitern und den Rechtswahrern ganz offen über die Probleme gesprochen, vor denen die Justiz steht oder die während des Krieges neu entstehen. Sinn dieser Zusammenkünfte ist das Zusammenführen der politischen Leute mit den Rechtswahrers. Es ist das zweite Mal in der deutschen Justiz, das hierbei auch die Gauleiter sprechen. Diese Tournee – ich selbst habe bis jetzt in 5 oder 6 Gauen gesprochen – hat jetzt schon sehr segensreiche Folgen gehabt. Bei diesen Vorträgen oder Ansprachen werden mit mehr oder weniger Temperament die Probleme behandelt, die uns augenblicklich beschäftigen oder die wir ausgelitten haben. Darunter befindet sich natürlich auch das Rechtsanwaltsproblem, das uns stark interessiert und augenblicklich ein akutes Problem ist. Ich habe bei dem ersten dieser Appelle versucht, der Presse Freiheit zu geben. Das ist mißglückt. Jetzt wird die Presse gezügelt und geführt. Die DAZ [Deutsche Allgemeine Zeitung, Berlin 1861–1945] hat nämlich gerade bei dem Rechtsanwaltsproblem den Unfug gemacht, zu schreiben, dass in Zukunft in Deutschland der Rechtsanwalt nicht mehr persönliche Interessen vertreten dürfe. Der Scribifax, der das verfaßt hat, hat meine Ansprache in der großen Halle in Breslau mißverstanden. Das Rechtsanwaltsproblem kann nach meiner Auffassung nicht dadurch gelöst werden, dass der Rechtsanwalt verbeamtet wird, obwohl starke Tendenzen dafür bei führenden Persönlichkeiten vorhanden sind. Friedrich der Große hat schon etwas ähnliches versucht, und er ist daran gescheitert. Das sollte uns warnen. Ich bin der Meinung, dass der Stand der Rechtsanwälte als freien Stand mit eigener Verantwortung bleiben muß. Allerdings muß er stärker geführt und beaufsichtigt werden. Wenn Sie also die DAZ-Erklärung irgendwo finden, bitte ich Sie, sie zu korrigieren und auf das hinzuweisen, was ich eben gesagt habe. Leider Gottes ist die Notiz der DAZ ins Ausland gegangen. Beim Ausland braucht einen das nicht zu wundern; denn dort sucht man ja alles das heraus, was uns irgendwie propagandistisch schaden kann. Dasselbe ist übrigens auch dem Staatssekretär bezüglich seiner Rede in Frankfurt/Main passiert. Die Frankfurter Zeitung hat berichtet – es ist merkwürdig, dass es ausgerechnet die DAZ und die Frankfurter Zeitung sind, die so etwas bringen -, der Staatssekretär habe erklärt, dass nunmehr auf dem Gebiete der deutschen Rechtspflege die Partei unter die Führung des Justizministeriums geraten sei. Auch das ist falsch. Ich habe vor wenigen Tagen im VB einen Artikel hierzu veröffentlicht. Der Grund war, die blödsinnige Erklärung der Frankfurter Zeitung zu korrigieren. Sie sehen also: Unsere Presse ist noch lange nicht soweit, wie wir sie haben möchten. Wenn man den Leuten wieder etwas freie Hand läßt, fällt sie entweder aus Dummheit oder aus Nichtkenntnis der Probleme in irgendwelche Fehler. Man muß die Presse wieder führen; es hilft nichts.

Nun wollen wir zu unserem Tagungsprogramm übergehen. Wir fangen an mit Ziff.I,1: *Sicherstellung des Kräftebedarfs bei weiteren Einberufungen* [Berichterstatter Willers]. Dies ist ein sehr akutes Problem, wie Sie alle wissen. Auch in Ihre Behörden wird mit dem General [Walter] von Unruh die Unruhe eingezogen sein. Wir wollen versuchen, zu helfen, und wollen uns darüber klar werden, wie wir dieses Problem lösen können. …[weggelassen] …

Reichsjustizminister *Dr. Thierack*: Diese Fragen dürfen wir überhaupt nur vom Gesichtspunkt des totalen Krieges aus sehen. Der Krieg umfaßt nunmehr jeden Menschen. Jeder Deutsche muß irgendwie zu dem Geschehen dieses Krieges Stellung nehmen. Das Volk hat ja auch auf die Ereignisse in Stalingrad und auf die Ansprachen der führenden Männer entsprechend geantwortet. Das Volk will mitarbeiten. Zu mir kommen schon Anerbieten von allen möglichen pensionierten Beamten, Universitätsprofessoren usw., die mithelfen wollen. Das ist natürlich nicht gemeint, sondern die Hauptsache ist, dem Heer das zu geben, was es braucht, d. h. waffenfähige Menschen. Da ist es für mich eine ganz besondere Genugtuung, dass zunächst einmal das mit aller Schärfe herausgestellt worden ist, was ich schon seit vielen Jahren immer wieder gesagt habe. Es handelt sich um die sogenannten versauten Jahrgänge von 1900 bis 1905. Diese Menschen können nichts dafür. Sie sind damals im Weltkriege noch nicht fähig gewesen, Waffen zu tragen, und sie sind dann in eine Zeit hineingeschliddert, in der es als Schande galt, eine Waffe zu tragen, in der der Wehrwille des Volkes zersetzt war. Es sind ganz wenige aus diesen Jahrgängen gewesen, die die innere Kraft gefunden haben, sich zum Heer zu melden. Ein großer Teil sitzt in den Behörden. Dass sie erfaßt werden, ist gut. Ich weiß, dass das gerade diejenigen sind, die zu einer gewissen Selbständigkeit der Auffassung und der Arbeit herangewachsen sind; aber es muß geschehen. Auf der anderen Seite ist es selbstverständlich, dass der Jahrgang 1908 und jüngere Jahrgänge nur dann noch gehalten werden können, wenn sie, wie es jetzt heißt, unbedingt erforderlich sind, also Spezialisten sind, die nicht entbehrt werden können.

Aus dem Vortrag des Ministerialdirigenten Willers ist für mich das wichtigste folgendes. Die Reichsverteidigungskommissare bilden die Ebene, auf der Sie arbeiten müssen. Damit ist klar herausgestellt, wie Sie sich zu besonderen Fragen verhalten sollen. Die Reichsverteidungskommissare sind bekanntlich die Gauleiter. Sie sind jetzt schon wieder hervorgetreten und haben einige Oberlandesgerichtspräsidenten mit irgendwelchen Berichtsaufforderungen überschüttet. Es ist durchaus richtig, wenn die betreffenden Oberlandesgerichtspräsidenten bei uns anfragen, wie sie sich zu verhalten haben. Aber Richtlinien müssen Sie jetzt schon haben. Da ist das Wichtigste, was Sie wissen müssen, dass alle von uns in der Strafrechtspflege und im Strafvollzug beschäftigten Personen tabu sind, weil diese beiden Leistungen der Justiz kriegswichtig sind und als solche anerkannt sind. Da können wir niemand herausziehen; denn sie sind gerade auf diesem Gebiete während des Krieges von einiger Wichtigkeit. Ferner können die Reichsverteidigungskommissare, also die Gauleiter, nicht die Einstellung von Arbeiten oder die Stillegung von irgendwelchen Einrichtungen von Ihnen verlangen. Das kann nur die Zentralbehörde. Also wenn es vorkommen sollte, wie es mir vor einiger Zeit vorgetragen worden ist, dass von einem Gauleiter verlangt wurde, Ehescheidungssachen sollten nicht weiter durchgeführt werden, die Prozesse sollten stillgelegt werden, so kann das nicht verlangt werden. Von der Zentralstelle aus werden selbstverständlich in aller Kürze neue Gedanken an Sie heran getragen werden, durch die wir das ganze Prozeßverfahren noch mehr komprimieren und noch mehr vereinfachen, soweit das möglich ist. Dass das aufgrund der sachlichen Arbeit geschieht, ist uns allen klar; aber es geht nicht anders. Auch das verlangt der totale Krieg. Was die Stillegung von Behörden anlangt, so besteht hier nur eine Anordnungsmöglichkeit der Zentralbehörde. Keine andere Stelle kann das anordnen. Auch hier sind Vorbereitungen der Zentralbehörde noch im Gange. Wir werden zu Stillegungen in nicht unbeträchtlichem Umfange kommen müssen.

Wichtig in dem Vortrag des Ministerialdirigenten Willers war ferner der Gedanke: Wie verfügen Sie über die Kräfte, die durch irgendwelche Maßnahmen freigestellt werden? Sie haben diese Kräfte nicht ohne weiteres den Reichsverteidigungskommissaren herauszugeben. Es ist natürlich klar, dass ein Reichsverteidigungskommissar möglichst viele Menschen neuen Aufgaben zuführen will. Deswegen wird von dieser Seite auch der Wunsch ausgesprochen werden: Gebt uns Menschen. Das dürfen Sie nicht. Sie müssen erst, wie Ihnen dargelegt worden ist, versuchen, innerhalb Ihres Umkreises ausgleichend zu wirken. Der Oberlandesgerichtspräsident muß nicht nur in seinem Gericht usw., sondern auch im Kreise des Generalstaatsanwalts, d.h. vor allem in der Strafrechtspflege und im Strafvollzug den Ausgleich zu finden suchen. Er muß dann hierher Bericht erstatten, und wir werden versuchen, irgendwie auszugleichen. Was übrig ist, wird herausgegeben. Das wurde nicht etwa gemacht, um nicht das herauszugeben, was in diesem Augenblick des totalen Krieges gebraucht wird, sondern aus einem anderen Grunde.

Sie können gar nicht von Ihrem doch immerhin beschränkten Gesichtsfeld aus sehen, ob wir nicht an anderen Stellen dringend Menschen brauchen. Das kann nur von der Zentrale aus gesehen werden, und Sie können sich darauf verlassen, dass die Justiz, wie in jedem Kriege, so auch in diesem Kriege, ganz besonders große Mengen von Menschen für die Kriegsführung bereit gestellt.

Ich bitte, auf diesen Punkt nur zurückzukommen, wenn etwas Wesentliches zu sagen ist.

Wohler: Sie haben uns gesagt, Herr Reichsjustizminister, dass die Strafrichter für die Reichsverteidigungskommissare tabu sein sollen. Nun führte Ministerialdirigent Willers vorhin aus, dass auch die Strafrichter nur dann uk gestellt werden, wenn es den Wehrersatzinspektionen beliebt. Also sie brauchen nicht uk gestellt zu werden. Tatsächlich ist das insbesondere in meinem Bezirk der Fall. Ich habe sehr viele junge Strafrichter, und es haben sich nur junge Leute nach dem Osten gemeldet. Ich habe unter den Strafrichtern eine ganze Reihe von Richtern, die jahrelang bereits im Dienst sind. Ich persönlich bin mir klar darüber, dass ich Herren der Geburtsjahrgänge 1905, 1906, 1907 usw. auch wenn sie Strafrichter sind, nur selten halten kann.

Reichsjustizminister *Dr. Thierack*: Ich habe bewußt an die Spitze meiner Ausführungen die Tatsache gestellt, dass Sie von gewissen Jahrgängen im Interesse der Leute selbst herausgeben müssen. Ich hatte aber auch gesagt, dass gewisse Kräfte anerkannt werden. Das sind die Führungskräfte und die so genannten Spezialisten. Es ist ausgeschlossen, dass Sie z. B. ein Sondergericht von seiner Besetzung entblößen können. Die Sondergerichte sind heute das wichtigste Instrument der Strafrechtspflege. Um diese Leute müssen Sie kämpfen, es sei denn, Sie hätten genügend älteren Ersatz. Aber es ist schwierig, im einzelnen zu beurteilen, ob jemand auf die neuen Gedanken der Strafrechtspflege, auf die Härte, die wir brauchen, auf die Probleme, die wir lösen müssen, eingestellt ist. Sie müssen also selbst an Ort und Stelle prüfen. Wenn Sie die Menschen nicht kennen, müssen Sie hinfahren. Die Chefpräsidenten sind mir persönlich für alles verantwortlich, was in ihrem Kreise geschieht. Ich kann Ihnen nur folgende Richtlinien geben: Sie müssen die wichtigsten, in der Strafrechtspflege als unersetzlich geltenden Menschen behalten. Das gleiche gilt für den Strafvollzug. Hierzu gehören sicherlich sämtliche Vorsitzende der Sondergerichte, wahrscheinlich auch die Beisitzer. Aber das kann ich nicht beurteilen, das kommt auf den Fall an. Ebenso ist es bei der Staatsanwaltschaft. Den Oberstaatsanwalt beim Sondergericht können Sie gar nicht weglassen. So wird es ziemlich hinaus gehen. Das läßt sich nur im einzelnen an Ort und Stelle entscheiden. Haben Sie in diesem Punkte Schwierigkeiten, dann kommen Sie zu mir! Ich bin überzeugt, daß wir uns restlos durchsetzen können. Ich brauche ja nur zu sagen: Ich lehne die Verantwortung dafür ab, daß die Strafrechtspflege in der Form funktioniert, wie sie mir vom Führer aufgetragen worden ist. Dann weicht alles zurück. Aber wir wollen auch anständig sein, und wollen das, was wir entbehren zu können glauben, auch wirklich geben.

Neubert: Im Bereich der Anwaltschaft ist ein neues Problem entstanden durch die Verordnung über die Anmeldepflicht zur Arbeit. Die Anwälte fallen nach den bisherigen Verlautbarungen unter die Anmeldepflicht, es sei denn, dass sie mehr als fünf Angestellte beschäftigen. Nun ist das ein Gesichtspunkt, der für den gewerblichen Sektor vielleicht passend ist, für unseren Sektor aber nicht. Ich bitte deshalb, klarzustellen, dass eine Verfügung über diejenigen Kräfte, die sich daraufhin melden müssen, nicht ohne Zustimmung der Justizverwaltung oder der Anwaltskammer erfolgt.

Reichsjustizminister *Dr. Thierack*: Das ist ein schwieriges Problem. Es interessiert natürlich die Mehrzahl der anwesenden Herren nicht. Ich glaube, dass wir das einmal persönlich besprechen müßten. Ich bin überzeugt, dass man bei den Anwälten nicht mit dem Maß messen kann wie bei den Justizbehörden. Auf der anderen Seite ist es eine gewisse Härte, wenn man den Anwaltsbetrieb einfach dem Gewerbebetrieb gleichsetzt. Wir sind auch lebhaft mit dem Gedanken beschäftigt, die Pflichtverteidigung noch weiter einzuschränken. Es wird binnen kurzem eine Verordnung kommen, wonach z.B. die Pflichtverteidigung vor den Sondergerichten nicht mehr notwendig ist. Dagegen lehne ich es ab, die Pflichtverteidigung vor den Volksgerichten aufzuheben. Also ich glaube nicht, dass wir hier viel erreichen werden. Aber es muß etwas geschehen, Sie müssen da Hilfe kriegen. Es wir am besten sein, wenn wir das persönlich besprechen.

David: Wie ist es mit den Beamten der freiwilligen Gerichtsbarkeit, z.B. der Grundbuchführung? Da gelten doch wohl auch diese Richtlinien?

Reichsjustizminister *Dr. Thierack*: Ich kann mir gar nicht vorstellen, dass ein solcher Beamter zu einem solchen Spezialisten wird, dass er nicht durch einen anderen ersetzt werden könnte. Es liegt dabei natürlich ein Maßstab in der Sache selbst. Es wird zweifellos ein höherer Beamter schwer ersetzt werden können, ein mittlerer Beamter leichter. Aber es könnte auch die Möglichkeit geben, dass ein mittlerer Beamter ein solcher Spezialist geworden ist, dass er unersetzlich ist. Das kann in seiner Tätigkeit, in seiner besonderen Aufgabe liegen, es kann auch im Politischen liegen. In solchem Fall ist die Möglichkeit gegeben, dass Sie sich an die Zentralstelle wenden; dann geben wir Ihnen Ersatz. Aber um den Mann kämpfen, das geht nicht, vor allen Dingen nicht, wenn er zu den Jahrgängen gehört, die wir gern herausgeben möchten.

Froböss: Ich wollte nur zur Kenntnis bringen, dass bei uns der Reichsstatthalter in seiner Eigenschaft als Reichsverteidigungskommissar unter dem 6. Februar aufgrund einer Vereinbarung mit dem Wehrkreiskommando die Anordnung herausgebracht hat, dass mit Wirkung vom 15. Februar 1943 alle uk-gestellten Wehrpflichtigen der Geburtsjahrgänge 1914 bis 1922 und außerdem alle mit den Anfangsbuchstaben A bis G uk-gestellten der Geburtsjahrgänge 5 bis 13 ohne Rücksicht auf die ihnen übertragenen Zivilaufgaben der Militärbehörde zur Verfügung zu stehen haben. Ich führe das nur an, weil Sie, Herr Reichsminister, angeführt haben, die Vorsitzenden der Sondergerichte seien unter allen Umständen zu halten. Dies zeigt doch, welche Schwierigkeiten sich zuweilen aus der Tätigkeit der Reichsverteidigungskommissare ergeben können. Es ist doch eine sehr schwierige Angelegenheit, wenn eine derartige Abrede zwischen Reichsverteidigungskommissar und Militär getroffen ist, nachträglich dagegen anzugehen.

Reichsjustizminister *Dr. Thierack*: Das wäre ein Fall, in dem Sie sich, wenn Sie sich selber nicht helfen können, an uns wenden müßten. Ich halte es für selbstverständlich, dass jeder, der Jahrgang 14 und jünger ist, herauszugeben ist, auch wenn er Spezialist ist. Da ist die Erklärung des Reichsverteidigungskommissars äußerst wenig wichtig; wichtig ist allein in Ihrem Fall die Erklärung des Wehrbezirkskommandos. Da müßte in diesem Fall, wenn Sie schon unter diesen Kräften Leute haben, die zurückgehalten werden müßten, das Wehrbezirkskommando auf das aufmerksam machen, was Sie hier gehört haben. Und wenn es dann nicht gelingt, kommen wir Ihnen über das OKW entgegen.

Wir kommen dann zum nächsten Punkt: *Strafrechtliche Behandlung ausländischer Arbeiter.*

Berichterstatter *Schaefer*: Auf dem Gebiet der strafrechtlichen Behandlung ausländischer Arbeiter im Reich versuchen wir, für die Zukunft etwas mehr Ordnung zu schaffen.

Als der Zustrom der polnischen Arbeiter begann, zu denen auch die entlassenen polnischen Kriegsgefangenen hinzu traten, hat der Herr Reichsmarschall als Beauftragter für den Vierjahresplan in einem unveröffentlichten Erlaß vom 8. März 1940 dem Reichsführer SS den Auftrag erteilt, die einwandfreie Lebensführung der polnischen Zivilarbeiter im Reich durch Rechts- und Verwaltungsvorschriften sicherzustellen. Der Reichsführer SS wies aufgrund dieses Antrags seine Dienststellen an, Ausschreitungen der polnischen Arbeiter in der Hauptsache mit polizeilichen Mitteln, in schwersten Fällen mit Sonderbehandlung zu begegnen. Ähnliche Anweisungen wurden später erlassen für die Zivilarbeiter aus Sowjetrußland, ferner für die Arbeiter aus dem Westen und Norden.

Die Justiz hatte von diesen Anweisungen keine offizielle Kenntnis und versuchte deshalb, nach den Vorschriften der Strafprozeßordnung bei Ausschreitungen dieser ausländischen Arbeiter mit den Mitteln des Strafprozesses einzuschreiten. Dies mußte zu ständigen Reibungen zwischen den Dienststellen der Justiz und der Polizei führen, da sich letztere für verpflichtet hielt, von sich aus einzuschreiten. Zahllose Berichte von Ihnen sind uns dieserhalb zugegangen. Das Justizministerium war immer bestrebt, jeden Einzelkonflikt auf irgendeine tragbare Weise aus der Welt zu schaffen. Wir haben uns auch den Wortlaut der einzelnen Anweisungen des Reichshauptführers SS beschafft, bis jetzt aber noch nicht in der Lage gesehen, diese Anweisungen den Außenstellen mitzuteilen, weil wir erst durch Verhandlungen mit dem Reichsführer zu einer sowohl für die Justiz wie die Polizei tragbaren Regelung gelangen wollen.

Ich darf Ihnen zunächst kurz den Inhalt der zur Zeit bestehenden Anweisungen des Reichsführers SS mitteilen. (*Der Inhalt der einzelnen Erlasse wird kurz verlesen.*)

Soweit die bisherigen Erlasse des Reichsführers SS. Wir werden nun mit dem Reichsführer Fühlung nehmen mit dem Ziel, eine Linie festzulegen, die sowohl den Bedürfnissen der Justiz wie den Bedürfnissen der Polizei gleichermaßen Rechnung trägt. Soweit es sich um West- und Nord-Arbeiter und Italiener handelt, werden gegen die bisherige polizeiliche Regelung erhebliche Bedenken kaum bestehen. Dagegen erscheint uns die Regelung hinsichtlich der Ostarbeiter, besonders der

Russen, nicht zufriedenstellend. Vor allem das Nebeneinander von gerichtlichem und polizeilichem Einschreiten ist auf die Dauer unerträglich. Es ergab sich daher zunächst der Plan, die Ahndung von Verfehlungen von Polen und Russen mit Ausnahme der Baltenvölker der Polizei zu überlassen. Dieser Plan stieß auf den lebhaften Widerspruch des Ost-Ministers und der Gauleiter in den Ostgebieten und wurde fallen gelassen. Es muß also jetzt eine Scheidung der Aufgaben platzgreifen. Dabei wird darauf zu achten sein, dass die Justiz nicht Aufgaben übernimmt, denen sie nicht gerecht werden kann.

Bei Verfehlungen von Polen und Russen kann je nach den Umständen eine Reaktion erforderlich sein, die hinsichtlich der Art und Stärke des Eingreifens und der gebotenen Maßnahmen oder auch hinsichtlich des Tempos des Eingreifens nicht mehr Aufgabe der Justiz sein kann. Wenn z.B. eine größere Zahl polnischer und russischer Arbeiter sich zu strafbaren Zwecken zusammenrottet, so erscheint es bei vernünftiger Betrachtung der gegebenen Lage richtig, dass die Polizei sofort mit ihren Mitteln eingreift und den gefährlichen Brandherd im Keime erstickt. Ein gerichtliches Verfahren wäre in solchen Fällen untunlich. Es wird vielleicht auch nicht angebracht sein, alle kleineren Delikte, die man im Wege der Lagerdisziplin zweckmäßig erledigen kann, oder Verstöße gegen die Arbeitspflicht und dergl. vor das Gericht zu bringen. Andererseits sollte nach unserer Meinung die schwere Einzelkriminalität, insbesondere Gewalttätigkeiten, vor allem gegen Deutsche, schwere Sittlichkeitsverfehlungen, Tätlichkeiten oder schwere Drohungen gegen deutsche Arbeitgeber der Justiz vorbehalten bleiben. Dabei muß natürlich vermieden werden, dass die Justiz etwa in diesen Fällen gehalten sein sollte, ein bestimmtes Ergebnis der Verurteilung, etwa ein Todesurteil, zu garantieren. Bei Scheidung der Aufgaben zwischen Justiz und Polizei wird maßgebend sein müssen, was bei vernünftiger Betrachtung der bestehenden Verhältnisse zweckmäßiger von der Polizei und was zweckmäßiger von den Gerichten erledigt wird. Besondere Berücksichtigung verdient dabei der Umstand, dass von den in Betracht kommenden Nationalitäten Männer freiwillig, sei es als Arbeitskräfte für die Kriegsrüstung, sei es gar als Soldat für den Kampf gegen den Bolschewismus gebraucht und gefordert werden. Dies wird zu einer verschiedenen Behandlung der in den bisherigen sowjetrussischen Gebieten ansässigen Völker führen müssen.

Das sind ungefähr die Gedanken, mit denen wir in die bevorstehende Verhandlung hinein gehen, an denen außer dem Reichsführer SS auch andere Stellen, wie der Generalbevollmächtigte für den Arbeitseinsatz und der Ost-Minister beteiligt sein werden. Sobald die Einigung mit dem Reichsführer SS herbeigeführt sein wird, werden wir Ihnen die getroffenen Vereinbarungen mitteilen. Wir hoffen, dass dann die ständigen Reibungen in diesen Dingen aufhören werden.

Bis zur Einigung bleibt nur der bisher eingeschlagene Weg des Durchlawierens. Der Herr Minister läßt sie bitten, hinsichtlich der Ost-Arbeiter einstweilen davon auszugehen, dass die Justiz bei geringfügigen Verfehlungen, deren Ahndung die Polizei für sich in Anspruch nimmt, keine Schritte zu unternehmen braucht, das Verfahren an sich zu ziehen. In schwerwiegenden Fällen mag es bei dem bisher üblichen System verbleiben, von der Polizeistelle die Herausgabe des Beschuldigten und der Ermittlungsvorgänge zu erbitten und bei Weigerung an das Ministerium zu berichten. Ebenso wird Bericht erforderlich sein, wenn der Beschuldigte oder die Ermittlungsvorgänge schon in den Händen der Justiz sind und die Polizei ihre Herausgabe fordert.

Was ich zuletzt sagte, gilt nicht für die Polen in den eingegliederten Ostgebieten. Dort gilt ausschließlich die Polen-Strafrechtsverordnung, die entweder ein Strafverfahren vor allgemeinen Gerichten oder ein strafgerichtliches Verfahren des Polizeidienstes vorsieht. Dazu kommen die polizeilichen Verfügungen mit 6 Monaten Straflager anfangend. Dagegen ist dort nach Erlaß des Reichsführers SS die Ahndung von Straftaten der Polen allein durch staatspolizeiliche Maßnahmen nicht zulässig. Denn sowohl die Ermächtigung des Beauftragten des Vierjahresplans sowie auch die darauf fußenden Erlasse des Reichsführers SS gelten nicht für die eingegliederten Ostgebiete. Sollten insoweit polizeiliche Übergriffe vorkommen, so ist es notwendig, sich auf diese Rechtslage zu berufen.

Reichsjustizminister *Dr. Thierack*: Dieses Problem war für mich eines der schwersten, weil ich überhaupt nicht wußte, was los war; auch das Ministerium wußte es nicht. Ich kannte nur immer wieder jene aus der Front heraufkommenden Schreiben, die Sorgen und die tatsächlichen Fälle, z. B. wo ein Urteil gegen einen Polen, glaube ich, nach Auffassung der Gestapo nicht genügte und Herausgabe verlangt wurde und angedroht wurde, dass schließlich der Mann vor dem Gericht gehängt werde und der Vorsitzende des Sondergerichts dabei sein sollte. Mir vollkommen unverständliche Vorgänge! Ich hatte keine Unterlagen.

Nun haben wir des Schlüssels Lösung gefunden, dass nämlich der Reichsmarschall im Februar 1940 aus der Erwartung heraus, dass, wenn nunmehr aus dem besiegten Polen Hunderttausende von Polen in das Reich zogen, um Arbeitskräfte zu ersetzen, die zur deutschen Wehrmacht gekommen waren, diese mit Mitteln der Polizei niedergehalten werden sollten, und daraus entsprangen alle die Erlasse des Reichsführers SS über Behandlung von andersstämmigem Volkstum.

All das war uns unbekannt. Nachdem wir die Erlasse bekommen haben, sehen wir jetzt klar. Es ist im totalen Krieg und in einer Zeit, wo bereits die Leute fremstämmigen Blutes in Deutschland die Zahl von 7 Millionen überschreiten, gar nicht möglich, mit den Mitteln der Justiz diese Masse Menschen niederzuhalten. Es muß also, weil die Justiz das gar nicht leisten kann, irgendeine Hilfestellung der Polizei eintreten. Das ist durchaus richtig. Damals, als ich diese Erlasse des Reichsführers SS nicht kannte, die auch dem Ministerium nicht mitgeteilt werden konnten, habe ich den Gedanken vertreten, dass wir überhaupt hier die Polen und verschiedene andere: Juden, Zigeuner und Russen, der Polizei überlassen. Das war eine klare Linie, aber sie war falsch. Ich bin korrigiert worden. Der Reichsführer SS hat bei unserer letzten Aussprache erklärt, er lege keinen Wert darauf, dass es in der Richtung verfolgt würde.

Nun ist wieder eine andere Lage da. Wir müssen ja auch in der Justiz dauernd der Kriegslage folgen. Die Lage ist gekennzeichnet dadurch, dass ganze Verbände von Ost-Menschen in unserem Heer mit der Waffe kämpfen. Es sind auch bei Stalingrad eine ganze Reihe von diesen Menschen mit vernichtet oder gefangen genommen worden. Das gibt dem Problem eine ganz neue Wendung. Diese Wendung ist schon sichtbar in gewissen Erklärungen führender Männer, die ich hier gar nicht sagen kann. D.h. wir können heute gar nicht von dem Gedanken ausgehen, dass wir diese Menschen irgendwie vernichten wollen, dass wir sie irgendeiner Willkür preisgeben oder sonst etwas. Wir müssen also auch hier zu irgend etwas kommen, dass diesen Menschen eine Art Gerichtsverfahren garantiert, und das wird, je länger der Krieg dauert, immer stärker in Erscheinung treten.

Meinem Gefühl nach ist hierbei eine Ausnahme zu machen: bei den Polen. Ich glaube nicht, dass es jemals dazu kommen sollte, dass man den Polen irgendeine Waffe in die Hand gibt. Das ist unmöglich. Der ganze Charakter der Polen verbietet dies. Aber es gibt andere Völker, die uns schon sehr stark unterstützen.

Nun ist die Linie, die wir glauben gefunden zu haben, meiner Ansicht nach wohl die richtige. Da wir diese Millionen von Menschen justizmäßig gar nicht irgendwie niederhalten oder behandeln können, so muß hier die Polizei irgendwie mit beteiligt sein. Ich glaube, dass die Linie richtig ist, dass man die kleinen Delikte, falls die Polizei es wünscht, durch die Polizei ahnden läßt. Man kann ja auch an andere Möglichkeiten denken, wie es z.B. im Osten schon geschieht, dass man die in Lagern zusammengezogenen Ost-Arbeiter von Lagergerichten, die gar nicht mal von der Polizei besetzt zu werden brauchen, sondern von Lagerkommandanten, irgendwie justizmäßig erledigen läßt.

Das wäre die unterste Stufe. Dass man in der höchsten Stufe mit Justizmitteln auch nicht immer arbeiten kann, ist selbstverständlich. Sie brauchen nur mal die Herren aus Ostoberschlesien zu fragen, wo heute noch starke Banden umgehen, die heute noch Gehöfte überfallen, Menschen morden oder sonst etwas; ganz abgesehen von jenen Horden, die sich zusammenfinden aus politischen Gründen und nun hochverräterisch mit der Waffe irgend etwas zu erreichen versuchen. Da kann die Justiz in den allerseltensten Fällen etwas tun. Denn hier ist es schon die Mischung dieser Betreffenden mit einer Bevölkerungsschicht, die prozentual weit stärker ist als das Deutschtum. Da ist es unbedingt notwendig, dass eine äußerste Härte angewendet wird und die Strafe sofort auf dem Fuße folgt, und das kann niemand besser als die Polizei.

Ob sie das ohne oder mit Standgerichten macht, ist egal. Es kommt darauf an, dass diese Menschen niedergehalten werden, und dass das, was deutschfeindlich ist in diesen Gebieten, abgeschreckt wird. Und wenn man sich irgendwie über das Hängen von Polen aufregt, so finde ich auch nichts besonderes darin, wenn der höhere Polizeiführer es für notwendig hält, zur Abschreckung die Leute zu hängen.

Für die Mittelstufe bin ich der Meinung, man sollte hier bei schweren Delikten wie Morden und anderen Sachen äußerst scharf sein. Wir sind ja heute Gott sei Dank schon gegenüber den Polen zu einer absoluten Härte gekommen. Wenn ein Pole, der bei einem Bauern beschäftigt ist, sich renitent zeigt und die Mistgabel oder Axt gebraucht, muß er vernichtet werden.

Wir müssen also hier zu einer Klärung kommen, und die Klärung wird herbeigeführt werden. Das wird erleichtert durch gewisse Vorgänge, die ich eingangs meiner Ausführungen kurz skizziert habe. Wir werden zunächst in der Form, wie es geschehen ist, fortfahren müssen. Aber bald werden wir zu der Klärung kommen.

Ich wäre Ihnen dankbar, wenn vor allem die Herren aus den gefährdeten Gebieten zu diesem Problem etwas sagen könnten, wobei ich aber auch weiß, dass auch im Westen Fälle vorkommen. Ich erinnere mich an eine Sache mit einer Spanierin. Auch in Bayern spielen solche Fälle, wo Polen und Russen in der Landwirtschaft eingesetzt sind, die sehr renitent gewesen sind. Vor kurzer Zeit wurde mir aus der Gegend von Kiel (?) berichtet, dass sich dort schon die Polen abends in den Dörfern zusammenfinden, Lieder singen usw. Das ist eine ganz gefährliche Sache. Wenn die Justiz solche Sachen in die Hände nehmen sollte, dann kann sie nur mit den schärfsten Mitteln arbeiten. Aber ich glaube, dass sie solche Sache gar nicht in die Hände bekommt, und ich sage offen, das heiße ich auch gut aus den Gründen, die ich genannt habe.

Neubert: Herr Geheimrat Schaefer hat nur das eine Problem, nämlich das der ausländischen Zivilarbeiter als Täter, behandelt. Ich muß mir aus Anlaß von verschiedenen Beschwerden, die von der Gestapo eingegangen sind, die Frage überlegen, wie der ausländische Arbeiter als Zeuge zu behandeln ist. Es sind Vorwürfe dagegen erhoben worden, dass ausländische Zivilarbeiter als Zeugen genannt worden sind. Nun bin ich der Meinung, dass dort, wo der ausländische Arbeiter eine letzte Erkenntnisquelle ist, man auf sein Zeugnis nicht wird verzichten können. Eine andere Frage ist, wie man sein Zeugnis wertet und ob man ihn in einer öffentlichen Verhandlung oder nur unter Ausschluß der Öffentlichkeit oder sogar nur in einem besonderen Termin vernimmt. Aber schlechterdings zu sagen: Ein ausländischer Arbeiter ist nicht geeignet, eine Erkenntnisquelle für mich zu sein, scheint mir falsch. Er hat ebenfalls seine Beobachtungen und ist fähig, diese Beobachtungen durch die Sprache dem Richter verständlich zu machen. Also ganz auf ihn wird man nicht verzichten können. Es wird sich nur fragen, in welchem Rahmen man solch eine Vernehmung vornimmt.

Reichsjustizminister *Dr. Thierack*: Aus Anlaß der Polen-Strafrechtsverordnung ist diese Frage auch schon einer gewissen Klärung entgegengeführt. Es ist gerade in der letzten Zeit ein Fall moniert worden, wo ein Russe als Zeuge vor den Volksgerichtshof geladen worden ist. Ich kann dazu nur sagen: Es erscheint mir nicht tragbar, dass man einem deutschen Menschen, sei es auch nur wegen eines einfachen Delikts, geschweige denn wegen Hochverrats anklagt und zu überführen versucht mit Hilfe eines Volksangehörigen, dessen Volkstum heute noch mit uns im Kriege steht. Polen scheiden aus; das steht in der Polen-Strafrechtsverordnung. Wenn aber – die Fälle können vorkommen – die Aussage eines Russen meinetwegen, der auf der Flucht nach dem Osten gewesen ist und von irgend jemand darin unterstützt ist, entscheidend sein könnte, muß man versuchen, die Aussage dieses Mannes irgendwie dem Gericht nahezubringen. Aber ein Auftreten eines solchen Menschen in der Verhandlung selbst im Angesicht des Deutschen halte ich für untragbar. Wie es geschieht, müssen Sie versuchen zu überlegen. Ich meine nur, das Volkstum, das mit uns noch im Kriege steht. Es gibt ja heute schon eine ganze Reihe von Prozessen, wo Arbeiter auftreten – ich habe das bei meinem Besuch in

München gesehen -, die einem anderen Volkstum angehören, und die man durchaus würdigen kann: Spanier, Italiener usw.

Bei den schwierigen Fällen, die Sie meinen, möchte ich glauben, dass es nicht irgendwie zu beanstanden wäre, wenn ein Verteidiger ein solches Beweismittel – sei es im Ermittlungsverfahren oder bei der Staatsanwaltschaft – dem Gericht benennt. Darauf zu bestehen, dass ein solcher Zeuge im Angesicht des Deutschen vernommen wird, dürfte falsch sein. Darüber, wie die Richter dann eine solche Aussage zu würdigen haben, brauche ich wohl nichts zu sagen. Dass man von solchen Mitteln nur in Ausnahmefällen, wo man nicht ausweichen kann, Gebrauch macht, ist ebenso selbstverständlich.

Block: Ich möchte für Ostoberschlesien folgendes sagen. Auch nach Einrichtung der Standgerichte haben die staatlichen Gerichte Straftaten gegen Polen und gegen Deutsche abzuurteilen. Das ist in steigendem Maße geringer geworden. Wir haben die Beobachtung machen müssen, dass sowohl Strafsachen gegen Polen als auch Strafsachen gegen Deutsche von den Standgerichten an sich gezogen werden. Dabei bin ich aber der Meinung, dass die Standgerichte bei polizeilichen Maßnahmen nicht angewandt werden sollten gegen Deutsche.

Reichsjustizminister *Dr. Thierack*: Das ist selbstverständlich. Ich habe diese Bemerkung, die Sie hier nicht zum ersten Mal machen, nachzuprüfen versucht. Es ist mir bis heute noch kein Material dazu gegeben worden. Ich wäre dankbar, wenn mir endlich der Name eines Deutschen genannt würde, der von einem Polizei-Standgericht in Ostoberschlesien abgeurteilt ist. Ich würde alles tun, um das zu vermeiden. Vorgekommen sein mag es, dass Leute die in die deutsche Volkstumsliste aufgenommen worden sind, wo sich nachher herausgestellt hat, dass das irrtümlich geschehen ist. Aber dass ein Deutscher von einem Standgericht abgeurteilt wird, ist mir bis jetzt nicht bekannt. Verwechseln Sie das nicht mit den Fällen, wo ein Deutscher mit einer Polin oder umgekehrt eine Polin mit einem Deutschen Geschlechtsverkehr gehabt hat. Da kann der betreffende Pole nach der Polen-Strafrechtsverordnung gefaßt werden, der Deutsche oder die Deutsche bekanntlich noch nicht. Und da kommt es vor, dass die Polizei den Deutschen oder die Deutsche ins KZ steckt. Das billige ich übrigens durchaus. Das ist aber keine Aburteilung durch ein Standgericht.

Schwister: Ich bin von dem Vorsitzenden einer Kammer des Sondergerichts in Düsseldorf gebeten worden, darauf hinzuwirken, dass Art. I der Polen-Strafrechtsverordnung [von 1941, RGBl. I, 759], der regelmäßig Todesstrafe vorsieht, weniger starr gestaltet würde. Anlaß dazu gab folgender Fall. Vor dem Sondergericht war ein polnischer Zivilarbeiter angeklagt, weil er ein Kabel beschädigt oder zerstört habe. Mir war gesagt worden, der Fall sei zweifelhaft, weil der Pole sich bei der Handlung schwer verletzt habe und eingewendet habe, er hätte überhaupt nicht absichtlich gehandelt. Aufgefallen war mir nun, dass das Sondergericht den Polen schließlich zum Tode verurteilt, gleichzeitig aber die Begnadigung empfohlen hat, was nach einem der letzten Richterbriefe wenig angebracht ist. Ich habe den Vorsitzenden gefragt, und er hat mir gesagt, das Sondergericht habe eine Absicht zwar feststellen können, habe aber nicht feststellen können, dass er in deutschfeindlicher Absicht gehandelt habe, vielmehr sei es wahrscheinlich aus Feindschaft gegen einen Aufseher geschehen, um den zu ärgern. Die Heeresverwaltung hätte erklärt, dass sie auf eine besonders scharfe Bestrafung wegen der Geringfügigkeit des angerichteten Schadens kein Gewicht lege. Darauf habe ich den Vorsitzenden gefragt, warum das Sondergericht, wenn es nicht den Vollzug der Todesstrafe wünscht, nicht einen minderschweren Fall angenommen habe. Und darauf erwiderte er, in dem offiziellen Kommentar sei scharf betont, das könne nur angenommen werden, wenn es sich um ein geringfügiges Vergehen handle, und das könne man bei der beabsichtigten Beschädigung eines Kabels beim besten Willen nicht tun.

Vielleicht wäre eine gelegentliche Bemerkung angebracht, wonach der Begriff des minderschweren Falles nicht zu scharf eingeschränkt wird.

Reichsjustizminister *Dr. Thierack*: Ich pflege seit vielen Jahren keine Kommentare mehr zu lesen, sondern pflege meine innere Einstellung selbst zu finden. Ich glaube nicht, dass wir den § 1 der Polen-Strafrechtsverordnung zu ändern brauchen. Wenn der Fall so liegt, dass der Mann das Kabel nicht aus Sabotagegründen beschädigt oder zerstört hat, sondern um einen Meister zu ärgern, ist es logisch, dass man einen minderschweren Fall annimmt. Liegt aber die Tatsache vor, dass ein Kabel, das militärisch wichtig ist, vernichtet ist, so spielt das Motiv der Tat eine geringere Rolle. Falsch war es natürlich, dass das Gericht, das eben die Todesstrafe ausgesprochen hat, sich gleichzeitig für eine Begnadigung aussprach.

Wir kommen zum nächsten Punkt: *Behandlung der eindeutschungsfähigen Polen.*

Grau: In der Praxis sind Zweifel entstanden, mit welchen Strafrechtsmitteln der sogenannte eindeutschungsfähige Pole zu behandeln ist, ob auf ihn das deutsche Strafrecht angewandt werden soll oder das Polenstrafrecht. Eindeutschungsfähige Polen sind ehemalige Danziger oder polnische Staatsangehörige fremden Volkstums, die vom Reichsführer SS in seiner Eigenschaft als Reichskommissar für die Festigung deutschen Volkstums als eindeutschungsfähig bezeichnet worden sind. Sie sind also polnischen Volkstums und kommen deshalb für Eintragung in die deutsche Volksliste nicht in Frage. Sie sind aber rassisch wertvoll und als solche ausgelesen, man siedelt sie aus den Ostgebieten in die übrigen deutschen Gebiete um, um sie nach einer Bewährungszeit einzubürgern mit dem Ziel, ihnen die deutsche Staatsangehörigkeit auf Widerruf zuzuerkennen. Es würde dem jetzigen Zweck dieses Eindeutschungsverfahrens widersprechen, wenn man auf diese Leute das Polenstrafrecht anwenden wollte. Es muß vielmehr das deutsche Strafrecht auf sie angewandt werden, und es wird die Klärung dieser Zweifelsfrage durch eine AV klargestellt werden.

Schwierigkeiten sind ferner entstanden, wenn ein solcher als eindeutschungsfähig bezeichneter Pole eine Straftat begeht. Der Reichskommissar für Festigung des deutschen Volkstums hat sich für solche Fälle vorbehalten, die Bezeichnung als eindeutschungsfähig zu widerrufen. Um nun möglichst schnell klar zu machen, welches Strafrecht auf diese Täter anzuwenden ist, wird die Polizei sofort bei Beginn einer Ermittlung die Entscheidung eines höheren SS- und Polizeiführers über die Frage des Widerrufs der Bezeichnung als eindeutschungsfähig herbei führen. Sollten einmal Ermittlungsvorgänge bei den Staatsanwaltschaften eingehen, in denen der Beschuldigte ein als eindeutschungsfähig bezeichneter Pole ist, und diese Frage des Widerrufs der Bezeichnung noch nicht geklärt sein, so muß die Strafverfolgungsbehörde ihrerseits mit dem zuständigen höheren SS- und Polizeiführer sich schnellstens in Verbindung setzen, damit die Frage der Anwendbarkeit des deutschen oder des Polenstrafrechts geklärt wird. Auch das soll in einer demnächst zu erwartenden AV geregelt werden.

Froböss: Ich möchte nur bitten, möglichst klarzustellen, wie die Bezeichnung „eindeutschungsfähig" eigentlich bewertet werden soll. In Litzmannstadt [Lódź] ist eine ganze Reihe derartiger Fälle vorgekommen. Das Rasse- und Siedlungsamt in Litzmannstadt erklärt: Man steht im Begriff, die Erhebungen anzustellen, oder die Erhebungen stehen unmittelbar vor dem Abschluß. Die betreffenden Persönlichkeiten sollen dem Eindeutschungsprozeß unterworfen werden. Eine derartige Erklärung kann noch nicht als Bezeichnung für die Eindeutschungsfähigkeit angesehen werden. Ich möchte dringend dafür eintreten, dass die Zäsur für den Wegfall des Polenstrafrechts und die Anwendung des deutschen Rechts erst dann als gegeben betrachtet wird, wenn die betreffende Persönlichkeit aus den eingegliederten Ostgebieten nach dem Altreich verbracht worden ist. Wir kommen sonst in unglaubliche Schwierigkeiten.

Reichsjustizminister *Dr. Thierack*: Werden sie denn regelmäßig nach dem Altreich verbracht?

Froböss: Jawohl! Die Leute, die eindeutschungsfähig sind, werden, sobald die Erwägungen abgeschlossen sind, nach dem Altreich verbracht. Es geht sogar soweit, dass bisweilen die bestehenden Ehen aufgelöst werden müssen, wenn der Reichskommissar ungeachtet des Vorhandenseins einer Ehe und der Ungeeignetheit des Ehepartners darauf besteht, diese Persönlichkeit wegen ihres rassischen Wertes dem Eindeutschungsprozeß zu unterwerfen.

Reichsjustizminister *Dr. Thierack*: Diese Frage könnte nur durch Verhandlungen mit dem Reichsführer SS geklärt werden.

Wir kommen nun zum nächsten Punkt: b) *Änderung der Polen-Strafrechtsverordnung.*

Berichterstatter *Grau*: Die Polen-Strafrechtsverordnung soll abgeändert werden. Die wichtigste Änderung ist, dass die Juden aus ihr herausgenommen werden sollen. Es ist eine Verordnung des Generalbevollmächtigten für die Reichsverwaltung in Vorbereitung, durch die bestimmt wird, dass die Juden künftig nur noch mit polizeilichen Mitteln bestraft werden sollen, wenn die eine Strafhandlung begehen. Sie scheiden damit aus der Polen-Strafrechtsverordnung aus.

Weiter ist geplant, die Mindestdauer des Straflagers, das z.Zt. nach der Polen-Strafrechtsverordnung drei Monate beträgt, herabzusetzen. Es sind immer wieder Schwierigkeiten in der Praxis dadurch entstanden, dass die Polen wegen verhältnismäßig geringfügiger Straftaten, wenn man nicht ausnahmsweise eine Geldstrafe gegen sie verhängen wollte, mit mindestens drei Monaten Straflager bestraft werden mußten, obwohl sie dadurch drei Monate ihrem Arbeitsplatz entzogen werden. Der Grund dafür, dass man zunächst das Straflager in dieser Höhe festsetzte, war der, dass man glaubte, aus strafvollzugstechnischen Gründen müsse das

Straflager mindestens drei Monate dauern. Diese Bedenken sind jetzt gegenüber den Notwendigkeiten des Arbeitseinsatzes zurückgetreten, und es ist geplant, die Mindestdauer auf einen Monat festzulegen.

Nach der Polen-Strafrechtsverordnung sind die Polen im Strafverfahren eidesunfähig; wenn sie als Zeugen vernommen werden sollen, können sie nur uneidlich vernommen werden, und es kommen auf eine unwahre uneidliche Aussage der Polen die Vorschriften über Meineid und Falscheid entsprechend zur Anwendung. Diese Vorschrift gilt allerdings nur z.Zt. in den eingegliederten Ostgebieten. Es ist geplant, die Eidesunfähigkeit auf alle anderen gerichtlichen Verfahren, vor allem auf den Zivilprozeß, auszudehnen. Es ist ferner geplant, klarzustellen, dass der Pole nicht in der Lage ist, eine eidesstattliche Versicherung abzugeben. Auch wenn er künftig eine Versicherung abgeben wird, die an die Stelle einer eidesstattlichen Versicherung tritt, soll er im Falle einer falschen Versicherung so bestraft werden, als ob er eine eidesstattliche Versicherung falsch abgegeben hätte.

Sodann wird in der Veränderungsverordnung die Frage der polizeilichen Strafverfügung gegen Polen geklärt werden. Sie kennen den Erlaß des Reichsführers, worin festgesetzt ist, dass gegen Polen Strafen bis zu 6 Monaten verhängt werden können und dass diese polizeilichen Strafverfügungen sofort rechtskräftig werden. Es sind lebhafte Zweifel gegen diesen Erlaß nach der Richtung hin erhoben worden, ob er überhaupt rechtsgültig sei; denn es steht in der Polen-Strafrechtsverordnung zwar, dass Gericht und Staatsanwaltschaft das Verfahren nach freiem Ermessen gestalten, aber nicht, dass das auch die Polizei kann. Diese Frage soll in dem Sinne geklärt werden, dass tatsächlich polizeiliche Strafverfügungen bis zu 6 Monaten Straflager erlassen werden können und dass diese Strafverfügungen sofort rechtskräftig werden.

Es soll in diesem Zusammenhang gleichzeitig auch die Frage geklärt werden, ob das Recht zum Erlaß polizeilicher Strafverfügungen sich nur auf die Übertretungen in dem Rahmen erstreckt, in dem deutsche polizeiliche Strafverfügungen ergehen. Der Herr Minister hat sich dahin entschieden, dass nur das letztere der Fall sein soll. Ob es bei der Polizei durchzusetzen ist, wissen wir noch nicht sicher.

Weiterhin soll in diesem Zusammenhang geklärt werden, dass auch Strafbescheide, die gegen Polen erlassen werden, sofort rechtskräftig werden. Dann ist eine der wichtigsten Änderungen der Polen-Strafrechtsverordnung die, dass die gesamten verfahrensrechtlichen Sondervorschriften, die z.Zt. nur in den eingegliederten deutschen Ostgebieten gelten, auch auf das übrige Reichsgebiet angewendet werden sollen. Es sollen, wenn ein Pole, der nach dem 1. September 1939 noch in dem ehemaligen Polen gewohnt hat, eine Straftat im Reich begeht, nicht nur die materiellen Vorschriften, sondern alle verfahrensrechtlichen Sondervorschriften zur Anwendung kommen.

Reichsjustizminister *Dr. Thierack*: Wir kommen jetzt zu: c) *Pflichtverteidigung von Polen.*

Berichterstatter *Grau*: Die Frage der Pflichtverteidigung von Polen hat in der Praxis Schwierigkeiten gemacht. Hier ist die Rechtslage z.Zt. noch verschieden, ja nachdem, ob das Verfahren in den eingegliederten Ostgebieten oder im übrigen

Reich anhängig ist. Ich sagte schon vorhin: In den eingegliederten Ostgebieten haben Staatsanwaltschaft und Gericht das Recht, das Verfahren nach freiem Ermessen zu gestalten. Aufgrund dieser freien Verfahrensgestaltung sind sie auch befugt, von den bindenden Bestimmungen über die Benennung von Pflichtverteidigern abzuweichen. Es ist eine AV vom Mai 1942 ergangen, in der betont wird, dass die Verteidigung eines Polen nur ausnahmsweise als notwendig erachtet werden könne, wenn dies ganz besondere Gründe zur Wahrung der deutschen öffentlichen Belange rechtfertigten. Diese Rechtslage gilt bis jetzt noch nicht im übrigen Reichsgebiet; da gilt noch die Vorschrift des § 32 der Zuständigkeitsverordnung [v. 21.2.1940, RGBl.I, 405], wonach in bestimmten Fällen, wenn Todesstrafe zu erwarten ist, ein Pflichtverteidiger bestellt werden muß. Sobald die Änderungen der Polen-Strafrechtsverordnung [vom 4.12.1941, RGBl. I 1941, 795, 1942,52], die ich vorhin vortrug, in Kraft getreten sind, ist die Einheitlichkeit der Rechtslage insofern im gesamten Reichsgebiet gegeben, als auch im übrigen Reich die freie Verfahrensgestaltung herrscht, so dass auch die Bestellung eines Pflichtverteidigers von der pflichtgemäßen Entscheidung des Richters abhängt.

Es ist schließlich die Frage aufgeworfen worden, ob Polen als Dolmetscher im gerichtlichen Verfahren herangezogen werden können. Diese Frage ist mit Entschiedenheit zu verneinen; denn ebenso wie der Sachverständige ist der Dolmetscher Richtergehilfe bei der Erforschung der Wahrheit. Es entspricht nicht der staatsrechtlichen Stellung der Polen als Schutzangehörige des Deutschen Reiches, dass sie sich als Gehilfen eines deutschen Richters betätigen.

Reichsjustizminister *Dr. Thierack*: Wir kommen zum nächsten Abschnitt II Ziff. 4: *Strafbarkeit des Bruchs einer Kriegerehe.*

Das ist ein sehr schwieriges Problem, das mich schon seit Monaten beschäftigt und das jetzt zu einer gewissen Klärung geführt wird. Die deutsche Frau im Kriege verdient unsere Hochachtung und auf dem Gebiete des Strafrechts unseren besonderen Schutz, weil sie in unvergleichlicher Größe ihre Pflicht tut, nicht nur als Mutter und Hausfrau, sondern auch als Arbeiterin, als Ersatzkraft für den Mann, überhaupt für deutsche Menschen draußen im Felde. Es sind Millionen von Frauen nicht nur im Inland, sondern auch in den besetzten Gebieten eingeschaltet, und es werden jetzt auch junge Mädels schon mit 17 Jahren eingeschaltet werden müssen. Alles das verdient unsere Hochachtung. Aber unzweifelhaft ist das moralische Absinken der deutschen Frau. Auch aus den Lageberichten habe ich das immer wieder entnommen, und auch sonst konnte ich es persönlich beobachten. Worauf ist das nun zurückzuführen? Erstens die lange Dauer des Krieges bringt immer – ich will mich zart ausdrücken – eine moralische Auflockerung nach beiden Seiten. Zweitens sind die potenten Menschen, die Männer draußen, und die kommen kaum noch zurück. Es gibt heute schon Männer, die Jahre und noch länger keinen Urlaub gehabt haben. Das Schlimmste sind drittens die Millionen von fremden Arbeitern, die sich im Reich aufhalten, Menschen, die natürlich, weil sie als Arbeiter gebraucht werden, gerade in geschlechtlicher Beziehung außerordentlich potent sind. Aus allen diesen Möglichkeiten und Gefährnissen ergibt sich nun die Gefährdung der deutschen Frauen auf dem geschlechtlichen Gebiete.

Es war deshalb klar, dass von vornherein die Frau geschützt werden müsse. Der Schutz der Frau ist gedacht gewesen durch einen Gesetzentwurf, der vor meiner Zeit eingereicht worden ist. Dieser Gesetzentwurf sollte den Ehebruch mit einer Soldatenfrau oder einer anderen Frau, deren Mann durch das Kriegsereignis gezwungen war, getrennt von seiner Frau zu leben, strafbar machen. Es sollte die Strafverfolgung vom Strafantrag abhängig sein. Diese Regelung hat die Billigung des Führers nicht gefunden. Heute ist eine Frau strafbar, wenn sie sich mit einem Kriegsgefangenen abgibt. Gerade hier haben Sie ja in der allerletzten Zeit von mir eine Richtlinie bekommen, die in Ihren Händen sein wird. Ich glaube, Sie werden es alle dankbar anerkennen, dass endlich einmal zu diesem Problem eine klare Linie gezeigt worden ist. Ich brauche also hierzu nichts mehr sagen. Ich will nur erwähnen, dass wir auch eine gesetzliche Vorschrift planen, nach der die Frau, die sich in würdeloser Weise mit fremdem Volkstum abgibt, bestraft werden kann. Ich denke da vor allen Dingen an die bisher noch nicht mögliche Strafbarkeit eines Geschlechtsverkehrs oder Austausches von Liebeszeichen zwischen Angehörigen polnischen und deutschen Volkstums.

Wie ist es aber nun mit dem Geschlechtsverkehr, mit dem Ehebruch der deutschen Frau, deren Mann draußen im Felde steht? Nichts drückt wohl unsere Männer draußen mehr, als wenn sie davon erfahren. Das habe ich selbst, als ich noch draußen war, empfunden. Ganz einfache Männer sind zu mir gekommen und haben sich bitter beklagt. Ich weiß auch, dass das heute noch der Fall ist. Ich habe geglaubt, man müßte hier irgendwie helfen, vielleicht nicht in dem Sinne der von meinem Vorgänger geplanten Gesetzesvorschrift, aber in anderer Weise. Nun habe ich mir dadurch Klarheit zu verschaffen gesucht, daß ich mit führenden Menschen diese Probleme durchgesprochen habe. Es gibt keinen der führenden Männer, mit dem ich nicht über dieses Problem gesprochen habe, um klar zu sehen, was los ist. Da stehen sich zwei große Probleme gegenüber. Das eine ist der Menschenmangel und die Anerkennung eines Naturtriebs, das andere ist der Schutz der Ehe und der Ehre des Soldaten. Beide sind scheinbar kaum irgendwie zu bereinigende Widersprüche. Wir müssen also, da wir eine Lösung mit gesetzlichen Mitteln nicht erreichen können – ich halte das für ausgeschlossen -, versuchen, das Problem auf dem Wege des bestehenden Rechts zu lösen. Ich habe eine Rundverfügung vorbereitet, die schon seit Wochen fertig liegt, die aber noch einzelnen Stellen und einzelnen Personen vorliegt, die die eben aufgezeichneten Widersprüche noch nicht ganz überwinden können. Sobald ich von dieser Seite – ich zweifle nicht daran, dass das in absehbarer Zeit geschehen wird – die Zustimmung bekommen – es sind das Persönlichkeiten, ohne deren Zustimmung ich die Sache nicht machen kann -, werde ich die Rundverfügung herausgeben.

Ich denke mir die Lösung folgendermaßen. Abgesehen von dem strafbaren Verkehr mit Kriegsgefangenen handelt es sich um den Ehebruch. Ich halte es kaum für möglich, dass der Ehebruch bestraft werden könnte, wenn nicht zum Ehebruch – ich meine jetzt nicht den Ehebruch im technischen Sinne, sondern den Ehebruch in dem vorhin erläuterten Sinne – noch etwas anderes hinzukommt. Bestrafen können wir heute den Ehebruch nur, wenn die Ehe geschieden ist, als Ehebruch an sich. Wir haben aber noch die Möglichkeit der Beleidigung. Da möchte ich gleich von vornherein sagen, dass sich viele Richter an dem Standpunkt des Reichsgerichts stoßen. Das Reichsgericht [RGSt 65, 1 (1930)] hat nämlich betont, dass eine gebrochene Ehe nur dann die Möglichkeit gibt, wegen Beleidigung gegen einen der Beteiligten vorzugehen, wenn außerhalb des Tatbestandes des Ehebruchs an sich noch besondere Umstände vorliegen. Diese besonderen Umstände werden in der Regel zu bejahen sein, wenn eine deutsche Frau – ich komme gleich auf die Ausnahmen -, deren Mann im Felde ist, die Ehe bricht, nämlich dann, wenn mit dem Ehebruch eine besondere Kränkung des Mannes gegeben ist. Im Normalfall wird das nicht der Fall sein. Im Normalfall ist es doch so, dass die Frau, deren Mann seit 14 oder 15 Monaten oder seit Jahren draußen ist, in eine gewisse Geschlechtsnot gerät. In diesem Falle sollte man m.E. mit Beleidigung nicht vorgehen. Wenn der Mann draußen im Felde den Antrag stellt, sollte man, falls die besonderen Umstände nicht vorliegen und er die Scheidung nicht begehrt, also wegen Ehebruchs nicht irgendeine Bestrafung verlangen kann, das Verfahren ablehnen. Wenn aber besondere Umstände vorliegen, dann sollte man untersuchen, ob diese Umstände geeignet sind, das Verfahren gegen die Frau durchzuführen, in aller Regel aber nicht ex officio. So wird ungefähr die Regelung dieser AV werden.

Hinsichtlich des Mannes gibt es nun schwerere Fälle und leichtere Fälle. Ich will Ihnen hier – ich bitte, dies vertraulich zu behandeln – ein Gespräch schildern, das ich mit dem Reichsmarschall über diesen Punkt hatte. Der Reichsmarschall geht immer wieder von folgendem Standpunkt aus. Es sind das Fälle, die ihm tatsächlich aus dem ihm unterstellten militärischen Gebiet vorgetragen worden sind. Da kommen junge Offiziere aus dem Felde; sie sehen eine nette Frau; die beiden finden Gefallen aneinander, und es kommt zum Geschlechtsverkehr. In allen diesen Fällen kann man m.E. auf seiten des Mannes nicht eine solche Schuld annehmen, dass man, selbst wenn er weiß, dass die Frau verheiratet ist und ihr Mann draußen steht, eine Bestrafung wegen Beleidigung, falls der Antrag von dem Manne draußen gestellt wird, durchführen müßte. Es muß noch mehr dazu kommen. Es ist doch sehr oft so, dass der Geschlechtstrieb, die Geschlechtsnot der Frau so stark ist, dass sie sich leicht hingibt, im Augenblick ihren Mann draußen vergißt und sich irgendwie mit einem anderen Mann einläßt. Bei dem Mann, der von draußen kommt, ist es genau so. Wir alle haben den vorigen Krieg mitgemacht, und in diesem Krieg ist es genau so. Ich persönlich war vielleicht schon etwas zu alt; aber im vorigen Krieg bin ich auch über ein Jahr draußen in den südlichen Gebieten gewesen, und als ich mit 25 bis 26 Jahren heimkam, weiß ich nicht, was ich gemacht habe; ich kann es heute nicht mehr sagen. Also man muß das alles verstehen. Man muß wissen, dass es immer so gewesen ist und nicht geändert werden kann.

Ganz anders ist aber nun der Fall, wenn der Mann, der sich einer solchen Frau nähert, ein Zivilist oder ein ausländischer Arbeiter ist. Wenn ein solcher Mann in die Ehe einbricht, dann wird er in aller Regel angefaßt werden müssen. Er kann nur – wir haben keinen anderen Strafrahmen – im Wege der Beleidigung angefaßt werden, d.h. also, wenn er sich an die Frau heranmacht, sei es nun, dass die Frau in irgendeinem Abhängigkeitsverhältnis zu ihm steht – es kommt also der

Gewerbetreibende, der Kaufmann oder sonst irgend jemand aus dem Felde wieder und hat nun etwa drei Wochen Urlaub, und er nützt das aus -, sei es, dass einer den Alkohol zu Hilfe nimmt oder irgendwelche anderen gemeinen Mittel der Überredungskunst, wie es auch schon vorgekommen ist, anwendet und sagt: „Das ist nicht so schlimm; der Mann ist draußen; kein Mensch erfährt es", und die Frau nun allmählich erliegt. In solchen Fällen sollte man in aller Regel gegen diesen Mann vorgehen.

Bei der Frau habe ich gesagt: In aller Regel milde. Es kann natürlich ganz anders liegen, wenn die Frau sich mit einem fremdstämmigen Zivilarbeiter einläßt. Es ist wohl kaum verträglich, dass ein deutscher Frontkämpfer seine Frau unbestraft wissen will, wenn sie sich meinetwegen mit einem Polen oder mit einem Ostarbeiter oder irgendwelchem anderen Viehzeug eingelassen hat. Der Mann draußen im Felde, der den Strafantrag stellt, bekommt von Ihnen nun meistens die Antwort: Es geht nicht, weil die und die Ansicht des Reichsgerichts vorliegt. Ich habe ihnen darzulegen versucht, dass es doch geht. Nun kommt noch dazu, dass von dem Manne regelmäßig behauptet wird: „Ich setze die Ehe mit meiner Frau fort; ich will nur den Kerl, der in meine Ehe eingebrochen ist, bestraft wissen", und dann kommen Sie auf dieses unglückselige strafrechtliche Moment der Unteilbarkeit des Strafantrags. Machen Sie sich davon frei! Sie werden von mir in jeder Beziehung gedeckt werden, wenn Sie endlich diesen Unfug beheben. Ich bin überzeugt, dass das Reichsgericht genau dasselbe tun wird. Wir müssen von uns aus als Strafrechtspflege, als Richter von etwas abkommen, was lebensfremd ist, auch wenn es noch nicht besonders normiert ist. Deutlicher kann ich das nicht ausdrücken.

Nun kommt der Strafantrag selbst. Da gibt es Fälle, in denen die Menschen aus dem Felde an mich schreiben. Es tut mir leid, es jammert mich, wenn sie sagen: „Ich habe gegen den Menschen, der in meine Ehe eingebrochen ist, Strafantrag gestellt, und es geschieht nichts, weil Verjährung eingetreten ist." Da können Sie auch helfen, ohne dass Sie die geringste gesetzliche Hilfe brauchten. Sie brauchen sich bloß folgendes zu überlegen. Der deutsche Soldat, der draußen im Osten steht und der durch irgendeinen Freund über den Fehltritt seiner Frau erfährt und nun einen Strafantrag stellt oder nicht stellt, kann sich doch im Moment des Einsatzes oder wo er sich sonst befindet, gar nicht die innere Klarheit darüber verschaffen, was er tut. Sie müssen in aller Regel annehmen, dass ein solcher Mensch etwas anderes, etwas Vordringlicheres zu tun hat, als diese Angelegenheit mit seiner Frau zu regeln. Sie können sich wohl mit einiger Lebensnotwendigkeit vor Augen halten, dass ein solcher Mann, der draußen eingesetzt ist und dann von dem Fehltritt seiner Frau erfährt, die Sache erst klären kann, wenn er aus dem Felde in die Heimat zurück kommt, wenn er Urlaub erhält oder sich sonstwie in der Heimat die Unterlagen verschaffen kann, die ihm die Gewißheit über das bringen, was ihm ein Freund zugetragen hat. Seien Sie also in der Beziehung großzügig! Ich finde es nicht nur großzügig, sondern auch lebenswahr, wenn Sie sagen: Der Beginn der Verjährung läuft erst mit dem Augenblick, wo der Mann wirklich in der Lage ist, zu diesem ganzen Problem Stellung zu nehmen, mit dem Augenblick, wo er zu Hause ist und mit seiner Frau über die ganze Sache sprechen kann. Wir werden dazu kommen, dass es nicht notwendig ist, von dem Manne vorsorglich zu verlangen, dass er von der Front aus einen Strafantrag stellt oder sonst etwas unternimmt, bloß damit die Frist der Verjährung nicht schon läuft, was ihm im übrigen vielleicht auch noch Nachteile bringen kann.

Wenn Sie die Angelegenheit so ansehen, wie sie binnen kurzem durch eine Verfügung von mir geregelt werden wird, dann werden Sie das tun, was wir unseren Soldaten schulden und was wir auch in Rücksicht auf das moralische Absinken der Frauen notwendig tun müssen. – Wünscht einer der Herren zu diesem Problem, das sehr schwierig ist, noch Stellung zu nehmen. – Ich gebe Ihnen diese Richtlinien nur, damit Sie jetzt schon auf Ihre unterstellten Behörden in dem Sinne einwirken können; denn es hängt nicht von mir ab, wann ich die Rundverfügung herausgeben kann. Dass sie so kommt, ist absolut sicher.

Froböss: In meinem Bezirk ist in einem Falle ein Urteil ergangen, in dem ein Privatmann die Ehe mit einer Kriegerfrau gebrochen hatte. Der Mann ist, da er sich dabei noch ziemlich schäbig benommen hat – es ist zu mehrfachem Geschlechtsverkehr unter Ausnutzung der Lage der Frau gekommen -, als Volksschädling zu zwei Jahren Gefängnis verurteilt worden

Reichsjustizminister *Dr. Thierack*: Ich kenne den Fall. Ist sonst noch eine Frage?

Dann kommen wir zu I Ziff.2: *Leitende Gesichtspunkte bei der Zurruhesetzung überalterter Richter* [Letz]. [Weggelassen]

Reichsjustizminister *Dr. Thierack*: Wir kommen jetzt zu Ziff. 3: *Personalaustausch zwischen den Oberlandesgerichtsbezirken.*

Berichterstatter Letz: Der bekannte Zustand, dass im Westen des Reiches Assessoren 4 und 5 Jahre auf Anstellung warten, weil sie sich nicht dazu verstehen können, nach dem Osten zu gehen, hält noch an und hat dazu geführt, dass wir jetzt in einzelnen Bezirken die Herren Chefpräsidenten gebeten haben, bestimmte Assessoren, die nach unserer Meinung langsam überaltern, aufzufordern, sich auf Stellen weiter nach dem Osten hin zu bewerben und ihnen unmißverständlich zu sagen, dass sie Stellen im Westen nicht besetzen können. Es ist ausgeschlossen, dass auf die Dauer dieses Element von uns getragen wird. Dabei ist zu berücksichtigen, dass diese Kräfte keineswegs etwa besondere Fachkräfte sind, sondern in den südlichen und westlichen Bezirken sind es Leute, die einfach sagen: wenn ich 4 oder 5 Jahre warte, werde ich schon da angestellt werden, wo ich angestellt werden will. Wir bitten daher, dass die Herren Chefs den Assessoren, auch wenn sie im Felde sind, unmißverständlich sagen, sie könnten mit Rücksicht auf die allgemeine Lage nicht erwarten, die Stelle ersitzen zu können. Wir tun den Leuten nichts. Wenn sie an der Front sind, sollen sie nur im Interesse der Jüngeren etwas weiter nach dem Osten rücken. Es sind ganz bestimmte Bezirke, die in Frage kommen, wo die Chefs selbst der Meinung sind: die Stellen sollen nur durch die Assessoren ersessen werden. Das kommt nicht in Frage. Ich bitte, die betreffenden Assessoren darauf hinzuweisen, dass sie sich um Stellen weiter nach dem Osten hin bewerben mögen. Der Bezirkspartikularismus, der an sich schon besteht, kann durch diese Assessoren nicht noch auf eine breitere Basis gestellt werden.

Bergmann: Der Kölner Bezirk gehört zu den Bezirken, die am stärksten mit Assessoren versorgt sind. Wir haben die Aufforderung bekommen, die Assessoren auf die östlichen Gebiete hinzuweisen. Es hat sich dabei die Schwierigkeit herausgestellt, dass wir so viele ledige Assessoren, die für andere Bezirke in Frage kommen, überhaupt nicht haben. Ich bitte zu erwägen, ob diese Bestimmung nicht auch auf verheiratete Assessoren ausgedehnt werden kann.

Reichsjustizminister Dr. Thierack: Dazu ganz kurz folgendes: Es hat einige Mühe gekostet, mich im Ministerium mit diesem Gedanken durchzusetzen. Ich werde in Zukunft keinen Menschen vom Richter zum Oberrichter oder vom Staatsanwalt zum Oberstaatsanwalt mehr ernennen, der nicht verheiratet ist, es sei denn, dass ganz besondere Verhältnisse vorliegen, Bewährung vor dem Feind oder andere Verhältnisse, die vorkommen. Ich habe eine ganze Reihe von Beförderungsvorschlägen bereits aus diesem Grunde abgelehnt. Ich bedaure, dass wir die italienische Vorschrift nicht haben, nach der jeder Staatsbeamte mit 40 Jahren aus dem Staatsdienst ausscheiden muß, der nicht verheiratet ist. Ich will wenigstens in meinem Ressort diesen Gedanken vorwärtstreiben. Richten Sie sich also danach! Bringen Sie gar nicht solche Vorschläge! Sie bekommen sie doch zurück, es sei denn, dass ganz besondere Gründe vorliegen, die eine Ausnahme gestatten.

Bergmann: Wenn wir die Bestimmung auch auf verheiratete Assessoren erstrecken können, dann bedarf es keiner weiteren Erörterung.

Reichsjustizminister *Dr. Thierack*: Nun folgt Ziff. 4*: Arbeitszeit der Richter.* [Weggelassen]

Wir kommen zum nächsten Punkt 5: *Schärfere Auslese der Bewerber, die zur Übernahme als Gerichtsassessoren vorgeschlagen werden unter Berücksichtigung der erhöhten Anforderungen an den künftigen Richter.*

Berichterstatter *Letz*: Das Ziel der Schaffung eines Richterkorps hat selbstverständlich zur Folge, dass bei der Frage, ob ein Gerichtsassessor übernommen werden soll oder nicht, schärfere Maßstäbe angelegt werden müssen. Das ist aufgrund der ersten Besprechung schon geschehen, wie die Anträge erkennen lassen und das hat zur Folge gehabt, dass über 50 % der Anträge seit August/September abgelehnt worden sind, so dass die Zahlen, mit denen wir in den letzten Monaten des vorigen Jahres rechnen mußten, sehr gering sind: Es sind im August 18, im September 17, im Oktober 19, im November 14 und im Dezember 18 übernommen worden. Dabei handelt es sich bei diesen Gesuchen größtenteils noch um liegen gebliebene Gesuche, die jetzt eingereiht sind, weil ein längeres Liegenlassen sich bei zunehmender Dauer des Krieges nicht verantworten ließe. Neue Anträge sind darunter ganz spärlich eingegangen. Sie müssen aber trotzdem an dem scharfen Auslesemaßstab festhalten, wie es jetzt schon geschieht, und dürfen nicht mit Rücksicht darauf, dass die Zahl der eingegangenen Übernahmegesuche jetzt erklärlicherweise erheblich herabsinkt, wieder weich werden. Also es ist daran festzuhalten, dass derjenige, der als Gerichtsassessor übernommen wird, über dem Durchschnitt stehen muß und eine Bereicherung für die Justiz darstellt.

Was die Planung im ganzen angeht, so ist auf diesem Gebiet auch sehr schwer etwas zu sagen, weil von der Stellung des späteren Richters und von seinem

Arbeitsgebiet der Bedarf abhängen wird. Auch hier sind die Zahlen sehr interessant. Es sind für das laufende Rechnungsjahr bis April d.J. 825 Anwärter übernommen worden, von April bis jetzt 247 Anwärter, so dass bei demselben Maßstab bis 1. April 1943 nur 300 Anwärter übernommen werden. Für das Rechnungsjahr 1943 sind 400 Anwärter zu stellen, schon mit Rücksicht auf den erwarteten geringen Bedarf für den Haushaltsplan. Ob die Hebung der Stellung noch erhebliche Zugänge bringen wird, soweit es überhaupt möglich ist, ist noch nicht zu erkennen. Es ist aus gewissen Anzeichen zu schließen, dass sich ein Teil der Jugend wieder mehr der Bedeutung des Rechtes klar wird. Wir haben schon Äußerungen, dass Leute, die erst als Anwaltsassessoren übernommen werden wollten, sagen: Wir wollen jetzt lieber Richter werden. Aber die Zeit, die vergangen ist, ist verhältnismäßig gering, um ein abschließendes Urteil zu fällen.

Man braucht sich im übrigen über die Frage des Nachwuchses keine Gedanken zu machen. Denn für den Bedarf in den nächsten Jahren sind genug Kräfte vorhanden.

Eins ist noch zu erwähnen. Es könnten bei dieser Frage besondere Kriegsverdienste eine Rolle spielen. Wenn gesagt wird, es sei nicht richtig, dass einer, der sich im Felde erheblich bewährt hat, auch ein guter Richter werde, so ist das in dieser Ebene sicher nicht zu berücksichtigen. Wenn einer Erhebliches im Fronteinsatz geleistet hat, wird man auch über die Frage der mehr oder weniger guten Qualifikation leichter hinweggehen können, als wenn einer zur Wehrmacht einberufen ist und irgendwo in der Heimat oder im besetzten Gebiet herumsitzt.

Staatssekretär *Dr. Rothenberger*: Ich wäre dankbar für Meinungsäußerungen darüber, ob die schärfere Auslese bedenklich erscheint und ob nicht vielleicht aus Nachwuchskreisen irgendwelche Stimmungen oder Meinungen bekannt geworden sind, die in bezug auf den Richterberuf negativer zu beurteilen sind, als wir es meinen.

Reichsjustizminister *Dr. Thierack*: Der Herr Staatssekretär meint, ob unser Optimismus auf diesem Gebiet unzeitgemäß sei.

Schwister: Es handelt sich um ein Gebiet, auf dem nach den Erfahrungen der vergangenen Jahre das Gesetz von Angebot und Nachfrage eine starke Rolle spielt. Wer auf diesem Gebiet einmal mitgearbeitet hat, der weiß, dass eine Zeit lang hohe Anforderungen gestellt wurden und dass namentlich die Prädikatsprüfung stark bevorzugt wurde. Später hat man, offenbar aus Mangel an Anwärtern, die Anforderungen immer tiefer gestellt, und es sind mir Assessoren begegnet, deren Tauglichkeit dem Chefpräsidenten sehr zweifelhaft erschien. Ich habe das Problem kürzlich mit einigen Landgerichtspräsidenten erörtert; die haben mir gesagt: Grundsätzlich – und der Ansicht bin ich auch – seien hohe Anforderungen zu stellen, trotzdem sei es gefährlich, eine Erprobung nach dem Examen zu fordern, weil dann gegenwärtig die Gefahr bestehe, dass gerade die besten uns weglaufen. Es ist deshalb der Vorschlag gemacht worden, es möchte eine gewisse Erprobung auch hier schon während des Vorbereitungsdienstes bei denjenigen einsetzen, die vom Chefpräsidenten oder von den Landgerichtspräsidenten als für das Richteramt geeignet bezeichnet sind.

Dabei wurde hervorgehoben, diese Erprobung möchte nicht in Strafsachen stattfinden. Meine Landgerichtspräsidenten stimmen mit mir darin überein, dass es heute nicht verantwortet werden kann, Referendare als Beisitzer in der Strafkammer einzusetzen. Also wenn eine derartige Erprobung eingeführt werden sollte, möge sie hauptsächlich in Zivilprozeßsachen eingeführt werden.

Nun habe ich in der letzten Zeit einzelne Beobachtungen gemacht, die die Gefahr aufzeigen, dass es wieder damit beginnt, dass die besten, jedenfalls guten Assessoren weg gehen. Mir ist aufgefallen, dass z.B. die Reichsbahnverwaltung in einzelnen Fällen auf Gesuche zurückgegriffen hat, die 1939 gestellt worden sind.

Reinle: Dass beim jungen Nachwuchs gewisse Befürchtungen bestehen, gerade in die Justiz zu gehen, hat sich mir erwiesen durch eine Umfrage bei der Referendararbeitsgemeinschaft in Freiburg. Da hat im Spätjahr vorigen Jahres von 34 Referendaren auf die Frage, wer zur Justiz wolle, ein einziger mit Ja geantwortet. Wie weit die Maßnahmen des neuen Regimes da inzwischen etwas bessernd gewirkt haben, konnte ich noch nicht feststellen. Kleine Anzeichen für Besserung liegen vor. Aber dass augenblicklich der Wunsch, Richter zu werden, geringer ist als früher, ist ohne Zweifel.

Reichsjustizminister *Dr. Thierack*: Ich glaube, dies Problem dürfen wir unter dem Kennwort betrachten: Angebot und Nachfrage. Ich glaube, dass die starke Justiz auch ein starker Magnet für junge Menschen ist, die Rechtswahrer werden wollen. Das sehen wir jetzt schon. Also ich bin da absolut optimistisch. Auf der anderen Seite ist sicherlich ein Kampf um den Nachwuchs schon da; er wird immer stärker werden. Aber nach dem Kriege wird das Wegfangen nicht nur durch die Reichsbahn, sondern auch durch andere Behörden einen stärkeren Umfang annehmen. Das Innenministerium hatte gewünscht, dass ich ihm sämtliche Referendarbogen zustelle, wonach die Referendare in die Verwaltung gehen möchten. Das lehne ich ab.

Aber wir müssen das Problem betrachten von dem, was wir wollen in der Justiz. Wir wollen in der Justiz eine Organisationserneuerung, d.h. eine starke Beschränkung der Richterzahl, eine Herausstellung der Spruchrichter und im übrigen eine starke Rechtspflege. Das ist doch der Sinn der Änderungen vom August. Es ist klar erkannt und wohl auch durch die Maßnahmen, die ergriffen sind, erwiesen worden, dass die Staatsführung überzeugt ist, dass eben das Recht letzten Endes das Fundament eines jeden großen Volkes sein muß. Und das wird, daran zweifle ich nicht, auch in die jungen Leute wieder hineindringen. Wir werden – wir sind jetzt schon dabei – mit diesem Nachwuchs Neuerungen schaffen, die es erleichtern werden, dass dieser Nachwuchs zu uns kommt. Man sollte daher hier nicht zu pessimistisch sein.

Aber eins möchte ich noch einmal betonen. Herr Schwister sagte: Ich habe dann geprüft, ob sie für das Richteramt brauchbar sind. Meine Herren, sprechen wir auch von der Staatsanwaltschaft. Es wird viel zu wenig von der Staatsanwaltschaft gesprochen. Die Staatsanwälte leisten treu und brav ihre Arbeit. Ich bin selbst 12 Jahre Staatsanwalt gewesen. Ich weiß, dass da eine Arbeit geleistet wird, die nicht immer die rechte Anerkennung findet, weil sehr vieles, was der Staatsanwalt tut, ja überhaupt verschwindet. Sie wissen auch, durch wiederholte Erklärungen, dass wir daran festhalten wollen, dass ein dauernder Wechsel zwischen Richter und Staatsanwalt stattfinden muß.

Dann kommen wir zur nächsten Ziffer 6: *Allgemeine Aufnahme einer Gesamtbewertung im Sinne der Justizausbildungsverordnung (ausreichend, befriedigend) in Spalte 17 der Personal- und Befähigungsnachweisung.*

Berichterstatter *Letz*: Es soll zur Erörterung gestellt werden, ob es sich empfiehlt, bezüglich der persönlichen Eignung in den Personal- und Befähigungsnachweisen einheitliche Qualifikationen einzuführen für Richter und Staatsanwälte. Bedenken, die dagegen bestehen, liegen auf der Hand. Auf der anderen Seite ergibt sich bei der Durchsicht der einzelnen Personalberichte aus verschiedenen Bezirken, dass die Maßstäbe, auch die Wertung der Begriffe „gut" und „sehr gut" völlig verschieden sind. Das ist so auffällig geworden, dass dann, wenn ein Personalbericht über die Verwendbarkeit irgendeines Beamten verlangt wurde, sich ergab, dass unter „gut" allenfalls noch „brauchbar" zu verstehen ist, in gewissen Gegenden des Großdeutschen Reiches. Die Begriffe sind also nicht einheitlich. Es soll erörtert werden, ob es sich empfiehlt, für die fachliche Leistung die Noten der Justizausbildungsverordnung einzuführen.

Es ist klar, dass der Einwand, man könnte keinen Menschen mit einer Note versehen, richtig ist. Es soll auch nicht sein Charakter und seine Persönlichkeit mit Nummern versehen werden, sondern es soll zur Erörterung gestellt werden, ob es möglich ist, eine Note der Justizausbildungsverordnung für einen Richter oder Staatsanwalt zu geben. Dabei ist zu beachten, dass es Spezialisten gibt, und dass eine solche Wertung der Spezialisten gewisse Schwierigkeiten machen wird, wie überhaupt das Spezialistentum für die Leute gewisse Nachteile hat. Wenn jemand befördert werden soll, heißt es: Der ist nur Strafrichter, dass ist kein Zivilist.

Ich persönlich halte auf Grund der Erfahrungen mit den Verschiedenheiten der Wertung in den verschiedenen Gebieten, was noch resultiert aus dem früheren Partikularismus, den Versuch der Einführung für erwünscht. Ich habe mir berichten lassen, dass in Bayern diese Qualifikation nach der fachlichen Seite hin immer gewesen ist und dass man damit gute Erfahrungen gemacht hat.

Delitzsch äußert Bedenken gegen den Vorschlag. Die Schwierigkeit wird sein, was man bewerten soll. Im Examen ist es einfach, da wertet man die Leistung in der Ausbildung. Aber hier ist die Persönlichkeit zu bewerten. Das ist gar nicht möglich. Es ist nicht möglich, das Fachliche von dem anderen zu trennen. Es wird höchstens so möglich sein, dass man jeweils die Leistungen bewertet. Aber zur Persönlichkeit gehört auch die Führungsgabe. Jemand ist im Hinblick auf die Führergabe vielleicht geeignet als Landgerichtspräsident, aber nicht als Amtsrichter.

Allgemein möchte ich bemerken, dass es mir unerwünscht erscheint, die Prädikate der Ausbildungsordnung noch zu erweitern. Jeder Mensch hat seine Licht- und Schattenseiten. Aber bei der Qualifikation findet man nur die Licht- und nicht die Schattenseiten. Ich sehe lieber einen Mann, der „befriedigend" ist und weiß, dass ich ihn habe, als einen Mann, der als „gut" oder „lobenswert" bezeichnet ist, und aus dem andern Bezirk präsentiert wird.

Zusammenfassend möchte ich sagen: Ich würde es begrüßen, wenn erreicht würde, dass die Qualifikation eine schärfere Fühlungnahme enthält; und ob die Noten der Prüfungsordnung dazu geeignet sind, ist mir zweifelhaft.

Froböss: Ich würde es begrüßen, wenn eine generelle Anordnung nach der Richtung erfolgte, sich streng an die Noten der Justizausbildungsordnung zu halten. Dann würde erreicht, dass im ganzen Reichsgebiet der Versuch gemacht werden könnte, nun ein gleiches Zeugnis zu erteilen. Bis jetzt werden die Zeugnisse viel zu gut ausgestellt. Im allgemeinen haben die nur mit „ausreichend" zu bewertenden Richter mindestens das Prädikat „befriedigend". Wenn man einmal prozentmäßig feststellt, kommt man zu merkwürdigen Ergebnissen. Wir müssen uns darüber klar sein, dass der Hauptteil der Richter „ausreichend" ist. Das soll kein Vorwurf gegen die Richter sein; es ist nur eine Feststellung. Wenn durchgeführt wird, dass die Noten der Ausbildungsordnung angewandt werden, werden wir erreichen, dass wahre Zeugnisse erteilt werden.

Was die Präsidenten betrifft, so habe ich in meinem Bezirk davon abgesehen, ihnen solche Noten zu erteilen. Ich bin der Ansicht, dass man bei Präsidenten, die schon gehobener Stellung sind, und denen man anstandshalber die Note „gut" geben müßte, das nicht auszudrücken braucht, indem man noch eine besondere Note gibt, sondern dass man das zwischen den Zeilen sagen kann. Ich würde also dafür sein, die generelle Verordnung zu erlassen.

Martin: Ich fürchte, dass, was Herr Letz herbeiführen will, wird nicht erreicht werden. Das ist schon beim Referendarzeugnis so. Wenn jemand alle Eigenschaften des Richters durchgegangen ist, dann wird er in Zukunft sich nicht ändern, wenn darunter steht: Er ist befriedigend, oder: Er ist gut. Die Gleichmäßigkeit, die herbeigeführt werden soll, wird auf die Weise nicht erreicht werden. Ich war früher Mitglied des Prüfungsamtes. Wir haben Zeugnisse aus den verschiedensten Bezirken gehabt. Die waren derart verschieden, wie man sich das nicht vorstellen kann. Die Zeugnisse aus den verschiedenen Bezirken: aus Köln oder Düsseldorf, aus Mitteldeutschland, aus Ostdeutschland usw. ließen sich durchaus nicht auf einen Nenner bringen. Diese Verschiedenheiten werden aber nicht dadurch beseitigt, dass man nun eine Note im Anschluß an die Justizausbildungsordnung einführt. Die Hauptsache ist, dass wirklich wahrheitsgemäße Zeugnisse erteilt werden, schon bei den Referendaren; denn das setzt sich in der Qualifikation fort nach oben.

Siegel: Herr Letz hat schon darauf hingewiesen, dass es in Bayern früher üblich war, eine Gesamtbewertung am Schluß beizufügen, und ich habe das auch bei den Reichsqualifikationen beibehalten, allerdings nicht in der Form, dass die Gesamtpersönlichkeit qualifiziert wird, sondern nur die Leistungen. Wir schreiben dazu: Die Leistungen können insgesamt als das und das beurteilt werden. Dass das nicht eine ideale Lösung ist und damit nicht eine wahre Qualifikation erreicht wird, ist mir klar. Aber ich glaube, dass die Qualifikation auf diese Art besser ist als die jetzige, die sich in verschwommenen Sätzen bewegt, und bei der man das eigentliche Ergebnis zwischen den Zeilen herauslesen muß. Wenn man es so macht, dass man die Herren zwingt, ein konzentriertes Urteil abzugeben: gut, befriedigend, ausreichend usw., so ist damit schon ein großer Vorteil erreicht.

Helm: In unserem Bezirk ist es schon seit 3 Jahren üblich, die Prädikate der Justizausbildungsordnung bei den Qualifikationen zu verwenden. Die Notwendigkeit dazu hat sich dadurch ergeben, dass bei einem Vergleich der vorgelegten Qualifikationen aus den verschiedenen Bezirken die Darlegungen nicht gleichartig waren. In dem einen Fall stand eine glänzende Qualifikation da, und das Abschlußurteil war verhältnismäßig ungünstig gegenüber den glänzenden Ausführungen der Qualifikation. In anderen Fällen haben wir erlebt, dass eine Qualifikation verhältnismäßig schlecht und harmlos aussah, und wenn man gefragt hat: Wie wird der Mann nun endgültig beurteilt, hat sich herausgestellt, dass der Mann ganz hervorragend zu beurteilen ist. Es würde sich empfehlen, nicht ein Prädikat abschließend zu erteilen, sondern die Erklärung abzugeben: Sind seine Leistungen besonders anzuerkennen, oder: insgesamt stehen seine Leistungen über dem Durchschnitt usw. Und dann können noch einige Feinheiten berücksichtigt werden.

Freisler: Ich möchte nur zur Frage der Bewertung von Strafrichtern sprechen. Ich glaube, dass die Frage der Wahrheitsgemäßheit der Qualifikationen nichts mit der Frage zu tun hat, die hier aufgeworfen ist. Die Qualifikationen werden um kein Haar wahrer oder unwahrer dadurch, dass man nun dazu zwingt, bestimmte Worte zu gebrauchen. Man muß die Frage von einer anderen Seite her lösen. Was den Strafrichter anlangt, so kann man nach meiner Überzeugung nicht die Leistung von der Persönlichkeit trennen. In der Leistung spiegelt sich die Persönlichkeit. Man wird gezwungen etwas Unmögliches zu tun, wenn man Leistung und Persönlichkeit getrennt mit bestimmten Worten qualifizieren soll, es sei denn, dass nur die von der Persönlichkeit losgelöste Leistung eine Bedeutung haben soll. Deshalb bitte ich, beim Strafrichter davon Abstand zu nehmen.

Struve: Mir kommen je länger je mehr Bedenken gegen den Vorschlag. Ich weiß nicht, ob es möglich ist, beim Richter, der eine einheitliche Gesamtpersönlichkeit darstellt, das Leistungsmäßige und das sonstige Persönliche wertend zu unterscheiden. Aber auch wenn ich den Vorschlag auf das rein Leistungsmäßige reduziere, habe ich Bedenken. Wir haben Richter, die ausgezeichnete Verhandlungsleiter, aber keine besonderen Urteilsschreiber sind, und wir haben auf der anderen Seite Richter, die mengemäßig eine hervorragende Arbeit leisten und beim Maßbetrieb der amtsrichterlichen Zivil-Arbeit gut am Platze sind, die aber als Urteilsschreiber weniger am Platze sind. Wie soll man nun das eine und das andere qualifizieren? Wir haben Richter, die als Oberlandesgerichtsräte sich nicht bewährt haben, die aber ganz hervorragende Richter bei der freiwilligen Gerichtsbarkeit geworden sind. Wie soll man da den Maßstab für eine Beurteilung finden? Es ist unmöglich, einen Richter für allseitige Verwendung leistungsmäßig abzustempeln.

Bürkle: Ich gehe davon aus, dass der Richter immer da beschäftigt wird, wo er am meisten brauchbar ist, und wenn die Qualifikation über ihn geschrieben wird, wird man sie zunächst über seine derzeitige Tätigkeit geben. Wenn er sich als Strafrichter besonders gut eignet, ist er als Strafrichter einzusetzen, und da werde ich sagen: Er ist als Strafrichter gut zu beurteilen. Und wenn er sich vorher in der freiwilligen Gerichtsbarkeit nicht bewährt hat, wird man zusätzlich sagen: Er hat sich dagegen in der freiwilligen Gerichtsbarkeit nicht so bewährt. Ich glaube, dass man auf diese Weise das Problem am besten löst.

Reichsjustizminister *Dr. Thierack:* Ich habe mich nach der Aussprache überzeugt, dass unser Vorschlag nicht durchführbar ist, und zwar aus der Überlegung, dass man der Persönlichkeitsbewertung da unter Umständen einen Zwang antut, der nicht gut ist. Die Verwendungsfähigkeit des Mannes ergibt sich nicht aus dem einfachen Prädikat, sondern aus den Zusätzen, die der betreffende Beurteiler über ihn macht. Man sollte Freiheit lassen, dass der zu beurteilende [Beurteiler?] hinein schreiben kann, was er für richtig hält. Dass das heterogene Urteile ergibt, die nach Temperament und Einstellung des Beurteilenden verschieden ausfallen, muß man in Kauf nehmen. Aber es ist schon besser, wir bekommen ein Bild über die Person, wie sie auch eingesetzt werden kann, als dass einfach eine Skala aufgemacht und gesagt wird: Der Mann ist lobenswert, oder: der Mann ist ausreichend usw. Es kann ja beides verbunden werden. Sie können sagen: Der Mann ist in der freiwilligen Gerichtsbarkeit nicht brauchbar, aber als Spruchrichter in Strafsachen niederer Ordnung durchaus gut. Dann kann man hinten eine reine Zensur setzen, wenn man das will. Ich glaube, dass man den Menschen insofern gerecht werden muß, als man ihre guten und ihre schlechten Seiten hervorhebt. Das soll die Möglichkeit geben, die menschliche Beurteilung nicht hintanzusetzen. Wir kennen schließlich die Chefpräsidenten und Generalstaatsanwälte und wissen, ob der eine oder andere ein bißchen günstiger oder weniger günstiger urteilt.

Wir kommen zum nächsten Punkt Nr. 7: *Soll die Stellenausschreibung beibehalten werden?*

Berichterstatter *Letz*: Die Stellenausschreibung macht dem Ministerium wegen des ungeheuren Verbrauchs an Papier und wegen der Verzögerung Sorgen. Wir sind bisher nicht soweit gekommen, eine andere Möglichkeit zu finden, um einigermaßen gerecht und zweckentsprechend die Stellen zu besetzen. Ich erinnere daran, dass, als im Jahre 1940 der Versuch unternommen wurde, ohne Stellenausschreibung auszukommen, dieser Versuch gescheitert ist, weil man sich davon überzeugte, dass die Mißstände, die sich einstellten, größer waren als die Vorteile. Was wir jetzt an Einsparung gemacht haben, ist nur das, dass die Beamtenfähigkeitsnachweise aus den Bezirken nicht mehr an das Ministerium zu kommen brauchen. Wir haben jetzt noch 40 bis 50 % Bewerbungen. Im Ministerium sind wir bisher nicht zu irgendwelchen greifbaren Möglichkeiten der Veränderung gekommen, und wir würden es begrüßen, wenn von den Herren irgendwelche Vorschläge gemacht werden könnten. Eine Aufhebung der Stellenausschreibung kommt, soweit ich das aus den Vorgängen ersehen kann, nicht in Frage, insbesondere deshalb nicht, weil sie seinerzeit aus den Kreisen der Anwärter, aus der Front der Bewerber stark bekämpft und abgelehnt worden ist. Aber wie wir das Verfahren vom Standpunkt der Bezirke aus gesehen, vereinfachen können, möchten wir gern erfahren [...]

Nachmittagssitzung
Reichsjustizminister *Dr. Thierack*: Wir fahren in den Beratungen fort. Wir kommen zu Ziff. I 8.

Letz: Anstellung fachlich schwacher Gerichtsassessoren im Wehrdienst ohne Erprobung.

Es handelt sich um ein Restproblem bezüglich der Assessoren, die schwach sind, noch nicht übernommen wurden oder jetzt eingerückt sind. Frage: Wie sind diese Leute im Laufe des Krieges zu behandeln? Es dauert zum Teil nun schon Jahre, dass sie an der Front sind. Wir müssen grundsätzlich den Standpunkt einnehmen, dass wir die Leute nur dann anstellen, wenn wir es fachlich verantworten können. Nur dann, wenn außergewöhnliche Einsätze im Kriege feststehen, kann man unter Umständen eine Ausnahme machen. Es ist zwar eine gewisse Ungerechtigkeit, eine schicksalsmäßige Ungerechtigkeit gegenüber den Assessoren, die aus irgendwelchen Gründen noch nicht eingezogen worden sind, die sich weiter bewähren können, und bei denen abschließend gesagt werden kann: Jetzt sind sie so weit und anstellungsfähig. Es wird natürlich berücksichtigt werden müssen, dass der Fronteinsatz sie daran hindert, an einer weiteren Erprobung teilzunehmen. Wir werden daher etwas weitherzig sein müssen. Aber Leute, die fachlich ungeeignet sind, können im allgemeinen auch durch die Tatsache, dass sie längere Zeit eingezogen waren und nun an der Front stehen, nicht zur Anstellung vorgeschlagen werden. Das ist ein Restproblem, das nur so gelöst werden kann.

Reichsjustizminister *Dr. Thierack*: Wünscht jemand, dazu Stellung zu nehmen? (Wird verneint.)

Wir kommen zu I 9 *„Beteiligung der Partei bei Beamtenernennungen."*

Letz: Es handelt sich um eine Auswirkung eines Führererlasses über die Ernennung von Beamten und die Durchführungsbestimmungen, in denen ja vorgesehen ist, dass die Partei-Kanzlei bei Beamten des höheren Dienstes zu hören ist. Es müßte nun folgerichtig bei jeder Ernennung zum Referendar die Partei-Kanzlei beteiligt werden. Das ist eine erhebliche Erschwerung des bisherigen Zustandes, wonach ja die Gauleiter-Äußerung genügt. Das Ministerium ist bei der Kanzlei vorstellig geworden, damit diese Auswirkung nicht eintritt. Wir bitten deshalb auch, die Referendar-Ernennungen nicht an das Ministerium zu geben, sondern zu warten, bis die Entscheidung und die Durchführungsbestimmung des Ministeriums kommt. Der Schriftwechsel über das Ministerium an die Partei-Kanzlei ist sicher nicht im Sinne der allgemeinen Zeitlage, der Ersparung von Schriftwechsel usw.

Es besteht auch kein Grund, davon abzugehen, dass die Gauleiter-Äußerung für diese Ernennung genügt.

Dasselbe Problem tritt bei der Beauftragung eines Richters mit der Führung der Geschäfte in Dienstaufsicht auf. Auch dort ist nach den Durchführungsbestimmungen jetzt an sich ohne Anhörung der Partei-Kanzlei eine Beauftragung nicht möglich. Wir bitten auch hier auf die Durchführungsbestimmungen zu warten, die im Einvernehmen mit der Partei-Kanzlei demnächst herauskommen werden.

Reichsminister *Dr. Thierack*: Es wird wohl keine Stellungnahme gewünscht?

Martin: Sollen die Gesuche der Referendare einfach liegen bleiben?

Letz: Es kann sich nur um kurze Zeit handeln.

Reichsminister *Dr. Thierack*: Was Sie aber nicht hindert, dass Sie vorstellig werden, wenn es zu lange dauert.

Wir kommen zu I, 10: *Kriegsverdienstkreuze.* [*Letz*]

[...] Reichsminister *Dr. Thierack*: Ja, die Ordensfrage! Wir wollen sie nicht in all ihren tiefgründigen Erscheinungsformen hier erörtern. Solche Sachen wird es immer geben und gibt es auch heute wieder. Aber eines möchte ich dazu sagen, um das Ganze richtig zu stellen. Ich habe schon zweimal mit dem Staatsminister und Chef der Präsidial-Kanzlei Meißner über diese Sache verhandelt. Ich habe die ganz offenkundige Benachteiligung der Justiz hervorgehoben. Darüber ist gar kein Zweifel. Es ist mir auch bekannt, von Leitern sehr hoher Behörden, dass sie einen weiteren Vorschlag von Mitgliedern ihrer Behörden aus diesen Gründen ablehnen. Nachdem, was ich vorgestern gehört habe, glaube ich nicht, dass die Verleihung des Kriegsverdienstkreuzes in der nächsten Zeit weitergeht. Mehr kann ich dazu nicht sagen. Wenn es aber noch weitergehen sollte, werde ich mich genau so einsetzen wie bisher und wahrscheinlich genau so vergeblich, wie ich das bisher getan habe. Wundern Sie sich nicht, wenn vielleicht in unserer Umgebung Kriegsverdienstkreuze gar nicht mehr zur Verteilung kommen. Dass wir tätig gewesen sind, dürfen Sie mir glauben.

Wünscht noch jemand zu diesem sehr schönen Thema das Wort? (*Keine Meldung.*)

Wir kommen zu III, 3: *Unterrichtung über in Vorbereitung befindliche Gesetzesvorschriften und Rundverfügungen auf dem Gebiete des Strafrechts.*

Grau: Ich habe die Aufgabe, Sie über einige geplante Verordnungen und Verwaltungsmaßnahmen auf dem Gebiete des Strafrechts zu unterrichten. Ich sprach heute morgen schon von der Verordnung über die Rechtsbeschränkungen der Juden. Sie wird vom *Generalbevollmächtigten für die Reichsverwaltung* bearbeitet; wir sind aber naturgemäß stark an ihr interessiert. Die wichtigste Vorschrift in ihr wird voraussichtlich sein, dass strafbare Handlungen von Juden künftig nur noch durch die Polizei geahndet werden, so dass also die Juden aus der Strafgerichtsbarkeit völlig ausscheiden, und zwar wird diese Bestimmung für das ganze Reichsgebiet gelten. Die Folge davon wird sein, dass die Juden aus der Polen-Strafrechtsverordnung völlig ausscheiden. Es ist außerdem eine Rechtsmittelbeschränkung für Juden dahin vorgesehen, dass grundsätzlich sowohl gegen Entscheidungen der Gerichte wie auch gegen die Entscheidungen der Verwaltungsbehörden dem Juden ein Rechtsmittel oder ein Rechtsbehelf nicht mehr zusteht. Ferner ist vorgesehen, dass Juden Klagen und sonstige Anträge bei Gerichten oder Verwaltungsbehörden nur dann mehr anbringen können, wenn eine Behandlung des Antrages im Interesse der Allgemeinheit erwünscht ist. Juden sollen künftig nicht mehr eidesfähig sein. Die Folge wird sein, dass ihre uneidliche unwahre Aussage strafbar genau in dem selben Rahmen, wie heute erörtert wurde, sein wird. Die Erklärungen jüdischer Beteiligter zur Frage der Beeidigung eines Zeugen oder Sachverständigen sollen künftig unbeachtlich sein. Juden können deutsche Richter nicht mehr als befangen ablehnen. Eine entsprechende Vorschrift befindet sich in der Polen-Strafrechtsverordnung. Und schließlich soll das Vermögen des Juden mit seinem Tode dem Reich verfallen. Das sind die wesentlichsten Bestimmungen, die in dieser Verordnung der Rechtsbeschränkung der Juden enthalten sind.

Federführend beschäftigt uns im Hause eine sogenannte dritte Vereinfachungs-Verordnung auf dem Gebiete der Strafrechtspflege. In dieser dritten Vereinfachungs-Verordnung soll zunächst versucht werden, weiterhin Richterkräfte einzusparen. Sie entsinnen sich, dass in der zweiten Vereinfachungs-Verordnung vom August 1942 [RGBl. I 1942, 508] eine Kräfteersparnis der Richter bei den Kollegialgerichten, beim Oberlandesgericht, Sondergericht und bei der Strafkammer durchaus versucht worden ist, dass der Vorsitzer ermächtigt wurde, bei einfachen Sachen allein zu entscheiden. Wir haben festgestellt, dass diese Maßnahme keine Erleichterung in der Praxis gebracht hat, und zwar deshalb, weil nur sehr wenig und in nur sehr geringem Umfange Vorsitzer bereit waren, eine Alleinentscheidung zu treffen. Um die Richterkräfte für die Kollegialgerichte besser auszunutzen, sind folgende Umstellungen des geltenden Rechtszustandes geplant:

Es soll der Vorsitzer ermächtigt sein, bei einfacher Sach- und Rechtslage einen Beisitzer mit der Alleinentscheidung zu beauftragen. Er soll auch ermächtigt sein zu sagen: Ich brauche nicht das volle Kollegium, sondern mir genügt nur der Berichterstatter. Er kann also dann mit zwei statt drei Richtern entscheiden. Das ist die Besetzung der Gerichte.

Sie entsinnen sich, dass in der zweiten Vereinfachungsverordnung vom August 1942 vorgesehen war, dass in der Hauptverhandlung der Schriftführer nicht mehr zugezogen zu werden brauchte. Diese Vorschrift soll auch auf das gesamte Vorverfahren ausgedehnt werden. Es braucht auch im Vorverfahren, in der Voruntersuchung, bei Vernehmungen des Angeklagten, von Zeugen oder Sachverständigen nicht ein Urkundsbeamter hinzugezogen zu werden.

Dann soll auf eine Anregung des Präsidenten des Volksgerichtshofes hin die Ladungsfrist bei allen Gerichten abgekürzt werden können bis auf 24 Stunden. Beim Sondergericht beträgt sie ja bereits 24 Stunden.

Dann kommt ein weniger wichtiger Punkt. Es soll die Entscheidung über die Ablehnung und Ausschließung eines Richters nicht mehr dem Gericht, sondern der dienstaufsichtführenden Stelle zustehen, und zwar soll diese Entscheidung durch Gerichtsbeschluß und endgültig, also als Richter, [sein?].

Die Anklageschrift kann vereinfacht werden. Sie braucht nicht mehr das wesentliche Ergebnis der Ermittlungen zu enthalten. Es soll stets im pflichtgemäßen Ermessen des Staatsanwaltes liegen, ob die Ermittlungen in die Anklageschrift aufgenommen werden oder nicht. Die Verlesung der Niederschriften von Zeugenaussagen in der Hauptverhandlung soll vor allem dann vorgenommen werden, wenn alle Beteiligten damit einverstanden sind. Vorbild ist das österreichische Recht. Es soll auch die Möglichkeit erfüllt werden, Aussagen vor dem Staatsanwalt und vor der Polizei dann zu verlesen, wenn der Zeuge nicht vernommen werden kann. Allerdings wird dann durch die Verlesung die Aussage des Zeugen nicht ersetzt.

Das Kernstück der dritten Vereinfachungsverordnung [RGBl. I 1943, 341] ist die Entschädigung des Verletzten. Dies ist ein vielfach erörtertes Problem, das jetzt aufgegriffen worden ist, weil sich der Herr Minister davon eine starke Vereinfachung und einen erheblichen Wegfall von Zivilprozessen verspricht. Außerdem glauben wir, dass damit ein guter Schritt vorwärts getan wird, um unser Strafverfahren volkstümlicher zu machen. Denn es war bisher stets so: Ein Verletzter erschien als Zeuge und erlebte, dass der Angeklagte zu einer erheblichen Geldstrafe verurteilt wurde, von der er sich sagte, dass er, wenn der Angeklagte die Geldstrafe zahlen sollte, davon nie einen Pfennig bekäme. Und dann mußte er leer ausgehen. Jetzt sollte es so sein, dass der Verletzte in einfach liegenden Fällen schriftlich oder mündlich den Antrag stellen kann, ihm eine Entschädigung zu gewähren. Dieses Verfahren ist so primitiv und einfach wie nur denkbar gestaltet worden. Der Verletzte kann entweder den Anspruch selbst erheben, oder sein Erbe kann ihn erheben. Der Einzelrechtsnachfolger ist ausgeschlossen, weil der Nachweis der Einzelrechtsnachfolge zu Schwierigkeiten führen würde. Es können nur vermögensrechtliche Ansprüche geltend gemacht werden. Ausgeschlossen sind z.B. Ansprüche aus Familienrecht. Es kommen nur solche Ansprüche in Frage, die sonst vor die ordentlichen Gerichte gehören. Ausgeschlossen sind z.B. auch Ansprüche, die nur vor dem Arbeitsgericht geltend gemacht werden können. Vor dem Amtsgericht können nur Ansprüche geltend gemacht werden in der Höhe, in der der Amtsrichter als Zivilrichter entscheiden könnte. Das Verfahren ist völlig formlos, so formlos, dass der Verletzte sich nicht in der Hauptverhandlung vertreten lassen kann durch einen Anwalt oder einen sonstigen Rechtsbeistand. Das ist bestimmt worden, weil nicht das Bild auftreten sollte, dass der Verteidiger des Angeklagten oder der Vertreter des Verletzten große zivilprozessuale Ausführungen macht. Ein weiterer Hauptgrundsatz des Verfahrens ist, dass der Verletzte aus der Geltendmachung seines Anspruchs nur gewinnen kann. Es kann ihm nie ein Schaden daraus erwachsen. Es kann ihm also nur ein Anspruch zuerkannt werden. Will das Gericht nicht zuerkennen, weil es glaubt, der Anspruch sei nicht begründet, oder weil der Angeklagte nicht verurteilt wird, so sieht es von einer Entscheidung ab und eröffnet damit den Weg zur Erhebung der Zivilklage. Die Entscheidung kann auch für vorläufig vollstreckbar erklärt werden, damit das Strafurteil insofern nicht dem Zivilverfahren unterlegen ist. Die Vollstreckung erfolgt nach den Vorschriften der Zivilprozeßordnung.

Ein weiterer Punkt der dritten Vereinfachungsverordnung enthält die erleichterte Wiederaufnahme auch zuungunsten des Verurteilten. Sie wissen, dass zur Zeit eine Wiederaufnahme zuungunsten des Verurteilten so gut wie unmöglich ist. Sie ist nur zulässig, wenn im Verfahren bestimmte Straftaten begangen sind oder wenn der Angeklagte nachher ein Geständnis ablegt. Mit anderen Worten: Fast überhaupt nicht. Dies muß zu dem unmöglichen Ergebnis führen und hat auch zu starken und bedenklichen Durchbrechungen der Rechtskraft wirklicher Urteile geführt. Ich bitte, einen berichten zu dürfen: Es wird jemand bestraft wegen eines Verstoßes gegen die Paßvorschriften. Nachträglich stellt sich heraus, dass der Grenzübertritt eine Ausspähreise eines Spions gewesen ist. Der Volksgerichtshof hat mit Recht die neue Anklage zugelassen. Aber es ist ganz sicher, dass dies mit den jetzigen Grundsätzen nur sehr schwer zu vereinbaren ist. Das Reichsgericht hat schon immer gesagt: Wenn jemand durch ein Strafverfahren bestraft worden ist und sich erst später herausstellt, das die Bestrafung aus einem schwereren Anlaß möglich gewesen wäre, dass dann die neue Anklage zulässig ist. Hier wird in Zukunft durch die Wiederaufnahme geholfen werden können.

Ein anderer Fall, der den letzten Anstoß dazu gegeben hat jetzt die Erneuerung zu bringen, ist folgender: Ein Mann hat einen Mord begangen. Schon vor der Anklageerhebung stellt sich heraus, dass er bei der Begehung der Tat geisteskrank war. Infolgedessen erfolgt keine Anklageerhebung, sondern Sicherungsverwahrung. Der Mann wird in einer Heilanstalt untergebracht. In dieser Heilanstalt stellt sich aber einwandfrei heraus, dass er ein Simulant war und überhaupt niemals geisteskrank war. Das ist ein praktischer Fall. Das Sondergericht hat sich entschlossen, und zwar mit Recht, in diesem Fall eine neue Anklage wegen Mordes zuzulassen. Aber ich brauche nicht klarzulegen, dass dieses mit dem geltenden Strafrecht einfach nicht mehr zu vereinbaren ist.

Ich bitte, diesen Fall nun etwas umbiegen zu dürfen. Hätte sich die Geisteskrankheit nicht vor der Erhebung der Anklage herausgestellt, und der Staatsanwalt die Anklage tatsächlich erhoben, so wäre der Angeklagte erst in der Hauptverhandlung wegen Geisteskrankheit freigesprochen. Ich glaube nicht, dass ein Gericht bei der jetzigen Lage der Prozeßordnung in der Lage gewesen wäre, in diesem Fall eine neue Anklage zuzulassen. Auch hier wird jetzt durch die Wiederaufnahme geholfen werden können. Denn die Wiederaufnahme wird auch dann zulässig sein, wenn neue Tatsachen oder Beweismittel erbracht sind, die die Verurteilung eines Freigesprochenen herbeiführen könnte, oder auch – das ist auch eine Änderung zum geltenden Rechtszustand – nur eine schwerere Bestrafung. Jetzt ist es doch so, dass eine Wiederaufnahme nicht zulässig ist, wenn dadurch nur eine schwerere Bestrafung aus demselben Strafgrund erstrebt werden soll. Das wird in Zukunft auch im Wege der Wiederaufnahme möglich sein. Soviel will ich Ihnen über die geplante dritte Vereinfachungs-Verordnung sagen. Sie ist zur Stellungnahme versandt worden. Wir haben bisher nur zustimmende Äußerungen bekommen, so dass die Aussicht besteht, sie in nicht allzu langer Zeit verabschieden zu können.

Sie haben in den letzten Tagen im Reichsgesetzblatt die Verordnung über die Änderung der Zuständigkeits-VO [RGBl. I 1943, 76] gelesen. Über die Aufnahme des Sondergerichtsverfahrens entscheidet jetzt endlich auch das Sondergericht und nicht mehr die Strafkammer. Dazu habe ich nichts zu sagen. Dann ist in dieser Verordnung auch die Zuständigkeit des Volksgerichtshofes erweitert worden, und zwar in zwei Tatbeständen: Einmal in der öffentlichen Wehrkraftzersetzung und zum zweiten in der vorsätzlichen Wehrdienstentziehung.

Zu dem letzten Fall muß ich etwas sagen. In der entsprechenden Rundverfügung war nämlich nicht eine ausschließliche Zuständigkeit des Volksgerichtshofes für jeden Fall der vorsätzlichen Wehrdienstentziehung begründet worden, sondern das Volksgericht wird nur dann zuständig, wenn der Oberreichsanwalt die Aburteilung durch das Sondergericht für notwendig hält. Es ist nicht daran gedacht worden, die ganze große Zahl von Fällen der Wehrdienstentziehung künftig durch den Volksgerichtshof aburteilen zu lassen, sondern es ist nur an diejenigen Fälle gedacht worden, die einen Mißbrauch der Schlüsselkräfte darstellen. Was Schlüsselkraft ist, ist in einem Geheimerlaß des Führers [v. 19.12.1942; *M. Moll*, aaO., S. 305 ff.] festgelegt worden. Darin heißt es: Schlüsselkräfte sind besonders hochqualifizierte Arbeiter in der Rüstungsindustrie, die nicht zu ersetzen sind und deshalb vom Wehrdienst befreit sind. Dort steht weiter, dass der Mißbrauch von Schlüsselkräften auf Verlangen des Reichsministers für Bewaffnung und Munition im Volksgerichtshof abzuurteilen ist. Mit dieser Erweiterung der Zuständigkeit des Volksgerichtshofes ist ausschließlich an den Mißbrauch der Schlüsselkräfte gedacht worden. Es wird eine Rundverfügung ergehen, die diesen Begriff der Schlüsselkräfte klarstellt, die auch klarstellt, dass das Verlangen des Reichsministers für Bewaffnung und Munition zur Aburteilung vorliegen muß.

Was hat nun der Mißbrauch der Schlüsselkräfte mit der Kriegswehrdienst-Entziehung zu tun? Der normale Fall des Mißbrauches von Schlüsselkräften erstreckt sich gar nicht auf eine Wehrdienst-Entziehung, sondern auf eine Entziehung gegenüber anderen Rüstungsbetrieben, denn der hochqualifizierte Arbeiter wird regelmäßig durch mißbräuchliche Benennung oder Anforderung einem anderen Rüstungsbetrieb entzogen. Nur verhältnismäßig selten liegen die Fälle vor, dass er dem Wehrdienst entzogen werden soll. Für diese Fälle ist jetzt die Zuständigkeit des Volksgerichtshofes neu begründet worden, während für die Fälle, in denen sich der Mißbrauch der Schlüsselkräfte auf die Rüstungsindustrie bezieht, die Zuständigkeit des Volksgerichtshofes bereits nach der Verordnung des Führers zum Schutze der Rüstungswirtschaft besteht. Das Ergebnis wird künftig sein: Wenn in einem Verfahren wegen Wehrdienstentziehung oder wegen Entziehung einer Schlüsselkraft gegenüber der Rüstungsindustrie ein Verlangen des Reichsministers für Bewaffnung und Munition auf Strafverfolgung durch den Volksgerichtshof noch nicht gestellt worden ist, dann muß in allen Fällen hierher berichtet werden, damit dieses Verlangen herbeigeführt werden kann. Wenn das Verlangen bereits gestellt worden ist, sind die Vorgänge unmittelbar dem Oberreichsanwalt beim Volksgerichtshof vorzulegen.

Reichsminister *Dr. Thierack*: Werden hierzu irgendwelche Stellungnahmen gewünscht?

Präsident *Freisler*: Im Volksgerichtshof sind mehrere Senate – ich nehme an, dass es alle tun werden – dazu übergegangen, im Urteilssatz nur die eigentliche Verurteilung aufzunehmen und alle Nebenpunkte wegzulassen, sowohl die Kostenentscheidung als auch die Anrechnung der Untersuchungshaft usw. Diese Nebenpunkte können im Urteil dann nach dem Abschluß der Urteilsgründe oder in einem besonderen Beschluß gebracht werden. Der Grund ist der, dass man das Gefühl haben muß, solch ein Urteil sei wie ein Steppenfluß, der schließlich im Sande verläuft, wenn nach dem eigentlichen Urteil, auf das es ankommt, auch noch alle diese Dinge, die sein müssen, so hinterher kommen. Falls es möglich ist, solche Freiheit, dass in besonderen Beschlüssen oder nach der Urteilsbegründung unmißverständlich zum Ausdruck gebracht wird, wer die Kosten zu tragen hat, usw. noch einzuschalten, dann möchte ich darum bitten.

Reichsminister *Dr. Thierack*: Wir kommen zu Punkt III, 6.

Ministerialrat *Rietzsch*: *Gesetzgebungsarbeiten auf dem Gebiet des sachlichen Strafrechts* [nicht im Protokoll enthalten: wiedergegeben nach dem seperaten Manuskript]

Auf dem Gebiet des sachlichen Strafrechts befinden sich neben einer Reihe kleinerer Entwürfe, mit denen ich Ihre Zeit nicht in Anspruch nehmen möchte, 4 größere Gesetzgebungswerte in Vorbereitung, die Ihr Interesse finden werden.

1. Zunächst liegt dem Ministerrat für die Reichsverteidigung eine Verordnung vor, die eine Ergänzung der Vorschriften des Strafgesetzbuchs zum Schutz von Ehe, Familie und Mutterschaft [RGBl. I 1943, 140] zum Ziele hat. Dieser Verordnung haben alle beteiligten Ressorts zugestimmt. Mit ihrem Erlaß ist daher in etwa 2 Monaten zu rechnen. Nach § 1 wird ein Ehegatte, der Familienhabe böswillig oder aus grobem Eigennutz veräußert, zerstört oder beiseiteschafft und dadurch den anderen Ehegatten oder einen unterhaltsberechtigten Abkömmling schädigt, mit Strafe bedroht. Eine solche Vorschrift hat sich vor dem Kriege als dringend erforderlich erwiesen, weil nach dem Reichsstrafgesetzbuch der Diebstahl unter Ehegatten straflos ist. In vielen Fällen hat insbesondere der Ehemann, wenn er sich mit seiner Frau überworfen hatte, durch Verschleuderung des ganzen Hausrats den Bestand der Ehe zerstört. Im Kriege mehren sich die Fälle, in denen die Frau in Abwesenheit ihres im Felde stehenden Mannes zur Ausnutzung der heute erzielbaren Phantasiepreise die ganzen Möbel veräußert, wenn sie ihrem Manne untreu geworden ist und sich einem anderen Mann zuwendet. Unterlagen des Oberkommandos der Wehrmacht, die uns vorgelegen haben, entwerfen ein unerfreuliches und zum Teil erschütterndes Bild von der Leichtfertigkeit, mit der treulose Soldatenfrauen durch Verschleuderung des ganzen Hausrats den Bestand ihrer Ehe für immer vernichten. § 2 bringt die lang entbehrte Vergehensvorschrift gegen Verletzung der Unterhaltspflicht. § 4 tritt den gewissenlosen Müttern entgegen, die ihre Kinder tage- und wochenlang allein lassen, um sich mit Männern herumzutreiben und zu amüsieren, und bekämpft damit einen Mißstand, der bisher schon dem Vormundschaftsrichter und dem Strafrichter in gleicher Weise Sorgen bereitet hat. Das Reichsgericht hat versucht, durch Anwendung der Vorschrift gegen Aussetzung zu helfen, einzelne Gerichte haben die Vorschrift gegen Kindermißhandlung (§ 223 b StGB) entsprechend angewendet. Jedenfalls ist es erfreulich, dass die neue Vorschrift eine sichere Rechtsgrundlage für das Einschreiten in solchen Fällen bieten wird. Die Verordnung enthält dann weiter eine erhebliche Erhöhung der Strafen gegen Abtreibung, was im Kriege keiner näheren Erläuterung bedarf, und einige minder wichtige Ergänzungsvorschriften. – Die Verordnung soll die *deutsche* Mutter schützen; inwieweit sie auf Personen, die nicht deutsche Staatsangehörige deutscher Volkszugehörigkeit sind, anzuwenden ist, wird im Erlaßwege geregelt werden.

2. Eine weitere Verordnung will das Strafrecht des Altreichs dem Strafrecht der Alpen- und Donau-Reichsgaue angleichen [VO v. 29.5.1943, RGBl. I, 735]. Sie wird

daher mit besonderer Genugtuung in der Ostmark begrüßt werden; denn sie bemüht sich, Dinge, die in der Ostmark wesentlich besser als im Altreich geregelt sind, nach dem Vorbild des österr. Strafgesetzes im Altreich umzugestalten. Zugleich wird die Verordnung eine Reihe von Vorschriften beseitigen oder ändern, die sich im Altreich immer wieder als äußerst unzulänglich erwiesen haben oder die dringend der Vereinfachung bedürfen.

Im einzelnen mildert die Verordnung die Akzessorietät der Teilnahme, um zu verhindern, dass die Beihilfe zu dem Verbrechen eines Geisteskranken straflos bleibt. Sie bringt eine Neufassung des § 50 StGB und erweitert die Möglichkeit, Vorbereitungshandlungen zu Verbrechen zu treffen. Auch die erfolglose Anstiftung zu Verbrechen wird mit Strafe bedroht. Beseitigt wird die weltfremde Vorschrift, dass der Strafantrag unteilbar ist. Ferner wird der leidigen Streitfrage ein Ende bereitet, ob die Vortäuschung einer Straftat strafbar sei oder nicht. In Anpassung an das Strafrecht der Ostmark wird weiter auch die falsche uneidliche Aussage mit Strafe bedroht.

Besondere Freude wird eine Vorschrift gegen die Verunglimpfung des Andenkens Verstorbener erregen. Sie sieht u. a. eine Qualifikation für den Fall vor, dass der Verstorbene sein Leben für das deutsche Volk hingegeben hat, und beseitigt für diese Fälle das Antragserfordernis.

Anstelle der überaus komplizierten und doch sehr unzulänglichen 4 Strafvorschriften gegen Urkundenfälschung (§§ 267 bis 270) soll eine ganz einfache Vorschrift treten, die mit den zahlreichen Streitfragen auf diesem Gebiet aufräumt, die Lücken des bisherigen Rechts beseitigt und dem Richter die notwendige Ermessensfreiheit gibt. Die Vorschriften gegen Nötigung und Erpressung erhalten die längst dringend erwünschte verbesserte Fassung. Für Meineid wird bei mildernden Umständen Gefängnis nicht unter 6 Monaten zugelassen, um zu verhindern, dass Soldaten, die in Alimentensachen einen Meineid leisten, gleich wehrunwürdig werden. Weiter soll die Vorschrift des § 349 RStGB, die heute so zahlreiche Gnadenberichte erfordert, durch eine zweckmäßige Ergänzung des § 348 StGB überflüssig gemacht werden.

Die Verordnung wird mit zahlreichen Schwierigkeiten und Streitfragen aufräumen und durch Ausdehnung der Ermessensfreiheit des Richters viele Berichte und viel Schreibwerk entbehrlich machen. Hoffentlich werden ihr auf dem langen Leidenswege, den jede Verordnung auf dem Wege zum Reichsgesetzblatt durchmachen muß, keine Steine mehr in den Weg geworfen.

3. Weiter beschäftigen uns zwei Gesetzgebungswerke, die federführend im Reichsministerium des Innern bearbeitet werden. Das erste betrifft eine *Verordnung über das Verwaltungsstrafrecht* [hierzu Sarah Schädler, „Justizkrise" und Justizreform im Nationalsozialismus, Das RJM unter RJM Thierack (1942–1945, Tübingen 2009, S. 231]. Sie zerfällt in 2 Teile. Der erste Teil will ein Verwaltungsstrafrecht der Verwaltungsbehörden auf den Gebieten einführen, auf denen das bisherige Recht des Warenverkehrs, der Verbrauchsregelung und des Preiswesens Ordnungsstrafe und kriminelle Strafe nebeneinander androht. Der Gedanke ist der, dass ein und dieselbe Stelle im Gau, und zwar eine Verwaltungsstelle, in allen diesen Fällen eine

Vorprüfung vornehmen soll, ob die Verfehlung im Verwaltungsstrafverfahren oder von den Justizbehörden geahndet werden soll. Entscheidet die Prüfungsstelle im ersteren Sinne, so sollen die Gerichte mit der Sache nichts mehr zu tun haben. Die bisherigen Vorarbeiten haben ergeben, dass der Gedanke der Vorprüfung durch *eine* Verwaltungsstelle, die sich durch den Überblick über das Ganze einheitliche Maßstäbe erarbeiten soll, in der Praxis nur sehr schwer durchzuführen ist: Das Schwergewicht der *Preis*politik liegt beim Regierungspräsidenten, das Schwergewicht der *Verbrauchs*regelung bei den Wirtschafts- und Ernährungsämtern, d.h. bei den Landräten und Oberbürgermeistern. Schon die Zusammenlegung der Funktion dieser Stellen ist schwierig. Das Ordnungsstrafrecht der Warenverkehrsordnung wird von den Reichsstellen ausgeübt, deren Geschäftsbereich sich auf das ganze Reich erstreckt. Im Ernährungssektor spielt ferner das Ordnungsstrafrecht der Hauptvereinigungen und ihrer Untergliederungen, der Wirtschaftsverbände, eine große Rolle. Die Fachkenntnisse dieser Organisationen fehlen naturgemäß den Behörden der inneren Verwaltung, die für die Übernahme der Vorprüfung in Frage kommen. Es fehlen ihnen aber auch die Kenntnisse der Staatsanwaltschaft, insbesondere über die Linie der Sondergerichte zu § 1 der KriegswirtschaftsVO; die Verwaltungsbehörden müßten über diese Praxis erst durch umfangreiche Verwaltungsanweisungen unterrichtet werden. Um zu verhindern, dass gleichwohl so manche Straftat, die nach Auffassung der Justizbehörden ein Verbrechen ist, mangels Kenntnis der Praxis der Sondergerichte im Verwaltungsstrafverfahren verbleibt, muß die Justizverwaltung dahin streben, den Staatsanwalt in die Vorprüfungsstelle hineinzubringen. Eine entsprechende Organisation des Verfahrens ist uns auch zugesagt. In jedem Falle würde aber die Einschaltung des Vorprüfungsverfahrens eine Verzögerung der Bearbeitung der Straffälle mit sich bringen; aus diesem Grunde erscheint die Schaffung der Vorprüfungsbehörden und des Vorprüfungsverfahrens im Interesse der Erhaltung der Schlagkraft der Justizbehörden nicht allzu erwünscht.

Die Schaffung der Vorprüfungsbehörde hätte allerdings auch den Vorzug, klar herauszustellen, dass die Verantwortung für die Auswahl der Wirtschaftsstrafsachen, die vor die Gerichte kommen, den Verwaltungsbehörden obliegt. Praktisch ist dies schon heute der Fall, am klarsten im Gebiet des Preisstrafrechts: Hier kommen die Justizbehörden überhaupt nur zum Zuge, wenn die Verwaltungsbehörde die Strafverfolgung verlangt. Aber auch im Strafrecht der Verbrauchsregelung haben die Verwaltungsbehörden praktisch den Vorrang: Die Frage, ob ein öffentliches Interesse an der Verfolgung besteht (§ 4 VRStVO = Verbrauchsregelungs-StrfVO v. 26.11.1941, RGBl.I, 734), wird ja doch praktisch von den Wirtschafts- und Ernährungsämtern, bei denen die Verstöße aufkommen, entschieden. Nach den Verwaltungsvorschriften des RWM und des RmfEuL [RM für Ernährung und Landwirtschaft] soll zwar der Staatsanwalt entscheiden, wenn *Zweifel* über das Vorliegen eines öffentlichen Interesses bestehen; aber der Staatsanwalt kann über Zweifel doch nur entscheiden, wenn er von ihnen erfährt, und Sie werden mir sicherlich beipflichten, wenn ich behaupte, dass 9/10 aller Straftaten gegen die Verbrauchsregelung, vielleicht sogar 19/20, im Ordnungsstrafverfahren erledigt werden, ohne dass ein Staatsanwalt die Sache sieht. Praktisch liegt also auch heute schon das Schwergewicht der Verantwortung für die Auswahl der in kriminelle Verfahren gelangenden Wirtschaftsverstöße bei den Verwaltungsbehörden.

Eine weitere Folge dieses ersten Abschnitts der Verordnung wäre, dass die Gerichte die bisherige Befugnis verlieren würden, über Anträge auf gerichtliche Entscheidung gegen Ordnungsstrafbescheide der Wirtschafts- und Ernährungsämter zu entscheiden. Die Erörterungen der VO haben nun aber gezeigt, dass sowohl der RWM wie auch der RmfEuL großes Gewicht darauf legen, dass die Zuständigkeit der Gerichte, über Anträge gegen Ordnungsstrafbescheide zu entscheiden, erhalten bleibt. Es ist dies ein höchst erfreuliches Zeugnis der beiden Fachressorts, dass die Gerichte ihre Aufgabe in diesen Strafsachen sachgemäß erfüllen und sich in das schwierige Gebiet mit Aufopferung und Treue eingearbeitet haben. Es ist daher möglich, dass es gelingt, diesen ersten Teil der Verordnung zum Scheitern zu bringen.

Der zweite Teil der Verordnung soll eine Teilung der Übertretungen in Justiz- und Verwaltungsübertretungen nach dem Vorbild des österr. Verwaltungsstrafgesetzes bringen. Es ist der Wunsch der Polizei, die Zuwiderhandlungen auf dem Gebiet derjenigen Übertretungen, die keinen justizmäßigen Charakter haben, durch polizeiliche Strafverfügungen allein zu ahnden und einen Rechtsweg gegen polizeiliche Strafverfügungen vor Verwaltungsbehörden und Verwaltungsgerichten einzurichten. Die Durchführung dieser Unterscheidung in Justiz- und Verwaltungsübertretungen gestaltet sich technisch äußerst schwierig; es sind dabei unendlich viele Gesichtspunkte zu beachten. Ich glaube daher, heute von näheren Ausführungen über die Verordnung noch absehen zu sollen.

4. Die letzte Vorlage, die ich hier erwähnen möchte, ist der Entwurf eines Gesetzes über die Behandlung Gemeinschaftsfremder [hierzu S. *Schädler*, „Justizkrise", 2009, 274 ff.] oder, wie ich lieber sagen möchte, Asozialer. Dieser Entwurf war zunächst als reines Polizeigesetz gedacht und vom Reichssicherheitshauptamt, genauer, Reichskriminalpolizeiamt, ausgearbeitet. Es sprach den Polizeibehörden die Befugnis zu, Asoziale entweder ins Konzentrationslager zu überführen oder in die Anstalten der Landesfürsorgeverbände, also im wesentlichen in die Arbeitshäuser aufzunehmen, und zwar beides für unbestimmte Dauer. Als Rechtsmittel hiergegen sollte dem Asozialen die Anrufung eines Ausschusses von 3 Beamten offenstehen, der beim Reichskriminalpolizeiamt gebildet werden sollte. Die Abgrenzung der Befugnisse, die das Gesetz der Polizei verleiht, von den Zuständigkeiten der Justiz hat uns viele Sorgen bereitet. Herr Minister Dr. Thierack hat sich nunmehr in die Arbeiten an diesem Gesetz eingeschaltet und durch Fühlungnahme mit dem Herrn Reichsminister und Chef der Reichskanzlei sowie in einer persönlichen Aussprache mit dem RF-SS ChDtPol die weitere Arbeit an dem Gesetz auf eine völlig neue Grundlage gestellt. Es ist nunmehr vereinbart, dass das Gesetz als gemeinsame Vorlage des Innen- und Justizministeriums weiter bearbeitet werden soll. Demgemäß wird das Gesetz in einen Abschnitt über die gerichtliche Behandlung der Asozialen zerfallen. Der polizeiliche Teil wird klarstellen, dass die Aufgabe der Polizeibehörden, strafbare Handlungen der Asozialen zu erforschen

und das Ergebnis der Ermittlungen ohne Verzug den Strafverfolgungsbehörden mitzuteilen, bestehen bleibt, und dass die Entscheidungen der Gerichte vor den Freiheitsentziehungen durch die Polizei den Vorrang haben. Der polizeiliche Teil wird ferner beschränkt werden in seiner Geltung auf solche Asoziale, die mit den Strafgesetzen nicht (sei es zur Zeit nicht oder mehr oder noch nicht) in Konflikt geraten sind. Sobald der Asoziale kriminell wird, soll seine weitere Behandlung Aufgabe der Justizbehörde sein und bleiben.

Der Abschnitt des Gesetzes über gerichtliche Behandlung Asozialer soll die Erfahrungen auswerten, die in der nunmehr bald zehnjährigen Geltungszeit des Gewohnheitsverbrechergesetzes gesammelt sind, und dieses Gesetz zeitgemäß umgestalten. Dabei soll die Einteilung der Asozialen in mehr lästige und in gefährliche Asoziale, die der Entwurf bisher schon für die polizeiliche Behandlung vorsah, auch für die gerichtliche Behandlung gelten. Während die Polizei die lästigen Asozialen in die Anstalten der Landesfürsorgeverbände und die gefährlichen in die Konzentrationslager sperren soll, sollen die Justizbehörden die gemeinschaftsfeindlichen Verbrecher, die jetzt in die Sicherungsverwahrung kommen, künftig zu unbestimmter Strafe verurteilen, die lästigen Gewohnheitsverbrecher aber, die heute dem Arbeitshaus überwiesen werden, der Polizei zur Bewahrung auf unbestimmte Zeit überweisen. Damit fällt das künstliche System der Zweispurigkeit weg, an seine Stelle tritt die Sicherungs*strafe* oder eine Maßregel der Sicherung, aber nicht mehr Strafe und Sicherung nebeneinander. Die Trennung von Sühnestrafe und Sicherung hat sich als gekünstelt und praktisch als nicht durchführbar erwiesen. Sie widerspricht auch dem Stande der Kriminalbiologie und Kriminalpolitik. Beide Wissenschaften erfordern nach ihrem heutigen Stande für die Konfliktstat die bestimmte Strafe, für den Hangverbrecher aber die unbestimmte Strafe. Denn bei asozialen Kriminellen kann kein Richter im voraus wissen, welche Strafdauer erforderlich ist, um wirksame Hemmungen gegen neue Straftaten einzuschalten und den Täter in die Volksgemeinschaft wieder einzugliedern. Ferner packt die unbestimmte Strafe den Verurteilten weit stärker als die bestimmte; sie gestattet ihm nicht, die im voraus bestimmte Zeit mehr oder weniger abzudösen, sondern rüttelt ihn auf und zwingt ihn zur Arbeit an sich selbst, um sich die Freilassung zu verdienen. Die Ausgestaltung der einspurigen Behandlung des kriminellen Asozialen wird zur Zeit mit der Polizei besprochen. Vorgesehen ist ferner, dass die Entmannung auf Verbrechen nach § 175 a Nr. 1–3 ausgedehnt werden soll. Von der Mitteilung weiterer Einzelheiten möchte ich noch absehen, da die Erörterungen mit der Polizei noch in der Schwebe sind.

Reichsminister der Justiz *Dr. Thierack*: Sie haben jetzt etwas von unserer Arbeit auf dem Gebiete der Strafrechtspflege gehört und vielleicht auch einen kleinen Begriff von manchen Sorgen bekommen. Wenn man das ganze Gebiet überschaut, das Ihnen jetzt vorgetragen worden ist, dann kann man schon beinahe von einer kleinen Strafrechtsreform sprechen. Es sind durchaus keine neuen Gedanken, sondern nur die konsequente Durchführung alter Gedanken mit neuen Ideen. Was wir bringen, ist die absolut klare Abtrennung zwischen Verwaltung und Justiz. Das ist notwendig, wobei ich immer wieder davon ausgehe – ich habe den Gedanken auch bei dem letzten Gesetz verfolgt – dass man der Polizei das geben muß, was ihr zusteht. Was die Justiz nicht mehr machen kann, soll man der Polizei ruhig überlassen. Aber es muß der deutsche Mensch, der irgendwie eine kriminelle Tat begangen hat, vor den deutschen Strafrichter gezogen werden. Das sind die Leitgedanken.

Wünscht jemand dazu Stellung zu nehmen? (*Keine Meldung.*)

Rietzsch: (*Folgt weitere Verlesung.*)

Reichsminister *Dr. Thierack*: Ich hoffe, dass Sie das alles verstanden haben. Aber ich glaube, es wird nicht dadurch besser werden, dass wir es noch einmal wiederholen. Das sind Begriffe, mit denen man sich schon einmal beschäftigt haben muß; ich weiß nicht, ob es zweckmäßig ist, dass wir Ihnen das Ganze noch einmal schriftlich geben. (*Rietzsch*: Ich kann das dann aber nur in der vorsichtigeren Form vorschlagen!) Nachdem Sie die unvorsichtige Form gehört haben, werden Sie auch die vorsichtige verstehen. Wir werden also eine Art Verfügung herausgeben, damit Sie Richtlinien in die Hand bekommen.

Wir kommen zu III, 7: *Referendare als Spruchrichter.*

Vollmer: In der AV vom 7.2.1942 [vgl. DJ 1942, 454 ff.] ist gesagt worden, dass Referendare bei Landgerichten als Einzelrichter in Berufungs- und Beschwerdesachen nicht beisitzen sollen. Nun ist von einem Chefpräsidenten gegen diese Regelung Einwand erhoben worden und damit begründet, dass Referendare bei Landgerichten mit nur einer Strafkammer für sämtliche Strafsachen nicht voll in Anspruch genommen sind. Der Herr Minister steht nach wie vor auf dem Standpunkt, dass Referendare nicht in zweiter Instanz beisitzen sollen. Dazu hat folgende Überlegung geführt; gegebenenfalls wird ein Urteilsspruch von einem anderen Gericht aufgehoben in dem der Beisitzer Referendar ist. Das ist unmöglich. Es fragt sich nur, ob dieser Zustand dann aufrecht erhalten werden kann, wenn eine größere Anzahl von Referendaren als Kriegsversehrte oder als bewährte Frontsoldaten zurückkommen. Dann läßt es sich vielleicht durchführen, dass in zweiter Instanz bewährte ältere Referendare beisitzen, die dann auch ein günstiges Gegengewicht gegen die anderen Vollrichter bilden könnten. Es wäre vielleicht auch ganz gut, wenn diese Referendare, die bereits Kompaniechefs gewesen sind und vom Einsatz zurückkommen, neben ihrer Ausbildung einen Einsatz finden, d.h.: Man bildet sie aus und gibt ihnen gleichzeitig Gelegenheit, sich dort zu bewähren, wo es für sie wünschenswert und ihrer Persönlichkeit entsprechend ist.

Wohler: Ich habe bisher Referendare nicht eingesetzt und werde es ohne Anweisung von oben auch nicht tun. Zum Richter gehört eine gewisse Reife. Der Referendar hat gerade sein Studium hinter sich. Was wir im Studium gelernt haben, wissen wir. Der Richter aber muß überzeugen. Ein junger Mann von einigen 20 Jahren ohne Gerichtspraxis kann das nicht. Und deshalb bin ich der Auffassung, dass man Referendare überhaupt nicht als Spruchrichter verwenden soll.

Reichsjustizminister *Dr. Thierack*: Sie verkennen die Absicht. Wir wollen die Referendare nicht deshalb einsetzen, weil sie Referendare sind, sondern weil wir evtl. keine anderen haben. Wenn Sie noch so gut besetzt sind, können wir vielleicht der Frage näher treten, ob wir Ihnen einige Richter wegnehmen. Es handelt sich hier um eine Notlösung, die wir sehr ungern tun. Wir wollen damit eine Möglichkeit geben, die Verwendung der Referendare auszunutzen. So war es gedacht.

Block: Ich bedauere, sagen zu müssen, dass ich dem Oberlandesgerichtspräsidenten Wohler nicht zustimmen kann, wenn er der Ansicht ist, dass Referendare überhaupt nicht als Spruchrichter beschäftigt werden sollen. Ich möchte dem gegenüber halten, dass wir nicht jeden Referendar zum Spruchrichter machen, sondern nur ganz besonders tüchtige Leute. Außerdem möchte ich erwähnen, dass bei dem beherrschenden Einfluß des Vorsitzers in Strafsachen der beisitzende Referendar gar keine Gefahr bedeutet. Ich möchte sogar der Ansicht sein, dass Referendare auch in Beschluß- und Beschwerdesachen tätig sein können. Der augenblickliche Zustand ist der, dass der Referendar am Landgericht in erster Instanz tätig sein kann. Man muß aber bedenken, dass vor die Strafkammer in erster Instanz sehr viel wichtige Sachen kommen, die meist sogar wichtiger sind als die kleineren Strafsachen bei Beschwerde- und Beschlußsachen. Wer also gewürdigt wird, im jetzigen Zustand bei den schwierigeren und wichtigeren Sachen als Spruchrichter mitzuwirken, von dem sehe ich nicht ein, warum er nicht ebenfalls in Beschluß- und Beschwerdesachen als Spruchrichter mitwirken kann. Beim Amtsgericht kann der Referendar als Spruchrichter rechtskräftig entscheiden über Ansprüche bis 500 Mark, und in zweiter Instanz vor dem Landgericht soll er nicht mitwirken können als Beisitzer in einem Prozeß, der vielleicht nicht so wichtig ist, wie der andere. Es kommt hinzu, dass in den meisten Landgerichten, wie in meinem Bezirk, nur eine einzige Strafkammer besteht. Praktisch wird also, da die Beschluß- und Beschwerdesachen meist die Hauptsache bilden, der Referendar bei diesen Behörden ausgeschaltet. Er kommt dadurch in Nachteil gegenüber den Referendaren in der Großstadt, bei denen ja mehrere Strafkammern bestehen, so dass eine Teilung möglich ist. Bei den meisten Gerichten in der Provinz kann also ein Referendar überhaupt kein Spruchrichter werden, während es die anderen aber können. Das bedeutet auch pekuniär eine Benachteiligung für die Referendare in der Provinz.

Reinle: Ich möchte ebenfalls gegen den ersten Redner aus Danzig Stellung nehmen, da ich im Bezirk Baden lange Jahre hindurch Referendare verwendet habe, sogar Jahrzehnte hindurch, und niemals ernste Anstände erlebt habe. Auch wir haben natürlich nur bewährte Referendare dazu auserwählt, etwa ein Drittel des vorhandenen Bestandes. Diese Herren waren für das Vertrauen, dass man ihnen gab, äußerst dankbar, und haben sich in den Laden hineingekniet und wirklich gute Arbeit geleistet. Auch später, als es verboten war, nach der Überleitung in Reich, sind mir immer wieder Wünsche aus dem Referendarkreis vorgetragen worden, die alte Bestimmung wieder einzuführen. Sie streben nach Selbständigkeit und wissen das auch zu danken. Darüber hinaus hat die Verwaltung den großen Vorteil, wenn man solche Referendare, vor allem natürlich ältere, sich einmal in der Praxis hat bewähren lassen, dass sie dann für die Frage der Übernahme ganz anders beurteilt werden können, als es bis jetzt aufgrund dieser verwaschenen Zeugnisse der verschiedenen Ausbildungsrichter möglich ist. Ich kann aus der Praxis heraus nur sagen, dass die Behauptung, der Referendar gehöre auf keinen Richtersitz, nicht haltbar ist.

Reichsjustizminister *Dr. Thierack*: An der Beschäftigung der Referendare als Richter in Baden bin ich nicht uninteressiert, da ich in Sachsen Ähnliches erlebt habe. Sicherlich war es ein gewisser Auftrieb für uns, als wir das erste Mal als Richter verfügten. Es wurde der Referendar aber nie als Spruchrichter eingesetzt. (*Reinle*: Doch, doch!) Das Problem, Referendare als Richter zu verwenden, beginnt bei der sorgfältigen Auswahl der Persönlichkeit und endet bei dem Begriff der Ausnahmen. Ich glaube, damit ist wohl alles gesagt. Ich glaube nicht, dass irgendwer im Saal den Standpunkt vertritt, dass Referendare schlechthin ausgeschlossen seien. Aber immer wieder auswählen, sorgfältig auswählen, vor allen Dingen, im Hinblick auf die Reife der Persönlichkeit.

Es war richtig, was der Referent des Ministeriums über die Kriegszeiten sagte. Es ist für mich heute noch eine der scheußlichsten Erinnerungen, als ich 1919 aus dem Weltkrieg zurückkehrte und dann, nachdem ich als Referendar längst meine Sachen hätte gemacht haben können, nach den blödesten Bestimmungen mein Jahr absitzen mußte und damit begann, in einer Strafkammer als Gerichtsschreiber zu protokollieren. Man sollte auch solche psychische Belastung nicht vergessen; also: sorgfältigste Auswahl der Persönlichkeiten und immer wieder der Begriff der Ausnahmen.

Neubert: Es ist jedenfalls aber vertretbar, Referendare in einem Kollegialgericht als Beisitzer zu verwenden als in einem Amtsgericht als Spruchrichter.

Reichsjustizminister *Dr. Thierack*: Das kann verschieden sein. Aber ich glaube, es hängt im wesentlichen von der Persönlichkeit des Referendars ab. Und auch von der Bevölkerung. Ich glaube z.B. dass man in Berlin-Moabit nicht gerade einen Referendar produzieren könnte. Aber vor allem in einer ländlichen Gegend wird er doch eine gewisse Achtung haben.

Wir kommen zu II, 1: *Berufliche Förderung der Kriegsteilnehmer.*

Horchhoff [Kirchhoff?]: Über die Ziele der Ausbildungsreform hat sich der Herr Staatssekretär schon verschiedentlich geäußert, letzthin noch in dem ersten Heft dieses Jahres vom „Deutschen Recht“ [DR 1943, S. 2–6]. Ich glaube, wir brauchen jetzt nichts zu wiederholen. Es besteht allgemeine Übereinstimmung darüber, dass für die Kriegsteilnehmer Maßnahmen ergriffen werden müssen, und zwar möglichst bald, nicht etwa erst am Ende des Krieges, das nebenbei auch gar nicht zu übersehen ist. Deshalb sind Maßnahmen in Aussicht genommen worden, die möglichst bald veröffentlicht werden sollen, deswegen möglichst bald, damit sie vielleicht noch den Urlaubern helfen, die bis März Urlaub haben. Bei diesen Maßnahmen handelt es sich zunächst, soweit es die Referendare betrifft, darum, dass der Vorbereitungsdienst des Referendars abgekürzt werden kann auf 18 Monate, also eineinhalb Jahre, noch ein halbes Jahr weiter als bisher. Voraussetzung ist natürlich, dass der Kriegsteilnehmer einen entsprechenden Zeitverlust zu verzeichnen hat, und ferner, dass er nach seinen Leistungen, Fähigkeiten und Kenntnissen als hinreichend vorbereitet angesehen werden kann. Darüber hinaus ist auch in Aussicht genommen worden, für einzelne Fälle ganz besonderer Leistungen, besonderer Tüchtigkeit und besonderer Bewährung vor dem Feind vielleicht noch eine Ausnahme zuzulassen. Über den Antrag würde der Herr Justizminister zu entscheiden haben, der es vielleicht dem Präsidenten des Prüfungsamtes überläßt. Mit diesem Antrag würde der Vorbereitungsdienst noch um einige Monate verkürzt. Volle Klarheit besteht darüber noch nicht. Die Anregung zu diesem Gedanken hat die Tatsache gegeben, dass viele Referendare bereits in führenden Stellungen sind, zum Teil Kompanie-Chefs und Bataillonskommandeure waren, sich jedenfalls aber bewährt haben und vielleicht sogar mit dem Ritterkreuz ausgezeichnet worden sind. In solchem Fall muß man sich doch überlegen, ob sich diese Leute nicht bereits als Verwaltungsmenschen bewährt haben und ihnen als gereiften Persönlichkeiten ein weiteres Entgegenkommen gezeigt werden kann. Über den abgekürzten Vorbereitungsdienst hätten im einzelnen die Herren Chefpräsidenten zu befinden, wie sie ihn einrichten. Es ist daran gedacht, dass die Ausbildung bei der Staatsanwaltschaft und beim Rechtsanwalt nicht zu kurz kommt und dass andere Sachen, die in der Praxis später nachgeholt werden können, etwas zurückstehen. Sie können jederzeit ergänzt werden durch Übungen in Arbeitsgemeinschaften, wie das hier vorgetragen worden ist. Außerdem ist noch vorgesehen, dass diese Kriegsteilnehmer-Referendare die Prüfung in Berlin machen. Grund: Die Beurteilung soll möglichst einheitlich sein. Die Prüfer selbst sollen Frontsoldaten sein, dieses oder des damaligen oder beider Kriege. Als Arbeit ist vorgesehen eine Hausarbeit von 14 Tagen, ferner drei Fachuntersuchungen und die mündliche Prüfung in der jetzigen Form. Von diesen Bestimmungen werden Ausnahmen zugelassen. Es ist daran gedacht, dass vielleicht nicht jeder einzelne nach Berlin kommen kann, z.B. Kriegsversehrte oder Urlauber, denen die Zeit knapp wird. Vielleicht werden auch für Wien Ausnahmen zugelassen, schon wegen des Prüfungsstoffes. Darüber werden Einzelheiten noch bekanntgegeben werden.

Hinsichtlich der Studenten schweben noch Verhandlungen. Es ist zunächst daran gedacht, einen Ausschuß zu dieser Frage zu bilden, der im Rahmen der Akademie für Deutsches Recht zusammentritt und sich zur Hälfte aus Rechtslehrern und zur anderen Hälfte aus Praktikern zusammensetzt. Es wird überlegt, das Studium auf vier Semester abzukürzen. Diese vier Semester werden möglicherweise sogar wieder Trimester werden. Die Voraussetzung dabei ist, dass die Studenten ihr Studium intensivieren. Die Universität denkt auch daran, alle Dinge in den Hintergrund treten zu lassen, die sowieso später in der Praxis noch dem Referendar nähergeführt werden. Außerdem sollen auch Arbeitsgemeinschaften an den Universitäten eingerichtet werden, die durch Praktiker geleitet werden. So, wie jetzt bereits ein Versuch an mehreren Universitäten gemacht ist, der sehr gute Ergebnisse zeigt, soweit sich das bis heute übersehen läßt.

Reichsjustizminister *Dr. Thierack*: Was Sie hier gehört haben, sind nach Auffassung des Herrn Staatssekretärs und nach meiner Auffassung einfach Selbstverständlichkeiten. Es ist zum Teil der einfache Niederschlag eigener Erfahrung. So wenig, wie sich damals die Justiz und ihre führenden Persönlichkeiten 1919 um die Geschicke der Kriegsteilnehmer, die Referendare waren oder Jura studiert hatten und studieren wollten, gekümmert haben, so sehr müssen wir es tun. Sie haben ein Teil des Programms gehört. Es beginnt natürlich mit den Jungen, die draußen sind und vielleicht ein Semester studiert haben oder noch gar nicht, die aber

Rechtswahrer werden wollten und nun womöglich bereits vier oder fünf Jahre Soldaten, zum Teil Offizier sind, Kompanien oder sogar schon Bataillone geführt haben und die sich vielleicht gar nicht wieder zurückfinden können, sondern die sich nicht mehr auf die Schulbank zwingen lassen. Das ist ein Ding der Unmöglichkeit. Auf der anderen Seite werden viele dieser Menschen uns dadurch verloren gehen, weil sie der Beruf, in den sie nun hineingekommen sind, der Offiziersberuf, einfach festhält, oder auch technische Berufe, die ihnen Erleichterung geben. Wir müssen schon aus praktischen Vernunftsgründen für die Kriegsteilnehmer zu einer ganz umfassenden Erleichterung kommen. Und wenn das Ihnen zunächst auch als eine Utopie oder ein Wagnis erscheinen möchte, dass wir für Referendare die Zeit auf 18 Monate abkürzen, womöglich bei ganz besonders bewährten Kriegsteilnehmern noch weiter, dann muß ich entgegenhalten: Wer sich draußen vor dem Feind bewährt hat, wird sich auch bei uns bewähren und nachholen, was ihm noch fehlt und was er nicht wissen kann.

Die Reform an sich, die mit den Kriegsteilnehmers nichts zu tun hat, ist natürlich eine Aufgabe, die auf mir lastet. Ich weiß das sehr wohl. Der Führer hat es ausdrücklich gesagt, das ich dies zu machen hätte. Ich muß es schaffen, und ich werde es schaffen. Ich glaube, dass ein großer Teil der Weltfremdheit unserer Prozesse, dass manches weltfremde Urteil unserer Richterschaft auf die Verwilderung des Rechtswahrers auf der Universität zurückzuführen ist. Wir sind schon lange in Verhandlungen mit allen möglichen Stellen, um hier eine klare Linie herauszubringen, die naturgemäß mit der Partei übereinstimmen muß und bis jetzt in erfreulichstem Maße übereinstimmt. Dies ist ein Riesengebiet, von dem Sie nur einen ganz kleinen Ausschnitt bekommen haben. Praktisch werden Sie in der nächsten Zeit einiges durch die Erleichterungsvorschriften über die Referendare, die im Kriegseinsatz stehen, zu sehen bekommen.

II, 2: *Amt für Gemeinschaftspflege.* [*Kirchhoff*: weggelassen.]

IV, 1. *Fassung von Anklagen, Urteilen und Strafbefehlen.*

Vollmer: Im Ministerium ist eine große Sammlung von Urteilen, Strafbefehlen usw. aus den Reihen der Justiz aus allen Teilen des Landes zusammengelaufen; alle diese Verlautbarungen aus den Reihen der Justiz wenden sich an Menschen und müssen diesen Menschen und dem Volk, dem sie gezeigt werden können, verständlich sein. Schon in der AV vom 10.9.1942 für Österreich [DJ 1942, 608], waren bestimmte Rechts- und Verwaltungsvorschriften in der Richtung enthalten, dass die Urteile schlicht und klar sein sollten. Alle Verordnungen und Verfügungen auf diesem Gebiet haben bisher stets das gleiche bezweckt, dass nämlich die Verlautbarungen der Justiz Kürze, Klarheit, Volkstümlichkeit, Einprägsamkeit und vor allen Dingen tadelloses Deutsch verwenden sollen und kein Büroslang. Man ging davon aus, dass Urteile ja nicht eine Verschlüsselung, eine Geheimsprache für die vorgeordnete Instanz sein sollen, sondern dass sie das Schicksal eines Volksgenossen besiegeln und diesem Volksgenossen klar machen sollen, dass das, was wir gesagt haben, richtig ist. Die Frage der Formblätter macht uns hier große Sorge, des weiteren immer wieder die Fremdwörter und Fachausdrücke. In letzter Zeit ist in einem Urteil, in einer feierlichen Verlautbarung das Wort Luxuria aufgetaucht.

Man muß sich darin erinnern, das dies Wort in seiner eigentlichen Bedeutung Geilheit bedeutet, was sicherlich nicht gemeint war. Wir haben sehr viele andere Beispiele. Da erinnere ich auch an die bewußten Sätze, die mit „in der Erwägung, dass“ usw. beginnen und zum Schluß folgt dann der eigentliche Ausspruch. Solche Bandwurmsätze halte ich für unmöglich. Ich bitte, mich dabei zu unterstützen, dass diese Sache sofort ein Ende findet. Sie ist keine Sorge der Form, sondern eine Sorge der Sache selbst. Sie fördert den Anschein einer Volksfremdheit des Richters, wenn auch nur sprachliche Ungeschicklichkeiten vorliegen. Jedenfalls fördert sie die Rechtsfeindschaft und Rechtsabneigung des Volkes. Ich bitte Sie, einmal in Bekannten- oder Verwandtenkreisen herumzusehen, wie ein solches Urteil aufgefaßt wird. Jedermann liest den Tenor, läßt dann das Papier fallen, und sagt: Die Juristen sprechen immer noch ihre Geheimsprache. Ich kann das nicht verstehen. Das sagen auch gebildete Menschen. Das berührt nicht nur die äußere Form, sondern belastet die Rechtsprechung. Im neuen Richterbrief [bei H. *Boberach*, Richterbriefe, 1975, S. 68 ff.] sind einige Fälle von Urteilen und Beschlüssen gebracht worden, die nach unserer Auffassung unmöglich sind. Der Herr Reichsminister hat dazu Stellung genommen. Es ist klar was dazu gesagt werden mußte. Sie stammen wirklich nicht alle aus den Donau- und Alpengauen, sondern auch aus dem hiesigen Gebiet. Es würde zu weit führen, sie hier im einzelnen vorzutragen. Ich weiß, dass eine gewisse Schwierigkeit daran liegt, dass für die alten Donau-Räume etwas andere Bestimmungen bestehen und im Tenor alles Mögliche drin stehen muß, was im Altreich ausgesperrt werden kann. Immerhin glaube ich, dass mit gutem Willen und mit einiger Sprachbegabung sofort Abhilfe geschaffen werden kann. Ich glaube, wenn sich die Justiz mit einem Ruck hinstellt und sagt: Ab morgen erzwingen wir bei allen Gerichten und Dienststellen der Verwaltung ein klares Deutsch, dann wird das einen gewaltigen Eindruck in der Öffentlichkeit machen. Das ist eine Rechtsreform ohne Gesetz, die uns sehr viel helfen wird. Ich könnte mir denken, mit den notwendigen Abweichungen für die Alpen- und Donaugaue, dass eine Anklageschrift ganz kurz so lautet: Angeklagt ist Fritz Müller. Dann kommen die notwendigen Personal- und Einzelangaben. Ich klage Müller des Mordes an. Er hat am 1. Februar 1941 in Berlin aus Habgier Max Peter getötet. Das ist ein Verbrechen gegen § ... Dann folgen die Ermittlungsergebnisse. – Das würde verstanden werden und könnte in der Presse gebracht werden. Der lange Satz ist zerlegt in einzelne klare Sätze. Vielleicht machte das ein Wort mehr, dafür aber auch einen Punkt mehr. Ähnlich klar und bündig könnte man meiner Ansicht nach Urteile und Strafbefehle fassen. Sonst versteht der Betroffene selbst nicht mehr, was er getan haben soll und womit er bestraft worden ist [...]

Ich glaube, es wirkt eigenartig, wenn jemand zum Tode verurteilt wird und in dem Satz steht, dass der zum Tode Verurteilte nach § ... die Kosten zu tragen hat. Das wirkt eigenartig bei allen schweren Bestrafungen.

Wir sind der Auffassung, dass alle Schreiben von Gerichten, die nicht gerade an Verurteilte gehen, in einer wohlwollenden Form gehalten sein könnten, die den Behördencharakter wahrt. Das Schreiben kann als behördliches Schreiben gekennzeichnet sein und doch wohlwollend im Sinne eines Schreibens des beamteten

Volksgenossen an den nichtbeamteten Volksgenossen wirken. Ich glaube auch, dass eine drastische oder saftige Wendung von Seiten eines Amtsrichters viel weniger gefährlich ist als eine hölzerne oder eine unpersönliche Wendung oder gar ein fehlerhaftes Deutsch, ein Büro-Deutsch, wie es nicht sein soll.

David: Ich möchte fragen wegen der Schwierigkeiten, die gegenüber den Rechtsmittelinstanzen entstehen, die uns sagen werden: Ja, du hast dich viel zu kurz gefaßt. Du hättest das und das noch anführen müssen. – Ich wäre dankbar, wenn irgend eine Mitteilung gegeben werden könnte, wie diese Schwierigkeiten tatsächlich überwunden werden können.

Meißner: Als wir zum Altreich gekommen sind, war eine Besprechung in Salzburg. Da hatte ich Gelegenheit, darauf hinzuweisen, dass sich in einer Verordnung der [ein?] Satz befindet, nach dem es überhaupt keinem Ostmärker mehr möglich war zu denken. Es war für uns deshalb vollkommen sinnlos, weil alle Worte, die darin vorkamen, einen anderen Sinn hatten als im normalen deutschen Sprachgebrauch. Wir haben damals einen Kommentar bekommen, der uns aufgeklärt hat, was diese Worte im Altreich in der Juristensprache bedeuten. Also ich bin der Meinung, es wäre vielleicht zweckmäßig, den Sprachschatz der Altreich-Juristen, den sie uns voraus haben, wie ich annehme, in einem Lexikon zusammen zu fassen. Damit würden diese Worte nunmehr auch dem Altreichler als nicht dem allgemeinen deutschen Sprachgebrauch entsprechend zum Bewußtsein kommen. Denn das ist klar: Wir haben in unserem österreichischen Juristendeutsch auch manches Wort, das dem Juristen nicht mehr als nicht allgemein gebräuchlich bewußt wird. Wenn es zustande gebracht wird, diese Worte, die eben nicht mehr allgemeines Deutsch sind, zusammen zu fassen und sozusagen als ein Warnsignal, das vom Ministerium aus geht, hinzustellen, dann wäre es möglich, diese Worte zu vermeiden, die nicht nur der ostmärkische Jurist, sondern auch der Laie nicht mehr versteht, der im Altreich aufgewachsen ist.

Neubert: Das Bestreben nach Verkürzung des Urteilstenors hat aber auch eine Gegenseite. Im Urteilstenor muß meiner Ansicht nach schon deshalb sehr viel drinstehen, weil unser Bestreben dahin geht, möglichst viel Material, insbesondere Papier zu ersparen. Alles was für die Vollstreckung erforderlich ist, muß das Urteil möglichst umfassen. Das ist ein Gesichtspunkt, auf den ich ganz besonders hinweisen möchte, weil hier gesagt worden ist, dass der Adhäsionsprozeß eingeführt werden soll. Es ist meiner Ansicht nach nicht möglich, dass nun Teile, die die Vollstreckung betreffen, in die Urteilsgründe hinein geschrieben werden müssen. Wenn ein Urteil zur Vollstreckung abgeschrieben werden muß, dann muß natürlich alles Plastische vorneweg stehen. Das muß möglicherweise auch für die Kostenentscheidung gelten. Ich kann das im Augenblick nicht übersehen.

Reichsjustizminister *Dr. Thierack*: Ich möchte selbst dazu Stellung nehmen, weil ich sehr viel Wert darauf lege. Wer sich mal die Mühe gemacht hat – das werden nur wenige Menschen sein – die Gründe zu erkennen, weshalb über das deutsche Volk zu Ausgang des 15., zu Anfang des 16. Jahrhunderts eine solche Rechtsnot kam, wer mal die Urkunden dieser Zeit gesehen hat – ich habe manches in der Bibliothek des Reichsgerichts finden können während meiner dortigen Tätigkeit – die

Flugblätter eines Ulrich von Hutten z.B., der ist erschüttert. Das Volk war damals sichtlich betroffen, dass plötzlich ein ganz anderes als sein angestammtes Recht in Erscheinung trat. Aber das war nicht das Schlimmste. Das Schlimmste sind wie immer bei jeder Erscheinungsform die Menschen selbst. Da kamen plötzlich nicht mehr die alten angestammten und bekannten Richter, sondern da saßen die Menschen, die auf den Universitäten Norditaliens die Jurisprudenz studiert hatten, erschienen mit fremder Rede und fremder Sprache. Aus dieser Zeit datiert nämlich die Abneigung des Volkes gegen die Sprache der Richter. Was Sie eben gehört haben von Ausdrücken, die tatsächlich in Urteilen gestanden haben, das ist nichts weiter als die konsequente Fortführung der damaligen Zeit. Das ist nichts weiter als der Geist der Universitäten, der heute noch aus dieser Zeit heraus seine Lehre schöpft. Es ist nicht zu wenig gesagt: Wenn wir das nicht beseitigen können, dass der deutsche Richter eine andere Sprache spricht als das Volk, dann werden wir auch die Abneigung gegen den Stand der Richter und seine Edikte und gegen die ganze Justiz nicht beseitigen können. Sprechen Sie ein natürliches Deutsch, d.h.: Sprechen Sie die Sprache des Volkes klar und schlicht. Der Volksgenosse verlangt nichts anderes, als dass er weiß, warum er bestraft wird oder was rechtens ist. Er verlangt nicht einmal so sehr irgendwelche Erwägungen rechtlicher Natur. Solches Brillieren von juristischem Denken gehört in Arbeiten von wissenschaftlicher Potenz, aber nicht in Urteile. Es sei klar gesagt, was sich der Richter für Erwägungen macht. Aber er soll es nicht in fremden Worten aussprechen, noch dazu in solchen Worten, die das Volk nicht verstehen kann. Dann komme ich zur Form, von der heute schon gesprochen worden ist. Wir haben nicht nur Urteilssprüche von drei Seiten Länge. Ich habe schon Aussprüche gehabt, die ich 5 bis 6-mal lesen mußte, ehe ich sie verstanden habe. Nun stellen Sie sich einfache Volksgenossen vor. Sie können das einfach nicht verstehen. Es ist im Justizministerium schon vor meiner Zeit darauf hingewiesen worden, dass die Ausdrucksformen in den Urteilssprüchen klarer werden sollen. Nun verfallen Sie aber bitte auch nicht ins Gegenteil. Schreiben Sie kein Feuilleton. Es muß immer noch ein Urteil bleiben und klar zu erkennen sein, aus welchen Rechtsgründen der Betreffende seine Strafe empfängt. Es darf nicht vorkommen, wie es tatsächlich geschehen ist, dass man bei mir im Ministerium vorstellig wird und fragt: Weshalb ist der Mann bestraft worden? Selbst bei einer Freistellung der Form darf also kein Feuilleton herauskommen. Jedes Urteil muß erkennen lassen, was vorliegt. [...]

Ich erwarte von Ihnen, meiner Herren Chefpräsidenten, dass Sie sich in Zukunft um die Urteilssprüche Ihrer Richter kümmern und dass Sie selbst kontrollieren und Ihre Richter belehren. Sie sind mir hier genau so verantwortlich wie in anderen Dingen. Ich halte diese Angelegenheit für viel zu wichtig und bitte, dass Sie sie nicht für weniger wichtig halten.

Ich möchte noch etwas daran anknüpfen. Es war eine schöne Erfahrung für mich, als ich das Ministerium übernahm, dass ich von allen möglichen Seiten Hilfestellung bekam. Fast alle Menschen, die irgendeine führende Stellung in Partei und Staat haben, haben mit mir über die Entwicklung der kommenden Zeit der Justiz gesprochen. Dazu gehört auch der Reichsminister Dr. Goebbels. In einer geradezu mich innerlich berührenden Aussprache hat er mir seine Hilfe angeboten. Er hat mir damals gesagt: Das Erste, was Sie tun müssen, Sie müssen Ihre Richter erst wieder gerade hinstellen. – Goebbels hat recht. Er hat mir damals alle Führungsmittel zur Verfügung gestellt z.B. für die Veröffentlichung von guten Urteilen. Meine Herren, ich habe Sie in meiner Rundverfügung vor vielen Monaten gebeten, dass Sie mir gute Urteile Ihrer Richter bringen möchten. Es ist eine ganze Reihe solch guter Urteile schon in den Zeitungen veröffentlicht worden und hat sichtbare Erfolge gehabt. Wenn Sie mich aber hier im Stich lassen, dann kann ich einer außerordentlich wertvolle Hilfe nicht ausnutzen, und das wäre doch nicht im Sinne unserer Justiz, wie wir sie aufbauen wollen. Es ist jetzt schon so, dass ich von seiten des Propagandaministeriums immer wieder gemahnt werde: Bringen Sie uns doch mehr Fälle, Sie bringen uns nicht genug. Ich weiß sehr wohl, dass es Hemmungen geben kann. Die Hemmungen liegen einmal darin, dass es etwas Neues ist. Der Jurist ist nun mal gerade bei uns konservativ eingestellt. Neue Wege beschreitet er nur zögernd. Aber Sie müssen so viel einsehen, dass der Weg was Gutes will und durchsetzt. Darum müssen Sie die Hemmungen Ihrer Richter überwinden. Ich weiß, dass es unter unseren Richtern anständige und bescheidene Menschen gibt, die genau wissen, dass sie gute Urteile gemacht haben. Es widerstrebt ihnen, dass sie herausgehen und sich vordrängen. Sie müssen die Scheu überwinden, die beim Richter darin besteht, dass er glaubt, was der Richter ausspricht, gehört nicht in die Zeitung. Das ist ebenso falsch. Wenn Sie wie ich die Wichtigkeit dieser Veröffentlichung guter Urteile in der gesamten deutschen Presse erkennen, müssen Sie auch mithelfen. Darum möchte ich Sie noch einmal persönlich bitten. Es geht nicht an, dass, wenn ich nun schon vor Monaten in der Rundverfügung an Sie herangetreten bin, nun überhaupt nichts kommt. Dann muß ich das Gefühl haben, dass Sie entweder nicht fähig sind mir zu helfen oder dass es keine guten Richter gibt. Das letztere glaube ich nicht.

Reichsjustizminister *Dr. Thierack*: Will jemand dazu Stellung nehmen? – Das ist nicht der Fall.

Wir kommen zu Ziffer 3: *Strafverhandlung in der Öffentlichkeit.*

Berichterstatter *Vollmer*: Der Propagandaminister hat mitteilen lassen – das entspricht auch der Auffassung des Ministeriums –, dass es zweckmäßig erscheinen kann, Strafverhandlungen mit größerer Beteiligung des Volkes stattfinden zu lassen. So kann es z.B. richtig sein, dass bei Unterschlagung von Feldpostpäckchen die Verhandlung möglichst sofort nach der Tat etwa im Postamt stattfindet. Voraussetzung ist natürlich, dass das Postamt einen Sitzungssaal hat und eine würdige Umgebung bietet. Dasselbe könnte bei seuchenhafter Beraubung von Banngut und Expressgut zweckmäßig sein. Auch im Falle von Arbeitsvertragsbruch oder Werksspionage ist es unter Umständen gut, wenn das Gericht geschlossen an den Ort der Tat geht und in würdiger Umgebung dort Recht spricht und zwar, indem in geeigneter Form zu der Verhandlung Abordnungen des Betriebes als Öffentlichkeit zugezogen werden. In drei Fällen ist so verfahren worden, in zwei Fällen in Wien und in einem Fall in Berlin, und wir haben keine schlechten Erfahrungen damit gemacht. Voraussetzung ist immer, dass ein würdiger Raum für derartige

Verhandlungen vorhanden ist. Es braucht nicht immer ein Sitzungssaal zu sein, es kann auch eine Speditionshalle oder ein anderer größerer Raum genommen werden; allerdings müssen störende Geräusche und das Hin- und Hergehen von Unbeteiligten für eine gewisse kontrollierbare Zeit ausgeschlossen sein. Unter Umständen kann sogar die Anberaumung einer Verhandlung im Freien zweckmäßig sein. So könnte ich mir denken, dass, wenn im ländlichen Milieu ein Kapitalverbrechen begangen ist, das die Gegend in Aufregung gebracht hat, – ich darf da auch aus den Erfahrungen in den besetzten Ostgebieten sprechen – das Gericht auf dem Dorfplatz zusammentritt, wo sich die Öffentlichkeit durch Gendarmen oder sonstige Beamte schützen läßt, um so mit der engen Lebensgemeinschaft des Dorfes als Umstand zu tagen. Allerdings hat eine solche Beteiligung des Volkes an der Rechtsfrage auch ihre großen Gefahren. Es kann da von der Würde des Gerichts bis zur Lächerlichkeit durch Reden oder durch blökendes Vieh usw. ein kleiner Schritt sein. Dieses letzte Mittel darf auch nur von geeigneten Richtern angewandt werden, die ein Gefühl für volksnahes Auftreten haben.

Reichsjustizminister *Dr. Thierack*: Wünscht jemand hierzu Stellung zu nehmen?

Block: Ich habe mich vor wenigen Monaten an die Reichsbahndirektion Oppeln gewandt mit dem Vorschlag, zu Gerichtsverhandlungen Bedienstete der Reichsbahndirektion abzuordnen. Der Herr Präsident hat mir erwidert, er hätte 1. angesichts der Personallage keine Leute zur Abordnung bereit, und außerdem machte er darauf aufmerksam, dass seine Beamten die Abordnung als ein Mißtrauensvotum gegen ihre Ehrlichkeit betrachteten, dass andere wiederum nur einen Tip aus der Verhandlung erfahren könnten, wie man es am besten macht. Er lehnt also ab.

Wohler: Ich habe bessere Erfahrungen gemacht als Herr Block. Vor einigen Wochen hat im Bahnpostamt in Dirschau eine Verhandlung gegen einen Räuber von Feldpostpäckchen stattgefunden und zwar hatte eine Postbehörde darum gebeten, dass dort verhandelt wurde. Die dortige Gefolgschaft war dorthin abgeordnet. Dabei ist ein Todesurteil herausgekommen.

Reichsjustizminister *Dr. Thierack*: Man muß zweierlei unterscheiden, was offenbar von Herrn Block mißverstanden worden ist. Wir sprechen nicht davon, dass wir in unseren Gerichtssitzungen möglichst viele Menschen hereinziehen wollen, die sich dafür interessieren. Das ist z. B. beim Volksgerichtshof zu meiner Zeit sehr viel gemacht worden. Damals haben wir sehr viele Menschen, von denen wir wußten, dass sie dankbar waren, wenn sie teilnehmen konnten, zugezogen. Das ist vor allem in den Alpen- und Donaugauen geschehen. Ob Sie das tun, überlasse ich vollkommen Ihrem Gefühl. Ich spreche jetzt davon, ob man Gerichtsverhandlungen nicht am Gerichtsort abhält, sondern an anderen Stellen. Dabei wird in erster Linie der Ort der Tat in Frage kommen. Die drei Fälle, die mir bekannt sind und die mich auf den Gedanken der Unterstützung dieser Idee gebracht haben, sind folgende: Die eine Verhandlung fand in Wien gegen eine Frau statt, die Feldpostpäckchen unterschlagen hatte, und zwar auf Verlangen der Postbehörde in dem betreffenden Postamt unter Beiziehung sämtlicher bei diesem Postamt beschäftigten Leute. Der Erfolg war der denkbar Beste. Die zweite Verhandlung war hier in Berlin in einer großen Fabrikhalle, wo ein ausländischer Arbeiter unter Anwesenheit sämtlicher anderen Arbeiter abgeurteilt wurde. Der dritte Fall wurde auf einem Dorfe in der Nähe von Nürnberg verhandelt, und zwar vor dem Sondergericht, wo eine schwerste Straftat abgeurteilt wurde und die ehrfürchtige Dorfgemeinde darum gestanden hat. Der Erfolg war auch hier denkbar günstig.

Herr Vollmer hat mit Recht darauf hingewiesen, dass hier allerdings der Schritt von der Würde und von dem, was wir erreichen wollen, bis zur Lächerlichkeit und Entwürdigung ein ganz kleiner ist. Das muß man immer im Auge behalten. So muß bei der Auswahl dessen, der die Verhandlung leitet, Vorsicht obwalten. Vielleicht kann der Landgerichtspräsident oder gar der Chefpräsident selbst den Vorsitz führen. Auf der anderen Seite spielt natürlich auch die Würde des Ortes eine große Rolle. Ich halte es für ausgeschlossen, etwa auf einem Gutshof inmitten der Schar der Gänse, Hühner usw., unter dem Gegacker dieser Tiere und dem Grunzen der Schweine eine Verhandlung gegen einen Polen, der dort die Dienstmagd genotzüchtigt hat, abzuhalten. Überhaupt wollen wir dem ausländischen Gesindel nicht allzuviel Ehre antun. Nur deutsche Menschen sollen bei der Verurteilung Deutscher zugegen sein; man muß darauf sehen, dass deutsche Richter deutsch sprechen und deutsch verhandeln. Auch das kann ein großes Hilfsmittel zur Erstarkung der deutschen Rechtspflege sein. Ich wäre Ihnen dankbar, wenn Sie mir in einiger Zeit, etwa in drei Monaten, Ihre Erfahrungen auf diesem Gebiet mitteilen könnten. Wenn Sie aber einen solchen bockbeinigen Vorstand einer anderen Behörde finden, Herr Block, dann sollte ich meinen, man ist stark genug, den Herrn aufzusuchen und ihm seine Bedenken auszureden. Wenn es dann nicht gelingt, können wir nichts machen. Natürlich soll diese Verhandlungsart auf keinen Fall künftig die Regel bilden, sondern es sind das Ausnahmen, und nur auf Ausnahmefälle soll diese Art der Verhandlung beschränkt bleiben.

Wir kommen zu Punkt 4: *Auflagen bei Einstellung des Verfahrens wegen Geringfügigkeit, bei Gnadenverfahren und Privatklageverfahren.*

Vollmer: Es ist den Einzelbezirken überlassen worden, bei Einstellung eines Strafverfahrens wegen Geringfügigkeit eine Buße aufzugeben, also die Einstellung von der Zahlung einer Buße abhängig zu machen. Gegen diese Übung besteht kein grundsätzliches Bedenken. Es kommen in erster Reihe nach unserer Auffassung dafür Fälle in Betracht, in denen man in erweiterter Auslegung des § 153 StPO die Fälle zur Einstellung bringt, die man mit gutem Gewissen bei der jetzigen Personal- und Kriegslage nicht mehr aburteilen kann, also Bagatellsachen. Es kann sein, dass das Personal und die Zeit für diese Kleinigkeiten fehlen, aber aus örtlichen Gründen irgend etwas geschehen muß, wenn es auch nicht gerade eine Strafe zu sein braucht. In solchen Fällen empfiehlt sich die Auferlegung irgendeiner Leistung, einer Geldbuße oder dergleichen. Es kann ferner so sein, dass jemand durch die Tat betroffen worden ist, der im öffentlichen Leben steht, über dessen Interessen man nicht hinweggehen kann, obwohl sie örtlicher Natur sind. In diesen Fällen kann man eine Sühne auferlegen, die jedermann erkennbar ist, auch den Täter empfindlich trifft und trotzdem das schwierige und langwierige Verfahren vermeidet. Es muß aber unter allen Umständen vermieden werden, dass eine plutokratische Lösung daraus wird. Es darf nicht so sein, dass jemand, der in der Lage ist, derartige Bußen zu erbringen, bevorzugt wird vor irgend jemand, der das nicht kann. Es darf nie ein Verfahren uneingestellt bleiben, weil der Betreffende nicht Zeit oder Geld genug hat, eine Auflage zu erfüllen.

Etwas heikler ist die Frage der Einstellung oder Anordnung der Strafverfolgung im Heimtückeverfahren gegen Auflage einer Geldbuße neben der üblichen Verwarnung. Da ist die Gefahr, die durch den Loskauf entsteht, noch etwas größer, wenn schwerwiegende Rechtsgüter verletzt worden sind. Immerhin kann es Fälle geben, in denen ein anständiger Kerl von den Straffolgen befreit wird, indem man ihm eine Geldbuße oder eine sonstige Auflage macht.

Es ist nun sehr schwierig, neben der Geldbuße örtliche Auflagen zu machen. Man kann daran denken, Leistungen aufzugeben, die am Orte gemeinschaftswichtig sind, aber nicht eine ehrenamtliche Tätigkeit bedeuten. Man könnte einen Volksgenossen, der sich mit seiner kleinen Straftat gemeinschaftsfeindlich benommen hat, um ein Beispiel zu nehmen, aufgeben, bei der Entladung von Güterwagen zu helfen, im Winter bei der Schneebeseitigung auf den Ausfallstraßen sich zu beteiligen, bei kriegswichtigen Betrieben Arbeitern und Arbeiterinnen durch Zusatzschichten einen Erholungsurlaub oder eine Freischicht zu ermöglichen. Das alles läßt sich nur durchführen, wenn der Oberstaatsanwalt mit den örtlichen Partei- oder Wirtschaftsstellen engere Fühlung hat und genau weiß, dass am Ort ein gewisser Anfall an gemeinschaftswichtigen Arbeiten ist, die geleistet werden sollen und nicht geleistet werden können. Voraussetzung ist immer, dass bei dieser Gelegenheit keine ehrenamtlichen Arbeiten und Aufgaben verteilt werden. Es geht nicht an, etwa die Auflage zu geben, neben den ehrenamtlichen Mitarbeitern der NSV etwas mitzumachen. Das würden sich diese Kräfte auch verbitten.

Es besteht auch die Gefahr, dass hierbei schematisch verfahren wird. Es muß eine Abstufung nach Tat und Täterpersönlichkeit erfolgen. Es kann aber nach meiner Meinung eine kleine Befreiung von dem etwas schematischen Strafschema: Todesstrafe, Zuchthaus, Gefängnis, Geldstrafe bedeuten. Es kann, vielleicht in Vorwegnahme einer späteren Regelung und Lösung, ein farbiges Bild von Auflagen geben, das im Volk gut verstanden wird.

Entsprechendes gilt für die Gnadenauflagen. Ich habe früher im Bezirk auch die Auffassung vertreten, dass man kräftige, drastisch ausgesprochene Gnadenauflagen macht: Du wirst begnadigt, wenn du irgend etwas Vernünftiges leistest. Entschuldigung, Wiedergutmachung durch Handarbeit des Geschädigten oder eine vernünftige Geste. Soweit Geldbußen auferlegt werden, entspricht es alter Übung, sie dem WHW oder der NSV zuzuführen, die sie dringend braucht. Dabei besteht die Gefahr, dass die Buße dort als Spende in Erscheinung tritt. Es muß ein Weg gefunden werden, die Bußen dem WHW oder der NSV als das erscheinen zu lassen, was es wirklich ist, nämlich durch eine Leistung die Abgeltung irgend einer bösen Tat. Andererseits soll der Betreffende durch diese Bekanntgabe an die NSV nicht unnötig bloßgestellt werden. Das wäre eine Frage der taktvollen Lösung durch den Staatsanwalt mit den örtlichen Stellen der NSV, die wissen müssen: Was da kommt, ist keine Spende, sondern eine Geldbuße, über die nicht gesprochen werden soll, über die im Betrieb der NSV niemand etwas erfahren soll, dass damit eine Straftat abgegolten ist und durch wen.

Reichsjustizminister *Dr. Thierack*: Wünscht jemand hierzu Stellung zu nehmen? – Dann kommen wir zum nächsten Punkt: *Ermittlungsverfahren gegen Mitglieder des Reichstags.* Die Rechtslage ist bisher so, dass vor der Einleitung eines Ermittlungsverfahrens gegen ein Mitglied des Reichstags der Präsident des Reichstags seine Genehmigung zu geben hatte. Es muß also ein Bericht gemacht werden. Das hat sich in vielen Fällen als recht überflüssig erwiesen. Mir sind zwei Fälle aus der allerletzten Zeit bekannt, wo gegen Mitglieder des Reichstags schwerwiegende Vorwürfe erhoben worden waren und wo die Vorwürfe so schwer waren, dass wir in einem Falle sogar den Führer informiert haben. Dann stellte sich nach einiger Zeit heraus, dass es gar nicht an dem war. Es ist recht mißlich, dass wir Verfahren gegen solche Persönlichkeiten einleiten, ohne dass sie zu irgendeinem Erfolge kommen. Mit anderen Worten, wenn wir mit unseren Behauptungen hervortreten und eine Aufhebung der Immunität verlangen, wo wir noch gar nicht sagen können, was eigentlich vorliegt, bis zu welchem Grade man etwas wissen muß, kommt [es] natürlich auf den Einzelfall an. Es braucht absolut noch kein Beweis vorzuliegen, aber es wird jetzt doch im allgemeinen von den Staatsanwaltschaften die Forderung auf Aufhebung der Immunität gestellt. Ich möchte Sie deshalb bitten, – und ich befinde mich dabei in Übereinstimmung mit der Parteikanzlei, mit der ich die Sache durchgesprochen habe -, in solchen Fällen nicht zu früh an mich heranzutreten. Sie können sogar, wie es augenblicklich in einem Falle gemacht wird, einen Reichstagsabgeordneten als Zeugen zu seiner Straftat vernehmen. Das geht in diesem Falle sehr schön, weil er von einem anderen beschuldigt und der bereits verurteilt worden ist. Dann muß sich doch herausstellen, ob der Verurteilte schwindelt oder was zugegeben wird. Damit ist die Aufhebung der Immunität noch lange nicht verlangt. Man muß die Verfahren mit aller Vorsicht so vorbereiten, dass man schon sagen kann: Hat es überhaupt einen Sinn, um den Antrag der Aufhebung der Immunität an den Reichsmarschall heranzutreten? Ich kann mir vorstellen, dass Sie alle erforderlichen Erhebungen vornehmen, Zeugen vernehmen oder auch durch die Polizei irgendwelche Erhebungen anstellen lassen, ohne dass Sie vorher an mich mit dem Antrag auf Aufhebung der Immunität herantreten. In dem angeführten Falle geschah es auf Antrag der örtlichen Staatsanwaltschaft mit meiner Anweisung. Dann sind Sie gedeckt. Herantreten würde ich an den Beschuldigten nie, aber alle anderen Beweise würde ich doch schon sammeln, um dann mit dem Antrage zu dem Zeitpunkt hervorzutreten, wo es wirklich Sinn hat.

Werden hierzu irgendwelche Fragen gewünscht? – Das ist nicht der Fall. Dann kommen wir zum nächsten Punkt: *Berichtspflicht, wenn öffentliche Stellen erhebliche Verfehlungen zu decken versuchen.*

Vollmer: Es kommt vor, dass in Strafsachen gegen politische Leiter und ähnliche Personen irgendwelche Dienststellen oder Einzelpersonen aus Gründen der Bekanntschaft oder des Mißtrauens gegen die Rechtspflege versuchen, das Verfahren zu erschweren oder darauf Einfluß zu nehmen oder darum bitten, dass derartige Verfahren nicht durchgeführt werden. Reichsminister Dr. Goebbels hat dem Herrn

Minister zugesagt, in allen diesen Fällen sofort zu helfen. Er bittet aber darum, unterrichtet zu werden. Entsprechend den bisherigen Berichtspflichten und auch unabhängig davon bitte ich daher, rechtzeitig in allen Fällen, in denen solche Bestrebungen, die durchaus lauter gemeint sein können, im allgemeinen auftreten, hierher zu berichten, ehe es am Ort zu Schwierigkeiten kommt. Sollten sich die Schwierigkeiten durch eine vertrauensvolle Aussprache am Ort beseitigen lassen, so ist das die beste Lösung. Geht das aber nicht, so bitte ich, rechtzeitig hierher zu berichten. Wir werden dann auf dem Wege über das Propagandaministerium die Schwierigkeiten ausräumen.

Reichsjustizminister *Dr. Thierack*: Der Sinn dieser Ausführungen ist folgender, meine Herren, wir können von unserem Volke verlangen, was wir wollen, und das Volk ist gläubig, aber unter einer Voraussetzung: dass wir die gleichen Lasten tragen wie unser Volk selbst! Es geht nicht an, dass führende Persönlichkeiten für sich eine Ausnahme machen. Das geht einfach nicht! Es ist z.B. undenkbar, dass in einem Kreis der Kreisleiter in irgendeiner Gastwirtschaft – das ist wiederholt vorgekommen, und ich kenne solche Fälle – markenfrei ißt oder beim Metzger markenfrei etwas bezieht oder dass auf irgendwelche Anweisung Butter an eine Stelle geliefert wird. Das gibt es nicht! Das Beispiel, das uns immer wieder vor Augen steht, ist ja der Führer selbst. Ich habe selber im November in München gesehen, wie einfach der Führer lebt, wie es ablehnte, dass ihm etwas Besonderes hergerichtet wurde, weil er sich sagt: Ich will nichts anderes, wie mein Volk auch hat. Obwohl man diesem Manne nach seiner Leistung mehr zubilligen könnte, müssen wir von dem Gedanken durchdrungen sein, dass es so etwas nicht mehr geben kann, und je länger der Krieg dauert, muß das weithin anerkannt werden. Dr. Goebbels sagte mir vor einiger Zeit, er bekomme aus einigen Gauen immer wieder Beschwerden von einfachen Volksgenossen, die auf diesen oder jenen hinweisen und sagen: Der lebt soundso oder der hat aus der Tuchfabrik in Litzmannstadt soundso viele Anzüge bekommen und auf dem Wege der Strafrechtspflege geschieht dagegen nichts, so ist das untragbar. Wenn Dr. Goebbels mir weiter sagt, er merke das aus den Wellen, die propagandamäßig an mich herankommen, so bin ich verpflichtet, hier zu helfen und kann nicht zusehen. Wir müssen versuchen und uns durchsetzen. Es geht nicht, dass irgendwelche führenden Persönlichkeiten ihre untergeordneten Stellen, sei es der Präsident einer Handelskammer oder wer sonst, decken. Das ist eine Unmöglichkeit, und wenn das etwa geschieht und ich erfahre es, können Sie sicher sein, dass ich entsprechende Schritte unternehme. Ich muß aber Ihre Hilfe haben. Sie selbst dürfen über solche Fälle nicht schweigend hinweggehen. Das ist vorbei. Das haben wir uns leisten können, als wir die Hilfe des Volkes nicht so brauchten wie heute. Das möchte ich Ihnen bei diesem Punkte nahelegen.

Staatssekretär *Dr. Rothenberger*: Darf ich zu diesem Punkte noch eine Ergänzung hinzufügen! Es werden nicht immer Fälle sein, die Ihnen bekannt sind, bei denen dann versucht wird, irgend etwas zu vertuschen oder zu decken, sondern ich könnte mir denken, dass es häufig Fälle sind, die Ihnen noch nicht bekannt sind, die nur der Polizei bekannt sind. Die zuständigen Oberstaatsanwälte müssen da versuchen, durch möglichst enge Fühlungnahme mit der Polizei auch hiervon zu erfahren. Das ist des Pudels Kern.

Reichsjustizminister *Dr. Thierack*: Es gibt Verfahren, bei denen man aus Gründen, die gar nicht so sehr in der Person liegen, sondern ganz woanders, darüber hinweggehen muß. Das darf aber nicht nach eigener Willkür geschehen. Bei allen Dingen darf das Volk durch solche Taten nicht aufgerührt werden, wie es augenblicklich in einem Gaugebiet des Ostens geschieht. Wenn ein Ministerium wie das Propagandaministerium, das regelmäßig frisch aus dem Volke heraus die Ideen bekommt, mit denen sich das Volk beschäftigt, einen solchen Wunsch hat, so muß man ihm Rechnung tragen; wir dürfen darüber nicht hinweggehen, so großzügig man sonst in manchen Punkten sein kann, vielleicht auch muß. Es sind jene Punkte, die das Volk besonders interessieren. Es ist richtig, was der Herr Staatssekretär sagte: Sie brauchen es nicht immer zu wissen. Ich habe Ihnen früher schon mal dasselbe gesagt, dass die enge Fühlung mit der Polizei am Ort gehalten werden muß, und dieser mein Wunsch hat sich zum Teil auch verwirklichen lassen. Vor allem die Mittelstufe, also Chefpräsident und Generalstaatsanwalt, aber auch Landgerichtspräsident und Oberstaatsanwalt müssen die Verbindung zu den örtlichen Stellen halten. Das wird immer möglich sein. Es darf allerdings nicht so sein, wie es in einem Oberlandesgerichtsbezirk geschehen ist, dass der betreffende leitende Beamte der Justiz nur dadurch seine Verbindung herstellt, dass er dem Gauleiter seine Visitenkarte schickt und vier Jahre nichts weiter von sich hören läßt. In solchen Fällen ist der betreffende Mann von der Justiz daran schuld, wenn diese Verbindung mit dem leitenden Kreise der Partei fehlt. Man muß ein Fingerspitzengefühl dafür haben, was man tun muß und was nicht. Ich erwarte nicht von Ihnen, dass Sie sich in eine niedrige Sphäre begeben; aber es ist alles so furchtbar einfach, wenn man nur den Willen zu einer gewissen menschlichen Kameradschaftlichkeit hat, und das fehlt in der Justiz immer noch. Ich möchte meinen, dass man diesen Punkt gar nicht ernst genug auffassen kann. Es ist ein Problem für die kommende Entwicklung unseres Volkes. Wenn unser Volk spürt, dass Leute in der NSV oder wo sie auch sitzen, rücksichtslos abgeurteilt werden, wenn sie sich verfehlt haben, dann ist uns das Volk dafür dankbar, nicht etwa, weil wir eine Skandalsache, sondern weil es sieht, dass nicht mit zweierlei Maß gemessen wird. Es ist ein Prüfstein für die Gerechtigkeit des Volkes selbst, den wir bei der Fortdauer des Krieges immer mehr beachten müssen.

Wir kommen zum nächsten Punkt: *Mitteilungen aus der Praxis des Sonderreferats für Kriegsverbrechen.* a) *Tauschhandel.*

Vollmer: Es ist wohl bekannt, dass der Tauschhandel namentlich von einzelnen Gewerbetreibenden untereinander einer der Punkte ist, die am meisten böses Blut machen. Es ist leider bisher nicht gelungen, auf dem Wege der Strafrechtspflege trotz des § 1 a der Kriegswirtschaftsverordnung diesem Tauschhandel wirklich zu Leibe zu gehen. Der Tauschhandel ist immer noch da und scheint mit der Strafrechtspflege allein nicht aus der Welt geschafft zu werden, auch nicht mit Hilfe der Polizei. Das liegt im wesentlichen daran, dass die Tauschenden einen festen Ring bilden und dass auch ein dritter, der von solchen Fällen erfährt, sich hütet eine

Anzeige zu erstatten, um nicht als Habenichts die letzten Sympathien dieser Leute zu verlieren. Trotzdem muß eine nachdrückliche Bekämpfung dieser Erscheinung versucht werden, und zwar im Interesse der inneren Front. Es kann vom Volke nicht getragen werden, dass ein privilegierter Kreis von Volksgenossen Ware untereinander austauscht.

Können wir dann beitragen, diese Methode auszurotten? Wir haben aus dem Justizbetrieb eine ganze Reihe von Fällen, in denen Urteile oder Einstellungsbescheide ergangen sind, die nicht zu rechtfertigen sind. Das Reichskriminal-Polizeiamt wies auf einen Fall aus den östlichen Gebieten hin, in welchem ein Handelsvertreter in Rundschreiben seine Waren anbot und andeutete, er habe noch diesen oder jenen knappen Artikel und möchte seinerseits dafür Geflügel und lanwirtschaftliche Erzeugnisse geliefert bekommen. Hier ist das Verfahren eingestellt worden, weil man übersehen hat, dass der § 1 a in diesem Sonderfall scharf hätte angewendet werden müssen. In einem anderen Fall macht ein Installateur gegen Artikel, an denen er Bedarf hat, Arbeiten. In ähnlichen Fällen hat da Sondergericht Geldstrafen von 500 bis 3000 Reichsmark verhängt. Das ist nach unserer Auffassung unzureichend, und es macht auf begüterte Leute keinerlei Eindruck, besonders im Kriege nicht. In einem anderen Fall macht ein Vulkaniseur Arbeiten für Bauern von der Belieferung von 10 Pfd. Erdbeeren abhängig und verzögert die Arbeit monatelang bis zur Einbringung der Ernte. Das Amtsgericht verhängt vier Monate Gefängnis, was als angemessen bezeichnet werden kann.

Die Strafkammer verringert die Strafe auf 300 RM. Das Urteil ist bereits gerügt worden; denn mit solchen Urteilen werden wir den Erscheinungen nicht beikommen. Ich bitte also, dahin zu wirken, dass Urteile in echten Tausch- und Ringtauschsachen privilegierter Gewerbekreise entsprechend hart ausfallen. Sie werden im Volke verstanden und auch gebilligt werden. Ich bitte ferner – und das ist ein weiteres Kampfmittel -, dass wir alle derartigen Urteile, die geglückt sind und Resonanz gefunden haben, mit diesem Bemerken, dass sie eine Resonanz im Volke gefunden haben, als typische Fälle hierherschicken, damit sie durch die Presse bekannt gegeben werden. Dadurch soll der Eindruck vermieden werden, dass zu wenig Urteile auf diesem Gebiet ergehen. Es kann weiter der Eindruck hervorgerufen werden, dass es uns viel mehr geglückt ist, solche Fälle zu erfassen, als es in Wirklichkeit der Fall ist. Es ist auch überlegt worden, ob wir nicht generelle Maßnahmen treffen sollen. Ich halte es nur für möglich, dass man die Anzeige solcher Fälle über die Partei, etwa die Frauenschaft, zur Pflicht macht, um damit der Anzeige den Charakter der Denunziation zu nehmen und den Anzeigenden nicht zu schädigen. Im übrigen müssen die Leute, die trotzdem von ihrem Tun nicht ablassen, so madig gemacht werden, dass niemand mehr von ihnen ein Stück Brot nimmt, auch nicht mehr heimlich. Eine weitere Reaktion stellen die neuen Maßnahmen der Schließung solcher Geschäfte dar. Ich könnte mir auch denken, dass solche Schließungen von Geschäften bei Leuten, die als ausgesprochene Egoisten der Privatwirtschaft in der Kriegszeit bekannt sind, veröffentlicht werden. In einem Artikel von Nonnenbruch im „Völkischen Beobachter" kommt das deutlich zum Ausdruck. Die Angst vor der Schließung des Geschäfts wird auch dazu beitragen, die Leute vorsichtig zu machen. Hier ist ein günstiger Zeitpunkt, mit dem Hebel der Strafjustiz anzusetzen, um den Tauschhandel energisch zu bekämpfen.

Reichsjustizminister *Dr. Thierack*: Hierzu wünscht niemand Stellung zu nehmen. – Wir kommen zu b*: Schwarzsenden.* Dieser Punkt wird im Anschluß an Vorträge behandelt werden, die uns zwei Herren vom Oberkommando der Wehrmacht, Spezialoffiziere halten werden, die uns die Gefahren des Schwarzsendens schildern. Es ist derselbe Vortrag, den ich schon einmal vor dem Volksgerichtshof angeregt hatte. Er ist sehr inhaltsreich, und Sie werden dann dazu Stellung nehmen. – Wir kommen zu c*: Arbeitsvertragsbruch.*

Berichterstatter *Vollmer*: In einem Falle, der uns hier vorlag, ist eine jugendliche Arbeiterin wegen Arbeitsvertragsbruch zu einer Woche Jugendarrest verurteilt worden. Nach Verbüßung der Strafe wurde die Arbeiterin aufgefordert, an ihrer Arbeitsstelle die Arbeit wieder aufzunehmen. Daraufhin weigerte sie sich, und der Leiter der Arbeitsstelle stellte daraufhin einen neuen Strafantrag, auf den aber in juristisch zugespitzter Form geantwortet wurde, die gleiche Tat könne nicht nochmals bestraft werden. Offenbar schwebte dabei der Gedanke vor, dass der Fortsetzungszusammenhang über die Strafe hinaus noch fortdauere. Diese Entscheidung ist hier nicht gebilligt worden. Ich darf bitten, bei den Arbeitsvertragsbrüchen auf eine möglichst lebensnahe Entscheidung hinzuwirken. Das Gebiet ist streitig, die Abgrenzung gegenüber polizeilichen Maßnahmen im Augenblick flüssig. Wir versuchen, zu einer Regelung zu kommen, über die im einzelnen noch nicht gesprochen werden kann. Es ist aber wichtig, dass bis dahin das, was bei uns anfällt, wirklich lebensnah entschieden wird. Da muß vor allem die Staatsanwaltschaft mit dem Treuhänder der Provinzialinstanz Fühlung nehmen. Die Referenten beim Reichstreuhänder und bei der Staatsanwaltschaft beim OLG lassen sich zusammenbringen, damit die Oberstaatsanwälte über die Arbeitseinsatzlage im Bezirk laufend unterrichtet sind. Es kann sein, dass die Strafanträge in einem gewissen Rhythmus höher oder niedriger ausfallen müssen; darüber mag der Reichstreuhänder sein Urteil abgeben. Unrichtig wäre es, diese Dinge rein juristisch und strafrechtlich zu sehen und nach Einheitsmaßstäben zu entscheiden. Das führt zu nicht lebensnahen Urteilen, auch dazu, dass man die Fälle anderen Behörden übergibt, und das wäre uns nicht genehm.

Reichsjustizminister *Dr. Thierack*: Auch dazu wird keine Stellungnahme gewünscht. –

Wir kommen zu *Punkt 8: Mitteilungen aus der Praxis des Sonderreferats für Kriegsverbrecher.*

Berichterstatter MinRat *Dr. Joel* verliest das Referat [nicht auffindbar]. Zu Punkt 4 bemerkt Reichsjustizminister *Dr. Thierack*: Sie sagten eben, bei der Entwendung von 27 Feldpostpäckchen sei Todesstrafe notwendig. Ich weiß das nicht, will es auch nicht korrigieren; das hängt vom Fall ab. Wir können aber unmöglich die Taxe aufnehmen: bei 27 Päckchen soviel, bei 47 soviel, bei einem schwarzgeschlachteten Schwein soviel, bei mehreren Schweinen soviel! Ich bin froh, dass alle diese Todesurteile mir persönlich vorgetragen werden. Also machen Sie ruhig so weiter. (Fortsetzung des Referats.)

Das Wort dazu wird nicht gewünscht. – Wir kommen zu *Punkt 9: Äußerung des erkennenden Gerichts zur Gnadenfrage.*

Berichterstatter *Vollmer*: In der letzten Zeit ist gesagt worden, dass das Gericht zur Gnadenfrage in Todessachen nur dann Stellung nehmen soll, wenn es dazu einen besonderen Anlaß sieht. Das ist teilweise mißverstanden worden. Der Grund für diese Erleichterung liegt darin, dass im allgemeinen angenommen wird, dass das Gericht zu seinem kurz vorher gefällten Spruch auf Todesstrafe steht und nur in ganz besonders liegenden Fällen davon abzuweichen gedenkt. In diesen Fällen wird dann allerdings eine recht genau begründete Äußerung zur Gnadenfrage vom Gericht zu erwarten sein. Das wäre dann sehr wertvoll.

Reichsjustizminister *Dr. Thierack*: An und für sich ist es ein Widerspruch in sich, wenn ein Gericht, das eben die Todesstrafe verhängt hat, nun gezwungen werden soll, zur Frage, ob das Todesurteil vollstreckt werden soll, Stellung zu nehmen. Hier liegt ein Ausspruch der Staatsführung in sehr drastischer Form vor, wo eine Diskrepanz zwischen dem eben gefällten Todesurteil und dem Antrag, die Todesstrafe nicht zu vollstrecken, in Erscheinung tritt. So wird es in einem sehr großen Prozentsatz der Fälle liegen. Deswegen erwarte ich gar nicht mehr, dass meine Gerichte dazu Stellung nehmen, wenn sie die Todesstrafe ausgesprochen haben. Natürlich kann es auch Ausnahmen davon geben, und dann wird es niemand dem Gericht verargen, wenn es seinerseits noch Stellung nimmt. Dann muß aber etwas Besonderes vorliegen, was entweder zur Zeit der Urteilsverkündung noch nicht berücksichtigt werden konnte, weil es nicht bekannt war oder was in der Person des Täters liegt und was man ebenfalls noch nicht gewußt hat. Aber zu sagen: Ich mußte auf Todesstrafe erkennen, weil das zur Abschreckung notwendig war! – und hinterher zu sagen: Ich will aber die Vollstreckung nicht! – ist doch eine zu große Diskrepanz. Das geht nicht! Vielleicht kann der Fall, wie heute angedeutet worden ist, so liegen: Ich habe auf Wunsch einer zentralen Behörde, die gewünscht hat, dass auf Todesstrafe erkannt werde, die aber nicht vollstreckt werden solle, dazu in dem und dem Sinne Stellung zu nehmen! Das wäre verständlich. Im allgemeinen aber halte ich es für höchst unnötig, Stellung zu nehmen. Es kann notwendig werden, dass wir, wenn wir darüber zu befinden haben, noch an das Gericht herantreten, um dem Führer die Begnadigung vorzuschlagen. Das hat dann seine besonderen Gründe.

Wünscht hierzu noch jemand etwas zu sagen? Nein. – Dann kehren wir jetzt zu der noch nicht erledigten III zurück, und zwar zu den Ziffern 8, 9 und 10. Dazu hat Herr *Kümmerlein* das Wort.

Kümmerlein: In Ihren Lageberichten aus den letzten Monaten wird immer wieder auf ein bedrohliches Ansteigen der *Jugendkriminalität* hingewiesen. Da Sie immer nur einen begrenzten Ausschnitt sehen und die Ergebnisse der Jugendkriminalstatistik während des Krieges aus begreiflichen Gründen nicht veröffentlicht werden können, möchten wir Ihnen ein knappes Bild der Entwicklung geben, weil wir daraus für die Jugendrechtspflege Folgerungen ziehen müssen. Die von mir genannten Zahlen bitte ich vertraulich zu behandeln.

Im Jahre 1937, dem einzigen Jahr nach 1933, indem die Kriminalstatistik nicht durch eine Amnestie beeinflußt ist, betrug die durchschnittliche Zahl der wegen Verbrechen oder Vergehen im Altreichsgebiet verurteilten Jugendlichen auf das Vierteljahr gerechnet 6140. Diese Zahl liegt relativ hoch. Betrug doch die Vierteljahresziffer für 1932 5382 und in den ersten dreiviertel Jahren 1939 durchschnittlich 5155. Nach einem langsamen Ansteigen im Laufe des Jahre 1940 ist diese Zahl im Jahre 1941 sprunghaft hinausgeklettert und hat im ersten Vierteljahr 1942 die Zahl von etwa 11.300 erreicht. Von den weiteren Vierteljahren 1942 liegen noch keine amtlichen Ergebnisse vor. Das bedeutet eine Steigerung von fast 120 v.H. gegenüber dem Durchschnitt der ersten 9 Monate 1939 und eine Steigerung von immerhin 84 v.H. gegenüber der schon sehr hohen Zahl für 1937. Im Reichsdurchschnitt scheint nach hier vorliegenden Einzelmeldungen die Steigerung im Laufe des Jahres 1942, wenn auch nicht im gleichen Maße, angehalten zu haben. So wird z.B. aus Köln ein weiteres Ansteigen um 28 v.H., aus Hamburg sogar um 48 v.H. gegenüber 1941 gemeldet. Essen meldet für das letzte Vierteljahr 1942 gegenüber dem gleichen Zeitraum 1941 ein Ansteigen um nicht weniger als 100 v.H.

Vergleicht man die jetzige Entwicklung mit der in den ersten Jahren des Weltkrieges, so kann jedenfalls soviel festgestellt werden, dass die Jugendkriminalität in *diesem* Kriege *relativ* wesentlich *stärker* angestiegen ist. Ein Vergleich der absoluten Ziffern ist nicht möglich. Besonders auffallend ist der steigende Anteil der Mädchen an der Gesamtjugendkriminalität. Während der Anteil der Mädchen vor dem ersten Weltkrieg um 15 v.H. lag und sich bis zum Jahre 1916 auf 13,9 v.H. verminderte, ist der Anteil der Mädchen, der vor dem jetzigen Kriege ebenfalls um 15 v.H. lag, im Jahre 1941 trotz des allgemein gewaltigen Anwachsens der Jugendkriminalität auf rund 21 v.H. *angestiegen.* Die Kriminalitätsziffer der weiblichen Jugend hat sich selbst bei Zugrundelegung des Jahres 1937 von 167 auf 361 auf 100.000 weit mehr als verdoppelt, eine Ziffer, die auch für die Geschäftsverteilung nicht ohne Bedeutung sein dürfte. Das sind Zahlen, die zu denken geben, zumal wenn man noch folgende Umstände berücksichtigt:

1. Die *Dunkelziffer*, die Zahl der Verbrechen und Vergehen, die nicht zu einer Strafverfolgung führen, wird immer höher, und zwar einmal durch die geringere Verfolgungsintensität der personell stark geschwächten Polizei und zum anderen durch das Bestreben der Arbeitgeber, nach Möglichkeit keine Anzeige zu erstatten, um die Arbeitskraft nicht zu verlieren. Hier erlebt man geradezu groteske Dinge, die zu den größten Erziehungsschäden führen.
2. Ein nicht unerheblicher Teil der 16- und namentlich der 17-jährigen Jugendlichen befindet sich bereits beim *Reichsarbeitsdienst*, zum Teil auch bei der *Wehrmacht* und erscheint daher nicht oder nur zum geringen Teil vor unseren Jugendgerichten. Auf der anderen Seite müssen aber verschiedene wichtige Umstände berücksichtigt werden, die die Zahlen *weniger* erschreckend erscheinen lassen.

1. Die große Zahl der fremdvölkischen Jugendlichen, die von sachverständiger Seite auf zur Zeit etwa 450.000 angegeben wird, also 10 v.H. der deutschen

Jugendlichen ausmachen dürfte. Ihre Kriminalität liegt infolge der Entfernung vom Elternhaus sehr hoch.

2. Die Kriegsgesetze haben zahlreiche neue Straftatbestände gebracht, die die Kriminalitätskurve beeinflussen. Ich erwähne insbesondere den Arbeitsvertragsbruch, Höchstpreisüberschreitungen, Vergehen gegen die Verbrauchsregelungsstrafverordnung, Umgang mit Kriegsgefangenen usw.
3. Die Einführung des *Jugendarrests* hat ebenfalls zu einer Erhöhung der Zahl der Verurteilungen geführt. Während früher schätzungsweise 25 v.H. aller Jugendstrafverfahren trotz erwiesener Schuld gemäß § 32 JGG eingestellt wurden, hat diese Zahl durch die Einführung des Jugendarrestes sich wesentlich – schätzungsweise um mindestens 10 und 15 v.H. – vermindert.

Trotzdem bleibt die Lage ernst genug. Wir können uns nicht mit der Feststellung begnügen, die Jungen kämen doch alle frühzeitig zum Militär und würden dort in eine straffe Erziehung genommen. Meine Herren, das ist ein sehr gefährliches Argument. Wir befinden uns nicht mehr im Frieden, im Zeitalter der aktiven zweijährigen Dienstzeit. Heute kommt der Jugendliche bereits vielfach nach sehr kurzer Zeit zum Einsatz, ohne dass seine Persönlichkeit schon genügend gefestigt wäre. Wir haben zahlreiche Beispiele dafür, dass derartige Burschen nicht nur völlig versagt, sondern auch einen gefährlichen Einfluß auf andere wenig gefestigte Elemente ausgeübt haben. Es gilt also, sie nach Möglichkeit *vorher* in die Reihe zu bekommen.

Die geschilderte Lage zwingt zur stärksten Anspannung aller Kräfte, die noch in der Jugendarbeit tätig sind. Die Justiz, namentlich die Jugendstrafrechtspflege, trägt dabei eine große Verantwortung. Wir sind uns darüber klar, dass die Arbeit der Justiz an der gefährdeten Jugend nur dann Erfolg haben kann, wenn sie von den Erziehungsträgern, dem Elternhaus, der Schule, der Hitler-Jugend dabei tatkräftig unterstützt wird. Daran fehlt es leider vielfach. Die verstärkten Einberufungen, die längeren Arbeitszeiten, der ständig vermehrte Arbeitseinsatz der Frauen haben die Erziehungskraft des Elternhauses immer mehr geschwächt. 47 v.H. der Berufsschullehrer stehen bei der Wehrmacht. Von den aktiven HJ-Führern ist so gut wie niemand mehr in der Heimat. Trotz allem muß versucht werden, mit den vorhandenen Kräften das Bestmögliche zu leisten. Das setzt vor allem *Einsatzwillen* und *Initiative* voraus. Wir sind der Ansicht, dass die Justiz hierbei mit den noch vorhandenen Kräften nicht das leistet, was sie leisten müßte und leisten könnte. Bedenken Sie, dass der Jugend- und Vormundschaftsrichter und der Jugendstaatsanwalt kraft ihrer Vorbildung und Erfahrung berufen sind – und daher der Volksgemeinschaft gegenüber die Pflicht haben, sich führend und aktiv bei der Betreuung der gefährdeten Jugend zu betätigen. Wir haben solche Männer; leider kann man sie aber an den Fingern herzählen. Zum weitaus größten Teil lassen unsere Jugend- und Vormundschaftsrichter jede Initiative vermissen. Sie sehen vielfach die Mängel und Mißstände, die unmittelbar ihre Tätigkeit berühren, beklagen sich vielleicht darüber, tun aber nichts, um sie zu beheben. Ein kleines Beispiel: Bei einer Jugendrichterbesprechung, die ich in einem Bezirk abhielt, wurde darüber geklagt, dass Berufsschulversäumnis schematisch mit Jugendarrest geahndet würde, ohne dass sonstige Einwirkungsmöglichkeiten auf den Jugendlichen, namentlich Fühlungnahme der Berufsschule mit den Eltern und den Betriebsführern, auch nur annähernd ausgeschöpft würden. Meine Frage, ob man sich mit den beteiligten Stellen einmal in Verbindung gesetzt habe, wurde mit sichtlichem Staunen aufgenommen und mußte verneint werden. Derartige Beispiele könnte man nach Belieben vermehren.

Ein anderes Beispiel: In einer Jugend- und Vormundschaftsrichterbesprechung erkundigte ich mich nach den Verhältnissen der Fürsorgeerziehungsanstalt eines Bezirkes. Es stellte sich heraus, dass noch keiner der Richter eine FE-Anstalt überhaupt gesehen hatte, obwohl es sich keineswegs um ländliche Amtsrichter handelte, bei denen Jugendsachen ja nur einen kleinen Teil ihrer Tätigkeit in Anspruch nehmen. Man erwiderte mir, dass derartige Reisen wohl nicht bewilligt würden. Aber keiner hat auch nur einmal den Versuch gemacht, eine solche Besichtigung durchzuführen. Es sollte doch eine Selbstverständlichkeit sein, dass jeder Richter, der sich nach dem Umfang seiner Tätigkeit mit Recht Jugend- und Vormundschaftsrichter nennt, die Fürsorgeerziehungsanstalten kennt, in die seine Jungen und Mädel eingewiesen werden. Durch ständige Verbindung mit dem Anstaltsleiter kann er ja auch außerordentlich wertvolle Erfahrungen gewinnen.

Unsere Bitte an Sie geht nun dahin, die vielfach fehlende *Initiative* unserer Jugend- und Vormundschaftsrichter und auch der Jugendstaatsanwälte stärker als bisher *anzukurbeln.* Es handelt sich bei der Jugendrechtspflege nicht darum, ein Aktenstück zu erledigen, sondern einen erzieherischen Erfolg sicherzustellen. Das muß unseren Richtern, die ja naturgemäß nicht in dieser Richtung erzogen sind, immer wieder gesagt werden. Man hört dann immer, da seien diese Schwierigkeiten und dort jene, die irgendeine Absicht nicht durchführbar erscheinen ließen. Derartige Schwierigkeiten müssen in Zusammenarbeit mit den verantwortlichen Dienststellen behoben werden. Jedenfalls muß der *Versuch* gemacht werden. Ein gewisser Erfolg ist *immer* festzustellen. Selbstverständlich bedarf es für die Verhandlungen mit anderen Dienststellen bei wichtigeren Dingen der Unterrichtung der Vorstandsbeamten, damit eine klare Linie eingehalten wird.

Was durch aktive Arbeit und Zusammenarbeit zu erreichen ist, zeigt ein Bericht aus einem Landgerichtsbezirk in Ostpreußen, wo es gelungen ist, durch intensive zielbewußte Aufklärungsarbeit und Zusammenarbeit aller beteiligten Stellen von Partei und Staat unter starker Beteiligung der Justiz einen nicht unerheblichen *Rückgang* der Jugendkriminalität im Jahre 1942 zu erzielen. Einen guten Boden für eine enge Zusammenarbeit aller beteiligten Dienststellen werden vielfach die Gauarbeitsgemeinschaften für Jugendbetreuung bieten, die jetzt in den meisten Gauen errichtet worden sind. Es können in diesem Rahmen für die Besprechung bestimmte Fragen kleinere Arbeitskreise gebildet werden.

Ein Ziel, das uns ganz besonders am Herzen liegt, ist eine *schnellere Durchführung der Jugendstrafverfahren*, namentlich der Verfahren, in denen Jugendarrest zu erwarten ist. Wir haben immer und immer wieder betont, dass der Jugendarrest nur dann Sinn hat und Erfolg verspricht, wenn die *Verurteilung der Tat nach Möglichkeit auf dem Fuße* folgt. Hierbei ergeben sich zwei *Schwierigkeiten*: Einmal infolge der personellen Einschränkungen vielfach langsamere Arbeit der Polizei und zum anderen – das ist ein besonderes Problem der Jugendstrafrechtspflege – die Schwierigkeit, rechtzeitig die Jugendgerichtshilfe einzuschalten, um ein Bild der Persönlichkeit des Jugendlichen zu erhalten. Es kommt darauf an, dass die Jugendgerichtshilfe in einem möglichst frühen Stadium des Verfahrens eingeschaltet wird, um genügend Zeit für Ihre Ermittlungen zu haben. Das Reichssicherheitshauptamt hat daher auf unsere Anregung hin in einem Erlaß vom 26.6.1942 angeordnet, dass die Jugendämter möglichst frühzeitig bereits von der Polizei benachrichtigt werden sollen, um sofort ihre Ermittlungen aufnehmen zu können. Das Ergebnis dieser Ermittlungen ist nach fernmündlicher Verständigung durch den Staatsanwalt zweckmäßig, je nach der Verfahrenslage unmittelbar dem Staatsanwalt oder dem Gericht mitzuteilen. Ein solches Verfahren ist natürlich nur bei enger Zusammenarbeit aller Beteiligten durchführbar. Auf keinen Fall aber darf es dahin kommen, dass der Richter sein Verfahren im Hinblick auf die Ermittlungen der Jugendgerichtshilfe wochenlang verzögert. Lieber auf die Ermittlungen der Jugendgerichtshilfe verzichten und sich auf den unmittelbaren Eindruck der Hauptverhandlung verlassen, als den Erfolg des gesamten Jugendarrests in Frage stellen.

Eine wesentliche Beschleunigung des Verfahrens könne übrigens auch *allgemein* durch eine stärkere Überwachung der Kanzleien erzielt werden. Was allein zwischen der Verfügung durch den Dezernenten und der Absendung an Zeit vergeht, das geht in einem längeren Verfahren in die Wochen. Hier kommt es darauf an, dass sich jeder Dezernent aus für die *Ausführung* seiner Verfügung verantwortlich fühlt.

Von besonderer Bedeutung für die Beschleunigung des Jugendstrafverfahrens ist der *Verzicht des Staatsanwalts auf seine Teilnahme an der Hauptverhandlung*. Es ist doch vielfach so, dass der Richter mit der Anberaumung des Hauptverhandlungstermins wartet, bis eine genügende Anzahl von Jugendsachen aufgelaufen ist, bis es sich also „lohnt". Der Richter will damit eine unnötige Belastung des Staatsanwalts vermeiden. In etwa 60 bis 70 v.H. aller Jugendsachen, in denen Jugendarrest oder eine kleinere Erziehungsmaßregel zu erwarten ist, ist *nun* aufgrund der weiteren Vereinfachungs-VO die Möglichkeit vorhanden [VO v. 13.8.1942, Art. 5; DJ 1942, 574], dass der Staatsanwalt von vornherein auf seine Teilnahme an der Hauptverhandlung verzichtet. Von dieser Möglichkeit wird nach unserem Eindruck noch viel zu wenig Gebrauch gemacht. Dabei ist der Verzicht des Staatsanwalts auf Teilnahme an der Hauptverhandlung in Jugendsachen nicht etwa nur eine kriegsbedingte Vereinfachungsmaßnahme, sondern liegt im Zuge der jugendgemäßeren Gestaltung der Hauptverhandlung: In den kleineren Sachen wird der Hauptverhandlung durch die Teilnahme des Staatsanwalts und durch den sonstigen Apparat ein viel zu großes Gewicht gegeben. Die Neufassung des JGG, auf die ich gleich zu sprechen komme, wird dieses vereinfachte Verfahren zu einer Dauerlösung führen. Wir bitten daher die Herren Generalstaatsanwälte, darauf hinzuwirken, dass der Staatsanwalt in Jugendsachen grundsätzlich in allen Fällen, in denen Jugendarrest oder eine kleinere Erziehungsmaßregel zu erwarten ist, auf seine Teilnahme an der Hauptverhandlung verzichtet. Wir erwarten davon eine wesentliche Beschleunigung und Vereinfachung des Verfahrens, das in diesen kleineren Sachen dadurch wesentlich dem vormundschaftsgerichtlichem Verfahren angeglichen wird.

Die Beschleunigung des Verfahrens wird sich auch günstig auf die *Dauer der Untersuchungshaft* auswirken, die immer noch viel zu lange dauert. Unsere im vergangenen Jahr durchgeführte Erhebung über die Dauer der Untersuchungshaft in einem Vierteljahr ergab folgende Zahlen: bis zu einem Monat: 792 Fälle, von 1 Monat bis zu 3 Monaten: 719 Fälle, von 3 bis 6 Monaten: 366 Fälle, von 6 bis 9 Monaten: 76 Fälle.

Angesichts der erzieherischen Bedenken, die vielfach gegen den Vollzug längerer Untersuchungshaft an Jugendlichen sprechen, muß angestrebt werden, ihre Dauer nach Möglichkeit zu verkürzen und sie auf die wirklich notwendigen Fälle zu beschränken. Dabei darf allerdings nicht außer acht gelassen werden, dass unter Umständen die sofortige Inhaftnahme des Jugendlichen auch erzieherisch von Nutzen sein kann.

Ich darf nun auf einige speziellere Fragen eingehen, die besondere Aktualität haben.

In vielen Berichten wird in steigendem Maße über das *Auftreten jugendlicher Cliquen und Banden in den Großstädten* geklagt. Dabei handelt es sich um ganz verschiedenartige Erscheinungen: Einmal um Banden auf eindeutig krimineller Grundlage. Ihre strafrechtliche Behandlung macht keine Schwierigkeiten. Dann Cliquen mit konfessioneller oder bündischer Tendenz, teilweise aus einer Opposition gegenüber der HJ erwachsen. Schließlich Cliquen, deren Mitglieder angelsächsisch-jüdischen Vorbildern nacheifern und ein Lotterleben führen wollen, wie etwa die Hamburger Swing-Jugend. Auch bei den letzten beiden Gruppen findet man bisweilen kriminelle Tendenzen, meist jedenfalls eine kriminelle Gefährdung. Die strafrechtliche Erfassung dieser beiden Gruppen macht gewisse Schwierigkeiten. Die Gerichte haben vielfach § 2 des Gesetzes gegen die Neubildung von Parteien [RGBl. I 1933, 479] unmittelbar oder entsprechend angewendet. In einer Reihe von Fällen ist von dem Verbot der bündischen Jugend in Verbindung mit § 4 der VO zum Schutz von Volk und Staat [RGBl. I 1933, 83] unmittelbar oder entsprechend Gebrauch gemacht worden. Damit dürfte auszukommen sein.

Es ist in der nächsten Zeit aufgrund von Absprachen zwischen Polizei, HJ und uns mit polizeilichen Aktionen zur Cliquenbekämpfung zu rechnen. Wichtig ist die nachrichtendienstliche Vorbereitung derartiger Aktionen, die in Zusammenarbeit mit der Hitler-Jugend erfolgt. Denn es kommt darauf an, schlagartig alle Rädelsführer oder aktiven Mitglieder derartiger Cliquen zu erfassen. Aufgrund einer Besprechung, die vor wenigen Tagen stattgefunden hat, sollen gemeinsame Richtlinien für die Cliquenbekämpfung herausgegeben werden. Ist eine solche Clique gefaßt, so sollen sich Polizei, Hitler-Jugend und Justiz gemeinsam darüber schlüssig werden, mit welchen Maßnahmen der einzelne zu behandeln ist. Dabei soll größtes Gewicht darauf gelegt werden, die *Rädelsführer* scharf und unverzüglich zu erfassen, dagegen die Mitläufer weitgehend laufen zu lassen. Denn man muß sich bei derartigen Aktionen vor einem Fehler hüten, der bei anderen Anlässen auch in der Jugendrechtspflege beobachtet worden ist. Man darf keine Maßnahme geschlossen gegen eine solche Clique durchführen, dadurch wird nur das Solidaritätsgefühl gesteigert und ein Zusammenschluß erzielt, der fester ist als vorher. Daher ist es auch nicht richtig, wie wir es kürzlich erlebt haben, gegen eine ganze Schulklasse wegen Berufsschulversäumnis Jugendarrest zu verhängen.

Eine Erscheinung, die ebenfalls Gegenstand unserer besonderen Sorge ist, sind die Vergehen *Jugendlicher gegen die Arbeitsdisziplin*, namentlich Arbeitsvertragsbrüche. Hier gilt es, in erster Linie den Ursachen der Arbeitsbummeleien nachzugehen und durch geeignete Arbeitseinsatzmaßnahmen, Nachprüfung der häuslichen Verhältnisse u.ä. Wandel zu schaffen. Gerichtliche Maßnahmen können nur in hartnäckigen Fällen in Betracht kommen, in denen betriebliche Maßnahmen in Zusammenarbeit mit den Eltern und Verwarnungen durch Betriebsjugendwalter und Arbeitsämter versagt haben. Von diesen außerstrafrechtlichen Mitteln wird noch nicht immer in ausreichendem Maße Gebrauch gemacht. Daher wird die Reichsarbeitsgemeinschaft für Jugendbetreuung in nächster Zeit Richtlinien hierüber an alle Betriebe herausgeben, die wir auch den Jugendrichtern zuzuleiten beabsichtigen.

Müssen gerichtliche Maßnahmen ergriffen werden, so muß unter allen Umständen eine schematische Anwendung des Jugendarrests vermieden werden. Im Jugendarrest kann schon im Hinblick auf seine geringe Dauer und die Art des Vollzugs keine Arbeitserziehung durchgeführt werden. Jugendliche, die eine intensive Arbeitserziehung notwendig haben, müssen mit anderen Mitteln behandelt werden. Die Gefängnisstrafe wird nur ganz besonders schwere und hartnäckige Fälle, die meist mit krimineller Tendenz verbunden sind, erfassen. Im Gau Essen ist daher der von uns gebilligte Versuch gemacht worden, bei jugendlichen Arbeitsbummelanten, bei denen der Jugendarrest keinen Erfolg gehabt hat oder angesichts der Persönlichkeit des Jugendlichen keinen Erfolg verspricht, eine straffe Arbeitserziehung in der Form der vorläufigen Fürsorgeerziehung durchzuführen. Rechtliche Bedenken hiergegen bestehen nicht. Denn hartnäckige Arbeitsbummeleien Minderjähriger sind in der Regel ein Anzeichen drohender Verwahrlosung. Auch wird in diesen Fällen regelmäßig „Gefahr im Verzug" anzunehmen sein. Aufgrund des Beschlusses, der die vorläufige FE anordnet und ausdrücklich eine Arbeitserziehung für notwendig erklärt, wird der Minderjährige unmittelbar dem dafür bestimmten Jugendheim Freimersdorf [heute Teil von Pulheim bei Köln] überwiesen. Die Jugendlichen werden dort, da man sie noch nicht genügend kennt, in Einzelzellen untergebracht. Wochentags werden sie in harter Akkordarbeit in einer Ziegelei eingespannt. Sonnabends und Sonntags wird ihnen auch Unterricht gegeben. Die Arbeitserziehung in der vorläufigen Fürsorgeerziehung ist in der Regel auf 3 Monate vorgesehen. Zeigt sich, dass der Jugendliche tatsächlich bereits allgemein verwahrlost ist, wird die endgültige FE beantragt. Hat die Arbeitserziehung aller Voraussicht nach Erfolg gehabt, so wird die vorläufige FE unter Einstellung oder Voraussetzung des FE-Verfahrens aufgehoben. Der Antrag an das Gericht geht von den Arbeitsämtern als den Beauftragten des Reichstreuhänders aus. Die Jugendämter werden erst für die endgültige Entscheidung eingeschaltet. Dadurch kann ein sehr schnelles Verfahren erzielt werden.

Ähnliche Versuche sind auch bereits aus einigen anderen Gauen berichtet worden. Gelingen sie, so soll versucht werden, diesen Weg in allen Bezirken zu beschreiten. Das Gelingen wird weitgehend von der räumlichen Möglichkeiten der FE abhängen.

Mit den Arbeitsbummeleien im engen Zusammenhang stehen die zahlreichen *Berufsschulschwänzereien.* Auch hier ist vielfach eine recht schematische Anwendung des Jugendarrests zu beobachten. Man hat häufig den Eindruck, dass die Berufsschullehrer nicht genügend Kontakt mit dem Elternhaus und namentlich auch mit den Betriebsführern seiner Jugendlichen haben, um auf diesem Wege Berufsschulversäumnisse zu verhindern. Das liegt nicht zuletzt an der Überlastung der noch verbliebenen Berufsschullehrer, die in ihrer knappen Freizeit mit zahlreichen berufsfremden Aufgaben beauftragt werden. Das Reichserziehungsministerium will auf unsere Anregung hin versuchen, soweit als möglich Wandel zu schaffen.

Als ein recht geeignetes Mittel, eine schematische Anwendung des Jugendarrests zu verhindern und eine Abstufung gegenüber dem Jugendarrest bei kleineren Übertretungen herzustellen, hat sich die *Auferlegung gemeinnütziger Arbeiten für die Freizeit des Jugendlichen* erwiesen, über die ich vor kurzem in der Deutschen Justiz [DJ 1942, S. 806 f.] geschrieben habe. Herr Vollmer hat gestern über Arbeitsauflagen im Erwachsenenverfahren im Rahmen des § 153 StPO und in Gnadensachen gesprochen [S. 422 ff.]. In Nürnberg ist dieses Verfahren seit Jahren mit bestem Erfolg erprobt worden. Es wird dadurch verhindert, dass der Jugendarrest bei geringfügigen Übertretungen (namentlich etwa bei kleinen Übertretungen der PolVO zum Schutze der Jugend [RGBl. 1940, 499]) von dem Jugendlichen nicht ernst genommen wird. Geeignete Arbeitsmöglichkeiten lassen sich wohl überall finden. Wir bitten daher darum, dass auch Sie dieser Frage Ihr Augenmerk widmen. Auch von der Polizei ist auf unsere Anregung hin die Frage in Angriff genommen worden. Es wird die Möglichkeit erwogen, bei kleineren Übertretungen von einer Strafverfügung auf Jugendarrest abzusehen, falls der Jugendliche bestimmte Arbeitsauflagen erfüllt. Durch ein solches Verfahren könnte einer Verwässerung des Jugendarrests zu einem guten Teil vorgebeugt werden.

Ein Problem, dessen Bedeutung ständig zunimmt, ist die strafrechtliche *Behandlung fremdvölkischer Jugendlicher.* Diese Frage ist von Ihnen in zahlreichen Berichten angeschnitten worden, ohne dass wir Ihnen bisher eine klare Lösung geben konnten. Die Erörterungen mit den beteiligten obersten Reichsbehörden sind im Gange. Wir hoffen, in einigen Wochen eine entsprechende Rundverfügung herausgeben zu können.

Das Problem der Behandlung fremdvölkischer Jugendlicher ergibt sich daraus, dass das gesamte Jugendstrafrecht auf die Erziehung des Jugendlichen zur deutschen Volksgemeinschaft abzielt. Diese Zielsetzung kann für fremde Volkszugehörige nicht in Betracht kommen. Auf der anderen Seite besteht für uns ein Interesse daran, das Angehörige verbündeter oder unter deutscher Führung stehender

Völker nicht verwahrlosen, sondern zu ordentlichen Menschen erzogen werden, die sich in die deutsche Ordnung einfügen. Eine unterschiedslose Ausschließung fremdvölkischer Jugendlicher von der Anwendung des deutschen Jugendstrafrechts kann auch aus außenpolitischen Gründen nicht in Betracht kommen. Allerdings kann die Anwendung des deutschen Jugendstrafrechts auf Fremdvölkische selbstverständlich nur eine *sinngemäße* sein. Wir beabsichtigen demgemäß von folgenden Grundsätzen auszugehen:

1. Die strafrechtliche Behandlung der Juden und Zigeuner dürfte sich dadurch erledigen, dass bereits in nächster Zeit ihre ausschließliche Behandlung mit polizeilichen Mitteln bestimmt werden soll.
2. Auf Polen, die der Polen-Strafrechtsverordnung unterliegen, findet bereits nach der derzeitigen Rechtslage das deutsche Jugendstrafrecht keine Anwendung. Es werden daher gegen solche jugendlichen Polen die gleichen Strafen und Maßnahmen wie gegen Erwachsene verhängt, wobei der geringeren Unrechtseinsicht der Jugendlichen bei der Strafbemessung Rechnung getragen wird. Durch zwei Erlasse des Reichsministers des Innern ist dafür Sorge getragen worden, dass verwahrloste jugendliche Polen nicht der Fürsorgeerziehung überwiesen zu werden brauchen, sondern in das Jugendverwahrlager in Litzmannstadt eingewiesen werden können.
3. Über die Behandlung der Sowjetrussen besteht noch keine Klarheit. Das Ostministerium will sie nicht anders behandelt wissen als andere fremdvölkische Jugendliche und lehnt eine Gleichbehandlung mit Polen oder Juden ab.
4. Bei allen anderen fremdvölkischen Jugendlichen würde das deutsche Jugendstrafrecht „sinngemäß" anzuwenden sein. Das bedeutet, dass von den Erziehungsmaßregeln, die durch den Jugendrichter angeordnet werden können, nur in begrenztem Umfange in sparsamer Weise Gebrauch zu machen sein wird. In aller Regel wird – neben der Verwarnung bei ganz geringfügigen Delikten – nur Jugendarrest und Jugendgefängnis in Betracht kommen.
5. Unabhängig von der materiell-rechtlichen Behandlung fremdvölkischer Jugendlicher kann die Frage gelöst werden, inwieweit solche Jugendliche, bei denen das deutsche Jugendstrafrecht *Anwendung* gefunden hat, im *Vollzug* von deutschen Jugendlichen zu sondern sind:

Für den *kurzfristigen Jugendarrest* ist die Bereitstellung besonderer Anstalten technisch nicht möglich. Es kann aber im Vollzug dafür Sorge getragen werden, dass die fremdvölkischen Jugendlichen mit den deutschen nicht näher in Berührung kommen.

Für den Vollzug der *Jugendgefängnisstrafe* beabsichtigen wir, bei einigen Strafgefängnissen besondere Jugendgefängnisabteilungen ausschließlich für den Vollzug an fremdvölkischen Jugendlichen zur Verfügung zu stellen. Dadurch wird eine völlige Sonderung von deutschen Jugendlichen gewährleistet, ohne dass eine Ausschließung vom Jugendstrafvollzug, die außenpolitischen Bedenken begegnet, erforderlich ist. Diese Jugendgefängnisabteilungen könnten auch dem Vollzug an solchen fremdvölkischen jungen Gefangenen dienen, die nicht mehr jugendlich sind, aber ihrem Alter nach in den Jugendstrafvollzug gehören. Auch für diese wird damit ein jugendgemäßer Vollzug gewährleistet.

Zur *unbestimmten Verurteilung* (u.V.) einige kurze Mitteilungen und Hinweise. Die u.V. hat sich allen Unkenrufen zum Trotz – im Gegensatz zur u.V. des öJGG von 1928 – erfolgreich durchsetzen können. Es befanden sich Mitte Januar in den Jugendgefängnissen für u.V. in Naugard 399 *unbestimmte verurteilte Jugendliche*, in Herford 369, in Niederschönenfeld 208, in Heilbronn 202, in Kaiserebersdorf 153, insgesamt 1331 Jugendliche.

In dem Frauenjugendgefängnis Hohenleuben saßen 118 u.V. Mädchen ein. Diese Zahlen sind m.E. allein schon ein Beweis, dass unsere Jugendrichter und Jugendkammern den kriminalpolitischen Sinn der u.V. richtig verstanden haben. Darüber hinaus haben uns die zahlreichen Urteile, die wir bekommen haben, gezeigt, dass die u.V. im großen und ganzen trotz vereinzelter Mißgriffe richtig angewandt worden ist. Im einzelnen wird über die Anwendung der u.V., namentlich über die Auslegung des Begriffs der schädlichen Neigungen, bei anderer Gelegenheit einmal Näheres zu sagen sein.

Ganz kurz einige Fehler, die uns häufiger begegnet sind:

1. Die Spanne von 2 Jahren zwischen Mindest- und Höchstmaß der unbestimmten Strafe braucht nur dann eingehalten zu werden, wenn der Richter aus besonderen Gründen das Höchstmaß von 4 Jahren niedriger festsetzen will – wovon übrigens nicht viel Gebrauch gemacht wird -. Wenn der Richter glaubt, ein Mindestmaß von 2 ½ oder 3 Jahren festsetzen zu müssen, so wird dadurch die Anwendung der u.V. nicht ausgeschlossen, wenn es bei dem gesetzlichen Höchstmaß verbleibt.
2. Bisweilen findet man neben einer unbestimmten Strafe den Ausspruch, dass Erziehungsmaßregeln erforderlich sind. Das ist sinnwidrig und gibt ein falsches Bild. Denn die u.V. ist eine Maßregel der Gesamterziehung, die andere Maßregeln, die dem gleichen Ziel dienen, neben sich ausschließt. Bezeichnend ist dafür der von uns angeregte Erlaß des RMdJ [DJ 1942, S. 505], wonach bei einer Verurteilung zu einer unbestimmten Strafe die FE aufzuheben ist.
2. Bisweilen findet man neben einer Verurteilung zu einer festbestimmten Strafe von mehr als 9 Monaten die Anordnung der FE. Diese Zweispurigkeit sollte gerade durch die u.V. vermieden werden. In diesem Falle wäre u.V. am Platze gewesen. Auch bei Urteilen von 7 oder 8 Monaten Gefängnis neben Fürsorgeerziehung handelt es sich meist um Verlegenheitslösungen. In diesem Falle wäre wohl in aller Regel eine u.V. mit einem Mindestmaß von 9 Monaten möglich gewesen.

Eine praktische Frage, auf die ich immer wieder bei dem Besuch von Jugendgerichtssitzungen gestoßen bin: Es wird viel zu wenig von der Möglichkeit Gebrauch gemacht, den Jugendlichen von Erörterungen auszuschließen, die für seine Erziehung von Nachteil sind. Der Bericht des Jugendamts sollte in aller Regel in

Abwesenheit des Jugendlichen erstattet werden. Auch die Anhörung der Eltern sollte nicht in Anwesenheit des Jugendlichen erfolgen.

Zum Schluß noch eine kurze Mitteilung über den Stand der Arbeiten an der *Neufassung des JGG* [RGBl. I 1943, 635, 637]. Wie Sie wissen, haben wir eine solche Neufassung vorbereitet. Sie soll unter Aufhebung aller Rechtsvorschriften auf diesem Gebiet wieder ein einheitliches Gesetzeswerk bringen, das zugleich die Rechtsvereinheitlichung mit der Ostmark herbeiführen soll. Wir wissen, dass die Praxis dringend nach einer solchen Zusammenfassung verlangt. Darüber hinaus soll dieses neue JGG oder – wie wir zu sagen beabsichtigen – das Gesetz über die deutsche Jugendstrafrechtspflege im großen und ganzen die Reformwünsche verwirklichen, die wir noch auf diesem Gebiet haben. Mit unseren Vorschlägen haben sich alle beteiligten staatlichen und Parteidienststellen einverstanden erklärt.

Lediglich mit einer Reichsbehörde haben sich noch Schwierigkeiten ergeben. Wir hoffen aber auch hier bald soweit zu sein, so dass das von allen Beteiligten dringend erwartete Gesetzeswerk vielleicht in einigen Monaten verwirklicht werden kann. – Bei der Verabschiedung des neuen JGG wollen wir nach Möglichkeit auch eine Zusammenfassung und Neufassung aller Verwaltungsvorschriften auf diesem Gebiet vorsehen, die dann durch Deckblätter auf dem laufenden gehalten werden sollen. – Bei Gelegenheit der Verabschiedung des JGG hoffen wir – sofern es die Verhältnisse gestatten – wieder eine größere Jugendrichtertagung abhalten zu können, die Gelegenheit zu einer gründlichen Schulung und Besprechung aller wichtigen Fragen auf diesem Gebiet geben soll.

Reichsjustizminister *Dr. Thierack*: Ich hoffe, dass Sie, meine Herren, aus diesem sehr interessanten Vortrag immerhin einiges mit herüber nehmen, wenn auch schon ein bißchen spät und die Aufnahmefähigkeit vielleicht nicht mehr sehr groß ist. Es handelt sich immerhin um Fragen unserer Jugend, und die Jugend ist unsere Zukunft. Ich möchte Sie deshalb nicht mehr mit irgendwelchen Vorträgen fachlicher Natur belästigen. Wir wollen jetzt nur programmäßig die *beiden Offiziere* hereinbitten, damit sie den Vortrag über das *Schwarzsenden* [nicht bei den Akten, Vortrag eines Majors der Funkabwehr, Vorzeigen von beschlagnahmten Schwarzsendern] halten.

Berichterstatter *Vollmer*: In einer früheren RV vom 30.4.1941 ist angeordnet worden, dass sämtliche Strafsachen, die das Schwarzsenden betreffen, von den Oberstaatsanwälten an den Herrn Oberreichsanwalt beim Volksgerichtshof zugeleitet werden, damit geprüft werden kann, ob eine Verletzung von § 91 b StGB [Feindbegünstigung: vgl. Gesetz vom 24.11.1937, RGBl. I 1937, 128] vorliegt. Es ist die Beobachtung gemacht worden, dass dieser RV nicht mehr immer Rechnung getragen wird. Das liegt nach unserer Auffassung daran, dass die Gefahr des Schwarzsendens bei zunehmender Kriegsdauer unterschätzt wird. Es genügt in vielen Fällen nicht mehr, mit dem Schwarzsendegesetz vorzugehen, sondern es müssen schärfere Maßnahmen getroffen werden, zumal das Schwarzsendeverbrechen sehr häufig im Zusammenhang mit größeren politischen Aktionen steht. Ich bitte in Zukunft darauf zu achten, dass derartige Sachen sofort dem Oberreichsanwalt vorgelegt werden, damit geprüft werden kann, ob nach § 91 b etwas zu geschehen ist. Dann gehen die Akten evtl. zu dem Oberreichsanwalt zurück, und wenn noch kein Gutachten des OKW vorliegt, wird regelmäßig ein solches Gutachten zu erfordern sein.

Reichsjustizminister *Dr. Thierack*: Herr Major [von der Funkabwehr des OKW], Ich danke Ihnen gleich im Namen meiner Herren. Sie haben in dem Vortrag [nicht auffindbar] Aufschluß bekommen über die Gefährlichkeit solcher Amateursendungen, und zwar besonders weil das Gerät so leicht hergestellt werden kann. Dazu kommt, dass unsere Jugend heute durch die HJ, durch die Schulen usw. so weit ausgebildet worden ist, dass sie solche Geräte herstellen kann. Ich habe beim letzten Vortrag sogar noch ganz andere Geräte gesehen; sie waren so groß wie eine Streichholzschachtel und amerikanischer Herkunft, sie sind allerdings bei einem Spion gefunden worden. Es ist deshalb notwendig, dass die Herren Generalstaatsanwälte die ihnen unterstellten Oberstaatsanwälte auf den Kampf des Oberkommandos der Wehrmacht, vor allem der Abwehrabteilung aufmerksam machen und diese Arbeit unterstützen. Man muß natürlich Unterschiede machen, ob diese Sendungen aus Spionagegründen geschehen und daher die Fälle dem Oberreichsanwalt beim Volksgerichtshof vorgelegt werden müssen oder ob sein Bereich überhaupt nicht tangiert wird. Wenn das nicht der Fall ist, kommt die Angelegenheit zu den Oberstaatsanwälten. Dann ist es Ihre Aufgabe zu erkennen, inwiefern eine solche Tätigkeit jetzt im Kriege in dem Sinne gefährlich ist, dass sie die Abwehr stört oder gar dem Feind, ohne dass es so ein Junge ahnt, Mitteilungen über Deutschland, sei es nur über die Wetterbedingungen, vermittelt. Deshalb darf man diese Sendungen, die im Frieden von uns propagiert und unterstützt worden sind, nicht auf die leichte Schulter nehmen, wie das an einem Fall gezeigt worden ist.

Ich sage Ihnen, Herr Major, nochmals herzlichen Dank.

Ich habe geglaubt, diesen Vortrag stattfinden lassen zu sollen nach den Erfahrungen, die ich seinerzeit im Jahre 1941 vor dem Volksgerichtshof hatte. Ich bedauere, dass der Vortrag in der Höhe der Darbietungen keinen Vergleich mit damals aushält.

Ich möchte persönlich noch zu einer Frage Stellung nehmen, das ist III, 5: *Schweigepflicht der Ärzte.* Was ich hier zu sagen habe, ist streng vertraulich. Es darf hierüber nichts schriftliches festgelegt werden. Aber ich bitte die Herren Generalstaatsanwälte, Ihre Oberstaatsanwälte zu informieren, und zwar in derselben Form der Vertraulichkeit, so dass die Oberstaatsanwälte in der Lage sind, falls es notwendig werden sollte, in der von mir gewünschten Form tätig zu sein. Wie das die Oberstaatsanwälte tun, ist ihre Sache. Sie können sich solche Dinge, über die ich jetzt spreche, vorlegen lassen und sich informieren.

Ich habe Ihnen einen Wunsch des Führers vorzutragen, der dahin geht, dass er unterrichtet zu werden wünscht über jede ernste und folgenschwere Erkrankung einer führenden Persönlichkeit des Staates, der Partei, Wirtschaft und Wehrmacht. Die Gründe und Motive hierzu brauche ich Ihnen nicht auseinander zu setzen. Es sind jetzt durch den Reichsgesundheitsführer Dr. Conti alle Ärzte, die eine solche Persönlichkeit behandeln, angewiesen worden, dem persönlichen Referenten des Führers in ärztlichen Sachen, Herrn Prof. Dr. Brandt, sofort Mitteilung zu machen, falls eine dieser Persönlichkeiten einen Arzt, Zahnarzt oder Heilpraktiker in einer ernsten oder folgenschweren Erkrankung aufsucht. Herr Brandt wird dann die Mitteilung an den Führer persönlich weitergeben. Das berührt die Justiz in einem Punkt, nämlich in dem der Schweigepflicht. Wenn also nun, meine Herren Generalstaatsanwälte, in Ihrem Bereich eine solche Verlautbarung bekannt geworden sein sollte, von der Behandlung irgendeiner führenden Persönlichkeit, und diese sich dann über die Mitteilung ärgert oder gar Strafantrag gegen den beteiligten Arzt bei Ihnen stellt, so haben Sie die Pflicht, dieses Verfahren einzustellen. – Sind hierzu irgendwelche Fragen? – Dem Antragsteller ist natürlich der Grund der Einstellung des Verfahrens nicht mitzuteilen. – Ich bitte, diese Dinge in der geeigneten Form weiterzugeben, damit nirgendwo eine Panne passiert.

Dann habe ich noch eine letzte Frage mit Ihnen zu besprechen. Ich sagte bereits heute morgen, dass ich trotz meiner starken Beschäftigung und sehr knappen Zeit jetzt durch die Gaue reisen muß, um mit den Gauleitern zusammen vor politischen Leitern und Rechtswahrern zu sprechen. Das ist eine recht nette Angelegenheit, die je nach dem Temperament und der Einstellung des Gauleiters verschieden aufgezogen wird. Regelmäßig sind aber auch die leitenden Beamten der Justiz Gäste des Gauleiters oder der Gauleitung. Meist empfangen sie mich dann irgendwie auf dem Bahnhof. Mir ist das zwar unbehaglich, wenn ich da ankomme und vom Fahrdienstleiter eines Bahnhofes empfangen werde, der mich nun vom Zug herunterleitet bis zum Ausgang des Bahnhofs. Ich kann das aber nicht hindern und muß es über mich ergehen lassen. Nun erlebe ich immer wieder, dass irgendein Chefpräsident oder Generalstaatsanwalt ebenfalls am Zuge erscheint und in der Uniform dasteht, in dieser neuen Uniform. Ich habe sie nicht gemacht und habe sie Ihnen auch nicht auferlegt. Es wirkt meines Erachtens aber nicht schön. Gerade jetzt, wo die Herren so mit den politischen Leitern, den Kreis- und Gauleitern zusammen kommen und wir wirklich ganz famose Kameradschaftsabende verleben. Ich erinnere nur an Halle, wo im Gauhaus nicht nur die Chefpräsidenten und Generalstaatsanwälte, sondern sämtliche Landesgerichtspräsidenten, Oberstaatsanwälte u.a. vertreten waren. Es ist betrüblich, wenn man dann entsprechende Bemerkungen hören muß, wie diese Uniform bewertet wird. Ich habe dann meinen Herren gesagt: Haben Sie gar keine andere Uniform? Dann stellte sich heraus, dass sie beide auch eine andere Uniform hatten, der eine als Truppführer, der andere war sogar Major. Sie haben dann beide ihre Uniform getragen. Ich habe mich dann darüber gefreut. Es ist mir ganz gleichgültig, was Sie in der SA oder SS oder sonstwo sind. Und glauben Sie mir, es ist auch den Parteiamtswaltern und dem Gauleiter ganz gleichgültig. Aber es macht schon einen anderen Eindruck, wenn Sie bei einer solchen Gelegenheit als SA-Truppführer erscheinen, als wenn Sie in dieser Uniform erscheinen. Es gibt Gelegenheiten, wo Sie gar nicht anders können, als diese Uniform zu tragen. Dann geht es nicht anders, besonders wenn Sie als die repräsentative Figur irgendeines hohen Gerichts in Erscheinung treten müssen. Aber bei Veranstaltungen der Partei tragen Sie bitte die Parteiuniform oder was Sie sonst haben. Sie werden sich dann in diesem Kreise als Obertruppführer wohler fühlen. Wenn Sie natürlich keine SA-Uniform oder eine andere haben, dann bleibt

Ihnen nichts anderes übrig, als in der Beamtenuniform zu erscheinen. Es richtet sich meine Bitte also an diejenigen Herren, die die Befugnis haben, eine solche Uniform zu tragen.

Wird zu dieser Frage, die in Ihren Augen vielleicht ebenso wichtig erscheinen möchte, wie die der Kriegsverdienstkreuze, von einem der Herren noch eine Stellungnahme gewünscht? (Keine Meldung.)

Der *Staatssekretär* meint eben, ob wir den Herren irgend etwas von Beförderungen sagen können.

Ich lehne das ab. Ich halte es für ausgeschlossen, dass jemand, der meinetwegen Chefpräsident ist, nun deshalb vom SS-Untersturmführer zum Standartenführer befördert werden soll. Ich lehne es ab, dass ich einen Mann, weil er Chefpräsident ist, dem Reichsführer SS zur Beförderung empfehlen soll. Wo allerdings eine Möglichkeit bestand und ein Dienst für die Partei gegeben war, habe ich es gern getan und tue es noch. Ich bitte, dass als einen persönlichen Wunsch von mir aufzufassen, der auch im Interesse der Justiz liegt. Sonst würde ich es nicht tun.

2. Protokoll vom 11.2.1943

Reichsjustizminister *Dr. Thierack*. Meine Herren! Nachdem sich die Wiedersehensfreude gelegt hat und ich den Eindruck habe, dass die Herren mit dem gestrigen Abend zufrieden waren, hoffe ich, dass wir heute etwas früher fertig werden als vorgesehen ist. Das bedeutet aber nicht, dass wir nun noch schweigsamer werden wollen als gestern.

Wir fahren fort bei IV Ziff. 1: *Fassung von Anklagen, Urteilen und Strafbefehlen.*

Berichterstatter Staatssekretär *Dr. Rothenberger*: Meine Herren! Bevor wir zu den Einzelfragen Stellung nehmen, möchte ich zu zwei allgemeinen Punkten kurz das Wort ergreifen, und zwar einmal zu einem neuen Führererlaß [„Führer-Erlasse 1939–1945", hrsg. Von Martin *Moll*, 1997, S. 302 f.], der sich mit der Stellungnahme der Parteidienststellen zu gerichtlichen Entscheidungen und schwebenden Verfahren befaßt. Sie werden erinnern, dass der Herr Minister kurz nach seinem Amtsantritt veranlaßt hat, dass sowohl der Chef der Reichskanzlei wie der Leiter der Parteikanzlei an die ihnen unterstehenden Dienststellen mit einem Schreiben herangetreten ist, das diese Frage betrifft. Die Schreiben sind Ihnen damals in der letzten Chefpräsidentenbesprechung von uns bekannt gegeben worden. Jetzt hat der Führer zu dieser Frage persönlich in einem Erlaß vom Dezember letzten Jahres Stellung genommen, der im Reichsverfügungsblatt abgedruckt ist. Da das Reichsverfügungsblatt aber vertraulich zu behandeln ist und auch nicht allen Herren bekannt sein wird, möchte ich Ihnen kurz den Inhalt dieser Verfügung des Führers mitteilen. Sie bezieht sich, um das vorweg zu nehmen, auf die Zivilrechtspflege und sagt folgendes: (Verlesung der Verfügung VI Bl. 228/43) Wir bitten Sie, entsprechend dem Inhalt dieser Verfügung des Führers persönlich an uns sofort mittelbar zu berichten, wenn in irgend einem Falle entgegen dieser Anordnung des Führers gehandelt wird.

Reichsjustizminister *Dr. Thierack*: Wie Sie gehört haben, ist die Ziff. 3 der wichtigste Punkt, also Maßnahmen gegen irgendwelche Eingriffe in die Zivilrechtspflege. Ich bitte, danach ganz strikte zu handeln, und mir, falls so etwas vorkommen sollte, was ich nicht mehr glaube – in der letzten Zeit ist auch nicht das geringste mehr vorgekommen -, das sofort zu berichten.

Berichterstatter Staatssekretär *Dr. Rothenberger*: Der zweite allgemeine Punkt betrifft die Frage, die in den letzten Monaten viel erörtert worden ist und auch früher schon Gegenstand einer Behandlung und Beratung im Ministerium war. Es handelt sich um die Frage der Stellung der Chefs in der Mittelinstanz. Grundproblem: Einheitsspitze oder Doppelspitze? Man kann sogar von einer dreifachen Spitze sprechen: Chefpräsident, Generalstaatsanwalt und Präsident der Anwaltskammer. Es könnte sogar noch der Präsident der Notarkammer dazu kommen. Mir ist bekannt, dass in den letzten Monaten vielfach Gerüchte darüber im Umlauf waren, der Herr Minister beabsichtige, diese drei- oder vierfache Spitze abzuschaffen und die Einheitsspitze zu schaffen, d. h. die Generalstaatsanwälte, die Präsidenten der Anwaltskammer und der Notarkammer dem Chefpräsidenten zu unterstellen. Ich darf Ihnen erklären, dass diese Befürchtungen völlig unbegründet sind. Wir halten aufgrund unserer bisherigen Erfahrungen die bisherige Regelung grundsätzlich für richtig, dass jeder Chef seiner Behörde die volle Verantwortung zu tragen hat und daher auch grundsätzlich selbständig seine Behörde leitet. Im allgemeinen besteht also kein Anlaß, an der bisherigen Regelung etwas zu ändern. Wir möchten nur vermeiden, was nach unserer bisherigen Kenntnis nur in vereinzelten Fällen der Fall war, dass diese Spitzen gegeneinander oder nebeneinander oder auch nur ohne einander ihre Verwaltungsbehörde und Gefolgschaft führen. Um eine Fraktur zu vermeiden, die nicht im Interesse der einheitlichen Handhabung der Geschäfte in der Mittelinstanz notwendig ist, werden wir in einer AV zwei Fragen entscheiden. Einmal werden wir den Generalstaatsanwalt bitten – ich spreche zunächst von dem Verhältnis Chef und Generalstaatsanwalt -, in grundsätzlichen Fragen den Chef zu unterrichten, also eine Unterrichtspflicht einzuführen. Wir wissen, dass das im allgemeinen gar nicht notwendig ist, weil es schon geschieht. Wir halten es aber doch für besser, das grundsätzlich in einer internen AV zu klären. Das Zweite ist, dass in gewissen Verwaltungsgeschäften – wir denken dabei insbesondere an die Personalien – ein gegenseitiges Einverständnis zwischen Chef und Generalstaatsanwalt erzielt wird, jedenfalls soweit es sich um Dinge handelt, die an das Ministerium gehen. Diese Regelung, die im einzelnen noch normiert werden wird, hat lediglich den Zweck, die einheitliche Handhabung der Personalpolitik auch in der Mittelinstanz schon zu gewährleisten.

Vielleicht ist es richtig, weil wir gerade von der Personalpolitik sprechen, bei dieser Gelegenheit ein Wort zu der Frage zu sagen, die der Herr Minister gestern auch schon angeschnitten hat, zu dem Verhältnis von Richter und Staatsanwalt. Wir wissen, dass in den Reihen der Staatsanwälte in den letzten Monaten sehr viele Sorgen entstanden sind, weil heute so viel vom Richter gesprochen wird. Die Ursache, weshalb das geschieht, ist jedem Einsichtigen klar. Man braucht sich nur zu vergegenwärtigen, wie die Verhältnisse um den Richter in den letzten Jahren bestellt waren. Wir erinnern uns, dass es ja leider um die Stellung des Richters, seine Autorität, seine Ehre nicht sehr bestellt war, und nach unserer Meinung muß das immer das Kernproblem der neuen Justiz sein, und jeder Anwalt und Staatsanwalt wird wohl derselben Meinung sein. Um in der Beziehung zunächst mal eine völlig andere Richtung einzuschlagen, haben wir es für notwendig erachtet, sehr viel vom Richter zu sprechen. Der Herr Minister sagte gestern schon: Wenn wir weniger vom Staatsanwalt gesprochen haben, so erklärt sich das einzig aus der Sorge, dass wir uns Gedanken um den Richterstand machten, aber keinerlei um den Staatsanwaltstand. Der Staatsanwalt ist und bleibt der für die Justiz unentbehrliche Vortrupp oder die Kavallerie, wie man früher sagte, der Justiz. Nach unserer Meinung besteht also keinerlei Grund für irgendein Minderwertigkeitsgefühl oder sonstwie Gefühle, die man in der Staatsanwaltschaft heute manchmal antrifft. Wir sind im Gegenteil der Meinung – und damit komme ich auf die Personalpolitik zurück -, dass zu Staatsanwälten nur junge, elastische, gewandte und aktive Leute geeignet sind. Daher ist ja auch unser Zukunftsplan, dass der zukünftige Richter vorher in der Staatsanwaltschaft beschäftigt gewesen sein soll. Ich glaube, dass der Herr Minister in seiner Personalpolitik bei höheren Stellen gerade in den letzten Monaten gezeigt hat, dass er die diese Linie verfolgt und dass er wünscht, dass tüchtige Oberstaatsanwälte oder Generalstaatsanwälte wieder Richter werden. Diese Politik, die wir in den höheren Stellen schon begonnen haben, wird auch in Zukunft in den unteren Stellen unbedingt erforderlich sein. Wir glauben, dass von der Hebung der Richterstellung, von der so viel gesprochen wird, ideenmäßig selbstverständlich die Autorität der Staatsanwaltschaft steigt, weil die Autorität der Justiz an sich mit der Hebung der Richterstellung steigt. Daneben aber glauben wir auch, dass materiell, beförderungsmäßig und auch personalpolitisch die Stellung der Staatsanwaltschaft nur gewinnen kann, wenn wir von der Hebung der Richterstellung sprechen.

Nun ein Wort zu dem Verhältnis zwischen Chef und Präsidenten der Anwaltskammer! Sie wissen, dass der Herr Reichsjustizminister die Dienstaufsichtsinstanz über dem Präsidenten der Rechtsanwaltskammer ist, dass dagegen kein unmittelbares Verhältnis und keine Beziehung zwischen dem Chefpräsidenten und dem Präsidenten der örtlichen Rechtsanwaltskammer besteht. Wir glauben nun, dass genau so, wie zwischen Chefpräsident und Generalstaatsanwalt und zwischen dem Reichsjustizminister und dem Präsidenten der Rechtsanwaltskammer ein Verhältnis bestehen muß, ebenso ein Verhältnis zwischen dem Chefpräsidenten und dem Präsidenten der örtlichen Anwaltskammer vorhanden sein muß, und zwar nicht in der Form, dass dieser gewissermaßen Referent des Chefpräsidenten wird und ihm insoweit unmittelbar als Dienstvorgesetzten untersteht, sondern in der Form – das wird in einer baldigst herauszugebenden Reichsrechtsanwaltsordnung verankert worden -, dass der Präsident der örtlichen Rechtsanwaltskammer dem Chefpräsidenten auskunftspflichtig ist. Wir haben ungefähr den Wortlaut gewählt, wie er zwischen dem Reichsstatthalter und dem Chefpräsidenten gilt, und folgendermaßen gesagt: „Bei der Ausübung der Aufsicht über den Präsidenten der Rechtsanwaltskammer ...". – Wir wollen also auch hier ein loses Verhältnis zwischen dem

Chefpräsidenten und dem Präsidenten der örtlichen Anwaltskammer schaffen, genau so, wie es zwischen dem Chefpräsidenten und dem Generalstaatsanwalt in loser Form geschaffen wird. Vielleicht paßt auf dieses Verhältnis der Ausdruck primus inter pares.

Bei der Änderung der Anwaltsordnung [RGBl. I 1943, 123] werden ferner noch zwei Dinge geregelt, einmal die Frage der Altersversorgung der Anwälte. Wir werden wahrscheinlich während der Dauer des Krieges mit einer allgemeinen Altersversorgung der Rechtsanwälte nicht zu rechnen haben. Dagegen wird der Herr Reichsminister der Justiz die Möglichkeit bekommen, Anwälte, die das 70. Lebensjahr vollendet haben, in den Ruhestand zu versetzen, und auch das nur dann, wenn die Bedürfnisse der Rechtspflege nicht ein Verbleiben des Anwalts im Beruf erfordern. In diesen Fällen, die sich nach unserer Schätzung auf einige hundert belaufen werden, kann er die Reichsanwaltskammer verpflichten, diesen Anwälten unter Berücksichtigung ihrer wirtschaftlichen Lage eine Versorgung durch die Anwaltskammer zu gewähren. Die Frage der Altersversorgung wird sich während der Kriegsdauer wahrscheinlich zunächst nur auf diese Fälle beschränken. Der Grund für diese Regelung liegt auf der Hand. Soweit Anwälte noch in der Lage sind, ihren Beruf auszuüben und heute notwendig sind, werden sie bleiben. Nur die Anwälte werden in den Ruhestand versetzt werden müssen, und zwar in ihrem eigenen Interesse und vor allem im Interesse der Rechtspflege, die aus wirtschaftlichen oder sonstigen Gründen ihren Beruf nicht mehr in der erforderlichen Weise ausüben können. Als Drittes und Wesentliches wird in der neuen Änderung der Rechtsanwaltsordnung die Frage der Ehrengerichtsbarkeit der Anwälte als Kriegsmaßnahme geregelt. Es hat sich gezeigt, dass gerade in den örtlichen Anwaltskammern sehr viele Männer eingezogen worden sind und dass aus diesem Grunde mit die Ehrengerichtsbarkeit der Anwaltskammern nicht immer den Anforderungen entspricht, die im Interesse der Reinerhaltung und überhaupt der Erhaltung des Anwaltsstandes von uns gestellt werden müssen. Aus diesem Grunde werden wir das formelle Ehrengerichtsverfahren, aber nur dieses, auf die Dienststrafgerichte übertragen. Das Recht des Präsidenten der Anwaltskammer, Strafverfügungen, Warnungen, Verweise, Geldbußen auszusprechen, wird also bestehen bleiben. Das förmliche Ehrengerichtsverfahren dagegen, das heute vor dem Anwaltsehrengericht schwebt, wird während des Krieges auf die normalen Dienststrafgerichte übertragen werden, also im Zweifel dem Chefpräsidenten, und zwar dann, wie beim Notar jetzt schon, mit einem Anwalt als Beisitzer. Dadurch werden auch die Unzulänglichkeiten ausgeschaltet, die dann entstehen, wenn ein Anwaltsnotar ehrengerichtlich verfolgt wird, dass einmal das Ehrengericht der Anwaltskammer und dann noch die Dienststrafkammer evtl. zum Zuge kommt. Wir möchten ausdrücklich betonen, dass diese Maßnahme, mit der die Rechtsanwaltskammer voll einverstanden ist, uns im Interesse der Reinerhaltung und der Erhaltung eines freien Anwaltsstandes erforderlich erscheint.

Die übrigen Bestimmungen der Anwaltsordnung, die in der nächsten Zeit herauskommen werden, sind unwesentlich. Ich möchte mich auf diese drei Grundfragen beschränken.

Reichsjustizminister *Dr. Thierack*: Wünscht jemand von den Herren hierzu Stellung zu nehmen?

OLG-Präsident *Dr. Martin*: Ich darf wohl annehmen, dass die Übertragung der Ehrengerichtssachen auf die Dienststrafkammern sich nicht auf die mit seinem Beruf zusammenhängenden Vergehen außerhalb seiner Berufsausübung bezieht. Außerhalb seiner Berufsausübung stände er, wenn er Beamter wäre, grundsätzlich unter der Dienststrafkammer, und es bedarf es keinen salto mortale, um herauszukriegen, dass eine außerdienstliche Verfehlung auch eine dienstliche sei. (*Im einzelnen nicht verständlich.*)

Reichsjustizminister *Dr. Thierack*: Es ist selbstverständlich, dass nur die Dienststrafkammern der Justiz in Frage kommen.

Präsident *Dr. Neubert*: Vor dem nächsten Punkt, Herr Minister, aber nicht zu diesem Punkte, hätte ich gern das Wort gehabt. Es betrifft die Änderung der Anwaltsordnung nicht, aber ich glaube, dass nach der Tagesordnung sonst kein Raum für meine Bemerkung ist. Es betrifft die RV, die der Herr Minister über die Anwaltschaft an die Herren OLG-Präsidenten und Generalstaatsanwälte gerichtet haben, und die auf die „Wölfe" unter den Verteidigern hinweist und die Richter und Staatsanwälte auffordert, die „Wölfe" zur Strecke zu bringen. Es ist nun anzunehmen, dass die hohe Jagd sehr bald beginnen wird und es besteht die Befürchtung, dass dabei mancher angeschossen wird, der das Anschießen nicht verdient und auf den die Jagd nicht freigegeben werden sollte. (*Heiterkeit*!) Ich habe diese Befürchtung auf Grund des Materials, das mir bisher zugänglich gemacht worden ist. Ich habe den Eindruck, als ob noch erhebliche Unstimmigkeiten in den Ansichten bestehen über die Aufgaben, die der Anwalt insbesondere bei der Verteidigung auszuüben hat.

Die größte Unklarheit scheint mir darin zu liegen, dass heute vielfach verlangt wird, der Anwalt habe als Verteidiger diejenige Meinung vorzutragen, die er als Richter seiner Entscheidung zugrunde legen würde. Ich glaube, dass damit die Aufgabe, die der Verteidiger heute vor den Strafgerichten hat, nicht voll erkannt wird, Der Anwalt hat natürlich ebenso wie der Staatsanwalt im allgemeinen seine aus der Verhandlung geschöpfte Überzeugung vorzutragen, auch bei der Würdigung des Tatbestandes und bei der rechtlichen Würdigung genau so. Wie aber der Staatsanwalt ein Amt hat und deshalb nicht immer seine Überzeugung vortragen kann, sondern dann, wenn eine Divergenz vorliegt zwischen sachlicher Meinung und privater Überzeugung, die Meinung des Amts vorzugehen hat, genau so hat auch der Verteidiger ein Amt, und wenn eine Divergenz vorliegt zwischen seiner Überzeugung und dem, was dieses Amt als Verteidiger von ihm erfordert, dann hat die amtliche Meinung vorzugehen. Diese amtliche Meinung wird ihm nicht wie beim Staatsanwalt diktiert durch einen Befehl von oben, sondern aus einem Befehl von innen, und die Grenze kann nur die sein: Was ist überhaupt mit gesundem Volksempfinden, was ist mit nationalsozialistischer Rechtsauffassung vertretbar oder was ist nicht vertretbar?

Die andere Meinung, der Anwalt hätte unter allen Umständen seine Überzeugung vorzutragen, d.h. der Gradmesser: Sind seine Ausführungen richtig oder nicht, ist die Überzeugung des Richters die: wenn der Mann an meiner Stelle sitzen würde, würde er doch das sicher nicht so sagen – dieser Gradmesser scheint mir falsch zu sein. Ebenso falsch bei dem Staatsanwalt.

Ganz deutlich wird, dass diese Meinung nicht zutreffend sein kann, in dem Fall, in dem der Verteidiger der Meinung ist: Der Antrag des Staatsanwalts ist ja viel zu niedrig. Es ist wohl schlechterdings unvorstellbar, dass der Verteidiger sagt: Der Staatsanwalt hat 4 Jahre Zuchthaus beantragt, in beantrage aber mindestens 8. Wenn wir zu einer solchen Auffassung kommen, ist das Institut der Verteidigung überflüssig.

Es kann darüber kein Streit sein, dass alle drei: Staatsanwalt, Richter, Verteidiger, gleich zu ziehen haben bei der ersten Aufgabe der Feststellung des Sachverhalts. Darüber gibt es eine Diskussion überhaupt nicht. Es ist aber die Wertung durchaus verschieden. Und wenn das Institut der Verteidigung einen Sinn haben soll, dann kann es nur der sein, dass bei der rechtlichen Wertung des Sachverhalts der Verteidiger die Meinung vorträgt, die dem Angeklagten die günstigste ist, die überhaupt mit nationalsozialistischer Rechtsauffassung noch vertretbar ist. Ich glaube, dass wir, wenn wir irgend einen anderen Weg gehen, das Institut der Verteidigung vollständig aushöhlen.

Ich habe das zur Sprache bringen wollen und wäre dankbar, wenn die Meinung des Herrn Ministers zu diesem Problem bekannt gegeben würde, weil ich fürchte, dass sonst jetzt nach diesem Appell an die Staatsanwälte und Richter eine Jagd auf Freiwild entstehen wird, also überall dort, wo der Richter sagt: Es kann doch der Mann unmöglich als Richter auch diesen Standpunkt vertreten, ihm bereits daraus Vorwürfe macht, und dass auch dort, wo etwa eine solche Meinung bei Stellen im Volke bestehen, nicht mit dem nötigen Nachdruck darauf hingewiesen wird, dass diese Meinung falsch ist, und dass der Verteidiger durchaus ein Amt hat, und dass die Meinung dieses Amtes nicht immer mit seiner persönlichen Überzeugung zu identifizieren ist.

Dabei möchte ich noch auf eine Erfahrung hinweisen, dass nämlich vielfach diejenigen, auch Größen in der Partei, die am lautesten schreien, dass der Anwalt bei den Strafverteidigungen sich nicht richtig verhalte, bei anderen Gelegenheiten, wenn es nun nicht darum geht, entweder dass ein Verfahren, das gegen sie selbst in Gang gebracht wird, oder aber bei rein zivilen Angelegenheiten, seien es Mietstreitigkeiten, seien es Ehesachen, bei mir anrufen und sagen: Aber bitte empfiehl mir einen Anwalt, der Haare auf den Zähnen hat, und der möglichst nicht in der Partei ist und keine Bindung hat.

Also man sieht, dass dann, wenn das eigene Interesse auch bei den Herren mit herein gezogen wird, durchaus eine abweichende Meinung vertreten wird.

So befindet sich also das Institut der Verteidigung in gewissen Schwierigkeiten, weil der Verteidiger von zwei Seiten in die Zange genommen wird, und er dabei meiner Ansicht nach nur diejenige Meinung vertreten kann, die ich vorhin angedeutet habe.

Reichsjustizminister *Dr. Thierack*: Meine Herren, der Erlaß, den ich herausgegeben habe, soll natürlich kein Jagdschein für Sie sein. Ich wollte damit keineswegs eine Wolfsjagd eröffnen. Es hätte auch vielleicht höchstens Sinn gehabt, damit eine Fuchsjagd zu eröffnen, denn der Fuchs hat doch, glaube ich, wenigstens eine Schonzeit. Aber das Problem läßt sich mit solchem Vergleich nicht abtun. Es ist ein sehr schweres Problem, nicht nur für die Anwaltschaft, die es unmittelbar betrifft, sondern auch für die Justiz im allgemeinen.

Dass sich der Stand der Anwaltschaft in einer Krise befindet, darüber ist gar kein Zweifel mehr. Es handelt sich bloß noch um folgendes: Wird es mir gelingen, eine unabhängige Rechtsanwaltschaft zu erhalten, was ich gern wünsche, da ich die Versuche Friedrichs des Großen usw. kenne und weiß, was dabei herausgekommen ist. Das gelingt mir nur, wenn die Rechtsanwaltschaft selbst anfängt, bei sich Ordnung zu schaffen und dazu gehört auch im gewissen Umfang, dass jetzt die Anwaltschaft – wir haben das sehr vorsichtig nur für die Zeit während des Krieges verlangt – unter die Dienstaufsicht der Dienststrafgerichte der Justiz kommt.

Auf der anderen Seite muß man natürlich, wenn Beanstandungen gegeben sind – und sie sind da –, irgend etwas dagegen tun. Zweifellos ist das Verhalten der Verteidiger häufig nicht richtig gewesen. Ich denke dabei gar nicht so sehr an Verunglimpfungen von einzelnen Leuten, die meiner Meinung nach nicht bösem Willen entspringen, sondern nur aus Dummheit oder aus Ungeschick erfolgen. Aber es beginnt auch schon mit dem Verhalten in der Sitzung. Es ist geradezu typisch, dass in der letzten Zeit mehr Menschen und Menschengruppen, die teilweise die Gerichte aus gewissen Ausbildungsgründen oder Interessengründen besuchen, Beispiele berichtet haben vom Verhalten der Rechtsanwälte, gerade auch bei Zivilgerichten, das nahe an das Würdelose grenzt. Das allerschlimmste Verhalten der Rechtsanwälte ist in den Donau- und Alpengauen. Es ist geradezu unglaublich, wie die Herren Rechtsanwälte sich da manchmal, während das Gericht noch verhandelt, in dem Sitzungssaal bewegen.

Ich möchte also meinen, dass dasjenige, was ich eben gesagt habe, von dieser Verordnung betroffen wird. Verlangen Sie von den Herren Rechtsanwälten, dass sie die Würde des Gerichts respektieren, dass nicht, während die Zivilkammer über irgendeinen Fall verhandelt, womöglich einen Zeugen vernimmt, zwei Rechtsanwälte, die gar nicht an der Sache beteiligt sind, eine sehr laute Unterhaltung entweder mit ihren Mandanten pflegen, oder, was auch vorkommt, sich über politische Ereignisse unterhalten oder ungeniert frühstücken. Also es sind hier mehr die äußeren Umstände gemeint, gegen die aufgrund des Rechts der Sitzungspolizei der Richter einschreiten kann. Und wenn dem Richter das nicht liegt, darf ihn, besonders in Strafsachen, der amtliche Staatsanwalt aufmerksam machen. Es liegt auch in der Linie, die wir im allgemeinen verfolgen, dass wir die Justiz herausstellen wollen als ein Instrument, das von sich aus, durch sein Auftreten, durch sein Dasein schon die Achtung der Volksgenossen – und auch der Herren Rechtsanwälte, das hat bisher wahrscheinlich noch niemand gewußt – verlangt. Deswegen führe ich das an.

Das ist der Hauptgesichtspunkt. Nun komme ich auf den Punkt, den der Präsident der Reichs-Rechtsanwaltskammer angezogen hat, d.h. ein Versagen eines Rechtsanwalts aufgrund seines ihm verpflichtenden Amts als Verteidiger. Er zieht hier eine Parallele zum Staatsanwalt. Ich will gar nichts dagegen sagen, dass der Rechtsanwalt seine Tätigkeit für einen Beschuldigten als eine Art Amt auffaßt. Das gibt, wenn man es so auffassen will, nicht nur dem Verteidiger einen gewissen Rahmen, sondern eine Verpflichtung. Aber es ist schief, das Amt des Rechtsanwalts mit dem Amt des Staatsanwalts zu vergleichen. Der Herr Präsident der Reichs-Rechtsanwaltskammer sagt: Der Auftrag, den der Staatsanwalt bekommt, bekommt er von seiner vorgesetzten Behörde, letzten Endes vom Reichsjustizminister, und der Verteidiger bekommt seinen Antrag entweder vom Mandanten oder dem kategorischen Imperativ in sich selbst. Das ist schief. Es ist das Amt des Staatsanwalts ein weithin sichtbares Amt, das mit dem Staat gekoppelt ist. Es ist das Amt des Verteidigers ein nicht so weit sichtbares Amt, das aber gekoppelt ist mehr mit dem Gefühl der Gerechtigkeit als mit dem Schutz eines Menschen. Denn, meine Herren, beide – das ist ja gerade, was wir erstreben – der Staatsanwalt und der Rechtsanwalt-Verteidiger heben sich in der Strafverhandlung ab vom Richter. So falsch es wäre, dass, ehe das Urteil gesprochen worden ist, der Richter etwa zu erkennen geben würde: Ich bin der und der Meinung, so richtig ist es, dass der Staatsanwalt und der Verteidiger so etwas erkennen lassen. Daher ist die Rolle des Richters, abgesehen von seiner Verhandlungstätigkeit, Zurückhaltung und die Rolle des Staatsanwalts und Verteidigers Aktivität. Das ist der Unterschied. Beide dürfen aber nie vergessen, dass sie Gehilfen beim Finden des Rechts sind, also auch Gehilfen dieses Richters; auch der Staatsanwalt. Und der Staatsanwalt, der eine bestimmte Weisung von seinem Vorgesetzten bekommt, meinetwegen in einer Sache, die so wichtig gewesen ist, dass sie mir vorgetragen wurde und ich die Weisung gegeben habe – ich denke an eine Münchener Sache gegen einen katholischen Priester [es dürfte sich um Karl Dürr handeln; am 28.10.1942 vom Sondergericht am LG München zum Tode verurteilt, erneut am 3.3.1943] – die Todesstrafe zu beantragen, und der in der Hauptverhandlung zu der Überzeugung kommen sollte, es ist zu hoch, der muß dann – das ist seine Amtspflicht – bitte, die Sitzung einen Augenblick zu unterbrechen, und seinem Dienstvorgesetzten Bericht erstatten. Dann wird sich herausstellen, ob die Weisung aufrechterhalten wird oder nicht. Wenn ja, dann muß er allerdings gegen seine innere Überzeugung den Antrag stellen.

Anders der Verteidiger. Der Verteidiger hat einen gewissen Schutz, den Schutz des Angeklagten. Der Schutz des Angeklagten, den er übernimmt kraft seines Amtes als Verteidiger, geht aber nur so weit, als die Volksgemeinschaft das ertragen kann. Und das ist das Gefährliche. Die Fälle, die mir vorgetragen worden sind, und die in die Hunderte gehen, liegen so, dass das Verhalten des Verteidigers vor Gericht stets mit den Interessen der Volksgemeinschaft kollidiert. Wenn also ein Verteidiger sein Amt, jemand vor Gericht zu vertreten, in einer Form zutage treten läßt, die ihn nicht mehr als einen objektiven Gehilfen des Richters beim Suchen des Rechts erscheinen läßt, und ihn auch nicht nur herausstellt als einen Mann, der die Verantwortung und den Schutz des Angeklagten übernommen hat, sondern als einen, der einseitig auch gegen die Interessen der Volksgemeinschaft Anträge stellt oder Tatsachen vorbringt, Behauptungen aufstellt, die sich eben nur stoßen mit unserer Ansicht von der Volksgemeinschaft, die nur aufgrund der nationalsozialistischen Idee gefunden werden kann, dann kollidiert dieser Verteidiger mit seinen Pflichten und das sind die Fälle, die dezidiert von den Kreisen, die ab und zu die Verhandlung besuchen oder irgend etwas erfahren, aufgegriffen und aufgebauscht an mich oder an die Parteikanzlei heran getragen werden.

Ich weiß, dass eigentlich eine Heilung nur dadurch möglich wäre, dass alle Anwälte mal durch die Schule der NSDAP gingen. Es werden jetzt im Wege der Stillegungsmaßnahmen eine ganze Reihe von Institutionen der Partei stillgelegt, darunter auch der Reichsbund der Deutschen Beamten. Ich hatte damit gerechnet, dass auch der NSRB stillgelegt werden würde. Der Führer hat persönlich angeordnet, dass das nicht geschieht, und als Hauptargument habe ich mitbekommen, dass der Grund wäre, dass der Bund die Verpflichtung hätte, die Rechtswahrer, die noch nicht mit der Idee des Nationalsozialismus so verbunden sind, wie es notwendig wäre, auch während des Krieges in dieser Form zu schulen zu versuchen. Ich weiß, dass das natürlich nur auf fachlicher Grundlage geht, und das alles, was früher in diesem Rahmen von der NSDAP versucht worden ist, falsch war und verunglücken mußte. Das ist eine Aufgabe, die während des Krieges ungeheuer belastend auf mir liegt, weil ich nicht weiß, wie ich sie aus Mangel an Menschen durchführen kann.

Ich glaube, damit dem Herrn Präsidenten der Reichs-Rechtsanwaltskammer die nötige Aufklärung gegeben zu haben, weshalb diese Rundverfügung von mir erlassen worden ist.

Freisler: Herr Minister, ich will nicht zu dieser Verfügung sprechen, sondern ich möchte im Anschluß an die Ausführungen des Herrn Präsidenten der Reichs-Rechtsanwaltskammer vom Richterstandpunkt aus auf einige typische Fälle hinweisen, die meiner Ansicht nach ganz wesentlich dazu beitragen, dass die Anwaltschaft in einer solchen Krise steht.

Ein Grund dieser Krise liegt freilich außerhalb der Anwaltschaft. Es ist schwer und bringt nicht jedermann fertig, in einer Zeit, in der alle Blicke auf die Gemeinschaft gerichtet sind, nun als Fürsprecher für einen Einzelnen aufzutreten. Es ist sicher richtig, dass in dieser inneren Problematik auch der Zeit Schwierigkeiten liegen, mit denen nicht alle fertig werden können. Aber darüber will ich nicht weiter reden, sondern nun einige besonders typische Fälle von Entgleisungen hervorheben, die dann schweren Kummer und schweres Ärgernis erregen.

Die Fälle der Mißachtung der äußeren Würde will ich nicht behandeln, weil ich da nicht genügend Erfahrungen habe. Es gibt da aber auch schon eine Reihe von Punkten, bei denen ein Ärgernis entstehen kann, die ganz äußerlich sind. So z.B. schon die Art, wie der Verteidiger, wenn er in den Saal tritt, den verhafteten Angeklagten begrüßt. Das ist nun ein Vorgang, der sich in Abwesenheit des Gerichts abspielt. Da kann sehr leicht von jemand, der nicht Rechtswahrer ist, der aber als Zuhörer dabei ist, ein Händedruck als etwas Ostentatives aufgefaßt werden und Ärgernis erregen.

Hauptsächlich erregen aber folgende Dinge Ärgernis. Einmal die Methode der Verteidigung, die darin besteht, zunächst das Gesetz, das nach der Anklage auf den Fall zur Anwendung kommen soll, darzulegen, den Inhalt anzugeben, darzutun, dass dieses Gesetz nicht erfüllt sei, indem der Verteidiger aus dem Gesetz etwa ganz anderes macht, als wirklich in dem Gesetz steht. Ein Beispiel aus der Praxis des Volksgerichtshofs! Feindbegünstigung liegt nicht nur vor, wenn zum Vorteil eines bestimmten Feindes gegen das Deutsche Reich gehandelt wird, z. B. zum Vorteil Frankreichs, dass also französische Kriegsgefangene über die Grenze gebracht werden, sondern es ist klar – es gibt wohl keinen Rechtswahrer im Deutschen Reich, der das bestreiten würde -, dass die Feindbegünstigung schon im deutsch-englischen Kriege dadurch gegeben ist, dass jemand französische Kriegsgefangene jetzt über die Grenze nach Frankreich befördert. Wenn nun ein Verteidiger seine ganze Verteidigung aufbaut auf einer falschen Darlegung des Gesetzesinhalts, so erregt das zwar kein Ärgernis im Publikum, denn das Publikum weiß das nicht, es erregt aber Ärgernis bei dem gesamten Gericht, denn das scheint mir etwas zu sein, was der Verteidiger unter allen Umständen vermeiden sollte. Ich halte das auch für einen der typischen Fehler.

Der zweite typische Fehler ist der, dass, wenn über die Zeugenaussagen und überhaupt über das Bild, das die Hauptverhandlung gegeben ist, im Tatsächlichen, Ausführungen gemacht werden, von denen sowohl das Gericht wie das Publikum, die Öffentlichkeit sagt: In diesen Ausführungen kenne ich überhaupt die Hauptverhandlung nicht wieder, wie sie gewesen ist. Das ist auch eine absolut einseitige Betrachtung, die auch mit einer Auffassung des Amtes so, wie es der Herr Präsident der Reichs-Rechtsanwaltskammer dargelegt hat, nicht vereinbar ist.

Ich möchte weiter darauf hinweisen, dass es unter den Richtern auch Ärgernis erregt, wenn ein Verteidiger nun, ohne dass er es nötig hatte, den Staatsanwalt verbessern will, dass er staatsanwaltschaftlicher sein will, als es der Staatsanwalt war. Ein so krasser Fall, dass acht Jahre statt vier Jahre beantragt werden, kommt wohl nicht vor. Aber das Nachholzen, das Hauen in dieselbe Kerbe, in die der Herr Staatsanwalt gehauen hat, das ist nun meiner Ansicht nach auch nicht das Amt des Verteidigers. Ich habe mehrere solche Fälle erlebt, in denen die ehrenamtlichen Richter nachher in der Beratung erklärt haben: Also so etwas hätten sie doch nicht erwartet, dass hier ganz ohne Not der Verteidiger nun sich überschlägt und, um seinen Nationalsozialismus zu beweisen, „nationalsozialistischer" spricht als eigentlich der Vertreter der Anklage geredet hat.

Ich hätte darüber nicht gesprochen, Herr Minister, wenn das nicht hier aufs Tapet gekommen wäre und wenn ich nicht glaubte, mit diesen wenigen, wie mir scheint, typischen Fällen auch dem Herrn Präsidenten der Reichs-Rechtsanwaltskammer zu zeigen, in welcher Richtung schwere Mißstände bestehen, die gewiß nicht alle Verteidiger begehen. Gewiß kommen sie manchmal auch in eine schwierige Lage, und dann muß man ein bißchen die schwierige Lage verstehen, die aber nun zu einem allgemeinen Urteil führt, das der Anwaltschaft sehr schadet, der Anwaltschaft, von der Herr Minister immer gesagt haben und auch heute wieder gesagt haben, dass sie auf dem Gebiet der Strafverteidigung dringend erforderlich ist.

Reichsjustizminister *Dr. Thierack*: Wünscht jemand noch zu diesem Thema das Wort? – Meine Herren, ich glaube, dass wir die Aussprache wohl so verstehen dürfen, dass ich eigentlich den Herrn Präsidenten der Reichs-Rechtsanwaltskammer bitten möchte, meine Rundverfügung durch eine eigene Verfügung noch zu unterstützen, und zwar nicht in der Richtung, dass Sie Ihren Männern klarzumachen versuchen, was sie aus nationalsozialistischen Ideengründen zu tun hätten – das können Sie nicht, da müssen wir versuchen, in der NSDAP hinzubringen -, aber dass Sie ihnen vielleicht mal klarmachen, dass sie sich niemals einer Schwierigkeit einer Rundverfügung von mir aussetzen würden, wenn ihr persönliches Verhalten vor Gericht der Würde des Gerichts entspräche. Und vielleicht könnten Sie dabei einige Beispiele bringen: Dass es nicht der Würde des Anwalts und des Gerichts entspricht, wenn man während einer Verhandlung sich laut mit anderen unterhält oder sein Frühstückspapier auspackt oder in den Saal hinein geschossen kommt mit dem Ruf: „Was is´n dran?“ und sofort wieder rausfährt. Das sind eben Dinge, die wir bereinigen müssen; denn das sieht das Volk und danach richtet das Volk auch die Beurteilungen nicht nur des Gerichts sondern auch der Anwaltschaft ein.

Das waren eigentlich die Punkte, die mit der Rundverfügung getroffen werden sollten. Ich freue mich, dass dieser Punkt angeschnitten worden ist. Dadurch konnten wir uns vollkommen klar darüber aussprechen.

Dann kommen wir zum nächsten Punkt: *Nachträgliche Eheschließung mit einem Gefallenen* [Quellen bei W. *Schubert*, Das Familien- und Erbrecht unter dem Nationalsozialismus, Paderborn 1993, S. 914 ff.].

Berichterstatter *Altstötter*: Es handelt sich bei diesem Punkt in der Hauptsache darum, Sie, meine Herren, zu informieren über eine Sachlage, die nun einmal besteht, und die, wie die Anfragen aus Ihren Kreisen gezeigt haben, Ihnen nicht bekannt ist, zu einem guten Teil auch nicht bekannt sein kann. Nach einem Führererlaß vom 6. November 1941, der nicht veröffentlicht worden ist, hat der Reichsminister des Innern vom Führer die Ermächtigung erhalten, die nachträgliche Eheschließung mit Gefallenen anzuordnen. Die Handhabung dieses Führererlasses durch den Reichsminister des Innern geht in der Weise vor sich, dass er die Eheschließung mit Rückwirkung auf die Zeit vor dem Tode des Gefallenen anordnet.

Dass diese Zurückdatierung dann auch erbrechtliche Folgen haben muß, ist klar. Das sieht auch der Reichsminister des Innern, und in Fällen, in denen das unerwünscht erscheint, hat er bisher den Weg versucht, zu erklären, dass der Ehefrau, die durch die Eheschließung ja Ehefrau wird, ein Erbrecht nicht zustehen soll, also erbrechtliche Ansprüche aus der Eheschließung nicht erwachsen sollen.

Die Folgen davon sind natürlich äußerst unangenehm für die Rechtspflege. Es führt zu einer doppelten Rechtsunsicherheit, nicht nur im rechtsuchenden Publikum, das gar nicht Bescheid weiß, sondern auch, wie Anfragen zeigen, bei den Gerichten selbst.

Wir streben eine gesetzgeberische Lösung dieses Problems an. Die Schwierigkeiten dabei liegen auf der Hand, weil der Führererlaß nicht veröffentlicht ist, die Regelung daher so erfolgen muß, dass, unbeschadet des Führererlasses, die schwierigsten Folgen beseitigt werden können. Gedacht ist hier etwa daran, dass grundsätzlich in einem solchen Fall, wenn nachträglich eine Eheschließung mit einem Gefallenen angeordnet wird, ein Erbrecht entstehen soll, und dass eine Stelle, sei es nun der Reichsjustizminister im Benehmen mit dem Reichsminister des Innern oder sei es das Nachlaßgericht, das ja den Dingen am nächsten steht, dann eine anderweitige Regelung der erbrechtlichen Verhältnisse beantragen soll, wenn diejenigen, deren Rechte dadurch, durch dieses Erbrecht, geschmälert werden, dies innerhalb bestimmter Frist beantragen.

Die Sache ist noch im Fluß, und es läßt sich zur Zeit nicht übersehen, wie sie ausgeht. Aber wichtig ist es, dass Sie, meine Herren, darüber unterrichtet werden, damit Sie Ihre Gerichte dann über den Sachverhalt orientieren können. Dabei wird vielleicht in dem einen oder anderen Fall zu prüfen sein, ob in einem anhängigen Erbscheinverfahren nicht nach der Sachlage, die der einzelne Fall nur geben kann, Zurückhaltung geboten ist. Selbstverständlich wird versucht werden, die Sache so rasch wie möglich einer Entscheidung zuzuführen.

Reichsjustizminister *Dr. Thierack*: Wünscht jemand zu diesen schwierigen Fragen irgendwie Stellung zu nehmen? – Das ist nicht der Fall. Es sollte das ja auch nur in Form einer Aufklärung gegeben werden. – Wir kommen zum nächsten Punkt: *Zusammenfassung der Revision in Ehesachen, insbesondere in den Fällen des § 55 des Ehegesetzes.*

Berichterstatter *Altstötter*: Der Punkt wird lediglich mit dem Ziele besprochen, Ihnen eine Anregung zu geben. In der vergangenen Zeit ist die Beobachtung gemacht worden, dass dem Reichsgericht, und zwar dem 4. Zivilsenat, nur ganz wenige Ehesachen und insbesondere solche zugehen, in denen die Scheidung aufgrund des § 55 des Ehegesetzes begehrt worden ist. Man könnte sagen, dass das vom Standpunkt der notwendigen Drosselung der zivilen Rechtspflege nur erwünscht sein könne. Es darf aber nicht soweit führen, dass die Funktion, die dem Reichsgericht obliegt, nicht mehr erfüllt werden kann. Woran das liegt, dass so wenig Ehesachen an das Reichsgericht kommen, läßt sich von hier aus natürlich nicht überblicken. Es kann sein, das gerade die Fälle des § 55 stark zurückgegangen sind. Denkbar wäre es, dass vielleicht mit Rücksicht darauf, dass sich die Rechtsprechung des Reichsgerichts zu dieser Frage immerhin sehr weitgehend geklärt hat, die Meinung vorherrscht, es wäre nicht mehr angebracht, solche Fälle vorzulegen. Die Funktion des Reichsgerichts, zur Wahrung der Rechtseinheit tätig zu werden, schließt eine weitere Funktion in sich, ich möchte sagen: eine Art Kontrollfunktion, nämlich den Überblick über die Handhabung des Ehegesetzes im Reiche sicherzustellen. Diese beiden Funktionen können nicht mehr ausgeübt werden, wenn die Zurückhaltung, die sich hier in der Zulassung der Revision gezeigt hat, weiterhin bestehen bleibt. Es wird sich empfehlen, in den einzelnen Oberlandesgerichtsbezirken zu prüfen, ob dort Anlaß besteht, einer solchen Zurückhaltung entgegenzutreten.

Reichsjustizminister *Dr. Thierack*: Sind irgendwelche Fragen hierzu? – nein. Dann kommen wir zum nächsten Punkt: *4. Grundbuchrechtliche Fragen*, insbesondere die AV vom 19.10.1942 (Deutsche Justiz S. 689).... [*Hesse*]

Reichsjustizminister *Dr. Thierack*: Werden sonst noch irgendwelche Erklärungen gewünscht? – Nein. Dann kommen wir zu Punkt 5: *Weitere Vereinfachungsmaßnahmen in der bürgerlichen Rechtspflege.*

Berichterstatter *Altstötter*: Der Herr Minister hat Ihnen, meine Herren, gestern und heute schon klargemacht, dass die Front nach Menschen verlangt und dass sie nach dem Willen des Führers der Front zugeführt werden müssen. Dass die Justiz auch ihren personellen Teil dazu beitragen muß, ist Ihnen gestern klargelegt worden. Ebenso hat der Herr Minister darauf hingewiesen, dass die Strafrechtspflege als das Lebens- und Kriegswichtige erscheint, als der Schwerpunkt der Rechtspflege. Es wird daher notwendig sein, die Zivilrechtspflege während des Krieges in den Hintergrund treten zu lassen, d.h. in ihr vornehmlich die Menschen freizumachen, um die kriegswichtige Strafrechtspflege durchführen zu können. Was dabei an personellen Maßnahmen zu treffen ist, ist Ihnen gestern gesagt worden. Was an organisatorischen Maßnahmen beabsichtigt ist, wird Ihnen, wie ebenfalls schon ausgeführt wurde, in der nächsten Zeit zugeleitet.

Für die Zivilrechtspflege handelt es sich darum, nunmehr Wege zu finden, um in weitem Umfange Menschen einzusparen. Die Vorschläge, die Sie zum Teil bekommen haben, zielen darauf ab. Dabei möchte ich eins vorausschicken: Selbstverständlich ist die Lage in den einzelnen Bezirken menschenmäßig gesehen verschieden, aber die zu treffenden Anordnungen müssen vom Standpunkt des Reiches aus getroffen werden. Wieweit sie in den einzelnen Bezirken dann durchzuführen oder durchführbar sind, ist eine Frage weiterer Prüfung.

Die Maßnahmen, die als sog. Notmaßnahmen beabsichtigt sind, sind vierfacher Art [vgl. VO vom 12.5.1943, RGBl. I 1943, 290]: 1. Die Einschränkung der Durchführung von Rechtssachen in 1. Instanz, 2. Die Einschränkung der Rechtsmittel und ihre Zusammenfassung bei den Oberlandesgerichten, 3. Die Einschränkung der förmlichen Zustellung, insbesondere unter Umständen der völlige Wegfall der postalischen Zustellung und schließlich eine Reihe von Einzelvereinfachungen.

Ich werde die einzelnen Punkte der Reihe nach durchsprechen und möchte bitten, dass uns zu den einzelnen Punkten Anregungen und Wünsche vorgetragen werden.

Was die Fragen der Einschränkung der Durchführung von Rechtssachen in 1. Instanz betrifft, so besteht ja die Möglichkeit, solche Einschränkungen durch Stillegung durchzuführen, bereits aufgrund des Art. 3 Nr. 2 der Schutzverordnung 1939 [RGBl. I 1934, 2319]. Sie bezieht sich allerdings nur auf Rechtsstreitigkeiten und muß auf Rechtssachen aller Art ausgedehnt werden. Ob es dazu notwendig ist, etwa die Fassung zu wählen, die wir in § 1 des Vorschlages machen, den wir Ihnen geschickt haben, das ist eine andere Frage. Es mag genügen, auf eine Aktivierung und Ausdehnung der Vorschrift in der Schutzverordnung hin zu wirken. Diese Aktivierung soll durch Richtlinien erfolgen, die von hier erlassen werden. Es werden sich natürlich hier und da in den Bezirken Hemmungen zeigen, diese notwendige Aktivierung durchzuführen. Weiter ist denkbar, dass man auch des Guten zu viel tut. Es wird also einer gewissen beweglichen Handhabung dieser Bestimmung bedürfen. Den Überblick darüber werden wir aufgrund Ihrer Berichte und Mitteilungen bekommen. Dann wird sich etwa als notwendig erweisen, noch schärfer zuzupacken oder aber die Zügel etwas lockerer zu lassen.

Zu den Richtlinien folgendes: Der Eingang der Sache soll in keiner Weise behindert werden. Vielmehr ist nach Lage des einzelnen Falles die Frage zu prüfen, ob die Erledigung zurückgestellt werden kann oder nicht. Wir haben die Richtlinien in verschiedener Hinsicht etwas erweitert. Die Ehescheidungsprozesse bilden bekanntlich heute die Mehrzahl aller Rechtsstreitigkeiten, und gerade auf diesem Gebiete wäre es erwünscht, wenn man weitergehender, als das in den Richtlinien bisher vorgesehen ist, zu einer Drosselung der Prozesse in 1. Instanz kommen könnte. Die Freimachung der 1. Instanz ist ja das wichtigste, weil dort noch die aktiveren Kräfte sitzen, die für andere Zwecke verwendet werden könnten. Man könnte abgesehen von den Fällen des § 55, die wir in den bekannten Richtlinien schon näher umschrieben haben, auch noch daran denken, wenn die Klage wieder auf § 55 gestützt ist, in allen Fällen, in denen die Frau in der Ehe wenigstens 3 Kinder geboren hat, die Entscheidung zurückzustellen. Das ist nur ein Gedanke, zu dem Stellung genommen werden möchte. Ebenso könnte man wieder in denselben Fällen des § 55 daran denken, dann von einer Dringlichkeit nicht mehr zu sprechen, wenn die Mutter zwei kleine Kinder zu betreuen hat, also Familienobhut unter allen Umständen gewährleistet werden muß. Man könnte bei Ehescheidungsklagen auch an die Fälle des § 49 denken, etwa an alle Fälle, in denen die Frau gegen ihren zur Wehrmacht eingezogenen, insbesondere im Felde stehenden, ortsabwesenden Mann eine Scheidungsklage erhebt. Anders werden natürlich die Widerklagen behandelt. Das sind Anregungen, die wir dazu noch zur Erörterung stellen wollen. [...]

Nun zum zweiten Punkt: Einschränkung der Rechtsmittel und ihre Zusammenfassung beim Oberlandesgericht. Eine starke Einschränkung der Rechtsmittel ist notwendig. Die Zahl der Rechtsmittelsachen muß weitgehend vermindert werden. Das Mindeste, was erreicht werden muß, ist ihre Herabminderung auf etwa die Hälfte der jetzigen Geschäftszahl. Nur auf diese Weise und durch die Zusammenfassung beim Oberlandesgericht wäre es dann möglich, die Berufungs- und Beschwerdekammer bei den Landgerichten völlig einzusparen. Das bedeutet immerhin für das Reich eine Richterzahl von 300 bis 400 Richtern, die eingespart werden könnten, und das ist immerhin ein beachtlicher Gewinn.

Diese Einschränkung der Rechtsmittel kann nun nicht nach der alten Methode der Beurteilung nach Wertgrenzen erfolgen. Es gibt in dieser Beziehung nur die Möglichkeit des Zulassungsgrundsatzes, und zwar zunächst für die streitige Gerichtsbarkeit allgemein und ausnahmslos.

Dabei taucht von vornherein die schwierige Frage auf: Wer soll denn über diese Zulassung entscheiden? Sie wissen, dass wir jetzt schon in Ehesachen, wo die Verhältnisse etwas anders liegen, die Zulassung durch den iudex a quo haben, und dass wir auch bei den Arbeitsgerichten diese Zulassung haben. Die Erfahrungen, die da gemacht worden sind, sind im allgemeinen nicht ungünstig.

Das Bedenken in diesem Punkte bleibt bestehen. Ich bitte aber zu überlegen, dass das Ziel der Einschränkung sein muß, unter allen Umständen Menschen zu ersparen und Arbeit zu ersparen, denn ohne Arbeitseinsparung kann man keine Menschen ersparen. Wenn wir etwa den iudex ad quem einschalten wollten, so würde diese Arbeitseinsparung nur eine sehr mäßige sein; denn es muß sich dann der iudex ad quem, der neue Richter, der mit der Sache befaßt wird, erst eingehend damit beschäftigen und seinerseits prüfen, ob hier die Zulassung eines Rechtsmittels angezeigt ist oder nicht. Das fällt beim iudex a quo, der die Sache von vornherein gründlich kennt, weg.

Man könnte denken, ein besonderes Zulassungsverfahren zu schaffen, etwa in dem Sinne, dass vor der Urteilsfällung eine Art neue Verfahrensstation über die Frage, ob das Rechtsmittel zuzulassen ist, eingeschaltet wird, oder dass man einen Annex an das Verfahren anhängt, so dass nach dem Urteil über die Frage besonders zu verhandeln und zu entscheiden ist.

Aber wir werden auch in diesem Falle einerseits zu einem sehr unerwünschten Kampf um das Rechtsmittel kommen, andererseits aber zu einer wesentlichen Einsparung an Arbeit kaum gelangen können. Es wird selbstverständlich im Gegenverfahren den Parteien oder den sie vertretenden Anwälten die Möglichkeit gegeben werden müssen, sich zu der Frage der Zulassung des Rechtsmittels zu äußern. Das ist eine Frage für sich, die sich bisher in den arbeitsgerichtlichen Sachen und Ehesachen reibungslos abgewickelt hat, so dass ein besonderes Bedürfnis in der Beziehung nicht besteht.

Auf dem Gebiet der freiwilligen Gerichtsbarkeit soll das Rechtsmittel nicht grundsätzlich, sondern nur nach Anordnung des Reichsjustizministers von der Zulassung abhängig gemacht werden. Bei der freiwilligen Gerichtsbarkeit liegen ja die Sachen anders als auf dem Gebiet der streitigen Gerichtsbarkeit. Der Streitstoff ist hier nicht so scharf abgegrenzt, es fehlt im allgemeinen durchweg der Begriff der materiellen Rechtskraft, so dass die nicht zugelassene Beschwerde vielfach in Form einer Erneuerung des Antrags wieder auftauchen würde.

Aber es gibt auch da Rechtsgebiete, insbesondere solche, bei denen die Institution der materiellen Rechtskraft anerkannt ist, wo das Zulassungsprinzip auch in der freiwilligen Gerichtsbarkeit möglich sein wird. Man denke etwa an die Verfahren der Vertragshilfe oder der Schuldenbereinigung.

Es wäre sehr wichtig, wenn gerade zu dieser Frage von Ihnen, meine Herren, Anregungen kommen würden. Es wird notwendig sein, da einen gewissen Katalog aufzustellen. Wir können das ohne die Hilfe der Praxis schwerlich machen.

Diese Zulassung soll auch wieder nach Richtlinien gelenkt werden. Sie haben auch in dieser Beziehung einen Entwurf bekommen, der auf den Grundsatz abgestellt ist, dass eine Zulassung nur erfolgen soll, wenn erstens bisher, insbesondere bei Berufungen und Beschwerden ein Rechtsmittel gegeben war. Also hier Aufrechterhaltung der bisherigen Berufungssumme etwa. Ob man dasselbe auch für die Frage der Zulassung des Rechtsmittels zum Reichsgericht macht, ist eine zweite Frage, auf die ich noch zu sprechen komme. Man könnte bei Revisionen auch wenn die Revisionssumme nicht vorliegt, von der Zulassung absehen.

Es würden dann die so zugelassenen Rechtsmittel, Berufungen und Beschwerden, durch die Bank bei den Oberlandesgerichten zusammenzufassen sein. Den Grund habe ich schon gesagt: Einsparung der amtsgerichtlichen Berufungs- und Beschwerdesachen. Außerdem würde auf diese Weise dann die Verwendung der älteren Kräfte beim Oberlandesgericht gesichert sein, die sogenannte volle Auslastung sichergestellt werden.

Nun kann ich mir denken, dass in dieser Beziehung Bedenken geäußert werden, ob die Oberlandesgerichte in der Lage sein werden, diese Unzahl von Rechtsmitteln zu meistern. Wenn wir davon ausgehen können, dass wir wenigstens die Hälfte der bisherigen Rechtsmittel drosseln, dann stellt sich auf den beiden Wegen, die ich angezeigt habe: nämlich einmal Stillegungen von Prozessen in erster Instanz überhaupt und zweitens Drosselung der Zulassung, zahlenmäßig die Sache folgendermaßen dar. Wir haben bisher an Berufungen bei den Landgerichten 23.000 – es sind die Zahlen vom Jahre 1941, die vom Jahre 1942 liegen noch nicht vor -, bei den Oberlandesgerichten 19.000, zusammen also 42.000. Nehmen wir 50% davon, so würden wir zu etwa 21.000 Rechtsmittelsachen an Oberlandesgerichten kommen, also um 2.000 mehr als bisher.

Berufungsurteile haben wir bei den Landgerichten bisher 10.000, bei den Oberlandesgerichten 14.000, zusammen 24.000. Wir würden also, wenn wir die Hälfte nehmen, zu 12.000 Berufungsurteilen kommen. Das sind am Oberlandesgericht 2.000 weniger als bisher. Damit wäre ein Ausgleich gegenüber der ersten Ziffer schon ohne weiteres gegeben.

Nun die Frage der Beschwerden. Bei den Landgerichten haben wir 53.000 Beschwerden gehabt, bei den Oberlandesgerichte 17.000, zusammen 70.000. Da würde die Hälfte etwa 35.000 ergeben, also erheblich mehr als bisher bei den Oberlandesgerichten anhängig waren. Aber dabei muß berücksichtigt werden, dass ja die Zahl der Beschwerden schon mit Rücksicht auf die bisherigen Vereinfachungen, die sich noch nicht voll ausgewirkt haben, ganz erheblich zurückgehen muß. Denn in den Kosten- und Kostenfestsetzungssachen zum Beispiel ist die Beschwerde schlechthin beseitigt, und man wird in Angelegenheiten der streitigen Gerichtsbarkeit ganz bestimmt damit rechnen dürfen, dass nicht nur etwa die Hälfte in Zukunft an Beschwerden anfallen wird, sondern ein viel geringerer Prozentsatz.

Man muß vielleicht auch noch eins bedenken. Es ist seinerzeit ja schon einmal der Versuch gemacht worden, die Rechtsmittel beim Oberlandesgericht zusammenzufassen. Damals haben sich starke Bedenken dagegen gezeigt, die nach der damaligen Lage des Krieges sich durchsetzen konnten. Jetzt ist die Lage in dieser Beziehung eine ganz andere; ich brauche dazu nichts weiter zu sagen. Sie ist aber auch eine ganz andere mit Bezug auf das Rechtsmittel der Berufung. Um die handelt es sich ja in der Hauptsache hier. Nach der letzten Vereinfachungsverordnung und auch schon nach der dritten ist ja die zweite Instanz, die Berufungsinstanz keine reine neue Tatsacheninstanz mehr, sondern sehr erheblich eingeschränkt, so dass sich daraus auch eine wesentliche Entlastung ergeben wird [vgl. RGBl. I 1942, 333 und 1943, 7].

Die Beschwerde in Grundbuchsachen ist eine reine Rechtsbeschwerde und muß es bleiben. Sie soll daher auch wie bisher bei den sogenannten Zentralgerichten bleiben und dort entschieden werden. In der übrigen Gerichtsbarkeit, in der freiwilligen Gerichtsbarkeit soll die Beschwerde zugleich Tatsachenbeschwerde sein. Sie soll künftig an die örtlichen Oberlandesgerichte gehen. Ein sehr wichtiger

Gesichtspunkt bei der Vereinfachung in der freiwilligen Gerichtsbarkeit ist in dieser Beziehung der völlige Wegfall der weiteren Beschwerde.

Dann weiter die vorgesehene Möglichkeit bei Beschwerden, auch bei Sofort-Beschwerden die Befugnis des iudex ad quem, seine Entscheidung zu ändern. Und endlich noch ein letzteres Mittel: In Fällen, in denen die Beschwerde als offensichtlich unzulässig oder offensichtlich unbegründet erscheint, soll sie durch Beschluß zurückgewiesen werden können, ohne dass der Beschluß einer Begründung bedarf. Auch das wird also eine erhebliche Arbeitsentlastung zur Folge haben ...

Der vierte Punkt betrifft Einzelvereinfachungen. Diese Dinge befinden sich alle im Erwägungsstadium. Es ist aber wertvoll, auch dazu Ihre Meinung zu hören. Beschlußentscheidungen des Reichsgerichts, des Oberlandesgerichts könnten künftig durch zwei Richter mit Einschluß des Vorsitzenden entschieden werden. Das würde in all den Fällen ohne weiteres klar liegen, in denen Berichterstatter und Vorsitzender einer einheitlichen Auffassung sind. Ob man weitergehen soll und etwa den Vorsitzenden ermächtigen soll, von der Zuziehung eines zweiten Beisitzers dann abzusehen, wenn er es für entbehrlich hält, wird Gegenstand weiterer Prüfung bleiben müssen.

Eine weitere Sache, die das Reichsgericht betrifft, und die ich vorhin zurückgestellt habe, ist folgende. Bisher haben wir nur die Möglichkeit des Rechtsmittels der Revision gegen Entscheidungen der Oberlandesgerichte in der Berufungsinstanz, wenn die Wertgrenze von 10.000 RM überstiegen ist. Es wird in Zukunft, wenn der Zulassungsgrundsatz herrscht, daran gedacht werden können, diese Wertgrenze fallen zu lassen. Gleichzeitig wird aber auch der weitere Gedanke erwogen werden können, ob es nicht notwendig, zum mindesten zweckmäßig ist, gegen Entscheidungen der Oberlandesgerichte in Berufungssachen, die in amtsgerichtlicher Erkenntnis ergehen, auch das Rechtsmittel der Revision, abhängig in jedem Falle von der Zulassung, an das Reichsgericht gelangen zu lassen. Das würde dazu führen, dass das Reichsgericht auch solche Fragen, an die es bisher nie herangekommen ist, künftig seiner Jurisdiktion unterstellt sähe: Unterhaltsklagen und ähnliche Dinge, was in solchen Fällen zur Hebung der Rechtseinheit nicht nur erwünscht, sondern vielleicht sogar geboten sein kann.

Eine gewisse Vereinfachung, die auch erwogen werden soll, die aber nur das Reichsgericht betrifft, ist die Auswirkung des Staatsanwaltsgesetzes. Danach muß ja die Wiederaufnahme, wenn sie beantragt wird, nur vom großen Senat für Zivilsachen in jedem Falle entschieden werden. Es wird zu prüfen sein, ob das nicht eine Kraftverschwendung in all den Fällen bedeutet, in denen das Reichsgericht, der zuständige Senat nämlich, bisher noch nicht gesprochen hat, – ob nicht in solchen Fällen künftig die Sache an den zuständigen Senat gelangen soll.

Und noch eine kleine Sache, die vereinfachungsmäßig nicht sehr, aber immerhin doch etwas ins Gewicht fallen kann. Das ist der Gedanke, ob nicht die [Ordnungs] strafe, die in § 33 FGG in eine Ungehorsamsstrafe umgewandelt werden kann.

Das sind die wesentlichen Punkte, die ich Ihnen vorzutragen hatte. [...]

Froböss: Wir sind im Osten außerordentlich stark belastet mit den unzählig vielen Anträgen auf Aufwertung von Forderungen aus polnischer Zeit, die damals nicht erledigt worden sind, in der Hauptsache aus politischen Gründen nicht zur Erledigung gekommen sind. Die Leidtragenden waren durchweg Deutsche. Denen muß unter allen Umständen in irgendeiner Form geholfen werden. Ich halte es aber bei der großen Quantität dieser Sachen, die jetzt anfallen, und bei der langen Frist, die dabei verstrichen ist, nicht am Platze, diese kolossale Belastung jetzt während des Krieges über die Gerichte ergehen zu lassen, und ich glaube, dass auch die, natürlich mit Auswahl, zurückgestellt werden können. [Zum Folgenden M. *Becker*, Mitstreiter im Volkstumskammpf, Deutsche Justiz in den eingegliederten Ostgebieten, München 2014, S. 108 ff.]

Noch schlimmer ist es mit den Feststellungsverfahren. Dabei handelt es sich um Forderungen gegenüber denjenigen, deren Vermögen von der Treuhandstelle Ost beschlagnahmt worden ist und der Einziehung durch das Reich unterliegt. Es sind mir von der Treuhandstelle Ost allein als bei ihr vorliegende Feststellungsanträge nicht weniger als 6000 angegeben worden. Die Frist für die Anmeldung dieser Feststellungen läuft am 31. März d.J. ab, es wird damit allerdings einmal Schluß gemacht. Es kommen aber unter allen Umständen bis zum Ablauf des Monats März noch mindestens etwa 3000 bis 4000 derartige Anträge hinzu. In diesen 6000 sind nicht einmal die inbegriffen, die unmittelbar bei den Amtsgerichten angebracht worden sind. Ich habe bei meiner Dienstreise im Bezirk feststellen müssen, dass bei jedem, selbst kleinsten Amtsgericht 200 bis 300 derartige Feststellungsanträge vorliegen, abgesehen von denen, die bisher erledigt sind. Darum möchte ich bitten, alle diese Sachen mit in den Katalog zu aufzunehmen.

Diese Feststellungsanträge müssen natürlich beim Eingang bearbeitet werden. Ich glaube aber, die Treuhandstelle Ost weiß, wie die Dinge liegen und ist auch der Auffassung, dass es nicht schaden würde, wenn auch diese Feststellungsanträge zunächst ausgesetzt bleiben und erst in einer späteren Zeit zur Erledigung kommen. Wenn wir diese Feststellungsanträge jetzt unmittelbar in Angriff nehmen wollten, würden wir mit den uns noch verbleibenden Kräften in erhebliche sachliche und personelle Schwierigkeiten geraten. Dem Herrn Minister ist ja bekannt, dass man nach dem Osten schon in den letzten Jahren vor dem Krieg fast ausnahmslos jüngere Kräfte abgeordnet hat. Insofern sind wir im Osten also in einer ungünstigeren Lage als anderwärts. Diese jüngeren Kräfte sind nachher auch bei uns geblieben, und demgemäß sind auch die Einziehungen sehr stark. Wir würden die sämtlichen Kräfte, die wir noch zur Verfügung haben, eigentlich für das Aufwertungsfeststellungsverfahren ansetzen müssen, soweit die Leute nicht unmittelbar bei Sondergerichten beschäftigt werden.

Unter diesen Umständen glaube ich, dass die Zurückstellung der Aufwertungs- und Feststellungsverfahren unter allen Umständen in unseren Katalog aufgenommen werden muß in dem Sinne, dass die Zurückstellung solcher Verfahren in das vernünftige Ermessen des Gerichts gelegt wird, bei dem sie eingehen.

Wohler: Mein Vorredner hat schon einiges von dem vorweggenommen, was ich eigentlich sagen wollte. Wir sind durch Aufwertungsangelegenheiten außerordentlich belastet. Ich habe mir die Zahlen hierzu im einzelnen zusammengestellt. In meinem OLG-Bezirk sind augenblicklich 1639 Aufwertungssachen anhängig.

Die Aufwertung richtet sich nach polnischem Recht, und hier gibt es keine einheitliche Rechtsprechung. Daher ergibt sich hier eine schwere Belastung der Amtsgerichte und OLG als Beschwerdeinstanz. Ich bin durchaus dafür, diese Dinge generell aufzuschieben. Die Leute haben bisher 20 Jahre gewartet; sie können nun noch einige Zeit länger warten. Wir haben daneben noch 3300 Feststellungssachen laufen, und auch diese bedürfen nicht der Erledigung.

Doch da ist noch eine dritte Kategorie: FGG-Sachen, die speziell in den Ostgebieten große Arbeit machen. Ich denke hier vor allem an die *Grundstücksabwicklungs-Verordnung*. Hieraus ergeben sich für die Gerichte erhebliche Belastungen. In Polen konnte ein Deutscher kein Grundstück erwerben. Er wurde nicht als Eigentümer des Grundstücks eingetragen. Dies war der Grund, weshalb man die Übertragung des Grundeigentums auf alle mögliche Weise zu umgehen suchte und auch umging, sei es, dass der Erwerber eine Generalvollmacht erhielt, sei es, dass ein Pachtvertrag auf unbestimmte Dauer abgeschlossen wurde. Diese ganzen Geschäfte sollen jetzt abgewickelt werden. Dies geschieht in der Weise, dass der Amtsrichter einfach entscheidet und die Bedingungen der Eigentumsübertragung festsetzt. Das ist eine kolossale Arbeit für den Amtsrichter. Beschwerdeinstanz ist das OLG. Diese Sachen werden vom Bodenamt gesammelt, und es ist uns bereits angekündigt, dass wir in der nächsten Zeit 6000 bis 8000 solcher Anträge bekommen werden. Unter den gegenwärtigen Umständen ist es uns völlig unmöglich, diese Anträge zu bearbeiten. Vielmehr müssen diese Dinge zurückgestellt werden. Wir können das nicht leisten.

Aber auch sonst bin ich der Auffassung, dass die Richtlinien nicht weit genug gehen. Herr Froböss hat bereits auf die Besonderheiten des Personalbestands der OLG-Bezirke im Osten hingewiesen. Ich habe zur Zeit im OLG-Bezirk Danzig 174 Richter; davon gehören den Jahrgängen 1908/07 83 an und hiervon sind 75 kv [kriegsverwendungsfähig] oder gv-Feld [garnisionsverwendungsfähig-Feld]. Das liegt, wie mein Vorredner schon dargelegt hat, eben daran, dass wir im Osten in der Regel mit jüngeren Richtern ausgestattet worden sind. Wenn mir diese Leute zur Wehrmacht eingezogen werden, dann werde ich mit insgesamt 100 Richtern arbeiten müssen. Damit habe ich dann alle Strafgerichte und Strafkammern zu besetzen, auch die Strafsenate der Amtsgerichte [?]. Der Rest, den ich darüber hinaus noch habe, ist, kurz gesagt, Bruch. Darunter befinden sich 20 Balten, die höchstens die Hälfte leisten, einige Bessarabier und einige Burgenländer. Weiter kommen noch dazu einige Dutzend älterer Richter aus dem Ruhestand, die auch nicht mehr voll ziehen. Mit diesem Richterbestand ist eine Zivilrechtspflege auch nur in dem Rahmen, wie es die VO vorsieht, nicht zu machen.

Zu dem Entwurf selbst möchte ich folgendes sagen. Die Richtlinien besagen am Eingang sehr richtig, dass die Gerichte unter Anlegung eines strengen Maßstabs nach den Umständen des einzelnen Falles zu entscheiden haben, ob eine Sache zurückzustellen ist. Dieser Grundsatz ist durchaus richtig. Aber sofort folgen erhebliche Einschränkungen, die ihn zum Teil illusorisch machen. Es wird bestimmt, welche Sachen als dringlich anzusehen sind. Und hierbei ist man, wie ich offen sagen muß, auf einige Sachen verfallen, die sich bei uns recht selten ereignen. Hier handelt es sich um Auseinandersetzungsstreitigkeiten unter Erben und anderen, und diese Sachen entlasten die Amtsgerichte nur wenig, ob wir die paar Sachen aussetzen oder nicht, macht nicht viel aus.

Weiter sind als dringlich bezeichnet Ehescheidungsklagen auf Grund § 55 des Ehegesetzes unter besonderen Voraussetzungen. Ich habe mich nun bei den Vorsitzenden von Ehescheidungskammern erkundigt und festgestellt: es gibt überhaupt kaum noch Ehescheidungsklagen auf Grund des § 55, und selbst wenn es solche gäbe, dann würde jeder Scheidungsanwalt sich später auch noch auf eine andere Bestimmung stützen können, damit die Sache nicht ausgesetzt wird. Ich habe es, offen gestanden, immer für eine Schmach und eine Schande gehalten, dass die Ehescheidungssachen seit Kriegsbeginn nicht unwesentlich gestiegen sind, und dies in einer Zeit, wo wir nach außen hin alle unsere Kräfte zusammenfassen müssen, um überhaupt zu bestehen. Es ist eine Affenschande, dass solche Dinge in unserer Zeit überhaupt passieren. Denn wie steht es denn mit diesen Ehescheidungssachen? Meist handelt es sich hierbei nicht um die sog. absoluten Ehescheidungsgründe wie Ehebruch usw., sondern um die relativen Ehescheidungsgründe.

RJM Dr. Thierack: Ich fürchte bloß, das ist nicht immer eine Affenschande.

Wohler: Ich bin dieser Ansicht, Herr Reichsjustizminister! Ich möchte anregen, sämtliche Ehescheidungssachen, die sich auf relative Scheidungsgründe stützen, auszusetzen. Diese meine Anregung wird von meinen sämtlichen Gerichtspräsidenten und auch vom Gauleiter geteilt, mit denen ich diese Sachen besprochen habe.

RJM Dr. Thierack: Ich möchte in der Richtung für die übrigen Herren, die auch zu diesem Punkt sprechen wollen, den Inhalt eines Gesprächs mitteilen, das ich vor einiger Zeit hatte. Es ist, was ich schon gestern angedeutet habe, der Wunsch vorhanden, dass wir sehr viele Kinder haben müssen. Nun sucht man aus diesem Gesichtspunkt heraus alle möglichen Wege, und da hat man mir eines Tages auch nahegelegt, ich solle doch ein Gesetz vorschlagen, wonach bei einer Ehe von zehnjähriger Dauer und bei der keine Kinder da sind, die Scheidung durch einseitige Erklärung eines Ehepartners vom Standesbeamten ausgesprochen wird. Ich verstehe durchaus die ethischen Gründe, die hinter diesem Vorschlag stehen. Aber der Weg, der hier vorgeschlagen wird, ist kein Rechtsweg mehr. Man muß die Ehescheidung während des Krieges doch immerhin auch von diesem Gesichtspunkt aus sehen. Wenn wir nämlich die Ehescheidungsmöglichkeiten während des Krieges in weitgehendem Maße abstoppen, dann wird ein solcher Gedanke, wie ich ihn vorhin wiedergegeben habe, alsbald Gestalt gewinnen. Und das wünschen wir doch wohl alle nicht. [...]

Wohler: Wir kommen zu den Rechtsmitteln. Es ist geplant, dass später überhaupt nur eine Instanz an die Stelle der bisherigen Instanzen tritt; wenigstens ist uns gesagt worden, dass die Bestrebungen dahin gehen. Nun sehe ich nicht ein, warum man nicht einen Teil dieser Reform vorwegnimmt, indem man etwa die Berufung jetzt schon, also zu Kriegszeiten aufhebt. Es wird auch nicht notwendig sein, das Rechtsmittel der Revision aufrecht zu erhalten. Gewiß ist die Rechtseinheit eine gute Sache, aber ist es denn so schlimm, wenn die im Kriege Mangel leidet? Dieser Schaden ist reparabel, ein ungünstiger Ausgang des Krieges aber nicht. Daher geht meine zweite Anregung dahin, die Rechtsmittel für die Dauer des Krieges grundsätzlich abzuschaffen.

Froböss: Ich möchte meinem Vorredner in einigen Punkten widersprechen. Ich halte es für dringend geboten, die während der Polenzeit getätigten Landkaufverträge nun endlich in Ordnung zu bringen. Eine weitere Hinausschiebung dieser Dinge halte ich für denkbar verhängnisvoll und untragbar. Es handelt sich hier um Geschäfte, die schon so weit zurückliegen, dass schon heute die allergrößten Schwierigkeiten erwachsen, wenn man sie nicht rechtzeitig in Ordnung bringt. Die Schwierigkeiten werden später geradezu unüberwindlich werden. Es werden immer neue Fragen aufgeworfen werden. Hier handelt es sich, wie gesagt, zum Teil um Angelegenheiten, die sich seit nicht weniger als 25 Jahren in der Schwebe befinden. Nehmen wir folgenden Fall, der häufig vorkommt: Ein Deutscher wollte während der Polenzeit sein landwirtschaftliches Grundstück an einen anderen Deutschen übergeben. Er erhielt dazu nicht die Genehmigung. Um nun das Ziel trotzdem zu erreichen, hatte man alle möglichen Scheingeschäfte getätigt, um den anderen Deutschen in die Nutznießung dieses landwirtschaftlichen Grundstücks zu bringen. Inzwischen sind vielleicht weitere Rechtsnachfolger aufgetreten. Kurz, die ganze Angelegenheit wird mit jedem weiteren Jahr, die sie hinausgeschoben wird, schwieriger und schwieriger. Es kommen auch noch Todesfälle und andere Erbgänge dazu. Wie gesagt, die Angelegenheit ist gar nicht so schwierig, wie sie Herrn Wohler erscheinen man; denn die Vorbereitungen, die das Bodenamt getroffen hat, sind im allgemeinen derart gründlich, wenigstens nach meinen bisherigen Erfahrungen, dass für das Gericht keine übermäßigen Schwierigkeiten bestehen, diese Geschäfte endgültig in Ordnung zu bringen. Ich möchte noch einmal dringend davor warnen, diese Angelegenheiten jetzt noch einmal hinauszuschieben und sie nicht zu erledigen.

In einem Punkt allerdings stimme ich mit Herrn Wohler überein: auch ich bin dafür, Ehescheidungssachen während der Kriegszeit fast grundsätzlich auszusetzen. Ich gebe zu, dass hierbei Schwierigkeiten auftreten können. Besonders unter unseren Rückwanderern ist sehr häufig die Neigung anzutreffen, sich eine bessere „bessere Hälfte" zuzulegen, als sie sie im Altreich hatten. Das ist richtig. Aber wenn wir nicht an die Ehescheidungen kraft Gesetzes herangehen, dann kommen eben die Scheidungen brevi manu, und das ist schlimmer, als wenn die Gerichte im Rahmen des Möglichen die Verhältnisse in Ordnung bringen. Die Leute leben dann einfach im Konkubinat zusammen, und die frühere Ehe ist doch zerstört. Die Verhältnisse auf diesem Gebiet werden um so plastischer und schwieriger, je weiter man nach Osten kommt. [...]

Scriba: Ich bin der Auffassung, Herr Reichsminister, dass ohne eine Vereinfachung der Gesetze und Vorschriften die Arbeitskraft des Richters nicht entscheidend geschont werden kann. Wenn man heute mit einem Richter spricht, der in der Praxis steht, dann geht die allgemeine Klage dahin, dass die Leute mit einer Flut von Vorschriften überschüttet werden, dass niemand mehr sich auskennt. Das alles wirkt sich als eine starke Belastung des Richters aus. Es ist heute schon sehr schwer, im einzelnen Fall festzustellen, wie eigentlich der Rechtszustand ist. Wenn man heute das Material für eine bestimmte Rechtsfrage zusammenstellen will, dann hat man eine oder zwei Stunden zu tun, bis man es beisammen hat, bis man weiß, welche Bestimmungen zu einer Frage praktische Geltung haben und für die rechtliche Beurteilung in Frage kommen. Wir stehen heute in der entscheidenden Phase des Krieges. Nach Lage der Dinge kann man nur mit ganz drastischen und einfachen Maßnahmen die Arbeitsbelastung vermindern. Ich könnte mir eine Anweisung des RJM vorstellen die einfach besagt, dass der Richter nur noch das zu beachten hat, was unter Berücksichtigung der heutigen Kriegsverhältnisse Wert ist, beachtet zu werden. [...]

Unsere Aufgabe ist es, ganz klare, einfache Richtlinien zu schaffen, mit denen dasselbe erreicht wird, wozu man sonst vielleicht ein ganzes Schock von Vorschriften gebracht hat. Die beste Lösung ist die, dass man die Entscheidung darüber, ob eine Sache dringlich ist oder nicht, dem Richter überläßt. Dann werden wir eine Entlastung erreichen, die sich auch in der Praxis auswirken wird.

Sattelmacher: § 1 des ersten Entwurfs [vgl. VO v. 12.5.1943, RGBl.I, 290, 292 ff.], der uns zugeleitet worden ist, geht von dem Grundsatz aus, dass das Verfahren fortzusetzen ist und die Stillegung nur in Ausnahmefällen in Frage kommt. [...] Nur wenn man den Grundsatz aufstellt, dass die Stillegung die Regel, die Fortführung aber die seltene Ausnahme ist, und wenn man diesen Grundsatz auch auf alle geeigneten Ehescheidungssachen ausdehnt, kann man eine nennenswerte Ersparnis an richterlichen Kräften erreichen; sonst nicht. [...]

Martin: Bei dem Ehescheidungsproblem spielt eine wesentliche Rolle der Gesichtspunkt der Bevölkerungspolitik. Der größte Prozentsatz der Ehescheidungen betrifft junge Ehen, die in der ersten Begeisterung der Kriegszeit geschlossen wurden. Es besteht dabei oft der Wunsch, eine neue Ehe einzugehen, um Kinder zu erhalten, die wir ja dringend brauchen. Das sollte man doch berücksichtigen, wenn man von der Aussetzung der Ehescheidungsverfahren spricht. [...] Was wir an Vereinfachung brauchen, wird am besten auf dem Wege erreicht, den Herr Sattelmacher vorgeschlagen hat. Und jedenfalls darf es nicht so gemacht werden wie bei der 4. Vereinfachungsverordnung zum bürgerlichen Verfahren, wo die Berufungs- und Begründungsfrist weggefallen ist. Sie sollten mal die Anwälte darüber hören. Es ist einfach unmöglich, innerhalb der Berufungsfrist noch die Berufung zu begründen, zumal der Postverkehr jetzt im Kriege erheblich gestört ist und das Urteil in abgekürzter Form zugestellt werden kann.

Reichsminister Dr. Thierack: Zu den letzteren Ausführungen möchte ich hinsichtlich der Sondergerichte etwas sagen. Ich habe gestern ausgeführt, dass zugesagt ist, dass die Sondergerichte bestehen bleiben. Die Vorsitzer können überhaupt nicht abgelöst werden, und bei den Beisitzern ist, wenn sie den sogenannten versauten Jahrgängen angehören, zu prüfen, ob sie herausgegeben werden können oder nicht. Es ist aber nicht so, dass wir sie herausgeben müssen. Nur, wenn wir entsprechenden Ersatz haben, können wir sie herausgeben. Die Sondergerichte müssen schlagkräftig stehen bleiben.

Ungewitter spricht sich dafür aus, die Prüfung der Zulässigkeit der Rechtsmittel dem judex ad quem zu übertragen. [...]

Stritzl macht Ausführungen mit bezug auf das österreichische Recht. Was die Rechtssachen im Hinblick auf ihre Kriegswichtigkeit anlangt, so haben wir da gar keine Bedenken, das ruhig der Praxis zu überlassen. Mit Richtlinien wird nicht viel getan sein. Richtlinien können auf die verschiedenen Verhältnisse in den verschiedenen Gebieten des Reiches nicht Rücksicht nehmen. Zum anderen sind Richtlinien immer gefährlich, da sie leicht zu einer Norm werden. Und die Richter sich dann daran halten, ohne davon abgehen zu wollen. Wir glauben also, dass wir das ruhig der Rechtsübung und der Lenkung der Richter überlassen sollen. Es wird Sache der Chefs der Landgerichte sein, hier entsprechend Einfluß zu nehmen. [...] In dem Entwurf der Verordnung wird im ersten Absatz von bürgerlichen Rechtssachen gesprochen und im § 2 von Entscheidungen auf dem Gebiet der streitigen und freiwilligen Gerichtsbarkeit, nicht aber von der Frage der Zulassung des Rechtsmittels in Exekutionssachen. Das scheint mir ein Mangel zu sein. Gerade in Vollstreckungssachen wird viel Mißbrauch getrieben, sei es um Zeit zu gewinnen, sei es, um irgendwelche Handhabung zu gewinnen, um in Eingaben an die Parteikanzlei oder den Führer leichter über die Sache wegzukommen. [...]

Steinäcker: Ich habe den Entwurf leider nicht bekommen, ich kann mich nur auf das stützen, was heute hier gesagt wurde. Ich möchte grundsätzlich bitten, davon auszugehen, dass nicht die Rechtspflege allgemein stillgelegt wird, sondern dass im Gegenteil die Rechtspflege aufrecht erhalten wird. Es ist nicht genug, dass man einen Katalog aufstellt und sagt: die und die Sachen sollen nach Möglichkeit nicht gemacht werden, sondern es muß das Prinzip des Rechts und der Kriegswichtigkeit der Rechtspflege herausgestellt werden, damit die Volkskreise bis in höchste Stellen hinauf aufgeklärt werden, wie wichtig das Recht ist. Das Recht ist gerade auch im Kriege die Forderung des Tages. Es ist eine zum großen Teil sehr oberflächliche Beurteilung der Dinge, wenn man glaubt, dass es irgendwelche private, egoistische, in unsere Zeit des Gemeinschaftsgedankens nicht hineinpassende Bestrebung sei, das Recht in den Vordergrund zu stellen. Leute, die das behaupten, kennen das Leben nicht. Jede Forderung hat ihre Rückwirkung. Hinter dem Mann, der seine Forderung einklagt, steht einer, der etwas von ihm will. Das ganze Wirtschaftsleben hängt an einer Kette daran. -Ich wollte das nur einleitend bemerken, weil ich im Gegensatz zu einem der Herren Vorredner dafür bin, nicht die Rechtspflege stillzulegen, sondern herauszustellen, wie wichtig die Rechtspflege, wie kriegswichtig sie ist. [...]

Jung: Ich beurteile die Dinge von folgendem Gesichtspunkt aus: Sicherlich haben wir für die Landesverteidigung außerordentlich viele Kräfte notwendig, und wir müssen gewiß alles abdrosseln, was nicht kriegswichtig ist. Wenn wir aber die Dinge überdrosseln, dann bedeutet das mehr oder weniger eine Einstellung der Rechtspflege überhaupt, und das birgt ungeheure Gefahren in sich. Außerdem liegt darin eine verhängnisvolle Unterschätzung der Rechtspflege. Die Rechtspflege hat auch im Krieg eine wichtige völkische Funktion zu erfüllen. Wenn man die Dinge bei Licht betrachtet, so ist jeder Prozeß der Ausdruck einer Krankheitserscheinung, das Zeichen, dass irgendwo ein Krankheitsherd liegt. Die Rechtspflege hat nun die Aufgabe und die Pflicht, gerade auch während des Krieges solche Krankheitsherde aufzuräumen. Daher halte ich den Vorschlag für verfehlt, alle Prozesse stillzulegen, wenn sie nicht kriegswichtig sind. [...]

Staatssekretär *Dr. Rothenberger*: Meine Herren! Wir sind Ihnen dankbar für die sehr eingehende Stellungnahme zu dem Entwurf, der Ihnen vor einigen Tagen erst zugesandt worden ist. Wir beabsichtigen nicht, die Sache übers Knie zu brechen, sondern bitten Sie, außer Ihrer heutigen mündlichen Stellungnahme Ihre Auffassung zu den einzelnen Punkten auch noch schriftlich innerhalb der nächsten 14 Tage uns zukommen zu lassen. Denn die Zeit, die Sie zum Studium des Entwurfs verwenden konnten, war doch sehr kurz. Wie ich höre, haben die meisten Herren den Entwurf erst vor drei Tagen oder gar erst vorgestern erhalten. Ich darf die Herren auch bitten, in ihrer mündlichen Stellungnahme auch konkrete Vorschläge zu machen. Diese Bitte richte ich z.B. an Herrn Froböss bezügl. der Aufwertungssachen, über die er hier gesprochen hat. Wir sind hier für konkrete Vorschläge dankbar, weil wir die Dinge von hier aus nicht genügend übersehen können.

Ferner bitten wir, weil wir das für das A und O der ganzen Sache halten, um konkrete Vorschläge, welche Scheidungsprozesse nach Ihrer Meinung stillgelegt werden können und welche nicht. Vor allem darüber hätten wir gern Ihre Meinung im einzelnen.

Im übrigen möchte ich generell folgendes sagen. Je nach dem Temperament der einzelnen Herren sind so ziemlich alle Variationen von Stillegungen der zivilen Rechtspflege vertreten worden. Wir neigen zu einer sehr vorsichtigen Handhabung. Vor allem bitten wir Sie, bei den Herren Reichsverteidigungskommissaren mit aller Überzeugungskraft und Energie darzulegen, warum etwa nicht alle Grundbuchsachen usw. stillgelegt werden können. Die Gründe, warum dies nicht sein kann, haben einzelne Herren schon überzeugend dargetan, vor allem die Herren Steinfelder [Steinaecker] und Jung. Diese Gründe und Argumente teilt das Ministerium absolut. Man muß eben mit aller Energie versuchen, dem Reichsverteidigungskommissar die Notwendigkeit der Aufrechterhaltung der Zivilrechtspflege auch im Kriege klarzumachen. Man muß der Auffassung, im Kriege gebe es keine Zivilrechtspflege, mit aller Entschiedenheit entgegentreten.

Gerade aus diesem Grunde, vor allem auch aus psychologischen Erwägungen heraus und im Hinblick auf die Stimmung der Bevölkerung haben wir bewußt davon abgesehen, den Grundsatz aufzustellen, dass grundsätzlich jeder Prozeß stillzulegen und ein Prozeß nur ausnahmsweise aufrecht zu erhalten ist; vielmehr haben wir gerade aus psychologischen Gründen den Weg gewählt, dass grundsätzlich auch die Zivilrechtspflege weiterzugehen hat, wobei allerdings sorgfältig zu prüfen ist, in welchem Umfang und in welcher Weise Prozesse stillgelegt werden können. Zweifellos wäre es uns am liebsten gewesen, mit einer Generalklausel zu arbeiten, weil die allgemeine Gesetzgebungstendenz solche Generalklauseln anstrebt, um den Richtern möglichst große Freiheit bei der Beurteilung des einzelnen Falles zu lassen. Leider haben wir mit der Generalklausel, wie sie in der Notverordnung steht, schlechte Erfahrungen gemacht. Wir haben nämlich die Erfahrung gemacht, dass so gut wie gar kein Gebrauch davon gemacht wird. Man wird sich daher überlegen müssen, ob man im Interesse einer etwas einheitlicheren

Stillegung nicht doch zu einer gewissen Kasuistik kommen muß, also interne Richtlinien erläßt, die zwar auf den einzelnen Fall abstellen, dem Richter aber im konkreten Fall immer wieder die Möglichkeit eröffnen, einen Ehescheidungs- oder sonst wichtigen Prozeß wegen der Bedeutung für die Betroffenen weiterzuführen. Man wird also auf Richtlinien nicht verzichten können; man wird sie aber so variabel fassen müssen, dass der Richter im einzelnen Fall stillegen kann oder nicht. Ein völliger Verzicht auf Richtlinien würde, fürchte ich, die Einheitlichkeit der Praxis gefährden und, wie die Erfahrung zeigt, den Erfolg nicht genügend garantieren.

Dabei ist natürlich der Gesichtspunkt bei der Frage der Stillegung von großer Bedeutung: Wenn wir zu einer radikalen Stillegung schreiten würden, wie sie von manchen Seiten vorgeschlagen wird, dann würden wir, fürchte ich, ebensoviel in der Beschwerdeinstanz zu tun haben: LG-Präsident, OLG-Präsident, RJM, Oberreichsanwalt. Solche außerordentlichen Mittel kann man nicht abstoppen, wie man auch Eingaben an den Reichsjustizminister nicht abstoppen kann. Ich glaube also, eine solche Verlegung von der eigentlichen Rechtspflege nach der Verwaltungsrechtspflege hin hat doch ihre starken Schattenseiten; vor allem würde sie keine merkliche Entlastung bringen.

Ein Wort noch zu den Rechtsmitteln. Unrichtig ist die Annahme, unser Zukunftsziel sei, die Rechtsmittel in der zivilen Rechtspflege überhaupt abzuschaffen. Wir sind zwar der Meinung, dass das Schwergewicht des Verfahrens sehr viel mehr als bisher in die erste Instanz verlegt werden muß und dass die Rechtsmittel, die schon im Kriege erheblichen Beschränkungen unterworfen worden sind, auch in Zukunft, als Ziel gesehen, Beschränkungen unterliegen müssen. Aber ich persönlich halte es für untragbar, die Rechtsmittel überhaupt abzuschaffen. Immerhin wollen wir auf diesem Weg weitergehen. Andererseits glauben wir für eine Beschränkung der Rechtsmittel um so mehr eintreten zu können, als wir – das ist bisher noch nicht erwähnt worden – eine Änderung der ZPO vorbereiten, die die Möglichkeit bietet, schon in der ersten Instanz zu einem wirklich richtigen Urteil zu kommen, die jedenfalls diese Möglichkeit steigert, indem wir die Führung des Prozesses durch den Richter verstärken, indem wir die Wahrheitspflicht, indem wir die Erörterungspflicht der Parteien, insbesondere auch der Anwälte vor Erlaß des Urteils verstärken. Wenn wir eine solche Erörterungspflicht durchführen, dann werden wir zweifellos weniger zu Überraschungsurteilen, weniger zu ungerechten Urteilen kommen, als wenn eine solche Erörterungspflicht nicht bestände. Wir denken also nicht an eine generelle Abschaffung der Rechtsmittel; wohl aber an erhebliche Einschränkungen während des Krieges. Hier ist nun bisher unser Grundsatz gewesen, den wir aber noch überprüfen werden: Entscheidung über die Zulassung durch den iudex a quo, vor allem aus der Erwägung heraus, dass wir nur auf diesem Wege zu einer merklichen Ersparnis kommen. Überträgt man die Entscheidung über die Zulassung der Rechtsmittel dem iudex ad quem, so werden die Ersparnisse, die man dabei erzielen kann, nicht zu Buche schlagen. Wir haben bisher – das werden wir aber aufgrund der heute gegebenen Anregungen noch einmal überprüfen – das OLG im wesentlichen auch nur vorgeschlagen, weil wir hier rechnerisch feststellen können, dass wir dabei 300 bis 400 Richter einsparen, und weil wir uns davon infolge der Entfernungen eine weitere Drosselung der Rechtsmittel auch sonst versprechen; ferner weil wir, für die Zukunft gesehen, das OLG als *das* Berufungsgericht in Ehescheidungssachen haben werden. Wir glauben auch, dass die heutige Sachlage gegenüber der vor zwei Jahren völlig verändert ist, wie schon Altstötter betonte, weil heute, wenn wir die Zulassung einführen, die Rechtsmittel grundsätzlich überhaupt nicht mehr eingelegt werden

Ich darf Sie bitten, zu den drei wichtigen Punkten: Ehescheidungssachen, iudex a quo, OLG, noch einmal schriftlich eingehend Stellung zu nehmen.

Reichsjustizminister *Dr. Thierack*: Meine Herren, gestatten Sie mir noch einige kurze Bemerkungen allgemeiner Art. – Die Aussprache hat gezeigt, dass es mit der Kasuistik nicht gehen wird. Andererseits können Sie auch nicht ohne Richtlinien bleiben; denn dann würde die Sache falsch laufen. Ich darf an einem Beispiel klarmachen, wie ich mir das denke: Man muß die Richtlinien hinsichtlich der Ehesachen so fassen, dass diejenigen Ehescheidungsprozesse durchgeführt werden sollen, in denen das Kinderproblem irgendeine Rolle spielt. Ich meine hier nicht die Frage, ob die Kinder einem Elternteil zugesprochen oder besser untergebracht werden sollen, sondern die Fälle, wo zu erwarten ist, dass eine neue Ehe geschlossen wird, die mit Kindern gesegnet ist.

Zweitens: Bei allen Leistungsprozessen muß gewährleistet sein, dass keine Gefährdung irgendeiner Existenz eintritt, auch etwa dadurch, dass einem der Rechtsweg abgeschnitten wird. – Das wären die Punkte, die ich herausgreifen möchte.

Ich darf Sie noch einmal herzlich um Ihre Mitarbeit bei der Aufstellung solcher Richtlinien bitten. Vielleicht können wir dem Gedanken nähertreten, den Sattelmacher hier vorgetragen hat, dass man also wohl alles zuläßt, dann aber dem Richter die verantwortliche Entscheidung über die Stillegung oder Fortführung einer Sache überträgt. Für uns ist es wesentlich, dass wir Ihre Vorschläge möglichst bald erhalten. Ich hoffe, dass Sie die Arbeit in 14 Tagen schaffen werden, so dass wir also Ihre schriftliche Stellungnahme bis zum 25. Februar erhalten können.

MinR *Anders* wird nun noch über die *Justizverwaltung* sprechen. [...]

Reichsjustizminister *Dr. Thierack*: Es spricht Bände, dass wir auch auf diesem Gebiet wieder zu spät gekommen sind. Die Haushaltsabteilung ist mein liebstes Kind. Es ist ja in der Ehe immer so: Die Kinder, die man nicht versteht, hat man am liebsten. Ich habe ab und zu das Gefühl, das ich aus meiner Tätigkeit sowohl beim RG wie beim Volksgerichtshof mitbringe, als ob die Außenbehörden etwas mehr Freiheit auf diesem Gebiet erhalten sollten. Man wird mir entgegnen, das ginge nicht, weil der Finanzminister daran hängt. Aber schließlich habe ich eine Führervollmacht.

Wie gesagt, ich verstehe mein liebstes Kind, die Haushaltsabteilung, nicht so, dass ich Vorschläge machen könnte. Wenn aber Sie mir Vorschläge machen könnten, wie man so etwas freier stellt, gerade in Haushaltssachen, so wäre ich Ihnen dankbar.

Die Justiz ist immer das Stiefkind des Etats gewesen. Das habe ich zum ersten Mal gespürt, als ich nach der Machtergreifung das Sächsische Justizministerium übernahm. Ich war damals noch so blöde, dass ich im ersten Jahr meiner

Amtstätigkeit in meinem Etat eine Million gespart habe. Ich war gebläht vor Stolz, und in diesem Gefühl ging ich in die Kabinettsitzung und trug meinen Erfolg vor. Ich wurde auch gelobt, aber mit dem Ergebnis, dass man mir im nächsten Etatjahr zwei Millionen gestrichen hat. Aber aus dieser Kur bin ich geheilt hervorgegangen. Wir müssen uns – und darin haben wir durchaus die Zustimmung des Führers – immer mehr mit dem Gedanken vertraut machen, dass wir die Justiz stark hinstellen wollen, dass wir sie im Ansehen des Volkes heben wollen. Das gehört auch zu unseren Aufgaben. Schließlich hat der Führer nicht umsonst gesagt: „Wie kann man einen Richter so besolden, dass er sich nicht mal einen Volkswagen kaufen kann; man muß doch die technischen Sachen, die man als Richter unter Umständen beurteilen muß, auch ausprobieren." – Auch in Friedenszeiten war es leider immer so, dass die Justizverwaltung das Stiefkind des Etats war. Man brauchte sich da nur im eigenen Blickfeld umzusehen! Was hatte z.B. der Landrat für ein herrliches Dienstzimmer, wie hatte der sich gut installiert, etwa im Vergleich zu einem Amtsrichter. Meine Herren, wir müssen von der Bescheidenheit herunter. Ich meine damit nicht die innere Bescheidenheit, die den Wert des Menschen zeigt – nur der große Mensch ist innerlich bescheiden -, wohl aber die Bescheidenheit nach außen hin. Und da haben wir Juristen schon etwas darzustellen. Denn was sind wir denn als Juristen? Wir sind einfach das Lebenselement des Volkes. Jeder Volksgenosse hängt irgendwie mit dem Recht zusammen, und irgendwann in seinem Leben hat er mit dem Recht zu tun. Daher kommt ja auch das Interesse des Volkes an der Justiz, wie es genau weiß, wie wichtig unsere Funktion im Leben des Staates ist. Aber das muß auch nach außen hin in Erscheinung treten. Dem Ansehen der Justiz muß die äußere Form entsprechen. Das sind keine Kleinigkeiten, denn das färbt auf die Menschen ab.

Ich hoffe, dass die Haushaltsabteilung des Ministeriums es doch noch einmal fertigbringen wird, dass die Herren in ihren Bezirken ein bißchen freier gestellt werden. Ich glaube, man kann es den Behördenchefs zutrauen, dass sie wirtschaften, wie es sich gehört. Ich bin für Vorschläge auf diesem Gebiet immer dankbar. Aber verstehen Sie mich recht: Sie können heute natürlich nicht von mir verlangen, dass ich Ihre Diensträume mit schönen, edlen Möbeln ausstatte. Das ist in dieser Kriegszeit unmöglich. Wohl aber können Sie von mir verlangen, dass Ihre Behörden ebenso auftreten wie andere gleichgestellte Behörden. Da haben wir nun in der Vergangenheit leider namentlich auf dem Gebiet der städtebaulichen Maßnahmen Fehler gemacht. Ich habe das zum ersten Mal auf meinen Fahrten ins Reich im Breslau feststellen können. Aber in vielen anderen Städten wird es ebenso sein. Man ist hier leider nicht auf den Gedanken gekommen, sich rechtzeitig in die städtebaulichen Maßnahmen einzuschalten und für einen würdigen Platz für das künftige OLG-Gebäude zu sorgen. Aber das ist nicht nur in Breslau so, sondern auch in Berlin. Ich bin hier jahrelang herumgelaufen, um einen würdigen Platz für den Volksgerichtshof zu suchen. Da kann mir kein Mensch helfen. Ich habe schließlich ein Gebäude erworben, das ich wieder verkaufen mußte. Das ist falsch. Sie müssen unten in solcher Beziehung selbst das Gefühl haben, dass Sie eine repräsentative Einrichtung des Staates sind, und dann müssen Sie mit Ihren Wünschen hier her kommen.

Ich weiß, dass das Gedanken sind, die in der Zeit des zotalen Krieges nicht vorherrschen können, und die wir heute gar nicht in die Öffentlichkeit bringen können. Aber die künftige Linie ist es. Die Justiz war bisher in dieser Beziehung stets viel zu bescheiden.

Meine Herren, damit sind wir am Schluß unserer Beratungen angelangt.

Martin äußert noch die Bitte, den wichtigsten Inhalt des in den eineinhalb Tagen Vorgetragenen den Teilnehmern der Sitzung schriftlich zugänglich zu machen.

Der *Reichsjustizminister* sagt dies zu und schließt mit Dankesworten die Tagung.

(*Schluß der Sitzung 13 Uhr 40 Minuten.*)

Anhang: Auf der Besprechung der Abteilung V des Ministeriums mit den Generalstaatsanwälten am 11. Februar 1943 führte Ministerialrat *Dr. Eichler* zum Jugendarrestvollzug etwa folgendes aus: Wenn Sie gestern gehört haben, in welch bedrohlicher Weise die Jugendkriminalität anwächst, und andererseits wissen, welche Rolle im Kampf gegen diese Kriminalität der Jugendarrest für sich in Anspruch nimmt, so werden Sie verstehen, dass wir in Sorge sind, wenn wir von den verschiedenen Seiten Klagen darüber zu hören bekommen, dass der Jugendarrest nicht genügend wirksam sei. Freilich fehlt es uns noch an wirklich beweiskräftigem Zahlenmaterial. Aber es gibt doch zu denken, wenn nach dem Stande vom 1. Januar 1943 von 3925 in den *Jugendgefängnissen* einsitzenden männlichen jungen Gefangenen 724, d.h. 18,44% und von 1212 daselbst einsitzenden weiblichen jungen Gefangenen 198, d.h. 6,6, % *Jugendarrest* hinter sich hatten. Wir können uns der Ansicht nicht verschließen, dass die erwähnten Klagen berechtigt sind, und müssen nach den Ursachen dieser mangelnden Wirksamkeit fragen.

Vorab müssen wir betonen, dass der Jugendarrest natürlich nicht mit Elementen belastet werden darf, die nicht in ihn gehören, auf die er seiner Eigenart nach gar nicht wirken kann. Das sind auf der einen Seite diejenigen, die zwar noch keiner Kriminalstrafe, aber doch einer Gesamterziehung bedürfen und daher in Fürsorgeerziehung gehören, auf der anderen Seite diejenigen, denen nur mit einer bestimmten oder unbestimmten Gefängnisstrafe beizukommen ist. Eine sehr wichtige Kategorie ist Ihnen gestern schon genannt worden, das sind *die* Arbeitsbummelanten, bei denen der Arbeitsvertragsbruch auf wirklicher Arbeitsscheu beruht, was ja übrigens keineswegs die Hauptursache der Arbeitsvertragsbrüche ist.

Was nun den Vollzug des Jugendarrests anlangt, so war es natürlich ein Wagnis, ihn nicht in die Hände von Fachmännern des Vollzugs, sondern von Jugendrichtern zu legen. Es ist nun aber durchaus nicht so, dass dieser Versuch gescheitert ist. Wir finden im Gegenteil sehr viel Interesse und liebevolles Bemühen bei einer großen Zahl der vollzugsleitenden Jugendrichter.

Auch in der Jugendarrestordnung [RGBl. I 1940, 1336, 1541] scheint uns nicht der Grund dafür zu liegen, dass der Jugendarrest nicht genügend wirksam ist. Wohl aber in der Handhabung, die die Jugendarrestordnung, die ja dem Ermessen des Vollzugsleiters in voller Absicht einen sehr weiten Spielraum läßt, in der Praxis des Jugendarrestvollzugs optima fide erfährt.

Wir haben uns daher entschlossen, für die Ausübung dieses Ermessens den Vollzugsleitern mit *Richtlinien* an die Hand zu gehen, die demnächst herauskommen sollen. Über den *grundsätzlichen* Inhalt, den diese Richtlinien haben sollen, möchte ich Sie in aller Kürze unterrichten. Es handelt sich dabei um sehr einfache und fast banale Dinge!

Es ist Ihnen bekannt, dass wir die Jugendarrestanstalten zur Zeit durch den Vorstand eines Jugendgefängnisses systematisch bereisen lassen. Die Besichtigungen, die in diesem Zusammenhang bereits stattgefunden haben, ergeben mit unseren unmittelbaren Besichtigungen und den uns vorliegenden Berichten folgendes Bild:

Die Freiheitsentziehung des Jugendarrests spielt sich zum großen Teil außerhalb der Zelle ab. Ich denke dabei in erster Linie an den Dauerarrest. Bestimmend für diesen Zustand sind die *Arbeiten*, die man als zweckmäßig ansieht. Die Form der Freiheitsentziehung bestimmt sich vollkommen danach, wo und unter welchen Umständen die Arbeit zu verrichten ist. Arbeit in Haus, Hof und Garten, zum großen Teil aber auch Arbeit außerhalb der Anstalt ist das, was wir da finden. Die extremste Form, die uns aufgefallen ist, ist die der Einzelvergebung der Arrestanten, z. B. an Handwerker, die dann bei der Arbeit allein die Aufsicht führen. – Es ist wirklich keine Rechthaberei, wenn wir dazu vom Standpunkt der Vollzugsverwaltung sagen: *So geht das nicht!*

Wir können gar nicht anders, als zu dem Vollzug des Jugendarrests als einer kurzfristigen Freiheitsentziehung die *kurze Freiheitsstrafe* in Parallele zu stellen, die bekanntlich von jeher ein Schmerzenskind der Pönologie gewesen ist. Auf ihrem Gebiet herrschte ausnahmslose Übereinstimmung der Meinungen darüber, dass, wenn überhaupt damit eine Wirkung zu erzielen sei, dies nur durch Anwendung der *Einzelhaft* sein könne. Auseinander gingen die Meinungen nur insofern, als nicht von allen Seiten zugleich die Anwendung von *Verschärfungen* für notwendig zur Erzielung einer Wirkung der kurzen Freiheitsstrafe gehalten wurde.

Wir haben ja nun im Jugendarrestvollzug Verschärfungen in Form der strengen Tage, haben aber, wie ich zeigte, die Einzelhaft in großem Umfang praktisch aufgegeben, obwohl sie doch grundsätzlich in der Jugendarrestordnung vorgesehen ist. Es ist eben bei aller Bedeutung, die die Arbeit, wie für jeden Vollzug, so auch für den Jugendarrestvollzug hat, ein Fehler, diesen Vollzug *von ihr aus aufzuziehen.* Die Arbeit kann, wie das schon gestern ausgeführt worden ist, im Jugendarrestvollzug nicht die grundlegende erziehliche Bedeutung haben, die sie in anderen Vollzugsarten und vor allem auch im Jugendstrafvollzug hat. Es kommt vielmehr entscheidend *auf die erziehliche Wirkung der Freiheitsentziehung als solcher* an, und da muß gesagt werden, dass diese bei so umfassender Anwendung der gemeinsamen Unterbringung und der Unterbringung außerhalb der Zelle schlechterdings nicht gewährleistet ist. Wenn die Jungen und Mädel von vornherein nur zum Essen und Schlafen in ihre Einzelzelle geführt werden, so kann der Vollzug den erforderlichen Eindruck einfach nicht erzielen, schon weil sich jeder unter einem Arrest etwas ganz anderes vorstellt. Auch in generalpräventiver Hinsicht ist das sehr bedenklich, weil es sich in der Jugend im Nu herumspricht, dass der Jugendarrestvollzug *gar nicht so schlimm* ist.

Wir müssen daher unter allen Umständen zur Einzelunterbringung als der Grundform des Jugendarrestvollzugs zurückkehren, also vor allen Dingen auch die *Arbeit in der Einzelzelle* fordern. Es ist durchaus nicht so, dass sich geeignete Arbeit nicht finden ließe. Ich will auf diese mehr technischen Dinge hier nicht näher eingehen und nur folgendes sagen: Tatsächlich wird es nicht immer möglich sein, Zellenarbeit zu finden, die die Körperkräfte voll in Anspruch nimmt. Das ist ja auch bei den Arbeiten des freien Lebens in weitestem Umfange nicht der Fall. Dafür läßt sich aber erreichen, dass durch Festsetzung entsprechender Arbeitsmaße der Jugendarrestant gezwungen wird, sehr angespannt zu arbeiten und seine ganze Zeit zusammenzunehmen, damit er sein Tagespensum schafft, vor allem, wenn er fürchten muß, Unterpensum am Sonntag nacharbeiten zu müssen

Zu dieser Unterbringung und Arbeit in der Einzelzelle, die übrigens insofern nicht strenge Einzelhaft ist, als von vornherein gemeinsame tägliche Leibesübungen stattfinden sollen und gelegentliche andere gemeinsame Veranstaltungen stattfinden können, auf die ich hier nicht näher eingehen will, tritt als ganz maßgebender Erziehungsfaktor die *Aussprache* des Vollzugsleiters mit dem Jugendlichen, die diesen auf die *Besinnung* hinlenkt, für die die Einzelunterbringung die physische Voraussetzung bildet.

Um nicht zu gängeln und um dem Einzelfall volle Gerechtigkeit widerfahren zu lassen, möchten wir nun nicht so rigoros sein, die Einzelunterbringung in der erwähnten Form, wie das von manchen Seiten vorgeschlagen wird, für die ganze Dauer des Jugendarrestvollzugs zu fordern. Wir können uns denken, dass es bei längerer Dauer des Jugendarrests angängig sein kann, in dessen Vollzug *das Erziehungsmittel des Vertrauens* einzuführen und zwar so, dass die Einzelunterbringung durch Einsatz zur Arbeit außerhalb der Zelle, zunächst in der Anstalt selbst, dann in Hof und Garten, unter besonderen Umständen schließlich außerhalb der Anstalt, *gelockert* wird. Dem Vollzugsleiter bleibt aber die volle Verantwortung dafür nicht erspart, dass durch solche Lockerung die Wirksamkeit des Vollzuges nicht etwa gefährdet und beeinträchtigt wird, vor allen Dingen, wenn es *zu früh* zu einer solchen Lockerung kommt.

III. Arbeitstagung des Reichsjustizministers mit den Chefpräsidenten und den Generalstaatsanwälten vom 19. und 20.10.1943

1. Mitteilung in der DJ 1943, S. 499–500

1. Am 19. und 20. Oktober 1943 kamen die Chefpräsidenten und Generalstaatsanwälte zum zweiten Male in diesem Jahre zu einer Arbeitstagung, die wiederum unter Leitung des Reichsministers der Justiz stand, in Berlin zusammen. Hieran nahmen auch die Präsidenten des Reichsgerichts und des Volksgerichtshofs, der

Oberreichsanwalt sowie die Präsidenten der Reichs-Rechtsan-waltskammer und Reichs-Notarkammer teil. Reichsminister *Dr. Thierack* gab ein anschauliches Bild der gegenwärtigen Lage und betonte hierbei die mit-kriegsentscheidende Bedeutung der Heimatfront, gegen die sich in erster Linie der Bombenterror und die Lügen- und Hetzpropaganda unserer Gegner richtet. Für die klare uns saubere Haltung der inneren Front und damit für den Sieg auch an diesem Frontabschnitt unseres großen Schicksalskampfes trage die Justiz mit einer harten aber gerechten Rechtsprechung gegen Kriegsverbrecher und Saboteure eine erhebliche Verantwortung. So bewunderungswürdig und über alles Lob erhaben die Haltung der Bevölkerung – vor allem auch in den luftgefährdeten Gebieten – sei, so könne auf der anderen Seite nicht geduldet werden, dass einzelne Außenseiter die Heimatfront von innen heraus stimmungsmäßig anzugreifen versuchten. Wer auf diese Weise die Arbeit des Feindes bestelle, werde, ganz gleichgültig, wer er sei, mit den schärfsten Mitteln zur Verantwortung gezogen.

Sodann sprach Dr. Thierack über die Bedeutung der Richterbriefe, deren Erscheinen vor einem Jahr noch mit Skepsis betrachtet worden sei, heute aber mit Ungeduld draußen im Lande erwartet würde, weil sich zur Unterrichtung der Richter als hervorragend geeignet erwiesen hätten.

Anschließend äußerte der Minister sich in groben Zügen über die gesetzlichen Neuplanungen, die teils bereits Wirklichkeit geworden seien, teils in naher Zukunft bevorstehen. So seien unter anderen die Vereinfachungsverordnung und die Reichsangleichungsverordnung auf dem strafrechtlichen Sektor und die Erbhof-Fortbildungsverordnung positive Ergebnisse. In Kürze werde auch das neue Jugendgerichtsgesetz kommen. Der Minister knüpfte an die Tatsache, dass auch jetzt mitten im Kriege auf gesetzgeberischem Gebiet weitergearbeitet werde, die Folgerung einer unbedingten Siegeszuversicht, von der er durch seinen kürzlichen, mehrtägigen Aufenthalt im Führer-Hauptquartier ganz besonders erfüllt sei. Deshalb könne er aus eigener innerer Einstellung tiefe Zuversicht und den festen Glauben an den Endsieg seinen Chefpräsidenten und Generalstaatsanwälten vermitteln, die hiervon etwas für ihre weitere Arbeit draußen im Lande mitnehmen sollten, um es wiederum haltungs- und stimmungsmäßig auf ihre Gefolgschaften ausstrahlen zu lassen.

Sodann ging Staatssekretär *Dr. Rothenberger* auf den gegenwärtigen Stand der Reformarbeiten im einzelnen ein, wobei er noch einmal den zweifachen Führerauftrag vom 20.8.1942 [RGBl. I, 535] herausstellte: Erstens Schaffung einer starken nationalsozialistischen Rechtspflege, um jedem inneren Feind wirksam zu begegnen, und zweitens Vorbereitung einer neuen Stellung des Richters im Rahmen der Rechtspflege. Der zweite Teil des Auftrages habe aus den Zeitverhältnissen heraus zwar etwas in den Hintergrund treten müssen, doch lege der Minister Wert darauf, dass auch an den Reformplänen weitergearbeitet werde. Wenn dies im Stillen und etwas langsameren Wachstum geschehe, so könne das dem angestrebten Endziel nur nützlich sein. Im Mittelpunkt aller Reformarbeiten stehe der Richter als Mensch und Persönlichkeit; deshalb verdiene die Ausbildung unseres Nachwuchses allergrößte Beachtung, und es müsse eine glückliche Synthese zwischen Wissenschaft und Praxis gefunden werden. Die zu diesem Zweck eingeführten Arbeitsgemeinschaften hätten sich bestens bewährt. Die Forderung „bessere Richter – weniger Richter" brauche nicht zur Sorge um die Stellung zu führen, denn die vermehrten Nachkriegsaufgaben würden voraussichtlich einen Mangel an Arbeitskräften mit sich bringen.

Aus der Arbeit der Ämter berichtete der Staatssekretär, dass im Amt „*Richter und Rechtspfleger*" die Reichsentlastungsverfügung zu einem sichtbaren Erfolg geführt habe. Er hoffe, dass das neue Jahr uns die Endlösung: die Schaffung eines selbständigen Rechtspflegeramtes bringen werde. Das Amt „*Rechtsprechung durch das Volk*" habe die Vorarbeiten für die Schöffenrichterordnung beendet. Der Staatssekretär gab den Entwurf des Rahmengesetzes und der wichtigsten Bestimmungen des Gesetzes bekannt. Über den Zeitpunkt der probeweisen Einführung der Schöffenrichter könne im Augenblick noch nichts gesagt werden. Auch im Amt „*Neuordnung der Gerichtsverfassung*", dessen Aufgabe stark politisch bestimmt sei, würden die Vorarbeiten weiter voran gebracht. Hier gäbe es noch manches zu klären. Diesem Zwecke dienten die Reisen der Mitglieder des Amtes durch die Bezirke. Schon dürfe aber gesagt werden, dass die Besorgnis, durch die gegenwärtige Stillegung einiger kleiner Amtsgerichte würde die Verbindung zwischen Volk und Justiz auf dem platten Lande abreißen, nicht begründet sei. Die Einsetzung von Reiserichtern, die Abhaltung von Gerichtstagen und die Einteilung der Reichsgerichtsbezirke in einzelne Richtersprengel seien hier als wirksame Gegenmittel vorgesehen. Die Größe der Kreisgerichte werde sich nicht schematisch nach der Einwohnerzahl, sondern nach der Verkehrslage richten. Die voraussichtliche Schaffung nur einer Berufungsinstanz werde zu einer Erhöhung der Zahl der Gaugerichte führen. In welchem Umfange jetzt schon im Kriege Reise- und Zweigsenate eingesetzt werden müßten, werde noch geprüft.

An die Ausführungen des Ministers und des Staatssekretärs schlossen sich sodann die *Vorträge aus den einzelnen Fachgebieten* des Ministeriums über die bisherigen Erfahrungen und über weitere gesetzliche Neuplanungen auf dem Gebiet des Strafrechts und Strafverfahrensrechts, des bürgerlichen und des Handelsrechts. Diese gaben mancherlei Anlaß zu Einzelerörterungen, Anfragen und Stellungnahmen. In offener Aussprache bot sich hinreichend Gelegenheit, die Wünsche und Sorgen, aber auch Anregungen aus den vielfältigen Erfahrungen der Praxis an den Minister und die einzelnen Sachreferenten heranzutragen und so für eine weitere Gesetzgebungsarbeit fruchtbringend zu wirken.

Im Verlauf der Tagung gelangte durch Gefolgschaftsmitglieder des Reichsjustizministeriums die Ausgestaltung einer Werkpause zur Vorführung, die mit lebhaftem Beifall aufgenommen wurde und auf dem Gebiet der Gefolgschaftsbetreuung manche Anregung gegeben haben wird.

2. Tagesordnung

19.10.: *Vormittags*
Ansprache des Herrn *Ministers*
Staatssekretär *Dr. Rothenberger:* Der Stand der Reformarbeiten
Personal- und Organisationsfragen (Ref.: MinDir. Letz): 1. Wie wirken sich die Einberufungen zum Wehrdienst und zur Rüstungsindustrie sowie die Anforderungen des GBV [Generalbevollmächtigter für die Reichsverwaltung] auf die Personallage aus? (45 Min.)

2. Maßnahmen aus Anlaß des Luftterrors. (30 Min.)
3. Einzelne Personalfragen: a) Abbau von Richtern und Staatsanwälten. b) Weiterer Abbau der Planstellenreserve. c) Parteiämter der Sondergerichtsmitglieder und ihr Einsatz im Luftschutzdienst (15 Min.)

Ausbildungsfragen (Ref.: SenPräs. Dr. Friedrich):

1. Studentische Arbeitsgemeinschaften: Zweck, bisherige Erfahrungen, Auswahl der Gemeinschaftsleiter, Zusammenarbeit mit der Universität, Vorschläge. (20 Min.)
2. Neuordnung des Prüfungswesens für Kriegsteilnehmer und Kriegsversehrte: *Begründung*: Außerkraftsetzung alter Bestimmungen, Auswahl der Prüfer (Frontkämpfer), Prüfertätigkeit der Professoren (kaum Frontkämpfer). (15 Min.)
3. Verwendung von Kurzkommentaren in den Prüfungen? (10 Min.)

Nachmittags

Strafrechtliche Einzelfragen (Herr *Minister*)
Unterrichtung über die gesetzgeberischen Arbeiten auf dem Gebiet des Strafrechts (Ref.: MinDirig. *Dr. Suchomel*)
Übersicht über das neue Reichsjugendgerichtsgesetz (Ref.: ORR *Dr. Kümmerlein*)
Strafrechtliche Einzelfragen (Ref.: MinDir. *Dr. Vollmer*)

1. Strafverhandlungen am Tatort (Mitteilung der bisher gemachten Erfahrungen, Auswahl der geeigneten Fälle. Auslese der Zuhörer, insbesondere Ausländer, Raumfrage. Keine Erörterung der Ermittlungsmethoden) (20 Min.)
2. Behandlung von Heimtückesachen in Fällen, in denen die strafbare Äußerung darin besteht, dass frühere Erklärungen führender Männer in hetzerischer Absicht wiederholt werden.
(Beispiel: frühere Erklärung des Führers über Stalingrad oder über den Wert des italienischen Bundesgenossen – Wiederholung nach dem Fall von Stalingrad bzw. nach dem Verrat Badoglios. – Berücksichtigung der Umstände, unter denen die Erklärung abgegeben worden ist.) (5 Min.)
3. Organisation und Entlastung der Sondergerichte (Zuständigkeitsbeschränkung. Gesetzliche Maßnahmen oder Verwaltungsanweisungen? Auswahl der abzugebenden Sachen. Zuweisung der abzugebenden Sachen an bestimmte Amtsgerichte und Strafkammern? Gewährleistung der Einheitlichkeit der Rechtsprechung. Auswirkung der Zuständigkeitsbeschränkung auf die Organisation der

Sondergerichte. Zweckmäßigkeit von Einzelrichterentscheidungen beim Sondergericht.) (45 Min.)

4. Entsühnung durch Fronteinsatz (Vorläufige Aussetzung des Strafverfahrens zwecks Bewährung im Fronteinsatz, Kontrolle des Fronteinsatzes. Einstellung oder Niederschlagung hinsichtlich nachträglich bekannt werdender Straftaten nach Frontbewährung. Begnadigung nach Frontbewährung.) (10 Min.)
5. Auflagen im Strafverfahren (Kein Feilschen und Aushandeln bei Geldbußen. Berücksichtigung der Täterpersönlichkeit und der Tatrichtung bei Auswahl der Auflagen. Zusammenarbeit mit Stellen des Staates und der Partei.) (20 Min.)
6. Ärztliche Sachverständige im Strafverfahren (Auswahl. Hinweise auf die entscheidenden rechtlichen Gesichtspunkte, z.B. bei jugendlichen Schwerverbrechern.) (5 Min.)
7. Auflösung des Vereins gegen Bestechung (5 Min.)

20.10.1942 Vormittag
Fragen der Zivilrechtspflege (Ref.: MinDir. *Altstötter*)

1. Erlaß einer Verordnung zur Ergänzung der Verordnung über Maßnahmen auf dem Gebiete des bürgerlichen Streitverfahrens, der Zwangsvollstreckung, des Konkurses und des bürgerlichen Rechts vom 1. Sept. 1939 – RGBl. I S. 1656 -. Betrifft:
   a) Zulässigkeit einstweiliger Anordnungen und von Beweissicherungen von Amts wegen in anhängigen Rechtssachen – auch bei Zurückstellung auf Grund der Kriegsmaßnahmenverordnung? -, bei Verhinderung der Partei infolge Kriegseinwirkung.
   b) Zulassigkeit der Wiedereinsetzung in den vorigen Stand, über die bestehenden Möglichkeiten hinaus, wenn eine Partei infolge Kriegseinwirkung an der Einhaltung der Frist gehindert war.
   c) Zulässigkeit der Nichtigkeitsklage, wenn eine Partei infolge Kriegseinwirkung verhindert war, sich im Verfahren hinreichend zu äußern, und wenn andernfalls eine ihr günstigere Entscheidung erwartet werden konnte.
   d) Bindende Feststellung des Stillstandes der Rechtspflege durch die Justizverwaltung bei Kriegseinwirkung.
   e) Hemmung der kurzen Verjährungsfristen des täglichen Lebens bis vorerst 31. Dezember 1944. (20 Min.)
2. Reichen nach den bisherigen Erfahrungen mit der Kriegsmaßnahmenverordnung die bestehenden Bestimmungen auch im Falle weiterer verstärkter Einziehungen aus? (20 Min.)
3. Sind besondere Schutzvorschriften für Angehörige der Heimatflak und andere zu kurzfristigem Wehrdienst Einberufene erforderlich? (10 Min.)
4. Sind Mißstände aufgetreten, wenn als beauftragte Richter oder Staatsanwälte beschäftigten Rechtsanwälten gestattet worden ist, ihre Anwaltspraxis weiterzubetreiben? (10 Min.)

5. Genügt der Erlaß vom 30. Juli 1943 –3851-VI b^2 1388- über die Sicherung der Grundbücher sowie der gerichtlich verwahrten letztwilligen Verfügungen gegen Luftgefahr den praktischen Anforderungen? (20 Min.)
6. Kurzer Bericht über einige Arbeitsplanungen auf dem Gebiete des Zivilrechts. (10 Min.)

Mitteilungen der Abt. VII (Ref.: MinDir. Dr. Segelken)

1. Einrichtung und Behandlung kriegsbedingter Abwesenheitspflegschaften (Richtlinien für die Lösung von Zweifelsfragen, z.B. derjenigen, ob Abwesenheitspfleger lediglich zu dem Zwecke zu bestellen sind, Kündigungen entgegenzunehmen, Zinsherabsetzungen zu genehmigen und ähnliches mehr.) (15. Min.)
2. Bestellung von Vertretern für zur Wehrmacht einberufene Gesellschafter einer offenen Handelsgesellschaft oder einer Kommanditgesellschaft. (Gesetzliche Regelung erforderlich? Entgegenstehenden Bedenken. Sonstige Möglichkeiten einer erforderlichenfalls notwendig werdenden zweckentsprechenden Regelung durch den Richter.) (10 Min.)
3. Neuregelung der Befreiung von der Einhaltung handelsrechtlicher Vorschriften. (Keine Veröffentlichung von Bilanzen etc. mehr. Generelle Einschränkung der Veröffentlichung von Handelsregistereintragungen. Einsicht in das Handelsregister und in die Handelsregisterakten nur noch in Ausnahmefällen.) (10 Min.)
4. Zeitpunkt und Inhalt des demnächst zu erwartenden Gesetzes über die erweiterte Zulassung von Schadensersatzansprüchen bei Arbeits- und Dienstunfällen. (10 Min.)

Fragen des Strafvollzugs (nur für die GenStaatsanwälte).

3. Referate aus dem Arbeitsgebiet der Strafrechtspflege-Abteilung des RJM

1. Strafverhandlungen am Tatort (vgl. unter 4. (Wurmstich) Nr. 20).

Strafverhandlungen am Tatort, insbesondere in den Betrieben, zur Erziehung einer erzieherischen, abschreckenden und zugleich rechtswerbenden Wirkung sind in vielen Bezirken schon mit gutem Erfolg durchgeführt worden. Sie haben über die erstrebte Wirkung hinaus gegenüber den Verhandlungen im Gerichtssaal mannigfache Vorteile: Der Sachverhalt läßt sich leichter und besser aufklären; die Angeklagten bringen keine Ausflüchte vor, die an Ort und Stelle sofort nachgeprüft werden können; die Zeugen sind in der ihnen vertrauten Umgebung unbefangener und deshalb in ihren Schilderungen lebendiger; Zeugen, insbesondere Leumundszeugen, deren Vernehmung sich erst in der Verhandlung als notwendig erweist, können ohne Zeitverlust herbeigerufen werden; die Schlagkraft der Gerichte, vor allem der Sondergerichte, kann den Beteiligten und der Allgemeinheit eindrucksvoll vor Augen geführt werden. – Die Verhandlung am Tatort soll natürlich nicht die Regel bilden. Sie kommt nur in Fällen in Betracht, die wegen der Art der Tat oder wegen der beteiligten Personen ein berechtigtes allgemeines Interesse erwecken können oder in denen der in einer Gemeinde gestörte Rechtsfrieden durch Rechtsprechung an Ort und Stelle wieder hergestellt werden soll. Der Sachverhalt soll weder tatsächlich noch rechtlich besondere Schwierigkeiten bieten, die Beweislage eindeutig sein, so dass der Erfolg der Verhandlung von vornherein gesichert ist. Zu häufige Verhandlungen am gleichen Ort schwächen die erstrebte Wirkung nur ab und sind zu vermeiden; auch in größeren Betrieben sollten Verhandlungen nicht häufiger als einmal im Vierteljahr durchgeführt werden. – Auswahl und Ausgestaltung des Verhandlungsraumes verdienen besondere Beachtung. Würdig hergerichtete Gemeinschaftsräume in Betrieben, Parteihäusern, Rathäusern, Schulen und dgl. Werden mit Hilfe der örtlichen Behörden und Dienststellen im allgemeinen leicht zu beschaffen sein. Gastwirtschaften sind grundsätzlich ungeeignet. Die Verhandlung erfordert von den amtlich Mitwirkenden, vor allem vom Vorsitzer, entschiedenes Auftreten, Takt und Umsicht. Die Autorität des Gerichts muß voll gewahrt bleiben. Disziplinlosigkeit der Zuhörer ist entgegenzutreten. Erörterungen über die technische Ausführung der Tat und über die Methoden ihrer Aufklärung können für unsichere Elemente unter den Zuhörern einen Anreiz zu eigenen Straftaten schaffen und sind deshalb nach Möglichkeit zu vermeiden. Zu Verhandlungen gegen Deutsche dürfen keine Ausländer zugelassen, zu Verhandlungen gegen Ausländer nur ausländische Zuhörer (außer den Aufsichtsorganen) hinzugezogen werden. Überhaupt wird einem ungeregelten Zustrom sensationslüsterner Zuhörer zweckmäßigerweise dadurch vorgebeugt, dass zunächst nur die interessierten Stellen (Behörden, Betriebe, Partei usw.) von der bevorstehenden Verhandlung unterrichtet werden, die dann ihrerseits weitere Kreise (z.B. die Gefolgschaft eines Postamts bei Feldpostdiebstählen, die Kaufmannschaft bei Kriegswirtschaftsverbrechen) zur Teilnahme auffordern.

Strafverhandlungen in dieser Form führen zu einer echten Beteiligung der wirklich interessierten Öffentlichkeit. Sie stellen zwar an die äußere und innere Haltung der Mitwirkenden hohe Anforderungen, fördern dadurch aber zugleich die erwünschte Auslese unter den Richtern und Staatsanwälten.

2. *Wiederholung früherer Erklärungen führender Männer in hetzerischer Absicht.* (Vgl. Wurmstich Nr. 21).

Gelegentlich kommt es vor, dass frühere Erklärungen führender Männer in einem späteren Zeitpunkt in hetzerischer Absicht wiederholt werden. Beispiele: Äußerungen des Führers über Stalingrad oder über den Wert des italienischen Bundesgenossen – Wiederholung nach dem Fall von Stalingrad bzw. nach dem Verrat Badoglios. Derartige Äußerungen sind gefährlich und erfüllen den Tatbestand des § 2 des Heimtückegesetzes. Bei der Verurteilung ist jedoch Vorsicht am Platze. Nicht richtig ist es, wenn die Urteilsgründe etwa darauf abgestellt werden, dass bei Voraussagen über die militärische Lage Irrtümer möglich sind und dass die böswillige öffentliche Erinnerung an solche Irrtümer eine gehässige Äußerung ist. Es ist vielmehr zweckmäßig, wenn das Gericht die Begründung wählt, dass jede öffentliche Erklärung der führenden Männer aus Partei und Staat wie jede politische Erklärung nur unter Berücksichtigung des Zeitpunktes, in dem sie abgegeben wurde, und der damals gegebenen Umstände richtig verstanden werden könne; werde eine solche Erklärung aus diesem Zusammenhang herausgerissen und unter veränderten Umständen in die Erinnerung der Allgemeinheit zurückgerufen, um daraus in gehässiger und hetzerischer Absicht Widersprüche aufzuzeigen, so liege darin eine gehässige Äußerung, die geeignet sei, das Vertrauen des Volkes zur politischen Führung zu untergraben.

3. Entsühnung durch Fronteinsatz (vgl. Wurmstich Nr. 23).

Der Führer hat in einem Erlaß vom 26.1.1942 [Martin *Moll*, „Führererlasse" 1939–1945, 1997, S. 233 f.] ausgesprochen, dass Wehrmachtsangehörige, die gefehlt haben, sich durch Tapferkeit vor dem Feinde grundsätzlich ihren ehrenvollen Platz in der Volksgemeinschaft zurück erwerben. Dieser Feststellung des Führers wird nach den Rundverfügungen vom 18.3. und 14.7.1942 (4251 – III a^4 426 und IV a^4 1275) durch Gnadenerweise und Vergünstigungen für das Strafregister Rechnung getragen. Sie ist aber auch für die Fälle von Bedeutung, in denen sich ein Soldat, der sich im Fronteinsatz bewährt hat, von den allgemeinen Gerichten wegen Straftaten verfolgt wird, die vor seiner Einberufung zur Wehrmacht begangen hat. In diesen Fällen soll, wenn es sich um Verfehlungen von minderer Bedeutung handelt, großzügig von § 153 RStPO Gebrauch gemacht werden. Es kann auch in Betracht kommen, das Verfahren bis Kriegsende auszusetzen. Handelt es sich dagegen um ernstere Verfehlungen, bei denen mit längeren Freiheitsstrafen zu rechnen ist, so ist zu prüfen, ob von einer Entsühnung durch Frontbewährung gesprochen werden kann, die zur Niederschlagung des Verfahrens Anlaß geben könnte. In solchen Fällen ist zu berichten.

4. Gnadenerweise bei unerlaubtem Verkehr deutscher Frauen mit Kriegsgefangenen (vgl. Wurmstich Nr. 15).

Nach Ziff. V der RV vom 14.1.1943 (9250/1 – IV a^4 76) berichten die Gnadenbehörden an das RJM, wenn der verletzte Ehegatte zu erkennen gibt, dass er ungeachtet der Verurteilung seiner Frau wegen geschlechtlichen Verkehrs mit einem Kriegsgefangenen die Ehe fortsetzen, seiner Frau also verzeihen will. In solchen Fällen hat die Verzeihung des Mannes, vor allem wenn er als Soldat im Fronteinsatz steht, in der Regel einen Gnadenerweis für die verurteilte Frau zur Folge. Der Umfang des Gnadenerweises hängt von der Persönlichkeit der Verurteilten, der Schwere ihrer Tat und den häuslichen Verhältnissen ab. Der innere Grund für derartige Gnadenerweise liegt darin, dass das Fortbestehen der Ehe, für das sich der Mann entschlossen hat, nicht durch die Vollstreckung der Strafe gefährdet; die innere Ruhe und Einsatzbereitschaft des Mannes aber erhalten werden soll. Der „Verzeihung" der Eltern, eines Bruders oder eines sonstigen Verwandten kommt daher nicht dieselbe Bedeutung zu. Die Verzeihung eines Mannes, der Frontsoldat ist, führt im allgemeinen zu einem großzügigeren Gnadenerweis als in anderen Fällen. Das beruht darauf, dass Frontsoldaten nach Möglichkeit von allen Sorgen um das Schicksal ihrer nächsten

Angehörigen entlastet werden müssen, um voll einsatzfähig zu sein. Im einzelnen haben sich in der Gnadenpraxis des RJM noch folgende Grundsätze herausgebildet:

1. Ist der Wille, die Ehe fortzusetzen, nicht klar zum Ausdruck gekommen, so wird klare Verzeihung usw. erst festgestellt.
2. Taugen Mann und Frau und ihre Auffassung von der Ehe nichts, so liegen keine echte Verzeihung und keine schutzwürdige Ehe vor: Ablehnung.
3. Eine Rückwirkung der Gnadenpraxis auf die Spruchpraxis ist unerwünscht. Die jetzige mittelharte Linie der Rechtsprechung ist z.Zt. richtig.

5. Auflagen im Strafverfahren (vgl. Wurmstich Nr. 24)

Von dem in der RV vom 3.5.1943 (9133/2 – IV a[4] – 571) empfohlenen Verfahren, bei Einstellung von Strafverfahren wegen Geringfügigkeit, bei Gnadenerweisen und im Privatklageverfahren dem Täter Auflagen zu machen, die seiner Persönlichkeit und der Tatrichtung entsprechen, ist in vielen Bezirken mit gutem Erfolg Gebrauch gemacht worden. Beispiele für solche Auflagen:

1. Verfahren wegen Schwarzschlachtung: Auflage bei Gnadenerweis: 2 Schweine zusätzlich füttern und abliefern.
2. Entwendung bei nachbarschaftlichen Streitigkeiten auf dem Lande. Auflage bei Gnadenerweis: 1 Jahr lang Beweis künftigen einwandfreien Verhaltens und Wahrung des nachbarschaftlichen Friedens.
3. Strafverfahren gegen Raucherin wegen Verstoßes gegen die Verbrauchsregelung. Auflage bei Gnadenerweis: 2 Monate lang die Raucherkarte abgeben.
4. Felddiebstähle. Auflage bei Einstellung: Erntehilfe leisten.
5. Strafverfahren gegen Bauern. Auflage: Fuhrdienste für den Ausbau eines Feldweges am Sonntag.
6. Strafverfahren gegen eine faule und putzsüchtige Frau wegen nicht besonders schwerwiegenden Umgangs mit Kriegsgefangenen. Auflage: Werktäglich 10 Stunden nach Weisung des Ortsbauernführers auf dem Hofe eines Frontsoldaten arbeiten.
7. Verstoß gegen die Verbrauchsregelung durch Erzeuger. Auflage: Erhöhte Ablieferung von Milch und Eiern nachweisen.
8. Strafverfahren wegen schlechter Verdunkelung. Auflage: Mitarbeit beim Luftschutz (Aufräumungsarbeiten).
9. Strafverfahren gegen Arzt. Auflage: Soll als Lagerarzt voll in Anspruch genommen werden und sein gesamtes Einkommen, soweit es nicht für die lagermäßige Unterbringung benötigt wird, an die NSV abgeben.
   Wird dem Täter eine Geldbuße auferlegt, so muß unter allen Umständen der Eindruck des Feilschens oder Aushandelns vermieden werden.

6. Ärztliche Sachverständige im Strafverfahren (vgl. Wurmstich Nr. 25)

In Verfahren gegen Ärzte und Hebammen, in denen ein angeblicher Kunstfehler Gegenstand der Erörterung ist, muß in besonderem Maße auf die Hinzuziehung besonders bewährter, erstklassiger Sachverständiger hingewirkt werden, die im Bedarfsfalle von dem Reichsgesundheitsführer oder der Reichsärztekammer benannt werden. Hierdurch wird vor allem auch vermieden, dass im nachfolgenden berufsgerichtlichen Verfahren bessere Sachverständige hinzugezogen werden, deren Gutachten zu einer anderen Beurteilung des Sachverhalts führen. Das Austragen wissenschaftlicher Streitigkeiten vor Gericht ist zu unterbinden, überstarke Bindung des Richters an Sachverständigengutachten zu vermeiden. Auf wichtige gerichtliche Entscheidungen, die für die zu begutachtende Frage von Bedeutung sind, ist der Sachverständige vor Erstattung seines Gutachtens hinzuweisen. Auch sonst ist der Auswahl geeigneter, forensisch geschulter Sachverständiger (auch bei Leichenschau und Leichenöffnung) große Aufmerksamkeit zu widmen.

7. Anprangerungen (vgl. Wurmstich Nr. 28)

Der Führer hat öffentliche Anprangerungen jeglicher Art verboten. Wenn künftig noch solche Anprangerungen vorkommen, ist alsbald zu berichten.

4. Mitschrift der Tagung von GStA Wurmstich/Jena

1. Reichsminister der Justiz Dr. Thierack eröffnet die Tagung und gibt einen kurzen Überblick über die militärische Lage. Stalingrad, Zurücknahme der Ostfront, Afrika, Italien. [Der Minister (hat) ausgeführt, dass sich in diesem Kriege immer mehr die Innenverwaltung und die Justiz als Träger der inneren Front herausschälen. Darum ergebe sich die steigende Bedeutung der Aufgaben der Justizverwaltung. – Die Rechtspflege müsse sich den Kriegsverhältnissen anpassen und über die nötige Elastizität verfügen. Hierbei sei jedoch immer darauf zu achten, dass auch bei Notmaßnahmen das Gesetz niemals verlassen werde; es bleibe immer das Fundament unserer Tätigkeit. – Das deutsche Volk sei in den letzten Monaten durch ein tiefes Tal hindurch geschritten, dessen Tiefpunkt aber nach Erledigung der italienischen Ereignisse erreicht worden sei. – Aus dieser Zeit müsse auch unsere Verwaltung ihre Lehren ziehen. Dazu gehöre in erster Linie eine unbeugsame Härte gegen jeden Defaitismus, eine Folgerung, die ohne weiteres aus den Lehren des Jahres 1918 zu ziehen sei. Diesen Dingen sei selbstverständlich bei Rückfällen eine erhöhte Bedeutung zuzumessen. Dem müsse sich die Justiz anpassen. Es bedürfe zweifellos auch weiterhin der Lenkung der Rechtspflege. Diese dürfe aber nicht in der Weise geschehen, dass die Richter mit bestimmten Weisungen versehen würden, es müsse ihnen vielmehr immer die innere Freiheit erhalten bleiben. Es dürfe daher nicht zuviel und immer nur in der richtigen Form gelenkt werden. – Das Schwergewicht der Lenkung liege in den Richterbesprechungen der Landgerichtspräsidenten, zu denen Rechtsanwälte nicht zugezogen werden sollen (Niederschrift des GenStA Hamm)].

a. Er freut sich über viele Lageberichte, die ihm ein eindrucksvolles Bild der Stimmung in der Rechtspflege und im Volke geben. Es ist ihm lieb, dass sie wahr sind und schonungslos alle Schwächen aufzeichnen. Wir sollen ruhig unsere Sorgen in den Lageberichten ausschütten. Als Führer des Volkes sollen wir uns aber nicht von der Volksstimmung mitreißen lassen. Nicht das Gefühl, sondern der Verstand und die Kraft des Glaubens geben heute den Ausschlag. Der Minister ist 5 Tage im Hauptquartier gewesen und mit dem Eindruck zurückgekommen, dass die innere Front immer wichtiger wird, je länger der Krieg dauert. Der Reichsminister des Innern und der Reichsminister der Justiz sind die beiden Minister, die für das Halten der inneren Front verantwortlich sind. Das zeigt, wie sich die Stellung des Reichministers der Justiz in ungeahnter Weise gehoben hat. Er ist heute einzig und allein darüber zuständig, ob Todesurteile gefällt und vollstreckt werden sollen. Dazu muß er die nötige Härte besitzen. Bei dem letzten Luftangriff auf Berlin-Plötzensee sind 4 zum Tode verurteilte Verbrecher aus der Vollzugsanstalt entwichen. Der Minister hat daraufhin angeordnet, dass die übrigen noch einsitzenden 104 Todeskandidaten sofort hingerichtet wurden. Die Justiz muß mit unbeugsamer Härte gegen alle Defaitisten vorgehen. Um die Verfahren zu beschleunigen, ist das durch Rundverfügung bekannt gegebene Verfahren zwischen dem Reichsjustizminister und dem Reichsführer SS vereinbart worden, nach welchem die Beschuldigten dem Minister zu einer Vorprüfung angezeigt werden. Der Minister prüft und überweist das Verfahren dem Volksgerichtshof, wenn er den Beschuldigten für todeswürdig hält. Der Volksgerichtshof tritt sofort zusammen und gleich hinterher erfolgt die Vollstreckung. Bei aller Härte sollen wir uns aber nie verleiten lassen, ungesetzliche Mittel gegen Beschuldigte zu ergreifen, nur um der Polizei zuvorzukommen, oder ihr einen Gefallen zu tun. Die Rechtspflege darf sich immer nur in den gesetzlichen Bahnen bewegen sonst geht sie unter.

b. Die *Richterbriefe*, die zunächst mit großem Argwohn aufgenommen worden sind, haben sich vollkommen durchgesetzt. Man hat ihren Wert jetzt begriffen. Der Minister vermißt aber, dass an ihrem Inhalt bisher kaum Kritik geübt worden ist. Er wünscht, dass die Briefe kritisiert werden. Wir sollen ihn unterstützen und Material für die Briefe beschaffen. Der Wert der Richterbriefe liegt jetzt vor allem auch außerhalb der Justiz. Immer mehr Stellen wollen sie haben. Der Minister beschränkt absichtlich die Stellen, die die Briefe bekommen. Zur Zeit sind es das oberste Parteigericht, der Reichsführer SS, die oberste SA-Führung und die Gauleitungen. Neuerdings hat er zugelassen, dass sie auch an das Oberkommando des Heeres, der Marine und der Luftwaffe gehen und dass sie das Ostministerium für die Gerichte bekommt, von denen Deutsche abgeurteilt werden. Er hat es aber abgelehnt, die Briefe den Universitäten zu geben. Die Gauleitungen sind dazu übergegangen, sie für die Kreisleitungen und Ortsgruppen abschreiben zu lassen. Das beweist, welche Bedeutung ihnen überall beigemessen wird. Ihre ausgezeichnete Fassung verdanken sie dem Landgerichtsrat Schmidt-Leichner.

c. *Personalfragen*. Menschen entscheiden in der Justiz. Dem Minister ist bekannt, dass sich das Personal außerordentlich verknappt und verschlechtert hat. Unsere Aufgabe ist es, die Verbliebenen richtig zu führen und zu fördern. Unsere ganz besondere Aufmerksamkeit sollen wir der Sondergerichtsbarkeit widmen, die das Rückgrat der Strafjustiz bildet. Bei der Führung der Richter soll ihm aber die innere Freiheit gelassen werden. Wir sollen ihm das Urteil nicht diktieren und nicht befehlen, sondern überzeugen. Bei dieser Lenkung soll nicht zuviel aber auch nicht zu wenig eingegriffen werden. Sie ist eine innere Angelegenheit der Justiz, zu der Rechtsanwälte nicht hinzugezogen werden dürfen.

d. Die Durchführung der großen *Reformpläne* mußte zunächst zurückgestellt werden. Das Amt für Richter und Rechtspflege arbeitet zwar weiter, mußte seine Tätigkeit aber auf das Wichtigste umstellen. So ist jetzt infolge der Kriegsverluste in der Bauernschaft der Erlaß der Erbhoffortbildungsverordnung dringend geworden. Ein neues Jugendgerichtsgesetz kommt, außerdem ein Gesetz über die Behandlung von Gmeinschaftsfremden, in das die unbestimmte Verurteilung zum ersten Mal für Erwachsene aufgenommen worden ist.

e. Der Minister hat die *Burg Cochem* an der Mosel für die Reichsjustizverwaltung gekauft, nicht etwa für den Rechtswahrerbund. Die Burg ist etwa 1200 als Reichsburg gebaut, dann in den Besitz der Erzbischöfe von Trier übergegangen und schließlich von Mélac um 1700 zerstört worden. Man hat sie um 1800 wieder aufgebaut. Seitdem war sie in Privatbesitz. Der Minister hat sie wieder zur Reichsburg gemacht und will aus ihr eine Kultstätte für alle Rechtswahrer machen. Alle Lehrgänge und auch unsere Tagungen sollen von jetzt ab auf der Burg abgehalten werden. Zur Burg gehört auch ein Weinberg.

f. Der Minister gibt dann vertrauliche Zahlen über die Verluste der Justiz im Weltkrieg 1914–1918 und im heutigen Krieg. Aus ihnen ergibt sich, dass die Verlustzahlen im derzeitigen Krieg prozentual unter denen liegen, die der Weltkrieg gebracht hat.

2. *Landgerichtsrat Dr. Schmidt-Leichner* spricht über die *Richterbriefe*. Das Material wird im Reichsjustizministerium streng vertraulich behandelt und es ist bisher noch kein Fall vorgekommen, in dem ein Urteil der Personalabteilung vorgelegt worden ist, damit diese es zu Gunsten oder Ungunsten der Beteiligten auswerte. Wir sollen beobachten und berichten, wenn mit den Richterbriefen Mißbrauch getrieben wird. Es darf nicht vorkommen, dass sich Parteidienststellen usw. in Straf- und Gnadenverfahren einmischen und sich dabei auf die Richterbriefe berufen. Es ist auch unzulässig, dass in den Urteilsgründen auf die Richterbriefe Bezug genommen wird, wie es in einem Sorgerechtsstreit beobachtet worden ist. Ebenso falsch ist es, wenn ein Oberstaatsanwalt das Verfahren wegen Ehebruchs mit einer Kriegerfrau mit Worten eingestellt hat, die einem Richterbrief entnommen worden sind.

Die Amtsanwälte sollen nur von den Materien der Richterbriefe Kenntnis erhalten, die zu ihrer Zuständigkeit gehören. – Über den in Aussicht genommenen Inhalt weiterer Richter- und Rechtsanwaltsbriefe macht Dr. Schmidt-Leichner die aus der Anlage [nicht anbei] ersichtlichen Ausführungen.

3. *Staatssekretär Dr. Rothenberger* spricht über die *Justizreform*. Sie hat eine doppelte Aufgabe.

1. Sie soll dem Richter Waffen schmieden für die innere Front und die Voraussetzungen schaffen für eine schnelle, harte, gerechte und gesteuerte Rechtspflege.

2. Sie soll die Voraussetzungen dafür schaffen, dass die Autorität der Justiz und des Richterspruchs nach dem Krieg sichergestellt ist.

Der Krieg hat eine Verschiebung der Aufgaben zu Gunsten von Ziffer 1 gebracht. Die Aufgaben unter Ziffer 2 treten nach außen zurück. Denn grundsätzliche Änderungen können jetzt nicht durchgeführt werden. Falsch ist aber der

Wunsch, die Arbeiten zu Ziffer 2 ganz einzustellen. Der Führerauftrag muß intern weitergeführt werden. Der Stand dieser Arbeiten ist jetzt folgender:

a. *Die Ausbildung der Rechtswahrer.* Der Mensch steht im Mittelpunkt der Rechtspflege. Es wird versucht, eine Synthese zwischen Wissenschaft und Praxis zu schaffen. Dazu sind die Arbeitsgemeinschaften auf den Universitäten geschaffen worden. Die Universitäten haben dagegen psychologische Hemmungen, leisten teilweise sogar Widerstand. Deswegen sollen sich die Oberlandesgerichtspräsidenten der Arbeitsgemeinschaften besonders annehmen, ihre Leiter sorgfältig auswählen und ihnen den Rücken stärken.

b. Abgrenzung der richterlichen Aufgaben. Wir müssen bessere Richter haben, wollen dafür aber auch weniger Richter haben. Der Minister wünscht Sonderbericht darüber, ob wir Nachwuchssorgen für Richter und Staatsanwälte haben. Der Minister denkt nicht daran, nur den städtischen Großrichter heranzubilden, ihm fehlt die gewünschte Orts-, Land- und Lebensverbundenheit mit dem Volk. Deswegen denkt er daran, auch ländliche Amtsgerichte bestehen bleiben zu lassen und auch einen Teil der freiwilligen Gerichtsbarkeit dem Richter zu belassen.

c. *Richter und Rechtspfleger.* Hier handelt es sich um eine interne Arbeitsteilung innerhalb der Rechtspflege. Sie konnte auch schon im Kriege endgültig geregelt werden. Die Reichsentlastungsverfügung ist das Ergebnis. Die Angleichung an die Ostmark kommt demnächst. Mitte 1944 hofft man auf die Endlösung in der Form eines selbständigen Rechtspflegeramtes. Über den Umfang dieses Amtes wird das Katalogsystem eingeführt werden. Die Fortbildung der Rechtspfleger muß trotz des Krieges weitergetrieben werden. Die Trennung der Aufgaben zwischen Richter und Rechtspfleger beabsichtigt eine rationellere Arebitsmethode einzuführen.

d. *Schöffenrichter.* Es bestand die Absicht, die neue Schöffenrichterordnung vom 1. August 1943 an probeweise in den Gebieten einzuführen, die bisher schon diese Einrichtung oder etwas Ähnliches besaßen. Man hat die Einführung aber bis nach Kriegsende zurückgestellt. Sie wird mit dem Erlaß des Führers eingeführt werden, nach dem die Schöffengerichte berufen sind, den Rechtsfrieden zu wahren und in dem dem Schöffenrichter volle Richtergewalt im Dienst für Recht und für die Gerechtigkeit verliehen wird.

Die Schöffenrichterordnung zerfällt in 4 Abschnitte – a) Schöffenrichter: kann jeder untadelige deutsche Mann werden, der 40 Jahre alt ist. Er und die Schöffen (es sitzen jeweils 2 mit) müssen im Gerichtssprengel ansässig sein. Die Dienstaufsicht hat der Aufsichtsrichter des Amtsgerichts. – b) was seines Amts ist: umfangreiche und schwierige Sachen gehören nicht vor den Schöffenrichter. In Strafsachen soll er zuständig sein für alle Privatklagen, geringfügige Diebstähle, Betrügereien, Sachbeschädigungen usw., wenn der Staatsanwalt sie ihm zuweist. Der Staatsanwalt kann jede Sache wieder an sich ziehen. In Zivilsachen soll er aburteilen Haus- und Nachbarfriedensbrüche, Viehmängel, Sachen die ihm der Amtsrichter zuweist. – c) wie er seines Amtes waltet: dazu ist nichts weiter gesagt worden. – d) von den Rechtsmitteln: die Entscheidungen sind nicht anfechtbar. Auf Antrag eines Beteiligten oder des Staatsanwalts kann das Verfahren aber wieder aufgenommen werden. Der Staatsanwalt hat außerdem die Nichtigkeitsbeschwerde.

e. *Amt für neue Gerichtsverfassung.* Die Vorbereitungen sind in vollem Gange, an die Durchführung muß aber mit aller Vorsicht herangegangen werden. Organisatorische Änderungen sollen jetzt nur erfolgen insoweit sie aus personellen oder kriegsmäßigen Gründen unbedingt notwendig sind. Zur Zeit besteht keine Absicht, Landgerichte und Amtsgerichte zu verschmelzen. Das Ziel wird aber nicht aus dem Auge gelassen. Alle Probleme sind noch offen. Es scheint ein dreigliedriger Aufbau der Gerichte zu kommen, es scheint, dass die St.– und G-Gerichte nicht wieder aufgemacht werden, es scheint, dass das einheitliche Amtsgericht (Kreisgericht) nicht unbedingt 80.000 oder 100.000 Seelen umfassen muß, sondern dass sich seine Größe nach den örtlichen Bedürfnissen richten soll. Es wird also auch kleine Kreisgerichte geben. Es scheint, dass eine Berufungsinstanz beim Oberlandesgericht = Gaugericht kommen wird. Die Zahl der Gaugerichte wird größer sein als die heutige Zahl der Oberlandesgerichte. Um den Raum zwischen Kreisgericht und Gaugericht zu verkleinern und um die nötige engere Verbindung zwischen Gaugericht und Bevölkerung herzustellen, werden bei den Gaugerichten entweder Reisesenate oder Zweigsenate eingerichtet werden.

f. *Stellung des Richters und Staatsanwalts.* Die Richtlinien des Führers für die zukünftige Stellung des Richters werden durchgeführt. Es kommt ein Richtergesetz mit Heraushebung des Richters aus der Beamtenschaft. Ein eigenes Richterkorps wird geschaffen werden. Das ist völliges Neuland. Der Minister hält es für selbstverständlich, dass mit dem Richter auch die Staatsanwaltschaft gehoben wird. Denn die Staatsanwaltschaft muß die jüngsten, aktivsten und tüchtigsten Männer der Justiz haben.

4. *LG-Rat Möller:* Durch eine Vereinbarung zwischen dem Reichsminister der Justiz und dem Reichspropagandaamt ist seit dem 1. April 1942 fast nur noch eine amtliche Gerichtsberichterstattung möglich. Der Reichspressechef ist gegen diese Regelung. Um sie zu erhalten, muß auf die Gerichtsberichterstattung besondere Sorgfalt verwendet werden. Es fehlen in den Berichten immer noch die Urteilsgründe. Nur mit ihnen ist meistens das Strafmaß verständlich. Und nur so kann verhindert werden, dass die Urteile einzelner Gerichte gegeneinander ausgespielt werden. Es muß vermieden werden, dass der Zeitungsleser nur kurz den Tatbestand erfährt, nicht aber die für die Strafzumessung maßgebenden Urteilsgründe. Die Richter sollen zur Mitarbeit herangezogen werden, denn die Pressereferenten haben zu oft gewechselt und sind anderweit zu stark belastet. Wir sollen die Leiter der Pressestellen zusammennehmen und sie auf dieses Ziel ausrichten. [Aus der Tätigkeit der Reichspressestelle hob der Staatssekretär hervor, dass die bisherigen Presseberichte häufig deswegen mißverständlich seien, weil außer dem Tatbestand zumeist nur die Strafe veröffentlicht werde. Es sei nötig, in Einzelfällen auch die Gründe für die Strafe, unter Umständen auch für die Schuldfeststellung, kurz hervorzuheben. Bei Nichtangabe dieser Gründe sei oft die ausgeworfene Strafe unverständlich. Die Berichte dürften auch nicht zu trocken sein. Zumeist würden die Berichte von Angehörigen der Gerichte abgesetzt und dem Pressestellenleiter übergehen. Der Staatssekretär hob hervor, dass die Pressestellenleiter die alleinige Verantwortung für die Berichte, auch für ihre Fassung, hätten. Es ergebe sich

daher häufig die Notwendigkeit, dass sie die ihnen von den Gerichten überreichten Berichte stilistisch änderten. Der Staatssekretär bat mit Rücksicht auf diese Sachlage, bei etwaigen Änderungen durch den Pressestellenleiter keine unbegründete Empfindlichkeit Platz greifen zu lassen (GenStA Hamm)].

Reichsjustizminister Dr. Thierack bemerkt dazu, dass in der Ostmark ein Sturm der Entrüstung gegen ein veröffentlichtes Urteil nur deswegen möglich gewesen ist, weil die Strafzumessungsgründe nicht mit veröffentlicht worden waren. Er weist vor allem auch auf die Gefahr hin, das Ausschnitte aus den Zeitungen gesammelt und miteinander verglichen werden.

5. *MinDir. Letz:* Wie wirken sich die *Einberufungen* zum Wehrdienst und zur Rüstungsindustrie sowie die Anforderungen des GBV [Generalbevollmächtigten für den totalen Kriegseinsatz] auf die Personallage aus? a) Einziehung zur Wehrmacht: Bis zum 1. August 1943 waren eingezogen 60% der Staatsanwälte, 50% der Richter, 35% der Geschäftsstellenbeamten. Seitdem laufen die Einziehungen stärker. Wir müssen damit rechnen, dass die Jahrgänge 1897 und jünger eingezogen werden. Die Jahrgänge 1894 bis 1896 werden zur Zeit gemustert, die Jahrgänge 1889 bis 1893 stehen vor der Musterung. Gegen zu starke Einziehungen von Beamten sind zur Zeit zwei Sicherungen eingeschaltet. Einmal das Einspruchsverfahren durch die Reichsverteidigungskommissare, das keine absolute Sicherheit bietet, und dann die absolute Sicherung von 320 Richtern und Staatsanwälten, die nicht gedient haben und den Jahrgängen 1905 und älter angehören, für die Sondergerichte. Dem Minister sind keine 320 Kräfte von uns gemeldet worden. Er erwartet Bericht über weitere Kräfte, die sichergestellt werden sollen. Dabei ist davon auszugehen, dass als nicht gedient auch die kurzfristig gedienten anzugeben sind, die vielleicht 1918 wenige Wochen bei der Wehrmacht waren oder seitdem kurze Zeit ausgebildet worden sind. Die Namen dieser Kräfte sollen den Wehrersatzdienststellen genannt werden (von wem, bleibt offen). Ein Einspruchsverfahren gibt es bei diesen Kräften nicht. Im übrigen sollen wir ständig mit den Reichsverteidigungskommissaren und den Wehrersatzdienststellen Fühlung halten.

b) Arbeitseinsatzverordnung: Alle entbehrlichen Kräfte sollen ständig gemeldet werden. Mit der Abberufung aller Gemeldeten ist zu rechnen.

c) Abgabe an die Rüstungsindustrie: Sie ist einmalig und beträgt bei der Justiz 2100 Kräfte.

d) Katastrophengebiete: Wir können Kräfte widerruflich zu den Feststellungsbehörden abordnen.

e) Unmittelbarer Einsatz bei Katastrophen: Dazu können nur ganz vorübergehend Kräfte abgegeben werden. Wir dürfen nie dulden, dass daraus eine Dauerabgabe wird. Es ist selbstverständllich, dass entbehrliche Kräfte vorübergehend zur Verfügung gestellt werden.

Wir müssen damit rechnen, dass von der Justiz im Laufe des Jahres 1943 8.000–10.000 Kräfte abgezogen werden. Gesichert erscheint zur Zeit nur die Sondergerichtsbarkeit.

6. *MinRat Wittland: Maßnahmen aus Anlaß des Luftterrors*: Durch die Zurücknahme der Fronten im Osten und Süden muß jetzt jede Stadt mit Luftangriffen rechnen. An luftgefährdeten Orten müssen sofort vorsorglich alle etwa nötigen

Maßnahmen getroffen werden. Lieber zuviel, als zu wenig. Alle wertvollen Gegenstände, die zur Ausübung der Rechtspflege gebraucht werden, sind sicherzustellen. Dazu sind die Keller auszunutzen, notfalls müssen die Gegenstände aufs Land verbracht werden. Nach der RV vom 14.7.1943 ist das wertvolle Schriftgut zu sichern. Dazu gehören: Grundbücher, die Testamente, die Strafregister und die Standesamtsnebenregister. Nach der RV vom 11.9.1943 müssen auch entbehrliche Einrichtungsgegenstände sicher untergebracht werden. Nach der RV vom 7.8.1943 ist eine Ersatzunterkunft am Dienstsitz, eine Ausweichunterkunft an einem fremden Ort sicherzustellen. Die gesamte Justiz ist ortsgebunden. Eine Verlegung durch den Bevollmächtigten für die Reichsverteidigung kommt nur mit Zustimmung des Ministers in Frage. Ersatz- und Ausweichunterkünfte sollen möglichst in eigenen Gebäuden der Justiz sichergestellt werden. Anderen Zwecken dürfen diese Gebäude ohne Genehmigung des Ministers nicht zugeführt werden. RV vom 4.8.1943. Der Minister hat beobachtet, dass alle anderen Behörden ein merkwürdiges Interesse für die Gebäude der Justiz haben. – Personelle Maßnahmen sind nicht zu treffen, weil sich die Verluste durch Luftangriffe nicht voraussehen lassen.

Nach einem Luftangriff soll die Justiz möglichst lange in den eigenen Geschäftsräumen bleiben und versuchen, den Dienstbetrieb sofort wieder in die geordneten Bahnen zu bringen. Justizkräfte können mit unserer Genehmigung für andere dringende Arbeiten zur Verfügung gestellt werden, wenn die entbehrlich sind. Es ist versucht worden, Justizkräfte durch Befehl der Ortsgruppe für andere Aufgaben einzusetzen. Das ist nicht zu dulden. – Behördenangehörige, die selbst Bombenschaden erlitten haben, soll zur Erledigung eigener Angelegenheiten nach Möglichkeit Dienstbefreiung gewährt werden. In der Betreuung der Gefolgschaftsmitglieder dürfen diese aber nicht besser als andere Volksgenossen behandelt werden. Das gilt insbesondere für die Gewährung von Vorschüssen. Beim Einsatz von Gefangenen für die Beseitigung von Bombenschäden sind die Gefolgschaftsmitglieder gleichmäßig zu behandeln.

7. *MinDir. Letz: Abbau von Richtern und Staatsanwälten.* Die für den Abbau gemeldeten 80 Kräfte sind fast alle in den Ruhestand versetzt worden. Diejenigen, bei denen es noch nicht geschehen ist, bleiben. Wenn besondere Gründe vorliegen sollten, auch sie in den Ruhestand zu versetzen, dann soll berichtet werden. Bei dem derzeitigen Kräftemangel müssen wir auch ein Zehntel und ein Zwanzigstel Kräfte ausnutzen.

8. *MinDir. Letz: Weiterer Aufbau der Planstellenreserve.* Die Einstellungsverhältnisse sind in den Bezirken ganz verschieden. Von Osten nach Westen geht eine schiefe Ebene. Der Osten hat viele Stellen, der Westen viele Anwärter, aber keine Stellen. Die Assessoren wollen aus Anhänglichkeit an ihre Heimat nicht aus ihren Bezirken heraus. Außerdem versuchen die Bezirke nur ihre eigenen Anwärter anzustellen. Um einen Ausgleich zu schaffen, hat das Ministerium eine Planstellenreserve von 500 Stellen geschaffen. Sie hat sich bewährt. Die Aussprache ergibt, dass ein weiterer Ausbau nicht erforderlich ist.

9. *MinDir. Letz: Parteiämter der Sondergerichtsmitglieder und ihr Einsatz im Luftschutzdienst.* Es ist versucht worden, für die dauernd unterwegs befindlichen

Mitglieder der Sondergerichte eine Erhöhung der Lebensmittelrationen zu erreichen. Sie ist abgelehnt worden. Eine generelle Befreiung vom Luftschutzdienst kommt nicht in Frage, weil sich dann andere Stellen darauf berufen könnten. Es sollen örtliche Vereinbarungen getroffen werden, dass die Sondergerichtsmitglieder nach langen und anstrengenden Sitzungen vom Luftschutzdienst befreit werden. Ihre Befreiung von aktiver Parteiarbeit ist überhaupt undiskutierbar. Denn gerade die Sondergerichtsmitglieder sollen in engster Verbindung mit der Partei stehen. Eine zeitweise Befreiung kann nur von Fall zu Fall vereinbart werden.

10. *SenPräs. Dr. Friedrich: Studentische Arbeitsgemeinschaft:* Zweck, bisherige Erfahrungen, Auswahl der Gemeinschaftsleiter, Zusammenarbeit mit der Universität, Vorschläge. – Es handelt sich um Einrichtungen, die der Reichsjustizminister gemeinschaftlich mit den Universitäten getroffen hat. Die Universitäten waren dagegen. Der Minister mußte aber eingreifen, da die bisherige Lehrmethode der Universitäten zu begrifflich und zu abstrakt war und weil auch die Übungen veranstaltet wurden, ohne dass die Praxis dahinterstand. Die bisherigen Erfahrungen sind gut. Unsere Aufgaben bestehen in folgendem:

a) Auswahl des richtigen Gemeinschaftsleiters. Er soll kein Repetitor, sondern ein Erzieher sein. In die Arbeitsgemeinschaft gehört kein Dozent, ihr Leiter soll einem Amts- oder Landgericht entnommen werden.

b) der Oberlandesgerichtspräsident soll sich stärker in den Universitätsbetrieb einschalten und dauernd Fühlung mit dem Dekan halten. Er darf es nicht dulden, dass die Stunden zur Arbeitsgemeinschaft z.B. auf den Sonnabend-Nachmittag gelegt werden, wo der Student auch einmal frei haben will und nicht zur Arbeitsgemeinschaft kommt. Es kann nichts schaden, wenn der Oberlandesgerichtspräsident die Gemeinschaftsleiter gelegentlich auch überhört.

c) mit den Studenten soll dauernd Fühlung gehalten werden.

Reichsminister Dr. Thierack bittet darum, dass wir uns mehr wie bisher mit den Arbeitsgemeinschaften befassen sollen. Es geht hier um den Kampf um die Menschen. Sie sollen nicht nur mit Geist überfüttert werden, sondern Fälle aus dem Leben behandeln lernen. Dazu ist die Arbeitsgemeinschaft da. Sie hält die Mitte zwischen einer Rechtsschule und der Universität.

[*nach OLG-Präs. Becker:* Es besteht jetzt ein Kampf um den Menschen. Das Innenministerium wollte jetzt unter den jungen Referendaren für seinen Dienst werben. Der Führer ist der Auffassung, dass die Weltfremdheit der Juristen darauf zurückzuführen ist, dass sie auf der Universität rein geistig überfüttert worden sind. Zur Abhilfe bieten sich zwei Wege: die Rechtsschule oder die Verbindung mit der Universität. Ich möchte den zweiten Weg gehen. – Ich versuche, die Justiz zu heben. Dann müssen aber auch Sie unsere Rechte wahren. Einige Landgerichtspräsidenten sind auf das Ersuchen des Innenministeriums auf Mitteilung von Referendarlisten hereingefallen. Das geht nicht. Wenn ein fremdes Ressort zu Besprechungen über Justizangelegenheiten einlädt, muß ihm sagen: Komm zu mir, wenn du etwas willst.]

11. *SenPräs. Dr. Friedrich: Neuordnung des Prüfungswesens für Kriegsteilnehmer und Kriegsversehrte, Außerkraftsetzung alter Bestimmungen, Auswahl der Prüfer (Frontkämpfer), Prüfertätigkeit der Professoren (kaum Frontkämpfer).*

Die Regelung des Prüfungswesens ist jetzt abgeschlossen. Nach den alten Bestimmungen darf nicht mehr geprüft werden. Es wird größtes Gewicht darauf gelegt, dass die Prüfer Frontkämpfer dieses oder des letzten Weltkrieges sind, damit der Prüfer sich in die Nöte des Kriegsteilnehmers versetzen kann und der Frontkämpfer den Eindruck gewinnt, dass der Prüfer einstmals auch an der Front gestanden hat. Wenn keine Frontkämpfer vorhanden sind, müssen notfalls auch andere Prüfer zugezogen werden.

12. *SenPräs. Dr. Friedrich:* Verwendung von Kurzkommentaren in den Prüfungen: Es besteht die Gefahr, dass sie zur Eselsbrücke für die Prüflinge werden. Deshalb soll ihre Verwendung wieder abgeschafft werden. Dagegen besteht aber Bedenken, insoweit es sich um Kriegsteilnehmer handelt. – Die Oberlandesgerichtspräsidenten *Martin, Block* und *Ungewitter* sind gegen die Abschaffung und bitten, für den Fall, dass sie doch erfolgt, die Prüfungsaufgaben auf ihre Schwierigkeit nachzuprüfen. Manche sind ohne Kurzkommentar kaum zu lösen.

13. *MinDirig. Suchomel: Unterrichtung über die gesetzgeberischen Arbeiten auf dem Gebiete des Strafrechts.*

a) Der *Entwurf eines Gesetzes über die Behandlung Gemeinschaftsfremder* ist durch den Justiz- und Innenminister fertiggestellt. Er bezieht sich auf straffällig gewordene Asoziale und nicht straffällig gewordene Asoziale. Als gemeinschaftsfremd werden 5 Personenklassen behandelt.

1. Personen, die infolge defekter Anlagen zu einem geordneten Leben mit den Mindestanforderungen der Volksgemeinschaft nicht geeignet sind, 2. Arbeitslose und Liederliche, die der Allgemeinheit zur Last fallen, Arbeitsscheue und Liederliche, die einen Hang zu kleinen Straftaten haben, 4. Menschen, die aus Streitlust den Rechtsfrieden hartnäckig stören, 5. Neigungsverbrecher mit Hang oder Neigung zu Straftaten. – Die Polizei hat die Behandlung der nicht straffällig gewordenen Asozialen. Die straffälligen Asozialen gehören zur ausschließlichen Zuständigkeit der Staatsanwaltschaften und Gerichte. Für sie ist die Verurteilung zu unbestimmter Zuchthaus- oder Gefängnisstrafe vorgesehen, wenn nicht die Todesstrafe verwirkt ist. Als Mindeststrafe wird festgesetzt 5 Jahre Zuchthaus bei Hangverbrechern, wenn Aussicht besteht, die Asozialen durch den Vollzug zu bessern. Besteht diese Aussicht nicht, dann werden sie vom Gericht als unverbesserlich an die Polizei überwiesen. Das kann auch noch während des Strafvollzugs durch die höhere Vollzugsbehörde erfolgen. Wer über 35 Jahre alt ist und über 8 Jahre Zuchthaus verwirkt hat, gilt als unverbesserlich. – Arbeitsscheue und Liederliche werden vom Richter der Polizei überwiesen. – Durch diese Regelung werden die Verurteilungen zu Arbeitshaus und zur Sicherungsverwahrung gegenstandslos. Alle anderen Maßnahmen der Besserung und Sicherung bleiben. Die Einrichtung der Entmannung wird erweitert. Sie soll auch bei Vergehen gegen § 175 StGB für zulässig erklärt werden. In einer Durchführungsbestimmung sollen die Rechte der Polizei festgelegt werden, die diese nach einem Freispruch oder der Strafverbüßung von Asozialen hat. Nach einem Freispruch soll nur noch die Möglichkeit der polizeilichen Überwachung zugelassen werden, ebenso nach einer Strafverbüßung, wenn kein neuer Sachverhalt bekannt geworden ist. Wenn der Asoziale nach der

Strafverbüßung in ein Konzentrationslager verbracht werden soll, bedarf es der Zustimmung der höheren Vollzugsbehörde. – Werden nach der Strafverbüßung neue Tatbestände bekannt, dann hat die Polizei selbstverständlich freie Hand.

b) Die *Rechtsangleichung mit Österreich* wird fortgesetzt. So werden z. B. die §§ 189 und 330 c StGB in Österreich eingeführt, ebenso werden die Fristen für die Erhebung der Privatklage dort verlängert. Dann soll der Verfolgungszwang bei Verbrechen nach österreichischem Recht gelockert werden [vgl. RGBl. I 1943, 339, 341, 577].

c) Die *Polenstrafrechtsverordnung* wird geändert. Das Mindestmaß des Straflagers wird von 3 Monaten auf 1 Monat herabgesetzt. Polen dürfen keine Versicherung an Eides Statt mehr abgeben.

d) Es kommt eine *Landesverratsnovelle*, weil sich herausgestellt hat, dass der Strafrahmen für schwere Fälle nicht mehr ausreicht.

14. *Reichsminister der Justiz Dr. Thierack:* Ist die Entscheidung über die Eintragung in die Deutsche Volksliste und deren Widerruf für die Gerichte bindend?

Die Deutsche Volksliste enthält 4 Abteilungen. Die in die Abteilung 1 und 2 Eingetragenen unterliegen ohne weiteres der deutschen Strafrechtspflege. Die in Abteilung 3 Eingetragenen besitzen die deutsche Staatsangehörigkeit, sie kann aber widerrufen werden. Die in Abteilung 4 Eingetragenen erwerben die deutsche Staatsangehörigkeit erst durch besonderen Hoheitsakt. Auch die in Abteilung 3 und 4 Eingetragenen unterliegen der deutschen Strafrechtspflege. Wie steht es nun, wenn die Verleihung der deutschen Staatsangehörigkeit widerrufen wird? Wir müssen anerkennen, wenn jemand in die Abteilung 3 oder 4 der Deutschen Volksliste eingetragen wird und haben keinen Einfluß auf die Eintragung selbst und kein Recht, nach den Motiven der Eintragung zu fragen. Wir müssen die Eintragung eben hinnehmen. Ebenso müssen wir die Streichung in der Deutschen Volksliste und den Widerruf behandeln. Vom Augenblick des Widerrufs an unterliegt der Betreffende nicht mehr der deutschen Strafrechtspflege. Die RV vom 30.4.1943 wird widerrufen werden.

Für die strafrechtliche Verfolgung von Polen gilt auch weiter der Grundsatz, dass sie der Polizei zusteht, es sei denn, dass die Polizei die Justiz um Übernahme der Strafverfolgung bittet. – Mit dem Reichsführer SS ist eine Vereinbarung dahin getroffen worden, dass alle Polen, die eine Strafe von mehr als 6 Monaten Straflager zu verbüßen haben, alsbald an die Polizei abzugeben sind.

15. *Reichsminister der Justiz Dr. Thierack*: Die *Gnadenpraxis* des Justizministeriums bei *Verurteilung wegen Umgangs mit Kriegsgefangenen.*

Ich verweise auf die RV vom 14.1.1943 unter V. Gibt der verletzte Ehegatte zu verstehen, dass er der Ehebrecherin verziehen hat, so ist zu berichten. Mit Recht wird bei Umgang mit Kriegsgefangenen regelmäßig auf Zuchthaus erkannt und trotzdem erfolgen immer wieder Gnadenerweise durch den Minister. Der Grund des Verbotes des Umgangs mit Kriegsgefangenen liegt in der Gefährdung der Gemeinschaft, in der Zersetzung der Familie und in der Gefahr einer Spionage. Das Volk sieht das Sträfliche des Umgangs mehr von der Blutseite her. Er will auch den Ehebruch mit einem deutschen Mann bestraft wissen. Der Ehebruch ist in erster Linie eine Untreue gegen den Mann. Deshalb hat auch der Mann mit zu entscheiden über die Bestrafung der Frau. Schreibt der Soldat an der Front, dass er seiner Frau verziehen und sich entschlossen hat, die Ehe fortzusetzen, dann muß dem Rechnung getragen werden. Die Frau wird bestimmt begnadigt. Selbstverständlich erfolgt keine Begnadigung, wenn die Erklärung der Verzeihung nicht ernst gemeint ist. Vater und Mutter der Frau haben keinen Einfluß auf die Gnadenentscheidung. Dagegen spielt der Leumund der Frau immer eine erhebliche Rolle.

16. *ORR Kümmerlein: Das Reichsjugendgerichtsgesetz.* Es handelt sich um ein völlig neues Gesetz mit 82 Paragraphen, das auch für Österreich eingeführt wird. Es behandelt das gesamte Jugendrecht: Verfahren, Vollstreckung, Vollzug, Strafregister, Rehabilitierung. Es entscheidet, wann ein Jugendlicher vor einem Erwachsenengericht angeklagt werden kann, wie jugendliche Soldaten und jugendliche Angehörige des Reichsarbeitsdienstes zu behandeln sind. Es bringt eine volle Lösung vom Erwachsenenstrafrecht. Es enthält Strafen und Erziehungsmaßregeln. Als einzige Freiheitsstrafe ist Jugendgefängnis geblieben. Geld- oder Haftstrafe sind ganz weggefallen. Die Jugendgefängnisstrafe ist etwas völlig Neues. Ihr Mindesmaß beträgt 3 Monate, ihr Höchstmaß 10 Jahre für alle Straftaten. Die sonstigen Strafrahmen des Strafgesetzbuchs sind ohne Bedeutung. Das Gesetz enthält auch die unbestimmte Verurteilung, den Jugendarrest, die Verwarnung, Auferlegung besonderer Pflichten, die Geldbuße, Fürsorgeerziehung, Schutzaufsicht, Erteilung von Weisungen. Der Name Wochenendkarzer ist durch die Bezeichnung Freizeitarrest ersetzt. Die Dauer des Kurzarrests wird auf 6 Tage erstreckt. Die Altersgrenzen sind geblieben. Es ist aber außerdem gegen 12 bis 14jährige eine strafrechtliche Ahndung zugelassen. Die Entscheidung darüber ist dem Minister vorbehalten. Die Bestimmungen über die Einsichts- und Willensfähigkeit sind geblieben. Die Anwendbarkeit des Gesetzes ist auf Deutsche beschränkt. Eine sinngemäße Ausdehnung ist aber möglich. Die Anwendbarkeit der Schwerverbrecherverordnung erfordert die durchschnittliche Reife eines 18jährigen. Die Altersgrenze von 16 Jahren ist gefallen. Ihre Anwendbarkeit ist auch davon abhängig, dass die Gesamtwürdigung der Tat ergibt, dass es sich um einen charakterlich abartigen Jugendlichen handelt. Für mehrere Straftaten ist die Einheitsstrafe eingeführt. Die Beteiligung der HJ und der NSV-Jugendhilfe am Verfahren ist gesetzlich festgelegt. Die Einstellung des Verfahrens durch den Staatsanwalt ist nicht mehr an die Zustimmung des Jugendgerichts gebunden. Kosten und Auslagen des Verfahrens können niedergeschlagen werden. Urteile, die auf ein Zuchtmittel erkennen, sind nur anfechtbar, wenn auf Fürsorgeerziehung erkannt ist oder wenn Gefängnis nicht gewünscht wird. Das Verfahren ist vereinfacht, wenn nur ein Zuchtmittel zu erwarten ist. Der Staatsanwalt kann auf Teilnahme verzichten. Strafbefehl gegen Jugendliche gibt es nicht mehr. Strafaussetzung auf Probe darf nur erteilt werden, wenn ein Halb der Strafe verbüßt ist. Die Überweisung an ein Jugendschutzlager ist neu geregelt. Die Fristen für die Straftilgung sind abgekürzt worden. Es wird eine Erziehungskartei – ähnlich dem Strafregister – eingeführt werden. Auskunft erhalten nur die Betreuungsstellen. Die Rehabilitation erfolgt durch den Richter. Mit ihr ist jeder Strafmakel ausgelöscht.

Vom 18. bis 22. November 1943 findet in Bad Salzungen eine Reichstagung der Jugendrichter und Jugendstaatsanwälte zur Einführung des neuen

Jugendgerichtsgesetzes statt. Auf ihr werden der Reichsminister der Justiz und der Reichsjugendführer sprechen. Jeder Bezirk ordnet einen Jugendrichter und einen Jugendstaatsanwalt ab. Im Laufe des Monats Dezember haben in allen Oberlandesgerichtsbezirken Arbeitstagungen aller Jugendrichter und Jugendstaatsanwälte stattzufinden zur Vorbereitung auf den 1. Januar 1944, an dem das neue Gesetz in Kraft treten soll.

17. *ORR Kümmerlein: Arbeitsdisziplin der Jugend.* – Darüber ist eine RV in Vorbereitung. Es bedarf noch der Zustimmung anderer Ressorts.

18. *ORR Kümmerlein: Strafrechtliche Behandlung fremdvölkischer Jugendlicher.* Die Frage ist noch nicht abschließend geregelt. Das Reichsjugendgerichtsgesetz ist auf Fremdvölkische sinngemäß anzuwenden, soweit das nicht durch Sonderbestimmung ausgeschlossen ist. Erziehungsmaßregeln gegen Fremdvölkische scheiden in der Regel aus. Juden sind nicht nach dem Reichsjugendgerichtsgesetz zu behandeln. Die Behandlung der Zigeuner ist noch nicht geklärt. Der Reichsminister der Justiz will sie ausschließen und nur das Erwachsenenstrafrecht angewendet wissen. Auf Polen ist das Jugendstrafrecht nicht anwendbar. Dagegen ist es auf Russen sinngemäß anzuwenden. Im Vollzug hat eine völlige Trennung zwischen Deutschen und Fremdvölkischen stattzufinden.

19. *ORR Kümmerlein: Sachbearbeiter für Jugendrecht bei den höheren Justizbehörden.* Für die Lenkung der Jugendstrafrechtspflege sollen besondere Sachbearbeiter eingesetzt und ihre Namen allen Richtern und Staatsanwälten bekanntgegeben werden. Sie sollen auch für Vorträge in den Gauen zur Verfügung stehen.

20. *MinDir. Vollmer: Strafverhandlung am Tatort.* Die eingeforderten Berichte weisen auf Vorteile und Nachteile hin. Die Aufklärung des Sachverhaltes wird erleichtert, Ausflüchte des Angeklagten sind nicht mehr so leicht möglich, Zeugen können schnell herbeigerufen werden, der Charakter des Gerichts kommt mehr zum Ausdruck, die Rechtsfremdheit des Volkes wird gebessert, Kosten werden gespart, ein erzieherischer Einfluß auf die Bevölkerung wird ausgeübt. Auf folgende Nachteile wird hingewiesen: Es gibt zu viele unbeteiligte Zuhörer, für die die Verhandlung eine Sensation bedeutet, die Sitzungspolizei wird erschwert, die Verhandlung kostet viel mehr Zeit, der Gerichtsbetrieb ist nicht so eingespielt, die Gefolgschaft des Betriebes ist manchmal recht empfindlich und sieht in der Verhandlung manchmal eine Bloßstellung des Betriebes, Zeugen sind in Gegenwart ihrer Arbeitskameraden befangen, die technische Ausführung der Tat bringt oft Stoff für Kriminalstudenten, das Mitleid der Zuschauer beeindruckt Zeugen und Gericht, die Belegschaft kann eingeschüchtert werden.

Der Minister macht folgende Vorschläge: Die Verhandlung am Tatort soll eine Ausnahme sein, der Raum muß sorgfältig ausgewählt werden, die Urteilsberatung muß geheim bleiben, die gerichtliche Atmosphäre muß gewahrt werden, Schwierigkeiten, die der Sitzungsdienst macht, müssen überwunden werden. Bei Verhandlungen gegen Deutsche dürfen keine Ausländer zugegen sein. Es kann sich empfehlen, die Diebesbeute im Verhandlungsraum aufzubauen. Der Begriff der Öffentlichkeit darf nicht allzu weit gespannt werden. Um recht oft am Tatort zu verhandeln, müssen Staatsanwaltschaft und Gericht beweglich gemacht werden.

In der Aussprache wird darauf hingewiesen, dass es sich empfehlen kann, den Gauleiter davon zu unterrichten, wenn irgendwo am Tatort verhandelt werden soll. Eine Genehmigung dazu ist selbstverständlich nicht einzuholen.

21. *MinDir. Vollmer: Behandlung von Heimtückesachen.* In Fällen, in denen die strafbare Äußerung darin besteht, dass frühere Erklärungen führender Männer in hetzerischer Absicht wiederholt werden. (Beispiele: frühere Erklärung des Führers über Stalingrad oder über den Wert des italienischen Bundesgenossen – Wiederholung nach dem Fall von Stalingrad bzw. nach dem Verrat Badoglios. Berücksichtigung der Umstände, unter denen die Erklärung abgegeben worden ist.) – Es kommt öfters vor, dass Zeitungsausschnitte über frühere Erklärungen führender Männer gesammelt und dann zusammen mit neuen Meldungen am Schwarzen Brett angeschlagen werden. Das ist nach § 2 des Heimtückegesetzes strafwürdig, darf aber nicht so begründet werden, dass auch ein Führer sich irren kann. Jede öffentliche Erklärung ist aus der Situation zur Zeit ihrer Abgabe geboren. Zur Unzeit mit der früheren Erklärung die neuen Maßnahmen zu vergleichen, ist hetzerisch und bösartig.

22. *MinDir. Mielke: Organisation und Entlastung der Sondergerichte.* Die Geschäfte der Sondergerichte sind stark angewachsen. Setzt man sie für 1939 mit 100 ein, so ergeben sich 1943 400–500. Die Sondergerichte haben trotzdem schnell zu urteilen. Die Urteile sind in der Regel zwei bis drei Wochen nach dem Eingang beim Sondergericht ergangen. Geklagt wird über die lange Dauer des Vorverfahrens. Es soll bei der Polizei 30 Tage, bei der Staatsanwaltschaft 72 Tage betragen. Schuld für die lange Dauer bei der Staatsanwaltschaft sind die mangelhafte Vorbereitung durch die Polizei und die Berichtspflicht an das Ministerium. Trotz der Häufung der Sachen hat die Autorität der Sondergerichte nicht gelitten. Fachlich geeignete Richter waren bisher genügend vorhanden. Am besten ist ein zentrales Sondergericht am Sitze des Oberlandesgerichts und des Gauleiters. Von den meisten Bezirken wird die Alleinentscheidung abgelehnt. In einem Bezirk sind bis zu 50 v.H. durch den Einzelrichter abgeurteilt worden. Eine Beschränkung der Zuständigkeit wird allgemein empfohlen. Zur Abgabe eignen sich leichte Kriegswirtschaftssachen, leichte Eisenbahn- und Postdiebstähle, leichter Umgang mit Kriegsgefangenen. Es werden Verwaltungsanordnungen über diese Abgaben angeregt und darum gebeten, dass die Staatsanwaltschaft mehr von solchen Sachen abgeben soll, die an sich zur ausschließlichen Zuständigkeit des Sondergerichts gehören. § 14 der Zuständigkeitsverordnung.

Es folgt dann eine Aussprache über folgende Punkte: 1. welche Arten von Strafverfahren belasten die Sondergerichte am meisten, 2. welche bisher von den Sondergerichten abgeurteilten Sachen eignen sich zur Abgabe an die anderen Gerichte, 3. welche Maßnahmen kommen in Betracht, um auch bei erweiterter Abgabe die Einheitlichkeit der Rechtsprechung zu gewährleisten? – Die Aussprache ergibt, dass eine Entlastung durch das Gesetz nicht erforderlich ist. Im übrigen werden alle möglichen Mittel empfohlen, die sich je nach der Eigenart der Bezirke, ihrer Größe, Richter und Staatsanwälte richten. Eine Entlastung der Sondergerichte durch gesetzliche Regelung wird nicht erfolgen.

23. *MinDir. Vollmer: Entsühnung durch Fronteinsatz.* Es kommt die RV vom 18.3. und 14.6.1943 in Frage. Es kommt oft vor, dass der Beschuldigte, um der Strafverfolgung zu entgehen, die „Flucht in die Wehrmacht" ergreift. Darüber schweben Verhandlungen mit dem OKW. Die Strafverfolgung soll nur mit Zustimmung der Staatsanwaltschaft eingestellt werden. – Belanglose Fälle können nach § 153 StGB eingestellt werden oder aber, man kann die Strafverfolgung bis nach Kriegsende ansetzen. In ernsteren Fällen ist dem Minister wegen der Niederschlagung zu berichten. Es ist sogar ein Hochverratsfall niedergeschlagen worden, weil der Täter, ein alter Kommunist, sich im Osten hervorragend bewährt hatte und Feldwebel geworden war. Es darf nicht vorkommen, dass Soldaten, die sich im Felde bewährt haben, hinterher wegen Kleinigkeiten verfolgt werden.

Reichsjustizminister Dr. Thierack: Ich bin mit der Entsühnung durch Fronteinsatz früher großzügig gewesen, aber vorsichtig geworden. So habe ich einen Kreisleiter und einen SA-Führer aus der Front zur Strafverfolgung zurückgeholt, nachdem sich herausgestellt hatte, dass der betreffende SA-Führer seine Tat durch Fronteinsatz in Kopenhagen sühnen wollte. – Die von mir aufgestellte Gefangenenbrigade Nr. 99 hat sich in Tunis ganz hervorragend geschlagen. Auf die Bitte ihres Kommandeurs habe ich ihren Angehörigen noch funktelegraphisch vor Abschluß der Kämpfe die bürgerlichen Ehrenrechte wieder verliehen.

24. *MinDir. Vollmer: Auflagen im Strafverfahren* (kein Feilschen und Aushandeln bei Geldbußen. Berücksichtigung der Täterpersönlichkeit und der Tatrichtung bei Auswahl der Auflagen. Zusammenarbeit mit Stellen des Staates und der Partei).

Mit den Auflagen soll eine Entlastung der Gerichte und der Volkswirtschaft erreicht werden. Aus den Bezirken werden die verschiedensten Auflagen gemeldet. Für Schwarzschlachtungen: 2 Schweine zusätzlich füttern und abliefern, bei Nachbarstreitigkeiten: 1 Jahr lang einwandfreies nachbarliches Verhalten. Bei Rauchern: Abgabe der Raucherkarte. Bei Felddiebstählen: Leistung von Erntehilfe. Gegen putzsüchtige Frauen: 10 Stunden Arbeit auf einem Bauernhof. Bei Vergehen gegen die Verbrauchsregelungsstrafverordnung: Ablieferung von Eiern über das Soll hinaus. Bei Ärzten: Übernahme einer Tätigkeit als Lagerarzt. Bei Kunstfehlern von Hebammen: Ausscheiden aus dem Beruf. Bei Minderjährigen: Arbeit bei der Reichsbahn. Bei Beleidigung des Gauleiters: Entschuldigung beim Gauleiter in Gegenwart des Oberstaatsanwalts.

Es ist bekannt, dass das Verfahren mit Auflagen der Staatsanwaltschaft eine Mehrarbeit bringt. Dafür wird aber das Gericht entlastet, ebenso die Volkswirtschaft. Deshalb muß die Mehrarbeit in Kauf genommen werden.

Oberlandesgerichtspräsident *Zelinski* weist darauf hin, dass sich im Osten die Abgabe von Geflügel als Auflage besonders bewährt hat.

25. *MinDir. Vollmer: Ärztliche Sachverständige im Strafverfahren.* Es kommt immer wieder vor, dass das Gericht einen Arzt verurteilt, während das ärztliche Ehrengericht ihn freispricht. Das Gericht soll immer die besten Sachverständigen feststellen und hören. Wissenschaftliche Streitigkeiten sollen vor Gericht nicht ausgetragen werden. Es muß der Eindruck vermieden werden, dass sich das Gericht sklavisch an die Meinung des Sachverständigen bindet. Auch bei der Auswahl

der Fragen an Sachverständige soll Vorsicht geübt werden. Enge Zusammenarbeit mit dem Institut für gerichtliche Medizin wird empfohlen. Es soll ersucht werden, geeignete Sachverständige vorzuschlagen.

26. *MinDir. Vollmer: Abgabe polizeilicher Ermittlungsvorgänge an die Staatsanwaltschaft.*

Der § 163 StPO gilt auch heute noch. Der Minister wünscht Bericht, wenn die Polizei versuchen sollte, Strafanzeigen zurückzuhalten und in eigener Zuständigkeit zu erledigen. Das gilt auch bei Geschlechtsverkehr mit Kriegsgefangenen und auch dann, wenn damit zu rechnen ist, dass das Verfahren von der Justiz niedergeschlagen wird. Beispiel: Frau erwürgt ihr Kind.

27. *MinDir. Vollmer: Strafverfahren wegen Plünderns.* Es ist vorgeschlagen worden, gefällte Todesurteile durch Lautsprecher bekanntzugeben. *Reichsjustizminister Dr. Thierack:* Die Zahl der Plünderungen nimmt zu, ihre Aufklärung aber ab. Ich finde die Idee, die Todesurteile durch Lautsprecher bekanntzugeben für falsch und empfehle dieses Verfahren nicht.

28. *MinDir. Vollmer: Anprangerungen durch die Partei.* Anprangerungen jeder Art sind durch den Führer persönlich verboten. Geschehen sie doch, ist zu berichten. So hat ein Ortsgruppenleiter die Spende eines Reichsbahnoberrates zu irgendeiner Sammlung für zu gering gehalten und sie in einem Schaufenster mit einem entsprechenden Hinweis ausgestellt. Das war ungesetzlich und mußte unterbleiben.

29. *MinDir. Vollmer: Zunahme der Kriminalität.* Kellereinbrüche, in denen es auf Luftschutzgepäck abgesehen ist, nehmen außerordentlich zu. Ebenso Diebstähle am Gepäck von Evakuierten. Weiter Kleiderdiebstähle. Auf der Straße sind Kinder ganz ausgezogen und ihrer Kleider beraubt worden. Obst- und Felddiebstähle großen Umfangs haben stark zugenommen und sind oft mit Drohungen gegen den Eigentümer verbunden worden. In den Hotels werden Messer, Gabeln und Löffel gestohlen und können mancherorts nur noch gegen Pfand ausgegeben werden. Stark zugenommen haben die Werkstättendiebstähle. Jetzt bestiehlt man auch die Briefkästen mittels besonderer Angeln und mit Falschschlüsseln. In den Aufnahmegauen von Evakuierten werden besonders Fahrräder entwendet. Außerordentlich bedenklich sind auch die Brandstiftungen durch Kinder. – In allen Fällen soll scharf durchgegriffen werden [Volksschädlingsverordnung].

30. *Ministerialrat Mielke: Auflösung des Vereins gegen Bestechung.*

Sie ist schon durch besondere RV mitgeteilt worden. Früher bestand wenig Neigung, bei den Staatsanwaltschaften und Gerichten, mit dem Verein zusammenzuarbeiten. Jetzt hat er behördenähnlichen Charakter bekommen und deshalb wird engere Zusammenarbeit mit ihm empfohlen. Er verfügt über ein vielseitiges Material.

31. *ORR Schmidt-Baden: Besprechung einiger Urteile.* Ein Geistlicher hat für das Lesen einer Seelenmesse 15 Eier verlangt und erhalten. Dafür hat er eine Geldstrafe von 100 RM bekommen. Ein anderer Geistlicher sollte das Requiem für einen Gefallenen halten. Er hat dafür etliche Kilo Fleisch und Butter verlangt. Die Hinterbliebenen haben auf das Requiem verzichtet. Der Pfarrer ist mit 3 Monaten Gefängnis bestraft worden. In beiden Fällen ist die Strafe zu mild, weil die Pfarrer ihre Stellung ausgenutzt haben. *Reichsjustizminister Dr. Thierack:* Pfarrer sind korrekt

wie jeder andere Deutsche zu behandeln. Begehen sie einen Amtsmißbrauch, so sind sie genau so scharf anzufassen, wie Staatsorgane, die ihr Amt für persönliche Vorteile mißbrauchen. [*Niederschrift von OLG-Präs. Becker:* In Strafsachen gegen Geistliche müssen die Kirchenbehörden Mitteilungen erhalten (§ 22). Schwierigkeiten entstehen bei Hochverratssachen gegen Geistliche, weil da die genaue Begründung nicht mit übersandt werden konnte. Dagegen hat die erzbischöfliche Kurie Vorstellung erhoben. Die Vorstellung ist zurückgewiesen worden, weil die Mitteilungspflicht zurücktreten muß vor politischen Anforderungen.

Minister: Mitglieder der Kirche müssen korrekt behandelt werden, aber genau so wie andere. Wenn ein Geistlicher sein Amt mißbraucht, dann verdient er genau die Schärfung, wie sie bei einem staatlichen Organ angewandt wird. Eine Scheu vor der Persönlichkeit des Geistlichen, wie sie in einem gewissen Milieu vorkommt, darf es nicht geben. Ein Geistlicher, der Hochverrat begeht, muß genau so wie ein anderer seinen Kopf verlieren.]

32. *MinRat Staud:* bespricht den Entwurf einer Verordnung zur Ergänzung der Verordnung über Maßnahmen auf dem Gebiete des bürgerlichen Streitverfahrens, der Zwangsvollstreckung, des Konkurses und des bürgerlichen Rechts vom 1.9.1939 (RGBl. S. 1656; RGBl.I 1944, 229).[*Aufz. von OLG-Präs. Becker: MR Staudt:* Die jetzigen Maßnahmen reichen wohl auch für den Luftterror, doch sind vorsorglich weitere Maßnahmen geplant. Unter Kriegseinwirkungen sind zu verstehen die Einwirkungen des Angriffs selbst, die Maßnahmen infolge der Luftangriffe, Behinderung durch feindliche Gewalt (Bandenunternehmen). – Der Stillstand der Rechtspflege hat bisher keine Bedeutung gehabt, jetzt aber kommt zuweilen vor, und es entstehen Zweifel, wenn Stillstand gegeben ist. Deshalb ist eine Regelung erwünscht durch die Justizverwaltung. Die Entscheidung soll auf die Oberlandesgerichtspräsidenten übertragen werden; eine weitere Delegierung empfiehlt sich wohl nicht. Entschieden wird auf die Anfrage eines Gerichts oder eines Rechtswahrenden oder auch der Klarheit halber gleich von vornherein von Amts wegen. Eine Veröffentlichung wird sich aus Abwehrgründen verbieten.]

33. *MinRat Hesse* gibt bekannt, dass den Oberlandesgerichtspräsidenten demnächst ein Entwurf eines Gesetzes über die Hemmung der kurzen Verjährungsfristen des täglichen Lebens bis vorerst 31.12.1944 zugehen wird.

34. *MinRat Staud:* Reichen nach den bisherigen Erfahrungen mit der Kriegsmaßnahmenverordnung die bestehenden Bestimmungen auch im Falle weiterer Einziehungen aus?

Das wird allgemein bejaht.

35. *MinRat Staud:* Sind besondere *Schutzvorschriften für Angehörige der Heimatflak* und andere zu kurzfristigem Wehrdienst Einberufene erforderlich? – Verhandlungen mit dem OKW schweben. Die Wehrmacht will nur Schutzbestimmungen für dauernd Eingezogene. Die bestehenden Vorschriften scheinen auch zu genügen.

36. *MinDir. Altstötter:* Sind Mißstände aufgetreten, wenn als beauftragte Richter oder Staatsanwälte beschäftigten Rechtsanwälten gestattet worden ist, ihre Anwaltspraxis weiter zu betrieben? – Den Beauftragten sollen ihre Berufsrechte gewahrt bleiben. Berufsschäden sollen nach Möglichkeit vermieden werden. Deshalb

soll nach der RV vom 21.6.1943 die Berufsausübung sorgfältig geprüft und überwacht werden. – Der Oberlandesgerichtsbezirk Königsberg hat schlechte Erfahrungen gemacht. Vor allem hat sich bei Anwälten, die aus Sozietäten kommen, gezeigt, dass der Sozius überlaufen worden ist. War der Rechtsanwalt gleichzeitig Richter, dann ist eine auffällige Zunahme der Notariatsakte beobachtet worden. – *Präsident der Reichsrechtsanwaltskammer Neubert:* Der beauftragte Richter oder Staatsanwalt soll nicht beim Gericht seiner Niederlassung auftreten und möglichst an anderen Orten eingesetzt werden.

Der Minister wünscht Bericht über weitere Erfahrungen.

37. *MinRat Hesse:* Genügt der Erlaß vom 30.7.1943–3851 – VI b [2] 1388 – über die Sicherung der Grundbücher sowie der gerichtlich verwahrten letztwilligen Verfügungen gegen Luftgefahr den praktischen Anforderungen?

a. Besondere Unglücksfälle sind bisher nicht vorgekommen außer in Münster, wo einige Grundakten verbrannt sind, und in Frankenthal. Das Grundbuch ist aber allenthalben intakt geblieben. In allen Bezirken ist größte Sorgfalt auf die Sicherstellung der Grundbücher angewendet worden. Das Handblatt hat sich jetzt außerordentlich bewährt. Die Ermächtigungen, die der Minister im Oktober 1942 den Oberlandesgerichtspräsidenten für Schutzmaßnahmen erteilt hat, sind überall voll ausgenutzt worden. Die räumliche Trennung von Grundbuch und Tabelle hat sich bewährt. Es fragt sich, ob auch das Grundbuch vom Amtsgericht fortgeschafft werden soll. RV vom 30.7.1943. Transportschwierigkeiten müssen zurücktreten. Der Herr Minister will hören, ob noch etwas veranlaßt werden soll.

b. *Sicherstellung der Testamente.* Ihre Verbringung an einen anderen Ort ist leichter als die der Grundbücher. Nun ist aber ein Streit entstanden, welches Amtsgericht die Testamente eröffnen soll. Dasjenige, des derzeitigen Aufbewahrungsortes oder das Amtsgericht, bei dem das Testament niedergelegt worden ist. Eine AV, die fertig ist, erklärt das aufbewahrende Gericht für zuständig.

Reichsminister der Justiz Dr. Thierack erklärt, es sei vorgeschlagen worden, sofort alle Testamente zu eröffnen und zu kopieren. Er lehnt diesen Vorschlag ab, weil dann die Geheimhaltung des Inhalts der Testamente gefährdet wird. Das bedeute eine ernstliche Gefahr bei Lebzeiten des späteren Erblassers, weil die Testamente oft auch außer letztwilligen Anordnungen private Familienverhältnisse offenbaren. – Der *OLG-Präs. von Hamburg* weist darauf hin, dass die Grundbücher und Testamente in Hamburg in einen Bunker, der nicht mehr benutzt werde, gebracht worden seien und dass man sie in Bremen in ein Salzbergwerk gebracht habe. Der Oberlandesgerichtspräsident von Kassel weist auf die Hundearbeit hin, die dem aufnehmenden kleinen Amtsgericht dadurch entsteht, dass es wöchentlich durchschnittlich 300 Testamente zu eröffnen habe.

38. *MinDir. Altstötter:* über einige Arbeitsplanungen auf dem *Gebiete des Zivilrechts.*

1. Das *Wohnungsproblem*: Dazu ist die AV vom 12.6.1943 ergangen. Sie wird von den Gerichten noch zu wenig berücksichtigt. Die Richtlinien für den Ausgleich der Interessen bei Räumungsklagen müssen unbedingt beachtet werden. Der Reichsführer SS hat jetzt ebenfalls Richtlinien erlassen. Es schweben zur Zeit Erwägungen

darüber, ob der Zwangstausch bei asozialen Mietern eingeführt werden soll. Der Streitrichter soll gleichzeitig die Befugnisse des Vollstreckungsrichters erhalten.

2. Das Problem, wem die *Ehewohnung nach der Scheidung* zustehen soll, ist in Bearbeitung. Der Richter soll frei nach dem Einzelfall gestalten und entscheiden.

3. Die Bestimmung des § 752 BGB über die Gemeinschaftsteilung reichen für den Fall einer Scheidung nicht aus. Es ist beabsichtigt, wenn Grundstücke vorhanden sind, die Bestimmungen über die Gebote bei einer Versteigerung aufzulockern. Der Familienhaushalt soll nach Lage der Umstände vom Richter geteilt werden. So soll auch für die Aufhebung einer Erbengemeinschaft geregelt werden.

4. Die Familienverhältnisse von Gefallenen sollen neu geregelt werden. Der Führererlaß vom 6.11.1941 hat die nachträgliche Eheschließung zugelassen. Die Folgen zeigen sich in erster Linie auf dem Gebiete des Erbrechts. Das gesetzliche Erbrecht der nachträglich geheirateten Frau soll bestehen bleiben. Der Richter erhält aber die Befugnis, im Einzelfall davon abzuweichen. Besondere Schwierigkeiten ergeben sich, wenn von dem Gefallenen ein Kind vorhanden ist, das entweder unehelich vor der Eheschließung geboren, oder nach der Eheschließung zur Welt gekommen ist. Dann soll für diesen Fall die Legitimation durch nachfolgende Ehe eingeführt werden. Die ehelichen Abstammungsvorschriften sollen für anwendbar erklärt werden.

5. Die durch den Krieg entstandenen Bevölkerungsverluste müssen ausgeglichen werden.

a) Die kinderreiche Ehe soll nach Möglichkeit gefördert werden. Dazu soll ein Eheverbot kommen, wenn die Ehe den Keim der Unfruchtbarkeit in sich trägt. Das gilt vor allem für den Fall, dass der Mann erheblich jünger ist als die Frau. Die Ehescheidung kinderloser Ehen soll erleichtert werden. Die Kinderlosigkeit wird einen Scheidungsgrund bilden. Auf der anderen Seite wird die Scheidung für kinderreiche Ehen erschwert werden. Es darf nicht vorkommen, dass eine kinderreiche Mutter vom Manne auf die Straße gesetzt wird, nachdem sie ihm viele Kinder geschenkt hat. § 55 Ehegesetz.

6. *Erbrecht.* Das gesetzliche Erbrecht genügt heute nicht mehr, wenn durch den Krieg ganze Geschlechter ausgelöscht werden.

a) § 48 Abs. 2 des Testamentsgesetzes, nach welchem eine Verfügung von Todes wegen nichtig ist, soweit sie in einer gesundem Volksempfinden gröblich widersprechenden Weise gegen die Rücksichten verstößt, die ein verantwortungsbewußter Erblasser gegen Familie und Volksgemeinschaft zu nehmen hat, gilt nicht bei der gesetzlichen Erbfolge. Das muß angeglichen werden.

b) Es kommt oft vor, dass die gesetzliche Erbfolge nicht dem Willen des Erblassers entspricht. 1. Der Gefallene ist ein Pflegekind, das von seinen Pflegeeltern mit großen Kosten erzogen und ausgebildet worden ist. Die leiblichen Eltern haben sich nie um das Kind gekümmert. Jetzt, wo es gefallen ist, wollen sie erben. 2. Der Gefallene hat seine Eltern kaum gekannt. Diese haben sich nie um ihn gekümmert. Er ist verheiratet und hat sich mit durch die Arbeit seiner Frau ein Geschäft aufgebaut und Vermögen erworben. Jetzt wollen seine Eltern mit erben. – Die gesetzliche Regelung ist so vorgesehen, dass der Nachlaßrichter die Erbfolge regeln soll.

39. *MinDir. Segelken: Einrichtung und Behandlung kriegsbedingter Abwesenheitspflegschaften.* – Es kommt eine RV, die Richtlinien für die Lösung von Zweifelsfragen bringt, z. B. derjenigen, ob Abwesenheitspfleger lediglich zu dem Zweck zu bestellen sind, Kündigungen entgegenzunehmen, Zinsherabsetzungen zu genehmigen und ähnliches mehr.

40. *MinDir. Segelken: Bestellung von Vertretern für zur Wehrmacht einberufene Gesellschafter einer offenen Handelsgesellschaft oder einer Kommanditgesellschaft.* Eine Rundfrage bei den Oberlandesgerichtspräsidenten hat ergeben, dass bisher keine Schwierigkeiten entstanden sind. Deshalb soll eine gesetzliche Regelung unterbleiben.

41. *MinDir. Segelken: Neuregelung der Befreiung von der Einhaltung handelsrechtlicher Vorschriften* (keine Veröffentlichung von Bilanzen usw., generelle Einschränkung der Veröffentlichung von Handelsregistereintragungen. Einsicht in das Handelsregister und in die Handelsregisterakten nur noch in Ausnahmefällen). – Die Frage muß von Fall zu Fall geregelt werden. Die Wehrmacht wünscht aus Abwehrgründen ein allgemeines Veröffentlichungsverbot. Das Reichsjustizministerium will nachgeben vor allem mit Rücksicht auf die dadurch eintretende Arbeitsersparung. Eine RV kommt. Die Einsicht ins Handelsregister wird gestoppt. Der Registerrichter entscheidet darüber. Er soll aber nicht zu engherzig sein.

42. *MinDir. Segelken*: Zeitpunkt und Inhalt des demnächst zu erwartenden Gesetzes über die erweiterte Zulassung von Schadensersatzansprüchen bei Arbeits- und Dienstunfällen. – Das Gesetz kommt demnächst, es läuft zur Zeit zur Unterzeichnung bei den beteiligten Ministerien um. Die Verabschiedung eilt, weil zahlreiche Prozesse bis zu seinem Erlaß ausgesetzt sind. Es enthält nicht nur den Fürsorgegesichtspunkt, sondern erkennt auch die Zulässigkeit von Schadensersatzansprüchen an.

43. *MinDir. Segelken:* Abtretung des Anteils eines Kommanditisten. Das Kammergericht ist in einer Entscheidung vom 6.5.1943 von der Rechtsprechung des Reichsgerichts [8. ZS v. 12.8.1939, RGZ 162, 264] abgewichen [Übersehen der RG-Entscheidung]. Dadurch ist Unruhe in der Kaufmannschaft entstanden. Es ist beabsichtigt, Nichtigkeitsbeschwerde durch den Oberreichsanwalt erheben zu lassen [Entscheidung des Großen Senats des RG v. 1944, DNotZ 1944, S. 195 ff.].

Die Oberlandesgerichtspräsidenten werden entlassen. Dann findet die Besprechung nur in Gegenwart der Generalstaatsanwälte ihren Fortgang.

44. *Reichsminister der Justiz Dr. Thierack:*

1. In Hamburg sind nach dem letzten schweren Luftangriff von Generalstaatsanwalt Dr. Drescher die meisten Gefangenen entlassen worden, weil es in den Vollzugsanstalten weder Licht noch Wasser gab. Das Fehlen von Licht war kein Grund. Wasser hätte herangeschafft werden können und die Schwierigkeiten, die durch das Verstopfen der Wasserspülaborte entstanden waren, hätten überwunden werden müssen. Die Entlassung hat sich auch auf Gefangene

bezogen, die dem Generalstaatsanwalt gar nicht unterstanden, sondern dem Oberreichsanwalt beim Volksgerichtshof. Darunter waren gefährliche Elemente, die mit feindlichen Fallschirmspringern in Verbindung gestanden hatten. Der Generalstaatsanwalt ist von der Geheimen Staatspolizei im Einverständnis mit dem Reichsjustizminister verhaftet worden und hat bis zum 20. Oktober 1943 in Untersuchungshaft gesessen. Er wird wegen fahrlässiger Gefangenenbefreiung angeklagt. Seine Schuld besteht darin, dass er eine unklare Anordnung über die Entlassung erteilt und dass er die Durchführung seiner Anordnung nicht überwacht hat.

2. Zur Zeit bereist ein Beauftragter des Führers einen Teil der Vollzugsanstalten. Wir sollen uns dadurch nicht beunruhigen lassen. Es handelt sich darum, dass ein Teil der Vollzugsanstalten für die Aufnahme von Geisteskranken freigemacht werden soll, damit in den modernen Anstalten, in denen die Geisteskranken zur Zeit untergebracht sind, Kranke aus den bombengefährdeten Gebieten untergebracht werden können. Über die Herausgabe von Vollzugsanstalten entscheidet der Reichsjustizminister.

3. Der Minister hat bei dem Besuch von Vollzugsanstalten viel Gutes und viel Schlechtes gesehen. Die Sammlung von Photographien der Arbeitsbetriebe der Vollzugsanstalten hat beim Führer größtes Interesse erregt. Er wußte bei einem Gespräch noch genau, was in den einzelnen Anstalten hergestellt wird.

4. Der Mangel an Aufsichtskräften und an Waffen ist dem Minister bekannt. Wir werden demnächst Waffen von der SS bekommen, der als Ausgleich dafür ein Teil der polnischen Gefangenen überlassen wird. Wir müssen die Sicherheit der Vollzugsanstalten unbedingt gewährleisten. Jeder Aufsichtsbeamte muß rücksichtslos schießen, wenn irgendwelche Tumulte oder Ausbruchsversuche gemacht werden. Es soll ein Versuch gemacht werden, auch ausgesuchte Gefangene als Aufsichtskräfte einzusetzen. Ob auch mit Waffen, wird noch geprüft werden. Eine RV darüber wird kommen.

45. *MinDir. Engert:*

1. *Luftschutz.* Ich habe bei meinen Besuchen von Vollzugsanstalten die merkwürdigsten Meinungen gefunden. Ein Anstaltsvorstand erklärte, es könne nichts passieren, weil er bei jedem Alarm aufstehe und persönlich in der Anstalt anwesend sei. Das nützt natürlich gar nichts. Besonders mangelhaft war in vielen Anstalten die Aufstellung von Wasserbehältern. Auch kleine Anstalten sind heute gefährdet und je näher die Front an die Grenze kommt, um so näher rückt die Gefahr von Luftangriffen auf alle Anstalten des Reiches. Der Gegner wird durch seinen Nachrichtendienst unterdessen auch erfahren haben, dass die Vollzugsanstalten zu Rüstungsbetrieben geworden sind. Wir sollen die Anstaltsleiter auf diese Gefahren aufmerksam machen und lieber etwas schwarz sehen.

Löschtrupps durch Gefangene haben sich allenthalben bestens bewährt. Die Beamtenschaft hat sich überall voll eingesetzt. Wenn wir ein wirtschaftlicher Betrieb wären, könnten wir dafür die Betreffenden belohnen. Der Finanzminister hat aber sein Einverständnis versagt und sich auch dagegen ausgesprochen, dass aus diesem Anlaß Beförderungen vorgenommen werden. Gegen den Einsatz von Löschtrupps sind insofern Bedenken geäußert worden, als durch den gemeinschaftlichen Einsatz die Autorität der Beamten leide. Wenn das tatsächlich der Fall sein sollte, so kann die Schuld nur den Beamten treffen.

2. *Personalmangel* ist unsere größte Sorge. Ich habe die Reichsjugendführung, den Reichsführer SS und das Oberkommando der Wehrmacht gebeten, uns Kräfte abzulassen, bisher aber keine Antwort erhalten. Kriegsversehrte können ruhig eingesetzt werden. Ob weitere Uk-Stellungen möglich sein werden, hängt von der militärischen Lage ab. Der Reichsjustizminister möchte Listen der Beamten, die wir unbedingt brauchen. Er will versuchen, ihre Uk-Stellung durchzudrücken.

3. *Ausbildung der Beamten.* Es sind viele Fälle von bedenkenloser Vertrauensseligkeit und von Leichtsinn der Beamten bekannt geworden. So sind zwei zum Tode verurteilte polnische Spioninnen in eine Zelle gesperrt worden und einer von ihnen ist es mit Hilfe der anderen gelungen, zu entweichen. Die Beamtenschaft soll vor derartigem Leichtsinn gewarnt werden. Sie soll weiter geschult werden. Deswegen ist die Vollzugsbeamtenschule in Bautzen wieder eröffnet worden und die Dauer der Lehrgänge, die bisher auf 1 Woche festgesetzt war, ist auf 1 Monat verlängert worden. Auch die Zahl der Besucher ist erhöht worden. Die Generalstaatsanwälte sollen die Anstaltsvorstände laufend belehren.

4. *Sonderwünsche einzelner* Beamter und Beamtenklassen müssen jetzt zurückgestellt werden. Dazu ist jetzt keine Zeit. Das soll dem gesamten Personal eingehämmert werden.

5. *Konfession.* Die Zugehörigkeit zu einer Konfession darf keinesfalls auf den Namensschildern der Zellentüren stehen. Gefangene dürfen nicht nach ihrer Konfession gefragt werden. Sie dürfen auch nicht gefragt werden, ob sie den Gottesdienst besuchen oder sonstigen geistlichen Zuspruch haben wollen. Das ist keine Gottlosigkeit, sondern Ehrlichkeit. Wer das Bedürfnis hat, einen Geistlichen zu sprechen oder zu hören, wird sich sicher danach erkundigen. Der Gottesdienst soll nicht als Abwechslung im Gefangenenleben aufgefaßt werden. Geistliche dürfen nicht mehr unterrichtet werden, ob und wieviel Gefangene ihrer Konfession in der Anstalt einsitzen. – Auf der anderen Seite sollen aber die Kirchen erhalten bleiben und keineswegs als Lagerräume usw. benutzt werden. Das wäre propagandistisch unerwünscht und schädlich. Es ist vorgekommen, dass Ausländer, denen der Besuch von Vollzugsanstalten genehmigt worden war, sich regelmäßig die Kirschen zeigen ließen und es war peinlich, wenn in der Kirche dann gefüllte Kartoffelsäcke standen. Man soll die Kirchen so lassen, wie sie sind.

46. *ORR Eggensperger:* Berichte über Luftangriffe auf Vollzugsanstalten sind in drei Stücken vorzulegen. Das Reichsjustizministerium wird sich bemühen, Augenschutzbrillen für Löschtrupps zu beschaffen.

IV. Arbeitstagung des Reichsjustizministers vom 3. und 4.2.1944 in Weimar

1. Ansprachen des Ministers (teilweise verkürzte Fassung) und des Staatssekretärs:

Zunächst ergriff Reichsminister *Dr. Thierack* das Wort. Er begrüßte die Anwesenden und führte etwa aus: 1. Wir seien heute alle bewegt von den Ereignissen, insbesondere von den Kämpfen im Osten und den Terrorangriffen auf die Heimat. Viele Volksgenossen hätten das Empfinden, als zeige sich heute im Osten deutscherseits eine Schwäche, sie fragten, wo denn die Armee stehe. Dazu erklärte der Minister, wir seien stark, wie bei Anfang des Krieges. Wir hätten aber viele Divisionen nach Italien abgeben müssen und müßten sehr starke Reserven für die geplante Invasion der Westmächte zurückhalten. Er zog einen Vergleich zwischen dem deutschen Volk von 1918 und dem Volk von 1943 und warf die Frage auf, ob das Volk von 1918 derartigen Terror, wie ihn nun die Berliner verschiedentlich erlebt hätten, ertragen hätte. Das sei ausgeschlossen. Das Volk suche aber in diesen schweren Zeiten Anlehnung bei herausgestellten Persönlichkeiten. Dazu gehörten die Chefs der Justizverwaltung, auch die Landgerichtspräsidenten, Oberstaatsanwälte, Amtsgerichtspräsidenten usw. Alle diese hochgestellten Personen hätten durch ihre Lebensführung zu beweisen, dass sie Nationalsozialisten seien oder sie seien fehl am Platz.

Es tauche auch immer wieder die Frage auf, wie es mit der Vergeltung stehe. Das Volk wünsche Rache für seine Leiden. Dazu sei zu sagen, dass wir mit einem Einbruch im Westen zu rechnen hätten. Das werde dann die Zeit der härtesten Probe. Die Reichsregierung halte dafür Massen des deutschen Heeres bereit. Vielleicht werde die Frage der Vergeltung sich dann auch beantworten. Einmal werde auch die Defensive sich wieder zur Offensive wandeln. Auch dafür müßten Reserven bereitgestellt und das Rüstungspotential aufrechterhalten werden.

Die Angriffe auf Berlin seien schwer gewesen, die Zahl der Toten betrage etwa ein Vierteil der Zahl von Hamburg, aber die Zahl der ausgebombten Volksgenossen belaufe sich auf eine Million.

Es sei grundfalsch bei Luftangriffen auf fremde Hilfe zu warten. Die komme bestimmt nicht. Nur auf sich selbst könne man sich verlassen. Die Justizbehörden müßten auch Gefangene als Brandwachkommandos, vor allem als Löschtruppe bereitstellen. Es müsse dabei Sorge getragen werden, dass sie rechtzeitig an die Brandstellen herangebracht würden.

Die Angriffe auf Berlin hätten die Notwendigkeit mit sich gebracht, die entbehrlichen Abteilungen des Reichsjustizministeriums nach auswärts zu verlegen. So seien die Abteilungen des Reichsjustizministeriums nach auswärts zu verlegen. So seien die Abteilungen I, II und VIII in Leitmeritz, VI und VII in Böhmisch-Leipa, V und XV in Prenzlau, auch Abteilung III. Der Rest bleibe in Berlin, könne aber jederzeit evakuiert werden. Er selbst könne sich nicht vorstellen, dass er jemals Berlin verlasse.

Der Minister teilte dann noch einige Erfahrungen mit. Hauptsache sei, dass genügend Wasser vorhanden sei. Er könne das nicht oft genug einschärfen. In den Innenhöfen der Justizgebäude müßten Brunnen und Teiche angelegt werden, ebenso Splittergräben, damit während der Angriffe notfalls in ihnen Deckung gefunden werden könne. Gegenstände wie Schreibmaschinen etc. seien nach Dienstschluß alle in die Kellerräume zu verbringen. Die Chefs hätten sich persönlich um den Luftschutz zu kümmern. Sie müßten an den Übungen teilnehmen. Telefonapparate und Radiogeräte seien jeden Abend auf den Boden zu setzen, da dadurch Erschütterungen durch Luftdruck abgemildert würden.

Protokoll der Ansprache Thieracks (ab S. 11, Originalprotokoll): Ich komme jetzt zu einem anderen Punkte. Ich habe sehr lange das Gefühl gehabt, dass meine Herren Chefs draußen eigentlich außerhalb der Verbindung zur politischen Lage stehen. Und das ist zweifellos richtig. Es wird das bestätigt durch Anfragen, die ich von einzelnen von Ihnen bekomme; und zwar nicht erst seit Kurzem, sondern schon seit vielen Monaten. Es ist dem oder jenem der Chefs durch persönliche Beziehungen zum Reichsverteidigungskommissar, zum Gauleiter oder zu anderen Dienststellen, doch möglich, manche Information zu erhalten, die für Sie unbedingt notwendig ist. Nicht zuletzt lag der Richter deshalb außerhalb der politischen Linie, weil sich ihm, ganz abgesehen davon, dass er sich für zu vornehm hielt, sich um Politik zu kümmern, keine Gelegenheit bot, Informationen zu erhalten. Es ist Ihnen vor einiger Zeit schon einmal nahe gelegt worden – in einer Reihe von Gauen ist das jetzt durchgeführt -, dass die Chefs an den regelmäßigen Sitzungen der Reichsverteidigungskommissare teilnehmen. Da erfahren Sie schon allerhand; eigentlich das Wichtigste. Aber die Linie, die Sie kennen müssen, und die Tatsachen, von denen Sie Kenntnis haben müssen, dringen doch nicht zu allen. Und da ich weiß, dass von Ihnen immer wieder der Wunsch heran getragen wird, doch besser politisch informiert zu werden, habe ich mich jetzt entschlossen, einen politischen Informationsdienst für die Chefpräsidenten und Generalstaatsanwälte einzurichten, und zwar wird das der Staatssekretär persönlich in die Hand nehmen. Ich denke mir das so, dass wir monatlich oder halbmonatlich ein geheim zu behandelndes Informationsmaterial Ihnen, den Chefs persönlich zur Verfügung stellen, aus dem Sie sich persönlich unterrichten können, aus dem Sie aber auch den Ihnen unterstellten Behördenchefs das mitteilen können, was Ihrer Ansicht nach mitteilungswürdig ist. Das umfaßt natürlich die große politische Lage. Dazu gehört z.B. die Zahl der Gefangenen, die sich in Deutschland befinden, die Zahl der ausländischen Arbeiter, die in Deutschland tätig sind, wie sie sich benehmen, und was dergleichen alles ist. Hierüber wird der Staatssekretär nachher in seinen Ausführungen Ihnen das Weitere noch mitteilen. Ich bin auch gern bereit, am Ende der heutigen Sitzung außer über den Luftschutz auch über dieses Thema der politischen Information mit Ihnen noch zu sprechen.

Ich komme zu einem weiteren Punkte. Das, meine Herren, was Sie mit Beginn dieses Jahres in der Justiz wahrscheinlich am meisten berührt hat, ist das Ausscheiden des Staatssekretärs Dr. Rothenberger. Ich halte mich für verpflichtet, Ihnen die Gründe ganz offen darzulegen. Sie müssen das wissen, damit nicht ein ganz schiefes Bild entsteht. Ich spreche auch hier offen und schonungslos, allerdings in der Erwartung, dass meine Ausführungen vertraulich behandelt werden.

Ich habe, als mir im Juli 1942 mein Amt angetragen wurde, natürlich auch die Frage eines Staatssekretärs klären müssen, weil mir der Wechsel nahegelegt worden war. Ich habe damals Staatssekretär Dr. Rothenberger gewählt, weil ich ihn über 10 Jahre kannte, weil ich wußte, dass er ein außerordentlich kluger Mensch ist, dessen persönliche Haltung mir immer persönlich den besten Eindruck gemacht hatte, und weil ich glaubte, dass die Persönlichkeit dieses Mannes, dem ich eine persönliche Achtung entgegenbrachte, auch die Gewähr dafür bieten würde, dass er an meiner Seite die Linie beibehalten würde. Ich habe vielleicht damals nicht beachtet, dass es für Dr. Rothenberger sehr schwer sein mußte, nachdem er über 10 Jahre lang eine sehr selbständige Stellung eingenommen hatte, nun plötzlich unter einem Chef zu arbeiten. Das war vielleicht eine Schwierigkeit, die wir beide zunächst gar nicht fühlten. Wir haben diese Schwierigkeit, nachdem wir sie mit zunehmender Zeit erkannt hatten, zu bekämpfen versucht. Ich bin der Überzeugung, dass die Bekämpfung dieser Schwierigkeit, die ich gar nicht leugnen möchte, sicherlich auch gelungen wäre – denn nach einer gewissen Zeit hielt bei uns doch die Einsicht Einkehr, dass ich von meiner Seite die Leistungen anerkannte, und auf der anderen Seite, dass es bei dem Staatssekretär sich eben doch nicht um eine selbständige Persönlichkeit handelt, sondern um eine Persönlichkeit, deren Verantwortung vom Chef getragen wird -, wenn dann nicht etwas dazugekommen wäre, das die Situation blitzartig änderte. Ich muß sagen, dass die Pläne die der Staatssekretär durchzuführen versucht hat, durchaus in meinem Sinne lagen. Wenn wir auch oft um manche Ideen gerungen haben, so haben wir uns schließlich doch immer wieder in der gleichen Linie gefunden; in der Linie der absoluten Sauberkeit, Anständigkeit und Geradheit der Justiz. Es kam also etwas dazwischen, was nun zu einer Entscheidung drängte, an der ich völlig unbeteiligt bin.

Es wurde mir im September mitgeteilt, dass in Auslassungen des Staatssekretärs, die sowohl in der „Deutschen Justiz" abgedruckt worden waren, als auch in einem Feldpostbrief, der in 5.000 Stück gedruckt worden war und der an die jungen Rechtswahrer an der Front geschickt wurde, über die Entwicklung der deutschen Richter Ausführungen gemacht worden waren, die nicht aus der Feder des Staatssekretärs, sondern von einem Schweizer Professor [Hans Fehr] stammen. Leider sind diese Ausführungen dann einem Buch weiterhin veröffentlicht worden, das der Staatssekretär mit meiner Billigung herausgegeben hat und zu dem ich, weil mich das doch außerordentlich interessierte, und weil es auch das, was ich wünschte, brachte, mit einem besonders empfehlenden Vorwort versehen habe. Mit wurde diese Tatsache, die mir völlig unbekannt war, durch Richter meines Bereichs mitgeteilt. Ich habe die Behauptungen sorgfältig geprüft. Ich habe mir das Buch des Professors Fehr aus Zürich besorgt, das im Jahre 1919 verfaßt worden ist, und ich habe mit der größten Überraschung festgestellt, dass teilweise Satz für Satz aus diesem Buche entnommen worden war. Ich habe daraufhin den Staatssekretär zu mir bestellt, und ich habe feststellen müssen, dass er am meisten erschrocken war über diese Tatsache. Es ist eben so, dass er das Material nicht selbst erarbeitet hatte, sondern dass er es durch einen Mitarbeiter bekommen hatte, und dieser Mitarbeiter hat ihm nicht mitgeteilt, dass dieses Material aus diesem Buche abgeschrieben worden war.

Ich stand nun folgender schweren Tatsache gegenüber: Der Staatssekretär des Reichsjustizministeriums hatte aus einem Buche, das im Jahre 1919 ein sicherlich demokratisch veranlagter Schweizer Professor geschrieben hatte, Sätze entnommen. Das Buch war schon im Druck, und es waren schon Teile ausgeliefert worden. Damit konnte jederzeit irgendwie politisch ein Schlag geführt werden nicht nur gegen das Reichsjustizministerium, sondern auch gegen das Reich. Es brauchte ja nur, wenn dieser Mann das erfahren hätte, irgendeine Verbindung zu den feindlichen Auslande hergestellt zu werden, und von dort aus wäre dann z.B. durch den Londoner Rundfunk eines Tages die Behauptung in die Welt gegangen: Ein Nazi, nämlich der Staatssekretär des Reichsjustizministeriums, hat Gedankengut, das er für nationalsozialistisch hielt, aus der Niederschrift eines demokratischen Schweizer Professors abgeschrieben.

Ich hielt mich also für verpflichtet, diese Tatsache dem Manne mitzuteilen, der hier informiert werden mußte; das war der Chef der Reichskanzlei, der die Angelegenheit auch sofort als außerordentlich gefährlich aufgriff. Ich habe in der Angelegenheit nichts weiter unternommen. Nach dieser Mitteilung an den Chef der Reichskanzlei habe ich auch lange Zeit nichts gehört, bis plötzlich Anfang November eine neue Komplikation dadurch eintrat, dass Universitätsprofessoren auf diese Sache gekommen waren. Und als ich hörte, dass die Professoren, da ja Staatssekretär Rothenberger ordentlicher Professor der Universität Marburg [wohl unzutreffend; R. war Honorarprofessor a. d. Univ. Hamburg] gewesen war, diese Angelegenheit nicht auf sich beruhen lassen würden, da komplizierte das die Angelegenheit außerordentlich. Ich hielt mich für verpflichtet, diese neue Tatsache auch der Gegenstelle mitzuteilen. Nachdem ich wochenlang von der Angelegenheit nichts gehört hatte, erhielt ich Mitte Dezember die Mitteilung, dass man jetzt allerdings der Auffassung sei, dass die Angelegenheit dem Führer vorgetragen werden müsse. Und so hat denn der Führer entschieden, dass Staatssekretär Dr. Rothenberger in den Wartestand zu versetzen sei.

Ich weiß, dass sich in Verbindung damit alle möglichen Gerüchte, alle möglichen Auffassungen und Meinungen gebildet haben. Meine Herren, das ist falsch. Es ist weder so, dass etwa die Linie des Staatssekretärs Dr. Rothenberger nicht mehr meine Linie gewesen sei, noch ist es so, dass irgendwie parteipolitische Interessen sich durchgesetzt hätten. Alles das ist falsch. Es ist auch nicht so, dass nun etwa persönliche Differenzen ernsterer Art zwischen uns gewesen wären, die mich zu diesem Schritt veranlaßt hätten. Es handelt sich um eine Verkettung von Umständen, die ich persönlich bedauere, die aber gelöst werden mußten und die meines Erachtens auch gar nicht anders gelöst werden konnte.

Das ist der einfache, klare, wahre Sachverhalt, der dazu geführt hat, dass Staatssekretär Dr. Rothenberger in den Wartestand versetzt werden mußte. Es ging das sehr schnell. Es war mir klar, dass ich irgendeinen Nachfolger schnell finden müßte, und ich war mir auch klar darüber, dass ich schließlich jemanden suchte, den ich seit Jahrzehnten kannte, der in meinem Ministerium schon einmal neben mir gearbeitet hat. Das ist der jetzige Staatssekretär Klemm. Seit fast 14 Jahren stehen wir Schulter an Schulter im politischen Kampfe. Es ist also so, dass ich den Reichsleiter Bormann darum bitten mußte, ihn mir frei zu geben. Es gab da sehr große Schwierigkeiten. Denn der Reichsleiter Bormann wollte ihn von der Reichskanzlei zunächst nicht freistellen. Schließlich ist es mir aber doch gelungen, und der Führer hat meinen Wunsch akzeptiert.

Ich komme jetzt zu einem anderen Punkte. Die *Tätigkeit der Ämter*, die von mir eingerichtet worden sind und die in der Hauptsache dem Staatssekretär Dr. Rothenberger unterstanden haben, geht in ganz derselben Linie weiter, wie bisher. Denn das sind jene Ämter [vgl. Einleitung] und Gedanken, die ich persönlich vertrete. Es sind das die Ämter für Rechtsprechung durch das Volk. Ich habe schon das letzte Mal angedeutet, dass wir hier fertig sind, dass ein Rahmengesetz bereit liegt und auch eine Schöffengerichtsordnung, die jederzeit in Kraft gesetzt werden kann, dass ich aber nach Beratung mit führenden Menschen des Reichs und auch der Partei mich dazu durchgerungen habe, dieses Gesetz dem Führer zunächst nicht vorzulegen, weil ich es aus den beiden Gründen, die ich Ihnen schon einmal mitgeteilt habe, zur Zeit nicht für vertretbar halte, die Rechtsprechung durch das Volk auch nur versuchsweise im engsten Rahmen in Anspruch zu nehmen. Denn das Dorfmilieu, aus dem ich eine klare Mitwirkung des Dorfes erwarte, weil ja jeder, der dort als Dorfrichter eingesetzt werden sollte, in der Lage war, seine eigene Umgebung zu kennen und zu beurteilen, ist nicht mehr da. Es sind heute Millionen von Großstädtern in die Dorfgemeinschaft gesetzt, und das würde Schwierigkeiten geben. Der zweite Grund ist der, dass jetzt wahrscheinlich Persönlichkeiten, die vor 2 Jahren noch zur Verfügung gestanden hätten, heute nicht mehr zur Verfügung stehen würden infolge der starken Einziehungen durch die Wehrmacht, und vor allem auch wegen der starken Überlastung der Menschen heute. Ich habe mich also schweren Herzens entschließen müssen, diesen Gedanken bis nach Kriegsende zurückzustellen.

Das *zweite Amt: Richter und Rechtspfleger* ist auch schon nach außen hin in die Erscheinung getreten. Die Verordnung vom [3.7.1943, DJ 1943, 339] bringt die ersten Vereinfachungsmaßnahmen. Sie basiert auf einer Notwendigkeit, darauf nämlich, dass die Zahl der Richter und Staatsanwälte außerordentlich gesunken ist, demgegenüber die Zahl der Rechtspfleger nicht. Das zwingt uns, hier etwas zu tun. Es folgte dann die Verordnung vom 20.11.1943 [RGBl. I 1943, 663], die die Lage in den Alpen- und Donaugauen, im Protektorat und im Sudetenland klärt. Eine einheitliche Regelung, meine Herren, ist in der Arbeit und steht in nicht allzu langer Zeit bevor. Die Grundlage für die einheitliche Regelung ist geschaffen.

Das Amt hat sich aber auch mit der Frage des Nachwuchses beschäftigt, insbesondere mit dem Nachwuchs der mittleren Beamtenschaft. Sie wissen, dass wir für die Rechtspfleger-Anwärter Kurse eingerichtet haben, sogenannte 9 Monate-Kurse, in Wien, Dresden, Königsberg und Posen. Wir werden jetzt noch darüber hinausgehen – die Vorbereitungen sind schon weit gediehen – und werden Justizschüler-Schulen einrichten. Das heißt, wir werden die jungen Menschen, soweit sie heute noch zu uns kommen können, im Alter von 15, 16 Jahren durch solche Schulen laufen lassen. Sie dürfen sich nicht wundern, wenn in dieser Sparte, also in diesem Amte „Richter und Rechtspfleger“ nicht von unserem eigentlichen juristischen Nachwuchs gesprochen wird. Das ist die Aufgabe der Abteilung 2 und nicht dieses Amtes. Aber auch diese Nachwuchsfragen sind im Fluß; sie werden dauernd von uns geprüft, und wir versuchen, sie einer wenigstens vorläufigen Regelung entgegen zu führen. Für diese Regelung bieten sich verschiedene Möglichkeiten. Wir kommen noch nicht recht vorwärts. Eine Möglichkeit ist diese, dass wir in größerem Umfange als bisher versuchen wollen, kriegsversehrte Rechtswahrer aus der Wehrmacht frei zu bekommen.

Das *dritte Amt: Neuordnung der deutschen Gerichtsverfassung.* Dazu möchte ich nur ganz wenige Worte sagen; denn diese Arbeiten stehen noch völlig im Anfang und sind noch völlig im Fluß. Aber eins muß ich Ihnen sagen, weil ich aus verschiedenen Äußerungen der Herren Chefpräsidenten gehört habe, dass sie mit dieser Tätigkeit nicht ganz übereinstimmen. Wenn jetzt sogenannte Kommissionen oder Abordnungen dieses Amtes in die einzelnen Bezirke kommen [vgl. S. Schädler, aaO., 189 ff.] und vorher den Chefpräsidenten Fragebogen vorlegen, dann diese Fragebogen beantwortet zu haben wünschen, und dann noch in den Bezirken herumreisen, so bitte ich die Herren Chefs, das nicht als eine persönliche Belastung oder als eine in Anbetracht des Krieges unnötige Maßnahme betrachten zu wollen. Wenn wir nun einmal an die große Neuordnung der verfassungsmäßigen Organisation des Gerichtswesens herangehen, so können wir das auf keinen Fall oben vom grünen Tische aus machen; sondern wir müssen uns eine eigene Anschauung verschaffen, wie es unten schon funktioniert oder wie es nach einem gewissen Schema, wie wir es uns vorstellen, nach Auffassung der örtlichen Stellen funktionieren könnte. Was wir von Ihnen verlangen, ist keine unnötige Arbeit – das beachten Sie bitte -, sondern Ihre persönliche Erfahrung und Ihre Kenntnisse, die wir zu verwerten wünschen.

Ich hatte bei meinen letzten Ausführungen gesprochen von der *Gemeinschaftsfremden-Gesetzgebung.* Dieses Gesetz hat nun alle Klippen umschifft, und es steht vor seiner Verabschiedung. Dieses Gesetz, meine Herren, wird, wie ich schon einmal Gelegenheit nahm zu sagen, in materieller Beziehung etwas besonderes bringen: Einmal eine klare Abgrenzung – so weit das überhaupt möglich ist – der Befugnisse der Polizei und der Justiz, und zweitens die Möglichkeit für den Richter, eine unbestimmte Strafe auszusprechen, ja sogar, wenn der Täter als asozial oder unverbesserlich angesprochen wird, ihn der Polizei zu überantworten. Dieses Gesetz mit seinen neuen Tätertypen will verstanden sein, meine Herren. Ich kann das Gesetz meiner Auffassung nach nicht vor dem 1.1.1945 in Kraft treten lassen; deshalb nicht, weil meine Richter und Staatsanwälte vorher für die Gedanken des Gesetzes geschult werden müssen. Ich habe deshalb in Aussicht genommen, auf der Reichsburg in Kochem einige solche Schulungswochen durchzuführen, zu denen jeder Chefpräsident und Generalstaatsanwalt einige hervorragende Juristen seines Bezirks entsendet, die dann wiederum die Lehrer ihres Bezirks sein sollen.

Ich komme zu einem weiteren Punkte. Die Gedanken des Gemeinschaftsfremden-Gesetzes zwingen mich zu weiteren Maßnahmen. Es sind das Gedanken, die weit in das materielle Strafrecht hineingreifen. Ich mußte also bewußt die Unübersichtlichkeit des Strafrechts um dieses Gesetz vermehren. Deshalb, meine Herren, habe ich mich entschlossen, ein gemeinsames Strafgesetz für die Alpen- und Donaugaue und das Altreich zu schaffen; d.h. nicht auf diese Weise, dass ich ein neues Strafgesetzbuch schaffe, sondern ich will nichts anderes als kodifizieren. Das heißt, ich will das, was jetzt im alten Strafgesetzbuch durch neue Ergänzungen, Gesetze und Verordnungen als neues Recht gesetzt worden ist und was aufgrund dieser Gemeinschaftsfremden-Gesetzgebung neu als Recht gesetzt werden muß, nunmehr vereinheitlichen in einem großen Gesetz, dem Strafgesetzbuch des Großdeutschen Reiches, das nur alle diese Vorschriften bringt, die schon rechtens sind oder aufgrund des Gemeinschaftsfremden-Gesetzes rechtens werden müssen, dass aber alle anderen Sachen unberührt läßt. Diese Arbeiten sind schon völlig im Fluß. Ich habe mich, da das natürlich auch eine politische Entscheidung ist, mit den politischen Instanzen darüber ausgesprochen und bin auf der ganzen Linie auf eine Unterstützung dieses Planes gestoßen.

Wenn dieses neue Reichsgesetz des Großdeutschen Reiches nun auf Sie, meine Herren, insofern vielleicht einen etwas komischen Eindruck macht, als meinetwegen z.B. die Paragraphen nicht fortlaufend numeriert sind, oder als da Paragraphen eingeschoben werden mit der Bezeichnung meinetwegen 17 a, b, c, d, e, dann bitte ich, mich nicht für verrückt zu halten, sondern bitte beachten Sie, dass die Überschrift des ganzen Gedankens die Kodifikation ist, dass ich also den größten Wert darauf lege, dass die alten anerkannten Paragraphen 51, 242 usw. in der Kodifikation unter der selben Ziffer wieder erscheinen. Das Gesetz ist doch nichts anderes, als eine ganz wesentliche Vereinfachung und Übersichtlichmachung des zur Zeit geltenden Rechts.

Bevor ich zu dem letzten Punkte komme, das heißt zu dem Bericht über die Reichsburg Kochem, möchte ich noch einige kleine Fragen mit Ihnen besprechen, die mir sehr am Herzen liegen.

Zunächst ist es mir gelungen, den Herren Chefs, auch den Herren Oberlandesgerichtspräsidenten nunmehr Kennziffern zu verschaffen. Es liegt mir die Zustimmung des Reichspostministers vor. Sie brauchen also nur bei der für Sie zuständigen Postdirektion die Zuteilung der Kennziffer zu beantragen. Sie sind also damit in die Lage versetzt, jetzt jederzeit Ferngespräche zu führen. Ich persönlich bitte Sie, damit auf keinen Fall nun einen Mißbrauch zu verbinden. Ich bitte Sie also, diese Gespräche zu überwachen und die Zahl derjenigen Beamten, denen Sie die Möglichkeit geben, auf dieser Kennziffer fußend, eine Fernsprechverbindung herzustellen, möglichst klein zu halten. Wenn nämlich, meine Herren, hier ein Mißbrauch aufgedeckt würde, dann würde die Folge unweigerlich diese sein, dass Ihnen die Kennziffer wieder genommen wird, und ich könnte sie Ihnen dann nicht wieder verschaffen. Ich weiß – ich bin selbst in dieser Lage gewesen –, was für ein unangenehmes Gefühl es ist, wenn man irgend jemanden in einem Terrorangriff weiß, Familienangehörige z.B., und man kann ihn nicht erreichen. Aber man muß sich da bezwingen, und man darf die Kennziffer nicht für seine persönliche Information benutzen. Außerdem mache ich darauf aufmerksam, dass diese Gespräche überwacht werden.

Dann sollte ich noch eine andere Angelegenheit, die mir auch am Herzen liegt, erwähnen. Ich bin ja der Meinung, dass die Ausstattung der Justiz in jeder Beziehung – ich habe das wiederholt gesagt – außerordentlich dürftig ist gegenüber der Verwaltung, aber auch gegenüber der Polizei. Das fängt bei den Möbeln an und hört bei den anderen Sachen auf. Dazu gehört auch der Kraftwagen. Ich bin der Meinung, dass die Ausstattung der Justiz mit Kraftwagen eine geradezu kümmerliche ist. Das muß natürlich, wenn der Krieg vorbei ist, ganz anders durchgeführt werden, nicht wegen des besseren Aussehens, sondern weil der Dienst diese Fahrzeuge verlangt. Nun ist es so, dass ich, weil ich nicht ganz unpraktisch veranlagt bin, schon heute um diese Vehikel mich kümmere. So kann es passieren, dass ich in irgendeinem Bezirk erscheine und mich anstatt des Fahrers selber an den Volant setze. Neulich bin ich z.B. von Jena über Dresden, Leitmeritz nach München gefahren, und ich muß sagen, ich habe ganz scheußliche Sachen erlebt; nicht nur, dass ich mit dem Wagen des Oberlandesgerichtspräsidenten von Jena auf der Autobahn hängen blieb, weil der Wagen nicht mehr in Bewegung zu bringen war, sondern ganz andere Sachen. Meine Herren, wenn Sie sich nicht immer um Ihre Kraftwagen kümmern, dass sie in Ordnung sind, dann kriegen Sie von mir keinen Kraftwagen. Dann werde ich den Landesgerichtspräsidenten einen Kraftwagen geben, aber nicht den Oberlandesgerichtspräsidenten. Als ich mir seinerzeit einen Kraftwagen anschaffte, da sagte der Fahrlehrer, ein alter Mann, zu mir: Herr Staatsanwalt, Sie lernen jetzt fahren; Sie sind verheiratet und haben auch sonst Erfahrungen mit Frauen; betrachten Sie den Motor als Ihr bestes Eheweib, was Sie haben und behandeln Sie ihn entsprechend; dann dankt Ihnen das der Motor genau so, wie ein gutes Eheweib. Das ist richtig. Wenn ich aber merke, dass am Steuer ein Mann sitzt, der den toten Gang einschaltet, so dass man kaum um die Kurve herum kommt, oder die Kupplung klappt nicht, dann weiß ich – natürlich ist der Fahrer daran schuld -, dass der Chef sich nicht darum kümmert, entweder, weil er keine Lust hat oder weil er nichts davon versteht. Diese Fahrzeuge sind viel zu wertvoll, als das sie einer solchen Schluderei überlassen werden könnten. Es gibt auch andere Fahrzeuge. Ich bin am Montag zu meiner großen Freude vom Sudetengau nach Dresden gefahren in einem Wagen, der hervorragend in Ordnung war. Ich weiß, woran das auch mit liegt, nämlich an den Fahrern. Wer sind bei uns die Fahrer? Es sind Justizwachtmeister, die vielleicht früher einmal Zwölfender gewesen sind; oder ich kenne einen, der war Bäckermeister. Diese Leute verstehen natürlich nicht viel davon, sie haben auch keine großen Fahrkurse durchmachen können. Da muß man ihn eben schulen. Wozu gibt es NSKK-Schulen und NSKK-Lehrgänge? Dann kümmern Sie sich gefälligst darum. Denn dieses Material ist viel zu wertvoll, als dass man es verkommen lassen dürfte. Und wenn der Mann erst aufgeschlossen ist, dann hat er auch seine Freude daran und dann dankt es ihm der Motor, wie eine gute Ehefrau.

Ich komme dann noch zu etwas, was mich besonders berührt. Wir haben in diesem Rahmen schon einmal davon gesprochen, dass es erwünscht ist – ich weiß, das Widerstände vorhanden sind -, wenn Verhandlungen, besonders örtliche, vor dem Volke stattfinden. Ich freue mich, dass der Kreis derjenigen, die dazu übergehen, die das propagieren – das sind vor allen Dingen die Generalstaatsanwälte -, immer größer wird. Vor Kurzem wurde mir berichtet über eine größere Verhandlung, die im sächsischen Oberlandesgerichtsbezirk Oschatz stattgefunden hat, an der mehrere hundert Menschen teilgenommen haben. Es wurde verhandelt gegen eine Frau, die mit Kriegsgefangenen verkehrt hatte. Der Erfolg dieser Verhandlung war ganz positiv, nicht nur was die Teilnahme der Bevölkerung betrifft, sondern, was mich noch viel mehr interessierte, auch wegen des Interesses, das die Partei an der Angelegenheit nahm. Die Folge war nämlich die, dass die Partei nunmehr eine ganze Reihe von Veranstaltungen durchführte, und dass der Staatsanwalt und schließlich auch die Richter gebeten wurden, in diesen Versammlungen zu sprechen. Sehen Sie, da haben wir die Verbindung zum Volke.

Ich spreche immer wieder darüber, dass wir versuchen müssen, die Scheu des Volkes vor den Gerichten zu überwinden. Das gelingt auch mit der Zeit, vor allen Dingen dann, wenn man das Volk beteiligt. Aber ebenso wichtig ist es, die Scheu des Richters vor dem Volke zu überwinden. Es ist anläßlich dieses Erfolges damals in Oschatz an mich der Wunsch heran getragen worden, man sollte die Richter und vor allem die Staatsanwälte rednerisch besser schulen. Ich glaube, das ist richtig. Es gibt ja sogenannte geborene Redner und es gibt sogenannte gelernte Redner, es gibt sogar Menschen, die keine geborenen Redner sind und die das Reden auch nie lernen. Das mag für ganz große Einflußnahmen richtig sein. Aber im kleinen Rahmen, meine Herren, kann jeder das Reden erlernen. Das erste ist die absolute Ruhe desjenigen, der redet, so dass er den Gedankengang nie verlieren kann. Ich glaube, und ich bitte das auch zur Aussprache zu stellen, wir sollten in jedem Oberlandesgerichtsbezirk so etwas einrichten. Und wenn es uns dann gelingt, von der Partei angefordert zu werden, um zu reden, dann soll sich auch der Oberlandesgerichtspräsident nicht scheuen, einmal vor seiner Ortsgruppe oder vor seiner Zelle zu reden. Dann, meine Herren, tragen wir das Recht in das Volk hinein. Ich verlange von Ihnen nicht eine politische Rede. Keineswegs. Das kann nicht jeder. Aber ich verlange von Ihnen, dass Sie Rechtsgedanken volkstümlich dem Volke vermitteln können. Das liegt ganz auf der Linie, die ich für richtig halte. Ich habe Ihnen das auch schon einmal auseinandergesetzt. Wieweit war doch das Römertum in seiner alten, stolzen Form, dass es dort einfach zur Anerkennung der Mannbarkeit gehörte, und dass es auch eine Voraussetzung für den Erwerb der politischen Rechte war, dass der betreffende junge Mann in der Lage war, mit irgendeiner Frage sich auseinanderzusetzen, sei es als Verteidiger, sei es sonstwie vor dem Volke. Was wäre unserem Volke gedient, wenn man unserem Volke eine ähnliche Möglichkeit geben könnte. Ich habe als sächsischer Justizminister mich auch schon einmal bemüht, es dahin zu bringen, dass in den sächsischen Volksschulen die einfachsten Formen des Rechts gelehrt würden. Damals ist mir das nicht gelungen. Ich weiß auch, weshalb es mir nicht gelungen ist. Ich will nicht näher darauf eingehen. Aber all das liegt in dem Gedanken einer geordneten und starken Rechtspflege. Ich bitte die Chefs, mit diesem Gedanken sich vertraut zu machen und bitte hierüber um Vorschläge.

Ich komme nun zuletzt zur Reichsburg Kochem. Sie wissen, dass mir diese Reichsburg sehr am Herzen liegt. Sie wissen auch, was damit bezwecke. Wir gehen nun in die Praxis hinein. Sie wissen ja, dass wir die Burg wegen des Mangels an Heizungsmöglichkeiten nur im Sommer in Betrieb nehmen können. Es werden in der Zeit vom 21.4. bis 6.10. eine ganze Reihe von Lehrgängen dort stattfinden, in denen etwa 2.000 Rechtswahrer unterrichtet werden. Ich bitte, verstehen Sie mich recht: Das hat nichts mit dem NS-Rechtswahrerbund zu tun. Das hat nichts mit einer nationalsozialistischen Schulung zu tun. Diese geht die Justizverwaltung überhaupt nichts an; das ist Sache des nationalsozialistischen Rechtswahrerbundes, dem ich die Burg auch einige Wochen zur Verfügung stellen werde, damit er eine Schulung in seinem Rahmen durchführen kann. Was ich will, ist eine Ausrichtung meiner Richter nach bestimmten Gedanken, die natürlich von der Idee des Nationalsozialismus getragen werden. Es war nur sehr, sehr schwer möglich, überhaupt einen Teil dieser Kurse unterzubringen. Wir können so viel Material und so viel Gedanken haben, dass wir wahrscheinlich jahrelang schulen können, ganz abgesehen davon, dass es einmal so weit kommen muß, dass jeder Richter irgendeinmal durch einen solchen Lehrgang gegangen sein muß. Es wird also so sein, meine Herren, dass unter der Leitung einer Persönlichkeit aus dem Ministerium – meist wird es der Abteilungsleiter sein -, der betr. Lehrgang auf der Burg stattfindet. Die Teilnehmer werden dort oben einquartiert; sie sind natürlich der Burgordnung unterworfen, und insofern sind sie auch der Disziplinargewalt des Kursusleiters unterstellt. Ordnung muß überall herrschen. Neben dem Unterricht, der dort durchgeführt wird, werde ich mich bemühen, wenigstens in den wichtigsten Lehrgängen führende Persönlichkeiten der Politik oder der Wehrmacht sprechen zu lassen. Es wird also dort meiner Ansicht nach zweierlei erreicht: Ein Vorwärtsbringen des Menschen in seiner besonderen Sparte der Justiz, und dann vor allen Dingen die Pflege der Kameradschaft. Die Herren erhalten Freiheit genug, um sich gegenseitig kennen zu lernen und auch die Umgebung kennen zu lernen. Am Rande möchte ich Ihnen übrigens sagen, dass der Gauleiter mir in geradezu rührender Weise in letzter Zeit auch noch eine Jagd zur Verfügung gestellt hat, so dass also die Jäger in der Lage sein werden, dort auf die Jagd zu gehen.

Ich will Ihnen einmal einige Gedanken sagen. Diese Kurse beginnen z.B. mit studentischen Arbeitsgemeinschaften. Da werden also die Leiter der Arbeitsgemeinschaften zusammengefaßt und werden ausgerichtet. Es wird von ihnen auch verlangt, dass sie frei sprechen, dass sie Referate halten, wie ja die ganze Bestätigung doppelseitig ist; Sie hören nicht nur stumpfsinnig Erklärungen und Vorträge an, sondern in der Aussprache wird auch von Ihnen ein Referat verlangt werden. Meine Herren, ich werde, soweit ich es kann, sehr oft dort sein. Es wird gerade bei den studentischen Arbeitsgemeinschaften sehr viel Wichtiges dadurch erarbeitet werden können, dass man Erfahrungen sammelt, wie es in den einzelnen Bezirken zugeht. Ich habe gerade auf der Fahrt hierher einen geradezu skandalösen Vorgang aus dem Bezirk Königsberg gehört. Dem Dekan Professor Böckelmann werde ich es beibringen. Dann ist ein solcher Kursus für Nachwuchskräfte vorgesehen. Ich weiß nicht, ob Sie sich darunter etwas vorstellen können. Also es werden von den Chefpräsidenten und den Generalstaatsanwälten Juristen, die für besonders geeignet gehalten werden, uns zur Verfügung gestellt. Diese Juristen werden dort noch einmal durchgeknetet, um sie auf diese Art und Weise kennen zu lernen. Dann werden die Personalreferenten der Chefs dort zusammengeholt werden, um ausgerichtet zu werden, wie sie die Personalien zu verwalten und durchzuführen haben. Die Vorsitzenden der Sondergerichte werden dort zusammengezogen, die Vorsitzenden der Hochverratssenate; ferner die Ehescheidungsrichter, die Vormundschaftsrichter, die Leiter der Jugendgefängnisse. Vor allen Dingen werden in großen Kursen die abgeordneten Persönlichkeiten der Oberlandesgerichtsbezirke über das Gemeinschaftsfremden-Gesetz unterrichtet werden. Ferner werden kriminal-biologische Kurse durchgeführt werden. Dann werden die Jugendrichter zusammengezogen werden, und einmal auch in einem Wochenlehrgang die Spitzenkräfte der Justiz. Darüber hinaus, etwas aus diesem Rahmen fallend, werden zweimal die Chefpräsidenten dort in Erscheinung treten und zwar vom 23. bis 25. Mai und vom 26. bis 27. September. Sie wissen also jetzt schon, wann Ihre nächste Zusammenkunft stattfinden wird. Es sind drei Tage vorgesehen, weil wir nur des Vormittags arbeiten werden. Der Nachmittag gehört Ihnen oder uns. Ich werde auch eine Tagung der Hochschullehrer – die im vorigen Jahre in München durchgeführte Tagung ist wohl nicht ohne Erfolg geblieben – in einem noch größeren Rahmen in der letzten Woche des Juli in Kochem stattfinden lassen.

Das, was wir jetzt hier machen und was wir leider im schönen Saale des Rechtswahrerbundes nicht mehr tun können, weil das Haus völlig vernichtet ist, werden wir in Zukunft in Kochem machen. Nun glauben Sie aber nicht, dass das ein Freudenfest wird. Unser Weinberg z.B. trägt nicht mehr Wein, als dass auf einen Herrn mehr als eine Flasche Wein kommen könnte. Glauben Sie auch nicht, dass wir dort irgendwelche anderen besonderen Feste feiern oder nun plötzlich wieder studentische Streiche machen wollen. Das kommt nicht in Frage. Die Unterbringung ist sehr anständig. Es wird alles getan werden, um die Sache kameradschaftlich und in einer gewissen großzügigen, anständigen Form aufzuziehen, wie Sie das aus meinen Tagungen wohl allmählich kennengelernt haben. Allerdings verlange ich von Ihnen Mitarbeit; nicht nur in der Sache selbst, sondern auch in kameradschaftlicher Beziehung. Auf der Burg Kochem ist z.B. die frühere Burgkapelle von mir umgebaut worden in einen Gemeinschaftsraum. Da sind so ungefähr alle Instrumente vorhanden, die es gibt. Da wird irgendwann einmal ein Konzert veranstaltet werden an einem Abend. Ich habe von einem Bekannten einen Plattenspieler herbringen lassen. Ich habe ihn mir vorspielen lassen. Auch das hebt schon. Lieber wäre es mir, wenn Sie selber musizieren würden. Instrumente sind genügend da; zwei Flügel und andere Sachen. Tragen Sie selber etwas bei! Ich wäre Ihnen sehr dankbar dafür. Und ich werde an sehr vielen Kursen hoffentlich anwesend sein. Alles das sind Pläne, an denen ich hänge, und ich habe die stille Hoffnung, dass diese Burg von Terrorangriffen verschont bleiben wird.

Das waren meine Anregungen und Erklärungen, die ich außerhalb dieser Tagung Ihnen geben wollte. Jetzt wird der Staatssekretär sprechen. Wir werden dann noch genug Zeit haben, wenn Sie sich über etwas aussprechen wollen.

b) Protokoll des Referats des Staatssekretärs Klemm

Staatssekretär Klemm: Meine Herren! Erwarten Sie von mir nicht eine Programmrede. Ich habe kein Programm, ich habe nur eine Pflicht und die innere Verpflichtung: der erste Gehilfe unseres Herrn Ministers zu sein. Damit wäre an sich dieses Thema abgeschlossen, wenn ich wüßte, dass unsere Beamtenkreise gegen irgendwelche Gerüchtebildung immun wären. Leider ist das nicht der Fall. So wird Zeit verschwendet auf Vermutungen und Kombinationen, die wirklich zu Besserem verwendet werden könnte. Man kombiniert – ich spreche hier nur von Gerüchten, die mir schon zugetragen worden sind: Da kommt ein Mann aus der Parteikanzlei, und nunmehr wird die Justiz einen rein parteipolitischen Stempel tragen! Oder man orakelt: Nun stehen an der Spitze der Justiz zwei ehemalige Staatsanwälte, die den richterlichen Belangen nicht das erforderliche Verständnis entgegen bringen.

Ich will mich mit diesen beiden Beispielen begnügen. Sie haben beide eines gemeinsam: Sie können nur von Leuten ausgehen, die noch nicht die Totalitäten der Pflichten des Juristen im nationalsozialistischen Deutschland erfaßt haben.

Um zunächst auf das letzte Beispiel einzugehen, ist Folgendes zu sagen: Ich würde allzusehr der Zwei-Staatsanwälte-Theorie Rechnung tragen, wenn ich ihr lediglich entgegenhielte, dass ja schließlich der Minister selbst über 8 Jahre als Richter tätig war. Viel bedeutsamer ist es, meine Herren, dass überhaupt der Unterschied Richter – Staatsanwalt in dieser Weise heraus gearbeitet wird. Ich weiß wohl, dass die Auffassungen verschieden sind. Ich sehe in der Tätigkeit des Richters oder des Staatsanwalts eine innere Berufung. Ich verstehe dies um so besser, als es mir selbst so ging und ich vom ersten Tage meines ersten Semesters ab mir das Ziel setzte, einmal Staatsanwalt zu werden. Wogegen ich mich aber mit aller Entschiedenheit wende, das ist die Abwertung der einzelnen Sparten untereinander. Das gilt übrigens nicht nur für die Wertung Richter – Staatsanwalt; das Gleiche gilt auch für das Verhältnis Zivilrichter zu Strafrichter. Nichts ist so unberechtigt, wie dieser Kastengeist. Ich entsinne mich noch der Zeit der Gerichtsferien, wo oft in Strafkammern Zivilrichter als Vorsitzende saßen. Ich gebe offen zu: Wir waren froh, wenn die Gerichtsferien vorbei waren, denn es bestand durchaus kein Anlaß, dass etwa der Zivilist das Strafrecht als eine mindere Justiz ansah, soweit es sich um Kenntnisse handelte. Jedenfalls haben wir es oft erlebt, dass es der Zivilist eben nicht beherrschte. Erst jetzt wieder habe ich bei meinen Besuchen in den Oberlandesgerichtsbezirken gehört, wie unzufrieden oft Amtsrichter sind, die zur Zeit aus Leutemangel zur Staatsanwaltschaft abkommandiert sind. Auch hier schwebt als Unterton, dass sie diese Arbeit bei der Staatsanwaltschaft nicht so hoch werten, wie die richterliche Tätigkeit. Wer in der Tätigkeit des anderen nicht das Gleichwertige achtet, hat den Sinn und die Aufgabe der deutschen Justiz überhaupt noch nicht begriffen. Wer sich nicht dessen bewußt ist, dass jeder Zahlungsbefehl, jedes Versäumnisurteil, jeder Strafbefehl, jede Anklage und jede

Verfahrenseinstellung, jedes zivile und jedes Strafrechtsurteil und jeder Beschluß in einer Vormundschaftssache in gleicher Weise dazu beitragt, die Ordnung innerhalb des Volkes zu wahren, soweit diese Aufgabe der Justiz obliegt, der hat den Umfang seiner Aufgabe und der Aufgabe der Justiz nicht erfaßt. Deshalb ist mir auch das Orakeln um das Thema: Richter oder Staatsanwalt, so restlos unverständlich. Gewiß, es mag früher, vor dem ersten Weltkriege so gewesen sein, wo die Justiz außerhalb jeder Politik stand. Im nationalsozialistischen Staate aber verlangt die Totalität der Aufgabe der Justiz die gleiche sorgfältige Betreuung für den Richter wie für den Staatsanwalt. Den einen oder den anderen bevorzugen oder benachteiligen, bedeutet, dass man der gestellten Aufgabe nicht gerecht wird.

Das Gleiche gilt aber auch für die von mir zuerst genannte Kombination. Man kann Nationalsozialismus und Justiz nicht trennen oder als zwei in sich abgeschlossene Gebiete betrachten. Ich bin als Nationalsozialist in die Parteikanzlei gekommen in meiner Eigenschaft als Jurist. Aber ich bin damals dahin berufen worden im Vertrauen darauf, dass ich mir die Einheit erarbeitet habe, die heute Beruf und Weltanschauung erfordern. Das ist aber auch die Basis für meine jetzige Tätigkeit. Es gibt in unserer Arbeit nicht Partei *oder* Staat, sondern Partei *und* Staat. Und auch das ist eine mehr formale Begriffsbestimmung. Es geht um die einzelnen Menschen, deren Summe das Volk ausmacht; es geht um den tief innerlich nationalsozialistischen Deutschen. Die Zeiten sind vorbei, wo der Nationalsozialist danach beurteilt wurde, und zwar ausschließlich, ob er flaggte, ob er den Völkischen Beobachter las, ob er der NSV angehörte und ob er an den Versammlungen seiner Ortsgruppe teilnahm. Alles das sind in gewissem Umfange nur Äußerlichkeiten. Nationalsozialismus ist eine Haltung. Ist man Nationalsozialist, so ergibt sich aus der Haltung alles andere von selber. Das gilt auch für unseren Beruf.

Das Endziel jeder Handlung ist Deutschland. Das bedingt, dass ich auch einmal Widerstand leiste dort, wo eine falsche Maßnahme um eines Augenblickserfolges willen begehrt wird. Aber wer etwas ablehnt nur deswegen, weil es von der NSDAP kommt, der sollte sich darüber im Klaren sein, dass politisch und entwicklungsmäßig die Zeit über ihn hinweggegangen ist. Dann soll er es aber auch offen und ehrlich sagen, und wir werden ihn ziehen lassen. Wenn auch die weltanschauliche Schulung ein Privileg der Partei ist, so ist doch untrennbar mit den Aufgaben eines Chefpräsidenten oder Generalstaatsanwalts die berufliche Menschenführung verbunden. Diese ist aber von der Erziehungsseite nicht zu trennen. Es kann nicht nachhaltige Wirkung haben, wenn man nur Weisungen gibt, sondern nur, wenn man überzeugt. Das ist eine schwere Aufgabe. Man kann ihr nur gerecht werden, wenn man selbst eine umfassende Erkenntnis hat. Ich meine damit nicht das Fachwissen, sondern einen allgemeinen politischen, wissenschaftlichen Überblick. Wie das von mir schon ausgeführt, wollen wir Ihnen zu diesem allgemeinen Überblick verhelfen, soweit wir dazu in der Lage sind. Es wird in Bälde – ich nehme insoweit zum Teil den Punkt 9 der Tagesordnung schon vorweg – ein Informationsdienst eingerichtet werden, der ausschließlich für Ihre Zwecke bestimmt. Wir wollen die Schwierigkeiten eines solchen Informationsdienstes nicht übersehen. Eine schwierige Frage ist schon diese: Was darf überhaupt in diesem

Informationsdienst gebracht werden? Wir können nicht geheimste Reichssachen bringen, oder Dinge, die infolge einer Anwesenheit in Berlin einmal an irgendeiner Stelle gehört wurden, über die es nichts Schriftliches gibt. Wir wollen aber eines: Wir wollen grundsätzliche Dinge über Politik, über Wirtschaft, über Propaganda, über den Arbeitseinsatz bringen, auch Dinge der Justiz, um Ihnen allgemein einen Überblick zu geben über das, was man nicht allgemein in der Presse bringt. Das alles wollen wir Ihnen vermitteln. Dieser Informationsdienst kann keinen Anspruch auf Vollständigkeit haben, und es besteht auch keine Notwendigkeit, dass Sie diesen Informationsdienst dienstlich vollständig in jedem Punkte verwerten. Der Zweck ist aber, Ihnen eine Hilfe zu geben, ein möglichst vollständiges Bild der Lage zu erhalten, und aus dem Wissen heraus soll dann die berufliche Menschenführung erleichtert werden. Über die Wünsche, die Sie dazu haben, können wir uns ja dann noch unterhalten.

Aber ein weiteres Thema, das mir sehr am Herzen liegt, möchte ich hier noch erwähnen. Mein Nachfolger in der Parteikanzlei ist der Senatspräsident Friedrich [nach P. *Longerich*, Hitlers Stellvertreter, 1992, S. 267, war Alfred Hopf Nachfolger von Klemm] geworden, der zuletzt die Abteilung 2 in Leitmeritz leitete. Ich habe deshalb mir von dem Herrn Minister erbeten, die Abteilung 2 jetzt selbst zu führen. Wir können uns von einer beruflichen Menschenführung, wie ich sie vorhin andeutete, keinen Erfolg auf lange Sicht versprechen, wenn wir uns nicht um den Nachwuchs kümmern. Die Nachwuchsfragen für die Justiz sind hinsichtlich der Verhandlungen mit anderen obersten Reichsbehörden bis zu einem gewissen Grade jetzt zur Ruhe gekommen. Im Vordergrunde standen besonders die Ausbildungsmaßnahmen und Prüfungsbestimmungen für Kriegsteilnehmer und für Kriegsversehrte. Durch die Verordnung vom Februar 1943 ist der Vorbereitungsdienst für Kriegsteilnehmer auf 18 Monate, und durch die Verordnung vom September 1943 ist das Studium auf 4 Semester herabgesetzt worden. Wir sind uns darüber klar, dass jede Herabsetzung von Ausbildungszeiten ihre Nachteile hat. Dem steht die Tatsache gegenüber, dass auch der erste Weltkrieg bewiesen hat, dass Frontsoldaten mit ganz anderem Ernst an ihre Berufsausbildung herangehen. Wenn daher von Seiten der Professoren noch jetzt gegen eine solche Regelung und gegen eine Verkürzung des Studiums polemisiert wird, so erscheint das völlig zwecklos. Wir können einen Menschen, der 5 Jahre Soldat war und der inzwischen vielleicht Bataillonskommandeur geworden ist, nicht wieder so behandeln, als ob er Mulus wäre. Eine andere Frage ist, wie der Studienplan aussehen wird, der für das abgekürzte Studium von 4 Semestern in Betracht kommt.

Es bestand die Gefahr, dass die gesteigerten Belange, die an die innere Verwaltung gestellt werden, dazu führten, bereits auf der Universität eine Trennung der Verwaltungsjuristen und der Justizjuristen herbeizuführen. Wir haben uns dem entschieden widersetzt, und zwar aus verschiedenen Gründen. Erstens: Der junge Mensch kann bei Beginn des Studiums noch gar nicht wissen, ob er sich einmal mehr zum Richter oder zum Verwaltungsführer eignet oder umgekehrt. Wir wollen, dass diese Entscheidung so weit als möglich hinaus gerückt wird. Wir befinden uns da übrigens in bester Gesellschaft. Der Führer hat – ich bringe das nur als Parallele – entschieden, dass einmal diese Unteroffizier-Vorschulen beseitigt werden müssen, weil er nicht will, dass die Menschen schon in so jungem Alter so einspurig auf einen bestimmten Beruf hingeführt werden. Zweitens haben wir uns deswegen gegen eine solche Teilung gewehrt, weil es notwendig ist, dafür zu sorgen, dass in allen Sparten der Rechtspflege auch künftig eine Verständigungsmöglichkeit vorhanden ist. Drittens müssen wir von der Justiz aus Wert darauf legen, aus einer größeren Zahl von Studierenden auswählen zu können. In heißen Kämpfen haben wir diese unsere Auffassung durchgesetzt. Wir sind uns mit allen beteiligten Ressorts darüber einig, dass das Studium bis zum Abschluß der ersten Staatsprüfung gemeinschaftlich bleibt, und dass wir von der Justiz aus auch die Prüfung im Wesentlichen in unserer Hand behalten. Dieses Ziel war nur erreichbar dadurch, dass man im Studienplane Konzessionen an die Verwaltung machte. Über das Ausmaß dieser Zugeständnisse wird es hoffentlich schon in den nächsten Tagen zu einer Einigung kommen. Erreicht ist auf jeden Fall schon heute, dass die justizeigene Vorlesung, wenn ich sie einmal so nennen soll, im bisherigen Umfange erhalten geblieben ist.

Ein Novum ist die Einführung der Arbeitsgemeinschaften auf den Universitäten. Sie müssen eingeführt werden und müssen verpflichtend eingeführt werden, weil wir die Meinung vertreten, dass die Lehre vom Recht unterstützt werden muß durch eine ständige Wechselwirkung mit der Praxis. Wir erreichen auf diese Art und Weise auch am ehesten, dass sich der Rechtslehrer auf die Praxis einrichtet, ohne ständig im luftleeren Raum die Juristerei nur begrifflich zu lehren. Es ist klar, dass wir dabei einen Einbruch in die Lehrfreiheit der Hochschulen begehen, und dass die Professoren uns Ablehnung und Mißtrauen entgegensetzen. Wir wollen aber eine Zusammenarbeit und zwar eine vertrauensvolle Zusammenarbeit mit den Professoren. Deshalb muß ich Sie bitten, die Frage der Arbeitsgemeinschaft mit Takt zu behandeln. Wir haben erreicht, was wir wollten, nämlich die obligatorische Aufnahme der Arbeitsgemeinschaften in den Studienplan, der demnächst veröffentlicht werden wird. Es liegt nunmehr an uns, diese Chance taktvoll zu nutzen. Dazu gehört ein bestimmtes, aber nicht überspitztes Auftreten. Unterschätzen Sie nicht die Schwierigkeiten, die wir trotzdem haben werden. Es haben sich in den letzten Monaten und in den letzten Jahren Dinge abgespielt, und es ist eine Obstruktion von Professorenseite betrieben worden, wo der Wille zur Zusammenarbeit nicht nur bezweifelt, sondern verneint werden mußte. Und wenn – ich will das nur einmal als Beispiel bringen – ein Dekan ausführt, die Universität sei dazu da, den Studenten – es ist das ausgeführt worden vor den Studenten – den Begriff der absoluten Gerechtigkeit beizubringen und ihnen die moralischen Korsettstangen einzuziehen; die Praxis sei vielerlei Einflüssen von außen ausgesetzt; es sei schädlich die Studenten schon während des Studiums an die Praxis heranzubringen, diese Einflüsse lernten sie später noch früh genug kennen – meine Herren, wenn so argumentiert wird, dann hört bei mir die Verhandlung auf, und dann bin ich auch bereit, mit solchen Herren Fraktur zu reden. Hier kann man nicht mehr taktvoll die eigene Position ausnützen, hier gibt es kein Verhandeln, wenn unserem Wollen zur gemeinsamen und vertrauensvollen Zusammenarbeit mit einer derartigen Anwort begegnet wird. Aber woran müssen wir vor allen Dingen denken und was ist unsere Aufgabe? Die Leiter der Arbeitsgemeinschaften müssen taktisch hervorragend begabte Praktiker sein. Ich kann es Ihnen nicht genug ans Herz legen: Suchen Sie die Paradeleute heraus, die Sie haben für diese Arbeit! Und die besten sind gerade gut genug.

Es muß auch – ich spreche jetzt aus den Erfahrungen der letzten Wochen und Monate – die Ankündigung der Vorlesungen im Vorlesungsverzeichnis rechtzeitig erfolgen. Auch das hat man zu sabotieren versucht. Es muß fernerhin darauf geachtet werden, dass die Stunden, in denen die Arbeitsgemeinschaften durchgeführt werden sollen, so liegen, dass der Student sie auch wirklich besuchen kann und will. Selbst auf diesem Gebiet mußten wir erleben, dass mehrere Fakultäten versucht haben, die Arbeitsgemeinschaften abzudrücken auf Samstag Nachmittag.

Sie haben bereits Gemeinschaftsleiter vom Justizministerium benannt, die wir dem Erziehungsministerium vorschlagen werden. Die Übertragung der Lehraufträge erfolgt auf Vorschlag der Fakultät ausschließlich durch das Erziehungsministerium. Um zu verhindern, dass unsere Herren im einzelnen Falle grundlos abgelehnt werden, ist mit dem Erziehungsministerium vereinbart worden, dass die Ablehnungsgründe dem Justizministerium mitgeteilt werden. Als Gemeinschaftsleiter können auch solche Professoren auftreten, die als Richter in der Praxis stehen. Hierzu haben wir nach Vereinbarung mit dem Reichserziehungsministerium Stellung zu nehmen, und wir haben ein Ablehnungsrecht.

Diese Idee der Arbeitsgemeinschaften ist groß und verpflichtend. Sie stellt die Justiz vor neue, große Aufgaben und gilt der Heranziehung eines besonders guten Nachwuchses. Dazu brauchen wir Ihre vertrauensvolle Mithilfe, Ihre ständige Fühlungnahme mit den Universitäten und die ständige Betreuung der Arbeitsgemeinschaften im Einzelnen.

Der neue Studienplan wird voraussichtlich mit Beginn des Sommersemesters 1944 in Kraft gesetzt werden. Er ist bedeutungsvoll für uns ausschließlich in bezug auf die Kriegsteilnehmer. Im Interesse unserer Frontsoldaten bitte ich Sie aber, sich besonders darum zu kümmern.

Meine Herren, ich bin am Ende meiner Ausführungen. Ich hoffe, dass Sie die Überzeugung gewonnen haben, dass hinsichtlich der von mir berührten Themen alles versucht werden wird, Sie in der Erledigung Ihrer Aufgaben zu unterstützen, wo es nur irgend möglich ist. Wir erwarten von Ihnen ein freudiges Mitgehen aus dem Gefühl einer inneren kameradschaftlichen Verbundenheit heraus für das eine Ziel einer einheitlichen großdeutschen Justiz.

Abschluß der Sitzung: Dr. Thierack: Ich hatte vorhin gesagt, dass ich bereit sei, über gewisse Punkte eine Aussprache zuzulassen, hinsichtlich der Informationen, die wir Ihnen geben wollen und hinsichtlich der Luftschutzmaßnahmen. Will jemand etwas dazu sagen?

Windhausen: Als Vorsitzender eines Sondergerichts habe ich die Erfahrung gemacht, dass die Vorsitzenden der Sondergerichte über die Bedeutung des Abhörens ausländischer Sender teilweise nicht im Bilde waren, weil sie zum Teil kein Rundfunkgerät besaßen und nicht wußten, was verbreitet wird. Meines Erachtens ist es erforderlich, dass sie das wissen. Wie können sie als Richter die Gefahr beurteilen, wenn sie nicht wissen, wie schwer das wiegt, was die ausländischen Sender verbreiten. Ich möchte deshalb eine Anregung bringen. Die Militärbefehlshaber erhalten von der obersten Heeresleitung ein Informationsblatt, das ihnen die wesentlichen Behauptungen der ausländischen Sender zur Kenntnis bringt, damit sie beim Unterricht die Möglichkeit haben, den Soldaten gegenüber diesen Behauptungen entgegenzutreten, von denen sie annehmen müssen, dass die Soldaten sie vielleicht gehört haben oder dass sie sie wußten. Denn sonst ist derjenige, der die Auslandsnachrichten nicht hört, weniger unterrichtet, als derjenige, der sie trotz des Verbotes hört; er tappt im Dunkeln, weiß überhaupt nicht, was von den ausländischen Sendern behauptet wird und ist gar nicht in der Lage, den Ausführungen der ausländischen Sender entgegenzutreten. Die Wehrmacht macht ausgiebig Gebrauch von diesen Informationen. Wir bekamen fast alles, was die ausländischen Sender gebracht haben, zur Kenntnis. Ich glaube, dass auch die Vorsitzenden der Sondergerichte darüber unterrichtet sein müssen. Ich habe das Gefühl, dass manches Urteil, das nicht befriedigt, darauf zurückzuführen ist, dass die Vorsitzenden gar nicht wissen, was es bedeutet.

Dr. Thierack: Können wir diese Meldungen an die Chefs weitergeben? (Sie sind streng vertraulich!) – Wir müssen das durchführen. Ich habe es auch erst durchgesetzt. Wir bekommen damit eine Kontrolle, um festzustellen, ob das, was zu uns hereinkommt, als Heimtücke oder Defaitismus anzusehen ist.

Möller: Der Gerüchtespiegel wird verbreitet auf folgendem Wege: Das Reichspropagandaministerium gibt an die Reichspropagandaämter so viele Exemplare des Gerüchtespiegels, als Sondergerichte vorhanden sind. Wenn also 4 Sondergerichte in einem Bezirk bestehen, können 4 Exemplare des Gerüchtespiegels gegeben werden. Der Gerüchtespiegel ist eine geheime Reichssache. Er befaßt sich mit den Gerüchten, die vom Ausland kommen, insbesondere mit denen, die über den ausländischen Rundfunk kommen, und er weist nach, daß die Quelle des Gerüchts der ausländische Rundfunk ist. Ich glaube, dass damit schon sehr viel getan ist, dass die Sondergerichte den Gerüchtespiegel erhalten. Auch die Chefs und die Generalstaatsanwälte können den Gerüchtespiegel bekommen. Ich habe deswegen noch ausdrücklich zurückgefragt beim Propagandaministerium.

Dr. David: Die Sache mit dem Gerüchtespiegel hat sich so ausgewirkt, dass vor ungefähr 2 Monaten ein solcher Gerüchtespiegel gekommen ist. Ich weiß nicht, ob damit der Zweck erfüllt wird, der hier angestrebt wird.

Dr. Thierack: Wir werden das zentral geben. Bei uns kriegen Sie es jeden Monat. Will noch jemand etwas sagen zum Informationsdienst? – Zum Luftschutz? – Bei Ihnen scheint alles in Ordnung zu sein.

N.N.: Ich möchte auf eines hinweisen, was sich in München außerordentlich bewährt hat. Dort bestand die Anweisung, dass nachts die Fernsprechapparate auf den Fußboden zu setzen sind. In einer Dienststelle ist das durchgeführt worden. Dort ist überhaupt kein Apparat kaputt gegangen. In einer Nebendienststelle sind 300 Apparate auf einen Schlag kaputt gegangen. Das ist eine einfache Sache, die sehr durchschlagend ist.

Dr. Thierack: Das ist eine Anordnung, die wir in Berlin zur Genüge kennen. Es gehören bei uns auf den Fußboden Schreibmaschinen, Rundfunkgeräte, Telefon und Gläser. Noch eine Frage? – Dann bitte ich Sie, morgen früh nicht erst 9 Uhr 30 Minuten hier zu sein, sondern schon um 9 Uhr. Dieser Wunsch ist nicht unberechtigt, weil wir Punkt 12 Uhr Schluß machen wollen.

(*Schluß: 17 Uhr, 45 Minuten*)

2. Referate der Sachbearbeiter

Ziffer 1: Ministerialdirektor Letz: Handhabung der Dienststrafgewalt (§§ 22 DBG, §§ 11 ff RDStO): Ministerialdirektor Letz gibt bekannt, dass der Richter aus dem Beamtengesetz und der Dienststrafordnung herausgenommen werden soll. Der Minister vertrete die Auffassung, dass jetzt schon Dienststrafverfügungen nicht zweckdienlich seien, wenn die Verstöße im Zusammenhang mit der Rechtspflege begangen seien. In solchen Fällen sei es besser, wenn der Chefpräsident persönlich eingeschaltet werde. Der Schuldige solle in Zukunft persönlich vor den Chefpräsidenten zitiert werden. Der Richter solle in diesen Fällen eine besondere Behandlung erfahren. Also kein nichtförmliches Verfahren, sondern persönliche Zurechtweisung in persönlicher Unterredung durch den Chefpräsidenten. Wenn die Verfehlung allerdings nicht bei Ausübung der Rechtspflege begangen wurde, dann sei dies etwas anderes. Aber das gebe es ja kaum. Das sei höchstens denkbar in Fällen, wenn einer saufe u. ähnliches. Ein förmliches Dienststrafverfahren müsse dann durchgeführt werden, wenn bestimmte Tatbestände erst festgestellt werden müßten. – Die Beschleunigung aller Dienststrafverfahren sei dringend erforderlich. Bei Würdigung der Frage, ob ein förmliches Dienststrafverfahren eingeleitet werden solle oder nicht, müsse ein strenger Maßstab angelegt werden. Das neue Richtergesetz werde wahrscheinlich nur das förmliche Dienststrafverfahren kennen.

Ziffer 2. Änderungen bei der Stellenbesetzung im höheren Dienst (RV vom 14. Dezember 1943 –2010-I a9 2499).

Ministerialrat Wittland: Bei der Ernennung der Amts- und Landgerichtsräte und der Staatsanwälte falle in Zukunft die Ausschreibung weg. Der Gerichtsassessor werde auch nicht an einem bestimmten Ort ernannt werden; damit entfalle ein ungeheurer Arbeitsaufwand. Auch die umständlichen Vorschläge der Chefpräsidenten würden damit entbehrlich. Das bisherige Arbeitssystem sei auch durch die Kriegsverhältnisse ungeheuerlich erschwert worden. Nach bisheriger Übung habe es oft bis zu einem ¾ Jahr gedauert, bis eine Stelle im Wege der Ausschreibung glücklich besetzt werden konnte. Auch die große Wohnungsnot sei ein Grund, weshalb die Ernennung an einem bestimmten Orte heute nicht mehr so dringlich sei. Es gebe heute noch die alte Zahl der Planstellen, obgleich der Geschäftsgang wesentlich zurückgegangen sei. Auch eine neue gebietliche Gliederung stehe bevor. Das alles seien Gründe, die gegen die Bindung an einen bestimmten Ort sprächen. Die ausgesprochene Befürchtung, dass die Bindung an einen bestimmten Ort wegfalle, um so das benötigte Personal für die Ostgebiete verfügbar zu erhalten, sei unbegründet. Das Personal für die Ostgebiete werde nach anderen

Gesichtspunkten ausgewählt. Wer beispielsweise 5 Jahre Soldat und an der Front gewesen sei, werde nicht so leicht nach dem Osten kommen wie einer, der bisher am alten Ort und in der alten Bequemlichkeit seinen Dienst habe leisten können. Im übrigen könne ein Richter oder Staatsanwalt, der noch an einem bestimmten Ort ernannt worden sei, genau so nach dem Osten abgeordnet werden, wie der nicht an einem bestimmten Ort ernannte. Das seien also keinerlei Nachteile.

Die Auffassung, mit dem Grundsatz der Unversetzbarkeit der Richter sei es zu Ende, sei unbegründet. Natürlich müsse den besonderen Kriegsverhältnissen Rechnung getragen werden. Da werde sich die Justizverwaltung eben mit der Abordnung helfen. Wer jetzt unter dem Zwang der heutigen Verhältnisse ohne Bindung an einen bestimmten Ort in einer Eingangsstelle ernannt werde, werde später bei Rückkehr zu normalen Verhältnissen einem bestimmten Ort zugewiesen. Die frei werdenden Stellen würden in Zukunft im Ministerium gesammelt und ohne Ausschreibung mit Gerichtsassessoren besetzt werden.

Versetzungswünsche einzelner Richter und Staatsanwälte müßten in Zukunft ohne Ausschreibung entgegengenommen werden. Ohne Bindung an einen bestimmten Ort ernannte Assessoren könnten keine Versetzungsgesuche machen. Trotz der in der RV vom 14. Dezember 1943 getroffenen Regelung könne auch in Zukunft im Ausnahmefall einmal ein Assessor an einem bestimmten Ort ernannt werden, wenn triftige Gründe dafür sprechen, z. B. ein Kriegsversehrter.

Ministerialrat Wittland spricht weiter über die Angleichung der Gerichtsbezirke an die Verwaltungsbezirke bzw. an die Parteigaue. Es besteht das Bedürfnis, die Gerichtsbezirke mit den Verwaltungsbezirken, aber auch mit den Parteigauen in Übereinstimmung zu bringen. Diese Notwendigkeit ergebe sich auch aus der Stellung der Reichsverteidigungskommissare. Ministerialrat Wittland führt einige Beispiele an, z. B. Oldenburg, Thüringen, Hessen-Nassau, wo solche Lösungen durch Änderung der Oberlandesgerichtsbezirke schon getroffen seien. Teilweise können diesem Bedürfnis durch Errichtung auswärtiger Senate abgeholfen werden, wie im Fall Augsburg. Es müsse endlich auch eine Lösung für den Landgerichtsbezirk Eichstätt gefunden werden. Eichstätt müsse zum Gau Franken, also zum Oberlandesgerichtsbezirk Nürnberg kommen. Es folge noch eine Mitteilung des Ministeriums, in der um Stellungnahme zu diesem Problem gebeten werde. Diese Stellungnahme sei jetzt schon vorzubereiten. Ein sehr schwieriges Problem werfe die Angleichung im Gau Bayreuth auf.

Auf Anordnung spricht nun *Chefpräsident Froböss* über die Abordnung in die Ostgebiete. In den Ostgebieten sei der Altersaufbau der Richter und Staatsanwälte ein wesentlich anderer wie in den übrigen Bezirken. Durch die bevorstehende Änderung der Begriffe kv, gvF, gvH, av in kv bedingt, kv und av würden im Oberlandesgerichtsbezirk Posen etwa 40 Richter neuerdings zum Militärdienst einrücken müssen. Dadurch sei es notwendig, aus anderen Bezirken, vor allem auch aus bombengeschädigten Gebieten, die einen besonderen Arbeitsrückgang aufweisen, Richter und Staatsanwälte in die Ostgebiete abzugeben. Der Minister erteilt dazu mündlich den Auftrag, bis 10. März 1944 aus allen Gebieten Richter zum Osteinsatz zu melden.

Oberlandesgerichtspräsident Froböss spricht auf besonderen Auftrag des Ministers über Bereitstellung von Unterkünften für fliegergeschädigte Familien von Justizangehörigen und für dienstliche Zwecke. Froböss führte dazu aus, dass er noch etwa einen Monat lang über einen freien Dienstraum verfüge. Es sei deshalb notwendig, raschestens an ihn zu melden, welche Dienststellen aus anderen Gebieten nach dem Warthegau verlegt werden sollen. Ebenso verfüge er noch über einige Dienstwohnungen; auch im Bezirk Ostpreußen stünden einige Dienstwohnungen für Fliegergeschädigte zur Verfügung. Die Chefpräsidenten werden vom Minister ersucht, einmal verfügbaren Raum zu melden, den sie nicht selbst verwenden können, aber auch ihren Raumbedarf in auswärtigen Bezirken sofort anzumelden.

Ziffer 3. Landgerichtsrat Dr. Schmidt-Leichner: Materialbeschaffung für die Richterbriefe und Rechtsanwaltsbriefe. Landgerichtsrat Dr. Schmidt-Leichner bittet um Material zur Verordnung zum Schutz von Ehe, Familie und Mutterschaft vom 9. März 1943 (RGBl. I S. 140), besonders zum Tatbestand der Verschleuderung von Familienhabe; ferner um Mitteilung von interessanten Fällen der Abtreibung und der Kindstötung, und zwar um Fälle, die nach den alten Strafvorschriften behandelt wurden, und um Fälle, die unter die verschärften Strafbestimmungen der oben zitierten Verordnung fielen. Er stellt fest, dass zur Frage von besonderen Auflagen im Strafverfahren reichlich Material eingegangen sei. Auch das Thema „Gesetz und gesundes Volksempfinden" sei immer dankbar. Familienrechtliche Fälle seien gleichfalls zur Zeit erwünscht.

Ein besonderes Sorgenkind seien die Rechtsanwaltsbriefe [vgl. Heinz Boberach, Richterbriefe, 1975, S. 400 ff.]. Hier sei die Aufforderung zur Materialbeschaffung bisher völlig ergebnislos geblieben. Die Sondergerichtsvorsitzenden und Staatsanwälte müßten bei kriegswichtigen Strafverfahren aufmerken, was die Verteidiger in ihren Ausführungen sagen; damit falle schon eine Fülle von Material an. Man müsse auch die Ausführungen der Verteidiger mit den Ausführungen der Sondergerichtsurteile vergleichen. Dabei werde man in überraschender Weise darauf stoßen, wie notwendig eine Lenkung der Anwälte durch Rechtsanwaltsbriefe sei. Es sei dabei besonders erwünscht, nicht zu Negatives, sondern auch Positives herauszustellen. Besonders gutes Auftreten von Rechtsanwälten sei zu berichten. Auch politisch untragbare Ausführungen von Verteidigern müßten gemeldet werden.

Im Anschluß an die Ausführungen von Dr. Schmidt-Leichner äußert sich der *Minister* sehr bitter über das Versagen der nachgeordneten Stellen bei der Beschaffung von Material für Rechtsanwaltsbriefe.

Ziffer 4. Ministerialdirigent Suchomel: Gemeinschaftsfremden-Gesetz: Der Redner gibt bekannt, dass das Gesetz auch für die Entmannung des Sexualverbrechers regle. Als Höchstmaß der Gefängnisstrafe seien 10 Jahre vorgesehen. Die Festungshaft werde fortfallen, dafür die Haftstrafe ausgedehnt werden. Der Notstand des § 54 RStGB solle verallgemeinert, das Notwehrrecht neu geregelt werden. Die Verjährung solle zu einem Strafaufhebungsgrund gemacht werden. Die Strafvollstreckungsverjährung werde beseitigt werden. Das Reichsstrafgesetzbuch mit Ausnahme der Übertretungen solle in der Ostmark eingeführt werden. – Das Gemeinschaftsfremden-Gesetz erfordere eine intensive Schulung. Diese solle in

Kochem im Juli und August des Jahres erfolgen. Die Teilnehmer führen dann wieder Lehrgänge in ihren Bezirken durch.

[Ausführungen von Suchomel nach GStA Wurmstich/Jena: Das Gemeinschaftsfremdengesetz ist fertig. Es bringt die unbestimmte Strafe und Überweisung an die Polizei. Es fordert zahlreiche Änderungen des allgemeinen Teils des Strafgesetzbuchs. Es kommt hier die Einheitsstrafe. Das Strafgesetzbuch soll unter Beibehaltung der alten Paragraphenzahlen und unter Einarbeitung der neuen Bestimmungen neu bekannt gemacht werden. Neue Bestimmungen werden folgende sein: Die Höchstdauer der Gefängnisstrafe wird auf 10 Jahre festgesetzt, die Festungshaft soll durch Haft ersetzt werden, bei fahrlässigen Handlungen soll die Möglichkeit geschaffen werden, anstelle von Gefängnis auf Haft zu erkennen, Notstandshilfe soll verallgemeinert und nicht nur bei Angehörigen zugelassen werden, der Tatbestand der Notwehr soll neu gefaßt und auf das gesunde Volksempfinden abgestellt werden, der Irrtumsparagraph soll ausgedehnt werden, die Verjährung soll ein Strafaufhebungsgrund werden, der von der rechtschaffenen Führung des Beschuldigten während der Verjährungsfrist abhängig gemacht wird. Das Strafgesetzbuch wird für die Ostmark eingeführt mit Ausnahme der Übertretungen. Über die Neufassung des Strafgesetzbuchs berät zur Zeit die Akademie Sie wird Ende Mai fertig sein. Das Gemeinschaftsfremdengesetz fordert Schulung aller Rechtswahrer. Sie wird im Juli und August in der Reichsburg Kochem stattfinden. Die Teilnehmer von Kochem sollen in ihrem Bezirk weiterschulen.]

Ziffer 5. Ministerialrat Sommer: Auswirkungen der 3. Strafrechtlichen Vereinfachungsverordnung vom 29. Mai 1943 (RGBl. I S. 342). Wenn der Landgerichtspräsident die Ablehnung des Amtsrichters für begründet erkläre, so brauche nicht etwa die Strafkammer den für den abgelehnten Richter einspringenden Vertreter zu bestimmen; denn jeder Amtsrichter habe geschäftsordnungsmäßig seinen Stellvertreter, der dann für ihn einzutreten habe. Eine Vertretung durch Anwälte im Adhäsionsprozeß werde in Zukunft nicht gestattet werden. Wohl aber werde eine Vertretung des Verletzten durch die Ehefrau jetzt im Kriege zugelassen werden. Der Adhäsionsprozeß müsse unter allen Umständen im Kriege gefördert werden. Unter Umständen müsse eben die Frage des Adhäsionsprozesses einmal zum Thema einer Arbeitsgemeinschaft vor Richtern und Rechtsanwälten gemacht werden. Im Strafbefehlswege könne über einen zivilrechtlichen Anspruch *nicht* entschieden werden, ebenso wenig durch Friedensspruch. Im Adhäsionsverfahren vor dem Strafrichter könne auch ein Vergleich geschlossen werden, der – zum mindesten in entsprechender Anwendung der ZPO – vollstreckbar sei. – Für die Erteilung einer vollstreckbaren Ausfertigung eines im Adhäsionsverfahren ergangenen Urteils oder Vergleichs sei das Strafgericht zuständig. – Eine Strafkammer, die zu Beginn des Verfahrens mit drei Richtern besetzt war, müsse unter allen Umständen mit drei Richtern zu Ende verhandeln. – Der Staatsanwalt könne der geringeren Besetzung der Strafkammer nicht etwa generell zustimmen.

[Nach GenStA Wurmstich: *Landgerichtsdirektor Sommer:* Die Verordnung hat sich bewährt. Folgende Zweifelsfragen sind angeschnitten worden:

a) Wer entscheidet über das Ablehnungsgesuch, wenn das Gericht nur mit einem Amtsrichter besetzt ist? Zuständig ist der Landgerichtspräsident. Ist § 15 der Strafprozeßordnung in diesem Fall anwendbar, ist also, wenn die Ablehnung für begründet erklärt worden ist, das Gericht von der Ausübung des Richteramtes tatsächlich verhindert? Nein, jeder Amtsrichter hat einen Stellvertreter.
b) Bezieht sich die Bestimmung über die Vereinfachung der Anklageschrift auch auf Anklagen, die vor dem Sondergericht erhoben werden? (Artikel 2). Nein! § 22 der Zuständigkeitsverordnung vom 21.2.1940 ist absichtlich nicht geändert worden.
c) Nach welchen Gesichtspunkten soll über die Zulassung einer Berufung entschieden werden? Ausschließlich danach, ob die Berufung Aussicht auf Erfolg hat.
d) Bei der Verlesung von Niederschriften in der Hauptverhandlung soll großzügig verfahren werden.
e) Die Bestimmungen über die Entschädigung des Verletzten scheinen sich noch nicht eingebürgert zu haben. Als Grund dafür wird angegeben, 1. weil Rechtsanwälte als Beistand in der Hauptverhandlung nicht auftreten können. Dabei wird es bleiben, 2. weil die Ehefrau als Vertreter ihres verletzten Mannes zur Zeit nicht auftreten kann. Das wird abgeändert werden, weil jetzt viele Verletzte zur Wehrmacht eingezogen sind.
f) Im Strafbefehl kann dem Verletzten keine Entschädigung zugebilligt werden. Wohl aber, wenn nach Einspruch Hauptverhandlung stattfindet.
g) Im Friedensspruch kann ebenfalls keine Entschädigung zugebilligt werden.
h) Das Adhäsionsverfahren kann auch durch Vergleich vor dem Strafrichter erledigt werden. Dieser Vergleich ist vollstreckbar.
i) Gegen den Ehemann der Beschuldigten kann aus der Entscheidung im Adhäsionsverfahren nicht auf Duldung der Zwangsvollstreckung geklagt werden.
k) Über die Umschreibung der Vollstreckungsklausel auf den Rechtsnachfolger des Verletzten entscheidet der Strafrichter, nicht der Zivilrichter.

Aus der Verordnung zur Vereinfachung der Strafrechtspflege:

Die Besetzung der Gerichte hat sich ja nach der Persönlichkeit der Richter zu richten.

Hat die Hauptverhandlung mit drei Richtern begonnen, und ist sie dann ausgesetzt worden, dann muß mit drei Richtern weiterverhandelt werden. Es ist unzulässig, dass die Hauptverhandlung nur mit zwei Richtern fortgesetzt wird.

Der Staatsanwalt soll *bei* Einreichung der Anklage nicht *in* der Anklage zur Frage der Besetzung des Gerichts Stellung nehmen. Unzulässig ist es, generell für alle vorkommenden Fälle Stellung zu nehmen.]

Ziffer 6. Ministerialdirigent Suchomel: Schaffung eines neuen Straftatbestandes gegen das Entweichen von Gefangenen [vgl. W. Schubert (Hrsg.), Bd. VIII der Akademiereihe, 1999, S. 235]. Die Polen in den Ostgebieten würden bei Entweichen nach der Polen-Strafrechtsverordnung bestraft. Es habe sich herausgestellt, dass die Strafen keine abschreckende Wirkung haben, aber aus dieser Erfahrung allein lasse sich in Anbetracht der besonderen Verhältnisse kein sicherer Schluß ziehen. Es sei zu überlegen, ob eine Strafe für Flucht sittlich gerechtfertigt ist. Die Strafen müßten auch sehr hoch gegriffen werden. Sie müßten – gerade jetzt in der Kriegszeit – auch vor Begehung von Straftaten in der selbsterlangten Freiheit abschrecken. Der gleiche Zweck könne aber wohl durch Verwaltungsmaßnahmen erreicht werden. Es solle daher eine eigene Vollzugsabteilung für entwichene Strafgefangene geschaffen werden, in der der Strafvollzug besonders hart gehandhabt wird.

Der *Minister* äußert abschließend, dass also keine Strafbestimmung für Gefangenenentweichung geschaffen werde, sondern dass durch den schärferen Strafvollzug, der sich schnell bei den anderen Gefangenen herumspreche, eine abschreckende Wirkung bei diesen erzielt werden solle. Die Gefängnisbeamten in dieser Anstalt müßten das Recht haben, schnell und rasch von der Schußwaffe Gebrauch zu machen.

[Bericht zu Nr. 6–9 von GenStA Wurmstich] *Ministerialdirigent Suchomel:* Ein Reichsverteidigungskommissar hat eine Strafandrohung gegen das Entweichen von Gefangenen angeregt. Die Gefangenen befinden sich viel auf Außenarbeit und laufen fort, weil die Bewachung minderwertig ist. Sie gefährden dadurch den Arbeitseinsatz und die Bevölkerung. Die Ermittlungen bei den Generalstaatsanwaltschaften haben ergeben, dass im Jahre 1943 in Großdeutschland 3100 Gefangene entwichen sind, davon 83% von Außenarbeitsstellen, 17% aus geschlossenen Anstalten. Wenn man die Zahl der Gefangenen, die entwichen sind, für 1942 mit 100 ansetzt, dann beträgt diese Zahl 1943 120. Die Meinungen über eine Strafbestimmung sind ganz verschieden. Schon einmal in der Grundfrage, ob überhaupt eine Strafbestimmung erwünscht ist. Dann auch, welcher Personenkreis von ihr erfaßt werden soll. Und endlich, welche Strafe angedroht werden soll. Viele glauben, das Verwaltungsmaßnahmen eher zum Ziele führen. So z.B. dass die bis zur Entweichung verbüßte Strafe nicht angerechnet wird. Bei der Strafdrohung gehen die Meinungen zwischen Haft, Gefängnis, ja sogar Zuchthaus, auseinander. Das Ministerium hat sich entschlossen, keine Strafbestimmung zu schaffen. Entflohene Gefangene sollen in eine besondere Anstalt mit stark verschärftem Vollzug gebracht werden, in denen auch den Aufsehern die Waffe ruhig etwas locker sitzen kann. Vor dem Strafende sollen die Gefangenen in ihre alte Anstalt zurückgebracht werden, damit sie dort den Mitgefangenen erzählen können, was ihnen im Falle einer Entweichung blüht. Ministerialdirigent Marx erhält den Auftrag, eine geeignete Anstalt zur Verfügung zu stellen.

7. Erlaß des Reichsführers SS über die Ausdehnung der Polizeihaft bis zur Dauer von drei Wochen. MinDir. Suchomel: Der Erlaß des Reichsführers SS ist vom 10. Mai 1943. Das Ministerium hat ihn erst ein halbes Jahr später durch den Bericht eines Staatsanwalts erfahren. Die Frage ist jetzt die, ob der Staatsanwalt berechtigt ist, einen Beschuldigten auch erst nach drei Wochen dem Gericht zuzuführen. Nach § 126 der Strafprozeßordnung ist der Festgenommene unverzüglich dem Amtsrichter des Bezirks vorzuführen. Man kann davon ausgehen, dass diese Bestimmung durch § 1 der Verordnung des Reichspräsidenten zum Schutze von Volk und Staat vom 28.2.1933 (RGBl. S. 83) aufgehoben ist. Beschränkungen der persönlichen

Freiheit sind jetzt zulässig. Deshalb könne der Staatsanwalt grundsätzlich auch drei Wochen warten, bis er einen Festgenommenen dem Richter vorführt. Rechtspolitische Gründe sprechen aber dagegen, dass die Staatsanwaltschaft von dieser Ermächtigung vollen Gebrauch macht. Das Vertrauen der Bevölkerung in die Justiz beruht darauf, dass ein Festgenommener sofort dem Richter vorgeführt wird. Nun bestimmt allerdings Punkt 74 der Richtlinien für das Strafverfahren, dass in Ausnahmefällen der Zweck der vorläufigen Festnahme eine mäßige Überschreitung der Frist rechtfertigen kann. Solche Ausnahmen werden insbesondere dann vorliegen, wenn neben der die vorläufige Festnahme rechtfertigenden Straftat auch noch andere Beweismittel weiterer Straftaten gesichtet und aktenkundig gemacht werden, deren Zuleitung an den Richter oder ermittelnden Beamten dringend erforderlich scheint. Als mäßige Überschreitung der Frist kann aber in der Regel eine Vorführung erst nach drei Wochen nicht angesehen werden. Das Ministerium ist der Meinung, dass als mäßige Überschreitung vielleicht die Frist von einer Woche angesehen werden kann. Diese Frist ist in dem Entwurf einer Strafprozeßordnung enthalten. Nur in ganz großen Ausnahmefällen darf diese Frist überschritten werden.

8. Erlaß des Reichsführers SS über Eingriffe in das Brief-, Post-, Telegraphen- und Fernsprechgeheimnis durch die Kriminalpolizei. MinDirig. Suchomel: Nach § 1 der VO des Reichspräsidenten zum Schutz von Volk und Staat vom 28.2.1933 (RGBl. S. 83) sind Eingriffe in das Brief-, Post-, Telegraphen- und Fernsprechgeheimnis zulässig. Dadurch sind auch die Bestimmungen des §§ 99 ff. der Strafprozeßordnung außer Kraft gesetzt. Der Reichsführer SS hat schon am 30.6.1938 die Geheime Staatspolizei zu Eingriffen in das Postgeheimnis ermächtigt und diese Ermächtigung am 19.3.1943 auch auf die Reichskriminalpolizei ausgedehnt. Die Ermächtigung ist aber nicht allgemein erteilt, sondern darauf beschränkt, dass die Kriminalpolizei einen *Einzel*fall bezeichnen muß. Die Staatsanwaltschaft wäre danach von der Beschränkung des § 99 ff. der Strafprozeßordnung ebenfalls frei. Rechtspolitische Gründe und das Vertrauen der Bevölkerung zur Justiz fordern aber, dass sich die Staatsanwaltschaft auch weiterhin an § 99 ff. StPO hält.

9. Informationen der OLG-Präs. und GStA über die Grundfragen und die jeweilige tagespolitische Linie in Politik, Propaganda, Wehrwesen, Rüstung, Reichssicherheitswesen, Wirtschaft, Landwirtschaft und Arbeitseinsatz. – Reichsjustizminister Dr. Thierack: Ich werde zur besseren Unterrichtung eine politische Information einrichten, die monatlich oder halbmonatlich erscheinen soll [überliefert im BA Berlin, R 3001/4003]. Sie ist geheim. Den Chefs der höheren Reichsjustizbehörden bleibt die Auswahl der Informationen überlassen, die sie den nachgeordneten Justizbehörden weitergeben wollen. – *Staatssekretär Klemm:* Die politische Information kann grundsätzlich nur Dinge von allgemeinem Interesse bringen. Sie erhebt keinen Anspruch auf Vollständigkeit. Außerdem wird den Oberlandesgerichtspräsidenten, Generalstaatsanwälten, Vorsitzern und Oberstaatsanwälten beim Sondergericht der vom Reichspropagandaamt herausgegebene „Gerüchtespiegel" zugehen. [Nr. 7–9 nach GStA Wurmstich]

Ziffer 10. Oberregierungsrat Mielke: Nichtanzeigen von Straftaten im Bereiche der deutschen Reichspost: Hier habe sich bei den Postbehörden folgender Brauch entwickelt: Die Postbehörden berichten nach Abschluß ihrer Ermittlungen an den Reichspostminister und dieser verfügt, ob Anzeige an die Staatsanwaltschaft zu erstatten ist oder nicht. Der Reichspostminister vertritt den wohl nicht anfechtbaren Standpunkt, dass in seiner Hand die Entscheidung darüber liegen müsse, ob Anzeige erstattet werde oder nicht. Der Postminister hat aber seine Präsidenten ermächtigt, Feldpostdiebstähle von sich aus anzuzeigen. Abgesehen wird von Anzeigen nur, wenn der Reichspostminister es ausdrücklich wünscht und das Reichsjustizministerium zustimmt. Der Reichspostminister hat auch mit der Polizei eine Abmachung getroffen, die im Befehlsblatt der Polizei abgedruckt ist. Danach wird die Polizei erst dann verständigt, wenn ein bestimmter Tatverdacht vorliegt oder es sich um ein Gewaltverbrechen handelt. Bezüglich der Feldpostdiebstähle bleibt es bei der oben erwähnten Regelung. – Das Reichsjustizministerium werde jetzt aber auch bei anderen ernsthaften Straftaten gefragt, ob von Strafverfolgung abgesehen werden könne. Abschließend sei festzustellen, dass der Reichspostminister nicht verpflichtet ist, strafbare Handlungen aus seinem Geschäftsbereich zur Kenntnis der Staatsanwaltschaft zu bringen.

Ziffer 11. Ministerialdirektor Vollmer: Abgrenzung von Zersetzungs- und Heimtückesachen: Der Minister habe hier eine scharfe Abgrenzung befohlen. Die politische Entwicklung nach Stalingrad und dem Zusammenbruch in Italien habe eine Verschiebung nach § 5 der Kriegssonderstrafrechtsverordnung hin bewirkt. Es gebe nun ziemliche Schwankungen. Es wurden deshalb auf der Tagung durch *Oberstaatsanwalt Franke* Einzelfälle vorgetragen, aus denen Richtlinien abgeleitet werden können. Diese Beispiele sollen dann durch Behandlung in einem Richterbrief [nicht erfolgt] untermauert werden. Sog. *„Morgenluftsachen“* [vgl. Walter Wagner, Der Volksgerichtshof im ns. Staat, Stuttgart 1974, S. 292] sollen immer unter dem Gesichtspunkt des § 5 gewürdigt werden.

Oberstaatsanwalt Franke bringt dann die aus der Anlage ersichtlichen Einzelfälle. Franke führt ein Sonderdezernat zur Überwachung der Wehrkraftzersetzungs- und Heimtückesachen. Das Sonderdezernat ist seit August 1943 tätig. Bis Januar 1944 wurde in 124 Fällen auf Todesstrafe erkannt, von denen 100 vollstreckt wurden.

Als Grundsatz ist zu merken: Wehrkraftzersetzung liegt immer dann vor, wenn die Äußerung auf die Abdankung des Führers oder des nationalsozialistischen Regimes hinzielt oder die Kapitulation vor dem Feinde zum Gegenstand hat, wenn die Persönlichkeit des Täters mit Sicherheit eine andere Deutung ausschließt oder aber auch bei unbescholtenen Personen, wenn der Täter nach dem Grad seiner Bildung erkennen muß, dass seine Äußerung eine zersetzende Wirkung auf die Umgebung haben muß (Fall Dr. Geiger [hierzu Walter *Wagner*, Der Volksgerichtshof im ns. Staat, 1974, S. 293, Fu 41], Fall Dentist [Wilhelm] Weber). Dabei dürfen die Anforderungen an die subjektive Seite nicht zu hoch gesteckt werden. Der Begriff der Öffentlichkeit ist der gleiche wie bei Heimtückesachen.

Generalstaatsanwalt [wohl MinRat] Vollmer [vgl. *Gruchmann*, Justiz im Dritten Reich, 3. Aufl. 2001, S. 284] bemerkt dazu, § 2 des Heimtückegesetzes schütze das langsame Schrittfassen im Sinne der neuen Führung, § 5 der KStrVO schütze die erhöhte Einsatzbereitschaft der inneren Front im Existenzkampf und verhindere damit eine Entwicklung im Sinne des 9. November 1918. Es sei bei der Abgrenzung immer zu fragen: Wer ist der Täter (politisches Vorleben, Bildung, Wertungsvermögen)? Tatrichtung: Warum hat der Täter die Äußerung getan? Wann hat er sie getan? Etwa in einer Krisenzeit, dann *sehr* gefährlich. Wo hat der Täter die Äußerung getan? Z.B. vor seiner Klientel (der Arzt in der Sprechstunde, der Friseur in seinem Friseurgeschäft, vor einer Bürogemeinschaft etc.). Bei Heimtückesachen seien schwere Angriffe gegen den Führer *immer* zu verfolgen.

Es müsse auch eine Schulung der Partei bezüglich der Zersetzung an Hand von Fragen stattfinden, die zentral vom Ministerium mitgeteilt würden. – *Oberreichsanwalt Lautz* bemerkt zum Thema: Eine Abgabe von Sachen durch den Oberreichsanwalt an die Strafsenate bedeute nicht, dass ein Fall minder schwer gelagert sei.

Ziffer 12, Ministerialdirektor Vollmer: Behandlung von Strafsachen wegen Abtreibung, Kindestötung und Homosexualität.

In vielen Fällen der Selbstabtreibung, aber auch der Fremdabtreibung seien die Strafen viel zu milde [Bericht von *Wurmstich*: im Westen und in den Alpen- und Donaureichsgauen]. Die Grenze zwischen einfacher Fremdabtreibung und todeswürdiger Fremdabtreibung müsse heute enger gezogen werden. Denn die Volkskraft sei heute im Kriege gefährdeter denn je.

Ähnliche Gedanken müßten maßgebend sein bei der Bekämpfung der Homosexualität. Bei notorischen Jugendverderbern könne die freiwillige Entmannung nur in seltenen Ausnahmefällen die Verhängung der schwersten Strafen verhindern. Bei der Kindestötung müsse ebenfalls scharf zugefaßt werden. Hinweis auf § 217 StGB; in milden Fällen im Wege ausdehnender Gesetzesauslegung Mindeststrafe aus § 213 RStGB.

Ziffer 13. Oberstaatsanwalt Franke: Behandlung von Kellereinbrüchen. Redner teilt mit, die Kellereinbrüche in luftbedrohten Gebieten seien – je nach Bezirken verschieden – um 100 bis 250 % gestiegen. Die Kriminalpolizei werde eine Aufklärungsaktion durchführen. Die Fuhrunternehmer würden scharf auf die eventuelle Abfuhr von Diebesgut beobachtet. Es sei schon vorgekommen, dass ganze Fahrzeuge mit Diebesgut abgefahren worden seien. Die Urteile in solchen Fällen müßten sehr scharf sein und in der Presse veröffentlicht werden.

Ziffer 14. Oberregierungsrat Mielke: Unterrichtung der ärztlichen Sachverständigen über die Behandlung von vermindert zurechnungsfähigen Tätern im Strafrecht. Nach § 51 Abs. 2 RStGB könne der Täter bei verminderter Zurechnungsfähigkeit milder bestraft werden (nach den Vorschriften über den Versuch). In der Praxis habe sich nun der Grundsatz Geltung verschafft, dass bei der schweren Kriminalität und in Zeiten eines erhöhten Schutzbedürfnisses eine Milderung der Strafe nicht eintreten darf. Das Schutzbedürfnis des Volkes sei gegenüber dem des vermindert Zurechnungsfähigen sehr oft das größere. Daran könne auch das Gutachten des Sachverständigen nichts ändern. Die ärztlichen Sachverständigen hätten aber Anspruch darauf, die Auffassung des Ministers hierüber zu erfahren. Sie sollten deshalb bezirksweise zu einer entsprechenden Aufklärung zusammengezogen werden.

Oberregierungsrat Mielke spricht so dann über die *erweiterte Anwendung des § 153 RStPO.* Das Verfahren nach § 153 RStPO bringe mit sich, dass manche Täter mehrmals dieser Gesetzeswohltat teilhaftig würden. Man habe nun eine Mitteilungspflicht bezüglich solcher Einstellungen erwogen. Aber das Bedürfnis für eine Mitteilung etwa zum Strafregister bestehe doch wohl nicht. Es gebe also weiterhin keine Möglichkeit, über ein nach § 153 eingestelltes Strafverfahren aus einem anderen Bezirk etwas zu erfahren. Jedoch solle bei der eigenen Behörde eine Kartei nach § 153 StPO schon geschaffen werden.

Der Minister meint dazu auch, eine allgemeine Mitteilungspflicht etwa zum Strafregister solle man nicht schaffen, jedoch innerhalb der eigenen Generalstaatsanwaltschaft eine Übersicht führen. Eine Anfrage der Staatsanwaltschaften bei Herrn Generalstaatsanwalt genüge dann zur Vergewisserung, ob gegen den Täter schon einmal ein Verfahren nach § 153 RStPO eingestellt worden sei.

Ziffer 15. Ministerialdirektor Vollmer: Vorträge von Richtern und Staatsanwälten bei der Partei über strafrechtliche Themen. Wie der Minister schon erwähnt habe, sollten Richter und Staatsanwälte in Ortsgruppen usw. sprechen. Es sei da zu beachten, dass der Vortragende ein geschulter Redner sein müsse, volkstümlich sprechen könne, Werbekraft zu entwickeln in der Lage sei, Parteigenosse sein müsse und in der Abwicklung von Parteischulungsabenden erfahren sei. Es müßten dabei die Richterbriefe und eventuelle Richtlinien des Ministeriums strenge Berücksichtigung erfahren. Überspitzungen und Anprangerungen durch Namensnennungen dürften nicht vorkommen. – Über die Vorträge sei zu berichten. Das interessiere das Ministerium.

Ziffer 16. Ministerdirektor Vollmer: Aufrechterhaltung der Ordnung bei Ausländern. Redner weist hin auf den an die Generalstaatsanwälte gerichteten Erlaß des RJM vom 2. September 1943 III a 1904/43 über Notwehrrecht gegenüber Kriegsgefangenen (Grundlegende Erlasse des Oberkommandos der Wehrmacht vom 29. Januar 1943 und 24. März 1942). Bei der Behandlung von Straftaten gegenüber Kriegsgefangenen und ausländischen Zivilarbeitern habe maßgebend zu sein: Motiv und Persönlichkeit des Täters, ferner Herkunft und persönliche Haltung des Ausländers. Es sei auch die mögliche Rückwirkung auf die Außenpolitik und auf die Werbung weiterer Ausländer durch den Generalbevollmächtigten für den Arbeitseinsatz zu berücksichtigen. Die Verletzung der Wahrung des Abstandes müsse eine entsprechende Rüge finden. Bei mittleren und leichteren Verletzungen könne gegen die schuldigen Deutschen ohne ausländische Zeugen verhandelt werden. Wenn die Straftat zur Brechung einer Renitenz von Kriegsgefangenen oder auch ausländischen Zivilarbeitern begangen sei, müsse milde und großzügig gegen den deutschen Schuldigen vorgegangen werden.

Der *Minister* berichtet dazu ein Beispiel, wo Sowjetrussen, die in einer Kiesgrube beschäftigt waren, in unglaublicher Weise die Arbeit vernachlässigt hätten. Schließlich hätten zwei deutsche Aufsichtsorgane die sowjetrussischen

Kriegsgefangenen durch Tätlichkeiten zur Arbeitsaufnahme zwingen wollen. Der zur Bewachung weiter beigegebene Soldat sei daraufhin scharf bestraft worden, weil er die Übergriffe der deutschen Zivilbegleiter nicht verhindert habe. Ein solches Urteil sei eine Unmöglichkeit. Mit einem solchen Verfahren könne die Zucht und Ordnung nicht aufrechterhalten werden.

[Aufzeichnung von Wurmstich: *Vollmer:* Wir beobachten ein Flattern der Rechtsprechung, wenn es sich um Straftaten Deutscher gegen Kriegsgefangene und Ausländer handelt. Das OKW hat Bestimmungen über die Behandlung von Kriegsgefangenen, über die Zulässigkeit von Notwehr und das Recht zum Waffengebrauch erlassen. Diese gelten auch für die zur Aufrechterhaltung der Ordnung herangezogenen Hilfsmannschaften. Man muß folgende Unterschiede machen: Deutsche machen sich schwerer Ausschreitungen gegen Ausländer schuldig. Die Deutsche Arbeitsfront und der Generalbevollmächtigte für den Arbeitseinsatz verlangen, dass scharf durchgegriffen wird. Maßgebend für die Strafe sind das Motiv der Tat, die Persönlichkeit des Täters, seine Herkunft (nordische Nationen), seine Haltung (Deutschenfreund oder -feind), die Rückwirkung der Bestrafung auf die Außenpolitik, der Arbeitseinsatz, die Werbung für die Meldung freiwilliger Arbeitskräfte in der Heimat des Ausländers. Jede schwere Ausschreitung ist eine Verletzung der Überlegenheit des deutschen Mannes über den ihm ausgelieferten Ausländer. – Anders liegt's bei leichten und mittleren Körperverletzungen. Die sind, ohne das Zeugen aufgeboten werden, möglichst durch Strafbefehl zu erledigen. War der Ausländer faul und mußte seine Renitenz gebrochen werden, dann soll kein Friedensmaßstab angelegt werden und nur zurückhaltend eingeschritten werden. Weiterhin ist hier Notwehr anzuerkennen. Zweifelsfälle sollen dem Generalstaatsanwalt vorgetragen werden.]

Ziffer 17. Oberregierungsrat Mielke: Strafgerichtsbarkeit der Wehrmacht und der allgemeinen Gerichte. Es sei leider des öfteren vorgekommen, dass bei Straftaten, die zum Teil die allgemeinen Gerichte, zum Teil die Kriegsgerichte beschäftigt hätten, abweichende Urteile herausgekommen seien. Es sei z.B. wegen Umgangs mit einem Kriegsgefangenen eine Frau bestraft worden, während der Kriegsgefangene später vom Kriegsgericht freigesprochen worden sei. Oder es sei eine Zivilperson wegen Beihilfe zur Wehrdienstentziehung sehr hart bestraft worden, während der Täter selbst vom Kriegsgericht milde bestraft worden sei. Es habe deshalb eine Besprechung mit dem Oberkommando der Wehrmacht stattgefunden. Das OKW beabsichtige nun, einen Erlaß an die Kriegsgerichte herauszugeben, wonach das Kriegsgericht bei Abweichung vom Schuldspruch des allgemeinen Gerichts an das OKW berichten müsse. Das OKW setze sich mit dem allgemeinen Gericht dann ins Benehmen. Dieser Erlaß beschränke sich aber nur auf den Umgang mit Kriegsgefangenen. Eine umgekehrte Verfügung sei vom Reichsjustizministerium geplant. Der Redner weist darauf hin, dass eine Verbindung beider Sachen vor dem gleichen Gericht hier Abhilfe schaffen könne.

Ziffer 18. Ministerialdirigent Hesse: Lockerung des Vorlegungszwanges von Hypothekenbriefen durch § 7 Nr. 1 der Grundbuch-Vereinfachungs-VO vom 5. Oktober 1942 (RGBl. I S. 573): Die Bestimmung des § 7 gebe verschiedentlich Anlaß zur

Vermutung, dass eine allgemeine Anweisung ergangen sei. Das sei aber keineswegs der Fall. Es würden beim Ministerium nur Einzelfälle entschieden. Doch mehrten sich die Fälle und sie müßten deshalb in Zukunft örtlich vorbereitet werden. Es handle sich nicht um Fälle, bei denen der Brief verlorengegangen oder der Gläubiger unbekannt sei. Nein, es seien Fälle, in denen bekannt sei, wo der Brief sich befinde und wo der Gläubiger sei. Im Ministerium sei man kein Freund des Hypothekenbriefes. Er müsse eingeschränkt werden, da er der Mobilisierung des Grundbesitzes diene, was der heutigen Tendenz widerspreche. Nun könnte man ja sagen, wir bräuchten die Schattenseiten nicht zu erleichtern. Aber die Einrichtung sei nun einmal da und so lange sie da sei, könne sie nicht denaturiert werden. – Dispens könne nur erteilt werden, wenn die rechtliche Transaktion, die beabsichtigt sei, im übrigen in Ordnung gehe, z. B. die Genehmigung der Devisenstelle vorliege, die Zustimmung des Abwesenheitspflegers oder des Vormundschaftsgerichts gegeben sei.

Ziffer 19. Ministerialdirigent Hesse: Behandlung der Militärtestamente durch die Nachlaßgerichte.

Ein Militärtestament oder eine vor Eintritt in das mobile Verhältnis errichtete letztwillige Verfügung könne nach der 5. VO zur Ergänzung des Gesetzes über die freiwillige Gerichtsbarkeit und andere Rechtsangelegenheiten in der Wehrmacht vom 6. September 1943 (RGBl. I S. 537) gültig sein, wenn sie eigenhändig geschrieben oder unterschrieben ist. – Über das Verfahren des Nachlaßgerichts sei die AV vom 6. September 1943 (D.J. S. 522) ergangen.

Ziffer 20. Ministerialdirektor Altstötter: Schwierigkeiten bei der Erstattung erbbiologischer Gutachten. Schwierigkeiten bei der Erstattung erbbiologischer Gutachten habe es schon vor dem Kriege gegeben. Der Reichsinnenminister mahne in einem Erlaß die einschlägigen Stellen, nur in wichtigen Fällen Gutachten zu erstellen. Der Reichsminister der Justiz wünsche, dass die Gerichte nur in wichtigen Fällen – z. B. bei Fragen der rassischen Einordnung – Gutachten verlangen. Der Rechtsprechung des Reichsgerichts komme das allerdings sehr in die Quere. Das Reichsgericht sehr engherzig in seinen Anforderungen. Die Institute seien aber derartig überfüllt mit Gutachtenanforderungen, dass es katastrophal sei. Das müsse unbedingt zur Kenntnis aller Gerichte gebracht werden. Wenn die Gerichte sich nicht an eine weise Beschränkung in dieser Richtung auferlegten, werde sich der Minister gezwungen sehen, den Weg der Gesetzgebung einzuschlagen. Er müsse dann entweder anordnen, dass die Erholung erbbiologischer Gutachten auf die Fälle rassischer Einordnung beschränkt wird oder gar, dass Klagen dieser Art nur in ganz bestimmten Fällen im Kriege zugelassen werden.

Ziffer 21. Ministerialdirektor Altstötter: Die Behandlung von Arisierungsprozessen. Der Oberreichsanwalt beim Reichsgericht könne in Arisierungsprozessen [nach *Wurmstich*: viele Fehlentscheidungen, bes. im OLG-Bezirk Wien] Wiederaufnahmeantrag stellen, auch wenn die Jahresfrist des § 2 des Gesetzes vom 15. Juli 1941 (RGBl. I S. 383) abgelaufen ist. (Verordnung vom 27. Januar 1944 – RGBl. I S. 52). Eine Verordnung werde diese Frage demnächst regeln. – Die neu anlaufenden Prozesse dieser Art müßten mit größtmöglicher Sorgfalt behandelt und entschieden werden. Es sei z.B. vorgekommen, dass die Identität vorgelegter Bilder mit bestimmten Personen nicht nachgeprüft wurde. Es komme weiterhin vor, dass beispielsweise die Deutschblütigkeit bestimmter Personen (außerehelicher Beihälter) einfach unterstellt werde.

Ziffer 22. Ministerialdirektor Altstötter: Behandlung der Ausländer-Ehesachen: Nach § 7 der ersten Durchführungsverordnung [vom 27.7.1938, RGBl. I, 923] zum Ehegesetz entscheide über die Befreiung von der Beibringung der ausländischen Ehefähigkeitszeugnisse der Oberlandesgerichtspräsident. Es werde demnächst eine AV erscheinen, die bestimmte Grundsätze für die Behandlung der Befreiungsgesuche aufstelle. Die Zusammenarbeit mit dritten Stellen müsse einheitlich gestaltet werden. Am meisten empfehle sich die Zusammenarbeit mit dem Höheren SS- und Polizeiführer bzw. dessen Dienststelle „Beauftragter des Reichskommissars für die Festigung deutschen Volkstums", die über die Volkszugehörigkeit entscheidet.

Ziffer 23. Ministerialdirigent Staud: Erfahrungen bei der formlosen Zustellung. Die formlose Zustellung habe im großen und ganzen geklappt. Die Ersparnisse seien allerdings mehr der Reichspostverwaltung zugute gekommen. Die in § 5 der Kriegsmaßnahmenverordnung vom 12. Mai 1943 (RGBl. I S. 290) für die Zugangsvermutung aufgestellte Frist könne verlängert werden.

Ziffer 24. Ministerialdirigent Staud: Behandlung des Stillstandes der Rechtspflege durch die Oberlandesgerichtspräsidenten. Die Praxis müsse außerordentlich zurückhaltend sein. Die Schutzverordnung [v. 4.12.1943, RGBl. I 1943, 666] gebe ja ohnedies viele Möglichkeiten. – Formale Behandlung: Der Stillstand der Rechtspflege sei von amtswegen festzustellen. Selbstverständlich könnten Anträge und Anregungen von außen den Anstoß zu der von amtswegen zu treffenden Feststellung geben. Bei der Feststellung sei klar der Beginn des Stillstandes festzulegen und – wenn in diesem Zeitpunkt schon möglich – auch die Dauer des Stillstands. Sämtliche betroffenen Gerichte seien zu verständigen, ebenso die Anwaltskammer und die betroffene Gauwirtschaftskammer. Bei Mitteilung an die Presse sei größte Zurückhaltung geboten. Sie solle nach Möglichkeit überhaupt vermieden werden.

Ziffer 25. Ministerialdirektor Altstötter: Inhalt der VO über die nachträgliche Eheschließung [nicht ergangen; Materialien bei W. *Schubert*, Das Fam.- und Erbrecht unter dem NS., 1993, S. 914 ff.]. Redner bedauert, leider noch keinen abschließenden Bericht geben zu können. Grundsätzlich solle es dabei verbleiben, dass die nachträglich geschlossene Ehe die gleichen Wirkungen haben soll, wie wenn sie unter Lebenden geschlossen worden wäre. Die Eheschließung werde zurückdatiert auf den Tag vor dem Todestag des Mannes. Die Rechtsstellung der Kinder sei so, dass dieselben in einem besonderen Feststellungsverfahren legitimiert werden. Wohnsitzbestimmungen fänden keine Anwendung. Auf vermögensrechtliche Bestimmungen übe die Ehe keine Wirkung aus. Mithin bleibe sie auf die erbrechtlichen Verhältnisse grundsätzlich ohne Einfluß. Aber der Nachlaßrichter könne auf Antrag Legate einsetzen. Wenn ein Kind vorhanden sei, könne der Nachlaßrichter das Kind zum Erben einsetzen bzw. er müsse es tun.

Ziffer 26. Ministerialdirektor Altstötter: Inhalt der VO über die gerichtliche Behandlung der Ehewohnungen und des ehelichen Hausrats [RGBl. 1944, S. 258, vergl.

W. *Schubert*, Familienrecht usw., S. 857 ff.]. Das eheliche Wohnungsverhältnis sei nach einer Entscheidung des Großen Senats des Reichsgerichts kein rein schuldrechtliches, sondern auch ein familienrechtliches Problem. Es werde ein Verfahren innerhalb der freiwilligen Gerichtsbarkeit vorgesehen, in dem der Amtsrichter nach freiem Ermessen über die Auseinandersetzung entscheidet. Der Prozeßrichter können auch entscheiden, wenn ein Verfahren anhängig ist. Den Antrag könne jeder Beteiligte stellen, also auch der Vermieter, der unbedingt als Beteiligter anzusehen ist.

Ziffer 27. Ministerialdirektor Altstötter: Jugendsenate bei den Oberlandesgerichten für die Bearbeitung vormundschaftsrichterlicher Erziehungssachen. Ministerialdirektor Altstötter weist auf die AV vom 8 Juli 1942 (DJ: S. 473) hin. Es seien Jugendsenate zur Wahrung der Einheit der Rechtsprechung einzusetzen, bei denen Jugendrichter als Hilfsrichter zuzuziehen sind.

Ziffer 28. Ministerialrat Anders: Fragen der Planstellenbewirtschaftung. Dazu ist nichts wesentliches gesagt worden.

Ziffer 29. Ministerialrat Anders: Umstellung der Kraftwagen auf andere Treibstoffe als Benzin. Die Wagen sollen auf Treibgas umgestellt werden. Was gesagt wurde, ist reine Theorie und für die Praxis unbeachtlich.

Ziffer 30. Ministerialrat Anders: Durchführung des Fernschreibverkehrs. Acht Oberlandesgerichtsbezirke seien heute an das Fernschreibnetz angeschlossen. Es müsse unbedingt vom Fernschreiber Gebrauch gemacht werden, da sonst die Gefahr bestehe, dass er wieder weggenommen wird.

Es wird ferner noch darauf hingewiesen, dass wieder eine Million Unterstützungsgelder verfallen, weil nicht genügend Unterstützungsgesuche einlaufen.

[*Angleichung der Gerichts- und Verwaltungsbezirke.*

Ministerialrat Wittland: Die Grenzen der Gaue und der Oberlandesgerichte und der staatlichen Verwaltungsbehörden decken sich heute in vielen Fällen nicht. Es liegt ein Entwurf des Innenministeriums vor, nach welchem die staatlichen Verwaltungsbezirke den Gaubezirken angeglichen werden sollen. Er betrifft Oldenburg, Hessen-Nassau, Thüringen und Erfurt, Sachsen. Zum OLG-Bezirk Jena werden die LG-Bezirke Erfurt und Nordhausen kommen. Der OLG-Bezirk Naumburg wird aufgeteilt werden. Naumburg selbst behält den Gaubezirk Halle-Merseburg. Der Bezirk Dessau-Magdeburg bekommt sein Obergericht in Magdeburg. Ein Anfang ist damit schon gemacht, dass das OLG Naumburg heute schon einen auswärtigen Senat in Magdeburg unterhält. Bis nach Kriegsende bleibt dieser Senat dem OLG-Bezirk Naumburg noch unterstellt. (Aufz. v. Wurmstich)]

3. Detailinformationen zu einigen Tagesordnungspunkten

1. Abgrenzung von Zersetzungs- und Heimtückesachen.
Das Verhältnis des § 2 Abs. 1 des Heimtückegesetzes und § 5 KSStVO [Kriegssonderstrafrechts VO v. 17.8.1938/26.8.1939] zueinander hat sich im 4. und 5. Kriegsjahr verschoben. Die Entwicklung wurde durch die Ereignisse um Stalingrad und in Italien beschleunigt. Durch die Errichtung eines Zersetzungssonderreferats für

schwere akute Zersetzungsansätze im Reichsjustizministerium, ein entsprechendes Abkommen mit dem Reichssicherheitshauptamt, Maßnahmen in der Geschäftsverteilung des Volksgerichtshofs und eine Presseaktion kam das äußerlich zum Ausdruck. Der neuen Praxis sind eine Reihe von SG-Bezirken und auch gewisse Strafsenate bei den Oberlandesgerichten noch nicht gefolgt; ihre Erkenntnisse stimmen im Strafmaß mit den Urteilen des Volksgerichtshofs nicht zusammen. Durch dieses Referat und einen Richterbrief sollen klare Verhältnisse geschaffen werden. Die vorübergehend defensive Haltung an den Fronten bringt eine Belastung der inneren Front mit sich. Der Feind sucht nach schwachen Punkten und glaubt sie wie 1914/18 im Selbstbehauptungswillen der inneren Front gefunden zu haben. Seit den italienischen Ereignissen verstärkt er diesen Angriff. Die sich daraus ergebenden, nicht sonderlich zahlreichen Defätisten-Sachen führten zu einer neuen Linie der Zersetzungsrechtsprechung, der die Behandlung der Heimtückesachen sich organisch anschließen muß. Diese Linie soll durch die folgenden im Reichsjustizministerium behandelten Einzelfälle belegt werden:

Klare Fälle von schwerer Wehrkraftzersetzung:

Fall Dr. Geiger, ein 52 Jahre alter, bisher unbestrafter prakt. Arzt, Parteigenosse.

Tat: Der Verurteilte hat im Sommer 1943 gegenüber der aus Berlin nach Niederbayern evakuierten schwangeren Ehefrau eines im Felde stehenden HJ-Oberbannführers bei der ärztlichen Betreuung geäußert, sie habe aber Mut, sich jetzt noch ein Kind zuzulegen. Denn wenn es schief gehe, stehe es traurig um uns. Nach den Ereignissen in Italien sei der Krieg für uns verloren, ein Sieg der Russen bedeute unseren physischen Tod. Eine Niederlage durch die Engländer und Amerikaner sei schon noch das kleinere Übel. Sie – die Patientin – stehe eben zu sehr unter dem Einfluß der Nazi-Propaganda. Auf den erschreckten Ausruf der Schwangeren, was dann mit ihnen geschehen würde, erwiderte der Verurteilte, dass die in solchen exponierten Stellen (wie ihr Ehemann) natürlich zuerst „drankommen" würden, dann gäbe es ein Massen-Katyn. Urteil vom Volksgerichtshof. – 8 September 1943 – Todesstrafe. Antrag der Staatsanwaltschaft: Todesstrafe. Gnade abgelehnt.

Fall Weber, ein 60 Jahre alter, bisher unbestrafter Dentist, Parteigenosse.

Tat: Der Verurteilte äußerte im August 1943 zu einer Patientin: An den Sieg glaube kaum noch jemand; in unseren Konzentrationslagern herrschten mittelalterliche Foltermethoden; besonders die Homosexuellen würden zu hart angefaßt; wir hätten eine Million Juden ermordet und dadurch eine schwere Schuld auf uns geladen; Rudolf Hess sei der richtige Mann, der Führer nicht. Der Verurteilte fuhr nunmehr wörtlich fort: „Überhaupt, in 4 Wochen lebt der Führer nicht mehr. Sie werden es schon hören." – Urteil Volksgerichtshof vom 15. September 1943: Todesstrafe. Antrag Staatsanwaltschaft: Todesstrafe. Gnade abgelehnt. – Die Anforderungen an den inneren Tatbestand dürfen in Zersetzungssachen nicht überspannt werden. Im 5. Kriegsjahr muß sich jeder Deutsche die Auswirkungen seiner Äußerungen auf Dritte wohl überlegen. Dies gilt im gleichen Maße für Ausländer, die im Arbeitseinsatz im Inlande sind und deutsches Gastrecht genießen. Auch abwägende, z. B. befugte Erörterungen der politischen und der Kriegslage sind nur so lange straflos, als sie nicht andere in ihrer Überzeugung wankend machen könnten. – Es ist bisher kein Bedürfnis beobachtet worden, das Tatbestandsmerkmal „öffentlich" in § 5 der KSStVO härter auszulegen, als in Heimtückesachen. – Als solche sind die unter § 2 Heimtückegesetz fallenden Äußerungen zu behandeln, die noch nicht darauf hinauslaufen, andere zu beeinflussen. Zwei Beispiele sind die Fälle Krejci und Kochzius.

Fall Krejci, eine 41jährige, bisher unbestrafter Heimarbeiterin. – *Tat:* Die Verurteilte erzählte im Frühjahr 1943 folgenden Witz: „Wer ist der größte Bauer in Deutschland?" „Adolf Hitler, der habe einen lahmen Hund, eine fette Sau und viele Millionen Schafe." (Mit dem lahmen Hund und der fetten Sau meinte sie Goebbels und Göring). – Urteil des Sondergerichts I Berlin vom 5. Oktober 1943: 6 Monate Gefängnis!

Fall Kockzius, ein 57 Jahre aller Buchdrucker. – *Tat:* Der Verurteilte äußerte Anfang 1942 auf den Gruß „Heil Hitler" eines Arbeitskameraden: „Scheißdreck"!

Im Dezember 1942 äußerte der Verurteilte als im Betriebe Führerpakete verteilt wurden, er brauche den Führer und diese Pakete nicht, er sei kein Almosenempfänger. – Im Januar 1943 erklärte der Verurteilte, der Führer sei ein Strolch, ein vaterlandsloser Geselle, der vom Auslande komme, wo nur Bettler wohnten; er wolle das deutsche Volk auch zu Bettlern machen, durch die Straßensammlungen mache er das Volk vor den Ausländern nur lächerlich. Die ganze Regierung mitsamt der Partei seien Strolche und Lumpengesindel. – Zu einem Parteigenossen äußerte der Verurteilte, er solle machen, dass er rauskomme, sonst würde er später an einem Baume aufgehängt werden. – Urteil Sondergericht II Berlin vom 28. September 1943: 1 Jahr Gefängnis. – Grenzfälle sind die Fälle Graf, Kessel, Eckert und Heinitz.

Fall Graf, ein unbestrafter, 65 Jahre alter Landwirt.

Tat: Der Beschuldigte erklärte im Frühjahr 1943: „Hitler muß abdanken, dann hört der Krieg auf." – Im Herbst 1943 äußerte er: „Der Krieg hört nicht eher auf, als bis Hitler abdankt." – Im Oktober 1943 äußerte er: „Die Deutschen haben sich am Vormarsch verblutet und jetzt verbluten sie sich auf dem Rückmarsch. Im Sommer springt man, um jede Beere zu retten, und jetzt muß man zusehen, wie die Sache verreckt. Es kommt aber bloß auf ein paar Herren an. Mit dem Krieg ist es dasselbe. Es gehören allen die Hälse abgeschnitten." – Der Oberstaatsanwalt schlägt in Übereinstimmung mit dem Generalstaatsanwalt vor, die Strafverfolgung aus § 2 des Heimtückegesetzes nicht anzuordnen und den Beschuldigten unter Auferlegung einer Geldbuße zu verwarnen. Der Beschuldigte sei gut beleumundet, selbst Weltkriegsteilnehmer, habe mehrere Söhne an der Front und sich schon vor der Machtübernahme für die NSDAP eingesetzt. – Der Meinung der Außenstellen, dass es sich hier um einen Fall von Heimtücke handele, ist nicht zuzustimmen. Es liegt viel mehr ein Fall von Wehrkraftzersetzung vor, der bereits dem Oberreichsanwalt beim Volksgerichtshof zur Prüfung vorgelegt worden ist.

Fall Kessel, ein 48 Jahre alter, unbestrafter Hilfszollbetriebsassistent, sonst Gemüsebauer.

Tat: Beschuldigter äußerte anläßlich eines Dienstganges am 7. Juni 1943, bei dem er einen Kameraden traf, dass es mit den Fliegerangriffen so nicht weitergehen könne, und dass er wisse, wie der Krieg ein schnelles Ende finde, nämlich dann, wenn Hitler und alles was drum und dran hänge, abdanken würde. Am nächsten Tag unterhielt er sich mit einem anderen Kameraden und fragte diesen ebenfalls, ob er vielleicht glaube, dass wir den Krieg gewinnen könnten. Als der Kamerad dies bejahte, entgegnete der Beschuldigte, er sei ein glücklicher Mensch, wenn er das glaube. Der Beschuldigte hatte einige Zeit vorher einen leichter Fliegerschaden (Glasschaden) erlitten, ebenfalls einige Wochen vorher waren Verwandte von ihm in einer mitteldeutschen Industriestadt schwerer vom Terrorangriff betroffen worden. Der für seinen Wohnort zuständige Bürgermeister beurteilte ihn nicht ungünstig, da er im Jahre 1933 mit als einer der ersten des Ortes zur Partei gestoßen sei. Er ist 1935 wegen Nichtzahlung von Beiträgen ausgeschlossen worden. Er sei sonst unauffällig, habe aber ein etwas impulsives Wesen. Der Beschuldigte gibt auch an, er habe bei den ihm vorgeworfenen Äußerungen unter dem Eindruck der Fliegerangriffe gestanden. – Oberstaatsanwalt und Generalstaatsanwalt sind der Auffassung, dass die Voraussetzungen des § 5 KSStVO sich in subjektiver Hinsicht nicht nachweisen lassen und halten den Beschuldigten durch die etwa 3 Monate währende Untersuchungshaft für genügend gewarnt. Sie schlagen vor, die Strafverfolgung nicht anzuordnen. – Diese Ansicht ist nicht haltbar. Sie stellt zu strenge Anforderungen an die subjektiven Voraussetzungen des § 5 KSStVO. Der Beschuldigte ist zur Partei ersichtlich als bloßer Mitläufer gestoßen und hat dadurch, dass er es zum Ausschluß aus der Partei kommen ließ, an den Tag gelegt, wie wenig ernst er es mit dem Nationalsozialismus nimmt. Dass der Beschuldigte einige Zeit vor der Tat einen geringen Bombenschaden erlitten hat und dass Verwandte schwer geschädigt worden sind, kann ihn nicht entschuldigen und vor allem auch eine schwere Depression, die Äußerungen der in Frage stehenden Art erklären könnte, nicht rechtfertigen. Fälle dieser Art müssen heute energischer angefaßt werden.

Fall Eckert: eine 50jährige, unverheiratete, unbestrafte Hausangestellte.

Tat: Die Beschuldigte äußerte am Nachmittag des 14. September 1943 in einem Ladengeschäft gegenüber der Inhaberin im Beisein von zum unbekannten Personen: „Bis Weihnachten ist der Krieg schon längst vorbei. Deutschland ist schon verteilt – sie spielte dabei offenkundig auf eine nahe bevorstehende Niederlage an. Als ihr ein Krankenkassenangestellte vorstellte, wie sie sich dies denn vorstelle, wenn der Krieg verloren gehe, dann müßten wir alle nach Rußland, erwiderte die Beschuldigte: Da sollen sie nur die 5 Millionen SS-Männer hinschicken. Beim letzten Fliegerangriff auf Mannheim hat die SS, die Bluthunde, die Leute mit Gummiknüppeln zu Lösch- und Aufräumungsarbeiten aus den Bunkern geholt. – Oberstaatsanwalt will mit Billigung des Generalstaatsanwalts aus § 2 Heimtückegesetz anklagen und eine Gefängnisstrafe von 9 Monaten beantragen. Es handelt sich hier um einen Grenzfall. Gewiß enthalten die Äußerungen der Beschuldigten in ihrem zweiten Teil den Heimtücketatbestand. Insgesamt betrachtet kam es der Beschuldigten jedoch ersichtlich darauf an, den Willen ihrer Zuhörer zum Durchhalten zu beeinträchtigen, wie sich aus dem ersten Teil ihrer Äußerungen ergibt. Als die dabei auf Widerspruch stieß, versuchte sie ihre Auffassung durch Schimpfen und durch Erzählung eines Greuelmärchens zu stützen. Die Tendenz ihrer Äußerungen ging also auf Zersetzung. Die Beschuldigte wird in erster Linie aus dieser Bestimmung zu verfolgen sein.

Fall Heinitz, eine 51jährige unbestrafte Ehefrau.

Tat: Die Verurteilte äußerte am 5. August 1943 in der Eisenbahn: Göring sei geflohen, aber verhaftet worden; wegen eines englischen Ultimatums sei der Reichstag einberufen worden. Kurz nach ihrer Ankunft im Bestimmungsbahnhof traf sie einen flüchtigen Bekannten, dem sie die gleiche Greuelnachricht mit dem Zusatz erzählte, die Frau des Reichsmarschalls sei bereits in Schweden, Göring selbst habe Silber, Schmuck und Brillianten bei sich gehabt. Als der Zeuge ihr erklärte, dass ihre Erzählungen unglaubhaft seien, erwiderte sie, dass ihr Mann in Berlin gewesen sei und das alles auf einer Sitzung von dem „Präsidenten" gehört habe. – Die vom Sondergericht am 8. Oktober 1943 gegen die Verurteilte ausgesprochene Gefängnisstrafe von 9 Monaten ist recht milde, zumal die Tat an Zersetzung grenzt. – Einige Urteile von Strafsenaten und Sondergerichten weichen noch erheblich von der neuen Linie ab:

Fall Hentsch, ein 65 Jahre alter, unbestrafter Geschäftsführer. Früher SPD-Funktionär und ehemaliges Reichsbahnermitglied.

Tat: Im Dezember 1942 äußerte sich der Verurteilte zu einem Bekannten, von dem er vermutete, dass er der SPD früher nahe gestanden habe, wie folgt: Man höre von Kameraden, die sich auf Urlaub von der Ostfront befänden, dass diese bei Stalingrad den Russen erst einmal als Soldaten kennengelernt hätten. Sein Bekannten dächten, dass es im Herbst nächsten Jahres alle sei. Der Dolchstoß beim letzten Krieg sei nicht von hinten gekommen, wie man das erzähle ... – Es werde ein großes Blutvergießen geben, das wüßten auch die Nazis, denn diese hätten es ja selbst schon gesagt, dass die Bäume in Deutschland nicht ausreichen würden, wenn das Aufhängen losgehe. – Die Hauptsache sei, dass sie – d.h. die Andersdenkenden – gesund blieben, denn es würde dann jedermann gebraucht, damit die Ordnung aufrechterhalten bliebe und kein Chaos eintrete. – Der Bolschewismus komme bestimmt nicht, denn die Engländer und Amerikaner hätten daran kein Interesse; was dann komme, wisse man nicht, aber auf demokratischem Wege werde man schon so oder so eine Möglichkeit finden. – Die Regierung könne ja heute schon gar nicht mehr; bei uns bestehe ein Zwangskurs; vom Ausland bekämen wir nichts; unsere Steuern würden heute schon auf 10 Jahre im voraus verarbeitet. Urteil vom 17. Dezember 1943: 10 Monate Gefängnis.

Aus den Gründen: Die Tat erscheine als minderschwer und nicht als zuchthauswürdig. Der Verurteilte habe früher zu den „gemäßigten" Elementen der SPD gehört und eine staatsfeindliche Gesinnung nie zum Ausdruck gebracht, sei auch sonst gut beleumundet, unbestraft und Kriegsteilnehmer; es handele sich offenbar um eine einmalige Entgleisung. – Die Strafe ist ungewöhnlich milde. Der Verurteilte mußte als politisch geschulter Mensch die Tragweite seiner Worte erkennen und damit rechnen, dass sie wehrkraftzersetzende Wirkung haben würde. Eine höhere Zuchthausstrafe wäre am Platze gewesen. Die Sache wird dem Oberreichsanwalt beim Reichsgericht zur Prüfung vorgelegt werden.

Fall Frick, ein 36jähriger, unbestrafter Hilfsarbeiter.

Tat: Der Verurteilte äußerte sich im Sommer 1943 als Führer der Werkluftschutzwache einer Firma in Dornbirn zu den ihm unterstellten Wachmännern öfters über die bessere Versorgungslage und über die besseren Erpfindungen der Gegner Deutschlands auf dem Gebiete des Rüstungswesen, ferner über die insbesondere den Russen und Engländern zur Verfügung gestellten besseren Waffen und ließ erkennen, dass er aus diesen Gründen an einen Sieg Deutschlands nicht glaube. Einmal erklärte er ausdrücklich, Deutschland werden den Krieg verlieren, weil Rußland mehr Soldaten und bessere Waffen als Deutschland habe. Daneben zog er auch die Richtigkeit der Meldungen des deutschen Nachrichtendienstes in Zweifel, bezeichnete sie als eine ausgesprochene Propaganda und erklärte, dass man von den englischen Sendern die Wahrheit höre. – Urteil vom 23. November 1943: 1 Jahr Gefängnis.

Aus den Gründen: Die Äußerungen seien in einem kleineren Personenkreis gefallen und hätten zersetzende Folgen nicht nach sich gezogen. Todeswürdigkeit der Tat sei daher nicht gegeben, vielmehr sei ein minder schwerer Fall anzunehmen. – Die Strafe ist ganz unzureichend. Der Verurteilte hat die in Rede stehenden zersetzenden Äußerungen in der herausgehobenen Stellung eines Wacheführers getan. Es handelt sich auch nicht um eine einmalige Entgleisung, sondern um wiederholte Auslassungen, bei denen außerdem der Verdacht besteht, dass der Verurteilte Auslandssender abgehört und deren Nachrichten bei seinen Äußerungen verwertet hat. Wenn Todesstrafe nicht in Betracht gezogen wurde, so hätte doch auf eine hohe Zuchthausstrafe erkannt werden sollen.

Fall Dörner, ein unbestrafter, 65 Jahre alter Kaufmann.

Tat: Der Verurteilte äußerte im Sommer 1943 zu Arbeitskameraden: „Er garantiere dafür, dass wir in 3 Wochen die schönste Revolution im Lande haben. Bei der Firma Bosch sei eine kommunistische Organisation, der etwa 2000 Arbeiter angehörten, und deren Funktionäre eine Liste mit den Namen sämtlicher Meister und Wachmänner aufgestellt hätten, die zuerst abgeholt würden und dem Tode verfallen seien; es seien auch im Ostarbeitslager Funktionäre, die auf die Wachmänner aufpaßten; man dürfe die Ostarbeiter nicht so streng behandeln, um nicht Gefahr zu laufen, wenn es schief gehe. Wachtmeister und Offiziere haben sich auf der Polizeiwache erzählt, der Führer sei als Oberbefehlshaber der Wehrmacht abgesetzt und ein General von Manstein zum Oberbefehlshaber gemacht worden. Der Grund zur Absetzung des Führers sei der, dass sämtliche Generäle ihren Rücktritt mit der Begründung eingereicht hätten, sie wollten sich nicht weiterhin von einem Gefreiten kommandieren lassen. Innerhalb von 3 Wochen sei Italien vom Engländer besetzt und bei uns gebe es eine Militärdiktatur. In diesem Moment sei die Partei ausgeschaltet. – Urteil eines Sondergerichts vom 20. November 1943 aus § 1 Abs. 1 Heimtückegesetz: 9 Monate Gefängnis.

Aus den Gründen: Das Verhalten des Verurteilten grenze objektiv an Wehrkraftzersetzung. Ein derartiges Verbrechen sei aber aus subjektiven Gründen nicht nachweisbar, da der Verurteilte ein hemmungsloser Schwätzer sei, der kritiklos alles weitertrage. – Die Bestrafung des Verurteilten mit 9 Monaten Gefängnis ist ganz ungenügend. Es hätte Wehrkraftzersetzung angenommen werden sollen.

Die von Dörner getanen Äußerungen sind derartig schwer, dass auch einem hemmungslosen Schwätzer der Zersetzungsgehalt zum Bewußtsein gekommen sein muß. Nichtigkeitsbeschwerde wird erhoben werden. – In folgendem Falle liegen kommunistischer Hochverrat, landesverräterische Feindbegünstigung und Zersetzung der Wehrkraft nebeneinander vor (landesverräterische Feindbegünstigung liegt nach der Praxis des Volksgerichtshofs z. B. regelmäßig in illegaler Betätigung kommunistischer Funktionäre in gehobener Stellung nach Ausbruch des Krieges mit der Sowjetunion):

Fall P. Früheres Mitglied der KPC arbeitet nach Ausbruch des Krieges mit der Sowjetunion illegal weiter, gründet Zellen, hält Funktionärsbesprechungen ab und vertreibt kommunistische Flugblätter. Auf seiner Arbeitsstelle in einem Rüstungsbetrieb im Protektorat äußerte er sich gegenüber Arbeitskameraden ständig in reichsfeindlichem und zersetzendem Sinne, u. a. in folgender Form: Die Offensivkraft der Sowjetunion sei übermächtig. Die deutschen Truppen würden unaufhaltsam immer weiter zurückgeworfen. Der Krieg sei daher in Kürze für Deutschland verloren. Alle Anstrengungen, das Schicksal abzuwenden, seien vergeblich. Nach dem Zusammenbruch des Reichs werde die Tschechische Republik neu erstehen. Stalin habe dies zugesagt. Die neuen Grenzen würden bis nach Berlin reichen und die tausendjährige Unterdrückung durch das Deutschtum wieder gut gemacht werden. Die Todesstrafe ist hier unausweichlich. –

Unbeschadet durchaus denkbarer vernünftiger Rücksichtnahme auf landschaftliche Besonderheiten ist die neue Linie reichseinheitlich zu halten. – § 2 des Heimtückegesetzes schützt seit Erlaß des Gesetzes alle gutwilligen Elemente des Volkes unter seiner Führung und damit unmittelbar den Führungsgrundsatz, die Gefolgschaftstreue und das Vertrauen zur Führung. Damit ist auch im Kriege noch nicht notwendig eine *unmittelbar* lähmende Einwirkung auf die innere und äußere Front verbunden. Jedoch wird diese Gefahr im 5. Kriegsjahr näher liegen als in den ersten Kriegsjahren oder gar im Frieden. § 5 KSStVO schützt die erhöhte Einsatzbereitschaft der um die Existenz kämpfenden inneren und äußeren Front gegen Entwicklungen in Richtung auf den 9. November 1918 (Defaitismus, Selbstaufgabe, Abbaubestrebungen).– Musterfälle der Zersetzung sind Wünsche auf Abdanken des Führers, auf Regimewechsel, Erörterungen über eine Kapitulation, Erwägungen über Pakte mit dem Feind, z. B. nach italienischem Muster. Häufig gibt der innere Tatbestand den Ausschlag. Es kommt darauf an, wer handelt (Bildung, Vorleben, Urteilsfähigkeit), warum jemand handelt (Ziel der Tat), wann er tätig wird (Krisenzeiten u. dergl.), wem gegenüber er tätig wird (Klientel, Gefolgschaft, Rüstungsbetrieb, Beamter, Gebildeter, Autoritätsverhältnis usw.). Die Strafsenate der Oberlandesgerichte und die Sondergerichte werden die neuen Abgrenzungen alsbald zu beachten und ihre Rechtsprechung anzugleichen haben; die Staatsanwaltschaft wird die neue Linie schon bei der Behandlung von Heimtückesachen befolgen müssen. – Stoff für die Schulungsarbeit der Partei auf diesem Gebiet wird ausschließlich vom Reichsjustizministerium den zuständigen Dienststellen der Partei zugeleitet werden. Diesen Parteistellen wird die vom Reichsjustizministerium verfolgte Linie bekannt. Der Leiter der Parteikanzlei ist erst kürzlich dahin vorstellig geworden, dass nur dieser Weg zu beschreiten ist, weil einige von einem Gericht unter Umgehung des Ministeriums Parteidienststellen zur Verfügung gestellte Urteile zu abträglichen Beurteilungen geführt haben. Das berührt aber Partei und Staat gleichmäßig.

2. Strafsachen wegen Abtreibung, Homosexualität und Kindestötung.

In vielen Fällen der *Selbstabtreibung*, besonders aber der *Fremdabtreibung* sind die erkannten Strafen noch zu milde. Besonders in einzelnen Bezirken des Westens und der Alpen- und Donaugaue ist das Schutzgut anscheinend noch nicht von allen Gerichten klar erfaßt; es handelt sich heute um die Lebenskraft des kämpfenden, d. h. durch Front und Luftkrieg erheblich in Anspruch genommenen Volkes, das in allen kommenden Generationen wieder ungeschwächt sein soll.

Strafzumessungsgründe, die stark an den Gedanken der sozialen Indikation anklingen, sind in keinem Teile des Reiches mehr tragbar; echte Not kann in so gut wie allen Fällen durch verständige Inanspruchnahme der Partei- und Staatsdienststellen vermieden werden. In einer Zeit, in der evakuierte oder ausgebombte Großstadtfamilien z.T. ohne Hilfe des im Felde stehenden Mannes tapfer die Sorge für das werdende Kind überwinden, müssen in anderen Gegenden des Reichs erst recht entsprechende Anforderungen an die Haltung gestellt werden. Bei der Berücksichtigung persönlicher Milderungsgründe ist stets zu beachten, dass sie gegen unverzichtbare Lebensbelange des Gesamtvolkes stehen; überholte Auffassungen früherer Zeiten können auch in den ins Reich heimkehrenden Gebieten nicht mehr berücksichtigt werden.

Besonders zu beachten ist die Lage bei der Abgrenzung der *todeswürdigen Fremdabtreibung*. Im 5. Kriegsjahr kann die Lebenskraft des Deutschen Volkes sehr viel eher beeinträchtigt sein als zu anderen Zeiten. Einschlägige Vorstrafen auch aus früherer Zeit werden immer einen Rückschluß auf die Gesinnung des heute rückfälligen Täters zulassen.

Das Schutzgut der Strafbestimmungen gegen die *Homosexualität* ist in erster Reihe der Zeugungswille des deutschen Mannes. Für die Bekämpfung der Homosexualität gelten ähnliche Gesichtspunkte wie für die Abtreibung. Besonders Jugendverführer und männliche Prostituierte verdienen erbarmungslose Bekämpfung. In schweren Fällen wird die Entmannung [zulässig nach §§ 42 a Nr. 2, 42 k (1933) StGB] nur in seltenen Grenzfällen und bei ganz sicheren Erfolgsaussichten gestattet, von der Anwendung des § 1 des Änderungsgesetzes abzusehen; die vom Reichsgericht entwickelten Grundsätze über die Selbstachtung der kämpfenden Volksgemeinschaft werden in der Regel diesen Ausweg verbieten.

Aus entsprechenden Gründen ist entschlossene Härte auch bei der Bekämpfung der *Kindestötung* angebracht. Bei dieser Gelegenheit sei mitgeteilt, dass nach Auffassung des Hauses die Mindeststrafgrenze des § 213 RStGB im Wege der ausdehnenden Gesetzesauslegung auch für den Sonderfall des § 217 gilt; die entgegenstehende Fassung des § 217 ist überholt.

3. Vorträge von Richtern und Staatsanwälten bei der Partei über strafrechtliche Themen.

Es ist erwünscht, dass Richter und Staatsanwälte in Parteiveranstaltungen auf Wunsch von Parteidienststellen oder im Rahmen entsprechender Vereinbarungen mit Parteidienststellen über Strafrechtsfragen sprechen (z. B. Kriegswirtschaftsverbrechen, Umgang mit Kriegsgefangenen, Plünderungssachen). Es muß sich um gute Redner mit ansprechender, volkstümlicher Vortragsart handeln, die für die Sache des Rechts werben, möglichst aktive Parteigenossen und in der Parteiarbeit erfahren, jedenfalls aber weltanschaulich völlig gefestigt sind. Die vorhandenen Richtlinien des Reichsjustizministeriums (Richterbriefe, RV, Einzelweisungen) sind selbstverständlich zu beachten. Bei der Verwertung von Führerauffassungen zur Stützung der eigenen Ansicht ist taktvoll zu verfahren. Überspitzungen und Anprangerungen sind unzulässig. Im allgemeinen empfiehlt es sich gründliche Vorbesprechung mit dem Generalstaatsanwalt oder Oberlandesgerichtspräsidenten, eventuell Rückfrage beim Reichsjustizministerium. Bericht über den Ablauf der Veranstaltung an das Reichsjustizministerium ist erwünscht.

Im übrigen wird eine planvolle Schulung sowie der Rednereinsatz noch über den NSRB organisiert werden. Entsprechende Anweisungen an des NSRB sind erlassen.

4. Aufrechterhaltung der Ordnung gegenüber Ausländern.

Richtlinien über das Verhalten von Wachmannschaften gegenüber Kriegsgefangenen und sowjetrussischen Kriegsgefangenen sind den Generalstaatsanwälten durch Erlaß vom 2. September 1943 mitgeteilt worden. – Gegenüber sonstigen ausländischen Arbeitskräften gilt folgendes: Sadistische Taten, Trunkenheitsexzesse und sinnlose Roheiten sind angemessen zu bestrafen. Die Deutsche Arbeitsfront und die Arbeitseinsatzbehörden haben Mitteilung über solche Urteile erbeten und warnen die Lagerführer und Wachmannschaften laufend. Bei der Behandlung solcher Strafsachen kommt es auf das Motiv und die Persönlichkeit des Täters und auf die Herkunft und persönliche Haltung des Ausländers an (z. B. befreundete Nation, Neutraler, Angehöriger von Feindländern, kulturell tiefstehende Völker, Deutschenfreunde, deutschfeindliche Elemente, Arbeitswillige). Zu beachten ist stets die mögliche Rückwirkung auf die Außenpolitik, die Arbeitsfreude und die Werbung von Arbeitskräften. Würde und Überlegenheit der beteiligten Deutschen müssen unter allen Umständen gewahrt bleiben.

Bei einzelnen, mittleren und bei leichten Körperverletzungen ohne vernünftigen Grund ist nötigenfalls Ordnung zu schaffen (Strafbefehl, Verhandlung ohne ausländische Zeugen, Einstellung unter Auflage u. dgl.). Maßgebend sind das Motiv des Täters und die Herkunft und die Persönlichkeit des Ausländers. Bei Renitenz oder Faulheit ausländischer Arbeitskräfte wird häufig vom Aufsichtspersonal entschlossen durchzugreifen sein. In solchen Fällen liegt eine strafbare Handlung in aller Regel nicht vor. Zu beachten sind die Arbeitseinsatzlage im Reich und die Schwierigkeiten bei der Überwachung der Massen von ausländischen Arbeitern. Bei Widersetzlichkeit und Angriffen werden ähnliche Grundsätze zu gelten haben, wie gegenüber entsprechendem Verhalten ausländischer Kriegsgefangener. Die Haltung der deutschen Arbeitskräfte ist richtig, wenn sie überlegen, gerecht und bestimmt, notfalls auch hart ist. Die strafrechtliche Überprüfung hat nach praktischen Gesichtspunkten der Gegenwart und nicht vom grünen Tisch aus oder nach Friedensmaßstäben zu erfolgen.

5. Anwendung des § 153 StPO.

Die erweiterte Anwendung des § 153 StPO (Einstellung wegen Geringfügigkeit) bringt die Gefahr mit sich, dass Beschuldigte, die mehrere Straftaten an verschiedenen Orten begangen haben, straffrei ausgehen, weil der einzelnen Strafverfolgungsbehörde, die das bei ihr anhängige Verfahren nach § 153 StPO einstellt, von den weiteren Verfahren bei anderen Behörden nichts bekannt ist. Der Plan, Einstellungen nach § 153 StPO im Strafregister zu vermerken, soll z.Z. wegen der durch eine solche Anordnung entstehenden erheblichen Mehrbelastung der Justizbehörden nicht weiter verfolgt werden. Es muß jedoch erreicht werden, dass der einzelne Sachbearbeiter von seiner Anwendung des § 153 stop in geeigneter Weise feststellt, ob nicht *bei seiner Behörde* gegen den selben Beschuldigten Verfahren geschwebt haben oder zur Zeit anhängig sind.

6. Unterrichtung der ärztlichen Sachverständigen über die Behandlung von vermindert zurechnungsfähigen Tätern im Strafrecht.

Wer vermindert zurechnungsfähig im Sinne des § 51 Abs. 2 RStGB ist, *kann* milder bestraft werden; die Strafe *kann* nach den Vorschriften über die Bestrafung des Versuchs gemildert werden. Diese Strafermäßigung ist jedoch nicht zwingend vorgeschrieben. Die Entscheidung darüber, ob und in welchem Maße die Strafe zu mildern ist, steht im Ermessen des Richters.

In der Praxis hat sich durchweg der richtige Grundsatz durchgesetzt, dass mindestens innerhalb der schweren Kriminalität und allgemein in Zeiten eines erhöhten Schutzbedürfnisses, wie z.B. jetzt im Kriege, auch bei verminderter Schuldfähigkeit der Schutzzweck weit in den Vordergrund treten muß; ohne zwingenden Grund tritt eine Strafmilderung nicht ein. Das Schutzbedürfnis des Volkes ist gegenüber dem nach Anlage oder sonst dauernd vermindert Zurechnungsfähigen häufig sogar höher als gegenüber dem Gesunden.

In der letzten Zeit sind einige Urteile aufgefallen, die von dieser Praxis abweichen. Es besteht der Eindruck, dass sich in diesen Fällen die Gerichte zu stark an das Gutachten des im Einzelfall gehörten ärztlichen Sachverständigen angelehnt haben, der den Täter nur als Kranken beurteilt, nicht aber seine verbrecherische Veranlagung und die Gefahr berücksichtigte, die der Volksgemeinschaft von ihm droht. Wenn auch der Richter an solche Gutachten nicht gebunden ist, so muß doch erstrebt werden, dass kein unbegründeter Widerspruch zwischen Gutachten und Urteil entsteht und schon das Gutachten dem Gericht die Brücke für eine strenge Beurteilung der Straffrage baut. Jeder Sachverständige im Strafverfahren, der sich über die Zurechnungsfähigkeit eines Täters gutachterlich äußern soll, muß daher über die Linie, die die Praxis verfolgt, unterrichtet sein. Dieses Ziel kann entweder durch persönliche Fühlungnahme mit dem einzelnen Arzt oder durch Schulungskurse erreicht werden, die für die in einem Bezirk im allgemeinen für die Erstattung solcher Gutachten herangezogenen Ärzte abgehalten werden. Die Herren Oberlandesgerichtspräsidenten und Generalstaatsanwälte werden gebeten, in ihren Bezirken diese Frage mit ihren Richtern und Staatsanwälten zu besprechen und die jeweils erforderlichen Maßnahmen zu treffen.

7. Behandlung von Strafverfahren auf Grund der Verordnung über die Meldepflicht von Männern und Frauen, die aus Anlaß des Luftkrieges ihre bisherige Tätigkeit aufgegeben haben. (VO v. 17.1.1944 – Reichsgesetzbl. I S. 23 –)

Die Verordnung über die Meldepflicht von Männern und Frauen, die aus Anlaß des Luftkrieges ihre bisherige Tätigkeit aufgegeben haben, bezweckt die restlose Erfassung aller durch den Luftkrieg in Bewegung geratenen und nicht wieder zweckvoll eingesetzten Arbeitskräfte. Die Öffentlichkeit ist über ihren Inhalt und ihre Bedeutung durch Presse und Rundfunk unterrichtet; darüber hinaus ist beabsichtigt, auf den Inhalt der VO nach Luftangriffen oder bei etwaigen vorsorglichen Räumungen jeweils erneut hinzuweisen. Die Arbeitsämter sind angewiesen, die Meldung und das persönliche Erscheinen von Personen, die ihrer Meldepflicht nicht nachgekommen sind, in erster Linie durch ein Zwangsgeld in angemessener Höhe unter Berücksichtigung der persönlichen Verhältnisse des Meldepflichtigen zu erzwingen. Ein Strafverfahren wird nur gegen solche Meldepflichtige eingeleitet, die trotz der Zwangsgeldfestsetzung und –vollstreckung ihrer Meldepflicht nicht genügen. – Die Arbeitsämter werden, wenn neben dem Verstoß gegen die Meldepflicht zugleich ein Arbeitsvertragsbruch vorliegt, die Anzeige in erster Linie auf den Arbeitsvertragsbruch stützen; in diesen Fällen ist nach den in der Rundverfügung vom 8. März 1943 – 7020/2 – IV 4 190 – erteilten Richtlinien zu verfahren. – Auch in den Fällen, in denen nur ein Verstoß gegen die Meldepflicht vorliegt, ist bei Stellung eines Strafantrages durch den Leiter des Arbeitsamtes beschleunigtes und nachdrückliches Einschreiten erforderlich. Bei der Strafzumessung muß der Hartnäckigkeit des Täters, der seiner Meldepflicht trotz Zwangsgeldfestsetzung und –vollstreckung nicht nachgekommen ist, sowie der Bedeutung der Verordnung, die die im totalen Krieg erforderliche laufende Heranziehung aller noch vorhandenen oder nach entstehenden Reserven an Arbeitskräften für die Kriegswirtschaft sicherstellen will, Rechnung tragen.

8. Unterschiedliche Behandlung von Strafsachen gleichen oder ähnlichen Sachverhalts durch die allgemeinen Gerichte und die Kriegsgerichte.

Diese Frage wird in einer besonderen Rundverfügung behandelt, die den Justizbehörden demnächst zugehen wird.

9. Nichtanzeige von Straftaten im Bereich der deutschen Reichspost.

Der Reichspostminister hat vor längerer Zeit für seinen Geschäftsbereich angeordnet, dass die Erstattung von Strafanzeigen gegen Postbedienstete wegen im Bereich der Reichspost begangener Straftaten nicht ohne seine Genehmigung erfolgen dürfe.

Anfang 1942 kam mit Rücksicht auf die besonderen Kriegsverhältnisse und um das Verfahren zu beschleunigen, zwischen Reichsjustizminister und Reichspostminister folgende Vereinbarung zustande: a) der Reichspostminister ermächtigt die Präsidenten der Reichspostdirektionen, gegen Gefolgschaftsmitglieder, die sich an Feldpostsendungen vergriffen haben, Strafanzeige zu erstatten, ohne vorher seine Zustimmung einzuholen; b) der Reichspostminister sagt zu, von der Anzeige von Feldpostdiebstählen nur dann abzusehen, wenn das Reichsjustizministerium den

Fall geprüft habe und damit einverstanden sei, dass von der Einleitung eines Strafverfahrens abgesehen werde. – Hiernach wird seitdem verfahren.

Neuerdings hat die Post mit der Polizei eine Vereinbarung über die Zusammenarbeit bei der Aufklärung und Verfolgung strafbarer Handlungen im Bereich der Postverwaltung getroffen. Diese Richtlinien, die die Polizei im Mai 1943 in ihrem Befehlsblatt bekanntgegeben hat, sehen vor, dass die zuständige Kriminalpolizeistelle von strafbaren Handlungen sofort unterrichtet wird, wenn eine bestimmte Person als Täter hinreichend verdächtig ist oder wenn ein Gewaltverbrechen vorliegt. In diesen letzten Fällen übernimmt die Kriminalpolizei alsbald die weiteren Ermittlungen; bei den gewöhnlichen Post- und Feldpostdiebstählen dagegen führen die Überwachungsorgane der Post die Ermittlungen auch nach Unterrichtung der Polizei weiter und leiten ihr das Ermittlungsergebnis erst nach Abschluß der Untersuchung zu. Die Polizei ihrerseits sieht nach der Vereinbarung von einer Unterrichtung der Staatsanwaltschaft ab, wenn die Reichspost dagegen Vorstellungen erhebt.

Bei Beurteilung der eben geschilderten Sachlage muß davon ausgegangen werden, dass der Reichspostminister, von Fällen abgesehen, die nicht zur Erörterung stehen (z.B. Hoch- und Landesverrat), an sich nicht verpflichtet ist, strafbare Handlungen aus seinem Geschäftsbereich der Staatsanwaltschaft oder der Polizei zur Kenntnis zu bringen. Wie dargelegt, ist der Reichspostminister in gewissem Umfange trotzdem bereit, sich mit dem Reichsjustizminister darüber zu verständigen, welche Straffälle aus seinem Geschäftsbereich durch die Staatsanwaltschaft verfolgt werden sollen. Insoweit steht der Reichsjustizminister in laufender Verbindung mit dem Reichspostminister. Die Übung zeigt, dass nicht nur hinsichtlich der zur Zeit im Vordergrund stehenden Feldpostdiebstähle, sondern auch sonst in allen schwereren Straffällen das Reichspostministerium mit dem Reichsjustizministerium wegen der Durchführung der Strafverfahren Fühlung aufnimmt. Die erwähnte Abmachung mit der Polizei hat nur die Bedeutung, dass Fälle von geringerem Gewicht mit der Kriminalpolizei in ähnlicher Weise besprochen werden können, wie das in den schwereren Fällen zwischen Reichsjustizministerium und Reichspostministerium geschieht. Praktisch gesehen ist nicht zu erwarten, dass Straffälle aus dem Bereich der Reichspost dadurch anders behandelt werden wie sonstige Straffälle. Sollten in der Praxis gegenteilige Beobachtungen gemacht werden, so wird um Berichterstattung gebeten.

V. Arbeitstagung des Reichsjustizministers mit den Chefpräsidenten und den Generalstaatsanwälten vom 23.–25.5.1944 auf der Reichsburg Kochem

1. Ausführungen des Ministers auf der Cheftagung in Kochem am 23.5.1944

Der Herr Minister sprach einleitend über die militärische und politische Lage und behandelte anschließend das Aufgabengebiet des Amtes für Neuordnung der

Deutschen Gerichtsverfassung. Dabei lehnte er sich im allgemeinen an den Entwurf des Vortrages an, sprach frei, kürzte insbesondere die Ausführungen zu I und die Ausführungen über das Richterkorps, ging andererseits in seinen programmatischen Bemerkungen über den Entwurf wesentlich hinaus.

Ich gebe im folgenden die bemerkenswertesten Punkte wieder.

Der Herr Minister knüpfte an an den Führerauftrag. Es seien Zerfallserscheinungen innerhalb der Justiz vorhanden gewesen und es sei deshalb notwendig gewesen, deren Ansehen wieder herzustellen und das Selbstvertrauen zu stärken. Das sei in überraschend kurzer Zeit und starkem Maße gelungen. Daneben hätten die Kriegsanforderungen erfüllt werden, die Rechtspflege an den Krieg angepaßt werden müssen. Dazu hätte sie gelenkt und geführt werden müssen. Es sei vieles geschehen, was man (außen) nicht gespürt habe. Darüber hinaus habe man an die Zukunft denken müssen. Das Volksgesetzbuch sei vorwärts getrieben; in 6 Monaten werde etwa das einheitliche Strafgesetzbuch für das ganze Reich in Kraft treten. Alles das werde nebenbei geschaffen.

Die großen Reformgedanken aber seien bis nach dem Ende des Krieges zurückgestellt worden. Nach dem Kriege müßten sie sofort gelöst werden, deshalb jetzt schon vorbereitet werden.

Die Aufgabe des Amtes sei die Vorbereitung des Aufbaues einer starken nationalsozialistischen Rechtspflege. Sein Ziel sei daher weiter gespannt, als das der anderen Ämter. Es handele sich um den neuen nationalsozialistischen Richtertyp und den für ihn notwendigen Apparat. Der Richter müsse sein hohes Amt im Rahmen des Volkes erfüllen können. (Organisation, Zuständigkeit). Die Persönlichkeit des Richters müsse innerhalb der Volksgemeinschaft in den rechten Rahmen gesetzt werden.

Diese Aufgaben hätten nur von Männern bearbeitet werden können, die neben dem Herrn Minister säßen, also von den Männern des Ministeriums. Es sei gründliche und sorgfältige Arbeit geleistet, wissenschaftliche Gutachten von außerhalb seien erfordert.

Sitzungen, Referate, Berichte, Fühlungnahme des Amtes mit der Praxis, Technik der Reisen, Fragebogen. Die Fragen seien notwendig. Einige Chefs hätten sich skeptisch über die Notwendigkeit der Reisen ausgesprochen. Die Reisen seien notwendig und würden notwendig bleiben. Sie stellten eine schwere Belastung auch für die Männer des Amtes dar, aber sie seien erforderlich. Die Arbeiten seien interner Natur. Er wolle die Meinungen innerhalb der Justiz, nicht außerhalb der Justiz kennenlernen. Je höher man sein Ziel stecke, desto mehr schweige man.

Es sei noch nicht die Zeit, ein Gesetz zu formulieren. – Frontkämpfer – [sic!], aber es sei doch eine Reihe von Ideen schon so weit gediehen, dass er darüber sprechen könne. Dabei lasse er sich stets überzeugen, wenn die von ihn vertretene Meinung nicht durchführbar sei.

Grundsätzlich Dreigliederung. Das kleine Amtsgericht sei etwas Gutes, aber es ist etwas Gutes gewesen. Es sei nicht nötig, Miniaturgerichte von 4.000–6.000 Seelen (Folgen der Kleinstaaterei) aufrecht zu erhalten. Schon der Mangel an Menschen zwinge zur Dreigliederung. Das Eingangsgericht solle mindestens 4 Richter haben, aber nicht schematisch, Ausnahmen kämen besonders für die Alpen- und Donau-Reichsgaue (Gebirgstäler) und für Grenzgebiete in Frage. Der leitende Richter, der Landrat und der Leiter des Finanzamts müßten sich etwa an einem Orte befinden. Die Eingangsgerichte sollen Landgerichte heißen. Zweigstellen, Lokaltermine, weitgehend Dienstkraftwagen, Fortfall der besonderen Gerichte, auch der Sondergerichte, grundsätzlich gleiche Zuständigkeit der Landgerichte, aber Zusammenfassung z. B. der schwersten Kriminalität schon mit Rücksicht auf die Staatsanwälte, auch des gewerblichen Rechtsschutzes.

Grundsätzlich Einzelrichter, aber auf Anordnung des Richters oder auf Antrag der StA Richterkollegium von drei Richtern.

Berufungen gegen alle erstinstanzlichen Entscheidungen. Gegen die Entscheidungen des Stadt- oder Dorfrichters nur eine erweiterte Wiederaufnahme, so dass die Sachen beim Landgericht enden.

Das OLG reines Berufungsgericht mit Kammern besetzt, in denen 3 Richter amtieren, gegebenenfalls mit Laienbeteiligung. OLG-Bezirk ist grundsätzlich der Gau, aber Salzburg und Kärnten z. B. können nicht selbständige OLGs haben. Das sei Vergeudung von Menschenkräften. Einige OLGs Spezialgerichte, z. B. für Patentsachen, Hoch- oder Landesverrats-Sachen. Selbstverständlich bleibe der Volksgerichtshof noch auf lange Zeit unberührt.

Letzte und höchste Instanz: das RG. Aufgabe: Nachprüfung der Rechtsanwendung und Vernichtung offenbarer Fehlurteile der Vorinstanz. Daher Nachprüfbarkeit nicht nur der Rechtsanwendung und des Verfahrens, sondern auch Möglichkeit der Tatsachennachprüfung, veredeltes Revisionsverfahren. Aber es sei den Parteien versagt, Revision einzulegen. Die Urteile kämen nur auf Antrag des ORA oder des judex a quo an das RG.

Er suche noch Wege zur Beseitigung der unnatürlichen Doppelspitze beim LG und OLG, ja auch beim RG und VGH. Sie sei nicht vereinbar mit dem Führerstaat, und schon früher kaum verständlich gewesen. Ihm sei eine einheitliche Spitze bei jedem Gericht lieber. Die Schwierigkeit liege darin, nehme man den Chefpräsidenten, so verliere er seine Funktion als Richter, und das dürfe er nicht. So sei noch kein Weg gefunden, den OLG-Präs. als Richter zu belassen und ihn gleichzeitig als Verwaltungsspitze anzusprechen.

Die Staatsanwaltschaft bleibe in ihrer jetzigen Organisation im großen und ganzen erhalten, mit einer wesentlichen Erweiterung der ursprünglichen Zuständigkeit bis weit in das Zivilverfahren hinein. Sie sei eine Art Gewissen des Volkes. Es sei erfreulich, dass die Generalstaatsanwälte selbständig von den außerordentlichen Rechtsbehelfen Gebrauch machten, obwohl im großen und ganzen die Lenkung überwiege.

Man könne die StA niemals dem Richter gleichsetzen, auch materiell nicht; aber die StA sei unentbehrlich für die Justiz. Früher sei sie so ausgebildet worden, dass der Staatsanwalt jederzeit auch Kriminalbeamter hätte sein können.

Das Richtergesetz müsse herausstellen, dass der Richter kein Beamter sei. Er unterscheide sich durch dreierlei:

1. Kein Beamter sei Beauftragter des Führers als Obersten Gerichtsherrn, nur allein der Richter. Daher spreche er anstelle des Führers Recht.
2. kein Beamter sei frei, nur der Richter sei frei. Er trage seine Entscheidung in seinem eigenen Gewissen.
3. die Entscheidung des Richters könne nur nachgeprüft werden durch einen Richter. Das unterscheide ihn auch vom Staatsanwalt.

Daher müsse diese Funktion in einem besonderen Gesetz niedergelegt und garantiert werden. Daraus ergebe sich auch, dass allein der Richter die materielle Hebung erwarten dürfe, nicht der Staatsanwalt, nicht der Beamte des Ministeriums.

Drei Gehaltsskalen: Landrichter, Oberlandesrichter, Reichsrichter.

Innerhalb dieses Kreises, höchstens Funktionszulagen für leitende Richter. Bezahlung müsse so hoch sein, dass sie der Stellung des Richters angemessen sei. Er nenne keine Zahlen, aber er greife sehr hoch.

Neben dem Richter der Richtergehilfe: der Rat am LG, OLG und RG. Dieser Richter sei der Berichterstatter, der Urteilsverfertiger. Er könne auch im Auftrag von Kammern und Senaten eine abgeleitete Beweisaufnahme durchführen, habe aber kein Stimmrecht. Alles dies sei noch der Prüfung und der Kritik zugänglich.

2. Niederschrift des Generalstaatsanwalts Wurmstich/Jena

Reichsminister Dr. Thierack eröffnet die Besprechung mit einem Überblick über die Geschichte der Reichsburg Kochem. Dann fährt er fort: Ich habe vor zwei Jahren eine schwere Aufgabe übernommen. Es ist mir aber gelungen, den Verfallserscheinungen in der Justiz Einhalt zu bieten. Das Selbstbewußtsein der Richter mußte wieder gehoben und das Ansehen der Rechtspflege wieder gestärkt werden. Das ist mir gelungen. Daneben mußten kriegswichtige Aufgaben geleistet werden. Das ist durch zahlreiche Verordnungen geschehen. Auch an die Zukunft ist gedacht worden. Hier handelt es sich in erster Linie um die Neuordnung der Gerichtsverfassung und um das neue Richtergesetz. Dazu ist das neue Amt für Neuordnung der deutschen Gerichtsverfassung unter der Leitung des Ministerialdirektors Dr. Altstötter geschaffen worden. Es soll den nationalsozialistischen Richtertyp bringen, die Neuorganisation der Gerichte schaffen und ihre Zuständigkeit regeln. Es ist heute noch nicht die Zeit, feste Angaben darüber zu machen, wie das neue Gesetz aussehen wird. Eines aber scheint heute schon festzustehen, nämlich dass eine Dreigliederung der Gerichte kommen wird. Der Einwand, dass die Rechtspflege dadurch gewisse Posten aufgibt, ist nicht richtig. Das kleine Amtsgericht ist etwas Gutes gewesen. Seine Einrichtung stammt noch aus der Zeit der Postkutsche. Heute besteht kein Anlaß, es beizubehalten. Auch der Mangel an Menschen wird uns dazu zwingen. Deshalb wird ein einziges Eingangsgericht kommen, das mit mindestens 4 Richtern besetzt sein wird. Es wird sich voraussichtlich mit den Grenzen der staatlichen und politischen Kreise decken. Selbstverständlich wird man z.B. in Gebirgsgegenden auf die Täter [!] Rücksicht nehmen müssen und in Grenzgegenden auf das Volkstum. Im allgemeinen wird aber der leitende Richter, der Landrat, der Vorstand des

Finanzamtes in einem Ort untergebracht werden. Diese Gerichte sollen Landgericht genannt werden. Sie sollen Gerichtstage an den bisherigen Zweigstellen halten, mit Kraftwagen ausgestattet werden und in Strafsachen auch häufig am Tatort verhandeln. Die Zuständigkeit wird für alle diese Landgerichte dieselbe sein. Außerdem wird man aber mehrere Landgerichte für gewisse Gruppen von Rechtssachen zusammenfassen müssen. Z. B. für die schwerste Kriminalität, für Anerbensachen, für Erbgesundheitssachen, für Sondergerichtssachen. Die Gerichte werden grundsätzlich allein entscheiden. Nur auf Antrag der Staatsanwaltschaft werden sie mit 3 Richtern besetzt werden. Die Berufungen gegen alle ihre Entscheidungen ist notwendig. Sie wird ans Oberlandesgericht gehen, das als Berufungsgericht mit mehreren Kammern ausgebaut wird. Es wird sich mit den Gaugrenzen decken. Allerdings wird eine gewisse Mindestgröße eingehalten werden. Einige Oberlandesgerichte sollen Spezialgerichte werden, z. B. für Patent- und Hoch- und Landesverratssachen. Über den Oberlandesgerichten wird das Reichsgericht stehen, das für einheitliche Rechtsanwendung zu sorgen hat und außerdem aber auch die Befugnis erhalten soll, tatsächliche Feststellungen nachzuprüfen.

Ich suche die Doppelspitze in der Justiz zu beseitigen und möchte eine einheitliche Spitze herausstellen. Nur sehe ich noch keine Möglichkeit, den Chefpräsidenten die Funktion als Richter zu erhalten, wenn sie gleichzeitig Verwaltungsbeamte und damit weisungsgebunden werden. Die Staatsanwaltschaft wird bleiben. Ihre derzeitige Organisation ist zwar alt, ihre Zuständigkeit hat sich aber bedeutend erweitert, besonders durch ihre Beteiligung auch am Zivilprozeß. Die Staatsanwaltschaft ist mehr als früher. Sie ist nicht nur Vertreter des Staates, sondern sie ist heute eine Art des Volksgewissens. Man kann die Staatsanwaltschaft nie dem Richter gleichstellen. Auch materiell nicht. Infolge ihrer Ausbildung ist sie in kriminalistischer Hinsicht der Polizei unterlegen. Eines aber ist sicher, sie ist unentbehrlich.

Das Richtergesetz wird mit der neuen Gerichtsverfassung kommen. Der Richter ist kein Beamter aus folgenden Gründen: 1. kein Beamter ist Beauftragter des Führers, wohl aber der Richter, der an seiner Stelle Recht spricht, 2. kein Beamter ist frei von Weisungen, nur der Richter, 3. kein Beamter ist so sicher gestellt in der Nachprüfung seiner Entscheidungen.

Nur der Richter kann eine materielle Hebung erwarten, nicht der Staatsanwalt und nicht der Ministerialbeamte. Für ihn wird es nur drei Gehaltsstufen geben: Landrichter, Oberlandrichter, Reichsrichter. Die leitenden Richter werden nur Funktionszulagen erhalten. Neben dem Richter wird der Richtergehilfe stehen. Er wird der Rat beim Landgericht, Oberlandesgericht und Reichsgericht sein. Er ist derjenige, der die Verhandlungen vorbereitet, Beweisaufnahmen macht, aber nicht entscheidet. Er wird gehaltlich nicht so wie der Richter gestellt sein.

Schließlich macht der Minister noch vertrauliche Angaben über die politische und militärische Lage.

Hierauf berichten die Leiter der bisher auf der Reichsburg Kochem abgehaltenen Arbeitstagungen [oben S. XIII] kurz über deren Verlauf – Oberlandesgerichtsrat *Scheffler-Dresden* über die Praktiker-Arbeitsgemeinschaften. – MinDir.

Letz über die Tagung der Nachwuchskräfte und die für die Personalreferenten. MinDir. *Dr. Vollmer* über die Arbeitstagung für die Vorsitzer und Staatsanwälte in Hoch- und Landesverratssachen.

Die Tagungsordnung soll mit den Abgeordneten jeweils durchgesprochen werden, die Ergebnisse der Tagung sollen hinterher ausgewertet werden. Über jeden Kursusteilnehmer wird sorgfältig Buch geführt. Danach richtet sich mit die Beförderung.

A.I. Auswirkung der feindlichen Terrorangriffe auf die Justiz und Maßnahmen aus Anlaß von Luftangriffen.

OLG-Präs. Ungewitter aus Frankfurt a.M.: Die Verluste in Frankfurt betrugen bis zum 1. April 1944 4380 Tote. Gegen die Abwehr von Brandbomben haben sich besonders Betonersatzdächer bewährt. Mit den Luftschutztrupps der Behörden sind beste Erfahrungen gemacht worden. Auf die Böden gehört sehr viel Wasser. Die Handspritzen müssen dauernd nachgesehen werden, damit die Dichtung nicht undicht wird. Sand hilft verhältnismäßig wenig. Denn der Brandherd findet sich nur selten auf dem Fußboden. An den Wänden und an der Decke kann mit Sand nicht gearbeitet werden. Leitungswasser steht nie zur Verfügung. Es hat sich bewährt, von auswärts eintreffende Motorspritzen einfach anzuhalten und an den Gerichtsgebäuden einzusetzen. Der Behördenchef gehört sofort an Ort und Stelle. Luftschutzkeller, die 1939 und 1940 gebaut worden sind, genügen längst nicht mehr. Sie müssen erheblich verstärkt werden. Es empfiehlt sich der Bau neuer Bunker. Erhebliche Glasreserven müssen vorhanden sein. Für ein mittleres Gebäude mindestens 300 qm. Bei fortgesetzten Luftangriffen nimmt die Zahl der Kranken bis zu 25 v.H. zu. Um die Justizgebäude beschleunigt wieder in Gang zu bringen, empfiehlt es sich, einen besonderen Baustab einzusetzen. Um Aktenverluste zu vermeiden, kann jetzt schon mit Fotokopien gearbeitet werden.

OLG-Präs. Schmidt-Egk aus Hamburg: Die Verluste betragen ungefähr 50.000 Tote. 23 Plünderer sind zum Tode verurteilt worden. Über Hamburg ist in der Hauptsache eine Stabbrandbombe und eine Phosphorbombe verwendet worden, die schon in der Luft zerplatzte. Das für die Justiz zunächst überzählige Personal ist sofort anderweit eingesetzt worden. Es mußte eine Bescheinigung beibringen, wo und wie lange es anderswo gearbeitet hatte. Alle 4 Tage war ein Treffen für alle Beamten angesetzt. Das Bereitstellen von Sand hat sich bewährt. Es muß ein Baustab eingerichtet werden, der Bretter, Glas und Pappe bereitzuhalten hat. *OLG-Präs. Semler aus Hamm* macht kurze Angaben über die Verluste im Industriegebiet.

OLG-Präs. Delitzsch-Kassel: Kassel hat ungefähr 7000 Tote, nur 9 % der Häuser sind unbeschädigt. Die Zahl der Prozesse hat um 50 % abgenommen.

OLG-Präs. Lawall-Köln: Verluste 9.706 Tote und ungefähr 19.000 Verwundete. Wenig Plünderungsprozesse. Es ist eine neue Sprengmine verwendet worden, deren Luftdruck sich mit einer Geschwindigkeit von 11.500 m in der Sekunde verbreitet.

GenStA Hanssen-Berlin: Bis zum 10. Mai 1944 hat Berlin 195 Alarme und 114 Angriffe gehabt. Es sind abgeworfen worden ungefähr 24.000 Sprengbomben und 3,6 Millionen Stabbrandbomben. Abgewandert sind ungefähr 2 Millionen Einwohner, so dass noch 3 Millionen Einwohner dort sind. Es hat 12.580 Tote = 0,41 % und 34 Tausend Verwundete = 1,12 % gegeben. Das Bereitstellen von Sand hat sich bewährt. Motorspritzen sind unentbehrlich. Gefangene, sie sich eingesetzt haben, sollten begnadigt und ihre Namen bekanntgegeben werden. Während der Angriffe entsteht leicht Unruhe unter den Gefangenen. Ein Schreckschuß schafft in der Regel Beruhigung. Der Erfolg der Brandbekämpfung hängt stark mit von der Qualität des Aufsichtspersonals ab.

GenStA Joel aus Hamm: Bei dem Angriff auf das Zuchthaus Werl sind 74 Gefangene und 2 Beamte getötet worden. Bei der Explosion von Sprengbomben springen regelmäßig alle Zellentüren auf. Deshalb gehören auf die Flure besondere Wachen. Für die Bergungsarbeiten müssen besondere Trupps mit Werkzeugen bereitgestellt werden. Die zivilen Krankenhäuser haben die Aufnahme von Gefangenen abgelehnt, sind schließlich aber dazu gezwungen worden. Die Identifizierung der Toten war zum Teil nicht möglich. Die außerhalb der Anstalt stehenden Posten dürfen nicht an die Mauer, sondern müssen in einem Abstand von 20–30 m davon aufgestellt werden. Löschwasserteiche bieten keine unbedingte Sicherheit. Der in Werl angelegte ist sofort ausgelaufen, nachdem eine Sprenggranate in ihm geplatzt war. Die Posten müssen auf alle Fälle auf der ihnen zugewiesenen Stelle stehen bleiben.

GenStA Rahmel aus Köln: Feuerlöschtrupps sind unbedingt nötig. Bei Explosionen werden alle Zellentüren durch den Luftdruck geöffnet. Der Gesundheitszustand der Beamtenschaft hat sich stark verschlechtert. 25 v.H. sind krank. Die in Köln einsitzenden Todeskandidaten (36 Männer und 7 Frauen) sind gerettet worden.

Reichsminister der Justiz Dr. Thierack: Die Chefs der Justizbehörden haben sofort nach einem Angriff im Justizgebäude zu sein. In den Vollzugsanstalten sind Handwerkerkompanien mit den erforderlichen Werkzeugen und Material aufzustellen. Diese werden ausschließlich für die Justiz eingesetzt und nicht an justizfremde Stellen abgegeben. Ebenso sind die Motorspritzen für die Justiz und nicht für die Polizei da. Der Einsatz von Gefangenen hat sich gut bewährt. Sie können in den Gebäuden, die sie schützen sollen, auch untergebracht werden. Die Hauptsache ist der Drill, der zu einer mechanischen Ausführung aller Handgriffe führt. Wasser muß überreichlich bereitgestellt werden. Anstelle des Baues von Löschteichen wird das Bohren von Brunnen empfohlen. Die für die Gefolgschaft gebauten Luftschutzkeller müssen dauernd auf ihre Sicherheit nachgeprüft werden. Sie sind oft unzureichend und Menschenfallen. Neubauten sind erforderlich. Jeder muß sich selbst helfen.

A II. Ausmaß der Personen-, Gebäude- und sonstigen Sachschäden im Justizbereich, Wohnungsverlust von Justizangehörigen.

MinDir. Schneller: Die Justiz besitzt 2.709 Gebäude. Davon sind 296 = 11 % schwer oder leicht beschädigt. 127 = 4,7 % sind schwer beschädigt. Von 72 großen Gerichtsgebäuden sind 49 = 78 % beschädigt, 31 % schwer beschädigt. Von mittleren Justizgebäuden sind 33 % beschädigt, 19 % schwer. Von kleinen Justizgebäuden sind 7 % beschädigt, 3 % schwer. Ganz verlegt werden mußte das Oberlandesgericht Rostock nach Schwerin, das Landgericht Frankenthal, die Staatsanwaltschaft

Augsburg und das Landgericht Mannheim. Einzelne Dienststellen mußten in mehr Fällen verlegt werden.

Ausweichunterkünfte müssen auf alle Fälle sichergestellt werden. Es hat sich gezeigt, dass bei den Behörden immer noch zuviel Akten liegen, weil andere Behörden sie nicht abnehmen. So z.B. bei den Staatsanwaltschaften die Akten, die für die Gesundheitsämter bestimmt sind. Die Sicherung der Gefolgschaft ist die erste Pflicht. Der Bau von Bunkern wird jederzeit genehmigt werden. Nach Luftangriffen darf der Fernsprecher der Behörden nicht abgeschaltet werden. Die Aufnahme in die Sperrausschlußlisten muß durchgesetzt werden. – Wenn fremde Behörden in Justizgebäude aufgenommen werden, so ist die Entscheidungsfrage dafür noch nicht entschieden. Der Reichsfinanzminister antwortet nicht. Möbel von Justizangehörigen können ohne Miete in Justizgebäuden untergestellt werden.

MinDir. Letz: Die Justiz hat einen Gefolgschaftsbestand von 60.000 Personen. Davon sind 96 gefallen, 149 verwundet. Das Verhalten der Beamten bei Luftangriffen war tadellos. Der Gesundheitszustand hat erheblich nachgelassen. Besonders treten Herzleiden und Nervosität auf. Von der Anwaltschaft sind 11, von den Notaren 1 gefallen. In Berlin sind allein 592 Rechtsanwälte ausgebombt worden. Trotz der erheblichen Bombenschäden ist es nicht nötig geworden, Personal aus den bombengeschädigten Bezirken in die Bezirke zu verschicken, die die evakuierte Bevölkerung aufgenommen haben.

OLG-Rat Scheffler: Die Prüfungsakten müssen besonders gesichert werden. In der Prüfung hat sich gezeigt, dass selbst die Kandidaten die Prüfung bestanden haben, die während der schriftlichen Prüfung ausgebombt worden sind. Prüflinge, die dieses Schicksal hatten, sollen das bei Abgabe der Arbeit mitteilen. Es ist beabsichtigt, den Prüflingen zur Anfertigung der schriftlichen Arbeiten an einem vor Bombenangriffen gesicherten Ort einen ruhigen Arbeitsplatz mit Wohnung und Verpflegung und der notwendigen Literatur zur Verfügung zu stellen.

[Präsident der Reichsrechtsanwaltskammer Neubert: Die Rechtsanwälte müssen von der Residenzpflicht befreit werden, wenn sie aus ihrem Bezirk hinausgehen wollen. Es sind Fälle bekannt geworden, in denen Landgerichtspräsidenten Anwälte zu Kriegsvertretern bestellt haben an dem Ort, an dem sie sich hinbegeben hatten. In solchen Fällen muß vorher die Befreiung von der Residenzpflicht erteilt werden. Aufzeichn. von OLG-Pr. Becker]

MinDir. Engert: Ganz zerstört sind 2 Außenarbeitsstellen von Gefangenen. Fast vernichtet drei Anstalten, ein Haus in Plötzensee, eines in Charlottenburg und eines in [!]. Schwer beschädigt sind 26 Gebäude, leicht beschädigt Lager 7 in Papenburg und 11 Anstalten. Bisher sind über 100 Angriffe auf Vollzugsanstalten gemacht worden. Das Gefangenenbuch und die Listen sind unbedingt sicherzustellen. Die Frauen können nach der letzten RV bei Alarm in den Keller gebracht werden, für die Männer bleibt es bei der alten Regelung, es ist aber nicht ausgeschlossen, dass auch für sie eine Lockerung kommt. Bei dem letzten Angriff auf Berlin ist das Frauengefängnis in der Barnimstraße schwer getroffen worden. Es hat 12 Tote gegeben. Trotz der häufigen Angriffe sind wenig Entweichungen vorgekommen. Gemeldet worden sind 60. Die Verluste betragen unter der Beamtenschaft: 9

tot, 21 verletzt, unter den Gefangenen: 180 tot, 472 verletzt. 276 Aufsichtsbeamte sind für ihren Einsatz besonders ausgezeichnet worden. An Gefangene kann eine Belohnung für ihren Einsatz nur in Form eines Gnadenerweises erteilt werden. Splitterschutzgräben sollen 1.500 m vom Gebäude entfernt errichtet werden.

Staatssekretär *Klemm:* Die Gefangenenkleidung, insoweit sie den blauen Monteuranzügen ähnelt, hat Entweichungen begünstigt. Es müssen andersfarbige Streifen eingenäht werden. Wir sollen der Unterschätzung der Gefangenenarbeit entgegentreten, besonders der Meinung, dass bei uns noch Tüten geklebt werden. Es soll aber auch nicht zuviel gesagt werden, da sonst der Feind von der Kriegswichtigkeit dieser Arbeiten erfährt. Die Unterbringung der Gefangenen erfolgt immer noch zu schematisch. Sie hat mit Rücksicht auf ihre Verwendbarkeit für kriegswichtige Arbeiten zu erfolgen. Es ist falsch, Strolche und Tagediebe ins Erdgeschoß und Facharbeiter in den oberen Stockwerken unterzubringen.

MinDirig. *Kriege:* In Berlin bestehen *2 Ausschüsse.*

1. Der *interministerielle Luftkriegsschädenausschuß* seit Ende 1942 unter dem Vorsitz des Reichsministers Dr. Goebbels. In ihm sind alle Ministerien vertreten. Ihm obliegt die schnelle Planung von Maßnahmen aller Art. Hilfeleistung im Einzelfall nach Angriffen, Stellung von Hilfszügen, von Verpflegung, von Bekleidung. Weiter die Umquartierungen. Er bestimmt den Zeitpunkt, in dem Alarm gegeben wird. Das ist z.Zt. bei Tag bei Luftgefahr 10, in der Nacht bei Luftgefahr 15. Der Ausschuß betreut auch den Drahtfunk, die Erhaltung der Abwehrkraft der Selbstschutzkräfte.

2. Die *Reichsinspektion der zivilen Luftkriegsmaßnahmen* ist im Dezember 1943 errichtet. Leiter ist Reichsminister Dr. Goebbels. Ihre Aufgaben überschneiden sich zum Teil mit denen des Luftkriegsschädenausschusses. Sie inspiziert vor allem die gesamten Einrichtungen des Luftschutzes und berichtet darüber dem Führer direkt. Sie ist zuständig für die Verfolgung von Verstößen gegen die Luftschutzpflicht. Die Strafen dafür müssen verschärft werden. Deckungsgräben dürfen nicht zu groß angelegt werden, keinesfalls für mehr als 50 Personen. Der Bau von Baracken innerhalb luftgefährdeter Städte ist verboten. Von Produktionsstätten müssen sie mindestens 2 km entfernt sein.

[nach OLG-Präs. Becker: *MR Hesse: Auswirkungen des Lufkriegs auf bestehende Hypotheken:* Wird ein Gebäude vernichtet, so hat der Geschädigte einen Anspruch gegen das Reich. Geschädigt ist der Eigentümer. Der Hypothekengläubiger hat wie auf die Versicherungsforderung auch auf die Entschädigungsforderung des Eigentümers Anspruch, das ergibt sich aus § 18 der Kriegssachschädenverordnung (in erster Linie wohl aus § 3), die Schadenforderung haftet also ohne weiteres, der Hypothekengläubiger braucht sie nicht erst zu beschlagnahmen. Zweifelhaft ist die Rechtslage, wenn dem Geschädigten aus Verschulden der Entschädigungsanspruch versagt wird. In solchen Fällen muß dem Hypothekengläubiger geholfen werden. Die Entschädigungsforderung ist mit dem Grundstück so eng verbunden, dass die dem Hypothekengläubiger nicht entzogen werden kann. Hier muß der Hypothekengläubiger einen selbständigen Anspruch haben wie bei der Versicherung.

Der § 1133 BGB schlägt nicht ein, da ja die Entschädigungsforderung an die Stelle des Grundstücks tritt.

Fälle, in denen eine Hypothek erst versprochen worden war: Die Auffassung der Wirtschaft geht dahin, dass bei Schäden am Gebäude die Verpflichtung auf Gewährung der Hypothek beendet ist. Die Begründung ist wirtschaftlich einleuchtend, denn man weiss nicht, wie der Entschädigungsanspruch sich in Wirklichkeit darstellt, wie er erfüllt wird. Rechtlich wird man der Auffassung beitreten müssen. Man wird dabei weniger auf den Wegfall der Geschäftsgrundlage als auf die Unmöglichkeit der Leistung abzukommen haben.

Luftkrieg und Erbrecht: Die Frage ist, ob die Testamentserrichtung für luftgefährdete Gebiete erleichtert werden soll, etwa ähnlich der Regelung beim Militärtestament. Bisher ist das nicht beabsichtigt. – Es hat sich häufig gezeigt, dass nach Luftangriffen Erbscheine auszustellen waren, bei denen die zugrundezulegende letztwillige Verfügung vernichtet worden war. Schwierig ist das besonders bei privatschriftlichen Testamenten. Wenn das Testament nachgewiesen wird, dann kann der Erbschein erteilt werden. Wer einen Anspruch aus einem Vermächtnis erhebt, muß den Nachweis des Vermächtnisses nötigenfalls im Prozeß erbringen. Ein Gericht ist dazu übergegangen, solche verpflichtenden Privattestamente wiederherzustellen. Das Ministerium hat Bedenken gegen dieses Verfahren. Denn das Privattestament ist eigenhändig, die Eigenhändigkeit kann aber nicht wiederhergestellt werden. Mit Sicherung des Beweises ist vielleicht etwas zu helfen. Darüber kommt noch eine Rundverfügung.]

MinDir. Altstötter: Durch Luftangriffe elternlos gewordene Kinder müssen in Gemeinschaftsarbeit von Vormundschaftsrichtern und Polizei betreut werden. Besonders kommt es darauf an, den Personenstand von aufgefundenen Kindern festzustellen. Die Kinderlandverschickung wird von HJ und NSV gemeinschaftlich durchgeführt. Sie erfolgt nur freiwillig. Eltern, die sich weigern, ihre Kinder verschicken zu lassen, dürfen keinesfalls durch den Vermundschaftsrichter dazu gezwungen werden. Maßnahmen nach § 1666 BGB sind zu unterlassen. Dabei ist es gleichgültig, ob die Kinder schulpflichtig sind oder nicht. Nach dem Wunsch des Führers darf keinerlei Zwang ausgeübt werden.

[nach OLG-Präs. Becker: *MinDir. Altstötter:* Bei aufgefundenen Kindern ist erst einmal nach der Herkunft zu forschen. Zuständig ist die Polizei und die NSV. Der Vormundschaftsrichter muß sich mit diesen in Verbindung setzen, damit er für Anordnungen zur Verfügung steht. Wenn beide Eltern tot sind, ist möglichst rasch die Vormundschaft anzuordnen. Steht das nicht fest, dann ist ein Pfleger zu bestellen. Dabei muß beobachtet werden, dass manche Pflegeeltern, die sich der Kinder annehmen, deren Herkunft verdunkeln wollen, um sie behalten zu können. Lassen sich sichere Feststellungen zunächst nicht treffen, so ist anzunehmen, dass die elterliche Gewalt ruht, und die Vormundschaft ist anzuordnen. Hat der Reichsinnenminister eine Eintragung im Geburtenbuch veranlaßt und stellt sich dann etwas anderes heraus, dann ist der Reichsinnenminister zu benachrichtigen. – Bei der Evakuierung von Kindern und bei der Kinderlandverschickung verschließen sich Eltern öfter der Einsicht, dass die Kinder zu ihrem Schutze evakuiert oder verschickt werden müssen. Es sind schon Versuche gemacht worden, hier mit § 1666 BGB einzugreifen. Das soll nicht sein. Die Eltern sollen in ihrer Entscheidung frei sein, so will es der Führer. Es ist dabei gleichgültig, ob die Kinder schulpflichtig sind oder nicht. Bei bestehender Ehe stimmen die Eltern hier meist überein. Bei geschiedenen Ehen ist das anders. Dann kommen Anträge, das Recht der Personenfrage zu ändern. Da muß man besonders vorsichtig sein, ob der antragende Ehegatte nicht die Frage der Verschickung für sich ausnutzen will. – Manche Gerichte haben noch besondere Rechtsbehelfe eingeführt. So hat ein Oberlandesgericht eine Beschwerde zugelassen, wo sie gesetzlich nicht gegeben war. Es wird aber mit Hilfe der Schutzbestimmungen durchzukommen sein. Der Richter kann Termine absetzen, wenn er sieht, dass Versäumnisse durch Luftgefahr veranlaßt sind.]

MinDir. Vollmer: Die Staatsanwaltschaften und Strafgerichte haben nach Luftangriffen funktioniert. Es sollen für diese Behörden Luftkriegsmobilmachungskalender angelegt werden, aus denen das Ersatzgericht, die neue Fernsprechnummer, der Fernschreiber usw. zu ersehen ist. Mit dem Ministerium muß sofort Verbindung aufgenommen und die Erreichbarkeit in der Ersatzunterkunft sichergestellt werden. Alle Strafsachen und vor allem Vollstreckungen müssen beschleunigt werden. Mit Aktenausfällen beim Ministerium muß immer gerechnet werden. Wenn das Ministerium auf eine Anfrage länger als 2 Wochen geschwiegen hat, soll rückgefragt werden. Der Begriff des Plünderns muß weit ausgelegt werden. Ob ein Urteil gegen Plünderer veröffentlicht werden soll, muß mit den Reichspropagandaämtern besprochen werden.

Staatssekretär Klemm: Das vom Ministerium verschickte Fernschreiberverzeichnis ist geheim zu behandeln. Ein abgeschossener Terrorflieger hat bekundet, dass ein Fliegerangriff auf ein abgelegenes Werk nur durch das Fernschreiberverzeichnis veranlaßt worden ist. Denn ein Werk, das unter heutigen Verhältnissen noch einen Fernschreiberanschluß erhalte, müsse besonders kriegswichtig sein.

B.I.1. Anstellung und Beförderungsfragen (Einzelheiten für die Anstellungauf die Planstellenreserve, Bemerkungen zu Beförderungsberichten der letzten Zeit, die nicht immer zweckmäßig sind).

MinDir. Letz: Jetzt werden noch 400 Assessoren angestellt, ohne dass ihnen feste Stellen zugewiesen werden. Die Zuteilung auf eine feste Stelle soll die Ausnahme sein, wenn der Angestellte kriegsversehrt ist, umgesiedelt ist, eine Wohnung nachweist. Es bleiben noch ungefähr 500 Assessoren, die Ende 1944 restlos angestellt sein werden. Von 1945 ab wird es nicht mehr möglich sein, die freien Eingangsstellen zu besetzen. Die Ausschreibung von Beförderungsstellen soll bleiben. Die Berichte mit Beförderungsvorschlägen geben nicht immer ein klares Bild der Persönlichkeit. Fachliche Eignung allein genügt nicht. Nichtzugehörigkeit zur Partei ist ein Indiz für politische Interesselosigkeit. Frühere Zugehörigkeit zur SPD und Flucht in den Stahlhelm im Jahre 1933 sprechen gegen den Kandidaten. Doch ist der Gegenbeweis möglich. Die Gründe für die Nichtparteizugehörigkeit sind zu erörtern. Sie können lokaler Natur sein. Es ist darauf einzugehen, warum ein Anwärter noch ledig ist. Der Grund kann auf Erbkrankheiten, in einer Kriegsverletzung oder sonstigen Krankheit liegen. Bei gleicher fachlicher Eignung geht die soldatische

Bewährung vor. Die Uk-Stellung darf keinen Nachteil bringen, aber auch keinen Vorzug, weil der Uk-Gestellte sofort greifbar ist. Niemals darf der Frontkämpfer einen Nachteil erleiden. Dabei ist bei der Wehrmacht ein Unterschied zwischen Front, Etappe und Heimat zu machen. Die Etappen- und Heimatkämpfer verdienen keinen Vorzug. Es muß immer möglich sein, festzustellen, wo die Bewerber um Beförderungsstellen eingesetzt waren. Bezirksfremde Kräfte sollen nicht zu Gunsten eigener Kräfte übergangen werden. In den Besetzungsberichten soll auch auf die äußere Erscheinung des Bewerbers eingegangen werden, so z.B. repräsentative Erscheinung. Die Abdrucke der Ausschreibungen sollen allen Inhabern von Eingangsstellen zugeschickt werden, die über 5 Jahre angestellt sind. Falsch ist es, sie nur denen zugehen zu lassen, die der Chef für geeignet hält. Beförderungsstellen müssen grundsätzlich auch bei den Behörden bleiben, für die sie ausgeschrieben sind. Es ist nicht angängig, dass der Beförderte bei seiner Stelle bleibt und die gehobene Stelle bei der anderen Behörde nur auf dem Papier ausübt. Ausnahmen davon sind nur im Krieg einmal möglich.

2. Handhabung der Vorschriften über die Verleihung von Auszeichnungen für besondere Verdienste bei feindlichen Luftangriffen. MinDir. Letz: Die Neuregelung ist den Behördenchefs zugegangen. Nach ihnen kann der Gauleiter im Schnellverfahren Auszeichnungen verleihen. Dem Ministerium bleibt nur noch die Verleihung des Kriegsverdienstkreuzes 2. Kl. mit Schwertern und das Luftschutzehrenzeichen.

3. Erholungsurlaub 1944 [Letz] [...]

4. Jugendrichter und Hitlerjugend. MinDir. Letz: Nur in der Jugenderziehung Erfahrene sollen zu Jugendrichtern bestellt werden. Besonders bewährte Jugendrichter sollen nicht ohne Grund mit anderen Arbeiten beauftragt werden. In wichtigen Stellen sollen nur solche Richter und Staatsanwälte verwendet werden, die schon Referenten in der Hitler-Jugend sind. Landgerichtsdirektoren sollen nach Möglichkeit nicht in anderen Stellen verwendet werden. Wenn ein besonders befähigter Jugendrichter der Eingangsstelle zur Beförderung heransteht, dann kann er befördert und in seine Jugendrichterstelle abgeordnet werden. [...]

B.II. Auswertung lehrreicher Prozeßakten zur Vorbereitung einer Fallsammlung für Arbeitsgemeinschaften.

Oberlandesgerichtsrat Scheffler: Ich suche solche Akten als Unterrichtsstoff und möchte 4 Gruppen von Fällen unterscheiden. a) Typische Fälle aus dem täglichen Leben, b) Akten mit großen Leitgedanken, wie guter Glaube, Wahrheitspflicht im Zivilprozeß, c) besonders aktuelle Probleme, wie Ehewohnung nach der Scheidung, Ehrenschutz für Gefallene, d) Fälle, die nach dem Zweck, nicht nach dem Buchstaben des Gesetzes zu entscheiden sind. – Die Akten sollen mit einem Großen A = Ausbildungsakten bezeichnet werden. ein Durchschlag des Urteils soll zunächst dem Ausbildungsleiter vorgelegt werden.

B.III 1.–2. Überblick über die gesetzgeberischen Arbeiten der Abteilung III [s. unter 3.]

3. Kurzer Überblick über den letzten Stand der Entwicklung der Jugendkriminalität. ORR Kümmerlein: Die Kriminalität im Jahre 1942 hat sich im Vergleich zu 1937 verdoppelt. Der Anteil der Ausländer beträgt nur 3,6 %, obwohl der Anteil der

Ausländer an der Bevölkerung 10 % ausmacht. Das Tempo im Anstieg der Kriminalität hat 1943 nicht angehalten. Die Entwicklung innerhlab der verschiedenen Straftaten ist ganz uneinheitlich. Der Anteil der 14–15jährigen ist auf 40,5 angestiegen. Auch der Anteil der weiblichen Jugend nimmt ständig zu und ist jetzt 22,3, v.H. Innerhalb der Straftaten nimmt der Diebstahl den Hauptanteil ein. Auch die Hehlerei ist stark beteiligt. Die Urkundendelikte haben um 250 % zugenommen, der Arbeitsvertragsbruch um 15 %. Die Sittlichkeitsdelikte zeigen eine Abnahme von 10 %. Die Roheitsdelikte sind nicht so schnell angestiegen, fahrlässige Tötung hat zugenommen, Vergehen gegen das Waffengesetz zeigen eine Zunahme von 200 %. Die Zahl der jugendlichen Schwerverbrecher ist im starken Anstieg begriffen.

4. Bekämpfung jugendlicher Kliquen und Banden. ORR Kümmerlein: Die Kliquen und Banden nehmen bedenklich zu und zeigen eine stärkere politische Tendenz als früher. Sie sind recht gefährlich. Wir unterscheiden drei Hauptgruppen:

a) Die *politisch-oppositionellen Gruppen.* Sie kommen von der bündischen Jugend, die immer noch bestanden hat. Sie zeigen seit Kriegsausbruch eine erhebliche Zunahme und nennen sich „Edelweißpiraten". Sie kommen aus Köln und Düsseldorf, tragen eine einheitliche Kluft, lange Haare und als Abzeichen das Edelweiß. Sie haben fast täglich Treffs. Homosexualität ist unter ihnen selten. Sie treiben aber wahllosen Geschlechtsverkehr mit den weiblichen Angehörigen der Banden. Unter ihnen befinden sich viele Arbeitsbummler. Sie benennen sich nach Straßen und Bunkern. Ein Nachweis für eine einheitliche Führung ist bisher nicht erbracht. Sie nennen sich auch „Meute". Sie sind Gegner der HJ, bleiben ihre Mitglieder und machen Überfälle auf HJ-Angehörige.
b) Liberalistisch-individualistische Banden: Sie sind zuerst in Hamburg als sogenannte „Swing-Jugend" aufgetaucht. Sie sind für die englische Sitte und englischen Tanz. Sie sind gegen die HJ eingestellt, halten sich lieber in den Bars und Kaffehäusern auf, oft wehrfeindlich und negativ gegen die Erfordernisse der Zeit. Geld verschaffen sie sich durch Diebstahl. Ihr sittliches Benehmen läßt stark zu wünschen übrig.
c) Kriminell-asoziale Banden. Bei ihnen handelt es sich um minderwertige und willenlose Menschen, die unter starken Führern stehen.

Die Ursache für die Kliquenbildung liegt in dem Trieb der Jugend zur Romantik und in dem Wunsch nach Erlebnissen. Dafür kann ihnen die Hitler-Jugend im Krieg nichts bieten, denn es finden keine Fahrten statt. Begünstigt wird die Kliquenbildung durch die Verdunklung. Der HJ-Streifendienst ist ihr Gegner. Sie sind oft gegen den Staat und für den Kommunismus eingestellt. Die Terrorangriffe begünstigen sie. Es gibt keine HJ-Heime mehr, sie selbst hausen in Kellern. Sie sind der Keim für eine Gefährdung der Jugendlichen.

Die Bekämpfung der Banden ist ein Problem der Überwachung. Der Zugriff hat nur dann Sinn, wenn er energisch erfolgt und wenn schnell gegen alle Angehörigen der Bande, nicht nur gegen einen, zugegriffen wird. Bei der Bestrafung muß zwischen den Anführern und Mitläufern unterschieden werden. Die Einweisung in Arbeitserziehungslager hat sich bewährt. In allen Sachen soll dem Minister berichtet werden. Wegen der Strafanträge soll keine Weisung abgewartet werden.

5. Arbeitsbesprechung zwischen Jugendamt, NSV-Jugendhilfe, Hitler-Jugend, Polizei und Justiz unter Vorsitz des Jugend- und Vormundschaftsrichters. ORR Kümmerlein: Solche Besprechungen haben im Landgerichtsbezirk Essen stattgefunden und sich außerordentlich bewährt. Sie sollen auch anderweit eingerichtet werden.

6. Teilnahme am Leben in Fürsorgeerziehungsanstalten und Jugendgefängnissen durch Vormundschaftsrichter und Jugendstaatsanwälte. ORR Kümmerlein: Die Kenntnis eines Jugendgefängnisses und einer Fürsorgeerziehungsanstalt muß jedem Jugendrichter und -staatsanwalt eigen sein. Ebenso die Kenntnis einer Jugendarrestanstalt. Sie sollen dahin mehrere Tage abgeordnet werden. Hat ein Bezirk kein Jugendgefängnis, dann soll die Abordnung in den Nachbarbezirk erfolgen. Ein dreitägiger Aufenthalt in einer Anstalt wird genügen, um einen Einblick zu gewähren. Auf den Bezirkstagungen soll die Schulung fortgesetzt werden. Auch der NSRB soll sie betreiben.

7. Ausgestaltung der Arbeitsauflagen im Jugendstrafverfahren (unter 4.).

8. Berichte in Jugendsachen. ORR Kümmerlein: Die Anklage bringt in der Regel gar keine oder nur eine kurze Beurteilung der Persönlichkeit des Jugendlichen. Deshalb soll sich der Bericht an den Minister eingehend mit der Persönlichkeit befassen. Das gilt besonders bei Jugendlichen im Alter von 12–14 Jahren und bei Schwerverbrechern. Die Verfolgung von Jugendlichen im Alter von 12–14 Jahren soll die Ausnahme bleiben. Bisher sind 5 Fälle vorgekommen.

9. Inspektion der Jugendarrestanstalten. ORR Kümmerlein: Es sind Beschwerden eingegangen, dass sich der mit der Inspektion beauftragte Oberregierungsrat Schmidthäuser nicht vor Beginn der Inspektion bei dem zuständigen Generalstaatsanwalt gemeldet hat. Das muß in Kauf genommen werden. Herr Schmidthäuser muß überraschend kommen und wird sich nach der Inspektion bei den Generalstaatsanwälten melden.

10. Ordner für die Verwaltungsanweisungen. [...]

B. IV. 1. Verhinderung des Selbstmordes von Untersuchungsgefangenen. MinDir. Vollmer: Die Selbstmorde müssen unbedingt verhindert werden. Eine Rundverfügung darüber kommt. Wenn die Absicht eines Selbstmordes vermutet wird, müssen Maßnahmen dagegen ergriffen werden. Gefährliche Augenblicke sind der Tag der Vernehmung, der Tag, an dem die Anklage zugestellt wird und der Augenblick, in dem der Staatsanwalt seinen Strafantrag stellt. Der Vollstreckungsleiter muß von Selbstmordabsichten unterrichtet werden. Selbstmordkandidaten dürfen nicht in Einzelhaft, sie müssen gefesselt werden, selbst wenn es Tage oder Wochen dauert. Außerdem müssen sie durch Beamte besonders beobachtet werden.

Reichsjustizminister Dr. Thierack: Es sind in letzter Zeit drei recht bedenkliche Selbstmorde vorgekommen. Der erste war der Fall Zech. Der zweite ein defaitistisch eingestellter Journalist, und der dritte ein Lebensmittelhändler, der Prominente beliefert hatte. Solche Selbstmorde müssen unbedingt verhindert werden.

2. Gnadenpraxis bei verbotenem Umgang deutscher Frauen mit Kriegsgefangenen. MinDir. Vollmer: Die bisherige Linie in der Gnadenpraxis wird beibehalten.

Abweichende Erörterungen sollen in den Gnadenberichte unterbleiben. Dienststellen außerhalb der Justiz dürfen keinesfalls veranlaßt werden, gegen die Gnadenpraxis des Ministers zu demonstrieren. Eine Rückwirkung auf die Spruchpraxis ist nicht erwünscht.

3. Verhalten bei Dienstreisen ins besetzte Gebiet [...]

4. Einstellung unter Auflagen. MinDir. Vollmer: Die Erfahrungsberichte sind ausgewertet worden. Eine neue Rundverfügung kommt. Die Geldbußen stehen noch zu sehr im Vordergrund. Die Schwierigkeiten sind dem Ministerium bekannt. Es trifft zu, dass die Staatsanwaltschaft durch die Auflagen mehr Arbeit bekommen hat. Durch die Auflagen soll das Strafsystem elastischer werden. Auf kriegswichtige Sachen sollen Auflagen nicht angewendet werden. Zu ihnen gehören auch Abtreibungen. Eine öffentliche Auswertung der Auflagen ist nicht erwünscht.

5. Sonstige Mitteilungen aus dem Arbeitsgebiet der Strafrechtspflegeabteilung. MinDir. Vollmer: Durch die Fliegerangriffe entstehen Verzögerungen bei der Post, der Bahn und den Behörden. Man soll die Leute nicht unnötig auf Antwort warten lassen, sondern nach vielleicht 4 Wochen Zwischenbescheide geben. Diese sollen nicht im Aktenstil, sondern menschlich geschrieben sein. Die Antwort auf Anfragen soll nicht immer auf unterstellte Behörden abgewimmelt werden, sondern wir sollen auch einmal selbst bescheiden.

ORR Mielke: Ein Metzgermeister ist zu 2.000 RM Geldstrafe und zur Veröffentlichung des Urteils binnen zwei Monaten verurteilt worden. Das Urteil stammte vom 10. Januar. Die Berufung ist am 25. März nicht zugelassen worden. Da war die Frist für die Veröffentlichung schon abgelaufen. Die Gerichte sollen in solchen Fällen längere Fristen festsetzen und die Landgerichte sollen schnell über die Zulassung der Berufung entscheiden. – Polizeibeamte werden oft ohne Grund als Zeugen geladen und müssen stundenlang warten. Darüber hat sich der Reichsführer SS mit Recht beschwert. Es muß streng geprüft werden, ob der Zeuge auch wirklich nötig ist. Die Terminsstunde ist so festzusetzen, dass der Zeuge alsbald vernommen wird. Dann ist er zu entlassen.

MinDir. Vollmer: In verschiedenen Verfahren hat sich gezeigt, dass die Verpflegung in Kliniken und Krankenhäusern verschieden durchgeführt wird. Die Patienten der 3. Klasse bekommen Margarine, die der 1. Klasse Butter und alle Sonderzuteilungen. Das ist ungesetzlich. Die Ärzte sind durch den Reichsgesundheitsführer unterrichtet, dass die Patienten der 3. Klasse denselben Anspruch haben, wie die der 1. Klasse. Nur eine getrennte Zubereitung für die einzelnen Klassen ist zulässig. Dagegen ist nichts einzuwenden, wenn dem Patienten der 1. Klasse einzelne Nahrungsmittel zusätzlich gegeben werden, die nicht bewirtschaftet sind. Die Ärzte sind für gleichmäßige Verteilung verantwortlich. Der Reichsgesundheitsführer gibt Auskunft.

ORR Mielke: Die *französischen Zivilarbeiter* werden von einer zentralen französischen Dienststelle betreut. Diese Stelle erfährt in der Regel zu spät von einer Verhaftung. Die Beschuldigten sollen der Stelle selbst Mitteilung machen. Diese Mitteilung kann je nach dem Einzelfall zugelassen werden.

ORR Mielke: Protektoratsangehörige dürfen nach der Anklageerhebung nicht aus der Untersuchungshaft entlassen werden. Sie waren mit Zustimmung des Oberstaatsanwalts als Hausarbeiter beschäftigt worden. Nach Anklageerhebung hätte das widerrufen werden müssen, weil Todesstrafe zu erwarten war. Auch während des Verfahrens ist dauernd zu prüfen, ob ein Widerruf erfolgen soll. Bei Beschäftigung von Untersuchungsgefangenen auf Außenarbeitsstellen ist dauernd Vorsicht geboten. – Ein Angeklagter hatte in den *Geschwindigkeitsschreiber*, der auf Grund der Straßenverkehrszulassungsordnung in ein Kraftfahrzeug eingebaut war, einen Kartenstreifen eingeklemmt, sodass er nicht mehr schrieb. Der Oberstaatsanwalt hat das Verfahren wegen Urkundenfälschung eingestellt, weil es nicht kriegswichtig sei. Dagegen hat sich der Reichsführer SS beschwert. Die Beschwerde ist berechtigt. Die Kontrolle der Geschwindigkeit dient der Schonung des heute besonders kriegswichtigen Reifenmaterials. § 153 StPO trifft hier nicht zu.

Das *Tierkörperbeseitigungsgesetz* [v. 1.9.1939, RGBl. I 187; § 16] muß mehr beachtet werden. Es greift oft ein, wenn sonst keine Strafvorschrift paßt. Ein Bauer hat z. B. ein notgeschlachtetes Schwein gekocht und aus dem Fett Seife hergestellt.

Das *Viehzählungsgesetz* [v. 31.10.1938, RGBl. I 1532] ist in allen den Fällen anzuwenden, in denen die Befragten falsche Angaben über den Bestand ihres Viehes gemacht haben. Die von den Gerichten erkannten Strafen sind zu mild. Vor allem muß von der Einziehung Gebrauch gemacht werden. Vergehen gegen das Viehzählungsgesetz bilden in der Regel nur eine Vorstufe zu schwereren Delikten, z. B. Schwarzschlachtungen. Der Reichsernährungsminister hat Richtlinien für die Strafhöhe herausgegeben. Für ein Stück Geflügel 500 RM, für das zweite 500–1000 RM, für ein Schwein 500–1000 RM, für ein Rind 1000–5000 RM. – *Arbeitseinsatz von Männern und Frauen in der Landwirtschaft.* Der Generalbevollmächtigte für den Arbeitseinsatz wird bei Weigerung in erster Linie Ordnungsstrafen verhängen. Wenn er aber einen ernsten Fall annimmt und gerichtliche Verfolgung wünscht, dann soll scharf durchgegriffen werden. Soweit die Beschuldigten Selbstversorger sind, wird ihnen die Selbstversorgereigenschaft entzogen werden. Handelt es sich um Kriegerfrauen, deren Männer noch im Felde sind, dann soll geprüft werden, ob der Familienunterhalt weiter gezahlt werden kann. Der Anzeige soll schnell eine schwere Strafe folgen. Wir sollen berichten, wenn Fälle vorkommen, wo im Gegensatz zur Meinung der Arbeitseinsatzbehörden zu mild bestraft wird. In geeigneten Fällen soll am Tatort verhandelt werden.

MinDir. Vollmer: Es ist verboten, dass Parteigenossen Leumundszeugnisse für Beschuldigte [*GStA Wurmstich:* bes. für „Prominente"] ausstellen, damit sie diese im Gerichtsverfahren verwenden. Eine Rundverfügung darüber kommt.

V. Der Arbeitseinsatz im Strafvollzug. MinDir. Engert: Am 1. März 1944 war ein Gefangenenbestand von ungefähr 192.000 vorhanden, darunter 45.000 Frauen, Kriegstäter waren es 20.000, davon 10.000 von der Wehrmacht. 57.000 waren auf Außenarbeitsstellen untergebracht. 160.000 waren beschäftigt. Dazu kommen 10.000 Polizeigefangene, 10.000 Kranke und Gebrechliche, 8.000, die auf Transport, in Arrest und zur Vernehmung sind. Weiter 5.000 NN-Gefangene [aus der Nacht- und Nebelaktion vom Dez. 1941]. Die Hälfte aller Gefangenen war in der

Rüstungsindustrie eingesetzt. An Facharbeitern waren vorhanden 31.000 Metallarbeiter, 1.000 Optiker, 4.000 Tischler, 5.000 Weber. Die Einnahmen betrugen 1938 40 Millionen RM, 1943 130 Millionen RM. Ministerialdirektor Engert macht dann noch ins einzelne gehende Ausführungen über die Art der Gefangenenarbeit und weist zum Schluß darauf hin, dass in letzter Zeit 8 unterirdische Fabriken durch Gefangene gebaut worden sind.

B. VI. 1. Behandlung von Anträgen auf Herausgabe eröffneter eigenhändiger Testamente an Angehörige. Die Herausgabe soll nicht grundsätzlich abgelehnt werden. So z. B., wenn das Testament in einem Abschiedsbrief des Gefallenen enthalten ist.

2. Bemerkungen über die Todeserklärung Kriegsverschollener. MinRat. Bergmann: Die Anträge auf Todeserklärung von Kriegsverschollenen aus dem Osten müssen besonders sorgfältig geprüft werden. Das OKW und das RJM glauben, dass keiner für tot erklärt werden kann, der im Osten verschwunden ist. Die Verfahren müssen besonders sorgfältig durchgeführt, alle Angehörigen müssen vernommen werden. Bei Schiffsverlusten werden in der Regel zahlreiche Personen vermißt. Eine einheitliche Regelung der Todeserklärungen ist deshalb erwünscht.

3. Verfahren bei Vernichtung von Grundakten, unerledigten Anträgen. MinRat Hesse: Wenn durch einen Fliegerangriff unerledigte Anträge auf Eintragung ins Grundbuch verlorengehen, besteht die Gefahr der Rangverschiebung. Dem ist gesetzlich kaum beizukommen. Es empfiehlt sich ein Aufruf in der Presse. Dieser erfaßt aber kaum alle Antragsteller. Es ist auch versucht worden, von jedem Grundstückseigentümer eine Erklärung zu verlangen, dass ihm von solchen Anträgen nicht bekannt sei. Die sicherste Gewähr ist die Anlegung von Laufzetteln, in die beim Eingang des Antrags der Antragsteller, der Grundstückseigentümer, das Grundstück und der Antrag eingetragen werden. Diese Laufzettel sind gesondert und bombensicher aufzuheben.

4. Wiedereinsetzung in den vorigen Stand und Verlegung von Terminen in den Alpen- und Donau-Reichsgauen. MinDir. Altstötter berichtet über diesen das Altreich nicht interessierenden Punkt. [Becker: Nichterscheinen von Rechtsanwälten zu den Terminen].

5. Reform der Rechtsanwaltsgebühren und die hierbei den Oberlandesgerichtspräsidenten erteilten Ermächtigungen. MinDir. Altstötter stellt eine AV in Aussicht. In Strafsachen ist eine Honorarvereinbarung unzulässig. Die Rahmengebühren reichen auch für große Sachen aus. Der Reichsminister der Justiz hat die ihm vorbehaltenen Rechte auf die Oberlandesgerichtspräsidenten delegiert. Es ist eine möglichst einheitliche Praxis anzuregen. Nur bei einem ganz außergewöhnlichen Umfang von Strafsachen darf eine Erhöhung der Rahmengebühr eintreten. Eine Nachprüfung der Gebühr im ordentlichen Rechtsweg ist beseitigt. Dafür entscheidet der Oberlandesgerichtspräsident. Die Preisprüfungsbehörden können beteiligt werden. Die Oberlandesgerichtspräsidenten sollen schnell und persönlich entscheiden.

6. Versuche außergerichtlicher Stellen, auf die Vollstreckung von Räumungsurteilen Einfluß zu gewinnen. MinDir. Altstötter: Bei einzelnen Wiener Gerichten wirken die Kreisheimstättenwalter bei Räumungsurteilen mit. Sie haben sich sogar darüber beschwert, wenn ein Gericht entgegen ihrem Vorschlag entschieden hat. Diese Mitwirkung ist unzulässig. Auch Versuche anderer Stellen, Einfluß zu gewinnen, sind abzulehnen.

Reichsjustizminister Dr. Thierack: Ich bitte alle Einmischungsversuche abzulehnen.

7. Bewilligung des Armenrechts zur Anfechtung der Ehelichkeit von Kindern durch den Ehemann der Mutter. *MinDir. Altstötter*: Auf den bloßen Verdacht des Ehebruchs hin soll das Armenrecht nicht bewilligt werden. Es ist auch nicht angängig, im Armenrechtsverfahren einen Kostenvorschuß zu verlangen und von dessen Einzahlung weitere Erhebungen über den Ehebruch abhängig zu machen. Solche Erhebungen haben zu unterbleiben.

[*7a. Aufz. von Becker: MinDir. Vollmer: Leumundszeugnisse für Volksschädlinge.* Die Partei hat den Parteigenossen verboten, für Volksschädlinge Leumundszeugnisse auszustellen und Gnadengesuche für sie zu befürworten. Namentlich bei Prominenten ist es üblich geworden, dass von allen Seiten Eingaben für die Verurteilten kommen. Wir warten die Verfügung der Partei noch ab, dann wird eine Rundverfügung kommen.]

B. VII. Handelsrechtliche Geheimhaltungsmaßnahmen im Krieg [vgl. VO v. 20.10.1943, RGBl. I, 573]. *KGRat Thees:* Rüstungswirtschaft und Kriegsproduktion verlangen, dass handelsrechtliche Maßnahmen geheim gehalten werden. Für das, was geheim zu halten ist, sind in erster Linie die Rüstungsinspektionen zuständig und in ihrem Auftrag die Registergerichte. Die Einsicht ins Handelsregister kann ganz oder zeitweise gesperrt werden, Veröffentlichungen daraus können verboten, Mitteilungen dürfen nicht gemacht werden. Einzelsperre geht der allgemeinen Sperre vor. Immer entscheidet das Abwehrinteresse. Dann erfolgen noch Angaben über die Tarnung der Firmenbezeichnung. [Bericht des *OLG-Präs. Becker*: Die Abwehr ist in erster Linie Sache der Wehrmacht und der Wehrwirtschaftsämter, aber auch die Gerichte müssen mitwirken. Dabei sind 5 Gruppen zu unterscheiden: 1. Geheimhaltung durch Sperrung des Handelsregisters, 2. Einschränkung der Veröffentlichung, 3. Einschränkung der Auskunfts- und Mitteilungspflichten, 4. Beschränkung der Aufstellung und Gliederung der Bilanz, 5. Tarnung der Firma. Es sind mehrere Verfügungen ergangen, die abschließende Regelung hat die Verordnung vom 20.10.1943 gebracht (RGBl., S. 573). Der Begriff „schutzwürdiges Interesse" hat zu Zweifeln Anlaß gegeben. Wo Einzelanordnungen gegeben sind, bestehen in erster Linie diese Einzelanordnungen fort, dann ist jede Auskunft verboten. Die Einsichtnahme ist im Übrigen auf das Notwendigste zu beschränken, ist nur vertrauenswürdigen Personen zu gewähren und zu beaufsichtigen. Alle Abschriften, die erteilt werden, müssen als vertraulich oder geheim bezeichnet werden. Das gilt allgemein, denn das Unternehmen kann ja umgestellt werden. Gesetzlichen Mitteilungspflichten ist zu entsprechen. Den Gauwirtschaftämtern kann natürlich Auskunft unter geheim oder „vertraulich" erteilt werden. Die Verordnung vom 15.1.1940 verbot die Veröffentlichung von Bilanzen, dann erging die AV v. 17.6.1940. Denn den Bilanzen kann alles mögliche entnommen werden. Veröffentlicht werden können jetzt noch die Änderungen bei der Prokura. Bei vollständig geschlossenen Firmen darf allerdings auch das nicht veröffentlicht werden. Sonst ist zu prüfen, ob die Veröffentlichung der Änderung in der Prokura unbedenklich ist. Bestehen Bedenken, dann darf nicht veröffentlicht werden. Die Veröffentlichung muß auf das Notwendigste beschränkt werden. Z.B. kann bei Veröffentlichung einer Prokuraänderung ein Hinweis auf eine Zweigstelle einen Anhaltspunkt für den feindlichen Nachrichtendienst geben. Grundsätzlich ist das Abwehrinteresse zu beachten. Auch die Veröffentlichung durch die Firmen ist beschränkt. Nicht mehr bekannt gemacht werden die Tagesordnungen für die Aufsichtsratssitzungen, die Veränderungen im Aufsichtsrat, weil daraus ebenfalls Schlüsse gezogen werden können. Die öffentliche Bekanntmachung von Geschäftsberichten ist untersagt. Die noch zugelassenen Veröffentlichungen können weiter eingeschränkt werden. In einem Rechtsstreit (d.h. für einen Rechtsstreit) dürfen natürlich auch keine Auskünfte über geheim zu haltende Dinge gegeben werden.

In den Fällen, in denen gekürzte Bilanzen zugelassen sind, sind diese gekürzten Bilanzen die *gesetzlichen* Bilanzen. Die Registergerichte dürfen also in diesen Fällen keine vollen Bilanzen fordern. Fliegerschädenbilanzen werden von den Firmen aufgestellt, die Fliegerschäden erlitten haben. Die Entschädigungsposten werden unter den bisherigen Bilanzposten aufgeführt. Wenn der Schaden im ganzen ausgewiesen werden würde, könnte man sonst erkennen, wie weit der Betrieb vernichtet worden ist. Auch die Fliegerschädenbilanz ist die *gesetzliche* Bilanz.

Die Tarnung der Firmenverordnung vom 23.12.1943 (RGBl. 686) im Einzelfall bedarf der Genehmigung des Registergerichts. Die Geschäftsform (Gesellschaftsform, Einzelfirmen) muß dabei erhalten bleiben, dagegen brauchen die Namen der Firmeninhaber nicht zu stimmen, die Zweigfirma braucht nicht mit der Stammfirma identisch zu sein. Firmenbezeichnungen, die schon am selben Ort bestehen, dürfen nicht gewählt werden. Beim Registergericht werden die Zweigstellen natürlich als Zweigstellen der betr. Stammfirma bezeichnet, denn das ist ja geheim. – Es wird erwogen, alles in einer einheitlichen Verfügung zusammenzufassen.]

B. VIII. 1. Überblick über den Haushalt der Justizverwaltung für 1944, insbesondere unter dem Gesichtspunkt der Vereinfachung. MinDir. Schneller: Der Überblick kann noch nicht gegeben werden, weil der Haushalt für 1944 noch nicht feststeht.

2. Weitere Ausgestaltung des Fernschreibverkehrs.

MinDir. Schneller: Die Oberlandesgerichte sollen allmählich angeschlossen werden. Es soll geprüft und berichtet werden, ob ein Anschluß an eine andere öffentliche Dienststelle möglich ist.

3. Überblick über gesetzgeberische Arbeiten der Abteilung III [Suchomel/Grau]

a. Strafbarkeit des Verderbenlassens von Lebensmitteln Sonstige Änderungen der KWVO.

I. Die Gerichte haben sich vielfach mit Fällen beschäftigen müssen, in denen Rohstoffe und Erzeugnisse infolge unsachgemäßen Verhaltens verdorben waren oder verloren gegangen sind. Die rechtliche Beurteilung dieses Sachverhalts hat Schwierigkeiten bereitet. Ein Strafbedürfnis liegt regelmäßig dann nicht vor, wenn ein *Verbraucher* bewirkt, dass die ihm zugeteilten oder von ihm erzeugten Lebensmittel verderben oder verloren gehen. Denn sobald die Lebensmittel an den Verbraucher gelangt sind, scheiden sie aus der Wirtschaftsplanung aus; der Verbraucher hat auch in der Regel keinen Ersatzanspruch. Hat ein *Verantwortlicher* dagegen *vorsätzlich* bewirkt, dass Rohstoffe oder Erzeugnisse, die sich noch im Verteilungsgange befinden, verderben oder verloren gehen, so ist er aus § 1 Abs. 1 KWVO zu bestrafen; denn er hat diese Sachen im Sinne des § 1 Abs. 1 KWVO vernichtet. Auch der Nachweis der Böswilligkeit bereitet meist keine Schwierigkeiten, weil der Täter, der vorsätzlich handelt, die Interessen der Allgemeinheit mißachtet und daher aus verwerflichen Gründen handelt. Schwierig ist aber die Rechtslage, wenn der Täter in Ausübung seines Berufes, Gewerbes oder Amtes nur *leichtfertig* gehandelt hat. Die Rechtsprechung hat versucht, einen solchen Täter in entsprechender Anwendung des § 4 Nr. 2 in Verbindung mit § 12 des *Lebensmittelgesetzes* zu fassen. Diese Auffassung ist unrichtig, weil § 4 des Lebensmittelgesetzes nicht das Verderbenlassen von Lebensmitteln, sondern das Inverkehrbringen verdorbener Lebensmittel behandelt. Das Reichsgericht hat neuerdings in einem Urteil vom 18.10.1943 – C 258/43 (3StG 95/43)[Deutsches Recht 1944, S. 258 f.] – § 12 Abs. 1 Nr. 1 in Verbindung mit § 20 der *Warenverkehrsverordnung* [RGBl. I 1939, 1430; 1940, 551] entsprechend angewendet. Die Begründung des Urteils vermag nicht zu überzeugen; sie gibt auch nur eine Lösung für die Fälle, in denen der Täter in Ausübung eines Gewerbes oder Berufs gehandelt hat, nicht aber für die Fälle, in denen der Täter als Beamter, z.B. als Leiter eines Ernährungsamts, durch Unterlassung einer rechtzeitigen Ausgabe von Lebensmitteln deren Verderben bewirkt.

Die beabsichtigte *Novelle zur Kriegswirtschaftsverordnung [wohl nicht ergangen]* soll die bestehenden Zweifel lösen und die bisherige Gesetzeslücke beseitigen. Sie bestimmt, dass der Gewerbetreibende, der *leichtfertig* bewirkt oder dazu beiträgt, dass Rohstoffe oder Erzeugnisse, die zum lebenswichtigen Bedarf der Bevölkerung gehören, verderben oder sonst für den bestimmungsmäßigen Gebrauch oder Verbrauch verloren gehen, und dadurch die Deckung des Bedarfs der Bevölkerung gefährdet, mit Gefängnis oder mit Geldstrafe bestraft wird.

Ebenso wie in § 1 der Kriegswirtschaftsverordnung das vorsätzliche Beiseiteschaffen von Bezugsberechtigungen mit der gleichen Strafe wie das Beiseiteschaffen von Rohstoffen bedroht ist, soll die geplante Novelle ferner bestimmen, dass der Gewerbetreibende, der *Bezugsberechtigungen*, deren Aufbewahrung ihm obliegt, leichtfertig *verloren gehen läßt* und dadurch die Deckung des Bedarfs der Bevölkerung mit Rohstoffen und Erzeugnissen gefährdet, mit Gefängnis oder mit Geldstrafe bedroht wird.

Der Beamte kann dem Gewerbetreibenden nicht völlig gleichgestellt werden. Er ist in viel stärkerem Maße an dienstliche Weisungen gebunden und kann nicht bestraft werden, wenn er sich gehorsam an diese hält. Würde er aus Angst, sich strafbar zu machen, zu einer Privatinitiative ohne Rücksicht auf seine Weisungen gedrängt, so bedeute dies das Ende einer zentralgesteuerten Wirtschaft. Die Novelle soll deshalb bestimmen, dass der Beamte, der leichtfertig Rohstoffe oder

Erzeugnisse verderben oder Bezugsberechtigungen, deren Aufbewahrung ihm obliegt, verlorengehen läßt, nur dann strafbar ist, wenn er überdies einer ihm erteilten Weisung oder seinen sonstigen Dienstpflichten zuwiderhandelt.

II. Wir haben ferner angeregt, aus Anlaß dieser geplanten Ergänzungsverordnung zur Kriegswirtschaftsverordnung noch eine Reihe weiterer Unzulänglichkeiten des geltenden Rechts zu beseitigen.

1. § 1 Abs. 2 der Kriegswirtschaftsverordnung bestimmt, dass ebenso wie nach § 1 Abs. 1 mit Zuchthaus oder Gefängnis bestraft wird, wer Bezugsberechtigungen vorsätzlich beiseite schafft. Das Tatbestandsmerkmal der Bedarfsdeckungsgefährdung und der Böswilligkeit fehlt in dieser Strafbestimmung. In der Rechtsprechung sind daher Zweifel entstanden, ob auch schon derjenige wegen eines Kriegswirtschaftsverbrechens zu bestrafen ist, der sich nur eine *einzelne* geringfügige *Bezugsberechtigung* verschafft. Die unrechtsgehaltsmäßige Gleichstellung des Abs. 1 und Abs. 2 lassen erkennen, dass hier nur ernstere strafbare Handlungen getroffen werden sollen. Um diese Zweifel zu beseitigen zu beseitigen, soll § 1 Abs. 2 KWVO dahin geändert werden, dass das Beiseiteschaffen echter Bezugsberechtigungen nur dann unter die Vorschrift fällt, wenn es in einer Weise oder in einem Umfang geschieht, dass das Vertrauen in die gleichmäßige Ausgabe und den ordnungsmäßigen Umlauf der Bezugsberechtigungen erschüttert werden kann.

2. In der Praxis hat sich ein dringendes Bedürfnis für die Verhängung einer Zuchthausstrafe in den besonders schweren Fällen eines *Tauschhandels* nach § 1 a KWVO ergeben. Hat z.B. ein Gewerbetreibender lange Zeit hindurch den größten Teil seiner Waren nur gegen Tauschwaren oder Gewährung eines sonstigen Vorteils abgegeben, so ist die Verhängung einer bloßen Gefängnisstrafe unbefriedigend. Eine Straferhöhung über § 4 VVO ist in diesem Falle nicht möglich, ein Zurückhalten von Rohstoffen oder Erzeugnissen im Sinne des § 1 Abs. 1 KWVO liegt nicht vor. Deshalb soll künftig für die besonders schweren Fälle des § 1a KWVO Zuchthausstrafe angedroht werden.

b) Zweite Verordnung zur Änderung der Preisstrafrechtsverordnung [RGBl. I, 1944, 264; 26.10.1944].

1. Nach geltendem Recht kann eine Preiszuwiderhandlung gerichtlich nur verfolgt werden, wenn die Preisbehörde ein Verlangen auf Strafverfolgung gestellt hat. Dieses *Verlangen* kann bis zur Rechtskraft des Urteils *zurückgenommen* werden. Damit wurde die Preisbehörde bisher in die Lage versetzt, ein ihr nicht genehmes gerichtliches Urteil aus der Welt zu schaffen. Hierdurch konnte nicht nur das Vertrauen in den Urteilsspruch des Richters erschüttert werden, sondern auch das Ansehen der Justiz überhaupt beeinträchtigt werden. Die Novelle spricht daher aus, dass das Strafverlangen nur noch bis zur Verkündung des Urteils zurückgenommen werden darf.

2. Als mißlich hat es sich fernerhin erwiesen, dass auch bei *Preisverbrechen* die Strafverfolgung von einem *Verlangen* der Preisbehörde abhängig war. Derartige schwere Rechtsbrüche erfordern stets eine gerichtliche Ahndung. Diese darf die Preisbehörde nicht dadurch vereiteln, dass sie ein Verlangen auf Strafverfolgung nicht stellt. Die Novelle soll daher anordnen, dass es bei Preisverbrechen eines

Strafverlangens nicht bedarf und dass die Ahndung von Preisverbrechen im Ordnungsstrafverfahren nicht zulässig ist.

3. In der Praxis sind Zweifel darüber entstanden, ob die Abführung des Mehrerlöses (§ 3 Abs. 6) auch dann anzuordnen ist, wenn der Mehrerlös bereits an den durch die Preiszuwiderhandlung Betroffenen zurückgezahlt ist oder der Betroffene einen Anspruch auf Rückerstattung des Überpreises durch den Täter hat. Der Preiskommissar wollte für das Ordnungsstrafverfahren eine Bestimmung treffen, wonach dem durch Überpreis Bereicherten auferlegt werden kann, den Mehrerlös – statt an das Reich – an den Geschädigten zurückzuerstatten. Die Erfüllung dieser Auflage sollte durch Ordnungsstrafen gesichert werden. Wir haben demgegenüber angeregt, dass eine allgemeine Härteklausel geschaffen werde, die auch für das gerichtliche Strafverfahren gilt. Danach ordnet das Gericht oder die Preisbehörde die Rückerstattung des Mehrerlöses an den durch die Zuwiderhandlung Geschädigten auf dessen Antrag an, wenn es den Rückforderungsanspruch gegen den Täter für begründet hält. Wird ein solcher Antrag nicht gestellt oder hat das Gericht oder die Preisbehörde Bedenken, den Rückforderungsanspruch für begründet zu erklären, so wird ausgesprochen, dass der Mehrerlös an das Reich abzuführen ist. Die Strafvollstreckungsbehörde oder die Preisbehörde ordnet an, dass der dem Reich zuerkannte Abführungsanspruch nicht mehr zu vollstrecken ist oder dass der Geschädigte, aus dem an das Reich bereits abgeführten Mehrerlös zu befriedigen ist, wenn ein vollstreckbarer Titel über den Rückforderungsanspruch vorgelegt wird.

4. Hatte über *denselben Sachverhalt* einer Preiszuwiderhandlung sowohl das *Gericht* als auch die *Preisbehörde* entschieden, weil die Preiszuwiderhandlung tateinheitlich mit einer anderen strafbaren Handlung zusammentraf, für deren Aburteilung die Preisbehörde nicht zuständig war, so blieb nach der bisherigen Regelung offen, was aus dem Ordnungsstrafbescheid werden sollte. Um insoweit und nunmehr auch für den Fall, dass die Preisbehörde zu Unrecht über ein Preisverbrechen entschieden hat, klare Verhältnisse zu schaffen, bestimmt die Novelle, dass der Preiskommissar oder die von ihm ermächtigten Stellen den unrichtigen Ordnungsstrafbescheid aufheben können. Bereits gezahlte, abgeführte oder beigetriebene Ordnungsstrafen oder Mehrerlöse, die im Ordnungsstrafbescheid festgesetzt sind oder deren Abführung angeordnet ist, sind – wie die Novelle zwingend vorschreiben will – im gerichtlichen Urteil anzurechnen.

5. Als ein empfindlicher Mangel des geltenden Rechts hat es sich erwiesen, dass, wenn eine festgesetzte Ordnungsstrafe nicht beigetrieben werden konnte, eine Ersatzfreiheitsstrafe nicht ausgesprochen werden durfte. Diesem Mangel will die Novelle dadurch abhelfen, dass das Amtsgericht, das zur Durchführung des Strafverfahrens im ersten Rechtszuge zuständig gewesen wäre, auf Verlangen der Preisbehörde eine Ersatzfreiheitsstrafe festsetzen soll, wenn die Ordnungsstrafe nicht beigetrieben werden kann.

c) Durchführungsverordnung zur Verordnung zum Schutz von Ehe, Familie und Mutterschaft [v. 18.3.1943, RGBl. I 1943, 169]

Bei Schaffung der Verordnung zum Schutz von Ehe, Familie und Mutterschaft vom 9.3.1943 [RGBl. 1943, 140] bestand Klarheit darüber, dass die Vorschrift nicht zu einem Schutz fremden Volkstums führen dürfte. Das wäre der Fall, wenn die Strafbestimmungen über das Beiseiteschaffen von Familienhabe, die Verletzung der Unterhaltspflicht, das Verlassen Schwangerer, die Gefährdung eines Kindes, der Abtreibung und der Zerstörung der Fortpflanzungsfähigkeit unbeschränkt auch gegen Personen angewendet würden, die weder deutsche Staatsangehörige noch deutsche Volkszugehörige sind. Deshalb wurde in § 8 der Verordnung bestimmt, dass der Reichsjustizminister – auch im Erlaßwege – anordnen könne, dass die Strafbestimmungen in diesen Fällen keine Anwendung finden.

In Durchführung dieser Bestimmung soll, wenn die beteiligten Stellen zustimmen, nunmehr angeordnet werden, dass die Verordnung dann keine Anwendung findet, wenn die strafbare Handlung sich gegen Juden oder jüdische Mischlinge ersten Grades richtet. Das gleiche soll aber grundsätzlich auch gelten, wenn sich strafbare Handlungen gegen Personen richten, die weder deutsche Staatsangehörige noch deutsche Volkszugehörige sind. Die Strafverfolgung soll in diesen Fällen jedoch stattfinden, wenn sie im deutschen Interesse geboten ist. Das kann entweder der Fall sein, wenn sich eine der Taten im Ergebnis schädigend für die deutsche Volksgemeinschaft auswirkt (es werden z. B. beim Beiseiteschaffen von Familienhabe lebenswichtige Erzeugnisse zerstört oder es müssen bei Verletzung der Unterhaltspflicht öffentliche Gelder aufgewendet werden,) oder wenn die Häufung derartiger Taten eine Breitenwirkung auf die deutsche Bevölkerung erwarten läßt und diese zur Nachahmung anreizen kann. Besonders steht aber dann die Strafverfolgung im deutschen Interesse, wenn z. B. bei der Abtreibung der Mutter germanischen Blutes, oder der Erzeuger arischen oder germanischen Blutes bei der Zerstörung der Fortpflanzungsfähigkeit der Betroffene germanischen Blutes ist.

Es hat z. B. eine Dänin von einem Angehörigen der Ostvölker oder eine Polin von einem deutschen Soldaten ein Kind empfangen; es zerstört ein im Reichsgebiet zur Arbeit eingesetzter Norweger seine Fortpflanzungsfähigkeit. Wenn Anhaltspunkte dafür vorhanden sind, dass die Strafverfolgung im deutschen Interesse geboten ist, soll das Ergebnis der Ermittlungen über den Generalstaatsanwalt dem Beauftragten des Reichskommissars für die Festigung Deutschen Volkstums zugeleitet werden. Durch diese Bestimmungen würden die Rundverfügungen vom 30. März 1943 und 31. März 1943 gegenstandslos, in denen bestimmt ist, dass bei Schwangerschaftsunterbrechungen, die an Ostarbeiterinnen und Polinnen mit Genehmigung des Gutachterausschusses vorgenommen werden, die Strafvorschriften gegen Abtreibung keine Anwendung finden. Das Genehmigungsverfahren durch die Gutachterausschüsse würde dagegen nicht überholt; im Gegenteil wird die Beschreitung dieses ordnungsmäßigen Weges der Schwangeren auch künftig stets die Gewähr bieten, dass sie nicht bestraft werden kann.

d) Änderung des § 5 a KSSVO [5.5.1944, RGBl. I 1944, 115]

§ 5 a der KSSVO ist z.Zt. eine Sondervorschrift für Wehrmachtsangehörige und andere Personen, die dem Kriegsverfahren unterliegen. Er enthält eine allgemeine Strafschärfungsvorschrift

1. für Straftaten gegen die Manneszucht oder das Gebot soldatischen Mutes,